河南
HENAN
STATISTICAL
YEARBOOK
2012
统计年鉴

（京）新登字041号

图书在版编目（CIP）数据

河南统计年鉴. 2012 : 汉英对照 / 河南省统计局，国家统计局河南调查总队 编
-- 北京 : 中国统计出版社，2012.9
ISBN 978-7-5037-6670-1/C.2738
Ⅰ. ①河…
Ⅱ. ①河… ②国…
Ⅲ. ①统计资料－河南省－2012－年鉴－汉、英
Ⅳ. ①C832.61-54
中国版本图书馆CIP数据核字（2012）第203805号

河南统计年鉴-2012

作　　者/ 河南省统计局　国家统计局河南调查总队
责任编辑/ 佘竞雄　刘金成
责任校对/ 朱　涛
装帧设计/ 梁裕宇
出版发行/ 中国统计出版社
通信地址/ 北京市西城区月坛南街57号　邮编 100826
办公地址/ 北京市丰台区西三环南路甲6号
电　　话/ (010)63376907
网　　址 / http://csp.stats.gov.cn
印　　刷/ 河南豫统印刷有限公司
经　　销/ 新华书店
开　　本/ 890×1240 毫米　1/16
字　　数/ 1600 千字
印　　张/ 64
印　　数/ 1-2400册
版　　别/ 2012 年 9 月第 1 版
版　　次/ 2012 年 9 月第 1 次印刷
书　　号/ ISBN 978-7-5037-6670-1/C·2738
定　　价/ 320.00 元

本书附同版本CD-ROM一张，光盘内容以书面文字为准。
中国统计版图书，如有印装错误，本社发行部负责调换。

2012 河南统计年鉴

《河南统计年鉴－2012》

编委会和编辑部工作人员名单

Editorial Board and Staff

编辑说明

一、《河南统计年鉴—2012》是一部全面反映河南省经济和社会发展情况的资料性年刊。本书收录了全省和各市(县)2011年以及重要历史年份的经济和社会各方面大量的统计数据，并收录了全国及各省市区2011年的主要统计数据。

二、全书内容分为30个部分，即，1、行政区划和自然资源；2、综合；3、国民经济核算；4、人口；5、从业人员和职工工资；6、固定资产投资；7、对外经济贸易和旅游；8、能源；9、财政；10、物价；11、人民生活；12、城市概况；13、农业；14、工业；15、建筑业；16、交通运输、仓储、邮政业；17、信息传输、计算机服务和软件业；18、批发和零售业、住宿和餐饮业；19、金融业；20、房地产业；21、租赁和商务服务业；22、科学研究、技术服务和地质勘查业；23、水利、环境和公共设施管理业；24、居民服务业和其他服务业；25、教育；26、卫生、社会保障和社会福利业；27、文化、体育和娱乐业；28、公共管理和社会组织；29、各县（市）主要统计指标；30、全国及各省市区主要统计指标。各篇前有简要说明，篇末附有《主要统计指标解释》。

三、本年鉴的资料来源，大部分来自年度统计报表，一部分来自抽样调查。

四、资料中所使用的度量衡单位均采用国际统一标准计量单位。

五、 本年鉴部分数据合计数或相对数由于单位取舍不同而产生的计算误差均未作机械调整。

六、本年鉴各表中，有关对全表的注解均在该表上方，对表中部分指标的注解则在该表下方。凡带续表的资料，对部分指标的注解一律在最后一张续表的下方。

七、本年鉴表中的符号使用说明：“空格”表示该项统计指标数据不详或无该项数据；“#”表示其中的主要项。

Preface

I. Henan Statistical Yearbook 2012, is an annual statistical publication, which comprehensively reflects the economy and society development of Henan. It widely covers data for 2011 and key statistical data in some historically important years of Henan, at data for 2011 year at the national level and the local levels of province ,autonomous region and municipality directly under the Central Government.

II. The yearbook contains the following thirty parts, l. Divisions of Administrative Areas and Natural Resources; 2.General Survey; 3.National Accounts; 4.Population; 5.Employment and Wages; 6.Investment in Fixed Assets, 7. Foreign Trade, Economic Cooperation and Tourists; 8. Energy; 9.Government Finance; 10.Price Indices; 11.People's Livelihood; 12.General Survey of Cities; 13.Agriculture; 14.Industry; 15.Construction; 16.Transport, Storage and Post; 17.Information Transmission, Computer Services and Software; 18.Wholesale and Retail Sale trades, Hotels and Catering Services; 19.Financial Intermediation; 20.Real Estate; 21.Leasing and Business Services; 22.Scientific Research, Technical Services and Geologic Prospecting; 23.Management of Water Conservancy, Environment and Public Facilities; 24.Services to Households and Other Services; 25.Education; 26.Health, Social Security and Social Welfare; 27.Culture, Sports and Entertainment; 28.Public Management and Social Organizations;29.Main Indicators of County and City; 30.Main Indicators of the Whole Nation and 31 Provinces (Municipality, Autonomous Regions). there is brief description at the beginning of each chapter, and Explanatory Notes on Main Statistical Indicators are at the end of each chapter.

III. The major data sources of this publication are obtained from annual statistical reports, and some from sample surveys.

IV. The units of measurement used in this yearbook are internationally standard measurement units.

V. Statistical discrepancies due to rounding are not adjusted in this yearbook.

VI. The notes concerning the whole table are placed at the upper part of the table, while the notes concerning individual indicators are placed at the lower part. If the table occupied more than one page, the footnotes of the individual indicators are placed at the end of the last page.

VII. Notations used in this yearbook: "(Blank)" indicates that the data are unknown or are not available; "#"Indicates a major breakdown of the total.

目录索引

目　录

CONTENTS

一、行政区划和自然资源

Divisions of Administrative Areas and Natural Resources

二、综合

General Survey

三、国民经济核算
National Accounts

四、人口

Population

五、从业人员与职工工资

Employment and Wages

六、固定资产投资
Investment in Fixed Assets

七、对外经济贸易和旅游

Foreign Trade, Economic Cooperation and Tourists

八、能源

Energy Sources

九、财政
Government Finance

十、物价
Price Indices

十一、人民生活
People's Livelihood

十二、城市概况
General Survey of Cities

十三、农业
Agriculture

十四、工业
Industry

十五、建筑业
Construction

十六、交通运输、仓储和邮政业
Transport, Storage and Post

十七、信息传输、计算机服务和软件业

Information Transmission, Computer Services and Software

十八、批发和零售业、住宿和餐饮业
Wholesale and Retail Sale trades, Hotels and Catering Services

十九、金融业
Financial Intermediation

二十三、水利、环境和公共设施管理业
Management of Water Conservancy, Environment and Public Facilities

二十四、居民服务业和其他服务业

Services to Households and Other Services

二十五、教育

Education

二十六、卫生、社会保障和社会福利业
Health, Social Security and Social Welfare

二十七、文化、体育和娱乐业
Culture, Sports and Entertainment

二十八、公共管理和社会组织
Public Management and Social Organizations

二十九、各县（市、区）主要统计指标
Main Indicators by County (City, District)

三十、全国及各省、市、区主要统计指标
Main Indicators of the whole Nation and 31 Provinces (Municipality, Autonomous, Regions)

行政区划和自然资源

Divisions of Administrative Areas and Natural Resources

● 资料整理：史新旺　孔令惠

简要说明

一、主要内容

本篇包括行政区划资料，自然状况和自然资源资料。

二、资料来源

行政区划资料，是截止上年末经国务院批准的行政区划变更情况，由河南省民政厅提供。自然状况包括土地、山脉、河流等数据资料，根据有关历史资料整理。其中，气象资料由河南省气象局提供；矿产资源数据由河南省国土资源厅提供。本篇资料由河南省统计局社会与科技统计处和固定资产投资处编辑整理。

Brief Introduction

I. Main Contents

This chapter consists of three parts: divisions of administrative areas, Natural Conditions and Natural Resources.

II. Sources of Data

Data on divisions of administrative areas in Henan are prepared and provided by the Henan Province Bureau of Civil Affairs on the basis of the changes in the divisions of administrative areas as approved by the State Council at the end of the previous year. Data on natural conditions cover land area, mountain ranges, rivers, ocean and meteorological phenomena. Data on natural conditions are compiled by the Department of Comprehensive Statistics using relevant historical data. Data on meteorological phenomena and mineral are provided respectively by Henan Provincial Bureau of Meteorological and Henan Provincial Bureau of Land and Resources. Data in this chapter are sort out by Department of social and scientific and technological, and investment in fixed assets of Henan provincial bureau of statistics.

1-1 全省行政区划(2011年底)

Administrative Division of Henan Province(End of 2011)

单位：个　　　　　　　　　　　　　　　　　　　　　　　　　　　　(unit)

市 City	市 City	省辖市 Cities Under the Jurisdication of Province	县级市 Cities at County Level	县 County	市辖区 Districts Under the Jurisdication of City	镇 Towns	乡 Townships	街道办事处 Urban Subdistrict Offices	居民委员会 Neighborhood Committees	村民委员会 Village Committees
全　　省 Total	**38**	**17**	**21**	**88**	**50**	**1011**	**852**	**518**	**3866**	**47347**
郑　州　市 Zhengzhou	6	1	5	1	6	74	16	83	636	2290
开　封　市 Kaifeng	1	1		5	5	35	55	25	137	2381
洛　阳　市 Luoyang	2	1	1	8	6	96	45	39	262	2900
平顶山市 Pingdingshan	3	1	2	4	4	46	44	47	201	2586
安　阳　市 Anyang	2	1	1	4	4	51	41	43	201	3278
鹤　壁　市 Hebi	1	1		2	3	14	6	21	155	824
新　乡　市 Xinxiang	3	1	2	6	4	64	58	28	225	3529
焦　作　市 Jiaozuo	3	1	2	4	4	36	22	45	141	1848
濮　阳　市 Puyang	1	1		5	1	26	49	11	73	2940
许　昌　市 Xuchang	3	1	2	3	1	43	35	20	274	2140
漯　河　市 Luohe	1	1		2	3	32	16	3	69	1240
三门峡市 Sanmenxia	3	1	2	3	1	29	33	12	126	1342
南　阳　市 Nanyang	2	1	1	10	2	128	77	32	363	4510
商　丘　市 Shangqiu	2	1	1	6	2	78	97	16	185	4626
信　阳　市 Xinyang	1	1		8	2	78	99	25	281	3023
周　口　市 Zhoukou	2	1	1	8	1	91	78	32	197	4795
驻马店市 Zhumadian	1	1		9	1	79	81	31	246	2639
济　源　市 Jiyuan	1		1			11		5	94	456

1-2 各市、县(市、区)名称(2011年底)

Name of Administrative Area (End of 2011)

市 Cities	县(市、区)数(个) Counties (unit)	市辖县 Counties Under the Jurisdiction of Cities	市辖区 Districts Under the Jurisdiction of Cities	县级市 Cities at County Level
郑州市 Zhengzhou	12	中牟 Zhongmou	中原区、二七区、管城回族区、金水区、上街区、惠济区 Zhongyuan,Erqi,Guancheng Huizu,Jinshui,Shangjie,Huiji	巩义市 Gongyi 荥阳市 Xingyang 新郑市 Xinzheng 登封市 Dengfeng 新密市 Xinmi
开封市 Kaifeng	10	杞县、通许、尉氏、开封、兰考 Qixian,Tongxu,Weishi,Kaifeng,Lankao	龙亭区、顺河回族区、鼓楼区、禹王台区、金明区 Longting,Shunhe Huizu,Gulou,Yuwangtai,Jinming	
洛阳市 Luoyang	15	孟津、新安、栾川、嵩县、汝阳、宜阳、洛宁、伊川 Mengjin,Xin'an,Luanchuan,Songxian,Ruyang,Yiyang,Luoning,Yichuan	老城区、西工区、瀍河回族区、涧西区、吉利区、洛龙区 Laocheng,Xigong,Chanhe Huizu,Jianxi,Jili,Luolong	偃师市 Yanshi
平顶山市 Pingdingshan	10	宝丰、叶县、鲁山、郏县 Baofeng,Yexian,Lushan,Jiaxian	新华区、卫东区、湛河区、石龙区 Xinhua,Weidong,Zhanhe,Shilong	汝州市 Ruzhou 舞钢市 Wugang
安阳市 Anyang	9	安阳、汤阴、滑县、内黄 Anyang,Tangyin,Huaxian,Neihuang	文峰区、北关区、殷都区、龙安区 Wenfeng,Beiguan,Yindu,Longan	林州市 Linzhou
鹤壁市 Hebi	5	浚县、淇县 Xunxian,Qixian	鹤山区、山城区、淇滨区 Heshan,Shancheng,Qibin	
新乡市 Xinxiang	12	新乡、获嘉、原阳、延津、封丘、长垣 Xinxiang,Huojia,Yuanyang,Yanjin,Fengqiu,Changyuan	红旗区、卫滨区、凤泉区、牧野区 Hongqi,WeiBin,Fengquan,Muye	卫辉市Weihui 辉县市Huixian
焦作市 Jiaozuo	10	修武、博爱、武陟、温县 Xiuwu,Boai,Wuzhi,Wenxian	解放区、中站区、马村区、山阳区 Jiefang,Zhongzhan,Macun,Shanyang	沁阳市Qinyang 孟州市Mengzhou
濮阳市 Puyang	6	清丰、南乐、范县、台前、濮阳 Qingfeng,Nanle,Fanxian,Taiqian,Puyang	华龙区 Hualong	
许昌市 Xuchang	6	许昌、鄢陵、襄城 Xuchang,Yanling,Xiangcheng	魏都区 Weidu	禹州市Yuzhou 长葛市Changge
漯河市 Luohe	5	舞阳、临颍、 Wuyang,Linying	源汇区、郾城区、召陵区 Yuanhui，Yancheng, Zhaoling	
三门峡市 Sanmenxia	6	渑池、陕县、卢氏 Mianchi,Shanxian,Lushi	湖滨区 Hubin	义马市Yima 灵宝市Lingbao
南阳市 Nanyang	13	南召、方城、西峡、镇平、内乡、淅川、社旗、唐河、新野、桐柏 Nanzhao,Fangcheng,Xixia,Zhenping,Neixiang Xichuan,Sheqi,Tanghe,Xinye,Tongbai	卧龙区、宛城区 Wolong,Wancheng	邓州市 Dengzhou
商丘市 Shangqiu	9	虞城、民权、宁陵、睢县、夏邑、柘城 Yucheng,Minquan,Ningling,Suixian,Xiayi,Zhecheng	梁园区、睢阳区 LiangYuan,Suiyang	永城市 Yongcheng
信阳市 Xinyang	10	息县、淮滨、潢川、光山、固始、商城、罗山、新县 Xixian,Huaibin,Huangchuan,Guangshan,Gushi,Shangcheng,Luoshan,Xinxian	浉河区、平桥区 Shihe,Pingqiao	
周口市 Zhoukou	10	扶沟、西华、商水、太康、鹿邑、郸城、淮阳、沈丘 Fugou,Xihua,Shangshui,Taikang,Luyi,Dancheng,Huaiyang,Shenqiu	川汇区 Chuanhui	项城市 XiangCheng
驻马店市 Zhumadian	10	确山、泌阳、遂平、西平、上蔡、汝南、平舆、新蔡、正阳 Queshan,Biyang,Suiping,Xiping,Shangcai Runan,Pingyu,Xincai,Zhengyang	驿城区 Yicheng	
济源市 Jiyuan	1			济源市 Jiyuan

1-3 自然资源
Natural Resources

项 目	Item	2005	2010	2011
地理位置	**Geographical Position**			
东经	East Longitude	110°21′ ~116°391′	110°21′ ~116°391′	110°21′ ~116°391′
北纬	North Latitude	31°23′ ~36°23′	31°23′ ~36°23′	31°23′ ~36°23′
土地	**Land**			
土地面积(万平方公里)	Land Area(10 000sq.km)	16.70	16.70	16.70
#山区	Mountain Area	4.44	4.44	4.44
丘陵	Hills	2.96	2.96	2.96
平原	Plain	9.30	9.30	9.30
在山区、丘陵面积中	In Mountains and Hills			
太行山脉	Taihang Mountains	0.83	0.83	0.83
伏牛山脉	Funiu Mountains	4.97	4.97	4.97
桐柏山脉	Tongbai Mountains	0.21	0.21	0.21
大别山脉	Dabie Mountains	1.39	1.39	1.39
按四大水系分	By Major River System			
淮河流域	Huaihe River	8.83	8.83	8.83
黄河流域	Yellow River	3.62	3.62	3.62
海河流域	Hai River	1.53	1.53	1.53
长江流域	Yangtse River	2.72	2.72	2.72
气候	**Climate**			
平均气温(摄氏度)	Average Temperature(℃)	12.2~16.0	12.4—16.1	12.0—15.6
年降水总量(毫米)	Total precipitation(mm)	451~1525	432—1632	507—995
日照时数(小时)	Sunshine Hours(Hours)	1607~2274	1328—2350	1375—2272
矿产资源(保有储量)	**Mineral Resources (Ensured Reserves)**			
煤炭(亿吨)	Coal(100 million tons)	260.00	279.74	251.43
铁矿(矿石,亿吨)	Iron Ore(100 million tons)	10.60	16.35	15.18
铝矿(铝土矿矿石,亿吨)	Aluminium(100 million tons)	4.59	7.84	7.00
钼矿(钼,万吨)	Molybdenum(10 000 tons)	374.60	365.05	454.69
金矿(金,吨)	Gold mine(ton)	353.58	379.15	455.75

主要统计指标解释

行政区划 指国家对行政区域的划分。根据有关法规规定，我国的行政区域划分如下：(1)全国分为省、自治区、直辖市；(2)省、自治区分为自治州、县、自治县、市；(3)自治州分为县、自治县、市；(4) 自治区、自治州、自治县都是民族自治的地方；(5)县、自治县分为乡、民族乡、镇；(6)直辖市和较大的市分为区、县；(7)国家在必要时设立的特别行政区。

降水量 指从天空降落到地面的液态或固态(经融化后)水，未经蒸发、渗透、流失而在地面上积聚的深度。取自水利部门水资源公报。降水量在计量单位上又包括亿立方米和毫米，亿立方米反映降水总量的概念，毫米反映平均降水的多少。

Explanatory Notes on Main Statistical Indicators

Divisions of Administrative Areas refers to the division of administrative areas by the State. The relative laws stipulate that 1) the whole country is divided into provinces, autonomous regions and municipalities directly under the Central Government; 2) provinces and autonomous regions are further divided into autonomous prefectures, counties, autonomous counties and cities; 3) autonomous prefectures are further divided into counties, autonomous counties and cities; 4) counties and autonomous counties are further divided into townships, ethnic townships and towns; 5) municipalities directly under the Central Government and large cities are divided into districts and counties, 6) the State shall, when necessary, establish special administrative regions.

Volume of Precipitation refers to the deepness of liquid state or solid state (thawed) water falling from the sky to the ground that has not been evaporated, infiltrated or run off. The Data comes from the communique of water conservancy administration. There are two measure units of this Index, one is 100 million cu.m, and the other is millimeter. 100 million cu.m means Total Volume of Precipitation, and millimeter means average deepness of Precipitation.

综合
General Survey

◉ 资料整理：朱　涛　乔旭明

简要说明

一、主要内容

本篇包括国民经济综合资料，基本单位资料。

二、资料来源

国民经济综合资料是通过对各篇章主要统计指标及其速度、结构和效益等加工计算的，由河南省统计局综合处编辑整理。

基本单位资料主要包括所有法人单位和产业活动单位数，根据名录库中各部门的单位审批登记资料和经常性统计调查中查到的新增、变动和消亡单位情况进行汇总，为截止2012年一季度数据，其它部分单位数为2011年底数据。本部分资料由河南省统计局普查中心编辑整理。

Brief Introduction

I. Main Contents

This chapter consists of following parts: summary data on the national economy and social development, Institutional unit.

II. Sources of Data

The summary data on the national economy and social development reflect the overall situation by presenting further processed statistics including growth, structure, ratio, and efficiency data derived from other chapters.

Data on institutional unit include legal and establishment units, which are calculated on directory library and increase, change and reduce unit in regular surreys. Data in this part is total remit in the end of the first quarter of 2012 , and institutional unit of other part is 2011 data. Data in this part are prepared by Census Center of Henan provincial Bureau of statistics.

2-1 河南省主要统计指标居全国位次

The Main Indicator Seating Arrangement of Henan in Nation

指　标	Indicator	2000	2005	2009	2010	2011
生产总值	Gross Domestic Product	5	5	5	5	5
生产总值增速	Growth of Gross Domestic Product	14	5	22	21	24
固定资产投资	Total Investment in Fixed Assets	11	6	4	4	4
#房地产开发	Real Estate	18	15	9	10	9
居民消费价格指数	General Consumer Price Index	26	9	19	13	12
公共财政预算收入	Financial Revenue of the Local Government	9	8	9	9	10
公共财政预算支出	Financial Expenditures of the Local Government	7	7	6	5	5
规模以上工业增加值增速	Growth Rate of Industrial Enterprises above Designated Size			14	14	10
社会消费品零售总额	Total Retail Sales of Consumer Goods	5	5	5	5	5
进出口总额	Total Exports and Imports	18	16	17	16	14
进口	Imports	21	18	16	19	16
出口	Exports	14	13	18	17	15
农民人均纯收入	Per Capita Net Income of Rural Residents	18	19	17	17	16
城镇居民人均可支配收入	Per Capita Annual Income of Urban Residents	30	20	16	17	20
在岗职工平均工资	Average Wage of Staff and Workers	30	30	23	26	26

注：2010年以前固定资产投资为城镇口径。(下表同)

a)Data on investment in fixed assets before 2010 is urban investment.(the same as following table)

2-2 河南省主要统计指标占全国比重

The Main Indicator Poroportion of Henan in Nation

单位:%　　(%)

指　标	Indicator	1952	1978	1990	2000	2010	2011
生产总值	Gross Domestic Product	5.3	4.5	5.0	5.1	5.3	5.7
第一产业	Primary Industry	6.6	6.3	6.4	7.8	8.0	7.4
第二产业	Secondary Industry	5.8	4.0	4.3	5.0	6.0	7.0
第三产业	Tertiary Industry	2.8	3.3	4.7	4.1	3.7	3.9
人均生产总值	Per Capita GDP		60.9	66.4	69.4	81.5	81.7
全社会固定资产投资总额	Total Investment in Fixed Assets		2.7(1980年)	4.6	4.5	6.0	5.7
#固定资产投资	Investment in Fixed Assets		3.1(1980年)	3.8	3.6	5.8	5.6
公共财政预算收入	Financial Revenue of the Local Government	2.5	3.5	4.3	3.8	3.4	3.3
公共财政预算支出	Financial Expenditures of the Local Government	1.0	4.7	4.3	4.3	4.6	4.6
粮食产量	Output of Grain	6.3	6.9	7.4	8.9	9.9	9.7
社会消费品零售总额	Total Retail Sales of Consumer Goods	3.9	4.6	3.8	4.8	5.1	5.1
进出口总额	Total Exports and Imports	0.1(1957年)	0.6	0.9	0.5	0.6	0.9
#出口额	Exports	0.3(1957年)	1.0	1.4	0.6	0.7	1.0
城镇居民人均可支配收入	Per Capita Annual Disposable Income of Urban Households		91.7	76.3	75.9	83.4	83.4
农民人均纯收入	Per Capita Net Income of Rural Residents		78.4	76.8	88.1	93.3	94.7

2–3 国民经济和社会发展总量和速度指标

指 标	Item	1978	2000	2005
人口与就业	**Population and Employment**			
人口(万人)	**Population (10 000 persons)**			
年底总人口	Population (year-end)	7067	9488	9768
#城镇人口	Urban	963	2201	2994
常住人口	Residents popolation			9380
就业(万人)	**Employment (10 000 persons)**			
年底从业人员	Employment(year-end)	2807	5572	5662
#在岗职工	Staff and Workers	420	718	681
城镇登记失业人数	Registered Unemployed in Urban Areas	15.74	21.40	33.02
宏观经济	**Macroeconomy**			
国民核算	**National Accounting**			
生产总值(亿元)	Gross Domestic Product (100 million yuan)	162.92	5052.99	10587.42
第一产业	Primary Industry	64.86	1161.58	1892.01
第二产业	Secondary Industry	69.45	2294.15	5514.14
#工业	Industry	59.20	2000.04	4896.01
第三产业	Tertiary Industry	28.61	1597.26	3181.27
人均生产总值(元)	Per Capita GDP (yuan)	232	5450	11346
固定资产投资(亿元)	**Investment in Fixed Assets (100 million yuan)**			
全社会固定资产投资总额	Total Investment in Fixed Assets		1475.72	4378.69
#固定资产投资	Investment in Fixed Assets		1176.76	3928.49
#工业投资	Industry		446.77	1938.66
#房地产开发投资	Real Estate Development		77.87	388.52
对外贸易	**Foreign Trade**			
进出口总额(万美元)	Total Exports and Imports (USD 10 000)	11843	227486	773604
进口额	Imports	1612	78148	263511
出口额	Exports	10231	149338	510093
利用外资(万美元)	**Utilization of Foreign Capital (USD 10 000)**			
实际利用外商直接投资	Actually Utilized Direct Foreign Investments		53999	122960
能源(万吨标准煤)	**Energy (10 000 tons of SCE)**			
能源生产总量	Total Energy Production	4434	6591	14522
能源消费总量	Total Energy Consumption	3353	7919	14625
财政(亿元)	**Public Finance (100 million yuan)**			
公共财政预算收入	Public Financial Revenue of the Local Government	33.73	246.47	537.65
公共财政预算支出	Public Financial Expenditures of the Local Government	27.67	445.53	1116.04
物价总指数(以上年为100)	**Price Indices (preceding year=100)**			
居民消费价格总指数	General Consumer Price Index	100.1	99.2	102.1
商品零售价格总指数	General Retail Price Index	100.1	98.5	101.7
农业生产资料价格总指数	Means of Agricultural Production Price Index	97.9	99.6	107.9
人民生活	**People's Livelihood**			
城镇居民人均可支配收入(元)	Per Capita Annual Disposable Income of Urban Households (yuan)	291.00	4766.26	8667.97
城镇居民人均消费性支出(元)	Per Capita Annual Living Expenditure of Urban Residents(yuan)	274.00	3830.71	6038.02
农民人均纯收入(元)	Per Capita Net Income of Rural Residents (yuan)	104.71	1985.82	2870.58
农民人均生活消费支出(元)	Per Capita Living Expenditure of Rural Households (yuan)	81.70	1315.83	1891.57
在岗职工平均工资(元)	Average Wage of Staff and Workers (yuan)	590	6930	14282

Principal Aggregate Indicators on National Economic and Social Development and Growth Rates

2010	2011	2011年为以下各年% 2011 as % of the Following years				年均增长速度(%) Average Annual Growth Rate		
		1978	2000	2005	2010	1979-2011	2001-2011	2006-2011
10437	10489	148.4	110.6	107.4	100.5	1.2	0.9	1.2
4052	4255	441.8	193.3	142.1	105.0	4.6	6.2	6.0
9405	9388			100.1	99.8			0.0
6042	6198	220.8	111.2	109.5	102.6	2.4	1.0	1.5
723	809	192.6	112.7	118.8	111.9	2.0	1.1	2.9
38.20	38.40	244.0	179.4	116.3	100.5	2.7	5.5	2.5
23092.36	26931.03	3378.7	352.2	205.3	111.9	11.3	12.1	12.7
3258.09	3512.24	639.5	172.8	132.6	103.7	5.8	5.1	4.8
13226.38	15427.08	6513.7	456.4	232.7	113.2	13.5	14.8	15.1
11950.88	13949.32	7072.1	478.7	240.5	114.1	13.8	15.3	15.7
6607.89	7991.72	5961.0	332.6	200.1	113.4	13.2	11.5	12.3
24446	28661	2477.9	347.4	203.8	112.5	10.2	12.0	12.6
16585.85	17770.51		1414.0	476.6	125.8		26.7	31.2
15799.21	16935.88		1704.8	501.5	127.0		29.1	34.0
8223.57	9110.52		2465.9	606.0	134.0		34.7	36.4
2114.08	2626.54		3372.8	676.0	124.2		38.8	40.1
1779157	3264212	27562.4	1434.9	421.9	183.5	18.6	27.4	27.1
725710	1340172	83137.2	1714.9	508.6	184.7	22.6	29.5	31.1
1053447	1924040	18806.0	1288.4	377.2	182.6	17.2	26.2	24.8
624670	1008209		1867.1	819.9	161.4		30.5	42.0
18672	18298	412.7	277.6	126.0	98.0	4.4	9.7	3.9
21438	23061	687.8	291.2	157.7	107.6	6.0	10.2	7.9
1381.32	1721.76	5104.5	698.6	320.2	124.6	12.7	19.3	21.4
3416.14	4248.82	15355.3	953.7	380.7	124.4	16.5	22.8	25.0
103.5	105.6							
103.7	105.7							
103.1	111.1							
15930.26	18194.80	1041.2	270.5	171.8	108.4	7.4	9.5	9.4
10838.49	12336.47	4502.4	322.0	204.3	113.8	12.2	11.2	12.6
5523.73	6604.03	1550.4	232.3	182.0	112.7	8.7	8.0	10.5
3682.21	4319.95	5287.6	328.3	228.4	117.3	12.8	11.4	14.8
30303	34203	1151.6	370.4	193.7	107.1	7.7	12.6	11.7

2-3 续表 1

指 标	Item	1978	2000	2005
城市概况	**General Survey of Cities**			
供水总量(万立方米)	Volume of Tap Water Supply (10 000 cu.m)		191706	183436
排水管道长度(公里)	Length of Sewer Pipelines (km)		6070	10201
城市煤气、天然气家庭用量(万立方米)	Volume of Coal Gas and Natural Gas Supply in Urban Areas (10 000 cu.m)		30100	31384
公共汽(电)车总数(标台)	Total Number of Public Buses and Trolley Buses (unit)		12514	12514
道路长度(公里)	Length of Paved Roads (km)		4920	7090
公园绿地面积(公顷)	Areas of Green Land (hectare)		6286	12644
产 业	**Industry**			
农林牧渔业	**Farming Forestry, Animal Husbandry and Fishery**			
主要农产品产量	Output of Major Farm Products			
粮食(万吨)	Grain (10 000 tons)	2097.40	4101.50	4582.00
棉花(万吨)	Cotton (10 000 tons)	22.42	70.38	67.70
油料(万吨)	Oil-bearing Crops (10 000 tons)	24.16	392.55	449.60
烟叶(万吨)	Tobacco (10 000 tons)	29.95	27.60	28.84
水果(万吨)	Fruits (10 000 tons)	47.11	364.73	555.69
年底大牲畜存栏头数(万头)	Large Animals (year-end) (10 000 heads)	515.03	1445.73	1508.80
年底生猪存栏头数(万头)	Hogs (year-end) (10 000 heads)	1724.90	3787.69	4439.00
年底羊存栏只数(万只)	Sheep and goats (year-end) (10 000 heads)	989.70	2961.40	3988.00
肉类(万吨)	Meat (10 000 tons)	45.64	517.00	689.00
工业	**Industry**			
规模以上工业增加值(亿元)	value-added of Industrial Above Designated Size (100 million yuan)		1154.39	3200.23
主要工业产品产量	Output of Major Industrial Products			
机制纸及纸板(万吨)	Machine-Made Paper and Paperboards (10 000 tons)	17.13	290.06	562.18
原煤(万吨)	Coal (10 000 tons)	5845	7578	18761
原油(万吨)	Crude Oil (10 000 tons)	167.44	562.18	507.16
发电量(亿千瓦小时)	Electricity (100 million kwh)	130.68	694.93	1414.68
生铁(万吨)	Pig Iron (10 000 tons)	109.72	508.88	973.00
粗钢(万吨)	Steel (10 000 tons)	54.22	404.84	1226.62
成品钢材(万吨)	Steel Products (10 000 tons)	30.94	405.62	1337.40
农用化肥(折纯量)(万吨)	Chemical Fertilizer (10 000 tons)	51.92	258.56	396.64
水泥(万吨)	Cement (10 000 tons)	352.85	3723.00	6210.70
平板玻璃(万重量箱)	Plate Glass (10 000 weight cases)	184.20	2425.41	3894.92
主营业务收入(亿元)	Sales Revenue (100 million yuan)		3297.78	10114.21
利润总额(亿元)	Total Profits (100 million yuan)		139.97	643.39
建筑业	**Construction**			
施工房屋面积(万平方米)	Floor Space of Buildings Under Construction (10 000 sq.m)		5308.29	10813.15
竣工房屋面积(万平方米)	Floor Space of Buildings Completed (10 000 sq.m)		2629.33	4787.12
交通运输、仓储、邮政业	**Transport, Storage and Post**			
客运量(万人)	Passengers (10 000 persons)	11177	83912	98099
#铁路	Railways	4319	4727	5842
公路	Highways	6781	79017	91920
货运量(万吨)	Freight (10 000 tons)	18206	60678	78827
#铁路	Railways	6722	10172	14806
公路	Highways	11321	50133	62684
邮电业务总量(亿元)	Business Volume of Post and Telecommunications Service (100 million yuan)	0.71	130.06	556.50
批发和零售业、住宿和餐饮业	**Wholesale and Retail Trades、Accommodation and Catering Trade**			
社会消费品零售总额(亿元)	Total Retail Sales of Consumer Goods (100 million yuan)	71.79	1869.80	3380.88

continued

2010	2011	2011年为以下各年% 2011 as % of the Following years				年均增长速度(%) Average Annual Growth Rate		
		1978	2000	2005	2010	1979-2011	2001-2011	2006-2011
179122	184588		96.3	100.6	103.1		-0.3	0.1
14733	15836		260.9	155.2	107.5		9.1	7.6
63663	69958		232.4	222.9	109.9		8.0	14.3
18912	20860		166.7	166.7	110.3		4.8	8.9
9413	9859		200.4	139.1	104.7		6.5	5.7
18361	19207		305.6	151.9	104.6		10.7	7.2
5437.10	5542.50	264.3	135.1	121.0	101.9	3.0	2.8	3.2
44.72	38.24	170.6	54.3	56.5	85.5	1.6	-5.4	-9.1
540.72	532.36	2203.5	135.6	118.4	98.5	9.8	2.8	2.9
28.75	29.25	97.7	106.0	101.4	101.7	-0.1	0.5	0.2
795.99	833.58	1769.4	228.5	150.0	104.7	9.1	7.8	7.0
1044.80	988.60	191.9	68.4	65.5	94.6	2.0	-3.4	-6.8
4547.00	4569.00	264.9	120.6	102.9	100.5	3.0	1.7	0.5
1895.40	1865.00	188.4	63.0	46.8	98.4	1.9	-4.1	-11.9
638.40	641.65	1405.9	124.1	93.1	100.5	8.3	2.0	-1.2
9901.52	11882.55		686.2	299.5	119.6		19.1	20.1
975.64	1181.95	6899.9	407.5	210.2	121.1	13.7	13.6	13.2
21349	20935	358.2	276.3	111.6	98.1	3.9	9.7	1.8
497.90	485.50	290.0	86.4	95.7	97.5	3.3	-1.3	-0.7
2283.84	2571.88	1968.1	370.1	181.8	112.6	9.4	12.6	10.5
2073.92	2151.01	1960.5	422.7	221.1	103.7	9.4	14.0	14.1
2327.35	2370.65	4372.3	585.6	193.3	101.9	12.1	17.4	11.6
3196.42	3551.19	11477.7	875.5	265.5	111.1	15.5	21.8	17.7
439.25	474.03	913.0	183.3	119.5	107.9	6.9	5.7	3.0
11479.73	13666.02	3873.0	367.1	220.0	119.0	11.7	12.5	14.0
2414.41	2153.48	1169.1	88.8	55.3	89.2	7.7	-1.1	-9.4
36163.12	47647.21		1444.8	471.1	131.8		27.5	29.5
3302.22	4131.59		2951.7	642.2	125.1		36.0	36.3
28677.13	33282.01		627.0	307.8	116.1		18.2	20.6
13156.03	15146.83		576.1	316.4	115.1		17.3	21.2
167804	193882	1857.7	246.7	211.1	115.5	9.3	8.6	13.3
8399	8952	173.1	158.2	128.0	106.6	1.7	4.3	4.2
158630	184213	2913.6	250.0	214.9	116.1	10.8	8.7	13.6
202470	240965	1119.7	335.4	258.2	119.0	7.6	11.6	17.1
14224	14312	241.4	159.5	109.6	100.6	2.7	4.3	1.5
183291	220122	1619.2	365.7	292.4	120.1	8.8	12.5	19.6
486.11	581.36	207004.4	1385.6	323.8	119.6	26.0	27.0	21.6
8004.15	9453.65	13168.5	505.6	279.6	118.1	15.9	15.9	18.7

2-3 续表 2

指 标	Item	1978	2000	2005
金融业(亿元)	**Finance (100 million yuan)**			
金融机构年底存款余额	Deposits of National Banking System	45.71	4753.41	10003.96
金融机构年底贷款余额	Loans of National Banking System	99.99	4356.94	7434.53
城乡居民储蓄存款年底余额	Balance of Savings Deposit of Rural and Urban Residents (year-end)	9.81	3182.08	6488.55
租赁和商务服务业	**Leasing and Business Services**			
接待旅游者人数(万人次)	Number of foreign tourists (10 000 person-times)		32.50	60.05
旅游外汇收入(万美元)	Foreign Exchange Earnings from Tourism (USD 10 000)		12390	21604
科学研究、技术服务和地质勘查业	**Scientific Research, Technical Services and Geologic Prospecting**			
研究与试验发展(R&D)经费内部支出(亿元)	Intramural Expenditures on R&D (100 million yuan)		24.80	55.61
技术市场成交额(亿元)	Volume of Transaction in Technical Markets (100 million yuan)		21.16	26.37
三种专利授权量(项)	Three Types of Patent Application Granted (item)		2766	3748
水利、环境和公共设施管理业	**Management of Water Conservancy, Environment and Public Facilities**			
水资源总量(亿立方米)	Total Amount of Water Resources (100 million cu.m)		669.95	558.56
环境污染治理投资总额(亿元)	Total Investment in Treatment of Environment Pollution (100 million yuan)		8.06	82.34
教育	**Education**			
专任教师数(万人)	Number of Full-time Teachers (10 000 persons)			
高等学校	Institutions of Higher Education	0.54	2.02	4.63
普通中学	Regular Secondary School	29.34	30.86	37.30
小学	Primary Schools	42.88	45.93	47.55
在校学生数(万人)	Students Enrollment (10 000 persons)			
高等学校	Institutions of Higher Education	2.73	26.24	85.19
普通中学	Regular Secondary School	521.62	638.14	758.22
小学	Primary Schools	1140.26	1130.63	986.84
卫生、社会保障和社会福利业	**Health, Social Security and Social Welfare**			
卫生机构床位数(万张)	Number of Beds in Health Institutions (10 000 units)	10.20	19.86	21.40
#医院、卫生院	Hospitals	9.73	18.34	20.23
卫生技术人员数(万人)	Number of Medical Technical Personnel (10 000 persons)	11.44	26.84	28.92
#医生	Doctors	4.38	11.11	11.11
文化、体育和娱乐业	**Culture, Sports and Entertainment**			
总印数	Total Printed Copies			
书籍(万册)	Number of Books Published (10 000 copies)		35077	27260
杂志(万册)	Number of Magazines Issued (10 000 copies)		10721	9323
报纸(万张)	Number of Newspapers Issue (10 000 copies)		129104	197896

注：1.本表价值量指标除邮电业务总量2001年以来为2000年不变价，1990-2000年按1990年不变价格计算，以前年度按1980年不变价格计算，其他价值量指标均按当年价格计算。(下同)。生产总值、工业增加值、邮电业务总量、城乡居民收入、在岗职工平均工资发展(增长)速度均按可比价格计算。
2.1994年始财政收入为分税制后新口径数据(下同),发展(增长)速度按可比口径计算。
3.在岗职工、工资1997年及以前年度为职工口径(下同)。
4.进出口总额1992年及以后年度为海关数，其他为有关部门数(下同)。

continued

2010	2011	2011年为以下各年% 2011 as % of the Following years				年均增长速度(%) Average Annual Growth Rate		
		1978	2000	2005	2010	1979-2011	2001-2011	2006-2011
23148.83	26646.15	58297.5	560.57	266.4	115.1	21.3	17.0	17.7
15871.32	17506.24	17507.2	401.8	235.5	110.3	16.9	13.5	15.3
12883.70	14648.43	149321.4	460.3	225.8	113.7	24.8	14.9	14.5
146.84	168.29		517.8	280.2	114.6		16.1	18.7
49877	54902		443.1	254.1	110.1		14.5	16.8
211.38	264.49		1066.4	475.6	125.1		24.0	29.7
27.69	38.76		183.2	147.0	140.0		5.7	6.6
16539	19259		696.3	513.8	116.4		19.3	31.4
534.89	327.94		48.9	58.7	61.3		-6.3	-8.5
132.25	146.97		1824.5	178.5	111.1		30.2	10.1
7.75	8.20	1518.5	405.9	177.1	105.8	8.6	13.6	10.0
38.10	38.65	131.7	125.2	103.6	101.4	0.8	2.1	0.6
49.04	49.58	115.6	107.9	104.3	101.1	0.4	0.7	0.7
145.67	150.01	5494.9	571.7	176.1	103.0	12.9	17.2	9.9
661.56	657.48	126.0	103.0	86.7	99.4	0.7	0.3	-2.3
1070.53	1092.90	95.8	96.7	110.7	102.1	-0.1	-0.3	1.7
32.76	34.92	342.4	175.8	163.2	106.6	3.8	5.3	8.5
30.44	32.49	333.9	177.2	160.6	106.7	3.7	5.3	8.2
37.28	39.52	345.5	147.2	136.7	106.0	3.8	3.6	5.3
15.48	15.58	355.7	140.2	140.2	100.6	3.9	3.1	5.8
20150	21157		60.3	77.6	105.0		-4.5	-4.1
8524	9148		85.3	98.1	107.3		-1.4	-0.3
214158	218462		169.2	110.4	102.0		4.9	1.7

a) Figures in value terms in this table are Calculated at current prices, except that on the business transaction of post and telecommunications service since 2001 is calculated at 2000 constant prices.1990~2000 is calculated at 1990 constant prices.Figures on postal and telecommunication services before 1990 were calculated at 1980 constant prices,and those since 1991 were calculated at constant prices.The indices and growth rates of the follow indicators are calculated at GDP, value added of industry, Business volume of post and telecommunications, per capita income of urban and rural residents,comparable prices: wages of Fully Employed Staff and workers(the same as following tables)

b) Total financial revenue since tax reform began to be implemented in 1994(the same as following tables).The indices in this table are calculated at comparable prices.

c) Before 1997,Data of Number and Wage of Fully Employed Staff and workers Refer to Total Employed persons(the same as following tables).

d) Since 1992,the data of imports and exports in foreign trade begin to be obtained from custom statistics(the same as following tables).

2-4 "十六大"以来国民经济和社会发展总量和速度指标

Principal Aggregate Indicators on National Economic and Social Development and Growth Rates since The 16th National Congress

指 标	Item	2002	2007	2011	年均增长速度(%) Average Annual Growth Rate 2003-2007	2008-2011
人口与就业	**Population and Employment**					
人口(万人)	**Population (10 000 persons)**					
年底总人口	Population (year-end)	9613	9869	10489	0.5	1.5
#城镇人口	Urban	2480	3389	4255	6.4	5.9
常住人口	Residents popolation		9360	9388		0.1
就业(万人)	**Employment (10 000 persons)**					
年底从业人员	Employment(year-end)	5522	5773	6198	0.9	1.8
#在岗职工	Staff and Workers	694	699	809	0.1	3.7
城镇登记失业人数	Registered Unemployed in Urban Areas	25.00	33.07	38.40	5.8	3.8
宏观经济	**Macroeconomy**					
国民核算	**National Accounting**					
生产总值(亿元)	Gross Domestic Product (100 million yuan)	6035.48	15012.46	26931.03	13.5	11.9
第一产业	Primary Industry	1288.36	2217.66	3512.24	5.7	4.4
第二产业	Secondary Industry	2768.75	8282.83	15427.08	17.3	13.8
#工业	Industry	2412.18	7508.33	13949.32	18.2	14.1
第三产业	Tertiary Industry	1978.37	4511.97	7991.72	12.0	11.6
人均生产总值(元)	Per Capita GDP (yuan)	6487	16012	28661	13.3	11.8
固定资产投资(亿元)	**Investment in Fixed Assets (100 million yuan)**					
全社会固定资产投资总额	Total Investment in Fixed Assets	1820.45	8010.11	17770.51	33.8	28.1
#固定资产投资	Investment in Fixed Assets	1483.81	7418.57	16935.88	37.8	29.3
#工业投资	Industry	524.86	4081.42	9110.52	51.7	29.7
#房地产开发投资	Real Estate Development	138.36	837.11	2626.54	42.3	33.7
对外贸易	**Foreign Trade**					
进出口总额(万美元)	Total Exports and Imports (USD 10 000)	320351	1280493	3264212	31.9	26.4
进口额	Imports	108475	441347	1340172	32.4	32.0
出口额	Exports	211876	839145	1924040	31.7	23.1
利用外资(万美元)	**Utilization of Foreign Capital (USD 10 000)**					
实际利用外商直接投资	Actually Utilized Direct Foreign Investments	45165	306162	1008209	46.6	34.7
能源(万吨标准煤)	**Energy (10 000 tons of SCE)**					
能源生产总量	Total Energy Production	8321	14604	18298	11.9	5.8
能源消费总量	Total Energy Consumption	9005	17838	23061	14.6	6.6
财政(亿元)	**Public Finance (100 million yuan)**					
公共财政预算收入	Public Financial Revenue of the Local Government	296.72	862.08	1721.76	23.8	18.9
公共财政预算支出	Public Financial Expenditures of the Local Government	629.18	1870.61	4248.82	24.3	22.8
物价总指数(以上年为100)	**Price Indices (preceding year=100)**					
居民消费价格总指数	General Consumer Price Index	100.1	105.4	105.6		
商品零售价格总指数	General Retail Price Index	99.2	104.4	105.7		
农业生产资料价格总指数	Means of Agricultural Production Price Index	100.8	106.1	111.1		
人民生活	**People's Livelihood**					
城镇居民人均可支配收入(元)	Per Capita Annual Disposable Income of Urban Households (yuan)	6245	11477	18195	9.5	8.5
城镇居民人均消费性支出(元)	Per Capita Annual Living Expenditure of Urban Residents(yuan)	4505	7827	12336	11.7	12.0
农民人均纯收入(元)	Per Capita Net Income of Rural Residents (yuan)	2216	3852	6604	7.9	9.7
农民人均生活消费支出(元)	Per Capita Living Expenditure of Rural Households (yuan)	1452	2676	4320	13.0	12.7
在岗职工平均工资(元)	Average Wage of Staff and Workers (yuan)		20935	34203	14.4	9.0

2-4 续表 1 continued

指 标	Item	2002	2007	2011	年均增长速度(%) Average Annual Growth Rate 2003-2007	2008-2011
城市概况	**General Survey of Cities**					
供水总量(万立方米)	Volume of Tap Water Supply (10 000 cu.m)	187039	167348	184588	-2.2	2.5
排水管道长度(公里)	Length of Sewer Pipelines (km)	7188	12398	15836	11.5	6.3
城市煤气、天然气家庭用量(万立方米)	Volume of Coal Gas and Natural Gas Supply in Urban Areas (10 000 cu.m)	46030	36918	69958	-4.3	17.3
公共汽(电)车总数(标台)	Total Number of Public Buses and Trolley Buses (unit)	8712	13071	20860	8.5	12.4
道路长度(公里)	Length of Paved Roads (km)	5739	8651	9859	8.6	3.3
公园绿地面积(公顷)	Areas of Green Land (hectare)	10373	15493	19207	8.4	5.5
产 业	**Industry**					
农林牧渔业	**Farming Forestry, Animal Husbandry and Fishery**					
主要农产品产量	Output of Major Farm Products					
粮食(万吨)	Grain (10 000 tons)	4209.98	5245.22	5542.50	4.5	1.4
棉花(万吨)	Cotton (10 000 tons)	76.49	75.00	38.24	-0.4	-15.5
油料(万吨)	Oil-bearing Crops (10 000 tons)	420.68	483.98	532.36	2.8	2.4
烟叶(万吨)	Tobacco (10 000 tons)	27.49	23.94	29.25	-2.7	5.1
水果(万吨)	Fruits (10 000 tons)	427.01	663.49	833.58	9.2	5.9
年底大牲畜存栏头数(万头)	Large Animals (year-end) (10 000 heads)	1409.78	1081.93	988.60	-5.2	-2.2
年底生猪存栏头数(万头)	Hogs (year-end) (10 000 heads)	3800.00	4185.50	4569.00	2.0	2.2
年底羊存栏只数(万只)	Sheep and goats (year-end) (10 000 heads)	3378.02	1940.90	1865.00	-10.5	-1.0
肉类(万吨)	Meat (10 000 tons)	570.01	542.90	641.65	-1.0	4.3
工业	**Industry**					
规模以上工业增加值(亿元)	value-added of Industrial Above Designated Size (100 million yuan)	2508.73	5438.06	11882.55	22.8	18.2
主要工业产品产量	Output of Major Industrial Products					
机制纸及纸板(万吨)	Machine-Made Paper and Paperboards (10 000 tons)	355.05	989.71	1181.95	22.8	4.5
原煤(万吨)	Coal (10 000 tons)	9921	18917	20935	13.8	2.6
原油(万吨)	Crude Oil (10 000 tons)	568.06	485.08	485.50	-3.1	0.0
发电量(亿千瓦小时)	Electricity (100 million kwh)	909.68	1910.97	2571.88	16.0	7.7
生铁(万吨)	Pig Iron (10 000 tons)	604.56	1925.40	2151.01	26.1	2.8
粗钢(万吨)	Steel (10 000 tons)	672.22	2264.65	2370.65	27.5	1.2
成品钢材(万吨)	Steel Products (10 000 tons)	593.60	2474.97	3551.19	33.1	9.4
农用化肥(折纯量)(万吨)	Chemical Fertilizer (10 000 tons)	308.30	523.98	474.03	11.2	-2.5
水泥(万吨)	Cement (10 000 tons)	4481.30	9347.00	13666.02	15.8	10.0
平板玻璃(万重量箱)	Plate Glass (10 000 weight cases)	2920.37	3588.17	2153.48	4.2	-12.0
主营业务收入(亿元)	Sales Revenue (100 million yuan)	5284.81	18936.82	47647.21	29.1	25.9
利润总额(亿元)	Total Profits (100 million yuan)	255.91	1941.51	4131.59	50.0	20.8
建筑业	**Construction**					
施工房屋面积(万平方米)	Floor Space of Buildings Under Construction (10 000 sq.m)	7118.44	19015.67	33282.01	21.7	15.0
竣工房屋面积(万平方米)	Floor Space of Buildings Completed (10 000 sq.m)	3630.82	9177.80	15146.83	20.4	13.3
交通运输、仓储、邮政业	**Transport, Storage and Post**					
客运量(万人)	Passengers (10 000 persons)	90334	122557	193882	6.3	12.1
#铁路	Railways	5085	6585	8952	5.3	8.0
公路	Highways	85078	115460	184213	6.3	12.4
货运量(万吨)	Freight (10 000 tons)	68397	101410	240965	8.2	24.2
#铁路	Railways	12148	16010	14312	5.7	-2.8
公路	Highways	55743	83537	220122	8.4	27.4
邮电业务总量(亿元)	Business Volume of Post and Telecommunications Service (100 million yuan)	220.20	933.16	581.36	33.5	17.9
批发和零售业、住宿和餐饮业	**Wholesale and Retail Trades、Accommodation and Catering Trade**					
社会消费品零售总额(亿元)	Total Retail Sales of Consumer Goods (100 million yuan)	2189.79	4690.32	9453.65	16.5	19.2

2-4　续表 2　continued

指　标	Item	2002	2007	2011	年均增长速度(%) Average Annual Growth Rate 2003-2007	2008-2011
金融业(亿元)	**Finance (100 million yuan)**					
金融机构年底存款余额	Deposits of National Banking System	6451.59	12576.42	26646.15	14.3	20.6
金融机构年底贷款余额	Loans of National Banking System	5553.58	9545.48	17506.24	11.4	16.4
城乡居民储蓄存款年底余额	Balance of Savings Deposit of Rural and Urban Residents (year-end)	4202.57	7812.24	14648.43	13.2	17.0
租赁和商务服务业	**Leasing and Business Services**					
接待旅游者人数(万人次)	Number of foreign tourists (10 000 person-times)	41.01	88.09	168.29	16.5	17.6
旅游外汇收入(万美元)	Foreign Exchange Earnings from Tourism (USD 10 000)	14549	31801	54902	16.9	14.6
科学研究、技术服务和地质勘查业	**Scientific Research, Technical Services and Geologic Prospecting**					
研究与试验发展(R&D)经费内部支出(亿元)	Intramural Expenditures on R&D (100 million yuan)	29.32	101.13	264.49	28.1	27.2
技术市场成交额(亿元)	Volume of Transaction in Technical Markets (100 million yuan)	19.4	26.52	38.76	6.5	10.0
三种专利授权量(项)	Three Types of Patent Application Granted (item)	2961	6998	19259	18.8	28.8
水利、环境和公共设施管理业	**Management of Water Conservancy, Environment and Public Facilities**					
水资源总量(亿立方米)	Total Amount of Water Resources (100 million cu.m)		465.16	327.94		-8.4
环境污染治理投资总额(亿元)	Total Investment in Treatment of Environment Pollution (100 million yuan)	9.49	114.40	146.97	64.5	6.5
教育	**Education**					
专任教师数(万人)	Number of Full-time Teachers (10 000 persons)					
高等学校	Institutions of Higher Education	3.33	5.88	8.20	12.0	8.7
普通中学	Regular Secondary School	35.88	37.88	38.65	1.1	0.5
小学	Primary Schools	48.85	48.30	49.58	-0.2	0.7
在校学生数(万人)	Students Enrollment (10 000 persons)					
高等学校	Institutions of Higher Education	55.72	109.52	150.01	14.5	8.2
普通中学	Regular Secondary School	750.51	719.83	657.48	-0.8	-2.2
小学	Primary Schools	1058.61	1018.71	1092.90	-0.8	1.8
卫生、社会保障和社会福利业	**Health, Social Security and Social Welfare**					
卫生机构床位数(万张)	Number of Beds in Health Institutions (10 000 units)	19.73	23.95	34.92	4.0	9.9
#医院、卫生院	Hospitals	18.75	22.61	32.49	3.8	9.5
卫生技术人员数(万人)	Number of Medical Technical Personnel (10 000 persons)	26.48	29.79	39.52	2.4	7.3
#医生	Doctors	10.17	11.59	15.58	2.6	7.7
文化、体育和娱乐业	**Culture, Sports and Entertainment**					
总印数	Total Printed Copies					
书籍(万册)	Number of Books Published (10 000 copies)	33819	22605	21157	-7.7	-1.6
杂志(万册)	Number of Magazines Issued (10 000 copies)	12678	8425	9148	-7.8	2.1
报纸(万张)	Number of Newspapers Issue (10 000 copies)	156095	209779	218462	6.1	1.0

2–5　国民经济和社会发展结构指标

Structural Indicators on National Economic and Social Development

单位：%　　　　(%)

指　　标	Item	2000	2005	2007	2010	2011
人口	**Population**					
城乡结构	Urban and Rural Structure					
市镇	Urban	23.2	30.7	34.3	38.8	40.6
乡村	Rural	76.8	69.3	65.7	61.2	59.4
性别结构	Sexual Structure					
男	Male	51.6	51.6	51.7	51.8	51.6
女	Female	48.4	48.4	48.3	48.2	48.4
就业	**Employment**					
从业人员产业结构	Industrial Structure					
第一产业	Primary Industry	64.0	55.4	50.6	44.9	43.1
第二产业	Secondary Industry	17.5	22.1	25.8	29.0	29.9
第三产业	Tertiary Industry	18.5	22.5	23.6	26.1	27.0
国民核算	**National Accounting**					
生产总值产业结构	Industrial Structure					
第一产业	Primary Industry	23.0	17.9	14.8	14.1	13.0
第二产业	Secondary Industry	45.4	52.1	55.2	57.3	57.3
工　业	Industry	39.6	46.2	50.0	51.8	51.8
建筑业	Construction	5.8	5.8	5.2	5.5	5.5
第三产业	Tertiary Industry	31.6	30.0	30.0	28.6	29.7
全社会固定资产投资	**Investment**					
全社会固定资产投资产业结构	Structure of Investment in Fixed Assets					
第一产业	Primary Industry		3.8	3.6	4.7	4.1
第二产业	Secondary Industry		45.0	51.4	48.3	51.4
#工　业	Industry		44.4	51.0	48.2	51.3
第三产业	Tertiary Industry		51.2	45.0	47.0	44.6
实际利用外商直接投资	**Actually Used Direct Investment by forign Enterprises**					
#独资经营	Foreign Investment Enterprises	8.3	39.3	49.3	58.7	58.9
合资经营	Joint Ventures Enterprises	50.5	44.5	32.0	30.6	32.0
合作经营	Cooperative Operation Enterprises	11.6	8.3	6.1	9.4	8.4

2-5　续表 1　　continued

单位：%　　(%)

指　　标	Item	2000	2005	2007	2010	2011
能源	**Energy Sources**					
能源生产总量结构	Structure of Energy Sources Products					
原煤	Coal	83.7	91.3	91.8	92.7	92.3
原油	Base oil	12.2	5.0	4.8	3.8	3.8
天然气	Gas	2.8	1.8	1.4	0.5	0.4
水电	Water and Electricity	1.4	1.9	2.0	3.0	3.6
财政	**Government Finance**					
地方财政一般预算收入结构	Structure of Government Revenue					
#各项税收	Taxes	79.1	68.0	72.5	73.6	73.4
地方财政一般预算支出结构	Structure of Government Expenditures					
#农林水事务	Supporting Agricultural Production and Agricultural Operating Expenses	7.7	7.4	8.2	11.7	11.3
教科文卫	Culture Education Science and Health Care	24.3	24.2	28.0	28.7	31.4
#科学技术	Science	1.5	1.2	1.3	1.3	1.3
生活	**People's Livelihood**					
城镇居民消费结构	Consumption Structure of Urban Residents					
食品类	Food	36.2	34.2	34.6	33.0	34.1
衣着类	Clothing	12.0	13.4	13.4	13.3	13.8
日用品及其他	Articles for Daily Use and Others	37.5	41.6	41.8	43.7	43.2
居住	Residence	14.3	10.8	10.2	10.0	8.8
农村居民消费结构	Consumption Structure of Rural Residents					
食品类	Food	49.7	45.4	38.0	37.2	36.1
衣着类	Clothing	6.6	7.0	7.1	7.1	8.4
日用品及其他	Articles for Daily Use and Others	28.0	30.8	31.9	34.9	35.9
居住	Residence	15.7	16.8	23.0	20.8	19.6
农业	**Agriculture**					
农林牧渔业增加值结构	Structure of Value-added					
农　业	Farming	64.7	56.5	60.3	63.9	60.0
林　业	Forestry	3.6	2.7	2.9	2.1	2.2
牧　业	Animal Husbandy	30.5	37.0	33.2	30.5	34.3
渔　业	Fishery	1.2	1.3	1.4	1.5	1.4
农林牧渔服务业	Service activities for Farming, forestry, Animal Husbandy and Fishery		2.5	2.2	2.0	2.1
工业	**Industry**					
增加值轻重工结构	Structure of Value-added of the Industry					
轻工业	Light Industry	37.5	34.9	34.6	31.0	30.6
重工业	Heavy Industry	62.5	65.1	65.4	69.0	69.4

2-5 续表 2 continued

单位：% (%)

指 标	Item	2000	2005	2007	2010	2011
运输业	**Transportation**					
货运量运输方式结构	Structure of Freight Traffic					
#铁 路	Railways	16.8	18.8	15.8	7.0	4.6
公 路	Highways	82.6	79.5	82.4	90.5	95.0
水 运	Waterways	0.6	1.7	1.8	2.4	0.1
客运量运输方式结构	Structure of Freight Ton -Kilometers					
#铁 路	Railways	5.6	6.0	5.4	5.0	5.9
公 路	Highways	94.2	93.7	94.2	94.5	91.4
水 运	Waterways	0.1	0.1	0.1	0.2	2.7
批发零售贸易、住宿和餐饮业	**Wholesale and Retail Trades、Accommodation and Catering Trade**					
社会消费品零售总额结构	Composition of Retail Sales of Consumer Goods					
批发零售和贸易业	Wholesale and Retail Trade	84.9	84.0	81.7	84.9	84.8
住宿和餐饮业	Accommodation and Catering Trade	11.7	13.9	16.6	13.8	13.8
其它	Others	3.4	2.1	1.7	1.3	1.4
国际旅游	**International Tourism**					
国际旅游人数结构	Structure of Tourists					
外国人	Foreigners	56.0	57.8	63.1	65.4	62.0
港澳台同胞	Compatriots form Hong Kong,Macao and Taiwan	44.0	42.2	36.9	34.6	38.0
环境	**Environment**					
污染治理资金使用结构	Uses of Funds in Pollution Treatment					
#治理废水	Waste Water Treatment	43.1	49.2	36.6	35.4	35.3
治理废气	Waste Gas Treatment	49.8	34.2	54.6	60.4	58.2
治理固体废物	Solid Wastes Treatment	5.0	11.7	2.3	0.7	2.2
治理噪声	Noise Abatement	0.2	0.2	0.2	0.4	0.3
教育	**Education**					
专任教师结构	Full-time Teachers by Type					
普通高等学校	Regular Institutions of Higher Education	2.5	5.1	6.3	7.9	8.2
中等专业学校	Specialized Secondary Schools	2.1	1.2	1.5	3.3	3.2
普通中学	Regular Secondary Schools	38.3	41.2	40.5	38.8	38.8
小学	Primary Schools	57.1	52.5	51.7	50.0	49.8
在校学生结构	Structure of Student Enrollment					
普通高等学校	Regular Institutions of Higher Education	1.4	4.5	5.7	7.4	7.6
中等专业学校	Specialized Secondary Schools	1.8	2.6	3.0	4.1	3.8
普通中学	Regular Secondary Schools	34.9	40.4	37.8	33.8	33.3
小学	Primary Schools	61.8	52.5	53.5	54.7	55.3

2-6 主要社会经济指标人均水平

Major Per Capita Indicators of Society and Economy

本表价值量指标均按当年价格计算。
The data in value terms in the table are calculated at current prices.

指 标	Item	2000	2005	2007	2010	2011
人口密度（人/平方公里）	**Population Density (person/sq.km)**	**568**	**585**	**561**	**566**	**563**
生产总值(元)	**Gross Domestic Product (yuan)**	**5450**	**11346**	**16012**	**24446**	**28661**
全社会固定资产投资额(元)	**Total Investment in Fixed Assets (yuan)**	**1564**	**4494**	**8543**	**17559**	**18912**
人民生活(元)	**People's Livelihood (yuan)**					
在岗职工平均工资	Average Wage of Staff and Workers	6930	14282	20935	30303	34203
城镇居民人均可支配收入	Per Capita Annual Disposable Income of Urban Households	4766	8668	11477	15930	18195
城镇居民人均消费性支出	Per Capita Annual Living Expenditure of Urban Residents	3831	6038	7827	10838	12336
农民人均纯收入	Per Capita Net Income of Rural Residents	1986	2871	3852	5524	6604
农民人均生活消费支出	Per Capita Living Expenditure of Rural Households	1316	1892	2676	3682	4320
居民储蓄额	Balance of Savings Deposit of Rural and Urban Residents	3354	6643	8332	13639	15603
农林牧渔业	**Farming,Forestry, Farming of Animals and Fishing**					
农林牧渔业增加值(元)	Value-added of Farming Forestry, Animal Husbandry and Fishery (yuan)	1229	1942	2365	3449	3738
主要农产品产量(千克)	Output of Major Farm Products (kg)					
粮食	Grain	435	470	559	576	590
#小麦	Wheat	237	265	318	326	332
棉花	Cotton	7	7	8	5	4
油料	Oil- bearing Crops	42	46	52	57	57
猪、牛、羊肉	Pork, Beef and Mutton	48	61	48	55	55
牛奶	Milk	2	11	22	31	33
禽蛋	Poultry Eggs	29	39	36	41	42
工业	**Industry**					
规模以上工业增加值(元)	value-added of Enterprises Above Designated Size (yuan)	1223	3285	5800	10482	12646
主要工业产品产量	Output of Major Industrial Products					
原煤(千克)	Coal (kg)	803	1926	2018	2260	2228
原油(千克)	Crude Oil (kg)	60	52	52	53	52
发电量(千瓦小时)	Electricity (kwh)	736	1452	2038	2418	2737
粗钢(千克)	Steel (kg)	43	126	242	246	252
成品钢材(千克)	Steel Products (kg)	43	137	264	338	378
水泥(千克)	Cement (kg)	394	637	997	1215	1454
社会消费品零售总额(元)	**Total Retail Sales of Consumer Goods (yuan)**	**1981**	**3470**	**5002**	**8474**	**10061**
财政	**Finance**					
公共财政预算收入(元)	Financial Revenue of the Local Government(yuan)	261	552	919	1462	1832
公共财政预算支出(元)	Financial Expenditures of the Local Government (yuan)	472	1145	1995	3616	4522
教育	**Education**					
每万人拥有大学生(含研究生)(人)	Number of Doctors per 10 000 Persons (Include Postgraduates) (person)	28	89	113	149	171
卫生	**Health Care**					
每千人拥有医院、卫生院床位(张)	Number of Hospital Beds per 1 000 Persons (unit)	1.93	2.07	2.42	3.24	3.46
每千人拥有医生(人)	Number of Doctors per 1 000 Persons (person)	1.17	1.14	1.24	1.65	1.66

2-7 国民经济和社会发展比例和效益指标

Indicators on Proportions and Efficiency in National Economic and Social Development

本表价值量指标均按当年价格计算。
The data in value terms in the table are calculated at current prices.

指 标	Item	2000	2005	2007	2010	2011
人口	**Population**					
出生率(‰)	Birth Rate (‰)	13.07	11.55	11.30	11.52	11.56
死亡率(‰)	Death Rate (‰)	5.93	6.30	6.30	6.57	6.62
自然增长率(‰)	Natural Growth Rate (‰)	7.14	5.25	4.90	4.95	4.94
城市化水平(%)	Standard of Urbanization (%)	23.2	30.7	34.3	38.8	40.60
就业	**Employment**					
城镇每一就业者负担人口(人)	Number of Dependents per Urban Employee (person)	1.94	1.94	1.90	1.95	1.94
城镇登记失业率(%)	Unemployment Rate in Urban Areas (%)	2.6	3.5	3.4	3.4	3.4
国民核算	**National Accounting**					
经济增长贡献率(%)	Contribution Rate to GDP (%)					
第一产业	Primary Industry	10.2	9.8	4.1	4.5	4.3
第二产业	Secondary Industry	62.6	62.2	67.0	68.5	63.6
第三产业	Tertiary Industry	27.2	28.0	28.9	27.0	32.1
全社会劳动生产率(元/人.年)	Overall Labor Productivity (yuan/person.year)	9377	18824	26127	38517	44005
第一产业	Primary Industry	3382	5926	7429	11898	13051
第二产业	Secondary Industry	24282	46086	58371	77173	85575
第三产业	Tertiary Industry	15827	25738	33621	42822	49151
固定资产投资	**Investment in Fixed Assets**					
全社会固定资产投资率(%)	Proportion of Investment in fixed Assets to GDP (%)	29.2	41.4	53.4	71.1	66.0
全社会房屋建筑面积竣工率(%)	Rate of Total Floor Space of Buildings Completed in Construction (%)	77.6	67.4	60.4	44.3	38.8
对外经济贸易和国际旅游	**Foreign Trade and International Tourism**					
进出口总额相当于生产总值比例(%)	Proportion of Total Imports & Exports to GDP (%)	3.7	5.9	6.5	5.2	7.7
每一来豫游客支出(美元)	Expenditure per International Tourist in Henan (USD)	381	360	361	340	326
利用外资	**Utilization of Foreign Capital**					
实际利用外商直接投资额相当于签订利用外资额比例(%)	Proportion of Foreign Capital Actually Used to Total Amount of Foreign Capital for Utilization by Signed Contracts or Agreements (%)	77.2	52.3	63.3	108.0	131.3
能源	**Energy**					
能源生产弹性系数	Elasticity Ratio of Energy Production		0.78		0.78	
能源消费弹性系数	Elasticity Ratio of Energy Consumption	0.77	0.84	0.68	0.68	0.64
单位GDP能耗(吨标准煤/万元)	Energy Consumption per 10 000 yuan GDP (ton of SCE/10 000yuan)		1.380	1.290	0.928	0.895
单位GDP电耗(千瓦时/万元)	Electricity Consumption per 10 000 yuan GDP (kwh/10 000yuan)		1277.70	1302.20	1019.35	1032.27
单位工业增加值能耗(吨标准煤/万元)	Energy Consumption per 10 000 yuan Add-value Industry(ton of SCE/10 000yuan)		4.020	3.450	1.593	1.450
财政	**Finance**					
财政收入相当于生产总值比例(%)	Proportion of Government Revenue to GDP (%)	4.9	5.1	5.7	6.0	6.4

2-7 续表 continued

指 标	Item	2000	2005	2007	2010	2011
家庭	**Family**					
负担少儿系数(%)	Dependency Ratio of Children		28.8	28.3	29.7	30.1
负担老年系数(%)	Dependency Ratio of the Aged		11.4	10.5	11.8	12.3
生活	**Family**					
城乡居民收入比例 (农民人均纯收入为1)	Proportion of Growth Rate of Annual Income of Urban Residents to the Growth Rate of Annual Net Income of Rural Residents (Per Capita Net Income of Rural Residents=1)	2.4	3.0	3.0	2.9	2.8
恩格尔系数(%)	Angle modulus					
城镇居民	Urban Household	36.2	34.2	34.6	33.0	34.1
农村居民	Rural Household	49.7	45.4	38.0	37.2	36.1
农业	**Agriculture**					
每公顷播种面积农产量(千克)	Output of Farm Crops per Hectare of Sown Area (kg)					
粮食	Grain	4542	5006	5540	5582	5621
棉花	Cotton	903	866	1071	957	964
油料	Oil-bearing Crops	2630	2800	3232	3457	3372
工业	**Industry**					
规模以上工业企业效益(%)	Main Economic Beneficial Indicators of Enterprises Above Designed Size (%)					
成本费用利润率	Ratio of Profits to Industrial Cost	4.5	6.9	11.6	10.2	9.5
资产负债率	AssetsLiability Ratio	66.4	61.6	57.8	55.2	53.9
总资产贡献率	Ratio of Total Assets to Industrial Output Value	8.6	15.7	23.5	22.4	22.7
产品销售率	Proportion of Products Sold	98.0	98.4	98.3	98.7	98.6
全员劳动生产率(元/人)	Overall Labor Productivity (yuan/person)	33643	88950	142201	206596	217295
建筑业	**Construction**					
技术装备率(元/人)	Value of Machinery per Laborer (yuan/person)	5302	8531	9038	10173	11530
金融保险	**Finance**					
金融机构存款相当于生产总值比例 (%)	Bank Deposits as Percentage of GDP (%)	94.1	94.5	83.8	100.2	98.9
金融机构贷款相当于生产总值比例 (%)	Bank Loans as Percentage of GDP (%)	86.2	70.2	63.6	68.7	65.0
教育	**Education**					
小学适龄人口入学率(%)	Rate of School-age Children Enrollment (%)	99.8	99.7	99.9	99.9	99.9
小学毕业生升学率(%)	Rate of Graduates of Primary Schools Entering Junior Secondary Schools (%)	95.4	98.8	100.0	96.1	96.4
初中毕业生升学率(%)	Rate of Graduates of Junior Secondary Schools Entering Senior Secondary Schools (%)	41.4	60.2	68.9	79.5	79.5
学校教师负担系数	Student-teacher Ratio(in percentage)					
大学生	Undergraduate	13.2	17.5	17.7	17.6	21.8
普通中等专业学校	Specialized Secondary Schools	20.1	43.7	41.5	42.8	42.1
普通中学	Regular Secondary Schools	20.7	20.3	19.0	17.4	16.3
小学生	Primary School Students	24.6	20.8	21.1	21.8	22.8

2-8 按三次产业分的基本单位数及构成

Institutional Units and Composition By Industry

年 份 Year	单位数(个) Number of Enteprised (unit)	第一产业 Primary Industry		第二产业 Secondary Industry		第三产业 Tertiary Industry	
		绝对数 Value	构成(%) Composition(%)	绝对数 Value	构成(%) Composition(%)	绝对数 Value	构成(%) Composition(%)
法人单位							
Institutional Units							
1997	217803	4101	1.9	85488	39.2	128214	58.9
1998	232775	5032	2.2	97576	41.9	130167	55.9
1999	223741	4904	2.2	90576	40.5	128261	57.3
2000	225806	5035	2.2	90865	40.3	129906	57.5
2001	267883	4782	1.8	88965	33.2	174136	65.0
2002	266230	4604	1.7	87495	32.9	174131	65.4
2003	272024	10803	4.0	89839	33.0	171382	63.0
2004	277950	8660	3.1	91370	32.9	177920	64.0
2005	286207	8334	2.9	97446	34.1	180427	63.0
2006	305722	8600	2.8	106732	34.9	190390	62.3
2007	322828	9570	3.0	114560	35.5	198698	61.5
2008	362427	11406	3.1	123219	34.0	227802	62.9
2009	379992	13022	3.4	128949	33.9	238021	62.6
2010	400767	14317	3.6	136646	34.1	249804	62.3
2011	412772	15179	3.7	139539	33.8	258054	62.5
产业活动单位							
Establishments Units							
1997	336064	4936	1.5	93405	27.8	237723	70.7
1998	347599	5801	1.7	104649	30.1	237149	68.2
1999	334889	5641	1.7	96979	29.0	232269	69.3
2000	336330	5755	1.7	97001	28.8	233574	69.5
2001	374810	5386	1.5	94602	25.2	274822	73.3
2002	371791	5159	1.4	92909	25.0	273723	73.6
2003	374699	13518	3.6	94607	25.3	266574	71.1
2004	383093	10811	2.8	96284	25.1	275998	72.1
2005	387463	9924	2.6	101636	26.2	275903	71.2
2006	403819	10054	2.5	110784	27.4	282981	70.1
2007	421567	10957	2.6	118568	28.1	292042	69.3
2008	453789	12071	2.7	126048	27.8	315670	69.6
2009	471512	13655	2.9	131829	28.0	326028	69.1
2010	492300	14941	3.1	139509	28.3	337850	68.6
2011	503248	15806	3.1	142386	28.3	345056	68.6

2-9 历年分行业法人单位数
Number of Institutional Unit by Sector over the years

单位：个 (unit)

年份(Year)	合计 Total	农、林、牧、渔业 Farming, Frestry, Animal Husbandy and Fishery	采矿业 Mining	制造业 Manufacturing	电力、燃气及水的生产和供应业 Production and distribution of electricity, gas and water	建筑业 Construction	交通运输仓储及邮政业 Traffic, transport, storage and post	信息传输计算机服务和软件业 Information transfer, computer services and software	批发和零售业 Whole-sale and retail trade	住宿和餐饮业 Accomm-odation and Restau-rants
2003	272024	10803	5893	77783	794	5369	2471	1486	26052	4666
2004	277950	8660	6853	77694	938	5885	2462	1699	27384	4402
2005	286207	8334	7482	82822	946	6196	2430	1704	28669	4546
2006	305722	8600	7800	90965	1025	6942	2652	2156	33862	5181
2007	322828	9570	7893	97862	1090	7715	2882	2497	37450	5882
2008	362427	11406	7454	105315	1367	9083	4885	4631	47472	8809
2009	379992	13022	7774	109908	1450	9817	5300	4892	52698	9092
2010	400767	14317	7955	115652	1556	11483	5787	5267	58780	8240
2011	412772	15179	7951	117629	1605	12354	6112	5564	63176	8411

年份(Year)	金融业 Fina-nce	房地产业 Real estate	租赁和商务服务业 Tenancy and business services	科学研究、技术服务和地质勘查业 Scientific research, technical service and geologic perambulation	水利、环境和公共设施管理业 Management of water conservancy, environment and public establishment	居民服务和其他服务业 Resident services and other services	教育 Education	卫生、社会保障和社会福利业 Sanitation, social security and social welfare	文化、体育和娱乐业 Culture, sports and enterta-inment	公共管理和社会组织 Public manage-ment and social organi-zation
2003	3248	2455	4952	4366	2193	1370	14180	25428	3445	75070
2004	1907	3467	5759	4038	1913	1813	16623	29686	2542	74225
2005	1679	3610	6468	4189	1942	1920	16705	29715	2599	74251
2006	1755	4210	7820	4341	1915	2298	16917	29660	2685	74938
2007	1796	5111	8620	4527	1979	2556	17127	30031	2814	75426
2008	1076	6765	9821	5266	2206	3700	22536	26057	3492	81086
2009	1368	7464	11318	5577	2323	4173	22751	26114	3607	81344
2010	1695	9328	13304	6221	2418	4448	22900	26174	3751	81491
2011	1983	10550	15093	6574	2510	4568	22940	25221	3876	81476

2-10 各市按三次产业和机构类型分法人单位数(2011年)

Number of Institutional Unit by orgniztion type and City(2011)

单位：个 (unit)

市(县) City(County)	合计 Total	第一产业 Primary Industry	第二产业 Secondary Industry	第三产业 Tertiary Industry	企业法人 Business Entity	事业法人 Institution Entity	机关法人 Government Entity	社会团体 Social Organization	其他 Others
全省 Total	**412772**	**15179**	**139539**	**258054**	**271321**	**40698**	**11835**	**5690**	**83228**
省辖市 City									
郑州市 Zhengzhou	62797	962	15483	46352	50056	3589	946	607	7599
开封市 Kaifeng	21040	660	7986	12394	15229	1275	613	482	3441
洛阳市 Luoyang	34436	938	10726	22772	20734	5409	982	484	6827
平顶山市 Pingdingshan	21089	1172	6009	13908	13949	1590	818	381	4351
安阳市 Anyang	22296	499	7727	14070	14401	2256	613	213	4813
鹤壁市 Hebi	6831	404	1787	4640	3549	760	356	221	1945
新乡市 Xinxiang	25048	788	10164	14096	16781	2282	855	344	4786
焦作市 Jiaozuo	16700	521	6484	9695	10761	1570	584	380	3405
濮阳市 Puyang	17277	467	5303	11507	8147	1854	450	228	6598
许昌市 Xuchang	26695	620	11489	14586	19016	1572	410	245	5452
漯河市 Luohe	8012	242	2764	5006	4903	936	336	131	1706
三门峡市 Sanmenxia	13856	499	3782	9575	9744	1514	442	329	1827
南阳市 Nanyang	41251	2558	14318	24375	24657	5903	1027	584	9080
商丘市 Shangqiu	20931	456	8464	12011	12233	1933	820	226	5719
信阳市 Xinyang	21213	1418	6593	13202	11890	3064	865	388	5006
周口市 Zhoukou	21427	539	8813	12075	13043	1749	838	120	5677
驻马店市 Zhumadian	28222	2404	10534	15284	20214	3012	804	318	3874
济源市 Jiyuan	3651	32	1113	2506	2014	430	76	9	1122
省直管县 Province Administrating County									
巩义市 Gongyi	4188	45	2305	1838	2976	350	85	40	737
兰考县 Lankao	3631	144	1606	1881	2810	98	75	53	595
汝州市 Ruzhou	2591	206	888	1497	1723	199	93	43	533
滑县 Huaxian	3597	44	1425	2128	1902	490	73	43	1089
长垣县 Changyuan	2727	145	1175	1407	1857	115	78	25	652
邓州市 Dengzhou	4861	738	1612	2511	2675	840	84	30	1232
永城市 Yongcheng	2541	18	1014	1509	1309	184	82	29	937
固始县 Gushi	3106	157	812	2137	1550	503	81	44	928
鹿邑县 Luyi	1894	33	935	926	1136	118	71	7	562
新蔡县 Xincai	3759	184	1303	2272	2806	372	86	83	412

2-11 各市分行业法人单位数(2011年)

单位：个

市(县) City(County)	合 计 Total	农、林、牧、渔业 Farming, Frestry, Animal Husbandy and Fishery	采矿业 Mining	制造业 Manufacturing	电力、燃气及水的生产和供应业 Production and distribution of electricity, gas and water	建筑业 Construction	交通运输仓储及邮政业 Traffic, transport, storage and post	信息传输计算机服务和软件业 Information transfer, computer services and software
全 省 Total	**412772**	**15179**	**7951**	**117629**	**1605**	**12354**	**6112**	**5564**
省 辖 市 City								
郑 州 市 Zhengzhou	62797	962	621	11551	125	3186	922	1830
开 封 市 Kaifeng	21040	660	3	7251	57	675	555	430
洛 阳 市 Luoyang	34436	938	1234	8430	159	903	402	563
平 顶 山 市 Pingdingshan	21089	1172	1175	4253	78	503	248	298
安 阳 市 Anyang	22296	499	513	5802	87	1325	285	199
鹤 壁 市 Hebi	6831	404	110	1519	36	122	93	76
新 乡 市 Xinxiang	25048	788	158	9121	78	807	316	121
焦 作 市 Jiaozuo	16700	521	191	5918	66	309	288	155
濮 阳 市 Puyang	17277	467	7	4898	33	365	151	228
许 昌 市 Xuchang	26695	620	299	10697	74	419	369	311
漯 河 市 Luohe	8012	242	19	2580	29	136	194	18
三 门 峡 市 Sanmenxia	13856	499	976	2240	136	430	323	221
南 阳 市 Nanyang	41251	2558	1165	12216	191	746	340	315
商 丘 市 Shangqiu	20931	456	9	8039	92	324	411	55
信 阳 市 Xinyang	21213	1418	727	4983	165	718	267	113
周 口 市 Zhoukou	21427	539	1	8264	82	466	395	244
驻 马 店 市 Zhumadian	28222	2404	649	8988	99	798	516	314
济 源 市 Jiyuan	3651	32	94	879	18	122	37	73
省 直 管 县 Province Administrating County								
巩 义 市 Gongyi	4188	45	76	2176	23	30	46	20
兰 考 县 Lankao	3631	144	3	1500	10	93	66	58
汝 州 市 Ruzhou	2591	206	273	589	5	21	27	66
滑 县 Huaxian	3597	44	1	1312	2	110	18	21
长 垣 县 Changyuan	2727	145		995	9	171	26	22
邓 州 市 Dengzhou	4861	738	28	1514	46	24	15	2
永 城 市 Yongcheng	2541	18	7	963	10	34	54	
固 始 县 Gushi	3106	157	81	670	33	28	64	5
鹿 邑 县 Luyi	1894	33		895	8	32	13	
新 蔡 县 Xincai	3759	184		1216	17	70	66	42

Number of Institutional Unit by Sector and City(2011)

(unit)

批发和零售业 Wholesale and retail trade	住宿和餐饮业 Accommodation and Restaurants	金融业 Finance	房地产业 Real estate	租赁和商务服务业 Tenancy and business services	科学研究、技术服务和地质勘查业 Scientific research, technical service and geologic perambulation	水利、环境和公共设施管理业 Management of water conservancy, environment and public establishment	居民服务和其他服务业 Resident services and other services	教育 Education	卫生、社会保障和社会福利业 Sanitation, social security and social welfare	文化、体育和娱乐业 Culture, sports and entertainment	公共管理和社会组织 Public management and social organization
63176	**8411**	**1983**	**10550**	**15093**	**6574**	**2510**	**4568**	**22940**	**25221**	**3876**	**81476**
17420	1062	410	3095	6877	1775	337	781	2524	3017	618	5684
3232	806	76	516	599	287	100	266	779	484	243	4021
5013	512	195	957	1092	695	276	275	2620	3587	311	6274
3887	740	121	588	617	272	153	328	1030	785	356	4485
3393	344	70	425	596	219	124	339	1627	1467	170	4812
695	113	72	166	151	99	36	51	403	880	47	1758
3577	376	99	598	568	241	181	258	1303	827	120	5511
2217	187	77	356	480	288	106	146	721	953	141	3580
1359	240	55	171	251	227	69	136	1100	3153	123	4244
3776	629	126	563	589	189	123	413	1432	2019	283	3764
1068	169	54	178	180	71	48	110	536	165	58	2157
2890	310	104	312	852	403	185	286	467	432	190	2600
4187	1181	101	629	774	496	292	339	3145	4052	385	8139
1848	217	131	378	263	108	49	121	1267	419	120	6624
2106	533	84	512	331	713	201	124	1149	1046	217	5806
1823	332	72	403	265	103	62	214	1246	435	141	6340
4178	635	110	597	512	326	139	357	1377	937	325	4961
507	25	26	106	96	62	29	24	214	563	28	716
391	63	7	58	67	35	28	16	165	363	42	537
607	126	12	51	60	46	11	62	61	70	39	612
392	50	2	27	40	30	14	19	127	60	28	615
277	21	2	36	28	19	5	36	411	53	9	1192
343	34	10	67	45	23	10	12	55	25	7	728
249	32	2	26	27	26	29	20	570	574	49	890
157	15	7	46	14	13	5	2	114	55	11	1016
342	64	17	67	78	73	17	27	199	107	47	1030
108	17	1	18	8	5	7	3	76	31	8	631
802	100	7	36	47	19	13	58	179	93	53	757

2-12 各市按登记注册类型分企业法人单位数(2011年)
Number of Business Entities by City and Status of Registration (2011)

单位：个 (unit)

市（县） City(County)	企业单位数 Number of Enterprises	内资企业 Domestic Funded Enterprises	#国有企业 State-owned Enterprises	#集体企业 Collective-owned Enterprises	#股份合作企业 Cooperative Enterprises	#联营 Joint Ownership	#有限责任公司 Limited Liability Corporations	#股份有限公司 Shareholding Corporations Ltd.	#私营 Private	#其他内资 Others	港、澳、台商投资企业 Enterprises with Funds from Hong Kong, Macao and Taiwan	外商投资企业 Enterprises with Foreign Investment
全 省 Total	**271321**	**269833**	**6416**	**7782**	**1683**	**442**	**40713**	**6806**	**193536**	**12455**	**657**	**831**
省 辖 市 City												
郑 州 市 Zhengzhou	50056	49510	882	771	324	42	11839	1067	33201	1384	228	318
开 封 市 Kaifeng	15229	15158	332	572	105	31	1686	371	11393	668	29	42
洛 阳 市 Luoyang	20734	20592	745	776	126	39	3934	452	13855	665	66	76
平顶山市 Pingdingshan	13949	13904	339	440	87	24	1923	307	9945	839	27	18
安 阳 市 Anyang	14401	14348	224	529	90	20	2744	415	9639	687	23	30
鹤 壁 市 Hebi	3549	3518	83	217	62	8	903	164	1812	269	12	19
新 乡 市 Xinxiang	16781	16655	369	654	133	26	2372	670	11531	900	52	74
焦 作 市 Jiaozuo	10761	10692	256	257	63	19	2137	300	6860	800	29	40
濮 阳 市 Puyang	8147	8113	213	205	77	15	923	155	5947	578	15	19
许 昌 市 Xuchang	19016	18955	158	179	54	14	2193	367	14902	1088	27	34
漯 河 市 Luohe	4903	4870	131	135	14	7	920	116	3206	341	15	18
三门峡市 Sanmenxia	9744	9708	246	561	83	14	1065	239	7120	380	15	21
南 阳 市 Nanyang	24657	24578	635	679	178	60	2565	483	18486	1492	40	39
商 丘 市 Shangqiu	12233	12200	381	335	72	18	1048	261	9726	359	12	21
信 阳 市 Xinyang	11890	11858	609	793	70	67	1148	300	8267	604	17	15
周 口 市 Zhoukou	13043	13007	390	272	36	14	892	599	10432	372	20	16
驻马店市 Zhumadian	20214	20166	371	355	101	23	1698	476	16296	846	26	22
济 源 市 Jiyuan	2014	2001	52	52	8	1	723	64	918	183	4	9
省直管县 Province Administrating County												
巩 义 市 Gongyi	2976	2962	38	98	21	6	326	52	2342	79	5	9
兰 考 县 Lankao	2810	2804	24	22	4	3	56	22	2605	68	2	4
汝 州 市 Ruzhou	1723	1719	37	52	2	4	83	8	1458	75	4	
滑 县 Huaxian	1902	1899	18	57	10	4	174	38	1405	193	1	2
长 垣 县 Changyuan	1857	1851	21	28	16	3	529	83	1009	162	2	4
邓 州 市 Dengzhou	2675	2670	70	59	5		62	9	2402	63	2	3
永 城 市 Yongcheng	1309	1308	33	36	4	1	99	14	1042	79		1
固 始 县 Gushi	1550	1546	42	84	12	27	183	23	1163	12	2	2
鹿 邑 县 Luyi	1136	1136	23	26	1	1	120	15	910	40		
新 蔡 县 Xincai	2806	2805	28	24	27	3	66	104	2325	228	1	

2-13 “三上”法人单位数(2011年底)

Number of Institutional Unit of industry,construction, wholesale and retail trades, hotels and catering enterprises above designated size(end of 2011)

单位：个 (unit)

市(县) City(County)	合计 Total	工业 Industry	建筑业 Construction	批发和零售业 Wholesale and retail trade	住宿和餐饮业 Accommodation and Restaurants	房地产业 Real estate
全 省 Total	**37525**	**18328**	**5645**	**6226**	**2363**	**4963**
省 辖 市 City						
郑 州 市 Zhengzhou	6717	2515	1559	1154	373	1116
开 封 市 Kaifeng	2104	1084	238	371	193	218
洛 阳 市 Luoyang	3406	1627	474	585	182	538
平 顶 山 市 Pingdingshan	1926	802	268	363	217	276
安 阳 市 Anyang	1752	823	267	302	85	275
鹤 壁 市 Hebi	821	485	80	112	44	100
新 乡 市 Xinxiang	2330	1140	432	340	106	312
焦 作 市 Jiaozuo	1736	1061	213	221	60	181
濮 阳 市 Puyang	1278	678	268	184	38	110
许 昌 市 Xuchang	2102	1258	129	316	121	278
漯 河 市 Luohe	953	537	93	175	68	80
三 门 峡 市 Sanmenxia	1179	605	168	215	73	118
南 阳 市 Nanyang	2974	1312	448	592	236	386
商 丘 市 Shangqiu	1479	769	193	221	67	229
信 阳 市 Xinyang	1907	998	254	273	153	229
周 口 市 Zhoukou	1973	1015	239	305	180	234
驻 马 店 市 Zhumadian	2421	1387	234	440	151	209
济 源 市 Jiyuan	467	232	88	57	16	74
省 直 管 县 Province Administrating County						
巩 义 市 Gongyi	460	351	18	43	19	29
兰 考 县 Lankao	360	249	12	65	22	12
汝 州 市 Ruzhou	214	130	8	54	4	18
滑 县 Huaxian	205	106	37	37	5	20
长 垣 县 Changyuan	241	103	95	15	12	16
邓 州 市 Dengzhou	225	129	19	54	8	15
永 城 市 Yongcheng	192	88	29	34	9	32
固 始 县 Gushi	270	162	20	41	31	16
鹿 邑 县 Luyi	71	27	11	13	12	8
新 蔡 县 Xincai	251	160	10	57	13	11

2-14　产业集聚区法人单位数(2011年)

Number of Institutional Unit in Industry gathering Area (2011)

单位：个　　(unit)

名称	合计 Total	工业 Industry	建筑业 Construction	房地产业 Real estate	批发和零售业 Wholesale and retail trade	批发业 Wholesale	零售业 retail trade	住宿和餐饮业 Accommodation and Restaurants	住宿业 Accommodation	餐饮业 Restaurants	规上服务业 Service above designated Size
合计	**8984**	**6009**	**708**	**801**	**967**	**385**	**582**	**223**	**93**	**130**	**276**
郑州马寨产业集聚区	82	69	1	1	9	3	6	2	2		
郑州市金岱工业园区	4	2			1	1					1
郑州上街装备产业集聚区	35	32	2					1		1	
郑州国际物流中心园区	54	52	2								
郑州市白沙产业集聚区	53	46	2	4	1	1					
郑州市官渡产业集聚区	14	14									
巩义市产业集聚区	58	58									
巩义市豫联产业集聚区	5	5									
荥阳市产业集聚区	30	23		3	3	2	1				1
新密市产业集聚区	28	28									
新郑新港工业园区	54	40	3	5	4	2	2	2		2	
登封市产业集聚区	12	12									
郑州经济技术产业集聚区	215	59	64	45	43	29	14	3	3		1
郑州高新技术产业集聚区	269	114	67	50	18	16	2	1	1		19
郑州航空港区	70	50	3	4	5	3	2	5	3	2	3
开封边村产业集聚区	13	10	2		1	1					
开封市精细化工产业集聚区	16	9		1	5		5	1		1	
开封汴西产业集聚区	261	74	53	50	36	8	28	37	10	27	11
杞县产业集聚区	61	44			12		12	3	1	2	2
通许县产业集聚区	53	39	2	1	7	2	5				4
尉氏县产业集聚区	126	58	6	3	18	2	16	8	2	6	33
开封黄龙产业集聚区	79	51	6	4	8	3	5	4		4	6
兰考县产业集聚区	148	93	6	10	23	4	19	9	3	6	7
洛阳工业产业集聚区（含洛阳工业园区）	69	56	4		4	1	3				5
洛阳市先进制造业集聚区	42	25	3	3	3	2	1				8
洛阳市石化产业集聚区	44	11	18	2	6	6					7
洛阳经济技术产业集聚区（含洛阳经济开发区）	71	8	11	38	12	8	4	1	1		1
洛阳市洛龙科技园区	39	26	5	1	2	1	1	5	3	2	
孟津县产业集聚区	16	13	1		2	1	1				
洛阳市洛新产业集聚区	124	103	7	8	4	2	2	1	1		1
新安县产业集聚区	31	29									2
栾川县产业集聚区	4	2			1		1	1	1		
嵩县产业集聚区	3	3									
汝阳县产业集聚区	15	14			1	1					
宜阳县产业集聚区	64	56		3	3		3				2
洛宁县产业集聚区	16	12		4							
伊川县产业集聚区	15	15									

2-14 续表 1 continued

单位：个 (unit)

名称	合计 Total	工业 Industry	建筑业 Construction	房地产业 Real estate	批发和零售业 Wholesale and retail trade	批发业 Wholesale	零售业 retail trade	住宿和餐饮业 Accommodation and Restaurants	住宿业 Accommodation	餐饮业 Restaurants	规上服务业 Service above designated Size
洛阳市伊洛产业集聚区	75	68		3	3		3				1
偃师市产业集聚区	44	42			2		2				
洛阳高新技术产业集聚区											
（含洛阳国家高新技术产业开发区）	133	68	18	35	2	1	1	3	1	2	7
平顶山平新产业集聚区	4	2									2
平顶山高新技术产业集聚区											
（含平顶山高新技术产业园区）	90	26	11	2	41	10	31				10
平顶山市石龙产业集聚区	19	19									
宝丰县产业集聚区	29	19	2		4	2	2	4	4		
平顶山化工产业集聚区	1	1									
叶县产业集聚区	29	21	2	2				3	2	1	1
鲁山县产业集聚区	22	18			3	1	2				1
郏县产业集聚区	22	12	2	5	2	2		1	1		
舞钢市产业集聚区	20	15	2	1	2	2					
汝州市产业集聚区	15	14			1		1				
安阳高新技术产业集聚区											
（含安阳高新技术产业园区）	87	36	12	20	17	9	8	2	1	1	
安阳市产业集聚区	35	19	3	4	9	8	1				
安阳市纺织产业集聚区	8	7			1	1					
安阳市新东产业集聚区	30	11	7	9	3	1	2				
安阳县产业集聚区	22	18			3	1	2				1
汤阴县产业集聚区	47	40	1	4	1	1					1
滑县产业集聚区	38	18	5	8	5	1	4				2
内黄县产业集聚区	50	35	3	5	5	3	2	2	1	1	
林州市产业集聚区	47	44			2	1	1				1
鹤壁市宝山循环经济产业集聚区	21	19		2							
鹤壁市金山产业集聚区	82	75	3		3	1	2	1	1		
黎阳产业集聚区(鹤壁市浚县)	28	23		2	2	1	1				1
鹤壁市鹤淇产业集聚区	45	36		3	5	3	2				1
新乡市新东产业集聚区	45	18	1	4	21	18	3				1
新乡电源产业集聚区	27	25	1		1	1					
新乡经济技术集聚区											
（含新乡经济开发区）	62	41	8	7	4	2	2	2	2		
获嘉县产业集聚区	69	39	15	2	10	2	8	2		2	1
新乡市桥北产业集聚区	17	13	1		3	2	1				
原阳县产业集聚区	55	42		11				1		1	1
延津县产业集聚区	38	36			1	1		1		1	
封丘县产业集聚区	28	18	4	3	3		3				
长垣县产业集聚区											
（含长垣起重工业园区）	109	60	25	8	7	1	6	9		9	

2-14　续表 2　　continued

单位：个　　(unit)

名称	合计 Total	工业 Industry	建筑业 Construction	房地产业 Real estate	批发和零售业 Wholesale and retail trade	批发业 Wholesale	零售业 retail trade	住宿和餐饮业 Accommodation and Restaurants	住宿业 Accommodation	餐饮业 Restaurants	规上服务业 Service above designated Size
卫辉市产业集聚区	16	13			3	1	2				
辉县市产业集聚区	42	36	2	2	1	1		1	1		
新乡高新技术产业集聚区（含新乡高新技术开发区）	187	48	44	45	32	8	24	13	7	6	5
新乡工业产业集聚区（含新乡工业园区）	56	55	1								
焦作工业产业集聚区	24	24									
焦作经济技术产业集聚区（含焦作经济开发区）	39	12	4	6	10	1	9	1	1		6
焦作循环经济产业集聚区	9	9									
修武县产业集聚区	29	27			2		2				
博爱县产业集聚区	30	30									
武陟县产业集聚区	93	79	3	5	2		2	2	1	1	2
温县产业集聚区	39	38			1		1				
沁阳市沁北产业集聚区	79	67	3		5		5				4
孟州市产业集聚区	65	58	3	1	1	1		1		1	1
濮阳市濮东产业集聚区	48	31	3		14	1	13				
清丰县产业集聚区	24	21			3	1	2				
南乐县产业集聚区	15	14			1	1					
范县产业集聚区	64	58		1	5	5					
台前县产业集聚区	20	20									
濮阳市产业集聚区（含濮阳工业园区）	6	6									
濮阳县产业集聚区	17	13		4							
濮阳经济技术产业集聚区（含濮阳经济开发区）	100	44	12	27	7	3	4	1	1		9
许昌魏都产业集聚区	76	51	6	5	13	2	11				1
许昌尚集产业集聚区	55	46	1	2	5	1	4	1		1	
中原电气谷核心区	2	2									
鄢陵县产业集聚区	61	53	3	2	3	2	1				
襄城县产业集聚区	52	38		1	1		1	9	4	5	3
禹州市产业集聚区	161	122		9	16	6	10	5	3	2	9
长葛市产业集聚区	79	52	1	2	16	15	1	1	1		7
许昌经济技术产业集聚区（含许昌经济开发区）	99	59	5	20	12	2	10	1	1		2
漯河市沙澧产业集聚区	65	41		2	18	1	17				4
漯河淞江产业集聚区	43	26	6	1	5	2	3	4		4	1
漯河市东城产业集聚区	26	24									2
舞阳县产业集聚区	25	25									
临颍县产业集聚区	37	24	4	5	3		3	1		1	

2-14 续表 3 continued

单位：个 (unit)

名称	合计 Total	工业 Industry	建筑业 Construction	房地产业 Real estate	批发和零售业 Wholesale and retail trade	批发业 Wholesale	零售业 retail trade	住宿和餐饮业 Accommodation and Restaurants	住宿业 Accommodation	餐饮业 Restaurants	规上服务业 Service above designated Size
漯河经济技术产业集聚区（含漯河经济开发区）	71	49	5	7	7	6	1	1	1		2
渑池县产业集聚区	48	41	1		6	4	2				
陕县产业集聚区	8	7			1		1				
卢氏县产业集聚区	5	5									
义马市煤化工产业集聚区	44	30	1	2	11	4	7				
灵宝市产业集聚区	25	21			4		4				
三门峡经济技术产业集聚区（含三门峡经济开发区）	59	13	13	16	9		9	1	1		7
三门峡产业集聚区	38	27	4	1	5	5					1
南阳市新能源产业集聚区	105	48	21	13	16	6	10	6	2	4	1
南阳高新技术产业集聚区（含南阳高新技术产业园区）	230	69	34	29	73	21	52	8	5	3	17
南阳光电产业集聚区	49	23	2		24	23	1				
南召县产业集聚区	15	14						1	1		
方城县产业集聚区	35	24	1	1	4	1	3	5		5	
西峡县产业集聚区	61	51	3		4	1	3	3	1	2	
镇平县产业集聚区	52	46	1		2	1	1	2	1	1	1
内乡县产业集聚区	35	28	1	3	1		1	1	1		1
淅川县产业集聚区	35	31			1		1	3		3	
社旗县产业集聚区	41	34	2	2	2		2	1		1	
唐河县产业集聚区	78	67	3	3	4	3	1	1		1	
新野县产业集聚区	78	76			1	1		1		1	
桐柏县产业集聚区	41	22	5	3	6	2	4	2	2		3
邓州市产业集聚区	33	27	4								2
商丘经济技术产业集聚区（含商丘经济开发区）	78	42	12	17	6	3	3	1		1	
豫东综合物流集聚区	10	6		2	1		1				1
商丘市梁园产业集聚区	71	28	3	14	25	2	23				1
商丘市睢阳产业集聚区	34	29		2	3	2	1				
民权县产业集聚区	68	43	9	11	2		2	3	1	2	
睢县产业集聚区	29	29									
宁陵县产业集聚区	29	22	2	5							
柘城县产业集聚区	83	40	5	22	7	6	1	2	1	1	7
虞城县产业集聚区	59	45	3	3	7	3	4	1		1	
夏邑县产业集聚区	46	40		6							
永城市产业集聚区	25	16	2	1	6	2	4				
信阳金牛物流产业集聚区	47	26	4	10	5		5				2
信阳市产业集聚区	64	24	12	11	14	4	10				3
信阳市平桥产业集聚区	24	22	1		1	1					

2-14　续表 4　　continued

单位：个　　(unit)

名称	合计 Total	工业 Industry	建筑业 Construction	房地产业 Real estate	批发和零售业 Wholesale and retail trade	批发业 Wholesale	零售业 retail trade	住宿和餐饮业 Accommodation and Restaurants	住宿业 Accommodation	餐饮业 Restaurants	规上服务业 Service above designated Size
信阳市上天梯产业集聚区	18	18									
信阳明港产业集聚区	13	11	1	1							
罗山县产业集聚区	34	34									
光山县官渡河产业集聚区	27	17	2	3	4	1	3				1
新县产业集聚区	16	11			4	1	3	1		1	
商城县产业集聚区	16	15			1		1				
固始县史河湾产业集聚区	26	19			3		3	3	1	2	1
固始县产业集聚区	35	28		1	4		4	2	1	1	
潢川经济技术产业集聚区（含潢川经济开发区）	21	14	2	2	1		1				2
潢川县产业集聚区	19	17		2							
淮滨县产业集聚区	58	36	7	8	3		3	2	2		2
息县产业集聚区	33	25		2	5	3	2				1
周口市川汇产业集聚区	20	6	2		10	1	9	1		1	1
扶沟县产业集聚区	56	53	1		2	2					
西华县产业集聚区	23	21			2	2					
商水县产业集聚区	44	35	1	3	4	3	1	1		1	
沈丘县产业集聚区	63	59		2	2	1	1				
郸城县产业集聚区	38	33			5	3	2				
淮阳县产业集聚区	63	62						1	1		
太康县产业集聚区	25	23	1		1	1					
鹿邑县产业集聚区	19	13	2		3	3					1
项城市产业集聚区	35	32		2	1	1					
周口经济技术产业集聚区（含周口经济开发区）	45	18		15	9	4	5				3
驻马店装备产业集聚区	51	18	9	6	18	8	10				
驻马店市产业集聚区	46	44	1		1		1				
西平县产业集聚区	66	51	2	5	5	4	1	2	1	1	1
上蔡县产业集聚区	69	59	1	2	5	2	3	2	2		
平舆县产业集聚区	128	116		2	2	2		3		3	5
正阳县产业集聚区	33	19	5	6	1		1	1		1	1
确山县产业集聚区	53	48	1	3				1	1		
泌阳县产业集聚区	45	41		3							1
汝南县产业集聚区	55	51			3	1	2	1	1		
遂平县产业集聚区	75	54	3	5	7	5	2	2	1	1	4
新蔡县产业集聚区	83	53	8	5	17	4	13				
驻马店经济技术产业集聚区（含驻马店经济开发区）	45	17	6	15	6		6				1
济源市高新技术产业集聚区	26	19	2	4				1	1		
济源市玉川产业集聚区	16	15			1	1					
济源市虎岭产业集聚区	24	20	2		2	2					

主要统计指标解释

可比价格 指计算各种总量指标所采用的扣除了价格变动因素的价格，可进行不同时期总量指标的对比。按可比价格计算总量指标有两种方法：一种是直接用产品产量乘某一年的不变价格计算；另一种是用价格指数进行缩减。

不变价格 指以同类产品某年的平均价格作为固定价格，用于计算各年的产品价值。按不变价格计算的产品价值消除了价格变动因素，不同时期对比可以反映生产的发展速度。新中国成立后，随着工农业产品价格水平的变化，国家统计局先后五次制定了全国统一的工业产品不变价格和农业产品不变价格。从1952年到1957年使用1952年工（农）业产品不变价格，从1957年到1970年使用1957年不变价格，从1971年到1980年使用1970年不变价格，从1981年到1990年使用1980年不变价格，从1991年开始使用1990年不变价格。

平均增长速度 我国计算平均增长速度有两种方法：一种是习惯上经常使用的“水平法”，又称几何平均法，是以间隔期最后一年的水平同基期水平对比来计算平均每年增长（或下降）速度；另一种是“累计法”，又称代数平均法或方程法，是以间隔期内各年水平的总和同基期水平对比来计算平均每年增长（或下降）速度。在一般正常情况下，两种方法计算的平均每年增长速度比较接近；但在经济发展不平衡、出现大起大落时，两种方法计算的结果差别较大。本《年鉴》内所列的平均增长速度，除固定资产投资用“累计法”计算外，其余均用“水平法”计算。从某年到某年平均增长速度的年份，均不包括基期年在内。如建国四十三年的平均增长速度是以1949年为基期计算的，则写为1950-1992年平均增长速度，其余类推。

国民经济行业分类 自2003年定期报表开始使用新的《国民经济行业分类》（GB/T4754-2002）。该分类是由国家统计局组织修订，经国家质量监督检验检疫总局批准，于2002年5月10日发布实施。这次修订是在1994年分类标准的基础上，参照联合国《全部经济活动的国际标准产业分类》（ISIC/Rev.3）进行的。修订后的《国民经济行业分类》（GB/T4754-2002）共有门类20个，大类95个，中类396个，小类913个。新增门类4个，大类增加3个，中类增加28个，小类增加67个。

企业（单位）登记注册类型 是以在工商行政管理机关登记注册的各类企业为划分对象，以工商行政管理部门对企业登记注册的类型为依据，将企业登记注册类型分为内资企业、港澳台商投资企业和外商投资企业三大类。内资企业包括国有企业、集体企业、股份合作企业、联营企业、有限责任公司、股份有限公司、私营公司和其他企业；港澳台商投资企业和外商投资企业分别包括合资经营企业、合作经营企业、独资经营企业和股份有限公司。对不在工商行政管理部门进行登记注册的行政机关、事业单位和社会团体，主要按其经费来源和管理方式进行划分。

国有企业 指企业全部资产归国家所有，并按《中华人民共和国企业法人登记管理条例》规定登记注册的非公司制的经济组织。不包括有限责任公司中的国有独资公司。

集体企业 指企业资产归集体所有，并按《中华人民共和国企业法人登记管理条例》规定登记注册的经济组织。

股份合作企业 指以合作制为基础，由企业职工共同出资入股，吸收一定比例的社会资产投资组建，实行自主经营，自负盈亏，共同劳动，民主管理，按劳分配与按股分红相结合的一种集体经济组织。

联营企业 指两个及两个以上相同或不同所有制性质的企业法人或事业单位法人，按自愿、平等、互利的原则，共同投资组成的经济组织。联营企业包括国有联营企业、集体联营企业、国有与集体联营企业和其他联营企业。

有限责任公司 指根据《中华人民共和国公司登记管理条例》规定登记注册，由两个以上、五十个以下的股东共同出资，每个股东以其所认缴的出资额对公司承担有限责任，公司以其全部资产对其债务承担责任的经济组织。有限责任公司包括国有独资公司以及其他有限责任公司。

股份有限公司 指根据《中华人民共和国公司登记管理条例》规定登记注册，其全部注册资本由等额股份构成并通过发行股票筹集资本，股东以其认购的股份对公司承担有限责任，公司以其全部资产对其债务承担责任的经济组织。

私营企业 指由自然人投资设立或由自然人控股，以雇佣劳动为基础的营利性经济组织。包括按照《公司法》、《合伙企业法》、《私营企业暂行条例》规定登记注册的私营有限责任公司、私营股份有限公司、私营合伙企业和私营独资企业。

其他内资企业 指上述企业之外的其他内资经济组织。

与港澳台商合资经营企业 指港澳台地区投资者与内地企业依照《中华人民共和国中外合资经营企业法》及有关法律的规定，按合同规定的比例投资设立、分享利润和分担风险的企业。

与港澳台商合作经营企业 指港澳台地区投资者与内地企业依照《中华人民共和国中外合作经营企业法》及有关法律的规定，依照合作合同的约定进行投资或提供条件设立、分配利润和分担风险的企业。

港澳台商独资经营企业 指依照《中华人民共和国外资企业法》及有关法律的规定，在内地由港澳台地区投资者全额投资设立的企业。

港澳台商投资股份有限公司 指根据国家有关规定，经外经贸部依法批准设立，其中港、澳、台商的股本占公司注册资本的比例达25%以上的股份有限公司。凡其中港、澳、台商的股本占公司注册资本的比例小于25%的，属于内资企业中的股份有限公司。

中外合资经营企业 指外国企业或外国人与中国内地企业依照《中华人民共和国中外合资经营企业法》及有关法律的规定，按合同规定的比例投资设立、分享利润和分担风险的企业。

中外合作经营企业 指外国企业或外国人与中国内地企业依照《中华人民共和国中外合作经营企业法》及有关法律的规定，依照合作合同的约定进行投资或提供条件设立、分配利润和分担风险的企业。

外资企业 指依照《中华人民共和国外资企业法》及有关法律的规定，在中国内地由外国投资者全额投资设立的企业。

外商投资股份有限公司 指根据国家有关规定，经外经贸部依法批准设立，其中外资的股本占公司注册资本的比例达25%以上的股份有限公司。凡其中外资股本占公司注册资本的比例小于25%的，属于内资企业中的股份有限公司。

行政机关、事业单位和社会团体 参照企业登记注册类型，主要按其经费来源和管理方式划分。具体规定如下：

⑴行政机关：包括国家机关和政党机关，原则上均列为“国有”。但有特殊规定的，如供销社等，则列为“集体”。

⑵事业单位：包括经国家机构编制部门和有关业务主管部门批准成立的各类事业单位，不包括实行企业化管理的事业单位。事业单位的划分办法如下：

①由国家财政预算拨款或列入财政预算外资金管理以及经费主要来源于国有主管部门或国有上级单位的事业单位，列为“国有”。

②经费主要来源于集体单位的事业单位，列为“集体”。

③公民个人（或个人合伙）开办的事业单位，列为“私营”。

④上述以外的其他事业单位，如果其经费来源不明确，按管理方式进行归类。

⑶社会团体：包括经民政部门批准成立以及未纳入社会团体管理条例范围的工会、妇联等各类社会团体。社会团体的划分办法如下：

①未纳入民政部社会团体管理条例范围的工会、妇联、共青团、青联、工商联、科协、侨联等社会团体，国家拨款设立的基金会或基金管理组织以及经费主要来源于国有业务主管部门或国有上级单位的社会团体，列为“国有”。

②经费主要来源于集体单位的社会团体，列为“集体”。

③公民个人（或个人合伙）开办的社会团体，划为“私营”。

④上述以外的其他社会团体，如果其经费来源不明确，改按管理方式进行归类。

法人单位 指具备：

⑴依法成立、有自己的名称、组织机构和场所、能够独立承担民事责任；

⑵独立拥有和使用（或授权使用）资产、承担负债、有权与其它单位签订合同；

⑶会计上独立核算、能够编制资产负债表。法人单位包括企业法人、事业单位法人、机关法人、会团体法人和其他法人。

产业活动单位 是法人单位的附属单位。产业活动单位应具备下列条件：

⑴在一个场所从事一种或主要从事一种社会经济活动；

⑵相对独立组织生产经营和业务活动；

⑶能够掌握收入和支出等业务核算资料。

Explanatory Notes on Main Statistical Indicators

Comparable Prices refer to prices that are used to remove the factors of price change in calculating economic aggregates, so as to facilitate comparison of aggregates over time. Two methods are used for calculating economic aggregates at comparable prices:

One is Multiplying the output of products by their constant prices of certain year, and other is Deflation of data at current prices by relevant price index.

Constant Price refers to the average price of a given product in certain year, which is used for comparison of over output value time. As the output value at constant prices removes the factor of price changes, it reflects the trend of production development over time. Since 1949,with the changes in general price level, the State Statistical Bureau has issued nationally unified constant prices five times: the 1952 constant prices for 1949-1957;the 1957 constant prices for 1957-1971; the 1970 constant prices for 1971-1981; the 1980 constant prices for 1981-1990;and the 1990 constant prices have been used since 1991.

Average Annual Growth Rate Two methods for calculating average annual growth rate are applied in China, one is often called "level approach" or the method of calculating geometric average, which is derived by comparing the level of the last year of the interval with that of the beginning year; the other is called" cumulative approach" or algebraic average or equation method, which is derived by the summation of the actual figure of each year in the interval divided by the figure in the base year.

Usually the results calculated by the two methods are fairly close, but they differed sharply when uneven economic development occurred with striking fluctuations in growth.

The average annual growth rates listed in this statistical yearbook are calculated by" level approach" except for the growth rate of investment in fixed assets. The base years are not listed when the years are listed for average annual growth rates. For instance, the average annual growth rate of 43 years since 1949 is listed as average annual growth rate of 1950-1992 without listing the base year 1949.And the analogy of this is also the same for the rest of the years.

Industrial Classification of the National Economy The new Industrial Classification of the National Economy (GB/T 4754-2002) is introduced starting from the compilation of 2003 annual statistics. The revision, based on the 1994 classification, was organized by the National Bureau of Statistics taking into consideration of the International Standards of the Industrial Classification of All Economic Activities (ISIC/Rev.3) of the United Nations. The new Classification was promulgated by the National Administration of Quality Supervision, Inspection and Quarantine on May 10, 2002. The revised version of the Industrial Classification of the National Economy (GB/T 4754-2002) is composed of 20 major divisions, 95 divisions, 396 major groups and 913 groups, of which 4 major divisions, 3 divisions, 28 major groups and 67 groups are new respectively.

Registration Status of Enterprises Enterprises are classified into 3 categories, namely domestic-funded enterprises, enterprises with investment from Hong Kong, Macau and Taiwan, and enterprises with foreign investment, in the light of the registration status of an enterprise in industrial and commercial administration agencies. Domestic-funded enterprises include state-owned enterprises, collective-owned enterprises, cooperative enterprises, joint ownership enterprises, limited liability corporations, share-holding corporations Ltd., private enterprises and other enterprises. Included in the enterprises with investment from Hong Kong, Macau and Taiwan and enterprises with foreign investment are joint-venture enterprises, cooperative enterprises, sole investment enterprises and share-holding corporations Ltd. For government agencies, institutions and social organizations which are not requested to be registered in industrial and commercial administration agencies, they are classified mainly by their sources of funds and way of management.

State-owned Enterprises refer to non-corporation economic units where the entire assets are owned by the state and which have registered in accordance with the Regulation of the People's Republic of China on the Management of Registration of Corporate

Enterprises. Excluded from this category are sole state-funded corporations in the limited liability corporations.

Collective-owned Enterprises refer to economic units where the assets are owned collectively and which have registered in accordance with the Regulation of the People's Republic of China on the Management of Registration of Corporate Enterprises.

Cooperative Enterprises refer to a form of collective economic units (enterprises) where capitals come mainly from employees as their shares, with certain proportion of capital from the outside, where production is organized on the basis of independent operation, independent accounting for profits and losses, joint work, democratic management, and a distribution system that integrates remuneration according to work with dividend according to capital share.

Joint Ownership Enterprises refer to economic units established by two or more corporate enterprises or corporate institutions of the same or different ownership, through joint investment on the basis of equality, voluntary participation and mutual benefits. They include state joint ownership enterprises, collective joint ownership enterprises, joint state-collective enterprises, and other joint ownership enterprises.

Limited Liability Corporations refer to economic units established with investment from 2-50 investors and registered in accordance with the Regulation of the People's Republic of China on the Management of Registration of Corporations, each investor bearing limited liability to the corporation depending on its share of investment, and the corporation bearing liability to its debt to the maximum of its total assets. Limited liability corporations include exclusive state-funded limited liability corporations and other limited liability corporations.

Share-holding Corporations Ltd. refer to economic units registered in accordance with the Regulation of the People's Republic of China on the Management of Registration of Corporations, with total registered capitals divided into equal shares and raised through issuing stocks. Each investor bears limited liability to the corporation depending on the holding of shares, and the corporation bears liability to its debt to the maximum of its total assets.

Private Enterprises refer to profit-making economic units invested and established by natural persons, or controlled by natural persons using employed labor. Included in this category are private limited liability corporations, private share-holding corporations Ltd, private partnership enterprises and private-funded enterprises registered in accordance with the Corporation Law, Partnership Enterprises Law and Interim Regulations on Private Enterprises.

Other Domestic-funded Enterprises refer to domestic-funded economic units other than those mentioned above.

Joint-venture Enterprises with Funds from Hong Kong, Macau and Taiwan refer to enterprises jointly established by investors from Hong Kong, Macau and Taiwan with enterprises in the mainland of China in accordance with the Law of the People's Republic of China on Sino-foreign Joint Venture Enterprises and other relevant laws, where the share of investment, profits and risks is stipulated in the contract.

Cooperative Enterprises with Funds from Hong Kong Macao and Taiwan, established by investors from Hong Kong, Macao and Taiwan with enterprises in the mainland of China in accordance with the Law of the People's Republic of China on Sino-foreign Cooperative Enterprises and other relevant laws, where the investment or provision of facilities, and the share of profits and risks is stipulated in the cooperative contract.

Enterprises with Sole (exclusive) Investment from Hong Kong, Macao and Taiwan refer to enterprises established in the mainland of China with exclusive investment from investors from Hong Kong, Macao and Taiwan in accordance with the Law of the People's Republic of China on Foreign-Funded Enterprises and other relevant laws.

Share-holding Corporations Ltd. with Investment from Hong Kong, Macao and Taiwan refer to share-holding corporations Ltd. established with the approval from the Ministry of Foreign Trade and Economic Relations in line with relevant state regulations, where the share of investment from Hong Kong, Macau or Taiwan businessmen exceeds 25% of the total registered capital of the corporation. In case the share of investment from Hong Kong, Macao or Taiwan is less than 25% of the total registered capital, the enterprise is to be classified as domestic-funded share-holding corporation Ltd.

Joint-venture Enterprises with Foreign Investment refer to enterprises jointly established by foreign enterprises or foreigners with enterprises in the mainland of China in accordance with the Law of the People's Republic of China on Sino-foreign Joint Venture Enterprises and other relevant laws, where the share of investment, profits and risks is stipulated in the contract.

Cooperation Enterprises with Foreign Investment refer to enterprises jointly established by foreign enterprises or foreigners with enterprises in the mainland of China in accordance with the Law of the People's Republic of China on Sino-foreign Cooperative Enterprises and other relevant laws, where the investment or provision of facilities, and the share of profits and risks is stipulated in the cooperative contract.

Enterprises with Sole (exclusive) Foreign Investment refer to enterprises established in the mainland of China with exclusive investment from foreign investors in accordance with the Law of the People's Republic of China on Foreign-Funded Enterprises and other relevant laws.

Share-holding Corporations Ltd. with Foreign Investment refer to share-holding corporations Ltd. Established with the approval from the Ministry of Foreign Trade and Economic Relations in line with relevant state regulations, where the share of investment from foreign investors exceeds 25% of the total registered capital of the corporation. In case the share of foreign investment is less than 25% of the total registered capital, the enterprise is to be classified as domestic-funded share-holding corporation Ltd.

Government Agencies, Institutions and Social Organizations are classified into following categories by source of funds and way of management taking reference of the registration status of enterprises:

(1) Government agencies: include state and party agencies, classified in principle as “state-owned”. There are exceptions, such as supply and marketing cooperatives, which are classified, as “collective”.

(2) Institutions: include institutions of various types established with the approval by organization and staffing departments of the government, but exclude institutions where enterprise management system is introduced. Institutions are further classified as follows:

(a) Institutions whose main budget is listed in the government budget appropriations or extra-budget funds, or allocated from the budget of their competent government agencies. Such institutions are classified as “state-owned”.

(b) Institutions whose budget mainly comes from collective units. Such institutions are classified as “collective”.

(c) Institutions other than those mentioned above whose source of budget is not clear. Such institutions are classified by way of management.

(3) Social organizations: include social organizations established with the approval from the Ministry of Civil Affairs, and organizations that are not covered by social organization management regulations such as trade unions, women’s federations etc. Social organizations are further classified as follows:

(a) Social organizations that are not covered by social organization management regulations of the Ministry of Civil Affairs such as trade unions, women's federations, communist youth leagues, youth associations, industrial and commerce associations, scientists associations, overseas Chinese associations, etc., foundations and fund management organizations established with funds from the state, and social organizations whose funds mainly come from the budget of their competent government agencies. Such institutions are classified as "state-owned".

(b) Social organizations whose budget mainly comes from collective units. Such institutions are classified as "collective".

(c) Social organizations established by individual or a group of citizens, which are classified as "private".

(d) Social organizations other than those mentioned above whose source of budget is not clear. Such organizations are classified by way of management.

Artificial person Refer to unit that have following conditions:

(1) legally Established, have own name, organization ,location and can undertake a civil case responsibility independently by law.

(2) independently Own and use(or authorizable usage) a property, undertake liabilities and can make a bargain with other units.

(3) can independently account and workout balance sheet. artificial person unit includes business artificial person, artificial person, organization artificial person, meeting group artificial person and other.

Establishments unit Refer to the subsidiary unit of artificial person unit. it should have following conditions:

(1) Be engaged in only one kind of social economic activities in exclusive condition.

(2) Opposite independently organize management and business activity

(3) predominate data of businesses, such as income and expenditure...etc.

国民经济核算
National Accounts

● 资料整理：苏凤霞

简要说明

一、主要内容

本篇包括生产总值资料、资产负债表、资金流量表和投入产出表。

二、资料来源

生产总值资料是根据不同产业部门、不同支出构成的特点和资料来源情况而采用不同方法计算的。本年鉴公布的地区生产总值以及与之有关的指标数据，如果遇到普查，在能够获得更详细的基础资料的情况下，地区生产总值历史数据还会发生变动。2008年，根据第二次经济普查资料，按照《依据普查资料对2008年地区GDP初步核算数修订方法》的要求，重新修订了经济普查年度（2008年）地区生产总值数据。本年鉴中的数据是修订以后的数据。本年鉴所列分省辖市数据来自各省辖市统计局的国民经济核算资料。由于采取分级核算，各省辖市数据相加不等于全省数据。由河南省统计局国民经济核算处编辑整理。

资产负债表采用国际上通用的矩阵结构。主栏为资产和负债项目，包括三个部分：非金融资产项目、金融资产与负债项目和资产负债差额项目。宾栏为机构部门和经济总体，并下设使用项和来源项，其中使用项目记录资产，来源项目记录负债和资产负债差额。由河南省统计局国民经济核算处编制。

资金流量表表式与国际上通用的表式相似，是机构部门与交易项目的矩阵表式。主栏为交易项目，主要反映分配方式和融资工具；宾栏按机构部门分类。机构部门分类是根据机构单位具有的基本特征所进行的部门分类。资金流量表把参与资金活动的主体分为非金融企业、金融机构、政府、住户、国内省外和国外六个部门。每一部门下设资金来源与资金运用两栏。现行的资金流量表分为两大部分，一部分为实物交易，另一部分为金融交易。由河南省统计局国民经济核算处编制。

投入产出表也称部门联系平衡表或产业关联表，是根据国民经济各部门生产中的投入来源和使用去向纵横交叉组成的一张棋盘式平衡表。它可以用来揭示部门间经济技术的相互依存、相互制约的数量关系。由河南省统计局国民经济核算处编制。

Brief Introduction

I. Main Contents

Statistics on national accounts include mainly three parts: gross domestic product, balance sheet, Flow of Funds Table and Input-output table

II. Sources of Data

Data on GDP are computed by the Department of National Accounts of the Henan provincial Bureau of Statistics based on different approaches in the light of the different features of various sectors, various expenditure structures and different data sources. Data on GDP and related indicators of the most recent year published in the Yearbook are not final, Where a census has been conducted, historical data of GDP of the previous years may also undergo change. For example , in 2008, the 2008GDP is adjusted on the basis of the Second Economic Census and GDP annual economic survey of accounting programs, and take advantage of the trend deviation method. Municipal data of Statistics on national accounts are computed by Municipal bureau of statistics. Regional data in this Yearbook are prepared from the national accounts data provided by the statistical bureaus of the 18 cities. The sum of the regional data is not equal to the provincial total due to the decentralized accounting approach.

Similar to internationally accepted format, the Balance Sheet of Henan constitutes a matrix. Items of transactions are expressed as assets and liabilities, including three parts: non-financial assets, financial assets and liabilities, the difference between assets and liabilities. Institutional sectors are column headings and macroeconomic, grouped by utilization and source, utilization record the item of project assets , and source record the item of liabilities and difference between assets and liabilities. Balance Sheet of Henan province is compiled by the Department of National Accounts of the Henan provincial Bureau of Statistics.

Similar to internationally accepted format, the Flow of Funds table of China constitutes a matrix of institutional sectors by transaction items. Items of transactions are expressed as row headings representing forms of distribution and methods of financing. Institutional sectors are shown as column headings, grouped by the characteristics of the transactors. There are 6 groups of institutional sectors in the flow of funds table, namely, non-financial corporations, financial institutions, general governments, households, other provinces and the rest of the world. Under each sector there are 2 headings: sources of funds and uses of funds. The current flow of funds table is composed of two parts: the first part, comprising the physical (real) transactions, is compiled by the Department of National Accounts of the National Bureau of Statistics; and the second part, comprising financial transactions, is compiled by the Department of National Accounts of the Henan provincial Bureau of Statistics.

The Input-output table may be viewed as a table showing sector relationships and balances or one showing sector output relationships. Reflecting the sources of the input into, and the utilization of the output from, the production by various industries of the national economy, the input-output table takes the form of a chess-board shaped matrix format , and is used to reveal, in quantitative terms, the interrelated and mutually dependent economic and technological relationships among industries. The input-output table of China is compiled by the Department of National Accounts of the Henan provincial Bureau of Statistics.

3-1 历年生产总值
Gross Domestic Product over the Years

本表按当年价格计算。
Data in this table are calculated at current prices.
单位：亿元 (100 million yuan)

年份 Year	生产总值 Gross Domestic Product	第一产业 Primary Industry	第二产业 Secondary Industry	工业 Industry	建筑业 Construction	第三产业 Tertiary Industry	人均生产总值(元) Per Capita GDP (yuan)
1952	36.09	22.46	8.23	4.77	3.46	5.40	83
1957	52.55	24.27	18.08	6.87	11.21	10.20	110
1962	43.02	17.00	14.05	8.54	5.51	11.97	88
1965	62.96	29.58	19.10	16.27	2.83	14.28	122
1970	97.19	44.49	36.06	30.04	6.02	16.64	164
1975	127.77	55.71	50.34	41.54	8.80	21.72	191
1978	162.92	64.86	69.45	59.20	10.25	28.61	232
1979	190.09	77.30	80.52	68.64	11.88	32.27	267
1980	229.16	93.23	94.44	80.51	13.93	41.49	317
1981	249.69	106.04	95.79	82.61	13.18	47.86	340
1982	263.30	108.18	102.76	88.62	14.14	52.36	353
1983	327.95	143.49	116.36	100.35	16.01	68.10	433
1984	370.04	155.28	136.29	116.66	19.63	78.47	482
1985	451.74	173.43	170.07	144.39	25.68	108.24	580
1986	502.91	179.02	202.15	174.47	27.68	121.74	635
1987	609.60	220.22	230.25	195.75	34.50	159.13	756
1988	749.09	240.72	299.83	258.38	41.45	208.54	910
1989	850.71	289.95	317.13	281.71	35.42	243.63	1012
1990	934.65	325.77	331.85	288.58	43.27	277.03	1091
1991	1045.73	334.61	388.09	336.26	51.83	323.03	1201
1992	1279.75	353.92	545.21	481.11	64.10	380.62	1452
1993	1660.18	410.45	764.20	678.36	85.84	485.53	1865
1994	2216.83	546.68	1058.89	948.78	110.11	611.26	2467
1995	2988.37	762.99	1394.98	1256.52	138.46	830.40	3297
1996	3634.69	937.64	1677.62	1496.72	180.90	1019.43	3978
1997	4041.09	1008.55	1861.28	1641.08	220.20	1171.26	4389
1998	4308.24	1071.39	1937.83	1692.35	245.48	1299.02	4643
1999	4517.94	1123.14	1981.07	1729.29	251.78	1413.73	4832
2000	5052.99	1161.58	2294.15	2000.04	294.11	1597.26	5450
2001	5533.01	1234.34	2510.45	2182.78	327.67	1788.22	5959
2002	6035.48	1288.36	2768.75	2412.18	356.57	1978.37	6487
2003	6867.70	1198.70	3310.14	2876.93	433.21	2358.86	7376
2004	8553.79	1649.29	4182.10	3644.40	537.70	2722.40	9201
2005	10587.42	1892.01	5514.14	4896.01	618.13	3181.27	11346
2006	12362.79	1916.74	6724.61	6031.21	693.40	3721.44	13172
2007	15012.46	2217.66	8282.83	7508.33	774.50	4511.97	16012
2008	18018.53	2658.78	10259.99	9328.15	931.84	5099.76	19181
2009	19480.46	2769.05	11010.50	9900.27	1110.23	5700.91	20597
2010	23092.36	3258.09	13226.38	11950.88	1275.50	6607.89	24446
2011	26931.03	3512.24	15427.08	13949.32	1477.76	7991.72	28661

注：1. 2000年以来人均GDP按常住人口计算。
2. 2005年以后第一产业含农林牧渔服务业。
a)Data of Per capita GDP since 2000 are calculated at resident population.
b)Add-value of Primary Industry since 2005 inculde Service for Farming Forestry Animal Husbandry and Fishery.

3-2 历年生产总值指数(上年=100)

Indices of Gross Domestic Product over the Years (preceding year=100)

本表按可比价格计算。
The indices in this table are calculated at comparable prices.

(上年=100) (preceding year=100)

年份 Year	生产总值 Gross Domestic Product	第一产业 Primary Industry	第二产业 Secondary Industry	工业 Industry	建筑业 Construction	第三产业 Tertiary Industry	人均生产总值 Per Capita GDP
1952	106.1	101.1	138.3	158.1	112.0	129.2	105.0
1957	109.2	105.9	119.0	96.3	152.0	116.0	107.1
1962	100.5	118.4	70.8	76.4	55.9	100.2	99.2
1965	124.5	129.4	128.7	130.8	120.5	104.5	122.1
1970	117.3	106.0	145.8	147.1	140.7	109.7	113.8
1975	106.3	102.9	111.9	112.7	108.5	106.1	104.4
1978	111.3	110.6	112.1	116.4	92.6	111.3	109.5
1979	108.7	101.7	112.6	113.5	107.6	119.7	106.9
1980	115.4	109.2	117.2	116.6	121.3	126.9	113.7
1981	107.8	111.7	101.3	102.2	95.9	113.7	106.3
1982	104.3	100.5	106.1	105.7	108.6	109.0	102.7
1983	123.8	130.2	113.5	113.9	111.2	131.3	121.9
1984	110.1	105.5	115.0	115.0	115.1	110.7	108.5
1985	113.5	100.8	117.0	116.8	117.7	131.9	111.9
1986	104.6	92.1	114.0	115.7	103.2	108.6	103.0
1987	115.0	116.9	108.6	106.9	120.2	123.5	112.9
1988	109.8	97.4	120.1	121.8	109.6	109.4	107.6
1989	107.0	109.2	103.5	105.5	90.1	110.3	104.8
1990	104.5	105.4	102.3	100.1	119.4	106.8	102.5
1991	106.9	97.4	113.3	113.8	109.3	110.4	105.2
1992	113.7	101.5	125.4	126.5	117.1	111.1	112.3
1993	115.8	110.4	122.1	123.1	113.5	111.6	114.6
1994	113.8	101.3	121.6	122.5	113.7	113.1	112.8
1995	114.8	111.9	117.2	117.7	112.2	113.1	113.8
1996	113.9	111.3	116.0	115.3	123.2	112.4	113.0
1997	110.4	107.6	110.9	110.0	120.0	111.8	109.6
1998	108.8	107.0	109.2	108.7	113.5	109.4	107.9
1999	108.1	107.2	107.8	108.0	106.3	109.3	107.3
2000	109.5	104.5	111.8	111.6	113.1	109.2	108.5
2001	109.0	105.5	109.9	109.6	111.6	110.3	108.9
2002	109.5	104.5	111.6	111.7	110.6	109.9	109.2
2003	110.7	97.5	117.0	117.1	116.7	110.1	110.6
2004	113.7	112.8	116.2	117.0	111.0	110.4	113.9
2005	114.2	107.5	117.6	118.7	109.4	112.8	113.8
2006	114.4	107.3	117.7	118.7	110.5	112.9	113.7
2007	114.6	103.8	118.1	119.6	105.1	114.1	114.7
2008	112.1	105.5	114.6	115.3	107.3	110.7	111.9
2009	110.9	104.2	112.4	111.6	121.3	111.1	110.2
2010	112.5	104.5	114.8	115.4	109.5	111.4	112.6
2011	111.9	103.7	113.2	114.1	105.2	113.4	112.5

3-3 历年生产总值指数(1952=100)

Indices of Gross Domestic Product over the Years (1952=100)

本表按可比价格计算。
The indices in this table are calculated at comparable prices.

(1952=100) (1952=100)

年份 Year	生产总值 Gross Domestic Product	第一产业 Primary Industry	第二产业 Secondary Industry	工业 Industry	建筑业 Construction	第三产业 Tertiary Industry	人均生产总值 Per Capita GDP
1952	100.0	100.0	100.0	100.0	100.0	100.0	100.0
1957	133.0	115.6	210.3	154.5	315.8	199.7	121.0
1962	82.1	58.6	156.7	188.2	97.5	209.6	73.5
1965	135.3	102.1	285.1	354.1	155.1	258.7	114.2
1970	200.4	132.4	619.8	769.9	338.1	308.0	147.1
1975	251.8	159.5	805.4	1012.7	417.4	417.6	163.6
1978	306.4	174.3	1102.8	1440.6	472.6	537.5	190.1
1979	333.0	177.3	1241.7	1635.0	508.5	643.4	203.2
1980	384.3	193.6	1455.3	1906.4	616.8	816.5	231.0
1981	414.3	216.2	1474.2	1948.4	591.5	928.3	245.6
1982	432.1	217.3	1564.1	2059.4	642.4	1011.9	252.2
1983	534.9	283.0	1775.3	2345.7	714.3	1328.6	307.4
1984	589.0	298.5	2041.6	2697.6	822.2	1470.7	333.6
1985	668.5	300.9	2388.6	3150.8	967.7	1939.9	373.3
1986	699.2	277.1	2723.1	3645.4	998.7	2106.8	384.5
1987	804.1	324.0	2957.2	3897.0	1200.5	2601.8	434.1
1988	882.9	315.5	3551.6	4746.5	1315.7	2846.4	467.0
1989	944.7	344.5	3675.9	5007.6	1185.4	3139.6	489.4
1990	987.2	363.1	3760.4	5012.6	1415.4	3353.1	501.6
1991	1055.3	353.7	4260.5	5704.3	1547.0	3701.8	527.7
1992	1199.9	359.0	5342.7	7215.9	1811.5	4112.7	592.6
1993	1389.5	396.3	6523.4	8882.8	2056.1	4589.8	679.1
1994	1581.3	401.5	7932.5	10881.4	2337.8	5191.1	766.0
1995	1815.3	449.3	9296.9	12807.4	2623.0	5871.1	871.7
1996	2067.6	500.1	10784.4	14766.9	3231.5	6599.1	985.0
1997	2282.6	538.1	11959.9	16243.6	3877.8	7377.8	1079.6
1998	2483.5	575.8	13060.2	17656.8	4401.3	8071.3	1164.9
1999	2684.7	617.3	14078.9	19069.3	4678.6	8821.9	1249.9
2000	2939.7	645.1	15740.2	21281.3	5291.5	9633.5	1356.1
2001	3204.3	680.6	17298.5	23324.3	5905.3	10625.8	1476.8
2002	3508.7	711.2	19305.1	26053.2	6531.3	11677.8	1612.7
2003	3884.1	693.4	22587.0	30508.3	7622.0	12857.3	1783.6
2004	4416.2	782.2	26246.1	35694.7	8460.4	14194.5	2031.5
2005	5043.3	840.9	30865.4	42369.6	9255.7	16011.4	2311.8
2006	5769.5	902.3	36328.6	50292.7	10227.5	18076.9	2628.5
2007	6611.8	936.6	42904.1	60150.1	10749.1	20625.7	3014.9
2008	7412.3	988.1	49154.6	69362.9	11536.9	22830.6	3373.7
2009	8221.6	1029.1	55254.2	77375.4	13997.5	25371.8	3716.7
2010	9249.3	1075.4	63431.8	89291.2	15327.2	28264.2	4187.1
2011	10352.2	1114.7	71832.9	101881.1	16128.5	32040.5	4710.4

3-4 历年生产总值分产业构成

Composition of Gross Domestic Product over the Years

本表按当年价格计算。
Data in this table are calculated at current prices.

单位：% (%)

年份 Year	生产总值 Gross Domestic Product	第一产业 Primary Industry	第二产业 Secondary Industry	工业 Industry	建筑业 Construction	第三产业 Tertiary Industry
1952	100.0	62.2	22.8	13.2	9.6	15.0
1957	100.0	46.2	34.4	13.1	21.3	19.4
1962	100.0	39.5	32.7	19.9	12.8	27.8
1965	100.0	47.0	30.3	25.8	4.5	22.7
1970	100.0	45.8	37.1	30.9	6.2	17.1
1975	100.0	43.6	39.4	32.5	6.9	17.0
1978	100.0	39.8	42.6	36.3	6.3	17.6
1979	100.0	40.7	42.3	36.1	6.2	17.0
1980	100.0	40.7	41.2	35.1	6.1	18.1
1981	100.0	42.5	38.3	33.1	5.2	19.2
1982	100.0	41.1	39.0	33.6	5.4	19.9
1983	100.0	43.7	35.5	30.6	4.9	20.8
1984	100.0	42.0	36.8	31.5	5.3	21.2
1985	100.0	38.4	37.6	31.9	5.7	24.0
1986	100.0	35.6	40.2	34.7	5.5	24.2
1987	100.0	36.1	37.8	32.1	5.7	26.1
1988	100.0	32.1	40.0	34.5	5.5	27.9
1989	100.0	34.1	37.3	33.1	4.2	28.6
1990	100.0	34.9	35.5	30.9	4.6	29.6
1991	100.0	32.0	37.1	32.1	5.0	30.9
1992	100.0	27.7	42.6	37.6	5.0	29.7
1993	100.0	24.7	46.0	40.8	5.2	29.3
1994	100.0	24.6	47.8	42.8	5.0	27.6
1995	100.0	25.5	46.7	42.1	4.6	27.8
1996	100.0	25.8	46.2	41.2	5.0	28.0
1997	100.0	24.9	46.1	40.6	5.5	29.0
1998	100.0	24.9	45.0	39.3	5.7	30.1
1999	100.0	24.9	43.8	38.3	5.5	31.3
2000	100.0	23.0	45.4	39.6	5.8	31.6
2001	100.0	22.3	45.4	39.5	5.9	32.3
2002	100.0	21.3	45.9	40.0	5.9	32.8
2003	100.0	17.5	48.2	41.9	6.3	34.3
2004	100.0	19.3	48.9	42.6	6.3	31.8
2005	100.0	17.9	52.1	46.3	5.8	30.0
2006	100.0	15.5	54.4	48.8	5.6	30.1
2007	100.0	14.8	55.2	50.0	5.2	30.0
2008	100.0	14.8	56.9	51.8	5.2	28.3
2009	100.0	14.2	56.5	50.8	5.7	29.3
2010	100.0	14.1	57.3	51.8	5.5	28.6
2011	100.0	13.0	57.3	51.8	5.5	29.7

3-5 三次产业贡献率

Share of the Three Industries to the Increase of GDP

本表按可比价格计算。
Data in this table are calculated at constant prices.

单位：%　　(%)

年 份 Year	生产总值 Gross Domestic Product	第一产业 Primary Industry	第二产业 Secondary Industry	#工 业 Industry	第三产业 Tertiary Industry
1981	100.0	61.5	6.9	10.2	31.6
1982	100.0	4.9	55.3	44.4	39.8
1983	100.0	51.7	22.4	19.7	26.0
1984	100.0	23.5	54.1	46.5	22.4
1985	100.0	2.6	47.6	40.6	49.9
1986	100.0	-62.4	117.2	113.4	45.2
1987	100.0	36.0	24.2	17.0	39.8
1988	100.0	-8.8	82.4	76.9	26.4
1989	100.0	37.8	22.0	30.0	40.2
1990	100.0	35.5	21.8	1.2	42.7
1991	100.0	-13.0	69.8	64.0	43.2
1992	100.0	3.4	72.2	66.7	24.3
1993	100.0	18.4	60.1	56.2	21.6
1994	100.0	2.5	70.7	66.2	26.9
1995	100.0	19.0	56.1	52.4	24.9
1996	100.0	18.7	56.7	49.4	24.6
1997	100.0	16.4	52.7	43.7	30.8
1998	100.0	17.5	52.8	45.0	29.7
1999	100.0	19.1	48.8	44.7	32.0
2000	100.0	10.2	62.6	55.4	27.2
2001	100.0	14.0	49.7	42.2	36.3
2002	100.0	10.6	55.8	49.2	33.6
2003	100.0	-5.0	74.6	65.2	30.4
2004	100.0	17.5	58.4	53.3	24.1
2005	100.0	9.8	62.2	58.1	28.0
2006	100.0	9.0	64.1	59.8	26.9
2007	100.0	4.1	67.0	65.0	28.9
2008	100.0	6.5	68.5	65.3	25.0
2009	100.0	5.1	64.8	55.1	30.0
2010	100.0	4.5	68.5	64.3	27.0
2011	100.0	4.3	63.6	61.2	32.1

注：产业贡献率指各产业增加值增量与GDP增量之比。
a) Share of the three industries refers to the proportion of the increment of every industrial value added to the increment of GDP.

3-6 三次产业对生产总值增长的拉动

Contribution of the Three Industries to GDP Growth

本表按可比价格计算。
Data in this table are calculated at current prices.

单位：百分点 (percent)

年 份 Year	生产总值 Gross Domestic Product	第一产业 Primary Industry	第二产业 Secondary Industry	#工 业 Industry	第三产业 Tertiary Industry
1981	7.8	4.8	0.5	0.8	2.5
1982	4.3	0.2	2.4	1.9	1.7
1983	23.8	12.3	5.3	4.7	6.2
1984	10.1	2.4	5.5	4.7	2.3
1985	13.5	0.3	6.4	5.5	6.7
1986	4.6	-2.9	5.4	5.2	2.1
1987	15.0	5.4	3.6	2.5	6.0
1988	9.8	-0.9	8.1	7.5	2.6
1989	7.0	2.6	1.5	2.1	2.8
1990	4.5	1.6	1.0	0.1	1.9
1991	6.9	-0.9	4.8	4.4	3.0
1992	13.7	0.5	9.9	9.1	3.3
1993	15.8	2.9	9.5	8.9	3.4
1994	13.8	0.3	9.7	9.1	3.7
1995	14.8	2.8	8.3	7.8	3.7
1996	13.9	2.6	7.9	6.9	3.4
1997	10.4	1.7	5.5	4.5	3.2
1998	8.8	1.5	4.7	4.0	2.6
1999	8.1	1.6	4.0	3.6	2.6
2000	9.5	1.0	5.9	5.3	2.6
2001	9.0	1.3	4.5	3.8	3.3
2002	9.5	1.0	5.3	4.7	3.2
2003	10.7	-0.5	8.0	7.0	3.2
2004	13.7	2.4	8.0	7.3	3.3
2005	14.2	1.4	8.8	8.3	4.0
2006	14.4	1.3	9.2	8.6	3.9
2007	14.6	0.6	9.8	9.5	4.2
2008	12.1	0.8	8.3	7.9	3.0
2009	10.9	0.6	7.1	6.0	3.3
2010	12.5	0.6	8.6	8.1	3.4
2011	11.9	0.5	7.6	7.3	3.8

注：产业拉动指GDP增长速度与各产业贡献率之乘积。
a) Contribution of the three industies to GDP growth refers to the growth rate of GDP multiplying the industrial shares.

3-7 历年全员劳动生产率

Over all Labor Productivity by Year

单位：元/人.年 (yuan/person.year)

年 份 Year	全员劳动生产率 Over all Labor Productivity	第一产业 Primary Industry	第二产业 Secondary Industry	第三产业 Tertiary Industry
1979	669	334	2748	1385
1980	790	393	3180	1788
1981	837	437	3120	1892
1982	851	433	3288	1870
1983	1019	560	3548	2092
1984	1115	600	3802	2115
1985	1316	674	3784	2646
1986	1413	696	3706	2761
1987	1652	852	3889	3102
1988	1946	918	4703	3538
1989	2165	1080	4812	4150
1990	2328	1174	4990	4831
1991	2519	1163	5707	5438
1992	2994	1205	7717	6046
1993	3803	1400	9977	7274
1994	5011	1893	12666	8726
1995	6673	2687	15560	11184
1996	7947	3327	17503	12791
1997	8545	3520	18622	13556
1998	8774	3659	19643	13049
1999	8854	3593	21136	13604
2000	9377	3382	24282	15827
2001	9980	3506	25432	17256
2002	10935	3748	27208	18597
2003	12422	3562	31205	21383
2004	15381	5015	37583	23466
2005	18824	5926	46086	25738
2006	21725	6194	51688	28737
2007	26127	7429	58371	33621
2008	31045	9220	67258	36555
2009	33063	9868	67995	38869
2010	38517	11898	77173	42822
2011	44005	13051	85575	49151

3-8 分行业增加值及指数

Value-added and Index by Sector

本表增加值按当年价格计算，指数按可比价格计算。
Value-added in this table are calculated at current prices. The indices in this table are calculated at comparable prices.

单位：亿元 (100 million yuan)

行 业	Sector	2010		2011	
		增加值 Value-added	指数 (上年=100) Index (preceding year=100)	增加值 Value-added	指数 (上年=100) Index (preceding year=100)
生产总值	**Gross Domestic Product**	**23092.36**	**112.5**	**26931.03**	**111.9**
第一产业	Value-added of the Primary Industry	3258.09	104.5	3512.24	103.7
农业	Farming	2080.77	104.2	2108.83	104.2
林业	Forestry	69.48	104.3	76.50	107.0
牧业	Animal Husbandry	993.79	104.9	1205.96	102.0
渔业	Fishery	48.36	107.4	49.10	106.9
农林牧渔服务业	Service for Farming 、Forestry、Animal Husbandry and Fishery	65.69	104.8	71.85	105.3
第二产业	Value-added of the Secondary Industry	13226.38	114.8	15427.08	113.2
工业	Industry	11950.88	115.4	13949.32	114.1
采矿业	Mining	1694.88	104.1	2278.07	120.2
制造业	Manufacturing	9897.99	117.7	11116.14	113.2
电力、燃气及水的生产和供应业	Production and distribution of electricity, gas and water	358.01	111.3	555.11	110.1
建筑业	Construction	1275.50	109.5	1477.76	105.2
第三产业	Value-added of the Tertiary Industry	6607.89	111.4	7991.72	113.4
交通运输、仓储和邮政业	Traffic,transport, storage and post	873.30	105.3	961.50	107.7
信息传输、计算机服务和软件业	Information transfer, computer services and software	263.23	105.7	325.90	121.2
批发和零售业	Wholesale and retail trade	1293.50	117.9	1586.09	116.1
住宿和餐饮业	Accommodation and Restaurants	605.23	110.9	797.99	116.6
金融业	Finance	697.68	133.7	868.20	116.8
房地产业	Real estate	773.23	110.9	987.00	109.9
租赁和商务服务业	Tenancy and business services	195.97	117.7	265.04	130.3
科学研究、技术服务和地质勘查业	Scientific research, technical service and geologic perambulation	148.32	121.7	166.04	106.0
水利、环境和公共设施管理业	Management of water conservancy, environment and public establishment	61.06	100.2	63.65	98.7
居民服务和其他服务业	Resident services and other services	161.63	105.1	220.66	131.5
教育	Education	565.59	111.5	739.02	124.1
卫生、社会保障和社会福利业	Sanitation, social security and social welfare	242.64	106.3	263.97	108.6
文化、体育和娱乐业	Culture, sports and entertainment	64.47	106.4	74.33	111.1
公共管理和社会组织	Public management and social organization	662.04	98.2	672.33	96.2

3-9 历年第三产业增加值及指数

Value-added and Index of the Tertiary Industry by Sector

本表增加值按当年价格计算，指数按可比价格计算。
Value-added in this table are calculated at current prices. The indices in this table are calculated at comparable prices.

行业	Sector	2005	2007	2010	2011
第三产业增加值(亿元)	**Value-added of the Tertiary Industry(100 million yuan)**	**3181.27**	**4511.97**	**6607.89**	**7991.72**
交通运输、仓储和邮政业	Traffic,transport, storage and post	625.87	866.73	873.30	961.5
信息传输、计算机服务和软件业	Information transfer, computer services and software	143.40	205.73	263.23	325.9
批发和零售业	Wholesale and retail trade	616.25	765.76	1293.50	1586.09
住宿和餐饮业	Accommodation and Restaurants	302.23	493.40	605.23	797.99
金融业	Finance	181.74	302.31	697.68	868.2
房地产业	Real estate	298.19	447.44	773.23	987
租赁和商务服务业	Tenancy and business services	88.90	107.53	195.97	265.04
科学研究、技术服务和地质勘查业	Scientific research, technical service and geologic perambulation	74.96	93.87	148.32	166.04
水利、环境和公共设施管理业	Management of water conservancy, environment and public establishment	32.14	43.05	61.06	63.65
居民服务和其他服务业	Resident services and other services	128.22	180.94	161.63	220.66
教育	Education	229.58	367.66	565.59	739.02
卫生、社会保障和社会福利业	Sanitation, social security and social welfare	134.99	174.43	242.64	263.97
文化、体育和娱乐业	Culture, sports and entertainment	33.19	49.05	64.47	74.33
公共管理和社会组织	Public management and social organization	291.61	414.07	662.04	672.33
第三产业增加值指数(%)	**Index of the Tertiary Industry(%)**	**112.8**	**114.1**	**111.4**	**113.4**
交通运输、仓储和邮政业	Traffic,transport, storage and post	109.2	112.0	105.3	107.7
信息传输、计算机服务和软件业	Information transfer, computer services and software	117.2	113.4	105.7	121.2
批发和零售业	Wholesale and retail trade	111.3	107.5	117.9	116.1
住宿和餐饮业	Accommodation and Restaurants	112.8	114.4	110.9	116.6
金融业	Finance	104.5	123.9	133.7	116.8
房地产业	Real estate	110.0	116.5	110.9	109.9
租赁和商务服务业	Tenancy and business services	121.1	112.2	117.7	130.3
科学研究、技术服务和地质勘查业	Scientific research, technical service and geologic perambulation	117.9	112.2	121.7	106.0
水利、环境和公共设施管理业	Management of water conservancy, environment and public establishment	131.6	122.2	100.2	98.7
居民服务和其他服务业	Resident services and other services	109.2	104.1	105.1	131.5
教育	Education	118.5	128.7	111.5	124.1
卫生、社会保障和社会福利业	Sanitation, social security and social welfare	117.6	115.5	106.3	108.6
文化、体育和娱乐业	Culture, sports and entertainment	119.9	126.1	106.4	111.1
公共管理和社会组织	Public management and social organization	119.0	115.0	98.2	96.2

3-10 各市生产总值(2011年)

Gross Domestic Product by City(2011)

本表按当年价格计算。
Data in this table are calculated at current prices.

市(县) City(County)	生产总值(亿元) Gross Domestic Product (100 million yuan)	第一产业 Primary Industry	第二产业 Secondary Industry	工业 Industry	建筑业 Construction	第三产业 Tertiary Industry	人均生产总值(元) Per Capita GDP (yuan)
省辖市 City							
郑州市 Zhengzhou	4979.85	131.66	2874.22	2566.08	308.14	1973.97	56855
开封市 Kaifeng	1072.42	237.54	470.27	430.97	39.30	364.61	22972
洛阳市 Luoyang	2702.76	203.84	1656.52	1477.57	178.95	842.39	41198
平顶山市 Pingdingshan	1484.61	135.63	973.71	916.92	56.79	375.28	30227
安阳市 Anyang	1486.61	175.22	873.33	783.83	89.50	438.06	28806
鹤壁市 Hebi	500.52	55.95	354.07	331.63	22.43	90.50	31763
新乡市 Xinxiang	1489.41	187.40	880.65	780.47	100.17	421.36	26198
焦作市 Jiaozuo	1442.62	114.16	993.84	936.38	57.46	334.62	40810
濮阳市 Puyang	897.34	128.49	583.25	537.19	46.06	185.60	25066
许昌市 Xuchang	1588.74	171.71	1078.25	1014.62	63.63	338.79	36924
漯河市 Luohe	751.70	94.91	519.72	493.31	26.41	137.07	29487
三门峡市 Sanmenxia	1030.45	81.22	709.04	665.27	43.77	240.19	46049
南阳市 Nanyang	2202.31	415.90	1166.81	1045.17	121.64	619.61	21590
商丘市 Shangqiu	1308.37	317.00	622.96	546.78	76.18	368.41	17779
信阳市 Xinyang	1257.68	330.05	523.61	425.88	97.73	404.03	20603
周口市 Zhoukou	1407.49	389.83	653.80	578.95	74.85	363.86	15734
驻马店市 Zhumadian	1244.77	339.95	530.18	471.28	58.90	374.64	17396
济源市 Jiyuan	373.36	18.36	278.11	262.27	15.84	76.89	55095
省直管县 Province Administrating County							
巩义市 Gongyi	468.03	8.82	339.62	323.84	15.78	119.60	57838
兰考县 Lankao	148.77	29.57	69.25	66.27	2.98	49.96	22079
汝州市 Ruzhou	283.98	32.63	164.17	154.70	9.48	87.17	30552
滑县 Huaxian	152.56	56.12	62.30	55.86	6.44	34.14	12376
长垣县 Changyuan	174.23	26.67	96.11	81.04	15.07	51.45	21663
邓州市 Dengzhou	260.66	79.60	117.01	107.67	9.34	64.06	17836
永城市 Yongcheng	351.68	51.82	226.69	210.97	15.72	73.16	28447
固始县 Gushi	198.68	71.57	68.04	55.43	12.61	59.07	19448
鹿邑县 Luyi	176.06	46.58	83.23	75.91	7.32	46.25	19509
新蔡县 Xincai	117.05	42.06	43.52	38.04	5.48	31.47	13833

注：人均生产总值按常住人口计算。
a) Per Capita GDP are calculated at residents population.

3-11 各市生产总值指数(2011年)
Indices of Gross Domestic Product by City(2011)

本表按可比价格计算。
The indices in this table are calculated at comparable prices.

(上年=100) (preceding year=100)

市(县) City(County)	生产总值 Gross Domestic Product	第一产业 Primary Industry	第二产业 Secondary Industry	工业 Industry	建筑业 Construction	第三产业 Tertiary Industry	人均生产总值 Per Capita GDP
省辖市 City							
郑州市 Zhengzhou	113.8	103.7	117.0	119.0	102.3	110.2	105.1
开封市 Kaifeng	112.9	104.1	118.1	118.8	110.5	112.5	113.6
洛阳市 Luoyang	112.5	103.7	115.9	117.1	106.6	108.1	111.2
平顶山市 Pingdingshan	111.1	103.6	112.9	113.3	106.7	109.1	111.0
安阳市 Anyang	112.2	103.7	114.7	115.7	104.9	110.2	112.9
鹤壁市 Hebi	112.9	103.4	115.6	116.0	109.7	108.3	107.7
新乡市 Xinxiang	114.7	104.2	118.2	119.6	108.1	112.6	113.3
焦作市 Jiaozuo	113.4	103.7	115.8	116.7	102.1	109.6	111.7
濮阳市 Puyang	112.4	104.3	114.8	115.4	107.5	109.9	111.7
许昌市 Xuchang	115.2	103.8	117.8	118.6	106.1	112.5	115.4
漯河市 Luohe	113.2	103.5	116.1	116.4	109.7	108.7	112.1
三门峡市 Sanmenxia	113.1	104.4	114.5	114.9	108.1	111.8	112.7
南阳市 Nanyang	111.2	103.7	115.3	116.6	103.7	109.2	111.2
商丘市 Shangqiu	110.7	104.0	113.8	115.5	102.3	111.6	114.0
信阳市 Xinyang	111.1	103.8	115.5	117.6	105.8	111.5	117.3
周口市 Zhoukou	111.2	104.0	115.7	117.3	103.9	111.5	118.0
驻马店市 Zhumadian	111.3	103.7	117.1	117.9	110.9	110.2	116.1
济源市 Jiyuan	114.7	104.5	117.2	117.9	104.5	107.5	115.4
省直管县 Province Administrating County							
巩义市 Gongyi	113.8	103.8	115.2	115.8	101.5	109.9	114.1
兰考县 Lankao	111.7	104.2	116.3	116.2	118.3	110.5	118.7
汝州市 Ruzhou	110.2	103.6	109.0	109.4	101.7	115.2	110.4
滑县 Huaxian	109.5	103.8	116.1	117.8	102.1	107.9	106.8
长垣县 Changyuan	113.6	104.2	117.9	120.4	105.6	110.6	112.6
邓州市 Dengzhou	109.8	103.7	115.0	115.5	108.0	107.4	106.8
永城市 Yongcheng	111.6	103.9	113.9	114.8	101.5	110.1	113.1
固始县 Gushi	109.3	103.8	113.9	115.6	106.0	110.7	125.0
鹿邑县 Luyi	111.2	104.0	116.5	117.8	103.3	108.4	122.6
新蔡县 Xincai	109.8	103.8	112.9	113.7	107.1	111.9	115.7

3-12 各市第三产业增加值(2011年)

本表按当年价格计算。
Data in this table are calculated at current prices.
单位：亿元

市(县) City(County)	合计 Total	交通运输仓储及邮政业 Traffic, transport, storage and post	信息传输计算机服务和软件业 Information transfer, computer services and software	批发和零售业 Whole-sale and retail trade	住宿和餐饮业 Accomm-odation and Restau-rants	金融业 Fina-nce	房地产业 Real estate
省辖市 City							
郑州市 Zhengzhou	1973.97	284.94	93.91	333.70	156.34	303.21	240.74
开封市 Kaifeng	364.61	49.52	18.90	57.61	32.53	10.16	34.90
洛阳市 Luoyang	842.39	111.86	30.95	173.73	69.90	68.43	78.30
平顶山市 Pingdingshan	375.28	51.73	13.82	81.31	43.27	34.36	26.82
安阳市 Anyang	438.06	50.00	19.67	105.06	45.09	26.16	49.02
鹤壁市 Hebi	90.50	8.12	4.62	21.08	8.78	6.98	9.42
新乡市 Xinxiang	421.36	66.95	17.20	88.43	29.80	35.72	61.84
焦作市 Jiaozuo	334.62	48.45	9.95	94.74	39.46	22.07	29.14
濮阳市 Puyang	185.60	15.84	8.77	35.77	18.71	8.22	25.53
许昌市 Xuchang	338.79	40.06	17.37	83.72	42.52	27.23	37.05
漯河市 Luohe	137.07	13.97	5.23	33.70	20.47	4.92	15.18
三门峡市 Sanmenxia	240.19	70.60	7.36	47.67	14.99	9.60	10.84
南阳市 Nanyang	619.61	95.72	25.25	117.75	75.82	37.23	61.30
商丘市 Shangqiu	368.41	50.22	18.72	64.14	39.90	17.48	47.89
信阳市 Xinyang	404.03	58.12	28.01	57.25	49.73	27.00	52.98
周口市 Zhoukou	363.86	33.90	21.42	74.26	41.65	20.60	58.41
驻马店市 Zhumadian	374.64	50.30	17.04	77.05	30.24	20.05	44.78
济源市 Jiyuan	76.89	12.54	2.69	19.28	7.76	2.58	7.78
省直管县 Province Administrating County							
巩义市 Gongyi	119.60	46.10	2.47	16.54	13.44	6.69	15.06
兰考县 Lankao	49.96	8.46	1.92	6.40	4.15	1.02	4.30
汝州市 Ruzhou	87.17	14.31	2.62	18.69	8.15	6.59	6.12
滑县 Huaxian	34.14	2.29	0.94	7.90	4.09	2.42	3.77
长垣县 Changyuan	51.45	11.60	0.11	12.23	6.31	1.66	7.26
邓州市 Dengzhou	64.06	9.91	2.04	9.90	8.82	2.42	7.90
永城市 Yongcheng	73.16	9.17	6.30	7.99	9.80	4.68	12.64
固始县 Gushi	59.07	3.15	4.66	10.18	5.69	2.86	9.09
鹿邑县 Luyi	46.25	6.71	2.18	7.76	9.09	0.40	6.83
新蔡县 Xincai	31.47	3.54	1.81	7.19	2.01	0.78	2.77

Value-added of the Tertiary Industry by City (2011)

(100 million yuan)

租赁和商务服务业 Tenancy and business services	科学研究、技术服务和地质勘查业 Scientific research, technical service and geologic perambulation	水利、环境和公共设施管理业 Management of water conservancy, environment and public establishment	居民服务和其他服务业 Resident services and other services	教育 Education	卫生、社会保障和社会福利业 Sanitation, social security and social welfare	文化、体育和娱乐业 Culture, sports and entertainment	公共管理和社会组织 Public management and social organization
68.74	72.58	13.82	65.45	115.32	71.46	41.66	112.10
13.66	3.28	10.28	9.25	38.52	24.73	7.83	53.44
27.86	77.40	9.51	17.21	64.21	25.55	9.49	78.01
12.83	3.61	4.07	13.21	27.48	13.84	5.57	43.37
21.13	3.41	4.71	12.03	31.06	21.26	3.13	46.34
0.89	0.37	0.80	1.42	9.95	2.92	0.42	14.72
5.95	3.38	5.62	10.26	32.16	14.45	2.73	46.85
6.04	3.90	4.98	16.22	22.69	8.85	2.56	25.57
7.89	1.68	2.71	3.55	18.76	8.85	1.38	27.95
4.48	2.76	1.95	12.27	30.66	10.01	2.86	25.85
0.97	0.67	1.39	9.97	10.44	4.18	1.45	14.53
7.40	2.41	2.97	8.39	20.72	7.83	1.62	27.79
8.63	6.54	6.91	15.64	60.19	38.39	3.17	67.06
6.19	0.69	1.51	8.88	41.81	17.52	2.17	51.28
6.73	2.91	7.51	9.91	39.35	16.02	3.42	45.09
3.61	0.96	1.73	8.55	40.14	14.30	1.28	43.02
6.23	2.29	2.60	12.17	36.73	15.88	3.15	56.13
7.28	0.50	0.62	1.26	4.67	2.25	0.86	6.81
0.93	0.60	0.39	1.86	5.42	5.28	0.41	4.40
1.98	0.79	0.85	2.17	4.92	2.52	1.02	9.43
3.52	0.87	0.68	3.37	7.19	5.08	0.68	9.31
1.45	0.27	0.09	1.09	2.82	2.24	0.19	4.56
0.43	0.09	0.25	3.14	2.94	1.12	0.40	3.90
0.63	0.36	0.49	1.90	6.22	6.47	0.24	6.73
0.78	0.12	0.44	2.69	8.05	2.73	0.07	7.70
1.17	0.35	0.66	2.72	5.49	4.52	0.23	8.31
0.22	0.06	0.17	0.42	4.22	2.69	0.07	5.44
0.50	0.09	0.03	0.60	3.69	2.38	0.45	5.64

3-13 各市第三产业增加值指数(2011年)

本表按可比价格计算。
The indices in this table are calculated at comparable prices.
(上年=100)

市(县) City(County)	合计 Total	交通运输仓储及邮政业 Traffic, transport, storage and post	信息传输计算机服务和软件业 Information transfer, computer services and software	批发和零售业 Wholesale and retail trade	住宿和餐饮业 Accommodation and Restaurants	金融业 Finance	房地产业 Real estate
省辖市 City							
郑州市 Zhengzhou	110.2	104.0	108.1	118.1	119.5	106.5	104.1
开封市 Kaifeng	112.5	109.7	109.9	110.2	109.1	99.2	110.6
洛阳市 Luoyang	108.1	103.5	116.2	116.4	110.1	108.9	106.9
平顶山市 Pingdingshan	109.1	117.9	110.5	105.6	107.3	97.0	104.9
安阳市 Anyang	110.2	110.2	113.1	111.4	107.9	104.6	108.4
鹤壁市 Hebi	108.3	108.7	112.5	112.6	105.3	96.2	110.1
新乡市 Xinxiang	112.6	108.6	116.5	116.7	107.2	103.0	124.3
焦作市 Jiaozuo	109.6	112.7	111.8	110.4	107.9	113.0	102.7
濮阳市 Puyang	109.9	109.6	111.9	111.3	109.2	100.5	110.7
许昌市 Xuchang	112.5	110.5	125.2	138.7	108.7	105.5	94.8
漯河市 Luohe	108.7	110.9	114.4	109.0	109.1	104.2	108.9
三门峡市 Sanmenxia	111.8	110.9	113.3	112.3	112.3	106.6	110.8
南阳市 Nanyang	109.2	108.7	110.3	111.4	108.6	106.4	107.9
商丘市 Shangqiu	111.6	108.1	116.3	114.9	116.1	110.0	106.6
信阳市 Xinyang	111.5	111.2	109.6	110.7	110.0	133.6	107.3
周口市 Zhoukou	111.5	109.8	121.9	112.5	109.5	113.2	110.0
驻马店市 Zhumadian	110.2	110.8	108.4	110.5	108.7	104.4	108.9
济源市 Jiyuan	107.5	108.9	111.7	110.3	103.9	97.0	107.9
省直管县 Province Administrating County							
巩义市 Gongyi	109.9	108.9	114.5	105.8	105.1	121.1	110.8
兰考县 Lankao	110.5	108.3	89.5	106.2	106.9	104.9	106.5
汝州市 Ruzhou	115.2	116.8	114.0	112.8	113.6	106.7	97.0
滑县 Huaxian	107.9	110.1	127.1	107.7	103.4	130.8	104.9
长垣县 Changyuan	110.6	109.1	144.9	107.7	108.1	103.3	114.8
邓州市 Dengzhou	107.4	108.0	113.6	93.8	115.3	109.3	113.7
永城市 Yongcheng	110.1	111.5	126.9	106.4	107.7	102.2	104.5
固始县 Gushi	110.7	110.5	108.9	109.3	108.7	107.8	105.1
鹿邑县 Luyi	108.4	111.3	110.6	105.8	103.4	111.1	104.0
新蔡县 Xincai	111.9	110.7	108.7	107.9	109.0	106.5	108.0

Indices of Value-added of the Tertiary Industry by City (2011)

(preceding year=100)

租赁和商务服务业 Tenancy and business services	科学研究、技术服务和地质勘查业 Scientific research, technical service and geologic perambulation	水利、环境和公共设施管理业 Management of water conservancy, environment and public establishment	居民服务和其他服务业 Resident services and other services	教育 Education	卫生、社会保障和社会福利业 Sanitation, social security and social welfare	文化、体育和娱乐业 Culture, sports and entertainment	公共管理和社会组织 Public management and social organization
124.6	109.7	129.6	145.5	99.9	119.0	114.6	99.8
105.0	131.7	145.2	119.3	115.3	121.2	140.8	110.7
106.2	107.0	107.0	106.2	112.7	95.7	114.7	97.4
126.8	102.1	114.4	100.9	122.9	119.4	107.3	108.1
117.8	106.0	110.6	115.6	108.6	114.6	109.9	108.3
107.6	105.3	104.6	105.3	108.8	109.1	107.3	107.8
119.8	108.6	108.6	119.8	101.5	120.7	187.1	108.7
110.9	109.8	118.4	115.1	123.2	96.2	122.2	97.6
118.4	103.3	104.7	118.1	121.1	104.4	117.3	103.0
77.1	104.4	89.2	124.7	125.0	90.4	124.5	92.5
117.0	100.6	100.6	117.1	100.6	100.6	116.9	107.4
115.4	114.9	113.9	117.4	116.4	112.6	122.1	108.0
108.1	106.6	106.3	113.3	114.0	109.4	117.6	104.7
110.3	108.4	108.4	110.3	124.4	112.3	120.3	102.5
132.4	109.6	109.6	132.4	113.3	109.6	132.4	103.4
119.1	107.2	108.3	113.8	109.2	108.4	96.1	112.5
113.2	111.0	111.0	113.2	109.5	96.3	116.4	118.2
101.7	113.1	102.6	102.6	109.5	108.5	120.7	107.7
148.0	111.6	98.1	112.2	127.4	113.4	104.1	101.9
111.3	129.7	146.5	119.3	116.0	116.6	142.9	112.4
132.0	112.7	116.5	120.4	122.8	124.6	126.0	121.6
104.0	105.3	105.2	103.2	109.2	109.1	112.5	101.6
134.2	108.3	108.1	130.9	106.5	109.5	131.5	110.1
110.7	96.8	96.5	156.9	108.1	107.9	115.5	100.9
118.9	105.7	105.7	148.8	114.3	111.0	120.4	108.6
122.5	117.9	110.5	124.3	102.6	110.5	134.4	123.0
108.3	119.0	118.6	106.5	123.8	111.8	120.9	109.0
100.3	112.7	113.6	100.3	112.8	112.8	100.3	126.8

3-14 非公有制经济增加值(2011年)
Value-added of Non-Public-Owned(2011)

行　业	Sector	增加值 (亿元) Value-added of Non-Public-Owned (100 million yuan)	指数 (%) Index of Value-added of Non-Public-Owned (%)	占GDP比重 (%) Value-added of Non-Public-Owned as percentage of GDP (%)
总计	**Total**	**16458.20**	**12.3**	**61.1**
第一产业	Value-added of the Primary Industry	1153.34	4.7	32.8
第二产业	Value-added of the Secondary Industry	11364.39	12.6	73.7
工业	Industry	10167.44	13.0	72.9
建筑业	Construction	1196.95	9.6	81.0
第三产业	Value-added of the Tertiary Industry	3940.47	13.8	49.4
交通运输、仓储和邮电业	Traffic,transport, storage and post	561.06	7.3	58.4
批发和零售业	Wholesale and retail trade	924.88	18.8	58.3
住宿和餐饮业	Accommodation and Restaurants	712.89	16.1	89.3
金融业	Finance	207.43	20.4	23.9
房地产业	Real estate	877.05	9.3	88.9
其他服务业	Others	657.17	15.0	23.6

3-15 各市非公有制经济增加值
Value-added of Non-Public-Owned by city

本表按当年价格计算。
Data in this table are calculated at current prices.

市 City	2010 增加值 (亿元) Value-added of Non-Public-Owned (100 million yuan)	2010 占GDP比重 (%) Value-added of Non-Public-Owned as percentage of GDP (%)	2011 增加值 (亿元) Value-added of Non-Public-Owned (100 million yuan)	2011 占GDP比重 (%) Value-added of Non-Public-Owned as percentage of GDP (%)
全　省 Total	**14031.15**	**60.8**	**16458.20**	**61.1**
省辖市 City				
郑州市 Zhengzhou	2431.87	60.2	3043.77	61.1
开封市 Kaifeng	567.37	61.2	662.64	61.8
洛阳市 Luoyang	1122.72	48.4	1367.09	50.6
平顶山市 Pingdingshan	704.45	53.7	805.29	54.2
安阳市 Anyang	760.19	57.8	886.14	59.6
鹤壁市 Hebi	271.13	63.2	319.99	63.9
新乡市 Xinxiang	793.69	66.7	994.93	66.8
焦作市 Jiaozuo	756.01	60.7	885.90	61.4
濮阳市 Puyang	478.71	61.7	539.65	60.1
许昌市 Xuchang	921.62	70.0	1116.19	70.0
漯河市 Luohe	415.37	61.0	475.60	62.0
三门峡市 Sanmenxia	443.92	50.8	528.79	51.3
南阳市 Nanyang	1120.53	57.4	1243.28	56.5
商丘市 Shangqiu	680.55	59.5	782.99	59.9
信阳市 Xinyang	595.05	54.5	693.62	55.2
周口市 Zhoukou	751.60	61.2	867.65	61.6
驻马店市 Zhumadian	642.59	61.0	748.74	60.2
济源市 Jiyuan	232.97	67.8	253.50	67.9

3-16 历年支出法生产总值

Gross Domestic Product by Expenditure Approach over the Years

本表按当年价格计算。
Data in this table are calculated at current prices.

单位：亿元 (100 million yuan)

年 份 Year	支出法生产总值 Gross Domestic Product by Expenditure Approach	最终消费支出 Final Consumption	居民消费支出 Household Consumption	农村居民 Rural Households	城镇居民 Urban Households	政府消费支出 Government Consumption	资本形成总额 Gross Capital Formation	固定资本形成总额 Fixed Capital Formation	存货增加 Changes in Inventories	货物和服务净流出 Net Export of Good and Services
1952	36.09	29.50	27.93	24.61	3.32	1.57	6.63	4.90	1.73	-0.04
1957	52.55	36.87	33.94	27.82	6.12	2.93	16.49	11.17	5.32	-0.81
1962	43.02	40.12	36.46	25.28	11.18	3.66	3.41	8.24	-4.83	-0.51
1965	62.96	42.36	38.13	25.93	12.20	4.23	14.91	12.21	2.70	5.69
1970	97.19	56.98	52.56	38.24	14.32	4.42	39.21	26.05	13.16	1.00
1975	127.77	80.08	68.60	49.67	18.93	11.48	46.34	35.85	10.49	1.35
1978	162.92	107.07	94.34	70.45	23.89	12.73	52.49	40.66	11.83	3.36
1980	229.16	151.48	135.23	104.36	30.87	16.25	69.20	57.70	11.50	8.48
1985	451.74	275.95	231.11	166.16	64.95	44.84	173.43	138.19	35.24	2.36
1990	934.65	527.43	447.97	309.33	138.64	79.46	364.81	225.73	139.08	42.41
1991	1045.73	572.63	479.04	325.30	153.74	93.59	421.32	279.06	142.26	51.78
1992	1279.75	641.79	531.59	357.89	173.70	110.20	571.96	346.67	225.29	66.00
1993	1660.18	878.69	672.23	451.86	220.37	206.46	682.64	485.98	196.66	98.85
1994	2216.83	1196.17	927.84	593.55	334.29	268.33	879.39	670.84	208.55	141.27
1995	2988.37	1590.89	1251.49	814.10	437.39	339.40	1235.62	877.41	358.21	161.86
1996	3634.69	1936.99	1537.04	1001.52	535.52	399.95	1485.58	1079.31	406.27	212.12
1997	4041.09	2146.53	1694.84	1072.61	622.23	451.69	1677.86	1254.89	422.97	216.70
1998	4308.24	2217.62	1717.39	1051.61	665.78	500.23	1845.87	1413.55	432.32	244.75
1999	4517.94	2347.13	1781.18	1029.81	751.37	565.95	1924.38	1469.87	454.51	246.43
2000	5052.99	2745.80	2090.01	1189.26	900.75	655.79	2104.00	1641.43	462.57	203.19
2001	5533.01	3086.15	2266.65	1273.91	992.74	819.50	2257.24	1790.76	466.48	189.62
2002	6035.48	3386.68	2446.93	1341.23	1105.70	939.75	2474.19	2018.58	455.61	174.61
2003	6867.70	3891.70	2870.19	1245.07	1625.12	1021.51	2786.46	2431.76	354.70	189.54
2004	8553.79	4568.52	3370.21	1441.79	1928.42	1198.31	3745.50	3217.10	528.40	239.77
2005	10587.42	5353.67	3817.86	1554.22	2263.64	1535.81	5019.81	4506.75	513.06	213.94
2006	12362.79	6102.27	4251.50	1641.85	2609.65	1850.77	6322.82	6001.50	321.32	-62.30
2007	15012.46	6831.27	4820.00	1768.68	3051.32	2011.27	8366.37	8043.35	323.02	-185.18
2008	18018.53	7759.33	5521.46	1953.80	3567.66	2237.87	10713.52	10301.66	411.86	-454.32
2009	19480.46	8742.69	6248.92	2106.90	4142.02	2493.77	13304.05	12996.08	307.97	-2566.28
2010	23092.36	10209.83	7402.60	2372.73	5029.87	2807.23	15977.40	15704.09	273.31	-3094.87
2011	26931.03	11783.07	8617.90	2792.80	5825.10	3165.17	19166.59	18819.16	347.43	-4018.63

3-17 历年最终消费支出指数

Indices of Final Consumption over the Years

本表按可比价格计算。
The indices in this table are calculated at comparable prices.

年份 Year	以1952年为100 (1952=100) 最终消费支出 Final Consumption	居民消费支出 Household Consumption	农村居民 Rural Households Consumption	城镇居民 Urban Households Consumption	政府消费支出 Government Consumption	以上年为100 (preceding year=100) 最终消费支出 Final Consumption	居民消费支出 Household Consumption	农村居民 Rural Households Consumption	城镇居民 Urban Households Consumption	政府消费支出 Government Consumption
1952	100.0	100.0	100.0	100.0	100.0					
1957	124.9	121.3	113.1	184.2	186.3	100.0	99.9	96.6	120.0	100.3
1962	123.1	117.7	93.9	301.9	220.1	100.6	102.6	103.2	101.1	84.6
1965	133.5	126.8	95.7	368.1	255.1	105.7	105.7	105.9	105.1	106.3
1970	186.6	181.3	146.3	451.5	277.7	109.5	110.1	111.6	106.4	102.7
1975	267.3	240.9	195.0	597.8	734.4	105.9	103.3	102.9	104.3	124.8
1978	356.3	330.7	276.2	750.8	812.6	118.3	118.7	118.3	119.9	115.7
1980	480.5	451.7	392.6	908.9	984.2	113.7	114.2	116.4	107.5	109.4
1985	800.0	706.8	587.0	1640.3	2436.3	118.8	117.8	115.2	125.7	124.1
1990	1001.2	869.5	697.5	2226.8	3312.6	104.6	103.8	102.9	106.7	108.0
1991	1061.3	912.1	729.6	2351.5	3723.4	106.0	104.9	104.6	105.6	112.4
1992	1146.2	974.1	763.2	2593.7	4285.6	108.0	106.8	104.6	110.3	115.1
1993	1405.2	1165.0	905.2	3141.0	5939.8	122.6	119.6	118.6	121.1	138.6
1994	1583.7	1262.9	974.9	3439.4	7852.4	112.7	108.4	107.7	109.5	132.2
1995	1761.1	1401.8	1089.0	3783.3	8794.7	111.2	111.0	111.7	110.0	112.0
1996	1993.6	1600.9	1287.2	4097.3	9621.4	113.2	114.2	118.2	108.3	109.4
1997	2167.0	1721.0	1347.7	4593.1	10891.4	108.7	107.5	104.7	112.1	113.2
1998	2290.5	1791.6	1385.4	4873.3	12133.0	105.7	104.1	102.8	106.1	111.4
1999	2476.0	1900.9	1417.3	5443.5	13953.0	108.1	106.1	102.3	111.7	115.0
2000	2840.0	2176.5	1618.6	6249.1	16073.9	114.7	114.5	114.2	114.8	115.2
2001	3172.3	2346.3	1736.8	6780.3	19947.7	111.7	107.8	107.3	108.5	124.1
2002	3508.6	2562.2	1815.0	7743.1	22840.1	110.6	109.2	104.5	114.2	114.5
2003	3971.7	2941.4	1864.0	9787.3	24918.5	113.2	114.8	102.7	126.4	109.1
2004	4337.1	3215.0	1983.3	10922.6	27161.2	109.2	109.3	106.4	111.6	109.0
2005	4749.1	3478.6	2040.8	12244.2	30746.5	109.5	108.2	102.9	112.1	113.2
2006	5418.7	3930.8	2232.6	14129.8	35911.9	114.1	113.0	109.4	115.4	116.8
2007	5841.4	4284.6	2328.6	15811.2	37779.3	107.8	109.0	104.3	111.9	105.2
2008	6168.5	4563.1	2326.3	17439.8	39177.2	105.6	106.5	99.9	110.3	103.7
2009	6995.1	5197.3	2505.4	20422.0	44035.1	113.4	113.9	107.7	117.1	112.4
2010	7904.4	5925.0	2703.3	23873.3	48614.8	113.0	114.0	107.9	116.9	110.4
2011	8773.9	6600.4	3014.2	26571.0	53476.3	111.0	111.4	111.5	111.3	110.0

3-18 历年资本形成指数

Indices of Final Consumption over the Years

本表按可比价格计算。

The indices in this table are calculated at comparable prices.

年份 Year	以1952年为100 (1952=100)			以上年为100 (preceding year=100)		
	资本形成总额 Gross Capital Formation	固定资本形成总额 Fixed Capital Formation	存货增加 Changes in Inventories	资本形成总额 Gross Capital Formation	固定资本形成总额 Fixed Capital Formation	存货增加 Changes in Inventories
1952	100.0	100.0	100.0			
1957	240.0	223.7	293.7	133.8	110.5	277.5
1962	54.9	152.4		67.1	83.0	
1965	242.0	270.0	150.7	125.2	124.4	130.0
1970	646.0	591.3	818.1	173.7	168.6	186.8
1975	730.0	753.1	648.8	108.3	107.8	110.3
1978	842.0	880.7	709.9	103.9	111.6	81.4
1980	1038.6	1132.3	728.5	113.9	123.5	81.9
1985	2099.3	2125.4	1993.0	118.7	120.4	113.1
1990	3265.5	2803.1	5398.1	101.2	100.2	103.0
1991	3628.0	3161.9	5840.7	111.1	112.8	108.2
1992	4415.3	3737.4	7481.9	121.7	118.2	128.1
1993	4702.3	4309.2	6845.9	106.5	115.3	91.5
1994	5304.2	5158.1	6722.7	112.8	119.7	98.2
1995	6471.1	6117.5	8793.3	122.0	118.6	130.8
1996	7512.9	7224.8	9804.5	116.1	118.1	111.5
1997	8437.0	8315.7	10333.9	112.3	115.1	105.4
1998	9474.8	9496.5	11088.3	112.3	114.2	107.3
1999	10166.5	10085.3	12263.7	107.3	106.2	110.6
2000	10949.3	11043.4	12570.3	107.7	109.5	102.5
2001	11715.8	11982.1	12771.4	107.0	108.5	101.6
2002	12946.0	13539.8	12809.7	110.5	113.0	100.3
2003	14305.3	15990.5	9786.6	110.5	118.1	76.4
2004	17195.0	19044.7	12546.4	120.2	119.1	128.2
2005	21081.1	24796.2	9221.6	122.6	130.2	73.5
2006	25402.7	31540.8	5680.5	120.5	127.2	61.6
2007	31321.5	39426.0	5186.3	123.3	125.0	91.3
2008	37648.5	47508.3	5922.8	120.2	120.5	114.2
2009	48378.3	61855.8	4939.6	128.5	130.2	83.4
2010	55586.7	71567.2	4080.1	114.9	115.7	82.6
2011	63424.4	81658.2	4851.2	114.1	114.1	118.9

3-19 历年支出法生产总值构成

Structure of Gross Domestic Product by Expenditure Approach over the Years

本表按当年价格计算。
Data in this table are calculated at current prices.

年 份 Year	比重 (支出法生产总值=100) Proportion (Gross Domestic Product by Expenditure Approach=100)			比重 (最终消费支出=100) Proportion (Final Consumption Expenditure=100)	
	最终消费支出 Final Consumption	资本形成总额 Gross Capital Formation	货物和服务净流出 Net Export of Good and Services	居民消费支出 Household Consumption	政府消费支出 Government Consumption
1952	81.7	18.4	-0.1	94.7	5.3
1957	70.1	31.4	-1.5	92.1	7.9
1962	93.3	7.9	-1.2	90.9	9.1
1965	67.3	23.7	9.0	90.0	10.0
1970	58.6	40.4	1.0	92.2	7.8
1975	62.7	36.3	1.0	85.7	14.3
1978	65.7	32.2	2.1	88.1	11.9
1980	66.1	30.2	3.7	89.3	10.7
1985	61.1	38.4	0.5	83.8	16.2
1990	56.4	39.0	4.6	84.9	15.1
1991	54.7	40.3	5.0	83.7	16.3
1992	50.1	44.7	5.2	82.8	17.2
1993	52.9	41.1	6.0	76.5	23.5
1994	53.9	39.7	6.4	77.6	22.4
1995	53.2	41.4	5.4	78.7	21.3
1996	53.3	40.9	5.8	79.4	20.6
1997	53.1	41.5	5.4	79.0	21.0
1998	51.5	42.8	5.7	77.4	22.6
1999	52.0	42.6	5.4	75.9	24.1
2000	54.4	41.6	4.0	76.1	23.9
2001	55.8	40.8	3.4	73.4	26.6
2002	56.1	41.0	2.9	72.3	27.7
2003	56.7	40.6	2.7	73.8	26.2
2004	53.4	43.8	2.8	73.8	26.2
2005	50.6	47.4	2.0	71.3	28.7
2006	49.4	51.1	-0.5	69.7	30.3
2007	45.5	55.7	-1.2	70.6	29.4
2008	43.1	59.5	-2.5	71.2	28.8
2009	44.9	68.3	-13.2	71.5	28.5
2010	44.2	69.2	-13.4	72.5	27.5
2011	43.8	71.2	-14.9	73.1	26.9

3–20 支出法生产总值

Gross Domestic Product by Expenditure Approach and Structure

本表按当年价格计算。

Data in this table are calculated at current prices.

单位：亿元 (100 million yuan)

项目	Item	2010	2011
支出法生产总值	**Gross Domestic Product by Expenditure Approach**	**23092.36**	**26931.03**
最终消费支出	**Final Consumption**	**10209.83**	**11783.07**
居民消费支出	Household Consumption	7402.60	8617.90
农村居民	Rural Households	2372.73	2792.80
食品类支出	Food	817.37	883.78
衣着类支出	Clothing	155.90	205.58
居住类支出	Residence	175.21	205.69
家庭设备、用品及服务类支出	Household Facilities,Articles and Service	151.69	215.93
医疗保健类支出	Medical treatment and medical Service	270.52	345.26
交通和通信类支出	Transport, Post and Communication Services	239.31	260.33
文化教育娱乐及服务类支出	Recreation,education and Cultural services	149.31	157.63
银行中介服务支出	Dummy Consumption for finance agency service	123.46	134.96
保险服务消费支出	Insurance	41.18	45.95
自有住房服务虚拟支出	Dummy Consumption for owned housing service	195.04	271.61
其他商品和服务类支出	Miscellaneous and Services	53.74	66.08
城镇居民	Urban Households	5029.87	5825.10
食品类支出	Food	1313.34	1571.5
衣着类支出	Clothing	530.60	636.75
居住类支出	Residence	396.71	415.52
家庭设备、用品及服务类支出	Household Facilities,Articles and Service	318.34	379.57
医疗保健类支出	Medical treatment and medical Service	529.40	584.31
交通和通信类支出	Transport, Post and Communication Services	504.93	587.02
文化教育娱乐及服务类支出	Recreation,education and Cultural services	417.67	512.53
银行中介服务支出	Dummy Consumption for finance agency service	375.88	414.95
保险服务消费支出	Insurance	78.62	87.22
自有住房服务虚拟支出	Dummy Consumption for owned housing service	338.32	387.73
实物收入消费支出	Dummy Consumption for practicality	72.52	67.17
其他商品和服务类支出	Miscellaneous and Services	153.54	180.83
政府消费支出	Government Consumption	2807.23	3165.17
资本形成总额	**Gross Capital Formation**	**15977.40**	**19166.59**
固定资本形成总额	Fixed Capital Formation	15704.09	18819.16
存货增加	Changes in Inventories	273.31	347.43
第一产业	Primary Industry	-49.89	33.96
第二产业	Secondary Industry	251.20	231.18
第三产业	Tertiary Industry	72.00	82.29
货物和服务净流出	**Net Export of Good and Services**	**-3094.87**	**-4018.63**

3-21 各市支出法生产总值(2011年)

Gross Domestic Product by Expenditure Approach by City(2011)

本表按当年价格计算。
Data in this table are calculated at current prices.

单位：亿元 (100 million yuan)

市(县) City(County)	支出法生产总值 Gross Domestic Product by Expenditure Approach	最终消费支出 Final Consumption	居民消费支出 Household Consumption	农村居民 Rural Households	城镇居民 Urban Households	政府消费支出 Government Consumption	资本形成总额 Gross Capital Formation	货物和服务净流出 Net Export of Good and Services
省辖市 City								
郑州市 Zhengzhou	4979.85	2278.43	1498.70	375.66	1123.04	779.73	2585.55	115.87
开封市 Kaifeng	1072.42	597.75	440.38	154.14	286.25	157.36	615.05	-140.38
洛阳市 Luoyang	2702.76	1088.28	675.65	190.83	484.82	412.63	1602.04	12.44
平顶山市 Pingdingshan	1484.61	604.13	428.99	104.74	324.25	175.14	840.47	40.02
安阳市 Anyang	1486.61	625.08	425.06	203.32	221.74	200.01	947.78	-86.25
鹤壁市 Hebi	500.52	198.25	141.91	38.94	102.97	56.34	349.77	-47.50
新乡市 Xinxiang	1489.41	666.21	525.93	180.14	345.79	140.28	1084.94	-261.75
焦作市 Jiaozuo	1442.62	580.06	425.53	154.38	271.16	154.53	1037.86	-175.30
濮阳市 Puyang	897.34	337.63	238.16	91.63	146.53	99.47	615.75	-56.04
许昌市 Xuchang	1588.74	572.30	426.79	158.63	268.16	145.52	1032.28	-15.84
漯河市 Luohe	751.70	376.50	237.86	128.31	109.54	138.64	351.68	23.52
三门峡市 Sanmenxia	1030.45	251.62	169.91	58.52	111.39	81.71	812.12	-33.29
南阳市 Nanyang	2202.31	1099.35	827.18	319.34	507.84	272.17	2178.26	-1075.30
商丘市 Shangqiu	1308.37	486.05	366.46	100.70	265.76	119.58	829.80	-7.48
信阳市 Xinyang	1257.68	658.66	451.08	180.00	271.08	207.58	1068.00	-468.98
周口市 Zhoukou	1407.49	764.50	587.55	255.58	331.97	176.95	871.10	-228.11
驻马店市 Zhumadian	1244.77	838.43	596.08	277.94	318.13	242.36	883.50	-477.16
济源市 Jiyuan	373.36	98.82	74.15	23.74	50.41	24.68	242.99	31.55
省直管县 Province Administrating County								
巩义市 Gongyi	468.03	123.04	77.23	32.56	44.68	45.81	331.55	13.44
兰考县 Lankao	148.77	73.63	56.81	37.84	18.97	16.82	57.05	18.10
汝州市 Ruzhou	283.98	113.79	80.72	37.06	43.66	33.07	147.93	22.25
滑县 Huaxian	152.56	78.56	63.24	35.18	28.06	15.31	74.04	-0.04
长垣县 Changyuan	174.23	68.24	47.99	29.64	18.35	20.25	146.00	-40.01
邓州市 Dengzhou	260.66	123.76	103.67	46.04	57.63	20.09	146.40	-9.50
永城市 Yongcheng	351.68	133.50	104.11	42.04	62.07	29.39	163.19	54.99
固始县 Gushi	198.68	106.55	77.08	62.19	14.89	29.47	100.02	-7.89
鹿邑县 Luyi	176.06	88.69	62.90	46.88	16.01	25.80	106.61	-19.24
新蔡县 Xincai	117.05	76.53	66.35	58.56	7.79	10.18	34.75	5.76

3-22 各市支出法生产总值指数(2011年)

Indices of Gross Domestic Product by Expenditure Approach by City(2011)

本表按可比价格计算。

The indices in this table are calculated at comparable prices.

(上年=100) (preceding year=100)

市(县) City(County)	支出法生产总值 Gross Domestic Product by Expenditure Approach	最终消费支出 Final Consumption	居民消费支出 Household Consumption	农村居民 Rural Households	城镇居民 Urban Households	政府消费支出 Government Consumption	资本形成总额 Gross Capital Formation
省辖市 City							
郑州市 Zhengzhou	113.8	110.4	110.8	115.1	109.4	109.6	114.4
开封市 Kaifeng	112.9	113.2	114.3	115.5	113.6	110.2	114.7
洛阳市 Luoyang	112.5	121.5	118.2	118.2	118.2	127.3	107.7
平顶山市 Pingdingshan	111.1	108.2	109.0	106.2	109.9	106.2	108.5
安阳市 Anyang	112.2	108.2	104.9	104.3	105.5	116.0	104.3
鹤壁市 Hebi	112.9	116.5	117.0	114.7	117.8	115.3	109.9
新乡市 Xinxiang	114.7	115.7	115.8	114.8	116.3	115.4	117.7
焦作市 Jiaozuo	113.4	110.8	111.3	110.5	111.8	109.5	109.1
濮阳市 Puyang	112.4	101.2	102.6	101.7	103.1	98.2	109.6
许昌市 Xuchang	115.2	116.6	114.0	112.8	114.7	125.0	124.0
漯河市 Luohe	113.2	113.7	113.5	113.4	113.6	114.0	112.8
三门峡市 Sanmenxia	113.1	107.0	106.1	111.9	103.2	109.0	105.9
南阳市 Nanyang	111.2	113.7	113.5	119.5	110.1	114.3	114.7
商丘市 Shangqiu	110.7	115.1	115.8	115.2	116.0	113.0	109.2
信阳市 Xinyang	111.1	106.7	100.0	95.4	103.1	123.9	97.9
周口市 Zhoukou	111.2	105.1	103.8	102.0	105.2	110.1	103.8
驻马店市 Zhumadian	111.3	113.1	113.1	112.7	113.4	113.0	106.4
济源市 Jiyuan	114.7	109.9	113.8	115.4	113.1	99.5	117.4
省直管县 Province Administrating County							
巩义市 Gongyi	113.8	112.4	104.3	102.0	106.1	129.2	114.8
兰考县 Lankao	111.7	113.6	113.5	113.5	113.5	114.0	113.0
汝州市 Ruzhou	110.2	101.8	101.0	102.1	100.1	103.8	111.7
滑县 Huaxian	109.5	109.0	108.5	109.0	108.0	110.9	92.8
长垣县 Changyuan	113.6	110.0	113.8	100.0	147.3	102.0	100.1
邓州市 Dengzhou	109.8	109.7	111.1	125.1	102.1	103.4	122.1
永城市 Yongcheng	111.6	107.3	107.8	102.9	111.4	105.8	105.8
固始县 Gushi	109.3	112.0	108.6	107.8	111.8	122.1	115.8
鹿邑县 Luyi	111.2	115.8	110.3	105.3	128.0	131.8	77.3
新蔡县 Xincai	109.8	109.3	109.3	109.3	109.3	109.6	110.1

3-23 历年居民消费水平及指数

Per Capita Consumption and Indices by Years

本表绝对数按当年价格计算，指数按可比价格计算。
Value items in this table are calculated at current prices, while tempos are calculated at comparable prices.

年 份 Year	居民消费水平(元) Annual Per Capita Consumption (yuan)			城乡消费水平对比(农民=1) Urban/Rural Consumption Rural (Rural Residents=1)	居民消费水平指数 Indices of Annual Per Capita Consumption					
					以上年为100 (preceding year=100)			以1952年为100 (1952=100)		
	全体居民 Rural & Urban Residents	农村居民 Rural Residents	城镇居民 Urban Residents		全体居民 Rural & Urban Residents	农村居民 Rural Residents	城镇居民 Urban Residents	全体居民 Rural & Urban Residents	农村居民 Rural Residents	城镇居民 Urban Residents
1952	64	60	132	2.2				100.0	100.0	100.0
1957	71	62	186	3.0	97.9	94.2	125.1	110.3	104.1	141.3
1962	75	56	287	5.1	101.3	99.9	122.1	105.2	85.9	194.8
1965	74	55	291	5.3	103.6	104.0	100.1	106.7	82.4	220.6
1970	88	70	326	4.7	106.8	108.2	103.2	132.7	108.7	258.5
1975	102	80	362	4.5	101.5	101.0	103.1	156.4	128.9	287.4
1978	135	109	428	3.9	116.9	116.7	116.3	205.4	175.1	337.9
1980	187	159	471	3.0	112.5	115.5	98.6	271.8	244.4	347.9
1985	297	240	750	3.1	116.2	114.5	116.4	395.0	347.1	475.7
1990	523	413	1273	3.1	101.8	101.3	111.7	441.5	381.5	513.9
1991	550	429	1362	3.2	103.2	103.3	101.8	455.6	394.1	523.1
1992	603	469	1478	3.2	105.1	103.8	106.0	478.9	409.0	554.5
1993	755	590	1769	3.0	118.4	118.3	114.2	567.0	483.8	633.2
1994	1032	776	2493	3.2	107.4	107.8	101.7	609.0	521.6	644.0
1995	1381	1067	3045	2.9	110.1	111.9	102.7	670.5	583.7	661.4
1996	1682	1313	3548	2.7	113.3	118.2	103.0	759.7	689.9	681.2
1997	1841	1404	3963	2.8	106.7	104.5	107.7	810.6	720.9	733.7
1998	1851	1373	4106	3.0	103.3	102.5	102.7	837.3	738.9	753.5
1999	1905	1339	4521	3.4	105.3	101.9	109.0	881.7	753.0	821.3
2000	2215	1551	5090	3.3	113.5	113.6	111.8	1000.7	855.4	918.2
2001	2381	1647	5562	3.4	106.9	106.1	108.0	1069.8	907.6	991.7
2002	2553	1734	5986	3.5	108.6	105.1	109.9	1161.8	953.9	1089.9
2003	3083	1819	6585	3.6	108.6	104.7	109.3	1261.7	998.7	1191.2
2004	3625	2156	7394	3.4	109.5	108.8	105.6	1381.5	1086.6	1257.9
2005	4092	2372	8145	3.4	107.7	105.1	105.2	1487.9	1142.0	1323.3
2006	4530	2556	8810	3.4	112.3	111.6	108.3	1670.9	1274.5	1433.2
2007	5141	2833	9743	3.4	109.1	107.3	105.8	1823.0	1367.5	1516.3
2008	5877	3208	10797	3.4	114.3	113.2	110.8	2083.7	1548.0	1680.1
2009	6607	3528	11884	3.4	112.4	110.0	110.1	2342.0	1702.8	1849.8
2010	7837	4061	13958	3.4	114.1	110.3	113.1	2672.2	1878.2	2092.1
2011	9171	4929	15616	3.2	112.0	114.9	107.6	2992.9	2158.1	2251.1

3-24 各市居民消费水平及指数(2011年)

Per Capita Consumption and Indices by City(2011)

本表绝对数按当年价格计算，指数按可比价格计算。
Value items in this table are calculated at current prices, while tempos are calculated at comparable prices.

市(县) City(County)	居民消费水平(元) Annual Per Capita Consumption (yuan)			指数(以上年为100) Indices (preceding year=100)		
	全体居民 Rural & Urban Residents	农村居民 Rural Residents	城镇居民 Urban Residents	全体居民 Rural & Urban Residents	农村居民 Rural Residents	城镇居民 Urban Residents
全　　省 Total	**9171**	**4929**	**15616**	**112.0**	**114.9**	**107.6**
省　辖　市 City						
郑　州　市 Zhengzhou	17111	12053	19905	102.3	108.4	100.0
开　封　市 Kaifeng	9433	5304	16242	114.9	117.6	112.0
洛　阳　市 Luoyang	9868	4999	16004	113.1	117.9	107.0
平 顶 山 市 Pingdingshan	8734	3750	15303	108.8	105.6	110.3
安　阳　市 Anyang	8254	6634	10634	105.8	106.7	104.2
鹤　壁　市 Hebi	9006	5055	12785	111.6	114.7	107.3
新　乡　市 Xinxiang	9251	5462	14487	114.3	115.2	112.2
焦　作　市 Jiaozuo	12038	8529	15718	109.7	112.6	106.2
濮　阳　市 Puyang	6653	3786	12633	101.9	97.8	109.4
许　昌　市 Xuchang	9933	6249	15253	114.3	116.6	109.9
漯　河　市 Luohe	8832	11644	6884	103.0	150.2	69.6
三 门 峡 市 Sanmenxia	7594	4766	11032	105.8	110.1	104.7
南　阳　市 Nanyang	8109	4738	14678	113.6	118.0	113.0
商　丘　市 Shangqiu	4980	1973	11784	119.4	111.4	136.6
信　阳　市 Xinyang	7385	4622	12244	99.9	98.1	97.6
周　口　市 Zhoukou	6568	4118	12121	110.2	108.9	110.2
驻 马 店 市 Zhumadian	8331	5600	14513	118.0	123.2	105.5
济　源　市 Jiyuan	10947	6993	14918	114.2	114.4	114.9
省 直 管 县 Province Administrating County						
巩　义　市 Gongyi	9546	7322	12260	104.6	104.8	103.2
兰　考　县 Lankao	8430	7856	9869	120.6	120.6	120.6
汝　州　市 Ruzhou	8685	5960	14194	101.2	96.7	111.3
滑　　　县 Huaxian	5129	3803	9118	105.9	105.9	106.5
长　垣　县 Changyuan	5967	5481	6964	116.0	115.7	109.0
邓　州　市 Dengzhou	7094	4445	13539	102.5	108.3	108.5
永　城　市 Yongcheng	8375	5288	13851	108.6	103.1	113.6
固　始　县 Gushi	7542	8734	4804	108.7	108.1	111.8
鹿　邑　县 Luyi	6881	5831	14558	130.6	127.3	128.0
新　蔡　县 Xincai	5991	5870	7091	108.7	109.7	100.0

3-25 历年收入法生产总值构成项目

Structure of Gross Domestic Product

本表按当年价格计算。
Data in this table are calculated at current prices.
单位：亿元 (100 million yuan)

年 份 Year	生产总值 Gross Domestic Product	劳动者报酬 Compensation of Laborers	生产税净额 Net Taxes on Production	固定资产折旧 Depreciation of Fixed Assets	营业盈余 Operating Surplus
1978	162.92	91.39	24.03	16.23	31.27
1980	229.16	134.18	28.57	22.77	43.64
1985	451.74	266.09	60.91	53.62	71.12
1990	934.65	576.24	107.04	119.13	132.24
1991	1045.73	627.13	140.99	141.93	135.68
1992	1279.75	727.03	186.24	184.36	182.12
1993	1660.18	891.85	221.30	233.82	313.21
1994	2216.83	1353.68	251.78	297.03	314.34
1995	2988.37	1822.82	344.76	333.82	486.97
1996	3634.69	2136.19	430.47	465.52	602.51
1997	4041.09	2264.52	477.78	530.06	768.73
1998	4308.24	2273.50	425.50	563.32	1045.92
1999	4517.94	2319.04	509.06	577.36	1112.48
2000	5052.99	2498.84	582.76	654.29	1317.10
2001	5533.01	2703.99	628.58	726.80	1473.64
2002	6035.48	2828.60	709.58	791.59	1705.71
2003	6867.70	2995.93	836.00	892.88	2142.89
2004	8553.79	3830.53	1036.6	954.67	2731.99
2005	10587.42	4691.11	1270.84	1220.15	3405.32
2006	12362.79	5100.69	1497.77	1335.52	4428.81
2007	15012.46	6167.59	2026.05	1579.84	5238.98
2008	18018.53	8463.30	2309.77	2016.91	5228.54
2009	19480.46	9566.24	3262.67	2119.55	4532.00
2010	23092.36	11503.22	3071.13	2867.95	5650.06
2011	26931.03	13439.43	3358.46	3179.39	6953.75

3-26 各市收入法生产总值构成项目(2011年)
Structure of Gross Domestic Product by City(2011)

本表按当年价格计算。
Data in value terms in this table are calculated at current prices.

单位：亿元 (100 million yuan)

市(县) City(County)	生产总值 Gross Domestic Product	劳动者报酬 Compensation of Laborers	生产税净额 Net Taxes on Production	固定资产折旧 Depreciation of Fixed Assets	营业盈余 Operating Surplus
全 省 Total	**26931.03**	**13439.43**	**3358.46**	**3179.39**	**6953.75**
省 辖 市 City					
郑 州 市 Zhengzhou	4979.85	1887.89	848.60	585.15	1658.21
开 封 市 Kaifeng	1072.42	639.73	86.26	99.40	247.03
洛 阳 市 Luoyang	2702.76	1292.49	382.88	338.70	688.69
平 顶 山 市 Pingdingshan	1484.61	813.42	197.58	202.27	271.34
安 阳 市 Anyang	1486.61	668.87	216.09	161.37	440.28
鹤 壁 市 Hebi	500.52	186.75	86.93	41.53	185.31
新 乡 市 Xinxiang	1489.41	630.10	165.50	303.11	390.69
焦 作 市 Jiaozuo	1442.62	452.89	276.89	138.33	574.52
濮 阳 市 Puyang	897.34	341.34	149.51	191.73	214.76
许 昌 市 Xuchang	1588.74	707.24	237.20	115.44	528.86
漯 河 市 Luohe	751.70	194.10	93.17	134.80	329.63
三 门 峡 市 Sanmenxia	1030.45	443.24	136.30	141.27	309.65
南 阳 市 Nanyang	2202.31	1078.78	269.52	261.55	592.45
商 丘 市 Shangqiu	1308.37	669.28	173.46	177.42	288.22
信 阳 市 Xinyang	1257.68	571.63	140.87	151.45	393.74
周 口 市 Zhoukou	1407.49	796.59	84.46	156.08	370.36
驻 马 店 市 Zhumadian	1244.77	464.02	84.79	229.75	466.22
济 源 市 Jiyuan	373.36	125.98	79.38	72.08	95.92
省 直 管 县 Province Administrating County					
巩 义 市 Gongyi	468.03	169.36	68.37	57.68	172.62
兰 考 县 Lankao	148.77	78.09	5.30	14.07	51.31
汝 州 市 Ruzhou	283.98	130.48	16.43	32.90	104.17
滑 县 Huaxian	152.56	87.72	10.47	12.96	41.41
长 垣 县 Changyuan	174.23	67.85	22.76	25.23	58.39
邓 州 市 Dengzhou	260.66	150.54	31.14	23.95	55.03
永 城 市 Yongcheng	351.68	143.17	45.13	39.58	123.80
固 始 县 Gushi	198.68	99.20	17.90	26.15	55.43
鹿 邑 县 Luyi	176.06	60.13	16.14	23.95	75.84
新 蔡 县 Xincai	117.05	74.45	6.82	13.03	22.75

3-27 资金流量表(实物交易，2010年)

单位：亿元

交易项目	Transaction	非金融企业部门 Non-financial Enterprises		金融机构部门 Financial Institutions	
		使用 Utilization	来源 Source	使用 Utilization	来源 Source
净出口	**Net Exports**				
增加值	**Value Added**		**14314.26**		**697.68**
劳动者报酬	**Compensation of Laborers**	**6269.08**		**174.12**	
工资及工资性收入	Wages and Related Income	5843.14		152.11	
单位社会保险付款	Employer's Contribution of Social Securities	425.94		22.01	
生产税净额	**Taxes on Production, Net**	**2338.92**	**-29.12**	**99.68**	
生产税	Taxes on Production	2338.92		99.68	
生产补贴	Subsidies to Production		29.12		
财产性收入	**Income from Properties**	**1125.90**	**381.98**	**1549.28**	**1535.63**
利息	Interest	1097.54	370.82	1535.63	1535.63
红利	Dividend	28.36	11.16	13.65	
土地租金	Rent on Land Use				
其他	Others				
初次分配总收入	**Total Income from Primary Distribution**		**4933.22**		**410.23**
经常转移	**Current Transfer**	**298.65**	**24.03**	**184.47**	**3.05**
收入税	Taxes on Income	298.65		30.58	
社会保险缴款	Payment to Social Security				
社会保险福利	Welfare of social Security				
社会补助	Allowances				
其他	Others		24.03	153.89	3.05
可支配总收入	**Total Disposable Income**		**4658.60**		**228.81**
最终消费	**Final Consumption Expenditure**				
居民消费	Household Consumption				
政府消费	Government Consumption				
总储蓄	**Savings**		**4658.60**		**228.81**
资本转移	**Capital Transfer**		**136.99**		
投资性补助	Investment Allowances		136.99		
其他	Other				
资本形成总额	**Gross Capital Formation**	**12325.61**		**11.58**	
固定资本形成总额	Gross Fixed Capital Formation	12002.41		11.58	
存货增加	Changes in Inventories	323.20			
其他非金融资产获得减处置	**Minus Items from OtherNon-financial Capital**				
净金融投资	**Net Financial Investment**	**-7530.02**		**217.23**	

Flow of Funds Table (Physical Transaction, 2010)

(100 million yuan)

政府部门 Governments		住户部门 Households		省内合计 Regional Sum		国内省外 Domestic & Outside province		国外 Rest of the World		总计 Total	
使用 Utilization	来源 Source	使用 Utilization	来源 Source	使用 Utilization	来源 Source	使用 Utilization	来源 Source	使用 Utilization	来源 Source	使用 Utilization	来源 Source
							3313.54		**-218.67**		**3094.87**
	1487.35		**6593.07**		**23092.36**						**23092.36**
642.50		**4417.52**	**11503.22**	**11503.22**	**11503.22**					**11503.22**	**11503.22**
492.33		4417.52	10905.10	10905.10	10905.10					10905.10	10905.10
150.17			598.12	598.12	598.12					598.12	598.12
-17.87	**3111.52**	**650.40**	**-11.27**	**3071.13**	**3071.13**					**3071.13**	**3071.13**
22.52	3111.52	650.40		3111.52	3111.52					3111.52	3111.52
40.39			11.27	40.39	40.39					40.39	40.39
119.12	**124.36**	**353.15**	**864.50**	**3147.45**	**2906.47**		**240.98**			**3147.45**	**3147.45**
119.12	122.85	353.15	839.70	3105.44	2869.00		236.44			3105.44	3105.44
	1.51		24.80	42.01	37.47		4.54			42.01	42.01
	3979.48		**13528.45**		**22851.38**						**22851.38**
700.96	**2750.60**	**692.55**	**787.87**	**1876.63**	**3565.55**	**1963.09**	**274.08**		**0.09**	**3839.72**	**3839.72**
	176.92	100.73		429.96	176.92		253.04			429.96	429.96
	591.82	591.82		591.82	591.82					591.82	591.82
462.49			462.49	462.49	462.49					462.49	462.49
68.24			68.24	68.24	68.24					68.24	68.24
170.23	1981.86		257.14	324.12	2266.08	1963.09	21.04		0.09	2287.21	2287.21
	6029.12		**13623.77**		**24540.30**						**24540.30**
2807.23		**7402.60**		**10209.83**						**10209.83**	
		7402.60		7402.60						7402.60	
2807.23				2807.23						2807.23	
	3221.89		**6221.17**		**14330.47**		**1865.51**		**-218.58**		**15977.40**
136.99				**136.99**	**136.99**					**136.99**	**136.99**
136.99				136.99	136.99					136.99	136.99
1004.33		**2635.88**		**15977.40**						**15977.40**	
1004.33		2685.77		15704.09						15704.09	
		-49.89		273.31						273.31	
2080.57		**3585.29**		**-1646.93**		**1865.51**		**-218.58**		**0.00**	

3-28 资产负债表(2010年)

单位：亿元

项目	Item	非金融企业部门 Non-financial Enterprises 使用 Utilization	非金融企业部门 Non-financial Enterprises 来源 Source	#国有单位 State-owned Units 使用 Utilization	#国有单位 State-owned Units 来源 Source
非金融资产	**Non-Financial Capital**	**26050.67**		**10456.17**	
固定资产	Fixed Assets	17567.41		6883.29	
#在建工程	Under Construction Project	1826.65		1009.00	
存货	Inventories	7909.80		3081.18	
#产成品和商品库存	Products and Inventory	2911.55		1079.69	
其他非金融资产	Other Non-Financial Capital	573.46		491.70	
#无形资产	Intangible Assets	437.67		374.42	
金融资产与负债	**Financial Capital and Debt**	**18392.44**	**28718.34**	**7482.98**	**11677.36**
国内金融资产与负债	Domestic Financial Capital and Debt	18382.02	28301.48	7479.50	11587.70
通货	Currency in Circulation	4432.66		1873.40	
存款	Savings Deposits	8369.02		2510.71	
贷款	Loans		10591.83		3177.55
股票及其他股权	Stocks and Other Stock Rights	1882.53	7360.78	1170.31	2566.52
证券(不含股票)	Securities (Not Including Stocks)	81.53	224.98	24.46	67.49
保险准备金	Reserves for Insurance Business	143.95		43.19	
其他	Others	3472.33	10123.89	1857.43	5776.14
国外金融资产与负债	Foreign Financial Capital and Debt	10.42	416.86	3.48	89.66
直接投资	Direct Investment	10.42	416.86	3.48	89.66
证券投资	Securities				
其他投资	Other Investment				
资产负债差额	**Surplus of Capital Debt**		**15724.77**		**6261.79**
资产、负债与差额总计	**Total of assets、Debts and Net-worth**	**44443.11**	**44443.11**	**17939.15**	**17939.15**

Balance Sheet (2010)

(100 million yuan)

金融机构部门 Financial Institutions		#国有单位 State-owned Units		政府部门 Governments		住户部门 Households	
使　用 Utilization	来　源 Source	使　用 Utilization	来　源 Source	使　用 Utilization	来　源 Source	使　用 Utilization	来　源 Source
800.96		**284.44**		**3378.48**		**15032.09**	
440.76		220.14		3252.94		13967.11	
40.17		14.88		285.47			
				92.02		940.11	
						815.84	
360.20		64.30		33.52		124.87	
99.74		41.87					
22751.71	**24539.94**	**7919.64**	**8835.51**	**3702.37**	**3221.48**	**18995.77**	**4059.63**
22751.71	24539.94	7919.64	8835.51	3702.37	3221.48	18995.77	4059.63
381.16		159.88		6.19		895.84	
	23246.74		8136.35	1942.43		12935.59	
16002.52		5608.19			1395.49		4019.20
121.12		34.73		357.90		4753.95	
732.40		57.64		0.40	61.87	55.68	
	479.85		167.95			335.90	
5514.51	813.35	2059.20	531.21	1395.45	1764.12	18.81	40.43
	-987.27		**-631.43**		**3859.37**		**29968.23**
23552.67	**23552.67**	**8204.08**	**8204.08**	**7080.85**	**7080.85**	**34027.86**	**34027.86**

3-28 续表

单位：亿元

项　目	Item	省内部门 Regional Sectors 使用 Utilization	省内部门 Regional Sectors 来源 Source	#国有单位 State-owned Units 使用 Utilization	#国有单位 State-owned Units 来源 Source
非金融资产	**Non-Financial Capital**	**45262.20**		**14119.09**	
固定资产	Fixed Assets	35228.22		10356.37	
#在建工程	Under Construction Project	2152.29		1309.35	
存货	Inventories	8941.93		3173.20	
#产成品和商品库存	Products and Inventory	3727.39		1079.69	
其他非金融资产	Other Non-Financial Capital	1092.05		589.52	
#无形资产	Intangible Assets	537.41		416.29	
金融资产与负债	**Financial Capital and Debt**	**63842.29**	**60535.69**	**19104.99**	**23734.35**
国内金融资产与负债	Domestic Financial Capital and Debt	63831.87	60118.83	19101.51	23644.69
通货	Currency in Circulation	5715.85		2039.47	
存款	Savings Deposits	23247.04	23247.04	4453.14	8136.35
贷款	Loans	16002.52	16002.52	5608.19	4573.04
股票及其他股权	Stocks and Other Stock Rights	7115.50	7360.78	1562.94	2566.52
证券(不含股票)	Securities (Not Including Stocks)	870.01	286.85	82.50	129.36
保险准备金	Reserves for Insurance Business	479.85	479.85	43.19	167.95
其他	Others	10401.10	12741.79	5312.08	8071.47
国外金融资产与负债	Foreign Financial Capital and Debt	10.42	416.86	3.48	89.66
直接投资	Direct Investment	10.42	416.86	3.48	89.66
证券投资	Securities				
其他投资	Other Investment				
资产负债差额	**Surplus of Capital Debt**		**48568.80**		**9489.73**
资产、负债与差额总计	**Total of assets、Debts and Net-worth**	**109104.49**	**109104.49**	**33224.08**	**33224.08**

continued

(100 million yuan)

国内省外 Domestic & Outside province		国外部门 Rest of the World		总　计 Total	
使　用 Utilization	来　源 Source	使　用 Utilization	来　源 Source	使　用 Utilization	来　源 Source
				45262.20	
				35228.22	
				2152.29	
				8941.93	
				3727.39	
				1092.05	
				537.41	
2585.97	**6299.01**	**416.86**	**10.42**	**66845.12**	**66845.12**
2585.97	6299.01			66417.84	66417.84
	5715.85			5715.85	5715.85
				23247.04	23247.04
				16002.52	16002.52
245.28				7360.78	7360.78
	583.16			870.01	870.01
				479.85	479.85
2340.69				12741.79	12741.79
		416.86	10.42	427.28	427.28
		416.86	10.42	427.28	427.28
	-3713.04		**406.44**		**45262.20**
2585.97	**2585.97**	**416.86**	**416.86**	**112107.32**	**112107.32**

3-29 投入产出表延长表(2010年)

单位：万元

产品部门	Sectors	中间使用 农林牧渔业 Farming、Forestry、Animal Husbandry and Fishery
农林牧渔业	Farming、Forestry、Animal Husbandry and Fishery	9689462
煤炭开采和洗选业	Coal Mining and Processing	90580
石油和天然气开采业	Petroleum and Natural Gas Extraction	97293
金属矿采选业	Metals Mining and Dressing	
非金属矿及其他矿采选业	Nonmetal Minerals Mining and Dressing	5904
食品制造及烟草加工业	Food Production and Tobacco Processing	6170049
纺织业	Textile Industry	20760
纺织服装鞋帽皮革羽绒及其制品业	Manufacture of Leather, Fur, Feather and Its Products	336237
木材加工及家具制造业	Timber Processing and Furniture Manufacturing	186820
造纸印刷及文教体育用品制造业	Papermaking, Printing, Cultural and Educational Goods Manufacturing	9699
石油加工、炼焦及核燃料加工业	Processing of Petroleum ,Coking,Processing of Nucleus Fuel	601115
化学工业	Chemical Industry	3993223
非金属矿物制品业	Nonmetal Mineral Products	545667
金属冶炼及压延加工业	Smelting and Pressing of Metals	1606
金属制品业	Metal Products	16222
通用、专用设备制造业	Manufacture of General and Special Purpose Machinery	106823
交通运输设备制造业	Transport Equipment Manufacturing	73434
电气机械及器材制造业	Electric Equipment and Machinery Manufacturing	145457
通信设备、计算机及其他电子设备制造业	Manufacture of Communication Equipment ,	14385
仪器仪表及文化办公用机械制造业	Instruments, Meters, Cultural and Clerical Machinery Manufacturing	43710
工艺品及其他制造业	Manufacture of Artwork, Other Manufacture n.e.c	12142
废品废料	Waster and Flotsam	1470
电力、热力的生产和供应业	Production and Supply of Electric Power, Steam and Hot Water	238983
燃气生产和供应业	Production and Supply of Gas	
水的生产和供应业	Production and Supply of Tap Water	12
建筑业	Construction	477641
交通运输及仓储业	Traffic,transport, storage	115605
邮政业	post	15634
信息传输、计算机服务和软件业	Information transfer, computer services and software	4906
批发和零售业	Wholesale and retail trade	826006
住宿和餐饮业	Accommodation and Restaurants	34127
金融业	Banking	3576
房地产业	Real Estate Trade	37
租赁和商务服务业	Tenancy and business services	212
研究与试验发展业	R&D	105
综合技术服务业	compositive technical service	6146
水利、环境和公共设施管理业	Management of water conservancy, environment and public establishment	1132
居民服务和其他服务业	Resident services and other services	225321
教育	Education	2464
卫生、社会保障和社会福利业	Sanitation, social security and social welfare	350
文化、体育和娱乐业	Culture, sports and entertainment	12869
公共管理和社会组织	Public management and social organization	38052
中间投入合计	Intermediate Input	24165234
劳动者报酬	Compensation of Laborers	31543700
生产税净额	Net Taxes on Production	45800
固定资产折旧	Depreciation of Fixed Assets	991400
营业盈余	Operating Surplus	
增加值合计	Total Value-added	32580900
总投入	Total Input	56746134

Prolong of Input-Output Table(2010)

(10 000 yuan)

Intermediate Use Part							
煤炭开采和洗选业 Coal Mining and Processing	石油和天然气开采业 Petroleum and Natural Gas Extraction	金属矿采选业 Metals Mining and Dressing	非金属矿及其他矿采选业 Nonmetal MineralsMining and Dressing	食品制造及烟草加工业 Food Production and Tobacco Processing	纺织业 Textile Industry	纺织服装鞋帽皮革羽绒及其制品业 Manufacture of Leather, Fur, Feather and Its Products	木材加工及家具制造业 Timber Processing and Furniture Manufacturing
189850	327	1741	67	21426424	2837478	2765709	1238645
6642836	5346	98281	14772	99875	32251	17113	21836
1397	562	479522	187828	6764	5892	24	3671
565	55	3436648		2245			
84296	1070	8124	1032821	15107	537	1158	1962
5174	152	8420	633	19559282	80808	258722	1830947
49403	11518	4236	16493	64486	5303945	2544650	88047
84046	4628	5705	3337	17236	960743	1940643	30475
742246	6846	25932	17657	18562	1525	1139	4840182
83514	4180	41396	11917	407740	47796	45345	98665
402659	44026	316671	111969	51796	15916	12228	23384
603847	78674	328952	395812	1229839	603094	303845	473798
602758	112787	129584	1133197	498086	19867	7653	293421
438453	51754	89344	23759	4430	601	8865	10118
36706	805	7983	4203	6172	1149	782	26642
372175	24212	90353	39032	23719	10403	2761	39973
70027	12740	60961	23685	49058	21249	18064	20859
199072	23093	178382	15510	17105	4921	924	12052
125945	7735	39196	14927	12758	6630	3626	8097
82967	7271	21637	7670	14354	2768	744	5851
209571	106703	42900	18470	37283	28104	14750	30869
126		32	67	54	1005	23667	7
1636518	121967	496191	288130	438297	273035	53280	156401
1554	609	68714	25566	1073	810	327	645
915	94	208	47	451	213	104	69
183882	48010	18670	1829	92441	8093	2130	14497
797970	57406	628456	229769	1743779	266411	216823	457750
24362	400	8974	3055	10589	2859	1654	8691
64326	6782	22618	6237	20128	6502	3597	17112
268641	15681	127493	228561	2972923	618015	317498	201497
692789	66402	210830	100541	212797	100351	38326	148145
226691	38639	85159	91341	52161	65985	7801	20094
15981	105	12068	1006	9621	2721	5716	19010
59014	2798	18702	9579	93209	10258	8200	15881
42521	3980	4026	13	7760	764	226	939
194596	4013	32374	14187	37393	3458	8362	13957
20262	174	3274	1823	1784	498	93	1160
739265	1507	46328	17029	30744	12580	17026	14005
201040	2225	20062	2703	32359	3426	2306	7748
135268	172464	57573	10781	19885	5800	1859	2084
29900	2225	11378	5234	6627	4127	1680	5531
				9777			10664
16363127	1049964	7289096	4111257	49356171	11372588	8659419	10215381
3843835	492911	989750	673336	6504286	1840023	1247692	2027397
1945682	429676	541039	362798	4187167	683748	506913	807982
778303	119044	317872	211839	1854148	554826	302864	656684
3036367	-11276	2596275	599113	5915140	1436350	1145155	1423169
9604186	1030355	4444936	1847086	18460740	4514947	3202624	4915231
25967313	2080320	11734032	5958343	67816911	15887535	11862042	15130613

3-29 续表 1

单位：万元

产品部门	Sectors	中间使用 造纸印刷及文教体育用品制造业 Papermaking, Printing, Cultural and Educational Goods Manufacturing
农林牧渔业	Farming 、Forestry、 Animal Husbandry and Fishery	430538
煤炭开采和洗选业	Coal Mining and Processing	225172
石油和天然气开采业	Petroleum and Natural Gas Extraction	4849
金属矿采选业	Metals Mining and Dressing	16
非金属矿及其他矿采选业	Nonmetal Minerals Mining and Dressing	1088
食品制造及烟草加工业	Food Production and Tobacco Processing	36000
纺织业	Textile Industry	111440
纺织服装鞋帽皮革羽绒及其制品业	Manufacture of Leather, Fur, Feather and Its Products	58304
木材加工及家具制造业	Timber Processing and Furniture Manufacturing	198547
造纸印刷及文教体育用品制造业	Papermaking, Printing, Cultural and Educational Goods Manufacturing	2887632
石油加工、炼焦及核燃料加工业	Processing of Petroleum ,Coking,Processing of Nucleus Fuel	16831
化学工业	Chemical Industry	717788
非金属矿物制品业	Nonmetal Mineral Products	179531
金属冶炼及压延加工业	Smelting and Pressing of Metals	22862
金属制品业	Metal Products	5755
通用、专用设备制造业	Manufacture of General and Special Purpose Machinery	35697
交通运输设备制造业	Transport Equipment Manufacturing	29039
电气机械及器材制造业	Electric Equipment and Machinery Manufacturing	11489
通信设备、计算机及其他电子设备制造业	Manufacture of Communication Equipment ,	12786
仪器仪表及文化办公用机械制造业	Instruments, Meters, Cultural and Clerical Machinery Manufacturing	10126
工艺品及其他制造业	Manufacture of Artwork, Other Manufacture n.e.c	72207
废品废料	Waster and Flotsam	353264
电力、热力的生产和供应业	Production and Supply of Electric Power, Steam and Hot Water	382772
燃气生产和供应业	Production and Supply of Gas	1512
水的生产和供应业	Production and Supply of Tap Water	353
建筑业	Construction	13269
交通运输及仓储业	Traffic,transport, storage	317814
邮政业	post	9920
信息传输、计算机服务和软件业	Information transfer, computer services and software	16823
批发和零售业	Wholesale and retail trade	425977
住宿和餐饮业	Accommodation and Restaurants	147497
金融业	Banking	42926
房地产业	Real Estate Trade	5599
租赁和商务服务业	Tenancy and business services	27112
研究与试验发展业	R&D	4936
综合技术服务业	compositive technical service	9823
水利、环境和公共设施管理业	Management of water conservancy, environment and public establishment	3670
居民服务和其他服务业	Resident services and other services	14960
教育	Education	11185
卫生、社会保障和社会福利业	Sanitation, social security and social welfare	17116
文化、体育和娱乐业	Culture, sports and entertainment	2999
公共管理和社会组织	Public management and social organization	
中间投入合计	Intermediate Input	6877221
劳动者报酬	Compensation of Laborers	966786
生产税净额	Net Taxes on Production	534824
固定资产折旧	Depreciation of Fixed Assets	402112
营业盈余	Operating Surplus	1225130
增加值合计	Total Value-added	3128852
总投入	Total Input	10006073

continued

(10 000 yuan)

Intermediate Use Part							
石油加工、炼焦及核燃料加工业 Processing of Petroleum , Coking,Processing of Nucleus Fuel	化学工业 Chemical Industry	非金属矿物制品业 Nonmetal Mineral Products	金属冶炼及压延加工业 Smelting and Pressing of Metals	金属制品业 Metal Products	通用、专用设备制造业 Manufacture of General and Special Purpose Machinery	交通运输设备制造业 Transport Equipment Manufacturing	电气机械及器材制造业 Electric Equipment and Machinery Manufacturing
5221	711539	85123	7799		24990	358	
2525030	1722851	1890714	1020913	70908	177929	79268	19731
2407085	1289949	480248	154216	2183	171808	4096	88684
	489845	168813	7798403	87635	22433	13685	303707
4702	912323	6010316	131381	8263	116774	14376	317
18492	3182529	1307615	121241		390179	1258	2075
14545	1322456	125226	99746	2507	143930	48559	213187
4780	355138	14359	14140	7434	49524	34709	131852
127866	25283	141184	27329	354593	219617	158907	41128
21439	295120	521214	50613	163061	361159	110464	122653
43999	1049481	921583	1628996	166572	472942	140129	79723
598553	14114822	1653329	313616	794921	1669966	1804316	657528
248311	620762	17709671	3050863	1409513	1295031	601645	950400
4371	372539	331976	12824298	2653938	9928032	2058851	2054652
648	33441	27408	46246	399433	688976	83989	47927
8809	114145	545804	57574	159400	1759997	351453	113474
15286	19233	398727	32041	108343	514609	1918927	23278
9886	67522	233185	25718	68767	649480	211988	738250
14931	35920	48653	32961	18150	483154	169668	345037
7207	46054	29208	22578	9228	193120	145474	33231
27302	196751	277575	84978	74941	2061592	162310	244121
42487	38870	145501	534525	33051	201741	11721	16280
64253	1703808	1814350	2176989	253153	1654835	199847	118400
6127	34853	29459	186865	2086	100861	2988	6381
523	793	1121	436	252	1150	251	126
9549	41379	69168	19649	25838	144183	28025	19061
278110	1288736	2382667	819239	600323	1838842	338471	329346
6168	22353	21050	12306	17080	71739	12535	24340
15230	41071	42397	24070	35574	147368	20924	28000
646959	1340081	2843575	862543	219104	880985	1304689	1749065
143029	499335	641948	388028	382364	1728297	382279	361589
14142	187112	273425	253965	63282	365042	109919	164764
2215	14705	13891	3134	14151	51846	18799	7847
13831	90691	70605	42838	47024	298028	145058	118237
1553	20756	10437	17148	3886	169220	69143	45401
12445	59489	91444	86963	59243	474083	233503	40647
1155	20437	5483	11541	827	6128	1676	1145
3672	93461	53232	153708	17993	140697	41428	38435
1390	27049	46528	21174	25604	106095	18375	15368
25	74934	46979	57275	50238	354302	68600	23381
1018	19233	27304	18267	12222	55747	9902	6127
		9569					
7372343	32596847	41562060	33236312	8423083	30186430	11132563	9324897
718398	3338606	4323827	3918479	1035803	3653215	1358017	1053324
1122479	1835257	3274508	1709354	516838	1906202	657953	432518
144732	1820506	1744478	2219630	393359	1440513	370724	405914
798704	4083679	6653451	2641278	862199	4162305	1404509	1007380
2784312	11078047	15996264	10488741	2808200	11162236	3791203	2899135
10156655	43674894	57558324	43725053	11231283	41348666	14923766	12224032

3-29 续表 2

单位：万元

产品部门	Sectors	中间使用 通信设备、计算机及其他电子设备制造业 Manufacture of Communication Equipment ,
农林牧渔业	Farming 、Forestry、 Animal Husbandry and Fishery	
煤炭开采和洗选业	Coal Mining and Processing	248
石油和天然气开采业	Petroleum and Natural Gas Extraction	448
金属矿采选业	Metals Mining and Dressing	2662
非金属矿及其他矿采选业	Nonmetal Minerals Mining and Dressing	127
食品制造及烟草加工业	Food Production and Tobacco Processing	486
纺织业	Textile Industry	565
纺织服装鞋帽皮革羽绒及其制品业	Manufacture of Leather, Fur, Feather and Its Products	2421
木材加工及家具制造业	Timber Processing and Furniture Manufacturing	1388
造纸印刷及文教体育用品制造业	Papermaking, Printing, Cultural and Educational Goods Manufacturing	27328
石油加工、炼焦及核燃料加工业	Processing of Petroleum ,Coking,Processing of Nucleus Fuel	3098
化学工业	Chemical Industry	98352
非金属矿物制品业	Nonmetal Mineral Products	373639
金属冶炼及压延加工业	Smelting and Pressing of Metals	41823
金属制品业	Metal Products	1957
通用、专用设备制造业	Manufacture of General and Special Purpose Machinery	1475
交通运输设备制造业	Transport Equipment Manufacturing	953
电气机械及器材制造业	Electric Equipment and Machinery Manufacturing	4007
通信设备、计算机及其他电子设备制造业	Manufacture of Communication Equipment ,	257242
仪器仪表及文化办公用机械制造业	Instruments, Meters, Cultural and Clerical Machinery Manufacturing	4094
工艺品及其他制造业	Manufacture of Artwork, Other Manufacture n.e.c	19785
废品废料	Waster and Flotsam	
电力、热力的生产和供应业	Production and Supply of Electric Power, Steam and Hot Water	17541
燃气生产和供应业	Production and Supply of Gas	11
水的生产和供应业	Production and Supply of Tap Water	26
建筑业	Construction	511
交通运输及仓储业	Traffic,transport, storage	34588
邮政业	post	729
信息传输、计算机服务和软件业	Information transfer, computer services and software	1560
批发和零售业	Wholesale and retail trade	53683
住宿和餐饮业	Accommodation and Restaurants	18507
金融业	Banking	9067
房地产业	Real Estate Trade	1521
租赁和商务服务业	Tenancy and business services	5438
研究与试验发展业	R&D	9203
综合技术服务业	compositive technical service	2390
水利、环境和公共设施管理业	Management of water conservancy, environment and public establishment	112
居民服务和其他服务业	Resident services and other services	531
教育	Education	2024
卫生、社会保障和社会福利业	Sanitation, social security and social welfare	5055
文化、体育和娱乐业	Culture, sports and entertainment	660
公共管理和社会组织	Public management and social organization	
中间投入合计	Intermediate Input	1005253
劳动者报酬	Compensation of Laborers	196691
生产税净额	Net Taxes on Production	53092
固定资产折旧	Depreciation of Fixed Assets	91613
营业盈余	Operating Surplus	145468
增加值合计	Total Value-added	486864
总投入	Total Input	1492116

continued

(10 000 yuan)

Intermediate Use Part							
仪器仪表及文化办公用机械制造业 Instruments, Meters, Cultural and Clerical Machinery Manufacturing	工艺品及其他制造业 Manufacture of Artwork, Other Manufacture n.e.c	废品废料 Waster and Flotsam	电力、热力的生产和供应业 Production and Supply of Electric Power, Steam and Hot Water	燃气生产和供应业 Production and Supply of Gas	水的生产和供应业 Production and Supply of Tap Water	建筑业 Construction	交通运输及仓储业 Traffic, transport, storage
	130787		12994		212	70750	66080
2939	639974	339	6995256	70198	49	141614	12229
796	6395	1173	24172	356757		834	35794
365			326				
790	36142	3306	4816	735	675	2769509	53812
1571	170077		327	455	3705	23280	398210
3538	1104354	2351	6453	647	976	41894	118595
6761	1034237	758	13551	578	1034	133415	8045
11228	43803	1699	31696	878	1268	538045	30880
29313	53313	3645	50992	3560	3127	127643	57888
4156	28825	7034	92860	19172	2668	1123880	1787517
165047	475586	228385	101718	38270	32726	1078196	237961
556692	21885	580073	180500	10022	9561	9370031	66681
54834	23958	353	11437	3421	518	2601156	18196
5567	1179	20621	8121	438	1026	49625	9584
8831	10510	3310	57478	3731	2401	88293	5163
2946	5683	973	12862	1284	1167	46698	139329
32404	8029	948	68851	15553	5350	275333	17510
302164	2523	761	19909	1345	615	38411	47031
137171	2652	778	26428	3184	2451	214704	10162
24873	1503581	6846	63933	11268	5691	861811	14527
	23460	59756	15				
25204	44676	16679	4623331	113565	101465	955637	316828
164	5832	174	32	538177		2912	1072
89	76	22	813	51	311	1607	413
1537	4506	3132	116099	12845	10943		579603
76036	309665	37748	131605	72552	7093	1277669	2722128
2008	2301	1207	8938	666	822	11078	3182
4854	4471	2369	23429	2234	2671	46074	118685
74321	152082	90811	41274	22689	3576	1156015	92990
60188	54696	37351	329316	50450	19974	357948	506101
32444	16192	4310	441082	10771	45290	145645	998319
4246	1592	2401	916	1235	188	10105	3861
10696	9354	3258	20694	11120	2253	162856	39896
17575	649	6	1403	963	50	214959	6434
18897	3858	24263	11047	5878	1807	631602	17946
440	58		49279	3905	86869	1671	5472
6182	3261	9245	166911	1870	6998	45649	295298
7798	597	607	35900	3251	8617		69361
5541	3100	7033	315225	6224	1680		1815
1892	2577	1720	23146	2756	1137	25066	40964
						12058	31115
1702099	5946493	1165446	14125137	1402699	376962	24653675	8986677
290585	904150	143484	1338271	75226	123907	7390000	5182500
92134	425606	54750	417500	59793	33887	1621700	756900
75767	265146	50920	1447433	61547	50827	684300	1384300
238876	545299	72886	-28724	136818	-11250	3059000	1263800
697363	2140202	322041	3174480	333384	197371	12755000	8587500
2399462	8086695	1487487	17299616	1736083	574334	37408675	17574177

3-29 续表 3

单位：万元

产品部门	Sectors	中间使用 邮政业 post	信息传输、计算机服务和软件业 Information transfer, computer services and software
农林牧渔业	Farming 、Forestry、 Animal Husbandry and Fishery		
煤炭开采和洗选业	Coal Mining and Processing	9	76
石油和天然气开采业	Petroleum and Natural Gas Extraction		
金属矿采选业	Metals Mining and Dressing		
非金属矿及其他矿采选业	Nonmetal Minerals Mining and Dressing		285
食品制造及烟草加工业	Food Production and Tobacco Processing	256	
纺织业	Textile Industry	228	3311
纺织服装鞋帽皮革羽绒及其制品业	Manufacture of Leather, Fur, Feather and Its Products	78	2799
木材加工及家具制造业	Timber Processing and Furniture Manufacturing	728	5236
造纸印刷及文教体育用品制造业	Papermaking, Printing, Cultural and Educational Goods Manufacturing	1292	9222
石油加工、炼焦及核燃料加工业	Processing of Petroleum ,Coking,Processing of Nucleus Fuel	586	2037
化学工业	Chemical Industry	81	1848
非金属矿物制品业	Nonmetal Mineral Products	116	
金属冶炼及压延加工业	Smelting and Pressing of Metals		
金属制品业	Metal Products	5	13
通用、专用设备制造业	Manufacture of General and Special Purpose Machinery	7	46
交通运输设备制造业	Transport Equipment Manufacturing	155	1604
电气机械及器材制造业	Electric Equipment and Machinery Manufacturing	31	4089
通信设备、计算机及其他电子设备制造业	Manufacture of Communication Equipment ,	490	82296
仪器仪表及文化办公用机械制造业	Instruments, Meters, Cultural and Clerical Machinery Manufacturing	17	11066
工艺品及其他制造业	Manufacture of Artwork, Other Manufacture n.e.c		10525
废品废料	Waster and Flotsam		
电力、热力的生产和供应业	Production and Supply of Electric Power, Steam and Hot Water	267	30406
燃气生产和供应业	Production and Supply of Gas	7	
水的生产和供应业	Production and Supply of Tap Water	2	31
建筑业	Construction	28845	65005
交通运输及仓储业	Traffic,transport, storage	2139	11582
邮政业	post	3005	2751
信息传输、计算机服务和软件业	Information transfer, computer services and software	286	69147
批发和零售业	Wholesale and retail trade	96744	1220041
住宿和餐饮业	Accommodation and Restaurants	323	78917
金融业	Banking	11	4908
房地产业	Real Estate Trade	165	14788
租赁和商务服务业	Tenancy and business services	274	8335
研究与试验发展业	R&D		4680
综合技术服务业	compositive technical service		2680
水利、环境和公共设施管理业	Management of water conservancy, environment and public establishment	44	190
居民服务和其他服务业	Resident services and other services	4	2007
教育	Education	145	5168
卫生、社会保障和社会福利业	Sanitation, social security and social welfare		
文化、体育和娱乐业	Culture, sports and entertainment	260	5577
公共管理和社会组织	Public management and social organization	1516	13561
中间投入合计	Intermediate Input	138113	1674222
劳动者报酬	Compensation of Laborers	92800	353300
生产税净额	Net Taxes on Production	11300	157800
固定资产折旧	Depreciation of Fixed Assets	31200	971400
营业盈余	Operating Surplus	10200	1149800
增加值合计	Total Value-added	145500	2632300
总投入	Total Input	283613	4306522

continued

(10 000 yuan)

Intermediate Use Part							
批发和零售业 Wholesale and retail trade	住宿和餐饮业 Accommodation and Restaurants	金融业 Banking	房地产业 Real Estate Trade	租赁和商务服务业 Tenancy and business services	研究与试验发展业 R&D	综合技术服务业 compositive technical service	水利、环境和公共设施管理业 Management of water conservancy, environment and public establishment
13955	1277073						
3939	8124	473	1976			423	166042
60	59810	2696		165			
4094	2255		403		120	193	1385
401050	5644179	4491	699	57836	477	1386	2999
43654	87166	16117	35252	2308	281	23837	1244
25816	5584	21860	13427	783	40	16517	765
62038	17885	45355	218115	5459	1646	25389	6554
277007	23204	340442	59136	69933	5151	92423	12653
130356	43664	102714	17706	280853	4971	78307	27642
212674	76369	71893	565242	34300	132711	88493	7361
	45620	915	477		4544	2950	10993
124	697		3		30	15	71
75	708	1316	27185	364	960	20438	271
1537	227	281	5866	2711	22	582	59
32277	9069	14893	110941	172959	1589	5304	1800
151955	3174	8678	64976	22833	4289	38270	5915
55914	3180	8811	644296	477578	807	15978	9746
18846	2597	12616	75865	35422	385	209944	1968
1203	7757	17861	123715	80399	1168	15615	6410
545074	169761	81350	67334	121468	8577	29217	12845
	27978						
120	638	257	175	355	36	55	272
154730	122001	118273	150656	60765	2663	23885	15969
1605215	57413	270627	131661	192069	46725	151300	30225
33023	22289	80006	14094	16490	1820	26550	2514
62341	16312	243442	17088	22594	4735	11050	5871
61487	509155	41911	67392	29160	6447	38239	4319
1444346	107215	358511	437104	521943	125363	363765	125712
178684	37721	717005	106936	93520	7217	38655	7432
540923	57988	60980	29978	24418	4492	4057	475
390556	24849	192519	247085	28491	1458	13154	13743
1845		160		182		2989	
19504	1722					4730	1920
2040	1285	7335	2309	2354	324	469	1904
325552	103004	90808	75392	48430	3330	12767	16703
72702	13283	74192	49822	17060	7801	19445	6260
1718	1582	10350			3565	742	2445
101851	21030	47202	37620	55268	3743	10486	6735
109992		435829	305322	296240	17567	137849	22506
7088276	8613567	3502166	3705248	2774710	405054	1525470	541726
6329200	5079200	1599300	519100	996700	198500	521600	308600
2722900	218400	1088600	998900	167600	29000	106200	24700
683200	351100	318800	4873400	270200	99200	85200	161700
3199700	403600	3970100	1340900	525200	80000	363500	115600
12935000	6052300	6976800	7732300	1959700	406700	1076500	610600
20023276	14665867	10478966	11437548	4734410	811754	2601970	1152326

3-29 续表 4

单位：万元

产品部门	Sectors	中间使用 居民服务和其他服务业 Resident services and other services
农林牧渔业	Farming、Forestry、 Animal Husbandry and Fishery	
煤炭开采和洗选业	Coal Mining and Processing	57143
石油和天然气开采业	Petroleum and Natural Gas Extraction	83
金属矿采选业	Metals Mining and Dressing	
非金属矿及其他矿采选业	Nonmetal Minerals Mining and Dressing	110
食品制造及烟草加工业	Food Production and Tobacco Processing	81420
纺织业	Textile Industry	162413
纺织服装鞋帽皮革羽绒及其制品业	Manufacture of Leather, Fur, Feather and Its Products	9522
木材加工及家具制造业	Timber Processing and Furniture Manufacturing	459529
造纸印刷及文教体育用品制造业	Papermaking, Printing, Cultural and Educational Goods Manufacturing	274605
石油加工、炼焦及核燃料加工业	Processing of Petroleum ,Coking,Processing of Nucleus Fuel	53255
化学工业	Chemical Industry	108541
非金属矿物制品业	Nonmetal Mineral Products	5934
金属冶炼及压延加工业	Smelting and Pressing of Metals	27661
金属制品业	Metal Products	73452
通用、专用设备制造业	Manufacture of General and Special Purpose Machinery	54
交通运输设备制造业	Transport Equipment Manufacturing	32250
电气机械及器材制造业	Electric Equipment and Machinery Manufacturing	15749
通信设备、计算机及其他电子设备制造业	Manufacture of Communication Equipment ,	7626
仪器仪表及文化办公用机械制造业	Instruments, Meters, Cultural and Clerical Machinery Manufacturing	12567
工艺品及其他制造业	Manufacture of Artwork, Other Manufacture n.e.c	19225
废品废料	Waster and Flotsam	
电力、热力的生产和供应业	Production and Supply of Electric Power, Steam and Hot Water	76627
燃气生产和供应业	Production and Supply of Gas	
水的生产和供应业	Production and Supply of Tap Water	349
建筑业	Construction	39273
交通运输及仓储业	Traffic,transport, storage	174137
邮政业	post	5887
信息传输、计算机服务和软件业	Information transfer, computer services and software	8114
批发和零售业	Wholesale and retail trade	89178
住宿和餐饮业	Accommodation and Restaurants	185089
金融业	Banking	40611
房地产业	Real Estate Trade	20860
租赁和商务服务业	Tenancy and business services	19436
研究与试验发展业	R&D	16589
综合技术服务业	compositive technical service	23480
水利、环境和公共设施管理业	Management of water conservancy, environment and public establishment	484
居民服务和其他服务业	Resident services and other services	21497
教育	Education	10666
卫生、社会保障和社会福利业	Sanitation, social security and social welfare	
文化、体育和娱乐业	Culture, sports and entertainment	7544
公共管理和社会组织	Public management and social organization	61443
中间投入合计	Intermediate Input	2202401
劳动者报酬	Compensation of Laborers	1188300
生产税净额	Net Taxes on Production	59300
固定资产折旧	Depreciation of Fixed Assets	104700
营业盈余	Operating Surplus	264000
增加值合计	Total Value-added	1616300
总投入	Total Input	3818701

continued

(10 000 yuan)

Intermediate Use Part					最终使用 Final used		
					最终消费支出 Final Consumption		
					居民消费支出 Household Consumption		
教育 Education	卫生、社会保障和社会福利业 Sanitation, social security and social welfare	文化、体育和娱乐业 Culture, sports and entertainment	公共管理和社会组织 Public management and social organization	中间使用合 计 Total of Intermediate Use Part	农村居民消费支出 Rural Households	城镇居民消费支出 Urban Households	合计 Total
				40987122	5838410	5502758	11341168
2081	2292	350	5750	22866930	309278	194843	504122
204	121		699	5876277	39215	272016	311231
				12327403			
4538	4256	206	3066	11241340	25230	1261	26491
6075	44477	63729		39880760	2969453	9399974	12369426
528	41386	147		11882378	108153	79092	187245
9122	1259	294	17112	5379066	1451895	4906031	6357926
52077	48681	3093	35413	8783443	348866	761704	1110570
244823	26908	45770	384294	7507280	117521	574957	692478
151018	8274	6096	121219	10197926	158861	302947	461808
32716	2255802	5608	102083	36487889	792229	1870025	2662254
179444	168490	7250	113598	41118159	181897	438590	620487
1128	1055	47	762	33667736	23521	58642	82163
976	1098	63	665	1660193	9972	194290	204262
25188	12994	33	1638	4088238	6205	88758	94963
3139	2979	1248	2151	4013813	840032	689375	1529407
83898	77770	7690	57092	3587193	72291	244713	317004
1368	1206	2739	3499	3380096	452594	714369	1166963
20484	7864	750	3301	1498515	3908	94405	98313
8485	9567	4425	83683	6604922	257269	556173	813443
				1487099			
427964	47784	15973	586426	20507205	531335	1610370	2141706
				1046789	891	282377	283268
3477	259	106	4776	21434	290	550064	550354
86641	135342	20318	129675	3100533	277286	409418	686704
302288	9613	23752	612180	20997526	345273	567517	912790
67678	650	2562	101273	685232	3860	6766	10626
88870	24299	5718	108629	1418509	561478	2343498	2904976
49932	77425	7839	59303	19895305	9835	25294	35129
1073089	65916	75869	2171707	14848073	1355092	2826754	4181847
367147	6147	14224	247699	5637059	737628	2021893	2759521
114252	27595	15049	43110	1183641	2554062	5788505	8342568
11388	3575	4600	16220	2312522	32456	479895	512351
				680500			
				2153848			
17033	307	235	5516	271897	4249	119929	124178
60095	23614	11195	127268	3119002	751367	1167182	1918549
154188	56806	4254	234018	1401064	1009979	1666630	2676610
102281	5442	2091	296778	1871580	1426095	2716219	4142314
61802	17565	5661	163750	878401	118987	770423	889411
80636	84855	159492	363116	2201157	336	1040	1376
3896052	3303668	518472	6207472	418755054			
5031800	1751700	405400	5482500	115032200			
26400	12400	52300	19400	30711300			
487600	227100	76500	1097400	28679500			
110100	435200	110500	21100	56500600			
5655900	2426400	644700	6620400	230923600			
9551952	5730068	1163172	12827872	345955800			

3-29 续表 5

单位：万元

产品部门	Sectors	最终使用 最终消费支出 政府消费支出 Government Consumption
农林牧渔业	Farming 、Forestry、 Animal Husbandry and Fishery	1240330
煤炭开采和洗选业	Coal Mining and Processing	
石油和天然气开采业	Petroleum and Natural Gas Extraction	
金属矿采选业	Metals Mining and Dressing	
非金属矿及其他矿采选业	Nonmetal Minerals Mining and Dressing	
食品制造及烟草加工业	Food Production and Tobacco Processing	
纺织业	Textile Industry	
纺织服装鞋帽皮革羽绒及其制品业	Manufacture of Leather, Fur, Feather and Its Products	
木材加工及家具制造业	Timber Processing and Furniture Manufacturing	
造纸印刷及文教体育用品制造业	Papermaking, Printing, Cultural and Educational Goods Manufacturing	
石油加工、炼焦及核燃料加工业	Processing of Petroleum ,Coking,Processing of Nucleus Fuel	
化学工业	Chemical Industry	
非金属矿物制品业	Nonmetal Mineral Products	
金属冶炼及压延加工业	Smelting and Pressing of Metals	
金属制品业	Metal Products	
通用、专用设备制造业	Manufacture of General and Special Purpose Machinery	
交通运输设备制造业	Transport Equipment Manufacturing	
电气机械及器材制造业	Electric Equipment and Machinery Manufacturing	
通信设备、计算机及其他电子设备制造业	Manufacture of Communication Equipment ,	
仪器仪表及文化办公用机械制造业	Instruments, Meters, Cultural and Clerical Machinery Manufacturing	
工艺品及其他制造业	Manufacture of Artwork, Other Manufacture n.e.c	
废品废料	Waster and Flotsam	
电力、热力的生产和供应业	Production and Supply of Electric Power, Steam and Hot Water	
燃气生产和供应业	Production and Supply of Gas	
水的生产和供应业	Production and Supply of Tap Water	2546
建筑业	Construction	
交通运输及仓储业	Traffic,transport, storage	1118530
邮政业	post	
信息传输、计算机服务和软件业	Information transfer, computer services and software	
批发和零售业	Wholesale and retail trade	4546
住宿和餐饮业	Accommodation and Restaurants	
金融业	Banking	7848
房地产业	Real Estate Trade	
租赁和商务服务业	Tenancy and business services	1887555
研究与试验发展业	R&D	
综合技术服务业	compositive technical service	
水利、环境和公共设施管理业	Management of water conservancy, environment and public establishment	884508
居民服务和其他服务业	Resident services and other services	1389400
教育	Education	7905193
卫生、社会保障和社会福利业	Sanitation, social security and social welfare	2315211
文化、体育和娱乐业	Culture, sports and entertainment	418885
公共管理和社会组织	Public management and social organization	10897748
中间投入合计	Intermediate Input	
劳动者报酬	Compensation of Laborers	
生产税净额	Net Taxes on Production	
固定资产折旧	Depreciation of Fixed Assets	
营业盈余	Operating Surplus	
增加值合计	Total Value-added	
总投入	Total Input	

continued

(10 000 yuan)

Final used						流 入	总产出
Final Consumption	资本形成总额 Gross Capital Formation			流 出	最终使用		
合 计 Total	固定资本形成总额 Fixed Capital Formation	存货增加 Changes in Inventories	合 计 Total	Export	合 计 Total Final used	Inflow	gross output
12581498	201297	634368	835665	7165100	20582263	4823251	56746134
504122		12570	12570	5151562	5668254	2567870	25967313
311231		-30111	-30111	366897	648017	4443975	2080320
		45285	45285	7504772	7550057	8143428	11734032
26491		8074	8074	288510	323076	5606073	5958343
12369426		210901	210901	19467208	32047535	4111384	67816911
187245		20255	20255	5269367	5476867	1471710	15887535
6357926		6228	6228	1817203	8181357	1698381	11862042
1110570	4900228	2589	4902816	702232	6715619	368449	15130613
692478		10607	10607	4403678	5106763	2607969	10006073
461808		40728	40728	7868777	8371313	8412583	10156655
2662254		519146	519146	14414126	17595526	10408521	43674894
620487		537232	537232	16182155	17339874	899708	57558324
82163		466916	466916	48408232	48957311	38899994	43725053
204262	9517161	71931	9589092	2719207	12512561	2941471	11231283
94963	54920021	76430	54996450	14125406	69216819	31956391	41348666
1529407	22721487	30434	22751920	3406081	27687409	16777456	14923766
317004	7640796	23404	7664201	5504530	13485735	4848896	12224032
1166963	7186664	14775	7201439	2065008	10433409	12321389	1492116
98313	1309565	1467	1311032	320429	1729774	828827	2399462
813443	109906	27489	137395	816584	1767422	285649	8086695
		388	388		388		1487487
2141706				111515	2253221	5460810	17299616
283268		25	25	510010	793303	104009	1736083
552900					552900		574334
686704	44984312		44984312	3666652	49337667	15029526	37408675
2031320	738717	274	738991	584976	3355288	6778637	17574177
10626				24364	34990	436608	283613
2904976	434916		434916	48896	3388788	500776	4306522
39675	180106	1695	181801	75763	297240	169269	20023276
4181847				268659	4450505	4632711	14665867
2767369				4888956	7656325	2814417	10478966
8342568	1911339		1911339		10253907		11437548
2399906				132718	2532625	110736	4734410
	133579		133579	125875	259453	128199	811754
	150808		150808	323489	474297	26175	2601970
1008686				41043	1049729	169299	1152326
3307950				2373	3310323	2610623	3818701
10581803				15445	10597248	2446360	9551952
6457525				43735	6501259	2642771	5730068
1308296				123766	1432061	1147290	1163172
10899124				272197	11171321	544607	12827872

主要统计指标解释

国内生产总值（GDP） 指按市场价格计算的一个国家(或地区)所有常住单位在一定时期内生产活动的最终成果。国内生产总值有三种表现形态，即价值形态、收入形态和产品形态。从价值形态看，它是所有常住单位在一定时期内生产的全部货物和服务价值超过同期投入的全部非固定资产货物和服务价值的差额，即所有常住单位的增加值之和；从收入形态看，它是所有常住单位在一定时期内创造并分配给常住单位和非常住单位的初次收入之和；从产品形态看，它是所有常住单位在一定时期内最终使用的货物和服务价值减去货物和服务进口价值。在实际核算中，国内生产总值有三种计算方法，即生产法、收入法和支出法。三种方法分别从不同的方面反映国内生产总值及其构成。

三次产业 三产业的划分是世界上较为常用的产业结构分类，但各国的划分不尽一致。我国的三次产业划分是：

第一产业是指农业、林业、畜牧业、渔业和农林牧渔服务业。

第二产业是指采矿业，制造业，电力、煤气及水的生产和供应业，建筑业。

第三产业是指除第一、二产业以外的其他行业。

支出法生产总值 是从最终使用的角度反映一个国家(或地区)一定时期内生产活动最终成果的一种方法，包括最终消费支出、资本形成总额及货物和服务净出口三部分。计算公式为：

支出法生产总值=最终消费支出+资本形成总额+货物和服务净出口

最终消费支出 指常住单位为满足物质、文化和精神生活的需要，从本国经济领土和国外购买的货物和服务的支出。它不包括非常住单位在本国经济领土内的消费支出。最终消费支出分为居民消费支出和政府消费支出。

居民消费支出 指常住住户在一定时期内对于货物和服务的全部最终消费支出。居民消费支出除了直接以货币形式购买的货物和服务的消费支出外，还包括以其他方式获得的货物和服务的消费支出，即所谓的虚拟消费支出。居民虚拟消费支出包括如下几种类型：单位以实物报酬及实物转移的形式提供给劳动者的货物和服务；住户生产并由本住户消费了的货物和服务，其中的服务仅指住户的自有住房服务；金融机构提供的金融媒介服务；保险公司提供的保险服务。

政府消费支出 指政府部门为全社会提供的公共服务的消费支出和免费或以较低的价格向居民住户提供的货物和服务的净支出，前者等于政府服务的产出价值减去政府单位所获得的经营收入的价值，后者等于政府部门免费或以较低价格向居民住户提供的货物和服务的市场价值减去向住户收取的价值。

资本形成总额 指常住单位在一定时期内获得减去处置的固定资产和存货的净额，包括固定资本形成总额和存货增加两部分。

固定资本形成总额 指常住单位在一定时期内获得的固定资产减处置的固定资产的价值总额。固定资产是通过生产活动生产出来的，且其使用年限在一年以上、单位价值在规定标准以上的资产，不包括自然资产。可分为有形固定资本形成总额和无形固定资本形成总额。有形固定资本形成总额包括一定时期内完成的建筑工程、安装工程和设备工器具购置(减处置)价值，以及土地改良、新增役、种、奶、毛、娱乐用牲畜和新增经济林木价值。无形固定资本形成总额包括矿藏的勘探、计算机软件等获得减处置。

存货增加 指常住单位在一定时期内存货实物量变动的市场价值，即期末价值减期初价值的差额，再扣除当期由于价格变动而产生的持有收益。存货增加可以是正值，也可以是负值，正值表示存货上升，负值表示存货下降。存货包括生产单位购进的原材料、燃料和储备物资等存货，以及生产单位生产的产成品、在制品和半成品等存货。

货物和服务净出口 指货物和服务出口减货物和服务进口的差额。出口包括常住单位向非常住单位出售或无偿转让的各种货物和服务的价值；进口包括常住单位从非常住单位购买或无偿得到的各种货物和服务的价值。由于服务活动的提供与使用同时发生，一般把常住单位从非常住单位得到的服务作为进口，非常住单位从常住单位得到的服务作为出口。货物的出口和进口都按离岸价格计算。

劳动者报酬 指劳动者因从事生产活动所获得的全部报酬。包括劳动者获得的各种形式的工资、奖金和津贴，既包括货币形式的，也包括实物形式的，还包括劳动者所享受的公费医疗和医药卫生费、上下班交通补贴、单位支付的社会保险费、住房公积金等。对于个体经济来说，其所有者所获得的劳动报酬和经营利润不易区分，这两部分统一作为劳动者报酬处理。

生产税净额 指生产税减生产补贴后的余额。生产税指政府对生产单位从事生产、销售和经营活动以及因从事生产活动使用某些生产要素(如固定资产、土地、劳动力)所征收的各种税、附加费和规费。生产补贴与生产税相反，指政府对生产单位的单方面转移支出，因此视为负生产税，包括政策亏损补贴、价格补贴等。

固定资产折旧 指一定时期内为弥补固定资产损耗按照规定的固定资产折旧率提取的固定资产折旧，或按国民经济核算统一规定的折旧率虚拟计算的固定资产折旧。它反映了固定资产在当期生产中的转移价值。各类企业和企业化管理的事业单位的固定资产折旧是指实际计提的折旧费；不计提折旧的政府机关、非企业化管理的事业单位和居民住房的固定资产折旧是按照统一规定的折旧率和固定资产原值计算的虚拟折旧。原则上，固定资产折旧应按固定资产当期的重置价值计算，但是目前我国尚不具备对全社会固定资产进行重估价的基础，所以暂时只能采用上述办法。

营业盈余 指常住单位创造的增加值扣除劳动者报酬、生产税净额和固定资产折旧后的余额。它相当于企业的营业利润加上生产补贴，但要扣除从利润中开支的工资和福利等。

机构单位 指有权拥有资产和承担负债，能够独立地从事经济活动并与其他实体进行交易的经济实体。

机构部门 将相同性质的机构单位归并在一起，就形成机构部门。资金流量核算将常住机构单位划分为以下四个机构部门：非金融企业部门、金融机构部门、政府部门、住户部门。与常住单位发生经济往来关系的非常住单位组成国外部门，在资金流量核算中也视同机构部门。

非金融企业与非金融企业部门 非金融企业指主要从事市场货物生产和提供非金融市场服务的常住企业，它主要包括从事上述活动的各类法人企业。所有非金融企业归并在一起，就形成非金融企业部门。

金融机构与金融机构部门 金融机构指主要从事金融媒介以及与金融媒介密切相关的辅助金融活动的常住单位，它主要包括中央银行、商业银行和政策性银行、非银行信贷机构和保险公司。所有金融机构归并在一起，就形成金融机构部门。

政府单位与政府部门 政府单位指在我国境内通过政治程序建立的、在一特定区域内对其他机构单位拥有立法、司法和行政权的法律实体及其附属单位。政府单位的主要职能是利用征税和其他方式获得的资金向社会和公众提供公共服务。通过转移支付，对社会收入和财产进行再分配。它主要包括各种行政单位和非营利性事业单位。所有政府单位归并在一起，就形成政府部门。

住户与住户部门 住户指共享同一生活设施、部分或全部收入和财产集中使用、共同消费住房、食品和其他消费品与消费服务的常住个人或个人群体。所有住户归并在一起，就形成住户部门。

非常住单位与国外部门 所有不具有常住性的机构单位都是非常住单位。将所有与我国常住单位发生交易的非常住单位归并在一起，就形成国外部门。

初次分配总收入 初次分配是生产活动形成的净成果在参与生产活动的生产要素的所有者及政府之间的分配。生产活动的净成果是增加值。生产要素包括劳动力、土地、资本。劳动力所有者因提供劳动而获得劳动报酬；土地所有者因出租土地而获得地租；资本的所有者因资本的形态不同而获得不同形式的收入：借贷资本所有者获得利息收入；股权所有者获得红利或未分配利润；政府因直接或间接介入生产过程而获得生产税或支付补贴。初次分配的结果形成各个机构部门的初次分配总收入。各部门的初次分配总收入之和就等于国民总收入，亦即国民生产总值。

经常转移 转移是一个机构单位向另一个机构单位提供货物、服务或资产，而同时并没有从后一机构单位获得任何货物、服务或资产作为回报的一种交易。经常转移包括扣除资本转移外的所有转移。其形式有收入税、社会保险付款、社会补助和其他经常转移。

可支配总收入 在初次分配总收入的基础上，通过经常转移的形式对初次分配总收入进行再次分配。再分配的结果形成各个机构部门的可支配总收入。各部门的可支配总收入之和称为国民可支配总收入。

总储蓄 指可支配总收入用于最终消费后的余额。各部门的总储蓄之和称为国民总储蓄。

资本转移 指一个部门无偿地向另一个部门支付用于非金融投资的资金，是一种不从对方获取任何对应物作为回报的交易。资本转移具有不同于经常转移的两个特征，一是转移的目的是用于投资，而不是用于消费；二是资本转移其实物形式往往涉及除存货和现金以外资产所有权的转移；其现金形式往往涉及除存货以外的资产的处置。资本转移包括投资性补助和其他资本转移。

净金融投资 它反映机构部门或经济总体资金富余或短缺的状况。从实物交易角度看，它是指总储蓄加资本转移收入减资本转移支出减非金融投资后的差额。从金融交易角度看，它是金融资产的增加额减金融负债的增加额之后的差额。

通货 指以现金形式存在于市场流通中的货币，包括本币和外币。

存款 指金融机构接受客户存入的货币款项，存款人可随时或按约定时间支取款项的信用业务。包括活期存款、定期存款、住户储蓄存款、财政存款、外汇存款和其他存款等。

贷款 指金融机构将其所吸收的资金，按一定的利率贷放给客户并约期归还的信用业务。包括短期贷款、中长期贷款、财政贷款、外汇贷款和其他贷款。

证券 包括债券和股票。由债券购买者承购的或因销售产品而拥有的，可在金融市场上交易并代表一定债权的书面证明。包括政府债券、金融债券、企业债券、商业票据、支付固定收入但不提供法人企业残余价值分享权的优先股等。股票购买者及直接投资者对其投资企业净资产所拥有的权益。股票是股份公司签发的证明股东投资并按其所持股份享有权益和承担义务的权益性证券。其他股权是机构单位以直接投资的方式用除股票、债权性证券以外的土地、房屋及建筑物、机器设备、存货、资源资产等实物资产，商标、专利权、土地使用权、特许使用权、商誉等无形资产及货币资金直接向其他单位进行的投资。通常以股权证、出资证明书、参与证或类似的单据为凭证。

保险准备金 指对人寿保险准备金和养恤基金的净权益、保险费预付款和未结索赔准备金。

结算资金 指金融机构用于结算目的汇兑在途的资金。

金融机构往来 指各金融机构之间的资金往来，包括同业存放款和同业拆借款。

准备金 指各金融机构在中央银行的存款及缴存中央银行的法定准备金。

中央银行贷款 指中央银行向各金融机构的贷款。

经常项目 包括货物、服务、收益及经常性转移。

货物进出口 指通过我国海关进出口的货物。货物的进出口值都按离岸价格估价。离岸价格可视为进口商在出口商边境领取货物时支付的购买者价格。当进口商领取该货物时，该货物已装载到进口商自己的运载工具或其他运载工具，出口商已为该货物支付了出口税或获得了出口退税。

服务进出口 指常住单位与非常住单位之间相互提供的服务。包括运输服务、旅游服务、通讯服务、建筑服务、保险服务、金融服务、计算机和信息服务、咨询服务、广告、宣传服务、电影音像服务、专有权力使用费和特许费、其他商务服务、政府服务。

收益 指常住单位与非常住单位之间因相互提供生产要素而产生的收入，包括劳动者报酬和投资收益。其中投资收益包括直接投资、证券投资和其他投资的收益和支出，以及直接投资收益的再投资。

资本项目 包括移民转移、债务减免等资本性转移。

金融项目 包括直接投资、证券投资和其它投资。

直接投资 指外国、港澳台地区在我国和我国在外国、港澳台地区以独资、合资、合作及合作勘探开发方式进行的投资。

证券投资 指我国对外国、港澳台地区发行的股票、债券等有价证券和我国购买外国、港澳台地区发行的股票、债券等有价证券。

其它投资 指除直接投资和证券投资以外的所有对外金融资产与负债交易项目。包括外国提供给我国和我国提供给外国的贸易信贷、贷款、货币和存款以及其他资产。

储备资产增减额 指我国在黄金储备、外汇储备、在国际货币基金组织的储备头寸、特别提款权、使用基金信贷等方面本年末与上年末余额之间的差额。负号表示储备资产增加，正号表示储备资产减少。

Explanatory Notes on Main Statistical Indicators

Gross Domestic Product (GDP) refers to the final products at market prices produced by all resident units in a country (or a region) during a certain period of time. Gross domestic product is expressed in three different perspectives, namely value, income, and products respectively. GDP in its value perspective refers to the total value of all goods and services produced by all resident units during a certain period of time, minus the total value of input of goods and services of the nature of non-fixed assets; in other words, it is the sum of the value-added of all resident units. GDP from the perspective of income includes the primary income created by all resident units and distributed to resident and non-resident units. GDP from the perspective of products refers to the value of all goods and services for final consumption by all resident units minus the net exports of goods and services during a given period of time. In the practice of national accounting, gross domestic product is calculated from three approaches, namely production approach, income approach and expenditure approach, which reflect gross domestic product and its composition from different angles.

Three Industries Classification of economic activities into three strata of industry is a common practice in the world, although the grouping varies to some extent form country to country. In China economic activities are categorized into the following three strata of industry:

Primary industry refers to agriculture, forestry, animal husbandry and fishery and services in support of these industries.

Secondary industry refers to mining and quarrying, manufacturing, production and supply of electricity, water and gas, and construction.

Tertiary industry refers to all other economic activities not included in the primary or secondary industries.

GDP by Expenditure Approach refers to the method of measuring the final results of production activities of a country (region) during a given period from the perspective of final uses. It includes final consumption expenditure, gross capital formation and net export of goods and services. The formula for computation is.:

GDP by expenditure approach = final consumption expenditure + gross capital formation + net export of goods and services

Final Consumption Expenditure refers to the total expenditure of resident units for purchases of goods and services from both the domestic economic territory and abroad to meet the needs of material, cultural and spiritual life. It does not include the expenditure of non-resident units on consumption in the economic territory of the country. The final consumption expenditure is broken down into household consumption expenditure and government consumption expenditure.

Household Consumption Expenditure refers to the total expenditure of resident households on the final consumption of goods and services. In addition to the consumption of goods and services bought by the households directly with money, the household consumption expenditure also includes expenditure on goods and services obtained by the households in other ways, i.e. the so-called imputed consumption expenditure, which includes the following: (a) the goods and services provided to households by employers in the form of payment in kind and transfer in kind; (b) goods and services produced and consumed by the households themselves, in which the services refer only to the owner-occupied housing; (c) financial intermediate services provided by financial institutions; (d) insurance services provided by insurance companies.

Government Consumption Expenditure refers to the consumption expenditure spent for the provision of public services provided by the government to the whole country and the net expenditure on the goods and services provided by the government to households free of charge or at reduced prices. The former equals to the output value of the government services minus the value of operating income obtained by the government departments. The latter equals to the market value of the goods and services provided by the government free of charge or at reduced prices to the households minus the value received by the government from the households.

Gross Capital Formation refers to the fixed assets acquired less disposals and the net value of inventory, thus including gross fixed capital formation and changes in inventories.

Gross Fixed Capital Formation refers to the value of acquisitions less those disposals of fixed assets during a given period. Fixed assets are the assets produced through production activities with unit value above a specified amount and which could be used for over one year. Natural assets are not included. Gross fixed capital formation can be categorized into total tangible fixed capital formation and total intangible fixed capital formation. Total tangible fixed capital formation includes the value of the construction projects and installation projects completed and the equipment, apparatus and instruments purchased (less those disposed) as well as the value of land improved, the value of draught animals, breeding stock and animals for milk, for wool and for recreational purposes and the newly increased forest with economic value. Total intangible fixed capital formation includes the prospecting of minerals and the acquisition of computer software minus the disposal of them.

Changes in Inventories refers to the market value of the change in the physical volume of inventory of resident units during a given period, i.e. the difference between the values at the beginning and at the end of the period minus the gains due to the change in prices. The changes in inventories can have a positive or a negative value. A positive value indicates an increase in inventory while a negative value indicates a decrease in inventory. The inventory includes raw materials, fuels and reserve materials purchased by the production units as well as the inventory of finished products, semi-finished products and work-in-progress.

Net Export of Goods and Services refers to the exports of goods and services subtracting the imports of goods and services. Exports include the value of various goods and services sold or gratuitously transferred by resident units to non-resident units. Imports include the value of various goods and services purchased or gratuitously acquired resident units from non-resident units. Because the provision of services and the use of them happen simultaneously, the acquisition of services by resident units from abroad is usually treated as import while the acquisition of services by non-resident units in this country is usually treated as export. The exports and imports of goods are calculated at FOB.

Laborers Remuneration refers to the total payment of various forms to labourers for the productive activities they are engaged in. It includes wages, bonuses and allowances, which the labourers earn in cash and in kind. It also includes the free medical services provided to the labourers and the medicine expenses, transport subsidies and social insurance, and housing fund paid by the employers. As regards the individual economy, since labourers remuneration is not easily distinguishable from the operating profit, both parts are treated as labourer remuneration.

Net Taxes on Production refers to taxes on production less subsidies on production. The taxes on production refers to the various taxes, extra charges and fees levied on the production units on their production, sale and business activities as well as on the use of some factors of production, such as fixed assets, land and labour in the production activities they are engaged in. In contrast to taxes on production, subsidies on production refer to the unilateral government transfer to the production units and are therefore regarded as negative taxes on production. They include subsidies on the loss due to implementation of government policies, price subsidies, etc.

Depreciation of Fixed Assets refers to the depreciation of fixed assets in a given period, drawn in accordance with the stipulated depreciation rate for the purpose of compensating the wear-and-tear loss of the fixed assets or the depreciation of fixed assets imputed in accordance with the stipulated unified depreciation rate in the national economic accounting system. It reflects the value of transfer of the fixed assets in the production of the current period. The depreciation of fixed assets in various enterprises and institutions managed as enterprises refers to the depreciation expenses actually drawn. In government agencies and institutions not managed as enterprises which do not draw the depreciation expenses, as well as for the houses of residents, the depreciation of fixed assets is the imputed depreciation, which is calculated in accordance with the stipulated unified depreciation rate. In principle, the depreciation of fixed assets should be calculated on the basis of the re-purchased value of the fixed assets. However, currently the conditions in China do not facilitate the revaluation of all the fixed assets. Therefore, only the above-mentioned methods can be adopted at present.

Operating Surplus refers to the balance of the value added created by the resident units after deducting the labourers remuneration, net taxes on production and the depreciation of fixed assets. It is equivalent to the business profit of the enterprises plus subsidies to production, but the wages and welfare expenses paid from the profits should be deducted.

Institutional Units refer to economic entities that are in a position to own assets and incur liabilities; to engage independently in economic activities; and to conduct transactions with other entities.

Institutional Sectors refer to groups of institutional units that are homogenous in nature and have been grouped together. The following 4 institutional sectors are identified in the flow of funds accounts: non-financial corporations, financial institutions, general government and households. and also treated as an institutional sector is the rest of the world, which is composed of non-resident units that have economic relations with resident units.

Non-Financial Corporations and the Sector of Non-Financial Corporations refer to resident corporations that are engaged in the production of goods and the provision of non financial services in the market, mainly covering corporate enterprises of various types engaged in the above-mentioned activities. All non-financial corporations make up the sector of non-financial corporations.

Financial Institutions and the Sector of Financial Institutions refer to resident institutions that are engaged in the financial intermediary services or auxiliary financial activities that are closely related with financial intermediary services, mainly covering the Central Bank, commercial banks, policy banks, non-banking credit institutions and insurance companies. All financial institutions together make up the sector of financial institutions.

General Government and the Sector of General Governments refer to legal entities and their auxiliary units within the territory of China that are established through the political process and are empowered with legislative, administrative or judicial rights over other institutional within specific regions. The main function of general government is to acquire funds through taxation or other means in order to provide public services to society and households, and to conduct redistribution of income and properties of society through transfer payment. General government cover mainly administrative and non-profit institutional units of various types. All general government together make up the sector of general governments

Households and the Sector of Households refer to resident individuals or groups of resident individuals who share common living facilities, pool together entire or part of their income and properties for their common disposal, and share their housing, food and other consumer goods and services. All households together make up the sector of households.

Non-resident Units and the Rest of the World Non-resident units refer to units that are of a non-resident nature. All non-resident units that have transactions with resident units together make up the rest of the world.

Total Income from Primary Distribution refers to the distribution of net results from production activities among the owners of factors of production and the governments. The net results from production activities is the value-added. Factors of production include labour force, land and capital. Owners of labour force gain remuneration by providing labour. Owners of land receive rents from leasing of land. Owners of capitals get income of various forms depending on the type of capital: owners of loan capital receive income from interests. Share holders receive dividends or non-distributed profits. Government either obtains production tax or pays subsidies in participating directly or indirectly in the production processes. Results of primary distribution generate the total income from primary distribution of each sector, and the sum of the total income of primary distribution of all sectors make up the Gross National Income, or the Gross National Product.

Current Transfers to the transaction in the form of provision of goods, services or assets by an institutional unit to another institutional unit without receiving any goods, services or assets in return from the recipient. Current transfers refer to all kinds of transfers other than capital transfers. They include income tax, payment to social securities, social allowances and other current transfers.

Total Disposable Income Total income from primary distribution is re-distributed through current transfer, resulting in the total disposable income of various institutional sectors. The sum of total disposable income of all institutional sectors makes up the total national disposable income.

Total Savings refer to total disposable income subtracting final consumption. Total savings of all sectors make up the total national savings.

Capital Transfer refers to the free payment from one sector to another sector of non-financial investment capital, and is a transaction that seeks no return from the recipient. Capital transfer differs from current transfer in 2 aspects: 1) The purpose of the capital transfer is investment rather than consumption. 2) Capital transfer features the transfer of the ownership of assets other than inventory and cash, and capital transfer in its monetary form involves the disposal of assets other than inventory. Capital transfer includes investment subsidies and other capital transfers.

Net Financial Investment reflects the surplus or shortage of capitals of institutional sectors or of the economy in general. It refers to total savings plus the income from capital transfer minus payment for capital transfer and the non-financial investment from the point of view of physical transaction. In terms of monetary transaction, it is the difference between the increase in financial assets minus the increase of the financial liabilities.

Currency refers to currency that is in circulation in the market, including local and foreign currencies.

Deposits refer to credit transactions by which financial institutions accept deposits from clients who could withdraw their deposit at any time or by an agreed time frame. They include demand deposit, time deposit, savings deposit, fiscal deposit, foreign exchange deposit and other deposits.

Loans refer to credit transactions by which financial institutions lend their capital to clients at certain level of interest rates, which the latter will repay by an agreed time frame. They include short-term loan, medium- and long-term loan, fiscal loan, foreign exchange loan and other loans.

Securities Include Shares and bond. refer to written certificates representing creditors' rights as purchased by bond holders or as acquired by selling products, which can be transacted at the financial markets. They include government bonds, financial bonds, corporation bonds, commercial drafts, preferential stocks that provide fixed income without the right to share the residual value of corporations, and so on. the rights of stockholders and direct investors on the net assets of corporations they have invested in. Shares refer to negotiable securities on creditor's rights, issued by share companies certifying the investment by stockholders and their rights and duties in accordance with the amount of stocks that they hold. Other holding rights refer to the direct investment by institutional units in other units with currency capital or with assets, in forms other than shares and negotiable securities on creditor's rights, including such tangible assets such as land, buildings, machines and equipment, inventory, resources, etc., and such intangible assets as trade marks, patents, monopolies, rights on land use, licenses, commercial reputation, etc.. Documents of proof of holding rights usually include certificates on creditor's right, certificates on investment or on participation, etc.

Insurance Reserve Funds consists of net equity of households in life insurance reserves and in pension funds reserves, prepayments of insurance premiums, and reserves for outstanding claims.

Settlement Fund refers to fund in float of financial institutions for settlement.

Inter- financial Institutions Accounts refer to flow of capital between financial institutions, consisting of nostro accounts, inter-bank lending.

Required and Excessive Reserves refer to financial institutions' deposits with the People's Bank of China.

Central Bank Lending refer to lending to financial institutions by the People's Bank of China

Current Account includes goods, services, income and current transfers.

Import and Export of Goods refer to imported or exported goods through Chinese customs. Both import and export of goods are valued at free on board (f.o.b.) prices. Free on board prices can be regarded as the purchaser's prices paid by importers when claiming goods at the border of the exporters. When the importer claim the imported goods, the goods have been loaded in importer's carriers or other carriers, and the exporter has paid export duty or received export redeem.

Import and Export of Services refer to services provided between resident and non-resident units, including services on transportation, tourism, communications, construction, insurance, finance, computer and information, consultancy, advertising and publicity, as well as film, audio and video services, royalty for patents, trademarks and other special rights, other commercial services, and government services.

Income refers income from provision of factors of production between resident and non-resident units, including compensation of labour and earnings from investment. Earnings from investment include earnings from and expenses on direct investment, security investment and other investment, as well as reinvestment of earnings from direct investment.

Capital Account includes capital transfers such as immigration transfer, reduction or exemption of debts, etc.

Financial Account includes direct investment, security investment and other investments.

Direct Investment refers to investment by foreign investors or investors from Hong Kong, Macao and Taiwan in China, or by Chinese investors in foreign countries or in Hong Kong, Macao and Taiwan, in forms of exclusive investment, joint investment, contracted operation and cooperative development,.

Security Investment refers to the issue of stocks and securities by China in foreign countries or in Hong Kong, Macao and Taiwan, and the purchase by Chinese units of stocks and securities issued in foreign countries or in Hong Kong, Macao and Taiwan.

Other Investment refers to all external transactions on financial assets and liabilities other than direct investment and security investment, including trade credits, loans, currency, deposits and other assets, provided by foreign countries to China and by China to foreign countries.

Reserve Assets, Net Increase refers to the difference between the end of the reference year and the end of the previous year, in gold reserve, foreign exchange reserve, special drawing rights in the International Monetary Fund, and the use of the Fund's credits. An increase in reserve assets is expressed in a negative figure and a decrease in the reserve assets is expressed in a positive figure.

人口
Population

● 资料整理：孟凡玲

简要说明

一、主要内容

本篇包括历年人口及自然变动资料，城镇化资料、人口结构主要分类资料，历次人口普查主要指标。

二、资料来源

1971-1981年、1983-1989年、2000年和2010年总人口数是根据1982年、1990年、2000年和2010年人口普查数据调整推算的；1990-1999、2001-2009年数据是人口变动抽样调查调整数；市镇、乡村人口1953、1964、1982、1990、1995、2000、2005、2010年数据是根据当年人口普查（或抽样调查）数据调整推算的，普查年度之间年份是根据两次普查间平均每年增幅调整的；2004年后非普查年份是根据当年人口与城镇化抽样调查推算的。由河南省统计局人口与就业处编辑整理。

三、统计调查方法

在逢“0”的年份进行全国人口普查；在逢“5”的年份进行全国1%人口抽样调查；其余年份进行全国人口变动情况抽样调查。人口抽样调查是以全国为总体，各省为次总体，采用分层、多阶段、整群概率比例抽样方法抽取样本。

Brief Introduction

I. Main Contents

This chapter include the size of Henan population and natural change, urban proportion, classification of the population structure, data of All previous National Population Census.

II. Sources of Data

Figures for 1971-1981, 1983-1989, 2000,2010 have been adjusted on the basis of the 1982, 1990, 2000,2010 National Population Census. Figures for 1990-1999, 2001-2009 are estimated from the National Sample Survey on Population Changes. Figures of Urban and rural population in 1953,1964,1982,1990,1995,2000,2005,2010 are adjusted on the basis of the current year National Population Census or National Sample Survey, Figures for the years between National Population Census are adjusted on the basis of the growth rate of two National Population Census. Data in 2004,2006-2009 were calculated on the basis of the Spot Check of population and Urbanization. Tables in this part are compiled by the Department of Population and Employment Statistics of the Henan provincial Bureau of Statistics.

III. Sampling Methodology

The national population census is conducted in the year ending with 0; the national 1 percent population sample survey is conducted in the year ending with 5; sample surveys on population changes are conducted in the rest of the years which cover about 1 per thousand of the total population of the country. The sample survey on population change takes the whole nation as the population and each province, autonomous region or municipality as sub-populations, and the stratified multi-stage systematic PPS cluster sampling scheme is used.

4-1 历年总人口(年底数)

Total Population over the Years(Year-end)

单位:万人 (10 000 persons)

年份 Year	总人口数 Total Population	按性别分 By Sex 男 Male	女 Female	性别比(女=100) Sex Ratio (Female=100)	按城乡分 By Residence 城镇 Urban	乡村 Rural	城镇化率(%) Urban Proportion (%)	人口密度(人/平方公里) Population Density (person/sq.km)	常住人口 Residents popolation
1957	4840	2469	2371	104.1	449	4391	9.3	290	
1962	4940	2485	2455	101.2	518	4422	10.5	296	
1965	5240	2648	2592	102.1	585	4655	11.2	314	
1970	6026	3055	2971	102.8	730	5296	12.1	361	
1975	6758	3436	3322	103.4	883	5875	13.1	405	
1978	7067	3599	3468	103.8	963	6104	13.6	423	
1979	7189	3662	3527	103.8	994	6195	13.8	431	
1980	7285	3710	3575	103.8	1021	6264	14.0	436	
1981	7397	3768	3629	103.8	1050	6347	14.2	443	
1982	7519	3835	3684	104.1	1084	6435	14.4	450	
1983	7632	3902	3730	104.6	1111	6521	14.6	457	
1984	7737	3960	3777	104.9	1137	6600	14.7	463	
1985	7847	4022	3825	105.2	1164	6683	14.8	470	
1986	7985	4097	3888	105.4	1196	6789	15.0	478	
1987	8148	4184	3964	105.5	1232	6916	15.1	488	
1988	8317	4272	4045	105.6	1269	7048	15.3	498	
1989	8491	4366	4125	105.9	1308	7183	15.4	508	
1990	8649	4440	4209	105.5	1342	7307	15.5	518	
1991	8763	4501	4262	105.6	1389	7374	15.9	525	
1992	8861	4554	4307	105.7	1434	7427	16.2	531	
1993	8946	4602	4344	105.9	1477	7469	16.5	536	
1994	9027	4643	4384	105.9	1520	7507	16.8	541	
1995	9100	4651	4449	104.5	1564	7536	17.2	545	
1996	9172	4715	4457	105.8	1687	7485	18.4	549	
1997	9243	4751	4492	105.8	1811	7432	19.6	553	
1998	9315	4787	4528	105.7	1937	7378	20.8	558	
1999	9387	4825	4562	105.8	2064	7323	22.0	562	
2000	9488	4895	4593	106.6	2201	7287	23.2	568	
2001	9555	4915	4640	105.9	2334	7221	24.4	572	
2002	9613	4946	4667	105.9	2480	7133	25.8	576	
2003	9667	4980	4687	106.3	2630	7037	27.2	579	
2004	9717	5000	4717	106.0	2809	6908	28.9	582	
2005	9768	5045	4723	106.8	2994	6774	30.7	585	9380
2006	9820	5074	4746	106.9	3189	6631	32.5	588	9392
2007	9869	5100	4769	106.9	3389	6480	34.3	591	9360
2008	9918	5125	4793	106.9	3573	6345	36.0	594	9429
2009	9967	5150	4817	106.9	3758	6209	37.7	597	9487
2010	10437	5407	5030	107.5	4052	6385	38.8	625	9405
2011	10489	5417	5072	106.8	4255	6234	40.6	628	9388

注：2010年以来总人口数为根据2010年人口普查登记的户籍人口推算数据，历史数据未进行调整。(下同)

a) Data of the total population since 2010 is calculated basis on the Registered population of the 2010 National Population Census, historical data have not been adjusted. (the same as following table).

4-2 历年人口自然变动情况

Natural Changes of Population over the Years

单位：万人 (10 000 persons)

年 份 Year	年平均人口数 Average Person Per Year	出生人口数 Number of Birth	出生率(‰) Birth Rate (‰)	死亡人口数 Number of Death	死亡率(‰) Death Rate (‰)	自然增加人口数 Number of Natural Growth	自然增长率(‰) Natural Growth Rate (‰)
1957	4787	161	33.7	56	11.8	105	21.9
1962	4872	183	37.5	39	8.0	144	29.5
1965	5170	187	36.1	44	8.5	143	27.7
1970	5943	211	35.5	45	7.6	166	27.9
1975	6703	158	23.7	51	7.7	107	16.0
1978	7012	154	21.9	44	6.3	110	15.6
1979	7128	153	21.5	45	6.4	108	15.2
1980	7237	145	20.0	46	6.3	99	13.7
1981	7341	151	20.6	48	6.6	103	14.1
1982	7458	153	20.6	46	6.2	107	14.4
1983	7576	154	20.4	48	6.3	106	14.1
1984	7685	145	18.9	48	6.3	97	12.6
1985	7792	157	20.1	48	6.1	109	14.0
1986	7916	187	23.7	51	6.4	136	17.2
1987	8067	212	26.2	51	6.3	161	19.9
1988	8233	214	26.0	48	5.8	166	20.1
1989	8404	223	26.5	48	5.8	175	20.8
1990	8570	214	24.9	56	6.5	158	18.4
1991	8706	172	19.8	58	6.6	114	13.2
1992	8812	159	18.1	61	7.0	98	11.1
1993	8904	141	15.9	56	6.4	85	9.5
1994	8987	138	15.4	57	6.3	81	9.0
1995	9064	130	14.4	57	6.3	73	8.1
1996	9136	130	14.3	58	6.4	72	7.8
1997	9208	129	14.0	58	6.3	71	7.7
1998	9279	131	14.2	59	6.4	72	7.8
1999	9351	132	14.1	60	6.4	72	7.7
2000	9438	123	13.1	56	5.9	67	7.1
2001	9522	126	13.2	59	6.3	67	6.9
2002	9584	119	12.4	61	6.4	58	6.0
2003	9640	116	12.1	62	6.5	54	5.6
2004	9692	113	11.7	63	6.5	50	5.2
2005	9743	112	11.6	61	6.3	51	5.3
2006	9794	113	11.6	61	6.3	52	5.3
2007	9845	111	11.3	62	6.3	49	4.9
2008	9893	113	11.4	64	6.5	49	5.0
2009	9943	113	11.5	64	6.5	49	5.0
2010	10202	117	11.5	67	6.6	50	5.0
2011	10463	121	11.6	69	6.6	52	4.9

4-3 各市户数、人口数（2011年底）

Number of Households and Population by City(End of 2011)

分市数据是根据全省2011年人口与城镇化抽样调查数据推算及公安年报数据。
Data by city were computative on the basis of the 2011 National Sample Surveys Population and annual reports of the Bureau of Public Security.

市(县) City(County)	总户数(万户) Total Number of Households (10 000 households)	总人口数(万人) Total Population (10 000 persons)	常住人口(万人) Residents popolation (10 000 persons)	按性别分 By Sex 男 Male	女 Female	按城乡分 By Residence 城镇 Urban	乡村 Rural	年平均人口数(万人) Average popolation (10 000 persons)	城镇化水平(%) Urban Proportion (%)	年平均常住人口(万人) Average Residents (10 000 persons)
全　省 Total	**3102**	**10489**	**9388**	**4863**	**4525**	**3809**	**5579**	**10463**	**40.6**	**9397**
省辖市 City										
郑州市 Zhengzhou	205	735	886	445	441	574	312	733	64.8	876
开封市 Kaifeng	153	506	466	236	230	176	290	505	37.8	467
洛阳市 Luoyang	206	685	657	330	327	303	354	683	46.1	656
平顶山市 Pingdingshan	155	532	492	253	239	212	280	530	43.1	491
安阳市 Anyang	171	571	515	249	266	209	306	570	40.5	516
鹤壁市 Hebi	49	159	158	81	77	79	79	159	49.8	158
新乡市 Xinxiang	170	593	566	285	281	243	323	592	42.9	569
焦作市 Jiaozuo	100	364	353	178	174	172	181	363	48.8	354
濮阳市 Puyang	109	384	356	179	177	119	237	383	33.4	358
许昌市 Xuchang	144	479	430	223	207	176	254	478	40.9	430
漯河市 Luohe	79	273	255	131	124	104	151	272	40.9	255
三门峡市 Sanmenxia	73	226	224	114	110	103	121	225	46.0	224
南阳市 Nanyang	363	1164	1013	527	486	353	660	1161	34.9	1020
商丘市 Shangqiu	261	890	736	373	363	232	504	888	31.5	736
信阳市 Xinyang	272	851	611	309	302	221	389	849	36.3	610
周口市 Zhoukou	336	1121	895	450	445	282	613	1118	31.5	895
驻马店市 Zhumadian	236	887	709	355	353	223	485	885	31.5	716
济源市 Jiyuan	20	68	68	35	33	35	33	68	51.4	68
省直管县 Province Administrating County										
巩义市 Gongyi	22	81	81	41	40	38	44	81	46.3	81
兰考县 Lankao	26	83	67	34	33	19	48	83	28.0	67
汝州市 Ruzhou	30	106	93	48	45	32	61	105	34.2	93
滑县 Huaxian	41	134	120	59	62	24	96	134	20.0	123
长垣县 Changyuan	25	85	80	37	43	27	53	84	33.8	80
邓州市 Dengzhou	49	174	145	76	69	44	102	173	29.9	146
永城市 Yongcheng	43	151	123	63	61	44	79	151	35.7	124
固始县 Gushi	54	172	102	52	50	31	71	171	30.5	102
鹿邑县 Luyi	36	119	90	44	46	28	62	119	30.9	90
新蔡县 Xincai	28	111	84	41	43	20	64	111	23.7	85

4-4　各市人口出生率、死亡率、自然增长率(2011年底)

Birth Rate, Death Rate, and Natural Growth by City (End of 2011)

市(县)	City(County)	出生人口(万人) Birth (10000 person)	出生率(‰) Birth Rate (‰)	死亡人口(万人) Death (10000 person)	死亡率(‰) Death Rate (‰)	自然增长人口(万人) Natural Growth (10000 person)	自然增长率(‰) Natural Growth Rate (‰)
全　省	**Total**	**120.95**	**11.56**	**69.26**	**6.62**	**51.69**	**4.94**
省辖市	**City**						
郑州市	Zhengzhou	6.86	9.35	2.98	4.06	3.88	5.29
开封市	Kaifeng	5.55	11.00	2.96	5.86	2.59	5.14
洛阳市	Luoyang	7.37	10.80	3.65	5.35	3.72	5.45
平顶山市	Pingdingshan	6.34	11.96	3.24	6.10	3.11	5.86
安阳市	Anyang	5.84	10.25	3.20	5.61	2.64	4.64
鹤壁市	Hebi	1.69	10.61	0.83	5.23	0.86	5.38
新乡市	Xinxiang	6.50	10.98	3.25	5.5	3.24	5.48
焦作市	Jiaozuo	3.66	10.07	1.91	5.27	1.74	4.80
濮阳市	Puyang	4.24	11.07	2.16	5.65	2.07	5.42
许昌市	Xuchang	5.10	10.67	2.69	5.62	2.42	5.05
漯河市	Luohe	2.78	10.21	1.43	5.24	1.35	4.97
三门峡市	Sanmenxia	2.03	9.02	1.09	4.82	0.95	4.20
南阳市	Nanyang	12.56	10.82	7.00	6.03	5.56	4.79
商丘市	Shangqiu	9.42	10.61	4.99	5.62	4.43	4.99
信阳市	Xinyang	9.89	11.65	5.45	6.42	4.44	5.23
周口市	Zhoukou	11.68	10.45	6.55	5.86	5.13	4.59
驻马店市	Zhumadian	9.84	11.11	5.55	6.27	4.28	4.84
济源市	Jiyuan	0.79	11.63	0.39	5.77	0.40	5.86
省直管县	**Province Administrating County**						
巩义市	Gongyi	0.79	9.72	0.44	5.49	0.34	4.23
兰考县	Lankao	0.95	11.48	0.50	6.02	0.45	5.46
汝州市	Ruzhou	1.29	12.23	0.71	6.75	0.58	5.48
滑县	Huaxian	1.50	11.20	0.83	6.21	0.67	4.99
长垣县	Changyuan	0.92	10.88	0.48	5.65	0.44	5.23
邓州市	Dengzhou	1.88	10.87	1.08	6.26	0.80	4.61
永城市	Yongcheng	1.67	11.08	0.94	6.21	0.74	4.87
固始县	Gushi	2.00	11.67	1.09	6.38	0.91	5.29
鹿邑县	Luyi	1.27	10.65	0.73	6.13	0.54	4.52
新蔡县	Xincai	1.11	10.02	0.62	5.61	0.49	4.41

4-5 河南省人口预期寿命

Population life expectancy of Henan

单位：岁 (age)

年龄 Age	1990			2000			2010		
	合计 Total	男 Male	女 Female	合计 Total	男 Male	女 Female	合计 Total	男 Male	女 Female
	70.0	68.1	72.0	72.8	71.0	74.7	74.6	71.8	77.6
1	70.5	68.4	72.8	73.5	71.2	75.9	74.3	71.6	77.4
5	67.1	64.9	69.4	69.7	67.4	72.2	70.5	67.7	73.5
10	62.3	60.1	64.6	64.9	62.6	67.3	65.5	62.8	68.6
15	57.4	55.3	59.7	60.0	57.7	62.4	60.6	57.9	63.6
20	52.7	50.6	54.9	55.2	52.9	57.5	55.7	53.0	58.7
25	48.0	45.9	50.2	50.4	48.2	52.7	50.9	48.3	53.8
30	43.3	41.2	45.5	45.7	43.5	47.9	46.1	43.5	48.9
35	38.6	36.5	40.8	40.9	38.8	43.1	41.3	38.8	44.0
40	33.9	31.9	36.1	36.2	34.2	38.3	36.6	34.2	39.2
45	29.3	27.3	31.4	31.6	29.7	33.6	32.0	29.7	34.4
50	24.9	23.0	26.9	27.1	25.2	29.0	27.5	25.4	29.8
55	20.7	18.9	22.6	22.8	21.0	24.6	23.2	21.3	25.4
60	16.8	15.2	18.4	18.7	17.0	20.3	19.1	17.3	21.1
65	13.4	11.9	14.7	15.0	13.4	16.4	15.4	13.7	17.1
70	10.3	9.1	11.3	11.7	10.3	12.8	12.0	10.6	13.5
75	7.8	6.8	8.5	9.1	7.9	9.9	9.4	8.1	10.6
80	5.5	4.8	6.0	6.9	5.9	7.4	7.2	6.0	8.1
85	3.6	3.2	3.8	5.4	4.6	5.7	5.8	4.8	6.5
90	1.5	1.4	1.6	3.9	3.6	4.0	4.8	3.9	5.3
95	1.3	1.1	1.3	2.8	3.0	2.8			
100	1.1	1.0	1.2	0.5	0.5	0.5			

注：本表数据是根据普查数据计算。

a) Data in this table are calculated basis on National Population Census.

4-6　各市常住人口年龄结构(2011年底)

Composition of Population by Age and City(End of 2011)

全省数据是根据2011年人口变动抽样调查汇总数据推算的，分市数据是根据2011年人口与城镇化抽样调查数据推算(下表同)。
Data of total in this table are estimated from the National Sample Survey of 1‰ population in 2011.Data by City are estimated from the Provincial Sample Survey of Population and Urbanization in 2011 (the next table is the same).

市 City	常住人口数(万人) Total Population (10 000 persons)				占总人口比重 (%) % to Total Population		
		0-14岁 Age 0-14	15-64岁 Age 15-64	65岁及以上 Age 65+	0-14岁 Age 0-14	15-64岁 Age 15-64	65岁及以上 Age 65+
全　省 Total	**9388**	**1985**	**6595**	**808**	**21.1**	**70.2**	**8.6**
省辖市 City							
郑州市 Zhengzhou	886	155	660	70	17.5	74.6	7.9
开封市 Kaifeng	466	96	329	41	20.6	70.7	8.7
洛阳市 Luoyang	657	131	469	57	20.0	71.4	8.7
平顶山市 Pingdingshan	492	96	352	45	19.4	71.5	9.1
安阳市 Anyang	515	113	357	45	21.9	69.4	8.7
鹤壁市 Hebi	158	35	113	11	21.9	71.3	6.8
新乡市 Xinxiang	566	118	401	47	20.9	70.9	8.3
焦作市 Jiaozuo	353	64	261	28	18.1	73.9	8.0
濮阳市 Puyang	356	77	250	28	21.7	70.3	7.9
许昌市 Xuchang	430	85	304	41	19.8	70.8	9.4
漯河市 Luohe	255	44	187	24	17.4	73.3	9.3
三门峡市 Sanmenxia	224	36	169	20	15.9	75.4	8.7
南阳市 Nanyang	1013	220	707	86	21.7	69.8	8.5
商丘市 Shangqiu	736	146	522	68	19.8	71.0	9.2
信阳市 Xinyang	611	135	419	57	22.0	68.6	9.4
周口市 Zhoukou	895	203	612	80	22.6	68.4	9.0
驻马店市 Zhumadian	709	159	479	71	22.4	67.7	10.0
济源市 Jiyuan	68	12	51	5	17.9	75.2	6.9
省直管县 Province Administrating County							
巩义市 Gongyi	81	12	62	7	15.1	76.3	8.6
兰考县 Lankao	67	16	46	6	23.2	68.1	8.7
汝州市 Ruzhou	93	22	65	7	23.2	69.7	7.1
滑县 Huaxian	120	29	79	12	24.5	65.6	9.9
长垣县 Changyuan	80	20	52	8	24.6	65.3	10.1
邓州市 Dengzhou	145	35	99	11	24.4	68.0	7.6
永城市 Yongcheng	123	27	83	13	21.6	67.5	10.9
固始县 Gushi	102	25	66	11	24.4	64.8	10.8
鹿邑县 Luyi	90	21	60	8	23.5	67.1	9.3
新蔡县 Xincai	84	19	55	9	22.9	65.9	11.1

4-7 各市常住人口抚养系数(2011年底)

Dependency Ratio of Population by City (End of 2011)

单位：(%) (%)

市 City	少年儿童系数 Ratio of Children	老年系数 Ratio of the aged	老少比 Ratio of the aged to Children	少年儿童抚养系数 Children Dependency Ratio	老年抚养系数 The Aged Dependency	抚养系数 Dependency Ratio
全　　省 Total	**21.1**	**8.6**	**40.7**	**30.1**	**12.3**	**42.4**
省辖市 City						
郑州市 Zhengzhou	17.5	7.9	45.3	23.5	10.6	34.1
开封市 Kaifeng	20.6	8.7	42.2	29.2	12.3	41.5
洛阳市 Luoyang	20.0	8.7	43.6	28.0	12.2	40.1
平顶山市 Pingdingshan	19.4	9.1	46.6	27.2	12.7	39.9
安阳市 Anyang	21.9	8.7	39.5	31.6	12.5	44.1
鹤壁市 Hebi	21.9	6.8	31.1	30.7	9.6	40.2
新乡市 Xinxiang	20.9	8.3	39.6	29.5	11.7	41.1
焦作市 Jiaozuo	18.1	8.0	44.0	24.5	10.8	35.3
濮阳市 Puyang	21.7	7.9	36.4	30.9	11.3	42.2
许昌市 Xuchang	19.8	9.4	47.7	28.0	13.3	41.3
漯河市 Luohe	17.4	9.3	53.7	23.7	12.7	36.4
三门峡市 Sanmenxia	15.9	8.7	55.0	21.0	11.6	32.6
南阳市 Nanyang	21.7	8.5	39.1	31.1	12.1	43.2
商丘市 Shangqiu	19.8	9.2	46.5	28.0	13.0	40.9
信阳市 Xinyang	22.0	9.4	42.5	32.1	13.7	45.8
周口市 Zhoukou	22.6	9.0	39.7	33.1	13.1	46.3
驻马店市 Zhumadian	22.4	10.0	44.5	33.1	14.7	47.8
济源市 Jiyuan	17.9	6.9	38.3	23.8	9.1	33.0
省直管县 Province Administrating County						
巩义市 Gongyi	15.1	8.6	56.8	19.8	11.3	31.1
兰考县 Lankao	23.2	8.7	37.5	34.1	12.8	46.8
汝州市 Ruzhou	23.2	7.1	30.5	33.3	10.2	43.5
滑县 Huaxian	24.5	9.9	40.2	37.4	15.0	52.4
长垣县 Changyuan	24.6	10.1	41.1	37.7	15.5	53.2
邓州市 Dengzhou	24.4	7.6	31.3	35.8	11.2	47.0
永城市 Yongcheng	21.6	10.9	50.7	31.9	16.2	48.1
固始县 Gushi	24.4	10.8	44.2	37.7	16.7	54.4
鹿邑县 Luyi	23.5	9.3	39.5	35.1	13.9	48.9
新蔡县 Xincai	22.9	11.1	48.5	34.8	16.9	51.7

4-8　分年龄、性别的人口结构(2011年)

Population Construction by Age and Sex (2011)

本表数据为2011年人口变动抽样调查机器汇总样本数据。抽样比为0.5‰。(4-9，4-10表同)
Data in this table are the sumed data obtained from Sample Survey on Population in 2011.The Sampling fraction is 0.5‰. (4-9,4-10 are the same)

年龄	Age	占常住人口比重 (%) percentage to Population(%)	男 Male	女 Female	性别比 (女=100) Sex Ratio (Female=100)
合　计	**Total**	**100.0**	**51.8**	**48.2**	**107.5**
0-4岁	0-4 Age	6.7	3.9	2.8	139.6
5-9岁	5-9 Age	7.3	4.1	3.2	128.9
10-14岁	10-14 Age	6.9	3.9	3.0	128.8
15-19岁	15-19 Age	7.8	4.7	3.1	153.5
20-24岁	20-24 Age	9.3	4.9	4.4	111.9
25-29岁	25-29 Age	6.2	2.8	3.4	84.3
30-34岁	30-34 Age	6.6	3.2	3.4	94.5
35-39岁	35-39 Age	7.7	3.9	3.8	100.9
40-44岁	40-44 Age	8.6	4.3	4.4	97.6
45-49岁	45-49 Age	7.9	3.9	4.0	98.1
50-54岁	50-54 Age	4.6	2.2	2.4	93.4
55-59岁	55-59 Age	6.3	3.2	3.2	99.5
60-64岁	60-64 Age	4.9	2.4	2.5	98.1
65-69岁	65-69 Age	3.3	1.7	1.6	105.1
70-74岁	70-74 Age	2.5	1.3	1.2	104.0
75-79岁	75-79 Age	1.9	0.9	1.0	82.1
80-84岁	80-84 Age	1.0	0.4	0.6	74.3
85-89岁	85-89 Age	0.5	0.2	0.3	66.2
90-94岁	90-94 Age	0.1	0.0	0.1	39.1
95岁及以上	Above 95 Age	0.0	0.0	0.0	33.3

4–9 6岁及6岁以上分年龄、性别、受教育程度的人口结构(2011年)

Population Construction of 6 and over by Age,Sex and Educational Attainment (2011)

单位：% (%)

年龄	Age	6岁及6岁以上人口 6 and over	男 Male	女 Female	未上过学 No-Schooling	男 Male	女 Female	小学 Primary School	男 Male	女 Female	初中 Junion Secondary School	男 Male	女 Female
合 计	**Total**	**100.0**	**100.0**	**100.0**	**5.9**	**3.6**	**8.3**	**26.9**	**25.0**	**28.9**	**44.4**	**44.3**	**44.4**
6-9岁	6-9 Age	100.0	100.0	100.0	4.6	5.2	3.7	94.2	93.4	95.3	1.1	1.3	0.9
10-14岁	10-14 Age	100.0	100.0	100.0	1.5	1.2	1.9	56.0	56.5	55.4	40.7	40.4	41.0
15-19岁	15-19 Age	100.0	100.0	100.0	0.7	0.6	0.9	2.6	2.3	2.9	39.7	33.8	48.8
20-24岁	20-24 Age	100.0	100.0	100.0	0.4	0.4	0.5	3.6	2.8	4.6	53.2	46.2	61.0
25-29岁	25-29 Age	100.0	100.0	100.0	0.7	1.0	0.5	4.9	4.2	5.5	59.4	57.7	60.9
30-34岁	30-34 Age	100.0	100.0	100.0	0.9	1.1	0.6	6.0	5.0	7.0	58.5	56.4	60.5
35-39岁	35-39 Age	100.0	100.0	100.0	0.9	1.0	0.7	9.0	6.7	11.4	64.2	62.7	65.8
40-44岁	40-44 Age	100.0	100.0	100.0	0.9	1.1	0.8	14.3	10.0	18.5	63.3	62.5	64.1
45-49岁	45-49 Age	100.0	100.0	100.0	1.4	0.9	1.9	19.5	12.7	26.2	59.7	62.5	57.0
50-54岁	50-54 Age	100.0	100.0	100.0	4.7	3.0	6.3	29.6	20.3	38.3	45.5	50.5	40.9
55-59岁	55-59 Age	100.0	100.0	100.0	8.1	3.5	12.6	42.8	34.6	51.0	37.3	45.8	28.9
60-64岁	60-64 Age	100.0	100.0	100.0	11.9	6.3	17.4	54.8	48.8	60.6	26.4	35.4	17.6
65岁及以上	Above 65 Age	100.0	100.0	100.0	35.2	20.4	48.8	43.0	47.3	39.0	15.2	22.4	8.5

年龄	Age	高中 Senior Secondary School	男 Male	女 Female	大学专科 College	男 Male	女 Female	大学本科 University	男 Male	女 Female	研究生 Graduate	男 Male	女 Female
合 计	**Total**	**15.3**	**18.0**	**12.5**	**5.9**	**7.4**	**4.3**	**1.5**	**1.5**	**1.4**	**0.1**	**0.1**	**0.2**
6-9岁	6-9 Age	0.1	0.1	0.1									
10-14岁	10-14 Age	1.6	1.7	1.5	0.1	0.1	0.1	0.1	0.1	0.1			
15-19岁	15-19 Age	51.1	55.6	44.2	5.4	7.3	2.6	0.4	0.4	0.6			
20-24岁	20-24 Age	21.4	22.2	20.5	19.2	26.8	10.7	2.0	1.5	2.5	0.1	0.1	0.1
25-29岁	25-29 Age	19.2	21.4	17.4	11.5	11.7	11.4	3.9	3.5	4.2	0.4	0.4	0.3
30-34岁	30-34 Age	19.4	21.2	17.7	10.7	11.9	9.5	3.8	3.9	3.8	0.7	0.5	0.8
35-39岁	35-39 Age	15.8	18.1	13.4	7.2	8.7	5.7	2.6	2.7	2.6	0.3	0.2	0.4
40-44岁	40-44 Age	14.1	17.3	11.1	5.1	6.1	4.2	2.0	2.9	1.2	0.2	0.2	0.1
45-49岁	45-49 Age	14.8	18.4	11.3	3.1	3.7	2.4	1.3	1.5	1.1	0.2	0.3	0.1
50-54岁	50-54 Age	15.2	20.2	10.5	3.7	4.2	3.3	1.1	1.8	0.6	0.1	0.2	0.1
55-59岁	55-59 Age	8.7	11.3	6.1	2.6	3.9	1.3	0.5	0.8	0.1	0.0	0.1	
60-64岁	60-64 Age	5.1	7.0	3.3	1.4	2.0	0.8	0.4	0.5	0.3			
65岁及以上	Above 65 Age	4.5	6.8	2.4	1.5	2.2	0.9	0.6	0.8	0.4			

4-10 15岁及以上分年龄、性别、婚姻状况的人口结构（2011年）
Population Construction of 15 and over by Age, Sex and Marital Status (2011)

单位：% (%)

年龄	Age	15岁及15岁以上人口 15 and over	男 Male	女 Female	未婚 Never married	男 Male	女 Female	初婚有配偶 First Married	男 Male	女 Female
合 计	**Total**	**100.0**	**100.0**	**100.0**	**21.4**	**25.9**	**16.8**	**70.9**	**68.1**	**73.7**
15-19岁	15-19 Age	100.0	100.0	100.0	98.2	98.7	97.5	1.6	1.1	2.3
20-24岁	20-24 Age	100.0	100.0	100.0	70.7	78.2	62.3	29.0	21.5	37.4
25-29岁	25-29 Age	100.0	100.0	100.0	23.7	28.4	19.8	74.7	69.9	78.7
30-34岁	30-34 Age	100.0	100.0	100.0	5.6	7.9	3.4	92.0	89.5	94.3
35-39岁	35-39 Age	100.0	100.0	100.0	2.7	4.5	0.9	94.1	92.0	96.3
40-44岁	40-44 Age	100.0	100.0	100.0	2.0	3.4	0.6	93.7	92.3	95.1
45-49岁	45-49 Age	100.0	100.0	100.0	1.6	3.0	0.3	93.7	92.6	94.8
50-54岁	50-54 Age	100.0	100.0	100.0	1.4	2.9		93.1	92.7	93.5
55-59岁	55-59 Age	100.0	100.0	100.0	1.4	2.8	0.1	90.1	89.6	90.6
60-64岁	60-64 Age	100.0	100.0	100.0	1.5	3.0		84.7	85.8	83.6
65岁及以上	Above 65 Age	100.0	100.0	100.0	1.5	3.2	0.0	61.8	70.8	53.4

年龄	Age	再婚有配偶 Re-married	男 Male	女 Female	离婚 Divorced	男 Male	女 Female	丧偶 Widowed	男 Male	女 Female
合 计	**Total**	**1.1**	**1.0**	**1.3**	**0.8**	**0.9**	**0.6**	**5.9**	**4.1**	**7.7**
15-19岁	15-19 Age	0.1	0.1	0.1	0.1	0.1	0.1			
20-24岁	20-24 Age	0.1	0.0	0.1	0.1	0.1	0.1	0.1	0.1	0.0
25-29岁	25-29 Age	0.6	0.6	0.7	0.7	0.8	0.7	0.2	0.3	0.1
30-34岁	30-34 Age	1.0	0.8	1.2	1.2	1.6	0.8	0.2	0.2	0.3
35-39岁	35-39 Age	1.3	1.1	1.5	1.5	1.9	1.1	0.3	0.4	0.2
40-44岁	40-44 Age	1.7	1.5	1.9	1.2	1.3	1.1	1.4	1.4	1.3
45-49岁	45-49 Age	1.5	1.5	1.6	1.2	1.3	1.0	1.9	1.7	2.2
50-54岁	50-54 Age	1.4	1.3	1.6	1.0	1.1	0.8	3.1	2.1	4.1
55-59岁	55-59 Age	1.7	1.5	1.8	0.7	1.1	0.3	6.1	5.0	7.2
60-64岁	60-64 Age	1.4	1.3	1.5	0.8	0.8	0.7	11.7	9.2	14.2
65岁及以上	Above 65 Age	1.7	1.6	1.8	0.4	0.6	0.3	34.6	23.8	44.5

4-11 育龄妇女分年龄、孩次的生育状况(2011年)

Age-specific Fertility Rate of Childbearing Women by Age of Mother and Birth Order(2011)

本表是2011年人口变动情况抽样调查样本数据，抽样比为0.5‰。
Data in this table are botained from the 2011 Sample Survey on Population Changes.The sampling fraction is 0.5‰.

年 龄	平均育龄妇女人数(人) Average Number of Childbearing Women(person)	出生人数(人) Births (person)	一孩 1st Birth	二孩 2ed Birth	三孩及以上 3rd Birth and Above	生育率(‰) Fertility Rate (‰)	一孩 1st Birth	二孩 2ed Birth	三孩及以上 3rd Birth and Above
总计 Total	**12085**	**338**	**204**	**115**	**19**	**27.97**	**16.88**	**9.52**	**1.57**
15-19	**1403**	**4**	**4**			**2.85**	**2.85**		
15	270								
16	285								
17	297	2	2			6.73	6.73		
18	275								
19	276	2	2			7.25	7.25		
20-24	**2012**	**146**	**121**	**25**		**72.56**	**60.14**	**12.43**	
20	292	12	9	3		41.10	30.82	10.27	
21	467	20	19	1		42.83	40.69	2.14	
22	412	27	24	3		65.53	58.25	7.28	
23	416	46	33	13		110.58	79.33	31.25	
24	425	41	36	5		96.47	84.71	11.76	
25-29	**1538**	**94**	**54**	**38**	**2**	**61.12**	**35.11**	**24.71**	**1.30**
25	385	26	17	9		67.53	44.16	23.38	
26	276	18	14	4		65.22	50.72	14.49	
27	271	12	8	4		44.28	29.52	14.76	
28	292	20	7	11	2	68.49	23.97	37.67	6.85
29	314	18	8	10		57.32	25.48	31.85	
30-34	**1551**	**62**	**22**	**33**	**7**	**39.97**	**14.18**	**21.28**	**4.51**
30	304	19	9	9	1	62.50	29.61	29.61	3.29
31	324	17	5	10	2	52.47	15.43	30.86	6.17
32	301	5	3	1	1	16.61	9.97	3.32	3.32
33	338	14	5	7	2	41.42	14.79	20.71	5.92
34	284	7		6	1	24.65		21.13	3.52
35-39	**1750**	**21**	**2**	**13**	**6**	**12.00**	**1.14**	**7.43**	**3.43**
35	321	4	1	3		12.46	3.12	9.35	
36	323	3		1	2	9.29		3.10	6.19
37	319	6	1	4	1	18.81	3.13	12.54	3.13
38	385	4		4		10.39		10.39	
39	402	4		1	3	9.95		2.49	7.46
40-44	**2007**	**9**	**1**	**4**	**4**	**4.48**	**0.50**	**1.99**	**1.99**
40	395	3	1		2	7.59	2.53		5.06
41	458	2		2		4.37		4.37	
42	378	1		1		2.65		2.65	
43	396	2		1	1	5.05		2.53	2.53
44	380	1			1	2.63			2.63
45-49	**1824**	**2**		**2**		**1.10**		**1.10**	
45	375								
46	363	1		1		2.75		2.75	
47	364								
48	423								
49	299	1		1		3.34		3.34	

4-12 六次人口普查主要指标

Main Indicators on National Population Censuses in 1953,1964,1982,1990, 2000and 2010

单位：万人 (10 000 persons)

项 目	Item	1953	1964	1982	1990	2000	2010
全省总人口	**Total Population**	**4378.50**	**5032.60**	**7442.30**	**8553.40**	**9255.80**	**9402.99**
按性别分的人口	**Population By Sex**						
男 性	Male	2231.50	2549.10	3795.00	4380.30	4775.30	4749.30
女 性	Female	2147.00	2483.50	3647.30	4173.10	4480.50	4653.70
按年龄分的人口	**Population By Age**						
0岁-6岁	Age 0-6	913.90	920.30	1026.60	1268.50	765.10	981.30
7岁-12岁	Age 7-12	510.90	846.40	1165.10	943.10	1211.20	759.90
育龄妇女(15-49岁)	Women at Childbearing Age (Age 15-49)	1017.00	1108.70	1780.60	2278.60	2495.70	2623.20
劳动年龄人口	Population within Working Age						
(男16-59 女16-54)	(Male Age 16-59 and Female Age 16-54)	2289.70	2482.00	3927.40	4985.00	5600.90	5818.90
男60岁女55岁以上人口	Males Aged 60 and Females Aged 55 and Over	457.70	448.50	738.70	898.50	1105.00	1482.50
按民族分的人口	**Population By Nationality**						
汉 族	Han Nationality	4337.90	4980.90	7362.30	8452.50	9143.30	9290.80
各少数民族	Minority Nationality	40.60	51.70	80.00	100.90	112.50	112.20
按城乡分的人口	**Population By Residence**						
城镇总人口	Urban Population	310.60	551.70	1172.50	1302.90	2144.70	3622.00
乡村总人口	Rural Population	4067.90	4480.90	6269.80	7250.50	7111.10	5781.00
按文化程度分的人口	**Population By Educational Level**						
#大学和相当于大学	University		9.30	24.50	72.60	247.50	601.60
高中	Senior Secondary School		44.00	470.10	606.10	928.40	1242.30
初中	Junior Secondary School		208.50	1427.00	2269.80	3646.00	3992.50
小学	Primary School		1229.60	2321.80	2971.90	3072.60	2266.90
文盲和半文盲(12周岁以上)	Illiterate and Semi-literate(Age 12 and Over)		2146.80	2015.00	1395.80	543.20	399.20

注：1.第五次人口普查数据为快速汇总数据，其中文盲和半文盲人口是指15岁及以上。
2.第五次人口普查总人口指根据《第五次人口普查办法》规定的常住人口。
3.第六次人口普查数据为常驻人口，其中文盲和半文盲人口是指15岁及以上。

a) Data of the fifth Population Census were fast collected results, Illiterate and Semi-literate were age 15 and over.
b) Total Population of the fifth Population Census refers to Population of resident according with 《Way of the fifth National Population Census》.
c) Data of the sixth Population Census is residents popolation, Illiterate and Semi-literate were age 15 and over.

4-13 各市户数、人口数和性别比

Number of Households, Population and Sex Ratio by City

市 City	户数(万户)10 000 Households			人口数(万人)Population(10 000 persons)				平均家庭户规模(人/户) Household size (people/household)
	合计 Total	家庭户 Family household	集体户 Non-Family household	合计 Total	男 Male	女 Female	性别比 Sex Ratio	
全　省 Total	**2640.50**	**2592.87**	**47.62**	**9402.99**	**4749.31**	**4653.69**	**102.05**	**3.47**
郑　州　市 Zhengzhou	260.66	243.67	17.00	862.71	442.23	420.48	105.17	3.15
开　封　市 Kaifeng	125.88	124.10	1.78	467.65	237.08	230.57	102.82	3.64
洛　阳　市 Luoyang	184.35	180.63	3.72	654.99	330.66	324.34	101.95	3.48
平顶山市 Pingdingshan	135.30	133.60	1.70	490.47	252.31	238.16	105.95	3.53
安　阳　市 Anyang	150.36	148.65	1.71	517.32	250.29	267.03	93.73	3.39
鹤　壁　市 Hebi	40.49	40.12	0.37	156.92	80.43	76.49	105.14	3.84
新　乡　市 Xinxiang	145.16	143.52	1.64	570.82	287.35	283.47	101.37	3.85
焦　作　市 Jiaozuo	88.59	87.33	1.26	354.01	179.63	174.38	103.01	3.89
濮　阳　市 Puyang	95.87	95.22	0.64	359.87	179.63	180.25	99.66	3.70
许　昌　市 Xuchang	117.55	115.60	1.94	430.75	220.66	210.09	105.04	3.52
漯　河　市 Luohe	67.45	66.21	1.24	254.43	129.97	124.46	104.43	3.63
三门峡市 Sanmenxia	64.35	62.96	1.39	223.40	114.84	108.56	105.79	3.34
南　阳　市 Nanyang	279.73	274.80	4.93	1026.37	528.07	498.29	105.98	3.57
商　丘　市 Shangqiu	221.79	219.88	1.91	736.30	368.39	367.91	100.13	3.28
信　阳　市 Xinyang	184.14	182.59	1.54	610.91	306.62	304.29	100.77	3.25
周　口　市 Zhoukou	252.99	250.55	2.44	895.38	442.57	452.81	97.74	3.48
驻马店市 Zhumadian	207.62	205.69	1.93	723.12	364.14	358.99	101.43	3.36
济　源　市 Jiyuan	18.24	17.75	0.48	67.58	34.44	33.14	103.92	3.61

注：本表数据为2010年第六次人口普查汇总数据。(14~21表同)

a)、Data in this table was calculated from The Sixth National Population Census.(the same as 14~21)

4-14　各市家庭户规模

单位：户

市 City	家庭户户数 Family Households	一人户 One person 户数 Households	一人户 比重(%) Proportion (%)	二人户 Two persons 户数 Households	二人户 比重(%) Proportion (%)	三人户 Three Persons 户数 Households	三人户 比重(%) Proportion (%)	四人户 Four Persons 户数 Households	四人户 比重(%) Proportion (%)
全　　省 Total	**25928729**	**2643470**	**10.2**	**4971716**	**19.2**	**6092683**	**23.5**	**6142375**	**23.7**
郑　州　市 Zhengzhou	2436665	403807	16.6	481911	19.8	638210	26.2	476043	19.5
开　封　市 Kaifeng	1241002	113260	9.1	222506	17.9	267820	21.6	305253	24.6
洛　阳　市 Luoyang	1806277	175196	9.7	334455	18.5	448974	24.9	422174	23.4
平 顶 山 市 Pingdingshan	1336013	127879	9.6	226292	16.9	337363	25.3	322861	24.2
安　阳　市 Anyang	1486536	153548	10.3	292723	19.7	377668	25.4	354843	23.9
鹤　壁　市 Hebi	401216	25201	6.3	55914	13.9	89179	22.2	109287	27.2
新　乡　市 Xinxiang	1435177	96772	6.7	211057	14.7	302480	21.1	375533	26.2
焦　作　市 Jiaozuo	873312	49165	5.6	119253	13.7	201895	23.1	223624	25.6
濮　阳　市 Puyang	952240	72405	7.6	166344	17.5	212521	22.3	238277	25.0
许　昌　市 Xuchang	1156026	102402	8.9	214262	18.5	274439	23.7	282453	24.4
漯　河　市 Luohe	662051	53795	8.1	106554	16.1	159704	24.1	162595	24.6
三 门 峡 市 Sanmenxia	629601	63899	10.2	115563	18.4	181154	28.8	149023	23.7
南　阳　市 Nanyang	2747972	266131	9.7	485285	17.7	625293	22.8	671864	24.5
商　丘　市 Shangqiu	2198804	243157	11.1	533076	24.2	479505	21.8	522727	23.8
信　阳　市 Xinyang	1825919	227959	12.5	428367	23.5	419905	23.0	394919	21.6
周　口　市 Zhoukou	2505505	231873	9.3	520147	20.8	541359	21.6	615787	24.6
驻 马 店 市 Zhumadian	2056880	225029	10.9	429958	20.9	489066	23.8	468280	22.8
济　源　市 Jiyuan	177533	11992	6.8	28049	15.8	46148	26.0	46832	26.4

Family Household by scale and City

(household)

五人户 Five Persons		六人户 Six Persons		七人户 Seven Persons		八人户 Eight Persons		九人户 Nine Persons		十人及以上户 Ten Persons and Over	
户数 Households	比重(%) Proportion (%)	户数 Households	比重(%) Proportion (%)	户数 Households	比重(%) Proportion (%)	户数 Households	比重(%) Proportion (%)	户数 Households	比重(%) Proportion (%)	户数 Households	比重(%) Proportion (%)
3437022	**13.3**	**1712777**	**6.6**	**584531**	**2.3**	**196633**	**0.8**	**80190**	**0.3**	**67332**	**0.3**
244837	10.1	126738	5.2	41442	1.7	14192	0.6	5550	0.2	3935	0.2
178176	14.4	93340	7.5	34975	2.8	12225	1.0	5546	0.5	7901	0.6
244869	13.6	115855	6.4	42593	2.4	13212	0.7	5111	0.3	3838	0.2
180398	13.5	89982	6.7	32384	2.4	10897	0.8	4509	0.3	3448	0.3
174836	11.8	89734	6.0	27151	1.8	8863	0.6	3515	0.2	3655	0.3
62667	15.6	38922	9.7	13447	3.4	4077	1.0	1476	0.4	1046	0.3
228385	15.9	142629	9.9	50582	3.5	16089	1.1	6313	0.4	5337	0.4
141120	16.2	91108	10.4	30021	3.4	9942	1.1	4262	0.5	2922	0.3
136448	14.3	75381	7.9	30573	3.2	11123	1.2	5085	0.5	4083	0.4
160337	13.9	87713	7.6	23993	2.1	6561	0.6	2366	0.2	1500	0.1
106689	16.1	50078	7.6	14743	2.2	4608	0.7	1958	0.3	1327	0.2
73281	11.6	32713	5.2	9308	1.5	2848	0.5	1147	0.2	665	0.1
394785	14.4	188069	6.8	66969	2.4	26443	1.0	12171	0.4	10962	0.4
257486	11.7	100707	4.6	37613	1.7	13913	0.6	5739	0.3	4881	0.2
208273	11.4	95366	5.2	31833	1.7	11120	0.6	4535	0.3	3642	0.2
348074	13.9	160347	6.4	57458	2.3	18430	0.7	6755	0.3	5275	0.2
269329	13.1	121124	5.9	36132	1.8	11304	0.6	3877	0.2	2781	0.1
27032	15.2	12971	7.3	3314	1.9	786	0.4	275	0.2	134	0.1

4-15 各市家庭户类别

单位：户

地区	家庭户 户数 Family Households	一代户 One Generation 户数 Households	比重 (%) Proportion (%)	二代户 Two Generation 户数 Households	比重 Proportion (%)
全 省 Total	**25928729**	**6523188**	**25.2**	**13551628**	**52.3**
郑 州 市 Zhengzhou	2436665	807827	33.2	1183904	48.6
开 封 市 Kaifeng	1241002	287880	23.2	655332	52.8
洛 阳 市 Luoyang	1806277	430720	23.9	995818	55.1
平 顶 山 市 Pingdingshan	1336013	298591	22.4	727705	54.5
安 阳 市 Anyang	1486536	352951	23.7	787060	53.0
鹤 壁 市 Hebi	401216	69020	17.2	220940	55.1
新 乡 市 Xinxiang	1435177	254025	17.7	749104	52.2
焦 作 市 Jiaozuo	873312	139619	16.0	454059	52.0
濮 阳 市 Puyang	952240	205468	21.6	512471	53.8
许 昌 市 Xuchang	1156026	273436	23.7	585931	50.7
漯 河 市 Luohe	662051	136243	20.6	341721	51.6
三 门 峡 市 Sanmenxia	629601	148145	23.5	355038	56.4
南 阳 市 Nanyang	2747972	625773	22.8	1428065	52.0
商 丘 市 Shangqiu	2198804	687771	31.3	1196526	54.4
信 阳 市 Xinyang	1825919	571740	31.3	902043	49.4
周 口 市 Zhoukou	2505505	649692	25.9	1321855	52.8
驻 马 店 市 Zhumadian	2056880	550812	26.8	1035496	50.3
济 源 市 Jiyuan	177533	33475	18.9	98560	55.5

Family Household by Category and City

(household)

三代户 Three Generation		四代户 Four Generation		五代及以上户 Five Generation and over	
户数 Households	比重 Proportion (%)	户数 Households	比重 Proportion (%)	户数 Households	比重 Proportion (%)
5609674	**21.6**	**243967**	**0.9**	**272**	
428713	17.6	16198	0.7	23	
283442	22.8	14331	1.2	17	
368251	20.4	11481	0.6	7	
299041	22.4	10669	0.8	7	
332221	22.4	14278	1.0	26	
106172	26.5	5075	1.3	9	
411640	28.7	20379	1.4	29	
267561	30.6	12066	1.4	7	
222442	23.4	11841	1.2	18	
282343	24.4	14306	1.2	10	
175825	26.6	8253	1.3	9	
122411	19.4	4006	0.6	1	
666671	24.3	27439	1.0	24	
301366	13.7	13122	0.6	19	
340142	18.6	11985	0.7	9	
509578	20.3	24369	1.0	11	
448080	21.8	22450	1.1	42	
43775	24.7	1719	1.0	4	

4-16 各市分性别的农业户口、非农业户口人口

Agricultural and Non-agricultural registered permanent residence by Sexy and City

单位：万人 (10 000 persons)

市 City	合计 Total	男 Male	女 Female	农业户口 Agricultural registered permanent residence 合计 Total	男 Male	女 Female
全省 Total	**9316.27**	**4706.77**	**4609.50**	**7466.43**	**3748.34**	**3718.09**
郑州市 Zhengzhou	857.19	439.36	417.83	569.20	293.95	275.25
开封市 Kaifeng	465.87	236.25	229.62	386.32	195.80	190.52
洛阳市 Luoyang	648.13	327.14	320.99	483.11	241.55	241.56
平顶山市 Pingdingshan	484.15	249.27	234.87	373.04	190.27	182.77
安阳市 Anyang	505.12	244.12	261.00	398.54	188.93	209.61
鹤壁市 Hebi	153.90	78.91	75.00	105.40	53.66	51.75
新乡市 Xinxiang	566.17	285.08	281.09	468.55	234.70	233.85
焦作市 Jiaozuo	350.12	177.72	172.39	255.66	127.84	127.82
濮阳市 Puyang	356.40	177.98	178.42	298.90	148.04	150.86
许昌市 Xuchang	427.82	219.24	208.58	320.81	163.87	156.94
漯河市 Luohe	253.72	129.65	124.07	197.28	99.99	97.29
三门峡市 Sanmenxia	221.42	113.77	107.65	157.19	80.07	77.12
南阳市 Nanyang	1016.49	523.41	493.08	872.73	447.78	424.95
商丘市 Shangqiu	731.67	366.07	365.60	627.35	311.79	315.56
信阳市 Xinyang	603.08	302.88	300.20	498.17	249.26	248.91
周口市 Zhoukou	888.91	439.46	449.45	794.75	390.57	404.18
驻马店市 Zhumadian	719.04	362.27	356.77	612.89	306.77	306.13
济源市 Jiyuan	67.07	34.19	32.89	46.54	23.51	23.03

市 City	非农业户口人口 Non-agricultural registered permanent residence 合计 Total	男 Male	女 Female	非农业户口人口占总人口比重(%) Non-agricultural registeredproportion of the total population(%) 合计 Total	男 Male	女 Female
全省 Total	**1849.84**	**958.43**	**891.41**	**19.9**	**20.4**	**19.3**
郑州市 Zhengzhou	287.99	145.41	142.58	33.6	33.1	34.1
开封市 Kaifeng	79.55	40.45	39.10	17.1	17.1	17.0
洛阳市 Luoyang	165.02	85.60	79.43	25.5	26.2	24.7
平顶山市 Pingdingshan	111.11	59.00	52.11	23.0	23.7	22.2
安阳市 Anyang	106.58	55.19	51.39	21.1	22.6	19.7
鹤壁市 Hebi	48.50	25.25	23.25	31.5	32.0	31.0
新乡市 Xinxiang	97.62	50.38	47.24	17.2	17.7	16.8
焦作市 Jiaozuo	94.46	49.88	44.58	27.0	28.1	25.9
濮阳市 Puyang	57.50	29.94	27.55	16.1	16.8	15.4
许昌市 Xuchang	107.01	55.37	51.64	25.0	25.3	24.8
漯河市 Luohe	56.44	29.66	26.78	22.3	22.9	21.6
三门峡市 Sanmenxia	64.23	33.71	30.52	29.0	29.6	28.4
南阳市 Nanyang	143.77	75.63	68.13	14.1	14.5	13.8
商丘市 Shangqiu	104.32	54.27	50.05	14.3	14.8	13.7
信阳市 Xinyang	104.91	53.61	51.30	17.4	17.7	17.1
周口市 Zhoukou	94.16	48.90	45.26	10.6	11.1	10.1
驻马店市 Zhumadian	106.15	55.50	50.65	14.8	15.3	14.2
济源市 Jiyuan	20.53	10.67	9.86	30.6	31.2	30.0

4-17 各市分性别、民族的人口

Population By Nationality ,Sexy and City

单位：万人 (10 000 person)

市 City	合计 Total	男 Male	女 Female	汉族 The Han Nationality	男 Male	女 Female	各少数民族 National Minority	男 Male	女 Female
全省 Total	**9402.99**	**4749.31**	**4653.69**	**9290.84**	**4692.43**	**4598.41**	**112.16**	**56.88**	**55.28**
郑州市 Zhengzhou	862.71	442.23	420.48	848.17	435.10	413.07	14.54	7.13	7.41
开封市 Kaifeng	467.65	237.08	230.57	460.29	233.47	226.82	7.36	3.61	3.75
洛阳市 Luoyang	654.99	330.66	324.34	648.34	327.29	321.05	6.65	3.36	3.29
平顶山市 Pingdingshan	490.47	252.31	238.16	483.72	248.88	234.84	6.75	3.43	3.31
安阳市 Anyang	517.32	250.29	267.03	516.75	250.04	266.71	0.57	0.25	0.32
鹤壁市 Hebi	156.92	80.43	76.49	156.76	80.36	76.41	0.16	0.07	0.09
新乡市 Xinxiang	570.82	287.35	283.47	566.05	284.96	281.09	4.77	2.39	2.38
焦作市 Jiaozuo	354.01	179.63	174.38	346.81	176.01	170.80	7.20	3.62	3.58
濮阳市 Puyang	359.87	179.63	180.25	359.11	179.26	179.84	0.77	0.36	0.40
许昌市 Xuchang	430.75	220.66	210.09	424.85	217.69	207.16	5.90	2.97	2.93
漯河市 Luohe	254.43	129.97	124.46	251.93	128.73	123.20	2.50	1.24	1.26
三门峡市 Sanmenxia	223.40	114.84	108.56	222.35	114.31	108.04	1.06	0.53	0.52
南阳市 Nanyang	1026.37	528.07	498.29	1006.29	517.05	489.25	20.07	11.03	9.05
商丘市 Shangqiu	736.30	368.39	367.91	724.48	362.48	362.00	11.82	5.91	5.91
信阳市 Xinyang	610.91	306.62	304.29	608.19	305.31	302.88	2.72	1.32	1.40
周口市 Zhoukou	895.38	442.57	452.81	882.49	436.14	446.34	12.89	6.42	6.47
驻马店市 Zhumadian	723.12	364.14	358.99	717.55	361.36	356.19	5.57	2.78	2.79
济源市 Jiyuan	67.58	34.44	33.14	66.72	34.00	32.72	0.86	0.43	0.42

4-18　各市人口年龄构成和抚养比

Proportion and Dependency Ratio of Population by City

单位：万人　　(10 000 person)

市 City	合计 Total	0-14岁 0-14	15-59岁 15-19	60岁及以上 Over 60	占总人口比重(%) proportion(%)	0-14岁 0-14	15-59岁 15-19	60岁及以上 Over 60	抚养比(%) Dependency Ratio(%)	少儿抚养比 Children Dependency	老年抚养比 The Aged Dependency
全　省 Total	**9402.99**	**1974.73**	**6231.44**	**1196.82**	**100.0**	**21.0**	**66.3**	**12.7**	**50.9**	**31.7**	**19.2**
郑　州　市 Zhengzhou	862.71	138.01	632.63	92.07	100.0	16.0	73.3	10.7	36.4	21.8	14.6
开　封　市 Kaifeng	467.65	99.97	308.65	59.03	100.0	21.4	66.0	12.6	51.5	32.4	19.1
洛　阳　市 Luoyang	654.99	131.31	443.46	80.22	100.0	20.1	67.7	12.3	47.7	29.6	18.1
平顶山市 Pingdingshan	490.47	99.25	327.52	63.70	100.0	20.2	66.8	13.0	49.8	30.3	19.5
安　阳　市 Anyang	517.32	113.07	341.10	63.15	100.0	21.9	65.9	12.2	51.7	33.2	18.5
鹤　壁　市 Hebi	156.92	35.30	104.89	16.73	100.0	22.5	66.8	10.7	49.6	33.7	16.0
新　乡　市 Xinxiang	570.82	119.80	381.80	69.22	100.0	21.0	66.9	12.1	49.5	31.4	18.1
焦　作　市 Jiaozuo	354.01	66.77	246.63	40.61	100.0	18.9	69.7	11.5	43.5	27.1	16.5
濮　阳　市 Puyang	359.87	79.97	236.02	43.88	100.0	22.2	65.6	12.2	52.5	33.9	18.6
许　昌　市 Xuchang	430.75	84.88	287.33	58.53	100.0	19.7	66.7	13.6	49.9	29.5	20.4
漯　河　市 Luohe	254.43	45.51	173.18	35.74	100.0	17.9	68.1	14.1	46.9	26.3	20.6
三门峡市 Sanmenxia	223.40	34.89	160.72	27.80	100.0	15.6	71.9	12.4	39.0	21.7	17.3
南　阳　市 Nanyang	1026.37	234.92	659.69	131.75	100.0	22.9	64.3	12.8	55.6	35.6	20.0
商　丘　市 Shangqiu	736.30	157.14	482.18	96.98	100.0	21.3	65.5	13.2	52.7	32.6	20.1
信　阳　市 Xinyang	610.91	143.64	378.23	89.04	100.0	23.5	61.9	14.6	61.5	38.0	23.5
周　口　市 Zhoukou	895.38	213.48	563.14	118.76	100.0	23.8	62.9	13.3	59.0	37.9	21.1
驻马店市 Zhumadian	723.12	165.20	455.92	102.01	100.0	22.9	63.1	14.1	58.6	36.2	22.4
济　源　市 Jiyuan	67.58	11.62	48.34	7.61	100.0	17.2	71.5	11.3	39.8	24.1	15.7

4-19 各市分性别、受教育程度的6岁及以上人口

Population over 6 By Sexy, Educational Level and City

单位：万人 (10 000 person)

市 City	6岁及以上人口 Over 6 years old 合计 Total	男 Male	女 Female	未上过学 Illiterate 小计 Total	男 Male	女 Female	小学 Primary School 小计 Total	男 Male	女 Female	初中 Junior Secondary School 小计 Total	男 Male	女 Female
全省 Total	**8556.36**	**4277.74**	**4278.62**	**452.96**	**130.68**	**322.28**	**2266.92**	**1065.29**	**1201.63**	**3992.53**	**2076.75**	**1915.78**
郑州市 Zhengzhou	799.72	408.17	391.55	21.87	5.93	15.94	140.94	66.69	74.26	306.64	163.16	143.48
开封市 Kaifeng	423.29	212.19	211.10	28.63	7.93	20.70	110.57	52.56	58.01	197.54	105.45	92.09
洛阳市 Luoyang	604.16	303.79	300.37	20.57	5.46	15.11	144.78	66.25	78.53	287.04	149.75	137.29
平顶山市 Pingdingshan	440.16	224.55	215.61	22.00	6.84	15.17	106.67	51.33	55.34	220.88	115.62	105.26
安阳市 Anyang	463.67	219.93	243.74	19.02	4.72	14.31	128.31	56.57	71.74	230.70	113.22	117.48
鹤壁市 Hebi	143.09	72.70	70.39	6.21	1.65	4.56	37.75	17.93	19.82	68.92	36.57	32.34
新乡市 Xinxiang	516.67	256.78	259.89	19.41	5.27	14.15	121.57	57.33	64.24	249.92	127.37	122.55
焦作市 Jiaozuo	329.46	166.31	163.15	8.76	2.13	6.63	66.02	31.06	34.96	163.55	84.29	79.27
濮阳市 Puyang	324.11	159.45	164.65	22.32	5.96	16.36	95.60	43.41	52.19	147.59	78.48	69.11
许昌市 Xuchang	391.55	198.79	192.76	17.03	4.65	12.38	92.19	44.23	47.96	201.55	104.98	96.57
漯河市 Luohe	234.56	119.03	115.53	11.75	3.46	8.29	49.41	24.47	24.94	117.84	61.03	56.81
三门峡市 Sanmenxia	209.86	107.75	102.11	4.33	1.34	3.00	47.53	21.01	26.52	99.91	53.07	46.84
南阳市 Nanyang	913.15	464.56	448.58	47.26	17.51	29.75	267.95	131.18	136.77	438.67	226.49	212.18
商丘市 Shangqiu	675.13	333.62	341.52	57.75	16.15	41.60	199.57	93.26	106.31	318.73	168.52	150.21
信阳市 Xinyang	553.14	273.84	279.30	42.58	12.91	29.67	191.18	91.21	99.97	222.63	114.77	107.86
周口市 Zhoukou	816.05	398.43	417.62	65.43	16.90	48.52	257.19	118.12	139.07	378.54	199.37	179.17
驻马店市 Zhumadian	655.82	325.96	329.87	36.75	11.54	25.21	198.30	93.60	104.70	315.36	161.06	154.30
济源市 Jiyuan	62.76	31.88	30.88	1.29	0.35	0.94	11.39	5.10	6.29	26.50	13.53	12.97

市 City	高中 Senior Secondary 小计 Total	男 Male	女 Female	大学专科 College 小计 Total	男 Male	女 Female	大学本科 University 小计 Total	男 Male	女 Female	研究生 Graduate 小计 Total	男 Male	女 Female
全省 Total	**1242.35**	**687.12**	**555.24**	**403.45**	**210.90**	**192.56**	**185.88**	**100.19**	**85.68**	**12.27**	**6.81**	**5.47**
郑州市 Zhengzhou	166.83	88.43	78.40	101.62	50.64	50.99	56.47	30.41	26.06	5.35	2.91	2.44
开封市 Kaifeng	58.23	31.49	26.74	18.94	9.80	9.14	8.63	4.57	4.06	0.74	0.38	0.36
洛阳市 Luoyang	100.44	54.60	45.84	33.17	17.52	15.65	16.99	9.52	7.47	1.16	0.70	0.47
平顶山市 Pingdingshan	60.57	34.32	26.25	20.90	11.27	9.62	8.75	4.93	3.82	0.40	0.24	0.16
安阳市 Anyang	59.51	32.03	27.49	16.56	8.64	7.92	9.20	4.56	4.64	0.35	0.20	0.16
鹤壁市 Hebi	21.29	11.78	9.51	6.77	3.56	3.21	2.05	1.16	0.90	0.09	0.06	0.04
新乡市 Xinxiang	89.40	48.61	40.79	22.58	11.76	10.82	12.91	6.00	6.91	0.86	0.43	0.43
焦作市 Jiaozuo	64.19	34.34	29.85	18.45	9.42	9.03	7.99	4.78	3.21	0.49	0.30	0.20
濮阳市 Puyang	39.42	21.28	18.14	12.98	6.81	6.16	5.94	3.36	2.57	0.26	0.15	0.11
许昌市 Xuchang	58.63	33.26	25.37	15.81	8.26	7.55	6.08	3.26	2.82	0.27	0.16	0.11
漯河市 Luohe	39.66	21.76	17.89	12.30	6.30	6.01	3.41	1.90	1.51	0.19	0.11	0.08
三门峡市 Sanmenxia	42.98	24.03	18.95	11.39	6.21	5.18	3.57	2.01	1.56	0.14	0.08	0.06
南阳市 Nanyang	111.58	63.35	48.22	33.73	18.35	15.38	13.35	7.35	6.00	0.61	0.34	0.26
商丘市 Shangqiu	73.38	41.51	31.87	18.70	10.44	8.26	6.72	3.57	3.15	0.29	0.17	0.13
信阳市 Xinyang	68.99	40.32	28.67	18.25	9.63	8.61	9.23	4.82	4.41	0.29	0.18	0.12
周口市 Zhoukou	89.19	50.31	38.88	18.47	9.93	8.54	6.86	3.60	3.25	0.38	0.20	0.18
驻马店市 Zhumadian	81.09	46.37	34.72	17.72	9.62	8.10	6.29	3.59	2.70	0.32	0.18	0.14
济源市 Jiyuan	16.97	9.32	7.65	5.10	2.74	2.36	1.45	0.81	0.64	0.06	0.03	0.03

4-20 各市分性别的15岁及以上文盲人口

Illiterate Population Over 15 By City

单位：万人 (10 000 person)

地 区	15岁及以上人口 Over 15 years old			文盲人口 Illiterate			文盲人口占15岁及以上人口比重(%) Proportion(%)		
	合计 Total	男 Male	女 Female	合计 Total	男 Male	女 Female	合计 Total	男 Male	女 Female
全 省 Total	**7428.26**	**3647.21**	**3781.06**	**399.15**	**108.00**	**291.15**	**5.4**	**3.0**	**7.7**
郑 州 市 Zhengzhou	724.70	367.21	357.49	18.24	4.39	13.85	2.5	1.2	3.9
开 封 市 Kaifeng	367.68	180.46	187.22	25.92	6.80	19.13	7.1	3.8	10.2
洛 阳 市 Luoyang	523.68	261.05	262.63	17.18	4.10	13.08	3.3	1.6	5.0
平 顶 山 市 Pingdingshan	391.22	197.44	193.78	19.38	5.71	13.67	5.0	2.9	7.1
安 阳 市 Anyang	404.25	187.00	217.25	15.63	3.38	12.25	3.9	1.8	5.6
鹤 壁 市 Hebi	121.62	60.57	61.05	5.35	1.27	4.08	4.4	2.1	6.7
新 乡 市 Xinxiang	451.02	220.21	230.81	16.46	4.04	12.42	3.7	1.8	5.4
焦 作 市 Jiaozuo	287.24	142.88	144.36	7.22	1.47	5.74	2.5	1.0	4.0
濮 阳 市 Puyang	279.91	134.80	145.11	20.34	5.11	15.23	7.3	3.8	10.5
许 昌 市 Xuchang	345.86	172.53	173.34	15.13	3.89	11.24	4.4	2.3	6.5
漯 河 市 Luohe	208.92	104.28	104.64	9.81	2.66	7.15	4.7	2.6	6.8
三 门 峡 市 Sanmenxia	188.52	96.56	91.96	3.30	0.90	2.41	1.8	0.9	2.6
南 阳 市 Nanyang	791.44	397.19	394.25	40.35	14.32	26.03	5.1	3.6	6.6
商 丘 市 Shangqiu	579.16	278.70	300.46	53.60	14.42	39.18	9.3	5.2	13.0
信 阳 市 Xinyang	467.27	225.50	241.77	38.81	11.32	27.50	8.3	5.0	11.4
周 口 市 Zhoukou	681.90	321.93	359.96	59.11	14.38	44.73	8.7	4.5	12.4
驻 马 店 市 Zhumadian	557.92	270.70	287.22	32.40	9.66	22.75	5.8	3.6	7.9
济 源 市 Jiyuan	55.95	28.17	27.78	0.92	0.20	0.72	1.6	0.7	2.6

4-21 各市家庭户的住房间数和面积

Number of Rooms and Per Capita Net Living Space of Urban and Rural Households by city

市 City	家庭户户数（万户）Family Households (10 000 Households)	家庭户人数（万人）Population of Family Households (10 000Persons)	平均每户住房间数（间/户）Rooms Per Family Households (Rooms/Households)	人均住房建筑面积（平方米/人）Per Capita Floor Space of Houses (sq.m)	人均住房间数（间/人）Per Capita Room of Houses (unit/person)
全　省 Total	**2592.87**	**9002.81**	**4.2**	**32.5**	**1.2**
郑州市 Zhengzhou	243.67	766.78	3.8	36.2	1.2
开封市 Kaifeng	124.10	451.68	5.1	28.9	1.4
洛阳市 Luoyang	180.63	629.06	4.0	34.0	1.1
平顶山市 Pingdingshan	133.60	471.78	3.8	28.8	1.1
安阳市 Anyang	148.65	504.54	4.7	36.9	1.4
鹤壁市 Hebi	40.12	153.97	4.4	32.4	1.2
新乡市 Xinxiang	143.52	552.38	4.5	34.0	1.2
焦作市 Jiaozuo	87.33	339.92	4.3	34.5	1.1
濮阳市 Puyang	95.22	352.33	4.2	27.3	1.1
许昌市 Xuchang	115.60	407.03	4.1	34.6	1.2
漯河市 Luohe	66.21	240.32	3.8	33.4	1.1
三门峡市 Sanmenxia	62.96	210.28	3.5	29.3	1.1
南阳市 Nanyang	274.80	981.14	4.3	31.8	1.2
商丘市 Shangqiu	219.88	720.99	4.5	31.6	1.4
信阳市 Xinyang	182.59	592.93	3.4	33.4	1.0
周口市 Zhoukou	250.55	872.92	4.6	30.2	1.3
驻马店市 Zhumadian	205.69	690.76	3.9	32.0	1.2
济源市 Jiyuan	17.75	64.02	3.8	42.1	1.1

主要统计指标解释

人口数 指一定时点、一定地区范围内的有生命的个人的总和。

年度统计的年末人口数指每年 12 月 31 日 24 时的人口数。

常住人口 指实际经常居住在某地区一定时间（指半年以上）的人口。按人口普查和抽样调查规定，主要包括：1、在本地居住，户口也在本地的人口；2、户口在外地，但在本地居住半年以上者，或离开户口地半年以上而调查时在本地居住的人口；3、调查时居住在本地，但在任何地方都没有登记常住户口，如手持户口迁移证、出生证、退伍证、劳改劳教释放证等尚未办理常住户口的人，即所谓"口袋户口"的人。

出生率(又称粗出生率) 指在一定时期内(通常为一年)平均每千人所出生的人数的比率，一般用千分率表示。计算公式为：

出生率＝年出生人数／年平均人数×1000‰

式中：出生人数指活产婴儿，即胎儿脱离母体时(不管怀孕月数)，有过呼吸或其他生命现象。年平均人数指年初、年底人口数的平均数，也可用年中人口数代替。

死亡率(又称粗死亡率) 指在一定时期内(通常为一年)一定地区的死亡人数与同期平均人数(或期中人数)之比，一般用千分率表示。计算公式为：

死亡率＝年死亡人数／年平均人数×1000‰

人口自然增长率 指在一定时期内(通常为一年)人口自然增加数(出生人数减死亡人数)与该时期内平均人数(或期中人数)之比，一般用千分率表示。计算公式为：

人口自然增长率＝（本年出生人数－本年死亡人数）／年平均人数×1000‰＝人口出生率－人口死亡率

性别比 总人口中男性人数与女性人数之比。通常用每 100 个女性人口相应有多少男性人口表示。其计算公式为：

性别比＝男性人口数/女性人口数×100%

总负担系数 指被抚养人口（0-14岁和65岁或60岁以上人口）与15-64岁或15-59岁人口的比例。计算公式为:

总负担系数=被抚养人口/15-64岁或15-59岁人口×100

负担老年系数 指老年人口（65岁或60岁以上人口）与15-64岁或15-59岁人口的比例。计算公式为:

负担老年系数=老年人口/15-64岁或15-59岁人口×100

负担少年系数 指少年儿童与 15-64 岁或 15-59 岁人口的比例。计算公式为:

负担少年系数=少年儿童人口/15-64 岁或 15-59 岁人口×100

Explanatory Notes on Main Statistical Indicators

Total Population refers to the total number of people alive at a certain point of time within a given area.

The annual statistics on total population is taken at midnight, the 3lst of December.

Resident Population refers to the population actual living in a certain area for six months or more. According to the census and sample surveys, it includes the following main items : 1, Population live in this area, with the local resident registered; 2, Population with the resident registered of other area, live this area over half a year or Less than half a year but Leaving the area where they resident registered over half a year; 3, Population live in the local area, but have no resident registered, only have Migration Certificate 、Birth certificate 、Legionnaires card 、Release card from Re-education through labor or haven not yet requisition the resident registered ,so-called "pocket-registered "population.

Birth Rate (or Crude Birth Rate) refers to the ratio of the number of births to the average population during a certain period of time (usually a year), which is often expressed in‰. The following formula is used:

Birth Rate=Number of Births/Average Number of Population×1000‰

Number of births refers to live births i.e. the births when babies had showed any vital phenomena regardless of the length of pregnancy.

Annual Average Number of Population is the average of the number of population at the beginning of the year and that at the end of the year. Sometimes it is substituted for with the mid year population.

Death Rate (or Crude Death Rate) refers to the ratio of the number of deaths to the average population (or mid year population) during a certain period of time (usually a year), which is often expressed in‰. The following formula is used:

Death Rate umber of Deaths=Number of Deaths/Annual Average Number of Population×1000‰

Natural Growth Rate of Population refers to the ratio of natural increase in population (number of births minus number of deaths) in a certain period of time (usually a year) to the average population (or mid year population) of the same period, which is often expressed in‰. The following formulas are applied:

Natural Growth of Population=(Number of Births—Number of Deaths)/Average Number of Population×1000‰

Natural Growth Rate of Population=Birth Rate—Death Rate

Sex Ratio Refers to the Proportion of Male to Female Among the Total Population Which is often described as the proportion of 100 females to males. the following formula is used:

Sex Ratio=Number of Males/Number of Females×100%

Total Dependency Ratio refers to the ratio of number of dependents to the total population aged 15-64, the number of dependents being population aged 0-14 and population aged 65 and over. The total dependency ratio is calculated as follows:

Total Dependency Ratio = Number of Dependents/Population Aged 15-64×100%

The Aged Dependency Ratio refers to the ratio of the number of the aged population to the total population aged 15-64, the aged being population aged 65 and over. The aged dependency ratio is calculated as follows:

The Aged Dependency Ratio = Number of the Aged Population/ Population Aged 15-64×100%

The Juvenile and Children Dependency Ratio refers to the ratio of the number of the juvenile and children to the total population aged 15-64, the juvenile and children being population aged 0-14. The juvenile and children dependency ratio is calculated as follows:

The Juvenile and Children Dependency Ratio = Number of Juvenile and Children/ Population Aged 15-64×100%

从业人员与职工工资

Employment and Wages

● 资料整理：刘晓峰

简要说明

一、主要内容

本篇资料反映从业人员就业情况、城镇登记失业情况，工资总额、平均工资及指数变化情况等。

二、统计范围

《劳动统计报表制度》的调查范围为法人单位（不包括乡镇企业和个体工商户）；《乡村社会经济调查方案》的调查范围为乡镇以下农村地区；《培训就业统计报表制度》的填报范围为就业服务和职业介绍机构；私营企业及个体工商业统计范围为全社会。1998年及以后城镇单位就业人员、工资总额、平均工资等指标中不再包括离开本单位仍保留劳动关系职工及其生活费。

三、资料来源

就业基本情况及分组、工资总额和平均工资等资料，由河南省统计局人口处根据《劳动统计报表制度》、《乡村社会经济调查方案》编辑整理。城镇私营企业及个体工商业就业人员，由河南省工商行政管理局提供。城镇登记失业人数，由河南省人力资源和社会保障厅提供。

四、调查方法

劳动统计报表采用全面调查方法，由各级统计部门逐级上报。培训、就业统计及私营企业和个体工商业统计利用行政登记资料加工整理。

Brief Introduction

I. Main Contents

Data in this chapter include employment situation, the registered urban unemployment situation, total wages, average wages and index change situation, etc.

II. Scope of Statistics

Statistics Scope of "Labor statistics system" is investigation units (not including township enterprises and individual); Statistics Scope of "the rural social and economic survey plan" refers rural areas; Statistics Scope of "the training employment statistics system" refers employment services provided and job-introduction agencies; Statistics Scope of private enterprises and individual industrial refers the whole society. Data on employment personnel, total wages, average wage of town unit no-include leaving this unit but still keep working relationship worker and the cost of living since 1998.

III. Sources of Data

Date on employment, Earnings and wages of staff and workers is used in the labor statistics, are compiled by the Department of population and employment of the Henan provincial Bureau of Statistics. Data on the number of employed persons in private enterprises and self-employed individuals are provided by the Henan provincial Bureau of Industry and Commerce. Data on the employment services and the exchanges of labor force and on the number of registered unemployed persons in urban areas are collected provided by the Henan provincial Bureau of Human Resources and Social Security.

IV. Sampling Methodology

Labor statistics using comprehensive investigation method, statistical departments at various levels shall report to higher level. Training, employment statistics, private enterprises, individual industrial and commercial statistics using administrative registration data.

5-1 历年分城乡的从业人员数

Number of Employed Persons at the Year-end by Residence Over the years

单位：万人 (10 000 persons)

年份 Year	合计 Total	城镇 Urban Area	#国有经济 Stateowned Units	#集体经济 Collective-owned Units	#有限责任公司 Limited Liability Corporations Units	#港澳台投资经济 Economic Units Funded by Entrepreneurs from Hong Kong, Macao and Taiwan	#外商投资经济 Foreign Funded Economic Units	#私营经济 Urban Private Economic Units	#城镇个体 Urban Self-Employed Individuals	乡村 Rural Area
1978	2807	423	346	74						2384
1979	2873	444	363	78						2429
1980	2929	469	379	83						2460
1981	3039	508	407	90						2531
1982	3146	516	407	95						2630
1983	3289	542	425	99						2747
1984	3346	574	419	129						2772
1985	3520	627	454	139						2893
1986	3598	649	469	149						2949
1987	3782	686	488	156						3096
1988	3916	704	508	161						3212
1989	3943	717	512	168						3226
1990	4086	727	521	171						3359
1991	4216	774	544	177						3442
1992	4332	811	571	172						3521
1993	4400	865	599	162						3535
1994	4448	890	604	158						3558
1995	4509	931	617	162						3578
1996	4638	981	640	161						3657
1997	4820	1002	603	177						3818
1998	5000	933	485	149				26	135	4067
1999	5205	894	475	146	66	9	6	27	124	4311
2000	5572	860	464	143	69	10	6	28	97	4712
2001	5517	829	448	134	69	8	5	28	82	4688
2002	5522	831	417	123	99	8	5	35	86	4691
2003	5536	841	399	117	121	8	6	41	98	4695
2004	5587	869	409	96	121	8	7	57	117	4718
2005	5662	910	405	91	132	7	8	73	137	4752
2006	5719	942	402	86	147	8	10	88	143	4777
2007	5773	958	397	83	154	10	11	89	151	4815
2008	5835	976	391	68	160	10	10	106	156	4859
2009	5949	1067	381	49	192	10	11	161	172	4882
2010	6042	1127	389	50	192	11	12	177	198	4915
2011	6198	1287	400	52	238	28	16	196	252	4911

5-2 按城乡分的从业人员数(2011年底)

单位：万人

项　　目	Item	合　计 Total
从业人员总计	**Total Number of Employed persons**	**6197.85**
按国民经济行业分	**Grouped by Sector**	
农、林、牧、渔业	Farming, Forestry,animal Husbandry and Fishery	2670.45
采矿业	Mining	65.17
制造业	Manufacturing	1109.32
电力、燃气及水的生产和供应业	Production and distribution of electricity,gas and water	22.01
建筑业	Construction	656.00
交通运输、仓储和邮政业	Traffic,transport, storage and post	217.80
信息传输、计算机服务和软件业	Information transfer, computer services and software	35.74
批发和零售业	Wholesale and retail trade	535.44
住宿和餐饮业	Accommodation and Restaurants	176.52
金融业	Finance	25.15
房地产业	Real estate	21.98
租赁和商务服务业	Tenancy and business services	32.15
科学研究、技术服务和地质勘查业	Scientific research, technical service and geologic perambulation	16.30
水利、环境和公共设施管理业	Management of water conservancy,environment and public establishment	13.53
居民服务和其他服务业	Resident services and other services	323.86
教育	Education	117.59
卫生、社会保障和社会福利业	Sanitation,social security and social welfare	43.75
文化、体育和娱乐业	Culture, sports and entertainment	8.99
公共管理和社会组织	Public management and social organization	106.11
按三次产业分	**by Type of Industry**	
第一产业	Primary Industry	2670.45
第二产业	Secondary Industry	1852.50
第三产业	Teriary Industry	1674.90

Number of Employed Persons at the Year-end in Urban and Rural Areas (End of 2011)

(10 000 persons)

城　镇 Urban Area	国有经济 State-owned Units	集体经济 Collective-owned Units	其他经济 Collective-owned Units	私营经济 Urban Private Economic Units	城镇个体 Urban Self-Employed Individuals	乡 村 Rural Area
1286.69	**400.25**	**51.66**	**387.18**	**196.00**	**251.60**	**4911.16**
15.16	4.61	0.92	1.72	5.29	2.62	2655.29
65.17	22.29	0.95	40.43	1.32	0.18	
261.67	14.51	9.90	169.42	51.77	16.08	847.65
22.01	13.89	0.30	7.27	0.52	0.04	
129.19	15.99	13.17	86.90	12.42	0.71	526.81
36.73	21.66	1.96	6.63	3.55	2.94	181.07
11.69	2.69	0.49	2.68	4.80	1.02	24.05
274.20	13.40	8.47	20.86	67.48	163.98	261.24
46.99	3.36	1.00	6.17	3.73	32.73	129.53
25.15	6.28	3.27	14.26	1.34	0.00	
21.98	1.33	0.34	9.97	10.31	0.03	
32.15	5.00	1.16	4.98	19.35	1.66	
16.30	9.93	0.40	1.93	4.01	0.04	
13.53	11.52	0.22	1.15	0.59	0.05	
38.33	0.82	0.21	0.90	8.22	28.18	285.53
117.59	104.24	6.45	6.70	0.11	0.08	
43.75	38.63	1.85	2.72	0.36	0.18	
8.99	6.44	0.10	0.55	0.83	1.07	
106.11	103.67	0.48	1.95			
15.16	4.61	0.92	1.72	5.29	2.62	2655.29
478.05	66.67	24.33	304.01	66.03	17.02	1374.46
793.49	328.97	26.41	81.45	124.69	231.96	881.41

5-3　各市分城乡的从业人员数(2011年底)

单位：万人

市(县)　City(County)	合　计 Total	城　镇 Urban Area	国有经济 State-owned Units	集体经济 Collective-owned Units	股份合作经济 Cooperative Units	联营经济 Joint Ownership Units
全　　省 Total	**6197.85**	**1286.69**	**400.25**	**51.66**	**9.55**	**2.04**
省　辖　市 City						
郑　州　市 Zhengzhou	490.85	254.53	53.55	5.34	2.05	0.75
开　封　市 Kaifeng	306.52	59.57	14.49	4.24	0.88	0.20
洛　阳　市 Luoyang	418.02	108.27	33.47	3.51	0.23	0.04
平 顶 山 市 Pingdingshan	315.10	68.48	19.79	3.38	0.34	0.04
安　阳　市 Anyang	357.34	73.29	15.96	2.16	0.76	0.09
鹤　壁　市 Hebi	87.95	25.44	5.19	0.65	0.21	0.01
新　乡　市 Xinxiang	322.71	68.59	22.49	4.15	0.48	0.05
焦　作　市 Jiaozuo	223.24	76.71	13.46	1.83	0.12	0.04
濮　阳　市 Puyang	238.32	49.84	19.61	0.87	0.58	0.07
许　昌　市 Xuchang	261.67	50.31	15.19	0.97	0.28	0.00
漯　河　市 Luohe	161.56	32.84	9.67	2.12	0.02	0.00
三 门 峡 市 Sanmenxia	133.93	38.44	12.99	1.11	0.03	0.15
南　阳　市 Nanyang	691.10	133.39	39.78	5.70	1.40	0.23
商　丘　市 Shangqiu	506.61	67.75	25.75	3.11	0.46	0.17
信　阳　市 Xinyang	485.60	76.62	29.85	5.84	0.92	0.01
周　口　市 Zhoukou	683.54	99.60	30.12	3.46	0.21	0.09
驻 马 店 市 Zhumadian	561.86	77.54	24.38	2.28	0.52	0.09
济　源　市 Jiyuan	44.96	18.52	2.80	0.04	0.07	
省 直 管 县 Province Administrating County						
巩　义　市 Gongyi	46.43	13.81	1.83	0.75	0.08	0.02
兰　考　县 Lankao	50.45	5.66	0.72	0.41		0.00
汝　州　市 Ruzhou	61.52	9.81	3.56	0.54		0.01
滑　　县 Huaxian	94.50	13.71	2.45	0.75		
长　垣　县 Changyuan	46.99	6.65	1.63	0.41		
邓　州　市 Dengzhou	99.05	10.54	4.46	0.72	0.05	
永　城　市 Yongcheng	98.66	19.03	3.61	0.32	0.08	
固　始　县 Gushi	98.98	12.49	4.49	0.70	0.11	
鹿　邑　县 Luyi	74.22	7.08	2.71	0.27		
新　蔡　县 Xincai	71.73	6.69	1.81	0.23	0.04	0.01

Number of Employed Persons at the Year-end by Residence and City (End of 2011)

(10 000 persons)

有限责任公司 Limited Liability Corporations Units	股份有限公司 Share Holding Corporations Units	港澳台投资经济 Economic Units Funded by Entrepreneurs from Hong Kong, Macao and Taiwan	外商投资经济 Foreign Funded Economic Units	私营经济 Urban Private Economic Units	城镇个体 Urban Self-Employed Individuals	乡 村 Rural Area
237.64	**67.63**	**27.78**	**15.85**	**196.00**	**251.60**	**4911.16**
39.83	10.24	17.11	4.75	63.50	54.37	236.31
8.21	3.57	0.27	0.38	9.89	10.56	246.96
17.49	3.58	0.37	0.66	23.02	25.29	309.75
20.08	3.30	0.65	0.90	6.57	12.04	246.62
27.23	2.21	0.47	0.62	9.12	14.02	284.05
10.59	1.09	0.38	0.19	3.91	2.94	62.51
10.07	4.93	0.48	2.72	8.97	12.78	254.12
12.99	5.73	1.08	1.19	21.47	17.46	146.54
6.71	3.17	0.37	0.29	8.97	8.35	188.48
8.97	4.68	0.60	1.15	6.54	10.99	211.36
5.65	1.81	3.46	0.16	2.39	5.88	128.72
9.73	0.74	0.42	0.45	5.01	6.63	95.49
25.74	6.74	1.34	0.97	14.28	34.74	557.71
7.01	4.67	0.20	0.28	9.79	15.97	438.86
5.60	1.85	0.03	0.10	11.50	20.56	408.98
5.29	4.81	0.26	0.09	20.85	32.67	583.94
11.46	3.96	0.30	0.55	13.99	18.73	484.32
4.99	0.56		0.39	2.62	6.90	26.44
1.40	0.74	0.24	0.79	5.10	2.64	32.62
0.07	0.03		0.01	0.73	1.16	44.78
0.70	0.61	0.05		1.06	3.10	51.71
1.43	0.36			1.77	6.87	80.79
1.01	0.06			1.79	1.70	40.34
0.91	0.21	0.02	0.05	0.94	3.04	88.51
2.91	2.03			2.70	7.38	79.63
0.78	0.01			3.19	3.22	86.48
	0.33			0.40	3.38	67.13
0.25	0.06	0.00	0.00	2.78	1.40	65.04

5-4 历年分三次产业的从业人员数

Number of Employed Persons at the Year-end by Three Industries

年 份 Year	从业人员(万人) Number of Employed Persons (10 000 persons)	第一产业 Primary Industry	第二产业 Secondary Industry	第三产业 Tretiary Industry	从业人员构成(以从业人员为100) Composition in Percentage (Total=100) 第一产业 Primary Industry	第二产业 Secondary Industry	第三产业 Tretiary Industry
1952	1683	1511	74	98	89.8	4.4	5.8
1957	1829	1577	111	141	86.2	6.1	7.7
1962	2021	1698	82	241	84.0	4.1	11.9
1965	2172	1796	91	285	82.7	4.2	13.1
1970	2481	2037	150	294	82.1	6.0	11.9
1975	2689	2279	230	180	84.8	8.6	6.7
1978	2807	2262	296	249	80.6	10.5	8.9
1979	2873	2366	290	217	82.4	10.1	7.6
1980	2929	2378	304	247	81.2	10.4	8.4
1981	3039	2470	310	259	81.3	10.2	8.5
1982	3146	2530	315	301	80.4	10.0	9.6
1983	3289	2598	341	350	79.0	10.4	10.6
1984	3346	2578	376	392	77.0	11.2	11.7
1985	3520	2571	523	426	73.0	14.9	12.1
1986	3598	2574	568	456	71.5	15.8	12.7
1987	3782	2596	616	570	68.6	16.3	15.1
1988	3916	2648	659	609	67.6	16.8	15.6
1989	3943	2719	659	565	69.0	16.7	14.3
1990	4086	2833	671	582	69.3	16.4	14.2
1991	4216	2921	689	606	69.3	16.3	14.4
1992	4332	2955	724	653	68.2	16.7	15.1
1993	4400	2910	808	682	66.1	18.4	15.5
1994	4448	2865	864	719	64.4	19.4	16.2
1995	4509	2814	929	766	62.4	20.6	17.0
1996	4638	2822	988	828	60.8	21.3	17.9
1997	4820	2909	1011	900	60.4	21.0	18.7
1998	5000	2947	962	1091	58.9	19.2	21.8
1999	5205	3305	913	987	63.5	17.5	19.0
2000	5572	3564	977	1031	64.0	17.5	18.5
2001	5517	3478	997	1042	63.0	18.1	18.9
2002	5522	3398	1038	1086	61.5	18.8	19.7
2003	5536	3332	1084	1120	60.2	19.6	20.2
2004	5587	3246	1142	1200	58.1	20.4	21.5
2005	5662	3139	1251	1272	55.4	22.1	22.5
2006	5719	3050	1351	1318	53.3	23.6	23.0
2007	5773	2920	1487	1366	50.6	25.8	23.7
2008	5835	2847	1564	1424	48.8	26.8	24.4
2009	5949	2765	1675	1509	46.5	28.2	25.4
2010	6042	2712	1753	1577	44.9	29.0	26.1
2011	6198	2670	1853	1675	43.1	29.9	27.0

5-5 各市分三次产业的从业人员数(2011年底)

Number of Employed Persons at the Year-end by Three Industries and city (End of 2011)

市(县)	City(County)	从业人员(万人) Number of Employed Persons (10 000 persons)	第一产业 Primary Industry	第二产业 Secondary Industry	第三产业 Tretiary Industry	从业人员构成(以从业人员为100) Composition in Percentage (Total=100) 第一产业 Primary Industry	第二产业 Secondary Industry	第三产业 Tretiary Industry
全省	**Total**	**6197.85**	**2670.45**	**1852.50**	**1674.90**	**43.1**	**29.9**	**27.0**
省辖市	**City**							
郑州市	Zhengzhou	490.85	100.27	177.07	213.51	20.4	36.1	43.5
开封市	Kaifeng	306.52	148.72	83.54	74.26	48.5	27.3	24.2
洛阳市	Luoyang	418.02	151.94	127.94	138.14	36.3	30.6	33.0
平顶山市	Pingdingshan	315.10	144.20	89.65	81.25	45.8	28.5	25.8
安阳市	Anyang	357.34	146.38	124.16	86.81	41.0	34.7	24.3
鹤壁市	Hebi	87.95	31.03	32.03	24.89	35.3	36.4	28.3
新乡市	Xinxiang	322.71	125.00	115.71	81.99	38.7	35.9	25.4
焦作市	Jiaozuo	223.24	79.91	78.56	64.77	35.8	35.2	29.0
濮阳市	Puyang	238.32	87.19	75.86	75.27	36.6	31.8	31.6
许昌市	Xuchang	261.67	99.30	92.49	69.87	38.0	35.3	26.7
漯河市	Luohe	161.56	69.55	54.65	37.36	43.0	33.8	23.1
三门峡市	Sanmenxia	133.93	63.07	32.79	38.07	47.1	24.5	28.4
南阳市	Nanyang	691.10	337.48	185.36	168.27	48.8	26.8	24.3
商丘市	Shangqiu	506.61	229.06	155.67	121.88	45.2	30.7	24.1
信阳市	Xinyang	485.60	213.08	124.06	148.46	43.9	25.5	30.6
周口市	Zhoukou	683.54	330.14	186.69	166.71	48.3	27.3	24.4
驻马店市	Zhumadian	561.86	275.61	146.15	140.09	49.1	26.0	24.9
济源市	Jiyuan	44.96	15.69	13.43	15.85	34.9	29.9	35.2
省直管县	**Province Administrating County**							
巩义市	Gongyi	46.43	8.50	24.83	13.11	18.3	53.5	28.2
兰考县	Lankao	50.45	21.60	18.09	10.75	42.8	35.9	21.3
汝州市	Ruzhou	61.52	26.33	19.16	16.02	42.8	31.2	26.0
滑县	Huaxian	94.50	48.62	23.75	22.14	51.4	25.1	23.4
长垣县	Changyuan	46.99	23.78	14.51	8.71	50.6	30.9	18.5
邓州市	Dengzhou	99.05	48.87	27.56	22.62	49.3	27.8	22.8
永城市	Yongcheng	98.66	31.60	41.84	25.22	32.0	42.4	25.6
固始县	Gushi	98.97	42.36	26.01	30.60	42.8	26.3	30.9
鹿邑县	Luyi	74.22	34.20	22.23	17.79	46.1	30.0	24.0
新蔡县	Xincai	71.73	34.54	20.54	16.66	48.1	28.6	23.2

5-6 历年分行业从业人员数

单位：万人

年 份 Year	合 计 Total	农林牧渔业 Farming, Forestry, Animal Husbandry and Fishery	采矿业 Mining	制造业 Manufacturing	电力、燃气及水的生产和供应业 Production and Supply of Electricity,Gas and Water	建筑业 Construction	交通运输仓储及邮政业 Traffic, transport, storage and post	信息传输计算机服务和软件业 Information transfer, computer services and software	批发和零售业 Wholesale and retail trade	住宿和餐饮业 Accommodation and Restaurants
2003	5535.67	3331.86	49.44	614.84	23.14	396.13	166.37	6.63	318.00	44.47
2004	5587.44	3245.66	49.27	652.80	22.90	417.15	180.37	17.98	315.33	106.05
2005	5662.44	3138.83	49.96	732.53	22.66	446.55	187.29	17.14	343.71	123.50
2006	5718.70	3050.00	50.20	800.40	22.20	477.80	188.90	20.70	362.30	129.10
2007	5772.72	2920.29	51.33	884.14	21.61	529.90	198.65	24.25	378.70	139.50
2008	5835.45	2847.31	51.27	933.43	20.99	558.23	204.46	25.63	406.10	147.07
2009	5948.78	2764.86	55.49	1006.00	21.23	592.00	207.70	31.34	443.94	157.12
2010	6041.56	2711.72	54.43	1053.52	21.66	623.76	213.14	34.25	481.71	165.97
2011	6197.85	2670.45	65.17	1109.32	22.01	656.00	217.80	35.74	535.44	176.52

Number of Employed Persons by Sector Over the years

(10 000 persons)

金融业 Finance	房地产业 Real estate	租赁和商务服务业 Tenancy and business services	科学研究、技术服务和地质勘查业 Scientific research, technical service and geologic perambulation	水利、环境和公共设施管理业 Management of water conservancy, environment and public establishment	居民服务和其他服务业 Resident services and other services	教育 Education	卫生、社会保障和社会福利业 Sanitation, social security and social welfare	文化、体育和娱乐业 Culture, sports and entertainment	公共管理和社会组织 Public management and social organization
21.11	4.56	8.34	10.73	10.37	294.74	103.84	31.80	7.00	92.30
21.19	6.04	11.21	11.09	10.45	278.48	104.75	33.27	7.70	95.75
20.92	7.68	13.98	11.09	10.58	291.37	107.22	33.43	6.92	97.08
20.70	8.80	15.30	11.40	11.30	301.90	109.60	34.40	8.20	95.50
22.32	9.82	16.29	11.56	11.70	300.75	111.60	35.51	8.22	96.58
21.58	10.87	20.08	13.07	11.78	310.18	109.81	36.50	8.28	98.81
22.48	15.06	26.85	13.88	11.98	314.83	112.58	39.21	8.43	103.80
23.47	17.18	29.04	14.92	12.82	314.08	114.27	41.27	8.62	105.72
25.15	21.98	32.15	16.30	13.53	323.86	117.59	43.75	8.99	106.11

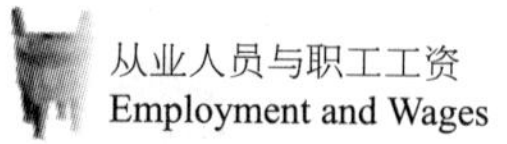

5-7 各市分行业从业人员数(2011年底)

单位：万人

市(县) City(County)	合 计 Total	农林牧渔业 Farming, Forestry, Animal Husbandry and Fishery	采矿业 Mining	制造业 Manufacturing	电力、燃气及水的生产和供应业 Production and Supply of Electricity,Gas and Water	建筑业 Construction	交通运输仓储及邮政业 Traffic, transport, storage and post	信息传输计算机服务和软件业 Information transfer, computer services and software	批发和零售业 Wholesale and retail trade	住宿和餐饮业 Accommodation and Restaurants
全 省 Total	**6197.85**	**2670.45**	**65.17**	**1109.32**	**22.01**	**656.00**	**217.80**	**35.74**	**535.44**	**176.52**
省 辖 市 City										
郑 州 市 Zhengzhou	490.85	100.27	9.01	116.27	3.15	48.65	19.27	5.12	81.12	20.84
开 封 市 Kaifeng	306.52	148.72		53.27	0.60	29.66	9.59	1.47	21.89	7.56
洛 阳 市 Luoyang	418.02	151.94	2.13	82.08	3.85	39.89	16.65	3.00	49.47	14.95
平 顶 山 市 Pingdingshan	315.10	144.20	12.84	53.93	1.07	21.80	11.32	1.54	25.08	8.57
安 阳 市 Anyang	357.34	146.38	1.07	54.72	0.89	67.48	11.88	3.36	29.72	10.01
鹤 壁 市 Hebi	87.95	31.03	5.49	16.07	0.35	10.13	3.61	0.41	6.64	2.64
新 乡 市 Xinxiang	322.71	125.00	0.62	67.42	1.09	46.58	10.43	1.74	23.84	9.01
焦 作 市 Jiaozuo	223.24	79.91	5.88	57.52	1.38	13.78	8.66	1.52	23.69	6.29
濮 阳 市 Puyang	238.32	87.19	8.57	30.28	0.77	36.24	7.74	1.35	18.49	4.28
许 昌 市 Xuchang	261.67	99.30	2.47	68.94	0.66	20.42	9.73	1.70	21.71	8.90
漯 河 市 Luohe	161.56	69.55	0.00	36.54	0.37	17.74	5.48	1.02	10.95	3.70
三 门 峡 市 Sanmenxia	133.93	63.07	18.45	4.69	0.96	8.70	5.36	0.97	10.79	4.55
南 阳 市 Nanyang	691.10	337.48	4.39	123.49	1.73	55.75	19.68	3.69	63.50	18.90
商 丘 市 Shangqiu	506.61	229.06	4.12	93.73	0.83	57.00	14.99	2.92	42.67	11.25
信 阳 市 Xinyang	485.60	213.08	1.18	68.45	1.46	52.97	16.51	2.26	36.95	23.00
周 口 市 Zhoukou	683.54	330.14	0.00	109.81	1.13	75.75	20.86	2.60	59.76	14.87
驻 马 店 市 Zhumadian	561.86	275.61	0.71	80.78	1.46	63.20	18.60	1.78	41.65	17.69
济 源 市 Jiyuan	44.96	15.69	0.72	9.13	0.30	3.28	1.89	0.24	6.50	1.68
省 直 管 县 Province Administrating County										
巩 义 市 Gongyi	46.43	8.50	1.21	20.65	0.14	2.82	2.20	0.23	4.19	1.69
兰 考 县 Lankao	50.45	21.60		12.62	0.00	5.46	1.97	0.17	2.71	0.94
汝 州 市 Ruzhou	61.52	26.33	1.72	13.46	0.08	3.90	2.38	0.30	5.75	1.32
滑 县 Huaxian	94.50	48.62		11.64	0.07	12.03	2.76	1.22	8.73	3.27
长 垣 县 Changyuan	46.99	23.78		6.73	0.06	7.72	0.65	0.17	3.04	1.12
邓 州 市 Dengzhou	99.05	48.87	0.01	20.31	0.17	7.08	2.74	0.75	9.15	3.04
永 城 市 Yongcheng	98.66	31.60	4.12	24.88	0.10	12.74	3.36	0.44	9.15	3.70
固 始 县 Gushi	98.97	42.36	0.07	16.94	0.26	8.74	7.21	0.57	12.93	5.66
鹿 邑 县 Luyi	74.22	34.20	0.00	14.41	0.06	7.76	3.11	0.08	6.39	0.35
新 蔡 县 Xincai	71.73	34.54		13.62	0.11	6.80	3.18	0.53	4.08	2.05

Number of Employed Persons at Year-end by Sector and City (End of 2011)

(10 000 persons)

金融业 Finance	房地产业 Real estate	租赁和商务服务业 Tenancy and business services	科学研究、技术服务和地质勘查业 Scientific research, technical service and geologic perambulation	水利、环境和公共设施管理业 Management of water conservancy, environment and public establishment	居民服务和其他服务业 Resident services and other services	教育 Education	卫生、社会保障和社会福利业 Sanitation, social security and social welfare	文化、体育和娱乐业 Culture, sports and entertainment	公共管理和社会组织 Public management and social organization
25.15	**21.98**	**32.15**	**16.30**	**13.53**	**323.86**	**117.59**	**43.75**	**8.99**	**106.11**
4.69	6.14	11.77	5.61	2.17	22.11	13.68	6.40	2.69	11.89
0.69	2.27	1.47	0.48	0.91	12.35	6.13	2.49	0.51	6.44
2.22	1.59	3.68	3.03	1.14	23.90	7.28	3.30	0.61	7.33
1.79	0.70	1.39	0.53	0.76	15.61	5.43	2.14	0.42	5.98
1.52	1.14	1.16	0.35	0.64	14.34	5.30	2.25	0.36	4.78
0.42	0.37	0.42	0.20	0.38	5.52	1.71	0.63	0.13	1.82
1.10	0.81	1.13	0.77	0.56	15.32	7.07	2.92	0.40	6.89
1.84	0.77	1.40	0.49	0.70	8.06	4.10	1.80	0.22	5.23
0.87	0.62	2.85	0.33	0.30	17.51	8.16	1.97	0.26	10.55
0.65	0.83	0.57	0.41	0.58	12.74	4.84	1.95	0.34	4.91
0.52	0.47	0.76	0.15	0.51	6.39	3.01	1.26	0.23	2.89
1.03	0.14	0.45	0.20	0.25	5.81	4.16	1.08	0.18	3.10
2.05	1.16	2.24	1.42	1.52	27.81	12.77	4.15	0.82	8.56
1.07	0.88	0.67	0.33	0.82	24.36	9.49	3.30	0.25	8.88
1.26	0.89	0.66	0.97	1.01	45.35	9.61	2.59	0.53	6.88
2.10	1.16	0.77	0.23	0.59	38.86	10.91	3.04	0.48	10.48
1.23	1.75	0.60	0.63	0.65	35.86	8.87	3.44	0.56	6.80
0.19	0.17	0.45	0.10	0.16	2.34	0.79	0.37	0.11	0.84
0.11	0.10	0.20	0.04	0.12	2.27	0.84	0.33	0.09	0.70
0.02	0.13	0.11	0.04	0.05	2.48	0.63	0.44	0.06	1.02
0.14	0.08	0.40	0.07	0.06	3.46	0.94	0.40	0.07	0.66
0.17	0.04	0.12	0.01	0.00	3.51	1.10	0.35	0.07	0.76
0.09	0.20	0.18	0.03	0.03	1.42	0.82	0.28	0.04	0.64
0.06	0.14	0.10	0.17	0.14	3.67	1.48	0.41	0.05	0.71
0.10	0.07	0.16	0.02	1.83	3.03	1.51	0.50	0.10	1.26
0.14	0.06	0.15	0.21	0.23	0.44	1.66	0.41	0.09	0.85
0.07	0.00	0.01	0.02	0.08	4.84	1.51	0.49	0.03	0.80
0.06	0.02	0.01	0.03	0.06	4.90	0.96	0.27	0.03	0.47

5-8 历年分行业城镇单位从业人员数

单位：万人

年 份 Year	合 计 Total	农林牧渔业 Farming, Forestry, Animal Husbandry and Fishery	采矿业 Mining	制造业 Manufacturing	电力、燃气及水的生产和供应业 Production and Supply of Electricity,Gas and Water	建筑业 Construction	交通运输仓储及邮政业 Traffic, transport, storage and post	信息传输计算机服务和软件业 Information transfer, computer services and software	批发和零售业 Wholesale and retail trade	住宿和餐饮业 Accommodation and Restaurants
2003	701.70	9.63	48.72	159.91	23.14	61.70	32.94	5.32	58.92	9.79
2004	695.89	9.06	48.62	152.07	21.97	64.22	33.34	5.12	53.24	9.49
2005	700.59	9.54	49.24	155.24	21.69	64.79	32.91	4.84	48.18	11.00
2006	711.25	8.80	49.29	159.06	21.93	71.26	31.51	5.06	46.04	10.65
2007	719.18	8.68	50.41	157.11	21.15	77.79	30.96	4.58	43.11	10.04
2008	714.41	7.95	50.33	153.62	20.42	80.64	29.42	3.99	41.03	9.07
2009	734.73	6.97	53.32	154.78	20.67	87.32	28.78	5.20	38.88	9.53
2010	751.68	7.12	52.65	158.82	21.09	93.66	29.15	4.87	38.19	9.95
2011	839.09	7.25	63.67	193.82	21.46	116.06	30.24	5.87	42.73	10.53

Number of Employed Persons in Urban Units by Sector over the years

(10 000 persons)

金融业 Finance	房地产业 Real estate	租赁和商务服务业 Tenancy and business services	科学研究、技术服务和地质勘查业 Scientific research, technical service and geologic perambulation	水利、环境和公共设施管理业 Management of water conservancy, environment and public establishment	居民服务和其他服务业 Resident services and other services	教育 Education	卫生、社会保障和社会福利业 Sanitation, social security and social welfare	文化、体育和娱乐业 Culture, sports and entertainment	公共管理和社会组织 Public management and social organization
21.11	4.56	8.34	10.73	10.37	1.56	103.84	31.80	7.00	92.30
21.19	4.59	9.30	11.09	10.45	1.72	104.75	32.97	6.94	95.75
20.92	5.45	10.27	11.09	10.58	1.48	107.22	33.09	5.98	97.08
20.72	5.93	10.36	11.41	11.33	1.71	109.60	34.11	7.03	95.45
22.32	6.94	10.43	11.56	11.70	1.80	111.60	35.24	7.17	96.58
21.49	6.91	12.39	11.95	11.61	1.66	109.78	36.17	7.17	98.81
22.02	8.57	12.05	11.08	11.54	1.77	112.51	38.85	7.10	103.80
22.60	8.97	11.29	11.49	12.22	1.94	114.11	40.85	7.00	105.72
23.81	11.64	11.14	12.25	12.89	1.92	117.40	43.21	7.09	106.11

5-9 各市分行业城镇单位从业人员数(2011年底)

单位:万人

市(县)	City(County)	合计 Total	农林牧渔业 Farming, Forestry, Animal Husbandry and Fishery	采矿业 Mining	制造业 Manufacturing	电力、燃气及水的生产和供应业 Production and Supply of Electricity,Gas and Water	建筑业 Construction	交通运输仓储及邮政业 Traffic, transport, storage and post	信息传输计算机服务和软件业 Information transfer, computer services and software	批发和零售业 Wholesale and retail trade	住宿和餐饮业 Accommodation and Restaurants
省辖市	**City**										
郑州市	Zhengzhou	136.66	0.20	8.55	38.45	3.03	22.59	3.92	1.11	6.66	3.41
开封市	Kaifeng	39.12	0.79		8.56	0.59	3.97	1.05	0.36	3.05	0.75
洛阳市	Luoyang	59.96	0.22	1.78	16.93	3.81	5.58	1.87	0.41	2.85	0.77
平顶山市	Pingdingshan	49.87	0.11	12.72	11.27	1.06	3.14	1.23	0.24	2.09	0.45
安阳市	Anyang	50.15	0.19	1.07	10.62	0.87	17.69	0.96	0.43	1.80	0.43
鹤壁市	Hebi	18.59	0.12	5.47	4.41	0.34	2.00	0.21	0.08	0.53	0.15
新乡市	Xinxiang	46.84	0.57	0.62	13.90	1.07	6.48	1.01	0.26	2.03	0.40
焦作市	Jiaozuo	37.78	0.56	5.71	11.05	1.30	2.73	0.61	0.23	1.14	0.39
濮阳市	Puyang	32.53	0.06	8.30	3.84	0.65	5.34	0.55	0.10	0.76	0.31
许昌市	Xuchang	32.77	0.09	2.45	9.95	0.65	3.12	0.58	0.12	1.23	0.41
漯河市	Luohe	24.58	0.04	0.00	10.85	0.35	2.39	0.46	0.10	0.89	0.16
三门峡市	Sanmenxia	26.80	0.12	7.34	3.82	0.80	2.92	0.67	0.13	1.77	0.26
南阳市	Nanyang	84.37	1.16	4.15	21.35	1.63	14.04	2.17	0.65	5.68	0.75
商丘市	Shangqiu	41.99	0.27	4.12	3.85	0.81	4.90	1.00	0.37	2.13	0.27
信阳市	Xinyang	44.56	0.87	0.55	6.50	1.38	5.92	1.60	0.41	3.20	0.56
周口市	Zhoukou	46.08	1.19		6.42	1.05	5.23	0.87	0.50	3.35	0.23
驻马店市	Zhumadian	44.82	0.54	0.27	7.64	1.44	6.56	1.18	0.32	3.00	0.44
济源市	Jiyuan	9.01	0.03	0.56	3.91	0.29	1.21	0.12	0.04	0.26	0.07
省直管县	**Province Administrating County**										
巩义市	Gongyi	6.07	0.00	1.17	1.89	0.12	0.17	0.18	0.04	0.20	0.06
兰考县	Lankao	3.77	0.25		0.52		0.20	0.15	0.03	0.24	0.04
汝州市	Ruzhou	5.65	0.02	1.71	0.88	0.08	0.20	0.14	0.01	0.27	0.01
滑县	Huaxian	5.07	0.02		0.11	0.07	1.58	0.14	0.03	0.49	0.12
长垣县	Changyuan	3.15	0.30		0.04	0.05	0.56	0.04		0.15	0.04
邓州市	Dengzhou	6.57	0.13		1.31	0.15	0.42	0.25	0.02	1.10	0.08
永城市	Yongcheng	8.95	0.02	4.12	0.11	0.10	0.99	0.06	0.02	0.16	0.03
固始县	Gushi	6.08	0.07		0.48	0.26	0.75	0.19	0.05	0.56	0.06
鹿邑县	Luyi	3.30	0.10		0.33	0.05	0.07	0.05		0.11	0.03
新蔡县	Xincai	2.51	0.04		0.26	0.10	0.08	0.02	0.03	0.12	0.01

Number of Employed Persons in Urban Units at Year-end by Sector and City (End of 2011)

(10 000 persons)

金融业 Finance	房地产业 Real estate	租赁和商务服务业 Tenancy and business services	科学研究、技术服务和地质勘查业 Scientific research, technical service and geologic perambulation	水利、环境和公共设施管理业 Management of water conservancy, environment and public establishment	居民服务和其他服务业 Resident services and other services	教育 Education	卫生、社会保障和社会福利业 Sanitation, social security and social welfare	文化、体育和娱乐业 Culture, sports and entertainment	公共管理和社会组织 Public management and social organization
4.31	2.88	2.19	3.25	1.87	0.39	13.63	6.18	2.21	11.83
0.68	1.73	0.60	0.38	0.90	0.27	6.13	2.49	0.43	6.38
2.12	0.49	0.88	2.55	1.11	0.22	7.27	3.27	0.50	7.33
1.68	0.25	0.58	0.40	0.75	0.03	5.43	2.13	0.34	5.98
1.49	0.51	0.53	0.31	0.63	0.07	5.30	2.19	0.29	4.78
0.33	0.20	0.05	0.09	0.36	0.01	1.71	0.63	0.08	1.82
1.07	0.47	0.40	0.72	0.55	0.10	7.07	2.91	0.32	6.89
1.80	0.13	0.23	0.31	0.70	0.04	4.10	1.80	0.22	4.72
0.64	0.18	1.87	0.10	0.28	0.12	4.24	0.94	0.17	4.07
0.61	0.56	0.15	0.32	0.57	0.04	4.83	1.93	0.24	4.91
0.51	0.30	0.55	0.10	0.50	0.02	3.01	1.25	0.21	2.89
0.99	0.08	0.30	0.19	0.24	0.03	2.87	1.08	0.17	3.01
1.97	0.81	1.42	1.34	1.39	0.19	12.42	4.11	0.57	8.56
1.02	0.27	0.08	0.27	0.79	0.04	9.47	3.27	0.18	8.88
1.25	0.62	0.53	0.94	0.91	0.06	9.46	2.53	0.41	6.87
2.03	0.59	0.13	0.20	0.56	0.02	10.89	3.00	0.29	9.55
1.17	1.51	0.39	0.59	0.64	0.16	8.71	3.12	0.40	6.73
0.13	0.05	0.05	0.08	0.14	0.02	0.79	0.35	0.05	0.84
0.11	0.03	0.04	0.03	0.11	0.00	0.84	0.33	0.05	0.70
0.02	0.03	0.01	0.04	0.05	0.07	0.63	0.44	0.05	1.02
0.13	0.00	0.03	0.07	0.05	0.00	0.93	0.40	0.05	0.66
0.17	0.01	0.03	0.01	0.00	0.01	1.10	0.35	0.06	0.76
0.08	0.05	0.01	0.03	0.03	0.00	0.82	0.28	0.03	0.64
0.05	0.09	0.03	0.16	0.14	0.01	1.48	0.38	0.05	0.71
0.10	0.01		0.02	0.17	0.01	1.23	0.50	0.03	1.26
0.14	0.05	0.08	0.21	0.21	0.02	1.62	0.40	0.09	0.85
0.07	0.00		0.02	0.08		1.31	0.26	0.03	0.80
0.06	0.02	0.01	0.03	0.06	0.01	0.91	0.27	0.03	0.47

5-10 历年城镇单位从业人员数

Number of Employed Persons in Urban Units at Year-end

单位：万人 (10 000 persons)

年份 Year	合计 Total	在岗职工 Staff and Workers	其他从业人员 Others	国有单位 State-owned Units	城镇集体单位 Urban Collective-owned Units	其他单位 Other Units	第一产业 Primary Industry	第二产业 Secondary Industry	第三产业 Tretiary Industry
1978	420			346	74				
1979	441			363	78				
1980	462			379	83				
1981	497			407	90				
1982	502			407	95				
1983	524			425	99				
1984	548			419	129				
1985	593			454	139				
1986	618			469	149				
1987	645			488	156	1			
1988	670			508	161	1			
1989	681			512	168	1			
1990	693			521	171	1			
1991	722			544	177	1			
1992	746			571	172	3			
1993	771			599	162	10			
1994	788			604	158	26			
1995	815			617	162	36			
1996	842			640	161	41			
1997	841			603	177	61			
1998	772	748	24	495	162	115	5	361	406
1999	742	723	19	475	146	121	5	335	402
2000	734	718	16	464	143	127	5	321	408
2001	719	704	15	457	138	124	5	308	406
2002	710	694	16	427	127	156	5	278	428
2003	702	683	19	399	117	187	10	293	399
2004	696	677	19	409	96	191	9	287	400
2005	701	681	20	405	91	205	10	291	400
2006	711	692	19	402	86	224	9	302	401
2007	719	699	20	397	83	240	9	306	404
2008	714	692	22	391	68	255	8	305	401
2009	735	708	27	381	49	305	8	316	412
2010	752	723	28	389	50	312	7	326	418
2011	839	809	30	400	52	387	30	395	414

5-11 各市城镇单位从业人员数(2011年底)

Number of Employed Persons in Urban Units by City (End of 2011)

单位：万人 (10 000 persons)

市(县) City(County)	合 计 Total	在岗职工 Staff and Workers	#劳务派遣 Labor Dispatching	其他从业人员 Others	国有单位 State-owned Units	城镇集体单位 Urban Collective-owned Units	其他单位 Other Units	第一产业 Primary Industry	第二产业 Secondary Industry	第三产业 Tretiary Industry
全　　省 Total	**839.09**	**808.62**	**24.42**	**30.46**	**400.25**	**51.66**	**387.18**	**30.24**	**395.01**	**413.84**
省　辖　市 City										
郑　州　市 Zhengzhou	136.66	132.45	5.18	4.21	53.55	5.34	77.77	0.20	72.62	63.84
开　封　市 Kaifeng	39.12	37.99	0.17	1.13	14.49	4.24	20.39	0.79	13.13	25.20
洛　阳　市 Luoyang	59.96	56.97	3.37	2.99	33.47	3.51	22.98	0.22	28.10	31.64
平 顶 山 市 Pingdingshan	49.87	48.36	1.73	1.51	19.79	3.38	26.70	0.11	28.19	21.57
安　阳　市 Anyang	50.15	46.07	0.77	4.08	15.96	2.16	32.03	0.19	30.24	19.72
鹤　壁　市 Hebi	18.59	18.09	0.80	0.50	5.19	0.65	12.76	0.12	12.23	6.24
新　乡　市 Xinxiang	46.84	45.37	0.50	1.48	22.49	4.15	20.21	0.57	22.07	24.20
焦　作　市 Jiaozuo	37.78	35.37	3.13	2.40	13.46	1.83	22.49	0.56	20.79	16.43
濮　阳　市 Puyang	32.53	31.46	3.01	1.07	19.61	0.87	12.06	0.06	18.13	14.34
许　昌　市 Xuchang	32.77	32.45	0.36	0.32	15.19	0.97	16.61	0.09	16.17	16.51
漯　河　市 Luohe	24.58	24.22	0.62	0.36	9.67	2.12	12.79	0.04	13.59	10.95
三 门 峡 市 Sanmenxia	26.80	25.47	0.25	1.32	12.99	1.11	12.70	0.12	14.88	11.79
南　阳　市 Nanyang	84.37	80.75	2.72	3.62	39.78	5.70	38.89	1.16	41.17	42.04
商　丘　市 Shangqiu	41.99	41.20	1.11	0.79	25.75	3.11	13.13	0.27	13.68	28.04
信　阳　市 Xinyang	44.56	43.83	0.00	0.74	29.85	5.84	8.88	0.87	14.34	29.34
周　口　市 Zhoukou	46.08	44.59	0.14	1.49	30.12	3.46	12.50	1.19	12.70	32.19
驻 马 店 市 Zhumadian	44.82	43.71	0.13	1.11	24.38	2.28	18.15	0.54	15.91	28.37
济　源　市 Jiyuan	9.01	7.87	0.28	1.13	2.80	0.04	6.17	0.03	5.97	3.01
省 直 管 县 Province Administrating County										
巩　义　市 Gongyi	6.07	5.95	0.11	0.12	1.83	0.75	3.50	0.00	3.35	2.71
兰　考　县 Lankao	3.77	3.68	0.00	0.09	0.72	0.41	2.64	0.25	0.71	2.80
汝　州　市 Ruzhou	5.65	5.46	0.92	0.19	3.56	0.54	1.55	0.02	2.86	2.77
滑　　县 Huaxian	5.07	4.87	0.02	0.20	2.45	0.75	1.87	0.02	1.76	3.29
长　垣　县 Changyuan	3.15	3.14	0.00	0.01	1.63	0.41	1.12	0.30	0.65	2.20
邓　州　市 Dengzhou	6.57	6.01		0.56	4.46	0.72	1.40	0.13	1.89	4.55
永　城　市 Yongcheng	8.95	8.66	0.70	0.29	3.61	0.32	5.02	0.02	5.33	3.60
固　始　县 Gushi	6.08	6.01		0.07	4.49	0.70	0.90	0.07	1.49	4.53
鹿　邑　县 Luyi	3.30	3.30			2.71	0.27	0.33	0.10	0.45	2.75
新　蔡　县 Xincai	2.51	2.45		0.06	1.81	0.23	0.48	0.04	0.44	2.04

5-12 各种分组的城镇单位就业人员数(2011年底)

Number of Employed Persons in Urban Units by Groups (End of 2011)

单位：万人 (10 000 persons)

类别	Type	合计 Total	在岗职工 Staff and Workers	#劳务派遣 Labor Dispatching	其他从业人员 Others	国有单位 State-owned Units	城镇集体单位 Urban Collective-owned Units	其他单位 Other Units
总计	**Total**	**839.09**	**808.62**	**24.42**	**30.46**	**400.25**	**51.66**	**387.18**
按企业、事业、机关分	**Grouped by Enterprises, Institutions and Agencies**							
企业	Enterprises	531.39	507.69	22.60	23.69	122.95	42.01	366.43
事业	Institutions	212.47	207.71	1.09	4.76	196.44	8.74	7.29
机关	Agencies & Organizations	83.80	82.12	0.65	1.68	78.51	0.31	4.99
按国民经济行业分	**Grouped by Sector**							
农、林、牧、渔业	**Farming, Forestry,animal Husbandry and Fishery**	**7.25**	**7.01**		**0.24**	**4.61**	**0.92**	**1.72**
农业	Farming	2.96	2.84		0.12	2.21	0.13	0.62
林业	Forestry	1.03	0.98		0.05	0.80	0.13	0.10
畜牧业	Animal Husbandry	0.82	0.79		0.04	0.20	0.07	0.55
渔业	Fishery	0.07	0.07			0.03	0.00	0.03
农、林、牧、渔服务业	Service activities for Farming, forestry, animal Husbandry and fishery	2.37	2.34		0.04	1.37	0.58	0.42
采矿业	**Mining**	**63.67**	**63.44**	**8.21**	**0.23**	**22.29**	**0.95**	**40.43**
制造业	**Manufacturing**	**193.82**	**191.84**	**5.90**	**1.98**	**14.51**	**9.90**	**169.42**
电力、燃气及水的生产和供应业	**Production and distribution of electricity, gas and water**	**21.46**	**20.77**	**0.24**	**0.69**	**13.89**	**0.30**	**7.27**
建筑业	**Construction**	**116.06**	**103.86**	**4.13**	**12.20**	**15.99**	**13.17**	**86.90**
房屋和土木工程建筑业	Construction of Building and civil engineering	97.56	86.29	3.42	11.27	13.52	11.28	72.76
建筑安装业	Architectural installation	12.31	11.71	0.43	0.60	2.20	1.23	8.88
建筑装饰业	Architectural decoration	2.86	2.73	0.13	0.13	0.11	0.47	2.28
其他建筑业	Other construction	3.33	3.13	0.15	0.20	0.16	0.19	2.98
交通运输、仓储和邮政业	**Traffic,transport, storage and post**	**30.24**	**29.09**	**1.05**	**1.15**	**21.66**	**1.96**	**6.63**
铁路运输业	Transport via railway	10.27	10.13	0.05	0.14	9.94	0.26	0.06
道路运输业	Transport via road	9.90	9.20	0.20	0.70	4.50	0.90	4.50
城市公共交通业	Urban public traffic	4.29	4.17	0.13	0.13	3.40	0.15	0.74
水上运输业	Water transport	0.28	0.27		0.01	0.05	0.19	0.04

5-12 续表 1 continued

单位：万人 (10 000 persons)

类别	Type	合计 total	在岗职工 Staff and Workers	#劳务派遣 Labor Dispatching	其他从业人员 Others	国有单位 State-owned Units	城镇集体单位 Urban Collective-owned Units	其他单位 Other Units
航空运输业	Air transport	0.71	0.71	0.28		0.39		0.32
管道运输业	Transport via pipeline							
装卸搬运和其他运输服务业	Loading, unloading, portage and other transport services	0.77	0.77			0.04	0.38	0.35
仓储业	Storage	2.23	2.18	0.08	0.05	1.68	0.07	0.47
邮政业	Post	1.80	1.67	0.31	0.13	1.65		0.14
信息传输、计算机服务和软件业	**Information transfer, computer services and software**	**5.87**	**5.69**	**0.95**	**0.18**	**2.69**	**0.49**	**2.68**
电信和其他信息传输服务业	Telecom and other information transfer services	5.52	5.34	0.95	0.18	2.67	0.49	2.36
计算机服务业	Computer services	0.18	0.18			0.02		0.16
软件业	Software industry	0.16	0.16					0.16
批发和零售业	**Wholesale and retail trade**	**42.73**	**41.44**	**0.61**	**1.29**	**13.40**	**8.47**	**20.86**
批发业	Wholesale	18.26	17.56	0.50	0.70	8.14	3.17	6.95
零售业	Retail trade	24.47	23.89	0.11	0.59	5.26	5.30	13.91
住宿和餐饮业	**Accommodation and Restaurants**	**10.53**	**10.30**	**0.22**	**0.24**	**3.36**	**1.00**	**6.17**
住宿业	Accommodation	7.05	6.88	0.17	0.17	2.70	0.79	3.56
餐饮业	Restaurants	3.48	3.42	0.05	0.07	0.66	0.22	2.61
金融业	**Finance**	**23.81**	**18.86**	**0.67**	**4.95**	**6.28**	**3.27**	**14.26**
银行业	Bank	14.85	14.61	0.48	0.24	4.33	3.26	7.26
证券业	Securities	0.16	0.16	0.01		0.07		0.09
保险业	Insurance	8.42	3.74	0.17	4.68	1.73	0.01	6.68
其他金融活动	Other financial activities	0.38	0.35	0.02	0.03	0.15		0.22
房地产业	**Real estate**	**11.64**	**11.17**	**0.17**	**0.46**	**1.33**	**0.34**	**9.97**
#房地产开发经营	Real estate development and operation	8.84	8.42	0.03	0.42	0.82	0.12	7.89
物业管理	Real estate management	1.97	1.93	0.14	0.04	0.11	0.16	1.70
房地产中介服务	Intermediate service of real estate	0.83	0.82	0.01	0.01	0.40	0.06	0.38
租赁和商务服务业	**Tenancy and business services**	**11.14**	**10.91**	**0.12**	**0.23**	**5.00**	**1.16**	**4.98**
租赁业	Tenancy	0.54	0.53		0.01	0.19	0.05	0.29
商务服务业	Business service	10.60	10.38	0.12	0.22	4.81	1.11	4.69
科学研究、技术服务和地质勘查业	**Scientific research, technical service and geologic perambulation**	**12.25**	**11.96**	**0.43**	**0.29**	**9.93**	**0.40**	**1.93**
研究与试验发展	Research and experimental development	2.48	2.46	0.14	0.02	2.35	0.02	0.11
专业技术服务业	Professional technique services	6.24	6.07	0.26	0.18	4.61	0.25	1.38
科技交流和推广服务业	Services of science and technique intercommunion and generalization	1.82	1.78	0.01	0.04	1.47	0.12	0.23
地质勘查业	Geologic perambulation	1.72	1.66	0.02	0.06	1.50	0.01	0.21

5-12 续表 2　continued

单位:万人　(10 000 persons)

类别	Type	合计 total	在岗职工 Staff and Workers	#劳务派遣 Labor Dispatching	其他从业人员 Others	国有单位 State-owned Units	城镇集体单位 Urban Collective-owned Units	其他单位 Other Units
水利、环境和公共设施管理业	**Management of water conservancy, environment and public establishment**	**12.89**	**11.96**	**0.10**	**0.93**	**11.52**	**0.22**	**1.15**
水利管理业	Management of water conservancy	4.09	4.01		0.08	3.80	0.09	0.19
环境管理业	Environmental management	4.17	3.64	0.05	0.53	3.82	0.05	0.31
公共设施管理业	Management of public establishment	4.63	4.31	0.05	0.32	3.90	0.08	0.65
居民服务业和其他服务业	**Resident services and other services**	**1.92**	**1.87**	**0.05**	**0.05**	**0.82**	**0.21**	**0.90**
居民服务业	Resident services	1.15	1.13	0.01	0.02	0.61	0.03	0.50
其他服务业	Other services	0.78	0.74	0.04	0.04	0.21	0.18	0.39
教育	**Education**	**117.40**	**115.98**	**0.20**	**1.41**	**104.24**	**6.45**	**6.70**
#初等教育	Primary education	42.27	41.98	0.03	0.29	36.34	4.11	1.83
中等教育	Secondary education	57.79	57.08	0.07	0.71	53.63	1.99	2.16
高等教育	Higher education	9.02	8.76	0.05	0.26	8.05	0.03	0.94
卫生、社会保障和社会福利业	**Sanitation, social security and social welfare**	**43.21**	**41.81**	**0.54**	**1.40**	**38.63**	**1.85**	**2.72**
卫生	Sanitation	41.64	40.31	0.54	1.33	37.29	1.82	2.53
社会保障	Social security	0.82	0.77		0.06	0.80	0.01	0.01
社会福利业	Social welfare	0.75	0.73		0.02	0.54	0.03	0.18
文化、体育和娱乐业	**Culture, sports and entertainment**	**7.09**	**6.78**	**0.05**	**0.31**	**6.44**	**0.10**	**0.55**
新闻出版业	Journalism and publishing activities	1.50	1.37	0.01	0.13	1.43	0.01	0.06
广播、电影、电视和音像业	Broadcasting,movies,television and audiovisual activities	2.48	2.44	0.01	0.05	2.40	0.02	0.06
文化艺术业	Culture and art	2.51	2.39	0.03	0.12	2.21	0.07	0.23
体育	Sports activities	0.28	0.26		0.01	0.26		0.02
娱乐业	Entertainment	0.33	0.32			0.15	0.01	0.18
公共管理和社会组织	**Public management and social organization**	**106.11**	**103.89**	**0.77**	**2.22**	**103.67**	**0.48**	**1.95**
#中国共产党机关	Chinese Communist Party organs	3.39	3.34	0.02	0.07	3.39		
国家机构	Organ of state	98.44	97.08	0.73	2.09	98.44		
人民政协和民主党派	People's Political Consultative Conference and democratic parties	0.55	0.55	0.01		0.55		
群众团体、社会团体和宗教组织	Mass communities, social communities and religion organizations	2.56	2.50	0.01	0.06	1.28	0.05	1.23

5-13　各种分组的城镇女性从业人员数（年底数）

Number of Female Employed Persons at the Year-end by Groups

单位：万人　　(10 000 persons)

项　目	Item	2010	2011
合计	**Total**	**267.77**	**291.64**
按国民经济行业分	**Grouped by Sector**		
农、林、牧、渔业	Farming, Forestry, Animal Husbandry and Fishery	2.52	2.60
采矿业	Mining	11.37	12.19
制造业	Manufacturing	61.56	70.72
电力、燃气及水的生产和供应业	Production and distribution of electricity,gas and water	6.97	6.28
建筑业	Construction	11.46	14.10
交通运输、仓储和邮政业	Traffic,transport, storage and post	8.57	9.11
信息传输、计算机服务和软件业	Information transfer, computer services and software	1.81	2.51
批发和零售业	Wholesale and retail trade	16.41	18.67
住宿和餐饮业	Accommodation and Restaurants	5.55	5.90
金融业	Finance	11.29	11.80
房地产业	Real estate	3.04	3.92
租赁和商务服务业	Tenancy and business services	3.83	3.51
科学研究、技术服务和地质勘查业	Scientific research, technical service and geologic perambulation	3.56	3.93
水利、环境和公共设施管理业	Management of water conservancy, environment and public establishment	4.78	5.01
居民服务和其他服务业	Resident services and other services	0.77	0.83
教育	Education	56.38	59.45
卫生、社会保障和社会福利业	Sanitation, social security and social welfare	22.85	24.78
文化、体育和娱乐业	Culture, sports and entertainment	2.89	2.89
公共管理和社会组织	Public management and social organization	32.15	33.46
按三次产业分	**by Type of Industry**		
第一产业	Primary Industry	2.52	2.60
第二产业	Secondary Industry	91.36	103.28
第三产业	Teriary industry	173.89	185.76
按注册类型分	**by Registration Status**		
#国有单位	State-owned Units	149.89	154.82
城镇集体单位	Urban Collective Owned Units	18.05	18.55
股份合作单位	Share Holding Units	3.46	3.46
联营单位	Joint Owned Units	0.36	0.54
有限责任公司	Limited Liability Corporations	55.08	63.23
股份有限公司	Share-holding Corporations Ltd.	23.20	23.28
港澳台商投资单位	Units Funded by Entrepreneurs from Hong Kong, Macao & Taiwan	4.89	10.64
外商投资单位	Foreign Funded Units	4.62	5.81

5-14 各市城镇登记失业人数及失业率

Number of Unemployed and Unemployment Rate in Urban Area by City

市(县) City(County)	年底登记失业人数（万人） Number of Unemployed End of the year (10 0000 person)							登记失业率(%) Registered Rate of Unemployment(%)						
	2005	2006	2007	2008	2009	2010	2011	2005	2006	2007	2008	2009	2010	2011
全　省 Total	**33.02**	**35.40**	**33.07**	**36.51**	**38.50**	**38.20**	**38.40**	**3.5**	**3.5**	**3.4**	**3.4**	**3.5**	**3.4**	**3.4**
省辖市 City														
郑州市 Zhengzhou	4.64	5.63	4.81	4.94	3.92	2.95	2.23	3.5	3.5	3.4	3.4	2.1	2.8	2.0
开封市 Kaifeng	2.15	1.05	2.35	2.52	2.41	2.54	2.49	3.0	3.5	3.0	3.1	3.9	3.9	3.9
洛阳市 Luoyang	2.53	3.11	3.57	3.09	2.72	2.80	3.23	3.9	3.8	3.8	4.0	3.2	3.3	3.5
平顶山市 Pingdingshan	1.93	2.08	1.52	2.12	2.11	2.01	2.20	3.6	3.8	3.5	3.0	3.4	3.2	3.3
安阳市 Anyang	1.96	1.68	1.51	2.12	2.15	2.09	2.27	3.3	3.4	3.5	3.2	3.7	3.3	3.4
鹤壁市 Hebi	0.47	0.47	0.60	0.57	0.65	0.70	0.88	4.0	3.9	3.5	3.8	3.1	3.7	3.9
新乡市 Xinxiang	2.07	2.09	2.10	2.10	2.18	2.45	2.53	2.9	3.0	3.7	3.4	3.6	3.9	3.9
焦作市 Jiaozuo	1.36	2.59	1.90	2.17	2.04	2.17	2.41	3.3	3.3	3.3	3.3	3.8	3.9	4.0
濮阳市 Puyang	1.28	1.59	0.91	0.97	0.88	0.94	1.39	3.8	3.7	3.8	3.9	2.2	2.6	2.7
许昌市 Xuchang	0.95	0.93	0.87	0.94	0.98	0.99	0.46	4.1	3.9	2.5	3.0	3.3	3.3	3.2
漯河市 Luohe	0.60	0.50	0.44	0.49	0.77	0.62	0.53	3.1	3.1	3.0	3.0	3.6	2.5	2.7
三门峡市 Sanmenxia	1.07	1.12	1.01	0.90	1.02	0.90	0.84	3.1	2.4	2.1	2.3	3.6	3.3	3.2
南阳市 Nanyang	3.31	3.44	3.68	4.54	3.91	3.70	3.73	3.8	3.8	3.3	3.1	3.4	3.3	3.3
商丘市 Shangqiu	2.42	2.47	2.00	2.37	2.54	2.52	2.66	3.4	3.2	3.1	3.7	3.7	3.6	3.7
信阳市 Xinyang	1.75	1.76	1.46	1.44	1.60	1.19	0.92	3.8	3.8	3.4	3.7	3.1	2.9	2.3
周口市 Zhoukou	2.64	3.01	2.63	3.16	3.75	3.17	3.02	3.4	3.3	3.0	2.9	3.9	4.0	4.0
驻马店市 Zhumadian	1.56	1.56	1.29	1.55	1.58	1.50	1.58	3.7	3.9	3.4	4.0	3.6	3.4	3.7
济源市 Jiyuan	0.33	0.30	0.42	0.51	0.61	0.69	0.82	3.3	3.8	3.0	3.6	3.2	3.3	3.5
省直管县 Province Administrating County														
巩义市 Gongyi	0.19	0.22	0.30	0.40	0.41	0.47	0.53	0.8	0.6	1.5	2.3	2.0	2.0	2.0
兰考县 Lankao	0.48	0.07	0.11	0.19	0.10	0.10	0.10	4.4	1.9	2.3	2.9	3.5	3.2	2.4
汝州市 Ruzhou	0.16	0.19	0.19	0.17	0.19	0.21	0.17	3.4	3.6	3.3	3.2	3.1	3.8	3.3
滑县 Huaxian	0.19	0.18	0.14	0.10	0.09	0.13	0.16	3.9	3.8	3.7	3.5	3.4	3.7	3.8
长垣县 Changyuan	0.14	0.13	0.12	0.13	0.20	0.23	0.23	4.2	3.9	3.6	3.9	3.8	3.8	3.7
邓州市 Dengzhou	0.18	0.11	0.13	0.16	0.14	0.14	0.19	3.4	3.4	2.0	2.5	2.0	2.4	2.7
永城市 Yongcheng	0.14	0.15	0.13	0.21	0.26	0.27	0.26	3.9	4.0	4.7	4.2	4.0	4.0	4.1
固始县 Gushi	0.16	0.17	0.11	0.17	0.17	0.17	0.18	3.2	3.2	3.3	3.2	3.1	3.2	3.2
鹿邑县 Luyi	0.21	0.24	0.20	0.18	0.14	0.15	0.13	4.1	4.0	4.3	4.0	3.9	3.8	3.7
新蔡县 Xincai	0.15	0.14	0.10	0.18	0.09	0.08	0.20	3.1	3.0	2.8	3.1	2.8	2.8	3.0

5-15 历年城镇单位就业人员平均工资

Average Earnings of Employed Persons in Urban Areas by Years

单位：元 (yuan)

年 份 Year	合 计 Total	国有单位 State-owned Units	城 镇 集体单位 Urban Collective-owned Units	股份合作单 位 Cooperative Units	联 营 单 位 Joint Ownership Units	有限责任公 司 Limited Liability Corporations Units	股份有限公 司 Share Holding Corporations Units	港、澳、台商投资单位 Economic Units Funded by Entrepreneurs from Hong Kong,Macao and Taiwan Units	外商投资单 位 Foreign Funded Economic Units	其 他 Others
1998	5641	6103	4050	4026	5270	6201	5342	6009	8503	2213
1999	6136	6562	4524	5201	3897	6637	5895	6997	7502	4017
2000	6877	7408	4840	5640	5084	6910	7515	9267	7997	5521
2001	7868	8518	5669	5685	5661	7811	8077	9596	9070	5512
2002	9714	9791	6607	7208	6370	9148	10003	10482	9992	7507
2003	10639	11280	7828	9285	8482	10789	11862	12091	13363	8718
2004	11970	12562	8582	9586	9211	12150	13629	14278	14045	9864
2005	14119	14740	10248	11722	10386	14796	14986	14937	15437	10886
2006	16791	17702	12377	13075	12247	17051	17034	17710	17452	14811
2007	20639	22044	15674	17581	13370	19728	21771	20133	21371	17488
2008	24438	26222	16873	21493	17581	24012	24740	23315	25237	18435
2009	26906	28503	18006	26731	20665	25701	29628	25153	27120	22135
2010	29819	31470	20385	29928	25245	28775	32377	27257	29620	25087
2011	33634	35386	24220	32982	32881	33136	34884	31948	32674	28909

5-16 各种分组的城镇单位就业人员工资总额(2011年)

Total Wages of Employed Persons in Urban Units by Groups (2011)

单位：万元 (10 000 yuan)

类 别	Type	工资总额 Average Wage	在岗职工 Staff and Workers	#劳务派遣 Labor Dispatching	其他从业人员 Others	国有单位 State-owned Units	集体单位 Collectiveowned Units	其他单位 Others
总 计	**Total**	**27752799**	**27214213**	**741829**	**538586**	**14081331**	**1231310**	**12440157**
按企业、事业、机关分	**Grouped by Enterprises, Institutions and Agencies**							
企 业	Enterprises	17642924	17212335	714964	430589	4906130	954831	11781963
事 业	Institutions	7112182	7034198	15879	77984	6609052	253308	249823
机 关	Agencies & Organizations	2635901	2614133	8561	21768	2485346	8806	141750
按国民经济行业分	**Grouped by Sector**							
农、林、牧、渔业	**Farming, Forestry,animal Husbandry and Fishery**	**148211**	**145027**	**3**	**3184**	**93382**	**16310**	**38519**
农业	Farming	55461	53927		1534	38328	1970	15162
林业	Forestry	23800	23264	1	537	19723	2271	1806
畜牧业	Animal Husbandry	15880	15293		587	3338	1151	11391
渔业	Fishery	1343	1343			712	76	555
农、林、牧、渔服务业	Service activities for Farming, forestry, animal Husbandry and fishery	51728	51201	2	528	31282	10841	9605
采矿业	**Mining**	**3342499**	**3338381**	**348811**	**4118**	**1200825**	**23748**	**2117927**
制造业	**Manufacturing**	**5630400**	**5597169**	**130136**	**33231**	**489042**	**225052**	**4916307**
电力、燃气及水的生产和供应业	**Production and distribution of electricity, gas and water**	**867816**	**853362**	**6760**	**14454**	**571703**	**7245**	**288868**
建筑业	**Construction**	**3148643**	**2925351**	**119078**	**223292**	**506927**	**287209**	**2354507**
房屋和土木工程建筑业	Construction of Building and civil engineering	2601226	2401375	93505	199851	405339	252774	1943113
建筑安装业	Architectural installation	376206	361639	16655	14567	89516	25636	261053
建筑装饰业	Architectural decoration	73968	70402	2731	3567	6874	5109	61985
其他建筑业	Other construction	97242	91935	6187	5307	5198	3690	88355
交通运输、仓储和邮政业	**Traffic,transport, storage and post**	**1112957**	**1095164**	**24419**	**17793**	**911254**	**37624**	**164079**
铁路运输业	Transport via railway	606535	602766	818	3769	599982	4342	2212
道路运输业	Transport via road	228511	218512	3826	10000	107523	18001	102988
城市公共交通业	Urban public traffic	117959	116370	4472	1589	98381	2378	17200
水上运输业	Water transport	6468	6252		217	1192	4177	1099

5-16 续表 1　continued

单位：万元　(10 000 yuan)

类别	Type	工资总额 Average Wage	在岗职工 Staff and Workers	#劳务派遣 Labor Dispat-ching	其他从业人员 Others	国有单位 State-owned Units	集体单位 Collecti-veowned Units	其他单位 Others
航空运输业	Air transport	30546	30546	8758		18024		12523
装卸搬运和其他运输服务业	Loading, unloading, portage and other transport services	18893	18877		15	1119	7184	10589
仓储业	Storage	56616	55960	1834	655	40947	1542	14126
邮政业	Post	47429	45880	4711	1549	44087		3342
信息传输、计算机服务和软件业	**Information transfer, computer services and software**	**224187**	**221664**	**28549**	**2523**	**85057**	**22638**	**116493**
电信和其他信息传输服务业	Telecom and other information transfer services	211369	208884	28515	2485	84333	22605	104431
计算机服务业	Computer services	5426	5414		12	694	19	4713
软件业	Software industry	7393	7367	34	26	30	14	7349
批发和零售业	**Wholesale and retail trade**	**1138086**	**1116343**	**17064**	**21743**	**441375**	**154676**	**542035**
批发业	Wholesale	564342	550755	14865	13588	308537	61348	194458
零售业	Retail trade	573743	565588	2199	8155	132838	93329	347577
住宿和餐饮业	**Accommodation and Catering Trade**	**257755**	**253975**	**4442**	**3781**	**84357**	**18948**	**154451**
住宿业	Accommodation	164491	161885	3232	2606	59281	14409	90801
餐饮业	Catering Trade	93264	92090	1210	1174	25076	4539	63649
金融业	**Finance**	**1119501**	**1027678**	**19351**	**91822**	**286196**	**122706**	**710599**
银行业	Bank	861302	851947	14975	9354	235091	122316	503895
证券业	Securities	11301	11264		37	4514		6787
保险业	Insurance	232602	151006	3769	81596	40564	330	191708
其他金融活动	Other financial activities	14296	13461	607	835	6027	60	8210
房地产业	**Real estate**	**394331**	**382744**	**4239**	**11587**	**40453**	**9043**	**344836**
#房地产开发经营	Real estate development and operation	322591	312039	1968	10552	26848	3329	292414
物业管理	Real estate management	48486	47547	2027	939	2914	4402	41170
房地产中介服务	Intermediate service of real estate	23254	23159	244	96	10690	1312	11253
租赁和商务服务业	**Tenancy and business services**	**314603**	**310766**	**2485**	**3836**	**137247**	**20358**	**156997**
租赁业	Tenancy	13657	13560		96	4043	737	8877
商务服务业	Business service	300946	297206	2485	3740	133204	19622	148120
科学研究、技术服务和地质勘查业	**Scientific research, technical service and geologic perambulation**	**477384**	**470896**	**11056**	**6488**	**395566**	**10760**	**71058**
研究与试验发展	Research and experimental development	98799	98528	2503	271	93871	683	4245
专业技术服务业	Professional technique services	243688	239073	8221	4615	183982	7080	52626
科技交流和推广服务业	Services of science and technique intercommunion and generalization	60968	60207	50	762	51067	2826	7076
地质勘查业	Geologic perambulation	73929	73088	282	840	66646	171	7111

5-16 续表 2　continued

单位：万元　　(10 000 yuan)

类　别	Type	工资总额 Average Wage	在岗职工 Staff and Workers	#劳务派遣 Labor Dispat-ching	其他从业人员 Others	国有单位 State-owned Units	集体单位 Collecti-veowned Units	其他单位 Others
水利、环境和公共设施管理业	**Management of water conservancy, environment and public establishment**	**351466**	**339044**	**1172**	**12422**	**305586**	**5448**	**40432**
水利管理业	Management of water conservancy	122033	120535	28	1498	111505	2241	8288
环境管理业	Environmental management	101048	93915	518	7134	88803	1170	11075
公共设施管理业	Management of public establishment	128384	124594	626	3790	105278	2037	21068
居民服务业和其他服务业	**Resident services and other services**	**47089**	**45922**	**1253**	**1166**	**20099**	**5055**	**21934**
居民服务业	Resident services	26976	26870	137	106	12706	742	13528
其他服务业	Other services	20113	19052	1116	1061	7393	4314	8406
教育	**Education**	**4210254**	**4183165**	**3503**	**27089**	**3778648**	**196389**	**235217**
#初等教育	Primary education	1454841	1449582	438	5258	1263166	123658	68016
中等教育	Secondary education	2086115	2073341	884	12774	1951255	62582	72278
高等教育	Higher education	398555	391647	1205	6908	357620	761	40174
卫生、社会保障和社会福利业	**Sanitation, social security and social welfare**	**1499846**	**1474626**	**9137**	**25220**	**1348554**	**53762**	**97531**
卫生	Sanitation	1454306	1429717	9130	24589	1308484	52888	92934
社会保障	Social security	23836	23385		452	23394	135	306
社会福利业	Social welfare	21704	21524	7	180	16676	738	4291
文化、体育和娱乐业	**Culture, sports and entertainment**							
新闻出版业	Journalism and publishing activities	**220317**	**214313**	**905**	**6003**	**201797**	**1661**	**16859**
广播、电影、电视和	Broadcasting,movies,television and audiovisual	61670	57939	359	3731	59154	136	2380
音像业	activities	73222	72886	113	336	71196	293	1732
文化艺术业	Culture and art	67132	65468	395	1664	59121	1078	6933
体育	Sports activities	8937	8743	38	195	8384	63	491
娱乐业	Entertainment	9356	9278		78	3942	91	5323
公共管理和社会组织	**Public management and social organization**	**3247455**	**3218621**	**9465**	**28833**	**3183265**	**12679**	**51511**
#中国共产党机关	Chinese Communist Party organs	116281	115787	213	955	116281		
国家机构	Organ of state	3004526	2986949	9024	26601	3004526		
人民政协和民主党派	People's Political Consultative Conference and democratic parties	21123	21037	110	86	21123		
群众团体、社会团体和宗教组织	Mass communities, social communities and religion organizations	76372	75181	118	1192	41334	1228	33810
按三次产业分	**Grouped by Industry**							
第一产业	Primary Industry	148211	145027	3	3184	93382	16310	38519
第二产业	Secondary Industry	12989358	12714264	604785	275094	2768497	543253	9677608
第三产业	Teriary industry	14615229	14354922	137040	260307	11219452	671747	2724030

5-17 各种分组的城镇单位就业人员平均工资(2011年)

Average Wage of Employed Persons in Urban Units by Groups(2011)

单位:元 (yuan)

类别	Type	平均工资 Average Wage	在岗职工 Staff and Workers	#劳务派遣 Labor Dispatching	其他从业人员 Others	国有单位 State-owned Units	集体单位 Collectiveowned Units	其他单位 Others
总　计	**Average**	**33634**	**34203**	**32205**	**18279**	**35386**	**24220**	**33054**
按企业、事业、机关分	**Grouped by Enterprises, Institutions and Agencies**							
企　业	Enterprises	33999	34698	33354	18836	40185	23160	33132
事　业	Institutions	33700	34081	16065	16784	33870	29082	34675
机　关	Agencies & Organizations	31547	31928	15907	12969	31742	28627	28648
按国民经济行业分	**Grouped by Sector**							
农、林、牧、渔业	**Farming, Forestry,animal Husbandry and Fishery**	**20492**	**20732**	**16500**	**13408**	**20326**	**17767**	**22389**
农业	Farming	18743	18957		13418	17427	15050	24117
林业	Forestry	23340	23968	13000	10929	24915	17419	18483
畜牧业	Animal Husbandry	19427	19629		15313	16788	15858	20862
渔业	Fishery	20042	20042			21505	16956	18867
农、林、牧、渔服务业	Service activities for Farming, forestry, animal Husbandry and fishery	21830	21939	20000	14735	22810	18705	22946
采矿业	**Mining**	**52619**	**52784**	**43028**	**14898**	**53454**	**24627**	**52825**
制造业	**Manufacturing**	**30012**	**30215**	**25799**	**14080**	**33471**	**22691**	**30148**
电力、燃气及水的生产和供应业	**Production and distribution of electricity, gas and water**	**40672**	**41297**	**30951**	**21480**	**41398**	**24109**	**39972**
建筑业	**Construction**	**28170**	**29054**	**29619**	**20139**	**32718**	**22913**	**28115**
房屋和土木工程建筑业	Construction of Building and civil engineering	27923	28909	29427	19808	31319	23669	27944
建筑安装业	Architectural installation	29884	30293	31224	22383	39325	21505	28623
建筑装饰业	Architectural decoration	26503	26776	20687	22072	59674	10980	28042
其他建筑业	Other construction	30041	30130	34877	28578	32526	18644	30686
交通运输、仓储和邮政业	**Traffic,transport, storage and post**	**37067**	**37817**	**23605**	**16695**	**42380**	**19218**	**24991**
铁路运输业	Transport via railway	59541	59998	16156	26847	60916	15893	34398
道路运输业	Transport via road	23255	23713	19999	16355	23966	20008	23195
城市公共交通业	Urban public traffic	27807	28268	35243	12671	29318	15666	23414
水上运输业	Water transport	23109	23155		21869	23612	22539	24930

5-17 续表 1 continued

单位:元 (yuan)

类别	Type	平均工资 Average Wage	在岗职工 Staff and Workers	#劳务派遣 Labor Dispatching	其他从业人员 Others	国有单位 State-owned Units	集体单位 Collectiveowned Units	其他单位 Others
航空运输业	Air transport	43218	43218	31860		46381		39354
装卸搬运和其他运输服务业	Loading, unloading, portage and other transport services	24638	24644		18875	28624	19162	30015
仓储业	Storage	25395	25686	21731	12898	24295	21187	29979
邮政业	Post	26537	27635	15376	12183	26766		23837
信息传输、计算机服务和软件业	**Information transfer, computer services and software**	**38208**	**39420**	**31955**	**10324**	**31602**	**45194**	**43545**
电信和其他信息传输服务业	Telecom and other information transfer services	38272	39562	31975	10231	31582	45228	44388
计算机服务业	Computer services	29943	29977		19667	34347	37200	29366
软件业	Software industry	45189	45278	21125	29111	30000	24000	45361
批发和零售业	**Wholesale and retail trade**	**26913**	**27230**	**27661**	**16834**	**32969**	**18490**	**26396**
批发业	Wholesale	30942	31428	28384	19023	37781	19249	28242
零售业	Retail trade	23857	24096	23599	14126	25442	18023	25464
住宿和餐饮业	**Accommodation and Catering Trade**	**24604**	**24809**	**20652**	**15811**	**25097**	**18950**	**25257**
住宿业	Accommodation	23488	23728	20037	14422	22036	18403	25723
餐饮业	Catering Trade	26854	26969	22496	20110	37371	20927	24622
金融业	**Finance**	**47749**	**55160**	**29670**	**19070**	**46076**	**37550**	**50879**
银行业	Bank	58576	58835	31606	41816	54434	37589	70662
证券业	Securities	73911	74942		14308	75113		73133
保险业	Insurance	28298	41317	23512	17875	24150	28171	29366
其他金融活动	Other financial activities	38711	38961	33558	35084	39440	28571	38291
房地产业	**Real estate**	**34062**	**34485**	**20460**	**24225**	**30769**	**26417**	**34762**
#房地产开发经营	Real estate development and operation	36619	37202	31740	25035	33088	27068	37132
物业管理	Real estate management	25055	25190	14817	19686	27363	26938	24722
房地产中介服务	Intermediate service of real estate	27933	28125	29095	10527	26941	23463	29627
租赁和商务服务业	**Tenancy and business services**	**28474**	**28682**	**22819**	**17944**	**27696**	**17975**	**31648**
租赁业	Tenancy	25536	25595		19280	21288	14275	30267
商务服务业	Business service	28623	28840	22819	17912	27952	18152	31734
科学研究、技术服务和地质勘查业	**Scientific research, technical service and geologic perambulation**	**39277**	**39656**	**27834**	**23189**	**40217**	**27117**	**36977**
研究与试验发展	Research and experimental development	40272	40491	18098	13565	40321	31330	41055
专业技术服务业	Professional technique services	39375	39669	33885	28453	40383	28435	38024
科技交流和推广服务业	Services of science and technique intercommunion and generalization	33673	33954	17821	20364	34803	23487	31730
地质勘查业	Geologic perambulation	43449	44531	20904	13960	44895	30070	33654

5-17 续表 2　continued

单位:元 (yuan)

类别	Type	平均工资 Average Wage	在岗职工 Staff and Workers	#劳务派遣 Labor Dispatching	其他从业人员 Others	国有单位 State-owned Units	集体单位 Collectiveowned Units	其他单位 Others
水利、环境和公共设施管理业	**Management of water conservancy, environment and public establishment**	**27486**	**28542**	**11584**	**13671**	**26766**	**24595**	**35191**
水利管理业	Management of water conservancy	29898	30107	14947	19183	29411	24354	41795
环境管理业	Environmental management	24701	25929	11064	15217	23772	24072	36122
公共设施管理业	Management of public establishment	27819	29294	11926	10477	27064	25184	32715
居民服务业和其他服务业	**Resident services and other services**	**25338**	**25379**	**22816**	**23847**	**26678**	**23052**	**24764**
居民服务业	Resident services	25164	25285	13154	11344	23246	23103	27423
其他服务业	Other services	25576	25512	25074	26783	35750	23043	21423
教育	**Education**	**36082**	**36275**	**18937**	**19840**	**36453**	**30753**	**35423**
#初等教育	Primary education	34606	34716	14837	18470	34928	30311	37896
中等教育	Secondary education	36302	36522	14617	18380	36573	31920	33583
高等教育	Higher education	44671	45114	26359	28687	45039	23698	42298
卫生、社会保障和社会福利业	**Sanitation, social security and social welfare**	**35216**	**35780**	**17720**	**18338**	**35402**	**29383**	**36567**
卫生	Sanitation	35455	36002	17748	18836	35605	29509	37538
社会保障	Social security	29076	30640		7977	29217	22949	23212
社会福利业	Social welfare	28877	29154	5750	13526	30778	23425	24064
文化、体育和娱乐业	**Culture, sports and entertainment**							
新闻出版业	Journalism and publishing activities	**31249**	**31719**	**17271**	**20440**	**31546**	**16498**	30503
广播、电影、电视和	Broadcasting,movies,television and audiovisual	41414	42484	40315	29773	41658	24636	37420
音像业	activities	29781	30134	10216	8400	29962	14964	27536
文化艺术业	Culture and art	26876	27449	13290	14766	26899	15878	29884
体育	Sports activities	32381	33128	14111	16083	32545	28636	30290
娱乐业	Entertainment	28464	28539		21667	27145	16618	29905
公共管理和社会组织	**Public management and social organization**	**30691**	**31067**	**15514**	**13046**	**30792**	**26338**	**26423**
#中国共产党机关	Chinese Communist Party organs	34191	34622	12006	13902	34191		
国家机构	Organ of state	30613	30931	15618	12771	30613		
人民政协和民主党派	People's Political Consultative Conference and democratic parties	38005	38180	14338	17917	38005		
群众团体、社会团体和宗教组织	Mass communities, social communities and religion organizations	29887	30053	17145	22147	32302	24852	27569
按三次产业分	**Grouped by Industry**							
第一产业	Primary Industry	20492	20732	16500	13408	20326	17767	22389
第二产业	Secondary Industry	33806	34378	34779	19108	41708	22905	32901
第三产业	Teriary industry	33702	34173	24278	17553	34315	25637	33837

5-18 各市城镇单位从业人员工资总额(2011年)

单位：万元

市(县)	City(County)	工资总额 total Wages	在岗职工 Staff and Workers	#劳务派遣 Labor Dispatching	其他从业人员 Others	#国有单位 State-owned Units	#集体单位 Urban Collective-owned Units	#股份合作经济 Cooperative Units	#联营经济 Joint Ownership Units
全省	**Total**	**27752799**	**27214213**	**741829**	**538586**	**14081331**	**1231310**	**315979**	**67041**
省辖市	**City**								
郑州市	Zhengzhou	4576917	4487830	127439	89087	2161111	148966	66057	26008
开封市	Kaifeng	1062874	1036577	5944	26297	432118	110924	20944	4679
洛阳市	Luoyang	1940413	1891158	86790	49255	1132403	96741	7285	672
平顶山市	Pingdingshan	1785149	1762086	70638	23063	623753	91486	16637	787
安阳市	Anyang	1390953	1316100	15282	74853	481649	43462	27137	1752
鹤壁市	Hebi	539705	530493	4479	9212	142542	15158	4952	121
新乡市	Xinxiang	1147226	1122805	9299	24421	617442	93496	12493	1116
焦作市	Jiaozuo	1133712	1096574	126693	37138	378364	32298	4293	1215
濮阳市	Puyang	1027177	1012356	128434	14821	735163	15895	10342	1996
许昌市	Xuchang	955150	948661	4973	6489	462839	32192	10732	53
漯河市	Luohe	602814	595622	10094	7192	264190	43625	429	88
三门峡市	Sanmenxia	863044	841996	6000	21048	409225	29335	624	3285
南阳市	Nanyang	2231650	2165017	95760	66633	1235976	121042	31615	4121
商丘市	Shangqiu	1122163	1107807	34924	14357	652275	64837	11737	5344
信阳市	Xinyang	1186441	1173390	2	13051	849470	139058	19454	136
周口市	Zhoukou	1236993	1211183	2265	25810	862344	82614	10319	2168
驻马店市	Zhumadian	1103961	1084964	2563	18996	631114	50466	13395	1888
济源市	Jiyuan	225687	214957	6342	10730	92158	542	1791	
省直管县	**Province Administrating County**								
巩义市	Gongyi	179061	177505	2677	1556	56546	21022	4119	435
兰考县	Lankao	96058	93740	109	2318	18940	10897		43
汝州市	Ruzhou	200561	197710	41601	2852	139481	13998		117
滑县	Huaxian	97604	94951	86	2653	53570	17006		
长垣县	Changyuan	71925	71731	27	194	35919	9782		
邓州市	Dengzhou	161681	150704		10977	116890	14366	923	
永城市	Yongcheng	336735	332233	24442	4502	101620	7151	1371	
固始县	Gushi	162437	161228		1210	123412	17688	2204	
鹿邑县	Luyi	101337	101337			91614	4550		
新蔡县	Xincai	56348	55592		756	40305	5372	599	185

Total Wages Bill of Employed Persons in Urban Units by City (2011)

(10 000 yuan)

#有限责任公司 Limited Liability Corporations Units	#股份有限公司 Share Holding Corporations Units	#港澳台投资 Economic Units Funded by Entrepreneurs from Hong Kong, Macao and Taiwan	#外商投资 Foreign Funded Economic Units	第一产业 Primary Industry	第二产业 Secondary Industry	第三产业 Teriary industry
7728801	**2330896**	**729835**	**504986**	**148211**	**12989358**	**14615229**
1112127	449102	377440	150925	5142	2166520	2405255
213026	91778	7323	9200	15807	338610	708457
505946	152338	9746	20296	4187	930682	1005545
842315	123666	20663	29307	1865	1141267	642017
732509	54002	14214	22622	3282	829343	558328
341064	20769	6349	2986	1437	374502	163767
195730	115722	12486	62718	9480	480523	657224
480768	156596	21752	30352	11210	690064	432438
148785	83748	8508	7229	881	691948	334348
229842	153246	18268	23867	1970	486742	466438
126105	39215	86287	4545	805	317662	284348
348493	23081	9775	13776	2610	493597	366837
578869	153301	23878	25615	17148	984175	1230327
222183	148411	3727	5614	4832	418834	698498
123638	43268	798	2102	19086	332448	834907
120668	110752	6675	2391	16128	273609	947256
257790	93855	11004	12534	8278	342273	753410
100719	14901		11505	651	136744	88292
36935	21683	8426	23923	118	99306	79637
1706	874		303	6075	17203	72781
14901	25298	1748		428	107104	93029
22041	4067			342	27565	69697
23679	1348			5695	15690	50541
19796	4995	392	940	2809	41759	117113
129502	97091			227	237124	99385
18841	293			1383	35808	125246
	5173			828	7512	92997
5819	1324	63	30	515	8592	47241

5-19 各市城镇单位就业人员平均工资(2011年)

单位：元

市(县) City(County)	平均工资 Average Wages	在岗职工 Staff and Workers	#劳务派遣 Labor Dispatching	其他从业人员 Others	#国有单位 State-owned Units	#集体单位 Urban Collective-owned Units	#股份合作经济 Cooperative Units	#联营经济 Joint Ownership Units
全　　省 Total	**33634**	**34203**	**32205**	**18279**	**35386**	**24220**	**32982**	**32881**
省　辖　市 City								
郑　州　市 Zhengzhou	35000	35541	29482	19806	40564	28165	30892	35169
开　封　市 Kaifeng	27351	27469	31685	23400	29858	26366	23884	23911
洛　阳　市 Luoyang	32657	33466	27038	16932	34283	27426	33385	18266
平 顶 山 市 Pingdingshan	36135	36741	38552	16001	31553	27436	48761	19884
安　阳　市 Anyang	28543	29495	20021	18209	30275	20411	36401	19249
鹤　壁　市 Hebi	29226	29594	8271	17031	27724	23684	23447	14452
新　乡　市 Xinxiang	25207	25422	22311	18154	27866	25094	27217	21670
焦　作　市 Jiaozuo	30545	31245	40008	18382	28520	21998	37036	27049
濮　阳　市 Puyang	31810	32532	44032	12645	37780	18418	17283	30479
许　昌　市 Xuchang	29617	29715	15949	19979	30509	33174	40604	21240
漯　河　市 Luohe	25322	25359	18237	22568	27658	20912	25988	20395
三 门 峡 市 Sanmenxia	32707	33320	14578	18830	32377	28522	24171	19954
南　阳　市 Nanyang	26460	26834	35501	18221	31064	21034	22355	17214
商　丘　市 Shangqiu	26863	27047	34660	17628	25436	20830	25892	31231
信　阳　市 Xinyang	26704	26835	24000	18552	28496	23835	21222	25623
周　口　市 Zhoukou	26930	27195	16411	18483	28618	23923	54566	24330
驻 马 店 市 Zhumadian	24627	24861	19792	16029	26023	20734	25198	21046
济　源　市 Jiyuan	27519	28184	24534	18683	33086	15519	27947	
省 直 管 县 Province Administrating County								
巩　义　市 Gongyi	29338	29660	26905	13121	31023	28497	50112	21869
兰　考　县 Lankao	25768	25786	22245	25058	26574	26519		23889
汝　州　市 Ruzhou	35646	36290	41103	15984	38565	27605		10429
滑　　　县 Huaxian	19316	19552	10071	13487	21962	22848		
长　垣　县 Changyuan	22811	22843	11870	14954	22119	24058		
邓　州　市 Dengzhou	24745	25204		19792	26291	20685	17648	
永　城　市 Yongcheng	38264	39097	37419	14867	28553	22097	17574	
固　始　县 Gushi	26855	26990		16127	27525	25333	20952	
鹿　邑　县 Luyi	30684	30684			33837	17150		
新　蔡　县 Xincai	22981	23261		12197	22910	24328	15968	19463

Average Wage of Employed Persons in Urban Units by City (2011)

(yuan)

#有限责任公司 Limited Liability Corporations Units	#股份有限公司 Share Holding Corporations Units	#港澳台投资 Economic Units Funded by Entrepreneurs from Hong Kong, Macao and Taiwan	#外商投资 Foreign Funded Economic Units	第一产业 Primary Industry	第二产业 Secondary Industry	第三产业 Teriary industry
33136	**34884**	**31948**	**32674**	**20492**	**33806**	**33702**
28447	43785	30197	33995	24951	32129	38099
26377	25889	26627	24211	19905	26062	28255
28852	43971	27868	30709	19152	33504	32002
42400	38303	31995	33168	17913	40923	29987
28186	24850	32231	36493	17682	28655	28480
32354	19463	16871	15618	11700	30767	26536
20039	24115	26582	23791	16928	22702	27631
36963	27768	20696	25331	20007	33892	26700
22463	26367	23698	25446	15272	38540	23416
26885	33152	30381	20700	20849	30929	28410
22984	24336	26786	31453	18675	24524	26305
35878	28072	22952	31603	20933	33748	31524
22528	23056	17898	25908	14835	23759	29462
31687	32579	18785	19964	18143	30761	25044
22346	23694	22865	20708	21895	23341	28481
23351	23062	25793	26218	13576	21726	29462
22613	23266	36292	23147	15464	21321	26681
24043	27301		27141	23745	26334	29617
26685	27165	34804	30160	25630	29258	29445
24623	27911		25208	23955	24603	26227
22854	41697	28891		20381	37105	34216
15098	12209			16204	15576	21364
23454	21667			18939	24156	22943
21780	24341	19904	17664	21643	22369	25811
46119	47786			12326	45359	27962
25222	20041			20216	24639	27666
	15684			8460	16523	33816
22836	22408	29762	10714	14928	19457	23910

5-20 各市按行业分城镇单位就业人员工资总额(2011年)

单位：万元

市(县) City(County)	工资总额 Earning of Employed Persons	农林牧渔业 Farming, Forestry, Animal Husbandry and Fishery	采矿业 Mining	制造业 Manufacturing	电力、燃气及水的生产和供应业 Production and Supply of Electricity,Gas and Water	建筑业 Construction	交通运输仓储及邮政业 Traffic, transport, storage and post	信息传输计算机服务和软件业 Information transfer, computer services and software	批发和零售业 Wholesale and retail trade
省 辖 市 City									
郑 州 市 Zhengzhou	4576917	5142	370583	997219	137712	661007	127808	60246	195401
开 封 市 Kaifeng	1062874	15807		214860	22264	101486	25032	9695	70897
洛 阳 市 Luoyang	1940413	4187	70051	563430	131046	166155	40048	14972	87978
平 顶 山 市 Pingdingshan	1785149	1865	681342	345428	44067	70431	22757	7510	50861
安 阳 市 Anyang	1390953	3282	55169	347242	31972	394959	19796	12487	34272
鹤 壁 市 Hebi	539705	1437	237640	80078	13313	43469	3538	2587	8733
新 乡 市 Xinxiang	1147226	9480	23342	287278	31786	138117	19535	7628	35553
焦 作 市 Jiaozuo	1133712	11210	320826	268350	51200	49689	12439	6550	20667
濮 阳 市 Puyang	1027177	881	459888	82887	28005	121169	9278	2896	13387
许 昌 市 Xuchang	955150	1970	90119	292371	21990	82261	11543	5510	33072
漯 河 市 Luohe	602814	805	120	250999	14357	52186	10372	2154	20105
三 门 峡 市 Sanmenxia	863044	2610	291523	94709	40517	66848	16979	5329	44334
南 阳 市 Nanyang	2231650	17148	180565	482521	43929	277160	38279	15244	115388
商 丘 市 Shangqiu	1122163	4832	196951	73562	30796	117525	19514	12449	44043
信 阳 市 Xinyang	1186441	19086	10739	136887	39557	145265	32324	11639	64042
周 口 市 Zhoukou	1236993	16128		128292	32973	112345	19156	15851	84969
驻 马 店 市 Zhumadian	1103961	8278	7366	160418	33527	140963	22718	11398	65865
济 源 市 Jiyuan	225687	651	15071	91305	17798	12570	1575	973	5719
省 直 管 县 Province Administrating County									
巩 义 市 Gongyi	179061	118	34301	55864	5244	3898	3645	886	3940
兰 考 县 Lankao	96058	6075		12386		4817	3562	749	5675
汝 州 市 Ruzhou	200561	428	81400	18997	3621	3086	2795	209	5609
滑 县 Huaxian	97604	342		1255	1700	24610	2015	577	5214
长 垣 县 Changyuan	71925	5695		764	1026	13900	914		2174
邓 州 市 Dengzhou	161681	2809		29270	3695	8794	4717	339	21439
永 城 市 Yongcheng	336735	227	196951	2607	8192	29374	1022	285	4971
固 始 县 Gushi	162437	1383		9879	6448	19481	3874	1287	11305
鹿 邑 县 Luyi	101337	828		5173	1446	893	670		2203
新 蔡 县 Xincai	56348	515		5841	1276	1476	436	573	2161

Total Wages of Employed Persons in Urban Units by City and Sector (2011)

(10 000 yuan)

住宿和餐饮业 Accommodation and Restaurants	金融业 Finance	房地产业 Real estate	租赁和商务服务业 Tenancy and business services	科学研究、技术服务和地质勘查业 Scientific research, technical service and geologic perambulation	水利、环境和公共设施管理业 Management of water conservancy, environment and public establishment	居民服务和其他服务业 Resident services and other services	教育 Education	卫生、社会保障和社会福利业 Sanitation, social security and social welfare	文化、体育和娱乐业 Culture, sports and entertainment	公共管理和社会组织 Public management and social organization
76464	282253	98132	66204	134370	59924	9959	529747	216767	81734	466245
19433	20550	48727	15391	9995	25935	6097	192602	84849	11612	167641
13397	112667	14779	19051	116055	20358	3427	234840	98593	12564	216818
7987	76781	6076	10958	10104	14824	652	191994	66920	7411	167184
9567	45031	11641	9403	10624	18557	1398	166598	74618	7696	136642
2328	14304	4405	819	2258	5548	216	51306	16330	1994	49403
6971	42156	13079	7237	20271	11826	2057	226253	79787	6819	178053
6619	54892	3358	4251	6701	15748	810	120770	47514	4907	127213
5406	24890	4049	49603	2312	5192	2249	102373	21617	3045	88051
8975	32183	13425	3404	9031	13554	890	139024	54701	6479	134648
2981	19946	8159	11084	2483	10398	315	82633	31632	4864	77222
4825	40629	1739	5941	5502	6611	752	103443	32230	4146	94378
12857	66907	21819	32671	44449	42678	3767	443209	159719	13381	219959
5206	33415	5865	1006	5545	13005	898	267274	88524	2971	198782
10475	45101	18843	11514	26431	23361	1392	301299	83878	10734	193876
3659	68874	14945	2468	5087	10802	360	367068	98800	8034	247185
8316	42737	44189	9447	14214	14578	2902	265933	91876	7958	151278
1280	5923	1571	975	2427	2721	332	27782	9974	1420	25621
1067	6453	446	839	801	2049	66	27459	9775	1030	21180
862	603	730	220	956	1227	1702	17400	12112	1364	25619
195	6282	66	1011	2338	1521	38	38161	14597	1594	18614
1369	3628	197	361	259	74	155	29281	9638	954	15976
840	2366	1444	204	607	579	33	20612	6980	539	13251
1293	1886	2892	609	5562	4249	97	42617	11452	1027	18933
487	3365	281		256	1723	254	39314	17574	565	29289
1212	4591	1544	1904	5561	5439	366	49849	12779	2236	23300
236	1449	202		1002	1347		53739	10639	379	21133
146	1894	498	111	766	1105	119	22146	6693	371	10222

5-22 历年职工工资及指数

Wages and Related Indices of Staff and Workers over the Years

年份 Year	工资总额(亿元) Total Wages (100 million yuan)	国有单位 State-owned Units	城镇集体单位 Urban Collecti-veowned Units	其他单位 Other Units	平均工资(元) Average Wage (yuan)	国有单位 State-owned Units	城镇集体单位 Urban Collecti-veowned Units	其他单位 Other Units	平均工资指数(以上年为100) Index of Average Wage (Preceding year=100) 全部职工 Total Staff and Workers	国有单位 State-owned Units	城镇集体单位 Urban Collecti-veowned Units	其他单位 Other Units
1952	1.43	1.43			347	347						
1957	5.90	5.90			546	546						
1962	8.33	8.33			538	538				130.4		
1965	10.89	9.07	1.82		503	599		369	86.2	102.6		
1970	12.87	11.18	1.69		547	573		424	98.9	98.7	102.9	
1975	18.12	15.37	2.75		561	581		488	100.5	98.4	104.7	
1978	24.30	20.65	3.64		590	609		496	104.8	105.4	99.8	
1979	27.63	23.60	4.03		644	668		533	108.8	109.4	107.1	
1980	32.93	28.14	4.79		730	759		597	106.9	107.2	105.7	
1981	35.43	30.33	5.09		742	772		604	99.3	99.3	98.8	
1982	37.40	31.82	5.59		754	789		604	99.8	100.4	98.2	
1983	39.19	33.36	5.82		767	805		606	98.9	99.2	97.5	
1984	46.24	37.76	8.47	0.01	866	921	686	809	110.5	111.9	110.8	
1985	57.85	47.06	10.76	0.02	1015	1080	804	1014	110.1	110.1	110.0	117.7
1986	69.57	56.97	12.57	0.03	1159	1245	882	1079	106.9	107.9	102.7	99.6
1987	78.98	64.34	14.58	0.06	1258	1347	974	1559	100.7	100.4	102.4	134.0
1988	95.90	78.66	17.18	0.07	1470	1582	1110	1520	96.2	96.7	93.8	80.2
1989	108.70	89.48	19.12	0.09	1628	1767	1191	1724	96.4	97.2	93.4	98.7
1990	123.86	102.52	21.19	0.15	1825	1997	1288	2128	111.5	112.5	107.6	122.8
1991	138.18	113.58	24.33	0.27	1964	2132	1433	2477	102.4	101.6	105.9	110.8
1992	165.51	138.38	26.51	0.62	2269	2473	1583	2544	107.3	107.7	102.6	95.4
1993	200.82	168.89	28.90	3.03	2646	2860	1821	3097	105.4	104.6	104.0	110.1
1994	275.18	229.87	35.66	9.66	3545	3851	2295	4038	105.2	105.7	98.9	102.3
1995	347.70	284.17	47.79	15.75	4344	4677	3007	4644	104.8	103.9	112.1	98.4
1996	407.43	332.03	54.77	20.63	4924	5265	3485	5197	103.5	102.8	105.8	102.2
1997	434.08	336.34	66.05	31.69	5225	5643	3797	5209	103.6	104.7	106.4	97.9
1998	431.01	299.76	63.36	67.88	5781	6204	4258	5976	119.9	120.4	117.5	117.2
1999	445.61	307.17	62.31	76.13	6194	6594	4639	6384	110.9	110.0	112.8	110.6
2000	495.66	338.39	66.44	90.84	6930	7453	4913	7212	112.9	114.1	106.9	114.0
2001	553.40	381.92	75.73	95.75	7916	8573	5726	7889	113.4	114.2	115.7	108.6
2002	622.42	400.42	80.84	141.15	9174	9864	6664	9335	116.1	115.3	116.6	118.5
2003	720.52	436.31	88.51	195.69	10749	11397	7894	11160	115.2	113.6	116.5	117.5
2004	801.95	497.47	79.62	224.86	12114	12701	8686	12588	106.9	105.7	104.4	107.0
2005	949.97	575.63	90.29	284.05	14282	14877	10383	14852	115.5	114.7	117.1	115.6
2006	1152.05	690.58	103.21	358.26	16981	17886	12483	17088	117.5	118.8	118.8	113.7
2007	1431.35	849.87	125.01	456.48	20935	22345	15850	20333	117.0	118.5	120.5	112.9
2008	1702.22	1008.08	111.75	582.39	24816	26536	17118	24189	110.8	111.0	100.9	111.2
2009	1918.14	1066.34	85.52	766.28	27357	28914	18352	26817	110.9	109.6	107.9	111.5
2010	2171.69	1200.07	98.62	873.00	30303	31924	20769	29770	107.1	106.8	109.5	107.4
2011	2721.42	1390.91	119.85	1210.66	34203	35894	24397	33719	107.1	106.6	111.3	107.5

注：1.本表平均工资指数按实际工资计算，即扣除了职工生活费用价格变动因素。
2.1998年及以后年度工资总额为在岗职工口径，与以前年度不尽可比。
a)Indices of average wage in this table were calculated on practical wage ,change factor of employee maintenance price was taken out.
b)Total wages funds since 1998 were totalized by all employed staff and workers ,and can't compared with former years.

5–23 城镇私营单位从业人员工资

Wage of Engaged Persons in Private Enterprises

项　　目	Item	工资总额(万元) total Wages (100 million yuan)		平均工资(元) Average Wage (yuan)	
		2010	2011	2010	2011
从业人员总计	**Total Number of Employed persons**	**5913467**	**7953131**	**15915**	**18749**
按国民经济行业分	**Grouped by Sector**				
农、林、牧、渔业	Farming, Forestry,animal Husbandry and Fishery	46423	81054	11718	14364
采矿业	Mining	260844	351461	17335	21144
制造业	Manufacturing	3322876	4381735	15495	18188
电力、燃气及水的生产和供应业	Production and distribution of electricity,gas and water	22054	30612	12895	16119
建筑业	Construction	1077395	1337366	18998	21607
交通运输、仓储和邮政业	Traffic,transport, storage and post	101516	150506	17144	19600
信息传输、计算机服务和软件业	Information transfer, computer services and software	24684	52614	12387	18550
批发和零售业	Wholesale and retail trade	430718	616899	14049	17087
住宿和餐饮业	Accommodation and Restaurants	209254	265915	14077	16807
金融业	Finance	4428	11072	14404	16894
房地产业	Real estate	89550	143566	17026	20679
租赁和商务服务业	Tenancy and business services	93907	152933	16163	19364
科学研究、技术服务和地质勘查业	Scientific research, technical service and geologic perambulation	30557	100152	16057	24949
水利、环境和公共设施管理业	Management of water conservancy, environment and public establishment	14005	17884	15532	17755
居民服务和其他服务业	Resident services and other services	39971	56372	14306	16217
教育	Education	91979	113069	15596	18859
卫生、社会保障和社会福利业	Sanitation,social security and social welfare	37406	58075	16707	20492
文化、体育和娱乐业	Culture, sports and entertainment	13963	28676	14560	16542
公共管理和社会组织	Public management and social organization	1938	3168	10743	15545

5-24 各市城镇私营单位从业人员工资

Wage of Engaged Persons in Private Enterprises by City

市	City	工资总额(万元) total Wages (100 million yuan) 2010	2011	平均工资(元) Average Wage (yuan) 2010	2011
郑州市	Zhengzhou	1239415	1756930	18832	22326
开封市	Kaifeng	261851	408191	16049	19153
洛阳市	Luoyang	404053	815549	16363	20583
平顶山市	Pingdingshan	117261	201382	17091	19374
安阳市	Anyang	515276	788333	16226	18477
鹤壁市	Hebi	38970	57639	13023	16635
新乡市	Xinxiang	447962	530866	16014	18852
焦作市	Jiaozuo	364400	448076	14171	16736
濮阳市	Puyang	112584	148709	13536	16222
许昌市	Xuchang	505729	562229	17407	20224
漯河市	Luohe	126355	153692	13692	16244
三门峡市	Sanmenxia	166796	173326	15659	17296
南阳市	Nanyang	705523	796111	14379	15880
商丘市	Shangqiu	200748	238528	13101	15265
信阳市	Xinyang	169525	212834	16510	18750
周口市	Zhoukou	252557	292227	14525	16912
驻马店市	Zhumadian	250520	322769	13968	16192
济源市	Jiyuan	33942	45741	15379	19733

5-25 各市按行业分城镇私营单位就业人员平均工资(2011年)

Average Wage of Employed Persons in Urban Private Units by Sector and City (2011)

单位：元 (yuan)

市 City	平均工资 Average Wage	农林牧渔业 Farming, Forestry, Animal Husbandry and Fishery	采矿业 Mining	制造业 Manufacturing	电力、燃气及水的生产和供应业 Production and Supply of Electricity,Gas and Water	建筑业 Construction	交通运输仓储及邮政业 Traffic, transport, storage and post	信息传输计算机服务和软件业 Information transfer, computer services and software	批发和零售业 Wholesale and retail trade	住宿和餐饮业 Accommodation and Restaurants
郑州市 Zhengzhou	22326	15842	23429	20844	18923	25978	24573	24153	20497	21264
开封市 Kaifeng	19153	19871		18768	18529	20791	19097	18710	19133	19782
洛阳市 Luoyang	20583	13073	22291	21314	17771	25603	17907	15343	17044	15064
平顶山市 Pingdingshan	19374	18286	23091	15384		20214	20213	14170	14134	13641
安阳市 Anyang	18477	18286	23091	15384		20214	20213	14170	14134	13641
鹤壁市 Hebi	16635	18508	12961	16880	12958	16854	12962	12959	14345	15651
新乡市 Xinxiang	18852	14437	16662	18916	17349	19058	22158	17390	18476	18229
焦作市 Jiaozuo	16736		15814	17028	20570	17889	19076	9725	12335	13626
濮阳市 Puyang	16222		24000	16299	700	23185	13279	700	10583	8737
许昌市 Xuchang	20224	16454	28716	20737	19170	20333	19710	13677	15966	16766
漯河市 Luohe	16244		15222	16393	17570	15571	15763	15348	16119	16064
三门峡市 Sanmenxia	17296	11847	22524	17072	13556	20867	20312	13600	12553	12602
南阳市 Nanyang	15880	12344	16507	16012	14919	20102	17120	11098	13936	13717
商丘市 Shangqiu	15265	12467		14931	15235	16753	15078	15614	14782	13780
信阳市 Xinyang	18750	15590	17296	18487	18498	20190	16803	17787	16597	18134
周口市 Zhoukou	16912			16351	18355	18079	21377	16054	16485	16480
驻马店市 Zhumadian	16192	15612	16467	16223	17702	17484	17119	16541	14221	14592
济源市 Jiyuan	19733	12955	25919	18164	18889	22167	20323	19200	20218	16567

市 city	金融业 Finance	房地产业 Real estate	租赁和商务服务业 Tenancy and business services	科学研究、技术服务和地质勘查业 Scientific research, technical service and geologic perambulation	水利、环境和公共设施管理业 Management of water conservancy, environment and public establishment	居民服务和其他服务业 Resident services and other services	教育 Education	卫生、社会保障和社会福利业 Sanitation, social security and social welfare	文化、体育和娱乐业 Culture, sports and entertainment	公共管理和社会组织 Public management and social organization
郑州市 Zhengzhou	18760	22812	21818	27570	22325	18535	22283	26721	17237	9916
开封市 Kaifeng	18413	17532	18587	16832	22761	18724	19040	20413	19629	16672
洛阳市 Luoyang	14134	18123	15149	23353	16275	13828	15350	18191	14299	18488
平顶山市 Pingdingshan		16291	15592	11152	17611	13257	16279	15500	18182	
安阳市 Anyang		16291	15592	11152	17611	13257	16279	15500	18182	
鹤壁市 Hebi	12958	13246	12962	12960	13000	12965	23747	12959	13000	12950
新乡市 Xinxiang	20089	19694	19419	18283	18816	13556	18411	18186	16234	17605
焦作市 Jiaozuo	10772	17472	10071	12765	15710	11539	17397	14595	12557	12968
濮阳市 Puyang	700	16819	6333	11104	741	12635	18509	11565	10321	
许昌市 Xuchang	19016	17966	15771	15598	17950	16820	19808	13929	18760	
漯河市 Luohe	15348	16342	15311	15734	15348	15226	15605	14117	15810	15348
三门峡市 Sanmenxia	13730	17499	14023	13707	14892	19489	11206	15797	10560	
南阳市 Nanyang	13004	18361	13746	16573	15023	15909	18178	16275	13647	
商丘市 Shangqiu	17000	16567	14068	16895	15565	13696	18024	17062	13456	13389
信阳市 Xinyang	21685	19870	19528	17286	18844	18764	20275	19986	18790	17933
周口市 Zhoukou		17769	15917	16171		22127	20392	20819		
驻马店市 Zhumadian	18885	21234	18966	18962	18060	15765	19078	17683	18767	
济源市 Jiyuan		20895	12957	24000	14113	13855	18000	17182	15000	

主要统计指标解释

经济活动人口 指在16岁以上，有劳动能力，参加或要求参加社会经济活动的人口；包括从业人员和失业人员。

从业人员 指在16周岁及以上，从事一定社会劳动并取得劳动报酬或经营收入的人员。这一指标反映了一定时期内全部劳动力资源的实际利用情况，是研究我国基本国情国力的重要指标。

单位从业人员 指在各级国家机关、政党机关、社会团体及企业、事业单位中工作，取得工资或其他形式的劳动报酬的全部人员。包括在岗职工、再就业的离退休人员、民办教师以及在各单位中工作的外方人员和港澳台方人员、兼职人员、借用的外单位人员和第二职业者。不包括离开本单位仍保留劳动关系的职工。各单位的就业人员反映了各单位实际参加生产或工作的全部劳动力。

城镇私营和个体从业人员 城镇私营就业人员指在工商管理部门注册登记，其经营地址设在县城关镇(含县城关镇)以上的私营企业就业人员，包括私营企业投资者和雇工。城镇个体就业人员指在工商管理部门注册登记，并持有城镇户口或在城镇长期居住，经批准从事个体工商经营的就业人员，包括个体经营者和在个体工商户劳动的家庭帮工和雇工。

城镇登记失业人员 指有非农业户口，在一定的劳动年龄内(16周岁至退休年龄)，有劳动能力，无业而要求就业，并在当地就业服务机构进行求职登记的人员。

城镇登记失业率 城镇登记失业人员与城镇单位就业人员(扣除使用的农村劳动力、聘用的离退休人员、港澳台及外方人员)、城镇单位中的不在岗职工、城镇私营业主、个体户主、城镇私营企业和个体就业人员、城镇登记失业人员之和的比。计算公式为：

城镇登记失业率=城镇登记失业人数/（城镇单位就业人员−使用的农村劳动力−聘用的离退休人员−聘用的港澳台及外方人员）+不在岗职工+城镇私营业主+城镇个体户主+城镇私营企业及个体就业人员+城镇登记失业人数×100%

国有单位：指资产归国家所有的经济组织。包括按《中华人民共和国企业法人登记管理条例》规定登记注册的非公司制经济组织、以及中央、地方各级国家机关、事业单位和社会团体。

集体单位：指生产资料归集体所有，并按《中华人民共和国企业法人登记管理条例》规定登记注册的经济组织。

其他单位：包括股份合作单位、联营单位、有限责任公司、股份有限公司、港澳台商投资单位以及外商投资单位等其他登记注册类型单位。

职工 指在国有、城镇集体、联营、股份制、外商和港、澳、台投资、其他单位及其附属机构工作，并由其支付工资的各类人员。不包括下列人员：(1)乡镇企业就业人员；(2)私营企业就业人员；(3)城镇个体劳动者；(4)离休、退休、退职人员；(5)再就业的离、退休人员；(6)民办教师；(7)在城镇单位中工作的外方及港、澳、台人员；(8)其他按有关规定不列入职工统计范围的人员。(1998年及以后的数据均为在岗职工数据，其他相关指标如职工工资总额，职工平均工资等指标也从1998年按此口径进行了相应调整)。

在岗职工 指在本单位工作且与本单位签订劳动合同，并由单位支付各项工资和社会保险、住房公积金的人员，以及上述人员中由于学习、病伤、产假等原因暂未工作仍由单位支付工资的人员。在岗职工还包括：应订立劳动合同而未订立劳动合同人员（如使用的农村户籍人员）；处于试用期人员；编制外招用的人员；派往外单位工作，但工资仍由本单位发放的人员（如挂职锻炼、外派工作等情况）；劳务派遣人员。

工资总额 指各单位在一定时期内直接支付给本单位全部职工的劳动报酬总额。工资总额的计算原则应以直接支付给职工的全部劳动报酬为根据。各单位支付给职工的劳动报酬以及其他根据有关规定支付的工资，不论是计入成本的还是不计入成本的，不论是按国家规定列入计征奖金税项目的，还是未列入计征奖金税项目的，不论是以货币形式支付的还是以实物形式支付的，均包括在工资总额内。

平均工资 指企业、事业、机关单位的职工在一定时期内平均每人所得的货币工资额。它表明一定时期职工工资收入的

高低程度，是反映职工工资水平的主要指标。计算公式为：

平均工资=报告期实际支付的全部职工工资总额/报告期全部职工平均人数

平均工资指数 指报告期职工平均工资与基期职工平均工资的比率，是反映不同时期职工货币工资水平变动情况的相对数。计算公式为:

平均工资指数=报告期职工平均工资/基期职工平均工资×100%

平均实际工资指数 职工平均实际工资指扣除物价变动因素后的职工平均工资。职工平均实际工资指数是反映实际工资变动情况的相对数，表明职工实际工资水平提高或降低的程度。计算公式为:

平均实际工资指数=报告期职工平均工资指数/报告期城镇居民消费价格指数×100%

Explanatory Notes on Main Statistical Indicators

Economically Active Population refers to the population aged 16 and over who are capable to work, are participating in or willing to participate in economic activities, including employed persons and unemployed persons.

Employed Persons refer to the persons aged 16 and over who are engaged in social working and receive remuneration payment or earn business income. This indicator reflects the actual utilization of total labour force during a certain period of time and is often used for the research on China economic situation and national power.

Persons Employed in Various Units refer to all the persons working in government agencies of various levels, political and party organizations, social organizations, enterprises and institutions, and receiving wages or other forms of payment. They include fully-employed staff and workers, re-employed retirees, teachers in schools run by the local people, foreigners and Chinese compatriots from Hong Kong, Macao, and Taiwan working in various units, part-time employees, employees of other units working temporarily at current posts, and employees holding the second job, but exclude staff and workers who have left their working units while keeping their labour contract (employment relation) unchanged. This indicator reflects the total number of laborers actually engaged in production or other operations in various units.

Persons Employed in Private Enterprises and Self-Employed Individuals in Urban Areas Persons employed in private enterprises refer to the persons employed in the private enterprises which have been registered at the departments of industrial and commercial administration and are situated at a county town (i.e. a town where the county government is located) for business operation or at urban areas with the level higher than a county town. The self-employed individuals in urban areas refer to persons who hold the certificates of residence in urban areas or have resided in the urban areas for a long time and have been registered at the departments of industrial and commercial administration and approved to be engaged in individual industrial or commercial business, including self-employed persons as well as helpers and hired labourers who work in the individual households engaged in industrial or commercial business.

Registered Urban Unemployed Persons refer to the persons with non-agricultural household registration at certain working ages (16-50 years for male and 16-45 years for females), who are capable of work, unemployed and willing to work, and have been registered at the local employment service agencies to apply for a job.

Registered Urban Unemployment Rate refers to the ratio of the number of the registered unemployed persons to the sum of the number of persons employed in various units (minus the rural labour force, retirees, and Hong Kong, Macao, Taiwan or foreign employees they employ) laid-off workers in urban units, owners and employees in urban private enterprises, urban self-employed individuals and the registered urban unemployed persons. The formula is as follows:

Registered urban unemployment rate = number of registered urban unemployed persons÷(number of persons employed in urban units - rural labour force employed retirees employed - Hong Kong, Macao, Taiwan or foreign employees employ + laid-off workers + owners and employees in urban private enterprises + self-employed individuals in urban areas + registered urban unemployed persons) × 100%.

State-owned Units refer to economic units whose assets are owned by the state, including non-corporation units registered according to Regulation of the People's Republic of China on the Registration of Enterprises and Corporations, state organs, institutions and social organizations at the central-level and local levels.

Collective-owned Units refer to economic units registered according to Regulation of the People's Republic of China on the Registration of Enterprises and Corporations where the means of production are collectively owned.

Units of Other Types of Ownership refer to units registered with other types of ownership, including cooperative units, joint ownership units, limited liability corporations, share holding corporations, units funded by entrepreneurs from Hong Kong, Macao, and Taiwan, and foreign- funded units.

Staff and Workers refer to persons working in, and receive payment from units of state ownership, collective ownership, joint ownership, share-holding ownership, foreign ownership, and ownership by entrepreneurs from Hong Kong, Macao, and Taiwan, and other types of ownership and their affiliated units. They do not include 1) persons employed in township enterprises, 2) persons employed in private enterprises, 3) urban self-employed persons, 4) retirees, 5) re-employed retirees, 6) teachers in the schools run by the local people, 7) foreigners and persons from Hong Kong, Macao and Taiwan who work in urban units, and 8) other persons not to be included by relevant regulations. (Data of 1998 and afterward refer to fully employed staff and workers. Other related statistics such as total wage bill and average wage are adjusted since 1998 accordingly).

Fully Employed Staff and Workers refer to persons who work in , Sign labor contract with their working units, and receive wages, Social insurance and housing fund from their working units. as well as persons who have their work posts, but are temporarily absent from work for reasons of study or on sick, injury or maternal leave and still receive wages from their working units. And still include: should conclude labor contract and haven't sign labor contract persons (such as the rural household persons). Probation persons. Unplanned persons. Sent to other units, but still receive wages from their working units (such as or exercise, assignment work, etc); Labor dispatching persons.

Total Wages Bill refers to the total remuneration payment to staff and workers in various units during a certain period of time. The calculation of total wages is based on the total remuneration payment to the staff and workers. Therefore, all the wages and salaries and other payments to staff and workers are included in the total wages regardless of their sources, category, and forms (in kind or cash). (Total wages of staff and workers in this yearbook include only total wages of fully employed staff and workers, excluding the living allowances distributed to those who have left their working units while keeping their labour contract/employment relation unchanged).

Average Wage refers to the average wage in money terms per person during a certain period of time for staff and workers in enterprises, institutions, and government agencies, which reflects the general level of wage income during a certain period of time and is calculated as follows:

Average Wage = Total Wages of Staff and Workers at Reference Time /Average Number of Staff and Workers at Reference Time.

Average Wage Indices refers to the ratio of average wage of staff and workers in the report period to that in the base period, which reflects the change of wage of staff and workers at the different period. It is calculated as follows:

Average Wage Indices = Average Wage of Staff and Workers at Reference Time / Average Wage of Staff and Workers at Base Period x 100%

Average Real Wage Indices average real wage of staff and workers refers to the average wage of staff and workers after removing the effects of the price changes and average real wage indices of staff and workers refers to the change of real wage, which reflects the relative increasing or decreasing level of real wage of staff and workers, which is calculated as follows:

Average Real Wage Indices = Average Wage Indices of Staff and Workers at the Reference Time / Urban Consumer Price Indices at Reference Time x 100%

固定资产投资

Investment in Fixed Assets

资料整理：邱　倩　宗瑞生　刘凤玲

简要说明

一、主要内容

本篇包括固定资产投资的规模、结构和比例关系、资金来源、投资效果及大型项目等资料。

二、统计范围

固定资产投资统计范围包括：城乡计划总投资500万元及500万元以上建设项目投资，房地产开发投资及农户投资。

三、统计口径的变化

自1997年起，除房地产开发投资、农村非农户投资、个人投资及城镇和工矿区私人建房投资外，固定资产投资的统计起点由5万元提高到50万元。自2006年起，非农户固定资产投资统计改为按项目统计，调查方法由抽样调查改为全面统计报表，起点提高到50万元。城镇和工矿区私人建房投资改为按项目统计，起点为50万元。自2011年起，固定资产投资的统计起点由50万元提高到500万元,2010年新口径数据与2011年标准一致；取消“城镇固定资产投资”指标。

四、资料来源

农村居民投资数据来源于农村住户抽样调查，全省农村住户固定资产投资数据由国家统计局河南调查总队提供；市级数据由河南省地方经济社会调查队编辑整理。除此以外的固定资产投资统计资料均为全面统计报表，由河南省统计局固定资产投资统计处编辑整理。

Brief Introduction

I. Main Contents

Statistics in this chapter including the size, growth, structure, ratio, financing and results of the investment, major projects.

II. Scope of Statistics

Statistics on the investment in fixed assets cover investments in capital construction projects investment over 5 million yuan , investments in real estate development and farm household investment.

III. Changes in Statistical Scope

Since 1997, the cut-off point of projects covered by statistics of investment in fixed assets are raised from an investment of 50,000 yuan to 500,000 yuan, except investment in real estate development, farm household investment, non-farm household investment and private investment in housing construction in urban areas and industrial and mining areas. Since 2006, statistics on investments in fixed assets of rural non-farm households are changed to project-based, the sample survey method changed from Sampling survey to comprehensive statistics, investments in private investment in housing construction in urban areas and industrial and mining areas The cut-off point has been raised to 500,000 yuan.Since 2011, the cut-off point of projects covered by statistics of investment in fixed assets are raised from an investment of 500,000 yuan to 5 million yuan, and the same as New caliber data on 2010. Index of investment in fixed assets in unban areas was canceled.

IV. Sources of Data

Data on individual investments in fixed assets in rural areas are collected through sample surveys, Provincial data are provided by the Henan provincial Investigation Team of the NBS, and municipal data are provided by Henan provincial Survey organization of social and economy, Other data on investment in fixed assets are collected by the system of reporting form with complete enumeration, which are provided by the Department of investment in fixed assets of the Henan provincial Bureau of Statistics.

6-1 全社会固定资产投资总额

Total Investment in Fixed Assets

年份 Year	全社会固定资产投资总额(亿元) Total Investment in Fixed Assets (100 million yuan)	固定资产投资 Investment	#工业投资 Industry Investment	#房地产开发投资 Real Estate Development	#基础设施投资 Infrastructure	农户投资 Farm Households	#民间投资 civilian Investment	#基础设施投资 Infrastructure
"六五"时期 the"Sixth five-year Plan"Period	376.05				56.05		166.66	56.05
#1985	126.95	82.64			18.72	44.32	62.38	18.72
"七五"时期 the"Seventh five-year Plan"Period	903.21	593.42			126.11	309.79	434.88	126.11
#1989	187.68	124.53			24.20	63.15	88.06	24.20
1990	206.12	139.33	87.77	3.43	29.42	66.79	97.89	29.42
"八五"时期 the"Eighth five-year Plan"Period	2458.78	2094.71	971.45	150.30	588.20	364.07	916.91	588.20
1991	256.46	175.38	115.46	4.07	38.12	81.08	112.18	38.12
1992	318.83	250.07	133.83	8.78	55.03	68.76	129.68	55.03
1993	450.43	395.22	181.93	25.27	107.55	55.21	155.58	107.55
1994	628.03	560.32	238.54	49.61	163.30	67.71	215.51	163.30
1995	805.03	713.72	301.69	62.56	224.20	91.31	303.96	224.20
"九五"时期 the"Ninth five-year Plan"Period	6220.92	5158.50	1714.86	312.98	1931.27	932.99	2901.17	1931.27
1996	1003.61	881.61	357.97	54.84	290.86	122.00	427.83	290.86
1997	1165.19	979.48	365.52	51.75	328.42	152.00	539.44	328.42
1998	1252.22	1047.41	337.88	58.10	382.03	193.10	595.69	382.03
1999	1324.18	1073.24	404.71	70.41	420.74	210.94	639.42	420.74
2000	1475.72	1176.76	446.77	77.87	509.22	254.95	698.79	509.22
"十五"时期 the"Tenth five-year Plan"Period	13237.05	11452.53	5064.11	1074.09	4423.33	1692.31	6883.37	4483.13
2001	1627.99	1305.87	480.15	102.84	581.51	276.13	781.97	581.51
2002	1820.45	1483.81	524.86	138.36	628.57	295.42	911.76	628.57
2003	2310.54	1983.75	833.27	185.56	828.88	321.79	1228.28	828.88
2004	3099.38	2750.61	1287.17	258.82	1052.59	348.77	1526.42	1075.62
2005	4378.69	3928.49	1938.66	388.52	1331.78	450.20	2434.94	1368.55
"十一五"时期 the"eleventh five-year Plan"Period	54699.00	51362.87	27349.52	6293.61	11198.79	3336.13	40417.09	11421.08
2006	5907.74	5399.54	2704.35	581.95	1633.77	508.20	3600.76	1733.94
2007	8010.11	7418.57	4081.42	837.11	1694.92	591.54	5573.14	1725.19
2008	10490.65	9821.02	5385.76	1206.71	1972.73	669.63	7659.96	2008.46
2009	13704.65	12924.53	6954.42	1553.76	2687.75	780.12	10561.40	2715.39
2010	16585.85	15799.21	8223.57	2114.08	3209.62	786.64	13021.83	3238.10
2010(新口径 New caliber)	14124.69	13338.05	6800.63	2114.08	2626.73	786.64	11109.84	2655.21
2011	17770.51	16935.88	9110.52	2626.54	3080.58	834.63	14151.06	3109.07

注：1.1997-2003年全社会投资总额中含规模为5-50万元地方项目投资，其他指标均不包括(下同)。

2.2005年及以前年度全社会、固定资产投资及各种分组中包括城镇工矿区私人建房投资(下同)。

a)Data of Investment in fixed assets in 1997~2003 contained local projects from 50000 to 500000 Yuan,other indicators didn't contained these projects (the same as in following tables)

b)Fixed Assets Investment in the Whole Country and Fixed Assets Investment, as well as investment by Group in and before 2005 included the Housing Investment by Individuals in Urban Areas and in Industrial and Mining Areas.(the same as the following tables)

6-2 各种分组的全社会固定资产投资
Total Investment in Fixed Assets by Group

项 目	Item	2007	2008	2009	2010	2010 (新口径) New caliber	2011
投资总额(亿元)	**Total Investment (100 million yuan)**	**8010.11**	**10490.65**	**13704.65**	**16585.85**	**14124.69**	**17770.51**
按登记注册类型分	**By Registration status**						
国有经济	State-Owned Units	1715.78	2127.02	2586.90	2857.41	2390.83	2829.97
集体经济	Collective-Owned Units	510.04	697.12	1039.78	1241.10	1006.82	1044.34
城乡个人	Individuals	660.82	775.93	930.26	987.26	940.55	959.53
#农村	Rural	591.54	669.63	780.12	786.64	786.64	834.63
联营经济	Joint-Ownership Economic Units	24.13	34.31	25.34	28.06	23.82	52.51
股份制经济	Share Holding Economic Units	2408.84	2960.10	3857.26	4915.90	4267.91	6212.65
港澳台投资经济	Economic Units Funded by Entrepreneurs from Hong Kong, Macao and Taiwan	169.95	174.69	142.42	239.92	207.72	230.74
外商投资经济	Foreign Funded Economic Units	140.55	164.28	149.04	164.32	145.87	185.92
私营经济	Privately Owned Enterprises	2002.80	3008.37	4109.97	5027.54	4228.95	4748.55
其他经济	Others	377.20	548.82	863.68	1124.34	912.21	1506.31
按隶属关系分	**Grouped by Administrative Relationship**						
中央	Central Investment	234.13	361.94	376.77	314.59	286.04	254.68
地方	Local Investment	7775.98	10128.71	13327.88	16271.27	13838.65	17515.83
按构成分	**Grouped by Use of Funds**						
建筑安装工程	Construction and Installation	5358.62	6762.40	8966.75	10235.49	8790.41	11161.90
设备、工具、器具购置	Purchase of Equipment and Instruments	1971.81	2791.21	3534.60	4412.60	3647.26	4522.66
其他费用	Others	679.68	937.04	1203.29	1937.76	1687.02	2085.96
资金来源(亿元)	**Source of Funds (100 million yuan)**						
国家预算内资金	State Budgetary Appropriation	133.39	223.26	392.68	363.55	303.21	353.71
国内贷款	Domestic Loans	789.98	850.93	921.57	1574.30	1376.95	2100.74
债券	Bond	1.50		4.65			
利用外资	Foreign Investment	77.95	95.33	50.92	45.98	38.98	100.68
自筹资金	Fundraising	6374.13	8567.31	10004.24	13251.89	11192.79	13990.31
其他资金	Others	633.16	753.81	2330.58	1350.14	3681.56	4115.97
房屋建筑面积(万平方米)	**Floor Space of Buildings (10 000 sq.m)**						
施工面积	Floor Space Under Construction	40350	47725	59869	68230	67803	72560
#住宅	Residential Buildings	25778	29758	35072	38555	38503	41376
竣工面积	Floor Space Completed	24368	26202	30758	30198	29614	28120
#住宅	Residential Buildings	16243	17003	19410	20277	20123	19810

6-3 分产业全社会固定资产投资

Total Investment in Fixed Assets by Sector

单位：亿元 (100 million yuan)

产业	Branch	2007	2008	2009	2010	2010 (新口径) New caliber	2011
总计	**Total**	**8010.11**	**10490.65**	**13704.65**	**16585.85**	**14124.69**	**17770.51**
第一产业	**Primary Industry**	**286.01**	**538.14**	**761.57**	**824.14**	**670.50**	**720.89**
农、林、牧、渔业	Farming, Forestry,Animal Husbandry and Fishery	286.01	538.14	761.57	824.14	670.50	720.89
第二产业	**Secondary Industry**	**4115.69**	**5421.83**	**6980.42**	**8242.72**	**6817.26**	**9127.57**
工业	Industry	4087.73	5392.16	6958.99	8228.06	6805.12	9113.16
建筑业	Construction	27.97	29.68	21.42	14.66	12.14	14.43
第三产业	**Tertiary Industry**	**3608.42**	**4530.67**	**5962.67**	**7518.99**	**6636.92**	**7922.04**
交通运输、仓储和邮政业	Traffic,Transport, Storage and Post	508.38	485.48	583.89	791.54	665.31	812.54
信息传输、计算机服务和软件业	Information Transfer, Computer Services and Software	59.01	55.58	76.06	58.93	45.46	31.91
批发和零售业	Wholesale and Retail Trade	235.83	280.21	370.24	465.91	375.05	410.14
住宿和餐饮业	Accommodation and Restaurants	77.90	114.09	166.30	213.43	171.02	175.18
金融业	Finance	7.23	8.09	12.73	15.14	11.80	16.57
房地产业	Real estate	1802.21	2424.29	2987.51	3775.15	3590.45	4456.33
租赁和商务服务业	Tenancy and Business Services	24.08	22.46	30.96	56.07	45.07	56.39
科学研究、技术服务和地质勘查业	Scientific Research, Technical Service and Geologic Perambulation	19.06	23.85	41.15	52.73	43.34	41.26
水利、环境和公共管理业	Management of Water Conservancy,Environment and Public Establishment	456.66	612.26	934.28	1303.73	1060.62	1283.85
居民服务和其他服务业	Resident Services and Other Services	38.08	52.34	66.02	72.19	59.57	68.72
教育	Education	149.50	162.55	235.48	265.09	209.68	230.38
卫生、社会保障和社会福利业	Sanitation, Social Security and Social Welfare	63.26	84.75	132.79	139.20	111.25	157.39
文化、体育和娱乐业	Culture, Sports and Entertainment	69.59	90.68	149.69	165.63	133.72	110.44
公共管理和社会组织	Public Management and Social Organization	97.63	114.04	175.56	144.26	114.57	70.95

6-4 各市按城乡及三次产业分的全社会固定资产投资(2010年新口径)

Total Investment in Fixed Assets by Rural and Urban Area and by Industry (2010 New Caliber)

单位：亿元 (100 million yuan)

市(县) City(County)	合计 Total	固定资产投资 Investment in Fixed Assets	农户投资 Rural Area	第一产业 Primary Industry	第二产业 Secondary Industry	#工业 Industry	第三产业 Tertiary Industry
全省 Total	**14124.69**	**13338.05**	**786.64**	**670.50**	**6817.26**	**6805.12**	**6636.92**
省辖市 City							
郑州市 Zhengzhou	2414.82	2318.32	96.50	52.27	861.88	859.77	1500.66
开封市 Kaifeng	471.58	439.40	32.18	20.07	286.64	286.63	164.87
洛阳市 Luoyang	1503.38	1460.52	42.86	91.98	781.15	776.79	630.25
平顶山市 Pingdingshan	677.94	651.85	26.09	35.48	369.46	367.97	273.00
安阳市 Anyang	722.70	688.26	34.44	30.37	346.06	345.75	346.27
鹤壁市 Hebi	280.71	270.61	10.10	18.26	153.40	153.39	109.04
新乡市 Xinxiang	916.25	873.79	42.46	48.32	489.33	489.33	378.60
焦作市 Jiaozuo	750.84	720.72	30.12	29.10	455.99	455.64	265.73
濮阳市 Puyang	474.21	454.63	19.58	33.54	262.64	261.75	178.05
许昌市 Xuchang	746.36	706.47	39.89	20.61	427.18	426.04	298.57
漯河市 Luohe	351.95	331.00	20.95	9.04	205.99	205.98	136.93
三门峡市 Sanmenxia	609.49	598.83	10.66	30.98	335.22	335.22	243.29
南阳市 Nanyang	1178.35	1091.34	87.01	72.92	644.77	644.62	460.65
商丘市 Shangqiu	707.50	651.13	56.37	21.39	385.26	385.17	300.83
信阳市 Xinyang	841.31	773.31	68.00	56.46	203.20	202.70	581.63
周口市 Zhoukou	691.66	594.02	97.64	50.82	296.42	296.10	344.41
驻马店市 Zhumadian	588.38	520.56	67.82	43.39	209.50	209.44	335.48
济源市 Jiyuan	187.01	182.09	4.92	5.79	103.11	102.81	78.11
省直管县 Province Administrating County							
巩义市 Gongyi	210.17	200.31	9.86	1.73	136.42	136.42	72.02
兰考县 Lankao	55.50	48.62	6.88	3.15	36.14	36.14	16.22
汝州市 Ruzhou	108.03	104.22	3.81	7.95	65.92	65.92	34.17
滑县 Huaxian	60.86	55.77	5.09	3.70	25.26	25.26	31.91
长垣县 Changyuan	108.74	102.98	5.76	4.97	60.54	60.54	43.23
邓州市 Dengzhou	116.38	105.11	11.27	11.10	50.74	50.74	54.54
永城市 Yongcheng	111.21	107.98	3.23	1.80	59.93	59.93	49.49
固始县 Gushi	108.26	97.38	10.88	8.47	23.00	23.00	76.79
鹿邑县 Luyi	71.13	57.36	13.77	9.19	29.83	29.53	32.11
新蔡县 Xincai	51.17	42.85	8.32	4.09	16.75	16.69	30.33

6-5 各市按城乡及三次产业分的全社会固定资产投资(2011年)

Total Investment in Fixed Assets by Rural and Urban Area and by Industry(2011)

单位：亿元 (100 million yuan)

市(县) City(County)	合计 Total	固定资产投资 Investment in Fixed Assets	农户投资 Rural Area	第一产业 Primary Industry	第二产业 Secondary Industry	#工业 Industry	第三产业 Tertiary Industry
全省 Total	**17770.51**	**16935.88**	**834.63**	**720.89**	**9127.57**	**9113.16**	**7922.04**
省辖市 City							
郑州市 Zhengzhou	3005.19	2902.71	102.48	66.64	1177.30	1168.60	1761.25
开封市 Kaifeng	619.81	585.60	34.21	17.88	343.97	343.89	257.97
洛阳市 Luoyang	1909.33	1862.66	46.67	123.20	965.70	952.36	820.42
平顶山市 Pingdingshan	843.07	815.36	27.71	25.69	501.78	501.78	315.60
安阳市 Anyang	925.35	888.19	37.16	37.11	530.92	530.75	357.33
鹤壁市 Hebi	350.09	339.51	10.58	14.67	176.58	176.58	158.84
新乡市 Xinxiang	1175.05	1129.92	45.13	49.66	655.59	655.59	469.81
焦作市 Jiaozuo	948.91	916.84	32.07	39.47	577.33	571.66	332.11
濮阳市 Puyang	612.13	590.90	21.23	55.98	345.31	340.11	210.84
许昌市 Xuchang	938.39	896.71	41.68	30.81	602.99	587.49	304.59
漯河市 Luohe	448.13	425.77	22.36	8.57	292.64	292.64	146.92
三门峡市 Sanmenxia	760.39	749.07	11.32	53.95	399.43	399.27	307.00
南阳市 Nanyang	1476.39	1385.46	90.93	74.94	889.92	889.92	511.54
商丘市 Shangqiu	885.84	826.37	59.47	11.86	542.41	542.41	331.56
信阳市 Xinyang	1052.01	979.53	72.48	53.10	270.29	270.17	728.62
周口市 Zhoukou	852.87	750.25	102.62	52.21	430.08	429.42	370.58
驻马店市 Zhumadian	735.45	662.61	72.84	44.18	334.25	325.72	357.01
济源市 Jiyuan	233.58	228.43	5.15	5.95	149.93	146.41	77.70
省直管县 Province Administrating County							
巩义市 Gongyi	257.43	246.68	10.75	1.65	174.23	171.46	81.56
兰考县 Lankao	70.90	63.53	7.37	4.14	50.24	50.24	16.53
汝州市 Ruzhou	132.95	128.93	4.02	6.47	94.12	94.12	32.35
滑县 Huaxian	73.66	68.11	5.55	2.29	43.43	43.43	27.94
长垣县 Changyuan	136.49	130.40	6.09	8.08	73.27	73.27	55.14
邓州市 Dengzhou	145.56	133.58	11.98	9.04	76.46	76.46	60.07
永城市 Yongcheng	138.64	135.24	3.40	1.44	76.61	76.61	60.59
固始县 Gushi	132.31	120.73	11.58	6.71	30.25	30.25	95.35
鹿邑县 Luyi	83.62	69.00	14.62	11.31	47.04	47.04	25.26
新蔡县 Xincai	63.73	54.91	8.82	2.98	26.71	26.68	34.04

6-6 各市按构成分的全社会固定资产投资及房屋面积(2010年新口径)

Total Investment in Fixed Assets and Floor Space of Buildings by Composition in Cities(2010 New caliber)

市(县) City(County)	固定资产投资总额(亿元) Total Investment in Fixed Assets(100 million yuan)					房屋面积(万平方米) Floor Space of Buildings (10 000 sq.m)			
	合计 Total	建筑工程 Construction	安装工程 Installation	设备、工具、器具购置 Purchase of Equipment and Instruments	其他费用 Others	施工面积 Floor Space Under Construction	#住宅 Residential Buildings	竣工面积 Floor Space Completed	#住宅 Residential Buildings
全 省 Total	**14124.69**	**8549.03**	**241.39**	**3647.26**	**1687.02**	**67803**	**38503**	**29614**	**20123**
省 辖 市 City									
郑州市 Zhengzhou	2414.82	1512.36	30.25	441.26	430.93	11991	6474	3552	2220
开封市 Kaifeng	471.58	256.53	13.04	140.82	61.19	2224	1147	1175	683
洛阳市 Luoyang	1503.38	910.99	32.66	365.59	194.13	4913	3197	1903	1260
平顶山市 Pingdingshan	677.94	371.59	16.10	194.84	95.41	2676	1566	1344	804
安阳市 Anyang	722.70	397.37	5.48	261.97	57.88	2957	1738	1312	659
鹤壁市 Hebi	280.71	180.33	1.71	58.97	39.70	1895	765	418	269
新乡市 Xinxiang	916.25	533.32	8.44	308.53	65.96	4483	2027	2001	1020
焦作市 Jiaozuo	750.84	388.42	18.43	293.54	50.44	3226	1627	1347	911
濮阳市 Puyang	474.21	192.12	15.38	189.21	77.49	2054	1729	1536	1378
许昌市 Xuchang	746.36	411.01	12.77	265.65	56.92	4116	1610	1681	1002
漯河市 Luohe	351.95	211.78	4.11	119.53	16.53	1527	690	435	280
三门峡市 Sanmenxia	609.49	330.80	24.06	141.23	113.40	1299	798	317	241
南阳市 Nanyang	1178.35	750.63	40.23	282.39	105.10	4852	2815	2399	2013
商丘市 Shangqiu	707.50	374.08	3.36	247.96	82.10	3260	1823	1578	1048
信阳市 Xinyang	841.31	638.17	3.40	58.50	141.24	6400	4326	2768	2082
周口市 Zhoukou	691.66	540.67	5.70	118.93	26.35	4584	2904	3490	2495
驻马店市 Zhumadian	588.38	420.42	2.72	106.20	59.04	4460	2815	1960	1436
济源市 Jiyuan	187.01	113.52	8.00	52.80	12.70	733	435	326	145
省直管县 Province Administrating County									
巩义市 Gongyi	210.17	99.03	6.66	87.81	16.67	535	363	364	286
兰考县 Lankao	55.50	41.58	0.12	6.85	6.95	238	115	147	99
汝州市 Ruzhou	108.03	53.15	2.63	45.31	6.95	506	346	167	62
滑县 Huaxian	60.86	39.83	0.08	16.16	4.80	429	184	236	132
长垣县 Changyuan	108.74	56.93		50.00	1.81	448	146	107	107
邓州市 Dengzhou	116.38	70.29	4.41	35.63	6.04	332	313	296	292
永城市 Yongcheng	111.21	71.49	0.79	34.99	3.93	216	188	35	34
固始县 Gushi	108.25	68.99		16.13	23.14	615	478	481	388
鹿邑县 Luyi	71.13	52.67	0.86	15.90	1.69	387	291	332	270
新蔡县 Xincai	51.17	45.69	0.01	5.47	0.01	643	401	76	74

6-7 各市按构成分的全社会固定资产投资及房屋面积(2011年)

Total Investment in Fixed Assets and Floor Space of Buildings by Composition in Cities(2011)

市(县) City(County)	固定资产投资总额(亿元) Total Investment in Fixed Assets(100 million yuan)					房屋面积(万平方米) Floor Space of Buildings (10 000 sq.m)			
	合计 Total	建筑工程 Construction	安装工程 Installation	设备、工具、器具购置 Purchase of Equipment and Instruments	其他费用 Others	施工面积 Floor Space Under Construction	#住宅 Residential Buildings	竣工面积 Floor Space Completed	#住宅 Residential Buildings
全省 Total	**17770.51**	**10828.21**	**333.69**	**4522.66**	**2085.96**	**72560**	**41376**	**28120**	**19810**
省辖市 City									
郑州市 Zhengzhou	3005.19	1810.47	39.96	577.59	577.17	13132	7221	3686	2697
开封市 Kaifeng	619.81	326.57	16.28	172.69	104.28	2192	1117	815	524
洛阳市 Luoyang	1909.33	1157.35	47.96	459.45	244.58	5705	3354	1684	1160
平顶山市 Pingdingshan	843.07	435.37	23.03	288.80	95.86	3318	1757	1135	764
安阳市 Anyang	925.35	483.40	4.28	370.97	66.70	3334	1860	1042	687
鹤壁市 Hebi	350.09	224.39	1.54	75.21	48.96	1706	476	265	97
新乡市 Xinxiang	1175.05	764.86	10.88	330.83	68.50	4418	2142	1387	989
焦作市 Jiaozuo	948.91	458.54	31.39	397.44	61.54	2496	1201	904	506
濮阳市 Puyang	612.13	292.69	18.70	227.32	73.41	1607	735	705	390
许昌市 Xuchang	938.39	536.16	18.05	312.55	71.63	3666	1593	1494	915
漯河市 Luohe	448.13	299.15	4.05	128.78	16.16	1509	621	408	261
三门峡市 Sanmenxia	760.39	447.10	37.72	164.42	111.16	1061	712	263	229
南阳市 Nanyang	1476.39	956.98	42.18	354.30	122.94	4742	2303	1606	1382
商丘市 Shangqiu	885.84	468.28	4.06	289.29	124.21	3507	2108	1401	1040
信阳市 Xinyang	1052.01	715.23	4.73	101.89	230.16	6493	4231	3320	2501
周口市 Zhoukou	852.87	684.05	8.66	138.94	21.23	3575	2268	2356	1752
驻马店市 Zhumadian	735.45	538.13	13.67	137.45	46.19	4020	2275	1435	808
济源市 Jiyuan	233.58	133.06	8.73	74.65	17.13	888	451	307	139
省直管县 Province Administrating County									
巩义市 Gongyi	257.43	122.66	9.60	110.55	14.63	687	331	266	186
兰考县 Lankao	70.90	57.41	0.08	10.20	3.22	200	122	148	107
汝州市 Ruzhou	132.95	58.20	1.90	67.02	5.82	373	236	183	155
滑县 Huaxian	73.66	50.77	0.14	17.73	5.01	458	226	173	111
长垣县 Changyuan	136.49	90.41		46.01	0.07	653	172	113	102
邓州市 Dengzhou	145.56	77.53	4.53	50.43	13.07	256	248	171	170
永城市 Yongcheng	138.64	89.50	0.76	33.57	14.82	250	230	44	44
固始县 Gushi	132.31	92.06	0.01	22.49	17.76	690	514	524	414
鹿邑县 Luyi	83.62	64.08	1.56	15.65	2.32	201	140	188	138
新蔡县 Xincai	63.73	51.33	0.01	10.78	1.61	541	428	151	141

6-8 各市分行业全社会固定资产投资(2010年新口径)

单位：亿元

市(县) City(County)	合 计 Total	农、林、牧、渔业 Farming, Forestry, Animal Husbandry and Fishery	工 业 Industry	建筑业 Construction	交通运输、仓储和邮政业 Traffic, Transport, Storage and Post	信息传输、计算机服务和软件业 Information Transfer, Computer Services and Software	批发和零售业 Wholesale and Retail Trade	住宿和餐饮业 Accommodation and Restaurants
全 省 Total	**14124.69**	**670.50**	**6805.12**	**12.14**	**665.31**	**45.46**	**375.05**	**171.02**
省 辖 市 City								
郑 州 市 Zhengzhou	2414.82	52.28	859.77	2.11	183.05	8.20	40.16	16.74
开 封 市 Kaifeng	471.58	20.07	286.63	0.01	15.84		10.00	5.04
洛 阳 市 Luoyang	1503.38	91.98	776.78	4.37	47.17	9.34	34.93	31.17
平 顶 山 市 Pingdingshan	677.94	35.48	367.97	1.49	29.46	0.66	19.53	12.04
安 阳 市 Anyang	722.70	30.37	345.74	0.32	40.70	1.43	28.03	17.80
鹤 壁 市 Hebi	280.71	18.27	153.39	0.01	15.23	0.04	2.52	2.22
新 乡 市 Xinxiang	916.25	48.31	489.33	1.24	22.50	0.85	14.67	3.11
焦 作 市 Jiaozuo	750.83	29.11	455.64	0.35	23.20	2.48	25.31	9.31
濮 阳 市 Puyang	474.22	33.53	261.75	0.88	19.51	2.21	20.76	1.84
许 昌 市 Xuchang	746.35	20.61	426.04	1.13	38.75	0.05	14.95	13.69
漯 河 市 Luohe	351.96	9.04	205.98	0.01	29.59	1.02	10.05	7.73
三 门 峡 市 Sanmenxia	609.49	30.98	335.22	0.00	21.24	2.39	13.91	7.44
南 阳 市 Nanyang	1178.35	72.92	644.62	0.16	40.53	4.21	48.41	18.40
商 丘 市 Shangqiu	707.50	21.40	385.17	0.09	30.08	2.22	25.19	3.50
信 阳 市 Xinyang	841.30	56.47	202.70	0.50	36.91	4.81	19.02	8.39
周 口 市 Zhoukou	691.66	50.82	296.10	0.33	22.92	2.10	25.73	3.06
驻 马 店 市 Zhumadian	588.38	43.40	209.44	0.06	32.38	2.51	14.63	8.59
济 源 市 Jiyuan	187.01	5.79	102.81	0.30	4.45	1.34	6.89	0.94
省 直 管 县 Province Administrating County								
巩 义 市 Gongyi	210.17	1.73	136.42		8.31		0.95	0.89
兰 考 县 Lankao	55.50	3.14	36.14		0.88		1.69	0.84
汝 州 市 Ruzhou	108.03	7.94	65.92		5.97		4.15	2.25
滑 县 Huaxian	60.86	3.70	25.25		3.48	0.05	4.26	0.06
长 垣 县 Changyuan	108.74	4.97	60.54		2.53		2.99	0.94
邓 州 市 Dengzhou	116.38	11.10	50.74		2.01		7.48	1.20
永 城 市 Yongcheng	111.22	1.80	59.93		8.59	0.26	5.73	0.97
固 始 县 Gushi	108.25	8.47	23.00		8.19	0.37	1.14	0.33
鹿 邑 县 Luyi	71.13	9.19	29.53	0.30	4.64		5.38	
新 蔡 县 Xincai	51.17	4.09	16.69	0.06	3.45	0.04	0.50	0.03

Total Investment in Fixed Assets in the Urban Area by Sector and City (2010 New caliber)

(100 million yuan)

金融业 Finance	房地产业 Real Estate	租赁和商务服务业 Tenancy and Business Services	科学研究、技术服务和地质勘查业 Scientific Research, Technical Service and Geologic Perambulation	水利、环境和公共管理业 Management of Water Conservancy, Environment and Public Establishment	居民服务和其他服务业 Resident Services and Other Services	教育 Education	卫生、社会保障和社会福利业 Sanitation, Social Security and Social Welfare	文化、体育和娱乐业 Culture, Sports and Entertainment	公共管理和社会组织 Public Management and Social Organization
11.80	**3590.45**	**45.07**	**43.34**	**1060.62**	**59.57**	**209.68**	**111.25**	**133.72**	**114.57**
2.52	960.15	11.06	11.72	131.43	4.68	62.61	21.08	30.69	16.55
	88.27	2.25	1.34	27.63	2.35	3.68	3.91	2.62	1.94
1.47	327.03	2.85	7.22	104.49	7.10	21.05	11.57	15.93	8.92
0.79	124.97	1.26	0.17	53.79	2.05	6.53	6.21	5.42	10.12
0.73	149.77	2.45	2.14	66.98	5.95	7.85	5.01	5.69	11.74
0.78	58.20	2.69	0.16	15.64	1.12	3.53	3.37	2.60	0.93
0.21	191.33	4.13	2.53	113.36	3.36	10.51	4.87	4.72	1.75
0.75	136.58	2.44	1.30	35.32	4.26	7.59	5.15	7.06	5.93
0.15	69.57	0.83	0.26	38.80	0.85	4.49	2.11	2.88	14.33
0.17	161.85	2.83	4.38	24.83	12.01	9.10	5.38	6.26	4.31
0.53	57.89	0.35	0.27	16.36	1.55	3.11	2.86	2.59	3.01
	108.21	1.34	1.78	66.33	0.73	6.01	5.92	6.58	1.41
0.64	173.81	3.82	1.37	125.82	2.62	14.45	9.05	12.10	5.43
0.22	150.75	1.66	6.65	50.40	4.79	11.74	3.43	8.17	2.04
1.95	333.50	3.47	0.60	124.12	1.76	12.68	9.70	12.84	11.89
0.60	230.34	0.50	1.02	28.48	3.59	12.61	4.59	4.05	4.81
0.23	233.11	0.63	0.14	17.56	0.70	8.23	5.96	2.85	7.97
0.05	35.64	0.51	0.31	19.29	0.93	3.92	1.07	1.27	1.50
	48.88	0.23		7.28	0.26	1.25	0.59	0.95	2.42
	7.28	0.07	0.46	2.31	1.09	0.47	1.09		0.05
0.33	11.66	0.72		6.34	0.77	0.98	0.57	0.18	0.26
	16.58			3.58	0.52	0.43	1.69	0.22	1.09
	20.37	0.32		11.59	0.17	2.29	1.91		0.11
	16.93	0.50	0.42	20.06	0.07	2.24	2.64	0.04	0.94
	18.21	0.40	4.04	3.85	0.71	2.97	0.82	2.39	0.55
1.51	48.12			12.81	0.05	0.50	0.35	2.91	0.52
	16.58			1.89	0.84	0.64	0.48	0.07	1.58
	23.20		0.06	0.43	0.04	1.60	0.41	0.49	0.08

6—9 各市分行业全社会固定资产投资(2011年)

单位：亿元

市(县) City(County)	合 计 Total	农、林、牧、渔业 Farming, Forestry, Animal Husbandry and Fishery	工 业 Industry	建筑业 Construction	交通运输、仓储和邮政业 Traffic, Transport, Storage and Post	信息传输、计算机服务和软件业 Information Transfer, Computer Services and Software	批发和零售业 Wholesale and Retail Trade	住宿和餐饮业 Accom-Modation and Rest-aurants
全 省 Total	**17770.51**	**720.89**	**9113.16**	**14.43**	**812.54**	**31.91**	**410.14**	**175.18**
省 辖 市 City								
郑 州 市 Zhengzhou	3005.19	66.64	1168.60	8.70	203.52	13.41	67.11	14.28
开 封 市 Kaifeng	619.81	17.88	343.89	0.07	27.97	0.40	17.68	3.88
洛 阳 市 Luoyang	1909.33	123.21	952.36	13.34	95.10	2.78	34.16	27.99
平 顶 山 市 Pingdingshan	843.07	25.69	501.78		34.01	1.25	14.66	9.44
安 阳 市 Anyang	925.35	37.10	530.75	0.17	40.31	0.02	20.09	9.39
鹤 壁 市 Hebi	350.09	14.67	176.58		22.96	0.10	3.22	2.22
新 乡 市 Xinxiang	1175.06	49.66	655.59		23.41	1.47	9.31	8.53
焦 作 市 Jiaozuo	948.91	39.46	571.66	5.67	36.17	2.33	30.33	17.53
濮 阳 市 Puyang	612.13	55.98	340.11	5.19	25.73	0.52	18.49	5.00
许 昌 市 Xuchang	938.40	30.81	587.49	15.50	32.31		16.58	14.17
漯 河 市 Luohe	448.12	8.56	292.64		17.71	1.96	14.96	14.41
三 门 峡 市 Sanmenxia	760.39	53.95	399.27	0.16	61.37	3.30	23.36	5.08
南 阳 市 Nanyang	1476.39	74.94	889.91		61.73	1.26	47.62	19.57
商 丘 市 Shangqiu	885.84	11.87	542.41		36.45	1.04	20.15	2.03
信 阳 市 Xinyang	1052.01	53.10	270.17	0.12	53.99	1.44	24.36	11.27
周 口 市 Zhoukou	852.87	52.20	429.42	0.66	35.36	0.71	21.14	2.68
驻 马 店 市 Zhumadian	735.44	44.18	325.72	8.53	24.24	0.25	20.24	8.26
济 源 市 Jiyuan	233.58	5.96	146.41	3.52	5.45	0.40	9.73	1.67
省 直 管 县 Province Administrating County								
巩 义 市 Gongyi	257.43	1.65	171.46	2.77	13.32		2.20	0.95
兰 考 县 Lankao	70.91	4.14	50.24		1.53		1.36	1.28
汝 州 市 Ruzhou	132.95	6.48	94.12		5.59		2.94	0.35
滑 县 Huaxian	73.66	2.29	43.43		1.92		1.62	0.02
长 垣 县 Changyuan	136.49	8.08	73.27		0.37		0.80	1.98
邓 州 市 Dengzhou	145.56	9.04	76.46		6.56		4.86	
永 城 市 Yongcheng	138.64	1.43	76.61		12.51		4.34	1.76
固 始 县 Gushi	132.31	6.71	30.25		9.89		0.92	1.05
鹿 邑 县 Luyi	83.62	11.32	47.04		5.61	0.13	1.66	
新 蔡 县 Xincai	63.73	2.98	26.68	0.03	2.04	0.03	0.46	

Investment in Fixed Assets in the Urban Area by Sector and City (2011)

(100 million yuan)

金融业 Finance	房地产业 Real Estate	租赁和商务服务业 Tenancy and Business Services	科学研究、技术服务和地质勘查业 Scientific Research, Technical Service and Geologic Perambulation	水利、环境和公共管理业 Management of Water Conservancy, Environment and Public Establishment	居民服务和其他服务业 Resident Services and Other Services	教育 Education	卫生、社会保障和社会福利业 Sanitation, Social Security and Social Welfare	文化、体育和娱乐业 Culture, Sports and Entertainment	公共管理和社会组织 Public Management and Social Organization
16.57	**4456.33**	**56.39**	**41.26**	**1283.85**	**68.72**	**230.38**	**157.39**	**110.44**	**70.95**
6.93	1102.36	8.87	10.39	160.16	10.64	80.72	45.08	28.25	9.55
	127.46	4.44	5.23	48.96	0.70	9.39	6.42	2.98	2.45
1.92	431.89	3.19	4.20	139.72	14.28	20.98	15.58	18.83	9.81
0.36	159.20	0.56	0.16	63.84	2.08	11.93	8.84	5.40	3.86
0.87	184.41	1.94	1.13	75.34	0.36	9.52	8.15	3.72	2.09
0.40	85.14	3.40	0.70	27.43	0.97	6.95	2.89	1.78	0.68
0.59	283.40	7.62	4.12	109.83	2.64	10.65	3.96	1.82	2.46
1.37	149.88	2.22	3.16	54.45	5.21	10.15	6.60	7.12	5.60
0.24	90.31	0.85	2.70	52.17	0.25	8.05	1.81	1.80	2.93
0.79	164.51	7.67	2.20	29.19	8.46	8.56	8.78	6.39	4.98
0.21	66.29	2.85		18.92	1.29	0.71	2.21	1.36	4.04
	109.57	0.99	1.33	76.93	4.35	4.31	6.24	6.55	3.61
0.09	208.84	2.55	0.63	135.01	3.19	13.41	8.19	8.15	1.00
	184.19	3.49	0.92	67.82	0.79	6.94	3.38	3.18	1.18
1.97	433.79	6.04	0.86	152.56	1.46	13.41	13.32	7.88	6.27
0.49	243.80	2.66	2.44	35.03	1.53	7.84	10.60	2.64	3.67
0.07	260.08	1.30	0.87	23.06	0.48	5.87	5.01	1.67	5.59
0.27	41.23		0.24	14.54	0.47	1.05	0.34	1.12	1.19
	60.15			1.48	1.08	0.45	1.25		0.68
	6.45		0.46	5.01	0.04	0.12	0.28		
	10.08			10.09	1.09	0.95	0.84	0.06	0.37
	15.79			6.02	0.11	1.50	0.73	0.19	0.04
	45.51	0.93		3.12	0.03	1.04	1.37		
	23.19			23.08		0.95	1.43		
	33.74	0.44		5.01		1.17	0.74	0.74	0.14
0.11	67.26			10.10		1.25	2.36	2.22	0.19
	13.76			2.48	0.13	0.77			0.73
	28.66		0.02	1.46	0.04	0.82	0.13	0.29	0.09

6-10 固定资产投资
Investment in Fixed Assets

项　　目	Item	2007	2008	2009	2010	2010 (新口径 New Caliber)	2011
投资总额(亿元)	**Total Investment (100 million yuan)**	**7418.57**	**9821.02**	**12924.53**	**15799.21**	**13338.05**	**16935.88**
按控股情况分	by Shore-holding						
国有控股	State-holding	2156.94	2501.86	2927.66	3232.83	2721.10	3264.78
集体控股	Collective-holding	747.45	928.46	1352.30	1657.26	1371.79	1416.32
港澳台商控股	Hong Kong, Macao and Taiwan-holding	4234.15	154.03	122.60	203.86	177.92	203.24
外商控股	Foreign-holding	161.92	127.55	92.99	127.34	115.83	151.43
私人及其他控股	Private and others-holding	118.11	6109.11	8428.98	10577.92	8951.40	11900.11
按隶属关系分	Grouped by Administrative Relationship						
中央	Central Investment	234.13	361.94	376.77	314.59	286.04	254.68
地方	Local Investment	7184.44	9459.08	12547.76	15484.63	13052.01	16681.20
按构成分	Grouped by Use of Funds						
建筑安装工程	Construction and Installation	4847.37	6213.74	8279.65	9542.36	8097.28	10418.25
设备、工器具购置	Purchase of Equipment and Instruments	1903.48	2685.16	3455.46	4332.55	3567.21	4438.31
其他费用	Others	667.72	922.11	1189.42	1924.31	1673.56	2079.33
按建设性质分	Grouped by Type of Construction						
#新建	New Construction	4550.99	6034.31	7718.71	9788.66	8061.23	10893.91
扩建	Expansion	1248.38	1594.65	2247.23	2433.80	1978.27	2070.08
改建和技术改造	Reconstruction	601.69	728.26	1108.48	1179.63	956.16	1107.52
资金来源(亿元)	**Source of Funds (100 million yuan)**	**7792.79**	**9487.74**	**13232.40**	**16156.60**	**13704.12**	**17254.35**
国家预算资金	State Budgetary Appropriation	133.39	223.26	392.68	363.55	303.21	353.71
国内贷款	Domestic Loans	783.67	847.14	1118.37	1570.75	1373.40	2093.30
债券	Bond	1.50		4.65			
利用外资	Foreign Investment	77.95	95.33	53.67	45.98	38.98	100.68
自筹资金	Fundraising	5803.76	7918.42	10211.22	12474.66	10419.57	13166.16
其他资金	Others	992.51	403.59	1451.81	1701.66	1568.95	1540.50
新增固定资产(亿元)	**Newly Increased Fixed Assets (100 million yuan)**	**5843.32**	**7379.87**	**9500.32**	**10599.13**	**8842.09**	**11001.17**
房屋建筑面积(万平方米)	**Floor Space of Buildings (10 000 sq.m)**						
施工面积	Floor Space Under Construction	26899	33857	43285	51477	51050	56480
#住宅	Residential Buildings	13145	16810	19300	22710	22658	25800
竣工面积	Floor Space Completed	11833	13417	16009	15121	14537	14291
#住宅	Residential Buildings	4667	5197	5591	6075	5921	7117

6-11 分行业固定资产投资
Investment in Fixed Assets by Sector

单位：亿元 (100 million yuan)

产 业	Branch	2007	2008	2009	2010	2010 (新口径 New Caliber)	2011
总 计	**Total**	**7418.57**	**9821.02**	**12924.53**	**15799.21**	**13338.05**	**16935.88**
第一产业	**Primary Industry**	**227.87**	**457.40**	**674.54**	**739.10**	**585.46**	**641.02**
农、林、牧、渔业	Farming, Forestry, Animal Husbandry and Fishery	227.87	457.40	674.54	739.10	585.46	641.02
第二产业	**Secondary Industry**	**4099.69**	**5403.69**	**6973.11**	**8235.60**	**6810.14**	**9122.39**
工业	Industry	4081.41	5385.76	6954.42	8223.57	6800.63	9110.52
轻工业	Light Industry	1144.13	1481.12	1989.54	2620.38	2153.24	2945.44
重工业	Heavy Industry	2937.28	3904.64	4964.88	5603.19	4647.40	6165.07
#能源工业	Energy Industry	697.50	871.18	974.23	812.75	708.19	824.27
建筑业	Construction	18.28	17.93	18.70	12.03	9.51	11.88
第三产业	**Tertiary Industry**	**3091.02**	**3959.92**	**5276.87**	**6824.51**	**5942.44**	**7172.47**
交通运输、仓储和邮政业	Traffic,Transport, Storage and Post	479.84	449.74	556.65	763.46	637.23	784.37
信息传输、计算机服务和软件业	Information Transfer, Computer Services and Software	59.02	55.58	76.07	58.93	45.46	31.91
批发和零售业	Wholesale and Retail Trade	233.39	278.84	366.91	462.46	371.60	407.06
住宿和餐饮业	Accommodation and Restaurants	77.90	114.10	166.09	213.18	170.77	174.92
金融业	Finance	7.24	8.09	12.73	15.14	11.80	16.57
房地产业	Real estate	1333.72	1912.07	2352.83	3133.88	2949.18	3759.46
租赁和商务服务业	Tenancy and Business Services	24.07	22.38	30.96	56.07	45.07	56.39
科学研究、技术服务和地质勘查业	Scientific Research, Technical Service and Geologic Perambulation	19.07	23.85	41.15	52.73	43.34	41.26
水利、环境和公共管理业	Management of Water Conservancy, Environment and Public Establishment	456.66	612.26	934.28	1303.73	1060.62	1283.85
居民服务和其他服务业	Resident Services and Other Services	20.94	30.99	45.68	50.76	38.14	47.53
教育	Education	149.50	162.55	235.48	265.09	209.68	230.38
卫生、社会保障和社会福利业	Sanitation, Social Security and Social Welfare	63.20	84.74	132.79	139.20	111.25	157.39
文化、体育和娱乐业	Culture, Sports and Entertainment	68.85	90.69	149.69	165.63	133.72	110.44
公共管理和社会组织	Public Management and Social Organization	97.63	114.03	175.56	144.26	114.57	70.95

6-12 分行业固定资产投资资金来源（2010年新口径）

Sources of Funds of Investment in Fixed Assets by Sector(2010New Caliber)

单位：亿元 (100 million yuan)

指标	Item	资金来源 Sources of Funds	国家预算内资金 State Budget	国内贷款 Domestic Loans	利用外资 Foreign Investment	自筹资金 Self-raising Funds	其他资金 Others
总计	**Total**	**13704.12**	**303.21**	**1373.40**	**38.98**	**10419.57**	**1568.95**
农、林、牧、渔业	**Farming, Forestry,Animal Husbandry and Fishery**	**587.61**	**17.53**	**26.30**	**0.64**	**493.14**	**50.00**
农业	Farming	138.52	1.46	6.35	0.45	117.67	12.58
林业	Forestry	63.63	3.02	1.84	0.05	48.25	10.46
畜牧业	Animal Husbandry	274.46	0.35	15.86	0.13	243.31	14.81
渔业	Fishery	10.47		0.21		9.01	1.25
农、林、牧、渔服务业	Service Activities for Farming, Forestry, Animal Husbandry and Fishery	100.52	12.69	2.04		74.90	10.89
工业	**Industry**	**6836.39**	**50.62**	**755.23**	**31.35**	**5708.69**	**290.50**
采矿业	Mining	646.08	7.81	63.19	0.41	551.88	22.78
煤炭采选业	Mining and Washing of Coal	231.83	4.59	23.89		196.97	6.38
石油和天然气开采业	Extraction of Petroleum and Natural Gas	71.58	0.17	20.40		51.01	
黑色金属矿采选业	Mining of Ferrous Metal Ores	38.95		2.18	0.41	35.40	0.96
有色金属矿采选业	Mining of Non-ferrous Metal Ores	204.38	3.05	13.72		178.81	8.79
非金属矿采选业	Mining and Processing of Nonmetal Ores	97.71		3.00		88.17	6.54
其他采矿业	Mining of Other Ores n.e.c	1.63				1.52	0.11
制造业	Manufacturing	5749.03	20.52	608.10	29.76	4860.21	230.44
农副食品加工业	Processing of Food from Agricultural Products	446.57	0.65	45.72	2.94	376.70	20.55
食品制造业	Manufacture of Foods	238.34	4.09	30.01	2.28	191.17	10.79
饮料制造业	Manufacture of Beverage	124.64		7.88	2.81	110.20	3.75
烟草加工业	Manufacture of Tobacco	7.83	0.08	0.90		6.85	
纺织业	Manufacture of Textile	279.48	0.16	24.87	0.58	244.13	9.75
纺织服装、鞋、帽制造业	Manufacture of Textile Wearing Apparel, Footware, and Caps	130.60	0.22	12.23	0.46	115.61	2.08
皮革、毛皮、羽毛(绒)及其制品业	Manufacture of Leather, Fur, Feather and Its Products	97.22	0.19	9.82	0.36	83.35	3.51
木材加工及竹、藤、棕、草制品业	Processing of Timbers, Manufacture of Wood, Bamboo, Rattan, Palm, and Straw Products	120.26	0.20	11.59	0.14	102.97	5.36
家具制造业	Manufacture of Furniture	110.39		9.63		96.52	4.23
造纸及纸制品业	Manufacture of Paper and Paper Products	111.81		15.10	0.01	94.38	2.32
印刷业和记录媒介的复制	Printing,Reproduction of Recording Media	54.83		4.84		48.53	1.46
文教体育用品制造业	Manufacture of Articles for Culture,Education and Sport Activity	17.44	0.03	0.78	0.05	16.36	0.23
石油加工、炼焦及核燃料加工业	Processing of Petroleum ,Coking, Processing of Nucleus Fuel	64.25	0.49	6.62		54.10	3.05
化学原料及化学制品制造业	Manufacture of Chemical Raw Material and Chemical Products	491.03	0.52	112.36	0.40	365.90	11.85
医药制造业	Manufacture of Medicines	142.96	0.26	12.32		120.99	9.39
化学纤维制造业	Manufacture of Chemical Fiber	14.63		1.33		13.26	0.05
橡胶制品业	Manufacture of Rubber	60.25	0.37	10.35	0.26	43.56	5.72
塑料制品业	Manufacture of Plastic	121.97		7.37	0.17	108.18	6.26
非金属矿物制品业	Manufacture of Non-metallic Mineral Products	843.32	0.22	68.26	0.52	735.72	38.60
黑色金属冶炼及压延加工业	Manufacture and Processing of Ferrous Metals	169.33	0.49	10.32		149.80	8.72
有色金属冶炼及压延加工业	Manufacture and Processing of Non-ferrous Metals	317.26	2.76	52.64	4.25	244.19	13.42
金属制品业	Manufacture of Metal Products	230.71	0.03	19.90	0.46	199.49	10.83
普通机械制造业	Manufacture of General Purpose Machinery	409.05		19.72	0.55	374.90	13.88
专用设备制造业	Manufacture of Special Purpose Machinery	346.38	0.37	30.50	1.07	305.59	8.86
交通运输设备制造业	Manufacture of Transport Equipment	264.64	0.23	25.21	4.35	224.00	10.87
电气机械及器材制造业	Manufacture of Electrical Machinery and Equipment	297.84	0.94	32.17	0.12	250.71	13.91
通信设备、计算机及其他电子设备制造业	Manufacture of Communication Equipment , Computer and Other Electronic Equipment	98.01	7.84	9.04	7.80	67.15	6.18

6-12 续表 continued

单位：亿元 (100 million yuan)

指　标	Item	资金来源 Sources of Funds	国家预算内资金 State Budget	国内贷款 Domestic Loans	利用外资 Foreign Investment	自筹资金 Self-raising Funds	其他资金 Others
仪器仪表及文化、办公用机械制造业	Manufacture of Measuring Instrument and Machinery for Cultural Activity and Office Work	32.25	0.35	4.53		25.89	1.48
工艺品及其他制造业	Manufacture of Artwork, Other Manufacture n.e.c	73.43		9.00	0.19	61.06	3.18
废气资源和废旧材料回收加工业	Recycling and Disposal of Waste	32.30	0.04	3.09		28.98	0.18
电力、煤气及水的生产和供应业	Production and Distribution of Electricity,Gas and Water	441.28	22.29	83.94	1.18	296.60	37.28
电力、热力生产和供应业	Production and Supply of Electric Power and Heat Power	301.37	14.14	73.90		187.36	25.96
燃气生产和供应业	Production and Distribution of Gas	50.39	0.08	4.07	0.88	41.02	4.35
水的生产和供应业	Production and Distribution of Water	89.52	8.06	5.97	0.30	68.22	6.97
建筑业	**Construction**	**9.52**		**0.06**		**8.27**	**1.19**
#房屋和土木工程建筑业	Construction of Building and Civil Engineering	5.01				4.75	0.26
建筑安装业	Architectural Installation	2.87				1.94	0.93
交通运输、仓储和邮政业	**Traffic,Transport, Storage and Post**	**592.17**	**83.02**	**113.84**	**0.20**	**354.79**	**40.32**
#铁路运输业	Transport Via Railway	49.35	25.39	12.12		11.75	0.09
道路运输业	Transport Via Road	310.24	37.66	83.01		167.51	22.06
城市公共交通业	Urban Public Traffic	19.93	11.82	1.25		6.68	0.18
仓储业	Storage	166.30	4.75	13.09	0.20	132.82	15.43
邮政业	Post	3.21	0.01			2.98	0.22
信息传输、计算机服务和软件业	**Information Transfer, Computer Services and Software**	**46.08**	**0.91**	**1.50**	**1.10**	**38.69**	**3.89**
#电信和其他信息传输服务业	Telecom and Other Information Transfer Services	39.48	0.20	1.50		33.95	3.83
计算机服务业	Computer Services	2.25				2.19	0.06
批发和零售业	**Wholesale and Retail Trade**	**373.78**	**1.38**	**17.37**	**2.22**	**328.20**	**24.61**
#批发业	Wholesale	130.25	0.73	4.85		115.16	9.51
住宿和餐饮业	**Accommodation and Restaurants**	**176.31**	**0.16**	**11.19**	**0.22**	**148.90**	**15.84**
#住宿业	Accommodation	109.82	0.16	7.30		90.50	11.85
金融业	**Finance**	**11.69**	**0.15**	**0.51**		**10.90**	**0.13**
#保险业	Insurance	0.39				0.39	
房地产业	**Real Estate**	**3302.29**	**28.32**	**290.23**	**1.89**	**2012.98**	**968.85**
租赁和商务服务业	**Tenancy and Business Services**	**45.43**	**0.45**	**3.91**		**39.72**	**1.36**
#商务服务业	Business Service	40.77	0.45	3.55		35.90	0.87
科学研究、技术服务和地质勘查业	**Scientific Research, Technical Service and Geologic perambulation**	**43.32**	**2.53**	**2.58**		**36.24**	**1.97**
#研究与实验发展	Research and Experimental Development	8.78	0.87	0.65		6.67	0.59
地质勘查业	Geologic Perambulation	4.82	0.38	0.08		4.21	0.16
水利、环境和公共管理业	**Management of Water Conservancy, Environment and public Establishment**	**1073.73**	**74.27**	**102.42**	**1.28**	**780.66**	**115.11**
水利管理业	Management of Water Conservancy	117.65	20.65	16.92		71.20	8.89
环境管理业	Environmental Management	47.63	2.92	0.89	0.02	40.18	3.61
公共设施管理业	Management of Public Establishment	908.45	50.70	84.61	1.25	669.28	102.61
居民服务和其他服务业	**Resident Services and Other Services**	**38.91**	**0.73**	**2.43**		**33.99**	**1.76**
#居民服务业	Resident Services	25.03	0.73	1.58		21.57	1.15
教育	**Education**	**210.81**	**8.66**	**27.06**		**154.93**	**20.15**
卫生、社会保障和社会福利业	**Sanitation, Social Security and Social Welfare**	**115.08**	**13.27**	**8.58**		**84.23**	**9.00**
#卫生	Sanitation	98.61	12.97	7.82		73.67	4.15
文化、体育和娱乐业	**Culture, Sports and Entertainment**	**132.44**	**11.50**	**6.88**	**0.09**	**102.28**	**11.69**
#文化艺术业	Culture and Art	55.55	7.31	1.55		39.47	7.21
公共管理和社会组织	**Public Management and Social Organization**	**108.56**	**9.72**	**3.30**		**82.96**	**12.59**
#国家机构	Organ of State	66.27	9.26	2.74		45.26	9.01

6-13 分行业固定资产投资资金来源（2011年）

Sources of Funds of Investment in Fixed Assets by Sector(2011)

单位：亿元 (100 million yuan)

指　　标	Item	资金来源 Sources of Funds	国家预算内资金 State Budget	国内贷款 Domestic Loans	利用外资 Foreign Investment	自筹资金 Self-raising Funds	其他资金 Others
总　　计	**Total**	**17254.35**	**353.71**	**2093.30**	**100.68**	**13166.16**	**1540.50**
农、林、牧、渔业	**Farming, Forestry,Animal Husbandry and Fishery**	**643.82**	**24.73**	**47.10**	**1.65**	**533.68**	**36.66**
农业	Farming	204.97	5.56	15.33	1.05	173.29	9.74
林业	Forestry	53.71	1.97	1.12		43.38	7.24
畜牧业	Animal Husbandry	260.00	0.14	24.58	0.60	224.92	9.76
渔业	Fishery	9.88		0.45		8.62	0.82
农、林、牧、渔服务业	Service Activities for Farming, Forestry, Animal Husbandry and Fishery	115.26	17.07	5.61		83.48	9.10
工业	**Industry**	**9183.34**	**43.67**	**1269.71**	**88.03**	**7545.50**	**236.43**
采矿业	Mining	726.05	4.83	103.95		601.46	15.81
煤炭采选业	Mining and Washing of Coal	297.63	2.19	28.10		261.27	6.08
石油和天然气开采业	Extraction of Petroleum and Natural Gas	57.78	0.20	19.00		38.58	
黑色金属矿采选业	Mining of Ferrous Metal Ores	31.21	0.13	7.35		22.58	1.15
有色金属矿采选业	Mining of Non-ferrous Metal Ores	239.70	2.31	42.96		187.96	6.47
非金属矿采选业	Mining and Processing of Nonmetal Ores	97.77		6.55		89.11	2.11
其他采矿业	Mining of Other Ores n.e.c	1.97				1.97	
制造业	Manufacturing	7975.34	16.66	1089.01	85.42	6585.19	199.06
农副食品加工业	Processing of Food from Agricultural Products	510.84	1.30	61.30	4.35	423.00	20.90
食品制造业	Manufacture of Foods	310.41	1.12	37.64	1.59	260.13	9.94
饮料制造业	Manufacture of Beverage	191.03		32.73	2.20	148.90	7.20
烟草加工业	Manufacture of Tobacco	12.07	0.24	3.35		8.48	
纺织业	Manufacture of Textile	365.82	0.82	48.05	0.60	308.43	7.91
纺织服装、鞋、帽制造业	Manufacture of Textile Wearing Apparel, Footware, and Caps	277.13		22.45	1.75	245.44	7.49
皮革、毛皮、羽毛(绒)及其制品业	Manufacture of Leather, Fur, Feather and Its Products	145.46	0.06	17.37	12.22	112.21	3.61
木材加工及竹、藤、棕、草制品业	Processing of Timbers, Manufacture of Wood, Bamboo, Rattan, Palm, and Straw Products	143.55	0.21	13.11	0.33	125.37	4.53
家具制造业	Manufacture of Furniture	105.84		9.54		91.89	4.41
造纸及纸制品业	Manufacture of Paper and Paper Products	143.43		10.40		129.58	3.45
印刷业和记录媒介的复制	Printing,Reproduction of Recording Media	62.87		6.63	1.20	54.32	0.72
文教体育用品制造业	Manufacture of Articles for Culture,Education and Sport Activity	24.50		2.02		22.24	0.25
石油加工、炼焦及核燃料加工业	Processing of Petroleum ,Coking, Processing of Nucleus Fuel	94.61		29.48		63.17	1.97
化学原料及化学制品制造业	Manufacture of Chemical Raw Material and Chemical Products	752.07	4.45	183.72	7.16	545.95	10.78
医药制造业	Manufacture of Medicines	234.66		30.44	0.06	199.51	4.65
化学纤维制造业	Manufacture of Chemical Fiber	28.82	0.10	2.13		26.60	
橡胶制品业	Manufacture of Rubber	73.11		18.40	0.05	51.28	3.38
塑料制品业	Manufacture of Plastic	173.19	0.56	15.89	2.09	149.77	4.88
非金属矿物制品业	Manufacture of Non-metallic Mineral Products	1096.02	3.91	111.00	0.80	943.99	36.32
黑色金属冶炼及压延加工业	Manufacture and Processing of Ferrous Metals	179.96		32.37		143.59	4.01
有色金属冶炼及压延加工业	Manufacture and Processing of Non-ferrous Metals	368.92		50.96	1.94	302.13	13.90
金属制品业	Manufacture of Metal Products	278.49	0.98	29.70		242.46	5.35
普通机械制造业	Manufacture of General Purpose Machinery	529.07	0.59	39.74	1.46	476.34	10.94
专用设备制造业	Manufacture of Special Purpose Machinery	449.41	0.23	65.27	0.04	374.83	9.04
交通运输设备制造业	Manufacture of Transport Equipment	454.16	1.03	70.13	2.05	373.62	7.33
电气机械及器材制造业	Manufacture of Electrical Machinery and Equipment	528.01	0.92	74.29		442.43	10.37
通信设备、计算机及其他电子设备制造业	Manufacture of Communication Equipment , Computer and Other Electronic Equipment	243.83		43.77	45.53	152.64	1.88

6-13 续表 continued

单位：亿元 (100 million yuan)

指标	Item	资金来源 Sources of Funds	国家预算内资金 State Budget	国内贷款 Domestic Loans	利用外资 Foreign Investment	自筹资金 Self-raising Funds	其他资金 Others
仪器仪表及文化、办公用机械制造业	Manufacture of Measuring Instrument and Machinery for Cultural Activity and Office Work	56.12		5.98		48.78	1.36
工艺品及其他制造业	Manufacture of Artwork, Other Manufacture n.e.c	105.09		13.95		88.86	2.28
废气资源和废旧材料回收加工业	Recycling and Disposal of Waste	36.82	0.14	7.22		29.23	0.23
电力、煤气及水的生产和供应业	Production and Distribution of Electricity,Gas and Water	481.94	22.18	76.74	2.61	358.85	21.56
电力、热力生产和供应业	Production and Supply of Electric Power and Heat Power	302.03	12.26	59.00	2.30	218.05	10.42
燃气生产和供应业	Production and Distribution of Gas	64.23	2.43	10.46		49.73	1.61
水的生产和供应业	Production and Distribution of Water	115.68	7.49	7.28	0.31	91.07	9.53
建筑业	**Construction**	**11.68**	**0.01**	**1.41**		**9.71**	**0.55**
#房屋和土木工程建筑业	Construction of Building and Civil Engineering	9.91	0.01	1.22		8.13	0.55
建筑安装业	Architectural Installation	1.05		0.01		1.04	
交通运输、仓储和邮政业	**Traffic,Transport, Storage and Post**	**767.95**	**71.81**	**176.50**		**474.44**	**45.20**
#铁路运输业	Transport Via Railway	65.74	25.64	15.87		22.46	1.77
道路运输业	Transport Via Road	425.83	32.43	121.42		241.45	30.52
城市公共交通业	Urban Public Traffic	32.78	7.20	12.85		12.72	0.01
仓储业	Storage	207.07	4.89	23.24		172.25	6.69
邮政业	Post	3.74				2.76	0.98
信息传输、计算机服务和软件业	**Information Transfer, Computer Services and Software**	**31.84**	**1.50**	**0.85**	**0.02**	**28.48**	**0.99**
#电信和其他信息传输服务业	Telecom and Other Information Transfer Services	22.22		0.08	0.02	21.43	0.68
计算机服务业	Computer Services	1.54		0.06		1.46	0.01
批发和零售业	**Wholesale and Retail Trade**	**403.46**	**1.30**	**33.38**	**0.21**	**349.13**	**19.44**
#批发业	Wholesale	180.75	1.14	18.66	0.05	151.85	9.05
住宿和餐饮业	**Accommodation and Restaurants**	**176.07**	**1.13**	**15.38**	**0.25**	**152.13**	**7.18**
#住宿业	Accommodation	118.89	1.13	13.36		99.58	4.82
金融业	**Finance**	**15.71**	**0.28**	**0.21**		**14.39**	**0.83**
#保险业	Insurance	0.25				0.25	
房地产业	**Real Estate**	**4015.06**	**28.20**	**355.90**	**7.19**	**2580.67**	**1043.10**
租赁和商务服务业	**Tenancy and Business Services**	**56.50**	**0.40**	**8.44**		**44.83**	**2.82**
#商务服务业	Business Service	48.41	0.40	6.43		38.82	2.76
科学研究、技术服务和地质勘查业	**Scientific Research, Technical Service and Geologic perambulation**	**41.35**	**1.29**	**4.54**		**35.39**	**0.13**
#研究与实验发展	Research and Experimental Development	16.95	0.99	0.40		15.48	0.08
地质勘查业	Geologic Perambulation	2.48		0.50		1.93	0.05
水利、环境和公共管理业	**Management of Water Conservancy, Environment and public Establishment**	**1289.33**	**120.38**	**125.36**	**2.73**	**932.00**	**108.86**
水利管理业	Management of Water Conservancy	113.56	18.53	5.38	0.91	78.77	9.97
环境管理业	Environmental Management	44.15	2.93	2.22	0.50	35.51	2.99
公共设施管理业	Management of Public Establishment	1131.63	98.92	117.76	1.32	817.73	95.90
居民服务和其他服务业	**Resident Services and Other Services**	**48.45**	**0.63**	**3.21**		**43.18**	**1.43**
#居民服务业	Resident Services	32.75	0.63	1.84		29.51	0.77
教育	**Education**	**231.63**	**22.84**	**24.12**	**0.10**	**173.13**	**11.44**
卫生、社会保障和社会福利业	**Sanitation, Social Security and Social Welfare**	**156.46**	**15.97**	**15.53**	**0.50**	**111.13**	**13.32**
#卫生	Sanitation	136.80	15.18	13.72	0.50	98.73	8.66
文化、体育和娱乐业	**Culture, Sports and Entertainment**	**111.22**	**11.20**	**6.73**		**85.05**	**8.25**
#文化艺术业	Culture and Art	43.35	5.55	1.24		31.40	5.16
公共管理和社会组织	**Public Management and Social Organization**	**70.47**	**8.37**	**4.91**		**53.31**	**3.87**
#国家机构	Organ of State	55.92	8.05	4.89		39.34	3.64

6-14 按行业和注册类型分固定资产投资(2010年新口径)

单位：亿元

指 标	Item	投资额 Total Investment	中央 Central Investment	地方 Local Investment
总 计	**Total**	**13338.05**	**286.04**	**13052.01**
农、林、牧、渔业	**Farming, Forestry,Animal Husbandry and Fishery**	**585.46**	**0.40**	**585.06**
农业	Farming	137.78		137.78
林业	Forestry	62.88		62.88
畜牧业	Animal Husbandry	274.48	0.05	274.43
渔业	Fishery	10.42		10.42
农、林、牧、渔服务业	Service Activities for Farming, Forestry, Animal Husbandry and Fishery	99.90	0.36	99.55
工业	**Industry**	**6800.63**	**207.14**	**6593.49**
采矿业	Mining	640.09	78.37	561.72
煤炭采选业	Mining and Washing of Coal	225.48	0.88	224.60
石油和天然气开采业	Extraction of Petroleum and Natural Gas	71.58	71.40	0.18
黑色金属矿采选业	Mining of Ferrous Metal Ores	38.47		38.47
有色金属矿采选业	Mining of Non-ferrous Metal Ores	206.15	6.10	200.05
非金属矿采选业	Mining and Processing of Nonmetal Ores	96.69		96.69
其他采矿业	Mining of Other Ores n.e.c	1.72		1.72
制造业	Manufacturing	5725.14	77.40	5647.74
农副食品加工业	Processing of Food from Agricultural Products	443.10		443.10
食品制造业	Manufacture of Foods	240.37		240.37
饮料制造业	Manufacture of Beverage	122.52		122.52
烟草加工业	Manufacture of Tobacco	7.80	2.00	5.80
纺织业	Manufacture of Textile	276.07		276.07
纺织服装、鞋、帽制造业	Manufacture of Textile Wearing Apparel, Footware, and Caps	130.46		130.46
皮革、毛皮、羽毛(绒)及其制品业	Manufacture of Leather, Fur, Feather and Its Products	97.13		97.13
木材加工及竹、藤、棕、草制品业	Processing of Timbers, Manufacture of Wood, Bamboo, Rattan, Palm, and Straw Products	119.18		119.18
家具制造业	Manufacture of Furniture	108.93		108.93
造纸及纸制品业	Manufacture of Paper and Paper Products	111.02		111.02
印刷业和记录媒介的复制	Printing,Reproduction of Recording Media	56.40		56.40
文教体育用品制造业	Manufacture of Articles for Culture,Education and Sport Activity	17.56		17.56
石油加工、炼焦及核燃料加工业	Processing of Petroleum ,Coking,Processing of Nucleus Fuel	65.97	0.87	65.10
化学原料及化学制品制造业	Manufacture of Chemical Raw Material and Chemical Products	487.14	22.35	464.78
医药制造业	Manufacture of Medicines	143.01		143.01
化学纤维制造业	Manufacture of Chemical Fiber	13.90		13.90
橡胶制品业	Manufacture of Rubber	59.31	0.09	59.22
塑料制品业	Manufacture of Plastic	121.43		121.43
非金属矿物制品业	Manufacture of Non-metallic Mineral Products	837.55	7.27	830.28
黑色金属冶炼及压延加工业	Manufacture and Processing of Ferrous Metals	168.45		168.45
有色金属冶炼及压延加工业	Manufacture and Processing of Non-ferrous Metals	318.77	3.05	315.72
金属制品业	Manufacture of Metal Products	231.94	0.79	231.15
普通机械制造业	Manufacture of General Purpose Machinery	409.94	6.24	403.70
专用设备制造业	Manufacture of Special Purpose Machinery	341.89	14.80	327.09
交通运输设备制造业	Manufacture of Transport Equipment	262.38	6.62	255.76
电气机械及器材制造业	Manufacture of Electrical Machinery and Equipment	298.20	3.71	294.50
通信设备、计算机及其他电子设备制造业	Manufacture of Communication Equipment , Computer and Other Electronic Equipment	97.56		97.56

Investment in Fixed Assets by Registration Status and Sector(2010New Caliber)

(100 million yuan)

内 资 Domestic Invest-ment	港澳台商投资 Units with Funds from Hong Kong, Macao and Taiwan	外商投资 Foreign Funded Units	国有控股 State holds the majority of shares	集体控股 Collective holds the majority of shares	私人控股 Private holds the majority of shares	港澳台控股 Hong Kong, Macao and Taiwan holds the majority of shares	外商控股 Foreign holds the majority of shares	其他控股 others
12984.46	**207.72**	**145.87**	**2721.10**	**1371.79**	**8791.92**	**177.92**	**115.83**	**159.48**
584.53	**0.93**		**101.41**	**108.31**	**375.21**	**0.24**		**0.30**
137.43	0.35		23.52	33.98	80.05			0.23
62.64	0.24		27.82	19.61	15.21	0.24		
274.23	0.24		5.73	16.66	252.07			0.02
10.42			1.02	1.07	8.32			
99.81	0.09		43.32	36.98	19.56			0.04
6598.79	**126.01**	**75.84**	**821.09**	**425.91**	**5383.67**	**107.59**	**50.76**	**11.61**
637.12	2.44	0.53	161.52	85.62	391.71	0.08	0.37	0.79
222.99	2.44	0.04	57.96	40.29	127.23			
71.58			71.40		0.18			
38.43		0.04	3.31	5.14	30.03			
206.07		0.08	26.32	31.31	147.86	0.08		0.58
96.32		0.37	2.54	8.88	84.68		0.37	0.22
1.72					1.72			
5543.78	110.05	71.31	410.92	279.08	4887.29	94.33	48.32	5.20
432.50	5.21	5.39	12.14	36.62	384.65	5.40	3.67	0.61
232.26	2.43	5.68	6.52	8.12	215.55	4.18	5.84	0.16
114.81	1.78	5.93	4.33	8.35	101.08	0.78	7.83	0.15
7.80			5.97	0.53	1.30			
272.99	2.87	0.21	8.71	11.96	252.60	2.76		0.04
128.97	1.17	0.31	2.44	7.45	119.30	0.97	0.07	0.24
93.87	2.73	0.53	0.22	4.60	90.27	1.50	0.36	0.18
118.91	0.13	0.14	1.89	2.05	114.93		0.14	0.17
108.29		0.64	0.63	1.42	106.88			
108.96	2.05	0.01	6.22	5.00	99.77	0.01		0.01
53.38	0.10	2.93	0.22	0.69	52.46	2.06	0.96	
17.51	0.05			0.20	17.31	0.05		
65.18	0.28	0.51	6.57	2.78	55.83	0.28		0.51
466.69	17.48	2.96	117.69	30.13	319.81	16.17	3.30	0.05
134.07	7.63	1.31	3.08	15.49	119.97	3.25	0.82	0.41
13.90			4.50	1.83	7.57			
57.21	2.01	0.09	10.67	1.71	45.99	0.84	0.09	
118.45	2.73	0.25	3.72	3.66	111.26	2.73	0.01	0.05
830.17	3.75	3.63	27.47	44.13	761.97	3.05	0.77	0.16
166.99	0.13	1.33	11.52	1.35	154.12	0.13	1.33	
288.36	15.79	14.62	59.16	20.05	205.34	19.59	14.62	0.01
228.48	2.87	0.59	2.68	9.98	217.45	0.66	0.59	0.59
403.99	4.76	1.20	13.76	14.77	375.61	5.39	0.20	0.22
339.09	0.98	1.81	34.91	10.62	293.93	0.47	1.31	0.65
250.59	1.45	10.34	22.50	13.30	224.83	0.15	1.55	0.05
278.13	11.49	8.59	18.79	10.21	260.86	3.25	4.18	0.91
76.82	20.18	0.55	8.64	1.42	66.27	20.68	0.55	

6-14 续表

单位：亿元

指标	Item	投资额 Total Investment	中央 Central Investment	地方 Local Investment
仪器仪表及文化、办公用机械制造业	Manufacture of Measuring Instrument and Machinery for Cultural Activity and Office Work	32.58	8.64	23.93
工艺品及其他制造业	Manufacture of Artwork, Other Manufacture n.e.c	72.39		72.39
废气资源和废旧材料回收加工业	Recycling and Disposal of Waste	32.20	0.96	31.23
电力、煤气及水的生产和供应业	Production and Distribution of Electricity,Gas and Water	435.40	51.37	384.04
电力、热力生产和供应业	Production and Supply of Electric Power and Heat Power	293.61	50.81	242.80
燃气生产和供应业	Production and Distribution of Gas	51.55		51.55
水的生产和供应业	Production and Distribution of Water	90.25	0.56	89.69
建筑业	**Construction**	**9.51**	**2.83**	**6.69**
#房屋和土木工程建筑业	Construction of Building and Civil Engineering	5.10	2.42	2.68
建筑安装业	Architectural Installation	2.83	0.41	2.42
交通运输、仓储和邮政业	**Traffic,Transport, Storage and Post**	**637.23**	**29.83**	**607.39**
#铁路运输业	Transport Via Railway	49.15	24.60	24.55
道路运输业	Transport Via Road	334.68	1.01	333.67
城市公共交通业	Urban Public Traffic	39.56		39.56
仓储业	Storage	164.77	1.41	163.36
邮政业	Post	3.30	0.58	2.72
信息传输、计算机服务和软件业	**Information Transfer, Computer Services and Software**	**45.46**	**6.23**	**39.24**
#电信和其他信息传输服务业	Telecom and Other Information Transfer Services	38.82	6.23	32.60
计算机服务业	Computer Services	2.35		2.35
批发和零售业	**Wholesale and Retail Trade**	**371.60**	**1.17**	**370.44**
#批发业	Wholesale	130.55	1.02	129.53
住宿和餐饮业	**Accommodation and Restaurants**	**170.77**		**170.77**
#住宿业	Accommodation	105.34		105.34
金融业	**Finance**	**11.80**	**0.43**	**11.38**
#保险业	Insurance	0.39		0.39
房地产业	**Real Estate**	**2949.18**	**15.23**	**2933.94**
租赁和商务服务业	**Tenancy and Business Services**	**45.07**	**1.06**	**44.00**
#商务服务业	Business Service	40.40	1.06	39.34
科学研究、技术服务和地质勘查业	**Scientific Research, Technical Service and Geologic perambulation**	**43.34**	**6.86**	**36.48**
#研究与实验发展	Research and Experimental Development	8.69	1.67	7.02
地质勘查业	Geologic Perambulation	4.70		4.70
水利、环境和公共管理业	**Management of Water Conservancy, Environment and public Establishment**	**1060.62**	**11.73**	**1048.89**
水利管理业	Management of Water Conservancy	112.26	2.07	110.19
环境管理业	Environmental Management	48.29	0.55	47.74
公共设施管理业	Management of Public Establishment	900.08	9.11	890.97
居民服务和其他服务业	**Resident Services and Other Services**	**38.14**	**0.76**	**37.39**
#居民服务业	Resident Services	24.63	0.76	23.87
教育	**Education**	**209.68**	**0.60**	**209.08**
卫生、社会保障和社会福利业	**Sanitation, Social Security and Social Welfare**	**111.25**	**1.17**	**110.08**
#卫生	Sanitation	94.66	1.17	93.49
文化、体育和娱乐业	**Culture, Sports and Entertainment**	**133.72**		**133.72**
#文化艺术业	Culture and Art	56.48		56.48
公共管理和社会组织	**Public Management and Social Organization**	**114.57**	**0.60**	**113.97**
#国家机构	Organ of State	72.57	0.60	71.97

continued

(100 million yuan)

内 资 Domestic Invest-ment	港澳台商投资 Units with Funds from Hong Kong, Macao and Taiwan	外商投资 Foreign Funded Units	国有控股 State holds the majority of shares	集体控股 Collective holds the majority of shares	私人控股 Private holds the majority of shares	港澳台控股 Hong Kong, Macao and Taiwan holds the majority of shares	外商控股 Foreign holds the majority of shares	其他控股 others
31.75		0.83	9.75	1.77	21.06			
71.47		0.93	1.45	4.83	65.96		0.13	0.03
32.20			4.76	4.07	23.37			
417.89	13.52	3.99	248.65	61.22	104.67	13.18	2.07	5.61
281.03	11.52	1.06	178.49	35.33	62.08	11.18	1.06	5.47
46.96	2.00	2.59	23.75	3.42	21.58	2.00	0.67	0.14
89.90		0.35	46.42	22.47	21.01		0.35	
9.19		**0.32**	**3.58**	**0.06**	**5.87**			
5.10			2.42		2.68			
2.51		0.32	1.16	0.06	1.61			
630.63	**4.68**	**1.91**	**399.77**	**50.03**	**184.58**	**1.73**	**0.47**	**0.64**
48.54		0.62	40.07	0.41	8.67			
334.68			271.94	34.07	28.16			0.52
39.56			37.74	0.43	1.39			
159.26	4.68	0.83	36.28	12.94	113.69	1.73		0.12
3.30			1.63		1.67			
33.68	**10.26**	**1.52**	**22.43**	**3.29**	**9.13**	**9.75**	**0.86**	
27.08	10.26	1.48	22.12	2.90	3.20	9.75	0.86	
2.31		0.04	0.31	0.39	1.65			
366.85	**2.32**	**2.44**	**31.75**	**54.41**	**279.41**	**2.32**	**2.69**	**1.03**
130.12		0.43	18.29	18.82	92.37		0.70	0.37
170.02	**0.27**	**0.47**	**7.77**	**11.07**	**150.99**	**0.21**	**0.47**	**0.26**
104.87	0.21	0.26	6.15	9.04	89.41	0.21	0.26	0.26
11.80			**5.27**	**2.80**	**3.49**			**0.25**
0.39			0.24		0.15			
2834.87	**52.54**	**61.77**	**301.56**	**399.99**	**2004.75**	**47.15**	**59.62**	**136.09**
45.06		**0.01**	**16.31**	**7.77**	**20.11**			**0.86**
40.39		0.01	15.91	7.26	16.37			0.86
43.33		**0.01**	**18.10**	**5.50**	**19.74**			**0.01**
8.69			3.75	0.17	4.77			
4.70			2.26		2.45			
1050.96	**8.99**	**0.67**	**666.93**	**201.72**	**176.85**	**8.69**	**0.35**	**6.07**
112.26			78.83	24.69	8.26			0.48
47.93		0.35	28.15	12.51	7.14		0.35	0.14
890.78	8.99	0.31	559.95	164.53	161.46	8.69		5.45
38.14			**3.86**	**7.50**	**26.78**			
24.63			3.03	5.52	16.08			
208.97	**0.31**	**0.40**	**118.61**	**24.37**	**65.89**	**0.23**	**0.35**	**0.22**
110.07	**1.17**		**72.35**	**13.26**	**25.64**			
93.49	1.17		66.21	10.45	18.00			
132.98	**0.23**	**0.52**	**61.87**	**24.21**	**46.01**		**0.25**	**1.37**
55.96		0.52	30.60	14.09	10.17		0.25	1.36
114.57			**68.44**	**31.58**	**13.79**			**0.76**
72.57			58.91	8.51	4.86			0.29

6-15 按行业和注册类型分固定资产投资(2011年)

单位：亿元

指标	Item	投资额 Total Investment	中央 Central Investment	地方 Local Investment
总计	**Total**	**16935.88**	**254.68**	**16681.20**
农、林、牧、渔业	**Farming, Forestry,Animal Husbandry and Fishery**	**641.02**	**3.33**	**637.69**
农业	Farming	204.07	0.72	203.35
林业	Forestry	54.15		54.15
畜牧业	Animal Husbandry	258.13	0.08	258.05
渔业	Fishery	9.84		9.84
农、林、牧、渔服务业	Service Activities for Farming, Forestry, Animal Husbandry and Fishery	114.84	2.54	112.30
工业	**Industry**	**9110.52**	**158.64**	**8951.87**
采矿业	Mining	718.68	62.85	655.84
煤炭采选业	Mining and Washing of Coal	295.80	1.61	294.19
石油和天然气开采业	Extraction of Petroleum and Natural Gas	56.90	55.49	1.42
黑色金属矿采选业	Mining of Ferrous Metal Ores	30.93		30.93
有色金属矿采选业	Mining of Non-ferrous Metal Ores	239.00	5.75	233.25
非金属矿采选业	Mining and Processing of Nonmetal Ores	94.08		94.08
其他采矿业	Mining of Other Ores n.e.c	1.97		1.97
制造业	Manufacturing	7899.85	75.30	7824.55
农副食品加工业	Processing of Food from Agricultural Products	505.06		505.06
食品制造业	Manufacture of Foods	308.58		308.58
饮料制造业	Manufacture of Beverage	187.93		187.93
烟草加工业	Manufacture of Tobacco	12.04	2.87	9.17
纺织业	Manufacture of Textile	359.75		359.75
纺织服装、鞋、帽制造业	Manufacture of Textile Wearing Apparel, Footware, and Caps	275.04		275.04
皮革、毛皮、羽毛(绒)及其制品业	Manufacture of Leather, Fur, Feather and Its Products	143.80	0.21	143.59
木材加工及竹、藤、棕、草制品业	Processing of Timbers, Manufacture of Wood, Bamboo, Rattan, Palm, and Straw Products	138.76		138.76
家具制造业	Manufacture of Furniture	104.17		104.17
造纸及纸制品业	Manufacture of Paper and Paper Products	141.14		141.14
印刷业和记录媒介的复制	Printing,Reproduction of Recording Media	62.83		62.83
文教体育用品制造业	Manufacture of Articles for Culture,Education and Sport Activity	23.90		23.90
石油加工、炼焦及核燃料加工业	Processing of Petroleum ,Coking,Processing of Nucleus Fuel	96.29	0.83	95.46
化学原料及化学制品制造业	Manufacture of Chemical Raw Material and Chemical Products	745.83	23.37	722.46
医药制造业	Manufacture of Medicines	234.15		234.15
化学纤维制造业	Manufacture of Chemical Fiber	29.32		29.32
橡胶制品业	Manufacture of Rubber	72.74	0.85	71.89
塑料制品业	Manufacture of Plastic	164.88	2.10	162.78
非金属矿物制品业	Manufacture of Non-metallic Mineral Products	1083.08	2.24	1080.84
黑色金属冶炼及压延加工业	Manufacture and Processing of Ferrous Metals	174.23	2.60	171.63
有色金属冶炼及压延加工业	Manufacture and Processing of Non-ferrous Metals	374.07	0.74	373.33
金属制品业	Manufacture of Metal Products	277.60	3.55	274.05
普通机械制造业	Manufacture of General Purpose Machinery	525.03	2.89	522.14
专用设备制造业	Manufacture of Special Purpose Machinery	445.15	7.45	437.70
交通运输设备制造业	Manufacture of Transport Equipment	451.06	3.49	447.56
电气机械及器材制造业	Manufacture of Electrical Machinery and Equipment	525.37	10.33	515.04
通信设备、计算机及其他电子设备制造业	Manufacture of Communication Equipment , Computer and Other Electronic Equipment	241.27		241.27

Investment in Fixed Assets by Registration Status and Sector(2011)

(100 million yuan)

内 资 Domestic Investment	港澳台商投资 Units with Funds from Hong Kong, Macao and Taiwan	外商投资 Foreign Funded Units	国有控股 State holds the majority of shares	集体控股 Collective holds the majority of shares	私人控股 Private holds the majority of shares	港澳台控股 Hong Kong, Macao and Taiwan holds the majority of shares	外商控股 Foreign holds the majority of shares	其他控股 others
16519.23	**230.74**	**185.92**	**3264.78**	**1416.32**	**10805.08**	**203.24**	**151.43**	**1095.03**
638.28	**0.64**	**2.10**	**106.48**	**91.33**	**396.92**		**1.79**	**44.50**
202.09	0.32	1.66	21.88	32.72	132.69		1.09	15.68
54.15			24.48	10.43	12.61			6.63
257.36	0.32	0.44	5.40	17.64	222.38		0.70	12.01
9.84				0.77	8.42			0.65
114.84			54.73	29.77	20.81			9.53
8846.97	**149.02**	**114.53**	**984.12**	**468.75**	**7009.66**	**142.33**	**78.79**	**426.87**
716.40	2.17	0.11	178.43	81.31	423.73	0.10		35.11
294.30	1.49	0.01	78.63	59.01	147.32			10.83
56.90			55.49					1.42
30.93			0.20	5.86	23.12			1.74
238.62	0.28	0.10	42.54	13.93	168.80	0.10		13.64
93.68	0.40		1.56	2.51	82.53			7.48
1.97					1.97			
7645.51	143.95	110.40	536.18	327.55	6449.04	140.33	78.06	368.69
497.54	1.28	6.24	19.57	23.36	436.37	5.96	1.75	18.04
298.76	1.72	8.09	8.66	10.85	273.62	3.51	5.31	6.62
185.73	0.30	1.90	5.05	7.45	155.58	1.04	2.20	16.61
12.04			8.76	1.51	1.70			0.07
357.84	1.47	0.45	10.24	16.67	311.19	0.84	1.11	19.70
266.14	7.22	1.69	3.48	25.27	235.90	3.85	1.15	5.40
124.64	7.32	11.84	0.07	2.86	118.39	7.22	11.62	3.65
138.43		0.33	3.33	2.35	127.24		0.33	5.50
102.57		1.60	1.30	2.86	97.83			2.18
136.96	1.06	3.13	14.85	4.13	113.23	3.13		5.81
57.75	1.14	3.94	0.45	1.11	52.66	1.49	2.06	5.05
23.90			0.65	0.44	22.57			0.25
88.05		8.24	5.20	13.32	72.11		0.83	4.83
704.51	26.12	15.20	189.79	34.68	449.24	23.47	16.61	32.04
231.41	2.73		8.97	10.09	200.15	2.22	3.87	8.84
29.32			5.13	4.93	19.27			
70.52	0.89	1.33	16.15	1.23	52.95		0.88	1.53
161.31	3.47	0.10	4.37	4.22	149.11	3.47	0.52	3.19
1074.06	4.34	4.68	28.24	28.22	964.60	3.53	2.14	56.34
173.53		0.70	33.33	10.32	123.94		0.70	5.94
352.17	8.45	13.45	22.08	39.24	280.56	8.30	13.22	10.68
276.32	1.28		9.25	5.94	247.61	0.42		14.39
519.91	2.89	2.24	15.80	9.31	478.41	2.89	0.16	18.45
444.60		0.55	37.83	13.33	359.97			34.02
437.72	1.68	11.66	19.98	14.19	383.49	1.23	5.85	26.32
508.64	4.85	11.87	24.46	18.69	430.90	6.66	7.26	37.40
175.36	65.50	0.41	16.76	10.50	138.81	61.10	0.35	13.75

6-15 续表

单位：亿元

指　　标	Item	投资额 Total Invest-ment	中　央 Central Invest-ment	地　方 Local Invest-ment
仪器仪表及文化、办公用机械制造业	Manufacture of Measuring Instrument and Machinery for Cultural Activity and Office Work	56.34	5.39	50.95
工艺品及其他制造业	Manufacture of Artwork, Other Manufacture n.e.c	103.77		103.77
废气资源和废旧材料回收加工业	Recycling and Disposal of Waste	36.67	6.39	30.28
电力、煤气及水的生产和供应业	Production and Distribution of Electricity,Gas and Water	491.98	20.50	471.48
电力、热力生产和供应业	Production and Supply of Electric Power and Heat Power	313.69	18.87	294.82
燃气生产和供应业	Production and Distribution of Gas	61.59		61.59
水的生产和供应业	Production and Distribution of Water	116.69	1.63	115.06
建筑业	**Construction**	**11.88**	**1.95**	**9.93**
#房屋和土木工程建筑业	Construction of Building and Civil Engineering	10.11	1.50	8.61
建筑安装业	Architectural Installation	1.05	0.46	0.59
交通运输、仓储和邮政业	**Traffic,Transport, Storage and Post**	**784.37**	**46.38**	**737.99**
#铁路运输业	Transport Via Railway	63.32	32.88	30.44
道路运输业	Transport Via Road	426.10	6.09	420.01
城市公共交通业	Urban Public Traffic	43.53		43.53
仓储业	Storage	211.31	5.20	206.11
邮政业	Post	4.66	0.26	4.40
信息传输、计算机服务和软件业	**Information Transfer, Computer Services and Software**	**31.91**	**1.55**	**30.36**
#电信和其他信息传输服务业	Telecom and Other Information Transfer Services	22.17	1.55	20.62
计算机服务业	Computer Services	1.61		1.61
批发和零售业	**Wholesale and Retail Trade**	**407.06**	**0.73**	**406.33**
#批发业	Wholesale	180.94	0.73	180.21
住宿和餐饮业	**Accommodation and Restaurants**	**174.92**		**174.92**
#住宿业	Accommodation	118.61		118.61
金融业	**Finance**	**16.57**	**1.62**	**14.95**
#保险业	Insurance	0.25		0.25
房地产业	**Real Estate**	**3759.46**	**20.00**	**3739.46**
租赁和商务服务业	**Tenancy and Business Services**	**56.39**	**0.70**	**55.69**
#商务服务业	Business Service	49.28	0.70	48.57
科学研究、技术服务和地质勘查业	**Scientific Research, Technical Service and Geologic perambulation**	**41.26**	**3.76**	**37.50**
#研究与实验发展	Research and Experimental Development	16.74	1.88	14.85
地质勘查业	Geologic Perambulation	2.45		2.45
水利、环境和公共管理业	**Management of Water Conservancy, Environment and public Establishment**	**1283.85**	**11.14**	**1272.70**
水利管理业	Management of Water Conservancy	114.39	0.76	113.63
环境管理业	Environmental Management	44.63	0.38	44.25
公共设施管理业	Management of Public Establishment	1124.83	10.01	1114.82
居民服务和其他服务业	**Resident Services and Other Services**	**47.53**	**0.22**	**47.31**
#居民服务业	Resident Services	32.65	0.22	32.43
教育	**Education**	**230.38**	**1.58**	**228.80**
卫生、社会保障和社会福利业	**Sanitation, Social Security and Social Welfare**	**157.39**	**2.15**	**155.23**
#卫生	Sanitation	137.38	2.15	135.23
文化、体育和娱乐业	**Culture, Sports and Entertainment**	**110.44**	**0.35**	**110.08**
#文化艺术业	Culture and Art	41.92	0.35	41.56
公共管理和社会组织	**Public Management and Social Organization**	**70.95**	**0.55**	**70.40**
#国家机构	Organ of State	56.45	0.55	55.90

continued

(100 million yuan)

内　资 Domestic Invest-ment	港澳台商投资 Units with Funds from Hong Kong, Macao and Taiwan	外商投资 Foreign Funded Units	国有控股 State holds the majority of shares	集体控股 Collective holds the majority of shares	私人控股 Private holds the majority of shares	港澳台控股 Hong Kong, Macao and Taiwan holds the majority of shares	外商控股 Foreign holds the majority of shares	其他控股 others
55.73		0.61	6.27	1.75	42.28			6.04
103.52	0.25		1.48	7.74	91.19			3.36
36.52		0.15	14.68	0.97	18.17		0.15	2.70
485.05	2.90	4.03	269.51	59.88	136.88	1.90	0.73	23.07
312.13	0.69	0.88	186.97	29.34	85.26	0.69		11.44
56.23	2.21	3.15	20.94	5.32	28.69	1.21	0.73	4.70
116.69			61.61	25.23	22.93			6.93
11.88			**5.65**	**0.03**	**5.88**			**0.32**
10.11			4.64		5.40			0.07
1.05			1.01	0.03	0.01			
783.13	**1.24**		**452.75**	**79.13**	**221.32**	**1.24**		**29.93**
63.32			54.24	0.96	5.02			3.09
426.10			307.58	65.43	37.79			15.30
43.53			40.74	0.66	2.14			
210.07	1.24		40.59	9.57	151.58	1.24		8.33
4.66			3.10	0.13	1.31			0.12
29.31	**1.88**	**0.72**	**15.97**	**1.89**	**11.40**	**1.88**	**0.72**	**0.06**
19.57	1.88	0.72	15.77	1.89	1.86	1.88	0.72	0.06
1.61			0.09		1.51			
398.04	**6.88**	**2.14**	**24.84**	**45.55**	**294.88**	**6.23**	**5.39**	**30.17**
180.32	0.33	0.29	15.45	14.55	134.51	0.33	1.72	14.38
173.24		**1.67**	**10.46**	**8.70**	**147.07**		**0.45**	**8.24**
117.39		1.22	8.98	6.50	99.24			3.90
16.57			**8.31**	**3.16**	**3.67**			**1.42**
0.25			0.10	0.07	0.07			
3634.12	**66.06**	**59.28**	**465.44**	**434.40**	**2316.95**	**49.79**	**61.79**	**431.08**
55.61		**0.78**	**18.48**	**5.11**	**26.36**			**6.44**
48.50		0.78	16.52	5.11	22.35			5.30
41.26			**22.90**	**1.99**	**15.78**			**0.60**
16.74			12.56	0.43	3.43			0.32
2.45			0.43		2.02			
1279.10	**3.12**	**1.62**	**829.84**	**181.70**	**193.23**	**1.77**		**77.30**
112.44	0.95	1.00	81.27	16.91	10.86	0.95		4.41
44.63			26.08	5.68	5.86			7.00
1122.04	2.17	0.62	722.49	159.11	176.51	0.82		65.89
47.53			**5.45**	**15.90**	**19.12**			**7.05**
32.65			4.78	11.08	10.93			5.87
227.94		**2.44**	**138.30**	**26.18**	**53.17**		**2.16**	**10.58**
155.49	**1.89**		**95.56**	**24.24**	**31.40**			**6.18**
135.49	1.89		90.46	19.55	23.58			3.80
109.80		**0.63**	**31.86**	**17.09**	**49.70**		**0.33**	**11.44**
41.28		0.63	14.44	12.59	8.04		0.33	6.51
70.95			**48.37**	**11.18**	**8.56**			**2.84**
56.45			44.42	5.28	5.45			1.29

6-16 各市按三次产业分的固定资产投资和建设总规模

单位：亿元

市(县) City(County)	2010(新口径New Caliber)							
	投资总额 Total Investment	第一产业 Primary Industry	第二产业 Secondary Industry	#工业 Industry	第三产业 Tertiary Industry	建设总规模 Investment in Construction	在建总规模 Investment in Projects under Construction	在建净规模 Net Investment in Projects under Construction
全　省 Total	**13338.05**	**585.46**	**6810.14**	**6800.63**	**5942.44**	**31343.31**	**20875.13**	**11831.39**
省辖市 City								
郑州市 Zhengzhou	2318.32	41.35	860.48	858.84	1416.48	7189.53	5639.41	3270.83
开封市 Kaifeng	439.40	17.19	286.21	286.20	136.00	1108.25	815.34	477.80
洛阳市 Luoyang	1460.52	89.26	780.77	776.52	590.49	2987.45	1554.71	833.91
平顶山市 Pingdingshan	651.85	34.34	369.27	367.97	248.23	1556.59	1052.67	545.03
安阳市 Anyang	688.26	28.33	345.65	345.65	314.29	1491.56	916.00	520.99
鹤壁市 Hebi	270.61	18.24	153.39	153.39	98.98	651.98	447.41	245.11
新乡市 Xinxiang	873.79	46.31	489.33	489.33	338.15	2088.94	1327.15	775.64
焦作市 Jiaozuo	720.72	24.93	455.64	455.29	240.14	1409.05	823.12	436.10
濮阳市 Puyang	454.63	31.54	262.24	261.75	160.86	759.04	378.92	212.87
许昌市 Xuchang	706.47	20.18	426.46	425.93	259.83	1536.45	975.20	579.59
漯河市 Luohe	331.00	7.53	205.47	205.47	118.00	751.22	496.21	264.35
三门峡市 Sanmenxia	598.83	30.43	335.22	335.22	233.18	1514.36	1020.76	594.85
南阳市 Nanyang	1091.34	63.02	643.06	642.91	385.25	2471.91	1581.36	970.81
商丘市 Shangqiu	651.13	17.04	385.17	385.17	248.91	1446.66	989.75	546.85
信阳市 Xinyang	773.31	47.39	202.95	202.68	522.96	1685.36	1100.46	660.70
周口市 Zhoukou	594.02	34.65	296.23	296.06	263.14	1037.12	574.67	237.96
驻马店市 Zhumadian	520.56	28.24	209.49	209.43	282.83	1172.24	852.63	496.75
济源市 Jiyuan	182.09	5.47	103.11	102.81	73.50	391.85	249.76	144.60
省直管县 Province Administrating County								
巩义市 Gongyi	200.31	1.29	136.42	136.42	62.60	343.62	185.43	100.94
兰考县 Lankao	48.62	1.39	36.14	36.14	11.10	116.58	90.54	53.42
汝州市 Ruzhou	104.22	7.64	65.92	65.92	30.67	241.13	150.92	97.37
滑县 Huaxian	55.77	2.98	25.14	25.14	27.65	106.03	67.54	27.09
长垣县 Changyuan	102.98	4.92	60.54	60.54	37.53	136.10	50.60	19.76
邓州市 Dengzhou	105.11	10.32	50.74	50.74	44.04	142.93	24.83	10.04
永城市 Yongcheng	107.98	0.94	59.93	59.93	47.11	319.86	245.51	147.95
固始县 Gushi	97.38	5.65	23.00	23.00	68.73	144.63	66.53	36.27
鹿邑县 Luyi	57.36	7.49	29.47	29.47	20.40	99.51	53.46	28.48
新蔡县 Xincai	42.85	3.35	16.75	16.69	22.74	97.17	94.35	41.54

Investment in Fixed Assets by Type of Industry and Total Investment in Construction by City

(100 million yuan)

2011							
投资总额 Total Investment	第一产业 Primary Industry	第二产业 Secondary Industry	#工业 Industry	第三产业 Tertiary Industry	建设总规模 Investment in Construction	在建总规模 Investment in Projects under Construction	在建净规模 Net Investment in Projects under Construction
16935.88	**641.02**	**9122.39**	**9110.52**	**7172.47**	**44009.90**	**30153.25**	**17194.14**
2902.71	53.75	1168.89	1162.26	1680.07	10279.08	8392.79	4829.01
585.60	12.77	343.97	343.89	228.87	1554.31	1094.10	593.61
1862.66	119.16	955.78	951.12	787.71	4105.52	2660.68	1545.12
815.36	22.11	501.78	501.78	291.47	2001.03	1332.88	770.80
888.19	27.31	530.75	530.75	330.14	2177.59	1458.28	815.78
339.51	13.47	176.58	176.58	149.46	973.95	663.91	383.40
1129.92	46.48	655.59	655.59	427.86	2897.60	1965.86	1055.53
916.84	35.87	570.75	570.75	310.22	1970.28	1038.65	562.46
590.90	53.29	340.06	339.69	197.55	1164.56	725.87	397.44
896.71	25.71	583.81	583.81	287.19	1996.53	1217.92	643.16
425.77	4.78	292.64	292.64	128.35	1079.55	631.17	376.14
749.07	51.69	399.27	399.27	298.10	1655.91	982.64	487.63
1385.46	62.47	888.72	888.72	434.28	3709.98	2644.35	1692.80
826.37	8.14	541.98	541.98	276.24	2197.34	1503.89	880.45
979.53	38.36	270.25	270.13	670.92	2329.25	1337.99	799.64
750.25	32.82	429.42	429.42	288.01	1596.61	923.85	431.64
662.61	27.47	325.75	325.72	309.38	1736.06	1184.72	687.63
228.43	5.36	146.41	146.41	76.65	584.74	393.68	241.92
246.68	1.65	171.46	171.46	73.57	561.58	381.30	218.44
63.53	1.73	50.24	50.24	11.56	160.07	122.02	55.47
128.93	6.20	94.12	94.12	28.61	309.14	197.64	125.17
68.11	1.35	43.43	43.43	23.33	195.00	140.67	82.64
130.40	7.73	73.27	73.27	49.40	226.93	135.10	50.44
133.58	8.54	76.46	76.46	48.58	234.77	157.84	84.82
135.24	1.27	76.61	76.61	57.36	403.13	285.53	160.81
120.73	3.94	30.25	30.25	86.54	201.59	82.07	45.42
69.00	6.94	47.04	47.04	15.01	132.77	64.24	29.19
54.91	2.24	26.71	26.68	25.96	141.07	77.11	31.82

6-17 分行业固定资产投资和在建总规模(2010年新口径)

单位：亿元

行业	Sector	建设总规模 Investment in Construction	在建总规模 Investment in Projects under Construction
总　计	**Total**	**31343.31**	**20875.13**
农、林、牧、渔业	**Farming, Forestry,Animal Husbandry and Fishery**	**878.93**	**337.52**
农业	Farming	204.27	88.56
林业	Forestry	92.14	36.40
畜牧业	Animal Husbandry	413.29	146.17
渔业	Fishery	15.55	4.67
农、林、牧、渔服务业	Service Activities for Farming, Forestry, Animal Husbandry and Fishery	153.69	61.73
工业	**Industry**	**13765.77**	**8054.22**
采矿业	Mining	1230.39	597.71
煤炭采选业	Mining and Washing of Coal	561.92	344.93
石油和天然气开采业	Extraction of Petroleum and Natural Gas	72.82	
黑色金属矿采选业	Mining of Ferrous Metal Ores	63.18	27.26
有色金属矿采选业	Mining of Non-ferrous Metal Ores	360.55	147.29
非金属矿采选业	Mining and Processing of Nonmetal Ores	169.98	77.63
其他采矿业	Mining of Other Ores n.e.c	1.93	0.60
制造业	Manufacturing	11365.46	6665.85
农副食品加工业	Processing of Food from Agricultural Products	818.50	434.01
食品制造业	Manufacture of Foods	446.61	242.77
饮料制造业	Manufacture of Beverage	218.80	117.70
烟草加工业	Manufacture of Tobacco	46.75	39.26
纺织业	Manufacture of Textile	530.38	308.64
纺织服装、鞋、帽制造业	Manufacture of Textile Wearing Apparel, Footware, and Caps	248.98	154.25
皮革、毛皮、羽毛(绒)及其制品业	Manufacture of Leather, Fur, Feather and Its Products	157.16	81.80
木材加工及竹、藤、棕、草制品业	Processing of Timbers, Manufacture of Wood, Bamboo, Rattan, Palm, and Straw Products	199.33	95.93
家具制造业	Manufacture of Furniture	163.38	69.68
造纸及纸制品业	Manufacture of Paper and Paper Products	224.41	131.61
印刷业和记录媒介的复制	Printing,Reproduction of Recording Media	88.99	32.44
文教体育用品制造业	Manufacture of Articles for Culture,Education and Sport Activity	29.22	12.57
石油加工、炼焦及核燃料加工业	Processing of Petroleum ,Coking,Processing of Nucleus Fuel	185.11	113.84
化学原料及化学制品制造业	Manufacture of Chemical Raw Material and Chemical Products	1185.10	845.60
医药制造业	Manufacture of Medicines	333.28	236.57
化学纤维制造业	Manufacture of Chemical Fiber	22.04	14.45
橡胶制品业	Manufacture of Rubber	138.11	93.20
塑料制品业	Manufacture of Plastic	203.42	95.14
非金属矿物制品业	Manufacture of Non-metallic Mineral Products	1529.26	792.92
黑色金属冶炼及压延加工业	Manufacture and Processing of Ferrous Metals	309.84	180.39
有色金属冶炼及压延加工业	Manufacture and Processing of Non-ferrous Metals	772.91	501.13
金属制品业	Manufacture of Metal Products	386.71	184.72
普通机械制造业	Manufacture of General Purpose Machinery	657.48	265.25
专用设备制造业	Manufacture of Special Purpose Machinery	614.31	321.23
交通运输设备制造业	Manufacture of Transport Equipment	604.84	432.96
电气机械及器材制造业	Manufacture of Electrical Machinery and Equipment	707.64	479.24
通信设备、计算机及其他电子设备制造业	Manufacture of Communication Equipment , Computer and Other Electronic Equipment	281.25	216.10
仪器仪表及文化、办公用机械制造业	Manufacture of Measuring Instrument and Machinery for Cultural Activity and Office Work	83.91	65.24

Investment in Fixed Assets by Sector and Total Investment in Construction(2010New Caliber)

(100 million yuan)

在建净规模 Net Investment in Projects under Construction	投资总额 Total Investment	按构成分 By Use of Funde				按建设性质分 By Type of Construction		
		建筑工程 Construction	安装工程 Installation	设备购置 Purchase of Equipment	其他费用 Others	#新 建 New Construction	#扩 建 Expansion	#改建和技术改造 Reconstruction and Technical Alteration
11831.39	**13338.05**	**7856.68**	**240.60**	**3567.21**	**1673.56**	**8061.23**	**1978.27**	**956.16**
201.99	**585.46**	**364.23**	**7.01**	**109.74**	**104.48**	**479.10**	**70.20**	**29.99**
55.29	137.78	87.77	1.38	19.52	29.11	112.40	17.64	7.52
21.25	62.88	34.73	0.38	3.81	23.96	48.57	9.36	2.67
82.33	274.48	164.74	3.74	71.13	34.86	236.60	33.74	3.35
2.79	10.42	5.93	0.18	2.37	1.94	8.83	1.37	0.21
40.33	99.90	71.06	1.33	12.91	14.60	72.71	8.09	16.24
4484.39	**6800.63**	**2946.98**	**198.82**	**3014.59**	**640.25**	**4649.89**	**1405.10**	**618.32**
326.08	640.09	292.43	18.27	229.50	99.90	366.90	107.07	158.92
170.27	225.48	93.47	7.58	99.90	24.53	82.69	45.20	93.27
	71.58	19.84	1.18	34.26	16.30	45.13	6.19	20.25
14.05	38.47	17.95	0.81	16.54	3.18	23.52	5.98	6.50
83.65	206.15	109.75	6.12	42.62	47.66	142.74	30.54	32.80
57.91	96.69	50.67	2.42	35.66	7.93	71.10	19.14	6.09
0.20	1.72	0.74	0.16	0.51	0.30	1.71	0.01	
3839.41	5725.14	2476.53	153.92	2599.43	495.26	3981.11	1200.93	434.89
241.09	443.10	224.38	7.41	175.31	36.00	338.72	79.55	21.48
145.87	240.37	114.42	4.31	95.86	25.78	168.31	53.94	16.15
65.65	122.52	52.30	2.12	54.51	13.59	83.66	23.66	11.72
35.59	7.80	3.38	0.15	1.88	2.39	4.15	1.54	2.01
163.38	276.07	110.41	5.79	135.83	24.03	180.84	62.94	22.99
87.95	130.46	64.87	1.54	50.85	13.20	112.69	14.02	2.68
43.79	97.13	42.30	1.78	41.54	11.51	73.59	19.25	3.98
63.52	119.18	58.38	2.05	45.37	13.38	99.36	14.89	4.56
45.66	108.93	56.21	3.44	33.03	16.25	90.52	15.20	2.37
84.65	111.02	45.76	3.24	55.62	6.40	56.03	35.78	16.93
17.61	56.40	25.36	1.08	26.42	3.55	38.79	12.09	3.07
8.66	17.56	9.21	0.29	6.92	1.14	12.59	2.15	2.82
56.61	65.97	23.76	2.44	34.03	5.74	43.87	18.52	2.94
434.34	487.14	178.81	18.86	253.94	35.52	349.28	90.62	43.98
155.81	143.01	73.07	2.72	50.78	16.43	83.64	41.62	16.51
6.76	13.90	7.93	0.57	4.85	0.55	10.64	2.80	0.46
56.37	59.31	21.16	3.29	30.98	3.89	34.46	15.35	5.54
59.46	121.43	54.10	2.38	54.93	10.02	88.69	21.79	8.88
465.25	837.55	383.48	24.77	359.05	70.24	556.52	164.45	102.79
103.90	168.45	36.38	5.98	112.46	13.63	76.63	81.36	9.35
254.14	318.77	95.58	11.35	185.70	26.14	194.85	88.73	32.54
107.66	231.94	108.22	5.58	98.02	20.12	165.69	46.51	15.06
136.43	409.94	180.05	8.77	196.37	24.75	279.29	82.94	27.36
169.61	341.89	159.42	8.32	148.20	25.95	231.03	73.55	22.38
272.31	262.38	116.96	8.83	112.33	24.26	189.17	54.10	15.01
303.48	298.20	124.51	8.66	136.41	28.62	224.12	54.68	12.17
157.41	97.56	40.97	4.37	41.99	10.23	86.00	4.54	5.71
38.89	32.58	15.46	0.66	12.65	3.81	27.56	4.75	0.27

6-17 续表

单位：亿元

行　业	Sector	建设总规模 Investment in Construction	在建总规模 Investment in Projects under Construction
工艺品及其他制造业	Manufacture of Artwork, Other Manufacture n.e.c	131.56	82.47
废气资源和废旧材料回收加工业	Recycling and Disposal of Waste	46.19	24.76
电力、煤气及水的生产和供应业	**Production and Distribution of Electricity,Gas and Water**	**1169.92**	**790.66**
电力、热力生产和供应业	Production and Supply of Electric Power and Heat Power	888.51	617.79
燃气生产和供应业	Production and Distribution of Gas	119.71	89.91
水的生产和供应业	Production and Distribution of Water	161.70	82.96
建筑业	**Construction**	**22.35**	**-6.30**
#房屋和土木工程建筑业	Construction of Building and Civil Engineering	15.61	-8.23
建筑安装业	Architectural Installation	4.71	2.62
交通运输、仓储和邮政业	**Traffic,Transport, Storage and Post**	**2042.33**	**1654.31**
#铁路运输业	Transport Via Railway	207.83	197.04
道路运输业	Transport Via Road	1108.57	898.63
城市公共交通业	Urban Public Traffic	279.00	274.41
仓储业	Storage	347.10	225.47
邮政业	Post	4.43	1.49
信息传输、计算机服务和软件业	**Information Transfer, Computer Services and Software**	**119.55**	**70.35**
#电信和其他信息传输服务业	Telecom and Other Information Transfer Services	83.79	37.02
计算机服务业	Computer Services	2.58	0.31
批发和零售业	**Wholesale and Retail Trade**	**613.93**	**283.72**
#批发业	Wholesale	240.47	128.88
住宿和餐饮业	**Accommodation and Restaurants**	**360.50**	**221.31**
#住宿业	Accommodation	264.84	187.96
金融业	**Finance**	**24.28**	**12.48**
#保险业	Insurance	0.58	0.28
房地产业	**Real Estate**	**9710.38**	**7819.97**
租赁和商务服务业	**Tenancy and Business Services**	**103.12**	**77.66**
#商务服务业	Business Service	98.01	77.00
科学研究、技术服务和地质勘查业	**Scientific Research, Technical Service and Geologic perambulation**	**96.43**	**68.40**
#研究与实验发展	Research and Experimental Development	27.76	23.45
地质勘查业	Geologic Perambulation	10.77	7.03
水利、环境和公共管理业	**Management of Water Conservancy, Environment and public Establishment**	**2292.75**	**1449.94**
水利管理业	Management of Water Conservancy	285.63	177.52
环境管理业	Environmental Management	81.42	38.04
公共设施管理业	Management of Public Establishment	1925.70	1234.37
居民服务和其他服务业	**Resident Services and Other Services**	**62.57**	**30.38**
#居民服务业	Resident Services	33.96	9.59
教育	**Education**	**461.70**	**303.53**
卫生、社会保障和社会福利业	**Sanitation, Social Security and Social Welfare**	**229.84**	**142.81**
#卫生	Sanitation	200.31	126.76
文化、体育和娱乐业	**Culture, Sports and Entertainment**	**371.45**	**257.99**
#文化艺术业	Culture and Art	115.47	61.93
公共管理和社会组织	**Public Management and Social Organization**	**187.42**	**96.84**
#国家机构	Organ of State	127.61	71.44

continued

(100 million yuan)

在建净规模 Net Investment in Projects under Construction	投资总额 Total Investment	按构成分 By Use of Funde				按建设性质分 By Type of Construction		
		建筑工程 Construction	安装工程 Installation	设备购置 Purchase of Equipment	其他费用 Others	#新 建 New Construction	#扩 建 Expansion	#改建和技术改造 Reconstruction and Technical Alteration
50.00	72.39	36.66	1.73	26.67	7.33	57.15	12.87	1.00
7.57	32.20	13.05	1.43	16.94	0.77	23.26	6.76	2.17
318.90	**435.40**	**178.03**	**26.63**	**185.66**	**45.09**	**301.88**	**97.10**	**24.50**
231.22	293.61	100.92	21.42	137.89	33.38	191.41	74.19	17.22
46.71	51.55	22.35	3.12	21.06	5.02	43.55	6.93	1.02
40.97	90.25	54.75	2.08	26.72	6.69	66.93	15.98	6.26
-9.69	**9.51**	**4.14**	**0.02**	**5.04**	**0.31**	**4.44**	**0.92**	**0.36**
-9.65	5.10	1.78	0.02	3.11	0.20	2.16	0.17	0.15
0.69	2.83	1.72		1.04	0.07	1.45	0.75	0.08
1046.63	**637.23**	**471.70**	**3.07**	**77.90**	**84.56**	**439.02**	**135.76**	**53.28**
101.80	49.15	42.14	0.20	5.76	1.06	34.44	5.45	8.48
575.52	334.68	265.78	1.08	18.76	49.07	190.63	98.31	39.80
200.05	39.56	24.76		4.73	10.08	38.42	0.24	0.13
142.12	164.77	109.76	1.51	34.65	18.85	138.13	23.22	3.22
0.75	3.30	2.28		0.96	0.06	2.94	0.20	0.12
47.31	**45.46**	**19.21**	**3.76**	**19.00**	**3.50**	**32.27**	**8.02**	**4.21**
18.58	38.82	14.66	3.64	18.36	2.17	26.31	7.70	3.85
0.21	2.35	1.34	0.13	0.63	0.26	1.83	0.27	0.25
177.42	**371.60**	**252.63**	**4.70**	**70.24**	**44.03**	**294.17**	**39.15**	**32.24**
87.49	130.55	85.16	1.73	26.38	17.28	104.12	15.08	8.73
140.68	**170.77**	**126.82**	**2.63**	**23.11**	**18.21**	**136.96**	**16.26**	**16.87**
121.44	105.34	78.39	1.66	13.44	11.85	84.83	10.15	9.96
-8.62	**11.80**	**8.69**	**0.07**	**1.53**	**1.51**	**9.20**	**0.92**	**1.46**
0.20	0.39	0.19		0.01	0.19	0.31		0.07
4271.99	**2949.18**	**2343.67**	**6.62**	**61.07**	**537.82**	**720.88**	**50.51**	**32.38**
49.25	**45.07**	**27.68**	**0.39**	**7.76**	**9.23**	**39.12**	**4.14**	**0.84**
49.36	40.40	25.46	0.37	5.70	8.87	35.20	4.10	0.50
30.68	**43.34**	**28.69**	**0.65**	**6.38**	**7.62**	**38.58**	**1.89**	**1.83**
9.09	8.69	5.61	0.05	1.86	1.16	7.06	0.95	0.63
3.70	4.70	3.60	0.02	0.17	0.91	4.62		
926.17	**1060.62**	**804.38**	**8.44**	**97.86**	**149.94**	**759.28**	**158.74**	**128.85**
88.93	112.26	89.10	1.12	8.46	13.57	77.56	10.92	21.55
17.60	48.29	31.07	0.82	9.87	6.54	35.27	5.63	5.77
819.65	900.08	684.22	6.50	79.53	129.84	646.45	142.19	101.53
18.90	**38.14**	**26.54**	**0.68**	**7.56**	**3.36**	**31.39**	**3.07**	**3.18**
5.11	24.63	16.98	0.45	4.63	2.58	19.20	2.08	2.91
145.89	**209.68**	**167.91**	**0.90**	**18.90**	**21.97**	**152.71**	**38.90**	**9.96**
80.05	**111.25**	**79.97**	**0.64**	**20.85**	**9.79**	**77.04**	**16.03**	**6.16**
70.39	94.66	66.17	0.58	19.97	7.94	62.41	14.61	5.78
180.76	**133.72**	**99.65**	**1.26**	**14.25**	**18.56**	**109.91**	**14.86**	**6.73**
33.75	56.48	43.10	0.55	5.31	7.53	43.56	9.77	1.96
47.58	**114.57**	**83.79**	**0.93**	**11.44**	**18.42**	**87.26**	**13.81**	**9.50**
34.89	72.57	50.59	0.61	7.78	13.59	57.60	6.57	5.21

6-18 分行业固定资产投资和在建总规模(2011年)

单位：亿元

行业	Sector	建设总规模 Investment in Construction	在建总规模 Investment in Projects under Construction
总计	**Total**	**44009.90**	**30153.25**
农、林、牧、渔业	**Farming, Forestry,Animal Husbandry and Fishery**	**1193.59**	**613.99**
农业	Farming	392.17	227.26
林业	Forestry	83.67	24.15
畜牧业	Animal Husbandry	510.35	269.83
渔业	Fishery	15.60	6.06
农、林、牧、渔服务业	Service Activities for Farming, Forestry, Animal Husbandry and Fishery	191.80	86.70
工业	**Industry**	**20188.87**	**12569.17**
采矿业	Mining	1457.17	864.58
煤炭采选业	Mining and Washing of Coal	674.59	428.97
石油和天然气开采业	Extraction of Petroleum and Natural Gas	70.95	30.45
黑色金属矿采选业	Mining of Ferrous Metal Ores	76.06	51.96
有色金属矿采选业	Mining of Non-ferrous Metal Ores	457.61	262.77
非金属矿采选业	Mining and Processing of Nonmetal Ores	175.05	88.94
其他采矿业	Mining of Other Ores n.e.c	2.91	1.48
制造业	Manufacturing	17414.95	10863.24
农副食品加工业	Processing of Food from Agricultural Products	1008.11	567.87
食品制造业	Manufacture of Foods	628.33	364.83
饮料制造业	Manufacture of Beverage	368.10	217.31
烟草加工业	Manufacture of Tobacco	62.16	59.04
纺织业	Manufacture of Textile	810.91	482.30
纺织服装、鞋、帽制造业	Manufacture of Textile Wearing Apparel, Footware, and Caps	609.30	398.90
皮革、毛皮、羽毛(绒)及其制品业	Manufacture of Leather, Fur, Feather and Its Products	281.67	162.84
木材加工及竹、藤、棕、草制品业	Processing of Timbers, Manufacture of Wood, Bamboo, Rattan, Palm, and Straw Products	239.08	121.37
家具制造业	Manufacture of Furniture	194.19	107.98
造纸及纸制品业	Manufacture of Paper and Paper Products	290.35	178.24
印刷业和记录媒介的复制	Printing,Reproduction of Recording Media	126.96	74.24
文教体育用品制造业	Manufacture of Articles for Culture,Education and Sport Activity	58.60	40.77
石油加工、炼焦及核燃料加工业	Processing of Petroleum ,Coking,Processing of Nucleus Fuel	192.77	108.84
化学原料及化学制品制造业	Manufacture of Chemical Raw Material and Chemical Products	1760.21	1041.85
医药制造业	Manufacture of Medicines	537.32	363.75
化学纤维制造业	Manufacture of Chemical Fiber	55.08	39.84
橡胶制品业	Manufacture of Rubber	166.01	115.35
塑料制品业	Manufacture of Plastic	318.05	188.42
非金属矿物制品业	Manufacture of Non-metallic Mineral Products	2252.93	1338.32
黑色金属冶炼及压延加工业	Manufacture and Processing of Ferrous Metals	413.09	262.69
有色金属冶炼及压延加工业	Manufacture and Processing of Non-ferrous Metals	820.06	546.88
金属制品业	Manufacture of Metal Products	580.30	323.62
普通机械制造业	Manufacture of General Purpose Machinery	1043.22	591.86
专用设备制造业	Manufacture of Special Purpose Machinery	1030.19	659.20
交通运输设备制造业	Manufacture of Transport Equipment	1194.97	839.44
电气机械及器材制造业	Manufacture of Electrical Machinery and Equipment	1234.48	829.79
通信设备、计算机及其他电子设备制造业	Manufacture of Communication Equipment , Computer and Other Electronic Equipment	693.18	569.80
仪器仪表及文化、办公用机械制造业	Manufacture of Measuring Instrument and Machinery for Cultural Activity and Office Work	137.41	91.86

Investment in Fixed Assets by Sector and Total Investment in Construction(2011)

(100 million yuan)

在建净规模 Net Investment in Projects under Construction	投资总额 Total Investment	按构成分 By Use of Funde 建筑工程 Construction	安装工程 Installation	设备购置 Purchase of Equipment	其他费用 Others	按建设性质分 By Type of Construction #新 建 New Construction	#扩 建 Expansion	#改建和技术改造 Reconstruction and Technical Alteration
17194.14	**16935.88**	**10085.39**	**332.86**	**4438.31**	**2079.33**	**10893.91**	**2070.08**	**1107.52**
400.48	**641.02**	**394.57**	**9.85**	**127.28**	**109.31**	**530.37**	**73.69**	**34.39**
150.70	204.07	121.51	3.33	39.19	40.04	180.19	17.67	5.94
14.96	54.15	35.25	0.79	2.62	15.49	37.13	11.70	4.66
179.25	258.13	155.08	3.90	63.40	35.74	215.84	35.38	6.86
3.37	9.84	5.54	0.35	2.52	1.43	8.66	0.47	0.71
52.20	114.84	77.19	1.49	19.55	16.62	88.55	8.47	16.22
7212.20	**9110.52**	**4211.15**	**271.25**	**3776.83**	**851.29**	**6721.95**	**1540.21**	**717.30**
480.78	718.68	321.68	32.36	269.69	94.95	402.33	109.25	204.03
216.20	295.80	107.11	10.76	146.16	31.77	94.15	36.11	163.82
14.05	56.90	28.99	0.73	23.83	3.35	34.50	3.49	18.91
35.03	30.93	12.89	1.91	13.49	2.63	19.16	8.64	1.95
153.92	239.00	120.14	15.03	58.13	45.70	173.50	50.89	14.62
61.11	94.08	51.84	3.54	27.40	11.30	79.26	9.94	4.72
0.47	1.97	0.71	0.38	0.67	0.20	1.78	0.19	
6370.80	7899.85	3665.10	217.48	3305.97	711.30	5963.48	1327.91	484.04
302.00	505.06	238.17	12.00	205.12	49.77	422.72	63.56	15.42
201.89	308.58	166.95	6.85	109.82	24.95	222.88	61.40	14.40
116.61	187.93	90.10	3.74	72.32	21.78	124.28	41.30	13.34
45.35	12.04	7.22	0.12	3.20	1.51	5.08	0.96	5.32
285.24	359.75	161.78	6.73	158.75	32.48	260.27	60.43	19.85
253.64	275.04	147.45	3.36	93.34	30.89	245.55	19.96	4.18
91.47	143.80	73.37	2.12	55.59	12.73	123.66	17.42	1.82
62.78	138.76	71.38	3.03	51.19	13.17	116.61	15.02	6.68
65.94	104.17	54.43	4.60	30.93	14.20	87.37	15.19	0.82
93.09	141.14	68.80	2.77	60.28	9.29	73.99	51.05	15.75
44.81	62.83	34.01	2.97	19.74	6.11	51.98	8.07	0.72
27.55	23.90	15.51	0.29	6.61	1.49	21.70	2.20	
46.60	96.29	32.20	5.57	54.44	4.07	59.60	32.59	4.10
526.44	745.83	279.14	31.21	377.27	58.20	551.30	137.62	49.95
212.35	234.15	121.74	5.40	89.53	17.48	174.25	45.80	14.01
15.88	29.32	10.22	1.29	16.73	1.09	21.69	7.33	0.05
47.04	72.74	26.73	3.49	37.09	5.44	48.61	18.02	3.29
109.15	164.88	75.34	3.10	71.64	14.81	125.76	27.54	9.28
815.53	1083.08	490.47	30.57	456.36	105.68	781.16	186.67	108.05
169.51	174.23	65.55	3.73	79.08	25.87	110.97	40.09	22.81
257.84	374.07	124.90	16.02	200.62	32.53	248.51	92.53	31.85
204.04	277.60	140.75	6.04	108.58	22.23	217.67	40.34	12.50
355.64	525.03	244.65	14.14	231.70	34.53	404.33	82.01	22.21
419.10	445.15	212.04	10.50	177.32	45.29	335.03	71.48	29.76
558.25	451.06	220.04	12.34	173.96	44.71	336.02	74.83	35.35
515.57	525.37	224.69	16.64	243.00	41.04	424.15	73.61	18.71
373.93	241.27	163.10	5.19	57.38	15.60	220.16	9.64	9.48
51.52	56.34	28.76	1.02	15.20	11.35	44.49	11.13	0.26

6-18 续表

单位：亿元

行　　业	Sector	建设总规模 Investment in Construction	在建总规模 Investment in Projects under Construction
工艺品及其他制造业	Manufacture of Artwork, Other Manufacture n.e.c	208.94	108.02
废气资源和废旧材料回收加工业	Recycling and Disposal of Waste	98.99	68.01
电力、煤气及水的生产和供应业	**Production and Distribution of Electricity,Gas and Water**	**1316.75**	**841.35**
电力、热力生产和供应业	Production and Supply of Electric Power and Heat Power	963.13	664.96
燃气生产和供应业	Production and Distribution of Gas	133.74	74.17
水的生产和供应业	Production and Distribution of Water	219.88	102.22
建筑业	**Construction**	**18.39**	**-0.25**
#房屋和土木工程建筑业	Construction of Building and Civil Engineering	14.36	-1.96
建筑安装业	Architectural Installation	1.82	-0.16
交通运输、仓储和邮政业	**Traffic,Transport, Storage and Post**	**2556.96**	**2071.33**
#铁路运输业	Transport Via Railway	204.18	180.30
道路运输业	Transport Via Road	1361.20	1093.25
城市公共交通业	Urban Public Traffic	337.26	335.03
仓储业	Storage	548.91	392.28
邮政业	Post	8.19	5.88
信息传输、计算机服务和软件业	**Information Transfer, Computer Services and Software**	**111.78**	**89.17**
#电信和其他信息传输服务业	Telecom and Other Information Transfer Services	53.86	34.20
计算机服务业	Computer Services	2.42	1.16
批发和零售业	**Wholesale and Retail Trade**	**920.21**	**582.22**
#批发业	Wholesale	447.43	324.26
住宿和餐饮业	**Accommodation and Restaurants**	**426.78**	**273.34**
#住宿业	Accommodation	332.40	235.05
金融业	**Finance**	**43.05**	**31.16**
#保险业	Insurance	0.50	0.25
房地产业	**Real Estate**	**13588.45**	**10727.25**
租赁和商务服务业	**Tenancy and Business Services**	**177.76**	**137.26**
#商务服务业	Business Service	165.65	130.78
科学研究、技术服务和地质勘查业	**Scientific Research, Technical Service and Geologic perambulation**	**141.57**	**109.24**
#研究与实验发展	Research and Experimental Development	79.98	75.71
地质勘查业	Geologic Perambulation	5.95	
水利、环境和公共管理业	**Management of Water Conservancy, Environment and public Establishment**	**3056.45**	**1877.71**
水利管理业	Management of Water Conservancy	255.74	147.61
环境管理业	Environmental Management	81.69	33.82
公共设施管理业	Management of Public Establishment	2719.01	1696.28
居民服务和其他服务业	**Resident Services and Other Services**	**88.19**	**50.43**
#居民服务业	Resident Services	48.68	21.18
教育	**Education**	**619.87**	**423.45**
卫生、社会保障和社会福利业	**Sanitation, Social Security and Social Welfare**	**357.18**	**239.89**
#卫生	Sanitation	307.93	201.67
文化、体育和娱乐业	**Culture, Sports and Entertainment**	**394.70**	**302.99**
#文化艺术业	Culture and Art	92.34	53.30
公共管理和社会组织	**Public Management and Social Organization**	**126.11**	**54.90**
#国家机构	Organ of State	101.81	46.11

continued

(100 million yuan)

在建净规模 Net Investment in Projects under Construction	投资总额 Total Investment	按构成分 By Use of Funde 建筑工程 Construction	安装工程 Installation	设备购置 Purchase of Equipment	其他费用 Others	按建设性质分 By Type of Construction #新 建 New Construction	#扩 建 Expansion	#改建和技术改造 Reconstruction and Technical Alteration
56.01	103.77	55.95	1.49	37.34	8.99	84.58	13.08	3.56
46.02	36.67	19.65	1.15	11.84	4.03	19.10	7.04	10.53
360.62	**491.98**	**224.36**	**21.41**	**201.17**	**45.04**	**356.13**	**103.06**	**29.23**
275.61	313.69	132.79	14.59	139.22	27.08	207.03	86.44	19.49
34.68	61.59	26.07	3.79	25.73	6.01	51.72	7.95	1.92
50.34	116.69	65.50	3.03	36.22	11.95	97.39	8.67	7.82
-1.94	**11.88**	**3.65**	**0.05**	**5.56**	**2.62**	**6.47**	**0.03**	**0.25**
-3.01	10.11	2.63	0.05	5.15	2.29	5.21	0.03	0.16
-0.16	1.05	0.88		0.17		0.89		
1180.88	**784.37**	**552.13**	**6.42**	**119.19**	**106.63**	**599.22**	**96.22**	**81.51**
66.94	63.32	48.48	0.52	12.58	1.73	42.64		19.87
610.87	426.10	323.42	2.50	42.02	58.16	287.83	75.41	57.54
221.29	43.53	33.50	0.46	2.87	6.71	43.19		
238.10	211.31	125.32	2.38	50.86	32.74	189.30	17.35	4.10
2.78	4.66	3.37	0.11	0.27	0.90	4.43	0.23	
52.72	**31.91**	**15.79**	**1.77**	**10.44**	**3.92**	**26.72**	**2.73**	**2.27**
10.38	22.17	12.51	1.47	7.10	1.09	17.99	2.73	1.26
0.73	1.61	0.31	0.16	0.86	0.28	0.71		0.90
389.00	**407.06**	**274.93**	**6.35**	**67.38**	**58.40**	**325.19**	**38.78**	**41.62**
217.29	180.94	113.58	2.86	34.22	30.28	141.66	21.23	17.24
161.95	**174.92**	**128.66**	**3.97**	**27.88**	**14.41**	**135.24**	**19.45**	**20.10**
138.79	118.61	89.81	2.81	16.18	9.81	97.20	12.00	9.29
21.18	**16.57**	**13.60**	**0.06**	**1.11**	**1.79**	**13.19**	**0.70**	**2.67**
0.18	0.25	0.25				0.12	0.12	
5813.46	**3759.46**	**3011.37**	**15.31**	**94.43**	**638.35**	**1000.28**	**45.65**	**40.34**
89.30	**56.39**	**39.28**	**0.59**	**6.87**	**9.65**	**51.21**	**3.74**	**1.04**
85.68	49.28	34.61	0.49	5.50	8.67	44.36	3.71	1.01
63.06	**41.26**	**26.54**	**0.31**	**7.94**	**6.47**	36.36	3.30	1.55
49.18	16.74	10.33	0.06	2.16	4.19	15.46	0.86	0.42
	2.45	1.37			1.08	2.40		0.05
1212.40	**1283.85**	**973.24**	**10.88**	**109.60**	**190.13**	966.59	174.48	131.36
81.71	114.39	94.89	1.27	7.80	10.43	80.05	14.35	17.96
14.58	44.63	30.47	0.89	6.52	6.74	27.19	11.31	5.83
1116.12	1124.83	847.88	8.72	95.27	172.96	859.35	148.82	107.56
26.48	**47.53**	**31.63**	**0.83**	**8.89**	**6.18**	**36.16**	**3.57**	**7.04**
11.11	32.65	20.12	0.72	6.53	5.28	23.52	2.32	6.05
207.79	**230.38**	**167.43**	**1.59**	**24.17**	**37.19**	**179.99**	**33.42**	**11.19**
126.85	**157.39**	**112.13**	**1.79**	**25.54**	**17.93**	**112.81**	**19.79**	**5.17**
103.66	137.38	96.59	1.75	25.30	13.73	93.77	19.16	4.99
206.16	**110.44**	**77.46**	**0.88**	**17.62**	**14.47**	**92.77**	**8.36**	**7.17**
24.77	41.92	32.39	0.39	5.03	4.11	36.25	4.24	1.33
32.18	**70.95**	**51.83**	**0.97**	**7.56**	**10.59**	**59.39**	**5.96**	**2.57**
27.81	56.45	40.30	0.59	6.55	9.00	47.85	4.09	1.77

6-19 各市分行业固定资产投资(2010年新口径)

单位：亿元

市(县) City(County)	合 计 Total	农、林、牧、渔业 Farming, Forestry, Animal Husbandry and Fishery	工 业 Industry	建筑业 Construction	交通运输、仓储和邮政业 Traffic, Transport, Storage and Post	信息传输、计算机服务和软件业 Information Transfer, Computer Services and Software	批发和零售业 Wholesale and Retail Trade	住宿和餐饮业 Accom-Modation and Restaurants
全 省 Total	**13338.05**	**585.46**	**6800.63**	**9.51**	**637.23**	**45.46**	**371.60**	**170.77**
省 辖 市 City								
郑 州 市 Zhengzhou	2318.32	41.35	858.84	1.64	178.15	8.20	40.16	16.59
开 封 市 Kaifeng	439.40	17.19	286.20	0.01	15.64		9.80	5.03
洛 阳 市 Luoyang	1460.52	89.26	776.52	4.25	44.90	9.34	34.45	31.17
平 顶 山 市 Pingdingshan	651.85	34.34	367.97	1.30	27.73	0.66	19.53	12.04
安 阳 市 Anyang	688.26	28.33	345.65		39.99	1.43	27.98	17.80
鹤 壁 市 Hebi	270.61	18.24	153.39		14.96	0.04	2.52	2.22
新 乡 市 Xinxiang	873.79	46.31	489.33		22.50	0.46	14.66	3.11
焦 作 市 Jiaozuo	720.72	24.93	455.29	0.35	21.00	2.48	25.16	9.31
濮 阳 市 Puyang	454.63	31.54	261.75	0.49	17.93	2.21	20.64	1.84
许 昌 市 Xuchang	706.47	20.18	425.93	0.52	35.55	0.05	14.73	13.69
漯 河 市 Luohe	331.00	7.53	205.47		27.64	1.02	10.04	7.72
三 门 峡 市 Sanmenxia	598.83	30.43	335.22		20.66	2.39	13.91	7.44
南 阳 市 Nanyang	1091.34	63.02	642.91	0.16	39.26	4.21	48.41	18.40
商 丘 市 Shangqiu	651.13	17.04	385.17		28.05	2.22	25.15	3.48
信 阳 市 Xinyang	773.31	47.39	202.68	0.27	35.79	4.81	18.73	8.35
周 口 市 Zhoukou	594.02	34.65	296.06	0.17	21.26	2.10	24.20	3.06
驻 马 店 市 Zhumadian	520.56	28.24	209.43	0.06	31.93	2.51	14.63	8.59
济 源 市 Jiyuan	182.09	5.47	102.81	0.30	4.01	1.34	6.89	0.94
省 直 管 县 Province Administrating County								
巩 义 市 Gongyi	200.31	1.29	136.42		7.86		0.95	0.89
兰 考 县 Lankao	48.62	1.39	36.14		0.45		1.29	0.65
汝 州 市 Ruzhou	104.22	7.64	65.92		5.97		4.15	2.25
滑 县 Huaxian	55.77	2.98	25.14		2.96		4.26	0.06
长 垣 县 Changyuan	102.98	4.92	60.54		2.21		2.44	0.94
邓 州 市 Dengzhou	105.11	10.32	50.74		2.01		7.48	1.20
永 城 市 Yongcheng	107.98	0.94	59.93		8.07	0.26	5.67	0.97
固 始 县 Gushi	97.38	5.65	23.00		8.19	0.37	1.14	0.33
鹿 邑 县 Luyi	57.36	7.49	29.47		3.60		2.39	
新 蔡 县 Xincai	42.85	3.35	16.69	0.06	3.45	0.04	0.50	0.03

Investment in Fixed Assets by Sector and City (2010New Caliber)

(100 million yuan)

金融业 Finance	房地产业 Real Estate	租赁和商务服务业 Tenancy and Business Services	科学研究、技术服务和地质勘查业 Scientific Research, Technical Service and Geologic Perambulation	水利、环境和公共管理业 Management of Water Conservancy, Environment and Public Establishment	居民服务和其他服务业 Resident Services and Other Services	教育 Education	卫生、社会保障和社会福利业 Sanitation, Social Security and Social Welfare	文化、体育和娱乐业 Culture, Sports and Entertainment	公共管理和社会组织 Public Management and Social Organization
11.80	**2949.18**	**45.07**	**43.34**	**1060.62**	**38.14**	**209.68**	**111.25**	**133.72**	**114.57**
2.52	881.72	11.06	11.72	131.43	3.98	62.61	21.08	30.69	16.55
	60.20	2.25	1.34	27.63	1.95	3.68	3.91	2.62	1.94
1.47	291.89	2.85	7.22	104.49	5.24	21.05	11.57	15.93	8.92
0.79	102.47	1.26	0.17	53.79	1.52	6.53	6.21	5.42	10.12
0.73	121.47	2.45	2.14	66.98	3.03	7.85	5.01	5.69	11.74
0.78	48.40	2.69	0.16	15.64	1.12	3.53	3.37	2.60	0.93
0.21	152.65	4.13	2.53	113.25	2.84	10.50	4.86	4.72	1.75
0.75	114.28	2.44	1.30	34.98	3.32	7.59	5.15	6.46	5.93
0.15	54.60	0.83	0.26	38.29	0.32	4.49	2.11	2.88	14.33
0.17	136.86	2.83	4.38	24.83	1.68	9.10	5.38	6.26	4.31
0.53	40.95	0.35	0.27	16.36	1.55	3.11	2.86	2.59	3.01
	98.72	1.34	1.78	66.33	0.69	6.01	5.92	6.58	1.41
0.64	99.89	3.82	1.37	125.82	2.41	14.45	9.05	12.10	5.43
0.22	103.27	1.66	6.65	50.40	2.43	11.74	3.43	8.17	2.04
1.95	276.70	3.47	0.60	124.12	1.34	12.68	9.70	12.84	11.89
0.60	152.74	0.50	1.02	28.48	3.11	12.61	4.59	4.05	4.81
0.23	180.90	0.63	0.14	17.56	0.70	8.23	5.96	2.85	7.97
0.05	31.47	0.51	0.31	19.29	0.93	3.92	1.07	1.27	1.50
	39.91	0.23		7.28	0.26	1.25	0.59	0.95	2.42
	3.57	0.07	0.46	2.31	0.69	0.47	1.09		0.05
0.33	8.15	0.72		6.34	0.77	0.98	0.57	0.18	0.26
	13.01			3.58	0.36	0.43	1.69	0.22	1.09
	15.55	0.32		11.59	0.17	2.29	1.91		0.11
	6.44	0.50	0.42	20.06	0.07	2.24	2.64	0.04	0.94
	16.42	0.40	4.04	3.85	0.71	2.97	0.82	2.39	0.55
1.51	40.06			12.81	0.05	0.50	0.35	2.91	0.52
	8.90			1.89	0.84	0.64	0.48	0.07	1.58
	15.61		0.06	0.43	0.04	1.60	0.41	0.49	0.08

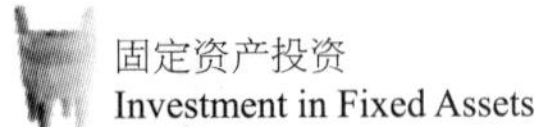

6-20 各市分行业固定资产投资(2011年)

单位：亿元

市(县) City(County)	合 计 Total	农、林、牧、渔业 Farming, Forestry, Animal Husbandry and Fishery	工 业 Industry	建筑业 Construction	交通运输、仓储和邮政业 Traffic, Transport, Storage and Post	信息传输、计算机服务和软件业 Information Transfer, Computer Services and Software	批发和零售业 Wholesale and Retail Trade	住宿和餐饮业 Accom-Modation and Rest-aurants
全 省 Total	**16935.88**	**641.02**	**9110.52**	**11.88**	**784.37**	**31.91**	**407.06**	**174.92**
省 辖 市 City								
郑 州 市 Zhengzhou	2902.71	53.75	1162.26	6.63	192.34	13.41	66.38	13.70
开 封 市 Kaifeng	585.60	12.77	343.89	0.07	26.41	0.40	16.71	3.76
洛 阳 市 Luoyang	1862.66	119.16	951.12	4.66	92.90	2.72	32.81	27.75
平 顶 山 市 Pingdingshan	815.36	22.11	501.78		30.71	1.25	14.66	9.40
安 阳 市 Anyang	888.19	27.31	530.75		36.12	0.02	19.31	9.22
鹤 壁 市 Hebi	339.51	13.47	176.58		15.63	0.10	3.22	2.22
新 乡 市 Xinxiang	1129.92	46.48	655.59		21.26	1.47	9.09	8.35
焦 作 市 Jiaozuo	916.84	35.87	570.75		33.17	2.33	30.31	17.25
濮 阳 市 Puyang	590.90	53.29	339.69	0.37	23.66	0.33	18.45	4.70
许 昌 市 Xuchang	896.71	25.71	583.81		32.13		16.58	14.17
漯 河 市 Luohe	425.77	4.78	292.64		16.40	1.96	14.67	14.41
三 门 峡 市 Sanmenxia	749.07	51.69	399.27		59.86	3.30	23.01	5.07
南 阳 市 Nanyang	1385.46	62.47	888.72		59.39	1.26	47.62	19.57
商 丘 市 Shangqiu	826.37	8.14	541.98		35.18	1.04	19.81	1.77
信 阳 市 Xinyang	979.53	38.36	270.13	0.12	52.02	1.38	24.25	10.98
周 口 市 Zhoukou	750.25	32.82	429.42		28.83	0.30	20.30	2.68
驻 马 店 市 Zhumadian	662.61	27.47	325.72	0.03	23.83	0.25	20.24	8.26
济 源 市 Jiyuan	228.43	5.36	146.41		4.53	0.40	9.65	1.67
省 直 管 县 Province Administrating County								
巩 义 市 Gongyi	246.68	1.65	171.46		13.32		2.20	0.95
兰 考 县 Lankao	63.53	1.73	50.24		0.79		0.80	1.15
汝 州 市 Ruzhou	128.93	6.20	94.12		5.59		2.94	0.35
滑 县 Huaxian	68.11	1.35	43.43		1.35		1.57	
长 垣 县 Changyuan	130.40	7.73	73.27		0.30		0.80	1.98
邓 州 市 Dengzhou	133.58	8.54	76.46		6.10		4.86	
永 城 市 Yongcheng	135.24	1.27	76.61		11.87		4.06	1.76
固 始 县 Gushi	120.73	3.94	30.25		9.89		0.92	1.05
鹿 邑 县 Luyi	69.00	6.94	47.04		3.70		1.66	
新 蔡 县 Xincai	54.91	2.24	26.68	0.03	2.04	0.03	0.46	

Investment in Fixed Assets by Sector and City (2011)

(100 million yuan)

金融业 Finance	房地产业 Real Estate	租赁和商务服务业 Tenancy and Business Services	科学研究、技术服务和地质勘查业 Scientific Research, Technical Service and Geologic Perambulation	水利、环境和公共管理业 Management of Water Conservancy, Environment and Public Establishment	居民服务和其他服务业 Resident Services and Other Services	教育 Education	卫生、社会保障和社会福利业 Sanitation, Social Security and Social Welfare	文化、体育和娱乐业 Culture, Sports and Entertainment	公共管理和社会组织 Public Management and Social Organization
16.57	**3759.46**	**56.39**	**41.26**	**1283.85**	**47.53**	**230.38**	**157.39**	**110.44**	**70.95**
6.93	1034.85	8.87	10.39	160.16	9.48	80.72	45.08	28.22	9.55
	101.02	4.44	5.23	48.96	0.70	9.39	6.42	2.98	2.45
1.92	405.86	3.19	4.20	139.72	11.44	20.98	15.58	18.83	9.81
0.36	138.47	0.56	0.16	63.84	2.02	11.93	8.84	5.40	3.86
0.87	162.73	1.94	1.13	75.34		9.52	8.15	3.72	2.09
0.40	83.10	3.40	0.70	27.43	0.97	6.95	2.89	1.78	0.68
0.59	244.23	7.62	4.12	109.83	2.43	10.65	3.96	1.82	2.46
1.37	132.45	2.22	3.16	53.74	5.21	10.15	6.60	6.65	5.60
0.24	80.90		2.70	51.77	0.20	8.05	1.81	1.80	2.93
0.79	152.75	6.80	2.20	29.19	3.87	8.56	8.78	6.39	4.98
0.21	49.73	2.85		18.92	0.89	0.71	2.21	1.36	4.04
	102.55	0.99	1.33	76.93	4.35	4.31	6.24	6.55	3.61
0.09	133.92	2.55	0.63	135.01	3.19	13.41	8.19	8.45	1.00
	131.37	3.49	0.92	67.82	0.17	6.94	3.38	3.18	1.18
1.97	381.64	3.51	0.86	152.56	0.94	13.35	13.32	7.88	6.27
0.49	169.82	2.66	2.44	35.03	0.71	7.84	10.60	2.64	3.67
0.07	212.86	1.30	0.87	23.06	0.48	5.87	5.01	1.67	5.59
0.27	41.19		0.24	14.54	0.47	1.05	0.34	1.12	1.19
	53.24			1.48		0.45	1.25		0.68
	2.92		0.46	5.01	0.04	0.12	0.28		
	6.34			10.09	1.09	0.95	0.84	0.06	0.37
	11.93			6.02		1.50	0.73	0.19	0.04
	39.88	0.93		3.12		1.04	1.37		
	12.16			23.08		0.95	1.43		
	31.42	0.44		5.01		1.17	0.74	0.74	0.14
0.11	58.45			10.10		1.25	2.36	2.22	0.19
	5.56			2.48	0.13	0.77			0.73
	20.58		0.02	1.46	0.04	0.82	0.13	0.29	0.09

6-21 各市按建设性质分的固定资产投资
Investment in Fixed Assets by Type of Construction and City

单位：亿元 (100 million yuan)

市(县) City(County)	2010(新口径New Caliber) 投资总额 Total Investment	#新建 New Construction	#扩建 Expansion	#改建和技术改造 Reconstruction	2011 投资总额 Total Investment	#新建 New Construction	#扩建 Expansion	#改建和技术改造 Reconstruction
全省 Total	**13338.05**	**8061.23**	**1978.27**	**956.16**	**16935.88**	**10893.91**	**2070.08**	**1107.52**
省辖市 City								
郑州市 Zhengzhou	2318.32	898.60	415.86	192.43	2902.71	1261.72	381.97	292.19
开封市 Kaifeng	439.40	307.31	54.64	12.96	585.60	396.85	72.12	19.30
洛阳市 Luoyang	1460.52	924.73	203.10	89.61	1862.66	1196.43	275.01	120.83
平顶山市 Pingdingshan	651.85	418.71	87.84	62.86	815.36	569.12	73.72	74.89
安阳市 Anyang	688.26	366.26	151.54	66.93	888.19	522.70	175.83	59.75
鹤壁市 Hebi	270.61	202.14	30.28	11.63	339.51	263.41	18.35	12.27
新乡市 Xinxiang	873.79	542.51	166.82	30.92	1129.92	770.18	151.86	40.51
焦作市 Jiaozuo	720.72	478.38	119.64	42.76	916.84	671.36	109.75	56.75
濮阳市 Puyang	454.63	338.46	44.41	25.81	590.90	409.43	88.99	37.16
许昌市 Xuchang	706.47	433.75	117.41	67.94	896.71	613.77	101.75	54.64
漯河市 Luohe	331.00	223.12	69.23	9.11	425.77	309.85	56.80	10.69
三门峡市 Sanmenxia	598.83	365.91	105.62	70.99	749.07	501.45	130.52	53.44
南阳市 Nanyang	1091.34	783.05	130.31	96.50	1385.46	1079.21	107.18	88.96
商丘市 Shangqiu	651.13	488.29	52.42	19.43	826.37	619.12	84.20	13.63
信阳市 Xinyang	773.31	521.64	54.82	51.38	979.53	713.88	49.86	46.11
周口市 Zhoukou	594.02	326.85	72.49	64.27	750.25	447.51	76.90	72.64
驻马店市 Zhumadian	520.56	346.67	50.98	12.33	662.61	445.90	52.62	18.47
济源市 Jiyuan	182.09	83.63	50.87	28.31	228.43	102.03	62.64	35.28
省直管县 Province Administrating County								
巩义市 Gongyi	200.31	85.95	77.50	10.38	246.68	114.83	80.37	11.73
兰考县 Lankao	48.62	44.63	0.38	0.05	63.53	60.10	0.67	
汝州市 Ruzhou	104.22	64.86	12.15	17.29	128.93	74.75	14.06	32.96
滑县 Huaxian	55.77	42.98	4.11	1.52	68.11	51.43	8.57	0.65
长垣县 Changyuan	102.98	95.00	2.23	0.32	130.40	121.28	0.79	
邓州市 Dengzhou	105.11	91.46	2.92	4.56	133.58	105.43	12.59	5.41
永城市 Yongcheng	107.98	85.10	6.63	5.30	135.24	106.78	11.18	2.37
固始县 Gushi	97.38	67.80	10.59	2.16	120.73	93.86	4.62	2.59
鹿邑县 Luyi	57.36	44.65	4.68	0.63	69.00	53.81	5.52	4.25
新蔡县 Xincai	42.85	32.79	2.21	0.69	54.91	40.34	4.37	0.45

6-22 各市按构成性质分的固定资产投资(2010年新口径)

Investment in Fixed Assets by Composition of Funds and City(2010 New Caliber)

单位：亿元 (100 million yuan)

市(县) City(County)	投资总额 Total Investment	建筑工程 Construction	安装工程 Installation	设备购置 Purchase of Equipment	其他费用 Others
全　省 Total	**13338.05**	**7856.68**	**240.60**	**3567.21**	**1673.56**
省辖市 City					
郑州市 Zhengzhou	2318.32	1427.21	30.25	430.25	430.60
开封市 Kaifeng	439.40	226.66	13.04	138.60	61.10
洛阳市 Luoyang	1460.52	873.85	32.41	360.80	193.45
平顶山市 Pingdingshan	651.85	349.48	14.53	192.71	95.12
安阳市 Anyang	688.26	366.74	5.34	260.21	55.98
鹤壁市 Hebi	270.61	170.62	1.71	58.62	39.66
新乡市 Xinxiang	873.79	494.05	8.44	305.97	65.33
焦作市 Jiaozuo	720.72	364.24	18.43	288.70	49.34
濮阳市 Puyang	454.63	175.70	15.38	186.21	77.33
许昌市 Xuchang	706.47	376.43	12.25	261.96	55.82
漯河市 Luohe	331.00	194.62	4.11	116.21	16.06
三门峡市 Sanmenxia	598.83	321.06	24.06	140.35	113.36
南阳市 Nanyang	1091.34	671.73	40.23	275.11	104.27
商丘市 Shangqiu	651.13	325.14	3.26	242.23	80.50
信阳市 Xinyang	773.31	579.76	2.15	51.96	139.44
周口市 Zhoukou	594.02	456.26	4.32	108.13	25.31
驻马店市 Zhumadian	520.56	362.76	2.67	97.01	58.12
济源市 Jiyuan	182.09	109.22	8.00	52.17	12.70
省直管县 Province Administrating County					
巩义市 Gongyi	200.31	90.06	6.66	86.93	16.67
兰考县 Lankao	48.62	36.73	0.12	4.82	6.95
汝州市 Ruzhou	104.22	49.65	2.63	45.31	6.64
滑县 Huaxian	55.77	36.25	0.08	14.64	4.80
长垣县 Changyuan	102.98	51.97		49.33	1.68
邓州市 Dengzhou	105.11	59.74	4.41	34.91	6.04
永城市 Yongcheng	107.98	70.48	0.79	34.99	1.71
固始县 Gushi	97.38	60.93		13.31	23.14
鹿邑县 Luyi	57.36	42.80	0.10	12.76	1.69
新蔡县 Xincai	42.85	38.10	0.01	4.74	

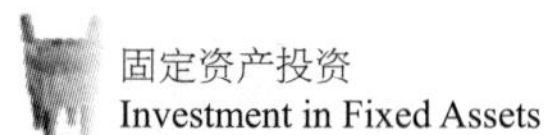

6-23 各市按构成性质分的固定资产投资(2011年)

Investment in Fixed Assets by Composition of Funds and City(2011)

单位：亿元 (100 million yuan)

市(县)	City(County)	投资总额 Total Investment	建筑工程 Construction	安装工程 Installation	设备购置 Purchase of Equipment	其他费用 Others
全省	**Total**	**16935.88**	**10085.39**	**332.86**	**4438.31**	**2079.33**
省辖市	**City**					
郑州市	Zhengzhou	2902.71	1732.18	39.93	555.53	575.07
开封市	Kaifeng	585.60	298.66	16.28	167.22	103.45
洛阳市	Luoyang	1862.66	1118.39	47.87	454.94	241.47
平顶山市	Pingdingshan	815.36	414.02	22.98	282.98	95.37
安阳市	Anyang	888.19	459.17	3.99	359.40	65.63
鹤壁市	Hebi	339.51	222.24	1.54	66.78	48.96
新乡市	Xinxiang	1129.92	725.64	10.88	325.19	68.22
焦作市	Jiaozuo	916.84	434.40	31.39	390.80	60.25
濮阳市	Puyang	590.90	278.07	17.80	224.97	70.06
许昌市	Xuchang	896.71	501.86	18.05	305.20	71.60
漯河市	Luohe	425.77	282.58	4.05	125.42	13.72
三门峡市	Sanmenxia	749.07	439.17	37.72	161.03	111.16
南阳市	Nanyang	1385.46	880.14	42.18	341.73	121.42
商丘市	Shangqiu	826.37	414.90	4.00	284.43	123.04
信阳市	Xinyang	979.53	662.96	4.73	83.67	228.17
周口市	Zhoukou	750.25	609.10	7.10	114.79	19.27
驻马店市	Zhumadian	662.61	482.40	13.67	121.06	45.47
济源市	Jiyuan	228.43	129.51	8.72	73.17	17.02
省直管县	**Province Administrating County**					
巩义市	Gongyi	246.68	115.75	9.60	106.70	14.63
兰考县	Lankao	63.53	52.80	0.08	7.43	3.22
汝州市	Ruzhou	128.93	54.18	1.90	67.02	5.82
滑县	Huaxian	68.11	46.86	0.14	16.09	5.01
长垣县	Changyuan	130.40	84.74		45.66	
邓州市	Dengzhou	133.58	66.50	4.53	49.53	13.01
永城市	Yongcheng	135.24	87.18	0.76	33.40	13.90
固始县	Gushi	120.73	83.25	0.01	19.72	17.76
鹿邑县	Luyi	69.00	55.83		11.28	1.89
新蔡县	Xincai	54.91	43.25	0.01	10.05	1.60

6-24 各市能源工业投资

Investment Energy Industry in Urban Area by City

单位：亿元 (100 million yuan)

年份 Year 市(县) City(County)	合计 Total	煤炭开采及洗选业 Mining and Washing of Coal	石油及天然气开采业 Extraction of Petroleum and Natural Gas	石油及炼焦加工业 Processing of Petroleum and Coking	电力、热力及燃气的生产和供应业 Production and Supply of Electric Power、Heat Power and Gas
2005	523.11	122.62	55.83	21.10	323.56
2006	606.29	162.67	55.40	26.95	361.27
2007	697.43	234.03	68.40	39.03	355.97
2008	869.09	302.55	72.75	46.83	446.96
2009	971.24	335.29	73.21	59.36	503.37
2010	812.32	256.15	71.23	76.08	408.87
2010(新口径 New Caliber)	707.83	225.48	71.23	65.97	345.16
2011	824.27	295.80	56.90	96.29	375.28
省辖市 City					
郑州市 Zhengzhou	186.86	119.05		2.22	65.59
开封市 Kaifeng	5.59			1.79	3.80
洛阳市 Luoyang	72.87	7.53		5.78	59.57
平顶山市 Pingdingshan	109.51	64.48		22.80	22.24
安阳市 Anyang	69.67	24.60		18.29	26.78
鹤壁市 Hebi	15.67	10.96	1.42		3.30
新乡市 Xinxiang	24.77	2.07		0.61	22.08
焦作市 Jiaozuo	24.82	10.67		0.08	14.06
濮阳市 Puyang	54.87		40.50	4.98	9.40
许昌市 Xuchang	40.12	22.80		7.83	9.50
漯河市 Luohe	12.78			0.43	12.35
三门峡市 Sanmenxia	77.17	24.25		13.12	39.80
南阳市 Nanyang	38.91		14.99	0.40	23.53
商丘市 Shangqiu	20.83	3.23		0.75	16.85
信阳市 Xinyang	11.79			0.10	11.69
周口市 Zhoukou	5.56			0.30	5.26
驻马店市 Zhumadian	23.31	1.89		4.53	16.88
济源市 Jiyuan	29.18	4.28		12.29	12.61
省直管县 Province Administrating County					
巩义市 Gongyi	5.51	4.65			0.87
兰考县 Lankao					
汝州市 Ruzhou	50.45	37.26		11.06	2.12
滑县 Huaxian	0.77			0.02	0.75
长垣县 Changyuan	0.75				0.75
邓州市 Dengzhou	3.70			0.40	3.30
永城市 Yongcheng	10.61	3.23			7.38
固始县 Gushi	0.29				0.29
鹿邑县 Luyi	0.37				0.37
新蔡县 Xincai	0.12				0.12

6-25 分行业固定资产投资项目个数及新增固定资产(2010年新口径)
Number of Projects of Investment in Fixed Assets and Newly Increased Fixed Assets by Sector (2010)

行业	Sector	在建规模(亿元) Investment in Projects under Construction (100 million yuan)	#新开工规模 Started in This Year	施工项目(个) Number of Projects under Construction (unit)	#新开工 Started in This Year	全部投产项目(个) Number of Projects Completed and Put into Use (unit)	新增固定资产(亿元) Newly Increased Fixed Assets (100 million yuan)
总计	**Total**	**22986.67**	**14481.25**	**43075**	**33549**	**29973**	**7926.53**
农、林、牧、渔业	**Farming, forestry, animal Husbandry and fishery**	**873.89**	**639.06**	**4099**	**3302**	**3217**	**488.35**
农业	Farming	201.93	168.74	887	761	706	105.80
林业	Forestry	91.97	69.17	383	327	320	50.34
畜牧业	Animal Husbandry	412.51	282.26	2012	1543	1556	238.17
渔业	Fishery	15.55	12.24	83	72	68	10.18
农、林、牧、渔服务业	Service Activities for Farming, Forestry, Animal Husbandry and Fishery	151.93	106.65	734	599	567	83.86
工业	**Industry**	**13537.63**	**8347.06**	**22836**	**17717**	**15752**	**4770.90**
采矿业	Mining	1219.06	661.27	1809	1435	1394	553.42
煤炭开采和洗选业	Mining and Washing of Coal	552.18	239.78	555	408	359	161.96
石油和天然气开采业	Extraction of Petroleum and Natural Gas	72.82	72.54	10	9	10	70.89
黑色金属矿采选业	Mining of Ferrous Metal Ores	62.17	43.81	153	124	125	32.79
有色金属矿采选业	Mining of Non-ferrous Metal Ores	360.42	201.13	599	493	504	202.39
非金属矿采选业	Mining and Processing of Nonmetal Ores	169.54	102.35	481	392	388	84.10
其他采矿业	Mining of Other Ores n.e.c	1.93	1.65	11	9	8	1.29
制造业	Manufacturing	11157.74	7328.22	19980	15540	13682	3913.60
农副食品加工业	Processing of Food from Agricultural Products	812.46	547.87	1815	1347	1239	300.18
食品制造业	Manufacture of Foods	439.85	332.08	916	705	633	171.46
饮料制造业	Manufacture of Beverage	214.61	147.42	447	348	294	90.29
烟草制品业	Manufacture of Tobacco	46.75	29.97	21	16	16	4.62
纺织业	Manufacture of Textile	514.12	345.42	1006	799	657	193.73
纺织服装、鞋、帽制造业	Manufacture of Textile Wearing Apparel, Footware, and Caps	241.27	195.16	693	575	460	87.60
皮革、毛皮、羽毛(绒)及其制品业	Manufacture of Leather, Fur, Feather and Its Products	157.16	118.91	476	395	302	68.68
木材加工及竹、藤、棕、草制品业	Processing of Timbers, Manufacture of Wood, Bamboo, Rattan, Palm,and Straw Products	198.55	153.30	743	608	515	89.62
家具制造业	Manufacture of Furniture	162.00	142.05	690	608	529	85.60
造纸及纸制品业	Manufacture of Paper and Paper Products	221.44	164.33	376	278	265	78.51
印刷业和记录媒介的复制	Printing,Reproduction of Recording Media	88.72	66.34	222	175	162	46.34
文教体育用品制造业	Manufacture of Articles for Culture, Education and Sport Activity	28.76	22.55	103	83	74	14.86
石油加工、炼焦及核燃料加工业	Processing of Petroleum ,Coking, Processing of Nucleus Fuel	157.08	75.92	105	70	66	43.28
化学原料及化学制品制造业	Manufacture of Chemical Raw Material and Chemical Products	1181.75	560.63	1130	830	744	293.21
医药制造业	Manufacture of Medicines	332.09	261.41	369	274	223	81.40
化学纤维制造业	Manufacture of Chemical Fiber	22.04	17.53	28	22	16	8.78
橡胶制品业	Manufacture of Rubber	137.73	72.95	164	114	107	27.24
塑料制品业	Manufacture of Plastic	202.60	149.15	629	489	440	94.04
非金属矿物制品业	Manufacture of Non-metallic Mineral Products	1506.08	982.03	3311	2587	2386	624.02
黑色金属冶炼及压延加工业	Manufacture and Processing of Ferrous Metals	309.10	202.86	243	182	168	112.52
有色金属冶炼及压延加工业	Manufacture and Processing of Non-ferrous Metals	688.90	358.86	385	260	261	202.39
金属制品业	Manufacture of Metal Products	384.65	289.83	1025	799	707	169.74
普通设备制造业	Manufacture of General Purpose Machinery	654.92	460.38	1658	1327	1200	316.29
专用设备制造业	Manufacture of Special Purpose Machinery	603.79	395.72	1130	897	785	233.46
交通运输设备制造业	Manufacture of Transport Equipment	603.51	443.65	774	606	486	151.16
电气机械及器材制造业	Manufacture of Electrical Machinery and Equipment	706.69	415.44	828	610	536	184.66
通信设备、计算机及其他电子设备制造业	Manufacture of Communication Equipment, Computer and Other Electronic Equipment	280.49	212.73	213	162	117	57.30

6–25 续表 continued

行业	Sector	在建规模（亿元）Investment in Projects under Construction (100 million yuan)	#新开工规模 Started in This Year	施工项目（个）Number of Projects under Construction (unit)	#新开工 Started in This Year	全部投产项目（个）Number of Projects Completed and Put into Use (unit)	新增固定资产（亿元）Newly Increased Fixed Assets (100 million yuan)
仪器仪表及文化、办公用机械制造业	Manufacture of Measuring Instrument and Machinery for Cultural Activity and Office Work	83.66	34.84	98	66	48	19.41
工艺品及其他制造业	Manufacture of Artwork, Other Manufacture n.e.c	131.56	101.76	292	239	181	41.87
废气资源和废旧材料回收加工业	Recycling and Disposal of Waste	45.43	27.13	90	69	65	21.36
电力、煤气及水的生产和供应业	Production and Distribution of Electricity, Gas and Water	1160.83	357.57	1047	742	676	303.88
电力、热力生产和供应业	Production and Supply of Electric Power and Heat Power	879.86	214.91	440	300	282	208.86
燃气生产和供应业	Production and Distribution of Gas	119.28	47.92	137	102	78	28.78
水的生产和供应业	Production and Distribution of Water	161.70	94.74	470	340	316	66.24
建筑业	**Construction**	**14.88**	**6.46**	**34**	**30**	**22**	**7.31**
#房屋和土木工程建筑业	Construction of Building and Civil Engineering	8.83	3.21	15	14	9	4.23
建筑安装业	Architectural Installation	4.02	2.13	9	6	5	1.54
交通运输、仓储和邮政业	**Traffic,Transport, Storage and Post**	**2024.87**	**1040.66**	**1859**	**1464**	**1235**	**334.28**
#铁路运输业	Transport Via Railway	202.28	42.57	28	16	15	10.71
道路运输业	Transport Via Road	1098.38	596.62	1001	789	666	179.84
城市公共交通业	Urban Public Traffic	278.45	125.28	24	21	17	3.40
仓储业	Storage	345.93	235.77	666	538	442	108.74
邮政业	Post	4.43	1.65	21	14	15	2.80
信息传输、计算机服务和软件业	**Information Transfer, Computer Services and Software**	**114.11**	**82.40**	**170**	**140**	**124**	**41.43**
#电信和其他信息传输服务业	Telecom and Other Information Transfer Services	78.34	47.20	128	100	90	39.08
计算机服务业	Computer Services	2.58	2.46	34	33	31	2.19
批发和零售业	**Wholesale and Retail Trade**	**609.96**	**423.82**	**2025**	**1626**	**1535**	**286.22**
#批发业	Wholesale	238.78	160.75	644	499	481	99.57
住宿和餐饮业	**Accommodation and Restaurants**	**350.96**	**234.71**	**957**	**798**	**701**	**125.72**
#住宿业	Accommodation	255.99	166.54	426	347	274	70.69
金融业	**Finance**	**24.23**	**16.23**	**79**	**66**	**54**	**7.88**
#保险业	Insurance	0.54	0.54	4	4	2	0.31
房地产业	**Real Estate**	**1682.77**	**1149.08**	**3599**	**2761**	**2230**	**640.19**
租赁和商务服务业	**Tenancy and Business Services**	**101.96**	**83.03**	**133**	**109**	**76**	**60.03**
#商务服务业	Business Service	96.85	79.23	110	91	57	56.36
科学研究、技术服务和地质勘查业	**Scientific Research, Technical Service and Geologic Perambulation**	**94.97**	**51.48**	**162**	**131**	**85**	**21.15**
#研究与实验发展	Research and Experimental Development	27.76	11.31	25	18	12	4.21
地质勘查业	Geologic Perambulation	9.93	7.29	5	4	3	3.38
水利、环境和公共管理业	**Management of Water Conservancy, Environment and Public Establishment**	**2260.66**	**1615.86**	**4031**	**3001**	**2783**	**729.61**
水利管理业	Management of Water Conservancy	283.93	142.28	608	458	441	96.79
环境管理业	Environmental Management	76.40	52.30	255	196	187	38.69
公共设施管理业	Management of Public Establishment	1900.33	1421.28	3168	2347	2155	594.14
居民服务和其他服务业	**Resident Services and Other Services**	**62.57**	**45.58**	**268**	**225**	**215**	**26.49**
#居民服务业	Resident Services	33.96	23.65	199	167	163	20.44
教育	**Education**	**455.91**	**244.89**	**1006**	**782**	**708**	**133.72**
卫生、社会保障和社会福利业	**Sanitation, Social Security and Social Welfare**	**229.04**	**133.64**	**558**	**419**	**354**	**71.38**
#卫生	Sanitation	199.56	110.48	452	334	286	60.36
文化、体育和娱乐业	**Culture, Sports and Entertainment**	**365.79**	**229.23**	**578**	**429**	**409**	**100.95**
#文化艺术业	Culture and Art	115.28	59.97	279	205	198	46.50
公共管理和社会组织	**Public Management and Social Organization**	**182.46**	**138.05**	**681**	**549**	**473**	**80.91**
#国家机构	Organ of State	122.64	92.42	409	327	279	50.02

6-26 分行业固定资产投资项目个数及新增固定资产(2011年)
Number of Projects of Investment in Fixed Assets and Newly Increased Fixed Assets by Sector (2011)

行业	Sector	在建规模(亿元) Investment in Projects under Construction (100 million yuan)	#新开工规模 Started in This Year	施工项目(个) Number of Projects under Construction (unit)	#新开工 Started in This Year	全部投产项目(个) Number of Projects Completed and Put into Use (unit)	新增固定资产(亿元) Newly Increased Fixed Assets (100 million yuan)
总计	**Total**	**32945.44**	**17815.70**	**32091**	**19612**	**20466**	**9774.76**
农、林、牧、渔业	**Farming, forestry, animal Husbandry and fishery**	**1193.59**	**826.73**	**2719**	**1872**	**1913**	**506.00**
农业	Farming	392.17	288.90	759	580	517	148.89
林业	Forestry	83.67	49.13	221	166	181	51.44
畜牧业	Animal Husbandry	510.35	341.77	1139	709	778	200.14
渔业	Fishery	15.60	9.64	41	27	30	8.75
农、林、牧、渔服务业	Service Activities for Farming, Forestry, Animal Husbandry and Fishery	191.80	137.29	559	390	407	96.78
工业	**Industry**	**20188.87**	**11278.09**	**17331**	**10467**	**10929**	**6209.96**
采矿业	Mining	1457.17	857.63	1271	889	814	538.40
煤炭采选业	Mining and Washing of Coal	674.59	335.41	485	315	250	206.43
石油和天然气开采业	Extraction of Petroleum and Natural Gas	70.95	70.95	11	11	7	39.74
黑色金属矿采选业	Mining of Ferrous Metal Ores	76.06	50.55	79	51	55	25.21
有色金属矿采选业	Mining of Non-ferrous Metal Ores	457.61	293.71	381	286	264	188.82
非金属矿采选业	Mining and Processing of Nonmetal Ores	175.05	104.82	307	221	233	76.97
其他采矿业	Mining of Other Ores n.e.c	2.91	2.20	8	5	5	1.23
制造业	Manufacturing	17414.95	9954.42	15170	9052	9528	5311.91
农副食品加工业	Processing of Food from Agricultural Products	1008.11	543.48	1166	609	741	345.63
食品制造业	Manufacture of Foods	628.33	339.44	631	356	404	196.90
饮料制造业	Manufacture of Beverage	368.10	232.81	356	211	240	120.10
烟草加工业	Manufacture of Tobacco	62.16	15.14	14	9	6	2.43
纺织业	Manufacture of Textile	810.91	467.80	718	388	433	243.81
纺织服装、鞋、帽制造业	Manufacture of Textile Wearing Apparel, Footware, and Caps	609.30	419.15	637	405	388	173.61
皮革、毛皮、羽毛(绒)及其制品业	Manufacture of Leather, Fur, Feather and Its Products	281.67	183.18	374	206	233	86.25
木材加工及竹、藤、棕、草制品业	Processing of Timbers, Manufacture of Wood, Bamboo, Rattan, Palm,and Straw Products	239.08	129.91	458	240	283	103.50
家具制造业	Manufacture of Furniture	194.19	119.61	370	219	247	76.32
造纸及纸制品业	Manufacture of Paper and Paper Products	290.35	135.00	272	161	182	85.15
印刷业和记录媒介的复制	Printing,Reproduction of Recording Media	126.96	83.36	123	63	86	45.44
文教体育用品制造业	Manufacture of Articles for Culture, Education and Sport Activity	58.60	41.23	69	36	36	11.26
石油加工、炼焦及核燃料加工业	Processing of Petroleum ,Coking, Processing of Nucleus Fuel	192.77	75.21	93	57	60	72.12
化学原料及化学制品制造业	Manufacture of Chemical Raw Material and Chemical Products	1760.21	791.45	901	516	541	594.98
医药制造业	Manufacture of Medicines	537.32	278.41	339	199	207	127.26
化学纤维制造业	Manufacture of Chemical Fiber	55.08	33.96	33	21	18	16.16
橡胶制品业	Manufacture of Rubber	166.01	56.20	128	72	77	40.43
塑料制品业	Manufacture of Plastic	318.05	203.20	456	273	279	106.13
非金属矿物制品业	Manufacture of Non-metallic Mineral Products	2252.93	1361.55	2675	1765	1697	783.25
黑色金属冶炼及压延加工业	Manufacture and Processing of Ferrous Metals	413.09	240.81	165	99	96	102.96
有色金属冶炼及压延加工业	Manufacture and Processing of Non-ferrous Metals	820.06	396.91	340	220	218	230.91
金属制品业	Manufacture of Metal Products	580.30	350.38	707	405	470	211.66
普通设备制造业	Manufacture of General Purpose Machinery	1043.22	698.16	1262	815	834	373.99
专用设备制造业	Manufacture of Special Purpose Machinery	1030.19	647.32	873	547	544	289.26
交通运输设备制造业	Manufacture of Transport Equipment	1194.97	678.80	661	384	409	267.81
电气机械及器材制造业	Manufacture of Electrical Machinery and Equipment	1234.48	734.79	719	442	411	341.99
通信设备、计算机及其他电子设备制造业	Manufacture of Communication Equipment, Computer and Other Electronic Equipment	693.18	451.69	205	108	117	126.45

6–26 续表 continued

行业	Sector	在建规模(亿元) Investment in Projects under Construction (100 million yuan)	#新开工规模 Started in This Year	施工项目(个) Number of Projects under Con-struction (unit)	#新开工 Started in This Year	全部投产项目(个) Number of Projects Completed and Put into Use (unit)	新增固定资产(亿元) Newly Increased Fixed Assets (100 million yuan)
仪器仪表及文化、办公用机械制造业	Manufacture of Measuring Instrument and Machinery for Cultural Activity and Office Work	137.41	72.46	109	60	65	41.70
工艺品及其他制造业	Manufacture of Artwork, Other Manufacture n.e.c	208.94	99.35	248	124	164	76.76
废气资源和废旧材料回收加工业	Recycling and Disposal of Waste	98.99	73.65	68	42	42	17.69
电力、煤气及水的生产和供应业	Production and Distribution of Electricity, Gas and Water	1316.75	466.04	890	526	587	359.65
电力、热力生产和供应业	Production and Supply of Electric Power and Heat Power	963.13	285.70	391	236	257	207.60
燃气生产和供应业	Production and Distribution of Gas	133.74	62.77	126	75	76	50.75
水的生产和供应业	Production and Distribution of Water	219.88	117.57	373	215	254	101.29
建筑业	**Construction**	**18.39**	**8.76**	**24**	**16**	**15**	**10.32**
#房屋和土木工程建筑业	Construction of Building and Civil Engineering	14.36	6.40	16	11	10	9.04
建筑安装业	Architectural Installation	1.82	0.40	4	1	4	1.19
交通运输、仓储和邮政业	**Traffic,Transport, Storage and Post**	**2556.96**	**955.15**	**1434**	**833**	**922**	**386.99**
#铁路运输业	Transport Via Railway	204.18	42.06	27	17	12	21.28
道路运输业	Transport Via Road	1361.20	469.67	861	545	578	219.07
城市公共交通业	Urban Public Traffic	337.26	107.50	11	5	3	1.29
仓储业	Storage	548.91	281.34	446	223	274	116.77
邮政业	Post	8.19	6.53	19	13	12	2.08
信息传输、计算机服务和软件业	**Information Transfer, Computer Services and Software**	**111.78**	**31.08**	**95**	**56**	**56**	**18.45**
#电信和其他信息传输服务业	Telecom and Other Information Transfer Services	53.86	15.54	67	35	40	15.37
计算机服务业	Computer Services	2.42	2.14	13	11	8	1.38
批发和零售业	**Wholesale and Retail Trade**	**920.21**	**583.09**	**1263**	**786**	**792**	**283.67**
#批发业	Wholesale	447.43	293.03	437	271	253	113.43
住宿和餐饮业	**Accommodation and Restaurants**	**426.78**	**177.34**	**586**	**341**	**398**	**127.91**
#住宿业	Accommodation	332.40	119.65	312	164	201	81.08
金融业	**Finance**	**43.05**	**29.96**	**59**	**37**	**42**	**10.80**
#保险业	Insurance	0.50	0.22	5	2	3	0.18
房地产业	**Real Estate**	**2523.99**	**1420.21**	**3027**	**1753**	**1823**	**785.42**
租赁和商务服务业	**Tenancy and Business Services**	**177.76**	**87.16**	**135**	**82**	**77**	**32.41**
#商务服务业	Business Service	165.65	76.91	117	69	66	27.63
科学研究、技术服务和地质勘查业	**Scientific Research, Technical Service and Geologic Perambulation**	**141.57**	**74.37**	**95**	**51**	**56**	**24.41**
#研究与实验发展	Research and Experimental Development	79.98	57.84	29	20	10	3.57
地质勘查业	Geologic Perambulation	5.95	0.05	3	1	3	2.97
水利、环境和公共管理业	**Management of Water Conservancy, Environment and Public Establishment**	**3056.45**	**1687.26**	**3266**	**2062**	**2099**	**943.76**
水利管理业	Management of Water Conservancy	255.74	104.57	401	278	283	88.11
环境管理业	Environmental Management	81.69	43.09	146	89	103	37.04
公共设施管理业	Management of Public Establishment	2719.01	1539.60	2719	1695	1713	818.61
居民服务和其他服务业	**Resident Services and Other Services**	**88.19**	**51.80**	**169**	**121**	**118**	**34.50**
#居民服务业	Resident Services	48.68	38.31	127	95	94	25.73
教育	**Education**	**619.87**	**249.03**	**808**	**521**	**512**	**164.09**
卫生、社会保障和社会福利业	**Sanitation, Social Security and Social Welfare**	**357.18**	**186.52**	**404**	**213**	**243**	**103.62**
#卫生	Sanitation	307.93	151.94	334	174	197	92.56
文化、体育和娱乐业	**Culture, Sports and Entertainment**	**394.70**	**99.50**	**356**	**210**	**247**	**74.90**
#文化艺术业	Culture and Art	92.34	31.11	168	99	125	32.45
公共管理和社会组织	**Public Management and Social Organization**	**126.11**	**69.64**	**320**	**191**	**224**	**57.53**
#国家机构	Organ of State	101.81	58.77	248	151	166	44.55

6-27 各市固定资产投资项目个数和在建规模

Number of Projects of Investment in Fixed Assets and Investment in Projects under Construction

年份 Year 市(县) City(County)	施工项目(个) Number of Projects under Construction (unit)	#新开工 Started in This Year	全部建成投产项目(个) Number of Projects Completed and Put into Use (unit)	全部建成投产率(%) Rate of Construction Projects Completed and Put into Use (%)	在建规模(亿元) Investment in Projects under Construction (100 million yuan)	#新开工 Started in This Year
2005	21983	18254	15889	72.3	7695.80	3497.32
2006	26522	22685	20467	77.2	9475.15	4210.22
2007	37501	32426	28660	76.4	12112.77	6555.77
2008	44123	37575	35032	79.4	14725.49	8687.27
2009	52790	46133	41654	78.9	20204.60	13922.86
2010	48651	38652	35323	72.6	27675.97	17545.39
2010(新口径 New Caliber)	43075	33549	29973	69.6	22986.67	14481.25
2011	32091	19612	20466	63.8	32945.44	17807.55
省辖市 City						
郑州市 Zhengzhou	3803	3133	1897	49.9	5655.21	3140.23
开封市 Kaifeng	984	402	612	62.2	1199.68	569.01
洛阳市 Luoyang	4351	3537	3232	74.3	3129.08	2080.07
平顶山市 Pingdingshan	1349	790	869	64.4	1618.39	911.72
安阳市 Anyang	1233	781	879	71.3	1634.37	933.82
鹤壁市 Hebi	505	249	298	59.0	837.18	350.95
新乡市 Xinxiang	2057	1122	1298	63.1	2151.25	1043.34
焦作市 Jiaozuo	2369	1419	1669	70.5	1757.19	849.40
濮阳市 Puyang	1399	1005	886	63.3	1019.78	722.41
许昌市 Xuchang	1719	930	1206	70.2	1617.05	796.33
漯河市 Luohe	595	317	393	66.1	918.10	438.68
三门峡市 Sanmenxia	923	534	694	75.2	1497.35	616.08
南阳市 Nanyang	3030	1428	1779	58.7	3319.33	1891.41
商丘市 Shangqiu	1754	869	861	49.1	1797.49	982.90
信阳市 Xinyang	2215	1151	1494	67.4	1878.18	864.52
周口市 Zhoukou	1452	872	979	67.4	1084.17	678.58
驻马店市 Zhumadian	1974	760	1141	57.8	1347.59	666.91
济源市 Jiyuan	379	313	279	73.6	484.03	271.18
省直管县 Province Administrating County						
巩义市 Gongyi	423	379	298	70.4	454.99	288.06
兰考县 Lankao	231	27	125	54.1	150.91	60.44
汝州市 Ruzhou	224	143	165	73.7	287.04	140.43
滑县 Huaxian	166	80	120	72.3	171.67	112.91
长垣县 Changyuan	203	145	144	70.9	205.66	140.88
邓州市 Dengzhou	293	248	140	47.8	220.46	192.73
永城市 Yongcheng	314	105	126	40.1	352.38	106.77
固始县 Gushi	284	248	229	80.6	164.66	107.50
鹿邑县 Luyi	153	69	121	79.1	109.58	59.48
新蔡县 Xincai	539	102	317	58.8	120.31	27.53

6-28 各市亿元及以上项目投资情况(2010年新口径)

Urban Investment of Projects above 100 Million yuan by City (2010 New Caliber)

市(县) City(County)	施工项目(个) Number of Projects under Construction (unit)	#新开工 Started in This Year	计划总投资(亿元) Total investment Planed (100 million yuan)	#新开工 Started in This Year	本年完成投资(亿元) Real investment completed in this year (100 million yuan)
全 省 Total	**3017**	**1825**	**12365.13**	**6581.58**	**3970.17**
省 辖 市 City					
郑 州 市 Zhengzhou	428	240	2716.79	1386.48	732.48
开 封 市 Kaifeng	121	70	510.00	280.14	194.19
洛 阳 市 Luoyang	328	193	1203.10	536.20	428.17
平 顶 山 市 Pingdingshan	170	94	800.28	371.90	248.23
安 阳 市 Anyang	168	82	675.27	297.76	267.76
鹤 壁 市 Hebi	125	86	372.45	211.68	116.70
新 乡 市 Xinxiang	195	117	674.05	324.56	192.37
焦 作 市 Jiaozuo	133	84	446.31	261.65	150.17
濮 阳 市 Puyang	74	53	255.59	185.51	128.77
许 昌 市 Xuchang	176	113	627.90	392.32	209.11
漯 河 市 Luohe	110	66	401.31	227.70	144.88
三 门 峡 市 Sanmenxia	185	85	884.99	491.13	249.19
南 阳 市 Nanyang	246	145	941.24	473.63	298.91
商 丘 市 Shangqiu	137	95	450.72	277.13	157.60
信 阳 市 Xinyang	210	166	613.46	486.28	209.56
周 口 市 Zhoukou	82	51	208.49	112.30	84.87
驻 马 店 市 Zhumadian	77	59	266.70	197.57	71.76
济 源 市 Jiyuan	49	26	222.74	67.63	74.25
省 直 管 县 Province Administrating County					
巩 义 市 Gongyi	42	29	177.12	115.90	88.60
兰 考 县 Lankao	20	9	43.73	15.81	23.44
汝 州 市 Ruzhou	19	9	118.88	41.65	28.95
滑 县 Huaxian	16	10	42.05	25.74	20.85
长 垣 县 Changyuan	17	11	29.55	17.16	9.49
邓 州 市 Dengzhou	8	6	26.39	19.31	17.16
永 城 市 Yongcheng	25	11	151.34	55.46	34.42
固 始 县 Gushi	14	11	47.65	41.60	17.96
鹿 邑 县 Luyi	5	3	12.48	7.26	3.01
新 蔡 县 Xincai	3	3	12.09	12.09	2.17

6-29 各市亿元及以上项目投资情况(2011年)

Urban Investment of Projects above 100 Million yuan by City (2011)

市(县) City(County)	施工项目(个) Number of Projects under Construction (unit)	#新开工 Started in This Year	计划总投资(亿元) Total investment Planed (100 million yuan)	#新开工 Started in This Year	本年完成投资(亿元) Real investment completed in this year (100 million yuan)
全省 Total	**5692**	**3449**	**22464.13**	**11771.47**	**7791.63**
省辖市 City					
郑州市 Zhengzhou	782	480	4320.11	2003.51	1176.56
开封市 Kaifeng	196	113	877.01	445.38	304.09
洛阳市 Luoyang	535	324	2008.99	1163.93	781.88
平顶山市 Pingdingshan	299	188	1209.08	675.54	471.79
安阳市 Anyang	287	187	1244.91	696.33	478.42
鹤壁市 Hebi	186	87	667.45	277.74	204.25
新乡市 Xinxiang	430	258	1463.41	746.80	547.75
焦作市 Jiaozuo	253	114	898.75	375.42	310.97
濮阳市 Puyang	203	158	597.39	430.35	266.62
许昌市 Xuchang	294	162	1058.12	520.22	437.35
漯河市 Luohe	176	107	667.13	334.15	247.11
三门峡市 Sanmenxia	233	121	1193.73	457.32	474.57
南阳市 Nanyang	609	414	2285.33	1471.38	742.56
商丘市 Shangqiu	354	234	1159.58	665.72	393.70
信阳市 Xinyang	340	151	1140.06	499.88	339.33
周口市 Zhoukou	242	176	608.77	403.90	300.43
驻马店市 Zhumadian	185	118	680.64	413.03	192.23
济源市 Jiyuan	88	57	383.68	190.84	122.03
省直管县 Province Administrating County					
巩义市 Gongyi	81	56	329.25	171.23	108.63
兰考县 Lankao	25	11	89.66	52.75	22.79
汝州市 Ruzhou	50	34	209.03	96.36	63.28
滑县 Huaxian	33	21	143.38	99.09	44.06
长垣县 Changyuan	54	37	132.11	94.51	71.25
邓州市 Dengzhou	37	35	114.47	101.77	61.50
永城市 Yongcheng	41	19	235.21	62.11	67.92
固始县 Gushi	17	9	73.99	29.17	21.55
鹿邑县 Luyi	22	17	55.25	39.44	28.65
新蔡县 Xincai	5	2	16.25	2.25	8.41

6−30 历年施工、竣工房屋建筑面积及竣工价值

Floor Space and Value of Urban Buildings under Construction and Completed by City

年份 Year	施工房屋建筑面积(万平方米) Floor Space Under Construction (10 000 sq.m)	#住宅 Residential Buildings	竣工房屋建筑面积(万平方米) Floor Space Completed (10 000 sq.m)	#住宅 Residential Buildings	竣工房屋价值(亿元) Value of Buildings Completed (100 million yuan)	#住宅 Residential Buildings
2005	15413.62	7576.97	7550.16	3715.38		
2006	18750.06	8750.92	8095.71	3147.69		
2007	26899.30	13145.07	11832.65	4667.34	1166.97	450.02
2008	33856.85	16809.66	13416.52	5197.16	1400.69	563.17
2009	43284.53	19299.84	16008.93	5590.59	1659.51	638.20
2010	51476.60	22709.88	15121.38	6075.41	1889.14	790.29
2010(新口径 New Caliber)	51049.72	22657.97	14537.36	5920.74	1815.36	768.71
2011	56480.43	25799.52	14290.72	7116.73	1996.32	979.06

6-31 各市施工、竣工房屋建筑面积及竣工价值(2010年新口径)

Floor Space and Value of Urban Buildings under Construction and Completed by City(2010 New Caliber)

市(县)	City(County)	施工房屋建筑面积(万平方米) Floor Space Under Construction (10 000 sq.m)	#住宅 Residential Buildings	竣工房屋建筑面积(万平方米) Floor Space Completed (10 000 sq.m)	#住宅 Residential Buildings	竣工房屋价值(亿元) Value of Buildings Completed (100 million yuan)	#住宅 Residential Buildings
全省	**Total**	**51049.72**	**22657.97**	**14537.36**	**5920.74**	**1815.36**	**768.71**
省辖市	**City**						
郑州市	Zhengzhou	10390.41	4998.69	1877.14	859.93	326.42	172.54
开封市	Kaifeng	1639.64	617.29	613.96	170.04	62.29	17.16
洛阳市	Luoyang	3945.69	2265.44	1382.08	753.80	191.08	89.09
平顶山市	Pingdingshan	1985.69	905.10	821.09	301.00	88.73	28.19
安阳市	Anyang	2338.06	1115.32	729.01	252.30	100.65	38.04
鹤壁市	Hebi	1603.78	479.34	206.21	58.95	26.94	8.38
新乡市	Xinxiang	3663.41	1221.95	1218.43	245.39	99.44	30.61
焦作市	Jiaozuo	2394.61	810.26	579.51	151.16	97.57	25.06
濮阳市	Puyang	692.51	392.52	237.03	91.36	33.76	15.94
许昌市	Xuchang	3332.85	848.15	933.47	269.11	120.78	42.70
漯河市	Luohe	1279.23	446.86	197.84	45.62	35.96	5.74
三门峡市	Sanmenxia	1100.27	603.48	173.95	99.34	23.91	13.71
南阳市	Nanyang	2876.92	900.54	524.20	180.14	57.85	19.35
商丘市	Shangqiu	2294.53	942.58	658.21	200.56	70.60	27.87
信阳市	Xinyang	5377.86	3384.35	1820.90	1205.28	214.59	134.49
周口市	Zhoukou	2312.92	757.62	1346.89	450.14	138.57	37.37
驻马店市	Zhumadian	3253.58	1675.53	953.67	490.82	88.43	48.27
济源市	Jiyuan	567.74	292.93	263.76	95.79	37.79	14.21
省直管县	**Province Administrating County**						
巩义市	Gongyi	349.51	178.05	179.41	100.59	23.50	14.41
兰考县	Lankao	151.90	29.12	61.19	12.76	3.30	0.94
汝州市	Ruzhou	220.50	61.06	112.29	7.18	9.90	0.64
滑县	Huaxian	329.43	84.24	135.98	31.57	14.63	2.12
长垣县	Changyuan	347.24	45.24	6.07	6.07	0.38	0.38
邓州市	Dengzhou	50.60	34.17	14.57	13.41	1.50	1.38
永城市	Yongcheng	194.09	166.19	13.18	12.26	1.91	1.76
固始县	Gushi	441.75	305.04	307.65	215.23	36.66	26.12
鹿邑县	Luyi	160.86	64.59	106.48	44.46	8.33	2.69
新蔡县	Xincai	414.04	171.62	1.54		0.19	

6-32 各市施工、竣工房屋建筑面积及竣工价值(2011年)

Floor Space and Value of Urban Buildings under Construction and Completed by City(2011)

市(县)	City(County)	施工房屋建筑面积(万平方米) Floor Space Under Construction (10 000 sq.m)	#住宅 Residential Buildings	竣工房屋建筑面积(万平方米) Floor Space Completed (10 000 sq.m)	#住宅 Residential Buildings	竣工房屋价值(亿元) Value of Buildings Completed (100 million yuan)	#住宅 Residential Buildings
全　　省	**Total**	**56480.43**	**25799.52**	**14290.72**	**7116.73**	**1996.32**	**979.06**
省 辖 市	**City**						
郑 州 市	Zhengzhou	11639.91	5777.22	2340.87	1372.20	456.23	283.56
开 封 市	Kaifeng	1782.96	731.42	405.86	138.43	49.50	16.48
洛 阳 市	Luoyang	5244.92	2900.47	1444.24	920.83	160.30	69.58
平顶山市	Pingdingshan	2741.00	1220.64	647.01	296.54	108.73	29.09
安 阳 市	Anyang	2831.70	1367.55	544.11	195.54	59.89	27.44
鹤 壁 市	Hebi	1671.91	444.26	230.44	65.78	30.84	11.05
新 乡 市	Xinxiang	3685.49	1408.96	671.11	273.06	81.55	40.19
焦 作 市	Jiaozuo	2066.65	782.44	554.11	160.68	109.78	22.77
濮 阳 市	Puyang	1376.32	513.17	474.83	168.83	59.68	31.50
许 昌 市	Xuchang	2903.68	831.49	748.36	169.30	106.91	28.89
漯 河 市	Luohe	1265.08	393.35	195.23	63.07	39.02	9.87
三门峡市	Sanmenxia	911.85	563.09	118.62	85.14	21.53	14.79
南 阳 市	Nanyang	3493.48	1079.75	414.43	211.01	48.47	26.67
商 丘 市	Shangqiu	2700.20	1326.93	598.06	258.27	80.12	43.69
信 阳 市	Xinyang	5740.86	3506.98	2657.59	1863.52	324.28	226.13
周 口 市	Zhoukou	2110.14	820.00	891.35	314.74	99.39	29.32
驻马店市	Zhumadian	3548.37	1803.10	1117.63	491.12	121.35	58.36
济 源 市	Jiyuan	765.92	328.69	236.88	68.66	38.74	9.69
省直管县	**Province Administrating County**						
巩 义 市	Gongyi	568.78	244.75	210.22	140.77	31.17	19.57
兰 考 县	Lankao	103.43	24.50	51.42	9.51	2.57	0.69
汝 州 市	Ruzhou	187.89	64.86	48.94	28.27	5.08	2.60
滑 县	Huaxian	357.02	125.20	72.05	10.32	6.07	0.97
长 垣 县	Changyuan	583.25	101.98	42.85	31.74	4.90	3.61
邓 州 市	Dengzhou	86.55	78.79	25.49	24.12	2.55	2.41
永 城 市	Yongcheng	205.28	184.77	1.45	1.29	0.37	0.32
固 始 县	Gushi	514.26	338.03	347.88	238.33	47.26	33.08
鹿 邑 县	Luyi	63.53	20.07	51.16	18.16	4.77	1.63
新 蔡 县	Xincai	320.27	206.71	76.53	66.98	9.19	8.27

6-33 大型项目投资情况(2011年)
Urban Investment of Major Projects(2011)

单位：万元 (10 000 yuan)

单位名称 Unit Names	计划总投资 Total investment Planed	累计完成投资 Accumnlative Investment Actually Completed	本年完成投资 Real investment completed in this year	本年新增固定资产 Newly Increased Fixed Assets This Year
平煤集团天安煤业股份有限公司(八矿二号井改造项目)	65000	65000	65000	65000
河南超越煤业股份有限公司(年产180万吨原煤项目)	166380	166380	166380	166380
河南中原油田分公司(老油田技术改造工程)	60000	60000	60000	58213
河南中原油田分公司(原油新区开发工程)	90000	90000	90000	88631
河南中原油田分公司(原油低品、油藏评价等开发工程)	70000	70000	70000	69544
河南中原油田分公司(油气勘探工程)	90000	90000	90000	89800
河南石油勘探局(更新改造)	191000	95922	95922	
三门峡市地久矿业有限责任公司 (年产7000吨多晶硅项目一期工程)	150000	100255	65255	
灵宝市郭氏矿业有限责任公司(二期工程)	60000	64660	64660	65860
灵宝市灵广矿业有限责任公司(深部探矿及选厂扩建工程)	60000	66030	66030	66030
三门峡市金渠金矿(金渠金矿950坑口深部探矿项目)	92000	87500	87500	
中国黄金集团中原矿业有限公司(改扩建二期工程)	250000	153470	92885	105800
河南三源粮油食品有限责任(桐柏) (建年产20万吨花生油生产线)	147655	197655	197655	197655
河南(新乡原阳县)白鹅实业有限公司 (年屠宰1500万只鹅及年加工1500万套鹅绒裘皮服装项目)	100000	81400	68900	33880
淅川县济京水源农产品有限公司 (年产20万吨L-乳酸(红薯)生产线)	180700	79000	79000	
许昌瑞达生物科技有限公司 (年产5000吨发酵法嘌呤核苷酸及深加工项目)	70000	65000	65000	
百威英博啤酒投资(中国)有限公司(200万百升啤酒生产线)	270000	110000	110000	35000
河南希格玛科技发展有限公司 (年产王老吉盒装饮料4500万箱、希格玛红酒350万箱项目)	260000	109600	109600	
华芳修武纺织有限公司(年产5万吨棉纱项目)	90000	91500	89500	91500
郑州锦荣有限公司(年产2000万套(件)服装加工基地一期项目)	195000	81122	81122	
舞阳县宏福鞋业有限责任公司 (舞阳县宏福鞋业有限责任公司新建)	100000	72200	72200	
驻马店市白云纸业有限公司(年产20.4万吨文化用纸项目)	179181	163655	112431	
漯河银鸽生活纸产有限公司(高档生活用纸项目)	185000	75428	72628	
绥芬河嘉源进出口有限公司义马分公司 (年产50万吨清洁燃料项目)	130000	72300	66650	
汝州天瑞煤焦化有限公司(年产110万吨捣鼓焦项目)	80874	73874	73874	
舞阳县舞泉永银实业有限公司(离子膜烧碱项目)	300000	226350	76350	
河南神马氯碱化工股份有限公司 (年产30万吨聚氯乙烯配套25万吨烧碱项目)	161115	140605	140605	
舞阳县金大地有限责任公司二期扩建工程	260000	216900	90400	
义马煤业集团有限责任公司(年产20万吨甲醇蛋白项目)	197530	182500	63780	
河南煤化精细化工有限公司(年产10万吨1，4丁二醇项目)	171617	90783	90783	
河南省煤气(集团)有限责任公司义马气化厂 (年产30万吨醋酸乙烯工程)	160000	107696	81646	
永城煤电集团有限责任公司(煤化工二期工程)	400000	142878	75677	

6-33 续表 1 continued

单位：万元 (10 000 yuan)

单位名称 Unit Names	计划总投资 Total investment Planed	累计完成投资 Accumnlative Investment Actually Completed	本年完成投资 Real investment completed in this year	本年新增固定资产 Newly Increased Fixed Assets This Year
河南开祥化工有限公司(年产2×4.5万吨1，4丁二醇建设项目)	71023	71571	71571	67276
新乡永金化工有限公司(年产20万吨乙二醇项目)	160000	160000	154854	154854
濮阳永金化工有限公司(年产20万吨乙二醇项目)	107878	107878	75878	101158
河南晋开化工投资控股集团有限责任公司(国产大型航天炉粉煤气化技术生产硝基复合肥循环经济示范推广项目)	336811	229177	229177	242177
河南心连心化肥有限公司(采用洁净煤气化技术进行原料结构调整项目)	298531	95432	95432	80642
河南晋开化工投资控股集团有限责任公司(年产50万吨合成氨、52万吨尿素项目)	399073	399073	179087	19447
杞县龙宇化工有限公司(三期年产6万吨聚甲醛项目)	210000	186061	121353	
淅川县北京九五石油化工有限公司(年产10万吨炼钢用增碳剂项目)	100000	74000	74000	
中国石化中原石油化工有限责任公司(中原乙烯原料路线改造项目)	147093	175100	130100	175100
洛阳万年硅业有限公司(二期扩建工程)	120000	64000	64000	
林州市中升半导体硅材料有限公司(300吨生产线技改项目)	60000	60000	60000	60000
平煤集团许昌首山焦化有限公司(年产400MW太阳能单晶硅片项目)	250000	100100	97600	
洛阳中硅高科技有限公司(副产物循环利用高技术产业化项目)	127942	117687	117687	117687
广济药业(孟州)有限公司(广济药业孟州生物产业园建设)	600000	119500	104600	
嵩县三达高科药用材料有限公司(年产药用PP组合盖20亿套(件)项目)	66000	66000	66000	66000
圣光医用制品有限公司(圣光孵化二期工程)	200000	77000	77000	
淅川县康舒新材料开发有限公司(年产48000吨蛋白质合成纤维建设项目)	154600	80000	80000	
河南风神轮胎股份有限公司(年产500万套高性能乘用子午胎项目)	115038	115038	80038	115038
博爱县好友轮胎有限公司(年产1000万套半钢子午胎项目)	192000	179263	95876	
林州市电力水泥有限责任公司(年产4500万吨新型干法水泥熟料生产线项目)	64401	64401	64401	64401
河南省鸿润建材发展有限公司(闽商陶瓷园项目)	500000	87800	67800	
河南合力投资发展有限公司(中国内乡石材基地建设项目)	800000	305030	134030	
河南省明超石业发展有限公司(岗石加工项目)	150000	137520	101000	
河南安彩太阳能玻璃有限责任公司(年产240万平方米太阳能玻璃和600万平方米低辐射镀膜玻璃项目)	80581	74568	74368	
安阳豫河永通球团有限责任公司(年产240万吨氧化球团项目)	62500	62500	60000	62500
河北钢铁集团舞钢冶金有限公司(铁前配套项目)	140000	149380	67761	140000
灵宝市金源矿业有限责任公司(2×60万吨预还原金属化球团项目)	100380	107950	75030	75030
安阳市鼎云实业有限公司(林州市电子信息工业园)	95000	78000	78000	
河南济源钢铁(集团)有限公司(钢铁节能减排及综合配套改造项目)	164500	164500	66500	65000

6-33 续表 2 continued

单位：万元 (10 000 yuan)

单位名称 Unit Names	计划总投资 Total investment Planed	累计完成投资 Accumnlative Investment Actually Completed	本年完成投资 Real investment completed in this year	本年新增固定资产 Newly Increased Fixed Assets This Year
永城市振兴金属制品有限公司 (年产30万吨冷扎薄板、30万吨电镀锡项目)	130212	61421	61421	
安阳钢铁股份有限公司(年产150万吨冷连轧宽带钢工程建设)	385535	97510	97510	
洛阳香江万基铝业有限公司(年产40万吨氧化铝项目)	180000	178310	76750	
开曼铝业(三门峡)有限公司(开曼铝业提产降耗项目)	80000	82998	82998	82998
河南博然铝业有限公司(博然铝业二期)	109481	104252	104252	
伊川县建合硅业科技有限公司(年产5000吨多晶硅项目)	138976	79900	79900	
洛阳龙鼎铝业有限公司(年产60万吨高精度铝板带箔项目)	350000	342627	202650	
河南豫联能源集团有限责任公司(高性能铝合金特种铝材项目)	338199	179780	127280	120000
河南煤业化工集团重型装备有限公司 (装备制造工业园区建设项目)	190066	60613	60613	
濮阳康益医疗器械有限公司(年产医疗器械40.4亿支(套)项目)	100000	68000	68000	
郑州宇通客车股份有限公司(增加二万台客车技术改造项目)	519000	89798	60798	
郑州宇通客车股份有限公司(三万台客车产能提升项目)	125000	125000	81745	62000
郑州宇通客车股份有限公司(年产5000台客车专用车产能提升项目)	164500	100548	100548	
新乡新能电动车有限公司(年产5万台电动汽车生产线项目)	100000	85280	80120	
河南红旗渠实业有限公司(年产两万辆专用汽车及配套项目)	170000	142000	142000	
河南速达电动汽车科技有限公司 (年产50万零部件和10万电动汽车项目)	500000	66300	65900	
中航锂电(洛阳)有限公司(锂离子动力电池项目)	360000	131367	77901	
宝丰吉阳恒基新能源有限公司(800MW太阳能电池生产项目)	150000	131000	107000	
济源市万洋绿色能源有限公司 (2000万套免维护电池极板及2000万只蓄电池组装项目)	70000	70000	70000	70000
河南锂动电源有限公司 (年产6亿安时电动车用动力锂离子电池项目)	210000	139158	78158	78158
格力电器(郑州)有限公司(格力电器郑州产业园项目)	313000	313000	278298	278298
郑州新发展高新产业园开发有限公司 (郑州新郑综合保税区富士康厂房设备(L地块)建设项目)	108580	87000	87000	56000
河南均鼎电子科技发展有限公司 (年产300万套苹果手机配件项目)	248000	155500	155500	
鸿富锦精密电子(郑州)有限公司(IT产业园(一期)建设项目)	200000	200000	100000	90090
鸿富锦精密电子(郑州)有限公司(IT产业园建设项目)	900000	290000	290000	290000
郑州旭飞光电科技有限公司 (年产220万平方米液晶玻璃基板生产线)	250000	115456	72753	
唐河县产业集聚区管理委员会(台湾产业园电子组件制造项目)	270000	90232	67722	
郑州天源实业投资有限公司(富士康配套厂房建设)	109600	91000	91000	
唐河县上海产业园(上海产业园建设项目)	150000	65735	65735	
富泰华精密电子有限公司 (富泰华电子(郑州)有限公司新厂项目)	150000	144000	77000	
河南华能沁北发电有限责任公司(三期2×100万千瓦超临界机组)	750986	355959	61531	
郑州裕中能源有限责任公司(河南新密2×100万千瓦机组工程)	838403	579776	251564	
华润电力登封有限公司(2X60万千瓦机组二期工程)	504000	366043	155341	
河南华电渠东热电项目筹备处 (华电渠东热电一期(2X30万千瓦机组))	263000	234850	83450	13580
国电驻马店热电有限公司(遂平县2X300MW供热机电组工程)	300000	231405	80297	
河南龙泉金亨电力有限公司(2X660mw机组上大压小工程)	540000	259841	259841	
开曼(三门峡)能源综合利用公司 (热力站及三门峡产业集聚区工业热力管网工程)	150000	60450	60450	
义马煤业集团有限责任公司(年产500万标方煤制气项目)	180000	163465	75105	200

6-33 续表 3 continued

单位：万元 (10 000 yuan)

单位名称 Unit Names	计划总投资 Total investment Planed	累计完成投资 Accumnlative Investment Actually Completed	本年完成投资 Real investment completed in this year	本年新增固定资产 Newly Increased Fixed Assets This Year
郑州铁路局(郑州东站工程)	746208	540960	162460	
河南周口漯阜铁路有限责任公司 (漯阜铁路(周口段)复线电气化改造工程)	500000	300697	120597	
京广铁路客运专线河南有限责任公司(郑州动车组运用所)	126215	126215	113741	126215
连霍高速郑州至洛阳段改建工程	504230	93832	93832	504230
郑民高速开封段一期	191748	183380	74693	191748
焦桐高速巩义至登封段	287783	199372	65004	
武西高速桃花峪黄河大桥	399513	247265	80012	
洛栾高速嵩县至栾川段	631795	371585	221585	
内乡至邓州高速公路	392412	200821	120964	
连霍高速公路商丘至兰考至刘江段改扩建	711979	312795	122771	
连霍高速公路洛阳至三门峡至灵宝(豫陕界)段改扩建	1242000	250069	200101	
南林高速公路林州至长治(豫晋界)	271594	166052	82707	
济祁高速永城段	194705	95600	64069	
三淅高速灵宝至卢氏段	645163	322500	202000	
固始至淮滨高速公路	341248	173170	121670	
淮滨至息县高速公路	233030	121994	80994	
郑卢高速洛阳至洛宁段	359645	206993	112993	
郑卢高速洛宁至卢氏段	489237	130129	130129	
洛栾高速洛阳至嵩县段	407680	251699	134799	
郑州市轨道交通有限公司(郑州地铁一号线一期工程)	1520000	822614	181788	
河南省万家中药材物流股份有限公司 (年存储中药材15万吨交易量30万吨项目)	93353	85300	85300	
河南紫东投资有限公司(80万平方米标准工业厂房)	83000	74470	74470	21000
河南省大香山现代物流有限公司 (平顶山市超市商品采购配送中心建设)	75000	74100	61200	
郑州航空港区规划建设房管局(新农村第二居民新村建设项目)	83700	83700	74289	74289
河南中原商贸城开发有限公司(清华城市综合体建设项目一期)	190000	67880	67880	
鲁山县水库移民安置办公室(沙河渡槽项目)	290000	175790	74290	
郑州至开封城际铁路	550554	140000	65000	
郑州至焦作城际铁路	921595	285000	85000	
郑州城建集团投资有限公司(京沙快速通道工程)	750000	537704	60728	
息县产业集聚区(息县产业集聚区基础设施建设项目)	85000	85000	85000	80000
濮阳县城关镇发展中心(城区综合提升项目)	105279	61415	61415	
新乡平原新区管理委员会(新上路网建设项目)	499273	94000	94000	
开封新区基础设施建设投资有限公司(开封新区四期工程)	241000	121205	121205	
安阳市新东产业集聚区管委会(企业创业发展中心项目)	66000	66000	66000	66000
河南东龙控股有限公司(郑州引黄灌溉龙湖调蓄工程)	187600	139898	139898	
安阳市殷都区西郊乡人民政府(殷墟大遗址公园)	200000	200000	79862	79862
郑州铁路职业技术学院 (教学楼、实验楼、学生宿舍等建设项目)	89000	64671	60662	
郑州华强文化科技有限公司(郑州华强文化科技产业基地)	500000	223000	157000	

6-34 分行业农村农户固定资产投资

Investment in Fixed Assets farm Households in Rural Area by Sector

单位：亿元

产　　业	Branch	2007	2008	2009	2010	2011
总　　计	**Total**	**591.55**	**669.63**	**780.12**	**786.64**	**834.63**
第一产业	**Primary Industry**	**58.14**	**80.74**	**87.02**	**85.04**	**79.87**
农、林、牧、渔业	Farming, Forestry, Animal Husbandry and Fishery	58.14	80.74	87.02	85.04	79.87
第二产业	**Secondary Industry**	**15.99**	**18.14**	**7.30**	**7.12**	**5.18**
工业	Industry	6.31	6.40	4.57	4.49	2.64
采矿业	Mining	1.33	2.33			
制造业	Manufacturing	3.31	4.07	4.17	4.09	2.32
电力煤气及水的生产和供应业	Production and Distribution of Electricity,Gas and Water	1.67		0.40	0.40	0.32
建筑业	Construction	9.68	11.74	2.73	2.63	2.55
第三产业	**Tertiary Industry**	**517.42**	**570.75**	**685.80**	**694.48**	**749.57**
交通运输、仓储和邮政业	Traffic,Transport, Storage and Post	28.54	35.73	27.24	28.08	28.17
批发和零售业	Wholesale and Retail Trade	2.44	1.37	3.33	3.45	3.08
住宿和餐饮业	Accommodation and Restaurants			0.21	0.25	0.26
房地产业	Real estate	468.48	512.22	634.68	641.27	696.87
租赁和商务服务业	Tenancy and Business Services		0.08			
居民服务和其他服务业	Resident Services and Other Services	17.15	21.35	20.34	21.43	21.19
卫生、社会保障和社会福利业	Sanitation, Social Security and Social Welfare	0.06				
文化、体育和娱乐业	Culture, Sports and Entertainment	0.75				

6-35 各市按三次产业分的农村农户固定资产投资(2011年)
Investment in Fixed Assets farm Households in Rural Area by City(2011)

单位：亿元 (100 million yuan)

市(县) City(County)	投资总额 Total Investment	第一产业 Primary Industry	第二产业 Secondary Industry	#工业 Industry	第三产业 Tertiary Industry
省辖市 City					
郑州市 Zhengzhou	102.48	12.89	8.41	6.34	81.18
开封市 Kaifeng	34.21	5.11			29.10
洛阳市 Luoyang	46.67	4.04	9.92	1.24	32.71
平顶山市 Pingdingshan	27.71	3.58			24.13
安阳市 Anyang	37.16	9.80	0.17		27.19
鹤壁市 Hebi	10.58	1.20			9.38
新乡市 Xinxiang	45.13	3.18			41.95
焦作市 Jiaozuo	32.07	3.60	6.58	0.91	21.89
濮阳市 Puyang	21.23	2.69	5.25	0.42	13.29
许昌市 Xuchang	41.68	5.10	19.18	3.68	17.40
漯河市 Luohe	22.36	3.79			18.57
三门峡市 Sanmenxia	11.32	2.26	0.16		8.90
南阳市 Nanyang	90.93	12.47	1.20	1.20	77.26
商丘市 Shangqiu	59.47	3.72	0.43	0.43	55.32
信阳市 Xinyang	72.48	14.74	0.04	0.04	57.70
周口市 Zhoukou	102.62	19.39	0.66		82.57
驻马店市 Zhumadian	72.84	16.71	8.50		47.63
济源市 Jiyuan	5.15	0.59	3.52		1.05
省直管县 Province Administrating County					
巩义市 Gongyi	10.75		2.77		7.99
兰考县 Lankao	7.37	2.41			4.97
汝州市 Ruzhou	4.02	0.27			3.74
滑县 Huaxian	5.55	0.94			4.61
长垣县 Changyuan	6.09	0.35			5.74
邓州市 Dengzhou	11.98	0.50			11.49
永城市 Yongcheng	3.40	0.17			3.23
固始县 Gushi	11.58	2.77			8.81
鹿邑县 Luyi	14.62	4.37			10.25
新蔡县 Xincai	8.82	0.74			8.08

6-36 各市按构成性质分的农村农户固定资产投资(2011年)

Investment in Fixed Assets farm Households in Rural Area by City and Composition of Funds(2011)

单位：亿元 (100 million yuan)

市(县)	City(County)	投资总额 Total Investment	建筑工程 Construction	安装工程 Installation	设备购置 Purchase of Equipment	其他费用 Others
省辖市	**City**					
郑州市	Zhengzhou	102.48	78.29	0.03	22.06	2.10
开封市	Kaifeng	34.21	27.91		5.47	0.83
洛阳市	Luoyang	46.67	38.96	0.09	4.51	3.11
平顶山市	Pingdingshan	27.71	21.35	0.05	5.82	0.49
安阳市	Anyang	37.16	24.23	0.29	11.57	1.07
鹤壁市	Hebi	10.58	2.15		8.43	
新乡市	Xinxiang	45.13	39.22		5.64	0.28
焦作市	Jiaozuo	32.07	24.14		6.64	1.29
濮阳市	Puyang	21.23	14.62	0.90	2.35	3.35
许昌市	Xuchang	41.68	34.30		7.35	0.03
漯河市	Luohe	22.36	16.57		3.36	2.44
三门峡市	Sanmenxia	11.32	7.93		3.39	
南阳市	Nanyang	90.93	76.84		12.57	1.52
商丘市	Shangqiu	59.47	53.38	0.06	4.86	1.17
信阳市	Xinyang	72.48	52.27		18.22	1.99
周口市	Zhoukou	102.62	74.95	1.56	24.15	1.96
驻马店市	Zhumadian	72.84	55.73		16.39	0.72
济源市	Jiyuan	5.15	3.55	0.01	1.48	0.11
省直管县	**Province Administrating County**					
巩义市	Gongyi	10.75	6.91		3.85	
兰考县	Lankao	7.37	4.61		2.77	
汝州市	Ruzhou	4.02	4.02			
滑县	Huaxian	5.55	3.91		1.64	
长垣县	Changyuan	6.09	5.67		0.35	0.07
邓州市	Dengzhou	11.98	11.03		0.90	0.06
永城市	Yongcheng	3.40	2.32		0.17	0.92
固始县	Gushi	11.58	8.81		2.77	
鹿邑县	Luyi	14.62	8.25	1.56	4.37	0.43
新蔡县	Xincai	8.82	8.08		0.73	0.01

6-37 各市分行业农村农户固定资产投资(2011年)

Investment in Fixed Assets farm Households in Rural Area by Sector and City(2011)

单位：亿元 (100 million yuan)

市(县) City(County)	合计 Total	#农、林、牧、渔业 Farming, Forestry, Animal Husbandry and Fishery	工业 Industry	建筑业 Construction	交通运输、仓储和邮政业 Traffic, Transport, Storage and Post	批发和零售业 Wholesale and Retail Trade	住宿和餐饮业 Accommodation and Restaurants	房地产业 Real Estate	居民服务和其他服务业 Resident Services and Other Services
省辖市 City									
郑州市 Zhengzhou	102.48	12.89	6.34	2.08	11.18	0.72	0.58	67.51	1.16
开封市 Kaifeng	34.21	5.11			1.56	0.97	0.13	26.44	
洛阳市 Luoyang	46.67	4.04	1.24	8.68	2.20	1.34	0.23	26.03	2.84
平顶山市 Pingdingshan	27.71	3.58			3.30		0.04	20.73	0.06
安阳市 Anyang	37.16	9.80		0.17	4.20	0.78	0.18	21.67	0.36
鹤壁市 Hebi	10.58	1.20			7.34			2.04	
新乡市 Xinxiang	45.13	3.18			2.16	0.23	0.18	39.17	0.22
焦作市 Jiaozuo	32.07	3.60	0.91	5.67	3.00	0.01	0.28	17.43	
濮阳市 Puyang	21.23	2.69	0.42	4.82	2.07	0.04	0.30	9.40	0.05
许昌市 Xuchang	41.68	5.10	3.68	15.50	0.18			11.75	4.59
漯河市 Luohe	22.36	3.79			1.31	0.30		16.57	0.40
三门峡市 Sanmenxia	11.32	2.26		0.16	1.52	0.36	0.01	7.02	
南阳市 Nanyang	90.93	12.47	1.20		2.34			74.92	
商丘市 Shangqiu	59.47	3.72	0.43		1.27	0.34	0.26	52.82	0.62
信阳市 Xinyang	72.48	14.74	0.04		1.97	0.12	0.29	52.15	0.52
周口市 Zhoukou	102.62	19.39		0.66	6.53	0.84		73.98	0.82
驻马店市 Zhumadian	72.84	16.71		8.50	0.41			47.22	
济源市 Jiyuan	5.15	0.59		3.52	0.93	0.08		0.04	
省直管县 Province Administrating County									
巩义市 Gongyi	10.75			2.77				6.91	1.08
兰考县 Lankao	7.37	2.41			0.74	0.56	0.13	3.53	
汝州市 Ruzhou	4.02	0.27						3.74	
滑县 Huaxian	5.55	0.94			0.57	0.05	0.02	3.86	0.11
长垣县 Changyuan	6.09	0.35			0.07			5.64	0.03
邓州市 Dengzhou	11.98	0.50			0.46			11.03	
永城市 Yongcheng	3.40	0.17			0.64	0.28		2.32	
固始县 Gushi	11.58	2.77						8.81	
鹿邑县 Luyi	14.62	4.37			1.91			8.21	
新蔡县 Xincai	8.82	0.74						8.08	

主要统计指标解释

全社会固定资产投资　是以货币形式表现的在一定时期内全社会建造和购置固定资产的工作量以及与此有关的费用的总称。该指标是反映固定资产投资规模、结构和发展速度的综合性指标，又是观察工程进度和考核投资效果的重要依据。全社会固定资产投资按登记注册类型可分为国有、集体、个体、联营、股份制、外商、港澳台商、其他等。

固定资产投资　指城镇和农村各种登记注册类型的企业、事业、行政单位及城镇个体户进行的计划总投资(或实际需要总投资)500 万元及以上的建设项目投资和房地产开发投资。

农村农户投资　指以农户为单位进行的房屋建设（主要指住宅建设）投资、农户对农、林、牧、渔及其服务行业进行的投资（如农户近年广泛进行的设施农业投资）、以及农户购买生产性固定资产的投资。根据农村固定资产投资调查规定，农户房屋建筑物、机器设备、器具等固定资产价值统计标准为 50 元，使用年限为 2 年。

固定资产投资的资金来源　根据固定资产投资的资金来源不同，分为国家预算资金、国内贷款、利用外资、自筹资金和其他资金来源。

⑴国家预算资金：自 2011 年起，按照全国人大和国务院的要求，各级财政的所有资金，包括税收和非税收入，均必须纳入预算管理，我国已不存在预算外资金的概念，因此各级政府用于固定资产投资的财政资金均为预算资金。由于已经没有预算外资金，因此名称改为国家预算资金，包括中央预算资金和地方预算资金，旧的国家预算内资金的内容和现中央预算资金的内容基本一致。

国家预算包括一般预算、政府性基金预算、国有资本经营预算和社保基金预算。各类预算中用于固定资产投资的资金全部作为国家预算资金填报，其中一般预算中用于固定资产投资的部分包括基建投资、车购税、灾后恢复重建基金和其他财政投资。各级政府债券也应归入国家预算资金。

⑵国内贷款：指报告期固定资产投资项目单位向银行及非银行金融机构借入的用于固定资产投资的各种国内借款，包括银行贷款、非银行金融机构贷款等。

银行贷款：是指向各商业银行、政策性银行借入的用于固定资产投资的各项贷款。

非银行金融机构贷款：是指向除上述银行之外从事金融业务的机构借入的用于固定资产投资的各项贷款。非银行金融机构包括保险公司和养老基金（企业年金）、信托投资公司、金融租赁公司、金融资产管理公司、汽车金融服务公司、金融担保公司、证券公司、投资基金、证券交易所、其他金融辅助机构。

投资项目单位从上级部门、总公司或公司股东处取得的用于固定资产投资的资金中，来源于银行或非银行金融机构贷款的部分，也应归入国内贷款。

通过银行理财产品和信托产品筹集的资金，如果是用于固定资产投资的，也做为国内贷款统计。

⑶利用外资：指报告期收到的用于固定资产建造和购置的国外资金(包括设备、材料、技术在内)。包括对外借款(外国政府贷款、国际金融组织贷款、出口信贷、外国银行商业贷款、对外发行债券和股票)、外商直接投资、外商其他投资(包括利用外商投资收益在国内进行固定资产再投资活动的资金)。不包括我国自有外汇资金(国家外汇、地方外汇、留成外汇、调济外汇和国内银行自有资金发放的外汇贷款等)。

⑷自筹资金：指固定资产投资单位在报告期收到的，由各企事业单位筹集用于固定资产投资的资金，包括各类企事业单位的自有资金和从其他单位筹集的用于固定资产投资的资金，但不包括各类财政性资金、从各类金融机借入资金和国外资金。

⑸其他资金来源：指在报告期收到的除以上各种资金之外的用于固定资产投资的资金。包括社会集资、个人资金、无偿捐赠的资金及其他单位拨入的资金等。

固定资产投资按国民经济行业分　根据建设项目建成投产后的主要产品种类或主要用途及社会经济活动性质来确定国民

经济行业。一般情况下，一个建设项目或一个企业、事业单位只能属于一种国民经济行业。

固定资产投资按建设性质分 根据整个建设项目情况来确定。建设项目的性质一般分为新建、扩建、改建和技术改造、迁建、恢复。房地产开发单位、农村投资不划分建设性质。

⑴新建：一般是指从无到有、“平地起家”新开始建设的单位。有的单位原有的基础很小，经过建设后其新增加的固定资产价值超过原有固定资产价值(原值)三倍以上的也算新建。

⑵扩建：一般是指为扩大原有产品的生产能力，在厂内或其他地点增建主要生产车间(或主要工程)、独立的生产线或分厂的企业；事业单位和行政单位在原单位增建业务用房(如学校增建教学用房、医院增建门诊部或病床用房、行政机关增建办公楼等)也作为扩建。

⑶改建和技术改造：指现有企业、事业单位，对原有设施进行技术改造或更新（包括相应配套的辅助性生产、生活福利设施）的建设项目。现有企业、事业单位为适应市场变化的需要，而改变企业的主要产品种类（如军工企业转产民用品等）的建设项目，应作为改建。原有产品生产作业线由于各工序（车间）之间能力不平衡，为填平补齐充分发挥原有生产能力而增建不增加本企业主要产品设计能力的车间，也应作为改建。技术改造是指企业、事业单位在现有基础上，用先进的技术代替落后的技术，用先进的工艺和装备代替落后的工艺和装备，以改变企业落后的技术经济面貌，实现以内涵为主的扩大再生产，达到提高产品质量、促进产品更新换代、节约能源、降低消耗、扩大生产规模、全面提高社会经济效益的目的。技术改造具体包括以下内容：机器设备和工具的更新改造；生产工艺改革、节约能源和原材料的改造；厂房建筑和公共设施的改造；劳动条件和生产环境的改造等。

固定资产投资按构成分 固定资产投资活动按其工作内容和实现方式分为建筑安装工程，设备、工具、器具购置，其他费用三个部分。

⑴建筑安装工程(建筑安装工作量)：指各种房屋、建筑物的建造工程和各种设备、装置的安装工程。包括各种房屋建造工程，各种用途设备基础和各种工业窑炉的砌筑工程；为施工而进行的各种准备工作和临时工程以及完工后的清理工作等；铁路、道路的铺设，矿井的开凿及石油管道的架设等；水利工程；防空地下建筑等特殊工程；以及各种机械设备的安装工程；为测定安装工程质量，对设备进行的试运工作。在安装工程中，不包括被安装设备本身的价值。

⑵设备、工具、器具购置：指购置或自制达到固定资产标准的设备、工具、器具的价值，固定资产的标准按财务部门规定。新建单位、扩建单位的新建车间按照设计和计划要求购置或自制的全部设备、工具、器具，不论是否达到固定资产标准均计入“设备、工具、器具购置”中。

⑶其他费用：指在固定资产建造和购置过程中发生的，除建筑安装工程和设备、工具、器具购置以外的各种应摊入固定资产的费用。

施工项目 指报告期内曾进行建筑或安装工程施工活动的建设项目，包括报告期内新开工项目、报告期以前开工跨入报告期继续施工的项目以及报告期施过工并在报告期内全部建成投产或停缓建的项目。

全部建成投产项目 工业项目是指设计文件规定形成生产能力的主体工程及其相应配套的辅助设施全部建成，经负荷试运转，证明具备生产设计规定合格产品的条件，并经过验收鉴定合格或达到竣工验收标准，与生产性工程配套的生活福利设施可以满足近期正常生产的需要，正式移交生产的建设项目。非工业项目是指设计文件规定的主体工程和相应的配套工程全部建成，能够发挥设计规定的全部效益，经验收鉴定合格或达到竣工验收标准，正式移交使用的建设项目。

新增生产能力（或工程效益） 指通过固定资产投资活动而增加的设计能力(或工程效益)，该指标是以实物形态表现的反映固定资产投资成果的指标，也是考核投资经济效果的重要依据之一。

新增生产能力(或工程效益)一般有以下几种表现形式：

(1)用产品数量表示，以工程在单位时间内(一般是一年)所能生产的产品数量(即年产量)表示。如原煤开采用万吨／年表示，化学农药用吨／年表示，汽车制造用辆／年表示等。某些化工产品由于含量差别较大，按其设计含量计算折合量表示，如氮肥、磷肥等。

(2)用单位时间内所能处理的原料数量表示，以工程每天(或小时)所能处理原料的数量表示。如城市污水处理能力用万吨

／日表示等。

(3)用新增加的主要设备的数量或容量表示，如毛纺锭等锭数，发电厂新增发电机组容量用万千瓦表示等。

(4)用建筑物个数、容积、容量、面积、长度表示，是非工业项目或工程新增效益的一种表现形式。如铁路投产里程、公路里程、桥梁隧道延长米里程、新（扩）建公路客货运站个数等。

根据工程的特点，有时需要用两种或两种以上的复合计量单位表示新增生产能力或工程效益。如新增内燃机生产能力同时用年产台数、万千瓦数表示等。

为了规范新增生产能力(或工程效益)的名称和计算单位，国家统计局制订了《新增生产能力(或工程效益)目录及代码》。各固定资产投资单位在统计新增生产能力(或工程效益)时，必须按目录中规定的名称、计量单位和代码填报。

新增固定资产　指已经完成建造和购置过程，并已交付生产或使用单位的固定资产的价值，包括已经建成投入生产或交付使用的工程投资和达到固定资产标准的设备、工具、器具的投资及有关应摊入的费用。

属于增加固定资产价值的其他建设费用，应随同交付使用的工程一并计入新增固定资产。

房屋建筑面积　指房屋建筑物勒脚以上外墙外围的水平截面面积，包括房屋建筑物的有效面积和结构面积。该指标是从实物形态上反映建设规模和建设成果的重要指标之一，也是检查工程形象进度、计算工程造价、分析投资效果、研究施工任务和建筑材料之间平衡情况的重要依据。

住宅建筑面积　指施工和竣工房屋建筑面积中供居住用的房屋建筑面积。

施工面积　指报告期内施工的全部房屋建筑面积。包括本期新开工的面积和上期开工跨入本期继续施工的房屋面积，以及上期已停建在本期复工的房屋面积。本期竣工和本期施工后又停缓建的房屋，其建筑面积仍计入本期施工房屋面积中。

竣工面积　指在报告期内房屋建筑按照设计要求已全部完工，达到住人和使用条件，经验收鉴定合格（或达到竣工验收标准)，可正式移交使用的各栋房屋建筑面积的总和。

Explanatory Notes on Main Statistical Indicators

Total Investment in Fixed Assets in the Whole Country refers to the volume of activities in construction and purchases of fixed assets and related fees, expressed in monetary terms. It is a comprehensive indicator which shows the size, structure and growth of the investment in fixed assets, providing basis for observing the progress of construction projects and evaluating results of investment. Total investment in fixed assets in the whole country includes, by type of ownership, the investment by the state-owned units, collective units, individuals, joint ownership units, share-holding units, as well as investment by businessmen from foreign countries and from Hong Kong, Macao and Taiwan, and by other units.

Investment in Fixed Assets refers to construction projects involving a total planned (or required) investment of 5 million yuan and over by urban and rural enterprises and institutions of various types of ownership, by administrative units and by individuals, investment in real estate development, and housing investment by individuals in urban areas and in industrial and mining areas.

Investment in Rural Areas Household Refers to the unit for farmers of the housing construction (mainly refers to the residential construction) investment, farmers on agriculture, forestry, animal husbandry, fishery and service industry of investment (such as farmers of a broad agricultural facilities investment in recent years), and farmers buy productive fixed assets investment. According to the provisions of the fixed assets investment survey, farmers buildings, machinery, equipment, appliances and fixed assets value statistical standards for 50 yuan, use fixed number for 2 years.

Sources of Funds for Investment in Fixed Assets Including State budgetary appropriation, domestic loans, foreign investment, self-raised funds, and others.

(1) State budgetary appropriation Since 2011, according to the National People's Congress and the requirements of the state council, all of the money at all levels for finance, including tax and non-taxable, must be included in the budget management.

State budgetary appropriation include general budget, government fund budget, state-owned capital management budget and social security fund budget. Governments at all levels should also be classified as State budgetary appropriation.

(2) Domestic loans refer to various funds borrowed by enterprises and institutions from banks and non-bank financial institutions assets, include bank loans, non-bank financial institutions loans.

Bank loans refers to the investment in fixed assets loans borrowed from commercial Banks, policy Banks.

Non-bank financial institutions loans refers to the investment in fixed assets loans borrowed from other organization of lending loans. The non-bank financial institutions including insurance companies and pension funds, trust and investment companies, financial leasing companies, financial assets management companies, financial services company, car finance guarantee companies, securities companies, investment funds, securities exchanges, and other financial assistant mechanism.

Investment project units fixed assets funds from higher level department, the corporation or the shareholders of a company, which from Banks and other financial institutions, also should be classified as domestic loans.

(3) Foreign Investment refers to foreign funds received during the reference period for the purpose of investment in fixed assets, including foreign borrowing(foreign government loans, the international finance organization loans, export credit, commercial loans of foreign Banks, foreign issue bonds and stock), foreign direct investment, foreign other investments. Not including has its own foreign exchange funds in China (state foreign exchange, the local foreign exchange, the foreign exchange, has retained the foreign exchange and domestic Banks issue their own funds of foreign exchange loan, etc.)..

(4) Self-raised funds refer to funds received by construction enterprises from their higher responsible authorities, local governments, for a fixed asset investment funds.

(5) Others refer to funds received during the reference period which are not included in the above-mentioned sources, Include fund raising, personal capital, free donation funds and other units dial the money into, etc..

Investment in Fixed Assets by Sector The classification of construction projects by sector is determined by the major products or the purpose of the projects when they are put into production or use, and by the nature of their social economic activities. In general, one project or one enterprise or institution can only be classified into one sector.

Investment in Fixed Assets by Type of Construction The construction projects in general can be classified by the type of construction into new construction, expansion, reconstruction and moving away. In capital construction, the type of construction is determined by the condition of the project. In investment in innovation, in other investment by state-owned units and investment by collective-owned units, the type of construction is determined by the condition of the whole enterprise or institutions. Investment by type of construction is not applied to investment by real-estate development units, investment in rural areas and investment in housing by urban individuals.

(1) New construction in general refers to newly constructed units. In the case in which the value of the original fixed assets is quite small, and the value of newly added fixed assets exceeds the original ones by three times, the expansion construction is considered as new construction.

(2) Expansion refers to construction of new major production workshop or independent production line within a factory or in other locations, or construction of a branch factory so as to increase the production capacity of the original products. Newly constructed business houses in institutions and administrative organizations (such as the newly constructed teaching buildings in schools, clinics or bed building in hospitals, and office buildings in administrative agencies, etc.) are also classified as expansion.

(3) Reconstruction refers to technical innovation and transformation of the existing equipment and technical conditions undertaken by enterprises and institutions for the purposes of technological advancement, improvement in product quality, enlarging variety of products, promoting new generation of products, reducing production consumption and cost, promoting comprehensive utilization of resources, strengthening treatment of waste gas, waste water and solid wastes, and safety in production, etc. through application of new technologies and techniques, use of new equipment and new materials (including accessory facilities for production or for living and welfare purposes).Construction of new workshops for improving existing production capacity rather than increasing production capacity is also considered as reconstruction.

Investment in Fixed Assets by Structure refers to the three major parts of investment activities, i.e. construction and installation, purchase of equipment and instrument, and other expenses.

(1) Construction and installation (work volume of construction and installation) refers to the construction of various houses and buildings and installation of various kinds of equipment and instruments, including construction of various houses, equipment foundations and industrial kilns and stoves, preparation works for project construction, and clearing up works post project construction, pavement of railways and roads, drilling of mines and putting up of oil pipes, construction of projects of water conservancy, construction of underground air-raid shelters and construction of other special projects, installation of various machinery equipment, testing operation for pre-testing the quality of installation projects. The value of equipment installed is not included in the value of installation projects.

(2) Purchase of equipment and instruments refers to the total value of equipment, tools, and vessels purchased or self-produced which come up to standards for fixed assets. Equipment, tools and vessels purchased or self-produced for new workshops by newly established or expanded units are categorized as "purchase of equipment and instruments" no matter whether they come up to the standards for fixed assets or not.

(3)Other expenses refer to expenses occurring during the construction or purchase of fixed assets other than construction, installation or purchase of equipment and instruments.

Projects Under Construction refer to projects having construction and installation activities undertaken in the reference period, including projects started in the reference period, or continued from the previous period, or completed and put into production or suspended in the reference period.

Projects Completed and Put into Use Industrial projects refer to the major projects and accessory facilities completed which result in forming production capacity and have been checked and accepted while the living and welfare facilities have been completed and can ensure normal production and formally put into production. Non-industrial projects refer to the major projects and accessory facilities completed which possess the designed capacity and have been checked, accepted and formally put into production.

Newly Increased Production Capacity (or Project Efficiency) refers to the increase in design capacity (or project efficiency) through investment in fixed assets, which reflects the accomplishment of investment in fixed assets in physical form and serves as an important basis for evaluating the economic efficiency of investment.

The newly increased production capacity (project efficiency) are usually expressed in one of the following forms:

(1) volume of output of products, i.e. the volume of output that the project can produce during a given period (usually a year). For instance, the capacity in coal mining is expressed in 10,000 tons/year, the capacity in producing chemical pesticides expressed in ton/year, the capacity in producing automobile in set/year, etc. For some chemical products where the effective contents differ significantly, the production capacity is expressed as the designed effective content equivalent, such as in the case of sulphuric acid, soda ash, caustic soda, etc;

(2) volume of raw materials processed per unit of time, i.e. the volume of raw materials that could be processed by the project per day (or per hour), such as tons of urban sewage processed per day;

(3) number or capacity of major equipment increased, such as number of wool spindles increased, or capacity (in 10 000kilowatts) of power generators increased;

(4) physical measures (number, volume, capacity, area, and length) of construction, which is typical for non-industrial projects, for instance, the length of railways put into operation, Highway mileage, bridge tunnel mileage, new (enlarge) built highway passenger/station number etc.

The special features of projects may sometimes call for the combined use of two or more measurements to reflect the increase in production capacity (or project efficiency); for instance, the new capacity for the production of internal combustion engines is expressed in sets per year and 10 000 kilowatts per year simultaneously.

To standardize the nomenclature and unit of measurement for newly increased production capacity (or project efficiency), the National Bureau of Statistics has developed the Nomenclature and Codes for New Production Capacity (Project Efficiency). All reporting units with investment activities are required to follow these two nomenclatures in reporting statistics on new production capacity (project efficiency).

Newly Increased Fixed Assets refer to the newly increased value of fixed assets, constructed or purchased, that have been transferred to the investors. Including finished fixed assets value and equipment, instrument investment and should be the cost of the relevant booth that reach the standard.

Belong to the increase of fixed assets value of the other construction cost, along with the work of the service of the delivery shall be included in the new with fixed assets.

Floor Space of Buildings under Construction refers to total floor space of the horizontal section of outer walls above the plinth of the building, including the effective area and the area occupied by the structure. This indicator is one of the important indicators in physical terms to reflect the scale and accomplishment of the construction industry, and important basis for monitoring the progress, calculating the cost, analyzing the efficiency and studying the supply of building materials in relation with the construction projects.

Floor Space of Residential Buildings refers to the floor space of the residential buildings among the total space of buildings under construction or completed.

Floor Space under Construction refers to total floor space of all buildings under construction during the reference period, including floor space of newly started buildings during the reference period, floor space of construction extended from the previous period to the current period, and floor space of construction suspended during the previous period and resumed in the current period. Floor space of construction completed in the current period, and floor space of construction started and then suspended in the current period are also included in the floor space under construction of the current year.

Floor Space of Buildings Completed refers to the floor space of all buildings completed in the reference period, which have been appraised and accepted (or come up to the designed standards) and have been transferred to the owners for use.

对外经济贸易和旅游

Foreign Trade and Economic Cooperation and Tourists

◉ 资料整理：王玉荷

简要说明

一、主要内容

本篇包括河南对外贸易资料，利用外资资料，对外经济合作以及旅游等资料。

二、统计范围

对外贸易统计的范围是全省各进、出口贸易公司和有进出口经营权的生产企业、外商及港澳台商投资企业、科研机构等辖区内全部有进出口经营权的企业；利用外资统计的范围是辖区内全部外商投资企业、港澳台商投资企业和有外商其他投资的单位；对外经济合作统计范围是经各级商务部门批准的从事对外承包和劳务合作业务并具有法人地位的对外承包劳务企业。对外直接投资统计范围是境内投资主体通过直接投资在境外设立的各类公司型企业和非公司型企业。

三、资料来源

对外贸易、外商投资企业的登记注册情况、对外经济合作和对外直接投资资料采用全面调查方法。对外贸易资料1992年及以后为海关进出口统计数字，由郑州海关提供；利用外资资料中外商投资企业的登记注册情况资料由河南省工商行政管理局提供,其他由河南省商务厅提供；对外经济合作资料和对外直接投资资料由河南省商务厅提供。本篇资料由河南省统计局贸易外经处编辑整理。

旅游资料中，旅游收入和国内出游人数等指标采取抽样调查方法，其余指标均为全面调查统计取得。旅游资料由河南省旅游局等有关部门提供，由河南省统计局贸易外经处编辑整理。

Brief Introduction

I. Main Contents

Data in this chapter provide summary data of Henan provincial foreign trade, utilization of foreign capital, labour cooperation with foreign countries or territories and Tourists.

II. Statistical Scopes

The statistics of foreign trade cover the Henan provincial mport and export corporation, the manufacturing enterprises that have right to operate import and export, foreign and Hong Kong, Macao and Taiwan-invested enterprises and scientific research institutions. The statistics of utilization of foreign capital cover the foreign direct investments and other foreign investments, and the basic condition of registration of foreign funded enterprises. The statistics of labour cooperation with foreign countries or territories cover the corporate enterprise engaged in contracted projects and labour services cooperation with foreign countries and has been approved by the department of commerce at various levels. The statistics cover overseas corporate and non-corporate enterprises of various forms established by domestic investors through their investment operation.

III. Data Sources

Data on foreign trade, utilization of foreign capital, labour cooperation with foreign countries or territories are calculated through a comprehensive reporting system. Data on foreign trade are calculated by Zhengzhou Customs. Data on utilization of foreign capital are calculated by the Henan provincial bureau of Commerce, data on registered cases of foreign-invested enterprises are calculated by the Henan provincial administration of Industry and Commerce. Data on overseas direct investment and labour cooperation with foreign countries or territories are calculated by the Henan provincial bureau of Commerce. Data in this chapter are provided by the Department of Trade and External Economic Relations of the Henan provincial bureau of Statistics.

Data on tourism revenue and number of tourism persons are calculated through a Sample survey system, and other data are calculated through a comprehensive reporting system. Data on tourism are calculated by the Henan provincial bureau of tourism. Data on tourism are provided by the Department of Trade and External Economic Relations of the Henan provincial bureau of Statistics.

7-1 对外经济贸易基本情况

Foreign Trade and Economic Cooperation

指　标	Item	2005	2010	2011
货物进出口总额（人民币亿元）	**Total Value of Imports and Exports (RMB 100 million yuan)**	**626.54**	**1204.40**	**2071.20**
出口总额	Total Exports	413.12	713.13	1220.83
进口总额	Total Imports	213.42	491.27	850.36
进出口差额	Balance	199.71	221.86	370.47
货物进出口总额　（亿美元）	**Total Value of Imports and Exports (USD 100 million)**	**77.36**	**177.92**	**326.42**
出口总额	Total Exports	51.01	105.34	192.40
初级产品	Primary Goods			
工业制成品	Manufactured Goods			
进口总额	Total Imports	26.35	72.57	134.02
初级产品	Primary Goods			
工业制成品	Manufactured Goods			
进出口差额	Balance	24.66	32.77	58.38
外商直接投资合同项目　（个）	**Number of Projects for Contracted Foreign Direct Investment (unit)**	**472**	**362**	**355**
实际使用外资额　（亿美元）	**Total Amount of Foreign Investment Actually Utilized (USD 100 million)**	**23.52**	**62.47**	**100.83**
#外商直接投资	Foreign Direct Investments	12.30	62.47	100.83
外资企业基本情况	**Registered Foreign-funded Enterprises**			
年末实有企业数　（户）	Number of Registered Enterprise in the Year-end (unit)	2877	2459	2467
投资总额　（亿美元）	Total Investment (USD 100 million)	206.41	378.66	423.53
注册资本　（亿美元）	Registered Capital (USD 100 million)	112.29	205.35	225.22
#外方	Capital from Foreign Investors	75.34	148.66	162.62
对外经济合作　（亿美元）	**Economic Cooperation with Foreign Countries & Regions (USD 100 million)**			
合同金额	Contracted Value	6.29	25.26	29.34
#对外承包工程	Contracted Projects	5.85	23.73	27.01
对外劳务合作	Labor Services	0.39	1.53	2.33
完成营业额	Value of Turnover Fulfilled	4.99	23.23	31.99
#对外承包工程	Contracted Projects	4.53	20.71	29.15
对外劳务合作	Labor Services	0.42	2.51	2.84

7-2 历年进出口总额

Total Value of Imports and Exports over the Years

年份 Year	美元(万美元) USD (10 000 dollors)				人民币(万元) RMB (10 000 yuan)			
	进出口总额 Total Imports & Exports	出口总额 Total Exports	进口总额 Total Imports	顺差 Balance	进出口总额 Total Imports & Exports	出口总额 Total Exports	进口总额 Total Imports	顺差 Balance
1957	1387	1387		1387	3412	3412		3412
1962	1326	1309	17	1292	3262	3220	42	3178
1965	2008	1914	94	1820				
1970	3700	3328	372	2956				
1975	6342	5438	904	4534	11796	10115	1681	8434
1978	11843	10231	1612	8619	19896	17188	2708	14480
1979	15406	13422	1984	11438	23879	20804	3075	17729
1980	22644	20448	2196	18252	33966	30672	3294	27378
1981	28487	24948	3539	21409	42855	37531	5324	32207
1982	28761	25471	3290	22181	54358	48140	6218	41922
1983	30418	27963	2455	25508	60228	55367	4861	50506
1984	38203	34174	4029	30145	89013	79625	9388	70237
1985	44991	36710	8281	28429	167367	136561	30806	105755
1986	50671	45263	5408	39855	188496	168378	20118	148260
1987	74732	65434	9298	56136	278003	243414	34589	208825
1988	84961	75052	9909	65143	316055	279193	36862	242331
1989	98539	81897	16642	65255	335157	304657	30500	274157
1990	100385	86689	13696	72993	481848	416107	65741	350366
1991	121489	104297	17192	87105	643892	552774	91118	461656
1992	116194	81632	34562	47070	633257	444894	188363	256532
1993	131423	75546	55877	19669	756996	435145	321852	113293
1994	163193	102242	60951	41291	1398564	876214	522350	353864
1995	222918	135759	87159	48600	1861365	1133588	727778	405810
1996	196855	124001	72854	51147	1631928	1027968	603960	424009
1997	189699	128663	61036	67627	1572604	1066616	505988	560628
1998	173196	118675	54521	64154	1435795	983816	451979	531837
1999	175044	112889	62155	50734	1449364	934721	514643	420078
2000	227486	149338	78148	71190	1883584	1236519	647065	589453
2001	279256	171548	107708	63840	2311339	1419864	891475	528389
2002	320351	211876	108475	103401	2652506	1754333	898173	856160
2003	471640	298041	173599	124442	3905179	2467779	1437400	1030380
2004	661346	417610	243736	173874	5475945	3457811	2018134	1439677
2005	773604	510093	263511	246582	6265419	4131243	2134176	1997067
2006	979594	663497	316097	347400	7809094	5289240	2519853	2769387
2007	1280493	839145	441347	397798	9803869	6424771	3379098	3045673
2008	1747934	1071890	676044	395846	12238006	7504743	4733263	2771481
2009	1343839	734648	609191	125457	9179764	5018380	4161384	856997
2010	1779157	1053447	725710	327737	12044003	7131309	4912694	2218616
2011	3264212	1924040	1340172	583868	20711951	12208344	8503607	3704736

注：本表1991年及以前年度为有关部门统计数据，从1992年开始为海关进出口数据。
a)Data before 1991 were obtained from the Department concerned, and the data since 1992 have been obtained from the customs statistics.

7-3 各种分组的进出口总额
Total Value of Imports and Exports by Group

单位:万美元 (USD 10 000)

项 目	Item	进出口总额 Total Value of Imports and Exports		#出口总额 Exports Trade	
		2010	2011	2010	2011
合 计	**Total**	**1779157**	**3264212**	**1053447**	**1924040**
按贸易方式分	**By trade system**				
一般贸易	General trade	1399569	1846853	809542	1133892
援助物资	Aid material	123	351	123	351
加工贸易	Processing trade	314373	1282340	201048	763372
#来料加工贸易	Trade of processing with customer's materials	22999	31717	13929	20668
进料加工贸易	Trade of processing with imported materials	291374	1250623	187119	742704
对外承包工程出口	Export of contract foreign projects	23747	21443	23747	21443
三资企业投资设备进口	Import of Machines Invested by Joint-venture, Cooperation with Foreign Investment and Sole Foreign Investment Enterprises	9091	8125		
保税仓库进出境货物	Bonded warehouse	8135	5571	5862	13
其他贸易方式	Other trade system	24120	99529	13125	4969
按注册类型分	**By Registration**				
国有企业	State-owned enterprises	586561	772625	293095	389493
外商投资企业	Foreign Investment	451803	1498121	255591	836783
合作	Cooperative Operation	4231	2812	1034	630
合资	Joint Ventures	289247	425954	153008	228031
独资	Proprietorship	158325	1069355	101550	608123
集体企业	Collcetive enterprise	315435	410723	193145	253890
其他企业	Others	425358	582742	311616	443874

7-4 出口总额(2011年)
Total Value of Exports(2011)

单位：万美元 (USD 10 000)

类 别	Categories of Commodities	进出口总额 Total Imports & Exports	#出口 Exports
总 计	**Total**	**3264212**	**1924040**
活动物；动物产品	Live Animals & Animal Products	28385	20392
植物产品	Vegetables; Fruits and Cereals	115744	53634
动、植物油、脂及其分解产品；精制的食用油脂；动、植物蜡	Animal and Vegetable Oils; Fats and Wax; Refined Edible Oils and Fats	4962	2349
食品；饮料、酒及醋；烟草及烟草代用品的制品	Food; Beverages; Liquor and Vinegar; Tobacco and Tobacco Substitutes	30520	28537
矿产品	Minerals	362841	6212
化学工业及相关工业的产品	Chemicals and Related Products	193671	173483
塑料及其制品；橡胶及其制品	Plastics and Related Products;Rubber and Related Products	138740	83611
生皮、皮革、毛皮及其制品；鞍具及挽具；旅行用品及其制品	Raw Hides; Leather; Furs and Related Products; Saddle; Travel Articles;Handbags	95549	50795
木及木制品；木炭软木及软木制品；稻草、秸秆、针茅及制品	Wood and Wooden Products; Charcoal; Cork and Related Products; Straws; Plaited Products	13158	12399
木浆及其他纤维状纤维素浆；纸及纸制品	Paper Pulp and Cellulose Pulp; Paper and Waste Paper	62604	15631
纺织原料及纺织制品	Textile Materials and Products	199072	166427
鞋帽伞杖鞭及其零件；已加工的羽毛及其制品人造花人发制品	Footwear; Headgear; Umbrellas; Canes; Whips; Processed Feather; Artificial Flowers; Wigs	167347	145852
石料石膏水泥石棉及类似材料的制品；陶瓷、玻璃及其制品	Gypsum; Cement; Asbestos; Mica; Ceramic Glass and Accessories	66803	65037
天然或养殖珍珠、宝石或半宝石、贵金属及其制品仿首饰、硬币	Natural or Cultivated Pearls; Precious or Semi-Precious Stones; Jewelry of Precious Metal or Rolled Precious Metal; Artificial Jewelry; Coins	59700	55413
贱金属及其制品	Base Metals and Related Products	279677	212206
机器、机械、电气设备及其零件，录音机及电视图象及附件	Machinery ,Mechanism , Electric Equipment Products and Accessories;dictaphone、television image and Accessories	1270702	714569
车辆、航空器、船舶及有关运输设备	Locomotives; Vehicles; Aircraft; Ship and Related Transportation Equipment	80667	71612
光学、照相、电影、计量、检验、医疗或外科用仪器及设备和附件	Optical; Photographic; Film; Measuring and Checking and Medical Instruments and Equipment and Accessories	57829	10049
杂项制品	Miscellaneous Manufactured Articles	36128	35721
艺术品、收藏品、及古物	Works of Art,Collection Pieces and Antiques	48	48
特殊交易品及未分类商品	Trading Products Special and Not Otherwise Classified	64	62

7-5 各市进出口总额

Total Value of Imports and Exports by City

单位：万美元 (USD 10 000)

市 City	2010 进出口总额 Total Imports & Exports	2010 #出口 Exports	2011 进出口总额 Total Imports & Exports	2011 #出口 Exports
全 省 Total	**1779157**	**1053447**	**3264212**	**1924040**
郑 州 市 Zhengzhou	517432	347327	1602035	966258
开 封 市 Kaifeng	23937	18801	30004	22773
洛 阳 市 Luoyang	154428	105188	208295	147774
平 顶 山 市 Pingdingshan	42530	28565	42907	32517
安 阳 市 Anyang	157248	44299	185825	57335
鹤 壁 市 Hebi	14454	12391	15617	12454
新 乡 市 Xinxiang	113427	69489	164212	90660
焦 作 市 Jiaozuo	174096	105536	254357	156273
濮 阳 市 Puyang	48766	41471	60319	51877
许 昌 市 Xuchang	128599	108392	168493	133114
漯 河 市 Luohe	39188	15397	44661	17861
三 门 峡 市 Sanmenxia	16332	10355	19780	16142
南 阳 市 Nanyang	95324	64653	143861	94799
商 丘 市 Shangqiu	13274	10037	19407	16589
信 阳 市 Xinyang	35444	10497	65780	17762
周 口 市 Zhoukou	38351	17573	45592	25946
驻 马 店 市 Zhumadian	23199	17822	27434	18732
济 源 市 Jiyuan	143128	25655	165633	45174

7-6 进出口值分别居前20位商品(2011年)
The 20 Most Import and Export Value Merchandises(2011)

单位：万美元 (USD 10 000)

位次 Seat	进口值居前20位的商品 Import Products	金额 fund	位次 Seat	出口值居前20位的商品 Export Products	金额 fund
	合　　计	**878111**		**合　　计**	**1016161**
1	平均粒度≥0.8mm，<6.3mm未烧结铁矿砂及精矿	146173	1	手持（包括车载）式无线电话机	497184
2	处理器及控制器	111657	2	其他材料制假、假胡须、假眉毛、假睫毛等	64228
3	铅矿砂及其精矿	94366	3	车辆用新的充气橡胶轮胎	55460
4	存储器	62187	4	人发制假发，胡须，眉毛，睫毛及其他人发制品	53233
5	黄大豆	52839	5	其他铝合金矩形板、片，0.35mm<厚≤4mm	33609
6	非特种用途的其他类型电视摄像机	45648	6	太阳能电池	32111
7	手持式无线电话机的零件（天线除外）	41762	7	纯度≥99.99%未锻造银	30814
8	平均粒度≥6.3mm未烧结铁矿砂及其精矿	38862	8	其他毛皮制品	27907
9	带毛的绵羊或羔羊生皮	38043	9	干香菇	25448
10	未锻轧铜含量>99.9935%的精炼铜阴极	36742	10	带有螺纹或翅片的精炼铜管，外径≤25mm	24781
11	技术分类天然橡胶（TSNR）	28320	11	其他合金钢热轧非卷材，宽≥600mm	24157
12	未梳的棉花	26620	12	未列名陶制品	20781
13	立式加工中心	26130	13	涂漆或涂塑普通钢铁板材	19338
14	其他通信专用的仪器及装置	23943	14	聚酰胺-6，6（尼龙-6，6）纺制的高强力纱	18149
15	卧式加工中心	22387	15	粘胶纤维单纱，未加捻或捻度每米不超过120转	16617
16	经加工的人发;作假发及类似品用的羊毛等	21292	16	钛白粉	16183
17	5-7号燃料油	18958	17	柴油机客车，座位≥30座	16179
18	半漂白或漂白非针叶木烧碱木浆或硫酸盐木浆	17805	18	棕刚玉	15486
19	未锻轧其他精炼铜阴极	12363	19	其他碳电极	12837
20	放大器	12014	20	其他精炼铜管，外径≤25mm	11659

7-7 河南向一些国家(地区)进出口总额

Total Value of Imports and Exports To Related Countries and Regions

单位：万美元 (USD 10 000)

国家(地区)名称	Country (Region)	进出口总额 Total Imports & Exports 2010	2011	#出口 Exports 2010	2011
合计	**Total**	**1779157**	**3264212**	**1053447**	**1924040**
亚洲	**Asia**	**678742**	**1314379**	**456877**	**653838**
日本	Japan	122360	220237	47554	64471
中国香港	Hong Kong, China	65030	103285	64280	101419
印度	India	76441	112960	37530	61431
韩国	South Korea	68714	232016	53615	75667
泰国	Thailand	41065	53921	23695	30531
台湾省	Taiwan	49237	90828	28370	33633
非洲	**Africa**	**125540**	**164314**	**102216**	**129458**
南非	South Africa	31836	48029	13980	20914
尼日利亚	Nigeria	11922	14633	11824	14310
欧洲	**Europe**	**346842**	**798029**	**214557**	**616146**
德国	Federal Republic of Germany	76969	145806	38154	71308
俄罗斯联邦	Russia	58561	66286	27657	41526
意大利	Italy	34953	65705	23328	52059
瑞典	Sweden	10080	12327	3506	4303
英国	British	23199	98813	16930	87829
拉丁美洲	**Latin America**	**215598**	**290321**	**74571**	**109318**
巴西	Brazil	90192	124928	25221	35864
秘鲁	Peru	43798	34930	5620	6766
智利	Chile	22078	32430	6550	11127
北美洲	**North America**	**260369**	**504002**	**182244**	**384732**
美国	United States	232025	451313	164344	352183
加拿大	Canada	28339	52688	17894	32549
大洋州	**Oceania**	**148455**	**186400**	**22982**	**29790**
澳大利亚	Australia	142148	178316	18369	24367
新西兰	New Zealand	4392	6893	2699	4232

7-8 人民币汇率（年平均价）
Reference Exchange Rate of Renminbi (Period Average)

单位：元 (yuan)

年 份 Year	100美元 100 US Dollars	100日元 100 Japanese Yen	100港元 100 Hong Kong Dollars	100欧元 100 Euros
1985	293.66	1.2457	37.57	
1986	345.28	2.0694	44.22	
1987	372.21	2.5799	47.74	
1988	372.21	2.9082	47.70	
1989	376.51	2.7360	48.28	
1990	478.32	3.3233	61.39	
1991	532.33	3.9602	68.45	
1992	551.46	4.3608	71.24	
1993	576.20	5.2020	74.41	
1994	861.87	8.4370	111.53	
1995	835.10	8.9225	107.96	
1996	831.42	7.6352	107.51	
1997	828.98	6.8600	107.09	
1998	827.91	6.3488	106.88	
1999	827.83	7.2932	106.66	
2000	827.84	7.6864	106.18	
2001	827.70	6.8075	106.08	
2002	827.70	6.6237	106.07	800.58
2003	827.70	7.1466	106.24	936.13
2004	827.68	7.6552	106.23	1029.00
2005	819.17	7.4484	105.30	1019.53
2006	797.18	6.8570	102.62	1001.90
2007	760.40	6.4632	97.46	1041.75
2008	694.51	6.7427	89.19	1022.27
2009	683.10	7.2986	88.12	952.70
2010	676.95	7.7279	87.13	897.25
2011	634.52	8.1745	81.56	854.27

注：数据来源于国家外汇管理局。
a) Data from State Administration of Foreign Exchange.

7-9 历年外商和港澳台商直接投资情况
Foreign,Hong Kong, Macao and Taiwan's Direct Investments Over the years

单位：万美元 (USD 10 000)

年 份 Year	签订协议(合同) New Agerrment Signed		实际利用外资额 Actually Used Investment by forign Enterprise Used			
	个数 Number of Projects(unit)	金额 Value		#独资经营 Foreign Investment Enterprises	#合资经营 Joint Ventures Enterprises	#合作经营 Cooperative Operation Enterprises
1985	29	6870	565		541	24
1986	14	2724	605		542	63
1987	31	12562	467	31	244	192
1988	38	1986	6436		6268	168
1989	36	1681	4266	37	4199	30
1990	50	2107	1049	75	708	266
1991	154	12716	3791	294	3214	283
1992	1053	88327	10691	717	9655	319
1993	1727	157768	34197	5190	27338	1669
1994	1011	79168	42488	7168	32008	3312
1995	815	86748	47981	5064	42121	796
1996	478	92166	52566	7543	36831	8192
1997	423	86799	64735	14096	30159	20480
1998	353	57333	61794	6198	36356	19240
1999	264	61832	49527	8185	32317	9025
2000	237	69921	53999	4459	27292	6248
2001	224	62188	35861	9510	20685	5666
2002	290	101964	45165	9860	29592	5713
2003	324	182560	56149	16628	32970	5911
2004	478	205383	87367	39866	36071	11430
2005	472	235176	122960	48312	54698	10267
2006	497	336788	184526	89313	81926	8702
2007	516	483538	306162	150935	97847	18572
2008	364	604146	403266	203739	94822	14715
2009	274	492055	479858	284554	163957	27023
2010	362	578385	624670	366770	191196	58545
2011	355	767752	1008209	593537	322191	84563

7-10 外商和港澳台商在豫直接投资(2011年)

Direct Investment of Foreign, Hong Kong, Macao and Taiwan Businessmen in Henan(2011)

项　目	Item	新签协议 New Agreement Signed 合同个数(个) Number of Contracts (unit)	投资额(万美元) Investments Value (USD 10 000)	实际投资(万美元) Actually Investments (USD 10 000)
总　计	**Total**	**355**	**767752**	**1008209**
按登记注册类型分	**By Registration**			
#合资经营	Joint Ventures Enterprises	133	250852	322191
合作经营	Cooperative Operation Enterprises	27	58922	84563
独资	Foreign Investment Enterprises	195	445236	593537
股份有限公司	Foreign Investment Share Enterprises		12742	7918
按国民经济行业分	**By Sector**			
#农、林、牧、渔业	Farming, Forestry, Animal Husbandry and Fishery	16	24460	47254
采矿业	Mining	8	2247	37434
制造业	Manufacturing	204	501372	604452
电力、燃气及水的生产和供应业	Production and distribution of electricity,gas and water	9	32118	53061
建筑业	Construction	4	21233	17503
交通运输、仓储及邮政业	Traffic,transport, storage and post	7	11124	17330
信息传输、计算机服务和软件业	Information transfer, computer services and software	7	4835	6235
批发和零售业	Wholesale and retail trade	31	39926	54887
住宿和餐饮业	Accommodation and Restaurants	6	569	4973
房地产业	Real estate	7	52642	102534
租赁和商务服务业	Tenancy and business services	27	43964	35403
科学研究、技术服务和地质勘查业	Scientific Research, Technical Service and Geologic Perambulation	13	22056	10559
水利、环境和公共设施管理业	Management of Water Conservancy, Environment and Public Establishment	3	4804	9743
居民服务和其他服务业	Resident Services and Other Services	8	976	3811
卫生、社会保障和社会福利业	Sanitation, Social Security and Social Welfare	1	3650	700
文化、体育和娱乐业	Culture, Sports and Entertainment	4	483	2000
按地区、国别分	**by Country or Territory**			
香港	Hong Kong, China	194	501813	582918
台湾	Taiwan	37	52082	89600
加拿大	Canada	6	11231	16474
日本	Japan	12	13881	14794
英国	British	2	2777	2512
美国	America	13	26173	32206
新加坡	Singapore	5	23965	19961
德意志联邦共和国	Germany	2	446	10008
韩国	South Korea	8	8742	17742

7–11 各市外商和港澳台商在豫直接投资金额

Direct Investment by Foreign, Hong Kong, Macao and Taiwan in Henan by City

单位：万美元 (USD 10 000)

市 City	新签协议(合同)金额 Value of New Agreement (Contract) Signed		实际利用外资 Foreign Capital Actually Used	
	2010	2011	2010	2011
全 省 Total	**578385**	**767752**	**624669**	**1008209**
省 辖 市 City				
郑 州 市 Zhengzhou	191632	238133	190015	310000
开 封 市 Kaifeng	10698	26736	12882	23451
洛 阳 市 Luoyang	108888	146145	120475	176800
平 顶 山 市 Pingdingshan	10327	9281	16390	30768
安 阳 市 Anyang	12738	12568	14887	25838
鹤 壁 市 Hebi	18240	27117	22481	35903
新 乡 市 Xinxiang	21396	41370	32902	53056
焦 作 市 Jiaozuo	15458	27684	28832	48767
濮 阳 市 Puyang	8608	5884	9001	15748
许 昌 市 Xuchang	11565	23373	21277	35901
漯 河 市 Luohe	33266	62103	32315	42791
三 门 峡 市 Sanmenxia	24945	33467	39849	63149
南 阳 市 Nanyang	24359	27240	20111	34187
商 丘 市 Shangqiu	17488	15356	10385	16804
信 阳 市 Xinyang	14765	20246	16694	28673
周 口 市 Zhoukou	5995	17348	15763	28982
驻 马 店 市 Zhumadian	41620	22552	12550	22103
济 源 市 Jiyuan	6397	11149	7860	15288
省 直 管 县 Province Administrating County				
巩 义 市 Gongyi		9143		16013
兰 考 县 Lankao		6010		10
汝 州 市 Ruzhou		65		13789
滑 县 Huaxian		2950		2403
长 垣 县 Changyuan		4110		2905
邓 州 市 Dengzhou		1546		2800
永 城 市 Yongcheng		2400		1360
固 始 县 Gushi		327		2403
鹿 邑 县 Luyi		1695		3130
新 蔡 县 Xincai				178

7-12 外商和港澳台商投资企业(单位)注册登记情况
Registration Status of Foreign , Hong Kong, Macao and Taiwan Funded Enterprises

指 标	Item	2005	2010	2011
年底实有企业数(户)	**Number of Registered Enterprise in the Year-end (unit)**	**2877**	**2459**	**2467**
与外商和港澳台商合资经营	Joint Ventures Enterprises	1717	1251	1217
与外商和港澳台商合作经营	Cooperative Operation Enterprises	292	181	176
外商和港澳台商独资	Foreign Investment Enterprises	860	1006	1053
外商和港澳台商投资股份有限公司	Foreign Investment Share Enterprises	8	21	21
#已上市	Listed		10	10
投资总额(亿美元)	**Total Investments (100 million USD)**	**206.41**	**378.66**	**423.53**
注册资本(亿美元)	**Registered Capital (100 million USD)**	**112.29**	**205.35**	**225.22**
#外方	Capital Invested by Foreign Partner	75.34	148.66	162.62
本年登记企业数(户)	**Number of Registered Enterprise in the Year (unit)**	**420**	**252**	**215**
中外合资	Joint-venture Enterprises	212	91	84
中外合作	Cooperation Enterprises	39	19	20
外商独资	Enterprises with Sole Foreign Investment	169	142	110
中外股份公司	Share-holding Corporations			1
本年投资总额(万美元)	**Total Investments in the Year (USD 10 000)**	**401029**	**507457**	**456937**
本年注册资本(万美元)	**Registered Capital ih the Year(USD 10 000)**	**201757**	**269995**	**242843**
#外方	Capital Invested Foreign Partner	152789	225467	196297

7-13 外商和港澳台商投资企业登记注册情况(2011年)

项　目	Item	年末实有企业数(个) Real Number of Enterprises by the end of the year (unit)	#投资总额1000~5000万美元 Total Value of Investment from 10 to 50 million Dollars
总　计	**Total**	**2467**	**517**
按登记注册类型分	**By Registration**		
与外商和港澳台商合资经营	Joint Ventures Enterprises	1217	261
与外商和港澳台商合作经营	Cooperative Operation Enterprises	176	63
外商和港澳台商独资	Foreign Investment Enterprises	1053	185
外商和港澳台商投资股份有限公司	Foreign Investment Share Enterprises	21	8
#已上市	Listed	10	3
按国民经济行业分	**By Sector**		
农、林、牧、渔业	Farming, Forestry, Animal Husbandry and Fishery	78	19
采矿业	Mining	37	5
制造业	Manufacturing	1504	270
电力、燃气及水的生产和供应业	Production and distribution of electricity,gas and water	111	43
建筑业	Construction	60	17
交通运输、仓储及邮政业	Traffic,transport, storage and post	30	14
信息传输、计算机服务和软件业	Information transfer, computer services and software	36	2
批发和零售业	Wholesale and retail trade	88	25
住宿和餐饮业	Accommodation and Restaurants	63	9
金融业	Finance	5	
房地产业	Real estate	204	54
租赁和商务服务业	Tenancy and business services	102	23
科学研究、技术服务和地质勘查业	Scientific Research, Technical Service and Geologic Perambulation	81	22
水利、环境和公共设施管理业	Management of Water Conservancy, Environment and Public Establishment	16	7
居民服务和其他服务业	Resident Services and Other Services	27	3
教育	Education		
卫生、社会保障和社会福利业	Sanitation, Social Security and Social Welfare	7	2
文化、体育和娱乐业	Culture, Sports and Entertainment	12	2
其他各类行业	Other Sectors	6	
按地区、国别分	**by Country or Territory**		
香港	Hong Kong, China	1047	291
澳门	Macao, China	39	13
台湾	Taiwan	249	15
日本	Japan	122	16
新加坡	Singapore	71	18
韩国	South Korea	73	5
泰国	Thailand	23	4
英国	British	37	9
德国	Federal Republic of Germany	25	4
意大利	Italy	15	3
加拿大	Canada	70	8
美国	United States	237	27
澳大利亚	Australia	51	6
其他	Others	408	98

注：累计注销企业数按登记注册类型分中不含其它企业；按地区、国别分中不含分支机构。

a) Data on Accumulative total of deregistered enterprises according to the cancellation of registration exclud other types of business, According to the region, excluding the country of branches.

Registration Status of Foreign , Hong Kong, Macao and Taiwan Funded Enterprises (2011)

#投资总额 5000万 美元以上 Total Value of Investment above 50 million Dollars	年末实有企业 投资总额 (万美元) Realized Investment in the year-end (USD 10 000)	本年登记 企业数 (个) Registered Enterprises in the year (unit)	本年注册企业 投资总额 (万美元) Total Value of Investment by Registered Enterprises This Year (USD 10 000)	累计注销 企业数 (个) Accumulative total of deregistered enterprises (unit)
193	**4235283**	**215**	**456937**	**4895**
78	1959209	84	151588	1016
24	418148	20	87148	91
79	1710578	110	212519	2322
12	147348	1	5682	1466
7	74345			
3	83646	11	16456	42
7	86676			16
95	2016629	96	199058	875
25	741661	6	21504	28
1	60221	3	3780	55
6	94768	6	23743	204
2	66465	5	2145	2856
5	215372	37	99532	248
3	60943	5	10315	51
	2435	3	2035	3
21	387981	2	4494	106
12	151815	16	25794	197
8	133429	18	35475	26
2	32787	1	1185	15
1	24695	1	5000	33
				4
1	10186	1	5000	5
	4737	4	1422	26
1	60838			105
120	2526178	104	310477	469
3	75305	2	336	7
2	90960	22	12544	156
5	105567	8	18467	46
6	128170	2	2558	18
5	52017	8	10236	7
3	37135	2	7638	18
	22407	4	5596	22
1	23355	1	484	10
	8606			5
2	42681	4	2124	19
8	185698	11	12307	107
1	32462	7	8414	7
37	904742	40	65757	394

7-14 外商和港澳台商在豫直接投资企业经营情况（2011年）

单位：万元

指 标	Item	资产总额 Total Assets	所有者权益 Creditors' Equities
合 计	**Total**	**17898573**	**38311978**
按登记注册类型分	**By Registration**		
港澳台商投资企业	Enterprises with funds from Hong Kong, Macao and Taiwan	6456924	15965048
合资经营	Joint Ventures Enterprises	3349170	10451320
合作经营	Cooperative Operation Enterprises	613161	741712
港澳台商独资	Foreign Investment Enterprises	1900432	2571036
股份有限公司	Foreign Investment Share Enterprises	594161	2200980
外商投资经济	Enterprises with funds from foreign	11441649	22346931
合资经营	Joint Ventures Enterprises	5556666	14161881
合作经营	Cooperative Operation Enterprises	453791	913058
外商独资	Foreign Investment Enterprises	5188520	6668723
股份有限公司	Foreign Investment Share Enterprises	242673	603269
按国民经济行业分组	**By Sector**		
农、林、牧、渔业	Farming, Forestry, Animal Husbandry and Fishery	98295	137048
采矿业	Mining	1344498	1979260
制造业	Manufacturing	10025538	27023884
电力、燃气及水的生产和供应业	Production and distribution of electricity,gas and water	1571449	3690008
建筑业	Construction	63325	92309
交通运输、仓储及邮政业	Traffic,transport, storage and post	237305	95573
信息传输、计算机服务和软件业	Information transfer, computer services and software	2845849	3008094
批发和零售业	Wholesale and retail trade	59579	1509113
住宿和餐饮业	Accommodation and Restaurants	93387	176781
金融业	Finance		
房地产业	Real estate	1332528	510926
租赁和商务服务业	Tenancy and business services	145882	30258
科学研究、技术服务和地质勘查业	Scientific Research, Technical Service and Geologic Perambulation	36170	30080
水利、环境和公共设施管理业	Management of Water Conservancy, Environment and Public Establishment	34833	11844
居民服务和其他服务业	Resident Services and Other Services	6564	12587
教育	Education		
卫生、社会保障和社会福利业	Sanitation, Social Security and Social Welfare	2932	2291
文化、体育和娱乐业	Culture, Sports and Entertainment	439	1922
按地区、国别分	**by Country or Territory**		
香 港	Hong Kong, China	6498779	16285520
日 本	Japan	525542	1466764
澳 门	Macao, China	95256	39373
新 加 坡	Singapore	716938	2188321
韩 国	Corea	65046	399781
泰 国	Thailand	259525	479405
台 湾	Taiwan	422198	1222262
英 国	England	1258247	2540308
德 国	Federal Republic of Germany	30577	117601
加 拿 大	Canada	324681	615665
美 国	United States	3451593	4902714
澳大利亚	Australia	701514	561566
其 他	Others	3548679	7492698

Business Status of Enterprises Directly Invest in Henan from Foreign, Hong Kong, Macao and Taiwan (2011)

(10 000 yuan)

主营业务收入 Revenue from Principal Business	主营业务成本 Cost of Pricipal Business	主营业务利润 Profits of Pricipal Business	营业利润 Profits of Business	利润总额 Total Profits	期末从业人员(人) Employed Persons (person)
38311978	**32241228**	**5753086**	**2040483**	**2095141**	**523946**
15965048	14233511	1635238	497373	574033	298368
10451320	9475197	917047	257250	323355	227243
741712	595141	137735	51181	54092	8421
2571036	2109774	434711	151914	159640	52690
2200980	2053399	145745	37028	36946	10014
22346931	18007717	4117848	1543110	1521108	225578
14161881	12270111	1784056	725143	784338	133325
913058	749096	161531	110428	31444	9031
6668723	4478060	2081183	663397	656333	74413
603269	510449	91077	44143	48993	8809
137048	84044	52997	38726	39752	2329
1979260	1432969	521173	294691	324402	33634
27023884	23994582	2913488	870836	868750	396731
3690008	3600807	76673			22495
92309	77759	12275	4178	3922	2471
95573	66232	25978		176	2449
3008094	1184694	1728773	847950	831800	31068
1509113	1355675	147912	84486	87663	11268
176781	61285	105415	12838	11747	11689
510926	333807	132614	18760	24254	5629
30258	5264	23308	8052	7854	827
30080	22360	6934	4492	4472	573
11844	9436	1842		261	540
12587	9007	2960			1530
2291	2199	93			292
1922	1107	652			421
16285520	14643986	1553309	380497	401809	275556
1466764	1256505	176008	53368	55735	15088
39373	24123	13098	4324	5208	1332
2188321	1872497	312483	159345	164401	18496
399781	370591	29049	13061	14211	4327
479405	409482	64545	23988	17692	9221
1222262	991760	220223	112376	115063	20322
2540308	2210758	316190	180227	191378	21039
117601	95479	21523	5807	7695	2878
615665	525002	88619	49371	51124	7591
4902714	2898260	1892824	902455	891911	55095
561566	521645	38277			7916
7492698	6421140	1026939	460094	482652	85085

7-15 各市外商和港澳台商投资企业登记注册情况(2011年)
Registration Status of Foreign , Hong Kong, Macao and Taiwan Funded Enterprises by City (2011)

市 City	年末实有企业数(个) Real Number of Enterprises by the end of the year (unit)	#投资总额1000~5000万美元 Total Value of Investment from 10 to 50 million Dollars	#投资总额5000万美元以上 Total Value of Investment above 50 million Dollars	年末实有企业投资总额(万美元) Realized Investment in the year-end (USD 10 000)	本年登记企业数(个) Registered Enterprises in the year (unit)	本年注册企业投资总额(万美元) Total Value of Investment by Registered Enterprises This Year (USD 10 000)	累计注销企业数(个) Accumulative total of deregistered enterprises (unit)	本年注销企业数(个) Number of Cancelled Enterprises This Year (unit)
全　省 Total	**2467**	**517**	**193**	**4235283**	**215**	**456937**	**4895**	**216**
河南省(省级) Provincial	**242**	**68**	**40**	**1140688**	**11**	**70381**	**361**	**10**
郑州市 Zhengzhou	584	101	46	963119	57	55585	895	53
开封市 Kaifeng	87	16	3	86324	12	36779	268	11
洛阳市 Luoyang	170	42	16	283784	21	50327	378	28
平顶山市 Pingdingshan	65	18	7	173524	5	10288	229	11
安阳市 Anyang	68	14	10	129468	6	14677	184	3
鹤壁市 Hebi	64	13	4	76625	3	6389	65	5
新乡市 Xinxiang	183	40	5	152991	13	33059	298	31
焦作市 Jiaozuo	117	21	10	165899	7	25309	295	11
濮阳市 Puyang	73	15	3	61133	3	2520	203	12
许昌市 Xuchang	99	17	3	93746	9	35563	180	4
漯河市 Luohe	82	16	7	176994	8	15511	104	5
三门峡市 Sanmenxia	49	7	14	170837	6	35985	336	14
南阳市 Nanyang	209	50	5	158076	15	7307	202	16
商丘市 Shangqiu	69	12	5	81341	10	16932	273	2
信阳市 Xinyang	118	26	6	133877	13	18544	245	
周口市 Zhoukou	57	12	1	44740	4	895	333	
驻马店市 Zhumadian	105	21	7	104166	8	16030	14	
济源市 Jiyuan	26	8	1	37950	3	4856	32	

7-16 对外国和港澳台地区投资

Investment to Foreign, Hong Kong, Macao and Taiwan

项 目	Item	2005	2007	2008	2009	2010	2011
新签协议(合同)个数(个)	Number of New Agreements (Contracts) Signed (unit)	33	35	38	72	62	83
中方新签协议(合同)	Investments of New Agreement (Contract)						
投资额(万美元)	Signed by China (USD 10 000)	3491	14454	18813	37086	53132	92823
中方实际投资(万美元)	Actually Investments by China (USD 10 000)	8538	7036	13128	12075	11864	30171
年末已建成投产(开业)	Number of Business Completed and						
企业数(个)	Put into Use in the Year-end (unit)	157	200	230	253	288	295

7-17 对外承包工程和劳务合作

Contracted Projects and Labor Cooperation with Foreign Countries or Regions

指 标	Item	2005	2007	2008	2009	2010	2011
签订合同数(个)	Number of Contracts Signed (unit)	171	180	345	911	860	241
签订合同金额(万美元)	Contracted Value (USD 10 000)	65855	104179	137256	170031	252599	293368
营业额(万美元)	Value of Business (USD 10 000)	49929	100345	127702	178978	232269	319937
派出人员(人次)	Person Send Abroad (person-times)	10496	18852	22183	22961	32350	32001
年底在外人员(人)	Number of Abroad Person at Year-end (person)	15807	28526	35471	42572	56251	68948

7-18 河南与国外结成友好城市一览表

List of Foreign Sister Cities With HeNan

友好城市 Sister City	国　别 Country of Origin	缔结时间 Time of Conclusion
河南省		
堪萨斯州	美国	1981年5月
三重县	日本	1986年11月
瓦隆地区	比利时	1988年4月
普利亚大区	意大利	1988年6月
索恩.卢瓦尔省	法国	1990年10月
布勒伊拉县	罗马尼亚	1993年9月
马尼托巴省	加拿大	1994年11月
庆尚北道	韩国	1995年10月
萨马拉州	俄罗斯	1997年3月
大阿尔及尔省	阿尔及利亚	1998年4月
同塔省	越南	1998年7月
蒂罗尔州	奥地利	1999年11月
奥罗莫州	埃塞俄比亚	2000年9月
春武里府	泰国	2001年6月
圣卡塔林纳州	巴西	2002年4月
科马隆州	匈牙利	2002年8月
莫吉廖夫州	白俄罗斯	2004年8月
伊达尔戈州	墨西哥	2005年5月
恩特雷里奥斯省	阿根廷	2005年5月
东芬兰省	芬兰	2005年8月
玻利瓦尔州	委内瑞拉	2006年8月
科金博区	智利	2007年11月
法尤姆省	埃及	2007年11月
西北省	南非	2008年4月
纽卡斯尔市	英国	2008年9月
卢布林省	波兰	2008年9月
梅克伦堡-前波莫瑞州	德国	2009年7月
马格尼西亚省	希腊	2009年10月
哈瓦那市	古巴	2009年7月
林波波省	南非	2011年6月
打拉省	菲律宾	2011年9月
马鲁古省	印度尼西亚	2011年9月
郑州市		
埼玉市	日本	1981年10月
里士满市	美国	1994年9月
克卢日.纳波卡市	罗马尼亚	1995年5月
晋州市	韩国	2000年7月
马林塔尔市	纳米比亚	2001年8月
伊尔比德市	约旦	2002年4月
萨马拉市	俄罗斯	2002年4月
若茵维莱市	巴西	2003年11月
什未林市	德国	2006年4月
舒门市	保加利亚	2007年4月
开封市		
户田市	日本	1984年8月
威奇托市	美国	1985年12月
永川市	韩国	2005年6月
温格卡瑞比郡	澳大利亚	2007年10月
鄂木斯克市	俄罗斯	2009年8月
洛阳市		
冈山市	日本	1981年4月
图尔市	法国	1982年12月
普罗夫迪夫市	保加利亚	1994年8月
拉克罗斯市	美国	1997年10月
陶里亚蒂市	俄罗斯	2000年4月
平顶山市		
安东市	韩国	1997年4月
塞兹兰市	俄罗斯	2000年11月
圣路易斯.里约.科罗拉多市	墨西哥	2009年11月
坎布里乌市	巴西	2011年11月
安阳市		
斯哈尔贝克市	比利时	1985年9月
草加市	日本	1998年11月
莱桥市	加拿大	2005年5月
纳库鲁市	肯尼亚	2006年9月
新乡市		
柏原市	日本	1990年9月
伊塔亚伊市	巴西	2008年11月
焦作市		
热伊勒地区	吉尔吉斯斯坦	2001年4月
帕辽沙市	巴西	2007年9月
卢布林市	波兰	2010年
濮阳市		
阿什伯顿市	新西兰	2000年9月
楚河区	吉尔吉斯斯坦	2008年5月
许昌市		
博灵布鲁克市	美国	2005年5月
基涅利市	俄罗斯	2007年9月
漯河市		
伊普斯威奇市	英国	2008年3月
三门峡市		
北上市	日本	1985年5月
墨累桥市	澳大利亚	1994年4月
索尔诺克市	匈牙利	2009年9月
东豆川市	韩国	2011年5月
南阳市		
南阳市	日本	1988年10月
加特市	以色列	1995年11月
信阳市		
阿什凯隆市	以色列	1995年6月
周口市		
彼得罗巴甫洛夫斯克市	哈萨克斯坦	1994年10月
驻马店市		
梅杰迪亚市	罗马尼亚	2002年9月
济源市		
新座市	日本	2003年2月
禹州市		
山清郡	韩国	2009年5月
信阳市浉河区		
新见市	日本	1992年4月

7-19 各市利用省外资金情况

Direct Investment by Other Provinces in Henan By City

单位：亿元 (100 million yuan)

市 City	新签协议(合同)金额 Value of New Agreement (Contract) Signed		实际利用省外资金 Foreign Capital Actually Used	
	2010	2011	2010	2011
全 省 Total	**7100.1**	**10623.4**	**2743.4**	**4016.3**
省 辖 市 City				
郑 州 市 Zhengzhou	813.6	881.6	318.8	473.0
开 封 市 Kaifeng	534.4	757.3	177.6	261.7
洛 阳 市 Luoyang	592.1	1242.7	220.0	325.4
平 顶 山 市 Pingdingshan	386.9	905.8	171.2	246.4
安 阳 市 Anyang	694.5	889.1	205.5	302.3
鹤 壁 市 Hebi	143.4	367.7	90.1	130.4
新 乡 市 Xinxiang	273.1	366.1	195.2	286.5
焦 作 市 Jiaozuo	467.9	562.6	191.7	282.8
濮 阳 市 Puyang	99.9	335.5	61.2	88.6
许 昌 市 Xuchang	263.7	517.8	142.1	207.7
漯 河 市 Luohe	158.9	215.3	78.0	111.8
三 门 峡 市 Sanmenxia	438.3	300.8	114.4	167.0
南 阳 市 Nanyang	708.8	797.6	168.5	246.6
商 丘 市 Shangqiu	371.5	409.1	200.5	294.7
信 阳 市 Xinyang	357.3	867.2	81.3	120.1
周 口 市 Zhoukou	287.7	429.3	175.9	255.6
驻 马 店 市 Zhumadian	395.2	402.7	89.2	126.4
济 源 市 Jiyuan	112.9	375.3	62.2	89.3
省 直 管 县 Province Administrating County				
巩 义 市 Gongyi		51.0		36.2
兰 考 县 Lankao		51.0		30.7
汝 州 市 Ruzhou		144.9		33.9
滑 县 Huaxian		64.3		30.8
长 垣 县 Changyuan		25.3		22.9
邓 州 市 Dengzhou		85.8		24.0
永 城 市 Yongcheng		75.3		29.4
固 始 县 Gushi		153.7		16.1
鹿 邑 县 Luyi		32.3		30.2
新 蔡 县 Xincai		28.5		10.3

7-20 旅游事业基本情况
Basic Condition of International Tourism

项 目	Item	2005	2010	2011
旅游设施	**Tourist Facilities**			
饭店(个)	Number of Tourist Hotel (unit)	360	502	503
床位(万张)	Number of Bed (10 000 units)	10.29	11.21	11.25
接待入境游客人数	**Number of International Tourists**			
(万人次)	**Received (10 000 person-times)**	**60.05**	**146.84**	**168.29**
外国人	Foreigner	34.73	96.09	104.29
香港同胞	Compatriots from Hongkong	10.30	17.91	23.40
澳门同胞	Compatriots from Macao	4.65	8.07	10.00
台湾同胞	Compatriots from Taiwan	10.37	24.77	30.16
旅游创汇收入	**Income of International Tourists**			
(万美元)	**Received (USD 10 000)**	**21604**	**49877**	**54902**

注：1.本表接待入境旅游者人数包括不过夜人数(下表同)。
2.旅游创汇收入为旅游部门抽样调查数。
3.饭店和床位为星级饭店年报数据。
a)Number of international tourists received exclude persons who didn't stay for night. (The following table is the same).
b)Data on the income of international tourists received are obtained from sample surry by tourism administration.
c)Numbers of Hotels and Beds were Obtained from Stara-Ranked Hotels Annual Report.

7-21 各市入境旅游情况(2011年)
Basic Condition of International Tourism by City (2011)

市	City	星级饭店数(个) Total Number of Star-rated Hotel (unit)	接待入境游客人数(万人次) Number of International Tourists Received (10 0000person-times)	#外国人 Foreigner	旅游创汇收入(万美元) Income of International Tourists Received (USD 10 000)
全省	**Total**	**503**	**168.29**	**104.29**	**54902**
省辖市	**City**				
郑州市	Zhengzhou	104	38.40	21.39	14760
开封市	Kaifeng	22	22.61	11.60	6257
洛阳市	Luoyang	59	53.00	40.00	15526
平顶山市	Pingdingshan	34	2.06	1.13	634
安阳市	Anyang	18	6.06	5.31	2083
鹤壁市	Hebi	12	0.70	0.11	202
新乡市	Xinxiang	20	3.53	3.00	809
焦作市	Jiaozuo	28	25.84	15.29	9479
濮阳市	Puyang	14	1.62	1.47	652
许昌市	Xuchang	19	1.05	0.54	329
漯河市	Luohe	9	0.74	0.39	291
三门峡市	Sanmenxia	24	4.60	1.07	836
南阳市	Nanyang	42	1.42	0.23	640
商丘市	Shangqiu	13	0.96	0.13	267
信阳市	Xinyang	29	0.91	0.26	359
周口市	Zhoukou	26	2.21	1.11	686
驻马店市	Zhumadian	25	1.57	0.68	850
济源市	Jiyuan	5	1.01	0.60	242

7-22 接待国内游客人数和收入

Number and Income of Civil Tourists Received

本表为抽样调查数。
Date in this table are obtained from the Sample Survey.

项目	Item	2010	省内游客 Local Tourists	省外游客 Non-local Tourists	2011	省内游客 Local Tourists	省外游客 Non-local Tourists
接待国内游客人数（万人次）	Number of Civil Tourists Received (10 000 person-times)	25845	16758	9087	30599	21738	8861
#一日游	Number of One Day Tour	6679	4331	2348	11162	7930	3232
接待国内游客收入（亿元）	Income of Civil Tourists Received (100 million yuan)	2294	1487	807	2766	1965	801

7-23 各市国内旅游基本情况（2011年）

Basic statistics of internal-tour by City (2011)

市	City	总人次数(万人次) Number of person-time (10 000 person-times)	总花费(亿元) Total Cost (100 million yuan)	人均花费(元) Per capita Cost (yuan)
郑州市	Zhengzhou	8014.81	696.36	948.92
开封市	Kaifeng	2698.60	215.30	797.82
洛阳市	Luoyang	4782.29	455.36	1021.53
平顶山市	Pingdingshan	1069.87	84.83	792.88
安阳市	Anyang	1641.49	127.24	775.17
鹤壁市	Hebi	487.25	28.54	585.67
新乡市	Xinxiang	1643.35	97.02	590.39
焦作市	Jiaozuo	2311.73	154.47	668.21
濮阳市	Puyang	929.10	63.52	683.70
许昌市	Xuchang	734.01	39.28	535.21
漯河市	Luohe	490.27	29.83	608.51
三门峡市	Sanmenxia	1727.70	96.61	559.18
南阳市	Nanyang	1449.81	100.91	695.99
商丘市	Shangqiu	951.76	53.41	561.21
信阳市	Xinyang	1502.06	75.32	501.45
周口市	Zhoukou	824.15	49.92	605.67
驻马店市	Zhumadian	987.34	55.04	557.45
济源市	Jiyuan	454.34	19.78	435.36

主要统计指标解释

进出口总额 海关进出口总额指实际进出我国国境的货物总金额。包括对外贸易实际进出口货物，来料加工装配进出口货物，国家间、联合国及国际组织无偿援助物资和赠送品，华侨、港澳台同胞和外籍华人捐赠品，租赁期满归承租人所有的租赁货物，进料加工进出口货物，边境地方贸易及边境地区小额贸易进出口货物(边民互市贸易除外)，中外合资企业、中外合作经营企业、外商独资经营企业进出口货物和公用物品，到、离岸价格在规定限额以上的进出口货样和广告品(无商业价值、无使用价值和免费提供出口的除外)，从保税仓库提取在中国境内销售的进口货物，以及其他进出口货物。进出口总额用以观察一个国家在对外贸易方面的总规模。我国规定出口货物按离岸价格统计，进口货物按到岸价格统计。

利用外资 指我国各级政府、部门、企业和其他经济组织通过对外借款、吸收外商直接投资以及用其他方式筹措的境外现汇、设备、技术等。

外商直接投资 指外国企业和经济组织或个人(包括华侨、港澳台胞以及我国在境外注册的企业)按我国有关政策、法规，用现汇、实物、技术等在我国境内开办外商独资企业、与我国境内的企业或经济组织共同举办中外合资经营企业、合作经营企业或合作开发资源的投资(包括外商投资收益的再投资)，以及经政府有关部门批准的项目投资总额内企业从境外借入的资金。

外商其他投资 指除对外借款和外商直接投资以外的各种利用外资的形式。包括企业在境内外股票市场公开发行的以外币计价的股票（目前主要是在香港证券市场发行的H股和在境内证券市场发行的B股）发行价总额，国际租赁进口设备的应付款，补偿贸易中外商提供的进口设备、技术、物料的价款，加工装配贸易中外商提供的进口设备、物料的价款。

对外承包工程 指各对外承包公司以招标议标承包方式承揽的下列业务：⑴承包国外工程建设项目，⑵承包我国对外经援项目，⑶承包我国驻外机构的工程建设项目，⑷承包我国境内利用外资进行建设的工程项目，⑸与外国承包公司合营或联合承包工程项目时我国公司分包部分，⑹对外承包兼营的房屋开发业务。对外承包工程的营业额是以货币表现的本期内完成的对外承包工程的工作量，包括以前年度签订的合同和本年度新签订的合同在报告期内完成的工作量。

对外劳务合作 指以收取工资的形式向业主或承包商提供技术和劳动服务的活动。我国对外承包公司在境外开办的合营企业，中国公司同时又提供劳务的，其劳务部分也纳入劳务合作统计。劳务合作营业额按报告期内向雇主提交的结算数(包括工资、加班费和奖金等)统计。

旅游人数

(1)入境旅游人数：指报告期内来我国观光、度假、探亲访友、就医疗养、购物、参加会议或从事经济、文化、体育、宗教活动的外国人、港澳台同胞等入境游客。统计时，外国人、港澳台同胞每入境一次统计1人次。

(2)出境人数：指中国（大陆）居民因公或因私出境前往其他国家、中国香港特别行政区、澳门特别行政区和台湾省观光、度假、探亲访友、就医疗养、购物、参加会议或从事经济、文化、体育、宗教活动的人数，即出境游客。统计时，按每出境一次统计1人次。

(3)国内旅游人数：指在报告期内在中国（大陆）观光游览、度假、探亲访友、就医疗养、购物、参加会议或从事经济、文化、体育、宗教活动的中国（大陆）居民人数，其出游的目的不是通过所从事的活动谋取报酬。统计时，国内游客按每出游一次统计1人次。

国际旅游(外汇)收入 指入境游客在中国（大陆）境内旅行、游览过程中用于交通、参观游览、住宿、餐饮、购物、娱乐等全部花费。

国内旅游收入 指国内游客在国内旅行、游览过程中用于交通、参观游览、住宿、餐饮、购物、娱乐等全部花费。

星级饭店 指设备、设施、服务符合《旅游饭店星级的划分与评定》(GB/T14308-2003)，通过相关旅游管理部门评定，并取得星级饭店称号的饭店（含预备星级饭店）。

Explanatory Notes on Main Statistical Indicators

Total Imports and Exports at Customs refer to the value of commodities imported into and exported from the boundary of China. They include the actual imports and exports through foreign trade, imported and exported goods under the processing and assembling trades and materials, supplies and gifts as aid given gratis between governments and by the United Nations and other international organizations, and contributions donated by overseas Chinese, compatriots in Hong Kong and Macao and Chinese with foreign citizenship, leasing commodities owned by tenant at the expiration of leasing period, the imported and exported commodities processed with imported materials, commodities trading in border areas(excluding mutual exchange goods), the imported and exported commodities and articles for public use of the Sino-foreign joint ventures, cooperative enterprises and ventures exclusively with foreign own investment. Also included are import or export of samples and advertising goods for whose CIF or FOB value are beyond the permitted ceiling (excluding goods of no trading or use value and free commodities for export), imported goods sold in China from bonded warehouses and other imported or exported goods. The indicator of the total imports and exports at customs can be used to observe the total size of external trade in a country. In accordance with the stipulation of the Chinese government, imports are calculated at CIF, while exports are calculated at FOB

Utilization of Foreign Capital refers to remittance, equipment and technology financed from abroad, by loans, foreign direct investment and other forms undertaken by the Chinese governments at all levels, by various departments, enterprises and other economic units.

Direct Investment by Foreign Entrepreneurs refers to the investments inside China by foreign enterprises and economic organizations or individuals (including overseas Chinese, compatriots from Hong Kong and Macao, and Chinese enterprises registered abroad), following the relevant policies and laws of China, for the establishment of ventures exclusively with foreign own investment, Sino-foreign joint ventures and cooperative enterprises or for co-operative exploration of resources with enterprises or economic organizations in China. It includes the re investment of the foreign entrepreneurs with the profits gained from the investment and the funds that enterprises borrow from abroad in the total investment of projects which are approved by the relevant department of the government.

Other Investment by Foreign Entrepreneurs refers to all forms of utilization of foreign capitals other than foreign borrowings and foreign direct investment. It includes the total value of stock shares in foreign currencies issued by enterprises at domestic or foreign stock exchanges (now mainly consisting of H shares issued at Hong Kong Security Market and B shares issued at domestic security markets), rent payable for the imported equipment through international leasing arrangement, cost of imported equipment, technology and materials provided by foreign counterparts in compensation trade and processing and assembly trade.

Contracted Projects with Foreign Countries refer to projects undertaken by Chinese contractors (project contracting companies) through bidding process. They include: (1) overseas civil engineering construction projects financed by foreign investors; (2) overseas projects financed by the Chinese government through its foreign aid programs; (3) construction projects of Chinese diplomatic missions, trade offices and other institutions stationed abroad; (4) construction projects in China financed by foreign investment; (5)sub-contracted projects to be taken by Chinese contractors through a joint umbrella project with foreign contractor's); (6)housing development projects. The business income from international contracted projects is the work volume of contracted projects completed during the reference period, expressed in monetary terms, including completed work on projects signed in previous years.

Service Cooperation with Foreign Countries refers to the activities of providing technology and labor services to employers or contractors in the forms of receiving salaries and wages. Labor services providing by contractual joint ventures of Chinese international contracting corporations should be included in the statistics of service co-operation with foreign countries. The business income of labor service co-operation is the income in the form of wages and salaries, overtime pay, bonuses and other remuneration received from the employers during the reference period.

Number of Tourists

(1) Visitor arrivals refer to the number of foreigners, Chinese compatriots from Hong Kong, Macao and Taiwan Chinese (mainland) who come to China (mainland) for sight-seeing, vacation, visiting relatives, medical treatment, shopping, attending conference, or to engage in economic, cultural, sports and religious activities. In compiling statistics, each time of entering China is counted as one person-time.

(2) Number of Chinese residents going abroad refer to the number of Chinese (mainland) residents going to other countries, Hong Kong Special Administrative region, Macao Special Administrative region and Taiwan for on official or private purposes, for sight-seeing, vacation, visiting relatives, medical treatment, shopping, attending conference, or to engage in economic, cultural, sports and religious activities. In compiling statistics, each time of leaving is counted as one person-time.

(3) Number of domestic tourists refers to the number Of Chinese (mainland) residents who travel within China (mainland) for sight-seeing, vacation, visiting relatives, medical treatment, shopping, attending conference, or to engage in economic, cultural, sports and religious activities. In compiling statistics, each time of traveling is counted as one person-time.

Foreign Exchange Earnings from International Tourism refer to the total expenditure of foreigners, overseas Chinese, Chinese compatriots from Hong Kong, Macao and Taiwan during their stay in the mainland of China on transportation, sighting, accommodation, food, shopping and entertainment.

Income from Domestic Tourism refer to expenditure of domestic tourists on transportation, sighting, accommodation, food, shopping and entertainment while they travel.

Star-rated Hotels refer to hotels rated with stars as assessed by the relevant tourism authorities according to GB/T14308-2003 standard with reference to their infrastructure, facilities and service levels.

能源
Energy Sources

● 资料整理：陈向真

简要说明

一、主要内容

本篇包括能源生产、消费及品种构成，能源生产和消费弹性系数、能源加工转换效率、单位能耗、规模以上工业分行业主要能源品种的购进、消费及库存，主要耗能工业企业单位产品能源消耗，公路运输能源消耗、水资源消耗和电力消耗等资料。

二、统计范围

能源统计范围为全社会。单位工业增加值能耗的统计范围是规模以上工业法人企业(年主营业收入达到2000万元及以上)。能源加工转换效率表中，电力折算标准煤系数采用当量值计算，每千瓦小时折0.1229千克标准煤。

三、资料来源

能源生产总量及构成数据来自工业产品产量统计，一次能源生产量与工业统计数字一致。其他表的数据均来自历年能源平衡表以及规模以上工业企业购进、消费、库存统计年报。能源生产与消费弹性系数分别以能源生产、消费增长速度与国内生产总值增长速度相比求得。由河南省统计局能源统计处编辑整理。公路运输能源消耗资料由河南省地方经济社会调查队服务业调查处编辑整理。

Brief Introduction

I. Main Contents

Data in this chapter cover mainly energy production, consumption, and composition; elasticity ratio of energy production and consumption; efficiency of energy processing and conversion; energy consumption per unit; Purchase, consumption and Stock of enterprises above designated size by sector. Energy consumption per unit of product, Energy consumption of highways, consumption of water and electric.

II. Scope of Statistics

The scope of data in this chapter is the whole province. The scope of data on energy consumption per unit of added-value of industrial is enterprises above designated size (Main business income over 20 million yuan). In the table on the efficiency of energy conversion, the coefficient for the conversion of electric power into standard coal equivalent. One kilowatt is equal to 0.1229kg SCE.

III. Sources of Data

Data on total energy production are calculated on the basis of statistics on output of industrial products. The data on production of primary energy are the same as the corresponding data on industrial statistics. Data in other table come from the energy balance sheets and annual report on energy consumed by industrial enterprises above designated size. The elasticity ratio of energy production is calculated as the quotient of the growth rate of energy production divided by the growth rate of GDP; and the elasticity ratio of energy consumption is calculated as the quotient of the growth rate of energy consumption divided by the growth rate of GDP. Data on Energy consumption of highways are provided by Henan provincial survey organizations of social and economy, and other data in this chapter are provided by Department of Energy of the Henan provincial Bureau of Statistics.

8-1 历年能源生产总量及构成

Total Production of Energy and Its Composition over the Year

年份 Year	能源生产总量 (万吨标准煤) Total Energy Production (10 000 tons of SCE)	占能源生产总量的比重(%) As Percentage of Total Energy Production			
		原煤 Coal	原油 Crude Oil	天然气 Natural Gas	水电 Electricity
1978	4434	93.7	5.4		0.9
1979	4536	91.9	7.1		1.0
1980	4402	91.3	7.5	0.1	1.1
1981	4760	87.4	11.1	0.5	1.0
1982	4998	85.3	12.8	0.7	1.2
1983	5456	83.8	14.1	0.9	1.2
1984	5981	82.8	15.3	0.9	1
1985	6909	81.5	16.4	1.2	0.9
1986	7261	80.3	17.3	1.6	0.8
1987	7361	79.3	18.1	1.9	0.7
1988	7624	78.6	18.3	2.3	0.8
1989	8031	80.0	17.0	2.2	0.8
1990	8071	81.3	15.6	2.3	0.8
1991	7999	81.9	15.2	2.2	0.7
1992	8058	82.8	14.4	2.1	0.7
1993	8037	83.7	13.6	1.9	0.8
1994	8085	85.0	12.1	2.0	0.9
1995	8454	87.5	10.2	1.6	0.7
1996	8757	88.1	9.6	1.6	0.7
1997	8558	87.9	9.8	1.7	0.6
1998	8080	87.4	10.4	2.0	0.2
1999	6947	85.6	11.6	2.5	0.3
2000	6591	83.7	12.2	2.8	1.4
2001	7238	84.0	11.2	2.9	1.9
2002	8321	85.2	9.8	2.8	2.3
2003	10634	88.3	7.4	2.3	2.0
2004	13079	90.4	5.7	1.7	2.2
2005	14522	91.3	5.0	1.8	1.9
2006	15002	91.7	4.7	1.7	2.0
2007	14604	91.8	4.8	1.4	2.0
2008	15487	92.6	4.4	1.2	1.8
2009	17002	93.4	4.0	0.8	1.8
2010	18672	92.7	3.8	0.5	3.0
2011	18298	92.3	3.8	0.4	3.6

注：电力折算标准煤数根据当年平均发电煤耗计算。
a)Data of Electricity is calculated by Average consume of coal on Power.

8-2 历年能源消耗总量及构成

Total Consumption of Energy and Its Composition over the Year

年 份 Year	能源消耗总量 (万吨标准煤) Total Energy Consumption (10 000 tons of SCE)	占能源消耗总量的比重 (%) As Percentage of Total Energy Consumption			
		煤炭 Coal	石 油 Crude Oil	天然气 Natural Gas	水电 Hydropower
1978	3353	92.3	6.8		0.9
1979	3228	92.1	6.9		1.0
1980	3389	91.6	7.0	0.2	1.2
1981	3612	91.3	6.9	0.6	1.2
1982	3560	91.1	6.5	0.9	1.5
1983	4035	90.9	6.5	1.1	1.5
1984	4474	91.0	6.5	1.2	1.3
1985	4618	89.9	7.0	1.8	1.3
1986	4709	88.3	8.4	2.2	1.1
1987	5006	88.4	8.4	2.2	1.0
1988	5292	87.7	8.8	2.5	1.0
1989	5112	87.7	8.7	2.3	1.3
1990	5206	87.8	8.4	2.6	1.2
1991	5363	88.3	8.5	2.2	1.0
1992	5583	88.4	8.4	2.3	0.9
1993	5862	88.2	8.8	2.0	1.0
1994	6225	87.7	9.0	2.2	1.1
1995	6473	87.6	9.6	1.8	1.0
1996	6654	87.5	9.8	1.7	1.0
1997	6711	87.8	9.6	1.7	0.9
1998	7244	87.6	9.8	1.6	1.0
1999	7380	87.5	9.8	1.7	1.0
2000	7919	87.6	9.6	1.7	1.1
2001	8367	87.0	9.5	1.9	1.6
2002	9005	86.6	9.3	2.0	2.1
2003	10595	86.7	9.4	1.9	2.0
2004	13074	86.6	9.2	2.0	2.2
2005	14625	87.2	8.7	2.2	1.9
2006	16234	87.4	8.0	2.5	2.1
2007	17838	87.7	7.9	2.5	1.9
2008	18976	87.2	8.0	2.6	2.2
2009	19751	87.0	7.9	2.8	2.3
2010	21438	84.3	9.0	3.0	3.7
2011	23061	83.5	9.8	3.3	3.4

8-3 历年能源生产弹性系数

Elasticity Ratio of Energy Production over the Year

年 份 Year	能源生产比上年增长（%） Growth Rate of Energy Production over Preceding Year (%)	电力生产比上年增长（%） Growth Rate of Electricity Production over Preceding Year (%)	生产总值比上年增长（%） Growth Rate of Gross Domestic Product(GDP) over Preceding Year (%)	能源生产弹性系数 Elasticity Ratio of Energy Production	电力生产弹性系数 Elasticity Ratio of Electricity Production
1980	-3.0		15.4		
1981	8.1	13.6	7.8	1.04	1.74
1982	5.0	4.1	4.3	1.16	0.95
1983	9.2	5.6	23.8	0.39	0.24
1984	9.6	5.8	10.1	0.95	0.57
1985	15.5	5.3	13.5	1.15	0.39
1986	5.1	12.3	4.6	1.11	2.67
1987	1.4	12.0	15.0	0.09	0.80
1988	3.6	0.1	9.8	0.37	0.01
1989	5.3	5.6	4.4	1.20	1.27
1990	0.5	5.4	4.5	0.11	1.20
1991	-0.9	11.3	6.9		1.64
1992	0.7	16.2	13.7	0.05	1.18
1993	-0.3	8.8	15.8		0.56
1994	0.6	10.3	13.8	0.04	0.75
1995	4.6	12.8	14.8	0.31	0.86
1996	3.6	8.5	13.9	0.26	0.61
1997	-2.3	6.2	10.4		0.60
1998	-5.6	0.0	8.8		0.00
1999	-14.0	4.4	8.1		0.55
2000	-5.1	6.6	9.5		0.70
2001	9.8	12.8	9.0	1.09	1.42
2002	15.0	14.4	9.5	1.57	1.52
2003	27.8	12.7	10.7	2.60	1.19
2004	23.0	24.2	13.7	1.68	1.77
2005	11.0	11.3	14.2	0.78	0.80
2006	3.3	12.6	14.4	0.23	0.88
2007	-2.7	19.9	14.6		1.36
2008	6.1	2.2	12.1	0.50	0.18
2009	9.8	4.9	10.9	0.90	0.45
2010	9.8	10.4	12.5	0.78	0.83
2011	-2.0	13.8	11.9		1.16

8-4 历年能源消费弹性系数

Elasticity Ratio of Energy Consumption over the year

年 份 Year	能源消费比上年增长 (%) Growth Rate of Energy Consumption over Preceding Year (%)	电力消费比上年增长 (%) Growth Rate of Electricity Consumption over Preceding Year (%)	生产总值比上年增长 (%) Growth Rate of Gross Domestic Product(GDP)over Preceding Year (%)	能源消费弹性系数 Elasticity Ratio of Energy Consumption	电力消费弹性系数 Elasticity Ratio of Electricity Consumption
1980	5.0		15.4	0.32	
1981	6.6	5.6	7.8	0.85	0.72
1982	-1.4	32.3	4.3		7.51
1983	13.3	-3.2	23.8	0.56	
1984	10.9	6.5	10.1	1.08	0.64
1985	3.2	5.6	13.5	0.24	0.41
1986	2.0	7.0	4.6	0.43	1.52
1987	6.3	10.6	15.0	0.42	0.71
1988	5.7	12.1	9.8	0.58	1.23
1989	-3.4	9.8	4.4		2.23
1990	1.8	2.2	4.5	0.40	0.49
1991	3.0	9.3	6.9	0.43	1.35
1992	4.1	15.7	13.7	0.30	1.15
1993	5.0	7.5	15.8	0.32	0.47
1994	6.2	8.8	13.8	0.45	0.64
1995	4.0	13.2	14.8	0.27	0.89
1996	2.8	8.3	13.9	0.20	0.60
1997	0.9	6.5	10.4	0.09	0.63
1998	7.9	-0.5	8.8	0.90	-0.06
1999	1.9	3.4	8.1	0.23	0.42
2000	7.3	6.8	9.5	0.77	0.71
2001	5.7	12.7	9.0	0.63	1.41
2002	8.2	14.7	9.5	0.87	1.55
2003	17.0	13.7	10.7	1.59	1.28
2004	23.4	22.3	13.7	1.71	1.63
2005	11.9	7.6	14.2	0.84	0.53
2006	11.0	10.6	14.4	0.76	0.73
2007	9.9	21.5	14.6	0.68	1.47
2008	6.4	12.0	12.1	0.53	0.99
2009	4.1	5.6	10.9	0.38	0.51
2010	8.5	13.1	12.5	0.68	1.05
2011	7.6	13.0	11.9	0.64	1.09

8-5 历年能源加工转换效率

Efficiency of Energy Conversion over the year

单位：%　　(%)

Year	总效率 Total Efficiency	发电及供热 Electricity Generation and Heating by Power Stations	炼　焦 Coking	炼　油 Petroleum Refining
1995	59.73	33.58	93.35	96.93
1996	61.21	35.64	91.90	97.71
1997	61.61	36.27	94.79	95.69
1998	67.84	35.41	99.40	99.40
1999	63.57	36.54	95.44	95.44
2000	61.78	36.03	96.71	96.71
2001	61.26	35.49	96.06	96.06
2002	59.47	36.36	98.31	98.31
2003	58.34	34.34	97.90	97.90
2004	58.36	33.45	94.38	94.38
2005	60.97	34.18	96.81	96.81
2006	64.94	36.10	99.08	99.08
2007	66.22	38.10	89.43	99.67
2008	65.96	39.49	91.89	95.43
2009	70.15	39.62	91.97	99.16
2010	72.64	40.85	93.24	87.14
2011	72.55	39.75	91.22	92.40

8-6 综合平衡表

单位：万吨标准煤

项 目	Item	2005
可供量	**Total Energy Available for Consumption**	**13450.83**
一次能源生产量	Primary Energy Output	14521.83
回收能	Recovery of Energy	69.00
外省(区、市)调入量	Transfer in from other province	3174.58
进口量	Imports	380.96
本省(区、市)调出量(－)	Transfer to other province	5214.61
出口量(−)	Exports (-)	
年初年末库存差额	Stock Changes in the Year	519.07
年初库存量	inventories in the beginning of the year	1021.96
年末库存量(−)	inventories in the end of the year	502.89
消费量	**Total Energy Consumption**	**14624.59**
在总量中：	Consumption by Sector	
农、林、牧、渔业	Agriculture, Forestry, Animal Husbandry, Fishery	461.17
工 业	Industry	11484.95
建 筑 业	Construction	65.45
交通运输、仓储和邮政业	Transport, Storage and Post	649.93
批发、零售业和住宿、餐饮业	Wholesale and Retail Trades, Hotels and Catering Services	164.08
其他	Other Sectors	227.58
生活消费	Household Consumption	1571.46
在总量中：	Consumption by Usage	
终端消费	End-use Consumption	**13653.88**
#工业	Industry	10524.22
加工转换损失	Losses During the Process of Energy Conversion	551.72
#火力发电损失	Power Generation	
供热损失	Heating	
洗选煤损失	Coal cleaning	264.48
炼焦损失	Coking	196.01
炼油及煤制油损失	Petroleum Refining	30.46
制气损失	Gas Production	-47.23
煤制品加工损失	Coal products processing	4.18
损失量	**Energy Losses**	**418.99**
平衡差额	**Balance**	**-1173.76**

Overall Energy Balance Sheet

(10 000 tons of SCE)

2006	2007	2008	2009	2010	2011
12492.31	**13317.73**	**13556.28**	**14247.16**	**20144.66**	**21637.95**
15002.08	14603.61	15487.36	17002.30	18671.67	18297.52
219.84	276.63	3690.35	542.68	370.00	47.95
4423.05	4328.71	1430.84	5931.87	10899.08	14433.10
414.34	322.86	275.72	358.58	522.77	465.72
7612.08	6428.44	6657.88	9528.84	10243.39	11686.92
		661.59	0.40		
45.08	214.36	-8.52	-59.03	-75.47	81.00
1204.57	1299.43	1085.07	1093.58	1356.49	1425.05
1159.49	1085.07	1093.58	1152.61	1431.96	1344.05
16233.49	**17837.79**	**18976.27**	**19751.24**	**21437.76**	**23061.88**
482.96	471.61	485.44	496.67	545.04	644.55
12984.29	14519.12	15497.31	16052.51	16412.30	17558.67
68.35	68.67	69.24	90.97	130.27	168.96
673.04	772.28	802.43	875.72	1340.60	1288.68
180.99	175.35	182.35	210.95	251.30	379.87
246.90	248.40	276.82	277.99	343.90	485.56
1596.65	1581.74	1661.97	1745.83	2044.23	2535.57
15224.95	**16679.09**	**17447.72**	**18453.88**	**20037.80**	**21899.79**
11984.52	13368.96	13970.21	14755.77	15721.07	16396.58
617.78	706.13	1082.78	837.06	633.36	799.36
0.32		0.76			
			0.62	234.94	206.38
321.74	373.17	728.23	580.56	368.95	230.69
240.98	249.41	202.63	195.90	201.58	298.37
15.22	3.27	44.37	9.25	3.87	101.17
39.01	79.36	105.56	41.40	25.70	10.34
0.51	0.92	1.23	9.33	1.57	
390.76	**452.58**	**445.77**	**460.30**	**396.53**	**362.74**
-3741.18	**-4520.06**	**-5419.99**	**-5504.08**	**-1293.01**	**-1471.46**

8-7　煤炭平衡表

单位：万吨

项　目	Item	2005
可供量	**Total Energy Available for Consumption**	**16907.08**
生产量	Output	18761.42
外省(区、市)调入量	Transfer in from other province	3251.03
进口量	Imports	
本省(区、市)调出量(－)	Transfer to other province	5836.55
出口量(－)	Exports (-)	
年初年末库存差额	Stock Changes in the Year	731.18
年初库存量	inventories in the beginning of the year	1147.57
年末库存量(－)	inventories in the end of the year	416.39
消费量	**Total Energy Consumption**	**18467.88**
在总量中：	Consumption by Sector	
农、林、牧、渔业	Agriculture, Forestry, Animal Husbandry, Fishery	100.00
工　业	Industry	17117.79
建 筑 业	Construction	
交通运输、仓储和邮政业	Transport, Storage and Post	20.00
批发、零售业和住宿、餐饮业	Wholesale and Retail Trades, Hotels and Catering Services	10.11
其他	Other Sectors	
生活消费	Household Consumption	1219.98
在总量中：	Consumption by Usage	
终端消费	End-use Consumption	**7526.62**
#工业	Industry	6176.53
用于加工转换	Losses During the Process of Energy Conversion	**10941.27**
#火力发电	Power Generation	7776.99
供　热	Heating	528.06
洗煤损耗	Coal cleaning	557.04
炼　焦	Coking	1945.21
制　气	Gas Production	128.97
型煤加工损耗	Coal products processing	5.00
损失量	**Energy Losses**	
平衡差额	**Balance**	**-1560.81**

Coal Balance Sheet

(10 000 tons)

2006	2007	2008	2009	2010	2011
16089.70	**17262.01**	**17191.15**	**17778.16**	**23805.02**	**26262.45**
19532.20	19287.15	20937.28	23037.90	22384.11	20957.06
4994.00	4613.02		6128.05	11919.99	17396.73
8328.00	6910.00	7126.70	11462.08	10352.54	12113.58
		1235.13	0.56		
-108.50	271.84	15.60	74.85	-146.54	22.24
1392.39	1500.89	1229.05	1213.45	1225.70	1372.24
1500.89	1229.05	1213.45	1138.60	1372.24	1350.00
20998.81	**23179.84**	**23867.51**	**24445.41**	**26050.01**	**28373.84**
105.00	100.00	91.00	100.00	100.00	140.60
19635.10	21937.73	22659.39	23218.74	25087.95	27142.31
			0.01		21.23
20.00	20.00	15.63	17.36	25.11	40.00
20.00	25.00	30.00	40.46	41.82	9.60
		4.67	0.91	5.36	26.10
1218.71	1097.11	1066.82	1067.94	787.00	994.00
8719.13	**8884.82**	**8663.90**	**9416.89**	**9246.69**	**9716.38**
7355.42	7642.71	7455.78	8190.21	8287.40	8484.85
12279.64	**14295.01**	**15203.62**	**15026.41**	**16801.34**	**18657.46**
8202.13	9461.09	9562.96	9402.92	10462.79	12241.68
687.34	814.75	865.64	801.25	939.47	1022.97
792.15	846.98	1501.86	1526.16	1629.11	1318.87
2427.18	2924.75	3005.60	2901.16	3590.74	3802.09
171.99	247.68	267.75	391.24	183.21	277.35
-1.15	-0.24	-0.19	3.68	**-3.98**	**-5.50**
			2.12	**1.97**	
-4909.07	**-5917.82**	**-6676.37**	**-6667.26**	**-2244.98**	**-2111.39**

8-8 焦炭平衡表
Coke Balance Sheet

单位：万吨 (10 000 tons)

项 目	Item	2005	2006	2007	2008	2009	2010	2011
可供量	**Total Energy Available for Consumption**	**1004.50**	**1021.73**	**1226.50**	**1488.83**	**1462.43**	**1711.74**	**2052.63**
生产量	Output	1320.88	1616.76	1938.00	2041.67	2170.69	2513.21	3101.05
外省(区、市)调入量	Transfer in from other province	105.00	21.85	21.85	126.00			
进口量	Imports							
本省(区、市)调出量(−)	Transfer to other province	389.41	762.00	749.53	695.95	657.00	767.07	1071.82
出口量(−)	Exports (-)							
年初年末库存差额	Stock Changes in the Year	-31.97	145.12	16.18	17.11	-51.26	-34.40	23.40
年初库存量	inventories in the beginning of the year	41.12	73.09	72.03	55.85	38.74	90.00	124.40
年末库存量(−)	inventories in the end of the year	73.09	-72.03	55.85	38.74	90.00	124.40	101.00
消费量	**Total Energy Consumption**	**994.37**	**1192.23**	**1437.05**	**1488.98**	**1441.74**	**1743.44**	**2052.63**
#工 业	Industry	994.38	1192.23	1437.05	1488.98	1441.74	1743.44	2052.63
在总量中：	Consumption by Usage							
终端消费	End-use Consumption	861.54	1175.00	1437.05	1488.20	1439.98	1711.66	1983.56
#工业	Industry	861.54	1175.00	1437.05	1488.20	1439.98	1711.66	1983.56
用于加工转换	Losses During the Process of Energy Conversion	132.83	17.23		0.78	1.72	31.78	69.07
#火力发电	Power Generation	25.95	17.23		0.78	1.08		
供 热	Heating					0.64		
制 气	Gas Production	106.88					31.78	69.07
损失量	**Energy Losses**					**0.04**		
平衡差额	**Balance**	**10.13**	**-170.50**	**-210.55**	**-0.15**	**20.69**	**0.08**	

8-9 石油平衡表

Petroleum Balance Sheet

单位：万吨 (10 000 tons)

项 目	Item	2005	2006	2007	2008	2009	2010	2011
可供量	**Total Energy Available for Consumption**	**899.43**	**869.88**	**926.60**	**973.62**	**1017.46**	**1336.40**	**1524.79**
生产量	Output	507.16	492.06	485.08	475.81	474.50	497.90	485.50
外省(区、市)调入量	Transfer in from other province	368.37	368.08	446.64	560.36	592.00	872.63	821.78
进 口 量	Imports	266.67	290.03	226.00	193.00	251.00	365.93	326.00
我轮、机在外国加油量	refuel in foreign							
本省(区、市)调出量(－)	Transfer to other province	262.70	261.20	236.43	230.46	257.73	393.37	165.69
出 口 量(－)	Exports (-)							
外轮、机在我国加油量(－)	foreignner refuel in Henan							
年初年末库存差额	Stock Changes in the Year	19.93	-19.09	5.31	-25.09	-42.31	-6.69	57.20
年初库存量	inventories in the beginning of the year	107.49	87.56	106.65	101.34	126.43	171.93	178.62
年末库存量(－)	inventories in the end of the year	87.56	106.65	101.34	126.43	168.74	178.62	121.42
消费量	**Total Energy Consumption**	**902.12**	**901.36**	**980.37**	**1036.22**	**1019.36**	**1334.16**	**1524.78**
在总量中：	Consumption by Sector							
农、林、牧、渔业	Agriculture, Forestry, Animal Husbandry, Fishery	97.11	101.24	102.42	116.00	116.00	105.50	104.95
工 业	Industry	349.65	332.53	358.60	385.80	385.80	442.40	503.73
建 筑 业	Construction	33.36	32.07	30.00	28.68	28.68	52.80	52.18
交通运输、仓储和邮政业	Transport, Storage and Post	347.59	363.51	429.94	451.90	504.09	571.86	641.39
批发、零售业和住宿、餐饮业	Wholesale and Retail Trades, Hotels and Catering Services	24.18	21.42	18.43	17.58	15.37	36.99	46.38
其他	Other Sectors	23.63	23.63	14.00	15.00		18.57	21.62
生活消费	Household Consumption	26.59	27.00	27.00	21.26	21.54	106.04	154.53
在总量中：	Consumption by Usage							
终端消费	End-use Consumption	**841.06**	**863.46**	**951.93**	**974.38**	**990.41**	**1114.19**	**1423.33**
#工业	Industry	295.60	300.48	335.67	324.46	310.00	222.43	402.28
用于加工转换	Losses During the Process of Energy Conversion	**52.39**	**31.96**	**22.87**	**57.93**	**28.80**	**219.97**	**101.45**
#火力发电	Power Generation	7.57	12.09	14.90	12.55	8.00	39.90	10.26
供 热	Heating	26.68	0.42	0.50	6.29	8.27	36.57	14.76
炼油损耗	Petroleum Refining	18.14	19.45	7.47	39.09	12.53	143.50	76.43
制 气	Gas Production							
损失量	**Energy Losses**	**8.67**	**5.94**	**5.57**	**3.91**	**0.15**		
平衡差额	**Balance**	**-2.69**	**-31.48**	**-53.77**	**-62.60**	**-1.90**	**2.24**	**0.01**

8-10　电力平衡表

单位：亿千瓦时

项　目	Item	2005
可供量	**Total Energy Available for Consumption**	**1414.70**
生产量	Output	1414.70
火力发电	Coal-fired power	1346.79
水力发电、核发电、其它发电	Hydroelectric power, issue of electricity, other	67.91
外省(区、市)调入量	Transfer in from other province	31.50
进口量	Imports	
本省(区、市)调出量(－)	Transfer to other province	60.62
出口量(－)	Exports (-)	
消费量	**Total Energy Consumption**	**1387.49**
在总量中：	Consumption by Sector	
农、林、牧、渔业	Agriculture, Forestry, Animal Husbandry, Fishery	62.00
工　业	Industry	1084.57
建 筑 业	Construction	5.67
交通运输、仓储和邮政业	Transport, Storage and Post	31.87
批发、零售业和住宿、餐饮业	Wholesale and Retail Trades, Hotels and Catering Services	29.07
其他	Other Sectors	48.71
生活消费	Household Consumption	125.60
在总量中：	Consumption by Usage	
终端消费	End-use Consumption	1300.92
#工业	Industry	998.00
输配电损失量	Losses During the Transmission	86.57
平衡差额	**Balance**	**-1.91**

Electricity Balance Sheet

(100 million kwh)

2006	2007	2008	2009	2010	2011
1593.10	**1910.97**	**1960.42**	**2075.59**	**2463.64**	**2813.18**
1593.10	1910.97	1960.42	2062.17	2313.52	2678.36
1514.80	1829.27	1880.47	1970.30	2147.88	2483.79
78.30	81.70	79.95	91.87	165.64	194.57
41.50	42.09	62.91	75.03	196.53	186.82
100.58	88.92	64.18	61.61	46.41	52.00
1534.21	**1864.14**	**2092.63**	**2275.19**	**2463.54**	**2822.61**
68.00	68.00	66.88	76.88	82.97	99.93
1196.00	1491.15	1674.43	1795.69	1816.60	2109.45
6.80	7.98	8.86	10.20	14.55	19.40
33.42	36.32	37.90	39.02	144.71	54.90
31.84	31.44	35.64	40.43	44.11	76.20
55.17	63.20	70.16	79.31	88.37	119.13
142.98	166.05	198.76	233.66	272.23	343.60
1444.21	1744.89	1970.77	2142.34	2353.87	2717.81
1106.00	1371.90	1552.57	1662.84	1806.93	2004.65
90.00	119.25	121.86	132.85	109.67	104.80
-0.19		**-133.48**	**-199.60**	**0.10**	**-9.43**

8-11 综合能源消费量

单位：万吨标准煤

行 业	Sector	2005
消 费 总 量	**Total**	**14624.61**
农、林、牧、渔业	**Farming, Forestry,animal Husbandry and Fishery**	**461.17**
工业	**Industry**	**11484.95**
采掘业	**Mining**	**1446.96**
煤炭开采和洗选业	Mining and Washing of Coal	1012.67
石油和天然气开采业	Extraction of Petroleum and Natural Gas	268.42
黑色金属矿采选业	Mining of Ferrous Metal Ores	22.41
有色金属矿采选业	Mining of Non-ferrous Metal Ores	50.56
非金属矿采选业	Mining and Processing of Nonmetal Ores	92.41
其他采矿业	Mining of Other Ores n.e.c	0.49
制造业	**Manufaturing**	**8617.57**
农副食品加工业	Processing of Food From Agricultural Products	201.56
食品制造业	Manufacture of Foods	228.26
饮料制造业	Manufacture of Beverage	88.74
烟草制品业	Manufacture of Tobacco	17.28
纺织业	Manufacture of Textile	220.44
纺织服装、鞋、帽制造业	Manufacture of Textile Wearing Apparel, Footware, and Caps	8.94
皮革、毛皮、羽毛(绒)及其制品业	Manufacture of Leather, Fur, Feather and Its Products	20.70
木材加工及木、竹、藤、棕、草制品业	Processing of Timbers, Manufacture of Wood, Bamboo, Rattan, Palm, and Straw Products	31.62
家具制造业	Manufacture of Furniture	6.09
造纸及纸制品业	Manufacture of Paper and Paper Products	397.17
印刷业和记录媒介的复制	Printing,Reproduction of Recording Media	10.24
文教体育用品制造业	Manufacture of Articles for Culture, Education and Sport Activity	0.57
石油加工、炼焦及核燃料加工业	Processing of Petroleum ,Coking, Processing of Nucleus Fuel	300.60
化学原料及化学制品制造业	Manufacture of Chemical Raw Material and Chemical Products	1472.33
医药制造业	Manufacture of Medicines	104.71
化学纤维制造业	Manufacture of Chemical Fiber	125.06
橡胶制品业	Manufacture of Rubber	53.29
塑料制品业	Manufacture of Plastic	40.74
非金属矿物制品业	Manufacture of Non-metallic Mineral Products	2225.31
黑色金属冶炼及压延加工业	Manufacture and Processing of Ferrous Metals	1327.64
有色金属冶炼及压延加工业	Manufacture and Processing of Non-ferrous Metals	976.68
金属制品业	Manufacture of Metal Products	96.20
通用设备制造业	Manufacture of General Purpose Machinery	153.76
专用设备制造业	Manufacture of Special Purpose Machinery	117.31
交通运输设备制造业	Manufacture of Transport Equipment	90.53
电气机械及器材制造业	Manufacture of Electrical Machinery and Equipment	43.42
通信设备、计算机及其他电子设备制造业	Manufacture of Communication Equipment , Computer and Other Electronic Equipment	54.66
仪器仪表及文化、办公用机械制造业	Manufacture of Measuring Instrument and M-Achinery for Cultural Activity and Office Work	7.79
工艺品及其他制造业	Manufacture of Artwork,Other Manufacture n.e.c	191.91
废弃资源和废旧材料回收加工业	Recycling and Disposal of Waste	4.03
电力、煤气及水生产和供应业	**Production and Supply of Electric Power 、Gas and Water**	**1420.41**
电力、热力的生产和供应业	Production and Supply of Electric Power and Heat Power	1354.42
燃气生产和供应业	Production and Distribution of Gas	50.92
水的生产和供应业	Production and Distribution of Water	15.07
建筑业	**Construction**	**65.45**
交通运输、仓储和邮政业	**Traffic,transport, storage and post**	**649.93**
批发和零售业、住宿和餐饮业	**Wholesale and retail trade, Accommodation and Restaurants**	**164.08**
其他行业	**Others**	**227.58**
生活消费	Residential Consumption	1571.46
城市	Urban	808.13
农村	Rural	763.33

Overall Energy Consumption

(10 000 tons of SCE)

2006	2007	2008	2009	2010	2011
16233.49	**17837.79**	**18975.56**	**19750.63**	**21437.76**	**23061.88**
482.96	**471.61**	**485.44**	**496.67**	**545.04**	**644.55**
12984.29	**14519.12**	**15497.31**	**16052.51**	**16412.30**	**17558.67**
1449.77	**1534.43**	**1860.95**	**1862.42**	**1398.48**	**2229.65**
962.05	1087.83	1357.39	1447.16	1032.56	1728.93
311.42	264.50	307.38	244.81	197.11	269.55
38.20	37.76	42.12	26.70	31.24	34.37
86.05	90.68	108.28	93.47	98.21	128.08
51.84	53.45	45.57	50.29	39.35	68.72
0.22	0.21	0.21			
10055.41	**11278.16**	**11808.82**	**12599.03**	**12839.30**	**12834.10**
369.69	394.73	330.61	324.68	350.64	378.31
258.48	317.16	307.66	350.12	283.75	262.63
141.55	174.98	210.32	248.35	174.09	184.44
17.09	13.95	12.23	12.46	8.00	10.56
257.40	289.41	305.87	293.98	300.66	359.32
17.35	18.43	17.04	23.87	26.24	32.68
44.20	48.47	43.13	56.21	52.74	60.71
65.48	71.30	85.23	94.74	78.77	81.65
13.20	11.56	11.14	15.39	16.64	19.58
464.45	505.42	522.44	634.51	455.25	508.61
12.61	12.87	15.25	14.52	17.09	18.59
1.50	1.43	1.59	2.41	2.18	5.19
325.28	330.58	337.75	324.52	598.81	543.21
1525.81	1785.12	1902.72	1981.41	1497.29	1836.25
132.26	138.88	151.34	169.30	208.31	228.90
109.16	134.51	100.34	96.74	88.91	76.45
82.09	100.56	110.82	111.36	104.00	80.44
50.45	53.54	55.64	73.78	75.21	89.79
2215.08	2402.01	2601.10	2200.92	1501.68	1839.05
1644.32	2019.50	2149.37	2281.55	3000.16	3152.82
1379.03	1511.30	1647.36	2215.66	2943.25	1782.45
137.26	90.84	98.77	99.45	99.98	236.51
156.08	183.88	229.09	295.51	272.64	310.11
156.91	159.84	182.78	198.17	191.85	199.90
104.90	130.31	178.53	248.33	213.05	223.28
58.57	82.87	103.51	134.52	177.28	194.95
50.16	45.54	44.11	34.71	41.09	47.45
9.13	11.54	12.90	14.59	17.62	19.96
252.41	233.62	36.84	38.98	35.03	44.40
3.50	3.98	3.35	8.77	7.09	5.90
1479.11	**1706.54**	**1827.54**	**1591.06**	**2174.51**	**2494.92**
1424.56	1612.62	1711.11	1525.96	2068.49	2370.08
39.17	80.52	101.69	48.21	86.91	108.22
15.38	13.40	14.75	16.90	19.12	16.62
68.35	**68.67**	**69.24**	**90.96**	**130.31**	**168.96**
673.04	**772.28**	**802.43**	**875.72**	**1340.60**	**1288.68**
180.99	**175.35**	**182.35**	**210.95**	**251.30**	**379.87**
246.90	**248.40**	**276.82**	**277.99**	**343.90**	**485.56**
1596.65	1581.74	1661.97	1745.83	2044.23	2535.57
819.61	804.02	762.94	783.91	944.00	1163.81
777.03	777.72	899.03	961.92	1100.23	1371.76

8-12 分行业煤炭消费总量

单位：万吨

行 业	Sector	2005
消费总量	**Total**	**18467.88**
农、林、牧、渔业	**Farming, Forestry,animal Husbandry and Fishery**	**100.00**
工业	**Industry**	**17117.79**
采掘业	**Mining**	**1905.70**
煤炭开采和洗选业	Mining and Washing of Coal	1838.33
石油和天然气开采业	Extraction of Petroleum and Natural Gas	10.37
黑色金属矿采选业	Mining of Ferrous Metal Ores	2.91
有色金属矿采选业	Mining of Non-ferrous Metal Ores	7.11
非金属矿采选业	Mining and Processing of Nonmetal Ores	46.52
其他采矿业	Mining of Other Ores n.e.c	0.46
制造业	**Manufaturing**	**8090.94**
农副食品加工业	Processing of Food From Agricultural Products	133.21
食品制造业	Manufacture of Foods	243.15
饮料制造业	Manufacture of Beverage	88.01
烟草制品业	Manufacture of Tobacco	10.25
纺织业	Manufacture of Textile	124.67
纺织服装、鞋、帽制造业	Manufacture of Textile Wearing Apparel, Footware, and Caps	4.95
皮革、毛皮、羽毛(绒)及其制品业	Manufacture of Leather, Fur, Feather and Its Products	17.33
木材加工及木、竹、藤、棕、草制品业	Processing of Timbers, Manufacture of Wood, Bamboo, Rattan, Palm, and Straw Products	32.28
家具制造业	Manufacture of Furniture	1.82
造纸及纸制品业	Manufacture of Paper and Paper Products	378.50
印刷业和记录媒介的复制	Printing,Reproduction of Recording Media	3.03
文教体育用品制造业	Manufacture of Articles for Culture, Education and Sport Activity	0.34
石油加工、炼焦及核燃料加工业	Processing of Petroleum ,Coking, Processing of Nucleus Fuel	1332.39
化学原料及化学制品制造业	Manufacture of Chemical Raw Material and Chemical Products	1369.10
医药制造业	Manufacture of Medicines	82.72
化学纤维制造业	Manufacture of Chemical Fiber	83.66
橡胶制品业	Manufacture of Rubber	43.95
塑料制品业	Manufacture of Plastic	7.71
非金属矿物制品业	Manufacture of Non-metallic Mineral Products	2419.12
黑色金属冶炼及压延加工业	Manufacture and Processing of Ferrous Metals	565.70
有色金属冶炼及压延加工业	Manufacture and Processing of Non-ferrous Metals	695.82
金属制品业	Manufacture of Metal Products	27.30
通用设备制造业	Manufacture of General Purpose Machinery	61.19
专用设备制造业	Manufacture of Special Purpose Machinery	53.81
交通运输设备制造业	Manufacture of Transport Equipment	23.78
电气机械及器材制造业	Manufacture of Electrical Machinery and Equipment	17.97
通信设备、计算机及其他电子设备制造业	Manufacture of Communication Equipment , Computer and Other Electronic Equipment	7.06
仪器仪表及文化、办公用机械制造业	Manufacture of Measuring Instrument and M-Achinery for Cultural Activity and Office Work	2.63
工艺品及其他制造业	Manufacture of Artwork,Other Manufacture n.e.c	251.98
废弃资源和废旧材料回收加工业	Recycling and Disposal of Waste	7.54
电力、煤气及水生产和供应业	**Production and Supply of Electric Power 、Gas and Water**	**7121.15**
电力、热力的生产和供应业	Production and Supply of Electric Power and Heat Power	7036.27
燃气生产和供应业	Production and Distribution of Gas	83.91
水的生产和供应业	Production and Distribution of Water	0.97
建筑业	**Construction**	
交通运输、仓储和邮政业	**Traffic,transport, storage and post**	**20.00**
批发和零售业、住宿和餐饮业	**Wholesale and retail trade, Accommodation and Restaurants**	**10.11**
其他行业	**Others**	
生活消费	**Residential Consumption**	**1219.98**

Coal Consumption by Sector

(10 000 tons)

2006	2007	2008	2009	2010	2011
20998.81	**23179.84**	**23867.51**	**24445.41**	**26050.01**	**28373.84**
105.00	**100.00**	**91.00**	**100.00**	**100.00**	**140.60**
19635.10	**21937.73**	**22659.39**	**23218.74**	**25090.72**	**27142.31**
2077.15	**2423.24**	**2807.52**	**2962.83**	**2683.10**	**2885.73**
1941.49	2309.55	2710.20	2866.56	2604.91	2773.42
44.31	33.99	37.30	42.67	45.75	35.02
7.74	7.26	7.43	7.35	6.53	5.66
33.31	26.11	25.61	14.95	12.02	10.49
50.15	46.15	26.97	31.29	13.90	61.14
0.14	0.18	0.01			
9775.48	**10581.79**	**10901.59**	**11353.48**	**11638.07**	**11833.67**
359.44	367.32	259.52	231.64	240.17	212.41
269.81	329.96	296.86	319.60	249.73	188.17
154.36	195.23	225.22	280.36	178.92	181.25
7.66	5.18	3.13	3.41	2.55	2.22
148.10	165.08	190.31	154.26	113.77	109.66
16.15	17.63	10.46	15.64	14.23	16.28
45.39	46.45	38.86	53.41	43.55	44.54
60.67	72.14	79.30	84.94	61.15	54.54
8.97	10.36	6.98	8.14	6.58	7.36
460.81	485.32	478.71	615.30	379.51	407.18
6.19	7.83	8.18	7.41	8.38	7.23
1.28	1.26	0.98	0.75	0.34	0.30
1712.30	2100.91	2452.82	2434.09	3201.20	3611.24
1420.55	1632.07	1776.49	1926.60	1350.23	1549.47
98.54	95.34	93.00	109.40	133.04	134.37
69.65	88.61	84.94	119.92	79.72	66.18
79.74	80.53	91.94	85.50	79.65	44.62
19.87	27.61	33.25	47.76	37.02	44.56
2416.22	2277.67	2373.89	1860.83	1122.27	1664.67
696.11	809.37	922.30	1077.99	1609.52	1538.49
1069.72	1127.73	1100.29	1467.48	2330.11	1626.79
56.03	64.54	49.79	69.07	54.85	41.07
78.54	90.50	101.55	149.24	133.37	98.68
86.16	88.72	96.44	98.42	83.83	67.76
40.27	39.08	46.05	46.11	45.10	42.12
32.24	29.22	32.65	35.57	38.53	23.94
9.22	6.97	4.34	6.44	5.36	3.81
4.18	5.56	4.45	4.64	3.26	3.12
343.58	308.29	34.81	30.77	27.66	39.10
3.73	5.31	4.10	8.79	4.49	2.53
7782.48	**8932.70**	**8950.28**	**8902.44**	**10769.55**	**12422.91**
7669.86	8721.09	8681.76	8615.61	10422.37	12255.57
112.09	211.39	268.29	286.66	347.16	167.33
0.53	0.21	0.23	0.16	0.02	0.01
					21.23
20.00	**20.00**	**15.63**	**17.36**	**25.11**	**40.00**
20.00	**25.00**	**30.00**	**40.46**	**41.82**	**9.60**
		4.67	**0.91**	**5.36**	**26.10**
1218.71	**1097.11**	**1066.82**	**1067.94**	**787.00**	**994.00**

8-13 分行业电力消费总量

单位：亿千瓦时

行 业		2005
消 费 总 量	**Total**	**1387.49**
农、林、牧、渔业	**Farming, Forestry,animal Husbandry and Fishery**	**62.00**
工业	**Industry**	**1084.57**
采掘业	**Mining**	**133.37**
煤炭开采和洗选业	Mining and Washing of Coal	94.05
石油和天然气开采业	Extraction of Petroleum and Natural Gas	23.65
黑色金属矿采选业	Mining of Ferrous Metal Ores	2.02
有色金属矿采选业	Mining of Non-ferrous Metal Ores	9.17
非金属矿采选业	Mining and Processing of Nonmetal Ores	4.45
其他采矿业	Mining of Other Ores n.e.c	0.03
制造业	**Manufaturing**	**629.84**
农副食品加工业	Processing of Food From Agricultural Products	21.98
食品制造业	Manufacture of Foods	11.56
饮料制造业	Manufacture of Beverage	4.81
烟草制品业	Manufacture of Tobacco	1.47
纺织业	Manufacture of Textile	30.02
纺织服装、鞋、帽制造业	Manufacture of Textile Wearing Apparel, Footware, and Caps	0.79
皮革、毛皮、羽毛(绒)及其制品业	Manufacture of Leather, Fur, Feather and Its Products	1.98
木材加工及木、竹、藤、棕、草制品业	Processing of Timbers, Manufacture of Wood, Bamboo, Rattan, Palm, and Straw Products	2.01
家具制造业	Manufacture of Furniture	1.17
造纸及纸制品业	Manufacture of Paper and Paper Products	28.03
印刷业和记录媒介的复制	Printing,Reproduction of Recording Media	1.17
文教体育用品制造业	Manufacture of Articles for Culture, Education and Sport Activity	0.05
石油加工、炼焦及核燃料加工业	Processing of Petroleum ,Coking, Processing of Nucleus Fuel	9.22
化学原料及化学制品制造业	Manufacture of Chemical Raw Material and Chemical Products	105.49
医药制造业	Manufacture of Medicines	10.39
化学纤维制造业	Manufacture of Chemical Fiber	8.94
橡胶制品业	Manufacture of Rubber	4.47
塑料制品业	Manufacture of Plastic	7.76
非金属矿物制品业	Manufacture of Non-metallic Mineral Products	92.36
黑色金属冶炼及压延加工业	Manufacture and Processing of Ferrous Metals	87.15
有色金属冶炼及压延加工业	Manufacture and Processing of Non-ferrous Metals	137.01
金属制品业	Manufacture of Metal Products	17.31
通用设备制造业	Manufacture of General Purpose Machinery	13.59
专用设备制造业	Manufacture of Special Purpose Machinery	12.10
交通运输设备制造业	Manufacture of Transport Equipment	7.90
电气机械及器材制造业	Manufacture of Electrical Machinery and Equipment	4.53
通信设备、计算机及其他电子设备制造业	Manufacture of Communication Equipment , Computer and Other Electronic Equipment	4.62
仪器仪表及文化、办公用机械制造业	Manufacture of Measuring Instrument and M-Achinery for Cultural Activity and Office Work	0.93
工艺品及其他制造业	Manufacture of Artwork,Other Manufacture n.e.c	1.02
废弃资源和废旧材料回收加工业	Recycling and Disposal of Waste	0.02
电力、煤气及水生产和供应业	**Production and Supply of Electric Power 、Gas and Water**	**321.36**
电力、热力的生产和供应业	Production and Supply of Electric Power and Heat Power	315.96
燃气生产和供应业	Production and Distribution of Gas	1.82
水的生产和供应业	Production and Distribution of Water	3.58
建筑业	**Construction**	**5.67**
交通运输、仓储和邮政业	**Traffic,transport, storage and post**	**31.87**
批发和零售业、住宿和餐饮业	**Wholesale and retail trade, Accommodation and Restaurants**	**29.07**
其他行业	**Others**	**48.71**
生活消费	**Residential Consumption**	**125.60**

Power Consumption by Sector

(100 million kwh)

2006	2007	2008	2009	2010	2011
1534.21	**1864.14**	**2092.63**	**2275.19**	**2463.54**	**2822.61**
68.00	**68.00**	**66.88**	**76.88**	**82.97**	**99.93**
1196.00	**1491.15**	**1674.43**	**1795.69**	**1816.60**	**2109.45**
140.16	**157.03**	**176.15**	**181.54**	**170.18**	**212.09**
96.83	109.76	120.77	127.41	107.62	144.86
23.45	22.31	22.43	22.30	23.68	22.51
3.53	4.07	5.43	5.19	6.67	8.17
13.45	16.88	21.97	20.57	25.34	28.83
2.87	3.99	5.49	6.07	6.86	7.72
0.03	0.02	0.06			
714.08	**914.07**	**1032.57**	**1276.16**	**1411.75**	**1478.03**
24.00	32.45	35.18	40.51	52.31	63.40
15.16	17.46	21.82	24.34	28.16	31.40
7.22	11.41	14.73	13.94	17.31	22.15
1.48	1.35	1.36	1.51	1.20	1.66
37.52	45.74	50.21	53.24	65.13	82.12
1.19	1.41	2.47	3.24	4.36	5.87
2.31	2.60	2.84	3.03	4.07	5.56
5.55	5.08	7.18	8.51	10.87	12.64
1.63	1.11	1.57	2.36	3.29	3.95
32.25	35.74	42.31	44.35	50.07	59.23
1.69	1.86	2.50	2.52	3.12	3.85
0.14	0.11	0.21	0.44	0.47	0.63
10.51	10.51	10.94	13.90	17.54	21.03
109.60	141.35	152.76	161.26	169.02	203.95
12.87	14.09	16.80	19.77	28.77	34.54
10.65	10.74	10.66	8.85	11.08	8.91
5.26	6.43	6.35	7.44	9.56	10.34
9.42	9.12	8.31	10.74	14.26	17.42
83.06	140.75	165.02	188.83	208.47	187.25
92.75	127.06	131.08	148.59	158.98	181.62
173.74	225.05	254.12	408.78	408.94	339.38
19.68	7.85	12.12	11.00	14.22	17.54
16.44	21.28	26.63	32.40	40.49	55.51
16.56	16.96	21.49	24.20	29.85	34.05
10.35	11.26	14.45	19.66	28.18	33.01
5.15	6.71	8.69	10.67	15.60	19.76
5.08	4.63	5.42	5.05	6.91	9.36
1.43	1.90	2.47	3.04	4.26	5.01
1.40	2.02	2.80	3.43	4.27	5.78
0.01	0.03	0.09	0.55	0.99	1.11
341.75	**420.05**	**465.71**	**337.99**	**234.68**	**419.33**
335.36	413.56	457.62	328.44	223.32	408.38
2.48	2.86	3.96	4.72	5.90	6.13
3.91	3.63	4.12	4.83	5.45	4.81
6.80	**7.98**	**8.86**	**10.20**	**14.55**	**19.40**
33.42	**36.32**	**37.90**	**39.02**	**144.71**	**54.90**
31.84	**31.44**	**35.64**	**40.43**	**44.11**	**76.20**
55.17	**63.20**	**70.16**	**79.31**	**88.37**	**119.13**
142.98	**166.05**	**198.76**	**233.66**	**272.23**	**343.60**

8-14 平均每天能源消费量

Average Daily Energy Consumption by Variety

能源品种	Item	1995	2000	2005	2007	2008	2009	2010	2011
合计 （万吨标准煤）	**Total (10 000 tons of SCE)**	**17.73**	**21.70**	**40.07**	**48.88**	**51.46**	**54.87**	**59.55**	**64.06**
原煤 （万吨）	Coal (10 000 tons)	23.33	26.58	55.38	72.83	73.41	81.70	82.82	92.75
焦炭 （万吨）	Coke (10 000 tons)	1.08	1.17	2.72	3.94	4.08	4.01	4.82	5.70
原油 （万吨）	Crude Oil (10 000 tons)	1.10	1.67	1.83	1.96	1.93	2.18	2.32	2.43
汽油 （万吨）	Gasoline (10 000 tons)	0.39	0.33	0.64	0.58	0.53	0.55	0.83	1.00
煤油 （万吨）	Kerosene (10 000 tons)	0.04	0.04	0.04	0.05	0.05	0.07	0.09	0.14
柴油 （万吨）	Diesel Oil (10 000 tons)	0.37	0.42	0.90	1.26	1.49	1.46	1.56	1.84
燃料油 （万吨）	Fuel Oil (10 000 tons)	0.14	0.16	0.21	0.17	0.13	0.07	0.05	0.12
天然气 （亿立方米）	Natural Gas (100 million cu.m)	0.03	0.03	0.06	0.09	0.10	0.12	0.13	0.15
电力 （亿千瓦小时）	Electricity (100 million kwh)	1.57	1.97	3.80	5.11	5.73	6.32	6.84	7.84

8-15 人均生活能源消费量

Average Daily Energy Consumption for Non-Production Purpose

能源品种	Item	1995	2000	2005	2007	2008	2009	2010	2011
平均每人生活消费	**Average Daily Energy**								
能源（千克标准煤）	**Consumption(kg of SCE)**	**112.97**	**121.27**	**161.29**	**160.69**	**167.99**	**176.58**	**204.46**	**242.34**
原煤 （千克）	Coal (kg)	119.76	95.36	112.90	99.24	96.02	96.44	78.96	79.71
液化石油气 （千克）	Liquefied Petroleum gas(kg)	0.91	2.18	2.62	2.44	2.14	2.17	3.23	4.84
天然气 （立方米）	Natural Gas (cu.m)	2.63	2.00	5.49	5.08	3.03	3.91	6.12	8.69
热力 （百万千焦）	Heat power (million kJ)	0.02	0.09	0.17	0.22	0.27	0.19	0.22	0.25
电力 （千瓦小时）	Electricity (kwh)	46.28	80.05	128.91	168.66	200.89	237.98	272.78	328.40

8-16 规模以上工业企业分品种能源购进、消费及库存(2011年)

Purchase, Consume, and Stock of Energy in above Designated Size Industrial Enterprises by Catalog (2011)

项目	Item	年初库存 Stock of Year Beginning	购进量 Purchase Capacity 实物量 Material Object Capacity	金额(亿元) Amount of Money (10 000 yuan)	消费量 Total Energy Consumption	工业生产消费 Consumptin of Industry Production	非工业生产消费 Consumptin of Industry Nonindustry Production	年末库存 Stock of Year End
原煤(万吨)	Coal (10 000tons)	869.12	29862.97	2018.74	30325.63	30280.50	45.47	1034.62
洗精煤(万吨)	Clean Coal (10 000tons)	68.10	3368.11	430.96	3572.50	3572.50		49.69
其他洗煤(万吨)	Other Clean Coal (10 000tons)	17.19	147.00	3.42	207.86	207.79	0.08	8.84
煤制品(万吨)	Coal Products (10 000tons)	2.01	30.89	2.69	30.68	30.59	0.09	2.24
焦炭(万吨)	Coke (10 000tons)	31.57	1025.29	162.39	1292.63	1292.59	0.05	29.56
其他焦化产品(万吨)	Other Coking Products (10 000 tons)	0.69	19.09	2.81	26.26	26.26		0.94
焦炉煤气(亿立方米)	Coking Gas (100 million cu.m)		6.34	2.50	20.43	20.22	0.22	
高炉煤气(亿立方米)	Blast furnace Gas (100 million cu.m)		0.03	0.04	220.59	220.59		
其他煤气(亿立方米)	Other Gas (100 million cu.m)		32.44	13.51	56.89	56.84	0.05	
天然气(亿立方米)	Natural Gas (100 million cu.m)		50.60	105.86	51.97	51.83	0.14	
液化天然气(亿立方米)	Liquefied Gas (100 million cu.m)		0.59	0.28	0.59	0.58		
原油(万吨)	Crude Oil (10 000 tons)	30.52	636.00	365.59	794.59	794.59		25.79
汽油(万吨)	Gasoline (10 000 tons)	0.12	49.98	35.84	50.49	45.37	5.12	0.12
煤油(吨)	Kerosene (ton)	0.03	1.16	0.84	1.15	1.14	0.01	0.03
柴油(万吨)	Diesel Fuel Oil (10 000 tons)	1.95	78.58	53.85	84.43	79.95	4.48	1.83
燃料油(万吨)	Fuel Oil (10 000 tons)	3.08	10.43	3.96	21.23	21.00	0.23	3.34
液化石油气(万吨)	Liquefied Petroleum Gas (10 000 tons)	0.24	12.87	8.21	13.72	13.71		0.19
炼厂干气(万吨)	Net Gas of Plant (10 000 tons)		1.51	0.61	26.82	26.82		
其他石油制品(万吨)	Other Petroleum Products (10 000 tons)	6.54	72.63	43.92	95.26	95.26		1.33
热力(万百万千焦)	Heat (10 billion kilo-joule)		7960.33	50.93	14261.09	14108.69	152.40	
电力(亿千瓦时)	Power (100 millin kwh)		1971.65	1224.08	2393.65	2380.44	13.22	
其他燃料(万吨标准煤)	Other Fuel (10 000 tons of SCE)	0.15	9.76	0.36	9.86	9.86		0.05

8-17 规模以上工业企业分行业主要能源消费量(2011年)

行业	Sector	综合能源消费量(万吨标准煤) Total Energy Consumption (10 000 tons of SCE)	原煤(万吨) Coal (10 000 tons)
总计	**Total**	**15782.47**	**30325.63**
采矿业	**Mining**	**1342.76**	**10932.37**
煤炭开采和洗选业	Mining and Washing of Coal	1050.35	10836.29
石油和天然气开采业	Extraction of Petroleum and Natural Gas	166.96	35.02
黑色金属矿采选业	Mining of Ferrous Metal Ores	17.26	5.66
有色金属矿采选业	Mining of Non-ferrous Metal Ores	58.56	10.49
非金属矿采选业	Mining and Processing of Nonmetal Ores	49.63	44.91
其他采选业	Mining of Other Ores n.e.c		
制造业	**Manufaturing**	**9814.17**	**7970.95**
农副食品加工业	Processing of Food From Agricultural Products	257.02	213.57
食品制造业	Manufacture of Foods	212.70	189.76
饮料制造业	Manufacture of Beverage	155.76	174.75
烟草制品业	Manufacture of Tobacco	7.29	2.46
纺织业	Manufacture of Textile	188.88	107.94
纺织服装、鞋、帽制造业	Manufacture of Textile Wearing Apparel, Footware, and Caps	22.02	17.00
皮革、毛皮、羽毛(绒)及其制品业	Manufacture of Leather, Fur, Feather and Its Products	51.52	44.59
木材加工及木、竹、藤、棕、草制品业	Processing of Timbers, Manufacture of Wood, Bamboo, Rattan, Palm, and Straw Products	57.79	54.54
家具制造业	Manufacture of Furniture	11.60	7.36
造纸及纸制品业	Manufacture of Paper and Paper Products	418.53	410.63
印刷业和记录媒介的复制	Printing,Reproduction of Recording Media	10.64	7.24
文教体育用品制造业	Manufacture of Articles for Culture, Education and Sport Activity	1.29	0.30
石油加工、炼焦业及核燃料加工业	Processing of Petroleum ,Coking, Processing of Nucleus Fuel	474.43	1090.61
化学原料及化学制品制造业	Manufacture of Chemical Raw Material and Chemical Products	1754.16	1697.46
医药制造业	Manufacture of Medicines	164.32	134.82
化学纤维制造业	Manufacture of Chemical Fiber	60.28	66.18
橡胶制品业	Manufacture of Rubber	76.57	60.12
塑料制品业	Manufacture of Plastic	55.72	44.47
非金属矿物制品业	Manufacture of Non-metallic Mineral Products	1671.86	1590.27
黑色金属冶练及压延加工业	Manufacture and Processing of Ferrous Metals	1570.36	296.51
有色金属冶练及压延加工业	Manufacture and Processing of Non-ferrous Metals	1810.21	1454.49
金属制品业	Manufacture of Metal Products	71.04	43.42
通用设备制造业	Manufacture of General Purpose Machinery	201.81	100.49
专用设备制造业	Manufacture of Special Purpose Machinery	133.60	66.60
交通运输设备制造业	Manufacture of Transport Equipment	146.42	41.40
电气机械及器材制造业	Manufacture of Electrical Machinery and Equipment	166.07	23.90
通信设备、计算机及其它电子设备制造业	Manufacture of Communication Equipment , Computer and Other Electronic Equipment	27.06	3.81
仪器仪表及文化、办公用机械制造业	Manufacture of Measuring Instrument and M-Achinery for Cultural Activity and Office Work	9.09	3.12
工艺品及其他制造业	Manufacture of Artwork,Other Manufacture n.e.c	21.72	19.86
废弃资源和废旧材料回收加工业	Recycling and Disposal of Waste	4.41	3.28
电力、燃气、及水的生产和供应业	**Production and Supply of Electric Power 、Gas and Water**	**4625.54**	**11422.31**
电力、热力的生产和供应业	Production and Supply of Electric Power and Heat Power	4536.07	11219.07
煤气生产和供应业	Production and Distribution of Gas	83.26	203.23
水的生产和供应业	Production and Distribution of Water	6.21	0.01

Consumption of Main Energy Sources in above Designated Size Industrial Enterprises by Industrial Sector (2011)

焦 炭 (万吨) Gas (10 000 tons)	原 油 (万吨) Crude Oil (10 000 tons)	柴 油 (万吨) Diesel Fuel Oil (10 000 tons)	燃料油 (万吨) Fuel Oil (10 000 tons)	热 力 (万百万千焦) Heat (10 billion Kilo Joule)	电 力 (亿千瓦时) Electricity (100 million kwh)
1292.63	**794.59**	**84.43**	**21.23**	**14261.09**	**2393.65**
4.50	**154.09**	**45.16**	**7.97**	**1155.62**	**225.09**
2.97		5.97		157.03	157.86
	154.09	29.30	7.93	446.09	22.51
0.08		1.69			8.17
1.45		6.49			28.83
		1.72	0.03	552.50	7.72
1288.12	**640.46**	**32.84**	**12.28**	**12211.53**	**1854.03**
1.06	0.12	2.12	0.28	319.48	63.40
0.16		1.98		529.43	31.40
0.03		0.42		87.77	22.15
		0.05		40.07	1.66
		1.12		103.34	82.12
0.01		0.22		8.27	5.87
0.11		0.26		122.75	5.56
0.25		0.79			12.64
		0.71			3.95
0.01	0.03	0.97	0.02	1578.52	59.23
		0.07		2.79	3.85
0.16		0.01			0.63
0.03	610.21	1.00	3.22	1079.78	21.03
29.72		1.38	0.72	2664.68	253.95
0.62		0.63	0.00	408.53	34.54
		0.05	0.05	46.49	8.91
2.12		0.37	0.01	311.90	10.34
0.01		0.77	0.04	1.87	17.42
26.37		6.56	5.44	69.67	287.25
949.51		3.27		0.36	181.62
122.94		2.83	2.44	4410.25	565.38
11.78		0.33		8.83	17.54
47.63		1.64		49.41	55.51
24.34		2.13	0.01	112.88	34.05
66.69	0.06	2.04		55.50	33.01
4.24	0.04	0.58	0.04	54.36	19.76
		0.10		12.95	9.36
0.33		0.10		10.29	5.01
		0.35		114.07	5.78
		0.03		7.28	1.11
0.01	**0.04**	**6.43**	**0.98**	**893.94**	**314.53**
	0.04	6.26	0.98	159.95	303.58
		0.11		733.62	6.13
0.01		0.05		0.37	4.81

8-18 规模以上工业分部门主要能源消费量(2011年)

Consumption of Main Energy Sources in above Designated Size Industrial Enterprises by Industrial Sector (2011)

部 门	Sector	综合能源消费量 (万吨标准煤) Total Energy Consumption (10 000 tons of SCE)	原 煤 (万吨) Coal (10 000 tons)	焦 炭 (万吨) Gas (10 000 tons)	原 油 (万吨) Crude Oil (10 000 tons)	柴 油 (万吨) Diesel Fuel Oil (10 000 tons)	燃料油 (万吨) Fuel Oil (10 000 tons)	热 力 (万百万千焦) Heat (10 billion Kilo Joule)	电 力 (亿千瓦时) Electricity (100 million kwh)
全省总计	**Total**	**15782.47**	**30325.63**	**1292.63**	**794.59**	**84.43**	**21.23**	**14261.09**	**2393.65**
煤炭	Coal	1050.35	10836.29	2.97		5.97		157.03	157.86
石油石化	Petroleum	263.27	73.13	0.03	794.30	29.48	11.06	1502.68	33.72
冶金	Metallurgy	2391.46	1762.06	957.49		6.65	0.28	32.23	259.87
有色	coloured Coherer	1868.77	1464.97	124.38		9.32	2.44	4410.25	594.21
建材	Construction material	1145.46	1171.67	5.26		7.36	5.25	66.35	184.52
化工	Chymic Industry	1822.18	1748.89	31.83		1.70	0.72	2976.57	262.99
轻工	Light Industry	1446.40	1197.46	20.10	0.15	7.92	0.38	3309.77	232.91
烟草	Smokables	7.29	2.46			0.05		40.07	1.66
纺织	Weave	271.18	191.12	0.01		1.39	0.05	158.10	96.90
医药	Medication	168.60	135.49	0.62		0.72		408.53	35.19
机械	Machine	528.47	221.27	142.25	0.10	6.34	0.05	282.48	137.12
电子	Electron	27.06	3.81			0.10		12.95	9.36
电力	Electric power	4453.74	10974.64		0.04	6.25	0.98	159.66	301.02
其他	Other	338.24	542.36	7.67		1.19		744.41	86.32

8-19 各市规模以上工业企业分品种主要能源消费量(2011年)

Consumption of Main Energy Sources in above Designated Size Industrial Enterprises by Industrial Sector and City (2011)

市(县)	City(County)	综合能源消费量(万吨标准煤) Total Energy Consumption (10 000 (tons of SCE)	原煤(万吨) Coal (10 000 tons)	焦炭(万吨) Gas (10 000 tons)	原油(万吨) Crude Oil (10 000 tons)	柴油(万吨) Diesel Fuel Oil (10 000 tons)	燃料油(万吨) Fuel Oil (10 000 tons)	热力(万百万千焦) Heat (10 billion Kilo Joule)	电力(亿千瓦时) Electricity (100 million kwh)
全省	**Total**	**15782.47**	**30325.63**	**1292.63**	**794.59**	**84.43**	**21.23**	**14261.09**	**2393.65**
省辖市	**City**								
郑州市	Zhengzhou	2084.13	3130.54	44.23	0.04	6.53	3.39	1270.66	413.40
开封市	Kaifeng	413.53	619.29	30.40		3.15		0.54	46.01
洛阳市	Luoyang	1825.92	2899.67	36.34	618.22	7.69	5.46	1519.87	416.04
平顶山市	Pingdingshan	1323.53	7234.63	58.34		3.18	0.47	1841.23	136.32
安阳市	Anyang	1534.30	1687.65	665.30		2.60		249.87	163.45
鹤壁市	Hebi	512.23	1749.59	2.34		1.65		94.69	45.53
新乡市	Xinxiang	1044.41	1440.22	5.80		1.34	0.09	47.02	143.80
焦作市	Jiaozuo	1148.99	1838.91	87.25		1.99	2.29	2675.73	194.51
濮阳市	Puyang	630.78	312.66	0.04	112.49	24.33		1301.13	53.84
许昌市	Xuchang	715.64	1043.10	44.59	0.06	3.76		1282.81	68.38
漯河市	Luohe	341.30	475.34	1.64	0.03	1.81	0.05	346.95	43.00
三门峡市	Sanmenxia	916.51	1709.64	8.16		10.67	0.04	2446.19	147.63
南阳市	Nanyang	821.68	1116.15	56.67	63.63	8.29	7.93	418.62	149.98
商丘市	Shangqiu	632.35	2693.91	2.61		1.80	1.36	26.36	150.43
信阳市	Xinyang	496.53	520.44	94.02		2.93	0.01		54.65
周口市	Zhoukou	240.82	291.59	1.75		0.35		505.14	44.69
驻马店市	Zhumadian	462.94	538.44	33.68	0.12	1.75	0.12	143.57	59.48
济源市	Jiyuan	636.65	1023.85	119.47		0.61		90.71	62.53
省直管县	**Province Administrating County**								
巩义市	Gongyi	434.97	472.86	32.67		0.34	0.08		122.06
兰考县	Lankao	17.94	12.80			2.59			3.24
汝州市	Ruzhou	168.34	1384.28	1.14		0.54		86.51	13.06
滑县	Huaxian	11.80	7.00	0.20		0.11			4.79
长垣县	Changyuan	10.61	6.89			0.05			3.33
邓州市	Dengzhou	29.98	30.27						6.38
永城市	Yongcheng	395.84	2364.03			0.62		0.47	78.18
固始县	Gushi	9.06	1.45	1.57					3.24
鹿邑县	Luyi	14.06	12.26						1.22
新蔡县	Xincai	3.95	1.78			0.36			1.75

8-20 规模以上工业企业分行业水消费总量(2011年)

单位：万吨

行业	Sector	取水总量 Water consumption	地表水 Groundwater
全部工业企业	**Total**	**360190**	**164318**
轻工业	Light Industry	168297	80127
重工业	Heavy Industry	191894	84191
采矿业	**Mining**	**37199**	**6456**
煤炭开采和洗选业	Mining and Washing of Coal	25531	504
石油和天然气开采业	Extraction of Petroleum and Natural Gas	4415	1154
黑色金属矿采选业	Mining of Ferrous Metal Ores	1540	1091
有色金属矿采选业	Mining of Non-ferrous Metal Ores	4948	3670
非金属矿采选业	Mining and Processing of Nonmetal Ores	765	39
制造业	**Manufaturing**	**121393**	**31756**
农副食品加工业	Processing of Food From Agricultural Products	9095	121
食品制造业	Manufacture of Foods	3715	26
饮料制造业	Manufacture of Beverage	7213	836
烟草制品业	Manufacture of Tobacco	222	
纺织业	Manufacture of Textile	3855	43
纺织服装、鞋、帽制造业	Manufacture of Textile Wearing Apparel, Footware, and Caps	639	12
皮革、毛皮、羽毛(绒)及其制品业	Manufacture of Leather, Fur, Feather and Its Products	1118	56
木材加工及木、竹、藤、棕、草制品业	Processing of Timbers, Manufacture of Wood, Bamboo, Rattan, Palm, and Straw Products	478	41
家具制造业	Manufacture of Furniture	147	11
造纸及纸制品业	Manufacture of Paper and Paper Products	13822	1841
印刷业和记录媒介的复制	Printing,Reproduction of Recording Media	156	6
文教体育用品制造业	Manufacture of Articles for Culture, Education and Sport Activity	15	
化学原料及化学制品制造业	Manufacture of Chemical Raw Material and Chemical Products	2935	834
医药制造业	Manufacture of Medicines	19225	7335
化学纤维制造业	Manufacture of Chemical Fiber	6535	1069
橡胶制品业	Manufacture of Rubber	2728	8
塑料制品业	Manufacture of Plastic	683	1
非金属矿物制品业	Manufacture of Non-metallic Mineral Products	928	168
黑色金属冶练及压延加工业	Manufacture and Processing of Ferrous Metals	15984	3639
有色金属冶练及压延加工业	Manufacture and Processing of Non-ferrous Metals	6926	3612
金属制品业	Manufacture of Metal Products	14876	10134
通用设备制造业	Manufacture of General Purpose Machinery	723	41
专用设备制造业	Manufacture of Special Purpose Machinery	1476	177
交通运输设备制造业	Manufacture of Transport Equipment	1610	11
电气机械及器材制造业	Manufacture of Electrical Machinery and Equipment	1307	39
通信设备、计算机及其	Manufacture of Communication Equipment ,	789	48
它电子设备制造业	Computer and Other Electronic Equipment	654	13
仪器仪表及文化、办公用 机械制造业	Manufacture of Measuring Instrument and M-Achinery for Cultural Activity and Office Work	301	
工艺品及其他制造业	Manufacture of Artwork,Other Manufacture n.e.c	3129	1631
废弃资源和废旧材料回收加工业	Recycling and Disposal of Waste	108	1
电力、燃气、及水的生产和供应业	**Production and Supply of Electric Power 、Gas and Water**	**201598**	**126105**
电力、热力的生产和供应业	Production and Supply of Electric Power and Heat Power	77865	51766
煤气生产和供应业	Production and Distribution of Gas	1110	482
水的生产和供应业	Production and Distribution of Water	122622	73856

Computation of Water in above Designated Size Industrial Enterprises by Sector (2011)

(10 000 tons)

地下水 Surface-water	自来水 tap water	其它水 others	重复用水 Volume of Repeated Computation
144449	**25573**	**25850**	**1231800**
77683	10113	374	26555
66765	15461	25476	1205245
23796	**1949**	**4998**	**57030**
18261	1786	4981	45860
3251	10		
423	9	17	1531
1213	65		9636
647	79		2
68911	**19555**	**1170**	**675135**
6498	2474	2	226
3161	528		319
5162	1203	13	649
66	150	6	51
2929	883		3823
533	95		11
1019	44		87
398	39		7
120	15		
11425	553	4	4935
89	61		
13	2		1
1318	525	258	63462
8863	2794	232	295176
3059	2060	347	7791
1417	1303		7727
547	136		5248
677	83		401
9789	2489	67	33487
2660	654		153522
4124	481	136	85644
594	88		98
857	441	1	1762
663	936		6532
798	429	40	928
304	437		182
242	398		2629
137	164	1	364
1414	83		9
37	7	62	64
51742	**4069**	**19683**	**499634**
11805	3490	10804	499547
329	299		87
39608	280	8879	

8-21 分省辖市规模以上工业企业水消费量(2011年)

Computation of Water in above Designated Size Industrial Enterprises by City (2011)

单位：万吨　　(10 000 tons)

市(县) City(County)	取水总量 Water consumption	地表水 Groundwater	地下水 Surface-water	自来水 tap water	其它水 others	重复用水 Volume of Repeated Computation
全　　省 Total	**360190**	**164318**	**144449**	**25573**	**25850**	**1231800**
省　辖　市 City						
郑　州　市 Zhengzhou	48268	26437	18339	1936	1556	120570
开　封　市 Kaifeng	13657	9471	1388	354	2444	128673
洛　阳　市 Luoyang	34223	12046	17877	3011	1289	151733
平 顶 山 市 Pingdingshan	28955	16525	6125	4983	1322	107930
安　阳　市 Anyang	15329	5714	8483	932	200	129616
鹤　壁　市 Hebi	5730	2294	2632	564	239	115183
新　乡　市 Xinxiang	23266	5461	10011	2286	5508	25936
焦　作　市 Jiaozuo	24369	2286	20652	1148	284	78344
濮　阳　市 Puyang	10384	4797	4206	1381		78421
许　昌　市 Xuchang	9668	3530	5522	239	376	40301
漯　河　市 Luohe	12447	4980	6000	821	646	3724
三 门 峡 市 Sanmenxia	23985	11906	4280	1542	6257	14573
南　阳　市 Nanyang	42551	29345	11172	2020	14	41353
商　丘　市 Shangqiu	10299	2925	3435	61	3878	31926
信　阳　市 Xinyang	23541	17882	2454	2964	240	34199
周　口　市 Zhoukou	11697	1156	10394	147		1657
驻 马 店 市 Zhumadian	14830	6137	6886	1127	680	43159
济　源　市 Jiyuan	6020	1425	3622	57	916	84502
省 直 管 县 Province Administrating County						
巩　义　市 Gongyi	1697	654	778	169	97	2696
兰　考　县 Lankao	71		69	2		
汝　州　市 Ruzhou	1282	228	1006	1	48	3268
滑　　县 Huaxian	61		59	2		
长　垣　县 Changyuan	49		47	3		
邓　州　市 Dengzhou	330	8	308	14		6
永　城　市 Yongcheng	5231		1352	2	3878	4950
固　始　县 Gushi	218	64	148	5		
鹿　邑　县 Luyi	1623		1623			2
新　蔡　县 Xincai	220	5	212	3		

8-22 各市年耗能万吨标准煤以上工业企业个数

Number of Industrial Enterprises of Consumption of Energy Above 10 000 tons by City

单位：个 (unit)

市(县) City(County)	2005	2006	2007	2008	2009	2010	2011
全　　省 Total	**849**	**1069**	**1067**	**1091**	**1059**	**1071**	**1114**
省　辖　市 City							
郑　州　市 Zhengzhou	165	203	214	224	211	212	212
开　封　市 Kaifeng	21	23	32	35	38	36	36
洛　阳　市 Luoyang	64	67	66	77	84	76	74
平顶山市 Pingdingshan	49	82	82	67	68	79	92
安　阳　市 Anyang	64	66	55	70	75	72	98
鹤　壁　市 Hebi	42	36	48	43	41	41	30
新　乡　市 Xinxiang	63	67	57	51	55	62	68
焦　作　市 Jiaozuo	106	130	141	138	124	113	108
濮　阳　市 Puyang	23	39	51	51	47	54	60
许　昌　市 Xuchang	38	115	85	101	83	92	91
漯　河　市 Luohe	23	30	28	32	30	28	22
三门峡市 Sanmenxia	36	40	44	44	41	46	65
南　阳　市 Nanyang	59	61	63	55	48	46	45
商　丘　市 Shangqiu	11	12	14	17	20	22	21
信　阳　市 Xinyang	21	28	21	25	25	22	24
周　口　市 Zhoukou	13	18	17	16	19	21	20
驻马店市 Zhumadian	27	25	25	20	23	22	26
济　源　市 Jiyuan	24	27	24	25	27	27	26
省直管县 Province Administrating County							
巩　义　市 Gongyi	38	37	40	44	37	36	36
兰　考　县 Lankao			1	1	1	1	
汝　州　市 Ruzhou	12	21	16	10	17	26	36
滑　　县 Huaxian	3	3	2	2	3	3	2
长　垣　县 Changyuan	1	1	1	1	1	1	2
邓　州　市 Dengzhou	10	10	11	6	3	2	2
永　城　市 Yongcheng	6	6	6	6	6	4	6
固　始　县 Gushi							1
鹿　邑　县 Luyi	1	4	4	4	4	5	5
新　蔡　县 Xincai							

8-23 各行业年耗能万吨标准煤以上工业企业单位数

Number of Industrial Enterprises of Consumption of Energy Above 10 000 tons by Sector

单位：个 (unit)

行 业	Sector	2005	2007	2008	2009	2010	2011
总　计	**Total**	**849**	**1067**	**1091**	**1059**	**1071**	**1114**
采矿业	**Mining**	**48**	**77**	**67**	**80**	**89**	**121**
煤炭开采和洗选业	Mining and Washing of Coal	34	65	53	68	76	102
石油和天然气开采业	Extraction of Petroleum and Natural Gas	3	3	3	3	3	4
黑色金属矿采选业	Mining of Ferrous Metal Ores	5	3	4	2	3	3
有色金属矿采选业	Mining of Non-ferrous Metal Ores	1	2	3	4	4	7
非金属矿采选业	Mining and Processing of Nonmetal Ores	5	4	4	3	3	5
制造业	**Manufaturing**	**700**	**881**	**925**	**891**	**902**	**912**
农副食品加工业	Processing of Food From Agricultural Products	22	29	32	29	25	27
食品制造业	Manufacture of Foods	13	18	23	26	28	23
饮料制造业	Manufacture of Beverage	10	22	22	20	21	22
烟草制品业	Manufacture of Tobacco	2	1	1	1	1	1
纺织业	Manufacture of Textile	22	26	24	23	25	29
纺织服装、鞋、帽制造业	Manufacture of Textile Wearing Apparel, Footware, and Caps				2	2	2
皮革、毛皮、羽毛(绒)及其制品业	Manufacture of Leather, Fur, Feather and Its Products	1	5	9	8	7	7
木材加工及木、竹、藤、棕、草制品业	Processing of Timbers, Manufacture of Wood, Bamboo, Rattan, Palm, and Straw Products	4	7	12	11	12	11
造纸及纸制品业	Manufacture of Paper and Paper Products	54	76	81	69	61	61
印刷业和记录媒介的复制	Printing,Reproduction of Recording Media	1				1	
石油加工、炼焦业及核燃料加工业	Processing of Petroleum ,Coking, Processing of Nucleus Fuel	23	31	30	29	29	29
化学原料及化学制品制造业	Manufacture of Chemical Raw Material and Chemical Products	119	125	121	118	121	110
医药制造业	Manufacture of Medicines	12	17	24	24	26	30
化学纤维制造业	Manufacture of Chemical Fiber	4	4	4	4	5	4
塑料制品业	Manufacture of Plastic	3	10	12	11	11	6
非金属矿物制品业	Manufacture of Non-metallic Mineral Products	277	312	294	272	274	287
黑色金属冶练及压延加工业	Manufacture and Processing of Ferrous Metals	51	60	59	61	59	62
有色金属冶练及压延加工业	Manufacture and Processing of Non-ferrous Metals	36	58	79	80	84	78
金属制品业	Manufacture of Metal Products	8	15	15	7	8	9
通用设备制造业	Manufacture of General Purpose Machinery	14	15	27	34	27	31
专用设备制造业	Manufacture of Special Purpose Machinery	8	19	21	17	17	16
交通运输设备制造业	Manufacture of Transport Equipment	5	11	14	13	18	21
电气机械及器材制造业	Manufacture of Electrical Machinery and Equipment	3	12	13	20	26	28
通信设备、计算机及其它电子设备制造业	Manufacture of Communication Equipment , Computer and Other Electronic Equipment	3	2	2	2	3	5
仪器仪表及文化、办公用机械制造业	Manufacture of Measuring Instrument and M-Achinery for Cultural Activity and Office Work						
工艺品及其他制造业	Manufacture of Artwork,Other Manufacture n.e.c	1	2	2	3	2	1
废弃资源和废旧材料回收加工业	Recycling and Disposal of Waste	1		1	2	3	
电力、燃气、及水的生产和供应业	**Production and Supply of Electric Power 、Gas and Water**	**101**	**109**	**99**	**88**	**80**	**81**
电力、热力的生产和供应业	Production and Supply of Electric Power and Heat Power	100	106	95	85	77	79
煤气生产和供应业	Production and Distribution of Gas	1	3	4	3	3	2
水的生产和供应业	Production and Distribution of Water						

8-24 主要耗能工业企业单位产品能源消耗情况

Energy Consumption per Unit of Product in Main Enterprises that Consume much Energy

单位：千克标准煤/吨 (kg SEC/ton)

指标名称	Item	2007	2008	2009	2010	2011
吨原煤生产综合能耗	Overall Energy Consumption per ton of Machining Coal	8.27	7.73	7.54	7.70	6.87
单位油气产量综合能耗	Overall Energy Consumption of Manufacturing Oil and Gas	192.08	187.86	185.20	172.34	174.77
铁矿采矿工序单位能耗	Energy Consumption per Uint of Mining of Iron ore	4.19	4.34	4.92	4.60	4.59
铁矿选矿工序单位能耗	Energy Consumption per Uint of Milling run Iron ore	5.52	5.08	4.03	4.03	4.18
每吨涤纶综合能耗(短纤)	Overall Energy Consumption per ton of Terylene(short fibre)	175.03	178.32	164.40	146.42	124.66
每吨涤纶综合能耗(长丝)	Overall Energy Consumption per ton of Terylene(long silk)	305.68	301.22	299.22	283.04	280.40
每吨纱(线)混合数综合能耗	Overall Energy Consumption per ton of Mixed Yarn(Cotton)	534.04	506.28	486.31	447.16	415.91
机制纸及纸板综合能耗	Overall Energy Consumption of Machinemade Paper and Paperboard	411.66	388.90	308.73	318.44	318.07
炼焦工序单位能耗	Energy Consumption per Unit of Coking plant	151.91	149.18	131.04	130.84	132.24
原油加工单位综合能耗	Overall Energy Consumption of Machining Base oil	71.98	70.19	65.72	63.12	69.66
单位烧碱生产综合能耗	Overall Energy Consumption of Manufacturing Caustic Soda	549.16	472.36	358.69	342.11	336.25
单位烧碱生产综合能耗(离子膜法30%)	Overall Energy Consumption per Unit of Manufacturing Caustic Soda(Ion Film 30%)	373.77	354.08	321.77	311.35	328.88
单位烧碱生产综合能耗(隔膜法30%)	Overall Energy Consumption per Unit of Manufacturing Caustic Soda (Partition Film 30%)	852.73	828.06	798.03	827.43	767.25
单位纯碱生产能耗	Overall Energy Consumption per Unit of Manufacturing Sodium carbonate	445.26	384.84	318.98	298.23	289.60
联碱法纯碱双吨产品生产综合能耗	Overall Energy Consumption per Unit of Sodium carbonate in Joint Alkali	337.44	288.01	281.80	249.34	245.40
天然碱法单位纯碱生产综合能耗	Overall Energy Consumption per Unit of Sodium carbonate in Natural Law	480.92	422.62	386.37	379.19	328.20
单位电石生产综合能耗	Overall Energy Consumption per Unit of Manufacturing Calcium carbide	1174.03	1216.94	1246.42	1222.08	1268.79
单位乙烯生产综合能耗	Overall Energy Consumption per Unit of Manufacturing Ethylene	933.59	957.54	913.57	877.27	878.57
单位合成氨生产综合能耗	Overall Energy Consumption per Unit of Manufacturing Compound ammonia	1397.03	1308.74	1258.91	1243.06	1277.15
吨水泥熟料综合能耗	Energy Consumption per ton of Cement Ripe-material	126.49	123.86	113.76	112.68	109.93
吨水泥综合能耗	Energy Consumption per ton of Cement	106.40	91.72	83.53	87.27	79.35
每重量箱平板玻璃综合能耗(千克标准煤/重量箱)	Energy Consumption per weight case of Plate Glass (Kg SEC/weight Case)	18.09	18.91	16.94	18.45	17.19
硅铁工序单位能耗	Energy Consumption per Unit of Ferrosilicon Processes	753.88	653.80	626.80	630.60	616.53
硅锰合金工序单位能耗	Energy Consumption per Unit of Si-Mn Alloy Processes	1004.90	1024.26	639.40	540.28	640.56
吨钢综合能耗	Energy Consumption per ton of Steel	508.61	503.51	507.71	476.00	439.29
吨钢耗新水(吨/吨)	Fresh Water Consumption per ton of Steel (ton/ton)	5.16	4.85	4.47	3.91	3.87
单位氧化铝综合能耗	Energy Consumption per Unit of Coking Alumina	691.04	650.95	567.60	562.28	543.90
单位电解铝综合能耗	Energy Consumption per Unit of Coking Aluminum	1779.27	1741.40	1749.68	1726.71	1661.63
单位粗铅综合能耗	Energy Consumption per Unit of Coking Lead	449.88	441.28	401.66	382.48	383.76
单位铅冶炼综合能耗	Energy Consumption per Unit of Lead smelting	583.99	574.14	545.96	474.53	460.35
吨铜加工材消耗能源量	Energy Consumption per ton of Machining Cuprum	307.22	276.11	160.62	282.90	314.31
吨铝加工材消耗能源量	Energy Consumption per ton of Machining Aluminium	209.24	198.81	187.78	170.74	171.35
电厂火力发电标准煤耗(克标准煤/千瓦时)	SEC Consumption of Firepower Generate Electricity (g SEC/kwh)	341.50	329.69	320.39	315.38	308.20

8-25 主要耗能工业企业单位产品电力消耗情况
Electric Power Consumption per Unit of Product in Main Enterprises that Consume much Energy

单位：千瓦时/吨 (kwh/ton)

指标名称	Item	2007	2008	2009	2010	2011
吨原煤生产耗电	Electric Power Consumption per ton of Machining Coal	33.80	31.38	32.76	32.55	33.46
选煤电力单耗	Electric Power Consumption per ton of Milling run Coal	8.65	8.10	8.11	6.82	7.94
单位油气产量耗电	Electric Power Consumption per ton of Manufacturing Oil and Gas	343.95	353.94	364.30	343.99	342.77
每吨粘胶纤维用电量(短纤)	Electric Power Consumption per ton of Pectic-fibre(short fibre)	980.75	925.37	1613.32	1715.28	1608.16
每吨粘胶纤维用电量(长丝)	Electric Power Consumption per ton of Pectic-fibre(long silk)	6793.35	7021.38	7144.95	7575.17	8308.86
每吨涤纶用电量(短纤)	Electric Power Consumption per ton of Terylene(short fibre)	233.35	260.03	202.55	196.75	217.86
每吨纱(线)混合数生产用电量	Electric Power Consumption per ton of Gauze and Line	1996.97	1840.86	1691.68	1492.42	1508.00
机制纸及纸板耗电	Electric Power Consumption per ton of Machinemade Paper and Paperboard	370.31	378.02	322.73	455.63	479.71
原油加工单位耗电	Electric Power Consumption per ton of Machining Base oil	68.36	70.21	64.33	63.79	66.98
单位烧碱耗电	Electric Power Consumption per unit of Manufacturing Caustic Soda	2368.58	2334.57	2354.37	2315.05	2337.75
单位烧碱生产耗交流电（离子膜法30%）	Electric Power Consumption per ton of Manufacturing Caustic Soda (Ion Film 30%)	2361.80	2346.99	2346.94	2306.70	2335.70
单位烧碱生产耗交流电（隔膜法30%）	Electric Power Consumption per ton of Manufacturing Caustic Soda (Partition Film 30%)	2386.21	2279.46	2442.76	2446.87	2457.56
单位纯碱耗电	Electric Power Consumption per ton of Manufacturing Sodium carbonate	312.10	328.95	269.70	262.33	320.84
联碱法纯碱双吨产品生产耗电	Electric Power Consumption per Unit of Sodium carbonate in Joint Alkali	284.98	287.16	289.17	290.38	309.20
天然碱法单位纯碱生产耗电	Electric Power Consumption per Unit of Sodium carbonate in Natural Law	330.39	351.04	323.85	336.07	331.00
单位电石生产电力消耗	Electric Power Consumption per ton of Manufacturing Calcium carbide	3160.03	2910.84	3074.38	3000.94	2959.41
单位乙烯生产耗电	Electric Power Consumption per ton of Manufacturing Ethylene	188.18	193.92	178.17	170.46	153.20
单位合成氨耗电	Electric Power Consumption per ton of Manufacturing Compound ammonia	1330.48	1330.98	1303.29	1261.43	1254.43
吨水泥熟料综合电耗	Overall Electric Power Consumption per ton of Cement Ripe-material	84.88	79.53	76.89	74.41	72.82
吨水泥综合电耗	Overall Electric Power Consumption per ton of Cement	116.43	112.16	89.74	90.45	85.30
每重量箱平板玻璃耗电（千瓦时/重量箱）	Electric Power Consumption per ton of Plate Glass(kwh/weight case)	8.58	7.73	6.15	7.40	7.95
吨钢耗电	Electric Power Consumption per ton of Steel	398.88	411.67	359.93	332.67	336.45
电炉炼钢综合电力消耗	Electric Power Consumption per ton of Electric Cooker Ferroalloy-making	425.43	443.38	381.88	398.00	402.48
硅铁单位电耗(千瓦时/标准吨)	Energy Consumption per Unit of Ferrosilicon Processes (kwh/SET)	5868.49	4740.54	4323.53	4310.10	4255.50
硅锰合金单位电耗（千瓦时/标准吨）	Energy Consumption per Unit of Si-Mn Alloy Processes (kwh/SET)	4200.00	4221.49	4570.80	3672.10	4498.54
轧钢工序单位电力消耗	Electric Power Consumption per ton of Steel rolling	106.45	102.54	85.18	87.44	125.33
单位铝锭综合交流电耗	Overall Alternating Current Electric Power Consumption per ton of Aluminium	14602.38	14379.38	14076.79	13993.26	13913.66
析出铅直流电单耗	DC Electric Power Consumption per ton of Separate out Aluminium	148.41	137.80	128.14	127.98	118.29
析出锌(湿法)直流电单耗	DC Electric Power Consumption per ton of Separate out Zn	3100.17	3089.39	3064.26	2974.65	2924.88
吨铜加工材消耗电量	Electric Power Consumption per ton of Machining Cuprum	1489.44	1548.43	1691.84	1793.33	1983.94
吨铝加工材消耗电量	Electric Power Consumption per ton of Machining Aluminium	564.39	551.86	523.74	539.24	538.70
发电厂用电率(%)	Electro-rate of Power plant(%)	7.49	7.42	6.95	6.40	6.03

8-26　各市全社会用电量

Electricity Consumption by city

单位：亿千瓦时　　　　(100 millin kwh)

市(县)　City(County)	2007	2008	2009	2010	2011
省辖市 City					
郑州市 Zhengzhou	334.89	366.67	365.84	410.09	455.99
开封市 Kaifeng	40.00	42.89	51.78	59.71	68.00
洛阳市 Luoyang	270.55	287.74	294.67	349.42	408.29
平顶山市 Pingdingshan	109.38	124.12	126.14	131.70	149.98
安阳市 Anyang	118.03	125.73	131.45	164.93	193.84
鹤壁市 Hebi	29.62	35.48	34.24	38.93	41.82
新乡市 Xinxiang	98.24	117.88	128.06	144.02	162.23
焦作市 Jiaozuo	166.97	186.50	182.03	186.31	207.59
濮阳市 Puyang	44.60	46.33	51.71	56.85	60.03
许昌市 Xuchang	49.36	55.77	65.89	76.16	84.11
漯河市 Luohe	31.61	33.89	36.51	41.17	46.92
三门峡市 Sanmenxia	99.71	105.11	117.86	141.72	140.91
南阳市 Nanyang	112.77	124.55	132.38	160.69	190.25
商丘市 Shangqiu	107.34	114.56	121.83	134.34	152.56
信阳市 Xinyang	46.01	50.53	62.10	69.22	78.24
周口市 Zhoukou	37.35	41.84	47.41	53.92	59.88
驻马店市 Zhumadian	51.31	53.89	59.89	66.32	80.10
济源市 Jiyuan	39.35	48.28	53.44	59.68	67.61
省直管县 Province Administrating County					
巩义市 Gongyi	76.73	79.67	83.21	94.79	105.07
兰考县 Lankao	2.14	3.04	3.67	5.07	5.85
汝州市 Ruzhou	11.60	13.57	12.70	13.47	16.43
滑县 Huaxian	5.71	6.22	6.96	7.52	10.22
长垣县 Changyuan	4.90	5.60	6.40	7.50	8.90
邓州市 Dengzhou	5.39	5.45	6.91	7.58	8.34
永城市 Yongcheng	53.36	58.35	56.12	59.75	80.09
固始县 Gushi	3.85	4.44	5.34	5.96	6.94
鹿邑县 Luyi	2.63	3.05	3.48	4.12	4.92
新蔡县 Xincai	1.47	1.67	2.10	2.48	2.95

注：本表由省电力公司提供。
a) Data in this table are provided by provincial electric company.

8-27 各市能耗情况(2010年不变价)

Basic condition of Energy Consumption by City(2010 Constant Price)

市(县) City(County)	能源消费总量(万吨标准煤) Energy Consumption (10 000 ton of SCE)	单位GDP能耗(吨标准煤/万元) Energy Consumption for GDP(ton of SCE /10 000yuan)		单位GDP电耗(千瓦时/万元) Energy Consumption for GDP (kw.h/10 000yuan)		单位工业增加值能耗(吨标准煤/万元) Energy Consumption for Add-value of Industry (ton of SCE/10 000yuan)	
		指标值 Index	比上年升降(±%) Change(±%)	指标值 Index	比上年升降(±%) Change(±%)	指标值 Index	比上年升降(±%) Change(±%)
全 省 Total	**21437.76**	**0.928**	**-3.53**	**1019.35**	**0.80**	**1.593**	**-10.75**
省 辖 市 City							
郑 州 市 Zhengzhou	2764.17	0.722	-3.22	1071.21	-0.35	1.185	-10.32
开 封 市 Kaifeng	574.39	0.620	-7.98	644.02	2.44	1.280	-14.06
洛 阳 市 Luoyang	2118.45	0.913	-3.22	1505.94	4.72	1.661	-9.85
平 顶 山 市 Pingdingshan	1494.09	1.140	-3.37	1004.72	-6.15	1.701	-9.04
安 阳 市 Anyang	1839.07	1.398	-4.41	1253.62	7.16	2.347	-10.86
鹤 壁 市 Hebi	599.47	1.397	-5.60	907.28	0.41	1.941	-13.12
新 乡 市 Xinxiang	1174.15	0.987	-2.37	1210.30	-1.56	1.813	-11.74
焦 作 市 Jiaozuo	1435.39	1.152	-2.98	1495.33	-8.57	1.698	-10.57
濮 阳 市 Puyang	800.95	1.033	-3.76	702.50	-1.35	1.410	-10.85
许 昌 市 Xuchang	1000.90	0.760	-2.64	578.49	1.99	1.014	-9.86
漯 河 市 Luohe	601.10	0.883	-2.85	604.96	-1.70	0.850	-12.05
三 门 峡 市 Sanmenxia	993.35	1.136	-2.50	1620.75	4.41	1.597	-9.50
南 阳 市 Nanyang	1150.18	0.589	-7.38	822.65	8.76	1.205	-14.95
商 丘 市 Shangqiu	1065.26	0.931	-4.38	1174.48	-0.72	1.595	-11.96
信 阳 市 Xinyang	841.51	0.771	-4.88	633.99	-0.08	1.711	-12.64
周 口 市 Zhoukou	645.44	0.525	-2.50	438.96	2.40	0.676	-13.48
驻 马 店 市 Zhumadian	801.70	0.761	-4.73	629.38	-0.82	1.229	-12.92
济 源 市 Jiyuan	653.62	1.904	-7.45	1737.90	-0.52	2.663	-10.86
省 直 管 县 Province Administrating County							
巩 义 市 Gongyi	504.44	1.203	-4.86	2130.56	0.22	1.558	-7.17
兰 考 县 Lankao	38.13	0.305	-6.82	406.64	-8.41	0.455	-12.68
汝 州 市 Ruzhou	234.78	0.908	-3.68	530.27	-6.24	1.798	-8.37
滑 县 Huaxian	61.79	0.452	-4.53	624.62	4.50	0.302	-17.20
长 垣 县 Changyuan	78.75	0.554	-3.37	528.20	1.70	0.138	-4.69
邓 州 市 Dengzhou	97.95	0.417	-6.89	322.90	-0.45	0.441	-29.11
永 城 市 Yongcheng	610.17	2.113	-4.50	2105.57	-3.70	2.016	-14.30
固 始 县 Gushi	155.99	0.887	-3.60	339.03	0.47	0.596	-11.04
鹿 邑 县 Luyi	73.86	0.475	-3.01	279.83	5.19	0.258	-16.26
新 蔡 县 Xincai	57.51	0.587	-4.65	253.74	4.20	0.215	-24.00

8-28 各市能耗情况(2011年)

Basic condition of Energy Consumption by City(2011)

市(县) City(County)	能源消费总量(万吨标准煤) Energy Consumption (10 000 ton of SCE)	单位GDP能耗(吨标准煤/万元) Energy Consumption for GDP(ton of SCE /10 000yuan)		单位GDP电耗(千瓦时/万元) Energy Consumption for GDP (kw.h/10 000yuan)		单位工业增加值能耗(吨标准煤/万元) Energy Consumption for Add-value of Industry (ton of SCE/10 000yuan)	
		指标值 Index	比上年升降(±%) Change(±%)	指标值 Index	比上年升降(±%) Change(±%)	指标值 Index	比上年升降(±%) Change(±%)
全　省 Total	**23061.88**	**0.895**	**-3.57**	**1032.27**	**1.27**	**1.450**	**-8.95**
省辖市 City							
郑州市 Zhengzhou	3010.18	0.695	-3.79	1052.30	-1.77	1.082	-8.70
开封市 Kaifeng	664.92	0.636	2.54	650.26	0.88	1.260	-1.63
洛阳市 Luoyang	2298.51	0.881	-3.52	1564.84	3.91	1.509	-9.17
平顶山市 Pingdingshan	1707.58	1.175	3.13	1032.41	2.76	1.744	2.54
安阳市 Anyang	1977.08	1.341	-4.10	1314.35	4.84	2.095	-10.76
鹤壁市 Hebi	650.00	1.342	-3.95	863.32	-4.85	1.768	-8.92
新乡市 Xinxiang	1292.61	0.948	-3.95	1189.45	-1.72	1.597	-11.91
焦作市 Jiaozuo	1558.72	1.104	-4.17	1470.22	-1.68	1.494	-12.03
濮阳市 Puyang	874.96	1.007	-2.55	690.59	-1.70	1.337	-5.18
许昌市 Xuchang	1108.27	0.734	-3.50	556.85	-3.74	0.898	-7.97
漯河市 Luohe	653.74	0.849	-3.91	609.37	0.72	0.777	-8.64
三门峡市 Sanmenxia	1079.42	1.094	-3.71	1428.03	-11.89	1.498	-6.23
南阳市 Nanyang	1232.08	0.567	-3.65	876.01	6.49	1.078	-10.53
商丘市 Shangqiu	1134.51	0.898	-3.55	1207.06	2.77	1.420	-10.97
信阳市 Xinyang	898.37	0.741	-3.92	645.04	1.74	1.500	-12.32
周口市 Zhoukou	686.81	0.505	-3.83	440.59	0.37	0.587	-13.21
驻马店市 Zhumadian	929.97	0.793	4.21	682.89	8.50	1.296	5.49
济源市 Jiyuan	720.97	1.830	-3.88	1715.98	-1.26	2.461	-7.60
省直管县 Province Administrating County							
巩义市 Gongyi	549.69	1.153	-4.17	2203.61	3.40	1.442	-7.48
兰考县 Lankao	42.20	0.298	-2.30	413.64	1.72	0.424	-6.70
汝州市 Ruzhou	251.19	0.883	-2.76	577.52	8.91	1.715	-4.60
滑县 Huaxian	65.56	0.441	-2.93	687.92	10.14	0.273	-9.54
长垣县 Changyuan	89.24	0.547	-1.23	545.85	3.34	0.133	-3.92
邓州市 Dengzhou	104.12	0.404	-3.21	323.52	0.19	0.391	-11.23
永城市 Yongcheng	669.81	2.081	-1.50	2488.13	18.17	1.900	-5.76
固始县 Gushi	166.08	0.865	-2.50	361.53	6.64	0.575	-3.59
鹿邑县 Luyi	79.17	0.460	-3.21	285.69	2.09	0.233	-9.78
新蔡县 Xincai	60.89	0.571	-2.82	276.33	8.90	0.199	-7.52

主要统计指标解释

能源生产总量 指一定时期内全国(地区)一次能源生产量的总和。该指标是观察全国(地区)能源生产水平、规模、构成和发展速度的总量指标。一次能源生产量包括原煤、原油、天然气、水电、核能及其他动力能(如风能、地热能等)发电量，不包括低热值燃料生产量、生物质能、太阳能等的利用和由一次能源加工转换而成的二次能源产量。

能源消费总量 指一定时期内全国(地区)物质生产部门、非物质生产部门和生活消费的各种能源的总和。该指标是观察能源消费水平、构成和增长速度的总量指标。能源消费总量包括原煤和原油及其制品、天然气、电力，不包括低热值燃料、生物质能和太阳能等的利用。能源消费总量分为终端能源消费量、能源加工转换损失量和能源损失量三部分。

能源生产弹性系数 研究能源生产增长速度与国民经济增长速度之间关系的指标。计算公式为：

能源生产弹性系数=能源生产总量年平均增长速度/国民经济年平均增长速度

国民经济年平均增长速度，可根据不同的目的或需要，用国民生产总值、国内生产总值等指标来计算，本年鉴是采用国内生产总值指标计算的。

电力生产弹性系数 是研究电力生产增长速度与国民经济增长速度之间关系的指标。一般来说，电力的发展应当快于国民经济的发展，也就是说电力应超前发展。计算公式为：

电力生产弹性系数=电力生产量年平均增长速度/国民经济年平均增长速度

能源消费弹性系数 反映能源消费增长速度与国民经济增长速度之间比例关系的指标。计算公式为：

能源消费弹性系数=能源消费量年平均增长速度/国民经济年平均增长速度

电力消费弹性系数 反映电力消费增长速度与国民经济增长速度之间比例关系的指标。计算公式为：

电力生产弹性系数=电力消费量年平均增长速度/国民经济年平均增长速度

能源加工转换效率 指一定时期内能源经过加工、转换后，产出的各种能源产品的数量与同期内投入加工转换的各种能源数量的比率。该指标是观察能源加工转换装置和生产工艺先进与落后、管理水平高低等的重要指标。计算公式为：

能源加工转换效率=能源加工转换产出量/能源加工转换投入量×100%

单位GDP能耗 指一定时期内，一个国家或地区每生产一个单位的生产总值所消耗的能源。能源消费的核算范围既包括全部三次产业的生产、经营及其他活动用能，也包括居民生活用能。计算方法：

单位GDP能耗=能源消费总量/GDP（可比价）

单位GDP电耗 指一定时期内，一个国家或地区每生产一个单位的国内生产总值所消耗的电力。计算公式为：

单位GDP电耗=全社会用电量/GDP(可比价)

单位工业增加值能耗 指一定时期内，一个国家或地区每生产一个单位的工业增加值所消耗的能源。计算公式为：

单位工业增加值能耗=工业能源消耗量/工业增加值

Explanatory Notes on Main Statistical Indicators

Total Energy Production refers to the total production of primary energy by all energy producing enterprises in the country in a given period of time. It is a comprehensive indicator to show the capacity, scale, composition and development of energy production of the country. The production of primary energy includes that of coal, crude oil, natural gas, hydro-power and electricity generated by nuclear energy and other means such as wind power and geothermal power. However, it excludes the production of fuels of low calorific value, bio-energy, solar energy and the secondary energy converted from the primary energy.

Total Domestic Energy Consumption refers to the total consumption of energy of various kinds by material production sectors, non material production sectors and households in the country in a given period of time. It is a comprehensive indicator to show the scale, composition and development of energy consumption. The total energy consumption includes that of coal, crude oil and their products, natural gas and electricity; however, it excludes the consumption of fuel of low calorific value, bio-energy and solar energy. Total domestic energy consumption can be divided into three parts: final energy consumption, loss during the process of energy conversion, and energy loss.

Elasticity Ratio of Energy Production the indicator to show the relationship between the growth rate of energy production and the growth rate of the national economy. The formula is:

Elasticity Ratio of Energy Production = Average Annual Growth Rate of Energy Production / Average Annual Growth Rate of National Economy

The average annual growth rate of the national economy can be shown by the gross national product, gross domestic product and other indicators, depending upon the purposes or needs. The gross domestic product is used in calculation of the ratio in this chapter.

Elasticity Ratio of Electricity Production is an indicator to show the relationship between the growth rate of electricity production and the growth rate of the national economy. Generally speaking, the growth rate of electricity production should be higher than that of the national economy.

Its formula is:

$$\text{Elasticity Ratio of Electricity Production} = \frac{\text{Average Annual Growth Rate of Electricity Production}}{\text{Average Annual Growth Rate of National Economy}}$$

Elasticity Ratio of Energy Consumption the indicator to show the relationship between the growth rate of energy consumption and the growth rate of the national economy. The formula is:

Elasticity Ratio of Energy Consumption = Average Annual Growth Rate of Energy Consumption / Average Annual Growth Rate of National Economy

Elasticity Ratio of Electricity Consumption is an indicator to show the relationship between the growth rate of electricity consumption and the growth rate of the national economy. The formula is:

$$\text{Elasticity Ratio of Electricity Consumption} = \frac{\text{Average Annual Growth Rate of Electricity Consumption}}{\text{Average Annual Growth Rate of National Economy}}$$

Efficiency of Energy Processing and Conversion refers to the ratio of the total output of energy products of various kinds after processing and conversion and the total input of energy of various kinds for processing and conversion in the same reference period. It is an important indicator to show the current conditions of energy processing and conversion equipment, production technique and management. The formula is:

Efficiency of Energy Processing & Conversion = (Output of Energy After Processing & Conversion / Input of Energy for Processing & Conversion)×100%

Energy Consumption per Unit of GDP refers to the energy consumption per unit of gross domestic production in a country or the gross region production in a region in the same reference period. The consumption of energy accounting scope includes both all three times of industry production and business operations and other activities can use, including residents with life.

The formula is:

Energy Consumption per Unit of GDP = Total Energy Consumption / Gross Domestic Production

Electricity Consumption per Unit of GDP refers to the electricity consumption per unit of gross domestic production in a country or the gross region production in a region in the same reference period. The formula is:

Electricity Consumption per Unit of GDP = Total Electricity Consumption / Gross Domestic Production

Energy Consumption per Unit of Industrial Value-added refers to the energy consumption per unit of industrial value-added in a country or region in the same reference period. The formula is:

Energy Consumption per Unit of Industrial Value-added = Total Energy Consumption / Industrial Value-added

财政
Government Finance

● 资料整理：曹占峰

简要说明

一、主要内容

本篇包括地方财政收支和预算外资金收支资料。

二、统计口径

2007年起，财政收支科目实施了较大改革，特别是财政支出项目口径变化很大，与往年数据不可比。

三、资料来源

资料来源于河南省财政厅的财政总决算，由河南省统计局国民经济核算处编辑整理。

Brief Introduction

I. Main Contents

The data in this chapter present the government revenue and expenditure situation, the extra-budgetary revenue and expenditure.

II. Scope of Statistics

Because of the classifications of revenue and expenditure accounts have been adjusted largely since 2007, the relative data are not compared with data in preceding years.

III. Sources of Data

The data are based on final Henan provincial financial accounts, which are provided by the Department of National Accounts of the Henan provincial Bureau of Statistics.

9-1 历年地方公共财政预算收支总额

Total Public Financial Revenue and Expenditure of the Local Government over the Years

单位：亿元 (100 million yuan)

年 份 Year	财政总收入 Total Financial Revenue	公共财政预算收入 Public Financial Revenue of Local Government	#税收收入 Taxes	公共财政预算支出 Public Financial Expenditure of Local Government	#农林水事务 Farming Forestry Water Conservancy Operating	#社会保障和就业 Social Security and Obtain employment	#教科文卫 Culture Education Science & Health Care	#科学技术 Technology	#教育 Education	#医疗卫生 Medical Treatment and Public Health
1978		33.73	23.04	27.67	4.20		5.77	0.43		
1979		33.68	23.62	29.86	5.28		7.05	0.53		
1980		31.86	24.86	26.74	4.66		8.31	0.59		
1981		34.23	29.73	25.84	4.25		8.84	0.61		
1982		33.49	30.96	29.81	4.57		9.83	0.67		
1983		36.49	30.69	30.06	4.73		10.45	0.91		
1984		39.26	34.54	36.79	4.86		11.83	1.08		
1985		48.93	44.57	49.51	5.01		13.93	1.16		
1986		54.92	49.71	69.20	5.92		15.78	1.31		
1987		63.15	56.10	65.26	6.90		16.67	1.18		
1988		70.98	65.09	76.22	8.64		19.47	1.35		
1989		80.97	75.50	87.67	10.85		22.76	1.49		
1990		83.59	78.85	89.53	10.74		24.54	1.53		
1991		91.36	84.61	97.88	12.18		26.99	1.70		
1992		104.03	95.41	116.49	13.29		33.22	1.93		
1993		139.20	126.36	147.73	14.34		39.28	2.01		
1994		(171.38)								
		93.35	81.77	169.62	15.09		50.64	2.54		
1995		124.63	103.45	207.28	17.59		58.30	3.24		
1996		162.06	126.63	255.29	21.12		69.49	3.75		
1997		192.63	152.09	290.84	23.47		75.43	4.52		
1998		208.20	160.60	323.63	25.71		82.89	5.05		
1999		223.35	176.12	384.32	28.39		95.57	6.01		
2000		246.47	195.04	445.53	34.19		108.46	6.86		
2001		267.75	226.70	508.58	36.94		131.35	7.25		
2002		296.72	242.24	629.18	44.77		166.56	7.95		
2003		338.05	264.40	716.60	47.92		188.27	9.06		
2004	789.05	428.78	307.12	879.96	65.99		220.81	10.40		
2005	967.16	537.65	365.67	1116.04	82.28		270.22	13.85		
2006	1202.96	679.17	471.80	1440.09	(99.12)		(344.21)	(18.84)		
					111.34		362.82	17.37		
2007	1530.48	862.08	625.02	1870.61	152.51	281.22	523.51	25.23	366.12	98.78
2008	1781.89	1008.90	742.27	2281.61	209.59	330.23	661.40	30.44	444.03	145.47
2009	1921.80	1126.06	821.50	2905.76	361.60	403.62	843.47	35.52	526.14	223.15
2010	2293.70	1381.32	1016.55	3416.14	399.19	461.22	979.24	44.67	609.37	270.21
2011	2851.91	1721.76	1263.10	4248.82	480.48	547.96	1332.75	56.59	857.14	361.48

注：1.财政收入1993年以前为分税制前老口径,1994年以后为分税制后新口径,括号内为分税制前老口径。
2.1994年以后的财政收支均为地方财政一般预算收支。
3.2007年起，财政收支项目按新科目列支。2006年财政支出括号内数据为按老科目列支。
4.2012年起，财政一般预算收支改称公共财政预算收支。

a)Before 1993,government revenue is old statement before distributive taxation.The date in parentheses is statement before distributive taxation .
b)Financial revenue and expenditure refer to Ordinary budget financial revenue and expenditure of local government since 1994(the same to next).
c)Item of Financial revenue and expenditure based on new system since 2007.Data of financial expenditure Parenthesos are based on old system in 2006.
d)Data of Financial general budget revenue and expenditure change to public financial revenue and expenditure.

9-2 各项税收
Taxes

单位：亿元 (100 million yuan)

年 份 Year	公共财政预算收入 Public Financial Revenue of Local Government	#增值税 Value-added Tax	#营业税 Business Tax	#企业所得税 Corporate Income Tax	#个人所得税 Individual Income Tax	#城市维护建设税 City Maintenance and Construction Tax
1995	124.63	25.57	22.78	18.64	3.44	8.39
1996	162.06	30.00	29.76	19.83	4.92	10.13
1997	192.63	32.80	38.85	28.43	6.38	11.18
1998	208.20	36.07	42.83	22.68	8.84	12.28
1999	223.35	36.72	47.22	29.47	10.83	12.69
2000	246.47	42.24	48.18	39.60	12.88	13.64
2001	267.75	44.35	52.89	60.85	19.25	13.73
2002	296.72	49.25	63.14	31.97	17.82	17.24
2003	338.05	57.95	75.31	29.14	15.60	20.54
2004	428.78	65.78	92.81	38.43	19.32	24.60
2005	537.65	87.97	111.60	51.56	22.05	29.18
2006	679.17	105.84	143.34	70.21	24.05	35.02
2007	862.08	129.96	184.24	103.06	30.26	42.87
2008	1008.90	153.89	209.55	116.76	32.30	49.06
2009	1126.06	140.82	252.81	114.81	33.33	51.93
2010	1381.32	155.79	319.34	136.63	40.29	61.35
2011	1721.76	181.38	404.27	185.21	48.38	80.22

9-3 地方公共财政预算收入
Public Financial Revenue of the Local Government

单位：亿元 (100 million yuan)

项 目	Item	2010 绝对数 Absolute Value	2010 比重(%) Proportion (%)	2011 绝对数 Absolute Value	2011 比重(%) Proportion (%)
收入合计	**Total Revenue**	**1381.32**	**100.0**	**1721.76**	**100.0**
税收收入	Tax Revenue	1016.55	73.6	1263.10	73.4
增值税	Value-added Tax	155.79	11.3	181.38	10.5
营业税	Sales Tax	319.34	23.1	404.27	23.5
企业所得税	Enterprises' Income Tax	136.63	9.9	185.21	10.8
企业所得税退税	Drawback of Enterprise Income Tax	-0.01	0.0		
个人所得税	Individual Income Tax	40.29	2.9	48.38	2.8
资源税	Resources Tax	26.08	1.9	26.59	1.5
固定资产投资方向调节税	Regulatory taxes on investment in fixed assets				
城市维护建设税	Tax on Urban Maintenance and Construction	61.35	4.4	80.22	4.7
房产税	Tax on Real Estates	22.77	1.6	26.13	1.5
印花税	Stamp Tax	14.23	1.0	18.38	1.1
城镇土地使用税	Tax on the Use of Urban Land	49.80	3.6	57.72	3.4
土地增值税	Land Value Added Tax	37.96	2.7	58.44	3.4
车船税	Tax on Vehicles and Ships	9.79	0.7	12.21	0.7
耕地占用税	Tax on The Occupancy of Cultivated Land	48.96	3.5	61.18	3.6
契税	Contract Tax	88.98	6.4	98.06	5.7
烟叶税及其他	Tax on Tobacco leaf and others	4.58	0.3	4.92	0.3
非税收入	Non-Tax Revenue	364.77	26.4	458.65	26.6
专项收入	Expert Project Income	89.04	6.4	90.60	5.3
行政事业性收费收入	Income from Administrative Fees	122.42	8.9	161.33	9.4
罚没收入	Penalty and Confiscator Income	50.83	3.7	59.03	3.4
国有资本经营收入	Stated-owned Assets Profit	60.36	4.4	71.97	4.2
国有资源(资产)有偿使用收入	Revenue from using Stated-owned Assets Profit	23.98	1.7	46.00	2.7
其他收入	Other	18.14	1.3	29.72	1.7

9-4 各级地方公共财政预算收入(2011年)

Public Financial Revenue of the Local Government by Rating(2011)

单位：亿元 (100 million yuan)

项　　目	Item	合计 Total	省级 Province	市级 City	县市级 County	乡镇级 Town & Township
收入合计	**Total Revenue**	**1721.76**	**112.52**	**658.05**	**663.17**	**288.03**
税收收入	Tax Revenue	1263.10	49.48	491.46	455.55	266.62
增值税	Value-added Tax	181.38	8.69	60.63	64.26	47.79
营业税	Sales Tax	404.27	6.21	177.63	133.02	87.42
企业所得税	Enterprises' Income Tax	185.21	34.48	63.96	53.98	32.79
企业所得税退税	Drawback of Enterprise Income Tax					
个人所得税	Individual Income Tax	48.38		25.19	14.99	8.20
资源税	Resources Tax	26.59		3.70	7.93	14.96
固定资产投资方向调节税	Regulatory taxes on investment in fixed assets					
城市维护建设税	Tax on Urban Maintenance and Construction	80.22	0.11	37.79	30.53	11.79
房产税	Tax on Real Estates	26.13		7.68	14.01	4.44
印花税	Stamp Tax	18.38		5.78	7.69	4.92
城镇土地使用税	Tax on the Use of Urban Land	57.72		16.78	25.73	15.21
土地增值税	Land Value Added Tax	58.44		16.39	31.20	10.84
车船税	Tax on Vehicles and Ships	12.21		5.06	4.85	2.30
耕地占用税	Tax on The Occupancy of Cultivated Land	61.18		6.53	42.26	12.39
契税	Contract Tax	98.06		64.31	24.29	9.46
烟叶税及其他	Tax on Tobacco leaf and other	4.92		0.01	0.80	4.11
非税收入	Non-Tax Revenue	458.65	63.04	166.59	207.62	21.40
专项收入	Expert Project Income	90.60	34.09	27.68	27.36	1.47
行政事业性收费收入	Income from Adiministrative Fees	161.33	20.70	53.26	78.32	9.05
罚没收入	Penalty and Confiscator Income	59.03	4.35	16.60	37.33	0.75
国有资本经营收入	Stated-owned Assets Profit	71.97	0.02	45.51	24.20	2.24
国有资源(资产)有偿使用收入	Revenue from using Stated-owned Assets Profit	46.00	3.86	15.10	24.87	2.18
其他收入	Other	29.72	0.02	8.44	15.54	5.72

9-5 地方公共财政预算支出

Public Financial Expenditure of the Local Government

单位：亿元 (100 million yuan)

项 目	Item	2010		2011	
		绝对数 Absolute Value	比重(%) Proportion (%)	绝对数 Absolute Value	比重(%) Proportion (%)
本年支出合计	**Total Expenditure**	**3416.14**	**100.0**	**4248.82**	**100.0**
一般公共服务	Commonly Public servings	478.69	14.0	559.02	13.2
国防	National Defense	4.16	0.1	5.67	0.1
公共安全	Public security	189.72	5.6	204.80	4.8
教育	Education	609.37	17.8	857.14	20.2
科学技术	Technology	44.67	1.3	56.59	1.3
文化体育与传媒	Culture Sport and Medium	54.99	1.6	57.54	1.4
社会保障和就业	Social Security and Obtain employment	461.22	13.5	547.96	12.9
医疗卫生	Medical Treatment and Public Health	270.21	7.9	361.48	8.5
环境保护	Environment Protection	96.38	2.8	95.60	2.3
城乡社区事务	Urban and Rural Area Community Operating	165.30	4.8	191.30	4.5
农林水事务	Farming Forestry and Water Conservancy Operating	399.19	11.7	480.48	11.3
交通运输	Traffic and Transport	173.84	5.1	281.21	6.6
资源勘探电力信息等事务	Resource exploration power information, etc	89.81	2.6	126.55	3.0
商业服务业等事务	Business Services, etc	73.88	2.2	67.60	1.6
金融监管支出	The financial supervision	11.99	0.4	16.83	0.4
地震灾后恢复重建支出	Expenses after the Earthquake Reconstruction	3.10	0.1	3.42	0.1
国土资源气象等事务	The Land and Resources, etc	75.36	2.2	63.54	1.5
住房保障支出	Housing Safeguard	77.25	2.3	142.64	3.4
粮油物资储备管理等事务	Grain and oil reserves management	45.35	1.3	39.85	0.9
国债还本付息支出	Debt servicing expenditure	10.67	0.3	26.41	0.6
其他支出	Others	80.97	2.4	63.17	1.5

9-6 各级地方公共财政预算支出(2011年)

Public Financial Expenditure of the Local Government by Rating(2011)

单位：亿元 (100 million yuan)

项目	Item	合计 Total	省级 Province	市级 City	县市级 County	乡镇级 Town & Township
本年支出合计	**Total Expenditure**	**4248.82**	**736.62**	**1009.54**	**2243.88**	**258.78**
一般公共服务	Commonly Public servings	559.02	72.77	88.57	266.65	131.03
国防	National Defense	5.67	2.31	2.28	1.08	
公共安全	Public security	204.80	26.22	76.21	101.82	0.55
教育	Education	857.14	105.33	146.83	587.79	17.19
科学技术	Technology	56.59	10.03	16.64	27.86	2.06
文化体育与传媒	Culture Sport and Medium	57.54	7.00	20.85	27.38	2.31
社会保障和就业	Social Security and Obtain employment	547.96	152.67	92.75	278.65	23.89
医疗卫生	Medical Treatment and Public Health	361.48	28.05	54.90	275.89	2.64
节能环保	Energy conservation and environmental protection	95.60	3.59	34.08	56.90	1.03
城乡社区事务	Urban and Rural Area Community Operating	191.30	2.33	100.34	71.03	17.61
农林水事务	Farming Forestry and Water Conservancy Operating	480.48	133.55	53.57	246.65	46.72
交通运输	Traffic and Transport	281.21	83.32	130.50	66.39	1.00
资源勘探电力信息等事务	Resource exploration power information, etc	126.55	22.62	66.50	34.05	3.39
商业服务业等事务	Business Services, etc	67.60	2.45	16.33	47.59	1.23
金融监管等事务	Financial supervision and others	16.83	3.96	6.17	6.69	
地震灾后恢复重建支出	Expenses after the Earthquake Reconstruction	3.42	3.42			
国土资源气象等事务	The Land and Resources, etc	63.54	24.79	11.55	27.05	0.15
住房保障支出	Housing Safeguard	142.64	16.64	39.34	83.26	3.41
粮油物资储备管理等事务	Grain and oil reserves management	39.85	29.81	3.24	6.78	0.01
国债还本付息支出	Debt servicing expenditure	26.41	1.22	22.37	2.81	0.01
其他支出	Others	63.17	4.54	26.51	27.56	4.56

9-7 各市公共财政预算收入(2011年)

单位：亿元

市（县） City(County)	收入合计 Total Revenue	税收收入 Tax Revenue	增值税 Value-added Tax	营业税 Operation Tax	企业所得税 Corporate Income Tax	个人所得税 Individual Income Tax
全　　省 Total	**1721.76**	**1263.10**	**181.38**	**404.27**	**185.21**	**48.38**
省辖市 City						
郑州市 Zhengzhou	502.32	389.58	38.57	144.68	59.06	19.13
开封市 Kaifeng	49.05	34.56	4.12	12.79	3.09	0.99
洛阳市 Luoyang	178.27	131.23	20.25	38.43	20.00	5.14
平顶山市 Pingdingshan	95.30	70.56	14.83	20.33	5.73	2.74
安阳市 Anyang	77.36	53.65	8.05	15.76	5.49	1.59
鹤壁市 Hebi	28.02	19.95	3.65	5.76	1.75	1.09
新乡市 Xinxiang	90.73	67.49	10.81	19.87	10.31	1.98
焦作市 Jiaozuo	74.51	52.14	9.13	14.60	6.14	2.06
濮阳市 Puyang	39.02	31.43	6.16	10.26	1.97	1.66
许昌市 Xuchang	74.17	58.55	8.49	15.50	6.93	1.91
漯河市 Luohe	33.69	27.60	4.90	8.58	4.38	0.79
三门峡市 Sanmenxia	57.61	42.36	8.40	11.13	4.98	1.63
南阳市 Nanyang	87.10	67.52	10.78	19.47	4.95	2.20
商丘市 Shangqiu	56.44	45.32	9.53	15.35	3.46	1.38
信阳市 Xinyang	44.33	34.30	3.53	14.89	2.72	1.29
周口市 Zhoukou	48.72	33.04	3.73	12.75	2.61	0.86
驻马店市 Zhumadian	47.10	35.06	4.12	13.52	3.11	1.16
济源市 Jiyuan	25.52	19.30	3.66	4.38	4.05	0.79
省直管县 Province Administrating County						
巩义市 Gongyi	22.32	17.16	3.90	3.58	2.16	0.78
兰考县 Lankao	5.14	3.47	0.79	1.22	0.22	0.06
汝州市 Ruzhou	11.40	7.59	1.48	1.82	1.16	0.19
滑县 Huaxian	3.80	2.65	0.40	1.02	0.30	0.09
长垣县 Changyuan	6.32	5.17	1.09	1.63	0.64	0.10
邓州市 Dengzhou	6.20	4.34	0.38	1.44	0.21	0.13
永城市 Yongcheng	20.01	17.31	6.62	3.27	1.69	0.71
固始县 Gushi	5.01	3.01	0.22	1.37	0.18	0.16
鹿邑县 Luyi	4.57	3.23	0.41	0.96	0.21	0.05
新蔡县 Xincai	2.41	1.34	0.13	0.56	0.08	0.05

Public Financial Revenue of the Local Government by City(2011)

(100 million yuan)

城市维护建设税 Tax on Town Maintenance and Construction	耕地占用税 Tax on Occupation of Cultivated Land	契税 Deed Tax	其他各项税收 Other Tax	非税收入 Non-Tax Revenue	#专项收入 Expert Project Income	#行政事业性收费收入 Income from Adiministrative Fees	#国有资本经营收入 Income from Stated-owned Assets Profit
80.22	**61.18**	**98.06**	**204.39**	**458.65**	**90.60**	**161.33**	**71.97**
23.48	11.87	36.08	56.71	112.74	12.82	26.91	44.31
1.60	1.97	3.60	6.42	14.49	1.26	6.82	1.38
8.69	3.12	9.66	25.95	47.04	7.34	17.85	2.86
5.12	4.86	2.98	13.98	24.73	4.54	11.61	0.50
4.75	2.70	5.67	9.64	23.70	3.10	7.29	3.36
1.23	1.82	1.33	3.30	8.07	1.11	1.97	1.51
3.61	3.33	5.15	12.43	23.24	2.69	9.85	3.03
3.21	1.83	4.06	11.11	22.37	2.82	6.05	7.98
2.50	1.23	1.84	5.81	7.59	1.69	3.21	0.25
5.72	5.16	4.18	10.66	15.61	3.25	7.86	0.93
2.49	0.99	1.39	4.09	6.09	1.29	2.71	0.35
2.82	1.17	3.06	9.16	15.24	2.97	4.85	3.37
4.71	12.13	4.31	8.98	19.58	3.70	9.08	0.32
3.05	1.52	4.50	6.53	11.13	2.29	4.56	0.15
1.80	1.44	3.96	4.67	10.03	1.68	4.55	0.08
1.45	3.52	2.33	5.79	15.69	1.04	7.76	0.61
2.79	2.13	2.87	5.36	12.04	1.68	5.70	0.43
1.10	0.40	1.10	3.81	6.22	1.24	2.02	0.54
1.27	0.40	0.81	4.27	5.16	0.98	2.32	0.86
0.18	0.45	0.19	0.36	1.66	0.19	0.91	
0.46	0.72	0.14	1.62	3.81	0.59	2.45	
0.09	0.07	0.23	0.44	1.15	0.07	0.33	0.01
0.27	0.05	0.39	1.01	1.14	0.17	0.55	
0.16	1.07	0.41	0.56	1.86	0.13	0.97	0.06
1.67	0.64	0.56	2.16	2.70	1.28	0.84	
0.11	0.05	0.59	0.33	2.00	0.62	0.82	
0.13	0.50	0.20	0.76	1.34	0.10	0.50	0.01
0.03	0.18	0.18	0.14	1.07	0.04	0.51	

9-8 各市公共财政预算支出(2011年)

单位：亿元

市(县) City(County)	支出合计 Payout	#一般公共服务 Commonly Public servings	#公共安全 Public security	#教育 Education	#科学技术 Technology	#文化体育与传媒 Culture Sport and Medium
全 省 Total	**4248.82**	**559.02**	**204.80**	**857.14**	**56.59**	**57.54**
省 辖 市 City						
郑 州 市 Zhengzhou	566.58	68.30	27.99	91.95	10.16	8.63
开 封 市 Kaifeng	144.99	28.64	8.85	28.07	1.52	1.43
洛 阳 市 Luoyang	296.90	32.63	15.95	63.33	5.96	5.85
平 顶 山 市 Pingdingshan	175.17	28.18	10.02	33.97	2.23	3.40
安 阳 市 Anyang	174.54	23.91	10.16	42.14	3.33	3.23
鹤 壁 市 Hebi	74.25	8.46	3.77	14.51	0.65	1.02
新 乡 市 Xinxiang	201.32	28.94	12.68	45.72	2.54	2.84
焦 作 市 Jiaozuo	144.80	21.74	9.14	24.91	3.26	2.27
濮 阳 市 Puyang	118.45	13.12	6.74	28.50	1.43	1.58
许 昌 市 Xuchang	150.31	24.16	7.80	34.33	1.64	3.64
漯 河 市 Luohe	87.48	11.84	4.33	16.23	0.57	1.16
三 门 峡 市 Sanmenxia	118.61	19.52	6.07	24.88	1.92	1.88
南 阳 市 Nanyang	309.65	43.56	14.32	65.77	4.31	2.73
商 丘 市 Shangqiu	229.04	27.69	9.83	61.60	1.58	1.75
信 阳 市 Xinyang	222.80	36.57	8.68	58.29	1.41	2.55
周 口 市 Zhoukou	244.83	32.83	10.27	61.09	1.52	3.57
驻 马 店 市 Zhumadian	212.60	30.74	10.43	48.92	2.14	2.51
济 源 市 Jiyuan	39.89	5.43	1.58	7.60	0.39	0.51
省 直 管 县 Province Administrating County						
巩 义 市 Gongyi	33.62	4.30	1.45	6.78	0.54	1.27
兰 考 县 Lankao	19.22	4.03	1.03	3.61	0.05	0.26
汝 州 市 Ruzhou	23.55	3.82	1.01	5.10	0.30	0.45
滑 县 Huaxian	26.36	2.69	0.95	7.06	0.30	0.42
长 垣 县 Changyuan	20.25	3.44	0.87	5.61	0.17	0.14
邓 州 市 Dengzhou	31.34	3.56	1.13	6.76	0.32	0.21
永 城 市 Yongcheng	32.65	4.11	1.41	9.77	0.16	0.22
固 始 县 Gushi	29.47	5.41	1.06	8.07	0.13	0.31
鹿 邑 县 Luyi	24.64	2.99	0.79	7.04	0.22	0.79
新 蔡 县 Xincai	20.07	2.96	0.82	4.83	0.07	0.14

Public Financial Expenditure of the Local Government by City(2011)

(100 million yuan)

#社会保障和就业 Social Security and Obtain employment	#医疗卫生 Medical Treatment and Public Health	#节能保护 Energy conservation and environmental protection	#城乡社区事务 Urban and Rural Area Community Operating	#农林水事务 Farming Forestry and Water Conservancy Operating	#交通运输 Traffic and Transport	#住房保障 Housing Safeguard
547.96	**361.48**	**95.60**	**191.30**	**480.48**	**281.21**	**142.64**
49.17	35.04	13.25	74.99	40.12	21.83	15.78
21.26	16.43	1.97	2.44	15.48	7.11	4.36
26.93	24.60	6.31	22.10	26.07	16.19	11.46
22.65	17.99	4.17	8.29	18.08	8.25	4.84
15.95	19.60	6.10	6.26	17.32	8.77	5.98
8.42	5.56	2.10	2.84	6.72	3.44	11.83
18.65	18.69	7.33	7.31	21.05	12.24	9.90
14.62	13.38	4.40	8.22	12.66	8.95	5.45
18.64	12.94	1.78	3.75	14.63	6.12	2.46
14.86	13.28	4.83	9.17	14.15	8.02	4.08
10.99	9.19	2.03	4.50	7.16	6.45	3.85
11.26	8.77	4.77	5.08	11.94	9.06	3.69
38.02	31.74	12.68	6.84	36.59	29.04	7.52
31.26	24.79	4.15	4.46	22.74	11.94	13.34
26.82	20.32	5.07	5.31	29.21	13.06	7.18
31.46	32.92	5.18	9.68	23.43	14.55	4.55
30.20	25.56	4.13	5.01	24.00	9.37	8.85
4.11	2.63	1.79	2.73	5.57	3.51	0.89
2.32	2.89	1.12	3.05	3.03	0.86	0.68
2.27	2.28	0.34	0.38	2.40	0.74	0.68
3.01	3.06	0.72	0.53	3.03	0.83	0.31
3.09	3.70	0.44	0.57	3.83	1.08	1.07
1.69	2.29	0.42	0.14	2.56	0.75	1.42
4.52	4.62	0.35	1.23	4.94	1.23	0.52
4.54	4.13	0.47	0.28	3.20	0.78	0.85
4.37	2.07	0.44	0.32	3.89	0.86	0.96
3.65	3.79	0.47	0.18	2.67	0.24	0.48
3.47	3.22	0.24	0.16	2.13	0.41	0.75

9-9 地方预算外财政专户资金收支情况
Extra-Budgetary Revenue and Expenditure of the Local Government

单位：亿元 (100 million yuan)

项 目	Item	2008	2009	2010	2011
收入合计	**Total Revenue**	**309.50**	**280.00**	**219.92**	**136.23**
行政事业性收费收入	Revenue of Administrative and Institutional Units	286.20	252.10	177.38	113.49
国有资源(资产)有偿使用收入	Revenue from using Stated-owned Assets Profit	2.65	3.63	11.69	
其他收入	Others	20.65	24.27	30.86	22.74
支出合计	**Total Expenditure**	**297.02**	**275.40**	**224.32**	**139.47**
#一般公共服务	Commonly Public servings	16.79	16.31	11.71	1.68
公共安全	Public security	3.73	3.10	2.95	0.71
教育	Education	118.24	119.94	126.03	111.48
科学技术	Technology	1.15	1.09	0.11	0.01
文化体育与传媒	Culture Sport and Medium	13.79	15.32	16.78	11.96
社会保障和就业	Social Security and Obtain employment	5.93	3.60	3.28	0.68
医疗卫生	Medical Treatment and Public Health	8.81	9.27	8.45	1.41
环境保护	Environment Protection	3.56	4.46	4.76	0.15
城乡社区事务	Urban and Rural Area Community Operating	29.36	20.64	21.86	1.79
农林水事务	Farming Forestry and Water Conservancy Operating	2.58	2.77	2.90	0.56
交通运输	Traffic and Transport	80.34	69.94	3.19	0.42

主要统计指标解释

财政收入 指国家财政参与社会产品分配所取得的收入，是实现国家职能的财力保证。公共财政预算收入主要包括税收收入和非税收入。

（1）税收收入：包括国内增值税、国内消费税、进口货物增值税和消费税、出口货物退增值税和消费税、营业税、企业所得税、个人所得税、资源税、城市维护建设税、房产税、印花税、城镇土地使用税、土地增值税、车船税、船舶吨税、车辆购置税、关税、耕地占用税、契税、烟叶税等。

（2）非税收入：包括`专项收入、行政事业性收费收入、罚没收入、国有资本经营收入、国有资源（资产）有偿使用收入和其他收入。

财政支出 指国家财政将筹集起来的资金进行分配使用，以满足经济建设和各项事业的需要。公共财政预算支出主要包括：

（1）一般公共服务：指政府提供基本公共管理与服务的支出，包括人大事务、政协事务、政府办公厅（室）及相关机构事务、发展与改革事务、统计信息事务、财政事务、税收事务、审计事务、海关事务、人力资源事务、纪检监察事务、人口与计划生育事务、商贸事务、知识产权事务、工商行政管理事务、质量技术监督与检验检疫事务、国土资源事务、海洋管理事务、测绘事务、地震事务、气象事务、民族事务、宗教事务、港澳台侨事务、档案事务、共产党事务、民主党派及工商联事务、群众团体事务、彩票发行事务、国债事务、债券投资、其他一般公共服务支出。

（2）国防：指政府用于国防方面的支出，包括现役部队、预备役部队、民兵、国防科研事业、专项工程、国防动员等方面的支出。

（3）公共安全：指政府维护社会公共安全方面的支出，包括武装警察、公安、国家安全、检察、法院、司法行政、监狱、劳教、国家保密、缉私警察等。

（4）教育：指政府教育事务支出，包括教育管理、学前教育、小学教育、初中教育、普通高中教育、普通高等教育、中专教育、技校教育、职业高中教育、高等职业教育、广播电视教育、留学生教育、特殊教育、干部继续教育、教育机关服务等。

（5）科学技术：指用于科学技术方面的支出，包括科学技术管理事务、基础研究、应用研究、技术研究与开发、科技条件与服务、社会科学、科学技术普及、科技交流与合作等。

（6）文化体育与传媒：指政府在文化、文物、体育、广播影视、新闻出版等方面的支出。

（7）社会保障和就业：指政府在社会保障与就业方面的支出，包括社会保障和就业管理事务、民政管理事务、财政对社会保险基金的补助、补充全国社会保障基金、行政事业单位离退休、企业改革补助、就业补助、抚恤、退役安置、社会福利、残疾人事业、城市居民最低生活保障、其他城镇社会救济、农村社会救济、自然灾害生活救助、红十字事务等。

（8）医疗卫生：指政府在医疗卫生方面的支出，包括医疗卫生管理事务、医疗服务、社区卫生服务、医疗保障、疾病预防控制、卫生监督、妇幼保健、农村卫生、中医药等。

（9）节能环保：指政府节能环保的支出，包括环境保护管理事务、环境监测与监察、污染防治、自然生态保护、天然林保护工程、退耕还林、风沙荒漠治理、退牧还草、已垦草原退耕还草、能源节约利用、污染减排、可再生能源和资源综合利用等支出。

（10）城乡社区事务：指政府城乡社区事务支出，包括城乡社区管理事务、城乡社区规划与管理、城乡社区公共设施、城乡社区住宅、城乡社区环境卫生、建设市场管理与监督等。

（11）农林水事务：指政府农林水事务的支出，包括农业、林业、水利、扶贫、农业综合开发等。

（12）交通运输：指政府交通运输和邮政业方面的支出，包括公路运输、水路运输、铁路运输、民用航空运输、邮政业支出等。

（13）资源勘探电力信息等事务：指政府对资源勘探电力信息等事务支出，包括资源勘探业、制造业、建筑业、电力监管、工业和信息产业监管、安全生产监管、国有资产监管、支持中小企业发展和管理支出等。

（14）商业服务业等事务：指政府对商业服务业等事务的支出，包括商业流通事务、旅游业管理与服务、涉外发展服务支出等。

（15）金融监管等事务：指政府对金融保险业监管等事务方面的支出。

（16）国土资源气象等事务：指政府用于国土资源、海洋、测绘、地震、气象等公益服务事业方面的支出。

（17）住房保障支出：指政府用于住房保障方面的支出。

（18）粮油物资储备事务：指政府用于粮油物资储备事务方面的支出。

（19）国债还本付息支出：指政府在国债还本、付息、发行等方面的支出。

Explanatory Notes on Main Statistical Indicators

Government Revenue refers to income for the government finance through participating in the distribution of social products. It is the financial guarantee to ensure government functioning. Now it includes Tax Revenue and Non-Tax Revenue:

(1) Tax Revenue: Including Value-added tax, consumption tax, business tax, enterprise income tax, enterprise income tax rebate, personal income tax, resources tax , regulatory taxes on investment in fixed assets, urban maintenance and construction taxes, property taxes, stamp duty, tax on using urban land, land value-added tax, tax on using Vehicles and Ships, tax on using licence , Ship tons of tax, vehicle purchase tax (charges),tax on Slaughtering, banquet tax, customs, agriculture (tobacco) specialty tax, land tax, contract taxes and other tax revenue.

(2) Non-Tax Revenue: Including Special revenue, the Community Chest lottery income, administrative fees income, confiscated income, the state capital operating revenue, compensation income of using state-owned resources (assets), other income.

Government Expenditure refers to the distribution and use of the funds which the government finance has raised, so as to meet the needs of economic construction and various causes. It includes the following main items:

(1) Commonly Public servings :including affairs of People's Congress, affairs of Committee of People's Political Consultative Conference, the Government Office (room) and related organizations affairs, development and reform Affairs, statistical information Affairs, financial services, revenue Affairs, audit Affairs, customs affairs, personnel affairs, the discipline inspection and supervision Affairs, population and family planning Affairs, commerce and trade Affairs, intellectual property Affairs, administration affairs of industrial and commercial, supervision and administration Affairs of food and drug, quality of technical supervision and inspection and quarantine Affairs, land and natural resources Affairs, marine management Affairs, surveying and mapping Affairs, seismic Affairs, meteorological Affairs, ethical affairs, religion Affairs, Hong Kong, Macao and Taiwan affairs, file Affairs, the Communist Party affairs, other parties and the Federation of Industry and Commerce Services Mass organizations Affairs, Lottery Affairs, Treasury Affairs, bond investment, the other general public Affairs expenditure.

(2) Defense: refers to the government for defense spending, including standing army, the reserve forces and the militia, national defense scientific research career, special engineering, national defense mobilization of expenditure

(3) National Defense: including Active-duty troops and reserve forces of national defense, national defense mobilization, and other defense expenditure.

(4) Education: including Education and management Affairs, general education, vocational education, adult education, radio and television education, studying abroad education, special education, teacher education and continuing education of cadres, education surcharge and education fund, other educational expenses.

(5) Science and technology : including Science and technology management Affairs, basic research, applied research, technology research and development, conditions and service of science and technology, social science, science and technology popularization , Science and technology exchanges and cooperation, and other science and technology expenditure.

(6) Culture Sport and Medium : including Culture, heritage, sports, radio, television, press, publishing, sports and other cultural and media expenditure.

(7) Social Security and Obtain employment: including Social security and Obtain employment Affairs, civil administration Management Affairs, added the National Social Security Fund, retired from administrative institutions, subsidies for shutdown and bankruptcy enterprises, employment subsidies, pension, placement of retirement, social welfare, handicapped Affairs, the minimum

living guarantee for urban residents, other urban social relief, rural social relief, living relief for natural disaster, the Red Cross Affairs, other social security expenditure and employment expenditure.

(8) Medical Treatment and Public Health: including Medical and health management affairs, medical services, community health services, health ensure, disease prevention and control, sanitation surveillance, health care of female and child, rural sanitation, Chinese traditional medicine, other medical and health expenditure.

(9) Energy conservation and environmental protection: : including Environmental management affairs, environmental monitoring and surveillance, pollution control, natural ecological protection, natural forests protection, returning farmland to forests, desertification and sandstorms control, returning farmland to grassland, other environmental protection expenditure..

(10) Urban and Rural Area Community Operating :Including The management of urban and rural communities affairs, planning and management of urban and rural community, public facilities in rural and urban communities, residential of rural and urban communities, sanitation of urban and rural communities, management and supervision of marketable construction, the Government Housing Fund expenditures, expenditures of using land, additional expenditures of urban public utilities, other expenses of urban and rural community affairs.

(11) Farming Forestry and Water Conservancy Operating : including Agriculture, forestry, water conservancy, moving water from north to south, poverty alleviation, agricultural development, and other expenditures of agriculture, forestry, water affairs.

(12) Traffic and Transport : including Highway and waterway transport, rail transport, air transport, and other transport expenses.

(13) Resource exploration of electric power information: Mining, manufacturing, construction, electricity, the information industry, tourism, foreign-related development, grain and oil services, commercial circulation services, material reserves, the financial industry, tobacco affairs, production safety, state-owned assets supervision, the SME affairs, other industrial business Services such as financial expenditures.

(14) Business service and other affairs: refers to the government to business service and other affairs expenses, including commercial distribution affairs, tourism management and service, foreign development service expenditure, etc.

(15) Financial supervision: refers to the government for financial insurance regulatory affairs expenses.

(16) Land and resources weather affairs: refers to the government for land and resources, ocean, surveying and mapping, earthquake, meteorology and so on public service business spending.

(17) Housing security spending: refers to the government for housing safeguard expenses.

(18) Grain and oil materials reserve affairs: refers to the government for cereals and oil materials reserve affairs expenses

(19) National debt repayment of capital and interest expenses: refers to the government in national debt repayment of principal and interest payment and issue of expenditure.

物价
Price Indices

● 资料整理：王 燕 芦松林 宗瑞生

简要说明

一、主要内容

本篇包括居民消费价格指数，商品零售价格指数，农业生产资料价格指数，农产品生产价格指数，工业生产者出厂价格指数，工业生产者购进价格指数，固定资产投资价格指数等资料。

二、资料来源

价格指数编制由国家统计局河南调查总队组织实施。由省、市及抽选出的市、县调查队依据国家统计局统一制定的价格统计调查制度向基层采集原始数据汇总后得到。

居民消费、商品零售、农业生产资料价格指数采用抽样调查和重点调查相结合的方法取得，即在全省选择不同经济区域和分布合理的地区，以及有代表性的商品作为样本，对其市场价格进行定期调查，以样本推断总体。由国家统计局河南调查总队消费价格调查处编辑整理。

工业生产者价格调查采用重点调查与典型调查相结合的调查方法。重点调查将全部年主营业务收入2000万元以上的企业列为调查对象，采用主观选样的方法选择调查企业；典型调查是把年主营业务收入2000万元以下的企业作为抽样对象，采用随机抽样的调查方法。由国家统计局河南调查总队生产投资价格调查处编辑整理。

固定资产投资价格指数采用重点调查与典型调查相结合的方法。由国家统计局河南调查总队生产投资价格调查处编辑整理。

Brief Introduction

I. Main Contents

Data on price indices in this chapter including mainly consumer price indices, retail price indices, price indices for means of agricultural production, producer price indices for farm products, Industrial producers ex-factory price index, industrial producers purchase price index, price indices for investment in fixed assets.

II. Sources of Data

Compilation of statistics on price indices is organized by the Department of Henan Survey organizations, NBS. The survey organizations of the provinces, cities directly under the Central Government and of the selected cities and counties collect data from the grassroots units in accordance with the scheme of price survey system, tabulate them and report them to the higher agencies.

Data for compilation of the consumer price indices, the retail price indices and the producer price indices for farm products in Henan province are collected through a combination of sample surveys and surveys of key units. Areas distributed in different economic regions are selected as the sample areas and representative commodities are selected as the sample commodities. Regular surveys are conducted to collect data on their market prices. Population parameters are inferred on the basis of the sample data. Data of this part are provided by the Department of Henan Survey organizations, NBS.

Industrial producer prices are collected through a combined use of the key units' survey and typical units' survey methods. Key units refer to enterprises which annual sale revenue above 20 million yuan, Using the method of subjective selection. Typical units refer to the enterprises which annual sale revenue below 20 million yuan, Using the method of subjective selection Sampling survey. Data of this part are provided by the Department of Henan Survey organizations, NBS.

Data on prices of investment in fixed assets are collected by a program involving the combined use of surveys on key units and surveys on typical units. Data of this part are provided by the Department of Henan Survey organizations, NBS.

10-1 历年各种物价总指数

General Price Indices over the Years

(上年=100) (preceding year=100)

年 份 Year	居民消费价格总指数 General Consumer Price Index	城市 Urban Areas	农村 Rural Areas	商品零售价格总指数 General Retail Price Index	农业生产资料价格总指数 General Price Index of Agricultural Means of Production	工业生产者出厂价格指数 Ex-Factory Price Indices of Industrial Products	工业生产者购进价格指数 Indices of Purchasing Prices of Raw Materials, Fuels and Power	固定资产投资价格指数 Price Indices of Investment In Fixed Assets
1962	96.4	86.1	100.8	100.5	99.2			
1965	97.0	96.3	97.3	96.8	95.7			
1970	99.0	99.8	98.5	98.8	99.9			
1975	100.1	100.2	100.1	100.2	100.0			
1978	100.1	100.0	100.1	100.1	97.9			
1980	104.6	106.0	103.8	104.9	100.1			
1985	104.6	106.5	103.6	105.4	103.0			
1990	100.7	100.5	100.9	100.1	98.3	105.5	105.5	
1991	102.3	105.1	100.0	102.0	100.1	104.3	104.4	109.4
1992	105.4	107.7	102.9	105.0	101.2	106.2	110.0	119.8
1993	110.4	110.6	110.3	108.3	109.2	118.1	133.0	126.7
1994	125.2	127.4	123.5	120.6	124.4	124.1	122.0	106.0
1995	116.5	116.9	116.3	114.9	125.8	115.0	114.1	105.9
1996	110.5	109.5	110.9	107.9	107.9	104.1	106.0	103.9
1997	103.5	102.4	103.9	100.6	99.3	100.6	100.6	102.9
1998	97.5	97.9	97.1	96.6	94.2	95.3	94.8	98.7
1999	96.9	96.6	97.1	96.2	95.7	95.4	94.3	98.0
2000	99.2	99.1	99.2	98.5	99.6	104.0	105.1	102.9
2001	100.7	100.7	100.7	99.8	99.1	100.5	101.9	100.4
2002	100.1	99.8	100.6	99.2	100.8	98.6	97.6	98.7
2003	101.6	101.7	101.4	101.3	101.9	105.0	107.8	103.8
2004	105.4	105.4	105.4	105.7	111.4	110.2	115.7	110.1
2005	102.1	102.1	102.1	101.7	107.9	106.1	108.3	101.4
2006	101.3	101.2	101.5	100.9	101.2	104.3	105.3	101.6
2007	105.4	105.4	105.5	104.4	106.1	105.2	106.4	104.6
2008	107.0	106.5	107.9	107.5	120.9	112.1	111.9	109.0
2009	99.4	98.8	100.4	99.4	98.1	94.9	97.1	96.4
2010	103.5	103.4	103.8	103.7	103.1	107.8	110.2	103.5
2011	105.6	105.4	106.1	105.7	111.1	107.2	110.1	107.4

10-2 历年各种物价定基指数
General Price Indices over the Years

(1978年=100) (1978 year =100)

年 份 Year	居民消费价格总指数 General Consumer Price Index	城市 Urban Areas	农村 Rural Areas	商品零售价格总指数 General Retail Price Index	农业生产资料价格总指数 General Price Index of Agricultural Means of Production	工业生产者出厂价格指数 Ex-Factory Price Indices of Industrial Productor	工业生产者购进价格指数 Purchasing Price Indices of Industrial Productor	固定资产投资价格指数 Purchasing Price Indices of Investment In Fixed Assets
1978	100.0	100.0	100.0	100.0	100.0			
1979	100.4	100.3	100.4	100.4	100.0			
1980	105.0	106.3	104.2	105.3	100.1			
1981	106.5	108.9	105.0	107.0	101.4			
1982	108.0	110.8	106.3	108.6	103.5			
1983	109.7	114.0	107.3	110.5	109.4			
1984	110.6	116.6	107.4	111.5	116.1			
1985	115.7	124.1	111.2	117.5	119.6			
1986	122.0	132.6	116.0	123.3	125.7			
1987	129.7	142.9	122.2	131.1	143.8			
1988	154.9	173.6	144.3	156.9	175.1	100.0	100.0	
1989	183.9	199.5	176.0	186.3	204.6	119.7	130.0	
1990	185.1	200.5	177.6	186.5	201.1	126.3	137.2	100.0
1991	189.4	210.7	177.6	190.2	201.3	131.7	143.2	109.4
1992	199.6	227.0	182.8	199.7	203.7	139.9	157.5	131.1
1993	220.4	251.0	201.6	216.3	222.4	165.2	209.5	166.1
1994	275.9	319.8	249.0	260.8	276.7	205.0	255.6	176.0
1995	321.4	373.8	289.5	299.7	348.1	235.8	291.6	186.4
1996	355.2	409.3	321.1	323.4	375.6	245.4	309.1	193.7
1997	367.6	419.2	333.6	325.0	373.0	246.9	310.9	199.3
1998	358.4	410.4	323.9	314.0	351.3	235.3	294.8	196.7
1999	347.3	396.4	314.6	302.0	336.2	224.5	278.0	192.8
2000	344.6	392.9	312.0	297.5	334.9	233.5	292.2	198.4
2001	347.0	395.6	314.2	296.9	331.9	234.6	297.7	199.1
2002	347.3	394.8	316.1	294.5	334.5	231.4	290.5	196.6
2003	352.9	401.5	320.5	298.4	340.9	243.0	313.0	204.0
2004	371.9	423.2	337.8	315.4	379.7	267.9	362.0	224.6
2005	379.7	432.1	344.9	320.7	409.7	284.1	392.0	227.8
2006	384.7	437.3	350.1	323.6	414.7	296.3	412.7	231.3
2007	405.5	460.9	369.4	337.8	440.0	311.8	439.2	242.0
2008	433.9	490.9	398.6	363.1	532.0	349.6	491.3	263.7
2009	431.3	485.0	400.2	360.9	521.9	331.8	477.2	254.2
2010	446.4	501.5	415.4	374.3	538.1	357.7	525.9	263.1
2011	471.4	528.6	440.7	395.6	597.8	383.4	579.1	282.4

注：工业生产者出厂价格和工业生产者购进价格指数以1988年=100，固定资产投资价格指数以1990年=100。

a)Ex-Factory Price Indices of Indices of Industrial Products and Indices of Purchasing Prices of Industrial Products are Calculated as the Year 1988=100, Prices Indices of Investment in Fixed Assets is Calculated as the Year 1990=100.

10−3 居民消费价格指数
Consumer Price Indices

(上年=100) (preceding year=100)

项目	Item	2010 全省 The Whole Province	2010 城市 Urban Indices	2010 农村 Rural Indices	2011 全省 The Whole Province	2011 城市 Urban Indices	2011 农村 Rural Indices
总 指 数	**General Consumer Price Index**	**103.5**	**103.4**	**103.8**	**105.6**	**105.4**	**106.1**
食品	**Food**	**107.9**	**107.7**	**108.5**	**111.9**	**111.5**	**112.9**
粮食	Grain	110.3	109.9	112.1	109.8	109.8	109.9
淀粉	Starches	112.5	112.9	110.7	117.6	117.6	117.9
干豆类及豆制品	Bean and Its Products	109.4	107.8	113.4	102.2	102.8	100.5
油脂	Oil or Fat	104.7	103.5	106.5	113.6	113.8	113.4
肉禽及其制品	Meal, Poultry and Their Products	104.0	103.9	104.0	126.8	127.1	126.3
蛋类	Eggs	108.4	108.8	107.8	113.0	115.4	110.4
水产品类	Aquatic Products	106.9	107.6	104.8	111.5	111.6	111.2
菜类	Vegetables	119.1	118.6	121.0	98.4	97.9	99.7
#鲜菜	Fresh Vegetables	117.9	117.2	121.2	97.9	97.6	98.7
调味品	Flavoring	103.2	102.0	104.3	106.2	107.6	104.5
糖类	Carbohydrate	110.4	107.1	113.0	112.5	110.7	114.4
茶及饮料	Tea and Beverages	101.9	101.9	101.9	105.1	106.0	101.8
干鲜瓜果类	Dried and Fresh Melons and Fruits	117.6	116.0	125.2	114.9	114.8	115.6
#鲜果	Fresh Fruits	119.3	117.1	126.8	114.2	113.9	115.0
糕点饼干面包	Cake and Biscuit	103.8	103.9	103.7	110.7	108.9	113.3
奶及奶制品	Milk and Its Products	101.6	101.5	102.0	104.3	104.2	104.9
在外用膳食品	Food Dining out	104.8	103.6	106.9	108.4	107.9	109.4
其它食品及加工服务	Other Food Processing Service	101.0	101.5	99.9	104.3	105.9	101.5
烟酒及用品	**Tobacco,Liquor and Article for Use**	**101.2**	**101.5**	**100.9**	**103.9**	**104.3**	**103.5**
烟草	Tobacco	99.9	99.9	100.0	100.1	100.1	100.0
酒	Liquor	103.2	103.8	102.4	107.2	109.4	105.8
衣着类	**Clothing**	**101.1**	**101.0**	**101.3**	**101.9**	**101.9**	**101.9**
服装	Garments	100.7	100.6	101.0	101.7	101.9	101.3
衣着材料	Clothing Material	106.0	105.5	106.5	115.5	119.2	112.5
鞋袜帽	Shoes,Socks and Hats	101.2	101.4	101.1	101.6	100.8	102.7
衣着加工服务	Tailoring and Laundering Service	102.5	104.7	99.7	107.8	109.2	103.8
家庭设备用品及维修服务	**Household Facilities and Articles**	**99.6**	**99.2**	**100.6**	**102.1**	**102.1**	**102.0**
耐用消费品	Durable Consumer Goods	98.6	98.1	99.8	100.7	100.9	100.5
室内装饰品	Interior Decorations	99.5	99.2	100.3	100.7	100.6	101.0
床上用品	Bed Articles	101.1	99.6	104.3	107.1	105.2	111.3
家庭日用杂品	Daily Use Household Articles	99.6	99.5	99.9	102.7	102.7	102.7
家庭服务及加工维修服务	Household and Machining Service	104.9	105.8	103.6	107.4	109.3	103.9
医疗保健和个人用品	**Medicine and Medical Articles**	**103.2**	**103.2**	**103.1**	**103.0**	**103.3**	**102.5**
医疗保健	Medicine and Medical Service	103.6	103.6	103.4	101.9	102.1	101.5
个人用品及服务	Personal Article and Service	102.4	102.3	102.5	105.6	105.8	105.0
交通和通讯	**Means of Transportation and Communication**	**99.4**	**99.0**	**100.1**	**101.0**	**100.4**	**101.9**
交通	Transportation	101.9	102.0	101.9	102.9	102.2	104.0
通信	Communication	97.4	97.2	97.9	98.1	98.2	97.8
娱乐、教育、文化用品及服务	**Recreation, Education and Culture Articles**	**100.6**	**100.4**	**101.1**	**100.9**	**100.8**	**101.2**
文娱用耐用消费品及服务	Recreational Durable Consumer Goods and Service	96.7	96.4	97.4	95.2	95.0	95.4
教育	Education	101.1	100.7	102.1	101.8	101.0	103.4
文化娱乐用品	Cultural and Recreational Articles	100.3	100.1	100.7	101.4	101.6	101.0
旅游及外出	Tourism	103.7	104.0	101.6	103.8	104.5	100.4
居住	**Residence**	**104.3**	**104.4**	**104.2**	**106.6**	**106.1**	**107.3**
建房及装修材料	Housing and Building Decoration Materials	104.7	102.7	105.2	106.6	106.4	106.8
租房	Rent	104.7	105.1	103.7	104.2	104.2	104.3
自有住房	Housing Uncontrolled	104.8	104.9	102.6	107.9	107.9	108.0
水、电、燃料	Water, Electricity and Fuels	103.4	103.9	102.9	104.3	102.9	106.8

10−4 分类商品零售价格指数

Retail Price Indices by Category

(上年=100) (preceding year=100)

项 目	Item	2005	2006	2007	2008	2009	2010	2011
商品零售价格总指数	**Retail Price Index of commodities**	**101.7**	**100.9**	**104.4**	**107.5**	**99.4**	**103.7**	**105.7**
食品类	Food	103.2	102.1	115.4	116.1	101.2	108.7	112.4
饮料、烟酒类	Beverage and cigarette and alcohol	100.6	100.7	101.7	103.6	101.9	101.5	104.0
服装、鞋帽类	Clothing and shoe and cap	98.4	98.8	99.8	100.8	99.7	100.9	101.4
纺织品类	Textile product	99.8	100.2	100.9	102.3	100.5	104.0	109.8
家用电器及音像器材	Household appliance and audio-video material	97.2	98.7	99.7	98.7	95.7	97.8	98.8
文化办公用品类	Office supplies	98.4	98.6	98.6	100.0	98.1	98.7	98.5
日用品类	Articles in everyday use	99.9	100.1	101.4	104.5	101.6	100.1	102.5
体育娱乐用品类	Sport and entertainment goods	99.6	99.8	99.5	99.0	99.4	99.8	100.8
交通、通信用品类	Transportation and communication material	94.7	91.1	90.0	92.3	93.2	96.1	97.1
家具	Furniture	99.1	99.6	102.4	101.4	99.8	99.6	102.3
化妆品类	Cosmetics	99.6	99.9	100.1	100.6	100.6	100.3	101.1
金银珠宝类	Gold and sliver and jewellery	103.0	119.2	107.2	118.8	93.8	111.3	114.3
中西药品及医疗保健用品类	Chinese traditional medicine and western medicine and health product	96.0	98.2	100.6	102.9	101.2	104.0	103.9
书报杂志及电子出版物类	Book and newspaper and megazine and E-journal	99.7	99.7	98.9	102.8	106.7	99.4	100.9
燃料类	Fuel	118.2	111.2	102.6	119.3	98.7	110.5	113.6
建筑材料及五金电料类	Architectural and hardware material	102.1	102.8	105.5	109.3	96.9	104.3	107.0

10−5 农业生产资料价格指数

Price Indices of Means of Agricultural Production

(上年=100) (preceding year=100)

项 目	Item	2005	2006	2007	2008	2009	2010	2011
农业生产资料价格总指数	**Price Indices of Means of Agricultural Production**	**107.9**	**101.2**	**106.1**	**120.9**	**98.1**	**103.1**	**111.1**
农用手工工具	Small farm tool	103.0	100.2	102.2	118.1	105.9	101.1	104.9
饲料	Feed	101.3	99.1	108.4	113.2	108.1	109.1	105.5
产品畜	Production Livestock	108.0	89.1	132.1	126.4	80.9	101.8	136.4
半机械化农具	Semi-mechanized farm machinery	104.2	99.4	101.6	105.6	100.1	100.9	105.8
机械化农具	Mechanized farm machinery	101.9	101.8	101.2	107.3	100.9	100.1	103.7
化学肥料	Chemical fertilizer	110.7	99.4	105.3	138.5	92.6	98.5	115.2
农药及农药机械	Pesticide and device in pesticide	107.0	103.9	102.7	108.4	100.0	100.6	106.0
化学农药	Chemical pesticide	107.1	103.6	102.8	109.0	98.1	99.4	106.3
农药器械	Device in pesticide	104.4	105.2	101.9	105.8	108.8	105.9	102.5
农用机油	Agricultural oil	110.9	113.2	104.2	115.4	89.4	113.1	114.7
其他农业生产资料	Other agricultural production goods	114.2	106.2	103.2	105.1	104.5	109.5	108.2
农用种子	Farm seed	117.6	104.8	101.8	104.8	110.6	113.6	108.7
其他	Others	106.7	109.3	106.3	105.8	90.5	99.5	105.6
农业生产服务	Service for agriculture		104.1	104.7	106.0	105.5	102.3	106.9

10-6 各市居民消费价格指数(2011年)

Consumer Price Indices by City (2011)

各市数据均为市政府所在城市市区数(下表同)。

Price Indices of every city refers to the figures of under of the cities (the same as next table).

(上年=100) (preceding year=100)

市 City	居民消费价格总指数 Consumer Price Index	食品 Food	烟酒及用品 Tobacco, Liquor and Articles	衣着 Clothing	家庭设备用品及维修服务 Household Facilities, Articles and Repair Service	医疗保健和个人用品 Medicines, Health care Services and Personal Articles	交通和通信 Transportation and Communication	娱乐教育文化用品及服务 Recreation, Education & Culture Articles	居住 Residence
全 省 Total	**105.6**	**111.9**	**103.9**	**101.9**	**102.1**	**103.0**	**101.0**	**100.9**	**106.6**
省 辖 市 City									
郑 州 市 Zhengzhou	104.9	111.2	102.8	100.4	101.6	101.6	100.9	100.6	106.3
开 封 市 Kaifeng	106.3	113.2	109.3	97.7	103.9	104.1	102.1	100.3	107.6
洛 阳 市 Luoyang	105.6	112.7	105.3	102.2	102.4	106.0	99.8	100.0	104.2
平 顶 山 市 Pingdingshan	105.5	110.4	102.3	107.4	102.3	105.6	98.8	99.9	106.0
安 阳 市 Anyang	105.1	110.9	103.6	101.9	102.1	102.1	100.9	101.3	105.4
鹤 壁 市 Hebi	105.1	111.9	103.1	99.8	102.2	103.6	96.4	101.3	107.0
新 乡 市 Xinxiang	105.0	112.0	108.0	101.7	102.6	102.4	99.5	100.5	103.3
焦 作 市 Jiaozuo	105.0	110.9	103.9	102.5	106.1	103.0	99.2	98.8	105.5
濮 阳 市 Puyang	105.3	112.0	103.3	101.3	100.3	100.6	100.5	100.9	106.5
许 昌 市 Xuchang	105.5	112.4	105.3	101.7	100.4	103.9	100.0	102.0	104.5
漯 河 市 Luohe	105.3	110.1	103.1	105.3	99.3	104.3	101.2	99.8	105.1
三 门 峡 市 Sanmenxia	105.6	113.1	103.4	98.4	103.5	102.2	100.4	102.5	105.5
南 阳 市 Nanyang	104.9	110.3	102.9	103.8	103.0	103.2	99.7	101.0	104.4
商 丘 市 Shangqiu	105.4	110.7	104.0	100.4	103.3	104.7	100.7	101.3	106.4
信 阳 市 Xinyang	105.6	112.3	108.4	103.2	100.0	102.9	100.5	100.4	105.1
周 口 市 Zhoukou	105.9	110.2	101.5	102.7	99.9	101.6	100.5	105.2	109.5
驻 马 店 市 Zhumadian	106.0	112.4	108.9	103.1	102.7	104.2	99.5	101.3	105.9
济 源 市 Jiyuan	105.9	111.8	104.3	101.1	101.9	105.4	100.5	107.4	103.4
省 直 管 县 Province Administrating County									
巩 义 市 Gongyi	105.9	117.0	99.1	101.0	100.7	102.3	96.9	99.7	106.9
兰 考 县 Lankao	106.4	113.7	100.0	102.2	102.0	103.5	102.0	100.5	107.2
汝 州 市 Ruzhou	105.6	110.1	102.0	108.0	101.6	105.3	102.2	100.2	104.4
滑 县 Huaxian	106.5	114.1	102.0	103.1	102.4	101.9	101.5	101.1	108.4
长 垣 县 Changyuan	105.0	107.8	101.3	105.1	106.2	105.0	100.3	112.2	100.9
邓 州 市 Dengzhou	105.2	110.9	104.8	101.9	101.2	105.4	101.1	100.4	105.0
永 城 市 Yongcheng	105.6	111.7	102.4	101.4	100.6	104.1	102.5	102.5	106.3
固 始 县 Gushi	105.1	111.6	104.9	98.6	100.3	101.6	101.7	99.7	107.5
鹿 邑 县 Luyi									
新 蔡 县 Xincai	105.6	111.8	101.2	102.7	99.4	103.3	101.0	101.2	105.9

10-7 各市商品零售价格指数(2011年)

(上年=100)

市 City	商品零售价格总指数 General Index	食品类 Food	饮料烟酒 Beverage and cigarette	服装鞋帽类 Clothing, Shoes and Hats	纺织品类 Drygoods	家用电器及音像器材类 Household appliance and audio-video material	文化办公用品类 Cultural and Office supplies	日用品 Articles for Daily Use
全省 Total	**105.7**	**112.4**	**104.0**	**101.4**	**109.8**	**98.8**	**98.5**	**102.5**
省辖市 City								
郑州市 Zhengzhou	104.9	112.3	103.0	100.5	106.8	100.4	98.1	101.6
开封市 Kaifeng	106.1	112.8	108.6	96.9	114.4	95.4	99.6	104.0
洛阳市 Luoyang	107.2	112.5	106.4	102.0	108.2	94.4	115.4	104.1
平顶山市 Pingdingshan	104.9	110.6	104.0	106.8	115.1	97.6	93.8	102.0
安阳市 Anyang	104.9	110.6	103.0	102.4	107.5	99.7	100.4	100.4
鹤壁市 Hebi	104.8	112.7	102.5	99.7	108.9	98.4	99.1	101.2
新乡市 Xinxiang	105.3	112.1	107.3	101.5	104.9	102.0	99.7	101.4
焦作市 Jiaozuo	104.3	110.9	104.0	101.9	110.7	94.9	94.9	103.0
濮阳市 Puyang	104.7	112.0	102.9	100.6	103.4	95.9	98.7	100.6
许昌市 Xuchang	105.1	112.8	104.1	101.4	108.0	95.1	98.7	103.0
漯河市 Luohe	105.1	111.4	102.7	104.5	104.7	98.0	99.8	101.7
三门峡市 Sanmenxia	105.6	113.9	104.2	98.4	99.7	98.9	98.6	103.7
南阳市 Nanyang	105.5	111.2	103.2	103.5	113.8	96.3	100.0	101.7
商丘市 Shangqiu	105.8	111.3	103.8	99.4	109.9	97.8	100.7	104.0
信阳市 Xinyang	105.3	113.3	108.9	102.9	104.3	97.8	93.7	103.6
周口市 Zhoukou	104.8	111.2	103.1	102.4	101.9	94.2	98.5	100.6
驻马店市 Zhumadian	105.9	113.2	107.6	102.8	113.7	97.4	93.8	103.1
济源市 Jiyuan	105.4	111.5	104.9	100.9	100.3	102.2	102.3	100.1
省直管县 Province Administrating County								
巩义市 Gongyi	106.6	116.0	99.3	100.7	111.4	100.6	98.6	100.9
兰考县 Lankao	106.4	113.4	99.9	101.4	119.8	98.1	96.9	100.8
汝州市 Ruzhou	106.5	110.3	101.3	107.5	121.0	99.9	100.2	103.2
滑县 Huaxian	106.5	114.5	101.3	102.4	113.9	99.5	100.8	101.3
长垣县 Changyuan	105.0	107.8	101.3	103.7	106.2	102.6	100.0	102.3
邓州市 Dengzhou	105.4	111.7	104.0	101.7	100.4	100.8	100.1	102.5
永城市 Yongcheng	105.5	112.1	102.5	101.1	108.6	98.7	99.1	105.1
固始县 Gushi	105.3	111.5	103.6	98.4	102.7	98.6	97.3	101.9
鹿邑县 Luyi								
新蔡县 Xincai	106.1	111.6	101.5	102.9	100.5	97.2	97.7	100.3

Retail Price Indices by City(2011)

(preceding year=100)

体育娱乐用品类 Sport and entertainment goods	交通、通信用品 Traffic& Communi-cation Goods	家具 Furniture	化妆品 Cosmetics	金银珠宝类 Gold、sliver and jewellery	中、西药品及医疗保健用品 Chinese traditional medicine and western medicine and health product	书报杂志及电子出出版物类 Book& newspaper、megazine and e-publication	燃料类 Fuels	建筑材料及五金电料类 Architectural and hardware material
100.8	**97.1**	**102.3**	**101.1**	**114.3**	**103.9**	**100.9**	**113.6**	**107.0**
99.7	98.5	100.2	101.1	106.7	102.2	101.4	111.4	105.1
99.7	97.2	106.2	102.3	121.5	104.8	102.9	112.5	107.4
103.7	97.9	103.9	113.4	114.1	111.2	101.8	113.5	113.2
99.3	95.4	101.2	100.1	115.6	105.5	101.5	110.7	105.6
105.1	98.3	102.5	100.6	114.6	101.1	100.6	112.7	104.3
100.3	92.7	106.1	100.8	114.8	102.9	98.8	110.0	107.0
100.8	95.9	101.5	100.8	113.1	102.6	101.7	110.5	102.6
98.3	93.2	111.3	101.8	110.1	103.2	100.2	110.7	104.0
101.4	97.0	109.8	100.7	114.3	99.9	100.0	109.4	104.8
97.9	94.5	104.1	101.7	115.9	105.1	98.8	113.1	103.6
98.0	96.5	99.9	100.4	119.6	109.9	100.1	107.8	105.6
102.5	97.0	114.6	101.5	119.2	100.8	101.1	111.4	102.0
101.3	95.3	104.5	100.2	122.7	101.7	100.6	113.3	110.6
102.5	95.5	102.8	100.1	112.2	105.1	101.1	114.3	109.5
101.4	95.1	97.0	102.9	114.8	105.0	101.4	111.7	104.9
100.0	98.0	102.2	100.0	106.6	101.3	101.2	109.2	113.6
101.8	94.4	101.7	101.8	122.5	104.5	99.0	112.4	111.5
101.9	93.7	106.8	98.7	115.4	100.8	99.7	115.6	102.2
99.4	96.7	98.0	105.2	116.9	101.9	100.5	108.6	110.7
100.0	93.5	100.4	100.2	125.0	106.3	101.4	113.3	109.2
100.4	99.3	100.0	101.2	108.7	106.8	100.5	115.2	105.5
101.1	100.2	103.2	100.6	107.3	104.7	100.1	113.9	104.5
100.0	99.7	104.0	140.1	100.0	100.7	100.0	111.2	102.3
100.0	100.1	100.0	101.4	102.4	104.8	100.0	105.9	105.9
100.3	94.8	100.0	100.6	113.2	104.3	100.1	115.7	102.3
101.2	96.0	100.9	100.2	121.1	101.6	100.5	116.3	107.1
100.0	98.6	100.0	100.4	118.5	107.7	104.0	116.6	108.2

10—8 农产品生产价格指数

Indices of Producers′ Prices for Farm Products

(上年=100) (preceding year=100)

类别	Type	2005	2006	2007	2008	2009	2010	2011
农产品生产价格指数	**Indices of Producers' Prices for Farm Products**	**100.7**	**100.9**	**118.5**	**115.0**	**99.1**	**112.5**	**111.5**
农业产品	**Farm Crops**	**99.8**	**101.7**	**111.7**	**108.2**	**106.0**	**120.5**	**103.8**
粮食	Grain	96.5	101.1	109.9	108.2	107.2	111.3	105.9
小麦	Wheat	97.4	99.7	106.1	108.6	112.6	110.5	102.9
稻谷	Rice	97.5	106.8	105.3	110.7	105.8	105.4	109.9
玉米	Corn	94.4	102.1	119.0	106.6	96.8	115.0	110.6
薯类	Tubers	111.5	94.3	114.5	103.7	101.9	115.9	126.4
豆类	Beans	88.8	97.7	119.3	118.3	91.7	112.0	102.7
油料	Oil- bearing Crops	97.0	100.1	129.8	117.8	89.0	118.1	108.6
花生	Peanuts	97.1	101.4	129.8	110.6	89.0	118.1	119.4
油菜籽	Rapeseeds	87.3	92.7	112.2	143.5	89.6	105.4	103.7
芝麻	Sesame	105.0	92.9	114.7	131.5	93.8	103.0	101.0
棉花(籽棉)	Cotton	100.4	105.2	105.1	106.6	93.3	141.8	107.2
烟草	Tobacco	104.3	104.9	108.6	120.1	105.1	103.9	117.1
蔬菜	Vegetables	111.3	115.1	101.7	94.6	145.3	138.4	80.3
水果	Fruits	118.0	121.3	139.9	118.5	103.9	120.5	117.3
林业产品	**Forestry Production**	**104.9**	**104.4**	**107.2**	**105.4**	**93.5**	**92.3**	**104.9**
牧业(畜产品)	**Animal Husbandry Production**	**102.0**	**95.1**	**130.7**	**125.2**	**87.4**	**99.5**	**124.2**
牛	Cattle	112.6	106.1	108.1	130.2	102.5	105.9	111.2
羊	Sheep and Goats	116.7	106.0	114.4	122.7	98.7	110.2	113.6
猪	Hogs	96.4	88.4	139.4	126.4	84.4	97.7	129.9
家禽	Poultry	102.5	100.0	115.4	109.4	102.2	113.3	116.7
肉禽	Poultry Meat	98.8	103.2	111.5	111.0	101.9	102.4	116.7
禽蛋	Poultry Eggs	104.9	98.0	117.9	108.9	101.2	105.9	110.7
渔业	**Fishery Production**	**103.0**	**104.7**	**109.3**	**121.1**	**103.2**	**102.0**	**105.7**

10–9 工业生产者出厂价格指数

Ex-Factory Price Indices of Industrial Productor

(上年=100) (preceding year=100)

类 别	Type	2005	2007	2008	2009	2010	2011
总指数	**General Index**	**106.1**	**105.2**	**112.1**	**94.9**	**107.8**	**107.2**
按轻、重工业分	**Grouped by Light & Heavy Industry**						
轻工业	Light Industry	102.6	105.7	107.9	98.4	104.3	106.9
以农产品为原料	Using Farm Products as Raw Materials	101.1	107.0	107.3	99.4	106.0	107.5
以非农产品为原料	Using Non-Farm Products as Raw Materials	104.4	103.9	108.8	97.2	102.4	104.3
重工业	Heavy Industry	109.2	104.9	115.4	92.2	110.7	107.3
采掘工业	Mining & Quarrying Industry	125.6	105.1	128.6	92.3	116.7	112.6
原料工业	Raw Materials Industry	107.1	105.1	111.5	91.6	112.9	108.4
加工工业	Manufacturing Industry	104.2	104.5	113.2	92.7	105.0	105.2
按部类分	**Grouped by Division**						
生产资料	Means of Production	107.3	104.5	113.3	93.3	108.8	107.7
采掘工业	Mining & Quarrying Industry	123.6	105.4	130.3	92.6	116.8	112.6
原料工业	Raw Materials Industry	106.3	105.0	108.6	91.7	112.0	108.3
加工工业	Manufacturing Industry	103.3	103.9	110.8	94.4	104.6	106.1
生活资料	Consumer Goods	101.9	107.7	108.1	101.1	103.9	105.5
食品类	Food	102.1	109.8	108.7	101.1	103.7	104.9
衣着类	Clothing	102.8	100.8	101.7	101.8	105.6	111.4
一般日用品类	Articles for Daily Use	101.7	101.9	109.9	100.4	103.7	105.0
耐用消费品类	Durable Consumer Goods	99.7	102.8	102.3	101.8	103.9	105.6
按工业部门分	**Grouped by Sector**						
冶金工业	Metallurgical Industry	104.8	108.4	113.7	82.9	116.4	108.7
电力工业	Power Industry	105.0	101.7	103.3	103.7	103.6	104.3
煤炭及冶炼工业	Coal and Smelt Industry	124.5	106.3	134.2	99.8	113.1	107.8
石油工业	Petroleum Industry	125.8	100.9	127.0	75.1	127.9	121.7
化学工业	Chemical Industry	106.4	105.1	112.2	91.0	107.3	111.0
机械工业	Machine Buiding Industry	101.5	103.0	106.4	99.8	101.4	103.5
建筑材料工业	Building Materials Industry	108.4	104.5	110.8	99.5	101.1	104.5
森林工业	Timber Industry	99.5	106.5	108.0	97.2	99.9	106.0
食品工业	Food Industry	101.9	109.5	109.4	100.9	103.7	104.8
纺织工业	Textile Industry	95.4	101.0	101.3	96.2	116.4	120.4
缝纫工业	Tailoring Industry	103.3	100.5	104.2	103.9	105.3	111.4
皮革工业	Leather Industry	104.0	102.1	101.0	99.7	102.7	106.3
造纸工业	Paper Industry	102.3	102.8	108.6	94.4	103.4	102.9
文教艺术用品工业	Cultural,Educational & Handicrafts Articles	101.7	101.8	101.6	99.9	101.8	100.5
其他工业	Others	101.9	104.1	114.3	94.4	103.5	106.3

10-10 工业生产者购进价格指数

Indices of Purchasing Prices of Industrial Productor

(上年=100) (preceding year=100)

类 别	Type	2005	2007	2008	2009	2010	2011
总指数	**General Index**	**108.3**	**106.4**	**111.9**	**97.1**	**110.2**	**110.1**
燃料、动力类	Fuels and Motive Power	115.2	107.5	121.0	102.5	108.9	106.6
黑色金属材料类	Ferrous Metals Materials	106.0	111.7	124.7	86.4	108.4	108.1
#钢材	Steel Products	106.7	106.1	118.6	86.7	105.9	106.1
有色金属材料和电线类	Nonferrous Metals Materials and Electric Wire	115.4	114.8	99.0	83.8	123.2	109.2
化工原料类	Chemical Raw Materials	107.5	111.8	106.7	90.9	116.8	115.0
木材及纸浆类	Logging and Paper Pulp	103.1	104.7	106.2	98.7	104.7	107.4
建筑材料及非金属矿类	Building Materials and Nonmetal Minerals	114.9	101.0	119.5	96.6	103.9	106.3
其他工业原材料及半成品类	Others Industry Materials & Semi Finished Articles	112.5	105.7	108.4	99.6	107.4	111.5
农副产品类	Farm Products	102.5	103.6	110.5	101.0	108.3	114.2
纺织原料类	Textile Raw Materials	100.6	103.7	102.0	93.4	118.1	111.7

10-11 固定资产投资价格指数

Price Indices of Investment In Fixed Assets

(上年=100) (preceding year=100)

类 别	Type	2005	2007	2008	2009	2010	2011
固定资产投资价格指数	**Price Indices of Investment In Fixed Assets**	**101.4**	**104.6**	**109.0**	**96.4**	**103.5**	**107.4**
建筑安装工程	Construction and Installation	101.3	106.3	112.1	94.6	104.9	110.1
设备、工器具购置	Purchase of Equipments and Instruments	101.5	101.4	102.5	98.8	100.5	102.3
其他费用	Other Expenses	101.9	101.9	103.3	102.5	101.3	103.0

主要统计指标解释

商品零售价格指数 是反映城乡商品零售价格变动趋势的一种经济指数。零售物价的调整变动直接影响到城乡居民的生活支出和国家的财政收入，影响居民购买力和市场供需平衡，影响消费与积累的比例。因此，计算零售价格指数，可以从一个侧面对上述经济活动进行观察和分析。

居民消费价格指数 是反映一定时期内城乡居民所购买的生活消费品价格和服务项目价格变动趋势和程度的相对数，是对城市居民消费价格指数和农村居民消费价格指数进行综合汇总计算的结果。利用居民消费价格指数，可以观察和分析消费品的零售价格和服务价格变动对城乡居民实际生活费支出的影响程度。

城市居民消费价格指数 是反映城市居民家庭所购买的生活消费品价格和服务项目价格变动趋势和程度的相对数。城市居民消费价格指数可以观察和分析消费品的零售价格和服务项目价格变动对职工货币工资的影响，作为研究职工生活和确定工资政策的依据。

农村居民消费价格指数 是反映农村居民家庭所购买的生活消费品价格和服务项目价格变动趋势和程度的相对数。农村居民消费价格指数可以观察农村消费品的零售价格和服务项目价格变动对农村居民生活消费支出的影响，直接反映农民生活水平的实际变化情况，为分析和研究农村居民生活问题提供依据。

农业生产资料价格指数 是反映工业、商业及其他单位和个人向农民出售农业生产资料价格变动趋势和变动程度的相对数。编制农业生产资料价格指数，目的在于掌握农业生产资料的平均价格水平，为国家制定经济政策提供依据；同时，为研究市场流通和国民经济核算提供参考依据。

农产品生产价格指数 是反映一定时期内，农产品生产者出售农产品价格水平变动趋势及幅度的相对数。该指数可以客观反映全国农产品生产价格水平和结构变动情况，满足农业与国民经济核算需要。其中某代表品生产价格指数是通过对全部有出售该产品行为的调查单位的个体指数进行几何平均求得的，类价格指数是通过对其所属的类（或代表品）的价格指数进行加权平均求得的。

工业生产者出厂价格指数 是反映全部工业产品出厂价格总水平的变动趋势和程度的相对数，包括工业企业售给本企业以外所有单位的各种产品和直接售给居民用于生活消费的产品。通过工业生产者出厂价格指数能观察出厂价格变动对工业总产值的影响。

工业生产者购进价格指数 是反映工业企业作为生产投入，而从物资交易市场和能源、原材料生产企业购买原材料、燃料和动力产品时，所支付的价格水平变动趋势和程度的统计指标，是扣除工业企业物质消耗成本中的价格变动影响的重要依据。

国家统计局从 2011 年 1 月开始实施新的工业生产者价格统计调查制度。“工业品价格统计”改称为“工业生产者价格统计”，相应地将“工业品出厂价格指数”和“原材料、燃料、动力购进价格指数”分别改称为“工业生产者出厂价格指数”和“工业生产者购进价格指数”。完善了指数计算方法，基本分类以上分类指数采用国际上通行的链式拉氏公式，基本分类及以下产品的环比指数均采取几何平均方法计算，增加了“以 2010 年价格为 100 的指数”。重构并采用新的调查目录，引入基本分类，照新的国民经济行业分类和产品分类标准，规范和完善了小类以上的分类。

固定资产投资价格指数 是反映固定资产投资额价格变动趋势和程度的相对数。固定资产投资额是由建筑安装工程投资完成额、设备、工器具购置投资完成额和其他费用投资完成额三部分组成的。编制固定资产投资价格指数应首先分别编制上述三部分投资的价格指数，然后采用加权算术平均法求出固定资产投资价格总指数。

编制固定资产投资价格指数可以准确地反映固定资产投资中涉及的各类商品和取费项目价格变动趋势和变动幅度，消除按现价计算的固定资产投资指标中的价格变动因素，真实地反映固定资产投资的规模、速度、结构和效益，为国家科学地制定、检查固定资产投资计划并提高宏观调控水平，为完善国民经济核算体系提供科学的、可靠的依据。

Explanatory Notes on Main Statistical Indicators

Retail Price Index reflects the general change in retail prices of commodities. The change and adjustment in retail prices directly affect the living expenditure of urban and rural residents, government revenue, purchasing power of residents and the equilibrium of market supply and demand, and the ratio of consumption to accumulation. Therefore, the calculation of retail price index is useful to analyze the changes of the above economic activities.

Consumer Price Index reflects the trend and degree of changes in prices of consumer goods and services purchased by urban and rural residents, and is a composite index derived from the urban consumer price index and the rural consumer price index. Consumer price index can be used to analyze the impact of consumer price change on actual expenditure for living cost of urban and rural residents.

Urban Consumer Price Index reflects the trend and degree of changes in prices of consumer goods and services purchased by urban households. It can be used to observe and analyze the impact of price changes in consumer goods and services on money wages of staff and workers, and provide basis for policymaking concerning the living cost and wages of staff and workers.

Rural Consumer Price Index reflects the trend and degree of changes in prices of consumer goods and services purchased by rural households. It can be used to observe the impact of change in retail prices of consumer goods and service prices in rural areas on living expenditure of rural households, and to show the changes in the living standard of peasants. It provides basis for analysis and research on condition of life in rural areas.

Price Indices of Means of Agricultural Production reflect the trend and degree of changes in prices of means of agricultural production bought by farmers from industry, commerce, other units of nature person. Compilation of these indices helps to command the mean prices of means of agricultural production, providing basis for economic decision-making of the Nation, research in market circulation and national account statistics.

Producer Prices Indices for Farm Products reflect the trend and degree of changes in producers' prices received by farmers when they sell farm products during a given period. These indices depict the change in the level and structure of producer prices for farm products of the country and meet the needs of agricultural statistics and national accounts statistics. The producer price index for a given product is calculated as the geometrical mean of individual indices for all surveyed units which sell such product, and the indices for a product category is obtained as the weighted mean of price indices for all products in the category. Method for calculating accumulative quarterly indices is the same as for calculating the individual quarterly indices.

Ex-factory Price Index of Industrial Products reflects the trend and degree of changes in general ex-factory prices of all industrial products, including sales of industrial products by an industrial enterprise to all units outside the enterprise, as well as sales of consumer goods to residents. It can be used to analyze the impact of ex-factory prices on gross industrial output value.

Since January 2011, The national bureau of statistics carry out new industrial producer price statistical survey system. Improve the index calculation method, Above basic classification index using international practice chain Laplace formula, basic classification and below product comparing exponential take geometry average method to calculate, increased "in 2010 prices for 100 index". Resetting and using the new survey directory, introducing the basic classification, according to a new national economy industry classification and product classification standard, regulate and improve the little more kinds of classification.

Price Index of Investment in Fixed Assets reflects the trend and degree of changes in prices of investment in fixed assets. The investment in fixed assets consists of three components, namely the investment in construction and installation, the investment in purchases of equipment and instrument, and the investment in other items. Price index of investment in fixed assets is calculated as the weighted arithmetic mean of the price indices of the three components of investment in fixed assets. Removing the factor of price change in the aggregates of investment at current prices, this indicator shows the changes in the prices of commodities and fees involved in the investment of fixed assets, and can be used to observe the actual size, growth, structure, and efficiency of investment in fixed assets and provides reliable and scientific data for government planning, management, decision making, and further improving the current national accounting system.

Indices of Purchasing Prices of Raw Materials, Fuels and Power reflect changes in the level and degree of prices paid by industrial enterprises when they purchase production input such as raw materials, fuels and power from the market or from other energy or raw materials producing enterprises. These indices provide important basis for measuring the material consumption of industrial enterprises after removing influence of price changes.

人民生活
People's Livelihood

● 资料整理：叶辉敏 孙晓亮 贺智虹 刘凤玲

简要说明

一、主要内容

本篇资料反映全省人民生活现状及变化情况，包括居民家庭情况、收入、消费等资料，分为城镇居民生活和农村居民生活两部分。

二、资料来源

城镇居民生活状况的数据来源于城镇住户调查，该调查采用抽样调查的方法，在2001年以前调查对象为城市市区和县城关镇非农业住户，2002年开始为城市市区和县城关镇区住户，2007年开始为城镇区域内所有住户。采用固定样本户连续记帐的调查方式，调查网点实行样本轮换制度，每三年为一个周期。调查户是按“分层”、“二阶段”、“等距抽样”随机抽选的。省级数据调查网点分布在23个市、县的2400户样本，由国家统计局河南调查总队编辑整理。市级数据网点分布在各省辖市所有县（区），由河南省地方经济社会调查队编辑整理。

农村居民生活状况的数据来源于农村住户调查，该调查采用抽样调查的方法，实行调查户常年记账与一次性调查相结合的调查方式。调查网点实行样本轮换制度，每四年为一个周期。省级数据调查网点分布在全省420个村，每个村抽取10个农户，共抽取了4200个样本农户，由国家统计局河南调查总队编辑整理；市级数据网点分布在各省辖市所有县（区），由河南省地方经济社会调查队编辑整理。

Brief Introduction

I. Main Contents

Data in this chapter show the people's living conditions in Henan province, including basic condition, revenue and expenditure of household , consisting of two parts, on the life of urban and rural households respectively.

II. Sources of Data

Data on the living condition of urban residents come from the data collected through a sample survey on the urban households conducted, The survey had covered only non-farm households in district areas of all city and county towns before 2001. Starting from 2002, the survey covers the households in district areas of all city and county towns. And the survey covers the households in areas of all city and county towns since 2007. The data collected by fixed sample households continuously charge to an account. Network survey is set through a sample rotation, which is conducted for every three years. Sample households in urban areas is selected by "layered","Second stage","classification", "equidistant sampling". The provincial sample of provincial data include 2400 households from 23 city and county towns, data in this part are provided by the Department of Henan Survey organizations, NBS. The Municipal sampling approaches is used to identify throughout the whole county (area), which are provided by Henan provincial survey organizations of social and economy.

Data on the living condition of rural residents come from the data collected through a sample survey on the rural households conducted, data on the living condition of rural residents are collected through a combination of Regular accounting and One-time accounting. Network survey is set through a sample rotation, which is conducted for every four years. The provincial sample of provincial data included 4200 households from 420 villages through the whole province, data in this part are provided by the Department of Henan Survey organizations, NBS. The provincial sample of municipal data in the counties of each city, which are provided by Henan provincial survey organizations of social and economy.

11-1 历年城乡居民家庭人均收支及恩格尔系数

Per Capita Income, Expenditures and Engel's Coefficient in Urban and Rural Areas over the year

指数以上年为100，按可比价格计算。
Indices are preceding year=100, while tempos are calculated at comparable prices.

单位:元 (yuan)

年份 Year	城镇居民家庭人均 Per Capita Annual Income and Expenditures of Urban Household					农村居民家庭人均 Per Capita Annual Income and Expenditures of Rural Household				
	可支配收入 Disposable Income	可支配收入指数 Disposable Income Index	消费支出 Consumptive Expenditures	#食品 Food	恩格尔系数(%) Engel's Coefficient (%)	纯收入 Net Income	纯收入指数 Index of Net Income	生活消费支出 Expenditures of Living	#食品 Food	恩格尔系数(%) Engel's Coefficient (%)
1978	315.00		274.00	163.00	59.5	104.71		81.70		
1979	361.04	114.3	302.98	177.21	58.5	133.56	127.6		67.32	60.7
1980	365.00	108.1	335.02	192.66	57.5	160.78	120.5	135.51	78.49	57.9
1981	395.00	103.1	363.23	205.18	56.5	215.57	133.4	165.57	89.08	53.8
1982	429.00	103.9	382.47	214.17	56.0	216.74	99.7	177.90	101.18	56.9
1983	452.50	101.6	405.00	232.07	57.3	272.00	124.5	196.35	113.71	57.9
1984	497.49	108.8	431.68	244.37	56.6	301.17	110.3	219.64	122.46	55.8
1985	600.59	114.2	556.72	277.74	49.9	328.78	107.0	260.19	145.83	56.0
1986	724.21	113.2	653.83	333.59	51.0	333.64	99.7	292.48	159.88	54.7
1987	814.20	104.9	711.27	379.57	53.4	377.72	110.1	309.90	164.03	52.9
1988	946.10	87.2	896.55	465.99	52.0	401.32	98.2	346.73	179.42	51.7
1989	1111.46	102.2	963.97	533.19	55.3	457.06	102.5	390.05	199.99	51.3
1990	1267.73	113.5	1067.67	585.27	54.8	526.95	105.5	437.73	240.93	55.0
1991	1384.81	103.9	1199.95	644.26	53.7	539.29	102.3	454.68	242.83	53.4
1992	1608.03	107.8	1342.58	716.99	53.4	588.48	104.9	472.61	264.02	55.9
1993	1962.75	110.4	1609.26	798.78	49.6	695.85	109.0	564.93	334.52	59.2
1994	2618.55	104.7	2155.15	1074.18	49.8	909.81	103.4	731.78	426.17	58.2
1995	3299.46	107.8	2673.95	1338.93	50.1	1231.97	109.5	929.39	544.26	58.6
1996	3755.44	103.9	3009.35	1439.32	47.8	1579.19	113.8	1206.43	670.89	55.6
1997	4093.62	106.4	3378.02	1506.25	44.6	1733.89	107.4	1270.52	693.09	54.6
1998	4219.42	105.3	3415.65	1454.99	42.6	1864.05	106.5	1240.30	700.78	56.5
1999	4532.36	111.2	3497.53	1427.65	40.8	1948.36	106.4	1163.98	617.46	53.0
2000	4766.26	106.1	3830.71	1386.76	36.2	1985.82	103.9	1315.83	654.13	49.7
2001	5267.42	108.8	4110.17	1424.90	34.7	2097.86	104.9	1375.60	668.77	48.6
2002	6245.40	114.2	4504.68	1517.04	33.7	2215.74	105.1	1451.51	697.02	48.0
2003	6926.12	109.0	4941.60	1662.30	33.6	2235.68	99.6	1508.67	726.57	48.2
2004	7704.90	105.5	5294.19	1855.44	35.0	2553.15	108.1	1664.09	808.27	48.6
2005	8667.97	110.2	6038.02	2067.51	34.2	2870.58	107.5	1891.57	858.97	45.4
2006	9810.26	111.9	6685.18	2215.32	33.1	3261.03	112.1	2229.28	911.48	40.9
2007	11477.05	111.0	7826.72	2707.44	34.6	3851.60	112.2	2676.41	1017.43	38.0
2008	13231.11	108.3	8837.46	3079.82	34.8	4454.24	107.2	3044.21	1165.81	38.3
2009	14371.56	109.9	9566.99	3272.75	34.2	4806.95	107.9	3388.47	1220.36	36.0
2010	15930.26	107.2	10838.49	3575.75	33.0	5523.73	111.0	3682.21	1371.17	37.2
2011	18194.80	108.4	12336.47	4212.76	34.1	6604.03	112.7	4319.95	1559.74	36.1

注：1978年—1991年城镇居民可支配收入根据当年生活费收入测算。
a)Data on disposable income of urban household are calculated on basis of income of living in 1978-1991.

11-2 各市城乡居民家庭人均收支情况(2011年)
Per Capita Income and Expenditures in Urban and Rural Areas by City(2011)

单位：元 (yuan)

市(县)	City(County)	城镇居民家庭人均 Per Capita (Urban) Residents 可支配收入 Disposable Income	消费性支出 Consumption Expenditures	#食品 Food	恩格尔系数(%) Angle modulus(%)	农村居民家庭人均 Per Capita (Rural) Residents 纯收入 Net Income	生活消费支出 living Expenditures	#食品 Food	恩格尔系数(%) Angle modulus(%)
全　省	**Average**	**18195**	**12336**	**4213**	**34.1**	**6604**	**4320**	**1560**	**36.1**
省辖市	**City**								
郑州市	Zhengzhou	21612	14500	5158	35.6	11050	7622	2059	27.0
开封市	Kaifeng	15558	12078	4127	34.2	6492	3963	1401	35.4
洛阳市	Luoyang	20163	13884	4379	31.5	6822	5293	1621	30.6
平顶山市	Pingdingshan	18348	13192	4272	32.4	6578	3696	1414	38.3
安阳市	Anyang	18686	11863	3604	30.4	7586	4489	1433	31.9
鹤壁市	Hebi	17255	10923	3249	29.7	8271	5060	1773	35.0
新乡市	Xinxiang	17988	12348	3867	31.3	7532	5517	1627	29.5
焦作市	Jiaozuo	18005	12603	3921	31.1	8902	5875	1681	28.6
濮阳市	Puyang	17228	11594	4162	35.9	6082	3686	1374	37.3
许昌市	Xuchang	17503	12390	3841	31.0	8651	4885	1523	31.2
漯河市	Luohe	16997	12234	4346	35.5	7700	4189	1415	33.8
三门峡市	Sanmenxia	17062	14082	3819	27.1	6929	4857	1632	33.6
南阳市	Nanyang	17289	13094	4341	33.1	6776	4694	1910	40.7
商丘市	Shangqiu	16151	10361	3606	34.8	5637	3460	1407	40.7
信阳市	Xinyang	15271	10452	4620	44.2	6153	4056	1940	47.8
周口市	Zhoukou	14583	10930	3858	35.3	5448	3713	1307	35.2
驻马店市	Zhumadian	15795	11779	3626	30.8	5804	4297	1699	39.5
济源市	Jiyuan	18821	12464	3660	29.4	9341	5461	1936	35.5
省直管县	**Province Administrating County**								
巩义市	Gongyi	18186	10427	3447	33.1	11392	5735	1836	32.0
兰考县	Lankao	13030	8726	3261	37.4	5236	4353	1546	35.5
汝州市	Ruzhou	15427	10524	3073	29.2	7783	4030	1439	35.7
滑县	Huaxian	14064	9502	3146	33.1	5300	3726	1304	35.0
长垣县	Changyuan	14550	11409	3500	30.7	8789	5473	1521	27.8
邓州市	Dengzhou	16079	12287	3840	31.3	7139	4322	1757	40.6
永城市	Yongcheng	17175	11339	3413	30.1	6557	4334	1755	40.5
固始县	Gushi	14762	10440	4217	40.4	6305	4629	1978	42.7
鹿邑县	Luyi	14356	13371	5286	39.5	6036	3102	1258	40.6
新蔡县	Xincai	13615	9967	3047	30.6	5491	3874	1490	38.4

11-3 城镇居民家庭基本情况
Basic Conditions of Urban Households

项 目	Item	2000	2005	2007	2008	2009	2010	2011
调查市县数(个)	Number of Cities Surveyed (Entries)	27	23	23	23	23	23	23
调查户数(户)	Number of Households Surveyed (household)	2820	2408	2459	2399	2399	2400	2300
家庭人口数(人)	Household Size (person)	9105	7152	7130	6909	6837	6816	6601
平均每户家庭人口数(人)	Average Household Size (person)	3.23	2.97	2.90	2.88	2.85	2.84	2.87
就业人口数(人)	Number of Person Employed (person)	4690	3864	3762	3455	3431	3504	3404
平均每户就业人口数(人)	Average Employed Persons Per Household (person)	1.66	1.53	1.53	1.44	1.43	1.46	1.48
平均每一就业者负担人数(人)	Number of Persons Supported by Each Laborer (person)	1.94	1.94	1.90	2.00	1.99	1.95	1.94
平均每人全年总收入(元)	Per Capita Annual total Income (yuan)		9146	12083	13908	15408	17142	19527
#可支配收入	Per Capita Disposable Income	4766	8668	11477	13231	14372	15930	18195
工资性收入	Wage Income		6095	8059	9044	9910	10805	12039
经营净收入	Net Income from Operations		661	819	1162	1203	1478	2264
财产性收入	Property Income		96	160	156	165	222	286
转移性收入	Transfer Income		2294	3045	3546	4130	4637	4937
平均每人全年总支出(元)	Per Capita Annual total Expenditures (yuan)		7831	10039	11135	12902	13802	15477
#消费支出	Consumption Expenditures	3831	6038	7827	8837	9567	10838	12336
现住房总建筑面积(平方米)	Total Covered Area of Present House (sq.m)		219075	230228	218940	224327	226768	225160
平均每户建筑面积(平方米)	Per Household Covered Area(sq.m)		90.98	93.64	91.26	93.51	94.49	97.90
平均每人建筑面积(平方米)	Per Capita Covered Area (sq.m)		30.84	32.29	31.91	32.81	33.27	34.11

注：1.平均每一就业者负担人数包括就业者本人(下同)。
2.人均建筑面积是按家庭常住人口计算的。
a)Number of Dependents of per Laborer Contained himself.(The same as in following table)
b)Per Capita Floor space of Residential Building is Calculated by persons Living in it continuously.

11-4 按收入等级分的城镇居民家庭生活基本情况(2011年)
Basic Conditions of Urban Households Life by Level of Income (2011)

项　目	Item	总平均 Average	最低收入户 Lowest Income Households	#更低户 Difficult Households	低收入户 Low Income Households	较低收入户 Lower Middle Income Households
调查户数(户)	Number of Households Surveyed (household)	2299	228	113	228	467
比重(%)	Proportion(%)	100.0	9.9	4.9	9.9	20.3
平均每户	Per Household					
家庭人口数(人)	Average Household Size(person)	2.87	3.35	3.32	3.31	3.07
就业人口数(人)	Average Employed Persons Per Household (person)	1.48	1.29	1.13	1.58	1.58
平均每一就业者负担人数(人)	Number of Persons Supported by Each Laborer (person)	1.94	2.60	2.94	2.09	1.94
平均每人全年	Per Capita Annual					
总收入(元)	Total Income (yuan)	19527	7678	6626	11189	14357
#可支配收入	Disposable Income	18195	7021	5836	10344	13403
消费支出(元)	Expenditures of Consumption(yuan)	12336	5979	5074	8034	9812

项　目	Item	中间收入户 Middle Income Households	较高收入户 Upper Middle Income Households	高收入户 High Income Households	最高收入户 Highest Income Households
调查户数(户)	Number of Households Surveyed (household)	464	459	226	226
比重(%)	Proportion(%)	20.2	20.0	9.8	9.8
平均每户	Per Household				
家庭人口数(人)	Average Household Size(person)	2.86	2.67	2.47	2.27
就业人口数(人)	Average Employed Persons Per Household (person)	1.57	1.47	1.33	1.33
平均每一就业者负担人数(人)	Number of Persons Supported by Each Laborer (person)	1.82	1.82	1.86	1.71
平均每人全年	Per Capita Annual				
总收入(元)	Total Income (yuan)	18633	23900	30424	48932
#可支配收入	Disposable Income	17306	22243	28490	45940
消费支出(元)	Expenditures of Consumption(yuan)	11902	14743	17484	27543

11-5 城镇居民家庭就业情况
Employment conditions of Urban households

项目	Item	2000	2005	2007	2008	2009	2010	2011
调查户数(户)	**Number of Households Surveyed (household)**	**2820**	**2408**	**2459**	**2399**	**2399**	**2400**	**2299**
平均每户家庭人口数(人)	**Average Household Size (person)**	**3.23**	**2.97**	**2.90**	**2.88**	**2.85**	**2.84**	**2.87**
有收入者人数	Number of person having income	2.14	2.07	2.10	2.01	2.04	2.07	2.04
就业人口数	Number of Person Employed	1.66	1.53	1.53	1.44	1.43	1.46	1.48
国有经济单位	State-Owned Units	1.27	1.11	1.07	0.87	0.85	0.85	0.77
城镇集体经济单位	Collective-Owned Units	0.16	0.09	0.07	0.08	0.07	0.07	0.06
其他各种经济类型单位	Other economic units	0.02	0.07	0.07	0.09	0.09	0.09	0.11
城镇个体经营者	Person employed by himself in town	0.14	0.13	0.14	0.13	0.13	0.14	0.15
城镇个体被雇人员	Employed person in town	0.04	0.08	0.11	0.21	0.23	0.22	0.27
离退休再就业人员	Retired and resigned person reemployed	0.03	0.03	0.03	0.02	0.02	0.02	0.03
其他就业人员	Person employed in other way	0.01	0.02	0.03	0.04	0.05	0.05	0.09
离退休人数	Number of retired and resigned person	0.47	0.51	0.54	0.54	0.57	0.58	0.53
其他有收入者人数	Number of other person having income	0.01	0.04	0.02	0.04	0.04	0.04	0.03
无收入者人数	Number of person having no income	1.09	0.90	0.80	0.87	0.81	0.77	0.83
非家庭人口在家用餐人次数	**frequncy of non-family member eating at home**		**5.38**	**3.30**	**3.55**	**3.43**	**5.12**	**4.78**
家庭人口在外用餐人次数	**frequncy of family member eating out**		**16.76**	**14.89**	**13.23**	**13.85**	**14.46**	**12.44**

11-6 各市城镇居民人均可支配收入
Per Capita Disposable Income of Urban Residents By City

单位：元 (yuan)

市(县) City(County)	2000	2005	2006	2007	2008	2009	2010	2011
省 辖 市 City								
郑 州 市 Zhengzhou	5935	10640	11822	13692	15732	17117	18897	21612
开 封 市 Kaifeng	4089	7220	8286	9769	11342	12318	13695	15558
洛 阳 市 Luoyang	5201	9720	10982	12770	14672	15949	17639	20163
平 顶 山 市 Pingdingshan	4790	8723	9897	11715	13531	14721	16208	18348
安 阳 市 Anyang	4502	8822	10009	11796	13637	14809	16394	18686
鹤 壁 市 Hebi	3946	7898	9089	10912	12491	13628	15059	17255
新 乡 市 Xinxiang	4700	8312	9455	11236	13000	14170	15752	17988
焦 作 市 Jiaozuo	4008	8430	9628	11488	13199	14282	15781	18005
濮 阳 市 Puyang	4090	7972	8963	11042	12731	13737	15138	17228
许 昌 市 Xuchang	4410	7769	8891	10741	12448	13619	15171	17503
漯 河 市 Luohe	4633	7923	9034	10732	12364	13390	14769	16997
三 门 峡 市 Sanmenxia	5245	8071	9072	10710	12392	13470	15032	17062
南 阳 市 Nanyang	4430	7831	8913	10713	12395	13498	15077	17289
商 丘 市 Shangqiu	4077	7247	8346	10166	11752	12715	14178	16151
信 阳 市 Xinyang	4037	6762	7759	9477	11022	12047	13348	15271
周 口 市 Zhoukou	3646	6356	7218	8955	10406	11363	12678	14583
驻 马 店 市 Zhumadian	4407	6900	7901	9762	11305	12311	13702	15795
济 源 市 Jiyuan	4723	9017	10298	11945	13809	14983	16481	18821
省 直 管 县 Province Administrating County								
巩 义 市 Gongyi	5025	9045	9884	11218	13236	14409	15893	18186
兰 考 县 Lankao	3189	5973	6620	7538	9030	10115	11430	13030
汝 州 市 Ruzhou	3896	6281	7210	9195	11032	12252	13556	15427
滑 县 Huaxian	3689	6073	6861	9002	10622	11489	12527	14064
长 垣 县 Changyuan	3620	5835	6728	8410	9985	11197	12697	14550
邓 州 市 Dengzhou	4305	7294	8384	10217	11818	12990	14340	16079
永 城 市 Yongcheng	4228	7306	8362	10141	11901	13448	15000	17175
固 始 县 Gushi	3973	6562	7423	9220	10688	11675	12926	14762
鹿 邑 县 Luyi	3837	5982	6874	8934	10175	11357	12516	14356
新 蔡 县 Xincai	3890	5882	6591	8257	9661	10569	11757	13615

11-7 城镇居民家庭平均每人全年现金收入情况(2011年)

单位：元

项 目	Item	总平均 Average	最低收入户 Lowest Income Households	#更低户 Difficult Households
家庭总收入	**Total Household Income**	**19526.92**	**7678.17**	**6625.72**
#可支配收入	Disposable Income	18194.80	7020.52	5836.34
工资性收入	Wage Income	12039.24	5127.95	4559.58
工资及补贴收入	Wage Income and Surplus Income	11760.73	4782.62	4150.67
其他劳动收入	Other Earned Income	278.51	345.34	408.91
经营净收入	Net Income from Operations	2264.36	630.86	292.14
财产性收入	Property Income	286.02	105.67	162.40
#利息	Interest	75.12	15.88	10.40
股息与红利收入	Dividend Income	67.08	38.63	79.55
保险收益	Insurance Income	2.25		
其他投资收入	Other Investment Income	31.84	1.32	1.33
出租房屋收入	Income from Renting Room	92.52	42.01	55.37
转移性收入	Transfer Income	4937.30	1813.69	1611.61
#养老金或离退休金	Pension	4119.00	1277.57	1053.08
社会救济收入	Income from Social Relief	38.32	152.82	264.37
辞退金	Severance pay			
赔偿收入	Compensation money	11.23	5.90	12.14
保险收入	Insurance Income	21.70	19.11	
#失业保险金	Unemployment insurance expense	17.99	19.11	
赡养收入	Income of Alimony	203.96	103.49	34.12
捐赠收入	Income of Presentation	397.03	145.53	146.93
亲友搭伙费	Food expenditure from kinsfolk			
提取住房公积金	Drawaing of Accumulated Fund for House	12.80		
记帐补贴	Subsidy for taking accounts	105.39	95.07	99.70
出售财物收入	**Income from Selling Property**	**92.90**	**9.20**	**18.71**
借贷收入	**Income of Borrow Money and Loan**	**3092.90**	**2070.25**	**1858.38**
#提取储蓄存款	Drawing Money from Banks	2942.80	1989.88	1751.14
借入款	Borrow Money	94.60	69.78	106.25
收回借出款	Retrieval of loan	30.02	10.11	
兑售有价证券	Cashing in and selling bonds	0.71		
收回投资本金	Retrieval of Investment Pricipal	0.69		

Per Capita Annual Cash Income of Urban Households (2011)

(yuan)

低收入户 Low Income Households	较低收入户 Lower Middle Income Households	中间收入户 Middle Income Households	较高收入户 Upper Middle Income Households	高收入户 High Income Households	最高收入户 Highest Income Households	#更高收入户 Higher Income Household
11188.82	**14356.66**	**18633.07**	**23900.21**	**30423.77**	**48931.78**	**58456.47**
10343.72	13402.57	17305.51	22243.37	28489.76	45939.99	55163.47
7610.64	9858.57	12638.60	14929.63	17034.30	23301.24	26605.05
7333.20	9624.70	12490.89	14737.04	16788.56	22371.35	25089.32
277.43	233.88	147.71	192.58	245.74	929.90	1515.73
916.84	1177.82	1418.84	2579.12	3193.72	11211.03	17213.02
91.57	127.17	142.17	231.92	767.85	1416.14	1821.59
20.03	46.24	38.69	73.55	152.35	377.35	348.18
2.79	15.01	9.38	80.50	239.34	328.13	457.36
0.03	0.51	1.25	1.41	18.58	2.12	3.94
10.89	10.42	27.21	10.05	32.34	248.03	376.43
40.26	29.53	44.79	56.60	301.24	454.36	631.38
2569.78	3193.10	4433.46	6159.55	9427.91	13003.38	12816.81
2094.96	2663.10	3827.23	5337.22	8350.38	9941.19	8840.39
51.69	34.23	17.13	6.96	1.66	17.53	13.23
2.35			39.56		46.27	85.99
43.70	42.16	5.11	10.70	19.24	3.47	
41.11	37.92	5.11	5.36		3.47	
139.77	108.28	165.93	246.81	319.39	653.83	746.23
132.14	222.70	299.46	363.45	521.24	2012.96	2713.74
		0.72			174.19	268.89
87.51	96.96	106.85	109.31	122.67	145.26	142.35
2.65	**7.48**	**65.18**	**9.69**	**12.56**	**1011.27**	**1871.34**
1577.67	**2292.70**	**2549.09**	**3590.44**	**4456.64**	**8629.19**	**10934.74**
1548.81	2216.45	2340.99	3523.38	4293.50	7919.46	9690.88
21.20	23.55	73.37	17.08	147.70	666.20	1233.20
3.42	45.12	67.70	13.43		22.33	
		0.55	3.43			
		2.74	0.63			

11-8 各市城镇居民家庭平均每人全年可支配收入情况(2011年)

单位：元

市(县) City(County)	总平均 Average	最低收入户 Lowest Income Households	#更低户 Difficult Households	低收入户 Low Income Households
省辖市 City				
郑州市 Zhengzhou	21612	8586	7074	12484
开封市 Kaifeng	15558	6715	6141	9394
洛阳市 Luoyang	20163	7179	5361	10894
平顶山市 Pingdingshan	18348	6924	5875	9452
安阳市 Anyang	18686	7073	6109	9829
鹤壁市 Hebi	17255	7256	6545	9138
新乡市 Xinxiang	17988	6599	5635	9249
焦作市 Jiaozuo	18005	6666	5739	9869
濮阳市 Puyang	17228	5847	4959	9510
许昌市 Xuchang	17503	8461	7141	10855
漯河市 Luohe	16997	8835	7856	11757
三门峡市 Sanmenxia	17062	6786	6063	10276
南阳市 Nanyang	17289	8180	7513	10470
商丘市 Shangqiu	16151	6701	5427	9853
信阳市 Xinyang	15271	7642	6525	10568
周口市 Zhoukou	14583	7230	6090	10402
驻马店市 Zhumadian	15795	6712	5904	9619
济源市 Jiyuan	18821	4373	3407	8078
省直管县 Province Administrating County				
巩义市 Gongyi	18186	7237	5801	10469
兰考县 Lankao	13030	7549	6879	9011
汝州市 Ruzhou	15427	6524	5633	9141
滑县 Huaxian	14064	6170	5436	7982
长垣县 Changyuan	14550	7416	6809	9807
邓州市 Dengzhou	16079	10093	9575	12451
永城市 Yongcheng	17175	4567	3524	8579
固始县 Gushi	14762	5878	5165	7452
鹿邑县 Luyi	14356	9650	9327	11569
新蔡县 Xincai	13615	6021	4733	9112

Per Capita Annual Disposable Income of Urban Households by City(2011)

(yuan)

较低收入户 Lower Middle Income Households	中间收入户 Middle Income Households	较高收入户 Upper Middle Income Households	高收入户 High Income Households	最高收入户 Highest Income Households	#更高收入户 Higher Income Household
14961	18861	23383	29408	44700	52489
11277	13821	16859	20631	28882	33299
13660	17143	21611	28338	42598	52997
11961	15147	19194	24026	35939	42758
12592	16222	20769	25442	40965	49095
11925	15491	19835	23717	39610	47964
11592	14234	17892	22341	47641	58988
12192	15186	19503	24912	45413	53110
11264	13222	15963	20326	42754	61787
13088	15853	19811	24563	34111	38275
13760	15727	18428	22379	28308	31552
13069	16396	19934	24855	34280	38588
12933	15609	19062	22428	33176	38652
11855	14713	18297	22373	29908	33440
12506	14940	17880	21083	28722	32605
11889	13692	16233	19923	30858	38948
11781	13904	16966	21789	32233	37000
12728	16380	20862	28866	52671	70063
12686	14718	17623	21872	59622	79782
10699	12101	14034	17623	23852	28424
11819	15295	18919	23779	35741	45290
9826	14046	17490	21875	30666	35217
11919	13261	16094	19648	41154	57608
14020	15431	17943	21415	26395	29649
10847	14014	20591	25869	66378	110647
10199	13618	18001	23248	31573	41851
12736	13845	15753	21714	25701	29202
10709	12897	17302	20507	24036	25904

11-9 历年城镇居民家庭人均消费支出

Per Capita Annual Consumption Expenditures of Urban Households by Years

单位：元 (yuan)

年份 Year	人均消费支出 Consumption Expenditures	食品支出 Food	衣着支出 Clothing	居住支出 Residence	家庭设备用品服务 Household Facilities Articles and Service	医疗保健支出 Medicine and Medical Service	交通通信支出 Transportation and Communications	娱乐教育文化服务 Recreation Education and Cultural services	杂项商品与服务 Miscellaneous and Services
1978	274.00	163.00	43.00	12.00	20.00	2.90	5.20	14.00	13.90
1980	335.02	192.66	50.19	15.30	24.30	3.22	8.86	20.84	19.65
1981	363.23	205.18	54.88	16.91	26.74	3.68	10.04	25.31	20.49
1982	382.47	214.17	56.49	19.70	29.03	3.93	12.19	25.27	21.69
1983	405.00	232.07	57.97	19.92	28.55	3.83	13.64	28.31	20.71
1984	431.68	244.37	65.23	22.65	32.56	5.01	11.47	28.63	21.76
1985	556.72	277.74	80.90	33.76	55.15	7.69	12.19	62.50	26.79
1986	653.83	333.59	96.56	39.35	62.66	8.75	15.64	63.97	33.31
1987	711.27	379.57	100.18	41.09	66.80	9.68	16.52	57.22	40.21
1988	896.55	465.99	124.21	42.02	104.28	16.23	17.18	82.66	43.98
1989	963.97	533.19	131.09	44.17	86.31	18.96	16.88	86.84	46.53
1990	1067.67	585.27	156.43	54.19	91.90	23.24	19.33	86.93	50.38
1991	1199.95	644.26	191.31	59.16	92.98	29.61	23.95	101.38	57.30
1992	1342.58	716.99	221.79	67.88	108.89	38.92	27.53	102.65	57.93
1993	1609.24	798.78	260.17	96.38	148.94	50.01	49.29	136.80	68.89
1994	2155.15	1074.18	347.31	131.89	185.55	70.07	92.86	159.78	93.51
1995	2673.95	1338.93	437.45	159.31	220.24	96.67	114.35	200.18	106.82
1996	3009.35	1439.32	488.52	281.61	215.52	125.97	131.74	211.41	115.26
1997	3378.02	1506.25	491.33	352.46	256.77	159.64	171.60	299.00	140.97
1998	3415.65	1454.99	442.34	406.54	280.23	172.84	193.65	320.88	144.19
1999	3497.53	1427.65	431.79	421.31	288.55	208.14	217.00	337.76	165.32
2000	3830.71	1386.76	460.99	547.19	312.97	280.78	246.24	407.26	188.52
2001	4110.17	1424.90	484.16	650.25	333.24	298.74	299.89	427.88	191.10
2002	4504.65	1517.00	570.42	499.48	324.43	389.60	477.55	586.33	139.84
2003	4941.60	1662.30	602.64	566.30	345.68	443.27	533.86	629.91	157.63
2004	5294.19	1855.44	650.30	578.60	332.06	436.53	569.85	694.56	176.84
2005	6038.02	2067.51	806.39	651.98	376.27	472.31	636.57	805.08	221.91
2006	6685.18	2215.32	919.31	737.00	431.02	520.57	762.08	847.12	252.76
2007	7826.72	2707.44	1053.13	795.39	549.14	626.55	858.33	936.55	300.19
2008	8837.46	3079.82	1141.76	963.59	633.32	790.87	915.12	988.95	324.03
2009	9566.99	3272.75	1270.74	1004.37	684.79	875.52	1033.99	1048.14	376.70
2010	10838.49	3575.75	1444.63	1080.10	866.72	941.32	1374.76	1137.16	418.04
2011	12336.47	4212.76	1706.94	1087.08	977.52	919.83	1573.64	1373.94	484.76

11-10 城镇居民家庭平均每人全年消费性支出

Per Capita Annual Consumption Expenditures of Urban Households

单位：元 (yuan)

项 目	Item	2000	2005	2007	2008	2009	2010	2011
消费性支出	**Consumption Expenditures**	**3830.71**	**6038.02**	**7826.72**	**8837.46**	**9566.99**	**10838.49**	**12336.47**
#服务性消费支出	Consumption Expenditure of Service		1564.35	1879.27	2149.85	2285.62	2522.04	2924.82
食品	**Food**	**1386.76**	**2067.51**	**2707.44**	**3079.82**	**3272.75**	**3575.75**	**4212.76**
#粮食	Grain	219.78	228.78	276.80	306.17	322.33	349.36	393.17
淀粉及薯类	Starches and Tubers	23.45	24.75	34.08	35.66	37.62	48.11	57.26
干豆类及豆制品	Beans and Bean Products	26.43	32.70	40.59	50.91	54.54	60.95	62.29
油脂类	Oil and Fats	55.61	66.05	93.93	127.44	103.15	105.41	128.10
肉禽及制品	Meat,Poultry and Related Products	264.88	371.16	485.25	569.41	575.61	611.01	756.56
蛋类	Eggs	67.48	76.06	98.56	96.05	96.47	110.61	134.03
水产品类	Aquatic Products	34.76	43.54	58.13	65.25	75.84	78.49	89.38
蔬菜类	Vegetables	138.55	217.28	299.83	323.69	371.30	373.02	375.92
调味品	Condiments	26.50	29.48	38.94	42.66	49.04	55.32	59.05
糖类	Sugar	16.42	17.16	22.42	19.46	23.98	27.62	35.36
烟草类	Tobacco	87.18	96.56	127.33	158.64	172.53	158.35	163.26
酒和饮料	Liquor and Beverages	110.75	119.60	154.54	180.14	219.64	224.66	250.38
干鲜瓜果	Dried and Fresh Melons and Fruits	74.92	146.95	213.18	198.81	241.10	288.11	357.91
糕点类	Cake	31.07	48.58	63.43	61.12	72.58	79.69	94.61
奶及奶制品	Milk and dairy Products	43.28	115.26	145.11	140.81	148.30	170.31	207.20
食品加工服务费	Food Processing Service Fees	1.29	0.36	0.84	0.72	0.90	1.34	1.35
在外用餐	Dining Out	127.27	391.46	491.28	637.84	647.42	761.04	951.70
衣着	**Clothing**	**460.99**	**806.39**	**1053.13**	**1141.76**	**1270.74**	**1444.63**	**1706.94**
#服装	Garments	314.99	595.33	771.35	112.15	925.12	1061.35	1265.53
衣着材料	Clothing Materials	28.10	9.96	9.57	7.28	7.17	7.35	10.18
鞋类及其他衣着	Shoes and Other Clothing	108.48	196.05	266.35	119.47	331.89	367.62	421.33
衣着加工服务费	Tailoring and Laundering Service Fees	9.42	5.04	5.86	6.27	6.56	8.31	9.90
居住	**Residence**	**547.19**	**651.98**	**795.39**	**963.59**	**1004.37**	**1080.10**	**1087.08**
住房	Housing	341.08	160.15	215.00	270.97	279.91	345.89	381.24
水电燃料及其他	water,Electricity and Fuels		457.65	523.76	629.28	666.11	673.51	650.98
居住服务费	Service Fee for Residence		34.18	56.64	63.34	58.35	60.70	54.86
家庭设备、用品及服务	**Household Facilities, Articles and Service**	**312.97**	**376.27**	**549.14**	**633.32**	**684.79**	**866.72**	**977.52**
#耐用消费品	Durable Consumer Goods	187.41	190.08	288.01	332.85	340.22	444.66	458.19
室内装饰品	Interior Decorations	11.15	13.65	14.70	19.22	22.52	20.27	29.69
床上用品	Bed Articles	20.37	37.74	49.84	59.93	76.95	78.86	111.69
家庭日用杂品	Household Articles for Daily Use	59.40	106.87	164.11	191.08	212.00	280.96	339.15
家具材料	Furniture Materials	3.75	4.37	13.06	6.88	6.86	10.39	6.72
家庭服务	Household Services	30.88	23.58	19.43	23.36	26.23	31.57	32.07
医疗保健	**Medicine and medical Service**	**280.78**	**472.31**	**626.55**	**790.87**	**875.52**	**941.32**	**919.83**
#药品费	Expenses for Medical Care	213.39	303.43	382.30	444.97	476.04	479.78	441.48
交通和通信	**transportation and communications**	**246.24**	**636.57**	**858.33**	**915.12**	**1033.99**	**1374.76**	**1573.64**
交通	transportation	94.36	177.07	320.64	390.37	499.95	813.55	1024.94
通信	Communication	151.89	459.50	537.69	524.75	534.04	561.21	548.70
教育文化娱乐服务	**Recreation,education and Cultural services**	**407.26**	**805.08**	**936.55**	**988.95**	**1048.14**	**1137.16**	**1373.94**
文化娱乐用品	Recreation Durable Consumer Goods	100.19	208.65	235.78	278.34	284.68	344.49	377.10
文化娱乐服务	Recreation	72.87	174.70	245.50	246.26	285.83	396.33	452.24
教育	Educations	234.20	421.72	455.28	464.35	477.64	396.34	544.60
杂项商品和服务	**Miscellaneous and Services**	**188.52**	**221.91**	**300.19**	**324.03**	**376.70**	**418.04**	**484.76**
杂项商品	Miscellaneous		147.57	187.00	217.44	236.13	256.92	309.64
服务	Services		74.34	113.19	106.59	140.57	161.12	175.12

11-11 城镇居民家庭平均每人全年现金支出情况(2011年)

单位：元

项 目	Item	总平均 Average	最低收入户 Lowest Income Households	#更低户 Difficult Households
家庭总支出	**Total Household Expenditure**	**15477.17**	**7505.58**	**6702.95**
消费性支出	**Consumption Expenditures**	**12336.47**	**5978.74**	**5073.57**
#服务性消费支出	Consumption Expenditure of Service	2924.82	1309.18	1085.39
食品	Food	4212.76	2442.29	2216.12
#粮食	Foodstuff	393.17	345.59	342.30
肉	Meat	587.06	375.03	366.46
衣着	Clothing	1706.94	691.40	567.27
居住	Residence	1087.08	796.78	696.01
家庭设备、用品及服务	Household Facilities,Articles and Service	977.52	395.37	283.44
医疗保健	Medicine and medical Service	919.83	377.22	264.28
交通和通信	Transport, Post and Communication Services	1573.64	444.05	360.29
教育文化娱乐服务	Recreation,education and Cultural services	1373.94	681.05	577.51
杂项商品和服务	Miscellaneous and Services	484.76	150.58	108.65
购房与建房支出	**Expenditure of Buying and Building House**	**295.99**	**448.71**	**418.81**
转移性支出	**Transfer Expenditure**	**1639.65**	**510.95**	**511.14**
交纳所得税	Paid-Tax	44.15	0.57	0.87
捐赠支出	Donation Expenditure	1085.07	363.52	311.47
购买彩票	Buying Lottery	6.18	0.68	0.66
赡养支出	Support Expenditure	397.44	132.73	187.68
#在外就学子女费用	Expenditure of Children Studying far from Home	256.95	88.74	136.66
各种非储蓄性保险支出	All Kinds of non Saving Insurance Expenditure	68.15	6.08	8.84
#车辆保险支出	Expenditure of Car Insurance	21.12	1.62	3.34
其他转移性支出	Other Transfer Expenditure	38.67	7.38	1.62
财产性支出	**Property Expenditure**	**22.47**	**5.16**	**10.62**
#非生产性贷款利息支出	Interest Expenditure of Non-Productive Loans	13.00	5.16	10.62
社会保障支出	**Expenditure of Social Protection**	**1182.59**	**562.02**	**688.81**
个人交纳的养老基金	Pension Fund Paid by Oneself	517.90	375.09	482.62
个人交纳的住房公积金	House Accumulated Fund Paid by Oneself	460.88	102.44	110.80
个人交纳的医疗基金	Medical Fund Paid by Oneself	169.70	71.88	76.67
个人交纳的失业基金	Unemployment Fund Paid by Oneself	24.86	5.10	7.18
其他社会保障支出	Expenditure of Other Social Protection	9.25	7.51	11.53
借贷支出	**Expenditure on Loan**	**5836.88**	**1336.35**	**1087.70**
#存入储蓄款	Savings Deposits	5520.11	1259.78	1011.69
借出款	Lending Money	26.35	3.34	
归还借款	Money of Repaying	63.13	14.76	
储蓄性保险支出	Expenditure on Saving Insurance	69.52	21.54	12.13
购买有价证券	Purchase of Valuable Securites	6.37	1.80	3.70
其他投资支出	Expenditure of Other Investment	33.95	5.91	
归还住房贷款	Repayment of House Loan	67.79	12.53	25.79

Per Capita Annual Cash Expenditures of Urban Households (2011)

(yuan)

低收入户 Low Income Households	较低收入户 Lower Middle Income Households	中间收入户 Middle Income Households	较高收入户 Upper Middle Income Households	高收入户 High Income Households	最高收入户 Highest Income Households	#更高收入户 Higher Income Household
9752.09	**11988.29**	**14918.99**	**18571.27**	**22154.23**	**35702.51**	**41998.52**
8033.59	**9812.30**	**11901.63**	**14742.82**	**17484.12**	**27543.43**	**31779.15**
1937.52	2371.79	2910.57	3442.20	4131.42	6398.72	7079.48
3196.67	3634.82	4240.20	4950.25	5645.92	7170.49	7630.41
340.46	367.65	393.19	428.68	453.14	486.15	465.99
477.97	526.50	588.72	711.36	754.15	817.15	824.37
1030.28	1453.27	1674.04	2166.01	2496.85	3401.93	3712.29
840.51	787.55	897.25	1167.38	1457.12	2853.99	3669.62
577.62	668.88	858.00	1243.85	1618.41	2557.23	2903.39
700.50	793.04	903.69	1141.47	1266.46	1701.77	1904.27
680.10	1056.32	1474.90	1827.55	2266.59	5420.18	6996.05
760.93	1040.87	1434.60	1678.65	2006.85	2953.68	3172.59
246.98	377.56	418.97	567.66	725.92	1484.17	1790.53
160.41	**168.24**	**155.10**	**357.31**	**110.58**	**1126.14**	**2092.65**
801.11	**1148.15**	**1628.27**	**1952.64**	**2786.15**	**4426.78**	**5296.14**
1.84	8.28	14.29	51.77	101.26	302.49	415.16
614.39	873.76	1135.88	1291.89	1507.03	2593.50	3078.38
1.75	3.91	8.45	9.44	11.71	9.07	5.40
139.41	226.34	360.39	452.14	875.62	1241.69	1413.44
86.63	139.59	228.39	279.70	567.87	866.37	978.84
27.23	25.13	64.93	85.14	192.89	203.79	280.12
1.54	2.87	17.46	37.59	28.54	104.91	156.06
16.49	10.73	44.33	62.26	97.63	76.24	103.65
1.23	**10.77**	**27.58**	**22.73**	**63.30**	**62.12**	**95.09**
0.35	5.54	12.55	22.73	21.02	38.93	52.09
755.75	**848.84**	**1206.41**	**1495.76**	**1710.08**	**2544.04**	**2735.49**
441.40	418.41	502.07	622.64	607.63	884.43	960.93
170.56	265.11	493.83	631.49	787.06	1273.52	1352.70
120.76	145.62	176.12	193.36	264.03	307.26	322.47
18.87	15.23	27.95	30.88	40.36	56.84	74.63
4.17	4.46	6.45	17.40	10.99	21.99	24.77
1969.15	**3596.91**	**4869.67**	**7344.58**	**11003.63**	**20071.38**	**26105.83**
1868.03	3298.50	4543.56	6884.12	10577.77	19442.55	25283.64
21.65	26.24	15.71	41.12	48.08	43.86	69.48
13.53	68.60	51.88	110.26	90.52	95.74	160.48
16.54	80.20	72.28	96.32	86.71	110.14	85.35
	0.57	14.06	1.66	14.48	22.59	
42.77	15.44	6.89	109.64	35.11	18.84	33.47
3.66	16.76	93.36	73.71	142.77	252.45	350.22

11-12 各市城镇居民家庭消费支出情况(2011年)

单位：元

市(县) City(County)	消费性支出 Consumption Expenditures	#服务性消费支出 Consumption Expenditure of Service	食品 Food	衣着 Clothing	居住 Residence
省辖市 City					
郑州市 Zhengzhou	14500	3125	5158	2290	1046
开封市 Kaifeng	12078	2873	4127	1423	926
洛阳市 Luoyang	13884	3490	4379	1690	1498
平顶山市 Pingdingshan	13192	3320	4272	2092	1044
安阳市 Anyang	11863	2405	3604	1725	1053
鹤壁市 Hebi	10923	2851	3249	1454	1108
新乡市 Xinxiang	12348	3160	3867	1557	1051
焦作市 Jiaozuo	12603	2600	3921	1525	1536
濮阳市 Puyang	11594	2388	4162	1630	893
许昌市 Xuchang	12390	3208	3841	1954	1173
漯河市 Luohe	12234	2752	4346	1991	895
三门峡市 Sanmenxia	14082	3498	3819	1878	1944
南阳市 Nanyang	13094	3026	4341	1787	1273
商丘市 Shangqiu	10361	2161	3606	1707	812
信阳市 Xinyang	10452	1877	4620	1557	942
周口市 Zhoukou	10930	2338	3858	1633	1154
驻马店市 Zhumadian	11779	2552	3626	1693	1222
济源市 Jiyuan	12464	2939	3660	1944	823
省直管县 Province Administrating County					
巩义市 Gongyi	10427	2695	3447	1939	710
兰考县 Lankao	8726	1761	3261	1549	803
汝州市 Ruzhou	10524	2112	3073	1524	1004
滑县 Huaxian	9502	1924	3146	1441	1054
长垣县 Changyuan	11409	2096	3500	1590	983
邓州市 Dengzhou	12287	3140	3840	1442	1800
永城市 Yongcheng	11339	2850	3413	1775	663
固始县 Gushi	10440	1969	4217	1464	1233
鹿邑县 Luyi	13371	3093	5286	1711	1957
新蔡县 Xincai	9967	2395	3047	1512	843

Per Capita Consumption Expenditures of Urban Households by City (2011)

(yuan)

家庭设备用品及服务 Household Facilities, Articles and Service	医疗保健 Medicine and medical Service	交通和通信 transportation and communications	教育文化娱乐服务 Recreation, education and Cultural services	杂项商品和服务 Miscellaneous and Services
1217	1049	1688	1453	601
955	1010	1453	1696	489
1212	1074	1762	1724	546
984	955	1572	1664	609
1150	861	1505	1188	777
1081	1025	1062	1573	371
1114	833	1623	1639	663
1236	1085	1382	1437	482
852	564	1907	1278	308
1052	739	1419	1446	765
1002	707	1371	1447	476
1117	946	2194	1702	483
1001	1079	1693	1503	417
759	557	1494	1021	405
757	475	975	691	435
961	619	1208	1043	455
942	1007	1360	1403	525
1085	748	2222	1518	464
711	589	1220	1424	388
545	533	851	715	469
900	954	1504	1103	462
1003	639	970	891	357
1345	625	2112	905	349
1182	735	1614	1298	376
671	637	1973	1700	507
821	690	836	692	486
720	850	1112	888	846
866	920	949	1503	325

11-13 按收入等级分的城镇居民家庭平均每人全年消费性支出(2011年)

单位:元

项　　目	Item	总平均 Average	最低收入户 Lowest Income Households	#更低户 Difficult Households
消费性支出	**Expenditures of Consumption**	**12336.47**	**5978.74**	**5073.57**
食品	**Food**	**4212.76**	**2442.29**	**2216.12**
#粮食	Grain	393.17	345.59	342.30
油脂类	Oil and Fats	128.10	102.26	100.51
肉禽及制品	Meat,Poultry and Related Products	756.56	507.88	503.07
蛋类	Eggs	134.03	106.05	111.97
水产品	Aquatic Products	89.38	52.73	52.83
菜类	Vegetables	375.92	261.75	255.43
烟草类	Tobacco	163.26	79.11	64.61
酒和饮料	Liquor and Beverages	250.38	104.98	88.76
奶及奶制品	Milk and dairy Products	207.20	124.23	96.36
衣着	**Clothing**	**1706.94**	**691.40**	**567.27**
#服装	Garments	1265.53	501.92	406.89
居住	**Residence**	**1087.08**	**796.78**	**696.01**
住房	Housing	381.24	362.29	315.39
水电燃料及其他	water,Electricity and Fuels	650.98	411.81	368.78
居住服务费	Service Fee for Residence	54.86	22.69	11.84
家庭设备、用品及服务	**Household Facilities, Articles and Service**	**977.52**	**395.37**	**283.44**
耐用消费品	Durable Consumer Goods	458.19	131.42	92.05
室内装饰品	Interior Decorations	29.69	26.11	6.58
床上用品	Bed Articles	111.69	44.31	29.25
家庭日用杂品	Household Articles for Daily Use	339.15	184.20	148.26
家具材料	furniture material	6.72	1.51	0.50
家庭服务	household service	32.07	7.82	6.79
医疗保健	**Medicine and medical Service**	**919.83**	**377.22**	**264.28**
#药品费	Expenses for medical care	441.48	188.17	144.71
交通和通信	**transportation and communications**	**1573.64**	**444.05**	**360.29**
交通	transportation	1024.94	168.14	120.38
通信	Communication	548.70	275.91	239.91
教育文化娱乐服务	**Recreation,Education and Cultural services**	**1373.94**	**681.05**	**577.51**
文化娱乐用品	Recreation and Cultural Articles	377.10	160.99	117.05
文化娱乐服务	Recreation and Cultural Services	452.24	121.86	90.57
教育	Educations	544.60	398.19	369.89
杂项商品和服务	**Miscellaneous Commodities and Services**	**484.76**	**150.58**	**108.65**

Per Capita Annual Consumption Expenditures of Urban Households by Level of Income (2011)

(yuan)

低收入户 Low Income Households	较低收入户 Lower Middle Income Households	中间收入户 Middle Income Households	较高收入户 Upper Middle Income Households	高收入户 High Income Households	最高收入户 Highest Income Households	#更高收入户 Higher Income Household
8033.59	**9812.30**	**11901.63**	**14742.82**	**17484.12**	**27543.43**	**31779.15**
3196.67	**3634.82**	**4240.20**	**4950.25**	**5645.92**	**7170.49**	**7630.41**
340.46	367.65	393.19	428.68	453.14	486.15	465.99
111.32	110.98	126.91	150.36	156.91	170.03	172.21
628.95	680.81	760.38	901.92	955.07	1033.36	1035.30
114.00	122.08	137.58	152.95	157.59	168.54	168.93
67.40	66.09	83.96	117.51	137.94	153.33	143.02
305.51	325.60	395.67	431.50	492.48	517.86	503.81
124.72	146.94	169.64	180.56	190.57	325.46	374.77
171.07	202.07	240.80	310.88	357.91	534.67	601.32
136.80	185.26	211.07	226.77	323.06	342.24	368.91
1030.28	**1453.27**	**1674.04**	**2166.01**	**2496.85**	**3401.93**	**3712.29**
755.38	1063.00	1247.35	1587.62	1873.18	2600.64	2880.30
840.51	**787.55**	**897.25**	**1167.38**	**1457.12**	**2853.99**	**3669.62**
305.84	225.59	200.87	310.66	471.47	1613.88	2367.44
500.14	525.53	647.21	785.86	902.99	1093.97	1138.01
34.52	36.43	49.16	70.86	82.67	146.14	164.17
577.62	**668.88**	**858.00**	**1243.85**	**1618.41**	**2557.23**	**2903.39**
240.61	280.61	368.48	581.94	818.57	1473.83	1739.50
13.45	11.21	17.59	38.01	54.42	107.81	128.29
75.63	71.07	118.09	148.38	152.98	256.47	305.77
229.96	271.85	314.57	432.55	505.90	646.96	671.75
0.25	11.69	5.01	9.99	4.61	9.61	2.23
17.72	22.43	34.25	32.98	81.93	62.55	55.85
700.50	**793.04**	**903.69**	**1141.47**	**1266.46**	**1701.77**	**1904.27**
349.70	406.34	436.15	516.04	690.39	682.44	666.19
680.10	**1056.32**	**1474.90**	**1827.55**	**2266.59**	**5420.18**	**6996.05**
277.85	580.77	931.23	1203.40	1496.76	4363.77	5847.45
402.25	475.54	543.67	624.15	769.82	1056.41	1148.60
760.93	**1040.87**	**1434.60**	**1678.65**	**2006.85**	**2953.68**	**3172.59**
171.02	255.29	385.83	475.29	579.95	965.93	1090.68
245.60	281.88	443.97	622.94	732.46	1172.45	1213.15
344.32	503.70	604.79	580.43	694.44	815.30	868.77
246.98	**377.56**	**418.97**	**567.66**	**725.92**	**1484.17**	**1790.53**

11-14 各市按收入等级分的城镇居民家庭平均每人全年消费性支出(2011年)

单位:元

市(县) City(County)	总平均 Average	最低收入户 Lowest Income Households	#更低户 Difficult Households	低收入户 Low Income Households
省辖市 City				
郑州市 Zhengzhou	14500	6972	6036	9271
开封市 Kaifeng	12078	6051	6054	7870
洛阳市 Luoyang	13884	6231	6251	8797
平顶山市 Pingdingshan	13192	6072	4637	7157
安阳市 Anyang	11863	6682	5411	6832
鹤壁市 Hebi	10923	5749	4991	6541
新乡市 Xinxiang	12348	5366	4712	6090
焦作市 Jiaozuo	12603	9169	9865	8853
濮阳市 Puyang	11594	5630	4963	7385
许昌市 Xuchang	12390	7141	6047	7758
漯河市 Luohe	12234	7283	5862	8668
三门峡市 Sanmenxia	14082	6002	5183	6811
南阳市 Nanyang	13094	6766	6692	7918
商丘市 Shangqiu	10361	7143	7282	6078
信阳市 Xinyang	10452	5943	5742	7811
周口市 Zhoukou	10930	6245	6124	9289
驻马店市 Zhumadian	11779	6631	5731	8140
济源市 Jiyuan	12464	6241	6310	6941
省直管县 Province Administrating County				
巩义市 Gongyi	10427	5223	3534	7630
兰考县 Lankao	8726	6613	5923	6513
汝州市 Ruzhou	10524	4136	3264	7343
滑县 Huaxian	9502	4739	4434	10337
长垣县 Changyuan	11409	7757	8349	5248
邓州市 Dengzhou	12287	8782	8446	10825
永城市 Yongcheng	11339	3300	2842	5499
固始县 Gushi	10440	7173	9828	5267
鹿邑县 Luyi	13371	10405	10655	10624
新蔡县 Xincai	9967	5619	4795	7187

Per Capita Annual Consumption Expenditures of Urban Households by Level of Income By City (2011)

(yuan)

较低收入户 Lower Middle Income Households	中间收入户 Middle Income Households	较高收入户 Upper Middle Income Households	高收入户 High Income Households	最高收入户 Highest Income Households	#更高收入户 Higher Income Household
12324	13181	16184	17737	23731	25785
10077	10094	13392	16188	20115	21832
9916	11940	14064	19242	27769	26929
9334	10820	13475	17883	24239	29135
7543	10947	12064	15605	25724	31043
7821	10293	13361	14637	20731	23405
9108	11051	12679	15264	27719	33300
9223	10142	12410	17376	26217	32925
8556	10282	10609	10912	26232	38693
9566	10835	13499	15330	26229	23615
10252	11681	12871	15492	19601	22824
12106	13624	17024	17275	28472	31783
10401	11946	14445	15035	25449	27446
8301	8925	10855	14798	17638	20501
8781	10049	12233	13325	18768	19499
8984	10099	11614	16012	19916	23336
8395	9911	12307	15755	23877	25955
9728	11940	11498	19390	27886	33716
10890	9461	10604	12080	19976	20939
7373	7932	8466	12244	15426	18597
8916	10709	14217	13708	19101	25159
7625	9255	10417	12457	17179	19503
12125	11497	14154	9645	22043	31743
11115	11960	13084	14733	18567	26894
8859	9128	15939	13728	34734	59810
8617	9441	11774	15691	18906	22016
11607	13588	13583	18743	25628	31547
8089	9237	10985	14557	20660	26179

11-15 城镇居民家庭平均每人购买食品数量(2011年)

单位:千克

指标	Indicator	总平均 Average	最低收入户 Lowest Income Households	#更低户 Difficult Households	低收入户 Low Income Households	较低收入户 Lower Middle Income Households
大米	Rice	19.98	19.27	19.79	19.26	17.07
面粉	Flour	19.37	22.31	21.44	19.52	17.28
食用植物油	Edible Vegetable Oil	7.99	7.06	7.07	7.19	7.09
猪肉	Pork	12.95	9.87	10.06	11.12	11.85
牛肉	Beef	1.89	1.20	1.17	1.87	1.43
羊肉	Mutton	1.48	0.79	0.64	1.14	1.26
鸡	Chicken	5.48	5.74	5.59	5.20	5.12
鸭	Duck	0.67	0.63	0.77	0.77	0.62
鲜蛋	Fresh Eggs	13.89	11.23	11.77	11.90	12.81
鱼	Fish	4.17	3.16	3.11	3.66	3.39
虾	Shrimp	0.42	0.17	0.16	0.28	0.28
鲜菜	Vegetable	111.70	93.09	92.72	93.80	99.34
白酒	Liquor	2.02	1.13	1.04	1.68	1.52
果酒	Wine	0.16	0.05	0.02	0.07	0.11
啤酒	Beer	2.85	1.88	1.79	2.46	2.81
碳酸饮料	Carbonated drinks	1.50	0.85	0.71	1.03	1.23
瓶装饮用水	Bottled water	5.34	2.44	2.39	2.45	4.28
茶叶	Tea	0.18	0.11	0.10	0.13	0.16
鲜果	Fresh Furit	37.08	23.41	20.19	26.23	33.67
鲜瓜	Fresh melon	23.28	17.44	16.19	17.43	23.99
糕点	Cakes	5.40	3.45	3.01	3.97	4.94
鲜乳品	Dairy	11.86	5.61	5.94	7.49	10.03
奶粉	Milk	0.44	0.36	0.21	0.29	0.40
酸奶	Yogurt	4.08	2.00	2.21	2.28	2.91

Per Capita Annual Purchases of Food of Urban Households (2011)

(kg)

中间收入户 Middle Income Households	较高收入户 Upper Middle Income Households	高收入户 High Income Households	最高收入户 Highest Income Households	#更高收入户 Higher Income Household
18.97	23.39	21.91	24.03	24.17
19.78	19.35	20.79	18.09	16.92
8.06	8.93	9.10	9.94	10.03
12.97	15.01	16.21	15.93	15.99
1.69	2.52	2.46	2.90	2.73
1.55	1.94	1.75	2.29	1.95
5.11	5.91	6.11	6.02	5.75
0.60	0.66	0.79	0.89	0.85
14.42	15.64	16.18	16.73	16.72
4.06	5.03	5.63	5.80	5.43
0.36	0.65	0.69	0.84	0.73
119.05	122.50	134.97	137.45	131.41
2.09	1.89	2.25	5.49	6.72
0.18	0.23	0.19	0.35	0.40
2.69	3.23	3.34	4.29	5.19
1.29	2.05	2.16	2.69	2.59
6.53	7.24	7.18	8.12	7.01
0.18	0.25	0.25	0.25	0.22
37.31	42.76	52.55	56.77	58.26
22.31	24.73	30.34	31.76	31.34
5.65	6.50	7.00	7.24	7.11
11.87	15.23	18.77	19.29	19.54
0.41	0.36	0.88	0.65	0.69
3.86	5.54	6.71	8.30	9.09

11-16 城镇居民家庭平均每百户购买非食品数量(2011年)

指标	Indicator	总平均 Average	最低收入户 Lowest Income Households	#更低户 Difficult Households
服装(件/人)	Clothing (piece/person)	9.20	5.42	4.70
鞋类(双/人)	Shoes(double/person)	3.32	2.38	2.21
水(吨/人)	Water (ton/person)	28.60	20.23	19.18
电(度/人)	Elecritcity(kw/person)	562.41	386.42	360.98
煤炭(千克/人)	Coal(kg/person)	43.83	57.45	45.14
液化石油气(千克/人)	Liquefied gas(kg/person)	5.84	5.84	5.74
管道煤气(立方米/人)	Gas pipeline(cu. m/person)	14.82	4.55	3.09
洗衣机(台)	Washing Machine (unit)	5.13	1.34	1.60
电冰箱(台)	Refrigerator (unit)	4.57	3.50	2.25
微波炉(台)	Oven (unit)	1.84	1.13	2.31
空调器(台)	Air Conditioner (unit)	8.96	3.20	1.93
淋浴热水器(台)	Shower (unit)	5.97	3.23	1.07
消毒碗柜(台)	Antiseptic Cupboard (unit)	0.25		
洗碗机(台)	Dish Washing Machine (unit)	0.07		
摩托车(辆)	Motorcycle (unit)	0.48	0.85	
助力车(辆)	Aided Power Bike (unit)	8.50	2.84	1.76
家用汽车(辆)	Domestic Car (unit)	1.48		
电话机(部)	Telephone (unit)	3.12	1.29	1.75
移动电话(部)	Hand Telephone (unit)	20.96	9.86	10.46
彩色电视机(台)	Color TV Set (unit)	6.90	2.19	
整机电脑(台)	Computer (unit)	5.90	5.21	4.41
组合音响(台)	Hi-Fi Stereo (unit)			
摄像机(架)	Pickup Camera (unit)	0.31		
照相机(架)	Camera (unit)	2.66		
钢琴(架)	Piano (unit)	0.18		
其他中高档乐器(件)	Medium and High-Grade Musical Instrument (unit)	0.88		
健身器材(件)	Healthy Equipment (unit)	0.43	0.38	
电子辞典(部)	Electronic Dictionary (unit)	0.65	0.44	0.90

Per hundred Urban Households Annual Procurement of The Main Non-food(2011)

低收入户 Low Income Households	较低收入户 Lower Middle Income Households	中间收入户 Middle Income Households	较高收入户 Upper Middle Income Households	高收入户 High Income Households	最高收入户 Highest Income Households	#更高收入户 Higher Income Household
7.08	8.76	9.69	9.97	11.87	14.03	14.39
2.93	3.27	3.32	3.62	4.00	4.24	4.26
22.86	26.06	27.77	33.23	36.46	42.37	44.73
458.71	513.33	556.94	639.15	719.41	834.24	822.33
66.45	36.63	43.31	46.64	23.12	24.51	13.93
6.60	5.64	5.78	5.71	6.23	5.30	5.31
9.91	13.07	22.39	14.92	24.59	12.39	12.04
5.07	5.64	3.58	5.30	7.13	9.44	8.42
3.41	4.29	5.59	3.45	8.30	3.88	3.30
2.61	1.69	1.51	1.78	1.62	3.23	3.56
7.80	5.61	8.17	10.48	16.46	15.58	18.49
5.06	3.10	5.84	7.27	9.59	10.72	12.56
	0.19	0.20	0.68		0.43	0.82
	0.11	0.21				
0.97	0.18	0.71		0.79	0.36	0.69
7.03	9.74	10.36	9.77	5.87	9.38	11.04
	0.82	1.43	1.62	2.00	5.66	8.03
0.49	4.42	2.48	2.88	5.39	4.83	5.11
15.52	15.82	20.23	25.65	25.45	38.91	40.12
3.14	5.62	8.04	8.11	7.74	13.29	17.16
2.25	4.05	6.08	7.84	5.41	11.12	11.97
0.68		0.21	0.18	0.49	1.24	2.34
0.74	1.01	2.11	4.53	5.36	6.28	4.28
			0.37	0.84	0.40	0.76
0.69	0.83	0.44	1.96	0.99	0.83	
		0.31	0.23	1.05	2.00	0.93
1.22	1.00	0.73	0.40		0.42	

11-17 主要年份城镇居民家庭平均每百户主要消费品年末拥有量

Per hundred Urban Households Annual Purchase of Durable Consumer Goods by Main Years

指 标	Indicator	1990	1995	2000	2005	2010	2011
摩托车(辆)	Motorcycle (unit)	1.48	6.46	19.47	28.14	19.97	17.97
助力车(辆)	Aided Power Bike (unit)				15.60	48.96	60.28
家用汽车(辆)	Domestic Car (unit)			0.10	1.58	6.75	14.06
洗衣机(台)	Washing Machine (unit)	75.23	88.06	87.87	98.23	97.43	98.42
电冰箱(台)	Refrigerator (unit)	33.98	58.84	71.78	86.33	90.70	92.07
彩色电视机(台)	Color TV Set (unit)	53.68	84.01	108.02	124.62	126.51	124.85
家用电脑(台)	Computer(unit)			5.72	31.82	56.98	71.41
组合音响(套)	Hi-Fi Stereo Component System (set)	0.26	8.11	13.28	17.96	16.97	15.28
摄像机(架)	Pickup Camera (unit)			0.68	3.11	5.59	6.13
照相机(架)	Camera (unit)	15.11	22.46	27.24	38.92	33.61	35.24
钢琴(架)	Piano (unit)		0.53	0.92	2.08	1.87	1.61
其他中高档乐器(件)	Medium and High-Grade Musical Instrument (unit)	8.71	5.06	3.30	6.52	4.74	4.01
微波炉(台)	Oven(unit)			6.27	30.36	38.88	42.08
空调器(台)	Air Conditioner (unit)	0.31	9.70	34.46	93.55	120.28	132.40
淋浴热水器(台)	Shower (unit)		17.98	24.27	50.61	66.83	76.17
消毒碗柜(台)	Antiseptic Cupboard unit)				8.95	7.68	7.83
洗碗机(台)	Dish Washing Machine (unit)				0.59	0.24	0.57
健身器材(套)	Healthy Equipment(set)			1.88	3.11	3.26	2.39
固定电话(部)	Telephone (unit)				90.93	66.71	51.86
移动电话(部)	Hand Telephone (unit)			12.18	125.51	175.12	194.65
接入互连网移动电话(部)	Internet Mobile Phones (unit)				2.97	10.99	28.69
接入有线电视电视机(台)	Cable TV (unit)				108.64	101.07	96.89
接入互连网计算机(台)	Internet computers (unit)				19.35	41.23	56.83

11-18 各市城镇居民家庭平均每人主要食品消费量(2011年)

Per Capita Consumption of Major Food in Rural Households by City(2011)

单位：千克 (kg)

市(县)	City(County)	大米面粉 Rice and Flour	鲜菜 Fresh Vegetables	食用植物油 Edible Vegetable Oil	猪牛羊肉 Pork, Beef and Mutton	鸡鸭 Chicken and Duck	鲜蛋 Fresh Eggs	鱼虾 Fish and Shrimp	鲜奶 Fresh Milk	酒 Liquor
省辖市	**City**									
郑州市	Zhengzhou	43.6	136.4	9.2	18.0	5.5	14.8	6.5	16.7	5.4
开封市	Kaifeng	50.7	104.1	10.7	15.6	4.8	15.4	5.5	12.1	8.2
洛阳市	Luoyang	42.2	115.6	7.7	18.0	3.9	14.0	4.9	19.9	4.3
平顶山市	Pingdingshan	38.5	105.2	7.7	17.0	5.4	12.5	4.3	10.7	4.1
安阳市	Anyang	55.5	125.2	9.1	15.0	3.3	15.2	2.4	14.8	5.1
鹤壁市	Hebi	44.3	112.7	9.0	12.4	3.7	15.7	2.2	11.6	5.6
新乡市	Xinxiang	41.8	102.2	7.7	14.9	4.6	14.8	3.2	11.4	6.6
焦作市	Jiaozuo	44.0	103.3	8.6	16.1	3.9	15.5	2.9	12.1	4.8
濮阳市	Puyang	29.6	116.2	9.0	16.0	5.1	14.3	3.7	12.0	4.8
许昌市	Xuchang	29.6	108.8	6.7	13.1	3.8	10.4	1.9	10.0	2.6
漯河市	Luohe	41.5	122.8	9.8	17.2	7.2	13.5	4.3	7.6	5.6
三门峡市	Sanmenxia	43.8	108.4	9.4	13.5	3.9	12.3	2.9	10.2	3.4
南阳市	Nanyang	61.9	122.4	11.8	19.9	5.9	16.9	4.2	18.6	5.9
商丘市	Shangqiu	36.4	92.4	7.7	11.1	6.3	15.1	4.3	12.0	5.6
信阳市	Xinyang	63.5	129.6	12.1	29.6	11.9	9.9	9.8	3.9	8.2
周口市	Zhoukou	48.0	118.9	8.6	11.2	8.6	14.5	5.6	4.0	6.7
驻马店市	Zhumadian	51.2	100.3	8.9	15.5	9.6	13.3	5.0	10.1	5.0
济源市	Jiyuan	20.1	116.1	4.1	19.9	3.4	16.4	1.1	9.9	3.8
省直管县	**Province Administrating County**									
巩义市	Gongyi	35.9	101.5	6.3	10.7	1.9	12.7	1.8	8.4	2.5
兰考县	Lankao	38.5	108.9	7.5	6.7	2.8	13.8	2.1	1.5	8.6
汝州市	Ruzhou	43.0	117.0	7.7	12.8	3.0	12.3	1.3	8.0	3.7
滑县	Huaxian	32.3	112.2	8.5	10.4	3.2	15.1	1.9	4.7	6
长垣县	Changyuan	37.1	113.7	8.9	10.3	3.3	14.6	1.6	5.9	4.0
邓州市	Dengzhou	70.3	110.1	15.3	16.4	4.7	14.0	3.1	6.9	6.4
永城市	Yongcheng	34.4	91.6	7.1	11.5	7.7	11.4	4.2	4.3	6.4
固始县	Gushi	60.8	106.6	8.6	25.2	16.4	9.1	8.5	0.2	6.2
鹿邑县	Luyi	67.1	111.6	15.4	7.2	10.4	13.0	7.9	14.0	17.3
新蔡县	Xincai	69.3	89.7	6.2	16.8	10.3	13.3	5.7	6.6	5.5

11-19 城镇居民家庭居住情况(2011年)
Living Conditions of Urban Households(2011)

项目	Item	全省 Total 调查户数(户) Number of Households Surveyed (household)	全省 Total 比重(%) Proportion (%)	城市 City 调查户数(户) Number of Households Surveyed (household)	城市 City 比重(%) Proportion (%)	县城 County Towns 调查户数(户) Number of Households Surveyed (household)	县城 County Towns 比重(%) Proportion (%)
总计	**Total**	**2299**	**100.0**	**1799**	**100.0**	**500**	**100.0**
房屋产权	**House Ownership**						
租赁公房	Renting of Publicly-Funded House	26	1.2	27	1.5	1	0.3
租赁私房	Renting of Private House	105	4.6	82	4.6	23	4.6
原有私房	Original Private House	413	18.0	148	8.3	214	42.7
房改私房	Private House Obtained from House Reform	840	36.5	869	48.3	33	6.6
商品房	Commercial House	814	35.4	576	32.0	220	44.0
其他	Others	100	4.4	97	5.4	9	1.8
住宅建筑式样	**Architectural Style of Dwelling**						
单栋住宅	Building	3	0.1	1	0.1	2	0.3
四居室	Four-Room House	129	5.6	107	6.0	24	4.8
三居室	Three-Room House	915	39.8	736	40.9	185	36.9
二居室	Two-Room House	771	33.6	753	41.9	62	12.5
一居室	One-Room House	44	1.9	47	2.6	1	0.1
普通楼房	Ordinary Multi-Storey Building	154	6.7	59	3.3	77	15.3
平房及其他	A Single-Storey House and Others	283	12.3	95	5.3	151	30.1
饮水情况	**Condition of Drinking Water**						
自来水	Tap Water	2107	91.7	1651	91.8	457	91.3
矿泉水	Mineral Water	62	2.7	62	3.5	4	0.7
纯净水	Purified Water	101	4.4	68	3.8	30	6.0
井、河水	Well Water、River Water	29	1.3	17	1.0	10	2.0
用水情况	**By Tap Water Facilities**						
独用自来水	Tap Water Owner Per Household	2248	97.8	1772	98.5	480	96.0
公用自来水	Public Tap Water	11	0.5	9	0.5	3	0.5
井、河水	Well Water、River Water	38	1.6	18	1.0	16	3.3
卫生设备	**By Health Facilities**						
无卫生设备	Without Toilet Room	58	2.5	18	1.0	32	6.3
有厕所浴室	Bathroom and Toilet Room Owned by Household	1805	78.5	1472	81.9	350	70.1
有厕所无浴室	Toilet Room Owned by Household and Without bathroom	378	16.4	266	14.8	104	20.7
公用	Public Toilet Room	58	2.5	43	2.4	15	2.9
取暖设备	**By Heating Facilities**						
空调设备	Air Conditioner Owned	614	26.7	431	24.0	168	33.7
暖气	Warm Gas	632	27.5	645	35.8	31	6.2
其他	Other	930	40.5	683	38.0	234	46.8
炊用燃料使用情况	**By Fuel Types**						
管道煤气	Pipeline gas	231	10.1	215	12.0	26	5.2
液化石油气	LPG	690	30.0	412	22.9	240	48.1
煤	Coal	257	11.2	79	4.4	142	28.4
其他	Others	1120	48.7	1092	60.7	91	18.3

11-20 农村居民家庭基本情况

Basic Conditions of Rural Households

项　目	Item	2000	2005	2010	2011
调查户数(户)	Number of Households Surveyed(household)	4200	4200	4200	4200
调查户常住人口(人)	Number of Residents Surveyed (person)	17376	17591	17007	17180
平均每户中	Average Number of Permanent				
常住人口	Residents per Household	4.14	4.19	4.05	4.09
整、半劳动力	Average Number of Able-bodied and				
	Semi-ablebodied Laborers per Household	2.66	2.87	2.92	2.91
劳动力占常住人口比重(%)	Percentage of Laborers to Residents Surveyed(%)	64.3	68.5	72.2	71.1
每个劳动力负担人口	Average Number of Persons Supported by				
	a Laborer	1.56	1.46	1.39	1.41
平均每百个常住人口中(人)	Among Per 100 Permanent Residents (person)				
学龄前人数	Preschool	5.9	6.4	6.2	8.2
7-15岁人数	Age 7-15	23.1	14.7	10.3	12.3
#在校人数	Student Enrollment	22.1	14.2	10.2	11.8
入学率(%)	Enrolled rote (%)	95.4	96.9	98.9	95.7
16-60岁人数	Age 16-60	66.0	72.6	73.9	69.9
61岁以上人数	Age 61 and over	4.9	6.2	9.6	9.6
平均每百个家庭中(户)	Among Per 100 household (household)				
单身或夫妇	Conjugality or bachelordom	4.5	6.2	8.6	8.6
夫妇与一个孩子	Conjugality and a child	18.3	16.1	15.1	14.4
夫妇与两个孩子	Conjugality and two children	34.9	36.1	34.2	33.3
夫妇与三个以上孩子	Conjugality and three or more than three children	20.4	14.7	11.6	9.9
单亲与孩子	Parent and children	1.7	1.4	2.0	1.7
三代同堂	Household with three generations persons	17.6	21.2	25.0	28.5
其他	Others	2.6	4.3	3.5	3.6
每百个就业劳动力文化程度(人)	Among Per 100 Laborers (person)(by cultur level)				
不识字或识字很少	Illiterate or Semiliterate	6.1	6.6	5.3	5.2
小学程度	Primary School	23.3	18.5	16.2	16.9
初中程度	Junior Secondary School	57.6	61.2	60.9	60.8
高中程度	Senior Secondary School	11.0	10.5	12.9	12.1
中专	Specialized Secondary School	1.7	2.1	2.8	2.4
大专及以上	College and Higher Level	0.4	1.0	2.0	2.6
每百个就业劳动力主要就业地点(人)	Among Per 100 Laborers (person)(by working place)				
乡内	Native place	88.3	79.9	72.2	72.1
县内乡外	Native county(other countryside)	2.9	2.5	5.2	4.2
省内县外	Native province(other county)	3.0	4.4	5.8	6.7
国内省外	Other province	5.9	13.2	16.6	16.9

11-20 续表 continued

项 目	Item	2000	2005	2010	2011
每百个就业劳动力从事的主要行业(人)	Among Per 100 Laborers (person)(by Industry)				
第一产业	Primary Industry	80.8	66.7	56.9	50.6
第二产业	Secondary Industry	8.7	17.3	24.1	28.5
第三产业	Tertiary Industry	10.4	16.0	19.0	20.9
每个劳动力年内从事行业时间(月)	Working houses Per 100 Laborers(months)				
从事农业的时间	Agricultural		4.7	3.7	3.1
从事非农业的时间	Un-Agricultural		3.3	4.4	4.3
平均每百人经营耕地面积(公顷)	Per 100 Capita Area of Cultivated Land Under Management (hectare)	10.0	10.2	11.6	10.2
平均每百人经营山地面积(公顷)	Average Hilly Area Run by Per 100 Capita (hectare)	0.1	0.1	0.2	0.6
平均每人年内新建购住房面积(平方米)	Per 100 Capita Floor Space of House newly Built Within the year (sq.m)	0.9	1.5	1.0	1.8
#钢筋混凝土结构	Reinforced Concrete Structure	0.4	1.0	0.7	1.3
砖木结构	Brick and Wood Structure	0.5	0.5	0.1	0.5
#楼房面积(平方米)	Floor Space of Multi-floor Buildings (sq.m)	0.3	0.8	0.6	1.3
年内平均每平方米新建(购)住房价值(元)	Value of Newly Built House Per Square Metre(yuan)	232.1	324.7	499.6	566.4
平均每人年末住房面积(平方米)	Per Capita Living Floor Space (sq.m)	23.1	27.2	34.7	36.5
#砖木结构	Brick and Wood Structure	16.1	15.7	17.3	19.3
钢筋混凝土结构	Reinforced Concrete Structure	6.0	10.4	16.3	16.6
住房中有卫生设备的住户(户)	Number of Household with Sanitary Equipments in Rooms (household)	4095	4064	3999	4066
生活用电数量(度/户)	Power Consumption (kwh/household)	244.0	247.7	580.9	409.3
使用安全饮用水的住户(户)	Number of Household Drinking Safe Drinking Water (household)	2411	2949	3240	3207
住房中有取暖设备的住户(户)	Number of Household with Heating Equipments in Rooms (household)	83	159	192	448
使用液化气的住户(户)	Number of Household Using Liqified Gas (household)	16	90	716	1123
使用煤炭的住户(户)	Number of Household Using Coal (household)	2139	2056	1487	787

11-21 各市农村居民家庭主要指标(2011年)
Major Indicators of Rural Households by City (2011)

单位：元 (yuan)

市(县)	City(County)	调查户数(户) Number of Households Surveyed (Household)	常住人口(人) Permanent Residents (person)	就业劳动力数(人) Full/Semi Labour Force (person)	每百就业劳动力中受教育程度数(人) Among per 100 Labour Force (person) 文盲或半文盲 Illiterate and Semiliterate	小学程度 Primary School	初中程度 Junior High School	高中程度 Senior High School	中专 Secondary School	大专及以上 Junior College an over
省辖市	**City**									
郑州市	Zhengzhou	950	3716	2509	2.0	11.0	57.0	20.0	5.0	5.0
开封市	Kaifeng	650	2636	1783	3.6	12.3	64.6	13.2	2.3	4.0
洛阳市	Luoyang	1260	4921	3177	2.1	12.7	60.5	18.6	3.3	2.7
平顶山市	Pingdingshan	850	3297	2051	2.0	12.0	69.0	12.3	2.5	2.1
安阳市	Anyang	630	2498	1603	1.7	14.3	66.0	12.6	2.7	2.7
鹤壁市	Hebi	360	1419	852	2.0	14.0	68.0	12.0	2.0	2.0
新乡市	Xinxiang	1030	4265	2537	2.0	10.4	60.8	19.6	3.3	4.0
焦作市	Jiaozuo	740	3055	1948	1.0	6.0	66.0	19.0	4.0	4.0
濮阳市	Puyang	600	2434	1687	5.0	19.3	57.3	13.2	2.1	3.0
许昌市	Xuchang	500	2059	1420	1.6	10.4	65.9	19.0	1.5	1.7
漯河市	Luohe	500	1987	1407	2.3	10.4	69.3	13.4	2.1	2.5
三门峡市	Sanmenxia	530	1949	1414	1.0	10.2	62.1	20.4	3.6	2.7
南阳市	Nanyang	1380	5548	3612	3.4	16.4	62.3	13.6	2.4	1.9
商丘市	Shangqiu	1000	3680	2650	7.0	17.0	61.0	10.0	2.0	3.0
信阳市	Xinyang	1040	4118	2909	6.0	25.0	56.0	10.0	1.0	2.0
周口市	Zhoukou	950	3923	2755	6.8	18.0	61.4	9.7	1.9	2.2
驻马店市	Zhumadian	1000	4206	2929	3.9	17.0	66.5	9.3	1.5	1.8
济源市	Jiyuan	100	401	241	0.4	4.6	43.6	39.4	5.0	7.5
省直管县	**Province Administrating County**									
巩义市	Gongyi	100	410	296	2.0	9.5	52.7	23.3	6.1	6.8
兰考县	Lankao	100	411	297	6.0	19.0	54.0	15.0	2.0	6.0
汝州市	Ruzhou	100	425	284	1.0	11.0	71.0	11.0	2.0	4.0
滑县	Huaxian	100	371	278	2.0	26.0	58.0	8.0	2.0	4.0
长垣县	Changyuan	120	499	316	3.0	20.3	65.0	9.0	0.6	2.5
邓州市	Dengzhou	120	569	421	6.0	22.0	59.0	9.0	2.0	2.0
永城市	Yongcheng	120	460	343	6.0	26.0	58.0	8.0	1.0	1.0
固始县	Gushi	100	388	267	9.0	24.0	58.0	8.0	1.0	1.0
鹿邑县	Luyi	100	385	257	5.4	16.0	73.9	2.7	1.9	
新蔡县	Xincai	100	465	340	7.0	25.3	51.5	10.3	2.6	2.9

11-22 农民家庭平均每人总收入

Per Capita Total Income in Rural Households

单位：元 (yuan)

项 目	Item	2007	2008	2009	2010	2011
全年总收入	**Annual Total Cash Income**	**5197**	**5994**	**6414**	**7293**	**8725**
工资性收入	**Income of Wage**	**1268**	**1500**	**1622**	**1944**	**2524**
在非企业组织中劳动得到的收入	Income for Working in non-enterprise organization	145	169	173	195	194
在本乡地域内劳动得到的收入	Income for Working in township	491	567	640	738	992
#在本地乡镇企业得到的收入	Income From township Enterprises	116	167	170	189	288
常住人口外出从业得到的收入	Income of permanent person for working in other place	632	764	809	1011	1338
家庭经营收入	**Income from Household Business Operation**	**3721**	**4212**	**4462**	**4969**	**5640**
第一产业	Primary Industry	3144	3577	3711	4099	4596
农业收入	Farming Products	2234	2513	2640	2978	3262
林业收入	Forestry Products	45	51	46	51	71
牧业收入	Animal Husbandry Products	835	985	1000	1042	1230
渔业收入	Fishery Products	30	29	26	28	33
第二产业	Secondary Industry	185	194	211	241	273
工业收入	From Industrial products Processing	133	142	150	170	193
建筑业收入	From Construction	52	51	61	71	79
第三产业	Tertiary Industry	392	440	540	628	771
交通运输、邮电业收入	From transportation	120	135	164	191	227
批发和零售贸易、餐饮业收入	Wholesale,retail and Catering Businesses	157	187	231	275	357
社会服务业现金收入	From Services Trade	40	41	50	52	65
文教卫生业现金收入	From culture,Education and Health	31	35	42	48	53
其他家庭经营现金收入	From Other Household Business	43	42	52	62	68
财产性收入	**Property Income**	**53**	**53**	**56**	**59**	**108**
转移性收入	**Transfer Income**	**155**	**230**	**275**	**322**	**453**
#家庭非常住人口寄回和带回	Income from Non-resident population	18	15	15	22	30

11-23 农村居民家庭平均每人总支出

Per Capita Total Expenditures in Rural Households

单位：元 (yuan)

项　目	Item	2000	2005	2007	2008	2009	2010	2011
全年总支出	**Annual Total Expenditure**	**2120**	**3107**	**4213**	**4832**	**5220**	**5767**	**6859**
家庭经营费用支出	**Expenditure for Household Business**	**540**	**945**	**1194**	**1378**	**1419**	**1562**	**1838**
第一产业	Primary Industry	470	842	1036	1211	1217	1320	1569
第二产业	Secondary Industry	21	41	72	71	81	92	98
第三产业	Tertiary Industry	48	62	87	96	121	151	171
购置生产性固定资产支出	**Expenditure on Purchasing Productive Fixed Assets**	**66.1**	**129.0**	**118.1**	**152.0**	**132.6**	**189.0**	**141.3**
税费支出	**Expenditure of Tax**	**97.4**	**3.1**	**3.5**	**2.6**	**2.8**	**3.0**	**1.8**
第一产业	Primary Industry		0.1					
第二产业	Secondary Industry		0.4	0.9	0.9	0.6	1.0	1.0
第三产业	Thertiary Industry		0.9	0.6	0.3	0.2		
其他各项收费	Others		1.6	2.0	1.4	2.0	2.0	0.8
生活消费支出	**Living Expenditure**	**1316**	**1892**	**2676**	**3044**	**3388**	**3682**	**4320**
食品	Food	654	859	1017	1166	1220	1371	1560
衣着	Clothing	87	132	190	210	226	262	363
居住	Residence	206	318	616	713	876	765	847
家庭设备、用品及服务	Household Facilities,Articles and services	69	83	136	170	204	254	328
交通和通讯	Transportation and Communications	56	160	269	291	310	401	428
文化、教育、娱乐用品及服务	Cultural,Education and Recreational Article and Services	133	178	212	214	234	250	278
医疗保健	Medical Articles	64	123	173	215	243	288	400
其他商品和服务	Other Commodities and Services	46	39	62	66	76	90	117
生活消费支出构成(%)	**Structure of Living Expenditure(%)**	**100.0**	**100.0**	**100.0**	**100.0**	**100.0**	**100.0**	**100.0**
食品	Food	49.7	45.4	38.0	38.3	36.0	37.2	36.1
衣着	Clothing	6.6	7.0	7.1	6.9	6.7	7.1	8.4
居住	Residence	15.7	16.8	23.0	23.4	25.8	20.8	19.6
家庭设备、用品及服务	Household Facilities,Articles and services	5.3	4.4	5.1	5.6	6.0	6.9	7.6
交通和通讯	Transportation and Communications	4.3	8.4	10.1	9.6	9.2	10.9	9.9
文化、教育、娱乐用品及服务	Cultural,Education and Recreational Article and Services	10.1	9.4	7.9	7.0	6.9	6.8	6.4
医疗保健	Medical Articles	4.8	6.5	6.5	7.1	7.2	7.8	9.3
其他商品和服务	Other Commodities and Services	3.5	2.0	2.3	2.2	2.2	2.4	2.7
财产性支出	**Property Expenditure**	**13**	**5**	**6**	**7**	**4**	**7**	**6**
转移性支出	**Transfer Expenditure**	**87**	**134**	**214**	**248**	**273**	**323**	**552**

11−24　农村居民家庭按收入来源分组的平均每人纯收入

Per Capital Annual net income of rural household by Source

单位：元 (yuan)

项　目	Item	2000	2005	2007	2008	2009	2010	2011
纯收入	**Net Income**	**1986**	**2871**	**3852**	**4454**	**4807**	**5524**	**6604**
工资性收入	**Laborage**	**474**	**854**	**1268**	**1500**	**1622**	**1944**	**2524**
家庭经营纯收入	**Net Income from Household Business**	**1427**	**1914**	**2398**	**2699**	**2891**	**3240**	**3601**
农业收入	Farming	933	1261	1581	1747	1885	2154	2325
林业收入	Forestry	23	30	38	45	42	49	61
牧业收入	Animal Husbandry	183	307	374	455	434	434	480
渔业收入	Fishery	12	13	16	15	19	21	24
工业收入	Industry	46	62	73	79	84	94	118
建筑业收入	Construction	22	19	31	36	36	43	48
交通、运输、邮电业收入	Transport, Post and Telecommunication Services	40	58	74	82	91	101	142
批发、零售贸易及餐饮业收入	Wholesale and Retail Trade and Catering Services	57	92	116	141	177	202	256
社会服务业收入	Social Services	24	20	30	33	42	45	49
文教卫生业收入	Culture, Education and Health Care	8	13	25	27	34	38	37
其他收入	Others	79	39	41	39	47	58	60
财产性收入	**Property Income**	**29**	**36**	**53**	**53**	**56**	**59**	**108**
转移性收入	**Transfer Income**	**56**	**67**	**133**	**202**	**239**	**280**	**371**

11-25 农村居民家庭按收入水平分组的基本情况(2011年)
Basic complexion of rural household by Level of Income (2011)

单位：元 (yuan)

项　目	Item	低收入户 low-income household	中低收入户 middle and low-income household	中等收入户 middle household	中高收入户 middle and high-income household	高收入户 high-income household
平均每户常住人口(人)	Average Number of Permanent Residents Per Household (person)	4.52	4.44	4.18	3.87	3.45
平均每户整半劳动力(人)	Average Number of Full/Semi Labour Force Per Household (person)	3.0	3.1	2.9	2.8	2.7
平均每个劳动力负担人口(人)	Average Number of Persons supported by a Labour (person)	1.49	1.45	1.42	1.38	1.27
平均每人总收入	Per Capita Annual Income	3925	5689	7428	9950	19120
#现金收入	Cash Income	2994	4610	6010	8330	16924
平均每人总支出	Per Capita Annual Expenditures	4925	5367	5846	7469	11856
#现金支出	Cash Expenditures	4661	5065	5541	7160	11519
全年纯收入	Annual Net Income	2594	4407	5900	7862	14129
工资性收入	Income of Wage	1011	1907	2641	3292	4295
家庭经营收入	Income from Household Business Operation	1366	2212	2821	3970	8852
第一产业	Primary Industry	1296	1941	2468	3212	6356
农业收入	Farming	1249	1724	2160	2701	4286
林业收入	Forestry	22	39	52	75	137
牧业收入	Animal Husbandry	28	174	243	413	1830
渔业收入	Fishery	-3	3	13	23	102
第二产业	Secondary Industry	7	40	49	102	752
工业收入	Industry	11	34	35	77	516
建筑业收入	Construction	-3	6	14	25	235
第三产业	Tertiary Industry	63	232	304	656	1744
交通、运输、邮电业收入	Transport, Post and Telecommunication Services	11	43	62	158	520
批发、零售贸易及餐饮业收入	Wholesale and Retail Trade and Catering Services	35	122	127	273	857
社会服务业收入	Social Services	4	29	27	82	122
文教卫生业收入	Culture, Education and Health Care	0	6	29	46	125
其他收入	Others	13	31	58	97	119
财产性收入	Property Income	47	75	111	117	216
转移性收入	Transfer Income	170	213	327	483	767

11-26 农村居民家庭平均每人按纯收入水平分组的户数构成
Composition of Rural Households by Per Capita Annual Net Income

单位：%　　　　(%)

项 目	Item	2000	2005	2006	2007	2008	2009	2010	2011
600元以下的户	<600yuan	3.5	1.2	1.0	0.5	0.5	0.6	0.5	0.5
600-1000元的户	600-1000 yuan	10.3	3.3	2.2	1.8	1.0	1.4	0.9	0.3
1000-1200元的户	1000-1200 yuan	8.7	3.7	2.3	1.4	1.0	0.9	0.8	0.4
1200-1500元的户	1200-1500 yuan	17.6	7.7	5.6	2.9	2.5	2.2	1.5	0.6
1500-1800元的户	1500-1800 yuan	14.0	8.8	6.8	4.6	3.3	2.8	2.6	1.3
1800-2000元的户	1800-2000 yuan	8.1	7.1	5.0	3.5	3.1	2.7	1.7	1.1
2000-2500元的户	2000-2500 yuan	15.3	15.8	14.0	11.7	8.4	7.9	5.4	3.7
2500-3000元的户	2500-3000 yuan	8.3	14.5	15.2	12.5	10.0	8.7	7.5	4.6
3000-3500元的户	3000-3500 yuan	5.5	10.7	11.8	11.7	10.8	10.1	7.0	5.7
3500-4000元的户	3500-4000 yuan	3.0	8.3	9.5	11.3	9.9	9.0	7.7	6.3
4000-5000元的户	4000-5000 yuan	3.0	9.0	12.0	15.7	17.0	16.0	16.0	13.5
5000元以上的户	>5000 yuan	2.7	9.9	14.6	22.4	32.5	37.6	48.5	62.0

11-27 按收入等级分农村居民家庭平均每人生活消费支出(2011年)

Composition of Per Capita Consumption Expenditure of Rural Households by Level of Income (2011)

单位：元 (yuan)

项目	Item	全省平均 Average	低收入户 Low Income Households	中低收入户 Lower Middle Income Households	中等收入户 Middle Income Households	中高收入户 Upper Middle Income Households	高收入户 High Income Households
生活消费支出	**Consumption Expenditure**	**4319.95**	**3386.23**	**3729.21**	**3962.65**	**4965.65**	**6012.18**
食品	Food	1559.74	1301.23	1390.50	1518.40	1710.74	1997.00
衣着	Clothing	362.82	274.59	314.28	343.22	405.58	516.70
居住	Residence	846.86	637.22	738.60	633.28	1129.82	1201.98
家庭设备用品及服务	Household Appliances and Services	328.13	229.32	288.64	313.83	369.62	479.24
交通通讯	Transport and Telecommunications	427.86	296.64	338.51	436.26	456.40	672.67
文教娱乐用品及服务	Education, Cultural and Recreation and Services	278.20	180.72	234.97	250.11	299.65	471.62
医疗保健	Health Care and Medical Services	399.71	388.52	334.53	366.69	444.59	487.96
其他商品及服务	Other Goods and Services	116.62	78.00	89.19	100.88	149.23	185.02
生活消费现金支出结构(%)	**Structure of Cash Consumption Expenditure(%)**						
食品	Food	36.1	38.4	37.3	38.3	34.5	33.2
衣着	Clothing	8.4	8.1	8.4	8.7	8.2	8.6
居住	Residence	19.6	18.8	19.8	16.0	22.8	20.0
家庭设备用品及服务	Household Appliances and Services	7.6	6.8	7.7	7.9	7.4	8.0
交通通讯	Transport and Telecommunications	9.9	8.8	9.1	11.0	9.2	11.2
文教娱乐用品及服务	Education, Cultural and Recreation and Services	6.4	5.3	6.3	6.3	6.0	7.8
医疗保健	Health Care and Medical Services	9.3	11.5	9.0	9.3	9.0	8.1
其他商品及服务	Other Goods and Services	2.7	2.3	2.4	2.5	3.0	3.1

11-28 农民家庭主要食品消费量

Per Capita Consumption of Major Goods in Rural Households

单位：公斤/人 (Kg/person)

项　目	Item	1980	1990	1995	2000	2005	2010	2011
粮食	Grain	221.60	253.96	235.67	257.63	211.62	188.47	144.32
#小麦	Wheat	102.39	204.38	189.42	209.28	170.48	145.21	109.58
稻谷	Rice	20.64	18.54	17.54	17.11	19.58	20.84	18.18
玉米	Corn			18.96	22.17	16.86	15.51	11.07
薯类	Tubers			6.01	5.58	0.86	0.95	0.74
豆类	Beans			2.50	3.44	2.93	1.87	1.73
油脂类	Oil	1.50	3.17	3.32	5.09	4.36	4.85	6.59
植物油	Vegetables Oil	1.00	2.60	2.97	4.77	4.25	4.79	6.51
动物油	Animal Oil	0.50	0.57	0.35	0.32	0.11	0.05	0.08
蔬菜及菜制品	Vegetables	75.08	85.00	52.76	146.54	100.75	88.03	68.63
瓜类	Melons					5.93	10.33	11.64
水果类	Fruits					9.46	10.63	12.87
肉禽及制品	Meat and Products	4.33	5.68	4.69	12.35	8.68	12.42	10.84
#猪肉	Pork	3.83	4.75	3.98	8.58	5.46	8.03	6.21
牛肉	Beef			0.13	1.12	0.83	0.34	0.27
羊肉	Mutton			0.09	0.64	0.14	0.15	0.13
家禽	Poultry	0.23	0.46	0.35	1.72	1.57	2.28	2.53
蛋类及蛋制品	Eggs and Related Productions	1.03	2.19	2.71	9.73	8.48	9.10	7.89
奶和奶制品	Milk and dairy Products		0.02	0.09	0.14	0.85	2.44	2.72
水产品	Aquatic Products	0.27	0.22	0.49	0.96	1.30	1.50	1.79
食糖	Sugar	0.67	1.46	1.41	1.19	1.06	0.83	0.87
酒类	Liquor	0.67	2.27	2.80	4.62	5.97	6.24	5.72

11−29 农民家庭平均每百户主要耐用消费品年末拥有量

Number of Durable Consumer Goods Owned Per 100 Rural Households at the Year-end

项目	Item	1990	1995	2000	2005	2010	2011
洗衣机(台)	Washing Machine (unit)	4.02	11.36	24.52	55.67	84.64	91.14
电冰箱(台)	Refrigerator (unit)	0.24	2.17	6.90	13.48	46.12	63.31
空调器(台)	Air Conditioner (unit)			0.60	5.19	22.86	33.24
排油烟机(台)	Gas Hooker (unit)			0.43	0.48	3.02	4.07
吸尘器(台)	Vacuum cleaner (unit)				0.10	0.17	0.48
微波炉(台)	Oven(unit)			0.17	0.67	5.12	5.64
淋浴热水器(台)	Shower (unit)			1.24	3.24	16.26	27.74
自行车(辆)	Bike (Unit)	127.57	145.19	151.95	133.38	132.19	126.17
摩托车(辆)	Motorcycle (unit)	0.52	1.43	14.57	39.14	54.88	53.52
生活用汽车(辆)	Domestic Car (Unit)				0.33	1.76	4.62
固定电话(部)	Telephone (unit)			25.40	51.33	34.26	25.50
移动电话(部)	Hand Telephone (unit)			1.38	55.38	151.67	194.50
#接入互联网的	Internet Mobile Phones (unit)				1.69	13.45	23.69
黑白电视机(台)	Black-and-white television (unit)	24.05	60.98	61.21	26.52	4.31	1.52
#接入有线电视网的	Cable TV				0.86	0.26	0.07
彩色电视机(台)	Color TV Set (unit)	2.81	12.07	38.21	81.69	106.26	110.71
#接入有线电视网的	Cable TV				10.07	30.83	42.83
摄像机(架)	Pickup Camera (unit)			0.05	0.31	0.69	0.62
影碟机(台)	Video disc player(unit)			5.50	23.07	26.43	18.52
照相机(架)	Camera (unit)	0.24	0.60	1.29	2.14	2.83	2.33
家用电脑(台)	Computer(unit)			0.07	0.57	7.50	16.19
#接入互联网的	Internet computers				0.24	5.00	11.93
中高档乐器(件)	Medium and High-Grade Musical Instrument (unit)				0.07	0.21	0.38

11－30 按收入分组的农民家庭平均每人主要食品消费量(2011年)

Per Capita Annual Purchases of Food of Rural Households by Level of Income(2011)

单位：公斤/人 (Kg/person)

项目	Item	低收入户 Low Income Households	中低收入户 Lower Middle Income Households	中等收入户 Middle Income Households	中高收入户 Upper Middle Income Households	高收入户 High Income Households
粮食(原粮)	Grain	133.66	139.53	145.04	148.58	158.79
#小麦	Wheat	104.73	106.33	107.39	112.54	119.43
稻谷	Rice	15.44	17.69	20.61	18.38	19.21
玉米	Corn	8.43	10.35	11.64	11.74	14.04
薯类	Tubers	0.62	0.64	0.75	0.82	0.94
豆类	Beans	1.71	1.68	1.68	1.77	1.82
油脂类	Oil	6.03	6.12	6.56	6.95	7.57
植物油	Vegetables Oil	5.98	6.03	6.46	6.86	7.49
动物油	Animal Oil	0.04	0.09	0.10	0.09	0.08
豆制品	Soybean	1.39	1.55	1.96	2.00	2.73
蔬菜及菜制品	Vegetables	57.92	61.90	68.16	75.52	84.16
瓜类	Melons	9.67	10.96	10.78	12.67	15.01
水果类	Fruits	11.07	11.69	11.93	13.78	16.84
肉禽及制品	Meat and Products	9.00	9.79	10.64	11.93	13.60
#猪肉	Pork	5.15	5.50	6.10	6.78	8.01
牛肉	Beef	0.20	0.21	0.30	0.26	0.40
羊肉	Mutton	0.08	0.12	0.13	0.14	0.19
家禽	Poultry	2.23	2.45	2.47	2.68	2.90
蛋类及蛋制品	Eggs and Related Productions	6.75	7.30	7.87	8.37	9.64
奶和奶制品	Milk and dairy Products	2.47	2.59	2.68	3.01	2.92
水产品	Aquatic Products	1.63	1.60	1.72	1.90	2.20
酒类	Liquor	4.19	5.00	5.55	6.51	7.94

11-31 按收入分组的农民家庭平均每百户主要耐用消费品年末拥有量(2011年)
Number of Durable Consumer Goods Owned Per hundred Rural Households at the Year-end by Level of Income(2011)

项 目	Item	低收入户 Low Income Households	中低收入户 Lower Middle Income Households	中等收入户 Middle Income Households	中高收入户 Upper Middle Income Households	高收入户 High Income Households
洗衣机(台)	Washing Machine (unit)	87.38	91.55	91.79	89.88	95.12
电冰箱(台)	Refrigerator (unit)	53.45	62.26	63.81	64.17	72.86
空调器(台)	Air Conditioner (unit)	22.26	29.05	31.43	37.50	45.95
排油烟机(台)	Gas Hooker (unit)	3.10	3.33	3.81	4.64	5.48
吸尘器(台)	Vacuum cleaner (unit)	0.95	0.24	0.48	0.12	0.60
微波炉(台)	Oven(unit)	5.36	4.40	5.48	5.48	7.50
淋浴热水器(台)	Shower (unit)	23.45	25.83	25.24	31.07	33.10
自行车(辆)	Bike (Unit)	124.40	129.17	124.88	127.98	124.40
摩托车(辆)	Motorcycle (unit)	47.26	53.81	53.69	53.21	59.64
生活用汽车(辆)	Domestic Car (Unit)	4.40	2.98	3.45	5.36	6.90
固定电话(部)	Telephone (unit)	23.81	24.05	23.57	24.17	31.90
移动电话(部)	Hand Telephone (unit)	178.33	188.21	200.71	193.81	211.43
#接入互联网的	Internet Mobile Phones (unit)	24.29	22.38	27.26	19.52	25.00
黑白电视机(台)	Black-and-white television (unit)	2.50	1.43	0.83	1.79	1.07
#接入有线电视网的	Cable TV	0.12	0.12		0.12	
彩色电视机(台)	Color TV Set (unit)	108.33	110.36	110.36	110.48	114.05
#接入有线电视网的	Cable TV	37.50	35.71	42.50	46.07	52.38
摄像机(架)	Pickup Camera (unit)	0.60	0.60	0.71	0.48	0.71
影碟机(台)	Video disc player(unit)	15.83	16.07	20.48	18.33	21.90
照相机(架)	Camera (unit)	1.90	1.31	2.26	2.02	4.17
家用电脑(台)	Computer(unit)	10.12	12.50	13.69	19.17	25.48
#接入互联网的	Internet computers	7.02	8.33	10.48	13.45	20.36
中高档乐器(件)	Medium and High-Grade Musical Instrument (unit)	0.12	0.24	0.24	0.36	0.95

11-32 各市农村居民人均纯收入

Per Capita Net Income of Rural Household by City

单位：元 (yuan)

市(县) City(County)	1990	1995	2000	2005	2010	2011
省辖市 City						
郑州市 Zhengzhou	692	1555	2912	4774	9225	11050
开封市 Kaifeng	612	1167	2096	2714	5390	6492
洛阳市 Luoyang	439	1040	1976	2903	5680	6822
平顶山市 Pingdingshan	492	1121	1967	2688	5504	6578
安阳市 Anyang	615	1299	2129	3220	6359	7586
鹤壁市 Hebi	571	1285	2105	3469	6813	8271
新乡市 Xinxiang	601	1467	2165	3133	6241	7532
焦作市 Jiaozuo	675	1779	2564	3831	7512	8902
濮阳市 Puyang	541	1114	1845	2472	5077	6082
许昌市 Xuchang	530	1447	2520	3643	7197	8651
漯河市 Luohe	531	1530	2303	3319	6460	7700
三门峡市 Sanmenxia	537	1183	2161	2935	5787	6929
南阳市 Nanyang	487	1124	1889	2894	5666	6776
商丘市 Shangqiu	438	980	1815	2346	4674	5637
信阳市 Xinyang	450	1056	1916	2707	5311	6153
周口市 Zhoukou	514	1245	1915	2276	4510	5448
驻马店市 Zhumadian	449	1086	1905	2486	4861	5804
济源市 Jiyuan	601	1532	2425	3889	7784	9341
省直管县 Province Administrating County						
巩义市 Gongyi	776	1704	3167	5458	9514	11392
兰考县 Lankao	495	1028	1939	2198	4429	5236
汝州市 Ruzhou	512	1356	2297	3051	6443	7783
滑县 Huaxian	496	1614	1956	2868	4998	5300
长垣县 Changyuan	495	1298	2176	3580	7263	8789
邓州市 Dengzhou	474	1080	1989	3104	6141	7139
永城市 Yongcheng	389	918	1863	2700	5429	6557
固始县 Gushi	435	1018	1828	2795	5483	6304
鹿邑县 Luyi	455	1205	1916	2571	5036	6036
新蔡县 Xincai	376	957	1733	2225	4508	5491

11-33 各市农村居民家庭平均每人全年纯收入按收入来源分组情况(2011年)
Per Capita Net Income of Rural Household by City(2011)

单位：元 (yuan)

市(县)	City(County)	合计 Total	工资性收入 Net Income from Wages and Salaries	家庭经营收入 Net Income from Household Operations	财产性收入 Net Income from Properties	转移性收入 Net Income from Transfers
省辖市	**City**					
郑州市	Zhengzhou	11050	5653.60	4306.46	588.29	501.84
开封市	Kaifeng	6492	2116.94	4046.14	118.19	210.46
洛阳市	Luoyang	6822	3855.31	2404.34	196.35	365.65
平顶山市	Pingdingshan	6578	2390.53	3659.54	100.53	427.03
安阳市	Anyang	7586	3852.68	3240.22	216.29	277.26
鹤壁市	Hebi	8271	2438.73	5368.27	136.61	327.38
新乡市	Xinxiang	7532	3266.10	3812.70	141.17	312.56
焦作市	Jiaozuo	8902	4576.72	3797.36	297.44	230.58
濮阳市	Puyang	6082	2592.11	3110.91	124.84	253.84
许昌市	Xuchang	8651	3925.99	4301.75	150.50	272.46
漯河市	Luohe	7700	3249.11	3978.58	221.59	251.02
三门峡市	Sanmenxia	6929	2468.78	4042.31	113.01	304.88
南阳市	Nanyang	6776	2370.30	4000.40	80.57	324.82
商丘市	Shangqiu	5637	2505.00	2822.78	77.11	231.90
信阳市	Xinyang	6153	2636.60	3232.61	43.67	239.97
周口市	Zhoukou	5448	2545.60	2651.00	29.00	222.33
驻马店市	Zhumadian	5804	2247.21	3109.60	69.41	377.78
济源市	Jiyuan	9341	3359.48	5211.27	406.44	363.50
省直管县	**Province Administrating County**					
巩义市	Gongyi	11392	7133.86	3298.63	283.31	676.59
兰考县	Lankao	5236	2053.07	2959.63	21.73	201.24
汝州市	Ruzhou	7783	3465.08	3876.83	43.30	397.88
滑县	Huaxian	5300	2102.53	2904.42	74.10	218.67
长垣县	Changyuan	8789	3580.61	4862.95	153.53	191.62
邓州市	Dengzhou	7139	2403.20	4166.79	277.50	291.59
永城市	Yongcheng	6557	2865.83	3376.45	103.02	211.70
固始县	Gushi	6304	2798.00	3169.80	21.52	315.32
鹿邑县	Luyi	6036	2355.30	3556.20	20.46	104.43
新蔡县	Xincai	5491	2216.88	2922.45	67.91	283.45

主要统计指标解释

城镇家庭人口 指居住在一起，经济上合在一起共同生活的家庭成员。凡计算为家庭人口的成员其全部收支都包括在本家庭中。

城镇就业面 指就业人口占家庭人口的百分比。

城镇就业者负担人数 指家庭人口与就业人口之比。

城镇家庭总收入 指家庭成员得到的工薪收入、经营净收入、财产性收入、转移性收入之和，不包括出售财物收入和借贷收入。

城镇家庭可支配收入 指家庭成员得到可用于最终消费支出和其它非义务性支出以及储蓄的总和，即居民家庭可以用来自由支配的收入。它是家庭总收入扣除交纳的个人所得税、个人交纳的社会保障支出以及记账补贴后的收入。计算公式为：

可支配收入=家庭总收入－交纳个人所得税－个人交纳的社会保障支出－记账补贴

城镇家庭总支出 指除借贷支出以外的全部家庭支出。包括消费性支出、购房建房支出、转移性支出、财产性支出、社会保障支出。

城镇家庭消费性支出 指家庭用于日常生活的支出，包括食品、衣着、居住、家庭设备用品及服务、医疗保健、交通和通信、娱乐教育文化服务、其他商品和服务等八大类支出。

城镇家庭服务性消费支出 指家庭用于支付社会提供的各种非商品性服务费用。

城镇家庭收入分组方法 是将所有调查户按户人均可支配收入由低到高排队，按 10%，10%，20%，20%，20%，10%，10%的比例依次分成：最低收入户、低收入户、中等偏下收入户、中等收入户、中等偏上收入户、高收入户、最高收入户等七组。总体中最低 5%的户为困难户。

恩格尔系数 指食物支出金额在消费性总支出金额中所占的比例。计算公式为：

$$\text{恩格尔系数}=\frac{\text{食品支出金额}}{\text{消费性总支出金额}}\times 100\%$$

农村居民家庭总收入 指调查期内农村住户和住户成员从各种来源渠道得到的收入总和。按收入的性质划分为工资性收入、家庭经营收入、财产性收入和转移性收入。

农村居民家庭现金收入 指农村住户和住户成员在调查期内得到以现金形态表现的收入。按来源分成工资性收入、家庭经营现金收入、财产性收入、转移性收入。

农村居民家庭纯收入 指农村住户当年从各个来源得到的总收入相应地扣除所发生的费用后的收入总和。纯收入主要用于再生产投入和当年生活消费支出，也可用于储蓄和各种非义务性支出。“农民人均纯收入”按人口平均的纯收入水平，反映的是一个地区或一个农户农村居民的平均收入水平。

农村居民家庭总支出 指农村住户用于生产、生活和再分配的全部支出。家庭经营费用支出、购置生产性固定资产支出、生产性固定资产折旧、税费支出、生活消费支出、财产性支出和转移性支出。

农村居民家庭现金支出 指农村住户用于生产、生活和再分配所支付的现金。包括家庭经营费用支出、缴纳的税费、购买生产性固定资产、生活消费、财产性和转移性支出。

农村居民家庭生活消费支出 指农村常住居民家庭用于日常生活的全部开支，是反映和研究农民家庭实际生活消费水平高低的重要指标。

恩格尔系数 指食物支出金额在消费性总支出金额中所占的比例。计算公式为：

恩格尔系数=食品支出金额／消费性总支出金额×100%。

如果城乡居民在食用方面的支出较大，恩格尔系数就高，表明人们的生活水平低；反之，随着人们生活水平的提高，城乡居民在食用方面的支出少，恩格尔系数越来越小。

Explanatory Notes on Main Statistical Indicators

Population of Urban Households refer to members of households living and sharing economically together in the urban areas. All the income and expenditure of all the members of such households are included in the income and expenditure of the household.

Proportion of Urban Employment refers to the proportion of employed population to the population of urban households.

Number of Dependents per Urban Employee refers to the ratio between number of persons in an urban household and the number of employed persons.

Total Income of Urban Households refers to the sum of wage and salary; net business income; income from properties; and income from transfers of members of the households. Income from selling of properties and income from borrowing are not included..

Disposable Income of Urban Households refers to the actual income at the disposal of members of the households which can be used for final consumption, other non-compulsory expenditure and savings. This equals to total income minus income tax, personal contribution to social security and subsidy for keeping diaries in being a sample household. The following formula is used:

Disposable income = total household income - income tax - personal contribution to social security - subsidy for keeping diaries for a sampled household

Total Expenditure of Urban Households refers to all expenditure of households except expenditure on lending. It includes expenditure on consumption; on purchasing or building houses; on transfers; on properties; and on social security.

Consumption Expenditure of Urban Households refers to total expenditure of households for consumption in daily life, including expenditure on the eight categories of food; clothing; housing; household appliances and services; health care and medical services; transport and communications; recreation, education and cultural services; and miscellaneous goods and services.

Expenditure of Urban Households on Consumption of Services refers to expenditure of households on various kinds of non-commercial services provided by society.

Urban Households by Income Group All households in the sample are grouped, by per capita disposable income of the household, into groups of lowest income, low income, lower middle income, middle income, upper middle income, high income and highest income, each group consisting of 10%, 10%, 20%, 20%, 20%, 10% and 10% of all households respectively. The lowest 5% of households are also referred to as poor households.

Engel's Coefficient refers to the percentage of expenditure on food in the total consumption expenditure, using the following formula:

$$\text{Engel's Coefficient} = \frac{\text{expenditure on food}}{\text{total consumption expenditure}} \times 100\%$$

Total Income of Rural Households refers to the sum of income earned from various sources by the rural households and their members during the reference period, and is classified as income from wages and salaries, income from household operations, income from properties and income from transfers.

Cash Income of Rural Households refers to income received by rural households and their members in the form of cash during the reference period. It is classified, by source of income, into income from wages and salaries, cash income from household operations, income from properties and income from transfers.

Net Income of Rural Households refers to the total income of rural households from all sources minus all corresponding expenses. Net income is mainly used as input for reinvestment in production and as consumption expenditure of the year, and also used for savings and non-compulsory expenses of various forms. "Per capita net income of farmers" is the level of net income averaged by population, reflecting the average income level of rural households in a given area.

Total Expenditure of Rural Households refers to total expenses of rural households on production, consumption and redistribution, including expenditure on household operations, on purchase of productive fixed assets, depreciation of productive fixed assets, taxes and fees, expenses on household consumption, expenses on properties and expenses on transfers.

Cash Expenditure of Rural Households refers to cash expenditure by rural households for production, consumption and redistribution during the reference period, including cash expenses on household operations, taxes and fees, purchase of productive fixed assets, household consumption, and expenses on properties and transfers.

Expenditure of Rural Households for Consumption refers to total expenses of rural households on daily life, including expenses on food clothing housing, fuel, article for daily use, and expenses on cultural life and services. This indicator is used to show the actual consumption level of peasants.

Engel Coefficient refers to the percentage of expenditure on food in the total consumption expenditure, using the following formula: Engel coefficient = expenditure on food /total consumption expenditure.

If the food expenditure of urban and rural households is bigger, Engel coefficient will be higher ,it means the life level of people is lower ; On the contrary, with the improving on the life level and the decreasing on the food expenditure of urban and Rural Households, Engel coefficient will be lower.

城市概况

General Survey of Cities

● 资料整理：史新旺　孙 黎

简要说明

一、主要内容

本篇反映河南省城市社会经济发展和城市建设的规模及综合水平的资料。城市公用事业概况主要包括：城市建设、供水、供气、供热、市政设施、公共交通、城市绿化、环境卫生等资料。

二、统计范围

包括全省所有设市城市在建成区范围内的城市规划管理、建设或经营管理相关设施的单位。

三、资料来源

省辖市主要经济指标由河南省统计局地方调查队编辑整理。省辖市和县级市城市公用事业基本情况资料由省住房城乡建设厅和省交通厅提供，由河南省统计局社会与科技处编辑整理。

Brief Introduction

I. Main Contents

Data in this chapter present the scale and the comprehensive level of Social economic development and urban construction of Henan provincial cities, main include supply of water, gas and heating; municipal infrastructure; public transportation; urban greenery; public transportation and environmental, sanitation.

II. Scope of Statistics

Data in this chapter cover all units under the jurisdiction of cities which are engaged in urban planning and management, construction and operation of relevant facilities.

III. Sources of Data

Data on Districts are provided by Henan provincial survey organizations of social and economy. Data on basic conditions and overall level of urban public facilities are collected by the Henan provincial bureau of Housing and Urban-Rural development. Data on this chapter are provided by Department of social and scientific and technological of Henan provincial bureau of statistics.

12-1 城市社会经济主要指标(2011年)

Major Social and Economic Indicators of Cities (2011)

本表价值量指标均按当年价格计算。
Data in value terms in this table are calculated at current prices.

指标	Item	全省 The Province Total	省辖市市区合计 Total of Cities Zones	省辖市市区占全省比重(%) Percentage of Cities to Province (%)
土地面积(万平方公里)	Total Area (10 000 sq.km)	16.7	1.5	8.9
年末城镇失业人员(登记数)(万人)	Number of Registered Urban Unemployed Persons at the Year-end (10 000persons)	38.40	19.80	51.6
生产总值(亿元)	Gross Domestic Product (100 million yuan)	26931.03	7940.18	29.5
第一产业	Primary Industry	3512.24	305.49	8.7
第二产业	Secondary Industry	15427.08	4213.02	27.3
第三产业	Tertiary Industry	7991.72	3421.68	42.8
房地产开发投资额	Investment in Real Estate Development	2626.54	1716.87	65.4
#住宅	Residential Buildings	2021.19	1287.52	63.7
公共财政预算收入(亿元)	Total Revenue of Local Governments (100 million yuan)	1721.76	932.87	54.2
公共财政预算支出(亿元)	Total Expenditures of Local Governments (100 million yuan)	4248.82	1444.57	34.0
规模以上工业企业	Enterprises above Designated Size			
主营业务收入(亿元)	Product Sales (100 million yuan)	47647.21	13993.45	29.4
利润总额(亿元)	Total Profits (100 million yuan)	4131.59	585.34	14.2
本地固定电话用户数(万户)	Number of Telephone Sets (year-end) (10 000 households)	1340.39	481.14	35.9
本地移动电话用户数(万户)	Number of Telephone Sets (year-end) (10 000 households)	5061.69	2257.47	44.6
限额以上批零贸易业商品销售总额(亿元)	Total Sales of Enterprise above Designated Size in Wholesale and Retail Sale Trades (100 million yuan)	8250.10	5946.16	72.1
当年实际使用外资金额(万美元)	Amount of Foreign Capital Actually Vtilized This Year (USD 10 000)	1008209	467522	46.4
城乡居民储蓄年底余额(亿元)	Outstanding Amount of Savings Deposit in Urban and Rural Areas (year-end) (100 million yuan)	14648.43	6837.61	46.7
在岗职工工资总额(亿元)	Total Wages of Staff and Workers (100 million yuan)	2721.42	1231.71	45.3
在校学生数(万人)	Student Enrollment (10 000 persons)			
#普通高等学校	Number of Regular Institutes of Higher Education	150.01	138.72	92.5
普通中学	Number of Regular Secondary Schools	657.48	128.99	19.6
小学	Number of Primary Schools	1092.90	187.75	17.2
医院、卫生院个数(个)	Number of Hospitals (unit)	3304	888	26.9
医院、卫生院床位数(万张)	Number of Beds in Hospitals (10 000 beds)	32.49	13.98	43.0
医生(万人)	Number of Doctors (10 000 persons)	15.58	5.63	36.1

12-2 省辖市市区社会经济主要指标(2011年)

本表价值量指标均按当年价格计算。
Data in value terms in this table are calculated at current prices.

指标	Item	郑州 Zhengzhou	开封 Kaifeng	洛阳 Luoyang	平顶山 Pingdingshan	安阳 Anyang
年底总人口(万人)	Total Population (year-end) (10 000 persons)	529.80	86.37	168.43	104.70	111.06
年底单位从业人员数(万人)	Number of Employed Persons (year-end) (10 000 persons)	97.44	17.24	36.18	29.37	21.39
在岗职工平均人数(万人)	Staff and Workers (10 000 persons)	84.48	16.39	34.31	28.17	19.08
土地面积(平方公里)	Total Area (sq.km)	1010	362	544	443	544
#建成区土地面积	Developed Areas	355	94	187	71	76
生产总值(亿元)	Gross Domestic Product (100 million yuan)	2293.51	247.66	896.63	528.75	398.20
#第二产业	Secondary Industry	943.14	103.81	482.69	395.38	222.10
第三产业	Tertiary Industry	1337.99	129.50	402.11	126.34	168.36
房地产开发投资额(亿元)	Investment in Real Estate Development (100 million yuan)	778.10	66.35	183.50	52.11	80.47
#住宅	Residential Buildings	523.40	46.29	138.39	40.97	67.09
公共财政预算收入(亿元)	Public Financial Revenue of Local Governments (100 million yuan)	384.77	28.57	107.15	53.06	44.95
公共财政预算支出(亿元)	Public Financial Expenditures of Local Governments (100 million yuan)	392.03	59.24	142.26	73.13	73.05
规模以上工业企业	Enterprises above Designated Size					
主营业务收入(亿元)	Product Sales (100 million yuan)	2540.98	297.74	2010.62	1209.83	889.55
利润总额(亿元)	Total Profits (100 million yuan)	148.16	16.45	34.44	48.10	11.36
本地固定电话用户数(万户)	Number of Telephone Sets (year-end) (10 000 households)	88.02	47.21	68.61	23.07	21.49
本地移动电话用户数(万户)	Number of Telephone Sets (year-end) (10 000 households)	701.76	79.50	232.63	101.83	121.74
全年用电量(亿千瓦小时)	Annual Electricity Consumption (100 million kwh)	323.37	43.26	238.61	76.10	150.19
#工业用电	Industrial Power Consumption	229.79	29.80	210.50	64.45	134.96
居民生活用电	Urban Power Consumption	35.16	5.27	12.41	5.34	7.11
限额以上批零贸易业商品销售总额(亿元)	Total Sales of Enterprise above Designated Size in Wholesale and Retail Sale Trades (100 million yuan)	2553.93	136.06	651.27	453.95	333.94
当年实际使用外资金额(万美元)	Amount of Foreign Capital Actually Vtilized This Year (USD 10 000)	226472	6994	52241	6597	8550
城乡居民储蓄年底余额(亿元)	Outstanding Amount of Savings Deposit in Urban and Rural Areas (year-end) (100 million yuan)	2493.42	262.99	740.63	413.76	260.57
在岗职工工资总额(亿元)	Total Wages of Staff and Workers (100 million yuan)	326.64	44.92	126.61	113.17	70.21
在校学生数(万人)	Student Enrollment (10 000 persons)					
普通高等学校	Number of Regular Institutes of Higher Education	53.50	8.15	10.01	6.19	5.17
中等职业学校	Number of Vocational Secondary Schools	22.78	3.25	10.67	4.11	2.14
普通中学	Number of Regular Secondary Schools	19.65	5.58	11.93	5.20	6.24
小学	Number of Primary Schools	30.77	7.05	15.27	8.52	10.53
医院、卫生院个数(个)	Number of Hospitals (unit)	128	50	82	67	47
医院、卫生院床位数(万张)	Number of Beds in Hospitals (10 000 beds)	3.67	0.73	1.39	0.89	0.73
医生(万人)	Number of Doctors (10 000 persons)	1.16	0.29	0.68	0.37	0.49

Major Social and Economic Indicators of Districts in Cities Directly Under the Province (2011)

鹤 壁 Hebi	新 乡 Xinxiang	焦 作 Jiaozuo	濮 阳 Puyang	许 昌 Xuchang	漯 河 Luohe	三门峡 Sanmenxia	南 阳 Nanyang	商 丘 Shangqiu	信 阳 Xinyang	周 口 Zhoukou	驻马店 Zhumadian
62.70	102.77	84.69	68.97	41.69	140.81	29.84	191.03	179.27	149.13	61.53	91.93
13.79	19.40	19.94	20.70	11.07	16.54	8.10	35.37	14.82	13.47	11.21	15.51
12.86	18.21	14.91	19.65	12.23	15.03	7.03	31.32	14.39	13.45	9.97	14.95
679	352	424	289	97	1020	198	1987	1697	3604	269	1365
58	107	96	82	80	60	30	105	61	73	56	55
242.54	441.72	285.58	304.88	250.65	456.41	130.02	513.06	270.12	327.85	136.67	215.91
177.04	216.72	159.45	215.36	177.93	311.72	70.56	254.82	134.84	161.30	68.56	117.58
54.57	217.58	122.82	74.64	70.32	101.79	56.53	215.78	85.44	118.62	60.60	78.69
26.05	101.78	47.01	32.71	48.55	21.52	27.53	56.08	40.06	48.61	58.17	48.29
19.35	74.27	40.94	29.25	42.93	20.27	22.26	49.37	36.70	43.51	52.12	40.40
21.85	45.80	36.07	27.28	26.56	26.30	15.69	33.10	22.10	22.95	15.91	20.75
45.06	71.82	62.03	46.18	45.77	59.12	39.37	99.29	76.11	70.21	43.84	46.07
631.25	832.73	706.43	606.21	515.09	1261.46	366.51	661.75	382.36	477.78	224.81	378.36
11.65	38.30	32.80	-4.57	39.67	115.96	3.18	43.30	8.48	9.86	17.52	10.66
15.06	27.21	18.78	10.73	16.47	15.86	10.12	33.56	38.86	27.02	11.01	8.06
53.25	122.78	108.23	65.54	57.85	88.02	36.98	143.04	146.69	102.79	39.74	55.10
28.80	70.43	151.87	37.68	23.78	27.21	29.60	69.71	97.68	36.08	10.65	29.08
23.76	53.11	141.51	29.87	17.03	18.49	26.24	51.13	84.30	21.73	6.12	21.81
2.03	6.77	3.94	3.56	3.42	4.56	1.79	8.15	6.31	5.79	2.06	3.02
52.69	279.51	142.72	107.42	122.78	125.72	105.98	283.52	222.24	124.74	122.14	127.55
26752	23264	12504	4660	11006	36637	22266	7880	6096	5294	5030	5279
110.06	285.72	244.96	260.76	186.72	194.29	123.31	406.30	256.78	278.31	133.87	185.16
42.08	50.77	54.33	77.11	31.85	40.26	23.45	93.85	34.24	35.64	25.75	40.83
1.01	12.85	7.19	1.21	3.37	2.83	1.52	6.55	6.93	5.45	3.82	2.99
1.78	3.30	4.16	1.80	2.42	2.55	1.64	7.18	2.70	2.16	3.89	3.07
4.50	6.10	5.23	9.29	2.93	8.32	2.09	10.35	13.13	8.37	3.84	6.24
6.10	8.56	6.48	8.09	3.27	12.03	2.82	19.73	20.84	11.85	6.18	9.66
31	58	43	40	41	38	19	90	42	59	29	24
0.27	0.81	0.64	0.58	0.47	0.49	0.28	1.03	0.65	0.53	0.36	0.45
0.18	0.28	0.31	0.27	0.18	0.20	0.09	0.36	0.26	0.19	0.13	0.18

12-3 城市建设基本情况
Basic Statistics on Urban Construction

指 标	Item	2005	2008	2009	2010	2011
城市个数(个)	Number of Cities (unit)	38	38	38	38	38
城区面积(平方公里)	Urban Area (sq.km)		3332	4026	4101	4214
建成区面积(平方公里)	Area of Built Districts (sq.km)	1572	1857	1913	2014	2098
年底供水综合生产能力(万立方米/日)	General Production Capacity of Water Supply (year-end) (10 000 cu.m/day)	1027	1014	1008	1010	1038
全年供水总量(万立方米)	Total Annual Volume of Water Supply (10 000 cu.m)	183436	168294	173377	179122	184588
#生活用水量			70814	74181	76986	79274
平均每人每天生活用水量(升)	Per Capita Daily Consumption of Tap Water for Residential Use (liter)	147.1	115.9	118.5	109.1	109.0
用水普及率(%)	Percentage of Population with Access to Tap Water (%)	91.9	85.6	88.3	91.0	92.6
公共交通标准运营车辆(标台)	Operating Standard Public Transit Vehicles (Standardized)	12514	15661	18381	18912	20860
出租汽车数(辆)	Taxi (unit)					58132
煤气家庭用量(万立方米)	Consumption of Coal Gas for Residential Use (10 000cu.m)	12735	13468	13507	15420	14102
天然气家庭用量(万立方米)	Consumption of Natural Gas for Residential Use (10 000cu.m)	18649	32092	38969	48243	55857
液化石油气家庭用量(吨)	Consumption of Liquefied Petroleum Gas for Residential Use (ton)	198629	212604	202029	201931	198051
燃气普及率(%)	Percentage of Population with Access to Gas (%)		66.9	72.9	73.4	76.2
集中供热面积(万平方米)	Heated Area (10 000 sq.m)	5361	8625	9283	10737	11831
道路长度(千米)	Length of Roads (km)	7090	8704	9018	9413	9859
道路面积(万平方米)	Area of Roads (10 000sq.m)	15653	19689	20534	21767	23393
排水管道长度(千米)	Length of Drainage Pipelines (km)	10201	13248	13896	14733	15836
建成区绿化覆盖面积(公顷)	Coverage Space of Green Areas Developed (hectare)	50822	65713	69426	73652	76695
建成区绿化覆盖率(%)	Coverage Rate of Green Areas Developed (%)	32.3	35.4	36.3	36.5	36.6
公园个数(个)	Number of Parks (unit)	272	240	248	262	267
公园绿地面积(公顷)	Public Green Areas (hectare)		16301	17154	18361	19207
人均公园绿地面积(平方米)	Per Capita Public Green Area (sq.m)		8.2	8.7	8.7	8.9
生活垃圾清运量(万吨)	Volume of Residential Garbages and Night Soil Disposal (10 000 tons)	754	757	679	694	730
生活垃圾无害化处理率(%)	Percentage of Harmless Disposal (%)	58.1	67.3	75.3	82.5	84.4

12-4 城市市区市政设施、公共交通情况(2011年)

Municipal Installation and Public Transportation in Urban Districts (2011)

城市名称 City	建成区面积(平方公里) Developed Areas (sq.km)	市区人口密度(人/平方公里) Density of cantonal Population (person/sq.km)	年底道路长度(公里) Length of Roads (year-end) (km)	年底道路面积(万平方米) Area of Roads (year-end) (10 000sq.m)	人均城市道路面积(平方米) Per Capita Area of Roads (sq.m)	年底路灯盏数(盏) Number of Street Lights (year-end) (unit)	年底实有运营车辆(辆) Operating Transit Vehicles (year-end) (unit)
郑州 Zhenzhou	355	11745	1390	3363	6.52	69046	5111
开封 Kaifeng	97	7247	433	1198	13.63	31440	778
洛阳 Luoyang	187	7335	582	1791	7.37	60360	1464
平顶山 Pingdingshan	71	4016	264	995	9.53	43418	665
安阳 Anyang	77	4646	438	955	13.43	27500	739
鹤壁 Hebi	58	3324	296	664	15.32	18745	329
新乡 Xinxiang	107	6873	443	1037	13.72	28599	1189
焦作 Jiaozuo	97	7868	415	1163	15.28	20069	613
濮阳 Puyang	44	2878	245	567	12.84	17575	455
许昌 Xuchang	80	5380	260	554	10.61	37160	473
漯河 Luohe	60	5174	335	761	13.77	21131	745
三门峡 Sanmenxia	30	9837	151	289	9.79	18275	243
南阳 Nanyang	105	4671	727	1140	10.53	22348	388
商丘 Shangqiu	61	9544	348	724	7.37	16973	1199
信阳 Xinyang	73	1812	399	817	17.37	15472	260
周口 Zhoukou	56	3040	213	656	21.58	32094	246
驻马店 Zhumadian	55	2404	328	956	21.49	23163	299
济源 Jiyuan	34	5312	208	530	19.94	28808	264
巩义 Gongyi	25	7528	91	270	9.97	3600	301
荥阳 Xingyang	22	6012	116	243	15.95	6000	88
新郑 Xinzheng	28	6997	109	341	14.22	7646	134
登封 Dengfeng	21	3189	136	276	14.70	14510	76
新密 Xinmi	23	1966	93	243	15.79	8515	364
偃师 Yanshi	16	7881	86	132	8.00	7460	100
汝州 Ruzhou	25	1848	106	177	7.01	6613	75
舞钢 Wugang	15	1792	105	203	16.62	2988	63
林州 Linzhou	20	4453	137	231	13.65	7296	100
卫辉 Weihui	20	3042	85	162	11.82	7450	32
辉县 Huixian	21	1768	117	257	12.47	7564	21
沁阳 Qinyang	19	4035	162	332	24.19	8254	19
孟州 Mengzhou	15	1261	78	247	17.24	13632	25
禹州 Yuzhou	40	6984	119	328	8.98	18093	239
长葛 Changge	24	2470	155	343	18.39	9290	104
义马 Yima	17	1575	118	236	13.40	3654	58
灵宝 Lingbao	20	5762	85	210	12.57	4462	70
永城 Yongcheng	27	3272	167	388	14.58	7813	107
邓州 Dengzhou	25	6488	160	325	12.52	12458	37
项城 Xiangcheng	30	4983	158	291	9.73	3708	149

12-5 城市市区供、排水情况(2011年)

Supply of Tap Water and Wastewater Discharging in Urban Districts (2011)

城市名称 City	年底供水综合生产能力(万立方米/日) General Production Capacity of Water Supply(year-end)(10 000 cu.m/day)	供水管道长度(公里) Length of Water Supply Pipelines (year-end) (km)	全年供水总量(万立方米) Total Annual Volume of Water Supply (10 000cu.m)	#居民家庭用水 For Residential Use	用水人口(万人) Number of Residents with Access to Tap Water (10 000 persons)	人均日生活用水量(升) Per Capita Daily ConSumption of Tap Water for Residential Use (liter)	用水普及率(%) Percentage of Population with Access to Tap Water (%)	排水管道长度(公里) Length of Drainage Pipelines (km)	排水管道密度(公里/平方公里) Density of Drainage Pipelines (km/sq.km)
郑州 Zhenzhou	124.42	2719	35785	13382	515.70	105	100.0	3047	8.59
开封 Kaifeng	62.50	1111	8945	1749	86.02	69	97.9	722	7.46
洛阳 Luoyang	84.30	1405	15868	5937	237.80	103	97.8	1254	6.71
平顶山 Pingdingshan	61.15	1174	10553	3141	82.00	111	78.5	425	5.98
安阳 Anyang	79.00	769	11114	2266	71.09	133	100.0	803	10.42
鹤壁 Hebi	38.33	579	5089	1546	42.50	102	98.0	364	6.23
新乡 Xinxiang	62.00	629	12313	2757	74.50	137	98.5	775	7.25
焦作 Jiaozuo	55.60	879	7970	1939	75.93	87	99.8	720	7.45
濮阳 Puyang	35.60	151	5110	1386	39.52	129	89.4	382	8.69
许昌 Xuchang	39.00	460	4400	1570	50.53	105	96.8	435	5.44
漯河 Luohe	33.40	473	9811	1640	50.50	142	91.4	454	7.57
三门峡 Sanmenxia	14.50	209	1825	924	28.70	111	97.3	189	6.30
南阳 Nanyang	58.96	1091	6798	2093	98.20	87	90.7	849	8.10
商丘 Shangqiu	37.30	457	5237	2451	63.40	156	64.5	241	3.95
信阳 Xinyang	26.80	1296	3719	1848	45.14	129	96.0	304	4.19
周口 Zhoukou	16.00	300	2346	1022	28.20	130	92.8	497	8.87
驻马店 Zhumadian	22.65	328	4621	1236	30.40	121	68.4	599	10.84
济源 Jiyuan	11.00	296	2486	825	26.52	127	99.9	329	9.65
巩义 Gongyi	12.00	153	1975	652	26.30	100	97.1	170	6.82
荥阳 Xingyang	4.40	211	890	409	13.94	99	91.5	200	8.97
新郑 Xinzheng	6.10	296	1536	486	17.00	127	70.8	186	6.71
登封 Dengfeng	3.70	114	846	294	13.66	93	72.9	170	8.27
新密 Xinmi	10.50	236	1180	510	14.00	150	91.0	114	4.91
偃师 Yanshi	7.55	193	960	542	16.10	102	97.3	90	5.78
汝州 Ruzhou	7.90	229	900	221	12.78	65	50.7	128	5.13
舞钢 Wugang	15.70	129	2785	361	11.62	110	95.3	115	7.86
林州 Linzhou	6.00	179	1136	457	15.86	114	93.7	158	7.76
卫辉 Weihui	6.00	144	1900	570	13.10	166	95.7	128	6.38
辉县 Huixian	10.00	394	2222	561	19.90	140	96.6	217	10.16
沁阳 Qinyang	7.60	90	1098	299	13.03	78	95.0	226	11.98
孟州 Mengzhou	7.30	201	921	230	14.00	80	97.9	189	12.71
禹州 Yuzhou	7.70	164	2000	1244	34.51	105	94.6	227	5.66
长葛 Changge	11.00	73	1452	354	15.58	94	83.5	176	7.31
义马 Yima	14.80	85	1528	365	15.62	71	88.6	63	3.74
灵宝 Lingbao	8.20	122	1700	409	16.18	95	96.8	140	6.98
永城 Yongcheng	10.00	221	1895	928	21.50	138	80.8	280	10.47
邓州 Dengzhou	10.10	506	1224	413	19.40	85	74.8	164	6.55
项城 Xiangcheng	8.50	206	2450	908	29.35	95	98.2	308	10.27

12-6 城市市区燃气供应情况(2011年)

Supply of Gas in Urban Districts (2011)

城市名称 City	煤气 Coal Gas			天然气 Natural Gas			液化石油气 Liquefied Petroleum Gas			燃气普及率(%)
	供气总量(万立方米) Total Gas Supply (10 000 cu.m)	#家庭用量 Residential Use	用气人口(万人) Population with Access to Gas(10 000 persons)	供气总量(万立方米) Total Gas Supply (10 000 cu.m)	#家庭用量 Residential Use	用气人口(万人) Population with Access to Gas (10 000 persons)	供气总量(吨) Total Gas Supply (ton)	#家庭用量 Residential Use	用气人口(万人) Population with Access to Gas (10 000 persons)	Percentage of Population with Access to Gas (%)
郑州 Zhenzhou	1964	583	7.42	63270	18705	372.20	65800	47320	84.77	90.1
开封 Kaifeng				7474	3063	55.17	7932	7546	18.00	83.3
洛阳 Luoyang	31648	2541	27.00	6861	1415	34.00	27932	21195	37.61	40.6
平顶山 Pingdingshan	3226	2126	35.00	11960	2100	36.00				68.0
安阳 Anyang	51000	410	3.87	12728	4181	56.42	7217	3600	9.13	97.7
鹤壁 Hebi				2500	1645	29.00	1418	1418	6.30	81.4
新乡 Xinxiang				10113	3288	60.77	4357	4357	13.07	97.7
焦作 Jiaozuo				16467	4665	56.74	2885	2885	12.49	91.0
濮阳 Puyang				5201	3280	38.40				86.9
许昌 Xuchang				2580	801	21.83	6582	6555	23.00	85.9
漯河 Luohe				1818	1200	20.00	10500	9750	28.00	86.9
三门峡 Sanmenxia				3870	138	11.16	3230	3100	14.04	85.4
南阳 Nanyang	8416	1332	28.09	885			19326	19158	60.68	82.0
商丘 Shangqiu				1036	633	17.50	15042	12315	47.10	65.7
信阳 Xinyang				8571	982	11.49	11343	9040	31.82	92.1
周口 Zhoukou				4423	406	7.83	4100	4070	14.93	74.9
驻马店 Zhumadian				2260	1130	14.20	3270	3250	11.00	56.7
济源 Jiyuan	4850	1112	4.85	7000	417	13.52	602	602	3.73	83.2
巩义 Gongyi	9039	3582	17.94				2253	1160	5.50	86.5
荥阳 Xingyang	2001	680	4.13				4265	2670	9.35	88.5
新郑 Xinzheng				1600	600	4.45	2224	1700	9.86	59.6
登封 Dengfeng				1588	89	1.55	1036	948	4.15	30.4
新密 Xinmi				3621	1035	7.45	1561	1550	6.54	91.0
偃师 Yanshi	1667	200	9.80				1280	1275	5.60	93.1
汝州 Ruzhou	2018	1099	8.59				840	700	2.40	43.6
舞钢 Wugang				164	164	5.10				41.8
林州 Linzhou				1459	983	11.22	1354	1342	5.09	96.4
卫辉 Weihui				758	448	3.89	973	970	3.50	54.0
辉县 Huixian	58	58	0.19	2495	976	6.20	4517	4508	11.90	88.8
沁阳 Qinyang				200	200	2.30	2015	2015	8.17	76.3
孟州 Mengzhou				856	800	9.80				68.5
禹州 Yuzhou				3885	1570	6.80	5212	4950	17.30	66.0
长葛 Changge				7991	330	5.60	4611	4005	9.65	81.7
义马 Yima	422	379	7.60				2980	2975	4.80	70.3
灵宝 Lingbao				40	21	0.97	2810	2730	9.88	64.9
永城 Yongcheng				262	152	3.94	2916	2820	9.40	50.2
邓州 Dengzhou							3101	2990	9.02	34.8
项城 Xiangcheng				784	439	5.00	2695	2582	12.10	57.2

12-7 城市市区园林绿化情况(2011年)

Virescence of gardens in Urban Districts(2011)

城市名称 City	建成区绿化覆盖面积(公顷) Coverage Space of Green Areas in Developed Area(hectare)	建成区绿化覆盖率(%) Coverage Rate of Green Areas in Developed Area (%)	公园个数(个) Number of Parks (unit)	公园面积(公顷) Public Green Area (hectare)	公园绿地面积(公顷) Public Green Area (hectare)	人均公园绿地面积(平方米) Per Capita Public Green Area (sq.m)
郑州 Zhenzhou	12458	35.1	59	1785	3344	6.48
开封 Kaifeng	3341	34.5	13	254	696	7.92
洛阳 Luoyang	6080	32.5	14	767	1783	7.33
平顶山 Pingdingshan	2721	38.3	13	383	902	8.64
安阳 Anyang	2943	38.2	11	156	656	9.23
鹤壁 Hebi	2350	40.2	7	414	650	14.99
新乡 Xinxiang	4412	41.3	16	131	759	10.04
焦作 Jiaozuo	3796	39.3	11	652	739	9.71
濮阳 Puyang	1751	39.8	9	525	548	12.40
许昌 Xuchang	3187	39.8	5	135	505	9.68
漯河 Luohe	2299	38.3	13	191	825	14.93
三门峡 Sanmenxia	1304	43.5	5	448	482	16.33
南阳 Nanyang	2940	28.1	7	755	1146	10.58
商丘 Shangqiu	2329	38.2	4	251	529	5.38
信阳 Xinyang	2895	39.9	5	118	665	14.14
周口 Zhoukou	2137	38.2	3	185	310	10.20
驻马店 Zhumadian	2226	40.3	4	74	418	9.40
济源 Jiyuan	1372	40.3	8	112	267	10.05
巩义 Gongyi	1071	42.8	2	118	391	14.43
荥阳 Xingyang	882	39.6	3	100	172	11.29
新郑 Xinzheng	1067	38.5	1	66	205	8.54
登封 Dengfeng	651	31.8	9	66	157	8.37
新密 Xinmi	703	30.3	2	110	204	13.26
偃师 Yanshi	648	41.5	4	153	161	9.73
汝州 Ruzhou	985	39.4	4	179	213	8.45
舞钢 Wugang	590	40.3	2	76	124	10.17
林州 Linzhou	679	33.4	2	81	172	10.17
卫辉 Weihui	700	34.8	1	19	110	8.04
辉县 Huixian	760	35.6	5	71	144	6.99
沁阳 Qinyang	450	23.8	3	25	117	8.53
孟州 Mengzhou	541	36.4	2	125	148	10.35
禹州 Yuzhou	1259	31.4	4	216	325	8.90
长葛 Changge	848	35.3	3	137	283	15.17
义马 Yima	567	33.7	4	195	197	11.17
灵宝 Lingbao	671	33.6	1	61	167	9.99
永城 Yongcheng	1036	38.8	6	200	246	9.25
邓州 Dengzhou	950	38.0	1	35	182	7.01
项城 Xiangcheng	1096	36.5	1	45	265	8.86

注：公园个数、面积含小游园。

a)Data on number parks and area of parks include samall amusement parks.

12-8 城市环境卫生情况(2011年)

Environment and Sanitation in Urban Districts(2011)

城市名称 City	污水排放量(万立方米) Domestic Sewage Discharged (10 000 cu.m)	污水处理量(万立方米) Domestic Sewage Treated (10 000 cu.m)	生活垃圾清运量(万吨) Volume of Garbage Disposal (10 000 tons)	生活垃圾处理量(万吨) Volume of Garbages Treated (10 000 tons)	垃圾无害化处理量(万吨) Volume of Garbages innocuously Treated (10 000tons)	公共厕所(座) Number of Public Lavatories (unit)	环卫车辆(辆) Number of Special Vehicles for Environmental Sanitation (unit)	保洁面积(万平方米) Area under Cleaning Program (10 000 sq.m)
郑州 Zhenzhou	32082	31467	166	149	149	945	547	3521
开封 Kaifeng	6369	4906	33	32		515	131	984
洛阳 Luoyang	12400	11807	55	46	46	645	316	1754
平顶山 Pingdingshan	9710	9464	30	28	28	380	128	995
安阳 Anyang	8506	8310	32	32	32	632	190	954
鹤壁 Hebi	3573	2958	15	13	13	67	62	680
新乡 Xinxiang	9851	8629	26	26	26	307	102	1020
焦作 Jiaozuo	7919	6779	29	27	27	209	148	1060
濮阳 Puyang	4344	3691	16	15	15	136	172	557
许昌 Xuchang	3520	3413	22	21	21	254	62	450
漯河 Luohe	7840	5540	20	19	19	276	80	550
三门峡 Sanmenxia	1388	1275	9	8	8	121	33	238
南阳 Nanyang	4474	2914	43	30	30	640	217	1701
商丘 Shangqiu	5111	4926	32	24	24	335	100	637
信阳 Xinyang	3326	2785	16	14	14	365	76	660
周口 Zhoukou	1906	1525	13			95	23	488
驻马店 Zhumadian	3586	3300	18	16	16	273	69	700
济源 Jiyuan	2187	1936	15	15	15	104	55	417
巩义 Gongyi	1413	720	7	7	7	34	35	270
荥阳 Xingyang	712	613	6	6	6	57	34	305
新郑 Xinzheng	1354	1178	7	7	7	47	34	190
登封 Dengfeng	810	737	7	6	6	37	15	338
新密 Xinmi	984	708	7	7	7	65	56	306
偃师 Yanshi	718	671	8	7	7	34	13	165
汝州 Ruzhou	770	728	9	8	8	39	31	169
舞钢 Wugang	2160	1840	5	5	5	69	45	129
林州 Linzhou	1042	844	7	7	7	36	20	193
卫辉 Weihui	1541	1309	6	6	6	20	16	165
辉县 Huixian	1790	1510	9	9	9	46	28	162
沁阳 Qinyang	769	730	5	4	4	27	24	200
孟州 Mengzhou	730	696	4	4	4	17	14	223
禹州 Yuzhou	1600	1470	11	9	9	42	107	430
长葛 Changge	1193	1085	6	6	6	28	50	155
义马 Yima	1089	420	6	3	3	28	29	220
灵宝 Lingbao	1323	986	7	7	7	36	16	181
永城 Yongcheng	1667	1530	8	7	7	99	30	388
邓州 Dengzhou	858	836	8	8	8	73	24	275
项城 Xiangcheng	2045	1693	11	11	10	56	32	295

主要统计指标解释

城区面积

包括：市本级(1)街道办事处所辖地域；(2)城市公共设施、居住设施和市政公用设施等连接到的其他镇（乡）地域；（3）常住人口在3000人以上独立的工矿区、开发区、科研单位、大专院校等特殊区域。

建成区面积

城市行政区内实际已成片开发建设、市政公用设施和公共设施基本具备的区域。对核心城市，它包括集中连片的部分以及分散的若干个已经成片建设起来，市政公用设施和公共设施基本具备的地区；对一城多镇来说，它包括由几个连片开发建设起来的，市政公用设施和公共设施基本具备的地区组成。因此建成区范围，一般是指建成区外轮廓线所能包括的地区，也就是这个城市实际建设用地所达到的范围。

供水总量　指报告期供水企业（单位）供出的全部水量。包括有效供水量和漏损水量。

有效供水量指水厂将水供出厂外后，各类用户实际使用到的水量。包括售水量和免费供水量。

城市燃气　指符合《城镇燃气设计规范》的规定，供城市生产和生活作燃料使用的天然气、人工煤气和液化石油气等气体能源的统称。

供气总量　指报告期燃气企业（单位）向用户供应的燃气数量。包括销售量和损失量

集中供热面积　指从一个或多个热源通过热网向城市的热用户供给生产和生活热能，供热企业（单位）向城市各类房屋建筑物、构筑物及其附属设施供热的全部建筑面积。

道路长度　指道路长度和与道路相通的桥梁、隧道的长度，按车行道中心线计算。

道路面积　指道路实际铺装面积和与道路相通的广场、桥梁、隧道的铺装面积（统计时，将人行道面积单独统计）。

人行道面积按道路两侧面积相加计算，包括步行街和广场，不含人车混行的道路。

排水管道长度　指所有排水总管、干管、支管、检查井及连接井进出口等长度之和。计算时应按单管计算，即在同一条街道上如有两条或两条以上并排的排水管道时，应按每条排水管道的长度相加计算。

污水排放总量　指生活污水、工业废水的排放总量，包括从排水管道和排水沟（渠）排出的污水量。

污水处理量　指污水处理厂（或污水处理装置）实际处理的污水量。包括物理处理量、生物处理量和化学处理量。

其中处理本市（县）外，指污水处理厂作为区域设施，不仅处理本市（县）的污水，还处理本市（县）以外其他市、县或乡镇等的污水。这部分污水处理量单独统计，并在计算本市（县）的污水处理率时扣除。

公园绿地面积　城市中向公众开放的、以游憩为主要功能，有一定的游憩设施和服务设施，同时兼有健全生态、美化景观、防灾减灾等综合作用的绿化用地。它是城市建设用地、城市绿地系统和城市市政公用设施的重要组成部分。

生活垃圾清运量　指报告期内收集和运送到各生活垃圾处理厂(场)和生活垃圾最终消纳点的生活垃圾数量。生活垃圾指城市日常生活或为城市日常生活提供服务的活动中产生的固体废物以及法律行政规定的视为城市生活垃圾的固体废物。包括：居民生活垃圾、商业垃圾、集市贸易市场垃圾、街道清扫垃圾、公共场所垃圾和机关、学校、厂矿等单位的生活垃圾。

生活垃圾处理量　指报告期内简易处理场和各种生活垃圾无害化处理场（厂）处理生活垃圾总量。生活垃圾简易处理量指生活垃圾简易处理场所处理的生活垃圾总量。生活垃圾无害化处理量指生活垃圾无害化处理场（厂）所处理的生活垃圾总量。

Explanatory Notes on Main Statistical Indicators

City Area include three parts:(1), area under the jurisdiction of the street agency;(2), urban public facilities, residential facilities and municipal public facilities connected to other towns area, (3) Independent industrial and mining district, development area, scientific research units, colleges and other special areas with over 3000 resident population.

Area of Built Districts refers to the Urban area that already development and construction and have public facilities. Core cities include focused even dispersion of parts, as well as several have film build up, the urban areas of basic public infrastructure and public facilities; on more than one city, town, it included several continuous development and construction, municipal and public facilities and public areas with basic facilities. Scope of the built-up area, generally refer to the built-up areas can include outer contour line, which is achieved by the actual construction of the city's range.

Volume of Water Supply refers to the total volume of water supplied by water-works (units) during the reference period, including both the effective water supply and loss during the water supply.

Available water supply refers to all kinds of users actually use water volume after water plant form water factory. Includes water sale and free water.

City gas refers to supply to urban for production and daily life, such as natural gas, manufactured gas and LPG gas energy collectively.

Volume of gas supply refers to Volume of gas supply for household by gas enterprises in reference period. Including sales and the amount of loss.

Central heating Area refers to supply to user Production and life heat energy us heat net from one or more Means from one or more sources of heat, all heat area of urban housing buildings, structures and their ancillary equipment by Heating enterprise (units).

Road length refers to the length of roads with paved surface including bridges and tunnels connected with roads. Length of the roads is measured by the central lines for vehicles for paved roads

Road area refers to actual pavement area and with a road paving of squares, bridges, tunnels area (statistics, sidewalk area separate statistics). The sidewalk area are calculated on add of both sides area, including walking Street and square, does not contain mixed line of road vehicles and pedestrians.

Length of Urban Sewage Pipes refers to the total length of general drainage, trunks, branch and inspection wells, connection wells, inlets and outlets, etc. if there are two or more than two side-by-side in a street pipes, length of pipes should be Calculated by adding length.

Volume of waste water discharge refers to Sewage and industrial waste water, include sewer and drain (drainage) discharge of waste water.

Treatment capacity Sewage treatment plant (or sewage treatment plant) the actual amount of sewage treatment. Including physical treatment, biological treatment and chemical treatment. Which deal with the city (County), sewage treatment plants as a regional facility, not only dealing with the city (County) of sewage, also deals with the city (County), such as cities, counties or towns other than water. This portion of the amount of sewage to individual statistics and in the calculation of the city (County) when the sewage treatment rate of deduction.

Park Green Area refers to green areas open to the public for amusement and rest with the facilities of amusement, rest and services. Its function includes perfecting ecology, beautifying landscape, and preventing and reducing disaster. Park green areas include comprehensive park, community park, topic park, belt-shaped park and green area nearby street. Total areas of comprehensive park, topic park and belt-shaped is the area of park.

Consumption Wastes Transported refers to volume of consumption wastes collected and transported to disposal factories or sites. Consumption wastes are solid wastes produced from urban households or from service activities for urban households, and solid wastes regarded by laws and regulations as urban consumption wastes, including those from households, commercial activities, markets, cleaning of streets, public sites, offices, schools, factories, mining units and other sources.

Volume of consumption Wastes treatment refers to Volume of consumption Wastes Simple processing and consumption wastes treated in the reporting period.

农业
Agriculture

资料整理：韩爱桃　贾世云　张亚男　刘凤玲

简要说明

一、主要内容

本篇包括我省农业生产和农村经济的基本情况，内容主要包括农村劳动力、耕地、农业机械拥有量、农林牧渔业增加值、农作物播种面积、主要农产品及畜禽产品产量、水利设施与除涝治水、农村居民家庭拥有生产性固定资产等方面的统计资料。

二、统计范围

统计范围包括农村各种经济组织和农户经营的农林牧渔业生产活动；各种专业性农、林、牧、渔场的农业生产活动；国家各级机关、团体、学校、部队进行的农业生产活动；集体所有制的乡、镇、村办农场的农业生产活动；以及工矿企业经营的农、林、牧、渔业生产活动。

2006年农林牧渔业增加值及农业、牧业生产情况已与第二次农业普查数据进行了衔接。2010年以后的农业、林业增加值数据是按照国家统计局制定的新《统计用产品分类目录》进行了调整。

三、资料来源

全省农作物播种面积及产量、畜牧业生产情况由河南省统计局农业处和国家统计局河南调查总队编辑整理。农村基本情况、农林牧渔业增加值、市级农作物播种面积及产量、市级畜牧业生产情况等由河南省统计局农业处编辑整理。林业生产情况、渔业生产情况、灌溉、水库和除涝、治水资料，农业机械拥有情况及农机化作业情况、农村基层组织情况等由河南省统计局农业处根据河南省林业厅、河南省农业厅水产局、河南省水利厅、河南省农业机械化管理局、河南省民政厅等部门提供的资料整理编辑。市级粮食产量数据由河南省地方调查队编辑整理。

Brief Introduction

I. Main Contents

The data in this chapter show the basic conditions of agricultural production and rural economy, including mainly cultivated number of rural employed persons, land, quantity of agricultural machinery, value-added of agriculture, forestry, animal husbandry and fishery, sown areas of farm crops, output of major products and livestock, facilities of water conservancy and efforts to eliminate water-logging , productive fixed assets owned by rural households.

II. Statistical Scopes

Statistics on agriculture cover in agriculture statistics are production activities in agriculture, forestry, animal husbandry and fishery undertaken by rural economic units of various types and by rural households; production activities of farms specializing in agriculture, forestry, animal husbandry and fishery; production activities in agriculture undertaken by government agencies, institutions, schools and military units; production activities in agriculture undertaken by collective farms run by townships and villages; and production activities in agriculture, forestry, animal husbandry and fishery undertaken by manufacturing and mining enterprises.

Data on value-added of agriculture, forestry, animal husbandry and fishery and production of agriculture and animal husbandry in 2006 have been reflected basis on the second agricultural census. Data on value-added of agriculture and forestry since 2010 are adjusted according to the new classified catalogue of statistics product which formulated by NBS.

III. Data Sources

Data on number of rural employed persons, agricultural production and value-added of agriculture, forestry, animal husbandry and fishery are provided by Department of agricultural of the Henan provincial Bureau of Statistics. Data on provincial sown areas and output of farm crops are provided by Department of Henan Survey organizations, NBS, and municipal sown areas and output of farm crops are provided by Department of agricultural of the Henan provincial Bureau of Statistics. Data on irrigation and reservoirs, data on efforts to eliminate water-logging, to prevent floods by water control are calculated by Henan provincial Bureau of water. Data on fishery come from Henan provincial Bureau of agricultural. Data on rural grassroots units are figures jointly confirmed by Henan provincial Bureau of Civil affairs.

13-1 农村基本情况(年底数)

Basic Statistics on Rural Areas (Year-end)

指　标	Item	2000	2005	2007	2008	2009	2010	2011
农村基层组织(个)	**Rural Grassroots Units (unit)**							
乡镇	Number of Township and Town Governments	2129	1907	1892	1889	1882	1878	1863
#镇	Number of Town Governments	844	841	848	856	904	949	1011
村民委员会	Number of Villagers' Committees	48206	48064	47533	47447	47346	47311	47347
农村基础设施（个）	**Social Basic Facilities In Rural Areas(unit)**							
自来水受益村数	Number of Villages with Access to Tap Water	13252	17369	20272	22346	24517	26329	28214
通汽车村数	Number of Villages with Highways	44593	47131	47754	47814	47819	47818	47647
通电话村数	Number of Villages with Telephone Communications	48062	48044	48058	47998	47901	47839	47687
乡村劳动力和从业人员	**Number of Rural Laborer and Employed Persons**							
乡村户数(万户)	Number of Rural Households (10 000 households)	1972	2026	2033	2037	2046	2061	2062
乡村劳动力资源数(万人)	Number of Rural Laborer Resource (10 000 persons)	5069	5167	5223	5266	5296	5338	5353
#男	Male							2844
女	Female							2509
乡村从业人员(万人)	Number of Rural Employed Persons (10 000 persons)	4712	4752	4815	4859	4882	4915	4911
#男	Male	2493	2517	2554	2582	2600	2630	2626
女	Female	2220	2235	2261	2277	2282	2285	2285
#农业	Agricultural	3559	3128	2910	2837	2757	2698	2655

注：乡镇个数、镇个数、村民委员会个数为民政部门数据。
a)Number of Township and Town Governments,Villagers' Committees are taken from civil administration department.

13-2 各市农村基本情况(2011年底)

Basic Conditions of Rural Areas by City (End of 2011)

市(县) City(County)	乡村户数(万户) Number of Rural Households (10 000 households)	乡村劳动力资源数(万人) Number of Rural Laborer Resource (10 000 persons)	男 Male	女 Female	乡村从业人员(万人) Number of Rural Employed Persons (10 000 persons)	男 Male	女 Female	#农业 Farming
省辖市 City								
郑州市 Zhengzhou	106.31	264.16	142.23	121.93	236.31	128.14	108.18	98.65
开封市 Kaifeng	98.48	266.03	140.55	125.48	246.96	128.72	118.24	146.74
洛阳市 Luoyang	128.94	336.77	177.31	159.46	309.75	164.53	145.22	151.03
平顶山市 Pingdingshan	102.22	263.65	141.57	122.08	246.62	133.00	113.63	143.79
安阳市 Anyang	120.73	310.83	168.20	142.63	284.05	155.35	128.70	146.14
鹤壁市 Hebi	26.48	70.01	37.50	32.51	62.51	34.72	27.79	30.60
新乡市 Xinxiang	109.91	273.73	144.94	128.78	254.12	137.59	116.53	124.24
焦作市 Jiaozuo	63.08	159.80	84.34	75.46	146.54	77.57	68.96	78.67
濮阳市 Puyang	74.26	205.96	110.00	95.96	188.48	102.27	86.21	113.01
许昌市 Xuchang	84.70	224.46	118.82	105.65	211.36	112.37	98.98	98.78
漯河市 Luohe	53.98	140.48	73.96	66.52	128.72	68.67	60.04	69.37
三门峡市 Sanmenxia	43.73	103.86	55.62	48.24	95.49	51.17	44.32	62.68
南阳市 Nanyang	243.16	613.19	328.70	284.49	557.71	303.43	254.28	334.86
商丘市 Shangqiu	193.27	475.10	251.50	223.60	438.86	233.04	205.82	228.13
信阳市 Xinyang	180.66	442.11	238.34	203.77	408.98	219.77	189.20	211.77
周口市 Zhoukou	237.16	623.71	327.77	295.94	583.94	308.44	275.50	327.38
驻马店市 Zhumadian	182.55	549.18	286.61	262.57	484.32	253.12	231.20	274.00
济源市 Jiyuan	11.95	30.18	16.35	13.83	26.44	14.11	12.33	15.46
省直管县 Province Administrating County								
巩义市 Gongyi	16.49	36.65	20.16	16.49	32.62	18.59	14.02	8.43
兰考县 Lankao	16.39	45.26	23.60	21.66	44.78	23.12	21.66	21.34
汝州市 Ruzhou	21.46	55.63	29.17	26.46	51.71	27.08	24.63	26.26
滑县 Huaxian	32.29	87.45	45.92	41.53	80.79	42.89	37.90	48.49
长垣县 Changyuan	16.36	42.69	24.37	18.31	40.34	23.27	17.07	21.43
邓州市 Dengzhou	36.51	99.79	53.20	46.59	88.51	47.27	41.24	48.56
永城市 Yongcheng	34.15	85.78	46.46	39.32	79.63	43.64	35.99	31.57
固始县 Gushi	39.96	92.93	50.65	42.28	86.48	46.61	39.88	40.54
鹿邑县 Luyi	27.13	69.78	36.22	33.56	67.13	34.85	32.29	34.01
新蔡县 Xincai	22.59	66.43	33.87	32.56	65.04	32.87	32.17	34.47

13—3 历年农林牧渔业增加值

Value-Added of Farming, Forestry,Animal Husbandry and Fishery over the year

本表增加值按当年价格计算，指数按可比价格计算。
Data in this table are calculated at current prices.Indices are based on comparable prices.

年 份 Year	农林牧渔业 Farming, Forestry, Animal Husbandry and Fishery	农 业 Farming	林 业 Forestry	牧 业 Animal Husbandry	渔 业 Fishery	农林牧渔服务业 Service for Farming,Forestry, Animal Husbandry and Fishery
绝对值(亿元) Absolute value (100 million yuan)						
1985	173.43	139.96	9.19	23.07	1.21	
1990	325.77	251.82	16.61	54.08	3.26	
1992	353.91	246.24	20.56	83.11	4.00	
1993	410.45	291.90	21.80	92.49	4.26	
1994	546.68	369.15	22.94	149.75	4.84	
1995	762.99	512.10	28.55	215.85	6.49	
1996	937.64	644.25	31.04	254.70	7.65	
1997	1005.55	653.48	35.40	307.25	9.42	
1998	1068.58	690.35	37.65	329.21	11.37	
1999	1120.14	735.80	38.86	332.88	12.60	
2000	1160.22	751.03	41.72	353.77	13.70	
2001	1234.34	798.75	40.39	381.41	13.79	
2002	1246.44	722.49	37.73	431.69	15.20	39.33
2003	1239.70	673.54	42.16	466.45	16.55	41.00
2004	1692.79	956.92	46.27	624.53	19.85	45.22
2005	1892.01	1068.85	51.19	699.67	24.33	47.96
2006	1916.73	1196.84	57.72	595.05	20.21	46.91
2007	2217.65	1337.48	63.56	736.62	30.49	49.49
2008	2658.77	1514.57	74.26	975.22	40.32	54.39
2009	2769.05	1670.25	80.78	913.15	44.24	60.63
2010	3258.11	2080.78	69.49	993.79	48.37	65.68
2011	3512.24	2108.83	76.50	1205.96	49.10	71.84
指数(上年=100) Index (Preceding year=100)						
1985	100.8					
1990	105.4					
1992	101.5					
1993	110.4					
1994	101.3					
1995	111.9					
1996	111.3					
1997	107.6	105.3	104.2	112.0	117.8	
1998	107.0	105.4	104.7	109.7	114.6	
1999	107.2	108.2	103.0	106.2	106.3	
2000	104.5	103.2	105.2	106.6	110.2	
2001	105.5	105.4	96.4	107.1	100.2	
2002	104.5	103.8	103.2	105.4	115.3	
2003	97.5	90.1	108.0	106.9	108.3	106.9
2004	113.2	118.8	105.5	106.8	109.9	105.0
2005	107.6	107.7	104.7	107.6	119.0	104.0
2006	107.3	107.7	107.4	106.6	118.6	102.3
2007	103.8	104.7	105.0	101.5	111.7	104.1
2008	105.5	104.7	107.5	106.7	108.5	104.7
2009	104.2	102.9	107.2	105.8	106.3	105.2
2010	104.5	104.2	104.3	104.9	107.4	104.8
2011	103.7	104.2	107.0	102.0	106.9	105.3

注：2010年起的增加值数据，按照2011年国家统计局修订的《统计用产品分类目录》进行计算。
a) Data of Value-Added of Farming, Forestry,Animal Husbandry and Fishery are calculated on new statistical product category in 2010.

13-4 各市农林牧渔业增加值(2011年)

Value-Added of Farming, Forestry, Animal Husbandry and Fishery by City (2011)

本表按当年价格计算。
Data in this table are calculated at current prices.

单位：亿元 (100 million yuan)

市(县) City(County)	农林牧渔业 Farming, Forestry, Animal Husbandry and Fishery	农业 Farming	林业 Forestry	牧业 Animal Husbandry	渔业 Fishery	农林牧渔服务业 Service for Farming,Forestry, Animal Husbandry and Fishery
全省 Total	**3512.24**	**2108.83**	**76.50**	**1205.96**	**49.10**	**71.84**
省辖市 City						
郑州市 Zhengzhou	131.66	68.12	1.75	53.27	6.69	1.83
开封市 Kaifeng	237.54	149.44	3.80	75.67	1.79	6.84
洛阳市 Luoyang	203.84	111.59	23.40	53.92	2.75	12.18
平顶山市 Pingdingshan	135.63	70.70	5.06	55.77	2.01	2.08
安阳市 Anyang	175.22	120.20	5.26	44.72	0.27	4.77
鹤壁市 Hebi	55.95	23.40	0.46	29.91	0.47	1.71
新乡市 Xinxiang	187.40	107.20	3.17	71.02	2.93	3.08
焦作市 Jiaozuo	114.16	68.45	1.62	41.47	0.87	1.75
濮阳市 Puyang	128.49	75.83	3.52	46.62	0.81	1.70
许昌市 Xuchang	171.71	95.29	6.58	65.64	0.56	3.64
漯河市 Luohe	94.91	44.52	0.89	47.58	0.61	1.30
三门峡市 Sanmenxia	81.22	64.46	1.82	13.92	0.59	0.43
南阳市 Nanyang	415.90	286.42	11.08	104.60	5.87	7.92
商丘市 Shangqiu	317.00	229.44	5.99	71.69	5.12	4.77
信阳市 Xinyang	330.05	217.63	13.66	74.83	18.29	5.64
周口市 Zhoukou	389.83	268.90	8.30	100.51	2.54	9.57
驻马店市 Zhumadian	339.95	188.51	2.57	132.65	6.40	9.82
济源市 Jiyuan	18.36	7.85	1.08	8.45	0.78	0.19
省直管县 Province Administrating County						
巩义市 Gongyi	8.82	3.65	0.33	4.52	0.08	0.23
兰考县 Lankao	29.57	17.16	1.41	10.14	0.09	0.77
汝州市 Ruzhou	32.63	13.25	2.81	14.98	0.12	1.47
滑县 Huaxian	56.12	41.85	1.10	10.79	0.03	2.35
长垣县 Changyuan	26.67	17.24	0.87	7.80	0.29	0.47
邓州市 Dengzhou	79.60	52.72	0.35	23.36	0.36	2.80
永城市 Yongcheng	51.82	34.45	0.85	14.59	0.93	1.00
固始县 Gushi	71.57	46.63	1.79	18.42	4.20	0.52
鹿邑县 Luyi	46.58	30.99	0.78	11.83	0.20	2.78
新蔡县 Xincai	42.05	22.28	0.17	17.72	0.67	1.20

13-5 常用耕地面积变动情况

Change of Regularly Cultivated Land

指　标	Item	2000	2005	2008
年底耕地总资源（千公顷）	**Total Area of Cultivated Land (1 000 hectares)**		**7926.30**	**7926.40**
年底常用耕地面积（千公顷）	**Cultivated Area at Year-end (1 000 hectares)**	**6875.25**	**7201.18**	**7202.20**
#水田	Paddy Field	460.76	645.78	658.98
水浇地	Irrigated Farmland		3092.60	3241.82
当年增加常用耕地面积（千公顷）	**Increased Area This Year (1 000 hectares)**	**93.91**	**16.14**	**10.40**
#新开荒地	Bring Barren under Cultivation	5.45	5.90	7.00
园地改为耕地	Gardens Converted to Farmland		2.22	0.10
当年减少常用耕地面积（千公顷）	**Decrease in Cultivated Area This Year (1 000 hectares)**	**44.58**	**17.18**	**10.10**
#国家基建占地	State Capital Construction	12.57	9.70	9.80
退耕还林还草占地	Farmland Converted to Pastures		1.77	0.10
耕地改为园地	Farmland Converted to Gardens		0.60	0.00
平均每人占有常用耕地面积（公顷/人）	**Per Capita Cultivated Area (hectares/person)**	**0.07**	**0.07**	**0.07**

13-6 历年农业生产条件

Conditions of Agriculture over the years

年份 Year	乡村从业人员 (万人) Employed persons in Rural Area (10 000 persons)	#农、林、牧、渔业 Farming, Forestry, Animal Husbandry and Fishery	年底常用耕地面积 (千公顷) Year end Area of Plow land in use (1 000 hectares)	农用机械总动力 (万千瓦) Total Power of Agricultural Machinery (10 000 kw)	农田有效灌溉面积 (千公顷) Effective Irrigated Area (1 000 hectares)	化肥施用折纯量 (万吨) Consumption of Chemical Fertilizer by 100% Effective Component (10 000 tons)	农村用电量 (亿千瓦小时) Electricity Consumption in Rural Areas (100 million kwh)	农药施用实物量 (万吨) Consumption of Chemical Pesticides (10 000 tons)	农用塑料薄膜使用量 (万吨) Plastic Film Use for Agriculture (10 000 tons)
1978	2384	2251	7157.3	974.4	3722.67	52.54	13.25		
1979	2429	2300	7138.7	1079.3	3636.00	60.05	14.59		
1980	2505	2365	7128.1	1178.0	3536.23	72.52	17.23		
1981	2576	2457	7121.3	1262.1	3388.00	81.90	20.85		
1982	2669	2515	7109.3	1356.3	3265.33	105.50	22.76		
1983	2711	2537	7100.7	1405.9	3210.00	130.67	23.50		
1984	2819	2565	7079.3	1507.0	3278.67	140.16	25.83		
1985	2932	2558	7033.2	1590.0	3189.97	143.58	28.33		
1986	2998	2561	6998.9	1737.9	3212.71	148.73	33.30		
1987	3096	2583	6972.6	1865.9	3250.07	135.58	37.29		
1988	3212	2636	6956.4	2004.2	3358.76	150.57	40.81		
1989	3284	2706	6944.4	2153.4	3438.00	184.25	45.20		
1990	3424	2820	6933.2	2264.0	3550.09	213.18	46.93	3.31	2.75
1991	3511	2913	6920.0	2330.4	3676.59	239.74	52.06	3.88	3.15
1992	3601	2947	6887.8	2424.4	3779.72	251.13	59.58	4.76	3.45
1993	3658	2902	6871.0	2624.0	3868.33	288.21	61.10	5.44	3.84
1994	3717	2859	6830.0	2780.5	3931.30	292.47	70.54	6.53	4.87
1995	3773	2808	6805.8	3115.4	4044.19	322.21	85.07	7.56	5.32
1996	3848	2816	6786.3	4256.4	4191.05	345.33	103.66	8.33	6.17
1997	4015	2903	6773.4	4337.9	4333.06	355.31	118.27	8.49	6.95
1998	4067	2940	6834.0	4764.4	4513.86	382.80	121.21	9.10	7.49
1999	4311	3299	6825.9	5342.9	4648.78	399.85	122.54	9.61	7.94
2000	4712	3559	6875.3	5780.6	4725.31	420.71	125.80	9.55	9.19
2001	4688	3472	6907.3	6078.7	4766.00	441.73	134.61	9.85	9.41
2002	4691	3393	7262.8	6548.2	4802.36	468.83	141.36	10.20	9.86
2003	4695	3321	7187.2	6953.2	4792.22	467.89	144.59	9.87	9.88
2004	4718	3235	7177.5	7521.1	4829.10	493.16	157.69	10.12	10.16
2005	4752	3128	7201.2	7934.2	4864.12	518.14	172.15	10.51	10.84
2006	4777	3039	7202.4	8309.1	4918.80	540.43	188.82	11.16	11.84
2007	4815	2910	7201.9	8718.7	4955.84	569.68	223.43	11.80	12.66
2008	4859	2837	7202.2	9429.3	4989.20	601.68	237.36	11.91	13.07
2009	4882	2754		9817.9	5033.03	628.67	257.76	12.14	14.14
2010	4915	2698		10195.9	5080.96	655.15	269.41	12.49	14.70
2011	4911	2655		10515.8	5150.44	673.71	281.82	12.87	15.16

注：2001年及以前年份年底常用耕地面积为老口径(下同)。
a)Data of cultivated area at year-end in 2001 and before is former caliber (The same as following tables).

13-7 主要农业机械和农产品加工机械年末拥有量

Number of Agricultural Machinery and Machinery for Processing Farm Products at Year-end

指　　标	Item	1980	1990	2000	2010	2011
农业机械总动力(万千瓦)	**Total Power of Agricultural Machinery(10 000 kw)**	**1178.00**	**2263.99**	**5780.60**	**10195.94**	**10515.79**
#柴油发动机动力	Diesel Engines		1588.55	4859.20	9029.20	9310.60
汽油发动机动力	Benzine Engines		94.62	107.90	56.29	58.63
电动发动机动力	Electric Engines		580.82	812.40	1110.30	1146.56
大中型拖拉机(混合台)(万台)	Large and Medium Tractors (10 000 units)	5.97	4.93	6.62	27.44	31.07
(万千瓦)	(10 000 kw)	216.90	174.30	216.80	969.55	1129.08
小型(包括手扶)拖拉机(万台)	Mini-Tractors (10 000 units)	12.77	82.20	224.67	358.61	355.76
(万千瓦)	(10 000 kw)	111.10	758.40	2317.70	3797.50	3721.70
大中型拖拉机配套农具(万部)	Number of Large and Medium Tractor Towing Farm Machinery (10 000 units)	7.41	6.57	11.87	64.26	73.20
小型拖拉机配套农具(万部)	Number of Mini-Tractor Towing Farm Machinery(10 000 units)	4.76	83.34	357.32	666.42	673.46
机引犁(万台)	Tractor-propelled Plough(10 000 units)	3.81	63.93	196.23	318.33	319.57
机引耙(万台)	Citation Machine harrow(10 000 units)	2.24	18.51	110.17	214.60	215.63
旋耕机(万台)	Rotary cultivator(10 000 units)		1.17	4.08	18.38	20.23
农用运输车(万辆)	Trucks for Agricultural(10 000 unit)			131.24	219.55	219.62
(万千瓦)	(10 000 kw)			1406.07	2744.90	2759.83
农用排灌动力机械(万台)	Drainage and Irrigation Agricultural Machinery (10 000 unit)	80.52	86.93	125.58	160.05	163.63
(万千瓦)	(10 000 kw)	574.60	609.60	905.90	1147.75	1229.28
柴油机(万台)	Diesel Engines (10 000 units)	43.50	32.59	47.52	54.00	53.98
(万千瓦)	(10 000 kw)	356.70	295.40	458.70	525.50	527.30
电动机(万台)	Electric Engines (10 000 units)	37.02	54.29	78.06	106.06	108.61
(万千瓦)	(10 000 kw)	218.10	314.00	447.20	622.25	637.09
节水灌溉机械(万套)	Watersaving Irrigation Machinery (10 000 sets)				17.37	17.98
农用水泵(万台)	Pumps (10 000 units)	56.53	79.51	175.89	216.29	223.79
联合收割机(台)	Combine Harvesters (unit)	799	837	26900	143760	157738
水稻插秧机(部)	Rice Transplanter (unit)	1053			1250	2069
机动割晒机(万台)	Swather motor(10 000 units)			28.38	8.28	7.76
机动脱粒机(万台)	Mobile thresher(10 000 units)	11.93	34.96	79.15	55.73	54.23
谷物烘干机(台)	Grain dryer (unit)	41	9	100	646	577
种子精选机(台)	Seed selection machine (unit)	119	123	110	643	828
机动喷雾(粉)机(万部)	Mobile spray (powder) machines(10 000 units)	0.52	3.32	15.58	26.19	26.36
(万千瓦)	(10 000 kw)	1.00	5.40	24.90	50.15	49.93
饲料粉碎机(万台)	Feed grinder(10 000 units)	11.38	9.92	11.53	16.92	18.07
农产品加工动力机械(万台)	Power Machinery processing of agricultural products (10 000 units)	32.86	53.09	67.76	80.24	81.63
(万千瓦)	(10 000 kw)	223.80	355.10	466.80	582.70	582.91
柴油机(万台)	Diesel Engines(10 000 units)	9.14	9.50	11.44	15.74	16.29
(万千瓦)	(10 000 kw)	84.80	88.20	118.70	156.71	147.85
电动机(万台)	Electric Engines(10 000 units)	23.72	43.59	53.46	64.50	63.08
(万千瓦)	(10 000 kw)	139.00	266.90	348.10	426.04	432.79
农产品加工作业机械(万台)	Agricultural products processing machinery (10 000 units)			43.18	50.82	52.14
#粮食加工机	Food processing machine			32.31	34.80	35.11
棉花加工机	Cotton processing machine			3.87	4.94	4.72
油料加工机	Oil processing machine			6.82	8.88	9.03
农田基本建设机械(台)	Farmland capital construction machinery(unit)			5302	15743	17971

13-8 各市农业机械和农产品加工机械年末拥有量(2011年)

市(县) City(County)	农业机械总动力(万千瓦) Total Power of Agricultural Machinery (10 000 kw)	柴油发动机动力 Diesel Engines	汽油发动机动力 Benzine Engines	电动机动力 Electric Engines	农用大中型拖拉机 Large and Medium Tractors (台) (unit)	(万千瓦) (10 000 kw)	小型及手扶拖拉机 Mini-Tractors (万台) (10 000 units)	(万千瓦) (10 000 kw)
省 辖 市 City								
郑 州 市 Zhengzhou	521.22	410.15	3.99	107.08	11084	49.82	11.61	112.08
开 封 市 Kaifeng	681.24	608.33	2.08	70.83	10454	45.38	23.26	248.44
洛 阳 市 Luoyang	471.56	373.82	4.81	92.93	7682	32.00	18.57	161.18
平 顶 山 市 Pingdingshan	362.07	302.22	1.50	58.35	16810	54.04	10.40	112.62
安 阳 市 Anyang	583.03	470.59	3.29	109.14	10793	52.82	13.11	157.54
鹤 壁 市 Hebi	223.54	194.99	0.58	27.98	7133	24.02	7.68	101.17
新 乡 市 Xinxiang	703.13	609.96	1.78	91.39	17546	82.21	17.21	195.87
焦 作 市 Jiaozuo	385.13	328.16	1.05	55.93	11085	49.28	5.46	62.56
濮 阳 市 Puyang	418.36	350.23	1.88	66.25	8907	37.43	8.99	100.00
许 昌 市 Xuchang	361.43	295.01	1.02	65.40	6840	37.24	5.65	63.90
漯 河 市 Luohe	255.14	238.80	0.28	16.06	4985	27.67	9.15	114.29
三 门 峡 市 Sanmenxia	170.00	143.72	1.52	24.77	3070	12.26	4.09	40.23
南 阳 市 Nanyang	1165.63	1068.75	8.88	88.00	32034	117.87	87.05	748.76
商 丘 市 Shangqiu	1140.29	1053.15	6.58	80.56	23143	105.76	23.42	286.84
信 阳 市 Xinyang	510.48	460.24	4.26	45.98	19945	62.00	18.05	179.66
周 口 市 Zhoukou	1094.24	1032.00	3.41	58.84	24481	109.17	38.40	429.73
驻 马 店 市 Zhumadian	1361.44	1282.74	11.44	67.26	91750	218.47	51.76	588.74
济 源 市 Jiyuan	107.86	87.73	0.30	19.83	2960	11.66	1.79	18.40
省 直 管 县 Province Administrating County								
巩 义 市 Gongyi	56.76	44.54	0.24	11.98	1533	6.04	1.39	11.47
兰 考 县 Lankao	91.71	79.17	0.20	12.33	1848	8.81	1.21	13.40
汝 州 市 Ruzhou	132.03	102.16	1.06	28.80	4924	14.67	3.15	30.68
滑 县 Huaxian	244.46	207.95	1.70	34.81	1984	12.12	8.96	112.83
长 垣 县 Changyuan	108.53	101.28	0.24	7.01	1926	8.52	4.74	53.54
邓 州 市 Dengzhou	173.82	158.50	2.01	13.31	8820	38.39	13.08	92.13
永 城 市 Yongcheng	173.09	164.38	0.52	8.19	3575	14.57	4.42	56.07
固 始 县 Gushi	90.09	82.00	0.67	7.42	2419	8.87	3.52	27.83
鹿 邑 县 Luyi	114.41	109.61	0.20	4.60	3128	10.58	2.40	27.00
新 蔡 县 Xincai	148.47	136.70	1.05	10.72	9374	23.80	4.48	57.51

Number of Agricultural Machinery and Machinery for Processing Farm Products at Year-end by City (2011)

大中型拖拉机配套农具(部) Number of Large and Medium Tractor Towing Farm Machinery (unit)	小型拖拉机配套农具(万部) Number of Mini-Tractor Towing Farm Machinery (10000 units)	耕整地及种植机械(万台) Arable land and planting machinery (10 000 units)					
		机引犁 Tractor-propelled Plough	机引耙 Citation Machine harrow	旋耕机 Rotary cultivator	机引播种机 Citation Machine Drill	化肥深施机 Fertilizer deep-Shi Machine	秸秆粉碎还田机 Straw Mill
25766	17.46	8.14	7.28	0.92	2.55	0.24	0.76
29519	32.41	18.54	10.84	1.28	4.72	1.06	0.79
17797	30.14	14.66	12.19	2.17	5.74	0.17	0.28
35364	19.40	9.69	5.01	1.08	5.45	0.07	0.55
30737	25.23	11.50	8.86	0.98	3.98	0.43	0.94
18521	19.06	7.45	7.15	0.21	3.52	0.38	0.30
35335	27.95	13.00	10.04	1.25	6.96	0.34	1.19
27077	6.85	3.23	1.04	0.74	3.20	0.04	1.15
18333	16.68	6.80	4.82	0.70	3.72	1.08	0.95
16860	9.73	5.75	1.85	0.64	2.89	0.79	0.58
11288	21.59	7.31	6.85	0.45	4.47	0.36	0.71
6236	5.96	2.80	1.34	0.43	0.72	0.09	0.06
82310	164.26	84.27	57.66	2.07	18.96	0.77	0.41
51702	38.99	16.41	6.19	2.16	9.45	1.98	1.44
20715	28.14	15.42	9.46	1.16	0.97	0.67	0.02
33954	67.27	36.59	15.25	2.03	10.40	1.14	0.76
262121	137.81	57.07	49.25	1.59	37.72	0.88	1.83
8395	4.54	0.96	0.57	0.40	1.11		0.16
2836	1.68	0.85	0.43	0.12	0.33	0.02	0.06
3158	2.80	1.22	0.96	0.16	0.50	0.11	0.10
6042	5.37	2.46	0.88	0.39	1.59		0.14
4225	18.12	7.85	7.24	0.14	2.62	0.22	0.24
5249	6.50	3.05	1.72	0.13	1.94	0.05	0.13
25600	17.51	11.56	6.36	0.90	1.16	0.22	0.11
7440	7.88	2.43	0.96	0.34	2.04	0.11	0.15
2530	4.67	2.64	1.78	0.13	0.01	0.01	
5000	3.20	1.60	0.86	0.46	0.70	0.02	0.11
27300	12.25	5.17	4.00	0.28	2.10	0.05	0.15

13-8 续表 1

市(县) City(County)	农用排灌动力机械 Irrigation and drainage of agricultural power machinery (万台) (10 000 units)	(万千瓦) (10 000 kw)	柴油机 Diesel Engines (万台) (10 000 units)	(万千瓦) (10 000 kw)	电动机 Electric Engines (万台) (10 000 units)	(万千瓦) (10 000 kw)	农用水泵 (万台) Agricultural pumps (10 000 units)	节水灌溉机械 (万套) Water-saving irrigation machinery (10 000 units)
省辖市 City								
郑州市 Zhengzhou	9.51	74.04	1.98	14.48	7.52	59.51	10.07	0.43
开封市 Kaifeng	12.33	77.52	3.31	32.54	9.02	44.73	17.60	2.15
洛阳市 Luoyang	7.78	66.09	2.75	22.89	5.03	42.79	4.26	0.68
平顶山市 Pingdingshan	6.97	49.40	1.97	21.01	5.00	28.40	8.66	0.61
安阳市 Anyang	12.86	95.67	1.09	12.65	11.78	83.02	17.35	0.03
鹤壁市 Hebi	3.61	26.61	0.07	5.42	3.10	21.18	4.27	0.05
新乡市 Xinxiang	14.33	100.69	3.85	50.98	10.48	49.70	16.87	0.27
焦作市 Jiaozuo	7.91	44.57	0.21	1.96	7.71	42.62	8.05	0.03
濮阳市 Puyang	11.80	92.24	4.46	44.52	7.30	47.47	15.25	0.15
许昌市 Xuchang	10.70	57.75	1.88	22.03	8.82	35.72	9.71	0.01
漯河市 Luohe	5.13	34.76	3.31	25.05	1.83	9.72	6.24	0.27
三门峡市 Sanmenxia	1.65	15.75	0.57	5.27	1.07	10.47	1.55	0.21
南阳市 Nanyang	10.10	126.01	3.59	30.35	5.99	34.40	17.79	1.79
商丘市 Shangqiu	19.73	132.52	9.16	89.69	10.55	40.15	18.35	2.40
信阳市 Xinyang	6.98	61.77	4.79	41.90	2.18	19.87	9.08	0.39
周口市 Zhoukou	13.04	93.02	7.66	70.13	5.39	22.89	37.17	1.38
驻马店市 Zhumadian	7.67	68.49	3.30	36.31	4.37	32.18	20.24	7.11
济源市 Jiyuan	1.52	12.38	0.03	0.13	1.49	12.25	1.29	0.01
省直管县 Province Administrating County								
巩义市 Gongyi	0.44	4.88	0.01	0.06	0.43	4.81	0.44	0.01
兰考县 Lankao	2.11	14.82	0.73	7.36	1.38	7.46	2.32	0.08
汝州市 Ruzhou	2.96	24.88	1.03	11.48	1.93	13.40	3.47	0.00
滑县 Huaxian	4.57	28.22			4.57	28.22	6.05	0.00
长垣县 Changyuan	1.40	10.84	0.53	6.92	0.87	3.92	1.95	0.10
邓州市 Dengzhou	1.22	8.67	0.72	5.69	0.50	2.98	3.76	0.26
永城市 Yongcheng	2.01	19.73	1.56	16.94	0.44	2.79	2.09	0.70
固始县 Gushi	2.12	14.67	1.60	11.63	0.52	3.05	2.38	0.01
鹿邑县 Luyi	0.92	8.50	0.48	6.85	0.44	1.65	3.10	0.16
新蔡县 Xincai	0.49	4.69	0.29	3.19	0.20	1.50	1.49	1.26

continued

联合收割机 Combine harvester		水稻插秧机	机动瞎晒机	机动脱粒机	谷物烘干机	机动喷雾(粉)机	饲料粉碎机
(台) (unit)	(万千瓦) (10 000 kw)	(台) Rice Transplanter (unit)	(台) Swather motor (unit)	(台) Mobile thresher (unit)	(台) Grain dryer (unit)	(台) Mobile spray machines (unit)	(台) Feed grinder (units)
5769	29.19		4532	33311	7	10720	7961
8601	40.13	45	1355	44858	390	6619	11679
3881	15.39		24045	110144	1	12567	7645
5289	23.27	3	1459	18989	15	3437	11264
9761	44.46		265	49169		18563	5212
6321	27.56		718	4962		4532	1307
12828	61.60	54	4858	15492	1	8383	16298
7737	28.85	8	20	11577	9	6221	5242
5819	30.94	30	3981	16706	6	10729	4145
5990	31.55			7910		6960	17150
4671	23.677			10780		2060	627
1720	8.11		1177	23545	35	8053	4359
7937	39.14	84	4859	35393	103	51845	11979
20020	83.12		14616	71970		27810	23101
10742	52.93	1840	1136	12744	5	13963	6634
19436	98.42		6749	43761		20589	16502
19869	124.49	5	7000	26031	3	46885	25014
1347	7.13		825	4971	2	3658	4580
607	2.14		43	11001	1	469	1456
1768	9.39	1		8540		760	1107
1738	7.22		1459	11264	1	1381	6254
2149	11.55			10358		10490	2373
1555	6.68			2221	1	1000	577
2486	11.51			750		12180	1600
3976	16.57		4876	12380		4287	5512
1348	6.74	503		177		3050	1255
2400	13.20					1350	1225
1306	8.18	2				6750	6000

13-8 续表 2

市(县) City(County)	农田基本建设机械 Farmland capital construction machinery (台) (unit)	(万千瓦) (10 000 kw)	农产品加工动力机械 Power Machinery processing of agricultural products (万台) (10 000 units)	(万千瓦) (10 000 kw)	#柴油机 Diesel Engines (万台) (10 000 units)	(万千瓦) (10 000 kw)	#电动机 Electric Engines (万台) (10 000 units)	(万千瓦) (10 000 kw)
省 辖 市 City								
郑 州 市 Zhengzhou	2628.	20.55	4.64	36.22	0.07	0.79	4.57	35.43
开 封 市 Kaifeng	1568	7.18	5.41	37.07	2.34	13.57	3.07	23.50
洛 阳 市 Luoyang	1536	10.31	7.61	54.71	1.11	12.16	6.50	42.55
平 顶 山 市 Pingdingshan	805	4.92	3.91	25.73	0.34	3.06	3.54	22.44
安 阳 市 Anyang	1042	5.58	3.92	23.76	0.15	1.47	3.59	22.26
鹤 壁 市 Hebi	52	0.35	1.03	7.08	0.03	0.77	0.99	6.31
新 乡 市 Xinxiang	1433	8.84	5.63	38.60	1.04	4.75	4.59	33.85
焦 作 市 Jiaozuo	1017	2.85	1.68	10.56	0.01	0.14	1.67	10.42
濮 阳 市 Puyang	668	3.63	2.23	18.55	0.22	1.66	2.01	16.89
许 昌 市 Xuchang	805	4.21	4.83	29.68	0.41	4.79	4.41	24.89
漯 河 市 Luohe	102	0.60	1.32	9.93	0.33	3.86	0.99	6.06
三 门 峡 市 Sanmenxia	1287	3.81	2.05	13.86	0.31	2.82	1.74	11.04
南 阳 市 Nanyang	1412	9.71	8.05	59.27	1.25	12.96	6.80	46.31
商 丘 市 Shangqiu	1013	4.38	9.57	73.55	3.24	31.52	6.31	42.03
信 阳 市 Xinyang	884	4.69	5.97	45.19	2.08	20.59	3.89	24.61
周 口 市 Zhoukou	263	1.43	6.65	46.81	1.27	12.55	4.35	32.26
驻 马 店 市 Zhumadian	1065	7.00	6.66	48.65	2.09	20.37	3.57	28.28
济 源 市 Jiyuan	391	4.15	0.48	3.69	0.00	0.01	0.48	3.68
省 直 管 县 Province Administrating County								
巩 义 市 Gongyi	224	2.01	1.05	5.92	0.00	0.01	1.05	5.91
兰 考 县 Lankao	185	0.73	0.88	5.80	0.16	1.76	0.71	4.04
汝 州 市 Ruzhou	257	1.46	1.81	13.60	0.14	1.37	1.65	12.00
滑 县 Huaxian	289	1.69	1.03	6.58			1.03	6.58
长 垣 县 Changyuan	221	1.22	0.49	3.99	0.12	1.26	0.36	2.73
邓 州 市 Dengzhou	268	1.41	1.26	10.39	0.08	0.87	1.18	9.52
永 城 市 Yongcheng	102	0.60	1.27	8.21	0.42	2.83	0.85	5.38
固 始 县 Gushi	209	1.11	0.72	7.32	0.30	2.95	0.42	4.37
鹿 邑 县 Luyi	70	0.53	0.43	3.20	0.03	0.25	0.40	2.95
新 蔡 县 Xincai	174	1.16	0.76	6.69	0.15	1.67	0.61	5.02

continued

农用运输车 Trucks for Agricultural				农产品加工作业机械 (万台)			
		#三轮运输车 Tricycle			粮食加工机械	棉花加工机械	油料加工机械
(万辆) (10 000 units)	(万千瓦) (10 000 kw)	(万辆) (10 000 units)	(万千瓦) (10 000 kw)	Agricultural products processing machine (10 000 units)	Food processing machine	Cotton processing machine	Oil processing machine
11.73	165.09	9.75	113.24	2.66	2.15	0.18	0.32
19.30	218.96	18.44	202.33	2.41	1.17	0.48	0.57
6.77	107.91	5.00	63.60	4.57	3.29	0.61	0.66
6.73	83.30	5.62	61.24	2.67	2.04	0.20	0.36
14.20	193.55	13.39	175.53	3.22	2.42	0.32	0.34
4.06	36.31	3.76	30.76	0.73	0.56	0.10	0.07
17.12	206.64	16.28	180.22	2.30	1.71	0.17	0.31
17.57	181.13	16.80	166.57	1.10	0.87	0.08	0.15
11.76	134.68	11.10	123.49	1.81	1.28	0.14	0.38
9.97	131.08	8.81	97.72	2.21	1.68	0.27	0.26
3.08	43.65	3.00	42.06	0.72	0.51	0.09	0.12
5.75	63.14	5.29	53.76	0.90	0.73	0.06	0.12
7.28	96.99	5.80	67.27	6.10	3.71	0.65	1.63
38.04	447.70	35.05	384.61	4.82	3.28	0.47	1.07
6.50	90.72	4.71	55.80	6.54	3.20	0.16	0.58
25.61	304.67	21.67	275.72	4.45	2.88	0.47	1.09
10.89	213.62	9.46	167.03	4.65	3.38	0.26	0.98
3.27	40.69	2.70	27.83	0.28	0.25	0.01	0.01
0.55	10.88	0.35	3.83	0.36	0.33	0.01	0.01
3.46	37.64	3.36	35.86	0.32	0.18	0.03	0.10
2.97	36.01	2.47	25.64	0.61	0.50	0.04	0.07
5.54	71.45	5.45	68.36	0.97	0.72	0.10	0.02
2.03	23.15	2.01	22.24				
0.58	8.51	0.28	3.47	0.56	0.37	0.01	0.15
4.68	56.80	4.43	50.33	0.68	0.49	0.07	0.12
1.31	21.62	0.89	11.56	0.73	0.52	0.02	0.19
3.90	51.20	3.65	47.30	0.23	0.13	0.03	0.07
2.07	40.75	1.81	31.93	0.47	0.39		0.08

13-9 农业机械化、能源、主要物资消耗及水利建设情况
Agricultural Mechanization, Energy Resources, Consumption of main materials and Construction of Water Conservancy

指 标	Item	2000	2005	2010	2011
农业机械化情况	**Agricultural Mechanization**				
当年实际机耕面积(千公顷)	Area Cultivated by Machine This Year (1 000 hectares)	5607	5804	8260	8565
当年机械播种面积(千公顷)	Area Sown by Machine This Year (1 000 hectares)	4648	5855	9063	9448
为农作物播种面积%	Percentage to Sown Area of Crops (%)	35.4	42.1	63.6	66.3
当年机械收获面积(千公顷)	Mechanical Harvest Area This Year (1 000 hectares)	4250	4801	7374	8424
为农作物播种面积(%)	Percentage to Sown Area of Crops (%)	32.4	34.5	51.8	59.1
农村能源情况	**Agricultural Energy**				
农村用电量(亿千瓦小时)	Electricity Consumed in Rural Area (100 million kwh)	125.80	172.15	269.41	281.82
乡、村水电站数(个)	Hydropower Stations in Rural Areas (unit)	475	419	449	547
装机容量(万千瓦)	Generating Capacity (10 000 kw)	6.80	6.37	9.10	38.23
实际发电量(亿千瓦小时)	Electricity (100 million kwh)	0.44	1.06	1.90	7.90
农业主要物资消耗情况	**Agricultural Consumption of main materials**				
农用化肥施用折纯量(万吨)	Consumption of Chemical Fertilizer by 100% Effective Component (10 000 tons)	420.71	518.14	655.15	673.71
每公顷耕地平均施用量(千克)	Fertilizer Consumption of Per Hectare Cultivated Area (kg)	612	720		
农用塑料薄膜使用量(万吨)	Plastic Film Use for Agriculture (10 000 tons)	9.19	10.84	14.70	15.16
农药施用实物量(万吨)	Pesticide Use (10 000 tons)	9.55	10.51	12.49	12.87
农用柴油使用量(万吨)	Diesel Oil Use for Agriculture (10 000 tons)	79.56	89.79	107.92	111.07
农田水利建设情况	**Farm Water Conservancy Condition**				
农田有效灌溉面积(千公顷)	Effective Irrigated Area (1 000 hectares)	4725	4864	5081	5150
#机电灌溉面积	Mechanical and Electrical Irrigated Area	3815	3917	4088	4079
有效灌溉面积占耕地面积比重(%)	Effective Irrigated Area Percentage to Cultivated Area (%)	68.7	67.5		
机电灌溉面积占有效灌溉面积比重(%)	Mechanical and Electrical Irrigated Area Percentage to Effective Irrigated Area (%)	80.7	80.5	80.5	79.2
旱涝保收农田面积(千公顷)	Farmland Area of Stable Yields Despite Drought or Excessive Rain (1 000 hectares)	3693	3882	4048	4100

注：2008年起乡村办水电站统计口径变更为农村水电口径。农村水电是指装机容量5万千瓦及以下水电站和配套电网。

a)Data on Hydropower Stations in Rural Areas refers to Rural hydropower since 2008, Rural hydropower refers to hydropower station and supporting the grid which have installed capacity of 50000 kw and below.

13-10 各市农业机械化和能源情况(2011年)

Agricultural Mechanization and Energy Resources by City (2011)

市(县) City(County)	农业机械化情况 Agricultural Mechanization			农村能源情况 Agricultural Energy Resources			
	机耕面积(千公顷) Area Ploughed by Tractors (1 000 hectares)	机播面积(千公顷) Area Sown by Machines (1 000 hectares)	机收面积(千公顷) Area Harvested by Machines (1 000 hectares)	农村用电量(亿千瓦小时) Electricity Consumption in Rural Areas (100 million kwh)	乡、村及村以下办水电站 Hydropower Station in Rural Areas		
					个数 Number (unit)	装机容量(万千瓦) Generating Capacity (10 000 kw)	发电量(万千瓦小时) Electricity (10 000 kwh)
省辖市 City							
郑州市 Zhengzhou	241.29	322.48	291.56	38.27			
开封市 Kaifeng	503.12	567.29	460.94	8.17			
洛阳市 Luoyang	341.06	316.69	239.09	22.90	66	9.85	30442
平顶山市 Pingdingshan	263.21	365.28	305.48	9.53	23	1.54	2522
安阳市 Anyang	331.93	409.64	433.46	27.96	110	3.54	1466
鹤壁市 Hebi	101.63	151.36	136.75	2.25	9	1.27	454
新乡市 Xinxiang	430.44	546.49	491.40	56.58	28	2.74	3223
焦作市 Jiaozuo	207.73	322.05	388.37	12.78	18	1.50	2918
濮阳市 Puyang	274.00	299.79	294.85	6.65			
许昌市 Xuchang	328.93	429.10	345.50	9.39	1	0.03	
漯河市 Luohe	181.60	299.36	229.10	4.71	1	0.16	300
三门峡市 Sanmenxia	104.33	91.71	77.69	3.42	74	4.60	13848
南阳市 Nanyang	1368.97	1304.34	898.60	17.90	68	5.65	15367
商丘市 Shangqiu	681.49	1098.51	865.32	16.42			
信阳市 Xinyang	955.85	268.99	706.76	12.92	95	3.96	3740
周口市 Zhoukou	873.92	1216.53	1037.14	14.10			
驻马店市 Zhumadian	1356.79	1401.59	1185.80	16.09	30	1.72	905
济源市 Jiyuan	18.78	36.62	36.52	1.78	24	1.67	4218
省直管县 Province Administrating County							
巩义市 Gongyi	28.00	39.35	33.50	12.97			
兰考县 Lankao	70.67	111.27	97.80	2.24			
汝州市 Ruzhou	57.81	76.96	74.11	2.77			
滑县 Huaxian	110.00	153.33	145.67	3.69			
长垣县 Changyuan	52.73	74.90	62.47	4.32			
邓州市 Dengzhou	310.20	293.30	173.18	1.87			
永城市 Yongcheng	119.67	197.40	163.51	2.58			
固始县 Gushi	207.00	33.53	136.00	2.64	20	0.61	132
鹿邑县 Luyi	80.00	133.00	100.00	1.40			
新蔡县 Xincai	168.88	147.97	116.04	0.87	3	0.35	245

13-11 各市农用物资消耗情况(2011年)

Consumption of Agricultural Materials by City (2011)

单位：吨 (ton)

市(县) City(County)	农用化肥使用折纯量 Consumption of Chemical Fertilizer by 100% Effective Component	#氮肥 Nitrogenous Fertilizer	#磷肥 Phosphate Fertilizer	#钾肥 Potash Fertilizer	农用塑料薄膜使用量 Plastic Film Use for Agriculture	农用柴油使用量 Diesel Oil Use for Agriculture	农药使用量 Consumption of Chemical Pesticides
省辖市 City							
郑州市 Zhengzhou	236009	77405	43133	21109	7773	66876	4360
开封市 Kaifeng	291562	126124	59250	29518	10354	53826	6408
洛阳市 Luoyang	241800	87405	40811	27168	4966	47239	4432
平顶山市 Pingdingshan	354505	115883	55474	23920	4296	60631	3980
安阳市 Anyang	433337	173202	76426	36184	18846	65909	5636
鹤壁市 Hebi	76104	30580	11873	4583	884	14217	1462
新乡市 Xinxiang	499880	204258	83856	30952	3977	95179	8946
焦作市 Jiaozuo	202862	71402	27200	7154	1850	37952	4788
濮阳市 Puyang	261232	122315	52822	20675	6083	35763	4493
许昌市 Xuchang	321370	92861	45850	22062	3847	39151	5572
漯河市 Luohe	167938	64777	23500	10086	3524	24721	2475
三门峡市 Sanmenxia	96704	28115	12314	12623	3337	19601	2646
南阳市 Nanyang	843025	306265	160502	98052	27042	139532	19073
商丘市 Shangqiu	739105	241521	146490	111333	11769	82249	19044
信阳市 Xinyang	515661	279525	112796	37940	12082	81399	9447
周口市 Zhoukou	729574	278420	150383	66787	19242	143042	19233
驻马店市 Zhumadian	702646	143627	101286	71051	11267	93711	6229
济源市 Jiyuan	23721	9110	5408	3110	477	9725	523
省直管县 Province Administrating County							
巩义市 Gongyi	34281	14777	6795	2020	114	10774	411
兰考县 Lankao	71467	30702	15889	6825	1006	10737	804
汝州市 Ruzhou	103281	36439	23895	5309	871	18024	665
滑县 Huaxian	208682	93427	40372	14635	2435	21384	1566
长垣县 Changyuan	60208	27012	13553	7525	459	11841	903
邓州市 Dengzhou	154467	60837	25108	14604	3579	28081	3808
永城市 Yongcheng	107941	34807	9205	11795	2203	17345	2200
固始县 Gushi	96520	49390	24800	8500	2600	15500	2300
鹿邑县 Luyi	90801	57022	11478	3790	702	14523	1197
新蔡县 Xincai	76600	13500	22000	9700	1800	10500	1280

13-12 农民家庭平均每百户拥有主要生产性固定资产数量(年底数)
Number of Productive Fixed Assets Per 100 Rural Households (Year-end)

指标	Item	2000	2005	2007	2008	2009	2010	2011
房屋及建筑物(平方米)	House and Building (sq.m)	638.57	1208.12	1373.17	1357.71	1447.56	1490.96	1778.50
汽车(辆)	Motor Vehicles(unit)	0.55	1.41	1.44	1.73	2.43	2.05	3.38
大中型拖拉机(台)	Large and Medium Tractors(unit)	3.29	5.58	7.76	9.00	11.68	10.11	4.34
小型和手扶拖拉机(台)	Mini and Walking Tractors(unit)	35.66	44.18	38.97	36.19	34.66	31.17	35.27
机动脱粒机(台)	Motorized Threshing Machines(unit)	12.40	6.51	6.21	6.66	4.73	7.15	9.16
收割机(台)	Harvesters(unit)	4.39	1.82	1.47	1.25	1.72	2.20	1.43
农用动力机械(台)	Agricultural Motorized Machinery(unit)	14.45	14.73	12.25	15.08	13.11	14.51	12.64
胶轮大车(辆)	Carts with Rubber Tires(unit)	18.95	10.88	9.17	9.29	8.10	8.52	2.67
水泵(台)	Pumps(unit)	35.48	31.98	36.08	36.61	36.00	37.60	41.37
役畜(头)	Draught Animals(unit)	25.36	12.92	9.15	9.27	7.55	5.57	6.95
产品畜(头)	Commodity Animals(unit)	25.83	31.69	32.05	39.83	33.02	26.83	44.83

13-13 各市农田水利情况(2011年)
Condition of Irrigation and Conservancy Project by City (2011)

市(县)	City(County)	有效灌溉面积(千公顷) Effective Irrigated Area	#当年实灌 Actual Irrigated area in Current Year	机电灌溉面积(千公顷) Mechanical and Electrical Irrigated Area	旱涝保收面积(千公顷) Farmland Area of Stable Yields Despite Drought or Excessive Rain	机电井(眼) Motor-pumped Well (unit)	#已配套机电井 Supported
省辖市	**City**						
郑州市	Zhengzhou	196.31	174.94	168.53	167.49	49499	46484
开封市	Kaifeng	323.90	313.05	283.61	239.00	94711	91884
洛阳市	Luoyang	141.94	116.52	89.47	110.17	18301	16014
平顶山市	Pingdingshan	205.96	169.36	136.63	169.64	47810	40248
安阳市	Anyang	298.83	285.82	253.79	230.02	86781	80415
鹤壁市	Hebi	83.17	76.28	79.96	72.10	26103	26048
新乡市	Xinxiang	329.06	309.03	265.38	283.90	78007	75250
焦作市	Jiaozuo	162.09	156.19	161.01	148.53	45609	45369
濮阳市	Puyang	221.07	218.50	179.44	191.77	63957	58818
许昌市	Xuchang	240.75	232.35	213.89	206.12	71665	68583
漯河市	Luohe	152.13	130.49	151.77	130.11	52001	50348
三门峡市	Sanmenxia	53.37	41.14	25.13	45.06	4202	3805
南阳市	Nanyang	469.26	386.84	277.12	343.75	88675	82212
商丘市	Shangqiu	600.04	565.38	594.93	539.03	189062	185807
信阳市	Xinyang	469.78	350.90	111.61	329.62	16425	14112
周口市	Zhoukou	611.82	611.82	616.32	419.51	208683	186162
驻马店市	Zhumadian	570.92	539.67	461.38	457.31	160381	156238
济源市	Jiyuan	20.04	15.76	9.03	16.80	2702	2320
省直管县	**Province Administrating County**						
巩义市	Gongyi	15.44	13.62	11.86	12.72	1951	1906
兰考县	Lankao	53.43	53.41	37.51	32.00	15283	12945
汝州市	Ruzhou	46.57	37.65	33.44	36.45	10047	9963
滑县	Huaxian	102.24	100.98	97.65	73.49	36359	36089
长垣县	Changyuan	43.63	43.63	35.83	39.45	11384	11384
邓州市	Dengzhou	96.45	96.45	59.01	64.14	21062	19897
永城市	Yongcheng	108.85	103.00	108.85	105.11	37096	37096
固始县	Gushi	92.33	90.50	5.68	83.39	73	72
鹿邑县	Luyi	69.82	69.82	69.82	50.34	24390	22898
新蔡县	Xincai	64.21	64.21	63.08	43.91	16775	16775

13-14 水库、灌区情况
Reservoirs and Irrigated Areas

指 标	Item	2000	2005	2010	2011
年底水库数(座)	**Number of Reservoirs at Year-end (unit)**	**2396**	**2343**	**2350**	**2476**
大型水库(1亿立方米以上)	Large Reservoirs (100 million and over cu.m)	21	21	21	21
中型水库(1千万至1亿立方米)	Medium-sized Reservoirs (10 million - 100 million cu.m)	102	104	108	108
小型水库(10万至1千万立方米)	Small Reservoirs (100 thousand - 10 million cu.m)	2273	2218	2221	2347
水库库容量(亿立方米)	**Capacity of Reservoirs (100 million cu.m)**	**269.60**	**270.59**	**274.09**	**275.04**
大型水库	Large Reservoirs	221.82	222.10	224.02	224.01
中型水库	Medium-sized Reservoirs	27.62	28.86	30.83	30.73
小型水库	Small Reservoirs	20.16	19.62	19.24	20.20
水库灌溉面积(千公顷)	**Irrigated Area by Reservoirs (1 000 hectares)**	**587.27**	**604.92**	**822.92**	**841.17**
#大型水库	Large Reservoirs	398.27	419.67	449.17	460.88
中型水库	Medium-sized Reservoirs	189.00	185.25	227.16	199.91
年底灌区数(处)	**Number of Irrigation Areas at Year-end (unit)**	**171**	**178**	**191**	**191**
#3.3万公顷以上	33 000 Hectares and Over	8	9	12	12
灌区有效灌溉面积(千公顷)	**Effective Irrigated Area (1 000 hectares)**	**1221.62**	**1469.49**	**1767.03**	**1801.67**
#3.3万公顷以上	33 000 Hectares and Over	426.55	632.24	931.51	936.45

13-15 除涝、治水、堤防情况
Condition of Flood Prevention, water-control and Embankment

指 标	Item	2000	2005	2010	2011
易涝面积(千公顷)	Area Liable to Flooding or Waterlogging (1 000 hectares)	2108.33	2098.92	2100.58	2101.68
除涝面积(千公顷)	Flooded or Waterlogged Area Under Control (1 000 hectares)	1848.11	1903.68	1958.97	1973.30
占易涝面积比重(%)	Percentage to Area Liable to Flooding or Waterlogging (%)	87.7	90.6	93.3	93.8
水土流失面积(平方公里)	Area of Soil Erosion (sq.km)	60798	60970	61154	61153
水土流失治理面积(平方公里)	Area of Soil Erosion Under Control (sq.km)	38102	41225	44287	44126
占水土流失面积比重(%)	Percentage to Area of Soil Erosion (%)	62.7	67.6	72.4	72.1
堤防长度(公里)	Total Length of Dikes (km)	15758	16076	16277	16313
堤防保护面积(千公顷)	Area of Land Protected by Dikes (1 000 hectares)	3260.00	3240.87	3376.32	3387.81

13-16 历年农业生产情况

Agriculture Production Over the years

年 份 Year	播种面积(千公顷) Insemination Area (1 000 hectares)	#粮食 Grain	#棉花 Cotton	#油料 Oil- bearing Crops	粮食产量(万吨) Grain Yield (10 000 tons)	#小麦 Wheat	棉花产量(万吨) Cotton Yield (10 000 tons)	油料产量(万吨) Oil- bearing Crops Yield (10 000 tons)	园林水果产量(万吨) Garden Fruits Yield (10 000 tons)
1978	10966.70	9123.30	612.00	465.33	2097.40	868.18	22.42	24.16	47.11
1979	10917.00	9066.70	555.33	632.67	2134.50	969.00	19.84	36.87	52.37
1980	10788.20	8858.90	626.67	710.00	2148.68	890.37	40.62	46.20	43.55
1981	11013.00	9029.30	641.33	744.67	2314.50	1083.50	35.50	55.99	52.30
1982	11076.00	8923.30	754.00	709.33	2217.10	1220.10	32.04	44.16	46.63
1983	11326.70	9286.70	794.00	607.33	2904.00	1455.75	63.24	51.52	58.67
1984	11432.70	8996.70	1162.00	579.33	2893.50	1653.00	86.89	52.50	41.01
1985	11685.30	9029.30	814.30	793.70	2710.53	1528.23	54.73	96.18	53.33
1986	11819.50	9372.20	619.33	921.33	2545.67	1567.90	39.86	98.99	61.23
1987	11952.90	9365.20	717.33	977.33	2948.41	1626.00	57.00	136.57	77.84
1988	11930.20	9053.80	916.03	952.84	2663.00	1520.95	63.71	96.17	74.81
1989	11999.40	9262.00	836.15	915.43	3149.44	1695.13	52.72	118.48	76.75
1990	11889.70	9316.10	823.00	876.40	3303.66	1639.86	67.61	152.29	63.92
1991	12001.90	9040.40	1193.20	896.00	3010.30	1554.28	94.77	127.62	63.67
1992	11936.30	8804.70	1247.90	908.60	3109.61	1650.67	65.85	133.63	87.79
1993	12068.00	8969.00	974.00	1075.00	3639.21	1922.13	66.01	204.50	125.12
1994	12087.70	8810.90	966.70	1242.00	3253.80	1798.42	62.81	225.00	170.54
1995	12136.80	8810.00	1000.10	1271.50	3466.50	1754.18	77.00	298.00	211.66
1996	12257.40	8965.30	933.30	1181.10	3839.90	2026.76	73.57	278.46	247.26
1997	12276.74	8879.90	868.30	1208.50	3894.66	2372.35	79.00	276.66	269.26
1998	12567.05	9101.98	800.00	1235.90	4009.61	2073.53	72.84	312.13	312.60
1999	12659.90	9032.30	733.30	1316.10	4253.25	2291.46	70.73	349.25	349.42
2000	13136.91	9029.60	779.33	1492.54	4101.50	2235.95	70.38	392.55	364.73
2001	13127.70	8822.79	858.20	1443.97	4119.88	2299.71	82.77	362.49	399.12
2002	13359.80	8975.10	793.10	1537.00	4209.98	2248.39	76.49	420.68	427.01
2003	13684.40	8923.30	926.67	1569.90	3569.47	2292.50	37.67	309.91	430.38
2004	13805.69	8970.07	951.80	1554.96	4260.00	2480.93	66.67	408.75	507.07
2005	13922.60	9153.40	781.47	1605.80	4582.00	2577.69	67.70	449.60	555.69
2006	13995.39	9455.80	748.20	1489.10	5112.30	2936.50	81.00	460.07	591.78
2007	14087.84	9468.03	700.00	1497.41	5245.22	2980.21	75.00	483.98	663.49
2008	14181.67	9600.00	606.00	1518.32	5365.48	3051.00	65.08	505.34	714.09
2009	14196.59	9683.61	537.33	1541.22	5389.00	3056.00	51.75	532.98	755.90
2010	14248.69	9740.17	467.30	1564.12	5437.10	3082.22	44.72	540.72	795.99
2011	14258.61	9859.87	396.67	1578.91	5542.50	3123.00	38.24	532.36	833.58

13-17 农作物播种面积

Total Sown Areas of Farm Crops

单位：千公顷 (1 000 hectares)

指 标	Item	2006	2007	2008	2009	2010	2011
播种面积总计	**Total**	**13995.39**	**14087.84**	**14181.67**	**14196.59**	**14248.69**	**14258.61**
粮食作物	Grain	9455.80	9468.03	9600.00	9683.61	9740.17	9859.87
夏收粮食	Summer Harvest	5242.71	5246.67	5286.67	5290.00	5306.67	5353.33
秋收粮食	Autumn Harvest	4213.09	4221.36	4313.33	4393.61	4433.50	4506.54
谷物	Cereal	8604.33	8662.53	8741.10	8838.97	8920.89	9055.35
稻谷	Rice	571.33	600.00	604.67	611.30	628.00	638.00
小麦	Wheat	5208.47	5213.33	5260.00	5263.30	5280.00	5323.33
玉米	Corn	2751.67	2779.22	2820.00	2895.42	2946.00	3025.00
谷子	Millet	34.85	33.33	34.50	37.96	36.37	35.87
高粱	Sorghum	3.91	3.31	3.73	3.97	3.85	3.15
其他谷物	Others	34.24	33.32	18.20	27.02	26.67	30.00
#大麦	Barley	34.24	33.32	18.20	25.20	26.67	30.00
豆类	Beans	584.00	525.50	551.00	529.29	513.40	505.87
#大豆	Soybean	539.07	468.84	486.10	467.00	452.98	445.69
绿豆	Mung bean	40.28	52.00	60.80	58.05	53.31	54.29
红薯	Tubers	267.47	280.00	307.90	315.35	305.88	298.65
油料	Oil- bearing Crops	1489.10	1497.41	1518.32	1541.22	1564.12	1578.91
#花 生	Peanuts	919.27	947.75	956.73	975.35	989.49	1010.58
油菜籽	Rapeseeds	346.87	356.44	376.61	381.96	393.26	383.45
芝 麻	Sesame	215.58	185.30	177.99	177.46	175.96	177.49
棉花	Cotton	748.20	700.00	606.00	537.33	467.30	396.67
麻类	Fiber Crops	13.63	14.88	11.39	7.48	7.44	8.13
#黄红麻	Jute and Ambary Hemp	13.41	14.75	11.37	7.33	7.35	8.12
甘蔗	Sugarcane	2.87	3.03	3.49	5.00	3.92	3.96
烟叶	Tobacco	97.47	102.34	111.89	127.03	122.15	124.70
#烤烟	Flue-cured Tobacco	96.00	100.00	111.61	116.78	122.07	124.67
药材	Medicinal Materials	92.00	96.60	111.05	117.77	121.87	123.10
蔬菜类	Vegetables	1558.62	1688.35	1713.70	1692.21	1704.06	1720.10
瓜果类	Fruits	343.70	326.83	315.76	333.02	341.75	329.13
#西瓜	Watermelon	294.07	273.28	259.98	280.48	284.56	265.74
甜瓜	Honey-dew Melon	45.94	48.24	51.10	46.10	49.46	58.58
草莓	Strawberries	3.69	5.31	4.68	4.23	4.80	4.81
其他农作物	Others	194.01	190.37	190.07	151.92	175.91	114.04
#青饲料	Succulence	25.82	25.76	18.59	9.92	7.51	5.80
花卉	Flower	69.96	73.00	69.91	86.68	83.93	91.20

13-18 主要农作物种植结构
Planting Structure of Major Farm Crops

单位：% (%)

指 标	Item	2006	2007	2008	2009	2010	2011
总播种面积	**Total sown Area**	**100.0**	**100.0**	**100.0**	**100.0**	**100.0**	**100.0**
粮食作物	Grain	67.6	67.2	67.7	68.2	68.4	69.1
夏收粮食	Summer Harvest	37.5	37.2	37.3	37.3	37.2	37.5
秋收粮食	Autumn Harvest	30.1	30.0	30.4	30.9	31.1	31.6
谷物	Cereal	61.5	61.5	61.6	62.3	62.6	63.5
稻谷	Rice	4.1	4.3	4.3	4.3	4.4	4.5
小麦	Wheat	37.2	37.0	37.1	37.1	37.1	37.3
玉米	Corn	19.7	19.7	19.9	20.4	20.7	21.2
谷子	Millet	0.3	0.3	0.2	0.3	0.3	0.3
高粱	Sorghum	0.0	0.0	0.0	0.0	0.0	0.0
其他谷物	Others	0.2	0.2	0.1	0.2	0.2	0.2
#大麦	Barley	0.2	0.2	0.1	0.2	0.2	0.2
豆类	Beans	4.2	3.7	3.9	3.7	3.6	3.5
#大豆	Soybean	3.9	3.3	3.4	3.3	3.2	3.1
绿豆	Mung bean	0.3	0.4	0.4	0.4	0.4	0.4
红薯	Tubers	1.9	2.0	2.2	2.2	2.1	2.1
油料	Oil- bearing Crops	10.6	10.6	10.7	10.9	11.0	11.1
#花 生	Peanuts	6.6	6.0	6.8	6.9	6.9	7.1
油菜籽	Rapeseeds	2.5	2.5	2.7	2.7	2.8	2.7
芝 麻	Sesame	1.5	1.3	1.3	1.3	1.2	1.2
棉花	Cotton	5.3	5.0	4.3	3.8	3.3	2.8
麻类	Fiber Crops	0.1	0.1	0.1	0.1	0.1	0.1
#黄红麻	Jute and Ambary Hemp	0.1	0.1	0.1	0.1	0.1	0.1
烟叶	Tobacco	0.7	0.7	0.8	0.9	0.9	0.9
#烤烟	Flue-cured Tobacco	0.7	0.7	0.8	0.8	0.9	0.9
药材	Medicinal Materials	0.7	0.7	0.8	0.8	0.9	0.9
蔬菜类	Vegetables	11.1	12.0	12.1	11.9	12.0	12.1
瓜果类	Fruits	2.5	2.3	2.2	2.3	2.4	2.3
#西瓜	Watermelon	2.1	1.9	1.8	1.9	2.0	1.9
甜瓜	Honey-dew Melon	0.3	0.3	0.4	0.3	0.3	0.4
其他农作物	Others	1.4	1.4	1.3	1.0	1.2	0.8
#青饲料	Succulence	0.2	0.2	0.1	0.1	0.1	0.0
花卉	Flower	0.5	0.5	0.5	0.6	0.6	0.6

13-19 主要农产品产量

Output of Major Farm Crops

单位：万吨 (10 000 tons)

指 标	Item	2006	2007	2008	2009	2010	2011
粮 食	Grain	5112.30	5245.22	5365.48	5389.00	5437.10	5542.50
夏收粮食	Summer Harvest	2950.25	2993.77	3060.00	3065.00	3090.70	3131.50
秋收粮食	Autumn Harvest	2162.05	2251.45	2305.48	2324.00	2346.4	2411.00
谷物	Cereal	4908.77	5023.42	5126.28	5159.87	5207.14	5308.08
稻 谷	Rice	404.60	436.50	443.13	451.00	471.19	474.50
小 麦	Wheat	2936.50	2980.21	3051.00	3056.00	3082.22	3123.00
玉 米	Corn	1541.80	1582.53	1615.00	1634.00	1634.79	1696.50
谷 子	Millet	11.78	10.27	10.40	11.00	10.11	5.30
高 粱	Sorghum	0.34	0.35	0.38	0.37	0.35	0.28
其他谷物	Others	13.75	13.56	6.37	7.50	8.48	8.50
#大麦	Barley	13.75	13.56	6.37	7.38	8.48	8.50
豆类	Beans	76.43	91.80	96.20	93.00	93.34	95.15
#大 豆	Soybean	67.80	85.00	88.73	86.00	86.37	88.04
绿 豆	Mung bean	6.53	5.90	6.94	6.40	6.42	6.54
红薯	Tubers	127.10	130.00	143.00	136.13	136.62	139.27
油 料	Oil- bearing Crops	460.07	483.98	505.34	532.98	540.72	532.36
#花 生	Peanuts	353.10	373.59	384.59	412.56	427.61	429.79
油菜籽	Rapeseeds	79.20	85.91	97.07	93.07	88.87	77.32
芝 麻	Sesame	25.80	22.32	22.25	26.17	23.22	24.14
棉 花	Cotton	81.00	75.00	65.08	51.75	44.72	38.24
麻 类	Fiber Crops	4.14	4.75	4.38	4.62	3.88	4.35
#黄红麻	Jute and Ambary Hemp	4.07	4.68	4.37	4.56	3.84	4.35
甘 蔗	Sugarcane	15.10	16.60	20.74	28.27	26.12	26.69
烟 叶	Tobacco	22.95	23.94	26.73	29.73	28.75	29.25
#烤烟	Flue-cured Tobacco	22.46	23.54	26.72	29.73	28.74	29.24
蔬菜类	Vegetables	5760.00	6235.49	6394.31	6370.38	6624.26	6709.74
瓜果类	Fruits	1413.81	1425.11	1415.50	1472.19	1598.01	1580.54
#西 瓜	Watermelon	1259.30	1260.12	1206.72	1279.36	1389.19	1346.71
甜 瓜	Honey-dew Melon	147.67	156.58	198.94	164.50	185.79	219.86
草 莓	Strawberries	6.83	8.41	9.83	12.14	12.68	13.97

13-20 主要农产品单位面积产量(按播种面积计算)

Output of Major Farm Crops Per Hectare by Sown Areas

单位：千克/公顷 (kg/hectare)

指 标	Item	2006	2007	2008	2009	2010	2011
粮食	Grain	5407	5540	5589	5565	5582	5621
夏收粮食	Summer Harvest	5627	5706	5788	5794	5824	5850
秋收粮食	Autumn Harvest	5132	5333	5345	5289	5292	5350
谷物	Cereal	5705	5799	5865	5838	5837	5862
稻谷	Rice	7082	7275	7328	7378	7504	7437
小麦	Wheat	5638	5717	5800	5806	5838	5867
玉米	Corn	5603	5694	5727	5643	5549	5608
谷子	Millet	3380	3081	3014	2898	2780	1478
高粱	Sorghum	869	1058	1019	932	909	889
其他谷物	Others	4016	4068	3500	2776	3180	2833
#大麦	Barley	4016	4068	3500	2929	3180	2833
豆类	Beans	1309	1747	1746	1757	1819	1881
#大豆	Soybean	1258	1813	1825	1842	1907	1975
绿豆	Mung bean	1621	1475	1141	1102	1204	1205
红薯	Tubers	4752	4643	4644	4317	4466	4663
油料	Oil- bearing Crops	3090	3232	3328	3458	3457	3372
#花 生	Peanuts	3841	3942	4020	4229	4322	4253
油菜籽	Rapeseeds	2283	2410	2578	2437	2260	2016
芝 麻	Sesame	1197	1204	1250	1474	1320	1360
棉花	Cotton	1083	1071	1074	963	957	964
麻类	Fiber Crops	3036	3193	3844	3857	5218	5351
#黄红麻	Jute and Ambary Hemp	3036	3170	3847	3854	5221	5353
甘蔗	Sugarcane	52674	54840	59426	61869	66622	67398
烟叶	Tobacco	2355	2339	2389	2341	2353	2345
#烤烟	Flue-cured Tobacco	2340	2354	2394	2662	2355	2345
蔬菜	Vegetables	36956	36933	37313	37645	38873	39008
瓜果类	Fruits	41135	43604	44828	45111	46759	48022

注：本表单位面积产量均按原始计量单位计算，故与表13-17、19表的计算结果略有出入。

a)Output of farm crops per hectare in this table are calculated at original computation unit,so the data is different from 13-17、19).

13-21 各市主要农作物播种面积(2011年)

单位：千公顷

市(县) City(County)	农作物播种面积 Sown Area of Farm Crops	粮食作物 Grain	夏收粮食 Summer Harvest	秋收粮食 Autumn Harvest	谷物 Cereal	#稻谷 Rice	#小麦 Wheat	#玉米 Corn	豆类 legume
省辖市 City									
郑州市 Zhengzhou	509.82	363.37	175.99	187.37	336.02	1.12	175.99	157.03	13.59
开封市 Kaifeng	799.02	463.35	295.31	168.04	429.48	7.25	295.31	126.91	18.28
洛阳市 Luoyang	697.75	526.34	252.15	274.19	460.75	1.90	252.11	191.70	35.61
平顶山市 Pingdingshan	547.66	414.56	205.88	208.68	374.18	1.64	205.77	166.68	17.82
安阳市 Anyang	747.24	545.48	304.60	240.88	530.96	0.40	304.60	219.70	6.51
鹤壁市 Hebi	191.79	167.06	87.05	80.01	163.72		87.05	75.54	1.75
新乡市 Xinxiang	794.59	614.47	336.39	278.08	583.56	41.46	335.91	204.51	20.50
焦作市 Jiaozuo	352.80	270.37	140.04	130.33	262.90	5.68	140.04	117.02	4.63
濮阳市 Puyang	497.87	383.39	217.05	166.33	362.63	43.03	217.05	101.87	14.75
许昌市 Xuchang	601.48	432.29	214.80	217.49	388.66		215.47	173.19	15.06
漯河市 Luohe	368.69	264.05	141.27	122.78	247.26		141.15	105.99	9.00
三门峡市 Sanmenxia	246.94	163.90	80.28	83.61	132.25		80.28	49.75	24.83
南阳市 Nanyang	1862.57	1144.37	671.02	473.35	1002.19	47.95	666.40	286.02	82.20
商丘市 Shangqiu	1388.80	938.21	564.47	373.74	846.88	0.49	562.72	281.91	71.64
信阳市 Xinyang	1222.86	830.97	310.13	520.83	794.98	452.90	297.20	31.95	17.62
周口市 Zhoukou	1710.97	1150.21	653.60	496.61	999.44	0.67	644.35	353.90	114.66
驻马店市 Zhumadian	1646.23	1174.09	668.06	506.03	1120.48	29.27	661.27	422.97	32.05
济源市 Jiyuan	57.48	41.70	19.46	22.24	38.99	0.01	19.46	19.28	1.71
省直管县 Province Administrating County									
巩义市 Gongyi	50.81	44.99	22.75	22.24	42.51		22.75	19.00	1.33
兰考县 Lankao	123.13	90.00	56.16	33.84	84.22	0.63	56.16	27.42	3.43
汝州市 Ruzhou	118.15	94.82	45.02	49.80	87.75	0.03	45.02	42.62	2.73
滑县 Huaxian	258.77	177.04	113.00	64.04	174.36	0.33	113.00	60.96	1.36
长垣县 Changyuan	122.03	92.49	52.02	40.48	81.20	3.12	51.97	26.06	9.27
邓州市 Dengzhou	333.81	197.13	136.12	61.02	175.71	0.94	135.01	39.76	17.62
永城市 Yongcheng	232.58	182.92	101.64	81.28	140.62		100.61	38.98	41.13
固始县 Gushi	246.30	154.59	38.51	116.07	150.32	107.06	38.50	4.75	2.79
鹿邑县 Luyi	172.26	128.85	68.03	60.82	113.13		68.03	45.04	14.26
新蔡县 Xincai	193.32	133.30	80.36	52.95	127.57	5.80	79.73	41.33	2.41

Total Sown Areas of Farm Crops by City (2011)

(1 000 hectares)

#大豆 Soybean	红薯 Tubers	油料 Oilbearing Crops	#花生 Peanuts	#油菜籽 Rapeseeds	#芝麻 Sesame	棉花 Cotton	烟叶 Fluecured Tobacco	#烤烟 Tobacco	蔬菜 Vegetables
11.04	13.76	51.78	40.43	9.81	1.52	4.12	0.75	0.75	77.24
17.28	15.58	104.46	95.02	8.85	0.59	48.52			138.38
24.60	29.99	46.94	26.81	10.55	5.18	3.10	27.08	27.08	56.07
14.97	22.56	53.76	29.33	18.66	5.77	2.83	16.53	16.50	49.65
5.85	8.01	57.56	49.27	7.87	0.38	15.37			113.78
1.43	1.59	12.14	10.88	1.09	0.17	0.80			10.24
20.10	10.41	83.88	78.35	5.28	0.25	15.43			62.60
4.41	2.84	19.44	17.57	1.77	0.07	3.08			42.65
14.19	6.01	37.90	37.00	0.84	0.07	6.93			63.49
14.78	28.57	28.50	17.66	9.88	0.95	7.55	13.69	13.69	51.01
9.00	7.79	13.63	6.55	5.27	1.81	13.68	7.99	7.99	55.75
18.96	6.82	16.92	5.00	7.62	1.41	2.55	17.47	17.47	30.38
61.33	59.98	315.85	205.82	51.68	58.35	74.91	20.67	20.67	250.89
68.04	19.69	89.30	70.30	14.01	4.99	72.97	3.98	3.98	215.90
14.87	18.37	250.83	56.50	181.00	13.33	2.58	0.95	0.95	102.62
107.58	36.11	101.05	60.05	11.17	29.83	107.53	4.32	4.32	234.58
28.42	21.56	293.36	201.87	38.80	52.69	13.83	8.90	8.90	115.05
1.50	1.01	1.63	1.09	0.40	0.14	0.21	2.39	2.39	8.27
0.71	1.15	3.63	2.22	0.94	0.48	0.50			1.18
3.10	2.35	17.22	16.48	0.70	0.04	6.44			7.37
1.58	4.35	12.51	8.79	2.43	1.29	1.10	1.71	1.71	6.36
1.32	1.33	31.48	30.71	0.76	0.01	6.42			39.03
9.13	2.02	18.16	15.33	2.83		1.08			8.81
12.36	3.80	63.71	43.90	7.80	12.01	21.12	2.69	2.69	42.85
40.36	1.17	8.37	2.30	4.24	1.83	4.40	0.01		27.75
2.35	1.48	62.31	9.55	50.46	2.30	0.20	0.23	0.23	19.55
13.96	1.46	6.38	1.56	2.09	2.74	8.71	1.37	1.37	24.57
1.83	3.32	26.82	16.00	1.78	9.04	6.90	0.74	0.74	16.41

13-22 各市主要农产品产量(2011年)

单位：万吨

市(县)	City(County)	粮食 Grain	夏粮 Summer Harvest	秋粮 Autumn Harvest	谷物 Cereal	#稻谷 Rice	#小麦 Wheat	#玉米 Corn	豆类 legume	#大豆 Soybean
省辖市	**City**									
郑州市	Zhengzhou	166.70	79.91	86.79	155.38	0.78	79.91	74.23	2.61	2.07
开封市	Kaifeng	258.95	173.73	85.22	246.70	4.78	173.73	68.18	4.41	4.17
洛阳市	Luoyang	230.85	109.23	121.62	204.93	1.11	109.22	89.18	7.39	4.77
平顶山市	Pingdingshan	197.16	99.50	97.66	178.77	1.10	99.48	78.15	4.25	3.75
安阳市	Anyang	338.00	187.69	150.31	330.31	0.36	187.69	140.23	1.78	1.63
鹤壁市	Hebi	113.30	60.06	53.24	112.45		60.06	52.15	0.22	0.19
新乡市	Xinxiang	390.23	225.47	164.76	379.38	29.06	225.15	124.44	4.81	4.76
焦作市	Jiaozuo	200.53	107.05	93.48	196.65	4.49	107.05	85.07	1.36	1.30
濮阳市	Puyang	253.71	148.92	104.79	245.10	30.37	148.92	65.57	3.43	3.29
许昌市	Xuchang	277.22	152.21	125.01	258.95		152.21	106.74	3.61	3.58
漯河市	Luohe	169.14	97.81	71.33	161.91		97.71	64.10	2.04	2.04
三门峡市	Sanmenxia	62.59	31.05	31.54	52.86		31.05	21.29	5.16	4.04
南阳市	Nanyang	593.60	361.85	231.75	545.28	30.53	360.52	153.79	16.41	11.98
商丘市	Shangqiu	608.19	393.13	215.06	578.66	0.33	391.64	185.38	20.46	18.87
信阳市	Xinyang	579.68	142.03	437.66	570.95	414.92	139.09	14.01	1.59	1.35
周口市	Zhoukou	747.20	482.75	264.44	694.17	0.60	482.74	210.71	30.45	29.01
驻马店市	Zhumadian	684.86	424.89	259.97	664.57	18.56	422.24	221.01	7.44	6.53
济源市	Jiyuan	21.55	10.74	10.81	20.85	0.01	10.74	10.06	0.25	0.23
省直管县	**Province Administrating County**									
巩义市	Gongyi	15.29	7.95	7.34	14.74		7.95	6.68	0.12	0.07
兰考县	Lankao	48.63	31.61	17.02	46.05	0.44	31.61	13.99	0.72	0.67
汝州市	Ruzhou	44.32	22.05	22.28	41.75	0.02	22.05	19.65	0.48	0.31
滑县	Huaxian	132.87	82.95	49.92	131.17	0.30	82.95	47.90	0.47	0.46
长垣县	Changyuan	58.41	36.44	21.98	55.10	2.71	36.41	15.95	2.09	2.08
邓州市	Dengzhou	106.01	75.72	30.29	99.63	0.59	75.38	23.66	3.97	2.82
永城市	Yongcheng	113.70	70.94	42.76	100.78		70.18	29.84	11.69	11.49
固始县	Gushi	120.42	16.79	103.63	119.86	100.93	16.78	2.14	0.25	0.21
鹿邑县	Luyi	88.71	51.31	37.41	82.08		51.31	30.75	5.23	5.15
新蔡县	Xincai	76.90	50.70	26.21	74.59	3.80	50.41	20.03	0.71	0.47

Output of Major Farm Crops by City (2011)

(10 000 tons)

红薯 Tubers	油料 Oil-bearing Crops	#花生 Peanuts	#油菜籽 Rapeseeds	#芝麻 Sesame	棉花 Cotton	烟叶 Flue-cured Tobacco	#烤烟 Tobacco	蔬菜 Vegetables
8.72	18.58	17.03	1.38	0.17	0.37	0.19	0.19	293.44
7.84	42.91	40.23	2.57	0.11	5.14			645.99
18.54	13.37	9.98	1.91	1.02	0.30	6.14	6.14	233.66
14.14	14.78	10.50	3.54	0.74	0.24	3.04	3.03	231.31
5.92	24.41	23.02	1.35	0.04	1.57			552.90
0.63	5.28	5.14	0.13	0.01	0.05			51.17
6.04	32.47	31.29	1.15	0.03	1.55			280.55
2.52	8.43	8.02	0.40	0.01	0.31			223.41
5.18	17.10	16.85	0.25	0.01	0.58			245.06
14.66	8.51	6.09	2.28	0.14	0.76	4.35	4.35	215.71
5.19	3.73	2.29	1.22	0.23	1.27	1.15	1.15	199.98
4.57	3.23	1.14	1.29	0.17	0.18	3.58	3.58	101.52
31.91	114.70	93.25	12.09	9.36	7.10	5.56	5.56	972.39
9.07	37.33	32.15	4.48	0.70	7.82	1.37	1.37	897.84
7.14	55.85	21.89	32.34	1.63	0.27	0.27	0.27	303.68
22.58	35.98	27.77	3.66	4.55	11.07	1.36	1.36	855.83
12.85	95.05	82.34	7.51	5.21	1.39	1.96	1.96	390.27
0.45	0.28	0.21	0.05	0.02	0.02	0.27	0.27	31.72
0.42	0.49	0.40	0.05	0.03	0.04			4.86
1.85	6.72	6.55	0.17	0.01	0.66			18.30
2.10	3.79	3.27	0.44	0.08	0.06	0.36	0.36	27.26
1.23	14.00	13.83	0.16		0.59			184.75
1.23	6.20	5.41	0.78		0.13			46.79
2.41	23.66	19.57	2.27	1.82	1.96	1.11	1.11	225.97
1.23	3.08	1.38	1.40	0.30	0.42			127.70
0.31	13.97	3.54	10.09	0.34	0.02	0.07	0.07	83.03
1.41	1.71	0.57	0.79	0.35	0.93	0.39	0.39	85.36
1.61	8.64	7.30	0.38	0.96	0.78	0.32	0.32	62.17

13-23 各市主要农产品单位面积产量（2011年，按播种面积计算）

单位：千克/公顷

市(县) City(County)	粮食 Grain	夏收粮食 Summer Harvest	秋收粮食 Autumn Harvest	谷物 Cereal	稻谷 Rice	小麦 Wheat	玉米 Corn	豆类 Soybean	大豆 Soybean
省辖市 City									
郑州市 Zhengzhou	4588	4540	4632	4624	6973	4540	4727	1918	1878
开封市 Kaifeng	5589	5883	5072	5744	6598	5883	5372	2414	2415
洛阳市 Luoyang	4386	4332	4435	4448	5838	4332	4652	2074	1938
平顶山市 Pingdingshan	4756	4833	4680	4778	6719	4835	4689	2386	2506
安阳市 Anyang	6196	6162	6240	6221	9053	6162	6383	2735	2794
鹤壁市 Hebi	6782	6900	6654	6869		6900	6903	1281	1326
新乡市 Xinxiang	6351	6703	5925	6501	7010	6703	6085	2348	2368
焦作市 Jiaozuo	7417	7644	7173	7480	7901	7644	7270	2943	2949
濮阳市 Puyang	6617	6861	6300	6759	7059	6861	6437	2326	2317
许昌市 Xuchang	6413	7086	5748	6663		7064	6163	2395	2419
漯河市 Luohe	6406	6924	5809	6548		6923	6048	2266	2266
三门峡市 Sanmenxia	3819	3867	3772	3997		3867	4280	2079	2129
南阳市 Nanyang	5187	5392	4896	5441	6366	5410	5377	1997	1953
商丘市 Shangqiu	6482	6964	5754	6833	6604	6936	6631	2856	2774
信阳市 Xinyang	6976	4580	8403	7182	9161	4680	4384	904	907
周口市 Zhoukou	6496	7386	5325	6946	9000	7492	5954	2656	2696
驻马店市 Zhumadian	5833	6360	5138	5931	6340	6385	5225	2322	2298
济源市 Jiyuan	5167	5517	4860	5348	4077	5517	5219	1443	1530
省直管县 Province Administrating County									
巩义市 Gongyi	3398	3495	3299	3468		3495	3516	898	1043
兰考县 Lankao	5403	5628	5029	5467	7052	5628	5104	2109	2167
汝州市 Ruzhou	4674	4897	4473	4758	6885	4897	4611	1754	1982
滑县 Huaxian	7505	7341	7794	7523	9018	7341	7857	3445	3467
长垣县 Changyuan	6316	7005	5430	6785	8678	7006	6120	2250	2275
邓州市 Dengzhou	5378	5563	4965	5670	6277	5584	5950	2251	2280
永城市 Yongcheng	6216	6979	5261	7167		6976	7654	2843	2848
固始县 Gushi	7790	4361	8928	7974	9428	4359	4505	902	899
鹿邑县 Luyi	6885	7542	6150	7255		7542	6826	3668	3687
新蔡县 Xincai	5769	6309	4950	5847	6548	6323	4846	2931	2595

Output of Major Farm Crops Per Hectare by City (2011,by Sown Areas)

(kg/hectare)

红薯 Tubers	油料 Oil-bearing Crops	花生 Peanuts	油菜籽 Rapeseeds	芝麻 Sesame	棉花 Cotton	烟叶 Tobacco	烤烟 Flue-cured Tobacco	蔬菜 Vegetables	瓜果类 Melon for Fruits
6338	3589	4211	1408	1121	892	2489	2489	37989	40600
5031	4108	4233	2904	1899	1059			46681	48002
6181	2849	3721	1808	1972	981	2268	2268	41669	31566
6267	2749	3579	1896	1285	831	1839	1836	46589	32372
7389	4241	4672	1719	935	1022			48592	58168
3952	4350	4723	1223	433	669			49979	47585
5801	3872	3994	2172	1311	1004			44817	39942
8885	4337	4563	2259	1594	1008			52388	54805
8615	4513	4553	2953	1697	835			38600	47706
5132	2985	3447	2306	1481	1008	3181	3181	42291	44110
6658	2738	3497	2305	1245	926	1444	1444	35871	34710
6693	1906	2281	1688	1193	713	2048	2048	33418	28212
5320	3632	4531	2339	1605	948	2692	2692	38758	55731
4605	4180	4573	3199	1396	1072	3442	3442	41585	53766
3886	2227	3874	1787	1221	1061	2804	2804	29592	44575
6252	3561	4625	3277	1525	1030	3151	3151	36483	47270
5959	3240	4079	1935	988	1004	2205	2205	33921	51084
4468	1728	1962	1258	1222	928	1138	1138	38343	16588
3699	1339	1811	562	670	856			41210	18091
7910	3904	3973	2402	2000	1026			24832	41655
4827	3033	3723	1816	612	556	2122	2122	42902	25065
9254	4446	4504	2132		916			47332	56689
6082	3412	3531	2763		1249			53134	56699
6345	3714	4457	2915	1515	930	4124	4124	52735	56757
10500	3682	6000	3302	1650	964			46018	57163
2068	2242	3707	2000	1478	1000	2910	2910	42468	53643
9619	2677	3681	3765	1278	1064	2825	2825	34749	41947
4858	3222	4563	2143	1062	1130	4346	4346	37874	56753

13-24 蔬菜生产情况
Production of Vegetables

指 标	Item	2010		2011	
		播种面积（千公顷） Sown Areas (1 000 hectares)	产量（万吨） Output (10 000tons)	播种面积（千公顷） Sown Areas (1 000 hectares)	产量（万吨） Output (10 000tons)
蔬菜合计	**Vegetables**	**1704.06**	**6624.26**	**1720.10**	**6709.74**
叶菜类	Leaf Type for Vegetable	197.76	764.06	198.28	782.74
#芹菜	Celery	74.00	331.20	75.51	354.56
油菜	Cole	20.34	65.40	21.30	71.91
菠菜	Spinach	70.04	227.40	66.88	220.53
白菜类	Cabbage	224.81	1006.60	230.92	1039.44
大白菜	Celery Cabbage	172.85	785.42	170.09	798.70
圆白菜	Cabbage Patch	51.96	221.20	50.55	226.02
块根、块茎类	Root and Stem Tuber for Vegetable	220.48	1023.98	228.09	1049.42
#萝卜	Radish	129.23	599.90	129.50	611.12
胡萝卜	Carrot	54.89	251.02	56.06	263.01
瓜菜类	Melons for Vegetable	179.80	814.88	175.18	813.00
#黄瓜	Cucumber	138.27	662.96	129.51	645.00
菜用豆类	Legume for Vegetable	138.64	513.18	135.32	522.58
#长豆角	Carob	79.60	304.71	78.70	315.06
四季豆	Kidney Bean	47.65	178.12	43.80	173.89
茄果菜类	Eggplant and Fruit for Vegetable	241.08	1045.64	276.17	1067.52
#茄子	Eggplant	78.11	324.80	72.80	318.95
西红柿	Tomato	110.98	579.65	97.44	497.12
葱蒜类	Shallot and Garlic for Vegetable	230.12	881.05	230.78	853.21
#大葱	Scallion	93.76	408.73	94.46	421.67
蒜头	Garlic	122.57	418.58	114.75	385.64
水生菜类	Aquicolous Vegetable	30.75	139.29	31.22	140.11
#莲藕	Lotus	28.98	127.69	28.52	130.24
其他蔬菜	Others	240.62	435.60	214.14	441.70

13−25 各市蔬菜播种面积(2011年)

Total Sown Areas of Vegetables by City(2011)

单位：千公顷 (1000 hectare)

市(县) City(County)	蔬菜 Vegetables	叶菜类 Leaf Type for Vegetable	白菜类 Cabbage Type for Vegetable	块根、块茎类 Root and Stem Tuber for Vegetable	瓜菜类 Melons for Vegetable	菜用豆类 Legume for Vegetable	茄果菜类 Eggplant and Fruit for Vegetable	葱蒜类 Shallot and Garlic for Vegetable	水生菜类 Aquicolous Vegetable	其他蔬菜 Others
全 省 Total	**1720.10**	**198.28**	**230.92**	**228.09**	**175.18**	**135.32**	**276.17**	**230.78**	**31.23**	**214.14**
省辖市 City										
郑州市 Zhengzhou	77.24	6.85	12.82	9.25	5.31	5.75	7.24	23.66	2.62	3.73
开封市 Kaifeng	138.38	11.83	17.70	17.28	8.28	6.15	13.03	40.11	2.70	21.32
洛阳市 Luoyang	56.07	7.90	7.79	9.85	4.79	4.62	12.52	6.25	0.49	1.87
平顶山市 Pingdingshan	49.65	8.20	10.14	9.60	4.44	3.97	6.01	4.57	0.42	2.29
安阳市 Anyang	113.78	8.25	10.69	9.69	9.10	14.85	27.68	15.36		18.16
鹤壁市 Hebi	10.24	1.18	2.69	1.34	1.11	0.71	1.56	0.46		1.18
新乡市 Xinxiang	62.60	7.14	19.59	7.72	6.94	4.56	8.53	4.37	0.69	3.07
焦作市 Jiaozuo	42.65	5.38	10.04	6.21	5.45	3.77	5.58	5.07	0.16	0.98
濮阳市 Puyang	63.49	6.20	11.37	6.90	8.67	3.29	17.52	6.11	1.33	2.10
许昌市 Xuchang	51.01	6.76	6.21	8.85	9.18	2.65	10.70	4.86	0.62	1.18
漯河市 Luohe	55.75	7.01	6.59	7.43	5.74	3.34	5.27	7.36	0.04	12.98
三门峡市 Sanmenxia	30.38	2.98	4.27	6.07	2.54	1.53	9.19	2.48	0.34	0.99
南阳市 Nanyang	250.89	17.95	17.19	31.09	17.65	18.21	19.99	21.63	9.05	98.12
商丘市 Shangqiu	215.90	26.43	31.19	20.80	19.22	14.54	61.89	26.77	2.99	12.08
信阳市 Xinyang	102.62	16.18	14.33	15.55	10.51	9.32	12.13	9.44	4.11	11.06
周口市 Zhoukou	234.58	30.04	23.59	30.28	35.85	24.61	43.38	31.24	3.14	12.47
驻马店市 Zhumadian	115.05	21.24	16.20	22.00	14.06	8.21	14.39	13.51	1.60	3.85
济源市 Jiyuan	8.27	0.86	1.65	1.37	1.13	1.23	1.04	0.66		0.34
省直管县 Province Administrating County										
巩义市 Gongyi	1.18	0.20	0.17	0.28	0.13	0.11	0.16	0.09	0.02	0.03
兰考县 Lankao	7.37	1.00	1.29	0.49	1.08	0.76	1.36	0.72	0.40	0.26
汝州市 Ruzhou	6.36	0.74	1.37	1.53	0.69	0.42	0.63	0.78	0.04	0.16
滑县 Huaxian	39.03	7.11	4.83	3.10	5.94	2.95	8.21	5.67		1.22
长垣县 Changyuan	8.81	1.85	2.98	0.78	0.95	0.48	0.82	0.64	0.02	0.29
邓州市 Dengzhou	42.85	2.71	2.54	4.16	3.81	3.14	4.85	4.58	2.07	15.00
永城市 Yongcheng	27.75	2.88	7.23	4.45	1.61	2.10	4.77	3.30	0.52	0.90
固始县 Gushi	19.55	3.78	2.24	2.10	1.97	2.47	2.28	3.47	0.54	0.71
鹿邑县 Luyi	24.57	6.65	3.62	2.34	3.18	1.18	3.11	3.38	0.06	1.05
新蔡县 Xincai	16.41	2.12	2.39	4.79	1.57	0.78	2.12	2.04	0.31	0.30

13-26 各市蔬菜产量(2011年)
Output of Vegetables by City(2011)

单位：万吨　　(10 000tons)

市(县) City(County)	蔬菜 Vegetables	叶菜类 Leaf Type for Vegetable	白菜类 Cabbage Type for Vegetable	块根、块茎类 Root and Stem Tuber for Vegetable	瓜菜类 Melons for Vegetable	菜用豆类 Legume for Vegetable	茄果菜类 Eggplant and Fruit for Vegetable	葱蒜类 Shallot and Garlic for Vegetable	水生菜类 Aquicolous Vegetable	其他蔬菜 Others
全 省 Total	**6709.74**	**782.74**	**1039.44**	**1049.42**	**813.00**	**522.58**	**1067.52**	**853.21**	**140.11**	**441.71**
省 辖 市 City										
郑 州 市 Zhengzhou	293.44	20.51	68.75	41.65	21.39	17.60	27.23	65.94	13.15	17.22
开 封 市 Kaifeng	645.99	64.26	94.52	88.31	48.70	30.10	68.91	190.29	15.87	45.03
洛 阳 市 Luoyang	233.66	32.27	40.52	41.85	26.61	14.90	43.07	24.48	0.89	9.05
平顶山市 Pingdingshan	231.31	35.30	42.36	57.20	22.82	14.46	24.91	15.62	1.27	17.37
安 阳 市 Anyang	552.90	43.76	53.72	49.53	47.07	60.89	200.92	81.33		15.68
鹤 壁 市 Hebi	51.17	5.84	13.62	8.06	5.93	1.95	9.35	1.77		4.66
新 乡 市 Xinxiang	280.55	25.06	84.55	39.67	32.94	16.57	38.73	14.54	1.86	26.65
焦 作 市 Jiaozuo	223.41	25.71	50.80	33.76	35.41	14.05	29.76	25.09	0.94	7.90
濮 阳 市 Puyang	245.06	27.84	51.72	33.29	39.73	11.48	39.70	25.20	4.67	11.43
许 昌 市 Xuchang	215.71	25.58	23.34	36.43	40.02	10.76	51.65	19.93	3.19	4.81
漯 河 市 Luohe	199.98	33.96	29.26	33.72	24.16	12.37	22.25	23.23	0.21	20.82
三门峡市 Sanmenxia	101.52	9.67	13.97	19.92	10.55	3.58	23.52	10.80	2.29	7.21
南 阳 市 Nanyang	972.39	93.75	92.58	171.66	113.15	112.80	117.31	127.28	52.09	91.77
商 丘 市 Shangqiu	897.84	111.96	162.52	113.17	90.52	48.13	177.49	95.39	17.73	80.92
信 阳 市 Xinyang	303.68	50.85	49.73	66.09	37.00	27.86	32.81	22.05	9.57	7.72
周 口 市 Zhoukou	855.83	108.89	95.67	132.14	164.81	102.85	106.00	69.02	12.25	64.19
驻马店市 Zhumadian	390.27	61.82	66.16	78.22	45.55	20.66	49.56	39.11	4.04	25.14
济 源 市 Jiyuan	31.72	5.70	5.66	4.76	6.64	1.56	4.34	2.12	0.10	0.84
省直管县 Province Administrating County										
巩 义 市 Gongyi	4.86	0.46	0.73	1.15	0.70	0.45	0.82	0.22	0.05	0.26
兰 考 县 Lankao	18.30	2.51	4.13	1.09	2.53	0.74	2.82	1.80	0.98	1.70
汝 州 市 Ruzhou	27.26	3.95	6.85	6.79	2.94	1.08	2.12	2.99	0.22	0.33
滑 县 Huaxian	184.75	28.53	24.41	15.78	45.33	9.05	28.21	28.32		5.12
长 垣 县 Changyuan	46.79	6.74	12.96	5.37	6.59	2.58	5.80	4.18	0.07	2.51
邓 州 市 Dengzhou	225.97	16.14	34.41	32.33	36.39	24.55	41.85	12.91	19.13	8.26
永 城 市 Yongcheng	127.70	8.64	47.76	27.59	5.33	6.76	13.61	9.34	4.29	4.38
固 始 县 Gushi	83.03	16.17	11.94	17.66	9.96	6.81	6.83	8.31	1.73	3.62
鹿 邑 县 Luyi	85.36	19.35	10.99	8.49	12.35	2.51	11.02	8.44	0.16	12.06
新 蔡 县 Xincai	62.17	5.53	17.98	15.63	9.11	1.69	5.81	4.16	0.81	1.45

13-27 茶叶、水果及食用坚果生产情况

Production of Tea, Fruit and Nuts

指 标	Item	2000	2005	2008	2009	2010	2011
面 积	**Area**						
茶园面积(千公顷)	Area of Tea Plantations (1 000 hectares)	20.68	33.09	55.07	59.80	65.15	78.52
果园面积(千公顷)	Area of Orchards (1 000 hectares)	355.90	416.63	438.18	449.03	455.26	465.53
苹果园	Apple Orchards	206.97	165.78	173.06	175.70	177.63	180.54
梨园	Pears Orchards	30.87	39.23	45.97	47.07	47.28	49.55
葡萄园	Grapes Orchards	16.75	26.17	26.82	29.58	29.90	30.22
猕猴桃园	Chinese goosebeery Orchards		6.90	9.32	8.89	9.20	9.61
桃园	Peach Orchards	29.11	60.22	69.54	70.31	73.90	75.49
柑桔园	Citrus Orchards	4.88	10.05	10.10	10.66	10.85	10.78
其他果园	Others	67.30	108.30	103.37	106.82	106.50	109.34
产 量	**Output**						
茶叶产量(吨)	Output of Tea (ton)	9163	16902	31923	35519	42732	49447
园林水果产量(万吨)	Output of garden fruit (10 000 tons)	364.73	555.69	714.09	755.90	795.99	833.58
苹果	Apples	238.90	300.62	374.39	388.63	408.96	420.32
梨	Pears	33.30	65.47	87.65	92.26	94.66	100.50
葡萄	Grapes	20.83	41.26	43.73	46.11	48.41	50.09
鲜枣	Jujube	17.78	26.81	36.65	38.78	39.19	40.13
柿	Persimmon	15.88	25.86	36.42	41.57	44.38	49.60
桃	Peach	26.63	60.10	85.09	93.86	101.74	108.57
柑桔	Citrus	2.12	3.59	3.96	4.01	4.17	3.94
其他园林水果	other garden fruit	9.29	31.98	46.20	50.68	74.48	60.43
食用坚果产量(吨)							
核桃	Walnuts	17143	25339	41067	44816	55407	80483
板栗	Chestnut	85650	112351	213244	237725	206517	250072

13-28 各市果园面积(2011年)
Area of Orchard by City (2011)

单位：千公顷 (1 000 hectares)

市(县) City(County)	合计 Total	#苹果园 Apple Orchards	#梨园 Pears Orchards	#葡萄园 Grapes Orchards	#柑橘园 Orange Orchards	#猕猴桃园 Chinese goosebeery Orchards	#桃园 Peach Orchards
全 省 Total	**465.53**	**180.54**	**49.55**	**30.22**	**10.78**	**9.61**	**75.49**
省 辖 市 City							
郑 州 市 Zhengzhou	25.40	4.25	1.58	2.16		0.02	2.87
开 封 市 Kaifeng	24.95	14.51	1.88	2.47			4.21
洛 阳 市 Luoyang	38.51	23.43	1.82	2.01		0.06	2.19
平 顶 山 市 Pingdingshan	16.37	1.85	1.78	0.69		0.01	7.46
安 阳 市 Anyang	45.85	12.65	2.09	1.43			5.18
鹤 壁 市 Hebi	6.85	3.34	0.14	0.15			0.40
新 乡 市 Xinxiang	12.79	4.35	0.89	0.85		0.01	3.59
焦 作 市 Jiaozuo	14.56	5.53	1.09	0.83			4.50
濮 阳 市 Puyang	11.25	6.46	0.61	0.35			1.27
许 昌 市 Xuchang	7.65	3.07	0.82	1.45		0.01	1.59
漯 河 市 Luohe	3.80	0.18	0.74	1.45		0.02	1.26
三 门 峡 市 Sanmenxia	66.81	52.75	1.60	1.17		0.01	3.18
南 阳 市 Nanyang	75.28	9.12	10.53	1.91	10.55	9.37	15.73
商 丘 市 Shangqiu	49.21	29.63	9.15	5.06		0.02	3.25
信 阳 市 Xinyang	15.20	0.38	4.33	2.83	0.23	0.08	4.86
周 口 市 Zhoukou	22.65	4.83	3.42	2.47			6.37
驻 马 店 市 Zhumadian	23.65	2.41	6.50	2.94		0.01	7.16
济 源 市 Jiyuan	4.73	1.82	0.57				0.43
省 直 管 县 Province Administrating County							
巩 义 市 Gongyi	1.99	1.20	0.17	0.09			0.24
兰 考 县 Lankao	6.15	4.79	0.21	0.15			0.27
汝 州 市 Ruzhou	6.40	0.71	0.22	0.06			3.24
滑 县 Huaxian	6.30	2.32	0.80	0.30			1.38
长 垣 县 Changyuan	1.67	0.22	0.17	0.60			0.03
邓 州 市 Dengzhou	3.25	0.44	0.23	0.26	0.44		1.10
永 城 市 Yongcheng	5.20	1.71	2.14	0.18			0.80
固 始 县 Gushi	2.10	0.10	0.65	0.33	0.13		0.56
鹿 邑 县 Luyi	0.54	0.06	0.17	0.03			0.10
新 蔡 县 Xincai	4.04	0.19	1.03	1.01			0.92

13-29 各市园林水果产量(2011年)

Output of garden fruit by City (2011)

单位：吨　　(ton)

市(县)	City(County)	合计 Total	#苹果 Apples	#梨 Pears	#葡萄 Grapes	#枣 Jujube	#柿 Persimmon	#桃 Peach
全　　省	**Total**	**8335824**	**4203235**	**1005027**	**500852**	**401262**	**496033**	**1085727**
省　辖　市	**City**							
郑　州　市	Zhengzhou	307044	64413	23351	39723	75073	20385	41556
开　封　市	Kaifeng	484866	283613	32611	28922	19425	14869	88760
洛　阳　市	Luoyang	712979	418960	33933	60589	22850	59652	43119
平顶山市	Pingdingshan	92101	20937	10194	5180	2247	17091	31041
安　阳　市	Anyang	607504	251900	40326	23380	122467	56242	88389
鹤　壁　市	Hebi	45437	24695	747	2374	9248	5085	3230
新　乡　市	Xinxiang	169178	54538	14065	31054	3555	8739	49403
焦　作　市	Jiaozuo	314160	180346	17268	14660	4584	9204	76696
濮　阳　市	Puyang	270248	195294	17090	10246	9396	4462	15060
许　昌　市	Xuchang	80931	26086	13126	13096	1543	1342	17065
漯　河　市	Luohe	101719	4243	11791	53356	408	1620	30045
三门峡市	Sanmenxia	1855133	1475888	27985	23502	65595	129804	71544
南　阳　市	Nanyang	701452	54566	80299	17542	25095	35711	138602
商　丘　市	Shangqiu	1802497	1021588	522244	102209	11346	41462	94461
信　阳　市	Xinyang	126503	3811	48980	20266	4275	15960	32239
周　口　市	Zhoukou	467074	86525	61748	32449	19262	63376	198391
驻马店市	Zhumadian	149012	10118	42427	22077	4563	7537	61048
济　源　市	Jiyuan	47980	25714	6842	227	330	3492	5078
省直管县	**Province Administrating County**							
巩　义　市	Gongyi	25392	14332	1570	2244	290	1880	2944
兰　考　县	Lankao	145814	119215	8311	2691	10768	42	4787
汝　州　市	Ruzhou	30838	9866	791	924	576	8005	8021
滑　　县	Huaxian	152216	65330	18982	4679	10193	18458	32694
长　垣　县	Changyuan	31327	4195	152	24804	1887		199
邓　州　市	Dengzhou	25743	5314	3663	1177	3019	742	8610
永　城　市	Yongcheng	230049	58325	144269	4013	1413	2928	18878
固　始　县	Gushi	48840	1850	22580	4700	1980	7000	8300
鹿　邑　县	Luyi	9863	1480	5081	60	231	85	2077
新　蔡　县	Xincai	28322	1600	7900	5300	330	3000	10192

13−30 林业生产情况

Conditions of Forestry Production

指 标	Item	2000	2005	2008	2009	2010	2011
营林情况	**Afforestation Conditions**						
当年造林面积(千公顷)	New Forest Area This Year (1 000 hectares)	241.32	186.72	338.14	416.13	277.11	237.74
#人工造林	By Manpower	206.45	173.38	320.80	382.13	211.53	193.50
按造林用途分(千公顷)	Afforestation Area by Use (1 000 hectares)						
用材林	Timber Forest	56.77	73.90	91.68	156.30	72.81	56.85
经济林	Economic Forest	69.11	39.00	38.76	47.68	35.46	28.75
防护林	Shelter Forest	113.80	72.93	207.71	212.16	168.58	150.57
封山育林面积(千公顷)	Area of Close Hillsides to Facilitate Afforestation(1 000 hectares)	475.46	385.92	339.55	299.83	367.46	420.24
零星(四旁)植树(万株)	Planting Trees Piecemeal (10 000 trees)	25806	30639	24202	29905	27328	23793
育苗面积(千公顷)	Area of Tending Seedlings (1 000 hectares)	18.21	28.65	28.55	59.51	34.94	84.42
当年苗木产量(万株)	Output of Nursery Stock(10 000 trees)		201169	192510	185463	153503	221244
幼林抚育作业面积(千公顷)	Area of Tending Growing Forest (1 000 hectares)	978.01	1239.02	1080.03	1066.68	973.16	586.73
成林抚育面积(千公顷)	Area of Tending Forest (1 000 hectares)	694.79	959.92	1188.69	1160.76	951.21	710.16
主要林产品产量	**Output of Major Forest Products**						
生漆(吨)	Lacquer (ton)	569	955	1414	1563	2034	2045
油桐籽(吨)	Tung-oil Seeds (ton)	57054	45802	66640	72416	120701	115872
油茶籽(吨)	Tea-oil Seeds (ton)	3270	8079	17893	19347	20823	22375
乌桕籽(吨)	Tallow-seeds (ton)	1157	2557	10086	11426	11631	11075
五倍子(吨)	Chinese Gall (ton)	934	1709	3287	3350	3986	4075
村及村以下竹木采伐量	**Fall of Bamboo and Tree in Rural Areas**						
木材(万立方米)	Wood (10 000 cu.m)	306.00	55.94	151.62	110.34	149.67	279.00
竹材(万根)	Bamboo (10 000 units)	158.00	506.50	55.02	451.17	76.50	167.50

13-31 各市林业生产情况(2011年)

Conditions of Forestry Production by City (2011)

单位：千公顷 (1 000 hectares)

市 City	当年造林面积 Current New Forest Area	#人工造林 By Manpower	#用材林 Timber Forest	#经济林 Economic Forest	#防护林 Shelter Forest
省辖市 City					
郑州市 Zhengzhou	12.94	9.02	1.01	3.20	8.72
开封市 Kaifeng	9.92	9.92	3.51	0.91	5.50
洛阳市 Luoyang	24.40	19.40	4.55	6.53	13.32
平顶山市 Pingdingshan	7.46	4.92	1.72	1.51	4.23
安阳市 Anyang	7.20	3.73	0.93	0.32	5.95
鹤壁市 Hebi	12.47	12.47	1.68	0.73	10.07
新乡市 Xinxiang	8.87	8.31	2.05	0.72	6.10
焦作市 Jiaozuo	6.47	6.16	1.42	0.13	4.93
濮阳市 Puyang	14.12	14.12	5.08	1.05	7.99
许昌市 Xuchang	10.20	8.32	4.30	0.53	5.37
漯河市 Luohe	2.81	2.81	1.73	0.09	0.99
三门峡市 Sanmenxia	21.27	16.60	3.27	1.91	16.09
南阳市 Nanyang	48.06	37.01	3.97	3.78	40.31
商丘市 Shangqiu	6.72	6.72	3.07	0.35	3.30
信阳市 Xinyang	22.61	16.52	10.37	5.09	6.24
周口市 Zhoukou	4.85	4.85	2.09	0.73	2.04
驻马店市 Zhumadian	13.65	9.56	6.04	0.74	6.87
济源市 Jiyuan	3.74	3.07	0.07	0.45	2.55
省直管县 Province Administrating County					
巩义市 Gongyi	0.72	0.72	0.30	0.21	0.21
兰考县 Lankao	1.70	1.70	0.71	0.43	0.56
汝州市 Ruzhou	2.70	1.70	0.17	0.07	2.47
滑县 Huaxian	0.68	0.68	0.39	0.29	
长垣县 Changyuan	0.67	0.67	0.04	0.29	0.34
邓州市 Dengzhou	1.13	1.13			1.13
永城市 Yongcheng	0.90	0.90			0.90
固始县 Gushi	1.91	1.17	0.22	0.15	1.53
鹿邑县 Luyi	0.34	0.34			0.34
新蔡县 Xincai	0.22	0.22	0.22		

13-31 续表 continued

单位：千公顷 (1 000 hectares)

市 City	封山育林面积 Area of Close Hillsides to Facilitate Afforestation	零星(四旁)植树(万株) Planting Trees Piecemeal (10 000 trees)	当年苗木产量(万株) Area of Tending Forest (10 000 trees)	幼林抚育作业面积 Area of Tending Growing Forest	成林抚育面积 Area of Tending Forest
省辖市 City					
郑州市 Zhengzhou	4.51	661.50	16776.87	10.92	30.52
开封市 Kaifeng		784.50	1530.41	2.82	12.48
洛阳市 Luoyang	79.44	1154.02	24239.40	2.16	3.51
平顶山市 Pingdingshan	9.43	1899.50	4148.04	2.00	7.16
安阳市 Anyang	10.40	780.10	11025.97	44.53	4.30
鹤壁市 Hebi	54.60	356.00	3187.10	8.01	8.88
新乡市 Xinxiang	13.23	1104.00	4016.10		1.18
焦作市 Jiaozuo	6.12	344.50	3807.03	9.32	42.37
濮阳市 Puyang		221.69	3003.21	57.53	48.70
许昌市 Xuchang	2.73	1635.85	38935.75	19.19	23.42
漯河市 Luohe		496.16	3416.70	12.46	15.19
三门峡市 Sanmenxia	62.42	1188.60	21237.10	2.06	56.78
南阳市 Nanyang	74.73	5227.80	32874.90	267.87	270.68
商丘市 Shangqiu		1051.00	9094.40	8.22	10.24
信阳市 Xinyang	69.03	2350.10	23484.31	123.49	111.46
周口市 Zhoukou		2591.60	11830.00	9.36	32.68
驻马店市 Zhumadian	9.49	1906.50	6557.98	6.78	28.62
济源市 Jiyuan	6.40		2079.00		2.00
省直管县 Province Administrating County					
巩义市 Gongyi			3235.00		1.14
兰考县 Lankao		120.00	476.20	1.31	8.00
汝州市 Ruzhou	2.93	860.00	1110.04		1.00
滑县 Huaxian		260.00	957.70		0.36
长垣县 Changyuan			261.80		0.02
邓州市 Dengzhou	0.33	600.00	629.90	3.60	5.33
永城市 Yongcheng		271.00	1053.75	3.00	1.36
固始县 Gushi	0.73	200.00	1763.90		1.78
鹿邑县 Luyi		55.00	228.00	3.00	
新蔡县 Xincai		197.50	820.00		6.60

13-32 历年牧渔业产量

Output of Animal Husbandry and Fishery over the Years

年份 Year	肉类产量(万吨) Total Output of Meat (10 000 tons)	#猪肉 Pork	#牛肉 Beef	#羊肉 Mutton	大牲畜年底头数(万头) Number of Livestock at Year-end (10 000 units)	#役畜 Draught Animals	猪年底头数(万头) Hogs (10 000 units)	禽蛋产量(万吨) Poultry Eggs (10 000 tons)	水产品产量(万吨) Total Aquatic Products (10 000 tons)
1978	45.64	42.20			515.03	401.70	1724.90		2.47
1979	55.14	50.00			521.50	400.40	1592.30		2.30
1980	55.03	49.45	0.69	2.88	541.99	423.75	1474.24	15.86	2.91
1981	51.58	44.30	0.60	3.36	607.00	498.90	1386.50	16.31	3.00
1982	54.26	47.60	0.52	3.46	671.50	542.10	1310.70	16.75	3.25
1983	51.33	43.70	0.88	3.41	704.70	562.20	1195.70	21.41	3.78
1984	58.59	49.60	1.83	3.31	794.70	615.70	1327.00	31.38	4.89
1985	71.83	61.08	3.01	3.38	886.35	664.55	1621.74	37.15	6.37
1986	79.42	65.00	5.50	3.70	957.44	708.10	1539.41	37.32	6.61
1987	86.63	66.10	8.90	5.00	1000.82	738.44	1404.72	43.55	7.62
1988	103.75	76.87	12.24	6.48	1069.20	779.57	1586.18	50.43	9.39
1989	121.53	88.11	15.26	7.89	1111.56	794.04	1680.22	53.62	9.83
1990	134.86	97.45	18.16	8.05	1116.33	798.30	1750.32	59.58	10.48
1991	157.95	108.73	24.82	7.76	1102.10	782.25	1820.80	73.81	10.77
1992	171.66	119.23	25.67	7.96	1135.50	794.90	1959.70	79.29	11.55
1993	203.51	137.60	32.64	9.90	1211.00	843.00	2085.00	95.58	13.83
1994	253.31	165.81	44.00	12.57	1329.18	919.79	2325.17	125.28	15.84
1995	333.00	210.37	64.39	21.10	1420.45	985.76	2667.72	140.01	18.09
1996	347.72	225.63	59.45	21.72	1089.14	783.00	2229.67	154.54	20.51
1997	403.00	256.12	64.88	25.23	1420.87	857.03	2931.91	201.40	23.88
1998	461.63	297.86	76.71	28.00	1416.84	803.70	3439.66	229.34	27.02
1999	485.11	313.95	82.21	29.96	1448.42	530.60	3556.43	251.82	28.83
2000	517.00	337.88	83.00	32.00	1445.73	482.84	3787.69	270.00	32.17
2001	540.65	343.77	89.23	34.51	1435.93	479.53	3672.07	286.00	31.46
2002	570.01	366.49	89.20	37.85	1409.78	437.03	3800.00	302.00	36.22
2003	603.55	386.00	93.00	42.00	1469.45	430.00	3917.80	326.20	38.95
2004	643.00	412.37	98.33	44.06	1491.19	427.00	4152.87	347.40	42.70
2005	689.00	441.20	102.75	47.38	1508.80	412.90	4439.00	375.30	51.68
2006	584.60	391.30	82.00	23.80	1114.26	410.12	3953.30	329.50	61.43
2007	542.90	339.00	82.10	25.30	1081.93	353.76	4185.50	336.70	74.74
2008	584.50	367.10	84.10	26.50	1097.55	251.62	4462.00	173.60	85.68
2009	615.10	389.60	84.00	25.90	1080.11	216.55	4528.90	382.90	92.94
2010	638.40	408.30	83.00	25.20	1044.80	290.20	4547.00	388.60	99.41
2011	641.65	406.40	82.00	24.80	988.60	257.67	4569.00	390.50	102.90

13-33 畜禽产品年末存栏数量及产量

Number of Livestock Year-end and Output of Livestock Products

单位：万头、万只 (10 000 units)

指标	Item	1980	1990	2000	2005	2010	2011
年底存栏总头数	**Number of Livestock at Year-end**						
#大牲畜	**Large Livestock**	**542.00**	**1116.30**	**1445.70**	**1508.80**	**1044.80**	**988.60**
#从事农事劳役	Draught Animals	423.80	798.30	482.80	412.90	290.20	257.67
牛	Cow	339.60	892.50	1340.20	1447.00	1010.20	955.00
#肉牛	Cattle	177.70		282.80	514.06	634.20	612.91
#乳牛	Dairy	0.90	1.90	6.70	31.22	98.50	96.07
马	Horse	52.20	39.20	29.30	17.29	13.10	12.60
驴	Donkey	94.30	120.90	49.50	29.60	16.10	16.33
骡	Mule	55.90	63.70	26.80	14.91	5.40	4.67
猪	Pig	1474.20	1750.30	3787.70	4439.00	4547.00	4569.00
羊	Sheep	1147.80	1279.50	2961.40	3988.00	1895.40	1865.00
山羊	Goat	764.80	1129.50	2730.10	3509.00	1794.90	1785.00
绵羊	Sheep	383.00	150.00	231.30	479.00	100.50	80.00
家禽	Poultry		19849.90	42529.00	61958.00	62104.00	64642.00
猪牛羊出栏头数	**Slaughtered Fattened Hogs, Cattle and Sheep**						
肉猪(万头)	Hogs (10 000 units)	684.70	1182.40	4180.00	5568.00	5390.50	5361.20
肉用牛(万头)	Cattle (10 000 units)	9.00	167.90	578.00	702.64	551.90	545.00
肉用羊(万只)	Sheep and Goats (10 000 units)	289.10	834.00	2903.80	4225.00	2114.70	2050.00
肉用禽(万只)	Poultry (10 000 units)					85101.71	88850.00
肉类总产量(万吨)	**Total Output of Meat (10 000 tons)**	**55.00**	**134.90**	**517.00**	**689.00**	**638.40**	**641.65**
#猪肉	Pork	49.40	97.40	337.90	441.20	408.30	406.40
牛肉	Beef	0.70	18.20	83.00	102.75	83.00	82.00
羊肉	Mutton	2.90	8.10	32.00	47.38	25.20	24.80
禽肉	Meat of Poultry	1.90	9.40	55.00	87.51	105.80	111.40
兔肉	Rabbit	0.10	0.30	4.20	5.66	8.40	8.92
其他畜产品产量	**Others Output of Livestock Products**						
奶类总产量(万吨)	Output of Milk (10 000 tons)	2.20	7.40	20.20	108.50	307.90	321.14
牛奶	Cow Milk	0.80	2.70	16.10	104.00	290.90	306.60
羊奶	Sheep Milk	1.40	4.70	4.10	5.00	17.00	14.54
羊毛总产量(吨)	Output of Wool (ton)	10708	6745	10844	14335	14165	14020
山羊毛	Goat Wool	771	1372	2858	2873	5235	5770
绵羊毛	Sheep Wool	9937	5373	7986	11462	8930	8250
羊绒产量(吨)	Cashmere (ton)	52	102	277	7135	933	859
蜂蜜产量(吨)	Honey (ton)	5287	11908	23105	27441	98265	99700
禽蛋产量(万吨)	Poultry Eggs (10 000 tons)	15.90	59.60	270.00	375.30	388.60	390.50
蚕茧产量(吨)	Output of Silkworm Cocoons (ton)			15190	20366	28254	26129
#桑蚕茧	Mulberry Silkworm Cocoons			12560	14803	21052	19063
柞蚕茧	Tussore Silkworm Cocoons			2630	5563	7202	7066

13-34 生猪分品种生产情况(2011年)

Output of Pig by variety(2011)

单位：万头 (10 000 units)

指标名称	Ttem	合计 Total	规模以上养殖 Cultured Above Designated Size	规模以下养殖 Cultured Below Designated Size
期末存栏合计	Number of Livestock at Year-end	4569.00	1460.73	3108.27
#已接受防疫头数	Accept epidemic prevention Animals	4133.05	1436.43	2696.61
15公斤以下仔猪	Piglets under 15kg heavy	1224.25	399.72	824.53
待育肥猪	Fatten pigs	2806.01	885.55	1920.45
#50公斤以上	Above 50kg heavy	1439.63	504.45	935.18
种猪	Audubon	538.74	175.46	363.28
#能繁殖母猪	Breeding sows	486.00	152.43	333.57
#已投保险数	Cast Insurance	235.86	86.32	149.54
期内增加头数	Increases in this Period	6073.02	1961.59	4111.43
#自繁	Breeding	5318.75	1844.48	3474.27
购进	purchase	754.27	117.11	637.16
期内减少头数	Decreases in this Period	6051.02	1996.84	4054.18
自宰肥猪头数	Slaughterings	21.78	1.60	20.19
出售肥猪头数	Selling	5339.42	1884.81	3454.60
出售肥猪重量(万吨)	Sales Weight(10 000 tons)	566.84	197.15	369.69
出售肥猪金额(亿元)	Sales Amount(100 million yuan)	924.52	322.15	602.37
其他原因减少	Others	689.82	110.42	579.40
#出售15公斤以下仔猪头数	Selling Piglets under 15kg heavy	336.63	34.45	302.18
出售15公斤以下仔猪重量(万公斤)	Sales Weight(10 000kg)	4376.22	461.66	3914.56
出售15公斤以下仔猪金额(万元)	Sales Amount(10 000yuan)	125466.17	14597.68	109671.76
平均每头肥猪出售重量(公斤/头)	Average Sales Weight of Fatten pigs(kg/unit)	106.16	104.60	107.01
平均每头肥猪出售价格(元/公斤)	Average Sales Price of Fatten pigs(yuan/kg)	16.31	16.34	16.29
平均每头仔猪出售重量(公斤/头)	Average Sales Weight of Fatten pigs(kg/unit)	13.00	13.40	12.95
平均每头仔猪出售价格(元/公斤)	Average Sales Price of Fatten pigs(yuan/kg)	28.67	31.62	28.02
猪肉产量(万吨)	Total Output of Pork(10 000 tons)	406.40	142.43	263.97

注：规模标准采用国家统计局畜禽监测调查规定河南的标准为年末存栏量650头及以上。
a)Standard of Scale Above Designated Size refers to Number of Livestock at Year-end above 650 units.

13-35 牛分品种生产情况(2011年)
Output of Cattle by variety(2011)

单位：万头 (10 000 units)

指标名称	Ttem	合计 Total	规模以上养殖 Cultured Above Designated Size	规模以下养殖 Cultured Below Designated Size
期末存栏头数	Number of Livestock at Year-end	955.00	150.24	804.76
#肉牛	Cattle	612.90	33.00	579.90
奶牛	Cow	96.10	92.24	3.86
#在产奶牛	Producing	54.83	54.34	0.49
期内增加头数	Increases in this Period	504.35	69.70	434.65
#自繁	Breeding	246.58	21.64	224.93
#肉牛	Cattle	212.79	5.56	207.23
奶牛	Cow	18.00	14.54	3.46
购进	Purchase	256.71	47.05	209.67
#肉牛	Cattle	242.34	40.88	201.45
奶牛	Cow	4.26	3.51	0.75
期内减少头数	Decreases in this Period	559.55	75.04	484.51
#自宰肉牛	Slaughterings	8.90	3.32	5.58
出售肉牛	Selling	536.10	63.80	472.31
出售肉牛重量(万吨)	Sales Weight(10 000 tons)	194.77	28.50	166.27
出售肉牛金额(亿元)	Sales Amount(100 million yuan)	332.76	48.79	283.97
牛奶产量(万吨)	Output of Milk(10 000 tons)	306.60	283.61	23.00
平均每头肉牛出售重量(公斤/头)	Average Sales Weight of Cattle(kg/unit)	363.30	446.67	352.04
出售肉牛平均价格(元/公斤)	Average Sales Price of Cattle(yuan/kg)	17.08	17.12	17.06
牛肉产量(万吨)	Total Output of Beef (10 000 tons)	82.00	10.09	71.91

注：规模标准采用国家统计局畜禽监测调查规定河南的标准为年末存栏量270头及以上。
a)Standard of Scale Above Designated Size refers to Number of Livestock at Year-end above 270 units.

13-36 羊分品种生产情况(2011年)

Output of Sheep by variety(2011)

单位：万只 (10 000 units)

指标名称	Ttem	合计 Total	规模以上养殖 Cultured Above Designated Size	规模以下养殖 Cultured Below Designated Size
期末存栏只数	Number of Livestock at Year-end	1865.00	15.97	1849.03
山羊	Goat	1785.00	11.89	1773.11
绵羊	Sheep	80.00	3.76	76.24
期内增加只数	Increases in this Period	2040.31	20.40	2019.90
#自繁	Breeding	1632.25	13.26	1618.98
山羊	Goat	1566.96	9.02	1557.94
绵羊	Sheep	65.29	4.24	61.05
购进	Purchase	408.06	6.94	401.12
山羊	Goat	359.09	4.30	354.79
绵羊	Sheep	48.97	2.64	46.33
期内减少只数	Decreases in this Period	2070.71	20.71	2050.00
#自宰	Slaughterings	41.41	0.48	40.94
出售	Selling	2008.59	24.10	1984.48
出售重量(万吨)	Sales Weight(10 000 tons)	44.19	0.79	43.40
出售金额(亿元)	Sales Amount(100 million yuan)	106.28	1.77	104.51
羊毛产量(吨)	Output of Wool (ton)	14020.00	1249.70	12770.30
羊绒产量(吨)	Output of Cashmere (ton)	858.80	5.80	853.00
平均每只羊出售重量(公斤/只)	Average Sales Weight of sheep(kg/unit)	22.00	32.77	21.87
出售羊平均价格(元/公斤)	Average Sales Price of sheep(yuan/kg)	24.05	22.41	24.08
羊肉产量(万吨)	Total Output of Mutton (10 000 tons)	24.80	0.45	24.35

注：规模标准采用国家统计局畜禽监测调查规定河南的标准为年末存栏量2500只及以上。
a)Standard of Scale Above Designated Size refers to Number of Livestock at Year-end above 2500 units.

13-37 各市牲畜饲养情况(2011年底)

市(县)	City(County)	大牲畜年底头数(万头) Number of Large Animals (year-end) (10 000 units)	#役畜 Draught Animals	牛(万头) Cattle's (10 000 units)	马(万头) Horses (10 000 units)	驴(万头) Donkeys (10 000 heads)
省辖市	**City**					
郑州市	Zhengzhou	26.69	2.94	26.12	0.15	0.36
开封市	Kaifeng	56.83	0.02	55.70	0.25	0.69
洛阳市	Luoyang	66.33	15.75	65.80	0.17	0.26
平顶山市	Pingdingshan	79.81	12.18	73.30	2.95	2.56
安阳市	Anyang	29.22	1.19	28.30	0.08	0.74
鹤壁市	Hebi	5.07	0.30	4.57	0.11	0.21
新乡市	Xinxiang	47.57	0.04	46.20	0.33	0.54
焦作市	Jiaozuo	24.93		24.90		0.03
濮阳市	Puyang	26.43	1.34	24.70	0.62	0.77
许昌市	Xuchang	51.89	2.92	49.50	0.50	1.71
漯河市	Luohe	13.45	0.27	13.20	0.13	0.07
三门峡市	Sanmenxia	39.20	18.80	39.20	0.00	0.00
南阳市	Nanyang	154.53	43.39	148.20	2.70	3.09
商丘市	Shangqiu	92.05		90.30	0.84	0.81
信阳市	Xinyang	58.70	30.23	58.70		
周口市	Zhoukou	73.54	0.32	72.30	0.40	0.53
驻马店市	Zhumadian	138.55	14.42	131.00	3.36	3.18
济源市	Jiyuan	3.50	0.25	3.50		
省直管县	**Province Administrating County**					
巩义市	Gongyi	0.81	0.33	0.77	0.01	0.02
兰考县	Lankao	11.00		10.51	0.06	0.42
汝州市	Ruzhou	26.41	6.76	22.42	1.49	1.59
滑县	Huaxian	15.52		15.40	0.03	0.08
长垣县	Changyuan	5.35	0.01	5.25	0.06	0.03
邓州市	Dengzhou	30.42	5.32	30.30	0.04	0.05
永城市	Yongcheng	17.83		17.50	0.02	0.30
固始县	Gushi	6.33	3.28	6.33		
鹿邑县	Luyi	9.46	0.01	9.42		0.04
新蔡县	Xincai	32.26	2.33	29.82	1.30	0.60

Number of Livestock by City (End of 2011)

骡 (万头) Mules (10 000 units)	猪年底头数 (万头) Hogs (year-end) (10 000 units)	羊年底只数 (万只) Sheep and Goats (year-end) (10 000 units)	#山羊 Goats	家禽 (万只) Poultry (10 000 units)	兔 (万只) Rabbits (10 000 units)
0.06	169.70	49.20	44.19	3241.88	82.03
0.19	330.61	152.21	146.60	3319.31	107.42
0.10	203.00	71.71	43.30	2400.97	254.33
1.00	270.55	100.94	76.35	2957.68	91.63
0.11	189.00	72.27	62.95	4102.54	67.43
0.18	81.09	32.15	24.95	3720.84	21.35
0.50	260.07	65.36	44.18	4050.55	149.79
	148.65	43.05	6.54	2709.89	72.61
0.34	138.12	70.82	48.98	3257.40	150.60
0.18	260.24	81.93	79.33	2718.93	87.78
0.05	210.42	20.29	19.40	1950.14	156.22
	70.22	32.38	18.81	1036.82	8.65
0.53	544.93	260.71	251.31	6000.06	336.19
0.10	335.64	300.32	297.67	5816.52	75.05
	299.78	74.89	74.89	6141.26	42.71
0.31	483.87	244.13	243.91	4890.44	132.99
1.01	660.74	188.62	187.31	6081.50	650.84
	42.65	4.05	2.21	244.22	27.25
0.01	18.67	2.81	2.19	117.70	6.11
0.01	64.55	21.00	19.95	426.43	35.77
0.91	64.93	13.45	9.50	664.47	11.74
0.02	26.76	34.15	31.21	959.80	9.66
0.01	20.23	8.03	7.48	443.76	23.22
0.03	100.09	49.11	44.23	1256.23	22.12
0.01	38.37	50.00	50.00	1306.37	13.34
	62.91	26.56	26.56	1913.23	14.00
	53.86	19.57	19.57	511.94	2.01
0.54	70.70	29.10	29.10	1082.51	239.80

13-38 各市畜产品产量(2011年)

市(县) City(County)	猪牛羊出栏头(只)数 Slaughtered Fattened Hogs,Cattle and Sheep			肉类总产量(万吨) Total Output of Meat (10 000 tons)			
	猪(万头) Hogs (10 000 heads)	牛(万头) Cattle (10 000 heads)	羊(万只) Sheep and Goats (10 000 units)		#猪肉 Pork	#牛肉 Beef	#羊肉 Mutton
省 辖 市 City							
郑 州 市 Zhengzhou	209.97	13.91	53.58	24.15	15.85	2.11	0.70
开 封 市 Kaifeng	336.91	37.36	180.80	36.82	25.61	5.62	2.19
洛 阳 市 Luoyang	211.00	33.60	57.85	24.64	16.00	5.08	0.70
平 顶 山 市 Pingdingshan	321.00	37.20	99.85	37.02	23.49	5.61	1.21
安 阳 市 Anyang	195.28	7.37	59.51	21.20	14.26	1.11	0.72
鹤 壁 市 Hebi	102.78	2.32	40.37	23.47	7.86	0.35	0.49
新 乡 市 Xinxiang	327.80	25.31	96.93	35.34	23.90	3.81	1.18
焦 作 市 Jiaozuo	159.29	18.59	36.37	19.39	11.57	2.80	0.46
濮 阳 市 Puyang	156.91	11.41	90.57	22.96	11.80	1.77	1.12
许 昌 市 Xuchang	370.00	25.53	91.21	37.07	27.29	3.87	1.15
漯 河 市 Luohe	334.60	8.65	23.23	27.78	22.97	1.30	0.28
三 门 峡 市 Sanmenxia	70.93	14.66	23.05	8.09	4.94	2.21	0.27
南 阳 市 Nanyang	573.31	92.00	303.99	68.93	43.54	13.85	3.68
商 丘 市 Shangqiu	406.70	65.30	323.00	51.87	30.94	9.84	3.92
信 阳 市 Xinyang	372.27	20.93	81.84	58.82	31.07	3.15	0.99
周 口 市 Zhoukou	580.30	58.48	291.93	67.39	44.49	8.80	3.53
驻 马 店 市 Zhumadian	753.52	74.70	190.25	79.73	55.80	11.25	2.32
济 源 市 Jiyuan	59.71	1.99	4.08	4.74	4.00	0.31	0.05
省 直 管 县 Province Administrating County							
巩 义 市 Gongyi	24.62	0.71	2.21	2.32	1.91	0.10	0.03
兰 考 县 Lankao	35.88	6.42	25.97	4.54	2.72	0.96	0.30
汝 州 市 Ruzhou	74.89	9.88	12.59	8.71	5.62	1.48	0.15
滑 县 Huaxian	31.71	4.85	30.56	4.58	2.38	0.72	0.35
长 垣 县 Changyuan	25.05	3.83	17.38	3.76	1.88	0.61	0.22
邓 州 市 Dengzhou	102.97	23.16	54.14	13.61	7.98	3.61	0.65
永 城 市 Yongcheng	47.59	13.14	66.32	8.36	3.57	1.97	0.95
固 始 县 Gushi	85.38	1.33	31.91	14.30	7.27	0.17	0.37
鹿 邑 县 Luyi	66.54	5.68	21.94	6.85	4.77	0.83	0.25
新 蔡 县 Xincai	73.77	16.21	27.39	10.17	5.53	2.43	0.33

Output of Livestock Products by City (2011)

奶类总产量 (吨) Total Output of Milk (ton)	#牛奶 Cow Milk	蜂 蜜 (吨) Honey (ton)	禽 蛋 (万吨) Poultry Eggs (10 000 ton)	绵羊毛 (吨) Sheep Wool (ton)	#细羊毛 Fine Wool	山羊毛 (吨) Goat Wool (ton)
503266	467000	367	21	182	143	61
254987	252800	73	25	366	1	
414526	381500	6975	14	1311	342	394
221481	220200	395	14	2421	83	1090
83710	83700	185	28	487	3	18
98200	98200	27	15	54	18	78
330025	330000	363	35	435	58	150
238187	237540	143	28	368	5	52
73070	73000		28	1282		12
75523	74000	549	22	190	31	32
148806	148600	26	12	19		
40450	40000	2801	5	529	14	389
316238	247230	30655	33	437	60	1705
290100	290000	187	28			1400
1972	1972	10080	24			
119060	119000	134	25	11	10	16
69520	69000	46090	32	119	106	331
31000	31000	603	3	41		42
5061	5061	51	1	8	1	7
18037	16000		3	3	1	
40230	40230	2	6	20	8	17
10700	10700		8	168		
26025	26000	23	4	166	48	50
15165	14922	262	7	34	9	56
5081	5081		5			
1300	1300	2	8			
2412	2412		3			
9628	9628	3850	4			

13-39 渔业生产情况
Output of Aquatic Products

项 目	Item	1980	1990	1995	2000	2005	2010	2011
水产品产量(万吨)	**Output of Aquatic Products**							
	(10 000 tons)	**2.91**	**10.48**	**18.09**	**32.17**	**51.68**	**99.41**	**102.93**
鱼类	Fish	2.85	10.22	17.68	31.08	49.75	95.07	99.44
甲壳类	Crustaceans	0.04	0.17	0.23	0.66	1.45	3.12	2.60
贝类	Shellfish	0.02	0.09	0.04	0.11	0.14	0.28	0.26
其他	Others			0.14	0.32	0.34	0.94	0.64
淡水捕捞	Freshwater Fishing		1.09	1.18	1.94	3.46	5.56	5.95
鱼类	Fish			0.92	1.23	2.56	4.25	4.98
甲壳类	Crustaceans			0.17	0.54	0.79	1.17	0.84
贝类	Shellfish			0.03	0.11	0.08	0.14	0.13
其他	Others			0.06	0.06	0.03	0.01	0.00
淡水养殖	Freshwater Cultured	2.12	9.38	16.91	30.23	48.22	93.85	96.99
鱼类	Fish			16.76	29.84	47.19	90.83	94.46
甲壳类	Crustaceans			0.06	0.13	0.65	1.95	1.77
贝类	Shellfish			0.02		0.07	0.14	0.13
其他	Others			0.07	0.26	0.31	0.93	0.63
淡水养殖面积(千公顷)	**Freshwater Aquaculture**							
	Ware(1000 hectares)	**147.56**	**161.76**	**174.27**	**189.15**	**229.95**	**259.90**	**264.84**
池塘养殖	Pond	57.53	70.82	82.14	91.65	103.80	124.83	128.15
湖泊养殖	Lakes	3.85	3.63	3.57	2.92	4.05	3.63	3.48
河沟养殖	rivulet	4.09	3.90	3.15	3.63	6.35	9.84	11.19
水库养殖	Reservoir	82.09	81.58	84.80	90.40	114.92	121.33	121.83
其他	Others		1.83	0.60	0.55	0.83	0.27	0.20

注：淡水养殖面积合计中不包括稻田养殖面积。
a) Data on Freshwater Aquaculture Ware do not include Rice breeding.

13-40 各市渔业生产情况(2011年)
Output of Aquatic Products by City (2011)

市(县) City(County)	养殖面积(公顷) Aquaculture area (hectares)	水产品总产量(吨) Output of Aquatic Products (ton)	捕捞产量 Fishing	养殖产量 Cultured	鱼类 Fish	甲壳类 Crustaceans	贝类 Shellfish	其他 Others
省辖市 City								
郑州市 Zhengzhou	9426	144241	28	144213	143919	55		267
开封市 Kaifeng	5813	50429	323	50106	49648	48	3	730
洛阳市 Luoyang	30046	43334	4784	38550	43103	224	1	6
平顶山市 Pingdingshan	15271	41272	1070	40202	40745	419	35	73
安阳市 Anyang	2366	11374	436	10938	11369	1		4
鹤壁市 Hebi	1890	10538	243	10295	10514	10		14
新乡市 Xinxiang	3980	50749	208	50541	50626	3		120
焦作市 Jiaozuo	1516	15000	60	14940	14990			10
濮阳市 Puyang	1968	14060	600	13460	13855	205		
许昌市 Xuchang	3040	9200	380	8820	8950	170		80
漯河市 Luohe	1667	9007	589	8418	8916	79	1	11
三门峡市 Sanmenxia	2980	11343	3241	8102	11194	39		110
南阳市 Nanyang	50403	119700	4754	114946	117072	1703	130	795
商丘市 Shangqiu	10954	78962	2658	76304	77302	1414		246
信阳市 Xinyang	70734	235596	15859	219737	213185	16978	1836	3597
周口市 Zhoukou	17466	60514	7617	52897	59640	769	79	26
驻马店市 Zhumadian	35040	110028	14604	95424	105517	3766	474	271
济源市 Jiyuan	280	14000	2000	12000	13830	170		
省直管县 Province Administrating County								
巩义市 Gongyi	146	1350		1350	1340	6		4
兰考县 Lankao	700	3110	60	3050	3056	15	3	36
汝州市 Ruzhou	574	2670	14	2656	2665	5		
滑县 Huaxian	139	495		495	495			
长垣县 Changyuan	378	4000	190	3810	3997	3		
邓州市 Dengzhou	3393	9500	100	9400	9500			
永城市 Yongcheng	1955	14950	653	14297	14835	106		9
固始县 Gushi	11567	44993	4484	40509	42978	1558	48	409
鹿邑县 Luyi	2620	5487	1638	3849	4941	546		
新蔡县 Xincai	3213	9843	1207	8636	9549	229	61	4

主要统计指标解释

农林牧渔业增加值 农林牧渔业增加值是指农、林、牧、渔业生产货物及农林牧渔服务业提供服务活动所增加的价值，为农林牧渔业现价总产值扣除农林牧渔业现价中间投入后的余额，是农、林、牧、渔及其服务业各单位生产经营对社会所作的贡献。从宏观上来说，农林牧渔业增加值是计算国内生产总值的基础；从微观上来说，农林牧渔业增加值能客观反映农林牧渔业各生产单位或行业的投入、产出、效益、速度和收入等情况。

粮食产量 指全社会的产量。包括国有经济经营的、集体统一经营的和农民家庭经营的粮食产量，还包括工矿企业办的农场和其他生产单位的产量。粮食除包括稻谷、小麦、玉米、高粱、谷子及其他杂粮外，还包括薯类和豆类。其产量计算方法，豆类按去豆荚后的干豆计算；薯类(包括甘薯和马铃薯，不包括芋头和木薯)1963 年以前按每 4 公斤鲜薯折 1 公斤粮食计算，从 1964 年开始改为按 5 公斤鲜薯折 1 公斤粮食计算。城市郊区作为蔬菜的薯类(如马铃薯等)按鲜品计算，并且不作粮食统计，河南省粮食产量中也不包括马铃薯产量。其他粮食一律按脱粒后的原粮计算。

油料产量 指全部油料作物的生产量。包括花生、油菜籽、芝麻、向日葵籽、胡麻籽（亚麻籽）和其他油料。不包括大豆、木本油料和野生油料。花生以带壳干花生计算。

水产品产量 指人工养殖的水产品和天然生长的水产品的捕捞量。包括海水的鱼类、虾蟹类、贝类和藻类以及内陆水域的鱼类、虾蟹类和贝类，不包括淡水生植物。

猪、牛、羊肉产量 指当年出栏并已屠宰、除去头蹄下水后带骨肉(即胴体重)的重量。

期初(末)畜禽存栏头(只)数 指报告期初(末)农村各种合作经济组织和国营农场、农民个人、机关、团体、学校、工矿企业、部队等单位以及城镇居民饲养的大牲畜、猪、羊、家禽等畜禽的存栏数。

常用耕地 是指耕地总资源中专门种植农作物并经常进行耕种、能够正常收获的土地。包括当年实际耕种的熟地; 弃耕、休闲不满三年，随时可以复耕的地; 开荒利用三年以上的地。不包括临时种植农作物的坡度在 25 度以上的陡坡地; 在河套、湖畔、库区临时开发的成片或零星土地; 也不包括已列为国家和省（区、市）退耕计划但临时耕种的土地。

农作物播种面积 指实际播种或移植有农作物的面积。凡是实际种植有农作物的面积，不论种植在耕地上还是种植在非耕地上，均包括在农作物播种面积中。在播种季节基本结束后，因遭灾而重新改种和补种的农作物面积，也包括在内。

有效灌溉面积 指具有一定的水源，地块比较平整，灌溉工程或设备已经配套，在一般年景下当年能够进行正常灌溉的耕地面积。

农用化肥施用量 指本年内实际用于农业生产的化肥数量，包括氮肥、磷肥、钾肥和复合肥。化肥施用量要求按折纯量计算数量。折纯量是指把氮肥、磷肥、钾肥分别按含氮、含五氧化二磷、含氧化钾的百分之一百成份进行折算后的数量。复合肥按其所含主要成分折算。

农业机械总动力 指主要用于农、林、牧、渔业的各种动力机械的动力总和。包括耕作机械、排灌机械、收获机械、农用运输机械、植物保护机械、牧业机械、林业机械、渔业机械和其他农业机械〔内燃机按引擎马力折成瓦(特)计算、电动机按功率折成瓦(特)计算〕。不包括专门用于乡镇、村、组办工业、基本建设、非农业运输、科学试验和教学等非农业生产方面用的动力机械与作业机械。

农林牧渔业劳动力 指全社会直接参加农林牧渔业生产活动的劳动力。

乡村从业人员 指乡村人口中劳动年龄在 16 周岁以上实际参加生产经营活动并取得实物或货币收入的人员，包括劳动年龄内经常参加劳动的人员，也包括超过劳动年龄但经常参加劳动的人员，但不包括户口在家的在外学生、现役军人和丧失劳动能力的人，也不包括待业人员和家务劳动者。从业人员按从事主业时间最长(时间相同按收入)分为农业从业人员、工业从业人员、建筑从业人员、交运仓储及邮电业从业人员、信息传输、计算机服务和软件业从业人员、批发与零售业、从业人员、住宿和餐饮业从业人员、其它从业人员。

Explanatory Notes on Main Statistical Indicators

Value Added of Farming, Forestry, Animal Husbandry and Fishery refers to new increasing value through farming, forestry, animal husbandry and fishery and services for farming, forestry, animal husbandry and fishery minus their intermediate consumption. That is the devotion to the society of the unit. It's a base to calculate GDP in macroscopic. It reflects input and output. results, rate and income of the units in microscopic.

Grain Yield refers to the yield in the whole country including grains produced by state farms, collective units, industrial enterprises and mines. Grain includes rice, wheat, corn, sorghum, millet and other miscellaneous grains as well as tubers and beans. Output of beans refers to dry beans without pods. The output of tubers (sweet potatoes and potatoes, not including taros and cassava) was converted into that of grain at the ratio 4:1, i.e. 4 kilograms of fresh tubers was equivalent to 1 kilogram of grain up to 1963.Since 1964 the ratio for conversion has been 5:1. Tubers supplied as vegetables (such as potatoes) in cities and suburbs are calculated as fresh vegetables and their output is not included in the output of grain. Output of all other grains refers to husked grain.

Yield of Oil-bearing Crops refers to the total yield of oil-bearing crops of various kinds, including peanuts, (dry, in shell) rapeseeds, sesame, sunflower seeds, flax seeds, and other oil-bearing crops. Soybeans, oil-bearing woody plants, and wild oil-bearing crops are not included.

Output of Aquatic Products refers to catches of both artificially cultured and naturally grown aquatic products, including fish, shrimps, crabs and shellfish in sea and inland water as well as seaweed. not included Freshwater plants.

Output of Pork, Beef, and Mutton refers to the meat of slaughtered hogs, cattle, sheep and goats with head, feet, and offal taken away.

Number of Livestock or Poultry in Stock at Beginning (or End) refers to the total number of large animals, pigs, sheep, fowls, etc. raised by rural cooperative organizations, state farms, rural individuals, government agencies, schools, industrial and mining enterprises, army, and urban residents at the beginning (or end) of the reference period.

Regularly Cultivated Land refers to farmland among the total land resources which is exclusively used for farming and is under regular cultivation with harvest in normal years. Included are currently cultivated land, land that has been abandoned or put in idle for less than 3 years and could be re-used for cultivation at any time, and new-claimed land that has been put into cultivation for more than 3 years. Excluded under this category are steep slope land over 25 degrees under temporary cultivation, land (large or small plots) that is claimed along river bends, lake sides or banks of reservoirs, as well as land that has been designated under the "Green for Grain" programs of the state and provincial governments but is still temporarily under cultivation.

Sown Area of Crops refers to area of land sown or transplanted with crops regardless of being in cultivated area or non cultivated area. Area of land re-sown due to natural disasters is also included.

Irrigated Area refers to areas that are effectively irrigated, i.e. level land, which has water source and complete sets of irrigation facilities to lift and move adequate water for irrigation purpose under normal conditions.

Consumption of Chemical Fertilizers in Agriculture refers to the quantity of chemical fertilizers applied in agriculture in the year, including nitrogenous fertilizer, phosphate fertilizer, potash fertilizer, and compound fertilizer. The consumption of chemical fertilizers is required in calculation to convert the gross weight into weight containing 100% effective component (e.g. 100% nitrogen content in nitrogenous fertilizer, 100% phosphorous-pent oxide contents in phosphate fertilizer, 100% potassium oxide contents in potash fertilizer). Compound fertilizer is converted with its major component.

Total Power of Farm Machinery refers to total mechanical power of machinery used in farming, forestry, animal husbandry, and fishery, including equipment of ploughing, irrigation and drainage, harvesting, transport, plant protection, stock breeding, forestry and fishery. The power of internal combustion engines is required to convert horsepower into watts and the power of electric motors is required to be converted into watts. Machinery employed for non agricultural purposes, such as the machines used in township run and village-run industry, construction, non agricultural transport, scientific experiments and teaching, is excluded.

Labour Force Engaged in Farming, Forestry, Farming of animals and Fishing refers to the total laborers who are directly engaged in production of farming, forestry, animal husbandry and fishery.

Rural Employed Persons refer to rural labor forces aged over 16 years old who are engaged in real production and management activities and receive payment in kind or wages, including those covered within the age frame and regularly participating in production activities, and t hose who are out of the range of age frame and also participating in product ion activities regularly. Excluding students studying in other places with their permanent residence registered in local areas, servicemen and persons incapable of working; also excluding those who are waiting for jobs and those engaged in household work. Persons employed are classified as rural employed persons; industrial employed persons; const ruction industry employ ed persons; transport, storage and telecommunications industries employed persons; whole sales and retail sales trade and catering industry employed per sons and other s according to the longest period of persons engaged in major activities (or using income indicator when periods are the same).

工业
Industry

● 资料整理：王舒玲　张奕琳　田晓更　赵　钰

简要说明

一、主要内容

本篇包括河南省规模以上工业企业单位数，工业增加值，工业主要产品产量和主要经济效益指标、规模以下和个体单位数，工业增加值及从业人员情况。

二、统计范围

工业统计调查范围为河南省全部工业法人企业和个体工业单位。1997年以前，我国工业的统计范围按隶属关系划分，分为乡及乡以上独立核算工业企业和非独立核算生产单位、村办工业、城镇合作工业、农村合作工业、城镇个体工业、农村个体工业六大部分，（其中，1984年以前不包括农村的村及村以下办工业）。1998年起，工业统计调查对象范围的界定由按隶属关系划分，改变为按企业规模划分，分为“规模以上工业”和“规模以下工业”。规模以上工业是指全部国有及年主营业务收入在500万元及以上非国有工业企业，规模以下工业是指年主营业务收入在500万元以下非国有工业企业及个体工业。2006年年报起，规模以上工业统计范围由全部国有及年主营业务收入在500万元及以上非国有工业企业改为年主营业务收入在500万元及以上的工业法人企业，相应改变规模以下工业的调查范围为年主营业务收入在500万元以下的工业企业及个体工业。从2011年定报起，规模以上工业统计范围调整为年主营业务收入在2000万元及以上的工业法人企业，相应改变规模以下工业的调查范围为年主营业务收入在2000万元以下的工业企业及个体工业。

三、资料来源

年主营业务收入2000万元及以上的工业法人企业实行全数调查，由河南省统计局工业处整理提供；年主营业务收入2000万元以下的工业企业实行目录抽样调查，个体工业经营户实行整群抽样调查，省级数据由国家统计局河南调查总队整理提供，省级以下数据由河南省统计局工业处提供。

Brief Introduction

I. Main Contents

Data on this chapter including number of industrial enterprises, value-added of industrial enterprises, output, beneficial indicators of industrial enterprises above designated size. Number, value-added and employed persons of industrial enterprises below designated size and individual.

II. Scope of Statistics

The scopes of industrial statistics are all corporate and individual industrial enterprises. Before 1997, the scopes of industrial statistics include six parts, as enterprises above township, Village-run enterprises, Cooperation in industrial cities and towns, rural cooperative industrial, urban individual industries, individual industries in rural areas. From 1998 to 2005, divided into " industrial enterprises above designated size " and "below designated size ". Industrial enterprises above designated size refers to all State-owned industrial enterprises and non-State-owned industrial enterprises with revenue from principal business over 5 million yuan, and industrial enterprises above designated size refers to non-State-owned industrial enterprises with revenue from principal business below 5 million yuan and individual. From 2006 to 2010, the industrial enterprises above designated size refers to all industrial enterprises with revenue from principal business over 5 million yuan, and the industrial enterprises below designated size refers to all industrial enterprises with revenue from principal business below 5 million yuan and individual. Since 2011, the industrial enterprises above designated size refers to all industrial enterprises with revenue from principal business over 20 million yuan, and the industrial enterprises below designated size refers to all industrial enterprises with revenue from principal business below 20 million yuan and individual.

III. Sources of Data

Data on industrial enterprises with principal business revenue above 5 million yuan are collected through a combination of Full survey, which are provided by the Department of Industrial of the Henan provincial bureau of Statistics. Data on industrial enterprises with principal business revenue below 5 million yuan are collected through a combination of Sample survey directory, data on individual household are collected through a combination of Cluster sample survey, Provincial data are provided by the Department of Henan Survey organizations, NBS. and municipal data are provided by the Department of Industrial of the Henan provincial bureau of Statistics.

14-1 历年规模以上工业增加值及指数

Output Value and Growth Rate of Industrial Enterprises above Designated Size

年份 Year	工业增加值(亿元) Value-added of Industrial Enterprises above Designated Size (100 million yuan)	轻工业 Enterprises of Light Industry	重工业 Enterprises of Heavy Industry	#国有控股 State-owned and State-holds	工业增加值指数(上年=100) Growth Rate of Value-added of Industrial Enterprises above Designated Size (Preceding=100)	轻工业 Enterprises of Light Industry	重工业 Enterprises of Heavy Industry	#国有控股 State-owned and State-holds
1997	970.25	347.72	622.53	526.17	105.9	106.0	105.8	100.6
1998	970.34	326.30	644.00	572.40	107.2	104.1	109.2	102.8
1999	993.62	332.40	661.20	586.30	107.5	107.0	107.8	107.4
2000	1154.39	366.70	787.60	692.80	111.6	106.2	114.2	114.6
2001	1269.97	405.20	864.80	751.50	109.8	109.3	110.1	108.6
2002	1430.75	439.70	991.00	828.00	114.2	110.8	115.7	113.2
2003	1754.08	510.80	1243.30	990.10	119.9	115.2	121.9	117.0
2004	2332.68	668.60	1664.10	1121.85	123.6	119.8	125.4	118.0
2005	3200.23	929.50	2270.80	1298.20	123.3	128.8	121.0	109.5
2006	4150.60	1212.60	2938.00	1521.50	123.4	124.6	122.8	116.6
2007	5438.06	1643.84	3794.22	1777.24	124.2	125.0	123.9	118.0
2008	7305.39	2239.33	5066.06	2087.06	119.8	124.8	117.6	111.6
2009	7764.45	2463.90	5300.56	1986.08	114.6	113.7	115.0	106.4
2010	9901.52	3070.82	6830.71	2209.96	119.0	120.0	118.8	113.6
2011	11882.55	3635.64	8246.91	2696.37	119.6	120.4	119.2	112.6

注：本表增加值均为现价数据，增速为可比价数据。

a) Data of Output value and Value-added in this table are calculated at current prices,and Data of Growth Rate are calculated at comparable prices.

14-2 各市规模以上工业单位数(2011年)

Number of All Industrial Above Designated size by City (2011)

单位：个 (unit)

市(县) City(County)	合计 Total	国有控股 State holds the majority of shares	集体控股 Collective holds the majority of shares	私人控股 Private holds the majority of shares	港澳台控股 Hong Kong,Macao and Taiwan holds the majority of shares	外商控股 Foreign holds the majority of shares	其他 Other
全 省 Total	**18336**	**773**	**804**	**15740**	**182**	**181**	**656**
省 辖 市 City							
郑 州 市 Zhengzhou	2515	90	67	2097	29	39	193
开 封 市 Kaifeng	1084	24	30	1000	11	12	7
洛 阳 市 Luoyang	1629	151	49	1312	10	20	87
平 顶 山 市 Pingdingshan	802	89	80	609	8	7	9
安 阳 市 Anyang	824	24	19	744	9	9	19
鹤 壁 市 Hebi	485	13	94	349	5	7	17
新 乡 市 Xinxiang	1140	38	49	927	10	10	106
焦 作 市 Jiaozuo	1061	31	36	956	7	4	27
濮 阳 市 Puyang	678	27	36	590	11	10	4
许 昌 市 Xuchang	1259	38	27	1140	10	3	41
漯 河 市 Luohe	538	17	11	487	9	3	11
三 门 峡 市 Sanmenxia	605	47	128	417	6	6	1
南 阳 市 Nanyang	1313	58	55	1103	15	8	74
商 丘 市 Shangqiu	769	34	22	694	5	7	7
信 阳 市 Xinyang	998	24	26	927	6	4	11
周 口 市 Zhoukou	1015	16	8	941	11	9	30
驻 马 店 市 Zhumadian	1388	43	56	1252	17	17	3
济 源 市 Jiyuan	233	9	11	195	3	6	9
省 直 管 县 Province Administrating County							
巩 义 市 Gongyi	351	7	12	300	1	2	29
兰 考 县 Lankao	249	4	1	240	2	2	
汝 州 市 Ruzhou	130	8	15	106	1		
滑 县 Huaxian	106	1	1	97	1		6
长 垣 县 Changyuan	103	1	1	63			38
邓 州 市 Dengzhou	129	4	5	118	1	1	
永 城 市 Yongcheng	88	10	1	77			
固 始 县 Gushi	162	1	2	159			
鹿 邑 县 Luyi	27	1		25			1
新 蔡 县 Xincai	160	3	3	154			

14-3 规模以上工业增加值及指数

Value-added and the Indices of Value-added of the Industry Enterprises above Designated Size

本表按当年价格计算。

The data in this table are calculated at current prices.

单位：亿元 (100 million yuan)

项目	Item	2000	2005	2007	2008	2009	2010	2011
增加值	**Total**	**1154.39**	**3200.23**	**5438.06**	**7305.39**	**7764.45**	**9901.52**	**11882.55**
按注册类型分	By Registration status							
内资企业	Domestic Funded Enterprises	1068.67	3018.37	5102.00	6823.25	7279.18	9295.75	11019.16
国有	State-owned	461.61	643.40	651.94	775.88	767.98	909.53	1219.39
集体	Collective-owned	263.75	363.84	365.32	428.84	324.49	439.60	492.56
股份合作	Cooperative	24.07	67.75	83.03	106.96	74.52	97.19	97.94
联营	Joint Ownership	6.97	10.43	18.32	26.11	14.80	13.81	10.02
有限责任公司	Limited Liability Corporations	156.75	830.68	1706.06	2224.65	2292.52	2760.80	3282.74
股份有限公司	Share-holding Corporation Ltd	95.96	345.07	594.02	707.10	708.43	884.58	1025.55
私营	Private	59.51	739.10	1657.91	2514.50	3051.13	4122.31	4806.87
其他	Other	0.05	18.11	25.40	39.21	45.31	67.91	84.10
港澳台商投资	Enterprises with Funds from Hong Kong, Macao and Taiwan	56.84	89.42	143.59	242.62	212.54	264.68	411.13
外商投资	Foreign Funded	28.88	92.44	192.47	239.52	272.74	341.10	452.26
按控股类型分	By Proprietarily System							
#国有控股	State-holding			1777.24	2087.06	1986.08	2209.96	2696.37
集体控股	Collective-holding			517.53	572.01	458.57	619.94	689.54
私人控股	Private-holding			2888.99	4147.23	4678.58	6274.82	7439.21
港澳台控股	Hong Kong, Macao and Taiwan-holding			100.54	243.50	179.47	225.44	364.84
外商控股	Foreign-holding			153.77	255.60	202.55	234.06	287.19
按所有制分	By Proprietorial System							
公有制	Public-owned		1772.81	2294.77	2659.07	2444.65	2829.90	3385.90
非公有制	Non-Public-owned		1427.42	3143.29	4646.32	5319.81	7071.62	8496.65
按轻重工业分	Grouped by Light & Heavy Industry							
轻工业	Enterprises of Light Industry	366.74	929.47	1643.84	2239.33	2463.90	3070.82	3635.64
重工业	Enterprises of Heavy Industry	787.65	2270.76	3794.22	5066.06	5300.56	6830.71	8246.91
按企业规模分	Grouped by Size of Enterprises							
大型企业	Large Enterprises	471.24	992.00	1732.47	2151.61	2093.60	2341.10	3030.36
中型企业	Medium-sized Enterprises	147.29	748.41	1501.41	2127.68	2395.57	2953.32	3641.72
小型企业	Small Enterprises	535.86	1459.82	2204.18	3026.10	3275.28	4607.11	5210.48
指数	**Indices**	**111.6**	**123.3**	**124.2**	**119.8**	**114.6**	**119.0**	**119.6**
按注册类型分	By Registration status							
内资企业	Domestic Funded Enterprises	111.6	124.0	124.1	119.8	114.5	119.8	118.5
国有	State-owned	114.6	109.5	117.3	110.2	110.0	115.5	112.4
集体	Collective-owned	106.7	128.8	112.7	107.6	109.6	115.9	117.8
股份合作	Cooperative	111.1	130.3	130.9	120.3	105.5	122.2	106.5
联营	Joint Ownership	93.6	120.7	109.6	128.5	130.4	101.9	102.8
有限责任公司	Limited Liability Corporations	108.3	119.9	127.2	119.6	114.1	120.5	119.1
股份有限公司	Share-holding Corporation Ltd	112.8	115.8	117.4	109.5	111.0	116.7	115.3
私营	Private	122.2	148.5	129.3	128.9	117.5	121.6	120.7
其他	Other	102.0	164.1	125.4	139.7	132.6	129.0	131.6
港澳台商投资	Enterprises with Funds from Hong Kong, Macao and Taiwan	113.9	110.8	122.8	118.3	111.6	117.4	154.1
外商投资	Foreign Funded	106.4	115.2	127.5	119.3	110.7	118.0	127.4
按控股类型分	By Proprietarily System							
#国有控股	State-holding			118.0	111.6	106.4	113.6	112.6
集体控股	Collective-holding			115.2	110.1	107.6	117.9	115.6
私人控股	Private-holding			129.7	125.8	119.5	121.5	121.2
港澳台控股	Hong Kong, Macao and Taiwan-holding			128.0	118.5	112.7	117.4	175.0
外商控股	Foreign-holding			132.6	120.4	110.8	110.7	115.2
按所有制分	By Proprietorial System							
公有制	Public-owned		114.0	117.3	111.3	106.6	115.3	113.4
非公有制	Non-Public-owned		137.0	129.8	124.9	118.3	121.8	122.4
按轻重工业分	Grouped by Light & Heavy Industry							
轻工业	Enterprises of Light Industry	106.2	128.8	125.0	124.8	113.7	120.0	120.4
重工业	Enterprises of Heavy Industry	114.2	121.0	123.9	117.6	115.0	118.8	119.2
按企业规模分	Grouped by Size of Enterprises							
大型企业	Large Enterprises	116.0	114.3	123.2	113.2	109.8	116.3	113.9
中型企业	Medium-sized Enterprises	103.0	112.5	128.4	119.5	116.7	118.7	118.9
小型企业	Small Enterprises	110.4	138.0	122.2	124.4	115.6	122.4	123.9

14-4 规模以上工业增加值(2011年)

本表增加值按当年价格计算，指数按可比价格计算。
Gross Value-added of industry are calculated at current prices, Indices are based on comparable prices.
单位：亿元

行业	Sector	规模以上工业 Industrial above Designated Size	
		增加值 Value-Added of Industry	指数(%) Indices (%)
总　　计	**Total**	**11882.55**	**119.6**
按轻重工业分	**Grouped by Light & Heavy Industry**		
轻工业	Enterprises of Light Industry	3635.64	120.4
重工业	Heavy Industry	8246.91	119.2
按企业规模分	**Grouped by Size of Enterprises**		
大型企业	Large Enterprises	3030.36	113.9
中型企业	Medium-sized Enterprises	3641.72	118.9
小型企业	Small Enterprises	5210.48	123.9
按行业分	**By Sector**		
煤炭开采和洗选业	Mining and Washing of Coal	1138.13	112.1
石油和天然气开采业	Extraction of Petroleum and Natural Gas	165.65	93.0
黑色金属矿采选业	Mining of Ferrous Metal Ores	54.12	99.2
有色金属矿采选业	Mining of Non-ferrous Metal Ores	379.98	117.4
非金属矿采选业	Mining and Processing of Nonmetal Ores	106.39	130.7
农副食品加工业	Processing of Food From Agricultural Products	812.53	120.8
食品制造业	Manufacture of Foods	350.77	122.2
饮料制造业	Manufacture of Beverage	235.46	118.2
烟草制品业	Manufacture of Tobacco	240.97	121.8
纺织业	Manufacture of Textile	526.35	111.5
纺织服装、鞋、帽制造业	Manufacture of Textile Wearing Apparel, Footware, and Caps	93.56	134.4
皮革、毛皮、羽毛(绒)及其制品业	Manufacture of Leather, Fur, Feather and Its Products	180.96	125.8
木材加工及木、竹、藤、棕、草制品业	Processing of Timbers, Manufacture of Wood, Bamboo,	162.52	112.3
家具制造业	Manufacture of Furniture	82.00	118.3
造纸及纸制品业	Manufacture of Paper and Paper Products	244.18	119.7
印刷业和记录媒介的复制	Printing,Reproduction of Recording Media	61.84	128.0
文教体育用品制造业	Manufacture of Articles for Culture,Education and Sport Activity	17.53	124.9
石油加工、炼焦及核燃料加工业	Processing of Petroleum ,Coking,Processing of Nucleus Fuel	267.32	106.1
化学原料及化学制品制造业	Manufacture of Chemical Raw Material and Chemical Products	590.11	118.3
医药制造业	Manufacture of Medicines	273.12	121.3
化学纤维制造业	Manufacture of Chemical Fibers	32.72	114.8
橡胶制品业	Manufacture of Rubber	91.02	108.0
塑料制品业	Manufacture of Plastic	163.88	121.8
非金属矿物制品业	Manufacture of Non-metallic Mineral Products	1470.07	121.0
黑色金属冶炼及压延加工业	Manufacture and Processing of Ferrous Metals	527.33	115.1
有色金属冶炼及压延加工业	Manufacture and Processing of Non-ferrous Metals	649.23	115.1
金属制品业	Manufacture of Metal Products	185.01	119.2
通用设备制造业	Manufacture of General Purpose Machinery	672.14	133.0
专用设备制造业	Manufacture of Special Purpose Machinery	465.34	119.6
交通运输设备制造业	Manufacture of Transport Equipment	395.32	134.2
电气机械及器材制造业	Manufacture of Electrical Machinery and Equipment	337.96	120.0
通信设备、计算机及其他电子设备制造业	Manufacture of Communication Equipment ,	207.44	318.5
仪器仪表及文化、办公用机械制造业	Manufacture of Measuring Instrument	71.81	127.1
工艺品及其他制造业	Manufacture of Artwork, Other Manufacture n.e.c	104.72	124.5
废弃资源和废旧材料回收加工业	Recycling and Disposal of Waste	19.96	158.1
电力、热力的生产和供应业	Production and Supply of Electric Power and Heat Power	460.33	112.7
燃气生产和供应业	Production and Distribution of Gas	32.91	145.7
水的生产和供应业	Production and Distribution of Water	11.87	101.3

Value-added of Industry Enterprises Above Designated Size(2011)

(100 million yuan)

#国有控股 State-holding		#公有制 Public-owned		#私营工业企业 Private	
增加值 Value-Added of Industry	指数(%) Indices (%)	增加值 Value-Added of Industry	指数(%) Indices (%)	增加值 Value-Added of Industry	指数(%) Indices (%)
2696.37	**112.6**	**3385.90**	**113.4**	**4806.87**	**120.7**
386.67	120.2	641.93	118.5	1753.90	119.7
2309.70	110.6	2743.97	111.3	3052.97	121.4
1975.34	109.5	2105.59	110.4	207.02	126.2
584.62	116.2	794.67	114.9	1442.91	121.0
136.40	138.4	485.64	120.4	3156.94	119.4
657.03	109.0	699.16	109.9	251.94	104.9
163.63	90.2	163.86	90.2	1.05	371.3
3.29	106.6	7.11	108.6	32.55	88.0
75.02	131.6	223.65	118.7	99.70	119.3
5.85	118.2	12.60	123.6	76.20	130.6
20.46	123.5	68.44	114.5	428.68	119.5
6.66	109.4	32.34	107.8	148.47	124.4
17.77	117.7	33.90	109.4	99.58	122.3
239.37	121.9	240.48	121.8		
29.41	115.7	56.92	103.3	325.94	107.3
0.90	112.6	4.92	104.3	59.32	129.5
3.18	91.0	22.78	137.1	87.96	120.1
0.05	66.5	1.55	99.7	119.99	113.1
		2.78	111.5	66.50	113.9
20.84	125.0	62.82	128.1	116.48	120.7
2.50	114.1	10.59	115.8	38.23	133.4
		0.21	112.6	6.64	115.6
82.99	93.2	91.70	94.8	102.14	107.9
99.05	111.3	132.93	113.5	269.74	119.3
5.09	88.8	47.94	127.4	83.21	130.7
18.06	106.1	18.88	107.7	11.88	124.0
18.24	104.5	24.95	107.4	40.19	106.4
2.49	86.9	18.46	113.0	84.16	129.2
90.10	109.9	153.61	111.3	847.63	124.3
93.92	101.8	96.14	102.4	191.97	118.0
262.81	113.9	278.62	113.3	159.99	123.1
4.90	102.7	20.91	107.2	114.20	120.1
54.96	122.5	76.35	117.7	332.26	127.9
104.33	117.7	124.85	118.0	192.08	123.7
118.22	146.8	132.40	143.0	141.53	124.3
53.64	101.1	69.59	105.1	153.12	125.1
9.65	104.2	14.32	107.1	26.31	170.5
13.22	109.7	13.78	109.6	27.38	129.2
9.51	234.2	13.69	174.6	50.98	121.7
1.90	114.8	1.90	114.8	11.77	170.3
392.60	113.1	395.93	113.2	1.91	106.5
7.46	112.1	7.46	112.1	3.02	98.1
7.28	96.5	7.39	96.6	2.18	110.8

14-5 各市规模以上工业增加值(2011年)

本表按当年价格计算。
Data in this table are calculated at current prices.
单位：亿元

市(县) City(County)	合计 Total	公有制企业 Public-owned	非公有制企业 Non-public owned	大型企业 Large-sized Enterprises	中型企业 Medium-sized Enterprises	小型企业 Small Enterprises
全 省 Total	**11882.55**	**3385.90**	**8496.65**	**3030.36**	**3641.72**	**5210.48**
省 辖 市 City						
郑 州 市 Zhengzhou	2026.74	437.12	1589.62	380.81	540.27	1105.65
开 封 市 Kaifeng	330.54	55.44	275.10	57.65	131.57	141.33
洛 阳 市 Luoyang	1240.00	566.90	673.10	399.13	363.55	477.33
平 顶 山 市 Pingdingshan	756.92	341.54	415.38	230.08	182.71	344.14
安 阳 市 Anyang	696.20	133.75	562.45	181.97	327.99	186.24
鹤 壁 市 Hebi	306.43	99.73	206.70	68.96	54.88	182.60
新 乡 市 Xinxiang	700.88	176.92	523.96	146.55	369.43	184.90
焦 作 市 Jiaozuo	835.00	163.86	671.14	130.56	290.22	414.21
濮 阳 市 Puyang	487.89	174.18	313.71	116.63	116.51	254.75
许 昌 市 Xuchang	863.75	214.39	649.36	286.53	192.99	384.23
漯 河 市 Luohe	428.45	82.29	346.16	113.05	189.72	125.69
三 门 峡 市 Sanmenxia	606.61	321.29	285.32	101.67	200.80	304.14
南 阳 市 Nanyang	780.00	246.47	533.53	243.37	213.47	323.15
商 丘 市 Shangqiu	456.73	211.20	245.53	177.24	118.92	160.58
信 阳 市 Xinyang	330.00	48.81	281.19	64.81	100.96	164.22
周 口 市 Zhoukou	446.95	18.75	428.20	123.23	104.11	219.61
驻 马 店 市 Zhumadian	355.18	59.06	296.12	43.37	159.06	152.75
济 源 市 Jiyuan	234.28	56.10	178.18	70.82	71.41	92.05
省 直 管 县 Province Administrating County						
巩 义 市 Gongyi	280.07	22.15	257.92	36.87	62.88	180.32
兰 考 县 Lankao	43.28	1.56	41.72	2.05	13.94	27.29
汝 州 市 Ruzhou	92.95	25.85	67.10	18.99	15.85	58.10
滑 县 Huaxian	42.80	2.78	40.02		26.17	16.63
长 垣 县 Changyuan	72.61	0.91	71.70	20.09	40.45	12.07
邓 州 市 Dengzhou	69.67	5.83	63.84	8.15	22.50	39.01
永 城 市 Yongcheng	199.05	162.49	36.56	156.47	5.06	37.52
固 始 县 Gushi	35.60	1.71	33.89		8.77	26.83
鹿 邑 县 Luyi	58.40	0.32	58.08	54.79	0.99	2.62
新 蔡 县 Xincai	25.37	1.20	24.17		9.82	15.54

Value-added of Industry Enterprises Above Designated Size by City(2011)

(100 million yuan)

轻工业 Enterprises of Light Industry	重工业 Enterprises of Heavy Industry	#国有控股 State holds the majority of shares	#集体控股 Collective holds the majority of shares	#私人控股 Private holds the majority of shares	#港澳台控股 Hong Kong,Macao and Taiwan holds the majority of shares	#外商控股 Foreign holds the majority of shares	增加值增速 (%) Growth Rate of Output value (%)
3635.64	**8246.91**	**2696.37**	**689.54**	**7439.21**	**364.84**	**287.19**	**19.6**
385.91	1640.83	393.26	43.86	1286.62	171.45	63.83	22.0
145.27	185.27	24.37	31.07	261.99	2.16	5.91	23.6
166.51	1073.49	537.33	29.57	571.24	12.94	37.55	19.8
104.47	652.45	294.78	46.77	368.61	29.51	13.15	15.4
145.97	550.23	122.75	11.00	547.91	3.90	4.43	18.0
93.27	213.16	61.33	38.40	188.77	3.78	4.74	17.1
304.17	396.71	85.51	91.41	419.49	5.01	17.29	24.0
293.01	541.99	109.87	53.99	642.85	9.40	2.83	18.9
209.18	278.71	147.94	26.24	294.77	10.21	8.73	16.6
296.91	566.84	187.35	27.03	614.03	5.02	15.30	21.7
310.89	117.56	37.70	44.59	251.31	59.61	19.55	18.1
32.98	573.63	161.98	159.31	234.85	9.53	40.94	16.1
321.50	458.50	216.60	29.87	489.73	13.71	4.65	21.8
184.63	272.10	196.17	15.03	239.41	3.23	1.38	20.5
142.86	187.14	36.11	12.70	260.60	5.76	0.77	21.8
322.53	124.42	9.07	9.67	326.77	4.44	17.98	21.9
179.21	175.97	43.64	15.42	271.70	4.82	6.06	23.9
19.78	214.50	50.48	5.62	152.55	5.49	19.59	19.8
12.11	267.95	12.89	9.26	197.77	10.88	22.97	17.9
16.04	27.24	1.21	0.35	39.30	0.22	2.19	25.0
3.55	89.39	23.34	2.51	66.45	0.64		12.5
22.73	20.07	0.75	2.03	39.08	0.05		22.7
18.74	53.87	0.80	0.11	28.33			24.9
49.69	19.98	1.29	4.54	60.79	1.23	0.72	20.8
22.70	176.35	162.38	0.11	36.56			15.5
19.28	16.32	0.58	1.13	33.89			21.8
57.73	0.67	0.32		54.09			21.1
18.29	7.08	0.50	0.70	24.17			19.2

14-6 各市规模以上公有制工业企业增加值(2011年)
Value-added of Public-owned Industrial Enterprises above Designated Size by City (2011)

单位：亿元 (100 million yuan)

市(县) City(County)	合计 Total	轻工业 Enterprises of Light Industry	重工业 Enterprises of Heavy Industry	#大型企业 Large-sized Enterprises	#中型企业 Medium-sized Enterprises	指数 (上年=100) Indices (Preceding year=100)
省辖市 City						
郑州 Zhengzhou	437.12	97.23	339.88	267.45	118.96	118.0
开封 Kaifeng	55.44	16.58	38.85	19.09	27.47	113.4
洛阳 Luoyang	566.90	29.19	537.71	396.16	130.42	116.9
平顶山 Pingdingshan	341.54	18.95	322.60	203.95	73.28	109.4
安阳 Anyang	133.75	39.72	94.02	96.99	32.38	107.1
鹤壁 Hebi	99.73	12.07	87.66	54.41	17.78	104.4
新乡 Xinxiang	176.92	88.66	88.25	79.13	84.01	122.9
焦作 Jiaozuo	163.86	26.09	137.78	96.77	47.82	104.4
濮阳 Puyang	174.18	18.54	155.64	116.63	34.43	98.1
许昌 Xuchang	214.39	72.29	142.10	164.96	27.30	115.7
漯河 Luohe	82.29	66.27	16.02	46.86	28.69	117.1
三门峡 Sanmenxia	321.29	6.51	314.78	101.67	75.79	112.3
南阳 Nanyang	246.47	75.50	170.97	152.45	69.76	115.1
商丘 Shangqiu	211.20	19.03	192.17	168.01	33.04	110.9
信阳 Xinyang	48.81	23.11	25.70	21.74	18.47	120.2
周口 Zhoukou	18.75	6.33	12.42		14.87	121.5
驻马店 Zhumadian	59.06	24.50	34.56		50.45	116.2
济源 Jiyuan	56.10	0.94	55.16	33.11	16.16	116.2
省直管县 Province Administrating County						
巩义市 Gongyi	22.15		22.15	4.62	6.07	114.9
兰考县 Lankao	1.56	0.38	1.17		1.17	121.4
汝州市 Ruzhou	25.85	2.32	23.53	15.92	9.69	98.5
滑县 Huaxian	2.78	1.95	0.83		2.78	106.6
长垣县 Changyuan	0.91		0.91		0.80	105.2
邓州市 Dengzhou	5.83	4.26	1.57		2.21	107.3
永城市 Yongcheng	162.49	1.61	160.88	156.47	2.57	109.4
固始县 Gushi	1.71	0.33	1.39		0.58	132.9
鹿邑县 Luyi	0.32		0.32		0.32	-4.6
新蔡县 Xincai	1.20	0.56	0.65		0.39	111.9

14-7 各市规模以上国有控股工业增加值(2011年)
Value-added of State-holding Industrial Enterprises above Designated Size by City(2011)

单位：亿元 (100 million yuan)

市(县) City(County)	合计 Total	轻工业 Enterprises of Light Industry	重工业 Enterprises of Heavy Industry	#大型企业 Large-sized Enterprises	#中型企业 Medium-sized Enterprises	指数 (上年=100) Indices (Preceding year=100)
省辖市 City						
郑州 Zhengzhou	393.26	87.39	305.87	265.58	104.45	112.6
开封 Kaifeng	24.37	2.66	21.71	12.66	11.01	121.1
洛阳 Luoyang	537.33	27.43	509.90	396.16	111.09	111.3
平顶山 Pingdingshan	294.78	13.68	281.10	203.95	62.48	108.8
安阳 Anyang	122.75	32.51	90.23	96.99	23.71	105.9
鹤壁 Hebi	61.33	0.42	60.91	50.12	7.64	97.6
新乡 Xinxiang	85.51	15.45	70.06	19.24	61.46	116.7
焦作 Jiaozuo	109.87	2.61	107.26	81.01	21.77	101.6
濮阳 Puyang	147.94	10.17	137.77	116.63	28.11	95.4
许昌 Xuchang	187.35	64.01	123.35	164.96	14.36	113.5
漯河 Luohe	37.70	26.69	11.00	8.85	24.00	115.0
三门峡 Sanmenxia	161.98	1.41	160.57	101.67	56.81	108.4
南阳 Nanyang	216.60	63.82	152.78	148.14	60.68	114.5
商丘 Shangqiu	196.17	4.54	191.63	168.01	23.63	110.8
信阳 Xinyang	36.11	18.53	17.58	21.74	12.24	122.9
周口 Zhoukou	9.07	0.45	8.63		8.29	101.0
驻马店 Zhumadian	43.64	14.15	29.49		41.67	117.9
济源 Jiyuan	50.48	0.03	50.45	33.11	16.16	112.8
省直管县 Province Administrating County						
巩义市 Gongyi	12.89		12.89	2.71	6.07	133.3
兰考县 Lankao	1.21	0.38	0.83		0.83	128.5
汝州市 Ruzhou	23.34		23.34	15.92	7.37	100.7
滑县 Huaxian	0.75		0.75		0.75	113.6
长垣县 Changyuan	0.80		0.80		0.80	104.2
邓州市 Dengzhou	1.29	0.65	0.64		0.97	91.2
永城市 Yongcheng	162.38	1.50	160.88	156.47	2.57	109.4
固始县 Gushi	0.58		0.58		0.58	109.3
鹿邑县 Luyi	0.32		0.32		0.32	-4.6
新蔡县 Xincai	0.50	0.17	0.33		0.39	114.0

14-8 各市规模以上私营工业企业增加值(2011年)

Value-added of Private Industrial Enterprises above Designated Size by City (2011)

市(县)	City(County)	工业增加值(亿元) Value Added of Industry (100 millionyuan)	轻工业 Enterprises of Light Industry	重工业 Enterprises of Heavy Industry	#大型企业 Large-sized Enterprises	#中型企业 Medium-sized Enterprises	工业增加值指数(上年=100) Indices of Value Added of Industry (Preceding year=100)
省辖市	**City**						
郑州市	Zhengzhou	810.54	136.14	674.40	37.33	219.28	113.9
开封市	Kaifeng	193.87	95.53	98.35	22.59	65.04	124.5
洛阳市	Luoyang	333.02	100.53	232.49		71.76	118.9
平顶山市	Pingdingshan	235.19	58.19	177.01	12.01	32.98	119.4
安阳市	Anyang	332.60	47.09	285.51	26.58	187.77	121.0
鹤壁市	Hebi	110.64	48.48	62.15		13.30	121.0
新乡市	Xinxiang	254.26	109.83	144.43	27.75	132.14	125.2
焦作市	Jiaozuo	449.49	173.87	275.62		137.62	120.9
濮阳市	Puyang	227.48	136.59	90.89		52.82	126.0
许昌市	Xuchang	415.21	141.77	273.44	48.94	87.10	120.2
漯河市	Luohe	173.03	111.58	61.46	0.75	98.86	123.8
三门峡市	Sanmenxia	187.09	17.08	170.01		56.53	124.4
南阳市	Nanyang	278.12	161.27	116.85	5.88	54.83	125.5
商丘市	Shangqiu	194.14	129.42	64.73		67.11	133.7
信阳市	Xinyang	162.35	69.59	92.76	6.60	40.54	117.7
周口市	Zhoukou	211.70	135.79	75.91	10.89	30.18	120.7
驻马店市	Zhumadian	179.25	97.79	81.46	2.49	64.19	124.5
济源市	Jiyuan	52.65	4.64	48.01		14.52	125.8
省直管县	**Province Administrating County**						
巩义市	Gongyi	173.88	7.04	166.84	6.56	22.36	121.9
兰考县	Lankao	34.40	12.14	22.27		9.82	125.1
汝州市	Ruzhou	54.27	1.17	53.09		0.64	116.7
滑县	Huaxian	28.40	17.08	11.32		16.24	114.7
长垣县	Changyuan	13.08	5.14	7.94		10.29	134.3
邓州市	Dengzhou	35.21	25.40	9.81		6.91	120.0
永城市	Yongcheng	36.56	21.09	15.48		2.49	153.1
固始县	Gushi	28.82	14.90	13.92		5.20	123.4
鹿邑县	Luyi	8.20	7.84	0.35	5.21	0.46	89.2
新蔡县	Xincai	13.46	10.16	3.30		3.90	113.5

14-9 规模以上工业企业主要指标(2011年)

单位：亿元

行 业	Sector	单位数 (个) Number of Enterprises (unit)	从业人员 (万人) Number of Employed Persons (10 000 persons)
总 计	**Total**	**18336**	**546.84**
按轻重工业分	**Grouped by Light & Heavy Industry**		
轻工业	Enterprises of Light Industry	7147	196.51
重工业	Heavy Industry	11189	350.33
按企业规模分	**Grouped by Size of Enterprises**		
大型企业	Large Enterprises	536	205.52
中型企业	Medium-sized Enterprises	3272	164.26
小型企业	Small Enterprises	14102	175.82
微型企业	Micro-enterprises	426	1.24
按所有制分	**By Proprietorial System**		
公有制	Public-owned	1577	155.83
非公有制	Non-Public-owned	16759	391.01
按行业分	**By Sector**		
煤炭开采和洗选业	Mining and Washing of Coal	633	56.69
石油和天然气开采业	Extraction of Petroleum and Natural Gas	8	10.84
黑色金属矿采选业	Mining of Ferrous Metal Ores	136	2.27
有色金属矿采选业	Mining of Non-ferrous Metal Ores	339	8.09
非金属矿采选业	Mining and Processing of Nonmetal Ores	231	4.22
农副食品加工业	Processing of Food From Agricultural Products	1883	36.46
食品制造业	Manufacture of Foods	628	18.98
饮料制造业	Manufacture of Beverage	420	10.41
烟草制品业	Manufacture of Tobacco	18	2.11
纺织业	Manufacture of Textile	1016	34.56
纺织服装、鞋、帽制造业	Manufacture of Textile Wearing Apparel, Footware, and Caps	386	12.80
皮革、毛皮、羽毛(绒)及其制品业	Manufacture of Leather, Fur, Feather and Its Products	363	9.82
木材加工及木、竹、藤、棕、草制品业	Processing of Timbers, Manufacture of Wood, Bamboo,	528	9.88
家具制造业	Manufacture of Furniture	283	5.88
造纸及纸制品业	Manufacture of Paper and Paper Products	383	11.78
印刷业和记录媒介的复制	Printing,Reproduction of Recording Media	179	2.92
文教体育用品制造业	Manufacture of Articles for Culture,Education and Sport Activity	46	2.24
石油加工、炼焦及核燃料加工业	Processing of Petroleum ,Coking,Processing of Nucleus Fuel	89	3.99
化学原料及化学制品制造业	Manufacture of Chemical Raw Material and Chemical Products	1040	25.39
医药制造业	Manufacture of Medicines	389	13.52
化学纤维制造业	Manufacture of Chemical Fibers	36	2.00
橡胶制品业	Manufacture of Rubber	185	5.66
塑料制品业	Manufacture of Plastic	505	9.09
非金属矿物制品业	Manufacture of Non-metallic Mineral Products	2916	56.81
黑色金属冶炼及压延加工业	Manufacture and Processing of Ferrous Metals	299	14.79
有色金属冶炼及压延加工业	Manufacture and Processing of Non-ferrous Metals	470	19.54
金属制品业	Manufacture of Metal Products	609	10.96
通用设备制造业	Manufacture of General Purpose Machinery	1222	27.20
专用设备制造业	Manufacture of Special Purpose Machinery	957	26.25
交通运输设备制造业	Manufacture of Transport Equipment	638	20.13
电气机械及器材制造业	Manufacture of Electrical Machinery and Equipment	579	16.19
通信设备、计算机及其他电子设备制造业	Manufacture of Communication Equipment ,	144	20.08
仪器仪表及文化、办公用机械制造业	Manufacture of Measuring Instrument	164	4.84
工艺品及其他制造业	Manufacture of Artwork, Other Manufacture n.e.c	258	7.88
废弃资源和废旧材料回收加工业	Recycling and Disposal of Waste	47	0.60
电力、热力的生产和供应业	Production and Supply of Electric Power and Heat Power	225	18.49
燃气生产和供应业	Production and Distribution of Gas	43	1.48
水的生产和供应业	Production and Distribution of Water	41	1.98

Main Indicators of Industrial Enterprises above Designated Size by Industrial Sector(2011)

(100 million yuan)

资产总计 Total Assets	流动资产合计 Balance of Working Capitals	负债合计 Total Liabilities	主营业务收入 Revenue from Principal Business	主营业务成本 Cost of Pricipal Business	利润总额 Total Profits	利税总额 Total Pre-tax Profits	本年应缴增值税 Value Added Tax Payable
29049.22	**12411.51**	**15651.99**	**47647.21**	**40301.82**	**4131.59**	**6124.18**	**1397.73**
6931.09	3187.55	2739.39	14669.87	12151.56	1496.13	2129.05	380.60
22118.13	9223.96	12912.60	32977.34	28150.26	2635.47	3995.12	1017.13
13671.64	6252.48	8493.70	17193.13	14794.75	1058.54	1795.71	520.97
7013.23	2959.80	3541.22	12579.44	10678.18	1183.10	1604.26	339.15
8258.73	3156.68	3574.36	17748.46	14719.55	1879.87	2709.10	534.48
105.62	42.54	42.71	126.18	109.35	10.09	15.10	3.13
12486.91	4916.30	8207.10	13639.83	11650.80	717.68	1500.78	440.24
16562.31	7495.21	7444.89	34007.38	28651.02	3413.92	4623.39	957.49
2983.86	1068.54	1705.48	3198.00	2498.63	378.68	603.66	183.54
545.15	161.62	347.55	484.10	348.05	14.05	120.81	35.88
74.08	28.00	35.28	185.65	152.22	22.36	31.37	6.81
448.85	167.06	172.19	1179.92	916.72	205.21	229.21	15.32
107.49	37.24	31.81	323.33	258.80	40.74	56.99	12.40
1460.92	651.90	533.05	3949.84	3381.46	353.45	452.37	76.37
725.16	334.54	288.12	1501.21	1246.52	170.67	219.19	39.05
497.65	214.93	233.67	911.64	739.89	98.74	137.82	25.03
238.24	177.25	82.74	337.44	119.75	35.72	226.77	40.54
986.84	419.65	436.07	1931.68	1665.33	171.68	233.34	46.97
200.38	84.24	64.54	464.59	390.54	44.31	59.13	11.27
257.56	120.30	85.43	688.92	559.10	97.26	120.48	18.74
234.35	86.99	55.48	576.90	467.55	71.46	93.44	16.44
114.34	46.18	26.96	334.36	267.72	37.76	49.65	8.89
508.91	205.97	235.58	1025.30	874.07	102.43	133.21	24.51
106.76	48.46	40.18	188.34	155.49	20.79	28.78	6.66
29.46	12.26	7.86	62.74	51.42	5.62	7.34	1.24
389.99	177.63	248.06	1224.20	1078.83	38.49	114.64	21.80
1810.75	687.74	1034.01	2564.24	2169.31	206.78	281.11	59.39
627.40	321.96	256.06	1040.38	850.22	108.93	143.90	28.03
145.47	35.83	82.81	131.31	118.50	7.35	9.47	1.56
203.70	89.27	105.94	451.13	379.23	38.57	53.51	11.27
280.15	115.60	98.52	708.00	592.58	78.93	104.65	19.85
2480.65	1047.33	1009.47	5051.49	4078.76	621.29	868.59	199.58
1357.79	642.35	871.16	2576.07	2372.38	121.41	190.96	60.65
2476.76	1192.19	1575.91	3641.43	3348.77	151.62	240.34	77.61
384.48	185.78	160.38	788.25	657.06	81.83	106.79	19.40
1055.21	548.44	461.59	2211.24	1863.36	202.95	284.21	62.36
1359.89	795.96	684.93	2198.02	1848.58	197.14	273.17	62.81
1054.89	569.63	521.48	1912.36	1596.06	191.35	261.61	56.48
956.97	605.74	502.96	1499.86	1243.78	134.16	174.90	31.64
503.25	324.02	341.62	657.69	600.23	24.78	50.22	23.72
185.17	112.87	90.10	235.00	192.08	22.80	30.90	6.53
161.46	91.47	59.49	393.81	317.12	45.35	60.99	11.92
32.75	16.79	14.23	86.76	77.99	5.99	8.27	1.70
3779.41	905.22	2962.88	2768.95	2689.32	-32.44	43.50	67.84
203.78	63.02	142.83	133.84	111.67	13.50	16.98	2.48
79.30	17.57	45.57	29.23	22.76	-0.07	1.89	1.46

14—10 规模以上国有控股工业企业主要指标(2011年)

单位：亿元

行 业	Sector	单位数 (个) Number of Enterprises (unit)	从业人员 (万人) Number of Employed Persons (10 000 persons)
总 计	**Total**	**773**	**129.19**
按轻重工业分	**Grouped by Light & Heavy Industry**		
轻工业	Enterprises of Light Industry	152	13.86
重工业	Heavy Industry	621	115.33
按企业规模分	**Grouped by Size of Enterprises**		
大型企业	Large Enterprises	141	98.22
中型企业	Medium-sized Enterprises	352	22.72
小型企业	Small Enterprises	263	8.20
微型企业	Micro-enterprises	17	0.05
按行业分	**By Sector**		
煤炭开采和洗选业	Mining and Washing of Coal	66	44.63
石油和天然气开采业	Extraction of Petroleum and Natural Gas	3	10.69
黑色金属矿采选业	Mining of Ferrous Metal Ores	4	0.19
有色金属矿采选业	Mining of Non-ferrous Metal Ores	26	1.68
非金属矿采选业	Mining and Processing of Nonmetal Ores	7	0.31
农副食品加工业	Processing of Food From Agricultural Products	31	1.69
食品制造业	Manufacture of Foods	8	0.30
饮料制造业	Manufacture of Beverage	11	0.76
烟草制品业	Manufacture of Tobacco	13	1.88
纺织业	Manufacture of Textile	20	2.51
纺织服装、鞋、帽制造业	Manufacture of Textile Wearing Apparel, Footware, and Caps	5	0.15
皮革、毛皮、羽毛(绒)及其制品业	Manufacture of Leather, Fur, Feather and Its Products	2	0.13
木材加工及木、竹、藤、棕、草制品业	Processing of Timbers, Manufacture of Wood, Bamboo,		
家具制造业	Manufacture of Furniture		
造纸及纸制品业	Manufacture of Paper and Paper Products	6	0.95
印刷业和记录媒介的复制	Printing,Reproduction of Recording Media	8	0.22
石油加工、炼焦及核燃料加工业	Processing of Petroleum ,Coking,Processing of Nucleus Fuel	8	0.99
化学原料及化学制品制造业	Manufacture of Chemical Raw Material and Chemical Products	58	5.01
医药制造业	Manufacture of Medicines	12	0.79
化学纤维制造业	Manufacture of Chemical Fibers	1	1.14
橡胶制品业	Manufacture of Rubber	6	1.02
塑料制品业	Manufacture of Plastic	6	0.06
非金属矿物制品业	Manufacture of Non-metallic Mineral Products	64	4.11
黑色金属冶炼及压延加工业	Manufacture and Processing of Ferrous Metals	7	4.73
有色金属冶炼及压延加工业	Manufacture and Processing of Non-ferrous Metals	38	7.78
金属制品业	Manufacture of Metal Products	13	0.75
通用设备制造业	Manufacture of General Purpose Machinery	32	2.95
专用设备制造业	Manufacture of Special Purpose Machinery	46	7.23
交通运输设备制造业	Manufacture of Transport Equipment	24	3.79
电气机械及器材制造业	Manufacture of Electrical Machinery and Equipment	18	2.17
通信设备、计算机及其他电子设备制造业	Manufacture of Communication Equipment ,	10	0.79
仪器仪表及文化、办公用机械制造业	Manufacture of Measuring Instrument	9	0.99
工艺品及其他制造业	Manufacture of Artwork, Other Manufacture n.e.c	4	0.08
废弃资源和废旧材料回收加工业	Recycling and Disposal of Waste	1	0.01
电力、热力的生产和供应业	Production and Supply of Electric Power and Heat Power	180	16.76
燃气生产和供应业	Production and Distribution of Gas	6	0.45
水的生产和供应业	Production and Distribution of Water	20	1.52

Main Indicators on Economic Benefit of State-holding Industrial Enterprises above Designated Size(2011)

(100 million yuan)

资产总计 Total Assets	流动资产合计 Balance of Working Capitals	负债合计 Total Liabilities	主营业务收入 Revenue from Principal Business	主营业务成本 Cost of Pricipal Business	利润总额 Total Profits	利税总额 Total Pre-tax Profits	本年应缴增值税 Value Added Tax Payable
11532.21	**4511.55**	**7796.62**	**11119.56**	**9539.88**	**434.94**	**1155.98**	**396.18**
953.96	498.07	497.43	978.78	682.34	62.06	267.35	50.97
10578.26	4013.48	7299.19	10140.78	8857.54	372.88	888.63	345.21
8113.03	3507.87	5455.48	7686.00	6539.48	346.17	784.43	276.26
1691.84	615.32	1174.45	1557.58	1395.22	46.40	100.86	46.20
1716.76	381.39	1157.75	1869.94	1599.12	42.68	270.89	73.64
10.58	6.97	8.93	6.04	6.06	-0.31	-0.20	0.08
2390.61	857.40	1489.90	2228.31	1764.60	205.78	368.62	135.76
539.81	159.33	345.30	478.42	343.18	13.40	119.94	35.75
8.04	2.14	3.31	10.32	8.33	0.98	1.82	0.7
105.31	40.58	57.59	111.56	82.07	19.86	24.96	3.57
22.83	6.43	16.46	19.91	14.86	2.28	3.61	0.86
58.98	31.49	28.92	95.45	85.16	3.24	4.54	1.11
10.38	4.69	3.98	19.41	17.11	0.69	1.26	0.51
104.59	52.20	77.83	95.10	82.01	3.03	6.55	1.96
230.85	172.34	77.06	331.37	115.09	35.61	226.37	40.28
144.17	67.56	85.32	160.47	149.40	4.54	6.43	1.26
1.49	1.01	0.98	2.38	1.61	0.13	0.30	0.14
3.90	2.27	2.01	8.88	8.08	0.41	0.55	0.09
139.80	60.91	89.66	81.45	72.55	1.32	3.19	1.47
8.93	3.87	1.98	7.64	6.05	0.48	0.86	0.31
151.11	68.85	131.47	464.06	428.48	-27.89	23.39	5.47
578.40	195.72	457.78	502.49	429.96	7.81	16.79	7.98
45.22	18.91	25.62	31.77	26.18	1.14	2.89	1.60
55.90	21.89	30.13	38.97	35.32	1.75	1.96	0.05
74.72	38.01	52.94	115.55	97.76	3.06	6.57	2.11
2.33	1.30	0.99	4.40	4.08	0.09	0.14	0.04
278.00	113.99	159.53	266.94	218.47	26.71	36.68	8.55
554.29	266.34	406.93	634.55	599.21	3.50	18.05	12.80
1172.40	553.44	760.23	1361.92	1273.72	26.58	61.56	30.88
35.64	16.29	22.65	22.79	20.27	0.91	1.60	0.48
194.70	111.66	119.34	149.47	131.05	4.58	7.30	2.39
571.44	371.99	348.90	601.87	508.77	40.40	58.15	14.80
296.79	186.23	162.55	491.39	386.54	52.46	73.28	17.48
342.01	257.82	252.71	190.14	141.11	11.59	18.65	6.02
66.53	29.09	32.56	16.19	11.88	0.92	1.75	0.72
44.30	29.16	24.76	34.25	27.26	3.18	3.97	0.68
0.85	0.59	0.33	6.22	5.74	0.28	0.44	0.15
0.52	0.18	0.01	0.35	0.30	0.03	0.05	0.01
3182.03	743.53	2444.36	2485.74	2401.04	-14.16	51.95	58.92
48.17	10.30	43.57	32.24	28.48	1.57	1.87	0.22
67.19	14.06	38.96	17.62	14.17	-1.33	-0.04	1.03

14-11 规模以上公有制工业企业主要指标(2011年)

单位：亿元

行 业	Sector	单位数 (个) Number of Enterprises (unit)	从业人员 (万人) Number of Employed Persons (10 000 persons)
总 计	**Total**	**1577**	**155.83**
按轻重工业分	**Grouped by Light & Heavy Industry**		
轻工业	Enterprises of Light Industry	380	25.61
重工业	Heavy Industry	1197	130.21
按企业规模分	**Grouped by Size of Enterprises**		
大型企业	Large Enterprises	178	108.05
中型企业	Medium-sized Enterprises	523	31.75
小型企业	Small Enterprises	818	15.71
微型企业	Micro-enterprises	58	0.32
按行业分	**By Sector**		
煤炭开采和洗选业	Mining and Washing of Coal	128	45.63
石油和天然气开采业	Extraction of Petroleum and Natural Gas	5	10.75
黑色金属矿采选业	Mining of Ferrous Metal Ores	12	0.36
有色金属矿采选业	Mining of Non-ferrous Metal Ores	136	4.24
非金属矿采选业	Mining and Processing of Nonmetal Ores	15	1.25
农副食品加工业	Processing of Food From Agricultural Products	91	3.31
食品制造业	Manufacture of Foods	19	1.95
饮料制造业	Manufacture of Beverage	33	1.43
烟草制品业	Manufacture of Tobacco	17	2.09
纺织业	Manufacture of Textile	43	3.95
纺织服装、鞋、帽制造业	Manufacture of Textile Wearing Apparel, Footware, and Caps	16	0.97
皮革、毛皮、羽毛(绒)及其制品业	Manufacture of Leather, Fur, Feather and Its Products	11	0.58
木材加工及木、竹、藤、棕、草制品业	Processing of Timbers, Manufacture of Wood, Bamboo,	6	0.16
家具制造业	Manufacture of Furniture	4	0.13
造纸及纸制品业	Manufacture of Paper and Paper Products	28	2.85
印刷业和记录媒介的复制	Printing,Reproduction of Recording Media	18	0.58
文教体育用品制造业	Manufacture of Articles for Culture,Education and Sport Activity		
石油加工、炼焦及核燃料加工业	Processing of Petroleum ,Coking,Processing of Nucleus Fuel	11	1.10
化学原料及化学制品制造业	Manufacture of Chemical Raw Material and Chemical Products	116	6.32
医药制造业	Manufacture of Medicines	23	2.06
化学纤维制造业	Manufacture of Chemical Fibers	5	1.35
橡胶制品业	Manufacture of Rubber	14	1.52
塑料制品业	Manufacture of Plastic	31	0.78
非金属矿物制品业	Manufacture of Non-metallic Mineral Products	171	6.38
黑色金属冶炼及压延加工业	Manufacture and Processing of Ferrous Metals	11	4.76
有色金属冶炼及压延加工业	Manufacture and Processing of Non-ferrous Metals	56	8.37
金属制品业	Manufacture of Metal Products	46	1.54
通用设备制造业	Manufacture of General Purpose Machinery	70	3.57
专用设备制造业	Manufacture of Special Purpose Machinery	93	8.20
交通运输设备制造业	Manufacture of Transport Equipment	48	4.80
电气机械及器材制造业	Manufacture of Electrical Machinery and Equipment	52	2.89
通信设备、计算机及其他电子设备制造业	Manufacture of Communication Equipment ,	12	1.24
仪器仪表及文化、办公用机械制造业	Manufacture of Measuring Instrument	11	1.04
工艺品及其他制造业	Manufacture of Artwork, Other Manufacture n.e.c	12	0.81
废弃资源和废旧材料回收加工业	Recycling and Disposal of Waste	2	0.05
电力、热力的生产和供应业	Production and Supply of Electric Power and Heat Power	184	16.88
燃气生产和供应业	Production and Distribution of Gas	6	0.45
水的生产和供应业	Production and Distribution of Water	21	1.52

Main Indicators on Economic Benefit of Public-owned Industrial Enterprises above Designated Size(2011)

(100 million yuan)

资产总计 Total Assets	流动资产合计 Balance of Working Capitals	负债合计 Total Liabilities	主营业务收入 Revenue from Principal Business	主营业务成本 Cost of Pricipal Business	利润总额 Total Profits	利税总额 Total Pre-tax Profits	本年应缴增值税 Value Added Tax Payable
12486.91	**4916.30**	**8207.10**	**13639.83**	**11650.80**	**717.68**	**1500.78**	**440.24**
1234.6	607.1	596.31	1942.01	1516.78	152.48	381.7	67.46
11252.31	4309.19	7610.78	11697.82	10134.03	565.19	1119.08	372.78
8468.90	3636.70	5611.82	8492.38	7227.63	422.96	885.36	293.75
1995.93	769.47	1324.56	2267.69	1991.37	120.38	192.38	59.52
2001.55	499.91	1258.48	2862.37	2416.54	173.25	421.17	86.72
20.52	10.22	12.24	17.39	15.27	1.08	1.87	0.26
2435.92	880.70	1510.00	2298.63	1817.01	220.11	386.56	138.20
540.54	159.85	345.85	479.08	343.77	13.40	119.98	35.78
11.53	2.69	3.73	23.13	18.27	3.5	5.11	1.4
235.83	78.59	88.70	693.66	535.03	127.28	135.56	3.84
28.54	9.91	17.33	40.10	31.36	4.70	7.61	2.08
115.21	56.98	52.51	306.72	268.25	24.48	28.37	3.13
54.59	23.99	25.07	147.66	119.58	19.79	24.35	3.62
128.59	61.26	87.20	147.57	124.13	8.24	15.27	3.51
235.44	175.06	80.23	336.73	119.24	35.75	226.77	40.51
169.99	77.60	94.99	228.03	208.35	10.24	13.90	2.54
9.79	3.71	5.42	23.10	20.79	0.54	1.21	0.52
16.77	7.41	6.09	83.46	74.17	7.36	10.31	2.54
2.00	0.73	0.33	7.66	6.64	0.84	0.95	0.11
1.73	0.48	0.37	9.81	8.02	0.84	1.30	0.35
184.37	73.71	100.16	271.10	243.25	16.18	20.87	3.27
15.43	7.42	4.82	21.93	18.02	1.71	2.39	0.56
155.85	70.49	135.31	481.36	445.05	-27.48	23.94	5.58
663.07	235.29	500.46	659.89	564.94	17.50	31.55	11.74
80.40	28.82	31.43	171.53	151.93	11.92	16.89	3.30
112.93	23.75	65.06	74.20	69.61	2.35	2.74	0.20
85.27	43.79	57.18	140.09	118.44	5.70	10.64	3.19
32.81	13.95	11.01	74.06	61.93	8.25	10.65	1.71
381.84	164.86	201.86	472.06	381.95	52.02	71.58	15.98
555.58	267.20	407.58	637.65	602.08	3.64	18.23	12.83
1207.90	569.72	785.54	1417.44	1326.92	27.35	63.68	31.98
58.69	32.15	35.27	70.21	62.46	3.91	6.01	1.76
219.79	127.90	133.20	200.96	175.09	9.30	13.53	3.58
596.77	385.13	359.87	671.52	571.55	43.36	62.67	16.04
337.64	210.24	187.77	558.70	445.63	57.02	79.88	19.29
369.30	277.39	268.53	255.39	195.76	16.34	25.68	7.99
79.29	38.63	40.65	30.67	18.29	1.11	2.23	0.96
44.88	29.46	25.14	35.19	28.10	3.19	4.02	0.72
5.04	3.04	1.39	20.56	17.48	1.20	2.02	0.72
1.78	0.79	0.65	0.97	0.76	0.04	0.10	0.04
3196.36	749.28	2453.80	2498.84	2414.08	-14.27	52.37	59.40
48.17	10.30	43.57	32.24	28.48	1.57	1.87	0.22
67.26	14.06	39.03	17.88	14.40	-1.31		1.04

14-12 分行业规模以上私营工业企业主要指标(2011年)

单位：亿元

行 业	Sector	单位数(个) Number of Enterprises (unit)	从业人员(万人) Number of Employed Persons (10 000 persons)
总 计	**Total**	**10992**	**204.57**
按轻重工业分	**Grouped by Light & Heavy Industry**		
轻工业	Enterprises of Light Industry	4706	93.28
重工业	Heavy Industry	6286	111.29
按企业规模分	**Grouped by Size of Enterprises**		
大型企业	Large Enterprises	130	23.91
中型企业	Medium-sized Enterprises	1600	73.12
小型企业	Small Enterprises	9040	106.96
微型企业	Micro-enterprises	222	0.57
按行业分	**By Sector**		
煤炭开采和洗选业	Mining and Washing of Coal	266	4.53
石油和天然气开采业	Extraction of Petroleum and Natural Gas	1	0.01
黑色金属矿采选业	Mining of Ferrous Metal Ores	89	1.23
有色金属矿采选业	Mining of Non-ferrous Metal Ores	144	2.54
非金属矿采选业	Mining and Processing of Nonmetal Ores	175	2.32
农副食品加工业	Processing of Food From Agricultural Products	1350	18.17
食品制造业	Manufacture of Foods	406	7.62
饮料制造业	Manufacture of Beverage	249	4.27
纺织业	Manufacture of Textile	686	19.63
纺织服装、鞋、帽制造业	Manufacture of Textile Wearing Apparel, Footware, and Caps	267	7.35
皮革、毛皮、羽毛(绒)及其制品业	Manufacture of Leather, Fur, Feather and Its Products	268	4.65
木材加工及木、竹、藤、棕、草制品业	Processing of Timbers, Manufacture of Wood, Bamboo,	428	7.73
家具制造业	Manufacture of Furniture	237	4.61
造纸及纸制品业	Manufacture of Paper and Paper Products	233	5.20
印刷业和记录媒介的复制	Printing,Reproduction of Recording Media	105	1.54
文教体育用品制造业	Manufacture of Articles for Culture,Education and Sport Activity	29	0.46
石油加工、炼焦及核燃料加工业	Processing of Petroleum ,Coking,Processing of Nucleus Fuel	40	1.44
化学原料及化学制品制造业	Manufacture of Chemical Raw Material and Chemical Products	563	10.01
医药制造业	Manufacture of Medicines	180	3.91
化学纤维制造业	Manufacture of Chemical Fibers	20	0.39
橡胶制品业	Manufacture of Rubber	117	2.48
塑料制品业	Manufacture of Plastic	307	4.80
非金属矿物制品业	Manufacture of Non-metallic Mineral Products	1831	31.13
黑色金属冶炼及压延加工业	Manufacture and Processing of Ferrous Metals	184	4.03
有色金属冶炼及压延加工业	Manufacture and Processing of Non-ferrous Metals	244	5.04
金属制品业	Manufacture of Metal Products	386	6.21
通用设备制造业	Manufacture of General Purpose Machinery	677	12.39
专用设备制造业	Manufacture of Special Purpose Machinery	517	9.46
交通运输设备制造业	Manufacture of Transport Equipment	355	7.06
电气机械及器材制造业	Manufacture of Electrical Machinery and Equipment	285	6.14
通信设备、计算机及其他电子设备制造业	Manufacture of Communication Equipment ,	65	2.43
仪器仪表及文化、办公用机械制造业	Manufacture of Measuring Instrument	78	1.87
工艺品及其他制造业	Manufacture of Artwork, Other Manufacture n.e.c	153	3.04
废弃资源和废旧材料回收加工业	Recycling and Disposal of Waste	29	0.38
电力、热力的生产和供应业	Production and Supply of Electric Power and Heat Power	7	0.27
燃气生产和供应业	Production and Distribution of Gas	9	0.08
水的生产和供应业	Production and Distribution of Water	12	0.16

Main Indicators on Economic Benefit of Private Industrial Enterprises above Designated Size(2011)

(100 million yuan)

资产总计 Total Assets	流动资产合计 Balance of Working Capitals	负债合计 Total Liabilities	主营业务收入 Revenue from Principal Business	主营业务成本 Cost of Pricipal Business	利润总额 Total Profits	利税总额 Total Pre-tax Profits	本年应缴增值税 Value Added Tax Payable
6921.34	**2846.08**	**2253.96**	**18348.15**	**15199.23**	**2101.87**	**2806.18**	**547.06**
2676.45	1079.22	795.70	7101.80	5889.95	819.12	1065.06	188.59
4244.89	1766.86	1458.26	11246.35	9309.29	1282.75	1741.12	358.48
							76.57
1030.96	453.12	403.31	2473.00	2120.54	233.97	326.77	165.43
2280.96	934.69	806.57	5988.74	5006.36	666.72	874.65	303.86
3557.63	1442.14	1029.64	9842.19	8036.75	1196.06	1597.64	1.19
51.79	16.14	14.45	44.22	35.59	5.11	7.12	18.50
231.22	74.35	76.38	431.07	327.11	77.29	103.15	
1.80	0.18	0.15	2.32	1.75	0.42	0.45	3.68
47.79	18.04	25.60	105.92	85.59	13.28	18.21	4.64
119.61	48.96	43.78	322.47	258.64	47.07	54.11	8.23
65.23	23.33	11.72	228.58	181.98	29.95	40.54	
588.39	241.08	149.87	1895.86	1583.79	207.36	269.27	46.06
237.11	96.77	56.95	574.25	472.73	70.63	89.82	14.71
175.70	67.52	72.42	375.35	306.51	45.35	61.48	11.41
505.11	202.24	167.36	1176.23	992.70	125.37	165.82	31.78
118.98	48.39	32.48	295.56	246.25	29.60	38.74	6.88
138.26	54.83	37.12	342.90	279.16	47.09	61.65	11.41
178.77	68.42	37.67	448.64	361.27	59.21	77.33	13.40
84.18	28.91	18.81	273.10	216.04	31.35	41.03	7.11
166.31	61.81	61.48	438.15	360.93	54.02	70.55	13.75
56.03	24.08	19.47	120.36	99.96	13.71	18.82	4.22
8.86	4.75	3.20	21.29	18.16	2.35	3.24	0.67
107.88	49.13	40.54	431.48	361.16	47.23	64.02	11.34
498.30	200.72	174.17	1037.70	861.34	120.86	157.62	28.94
151.73	65.77	55.82	308.69	248.29	36.10	48.38	9.72
18.29	4.24	6.42	40.44	34.20	4.32	5.60	0.98
55.98	20.80	15.32	176.40	146.51	20.94	27.62	5.54
133.53	50.59	36.18	392.10	324.24	44.42	59.05	11.14
1103.59	416.99	343.50	2847.02	2284.36	377.89	519.30	112.93
261.58	111.45	124.96	854.77	773.78	54.68	83.00	23.69
328.30	197.82	164.43	929.38	819.22	73.79	103.64	25.72
179.93	74.97	52.02	483.74	395.22	54.65	69.97	11.65
386.94	156.82	111.20	1108.92	914.68	115.80	160.53	33.03
307.31	134.08	96.03	862.42	712.91	92.76	129.08	29.86
213.17	84.74	71.98	687.97	581.24	81.13	104.75	20.06
256.75	128.01	81.65	655.58	551.14	70.43	87.58	11.73
49.50	22.54	17.60	86.59	72.25	8.91	11.67	2.11
45.16	21.94	12.67	103.02	87.60	10.68	14.74	3.12
58.14	23.66	14.77	214.99	173.10	27.41	36.89	7.07
20.23	11.87	9.04	55.53	49.55	3.88	5.77	1.40
12.97	4.28	7.38	8.52	7.39	0.56	0.89	0.28
2.76	0.84	0.92	4.09	3.28	0.45	0.60	0.09
5.93	1.17	2.89	6.78	5.19	0.90	1.27	0.19

14-13 规模以上四大传统优势产业和六大高载能行业主要指标(2011年)

Main indicators of Four traditional competitive Industrial Exterprises and Six Carrying energy Industrial Enterprises above Designated Size (2011)

行业	Sector	单位数(个) Number of Enterprises (unit)	工业增加值(亿元) Value-added of Industrial Enterprises (100 million yuan)	工业增加值指数(上年=100) Indices of Value-Added of Industry (Preceding =100
四大传统优势产业	**Four traditional competitive Industrial**	**3996**	**3211.74**	**114.5**
化工	Chemical Engineering	1314	948.45	113.6
石油加工、炼焦及核燃料加工业	Processing of Petroleum, Coking, Processing of Nuclear Fuel	89	267.32	106.1
化学原料及化学制品制造业	Manufacture of Raw Chemical Materials and Chemical Products	1040	590.11	118.3
橡胶制品业	Manufacture of Rubber	185	91.02	108.0
有色金属	Non-ferrous Metals	809	1029.21	115.9
有色金属矿采选业	Mining of Processing of Non-ferrous Metal Ores	339	379.98	117.4
有色金属冶炼及压延加工业	Smelting and Pressing of Non-ferrous Metals	470	649.23	115.1
钢铁	Steel	435	581.45	113.4
黑色金属矿采选业	Mining of Ferrous Metal Ores	136	54.12	99.2
黑色金属冶炼及压延加工业	Manufacture and Processing of Ferrous Metals	299	527.33	115.1
纺织服装	Textile Wearing Apparel	1438	652.63	114.5
纺织业	Manufacture of Textile	1016	526.35	111.5
纺织服装、鞋、帽制造业	Manufacture of Textile Wearing Apparel, Footware, and Caps	386	93.56	134.4
化学纤维制造业	Manufacture of Chemical Fibers	36	32.72	114.8
六大高载能行业	**Six Carrying energy Industrial**	**5583**	**4835.21**	**116.2**
煤炭开采和洗选业	Mining and Washing of Coal	633	1138.13	112.1
化学原料及化学制品制造业	Manufacture of Raw Chemical Materials and Chemical Products	1040	590.11	118.3
非金属矿物制品业	Mining and Processing of Nonmetal Ores	2916	1470.07	121.0
黑色金属冶炼及压延加工业	Manufacture and Processing of Ferrous Metals	299	527.33	115.1
有色金属冶炼及压延加工业	Smelting and Pressing of Non-ferrous Metals	470	649.23	115.1
电力、热力的生产和供应业	Production and Supply of Electric Power and Heat Power	225	460.33	112.7

14-14 规模以上六大高成长产业主要指标(2011年)

Main indicators of Six Growth Industrial Enterprises above Designated Size (2011)

行业	Sector	单位数 (个) Number of Enterprises (unit)	工业增加值 (亿元) Value-added of Industrial Enterprises (100 million yuan)	工业增加值指数 (上年=100) Indices of Value-Added of Industry (Preceding =100)
合计	**Total**	**12954**	**6568.84**	**125.3**
汽车	Manufacture of Cars	449	301.74	139.9
电子信息	Electronic information	144	207.44	318.5
装备制造业合计	Equipment manufacturing industry	3536	1702.10	124.1
金属制品业	Manufacture of Metal Products	609	185.01	119.2
通用设备制造业	Manufacture of General Purpose Machinery	1222	672.14	133.0
专用设备制造业	Manufacture of Special Purpose Machinery	957	465.34	119.6
交通运输设备制造业	Manufacture of Transport Equipment	189	93.58	118.6
电气机械及器材制造业	Manufacture of Electrical Machinery and Equipment	395	214.22	115.1
仪器仪表及文化、办公用机械制造业	Manufacture of Measuring Instrument	164	71.81	127.1
食品工业合计	Manufacture of Foods	2949	1639.72	120.9
农副食品加工业	Processing of Food From Agricultural Products	1883	812.53	120.8
食品制造业	Manufacture of Foods	628	350.77	122.2
饮料制造业	Manufacture of Beverage	420	235.46	118.2
烟草制品业	Manufacture of Tobacco	18	240.97	121.8
轻工行业合计	Enterprises of Light Industry	2729	1141.38	121.6
皮革、毛皮、羽毛(绒)及其制品业	Manufacture of Leather, Fur, Feather and Its Products	363	180.96	125.8
木材加工及木、竹、藤、棕、草制品业	Processing of Timbers, Manufacture of Wood, Bamboo,	528	162.52	112.3
家具制造业	Manufacture of Furniture	283	82.00	118.3
造纸及纸制品业	Manufacture of Paper and Paper Products	383	244.18	119.7
印刷业和记录媒介的复制	Printing,Reproduction of Recording Media	179	61.84	128.0
文教体育用品制造业	Manufacture of Articles for Culture,Education and Sport Activity	46	17.53	124.9
塑料制品业	Manufacture of Plastic	505	163.88	121.8
工艺品及其他制造业	Manufacture of Artwork, Other Manufacture n.e.c	258	104.72	124.5
电池制造	Manufacture of Battery	60	37.04	138.6
家用电力器具制造	Manufacture of Household appliances Electrical Equipment	23	19.91	130.7
非电力家用器具制造	Manufacture of Household appliances Non-electric Equipment	37	20.96	121.7
照明器具制造	Manufacture of Lighting appliance	64	45.83	126.1
建材工业合计	Building materials industry	3147	1576.46	121.6
非金属矿采选业	Mining and Processing of Nonmetal Ores	231	106.39	130.7
非金属矿物制品业	Manufacture of Non-metallic Mineral Products	2916	1470.07	121.0

注：本表中"交通运输设备制造业"不含"汽车制造业"；"电气机械及器材制造业"不含"电池制造业"、"家用电力器具制造业"、"非电力家用器具制造业"、"照明器具制造业"。

a)Data on Manufacture of Transport Equipment unclude Manufacture of Cars.Data on Manufacture of Electrical Machinery and Equipment unclude Manufacture of Battery,Household appliances Electrical Equipment,Household appliances Non-electric Equipment and Lighting appliance.

14-15 各市规模以上工业企业主要财务指标

Main Indicators on Economic Benefit of Industrial Enterprises above Designated Size by City

单位：亿元 (100 million yuan)

年份 year 市(县) City(County)	单位数(个) Number of Enterprises (unit)	平均从业人员数(万人) Average Number of Employed Persons (10 000 persons)	资产总计 Total Assets	流动资产合计 Balance of Working Capitals	负债合计 Total Liabilities	主营业务收入 Revenue from Principal Business	主营业务成本 Cost of Pricipal Business	利润总额 Total Profits	利税总额 Total Pre-tax Profits	本年应缴增值税 Value Added Tax Payable
1998	10450	380.58	4813.59		3237.58	2774.43	2278.26	71.21	251.73	117.88
1999	9922	358.02	5090.87		3357.14	2889.61	2391.14	79.58	269.43	128.23
2000	9930	343.13	5234.71		3477.34	3297.78	2708.84	139.97	343.68	140.02
2001	9720	335.73	5633.03		3699.60	3642.32	3015.28	141.62	363.93	150.68
2002	9671	322.47	5987.80		3825.08	4159.57	3438.38	183.85	440.01	174.14
2003	9091	317.32	6575.13		4227.07	5284.81	4399.48	255.91	558.98	208.00
2004	9782	326.92	8142.33		5087.83	7283.63	6078.52	403.65	794.78	283.02
2005	10867	355.70	9158.03		5639.20	10114.21	8441.39	643.39	1205.65	402.71
2006	11895	361.94	11026.18		6644.10	13809.07	11463.04	1141.80	1907.06	565.18
2007	13518	382.43	13788.00		7970.01	18936.82	15478.08	1941.51	3023.05	812.31
2008	15795	401.53	16421.08		9497.17	25292.02	21251.31	2179.10	3458.82	926.72
2009	18592	449.14	19668.61	7769.93	11103.26	28246.65	23765.05	2444.18	3835.99	976.99
2010	19574	479.27	23467.42	9798.26	12960.96	36163.12	30316.67	3302.22	4928.53	1147.72
2011	18338	546.84	29049.22	12411.51	15651.99	47647.21	40301.82	4131.59	6124.18	1397.73
省辖市 City										
郑州市 Zhengzhou	2515	89.48	5172.99	2442.95	2762.83	8144.44	6666.83	918.86	1351.73	328.96
开封市 Kaifeng	1084	29.21	908.50	363.58	341.65	1380.34	1151.51	156.99	211.42	40.22
洛阳市 Luoyang	1629	44.50	3299.98	1452.33	1909.29	4866.81	4272.91	239.95	423.05	105.99
平顶山市 Pingdingshan	802	31.46	2259.78	990.84	1455.71	2410.58	2084.30	165.81	276.99	89.08
安阳市 Anyang	824	25.97	1518.77	617.99	929.95	3140.11	2753.60	229.96	366.37	95.26
鹤壁市 Hebi	485	16.68	648.41	228.00	461.17	1179.49	1016.19	66.95	102.93	28.20
新乡市 Xinxiang	1140	36.88	1983.97	823.92	1071.01	2942.94	2617.58	198.49	271.09	59.92
焦作市 Jiaozuo	1061	35.82	1624.54	653.75	863.74	3345.97	2826.62	276.79	419.82	116.47
濮阳市 Puyang	678	21.04	985.84	357.42	459.11	1895.22	1555.72	161.75	261.98	47.99
许昌市 Xuchang	1259	32.33	1825.07	853.98	770.47	3203.50	2556.20	344.60	545.60	121.75
漯河市 Luohe	538	19.19	935.81	384.88	357.66	1998.32	1665.68	241.95	298.33	35.14
三门峡市 Sanmenxia	605	22.01	1585.46	657.43	962.46	2755.36	2365.79	251.69	313.39	47.74
南阳市 Nanyang	1313	41.22	1667.32	787.60	955.20	2644.70	2212.86	202.14	349.35	92.43
商丘市 Shangqiu	769	21.76	1110.33	432.27	667.54	1881.74	1645.96	124.66	179.73	43.54
信阳市 Xinyang	998	21.29	604.36	237.37	297.74	1288.45	1105.23	70.27	113.96	32.80
周口市 Zhoukou	1015	26.21	1117.23	500.38	427.52	1940.72	1525.01	292.18	356.85	43.20
驻马店市 Zhumadian	1388	24.23	941.55	308.00	442.01	1478.67	1261.32	117.19	170.08	33.54
济源市 Jiyuan	233	7.54	859.31	318.82	516.91	1149.85	1018.53	71.38	111.51	35.50
省直管县 Province Administrating County										
巩义市 Gongyi	351	9.06	689.04	327.65	407.27	1257.25	1062.33	112.82	160.96	39.71
兰考县 Lankao	249	4.71	94.99	48.82	25.30	171.96	137.79	26.86	35.13	6.27
汝州市 Ruzhou	130	3.73	279.31	105.29	173.68	222.47	195.76	13.80	24.01	8.91
滑县 Huaxian	106	2.55	74.54	30.21	27.47	173.13	145.29	17.02	22.39	2.52
长垣县 Changyuan	103	3.62	203.21	142.37	104.27	298.04	256.20	29.87	39.89	9.60
邓州市 Dengzhou	129	3.24	108.94	48.79	59.58	280.38	243.07	15.40	26.24	8.40
永城市 Yongcheng	88	5.51	602.48	257.63	400.21	807.02	690.25	67.13	98.04	25.61
固始县 Gushi	162	3.29	36.71	13.95	4.89	130.20	109.81	9.43	14.04	3.46
鹿邑县 Luyi	27	1.79	114.86	66.62	52.49	229.90	145.98	55.60	58.88	2.43
新蔡县 Xincai	160	2.87	59.24	24.35	15.64	107.70	86.39	12.35	16.47	2.33

14-16 各市规模以上国有控股工业企业主要财务指标(2011年)

Main Indicators on Economic Benefit of State-holding Industrial Enterprises above Designated Size by City(2011)

单位：亿元 (100 million yuan)

市(县)	City(County)	从业人员(万人) Number of Employed Persons (10 000 persons)	资产总计 Total Assets	流动资产合计 Balance of Working Capitals	负债合计 Total Liabilities	主营业务收入 Revenue from Principal Business	主营业务成本 Cost of Pricipal Business	利润总额 Total Profits	利税总额 Total Pre-tax Profits	本年应缴增值税 Value Added Tax Payable
全省	**Total**	**129.19**	**11532.21**	**4511.55**	**7796.62**	**11119.56**	**9539.88**	**434.94**	**1155.98**	**396.18**
省辖市	**City**									
郑州市	Zhengzhou	15.61	1439.60	627.14	943.60	1520.79	1251.92	93.64	220.21	65.04
开封市	Kaifeng	2.29	189.50	82.49	133.81	117.47	103.79	7.01	10.26	2.86
洛阳市	Luoyang	19.26	2145.33	885.29	1346.99	2217.67	1962.57	58.48	176.08	54.91
平顶山市	Pingdingshan	18.83	1499.81	655.43	1029.10	1019.13	893.03	39.88	91.22	42.69
安阳市	Anyang	5.86	621.30	251.08	468.00	625.09	558.72	6.40	51.90	20.54
鹤壁市	Hebi	5.76	314.06	77.60	251.49	258.83	225.59	4.50	15.99	9.43
新乡市	Xinxiang	4.51	442.17	134.55	305.39	343.92	292.01	21.61	38.09	14.63
焦作市	Jiaozuo	9.28	602.80	197.13	406.36	617.99	535.42	19.50	46.41	22.53
濮阳市	Puyang	9.07	547.84	162.92	386.85	502.45	399.11	-14.94	51.36	26.37
许昌市	Xuchang	5.04	585.00	305.43	367.46	484.54	345.67	40.59	110.26	26.91
漯河市	Luohe	1.43	148.00	62.48	95.85	137.77	114.33	3.20	19.03	5.03
三门峡市	Sanmenxia	9.49	803.41	322.33	560.99	992.63	898.59	33.77	65.31	26.13
南阳市	Nanyang	9.42	652.94	236.37	418.84	685.78	535.72	50.27	124.46	29.04
商丘市	Shangqiu	6.05	707.50	269.43	512.74	799.86	693.42	56.48	89.29	27.59
信阳市	Xinyang	2.82	168.89	66.89	134.54	279.26	265.75	0.33	4.70	3.66
周口市	Zhoukou	0.93	36.97	10.89	28.23	54.76	51.78	1.27	3.03	1.55
驻马店市	Zhumadian	2.15	185.07	49.80	144.05	176.47	155.44	3.13	16.14	5.67
济源市	Jiyuan	1.38	442.04	114.30	262.33	285.16	257.02	9.81	22.23	11.59
省直管县	**Province Administrating County**									
巩义市	Gongyi	1.17	75.56	37.60	50.72	42.67	32.14	5.34	8.87	3.05
兰考县	Lankao	0.09	2.14	1.11	1.25	5.25	4.64	0.38	0.47	0.07
汝州市	Ruzhou	1.52	49.10	9.05	36.83	38.08	35.79	-1.20	1.14	1.98
滑县	Huaxian	0.07	1.45	0.43	0.78	4.57	4.53	0.01	0.12	0.11
长垣县	Changyuan	0.04	0.95	0.37	0.69	5.17	4.78	0.36	0.63	0.26
邓州市	Dengzhou	0.22	10.10	2.22	5.05	10.44	8.47	1.64	2.27	0.57
永城市	Yongcheng	4.38	564.87	238.71	383.38	636.56	531.08	62.32	92.01	24.81
固始县	Gushi	0.15	1.79	0.82	1.15	3.60	3.59		0.11	0.10
鹿邑县	Luyi	0.08	1.84	1.18	1.81	2.01	1.98		0.08	0.07
新蔡县	Xincai	0.16	1.77	0.58	0.83	2.52	2.28	0.12	0.21	0.07

14－17 各市规模以上公有制工业企业主要财务指标(2011年)

Main Indicators on Economic Benefit of Public-owned Industrial Enterprises above Designated Size by City(2011)

单位：亿元 (100 million yuan)

市(县) City(County)	从业人员(万人) Number of Employed Persons (10 000 persons)	资产总计 Total Assets	流动资产合计 Balance of Working Capitals	负债合计 Total Liabilities	主营业务收入 Revenue from Principal Business	主营业务成本 Cost of Pricipal Business	利润总额 Total Profits	利税总额 Total Pre-tax Profits	本年应缴增值税 Value Added Tax Payable
全 省 Total	**155.83**	**12486.91**	**4916.30**	**8207.10**	**13639.83**	**11650.80**	**717.68**	**1500.78**	**440.24**
省 辖 市 City									
郑 州 市 Zhengzhou	17.84	1533.26	676.31	994.10	1684.80	1381.98	115.60	251.96	72.61
开 封 市 Kaifeng	3.81	226.91	100.68	150.27	185.22	161.81	12.65	18.24	4.51
洛 阳 市 Luoyang	20.21	2179.55	905.96	1369.82	2341.00	2078.49	60.87	180.64	56.63
平 顶 山 市 Pingdingshan	20.14	1549.02	683.22	1061.63	1126.15	989.32	46.49	101.09	45.56
安 阳 市 Anyang	6.49	633.34	256.90	473.25	672.14	600.14	10.71	57.21	21.40
鹤 壁 市 Hebi	7.69	361.10	100.52	273.92	402.47	343.48	12.23	26.64	11.21
新 乡 市 Xinxiang	8.31	590.01	162.15	364.29	701.53	620.17	44.88	67.78	18.32
焦 作 市 Jiaozuo	11.08	691.45	247.24	464.29	797.56	697.34	27.93	60.69	27.55
濮 阳 市 Puyang	9.91	603.49	189.48	402.38	604.53	481.80	-2.08	66.28	27.62
许 昌 市 Xuchang	6.24	613.84	316.42	373.79	562.75	405.51	54.64	128.33	29.56
漯 河 市 Luohe	3.23	205.95	89.81	117.02	313.57	252.41	32.99	53.81	8.75
三 门 峡 市 Sanmenxia	12.40	948.90	366.24	597.46	1625.74	1394.11	148.29	183.51	26.83
南 阳 市 Nanyang	11.11	728.58	271.70	456.32	791.56	619.68	59.89	139.36	33.19
商 丘 市 Shangqiu	6.82	725.37	278.28	521.59	855.91	743.54	60.55	94.55	28.59
信 阳 市 Xinyang	4.27	180.48	72.87	136.53	327.24	307.03	3.66	10.34	5.44
周 口 市 Zhoukou	1.28	59.91	20.71	36.21	98.64	89.15	5.80	9.13	2.58
驻 马 店 市 Zhumadian	3.42	208.99	61.72	151.36	240.14	208.19	9.99	25.03	7.30
济 源 市 Jiyuan	1.57	446.75	116.08	262.85	308.87	276.67	12.59	26.18	12.59
省 直 管 县 Province Administrating County									
巩 义 市 Gongyi	1.73	100.84	47.74	66.41	79.10	64.01	8.81	14.82	5.33
兰 考 县 Lankao	0.16	3.38	1.26	2.22	7.49	6.89	0.39	0.59	0.17
汝 州 市 Ruzhou	1.64	58.64	12.41	41.80	49.31	45.84	-0.59	1.91	2.14
滑 县 Huaxian	0.20	3.40	1.19	1.09	11.19	10.23	0.74	0.86	0.12
长 垣 县 Changyuan	0.06	1.25	0.66	0.75	5.61	5.18	0.39	0.67	0.27
邓 州 市 Dengzhou	0.38	13.08	3.99	6.89	22.58	18.88	2.00	3.15	0.88
永 城 市 Yongcheng	4.41	564.91	238.74	383.42	636.92	531.44	62.32	92.02	24.82
固 始 县 Gushi	0.21	2.07	0.92	1.16	5.92	5.26	0.19	0.40	0.11
鹿 邑 县 Luyi	0.08	1.84	1.18	1.81	2.01	1.98		0.08	0.07
新 蔡 县 Xincai	0.21	2.78	1.02	0.99	5.56	4.54	0.55	0.77	0.16

14-18 各市规模以上私营工业企业主要财务指标(2011年)

Main Indicators on Economic Benefit of Private Industrial Enterprises above Designated Size by City(2011)

单位：亿元 (100 million yuan)

市(县)	City(County)	从业人员(万人) Number of Employed Persons (10 000persons)	资产总计 Total Assets	流动资产合计 Balance of Working Capitals	负债合计 Total Liabilities	主营业务收入 Revenue from Principal Business	主营业务成本 Cost of Pricipal Business	利润总额 Total Profits	利税总额 Total Pre-tax Profits	本年应缴增值税 Value Added Tax Payable
全省	**Total**	**204.57**	**6921.34**	**2846.08**	**2253.96**	**18348.15**	**15199.23**	**2101.87**	**2806.18**	**547.06**
省辖市	**City**									
郑州市	Zhengzhou	27.17	1157.23	515.72	342.29	3072.26	2444.52	461.13	610.13	127.88
开封市	Kaifeng	18.28	399.00	128.24	69.65	839.09	683.10	114.73	151.18	26.80
洛阳市	Luoyang	12.54	483.83	231.37	205.57	1242.08	1055.28	96.98	125.66	20.99
平顶山市	Pingdingshan	5.18	197.04	83.97	77.05	635.05	527.35	75.32	104.08	21.37
安阳市	Anyang	10.21	395.00	148.14	153.70	1326.61	1136.18	139.28	192.67	44.59
鹤壁市	Hebi	3.73	108.01	49.27	56.51	409.16	345.10	41.66	55.21	10.99
新乡市	Xinxiang	12.79	464.55	197.35	199.10	964.74	854.98	76.52	98.05	17.44
焦作市	Jiaozuo	14.80	513.92	190.69	175.62	1650.34	1365.88	174.54	254.98	64.73
濮阳市	Puyang	7.05	243.27	108.50	31.66	895.52	746.44	111.90	135.51	16.10
许昌市	Xuchang	14.83	634.71	239.46	164.69	1744.09	1403.64	204.27	296.14	65.24
漯河市	Luohe	6.24	271.91	100.28	65.00	643.06	515.81	104.17	117.61	8.64
三门峡市	Sanmenxia	6.99	267.86	114.86	134.67	692.74	584.38	72.70	88.50	12.05
南阳市	Nanyang	15.05	379.56	181.05	173.68	1002.92	873.24	81.31	119.52	33.57
商丘市	Shangqiu	10.76	270.54	103.44	87.16	778.00	679.31	50.41	67.07	11.86
信阳市	Xinyang	10.26	227.71	87.24	69.81	583.76	488.46	41.56	64.28	17.10
周口市	Zhoukou	14.19	534.73	224.06	157.39	934.74	720.07	157.67	193.75	23.68
驻马店市	Zhumadian	13.09	299.22	106.51	55.04	698.39	571.30	76.98	101.93	16.17
济源市	Jiyuan	1.41	73.24	35.92	35.38	235.61	204.19	20.74	29.91	7.85
省直管县	**Province Administrating County**									
巩义市	Gongyi	4.66	207.52	118.39	69.21	769.06	635.36	89.68	117.03	22.15
兰考县	Lankao	3.58	67.62	33.56	16.85	133.09	103.72	23.22	30.29	5.32
汝州市	Ruzhou	0.64	38.12	14.08	18.17	112.32	102.26	8.03	11.60	3.21
滑县	Huaxian	1.72	41.42	14.48	10.60	105.84	86.15	12.01	15.86	2.13
长垣县	Changyuan	0.64	25.22	16.67	10.98	53.33	46.07	5.85	7.45	1.55
邓州市	Dengzhou	2.00	69.37	34.72	37.69	152.03	129.71	10.32	16.48	4.76
永城市	Yongcheng	1.08	37.11	18.63	16.61	166.63	155.50	4.72	5.93	0.79
固始县	Gushi	2.34	25.20	10.10	2.43	102.83	87.44	7.59	11.36	2.84
鹿邑县	Luyi	0.62	57.58	28.00	26.46	38.89	27.78	6.70	8.46	1.63
新蔡县	Xincai	1.55	36.91	14.90	9.93	56.15	44.34	6.67	9.35	1.26

14-19 分行业规模以上工业企业主要经济效益指标(2011年)

行 业	Sector	总资产贡献率(%) Ratio of Total Assets to Industrial Output Value (%)
总 计	**Total**	**22.7**
按轻重工业分	**Grouped by Light & Heavy Industry**	
轻工业	Light Industry	32.1
重工业	Heavy Industry	19.7
按企业规模分	**Grouped by Size of Enterprises**	
大型企业	Large Enterprises	14.8
中型企业	Medium-sized Enterprises	24.4
小型企业	Small Enterprises	34.3
微型企业	Micro-enterprises	15.0
按所有制分	**By Proprietorial System**	
公有制	Public-owned	13.7
非公有制	Non-Public-owned	29.4
按行业分	**Grouped by Sectors**	
煤炭开采和洗选业	Mining and Washing of Coal	21.6
石油和天然气开采业	Extraction of Petroleum and Natural Gas	24.5
黑色金属矿采选业	Mining of Ferrous Metal Ores	43.9
有色金属矿采选业	Mining of Non-ferrous Metal Ores	52.7
非金属矿采选业	Mining and Processing of Nonmetal Ores	54.3
农副食品加工业	Processing of Food From Agricultural Products	32.3
食品制造业	Manufacture of Foods	31.5
饮料制造业	Manufacture of Beverage	29.3
烟草制品业	Manufacture of Tobacco	95.7
纺织业	Manufacture of Textile	25.3
纺织服装、鞋、帽制造业	Manufacture of Textile Wearing Apparel, Footware, and Caps	30.8
皮革、毛皮、羽毛(绒)及其制品业	Manufacture of Leather, Fur, Feather and Its Products	48.5
木材加工及木、竹、藤、棕、草制品业	Processing of Timbers, Manufacture of Wood, Bamboo,	41.4
家具制造业	Manufacture of Furniture	45.7
造纸及纸制品业	Manufacture of Paper and Paper Products	27.6
印刷业和记录媒介的复制	Printing,Reproduction of Recording Media	28.2
文教体育用品制造业	Manufacture of Articles for Culture,Education and Sport Activity	25.9
石油加工、炼焦及核燃料加工业	Processing of Petroleum ,Coking,Processing of Nucleus Fuel	31.4
化学原料及化学制品制造业	Manufacture of Chemical Raw Material and Chemical Products	16.9
医药制造业	Manufacture of Medicines	24.5
化学纤维制造业	Manufacture of Chemical Fibers	7.6
橡胶制品业	Manufacture of Rubber	28.4
塑料制品业	Manufacture of Plastic	38.4
非金属矿物制品业	Manufacture of Non-metallic Mineral Products	36.5
黑色金属冶炼及压延加工业	Manufacture and Processing of Ferrous Metals	15.5
有色金属冶炼及压延加工业	Manufacture and Processing of Non-ferrous Metals	12.0
金属制品业	Manufacture of Metal Products	29.2
通用设备制造业	Manufacture of General Purpose Machinery	28.3
专用设备制造业	Manufacture of Special Purpose Machinery	21.4
交通运输设备制造业	Manufacture of Transport Equipment	25.7
电气机械及器材制造业	Manufacture of Electrical Machinery and Equipment	19.5
通信设备、计算机及其他电子设备制造业	Manufacture of Communication Equipment ,	10.6
仪器仪表及文化、办公用机械制造业	Manufacture of Measuring Instrument	17.4
工艺品及其他制造业	Manufacture of Artwork, Other Manufacture n.e.c	39.9
废弃资源和废旧材料回收加工业	Recycling and Disposal of Waste	26.2
电力、热力的生产和供应业	Production and Supply of Electric Power and Heat Power	3.6
燃气生产和供应业	Production and Distribution of Gas	9.1
水的生产和供应业	Production and Distribution of Water	3.9

Main Economic Beneficial Indicators of Industrial Enterprises above Designated Size by Sector(2011)

成本费用利润率 (%) Ratio of Profits to Industrial Cost (%)	资产负债率 (%) Assets-Liability Ratio (%)	产品销售率 (%) Proportion of Products Sold (%)	全员劳动生产率 (元/人.年) Over Labour Productivity of Industrial Enterpreses (yuan/person.year)
9.5	**53.9**	**98.6**	**217295**
11.5	39.5	98.5	185011
8.6	58.4	98.6	235404
6.5	62.1	98.4	147448
10.3	50.49	98.68	221704
12.0	43.3	98.6	296353
8.9	40.4	97.8	
5.5	65.7	98.5	217282
11.2	45.0	98.6	217300
13.4	57.2	98.7	200764
3.2	63.8	100.3	152818
13.9	47.6	100.3	238404
21.2	38.4	98.7	469689
14.7	29.6	98.8	252097
9.9	36.5	98.8	222854
12.8	39.7	98.2	184810
12.3	47.0	98.2	226189
23.1	34.7	99.0	1142014
9.7	44.2	97.7	152300
10.7	32.2	98.7	73095
16.7	33.2	99.0	184281
14.3	23.7	99.1	164498
12.9	23.6	98.9	139450
11.1	46.3	99.7	207283
12.5	37.6	99.0	211773
9.9	26.7	98.3	78274
3.3	63.6	98.9	669979
8.6	57.1	98.4	232418
11.7	40.8	97.0	202011
5.9	56.9	96.2	163602
9.3	52.0	99.5	160813
12.6	35.2	98.8	180288
14.1	40.7	98.3	258770
4.9	64.2	99.3	356547
4.2	63.6	98.5	332256
11.5	41.7	98.6	168806
10.2	43.7	98.6	247111
9.8	50.4	98.3	177271
10.9	49.4	98.7	196383
9.8	52.6	99.1	208747
3.9	67.9	92.6	103305
10.6	48.7	97.7	148368
13.2	36.8	99.8	132897
7.5	43.5	99.7	332609
-1.1	78.4	99.0	248962
11.0	70.1	102.3	222351
-0.2	57.5	99.3	59961

14-20 分行业规模以上国有控股工业企业主要经济效益指标(2011年)

行 业	Sector	总资产贡献率(%) Ratio of Total Assets to Industrial Output Value (%)
总 计	**Total**	**11.8**
按轻重工业分	**Grouped by Light & Heavy Industry**	
轻工业	Light Industry	29.4
重工业	Heavy Industry	10.2
按企业规模分	**Grouped by Size of Enterprises**	
大型企业	Large Enterprises	11.3
中型企业	Medium-sized Enterprises	8.0
小型企业	Small Enterprises	17.6
微型企业	Micro-enterprises	-1.1
按行业分	**Grouped by Sectors**	
煤炭开采和洗选业	Mining and Washing of Coal	16.8
石油和天然气开采业	Extraction of Petroleum and Natural Gas	24.6
黑色金属矿采选业	Mining of Ferrous Metal Ores	22.9
有色金属矿采选业	Mining of Non-ferrous Metal Ores	25.3
非金属矿采选业	Mining and Processing of Nonmetal Ores	17.5
农副食品加工业	Processing of Food From Agricultural Products	8.5
食品制造业	Manufacture of Foods	12.5
饮料制造业	Manufacture of Beverage	9.6
烟草制品业	Manufacture of Tobacco	98.5
纺织业	Manufacture of Textile	6.0
纺织服装、鞋、帽制造业	Manufacture of Textile Wearing Apparel, Footware, and Caps	21.3
皮革、毛皮、羽毛(绒)及其制品业	Manufacture of Leather, Fur, Feather and Its Products	14.4
木材加工及木、竹、藤、棕、草制品业	Processing of Timbers, Manufacture of Wood, Bamboo,	
家具制造业	Manufacture of Furniture	
造纸及纸制品业	Manufacture of Paper and Paper Products	4.2
印刷业和记录媒介的复制	Printing,Reproduction of Recording Media	9.9
石油加工、炼焦及核燃料加工业	Processing of Petroleum ,Coking,Processing of Nucleus Fuel	17.8
化学原料及化学制品制造业	Manufacture of Chemical Raw Material and Chemical Products	4.4
医药制造业	Manufacture of Medicines	9.3
化学纤维制造业	Manufacture of Chemical Fibers	5.2
橡胶制品业	Manufacture of Rubber	12.6
塑料制品业	Manufacture of Plastic	6.4
非金属矿物制品业	Manufacture of Non-metallic Mineral Products	14.7
黑色金属冶炼及压延加工业	Manufacture and Processing of Ferrous Metals	4.9
有色金属冶炼及压延加工业	Manufacture and Processing of Non-ferrous Metals	7.3
金属制品业	Manufacture of Metal Products	5.6
通用设备制造业	Manufacture of General Purpose Machinery	4.4
专用设备制造业	Manufacture of Special Purpose Machinery	10.8
交通运输设备制造业	Manufacture of Transport Equipment	25.2
电气机械及器材制造业	Manufacture of Electrical Machinery and Equipment	7.0
通信设备、计算机及其他电子设备制造业	Manufacture of Communication Equipment ,	3.6
仪器仪表及文化、办公用机械制造业	Manufacture of Measuring Instrument	9.5
工艺品及其他制造业	Manufacture of Artwork, Other Manufacture n.e.c	53.0
废弃资源和废旧材料回收加工业	Recycling and Disposal of Waste	10.5
电力、热力的生产和供应业	Production and Supply of Electric Power and Heat Power	4.0
燃气生产和供应业	Production and Distribution of Gas	4.2
水的生产和供应业	Production and Distribution of Water	1.3

Main Economic Beneficial Indicators of State-holding Industrial Enterprises above Designated Size by Sector(2011)

成本费用利润率 (%) Ratio of Profits to Industrial Cost (%)	资产负债率 (%) Assets-Liability Ratio (%)	产品销售率 (%) Proportion of Products Sold (%)	全员劳动生产率 (元/人.年) Over Labour Productivity of Industrial Enterpreses (yuan/person.year)
4.0	**67.6**	**98.3**	**208713**
7.9	52.1	96.8	278983
3.7	69.0	98.4	200268
4.6	67.2	98.4	201114
2.9	69.4	97.2	257315
2.5	67.4	98.5	166346
-4.9	84.4	98.3	
10.1	62.3	98.8	147217
3.1	64.0	100.3	153067
10.7	41.2	108.4	173363
21.0	54.7	92.9	446537
12.4	72.1	101.0	188732
3.7	49.0	93.2	121045
3.7	38.3	100.6	221996
3.3	74.4	97.5	233804
24.0	33.4	99.1	1273222
2.7	59.2	94.2	117156
5.1	65.6	97.1	60044
4.8	51.5	95.1	244292
1.6	64.1	97.1	219353
6.4	22.2	98.5	113473
-5.8	87.0	99.4	838266
1.5	79.2	98.3	197708
3.7	56.7	95.6	64440
4.5	53.9	89.2	158410
2.7	70.9	100.6	178808
2.1	42.6	102.2	414929
10.3	57.4	97.0	219230
0.6	73.4	98.5	198570
2.0	64.8	96.1	337805
3.3	63.6	95.8	65317
3.0	61.3	100.5	186313
7.0	61.1	99.6	144297
11.8	54.8	99.2	311928
6.5	73.9	95.3	247202
5.0	48.9	89.9	122133
9.8	55.9	99.2	133520
4.7	39.0	99.3	1188212
10.5	2.2	98.0	1900706
-0.5	76.8	99.1	234247
5.0	90.4	99.6	165809
-6.6	58.0	98.9	47914

14-21 分行业规模以上公有制工业企业主要经济效益指标(2011年)

行 业	Sector	总资产贡献率(%) Ratio of Total Assets to Industrial Output Value (%)
总 计	**Total**	**13.7**
按轻重工业分	**Grouped by Light & Heavy Industry**	
轻工业	Light Industry	32.4
重工业	Heavy Industry	11.7
按企业规模分	**Grouped by Size of Enterprises**	
大型企业	Large Enterprises	12.1
中型企业	Medium-sized Enterprises	11.6
小型企业	Small Enterprises	22.8
微型企业	Micro-enterprises	10.3
按行业分	**Grouped by Sectors**	
煤炭开采和洗选业	Mining and Washing of Coal	17.3
石油和天然气开采业	Extraction of Petroleum and Natural Gas	24.5
黑色金属矿采选业	Mining of Ferrous Metal Ores	44.6
有色金属矿采选业	Mining of Non-ferrous Metal Ores	59.4
非金属矿采选业	Mining and Processing of Nonmetal Ores	28.1
农副食品加工业	Processing of Food From Agricultural Products	26.0
食品制造业	Manufacture of Foods	46.9
饮料制造业	Manufacture of Beverage	14.9
烟草制品业	Manufacture of Tobacco	96.8
纺织业	Manufacture of Textile	9.7
纺织服装、鞋、帽制造业	Manufacture of Textile Wearing Apparel, Footware, and Caps	13.2
皮革、毛皮、羽毛(绒)及其制品业	Manufacture of Leather, Fur, Feather and Its Products	63.3
木材加工及木、竹、藤、棕、草制品业	Processing of Timbers, Manufacture of Wood, Bamboo,	48.5
家具制造业	Manufacture of Furniture	81.1
造纸及纸制品业	Manufacture of Paper and Paper Products	12.9
印刷业和记录媒介的复制	Printing,Reproduction of Recording Media	16.0
石油加工、炼焦及核燃料加工业	Processing of Petroleum ,Coking,Processing of Nucleus Fuel	17.6
化学原料及化学制品制造业	Manufacture of Chemical Raw Material and Chemical Products	6.2
医药制造业	Manufacture of Medicines	22.8
化学纤维制造业	Manufacture of Chemical Fibers	3.3
橡胶制品业	Manufacture of Rubber	16.0
塑料制品业	Manufacture of Plastic	33.2
非金属矿物制品业	Manufacture of Non-metallic Mineral Products	20.3
黑色金属冶炼及压延加工业	Manufacture and Processing of Ferrous Metals	4.9
有色金属冶炼及压延加工业	Manufacture and Processing of Non-ferrous Metals	7.3
金属制品业	Manufacture of Metal Products	11.2
通用设备制造业	Manufacture of General Purpose Machinery	6.9
专用设备制造业	Manufacture of Special Purpose Machinery	11.2
交通运输设备制造业	Manufacture of Transport Equipment	24.2
电气机械及器材制造业	Manufacture of Electrical Machinery and Equipment	8.5
通信设备、计算机及其他电子设备制造业	Manufacture of Communication Equipment ,	4.2
仪器仪表及文化、办公用机械制造业	Manufacture of Measuring Instrument	9.5
工艺品及其他制造业	Manufacture of Artwork, Other Manufacture n.e.c	44.3
废弃资源和废旧材料回收加工业	Recycling and Disposal of Waste	5.7
电力、热力的生产和供应业	Production and Supply of Electric Power and Heat Power	4.0
燃气生产和供应业	Production and Distribution of Gas	4.2
水的生产和供应业	Production and Distribution of Water	1.3

Main Economic Beneficial Indicators of Public-owned Industrial Enterprises above Designated Size by Sector(2011)

成本费用利润率 (%) Ratio of Profits to Industrial Cost (%)	资产负债率 (%) Assets-Liability Ratio (%)	产品销售率 (%) Proportion of Products Sold (%)	全员劳动生产率 (元/人.年) Over Labour Productivity of Industrial Enterpreses (yuan/person.year)
5.5	**65.7**	**98.5**	**217282**
9.2	48.3	98.0	250657
5.0	67.6	98.5	210734
5.2	66.3	98.5	194872
5.4	66.4	98.0	250289
6.7	62.9	98.7	309130
6.7	59.6	96.2	
10.5	62.0	98.8	153224
3.1	64.0	100.3	152431
18.1	32.3	108.6	197424
22.5	37.6	98.7	527470
13.2	60.7	100.4	100796
8.7	45.6	96.7	206773
15.6	45.9	99.3	165870
6.0	67.8	97.9	237034
23.3	34.1	99.0	1150601
4.5	55.9	96.1	144095
2.4	55.4	98.9	50718
9.7	36.3	99.4	392795
12.3	16.5	98.8	96946
9.4	21.5	98.5	214075
6.3	54.3	98.8	220407
8.3	31.3	101.0	182555
-5.5	86.8	99.5	833624
2.6	75.5	98.4	210334
7.5	39.1	98.8	232702
3.2	57.6	94.2	139854
4.2	67.1	100.1	164177
12.7	33.6	99.0	236666
11.8	52.9	97.7	240772
0.6	73.4	98.5	201983
1.9	65.0	96.4	332875
5.3	60.1	98.3	135747
4.6	60.6	99.8	213878
6.8	60.3	99.5	152257
11.2	55.6	99.1	275843
6.9	72.7	96.2	240791
4.2	51.3	85.9	115457
9.5	56.0	99.2	132458
6.2	27.5	98.1	169004
4.5	36.7	90.1	380141
-0.5	76.8	99.0	234554
5.0	90.4	99.6	165809
-6.5	58.0	98.9	48636

14-22 分行业规模以上私营工业企业主要经济效益指标(2011年)

行 业	Sector	总资产贡献率 (%) Ratio of Total Assets to Industrial Output Value (%)
总 计	**Total**	**42.0**
按轻重工业分	**Grouped by Light & Heavy Industry**	
轻工业	Light Industry	41.3
重工业	Heavy Industry	42.4
按企业规模分	**Grouped by Size of Enterprises**	
大型企业	Large Enterprises	33.4
中型企业	Medium-sized Enterprises	39.7
小型企业	Small Enterprises	46.3
微型企业	Micro-enterprises	14.1
按行业分	**Grouped by Sectors**	
煤炭开采和洗选业	Mining and Washing of Coal	45.5
石油和天然气开采业	Extraction of Petroleum and Natural Gas	24.8
黑色金属矿采选业	Mining of Ferrous Metal Ores	39.5
有色金属矿采选业	Mining of Non-ferrous Metal Ores	46.7
非金属矿采选业	Mining and Processing of Nonmetal Ores	63.3
农副食品加工业	Processing of Food From Agricultural Products	47.2
食品制造业	Manufacture of Foods	39.3
饮料制造业	Manufacture of Beverage	36.0
纺织业	Manufacture of Textile	34.6
纺织服装、鞋、帽制造业	Manufacture of Textile Wearing Apparel, Footware, and Caps	33.9
皮革、毛皮、羽毛(绒)及其制品业	Manufacture of Leather, Fur, Feather and Its Products	46.7
木材加工及木、竹、藤、棕、草制品业	Processing of Timbers, Manufacture of Wood, Bamboo,	44.7
家具制造业	Manufacture of Furniture	51.5
造纸及纸制品业	Manufacture of Paper and Paper Products	43.7
印刷业和记录媒介的复制	Printing,Reproduction of Recording Media	35.0
文教体育用品制造业	Manufacture of Articles for Culture,Education and Sport Activity	38.5
石油加工、炼焦及核燃料加工业	Processing of Petroleum ,Coking,Processing of Nucleus Fuel	60.4
化学原料及化学制品制造业	Manufacture of Chemical Raw Material and Chemical Products	32.8
医药制造业	Manufacture of Medicines	33.4
化学纤维制造业	Manufacture of Chemical Fibers	31.3
橡胶制品业	Manufacture of Rubber	50.6
塑料制品业	Manufacture of Plastic	45.6
非金属矿物制品业	Manufacture of Non-metallic Mineral Products	48.4
黑色金属冶炼及压延加工业	Manufacture and Processing of Ferrous Metals	33.1
有色金属冶炼及压延加工业	Manufacture and Processing of Non-ferrous Metals	33.7
金属制品业	Manufacture of Metal Products	40.4
通用设备制造业	Manufacture of General Purpose Machinery	43.1
专用设备制造业	Manufacture of Special Purpose Machinery	44.1
交通运输设备制造业	Manufacture of Transport Equipment	50.4
电气机械及器材制造业	Manufacture of Electrical Machinery and Equipment	35.2
通信设备、计算机及其他电子设备制造业	Manufacture of Communication Equipment ,	24.6
仪器仪表及文化、办公用机械制造业	Manufacture of Measuring Instrument	33.4
工艺品及其他制造业	Manufacture of Artwork, Other Manufacture n.e.c	65.0
废弃资源和废旧材料回收加工业	Recycling and Disposal of Waste	29.9
电力、热力的生产和供应业	Production and Supply of Electric Power and Heat Power	9.0
燃气生产和供应业	Production and Distribution of Gas	22.8
水的生产和供应业	Production and Distribution of Water	25.4

Main Economic Beneficial Indicators of Private Industrial Enterprises above Designated Size by Sector(2011)

成本费用利润率 (%) Ratio of Profits to Industrial Cost (%)	资产负债率 (%) Assets-Liability Ratio (%)	产品销售率 (%) Proportion of Products Sold (%)	全员劳动生产率 (元/人.年) Over Labour Productivity of Industrial Enterpreses (yuan/person.year)
13.1	**32.6**	**98.7**	**234974**
13.2	29.7	98.8	188025
13.0	34.4	98.7	274326
10.5	39.1	98.8	86582
12.6	35.4	98.9	197334
14.0	28.9	98.5	295152
13.7	27.9	98.5	
22.3	33.0	97.9	556152
22.3	8.3	98.5	1046738
14.6	53.6	99.0	264621
17.3	36.6	99.3	392516
15.5	18.0	98.2	328453
12.5	25.5	98.7	235929
14.1	24.0	98.6	194841
13.9	41.2	98.6	233209
12.0	33.1	97.7	166041
11.3	27.3	98.7	80710
16.0	26.9	99.1	189172
15.4	21.1	99.2	155227
13.2	22.3	98.9	144258
14.2	37.0	100.5	224004
13.0	34.7	98.4	248216
12.4	36.1	97.3	144435
12.5	37.6	97.8	709275
13.3	35.0	98.8	269469
13.4	36.8	98.3	212817
12.0	35.1	99.3	304660
13.5	27.4	99.1	162040
13.0	27.1	98.9	175325
15.5	31.1	98.5	272286
6.9	47.8	99.4	476351
8.6	50.1	99.2	317441
13.0	28.9	98.6	183890
11.9	28.7	98.4	268170
12.2	31.3	98.0	203043
13.3	33.8	99.3	200465
12.1	31.8	99.0	249387
11.6	35.6	99.5	108267
11.6	28.1	98.6	146410
14.9	25.4	101.2	167695
7.6	44.7	99.9	309812
6.8	56.9	100.0	70730
12.7	33.3	98.7	377140
14.8	48.7	100.0	136448

14-23 各市规模以上工业企业主要经济效益指标

Main Economic Beneficial Indicators of Industrial Enterprises above Designated Size by City

年份 Year 市(县) City(County)	总资产贡献率 (%) Ratio of Total Assets to Industrial Output Value (%)	成本费用利润率 (%) Ratio of Profits to Industrial Cost (%)	资产负债率 (%) Assets-Liability Ratio (%)	产品销售率 (%) Proportion of Products Sold (%)	全员劳动生产率 (元/人.年) Over Labour Productivity of Industrial Enterpreses (yuan/person.year)
1998	7.6	2.7	67.3	97.2	25496
1999	7.3	2.8	65.9	97.8	27753
2000	8.6	4.5	66.4	98.0	33643
2001	8.1	4.1	65.7	97.9	37827
2002	9.4	4.7	63.9	98.3	44368
2003	10.7	5.2	64.3	98.5	55278
2004	23.0	6.0	62.4	98.4	76834
2005	15.7	6.9	61.6	98.4	88950
2006	20.7	9.1	60.3	97.0	111021
2007	23.5	11.6	57.8	98.3	142201
2008	24.7	9.5	57.8	98.4	181939
2009	21.0	9.6	56.5	98.5	172874
2010	22.4	10.2	55.2	98.7	206596
2011	22.7	9.5	53.9	98.6	217295
省辖市 City					
郑州市 Zhengzhou	27.4	12.6	53.4	97.9	226502
开封市 Kaifeng	24.4	12.8	37.6	99.4	113160
洛阳市 Luoyang	14.4	5.2	57.9	98.4	278652
平顶山市 Pingdingshan	13.4	7.0	64.4	97.3	240598
安阳市 Anyang	26.0	7.9	61.2	99.5	268079
鹤壁市 Hebi	18.3	6.1	71.1	98.2	183713
新乡市 Xinxiang	15.2	7.0	54.0	98.7	190044
焦作市 Jiaozuo	27.5	9.0	53.2	99.3	233110
濮阳市 Puyang	28.5	9.4	46.6	99.1	231887
许昌市 Xuchang	31.5	12.3	42.2	99.0	267166
漯河市 Luohe	33.1	13.9	38.2	98.6	223268
三门峡市 Sanmenxia	21.7	10.0	60.7	98.3	275607
南阳市 Nanyang	22.8	8.4	57.3	98.4	189229
商丘市 Shangqiu	18.1	7.1	60.1	99.0	209894
信阳市 Xinyang	21.1	5.9	49.3	98.4	155002
周口市 Zhoukou	33.6	18.1	38.3	98.8	170527
驻马店市 Zhumadian	19.7	8.6	47.0	98.4	146586
济源市 Jiyuan	14.8	6.6	60.2	99.1	310716
省直管县 Province Administrating County					
巩义市 Gongyi	26.3	9.7	59.1	97.8	309124
兰考县 Lankao	37.9	18.7	26.6	99.1	91881
汝州市 Ruzhou	10.1	6.4	62.2	96.7	249184
滑县 Huaxian	31.4	11.2	36.9	99.4	167836
长垣县 Changyuan	21.4	11.1	51.3	98.9	200588
邓州市 Dengzhou	26.8	5.9	54.7	98.7	215031
永城市 Yongcheng	18.3	9.1	66.4	99.6	361256
固始县 Gushi	39.1	7.9	13.3	99.7	108207
鹿邑县 Luyi	53.1	35.7	45.7	99.0	326257
新蔡县 Xincai	29.4	13.2	26.4	99.3	88390

14-24 各市规模以上国有控股工业企业主要经济效益指标(2011年)

Main Economic Beneficial Indicators of State-holding Industrial Enterprises above Designated Size by City(2011)

市(县) City(County)	总资产贡献率 (%) Ratio of Total Assets to Industrial Output Value (%)	成本费用利润率 (%) Ratio of Profits to Industrial Cost (%)	资产负债率 (%) Assets-Liability Ratio (%)	产品销售率 (%) Proportion of Products Sold (%)	全员劳动生产率 (元/人.年) Over Labour Productivity of Industrial Enterprises (yuan/person.year)
全　省 Total	**11.8**	**4.0**	**67.6**	**98.3**	**208713**
省辖市 City					
郑州市 Zhengzhou	16.6	6.6	65.6	98.9	251928
开封市 Kaifeng	6.4	5.7	70.6	99.4	106410
洛阳市 Luoyang	10.0	2.7	62.8	97.7	278989
平顶山市 Pingdingshan	7.0	3.6	68.6	97.3	156547
安阳市 Anyang	10.1	1.1	75.3	99.8	209468
鹤壁市 Hebi	7.2	1.8	80.1	97.6	106483
新乡市 Xinxiang	11.0	6.6	69.1	98.1	189602
焦作市 Jiaozuo	9.4	3.3	67.4	99.8	118394
濮阳市 Puyang	12.5	-2.9	70.6	100.0	163110
许昌市 Xuchang	20.5	9.5	62.8	98.3	371735
漯河市 Luohe	15.0	2.5	64.8	98.6	263630
三门峡市 Sanmenxia	9.7	3.4	69.8	96.2	170687
南阳市 Nanyang	20.9	8.3	64.2	98.9	229934
商丘市 Shangqiu	14.9	7.5	72.5	99.3	324245
信阳市 Xinyang	5.5	0.1	79.7	97.0	128050
周口市 Zhoukou	10.5	2.3	76.4	99.9	97551
驻马店市 Zhumadian	11.6	1.8	77.8	96.4	202991
济源市 Jiyuan	6.8	3.6	59.3	99.2	365777
省直管县 Province Administrating County					
巩义市 Gongyi	13.4	13.5	67.1	95.5	110159
兰考县 Lankao	22.5	7.8	58.6	96.5	134698
汝州市 Ruzhou	2.8	-2.8	75.0	99.6	153537
滑县 Huaxian	9.5	0.1	54.2	100.0	107701
长垣县 Changyuan	67.6	7.4	71.7	100.0	200573
邓州市 Dengzhou	23.5	17.8	50.0	100.1	58636
永城市 Yongcheng	18.4	10.8	67.9	99.3	370723
固始县 Gushi	6.1	0.0	64.0	100.0	38919
鹿邑县 Luyi	5.8	-0.1	98.8	100.0	39707
新蔡县 Xincai	14.1	4.8	46.9	99.5	31393

14-25 各市规模以上公有制工业企业主要经济效益指标(2011年)
Main Economic Beneficial Indicators of Public-owned Industrial Enterprises above Designated Size by City(2011)

市(县) City(County)	总资产贡献率 (%) Ratio of Total Assets to Industrial Output Value (%)	成本费用利润率 (%) Ratio of Profits to Industrial Cost (%)	资产负债率 (%) Assets-Liability Ratio (%)	产品销售率 (%) Proportion of Products Sold (%)	全员劳动生产率 (元/人.年) Over Labour Productivity of Industrial Enterprises (yuan/person.year)
全 省 Total	**13.7**	**5.5**	**65.7**	**98.5**	**217282**
省 辖 市 City					
郑 州 市 Zhengzhou	17.8	7.4	64.8	98.9	**245020**
开 封 市 Kaifeng	9.0	6.9	66.2	99.3	145500
洛 阳 市 Luoyang	10.1	2.7	62.9	97.7	280504
平 顶 山 市 Pingdingshan	7.4	3.8	68.5	97.4	169585
安 阳 市 Anyang	10.8	1.6	74.7	100.0	206081
鹤 壁 市 Hebi	9.5	3.2	75.9	97.1	129692
新 乡 市 Xinxiang	13.4	6.8	61.7	98.7	212898
焦 作 市 Jiaozuo	10.5	3.6	67.2	100.1	147893
濮 阳 市 Puyang	13.9	-0.3	66.7	99.8	175764
许 昌 市 Xuchang	22.6	11.2	60.9	98.2	343572
漯 河 市 Luohe	28.5	12.2	56.8	98.8	254756
三 门 峡 市 Sanmenxia	21.0	9.9	63.0	97.7	259107
南 阳 市 Nanyang	20.9	8.6	62.6	99.0	221841
商 丘 市 Shangqiu	15.3	7.5	71.9	99.2	309679
信 阳 市 Xinyang	8.4	1.1	75.7	97.5	114308
周 口 市 Zhoukou	17.2	6.2	60.5	100.0	146455
驻 马 店 市 Zhumadian	14.7	4.4	72.4	96.9	172694
济 源 市 Jiyuan	7.6	4.3	58.8	99.2	357335
省 直 管 县 Province Administrating County					
巩 义 市 Gongyi	16.7	11.3	65.9	96.0	128022
兰 考 县 Lankao	18.0	5.3	65.6	97.5	97386
汝 州 市 Ruzhou	4.1	-1.1	71.3	96.4	157625
滑 县 Huaxian	27.3	7.1	32.0	100.0	139008
长 垣 县 Changyuan	55.3	7.4	60.0	100.0	152338
邓 州 市 Dengzhou	25.2	9.6	52.7	100.2	153421
永 城 市 Yongcheng	18.4	10.8	67.9	99.3	368460
固 始 县 Gushi	19.6	3.5	56.1	100.0	81634
鹿 邑 县 Luyi	5.8	-0.1	98.8	100.0	39707
新 蔡 县 Xincai	31.6	10.9	35.5	99.5	57240

14-26 各市规模以上私营工业企业主要经济效益指标(2011年)
Main Economic Beneficial Indicators of Private Industrial Enterprises above Designated Size by City(2011)

市(县) City(County)	总资产贡献率(%) Ratio of Total Assets to Industrial Output Value (%)	成本费用利润率(%) Ratio of Profits to Industrial Cost (%)	资产负债率(%) Assets-Liability Ratio (%)	产品销售率(%) Proportion of Products Sold (%)	全员劳动生产率(元/人.年) Over Labour Productivity of Industrial Enterpreses (yuan/person.year)
全　省 Total	**42.0**	**13.1**	**32.6**	**98.7**	**165513**
省辖市 City					
郑州市 Zhengzhou	53.7	17.8	29.6	98.3	298320
开封市 Kaifeng	38.9	16.0	17.5	99.5	106058
洛阳市 Luoyang	27.4	8.5	42.5	98.6	265566
平顶山市 Pingdingshan	53.9	13.7	39.1	97.1	454041
安阳市 Anyang	51.0	11.8	38.9	99.7	325761
鹤壁市 Hebi	53.8	11.5	52.3	98.0	296611
新乡市 Xinxiang	22.2	8.6	42.9	98.8	198797
焦作市 Jiaozuo	51.3	11.9	34.2	99.5	303708
濮阳市 Puyang	56.0	14.5	13.0	98.8	322673
许昌市 Xuchang	48.3	13.6	26.0	98.4	279981
漯河市 Luohe	44.4	19.5	23.9	98.1	277296
三门峡市 Sanmenxia	35.1	11.9	50.3	99.4	267655
南阳市 Nanyang	33.5	8.8	45.8	98.3	184798
商丘市 Shangqiu	26.1	7.0	32.2	99.0	180432
信阳市 Xinyang	30.3	7.9	30.7	98.2	158238
周口市 Zhoukou	38.2	20.7	29.4	98.7	149191
驻马店市 Zhumadian	35.1	12.7	18.4	98.8	136936
济源市 Jiyuan	43.6	9.7	48.3	99.1	373414
省直管县 Province Administrating County					
巩义市 Gongyi	57.5	13.2	33.4	98.0	373129
兰考县 Lankao	45.9	21.4	24.9	99.1	96091
汝州市 Ruzhou	31.4	7.7	47.7	96.2	847896
滑县 Huaxian	38.9	13.3	25.6	99.4	165135
长垣县 Changyuan	30.9	12.4	43.6	99.8	204387
邓州市 Dengzhou	26.1	7.4	54.3	98.1	176050
永城市 Yongcheng	17.1	3.0	44.8	100.5	338531
固始县 Gushi	46.1	8.0	9.7	99.7	123160
鹿邑县 Luyi	16.8	20.6	46.0	97.2	132217
新蔡县 Xincai	26.8	13.9	26.9	99.2	86830

14–27 历年主要工业产品产量
Output of Major Industrial Products Over the Years

年 份 year	纱 (万吨) Yarn (10 000 tons)	卷烟 (亿支) Cigarettes (100 million rolls)	农用化肥 (万吨) Chemical Fertilizers (10 000 tons)	原煤 (万吨) Coal (10 000 tons)	原油 (万吨) Crude Oil (10 000 tons)	发电量 (亿千瓦小时) Electricity (100 million kwh)	粗 钢 (万吨) Steel (10 000 tons)	平板玻璃 (万重量箱) Plate Glass (10 000 weight cases)
1978	16.28	161.70	51.92	5845	167.44	130.68	54.22	184.20
1979	18.88	187.70	55.65	5838	225.72	145.50	59.18	231.71
1980	20.17	231.60	65.06	5625	230.89	159.45	64.50	294.61
1981	22.90	258.80	65.57	5825	369.23	171.17	55.78	284.16
1982	23.27	277.90	75.35	5968	448.32	177.97	63.88	343.90
1983	22.43	254.30	89.06	6402	541.21	187.88	77.08	402.13
1984	21.22	290.40	99.01	6934	639.59	198.72	86.68	485.03
1985	22.92	316.20	81.43	7857	793.31	209.34	97.26	595.73
1986	26.01	329.20	80.29	7949	880.78	231.63	103.99	665.07
1987	28.46	326.30	111.62	8062	932.04	259.33	118.09	769.16
1988	30.65	323.30	129.28	8245	979.07	286.57	138.95	877.52
1989	32.58	285.56	131.84	8858	953.15	302.82	159.00	981.57
1990	31.45	291.49	140.58	9080	882.06	319.14	168.98	904.80
1991	31.95	293.68	156.50	8973	848.32	356.49	186.12	1014.20
1992	37.45	298.71	169.78	9027	810.13	405.17	212.87	1132.95
1993	47.65	297.51	164.84	9279	764.07	440.65	239.39	1299.13
1994	35.20	295.51	189.70	9618	688.25	485.46	241.30	1604.21
1995	41.03	298.30	219.19	10334	601.96	547.71	280.98	2127.41
1996	42.70	290.95	241.09	10781	587.19	593.99	309.87	1832.36
1997	49.59	290.28	237.89	10520	587.13	630.83	334.16	1546.18
1998	47.06	275.77	267.89	9406	587.60	631.05	366.58	2165.02
1999	52.85	287.67	252.72	8012	565.40	658.97	392.03	2137.14
2000	61.06	294.23	258.56	7578	562.18	694.93	404.84	2425.41
2001	67.64	291.56	280.13	8448	566.57	791.05	530.98	2794.30
2002	81.33	282.62	308.30	9921	568.06	909.68	672.22	2920.37
2003	86.91	285.50	307.70	11871	547.60	1025.10	851.75	2978.20
2004	106.37	1434.73	345.03	14445	523.41	1185.58	974.73	3346.34
2005	138.80	1430.19	396.64	18761	507.16	1414.68	1226.62	3894.92
2006	188.36	1484.44	440.87	18532	492.06	1590.25	1740.84	3463.84
2007	246.66	1552.10	523.98	18917	485.08	1910.97	2264.65	3588.17
2008	305.20	1586.08	536.04	20888	475.81	1952.78	2187.85	3208.94
2009	340.40	1613.50	554.80	23018	474.50	2068.00	2329.00	2764.70
2010	402.96	1650.45	439.25	21349	497.90	2180.87	2327.35	2414.41
2011	464.71	1676.15	474.03	20935	485.50	2571.88	2370.65	2153.48

注：2003年以前卷烟产量计量单位改为“万箱”。
a) Data on unit of cigarette is “10 000 cases” before 2003.

14−28 主要工业产品产量

Output of Major Industrial Products

产品名称	Item	2000	2005	2007	2008	2009	2010	2011
两轮脚踏自行车(万辆)	Bicycles (10 000 units)	35.74	11.05	68.92	16.90	8.80	13.26	41.82
彩色电视机(万台)	Colour Television Set (10 000 units)	90.91	177.00	102.04	101.32	43.50	17.45	3.85
家用电冰箱(万台)	Household Refrigerators (10 000 units)	107.97	249.00	293.78	290.85	319.20	366.47	406.37
化学纤维(吨)	Chemical Fiber (ton)	186297	397266	471552	464713	525154	522459	530916
纱(万吨)	Yarn (10 000 tons)	61.06	138.80	246.66	305.20	340.45	402.96	464.71
布(亿米)	Cloth (100 million m)	11.09	16.03	26.06	23.00	31.68	39.34	32.39
呢绒(万米)	Woolen Piece Goods (10 000 m)	184.90	529.40	1208.60	1530.20	366.60	375.10	367.30
毛线(吨)	Knitting Wool (ton)	12115	16207	25787	30096	32363	24915	32007
服装(万件)	Garments (10 000 sets)	6502	20138	26581	34711	38774	55743	64922
原盐(万吨)	Salt (10 000 tons)	59.38	109.95	191.65	247.56	217.35	262.50	282.48
卷烟(亿支)	Cigarettes (100 million rolls)	294.23	1430.19	1552.10	1586.08	1613.50	1650.45	1676.15
饮料酒(万千升)	Alcoholic Beverages (10 million litre)	141.45	227.53	387.68	448.77	468.41	525.05	562.44
方便面(万吨)	Instant Noodles(10 000 tons)		64.87	135.89	136.82	158.51	212.53	245.03
速冻米面食品(万吨)	Quick-frozen Rice and Wheat Flour foods(10 000 tons)		93.47	136.12	156.11	181.43	220.88	253.98
罐头(吨)	Canned Food (ton)	24615	31270	37505	60750	156848	141681	194423
畜肉制品(万吨)	Raise Meat Products(10 000 tons)		88.39	117.90	105.80	111.61	123.12	139.30
液体乳(吨)	Liquid Milk(ton)		309129	620154	610256	882555	1064476	1572487
配、混合饲料(万吨)	Mixed Feed (10 000 tons)	185.03	475.20	829.60	1101.47	866.02	1109.53	1457.13
机制纸及纸板(万吨)	Machine-made Paper and Paperboard (10 000 tons)	290.06	562.18	989.71	989.00	1023.66	975.64	1181.95
合成洗涤剂(万吨)	Synthetic Detergents (10 000 tons)	19.03	16.33	27.67	34.00	43.98	47.38	58.58
日用精铝制品(吨)	Fine Aluminium Products Daily-use (ton)	16527	23089	14933	16724	12751	16521	25475
日用陶瓷制品(万件)	Household Ceramics (10 000 pcs)	38070	32569	107561	117694	140650	161978	249231
日用玻璃制品(万吨)	Daily-use Glassware (10 000 ton)	26.99	71.66	149.32	134.00	31.63	43.94	47.44
塑料制品(万吨)	Plastic Products (10 000 tons)	46.88	103.95	121.69	128.95	155.70	314.68	255.21
#农用薄膜	Plastic Film for Farm Use	9.28	15.14	9.39	11.38	11.20	15.83	20.31
肥皂(吨)	Soap (ton)	13283	11707	11489	11858	14360	29511	39569
原煤(万吨)	Coal (10 000 tons)	7578	18761	18917	20888	23018	21349	20935
原油(万吨)	Crude Oil (10 000 tons)	562.18	507.16	485.08	475.81	474.50	497.90	485.50
原油加工量(万吨)	Volume of Crude Oil Processing (10 000 tons)	573.65	553.58	676.41	663.87	793.80	879.35	782.36
汽油(万吨)	Gasoline (10 000 tons)	136.86	127.03	157.83	159.43	189.40	207.98	191.39
柴油(万吨)	Diesel Oil (10 000 tons)	213.42	218.97	243.96	247.50	287.01	297.54	274.26
润滑油(吨)	Lubricating Oil (ton)	42783	101431	88872	124865	149612	177113	80601
天然气(万立方米)	Natural Gas (10 000 cu.m)	149465	201432	157607	143971	99915	67488	50164
发电量(亿千瓦小时)	Electricity (100 million kwh)	694.93	1414.68	1910.97	1952.78	2067.96	2180.87	2571.88

注：卷烟产量2000年计量单位为"万箱"，饮料酒2005年以前计量单位为"万吨"。
a) unit of cigarette is "10 000 cases" in 2000，unit of Alcoholic Beverages is "10 000 tons"before 2005.

14-28 续表 contiuned

产品名称	Item	2000	2005	2007	2008	2009	2010	2011
铁矿石原矿(万吨)	Iron ore (10 000 tons)	154.66	281.32	556.19	807.32	828.38	1269.21	1337.11
生铁(万吨)	Pig Iron (10 000 tons)	508.88	973.00	1925.40	1715.98	1944.63	2073.92	2151.01
粗钢(万吨)	Steel (10 000 tons)	404.84	1226.62	2264.65	2187.85	2328.99	2327.35	2370.65
钢材(万吨)	Steel Products (10 000 tons)	405.62	1337.40	2474.97	2570.78	2882.47	3196.42	3551.19
铁合金(万吨)	Ferroalloy (10 000 tons)	14.27	54.98	105.33	136.74	136.80	149.23	144.52
焦炭(万吨)	Coke (10 000 tons)	355.22	1317.27	1938.00	2041.67	2163.06	2570.18	2847.89
十种有色金属(万吨)	10 Nonferrous Metal (10 000 tons)	70.92	294.86	438.96	475.12	481.62	516.69	564.34
铜材(万吨)	Copper Products (10 000 tons)	11.69	25.74	40.71	43.52	40.90	45.56	41.69
原铝(万吨)	Aluminium (10 000 tons)	41.53	193.96	315.99	327.54	317.74	365.49	388.42
氧化铝(万吨)	Alumina (10 000 tons)	144.42	353.35	750.53	856.58	852.10	957.11	1041.74
硫铁矿石(万吨)	Sulfur-iron ore (Output) (10 000 tons)	23.26	9.90	12.95	10.73	16.50	16.30	17.21
硫酸(万吨)	Sulfuric Acid (10 000 tons)	75.01	124.76	155.40	177.03	207.59	247.73	329.31
浓硝酸(吨)	Concentrated Nitric Acid (ton)	38451	110114	154508	217028	227109	209189	279844
纯碱(万吨)	Soda Ash (10 000 tons)	33.65	118.65	200.44	226.51	212.20	188.14	280.84
烧碱(万吨)	Caustic Soda (10 000 tons)	37.62	67.84	107.69	118.03	111.24	140.28	166.69
电石(折合量)(万吨)	Calcium Carbide (10 000 tons)	9.88	21.98	20.49	17.39	76.62	78.15	99.45
纯苯(吨)	Pure Benzene (ton)	47545	106730	131548	83931	106582	115454	114185
合成氨(万吨)	Synthetic Ammonia (10 000 tons)	316.55	515.71	600.92	532.70	485.58	427.50	455.72
农用化肥(折纯量)(万吨)	Chemical Fertilizers (10 000 tons)	258.56	396.64	523.98	536.04	554.77	439.25	474.03
化学农药原药(吨)	Chemical Pesticide (ton)	21008	47476	76865	69711	108339	87763	123750
染料(吨)	Dyestuff (ton)	9033	4344	23437	24874	19941	18301	16070
化学药品原药(吨)	Chemical Raw Medicine (ton)	13832	68544	131051	142853	125228	135926	217257
橡胶轮胎外胎(万条)	Tires (10 000 units)	555.51	851.81	2017.99	1542.56	1576.55	2128.89	2217.64
初级形态的塑料(万吨)	Plastics (10 000 tons)	38.20	69.63	113.58	108.24	122.59	148.02	165.18
人造板(万立方米)	Artificial Board (10 000 cu.m)	64.66	316.47	1072.94	1785.38	1422.59	2118.34	2473.19
水泥(万吨)	Cement (10 000 tons)	3723	6211	9347	10227	11711	11480	13666
平板玻璃(万重量箱)	Plate Glass (10 000 weight cases)	2425	3895	3588	3209	2765	2414	2153
发电设备(万千瓦)	Power Generating Equipment (10 000kw)	17.18	115.68	71.27	67.38	50.60	76.31	92.24
交流电动机(万千瓦)	Alternating Eguipment (10 000 Kw)	152.74	429.35	852.92	1231.07	1206.15	1434.67	1626.45
金属切削机床(台)	Metal-cutting Machine Tools (unit)	1197	8701	7387	6757	5847	8035	8728
汽车(辆)	Motor Vehicles (unit)	7903	36352	71310	81568	124573	235211	413626
大中型拖拉机(台)	Large and Medium Tractors (unit)	7059	29548	53330	52323	71376	81624	93105
小型拖拉机(万台)	Small-size Tractor (10 000 units)	42.01	53.39	54.35	33.81	22.81	25.08	26.85
彩色显象管玻壳(万只)	Chromatron Glass-shell (10 000 units)		3650	2495	3102	1299	1913	1133
电话单机(部)	Telephone(unit)		62573	118792	36045	28960	7928	12905

14-29 各市主要工业产品产量(2011年)
Output of Major Industrial Products by City (2011)

市(县) City(County)	化学纤维(吨) Chemical Fiber (ton)	纱(万吨) Yarn (10 000tons)	布(万米) Cloth (10 000m)	服装(万件) Garments (10 000sets)	卷烟(亿支) Cigarettes (100millinrolls)	饮料酒(千升) Alcoholic Beverages (1 000 litre)
全　省 Total	**530916**	**464.71**	**323905**	**64922**	**1676**	**5624403**
省辖市 City						
郑州市 Zhengzhou	2724	4.47	75968	11708	581	495310
开封市 Kaifeng		49.40	21572	1641		176214
洛阳市 Luoyang	161810	4.71	5768	512	92	167992
平顶山市 Pingdingshan	114722	17.16	4414	5905		124865
安阳市 Anyang		15.03	57947	2229	257	1105798
鹤壁市 Hebi		5.41	4943	953		257836
新乡市 Xinxiang	157827	59.20	15557	361		295942
焦作市 Jiaozuo	6949	7.42	15510	1800		172259
濮阳市 Puyang	11982	14.62	234	1152		14665
许昌市 Xuchang	63339	61.46	45481	3771	425	39989
漯河市 Luohe		1.25	2999	1386	115	920947
三门峡市 Sanmenxia		0.93	46			49817
南阳市 Nanyang	1092	116.90	44077	1685	133	232083
商丘市 Shangqiu	5892	36.62	2531	21549		558221
信阳市 Xinyang	3412	4.77		739		173238
周口市 Zhoukou		53.72	21602	8047		737593
驻马店市 Zhumadian	1167	9.80	4946	1446	73	101634
济源市 Jiyuan		1.85	310	40		
省直管县 Province Administrating County						
巩义市 Gongyi	2724					30939
兰考县 Lankao		2.73	5765	510		35357
汝州市 Ruzhou						
滑县 Huaxian		5.96		1033		126103
长垣县 Changyuan						
邓州市 Dengzhou		24.95	12041	274		126348
永城市 Yongcheng		0.63	243	20		10760
固始县 Gushi						8583
鹿邑县 Luyi		0.69		29		40568
新蔡县 Xincai						

14–29 续表 1 contiuned

市(县) City(County)	液体乳 (吨) Liquid Milk (ton)	畜肉制品 (吨) Raise Meat Products (ton)	速冻米面食品 (吨) Quick-frozen Rice and Wheat Flour foods (ton)	机制纸及纸板 (万吨) Machinemade Paper and Paperboard (10 000 tons)	塑料制品 (万吨) Plastic Products (10 000 tons)	焦炭 (万吨) Synthetic Detergents (10 000 tons)	十种有色金属 (万吨) Ten Kinds of Nonferrous Metals (10 000 tons)	原煤 (万吨) Coal (10 000 tons)
全 省 Total	**1572487**	**1392996**	**2539843**	**1181.95**	**255.21**	**2847.89**	**564.34**	**20935.06**
省辖市 City								
郑州市 Zhengzhou	113761	55589	1252990	275.11	17.58		56.84	6913.71
开封市 Kaifeng	50434	21063	34571	5.13	13.12		8.08	
洛阳市 Luoyang	44383	51543		6.28	17.35	73.07	149.00	1061.75
平顶山市 Pingdingshan	94406	60721		24.40	20.73	685.83		4373.98
安阳市 Anyang		23132	52074	52.30	9.43	1272.87	46.72	290.98
鹤壁市 Hebi	207302	22411	35445	11.41	13.40		1.13	837.33
新乡市 Xinxiang	23489	904	3987	174.86	16.91		0.57	1001.00
焦作市 Jiaozuo	307967	10966	28254	194.57	19.68	12.75	61.05	622.20
濮阳市 Puyang	22962	10940	4742	71.10	32.60			
许昌市 Xuchang	51950		7540	191.55	3.56	461.43	0.55	1951.25
漯河市 Luohe	264656	966617	558084	97.41	20.68			
三门峡市 Sanmenxia	23617	854			9.94		44.22	1673.74
南阳市 Nanyang	29371	38925		3.70	19.66		17.18	
商丘市 Shangqiu	230709	30155	521035	30.59	4.84		60.17	2111.50
信阳市 Xinyang		6947		2.02	1.08	57.34		
周口市 Zhoukou	92833	63391	11437		27.47			
驻马店市 Zhumadian		6450	6700	41.28	6.61			
济源市 Jiyuan	14647	22388	22984	0.24	0.56	284.59	118.82	97.63
省直管县 Province Administrating County								
巩义市 Gongyi	7644				0.51		37.40	455.09
兰考县 Lankao		9996	458	5.13	4.68			
汝州市 Ruzhou						105.49		691.83
滑县 Huaxian		1935			3.62			
长垣县 Changyuan	2029							
邓州市 Dengzhou				2.48	4.35			
永城市 Yongcheng					0.05		35.26	2111.50
固始县 Gushi								
鹿邑县 Luyi								
新蔡县 Xincai								

14-29 续表 2　contiued

市(县)　City(County)	发电量（亿千瓦小时）Electricity (100 million kwh)	生铁（万吨）Pig Iron (10 000 tons)	粗钢（万吨）Steel (10 000 tons)	成品钢材（万吨）Steel Products (10 000 tons)	硫酸（万吨）Sulfuric Acid (10 000 tons)	烧碱（万吨）Caustic Soda (10 000 tons)	原铝（万吨）Aluminum (10 000 tons)
全　省 Total	**2571.88**	**2151.01**	**2370.65**	**3551.19**	**329.31**	**166.69**	**388.42**
省辖市 City							
郑州市 Zhengzhou	386.33	3.35	4.78	424.73	29.45		56.84
开封市 Kaifeng	72.42		0.15	8.25		14.78	
洛阳市 Luoyang	440.44		43.19	334.43	12.94		139.51
平顶山市 Pingdingshan	306.44	97.25	276.50	309.18		51.24	
安阳市 Anyang	76.89	1366.26	1314.21	1309.95	10.14		29.53
鹤壁市 Hebi	124.68	0.45					
新乡市 Xinxiang	128.74			30.19	25.93	2.00	
焦作市 Jiaozuo	78.27			51.99	67.34	41.42	53.83
濮阳市 Puyang	23.98						
许昌市 Xuchang	42.18			39.18			0.55
漯河市 Luohe	39.31			11.50		5.74	
三门峡市 Sanmenxia	146.46			25.18	58.07	8.28	32.20
南阳市 Nanyang	167.87	196.38	203.19	214.75		2.16	15.79
商丘市 Shangqiu	108.74			173.14			60.17
信阳市 Xinyang	88.64	242.47	236.69	273.36		5.34	
周口市 Zhoukou	17.71				11.44		
驻马店市 Zhumadian	94.70		18.43	62.85			
济源市 Jiyuan	159.22	244.85	273.52	282.52	114.01	35.73	
省直管县 Province Administrating County							
巩义市 Gongyi	66.92	3.35	4.78	35.85	6.00		37.40
兰考县 Lankao				3.61			
汝州市 Ruzhou	14.57						
滑县 Huaxian							
长垣县 Changyuan				5.05			
邓州市 Dengzhou							
永城市 Yongcheng	43.15			94.95			35.26
固始县 Gushi							
鹿邑县 Luyi	2.14						
新蔡县 Xincai							

14-29 续表 3 contiuned

市(县) City(County)	合成氨 (万吨) Synthetic Ammonia (10 000 tons)	农用化肥(折纯量) (万吨) Synthetic Ammonia (10 000 tons)	化学农药(原药) (吨) Chemical Pesticide (ton)	人造板 (万立方米) Artificial Board (10 000 cu.m)	水 泥 (万吨) Cement (10 000 tons)	平板玻璃 (万重量箱) Plate Glass (10 000 weight cases)	小型拖拉机 (台) Small Tractors (unit)
全 省 Total	**455.72**	**474.03**	**123750**	**2473.19**	**13666.02**	**2153.48**	**268499**
省 辖 市 City							
郑 州 市 Zhengzhou	1.42	1.46	20243.60	17.08	2152.76		
开 封 市 Kaifeng	49.12	22.98	6223	266.51	87.14		194759
洛 阳 市 Luoyang	11.55	38.27		24.23	745.60	702.30	58019
平 顶 山 市 Pingdingshan	12.22	7.23		27.38	1103.38		
安 阳 市 Anyang	28.96	19.92	10934	20.90	2158.75		
鹤 壁 市 Hebi		14.19	25405	27.09	447.08		
新 乡 市 Xinxiang	122.75	90.94		247.49	1359.23		
焦 作 市 Jiaozuo	32.09	42.59	1682	81.33	618.50	80.40	1747
濮 阳 市 Puyang	32.14	22.08		130.30	109.38		
许 昌 市 Xuchang		9.73		438.53	479.15		13192
漯 河 市 Luohe		7.79	2100	212.18	41.21		782
三 门 峡 市 Sanmenxia	18.08	14.42		122.14	553.31	248.42	
南 阳 市 Nanyang	0.63	28.11		212.09	1545.24		
商 丘 市 Shangqiu		18.11	57163	160.69	334.49	736.91	
信 阳 市 Xinyang	31.47	41.09		185.66	722.40		
周 口 市 Zhoukou	22.74	45.74		94.39	270.60		
驻 马 店 市 Zhumadian	92.56	49.40		205.20	630.33	130.00	
济 源 市 Jiyuan					307.47	255.45	
省 直 管 县 Province Administrating County							
巩 义 市 Gongyi					391.56		
兰 考 县 Lankao	0.02	0.14		208.94			
汝 州 市 Ruzhou					234.54		
滑 县 Huaxian	1.37	0.36	10348	15.46	26.25		
长 垣 县 Changyuan							
邓 州 市 Dengzhou				98.71	187.76		
永 城 市 Yongcheng					124.88		
固 始 县 Gushi				15.11	49.18		
鹿 邑 县 Luyi							
新 蔡 县 Xincai					11.98		

14-30 历年规模以下工业主要经济指标

Main Indicators of Industrial Enterprises below Designated Size

年份	单位数合计（个） Number (unit)	企业 Enterpirses	个体 Individual	从业人员合计（万人） Number of Employed Persons (10 000person)	企业 Enterpirses	个体 Individual
1998	681512	71160	610352	658.50	232.53	425.97
1999	726290	70711	655579	680.40	223.46	456.94
2000	685961	71239	614722	597.85	201.92	395.93
2001	679793	71686	608107	571.95	205.42	366.53
2002	660163	72418	587745	571.09	225.38	345.71
2003	697095	69915	627180	580.39	212.19	368.20
2004	696366	66420	629946	507.70	196.19	311.51
2005	689993	64625	625368	559.68	219.76	339.92
2006	696587	67542	629045	548.28	214.32	333.96
2007	780941	75134	705807	588.68	218.22	370.46
2008	664548	70460	594088	564.49	185.92	378.57
2009	756548	75266	681282	515.07	159.25	355.82
2010	743585	84400	659185	469.33	177.27	292.06
2011	719527	83383	636144	462.22	176.81	285.41

年份	增加值 Value-added		企业 Enterpirses		个体 Individual	
	亿元 100 million yuan	指数(%) Indices(%)	亿元 100 million yuan	指数(%) Indices(%)	亿元 100 million yuan	指数(%) Indices(%)
1998	752.15		270.70		481.45	
1999	768.22	107.5	283.59	110.0	484.63	106.2
2000	890.76	111.5	335.20	113.7	555.56	110.2
2001	981.22	109.6	370.31	109.9	610.91	109.4
2002	1077.98	109.9	406.37	109.7	671.61	109.9
2003	1255.06	113.5	440.80	103.7	814.26	119.6
2004	1415.98	110.5	546.04	113.7	869.93	108.8
2005	1695.78	110.8	654.71	111.0	1041.07	110.7
2006	1880.61	110.4	732.05	111.3	1148.56	109.8
2007	2070.27	109.5	829.27	112.6	1241.00	107.4
2008	2240.69	106.1	752.91	98.7	1487.78	110.4
2009	2249.35	105.0	687.99	100.0	1561.37	107.4
2010	2049.37	103.0	769.34	102.5	1280.03	103.3
2011	2390.44	106.0	924.29	106.1	1466.16	106.0

注：规模以下工业指标均为抽样调查数据。

a)Data on Industrial Enterprises below Designated Size is Sampling survey data.

14-31 各市规模以下工业企业单位数(2011年)
Number of below Designated Size Industrial Enterprises by City (2011)

单位：个 (unit)

市（县） City(County)	合计 Total	公有制企业 Public-owned	国有及国有控股 States-owned and State-holding	集体及集体控股 Collective-owned and Collective-holding	非公有制企业 Non-public owned	轻工业 Enterprises of Light Industry	重工业 Enterprises of Heavy Industry
省辖市 City							
郑州市 Zhengzhou	7353	2042	1231	811	5311	2032	5321
开封市 Kaifeng	4963	244	48	196	4719	1574	3389
洛阳市 Luoyang	5936	206	51	155	5730	934	5002
平顶山市 Pingdingshan	3751	79	37	42	3672	651	3100
安阳市 Anyang	4896	136		136	4760	1480	3416
鹤壁市 Hebi	870	77	12	65	793	165	705
新乡市 Xinxiang	6073	249	48	201	5824	1595	4478
焦作市 Jiaozuo	4244	45	17	28	4199	1621	2623
濮阳市 Puyang	3885				3885	1658	2227
许昌市 Xuchang	7298	53	9	44	7245	2094	5204
漯河市 Luohe	1656	5		5	1651	835	821
三门峡市 Sanmenxia	2199	402	7	395	1797	498	1701
南阳市 Nanyang	11481	179	25	154	11302	4441	7040
商丘市 Shangqiu	6430	66	37	29	6364	2473	3957
信阳市 Xinyang	4629	651	222	429	3978	3652	977
周口市 Zhoukou	6411	94	68	26	6317	2206	4205
驻马店市 Zhumadian	4782	68	64	4	4714	1437	3345
济源市 Jiyuan	539	9	2	7	530	143	396
省直管县 Province Administrating County							
巩义市 Gongyi	1520	34	4	30	1486	111	1409
兰考县 Lankao	937	12	11	1	925	339	598
汝州市 Ruzhou	649				649	97	552
滑县 Huaxian	1065	33		33	1032	321	744
长垣县 Changyuan	499	10		10	489	85	414
邓州市 Dengzhou	1373				1373	1098	275
永城市 Yongcheng	769				769	515	254
固始县 Gushi	613	44		44	569	216	397
鹿邑县 Luyi	662				662	375	287
新蔡县 Xincai	618	30	23	7	588	220	398

14-32 各市规模以下工业企业增加值(2011年)

Value-added of below Designated Size Industrial Enterprises by City (2011)

本表按当年价格计算。

Data in this table are calculated at current prices.

单位：亿元 (100 million yuan)

市(县) City(County)	合计 Total	公有制企业 Public-owned	国有及国有控股 States-owned and State-holding	集体及集体控股 Collective-ownedand Collective-holding	非公有制企业 Non-public owned	#外商及港澳台投资 Enterprises with Funds from Hong Kong, Macaoand Taiwan	轻工业 Enterprises of Light Industry	重工业 Enterprises of Heavy Industry
省辖市 City								
郑州市 Zhengzhou	69.72	3.17	1.31	1.86	66.55	0.74	15.29	54.43
开封市 Kaifeng	49.46	1.84	0.47	1.38	47.62	0.09	14.52	34.94
洛阳市 Luoyang	73.13	2.04	0.60	1.44	71.09	0.41	11.77	61.36
平顶山市 Pingdingshan	39.27	0.79	0.22	0.57	38.48	0.22	6.49	32.78
安阳市 Anyang	46.31	1.20		1.20	45.11	0.17	14.00	32.31
鹤壁市 Hebi	11.21	1.06	0.01	1.04	10.15	0.05	2.16	9.05
新乡市 Xinxiang	33.86	1.19	0.27	0.92	32.67	0.11	9.08	24.78
焦作市 Jiaozuo	43.98	0.60	0.13	0.47	43.37	0.07	16.11	27.87
濮阳市 Puyang	26.97				26.97		10.65	16.32
许昌市 Xuchang	58.81	0.53	0.09	0.44	58.28	0.34	17.03	41.78
漯河市 Luohe	15.65	0.02		0.02	15.63		7.66	7.99
三门峡市 Sanmenxia	28.82	7.53	1.35	6.18	21.29	0.12	6.54	22.28
南阳市 Nanyang	90.77	2.22	0.56	1.66	88.55	0.21	35.52	55.25
商丘市 Shangqiu	45.93	0.34	0.13	0.21	45.59	0.09	17.49	28.10
信阳市 Xinyang	43.09	5.97	2.24	3.73	37.12	0.05	15.35	27.74
周口市 Zhoukou	46.63	2.64	1.87	0.77	43.99	0.20	16.93	29.70
驻马店市 Zhumadian	58.20	0.61	0.56	0.05	57.59		17.70	40.50
济源市 Jiyuan	7.50	1.45	0.06	1.39	6.05		2.21	5.29
省直管县 Province Administrating County								
巩义市 Gongyi	15.93	1.94		1.93	14.01	0.02	1.03	14.91
兰考县 Lankao	9.93	0.27	0.23	0.04	9.66	0.04	3.52	6.41
汝州市 Ruzhou	3.19				3.19		0.26	2.93
滑县 Huaxian	8.53	0.26		0.26	8.27		2.58	5.95
长垣县 Changyuan	3.55	0.07		0.07	3.48		0.60	2.95
邓州市 Dengzhou	9.02				9.02		6.67	2.35
永城市 Yongcheng	6.60				6.60		4.40	2.20
固始县 Gushi	6.78	0.49		0.49	6.29		2.39	4.39
鹿邑县 Luyi	7.26				7.26		2.45	4.82
新蔡县 Xincai	7.00	1.20		1.20	5.80		2.90	4.10

14-33 各市规模以下工业企业主要指标(2011年)

Main Indicators of below Designated Size Industrial Enterprises by City (2011)

市(县) City(County)	单位数 (个) Number of Enterprises (unit)	工业增加值 (万元) Value Added of Industry (10 000 yuan)	工业增加值指数 (上年=100) Indices of Value Added of Industry (Preceding year=100)	平均从业人员 (万人) Number of Employed persons (10 000 persons)
省辖市 City				
郑州市 Zhengzhou	7353	697194	105.1	17.56
开封市 Kaifeng	4963	494635	105.7	11.88
洛阳市 Luoyang	5936	731319	109.7	12.88
平顶山市 Pingdingshan	3751	392689	111.7	7.64
安阳市 Anyang	4896	463088	109.6	11.51
鹤壁市 Hebi	870	112100	103.0	1.68
新乡市 Xinxiang	6073	338578	105.1	14.10
焦作市 Jiaozuo	4244	439771	107.4	11.49
濮阳市 Puyang	3885	269700	107.0	8.20
许昌市 Xuchang	7298	588132	105.3	16.05
漯河市 Luohe	1656	156490	105.4	3.11
三门峡市 Sanmenxia	2199	288200	103.9	4.18
南阳市 Nanyang	11481	907707	105.3	33.79
商丘市 Shangqiu	6430	459255	106.1	15.20
信阳市 Xinyang	4629	430900	105.7	9.23
周口市 Zhoukou	6411	466294	105.5	15.31
驻马店市 Zhumadian	4782	582000	105.8	11.52
济源市 Jiyuan	539	74875	107.3	1.23
省直管县 Province Administrating County				
巩义市 Gongyi	1520	159348	105.6	3.62
兰考县 Lankao	937	99315	110.5	2.86
汝州市 Ruzhou	649	32312	105.8	1.30
滑县 Huaxian	1065	85259	105.2	2.23
长垣县 Changyuan	499	35548	105.1	1.73
邓州市 Dengzhou	1373	90185	106.1	2.80
永城市 Yongcheng	769	66000	106.7	1.43
固始县 Gushi	613	67800	105.6	1.67
鹿邑县 Luyi	662	72631	105.5	1.00
新蔡县 Xincai	618	70000	105.6	1.70

14-34 各市城乡个体工业单位主要指标(2011年)
Main Indicators of Individual Industrial Enterprises by City (2011)

市(县) City(County)	单位数 (个) Number of Enterprises (unit)	轻工业 Enterprises of Light Industry	重工业 Enterprises of Heavy Industry	工业增加值 (亿元) Value Added of Industry (100 million yuan)	轻工业 Enterprises of Light Industry	重工业 Enterprises of Heavy Industry	工业增加值指数 (上年=100) Indices of Value Added of Industry (Preceding year=100)	平均从业人员 (万人) Number of Employed persons (10 000 persons)
省辖市 City								
郑州市 Zhengzhou	54649	10657	43992	180.37	57.11	123.26	104.7	38.69
开封市 Kaifeng	38349	22975	15374	50.97	30.54	20.43	105.7	17.01
洛阳市 Luoyang	45271	7497	37774	164.44	27.23	137.21	103.6	34.29
平顶山市 Pingdingshan	41506	22882	18624	120.73	66.56	54.17	102.3	21.11
安阳市 Anyang	25668	20335	5333	41.32	35.61	5.71	100.3	11.26
鹤壁市 Hebi	4876	3105	1771	13.99	5.82	8.17	103.0	2.24
新乡市 Xinxiang	35180	12327	22853	45.73	13.77	31.96	105.1	15.44
焦作市 Jiaozuo	28056	20317	7739	57.40	33.82	23.58	103.2	13.69
濮阳市 Puyang	14185	10227	3958	22.33	16.05	6.28	104.2	4.90
许昌市 Xuchang	39296	12056	27240	92.06	28.73	63.33	104.9	17.11
漯河市 Luohe	14758	9750	5008	49.22	30.23	18.99	105.7	6.65
三门峡市 Sanmenxia	11590	986	10604	29.84	2.53	27.31	105.1	6.17
南阳市 Nanyang	127601	98561	29040	174.40	130.01	44.39	105.3	60.13
商丘市 Shangqiu	49098	30811	18287	44.12	20.50	23.62	105.8	16.30
信阳市 Xinyang	45222	35682	9540	52.79	34.39	18.40	105.9	13.15
周口市 Zhoukou	81877	61256	20620	85.38	63.58	21.79	105.0	24.02
驻马店市 Zhumadian	36665	26765	9900	57.90	42.26	15.64	105.8	16.39
济源市 Jiyuan	4331	3769	562	20.49	9.00	11.49	102.1	3.73
省直管县 Province Administrating County								
巩义市 Gongyi	6788	2344	4444	27.84	10.50	17.33	105.3	6.39
兰考县 Lankao	5412	2760	2652	13.06	7.18	5.88	103.3	3.54
汝州市 Ruzhou	14165	10185	3980	58.56	34.65	23.91	105.8	11.00
滑县 Huaxian	5307	4204	1103	4.53	3.90	0.63	105.0	2.29
长垣县 Changyuan	3240	1135	2105	4.88	1.47	3.41	105.1	1.81
邓州市 Dengzhou	16069	12855	3214	28.98	22.98	6.00	106.1	4.90
永城市 Yongcheng	5986	3590	2396	5.32	3.20	2.12	106.7	2.26
固始县 Gushi	7889	7347	542	13.05	9.18	3.87	105.8	1.83
鹿邑县 Luyi	4804	3749	1055	10.24	8.00	2.24	105.0	1.44
新蔡县 Xincai	7338	4280	3058	5.67	1.62	4.05	105.6	4.30

主要统计指标解释

工业　指从事自然资源的开采，对采掘品和农产品进行加工和再加工的物质生产部门。具体包括：（1）对自然资源的开采，如采矿、晒盐、森林采伐等（不包括禽兽捕猎和水产捕捞）；（2）对农副产品的加工、再加工，如粮油加工、食品加工、轧花、缫丝、纺织、制革等；（3）对采掘品的加工、再加工，如炼铁、炼钢、化工生产、石油加工、机器制造、木材加工等，以及电力、自来水、煤气的生产和供应等；（4）对工业品的修理、翻新，如机器设备的修理、交通运输工具（包括小卧车的修理等。1984 年以前农村的村及村以下办工业归属农业，1984 年以后划归工业。

国有控股企业　指在企业的全部实收资本中，国有资本绝对控股、相对控股或协议控股的企业。包括国有经济成分的出资人拥有的实收资本（股本）所占企业全部实收资本（股本）的比例大于 50%的绝对控股企业，或虽未大于 50%，但相对大于其他任何一方经济成分的出资人所占比例的企业，或者虽不大于其他经济成分，但根据协议规定拥有企业实际控制权的企业。对于投资双方各占 50%，且未明确由谁绝对控股的企业，若其中一方为国有经济成分的，一律按国有控股统计。

轻工业　指主要提供生活消费品和制作手工工具的工业。按其所使用的原料不同，可分为两大类：(1)以农产品为原料的轻工业，是指直接或间接以农产品为基本原料的轻工业。主要包括食品制造、饮料制造、烟草加工、纺织、缝纫、皮革和毛皮制作、造纸以及印刷等工业；(2)以非农产品为原料的轻工业，是指以工业品为原料的轻工业。主要包括文教体育用品、化学药品制造、合成纤维制造、日用化学制品、日用玻璃制品、日用金属制品、手工工具制造、医疗器械制造、文化和办公用机械制造等工业。

重工业　指为国民经济各部门提供物质技术基础的主要生产资料的工业。按其生产性质和产品用途，可以分为下列三类：(1)采掘(伐)工业，是指对自然资源的开采，包括石油开采、煤炭开采、金属矿开采、非金属矿开采等工业；(2)原材料工业，指向国民经济各部门提供基本材料、动力和燃料的工业。包括金属冶炼及加工、炼焦及焦炭、化学、化工原料、水泥、人造板以及电力、石油和煤炭加工等工业；(3)加工工业，是指对工业原材料进行再加工制造的工业。包括装备国民经济各部门的机械设备制造工业、金属结构、水泥制品等工业，以及为农业提供的生产资料如化肥、农药等工业。

工业增加值　是指工业企业在报告期内以货币形式表现的工业生产活动的最终成果，是企业全部生产活动的总成果扣除了在生产过程中消耗或转换的物质产品和劳务价值后的余额，是企业生产过程中新增加的价值。

实收资本　指企业实际收到的投资人投入的资本。按投资主体可分为国家资本、集体资本、法人资本、个人资本、港澳台资本和外商资本等。

资产合计　指企业拥有或控制的能以货币计量的经济资源。包括各种财产、债权和其他权利。资产按其流动性划分为流动资产、长期投资、固定资产、无形及递延资产和其他资产。

（1）流动资产　指企业可以在一年内或者超过一年的一个生产周期内变现或耗用的资产合计。包括现金及各种存款、短期投资、应收及预付款项、存货等。

（2）固定资产　指企业固定资产净值、固定资产清理、在建工程、待处理固定资产损失所占用的资金合计。

（3）无形资产　指企业长期使用而没有实物形态的资产。包括专利权、非专利技术、商标权、著作权、土地使用权、商誉等。

负债合计　指企业承担的能以货币计量，将以资产或劳务偿付的债务。负债一般按偿还期长短分为流动负债和长期负债、递延税项等。

（1）流动负债　指企业在一年内或者超过一年的一个营业周期内需要偿还的债务合计，其中包括短期借款、应付及预收款项、应付工资、应交税金和应交利润等。

（2）长期负债　指企业在一年以上或者超过一年的一个营业周期以上需要偿还的债务合计，其中包括长期借款、应付债务、长期应付款项等。

所有者权益 指企业投资人对企业净资产的所有权。企业净资产等于企业全部资产减去全部负债后的余额，其中包括投资者对企业的最初投入，以及资本公积金、盈余公积金和未分配利润，对股份制企业即为股东权益。

固定资产原价 指企业在建造、购置、安装、改建、扩建、技术改造某项固定资产时所支出的全部货币总额。它一般包括买价、包装费、运杂费和安装费等。

固定资产净值 是指固定资产原价减去历年已提折旧额后的净额。

产品销售收入 指企业销售产品和提供劳务等主要经营业务取得的收入总额。

产品销售成本 指企业销售产品和提供劳务等主要经营业务的实际成本。

产品销售税金及附加 指企业销售产品和提供工业性劳务等主要经营业务应负担的城市维护建设税、消费税、资源税和教育费附加。

应交增值税 指企业在报告期内应交纳的增值税额。它等于本年销项税额加上出口退税加上进项税额转出数减去本年进项税额。小规模纳税企业直接按全年计税销售额乘以征收率计算取得。

总资产贡献率 反映企业全部资产的获利能力，是企业经营业绩和管理水平的集中体现，是评价和考核企业盈利能力的核心指标。计算公式为：

总资产贡献率=(利润总额+税金总额+利息支出)/平均资产总额×100%

资产负债率 该指标既反映企业经营风险的大小，也反映企业利用债权人提供的资金从事经营活动的能力。计算公式为:

资产负债率=负债总额/资产总额×100%

工业成本费用利润率 指在一定时期内实现的利润与成本费用之比，是反映工业生产成本及费用投入的经济效益指标，同时也是反映降低成本的经济效益的指标。计算公式为:

工业成本费用利润率(%)=利润总额/成本及费用总额×100%

工业增加值率 指在一定时期内工业增加值占同期工业总产出的比重，反映降低中间消耗的经济效益。计算公式为:

工业增加值率(%)=工业增加值(现价)/工业总产出×100%

流动资产周转次数 指在一定时期内流动资产完成的周转次数，反映流动资产的周转速度。计算公式为:

流动资产周转次数=产品销售收入/全部流动资产平均余额

产品销售率 指报告期工业销售产值与同期全部工业总产值之比，是反映工业产品已实现销售的程度，分析工业产销衔接情况，研究工业产品满足社会需求程度的指标。计算公式为:

产品销售率(%)=工业销售产值/工业总产值(现价) ×100%

全员劳动生产率 指根据产品的价值量指标计算的平均每一个就业人员在单位时间内的产品生产量。是考核企业经济活动的重要指标，是企业生产技术水平、经营管理水平、职工技术熟练程度和劳动积极性的综合表现。目前我国的全员劳动生产率是将工业企业的工业增加值除以同一时期全部就业人员的平均人数来计算的。计算公式为:

全员劳动生产率(%)=工业增加值/全部就业人员平均人数×100%

Explanatory Notes on Main Statistical Indicators

Industry refers to the material production sector which is engaged in extraction of natural resources and processing and reprocessing of minerals and agricultural products, including (1) extraction of natural resources, such as mining, salt production, logging (but not including hunting and fishing); (2) processing and reprocessing of farm and sideline produces, such as rice husking, flour milling, wine making, oil pressing, cotton ginning, silk reeling, spinning and weaving, and leather making; (3) manufacture of industrial products, such as steel making, iron smelting, chemicals manufacturing, petroleum processing, machine building, timber processing; water and gas production and electricity generation and supply; (4) repairing of industrial products such as the repairing of machinery and means of transport (including cars). Prior to 1984, the rural industry run by villages and cooperative organizations under village was classified into agriculture. Since 1984, it has been grouped into industry.

State-holding Enterprises Refers to the business enterprise that state-owned capital absolutely holding, relative holding or agreement holding enterprise. Include state-owned economy proportion of shareholding more than 50%, or less than 50%, but relatively greater than any other party contributor economic components percentage, or According to the agreement shall have enterprise actual control of enterprise .Each of the parties for investment account for 50%, and did not make clear who absolutely holding enterprise, if one party for the state-owned economic composition, uniform by state-owned holding statistics.

Light Industry refers to the industry that produces consumer goods and hand tools. It consists of two categories, depending on the materials used:

(1) Industries using farm products as raw materials. These are the branches of light industry which directly or indirectly use farm products as basic raw materials, including the manufacture of food and beverages, tobacco processing, textile, clothing, fur and leather manufacturing, paper making, printing, etc.

(2) Industries using non-farm products as raw materials. These are the branches of light industry which use manufactured goods as raw materials, including the manufacture of cultural, educational articles and sports goods, chemicals, synthetic fibre, chemical products for daily use, glass products for daily use, metal products for daily use, hand tools, medical apparatus and instruments, and the manufacture of cultural and office machinery.

Heavy Industry refers to the industry which produces capital goods, and provides various sectors of the national economy with necessary material and technical basis for production. It consists of the following three branches according to the purpose of production or the use of products:

(1) Mining, quarrying and logging industry, which refers to the industry that extracts natural resources, including extraction of petroleum, coal, metal and non-metal ores.

(2) Raw materials industry refers to the industry that provides various sectors of the national economy with raw materials, fuels and power. It includes smelting and processing of metals, coking and coke chemistry, chemical materials and building materials such as cement, plywood, and power, petroleum refining and coal dressing.

(3) Manufacturing industry which refers to the industry that processes raw materials. It includes machine-building industries which equip sectors of the national economy; industries producing metal structure and cement products; and industries producing means of agricultural production, such as chemical fertilizers and pesticides.

Value-added of Industry refers to the final results of industrial production of the industrial trade in money terms during the reference period. That Is the after value that deduct the production of consumption or conversion material products and services of value In the process from the total result of enterprise all production activities, in the other said ,it is the increase of the value in the balance of enterprise production process.

Capital Obtained refers to capital actually received by the enterprise from investors. It can be further classified by investors as state capital, collective capital, corporate capital, individual capital, capital from Hong Kong, Macau and Taiwan and foreign capital.

Total Assets refer to all economic resources, owned or controlled by enterprises, that could be measured in monetary terms, including properties, creditors equity and other economic rights of all forms. Classified by the degree of equitability, total assets include circulating assets, long term investment, fixed assets, intangible assets and deferred assets, and other assets.

(1)Circulating assets (working capital) refer to assets which can be cashed in or spent or consumed in an operating cycle of one year or over one year, including cash, all kinds of deposits, short term investment, receivables, advance payment, stock, etc.

(2)Fixed assets refer to the net value of fixed assets, clearance of fixed assets, project under construction, fixed assets losses in suspense. These are corporations fund holdings.

(3)Intangible assets refer to the assets without material form used by enterprises over a long time, such as patents, non-patent technologies, trade marks, copyright, land use right, business reputation, etc.

Total Liabilities refer to the debts, measured in monetary terms, that enterprises are responsible for repayment in the form of cash, assets or labour. Classified by terms of repayment, liability include liquid liabilities and long-term liabilities.

(1)Liquid liabilities (also called quick liabilities or immediate liabilities) refer to enterprises' total debt payable within an operating cycle of one year or over one year, including short term loans, payable and advance payments, wages payable, taxes payable and profit payable, etc.

(2)Long term liabilities refers to total debt payable within an operating cycle of one year or over one year, including long-term loans, payable liabilities, long-term payable, etc.

Creditors' Equity refers to investors ownership of net assets of the enterprise. It is equal to the total assets of the enterprise minus its total liabilities, including the primary input from investors, capital accumulation fund, surplus accumulation fund and undistributed profit. It is the shareholder's equity in share-holding companies.

Original Value of Fixed Assets refers to the original value of all fixed assets owned by industrial enterprises, calculated at the cost paid at the time of purchase, installation, reconstruction, expansion, and technical innovation and transformation of the said assets, which includes expenses on purchase, package, transportation, and installation, etc.

Net Value of Fixed Assets is obtained by deducting depreciation over years from the original value of fixed assets.

Sales Revenue of Industrial Products refers to the revenue from the sales of products by industrial enterprises and the revenue from services provided and etc.

Sales Cost of Industrial Products refers to the actual cost of products of industrial enterprises and industrial services provided, etc.

Tax and Extra Charges on Sales of Products refer to the tax on city maintenance and construction, consumption tax, resources tax and extra charges for education, which should be borne by the enterprises in selling products and providing industrial services.

Value-added Tax Payable refers to the amount of the value-added tax which should be paid by the enterprises during the reference period. It is the sum of tax on sales, export rebate, and transferred tax on purchases of the current year, minus the tax on purchases of the current year. Value-added tax payable of small-size enterprises is determined by the taxable sales of the year multiplied by the tax rate.

Ratio of Profits, Taxes and Interests to Average Assets reflects the profit-making capability of all assets of the enterprise and is a key indicator manifesting the performance and management and evaluating the profit-making potential of the enterprise. It is calculated as follows:

Ratio of profits, taxes and interests to average assets (%) = (Total profits + total Taxes + interest payment) / average assets ×100%

Ratio of Debts to Assets reflect both the operation risk and the capability of the enterprise in making use of the capital from the creditors. It is calculated as follows:

Ratio of debts to assets (%) = Total debts / total assets × 100%

Ratio of Profits to Total Industrial Costs refers to the ratio of profits realized in a given period to the total costs in the same period, which reflects the economic efficiency of input cost and is calculated as follows:

Ratio of Profits to Total Industrial Cost (%) = Total Profits/ Total Costs × 100%

Value-added Rate of Industry refers to the ratio of value added of industry in a given period to the gross output in the same period, which reflects the economic efficiency of cutting down the intermediate input and is calculated as follows:

Value-added Rate of Industry (%)=Value-added of Industry (at current prices) / Gross Output Value (at Current Prices) × 100%

Turnover of Working Capital refers to the number of times of turnover of working capital in a given period of time, which reflects the speed of the turnover of working capital and is calculated as follows:

Turnover of Working Capital (%)=Sales Revenue of Products / Average Balance of Total Working Capital × 100%

Ratio of Sales to Gross Output Value refers to the sales of industrial products to the gross industrial output value during the reference period, and is important in reflecting the linkage between production and sales and the extent of the needs of the society that has been met by the supply of industrial products. It is calculated as follows:

Ratio of Sales to Gross Output Value=Industrial sales / Gross industrial output value (at current prices) × 100%

Overall Labour Productivity of Industrial Enterprises refers to the average output per employed person in industrial enterprises in value terms. At present, the value added and the average number of staff and workers of an industrial enterprise in a given period are used to calculate the overall labour productivity. The formula used is:

Overall Labour Productivity=Value Added of Industry / Average Number of Staff and Workers × 100%

建筑业
Construction

● 资料整理：孔令惠

简要说明

一、主要内容

本篇反映河南省建筑业企业的基本情况和经营情况。包括企业个数、从业人员数、建筑业总产值、房屋建筑面积、资产、利润、税金、劳动生产率等资料。

二、统计范围

从2002年起，由原具有建筑业资质等级四级及四级以上的独立核算建筑业企业，调整为具有建筑业资质的总承包和专业承包、劳务分包建筑业企业。

三、资料来源

建筑业资料采取全面调查的方法，由河南省统计局固定资产投资处编辑整理。

Brief Introduction

I. Main Contents

Data in this chapter show the general and operation situation of the construction industry in Henan provincial. They cover the situation of production and management of the construction enterprises, including the number of enterprises; number of employed persons; gross output value of the construction industry; floor space of buildings under construction; profits and taxes ; and labour productivity etc.

II. Scope of Statistics

Starting from 2002 the scope of construction statistics has been adjusted to include all the construction enterprises of various types of ownership with qualification certificates and independent accounting systems, replacing the previous criteria that required construction enterprises of various types of ownership to have qualification certificates at or above Class 4 with independent accounting systems.

III. Sources of Data

Data on construction enterprises are collected in accordance with the Reporting Form System of Construction Statistics, which are provided by Department of investment in fixed assets of the Henan provincial Bureau of Statistics.

15-1 历年建筑业企业主要统计指标

Main Indicators of Construction Enterprises Over the Years

年份 Year	单位数 (个) Number of Enterprise (unit)	建筑业总产值 (亿元) Gross Output Value of Construction (100 million yuan)	从业人员 (万人) Number of Person Employed (10 000persons)	房屋建筑面积(万平方米) Floor Spece of Buildings (10 000 sq.m) 施工 Under Construction	竣工 Completed	资产 (亿元) Asset (100 million yuan)	利润 (亿元) Profit (100 million yuan)	税金 (亿元) Tax (100 million yuan)	劳动生产率(按总产值计算) (元/人.年) Overall Labor Productivity by Total Output (yuan/person.year)
1978			24.03						
1979			25.91						
1980			27.74						
1981			28.23						
1982			28.01						
1983	249	13.30	27.97	1050.00	608.40		0.90	0.26	4749
1984	264	19.53	34.50	1177.00	647.10		1.10	0.38	5762
1985	375	26.09	38.20	1287.70	607.90		1.39	0.58	7435
1986	383	29.20	37.60	1324.70	659.70		1.09	0.45	7991
1987	412	31.56	38.74	1482.90	731.30		1.16	0.68	8429
1988	442	36.81	39.88	1829.20	674.90		1.10	0.91	9720
1989	403	39.26	36.49	1355.50	594.60		0.64	0.95	10759
1990	393	41.05	35.49	1264.50	609.70		1.02	1.14	11985
1991	493	53.91		1614.72	701.61		0.98	1.67	13098
1992	511	70.33		1934.10	878.60		1.27	2.04	16060
1993	979	101.26		2476.25	1015.03	108.10	1.10	2.74	19549
1994	1332	145.52		2966.28	1322.53	147.44	1.47	3.99	24100
1995	1384	182.07		3386.46	1533.55	186.59	2.07	5.18	27121
1996	2278	271.56		5335.91	2726.45	255.43	4.02	8.32	27910
1997	1975	294.69		4984.41	2447.91	274.48	2.60	8.63	31485
1998	2027	304.96	93.79	5061.35	2418.40	305.48	2.11	9.23	35619
1999	1936	316.99	79.77	5016.55	2584.82	324.54	3.72	9.51	40279
2000	1983	357.34	79.90	5308.29	2629.33	356.53	3.09	11.76	45237
2001	1824	452.49	84.01	6295.47	3146.07	437.70	5.86	14.40	52002
2002	1926	536.73	92.65	7118.44	3630.82	562.05	7.53	16.93	57930
2003	1905	634.52	93.44	8026.07	3433.59	656.32	9.40	20.36	65943
2004	2556	817.13	107.66	9086.52	4186.89	828.57	19.05	27.65	83239
2005	2842	1066.15	125.03	10813.15	4787.12	926.11	25.55	37.01	83308
2006	2834	1530.95	141.37	14472.92	6530.01	1130.11	37.10	50.78	108464
2007	3110	2151.72	176.43	19015.67	9177.80	1484.90	57.43	74.30	123272
2008	3894	2824.06	197.86	21966.53	10289.20	1898.06	92.92	98.71	140560
2009	4146	3596.49	224.34	24596.04	11994.23	2386.99	118.67	129.09	162702
2010	4341	4400.61	235.00	28677.13	13156.03	2856.03	161.65	162.31	183639
2011	4511	5279.36	228.91	33282.01	15146.83	3562.79	200.09	185.44	224132

注：本表不包括劳务分包企业(下同)。
a)Construction Enterprises in this table exclude Work Subcontractors Enterprises(the same as following tables).

15-2 建筑业企业主要经济指标

Main Indicators of Construction Enterprises

指　标	Item	2009	2010	2011
企业单位数 (个)	Number of Construction Enterprises (unit)	4146	4341	4511
从业人员 (万人)	Number of Employed Persons (10 000 persons)	224.34	235.00	228.91
固定资产原价 (亿元)	Original Value of Fixed Assets Owned (100 million yuan)	648.85	734.85	782.03
固定资产合计 (亿元)	Net Value of Fixed Assets Owned (100 million yuan)	516.64	585.21	617.36
自有施工机械设备年末总台数 (万台)	Total Number of Machinery and Equipment Owned (10 000 sets)	65.08	71.04	72.62
自有施工机械设备年末净值 (亿元)	Net Value of Machinery and Equipment Owned (100 million yuan)	218.25	239.07	263.94
自有施工机械设备年末总功率 (万千瓦)	Total Power of Machinery and Equipment Owned (10 000 kw)	1205.11	1268.21	1405.07
建筑业总产值 (亿元)	Gross Output Value of Construction (100 million yuan)	3596.49	4400.61	5279.36
全员劳动生产率	Overall Labor Productivity			
按总产值计算 (元/人)	In Terms of Gross Output Value (yuan/person)	162702	183639	224132
房屋建筑施工面积 (万平方米)	Floor Space of Buildings under Construction (10 000 sq.m)	24596.04	28677.13	33282.01
房屋建筑竣工面积 (万平方米)	Floor Space of Buildings Completed (10 000 sq.m)	11994.23	13156.03	15146.83
技术装备率 (元/人)	Value of Machines per Laborer (yuan/person)	9728	10173	11530
动力装备率 (千瓦/人)	Power of Machines per Laborer (kw/person)	5.37	5.40	6.14
工程结算收入(亿元)	Revenue of Project Settlement Accounts (100 million yuan)	3402.01	4185.83	5148.04
工程结算成本(亿元)	Costs of Project Settlement Accounts (100 million yuan)	2996.73	3653.91	4531.31
工程结算税金及附加(亿元)	Taxes and Extra Charges on Project Settle Accounts (100 million yuan)	119.79	151.70	169.65
管理费用中的税金(亿元)	Taxes in Management Expenses (100 million yuan)	9.30	10.61	11.67
本年固定资产折旧(亿元)	Depreciation of Fixed Assets (100 million yuan)	43.46	56.90	55.14
应付职工薪酬(亿元)	Deal with worker firewood (100 million yuan)			567.09
利润总额 (亿元)	Total Profits (100 million yuan)	118.67	161.65	200.09
税金总额 (亿元)	Total Tax (100 million yuan)	129.09	162.31	185.44
产值利润率 (%)	Ratio of Profit to Gross Output Value (%)	3.3	3.7	3.8
产值利税率 (%)	Ratio of Pre-tax Profit to Gross Output Value (%)	6.9	7.4	7.2

15-3 建筑业企业房屋建筑竣工面积及竣工价值(2011年)

Floor space and Value of Building completed of Construction Enterprises(2011)

指　标	Item	竣工面积(万平方米) Floor space Building completed (10 000 sq.m)	竣工价值(亿元) Value of Hoor Space (10 million yuan)
竣工房屋	**Buildings Completed**	**15146.83**	**1528.57**
住宅房屋	Residential Building	10077.97	1003.92
商业及服务用房屋	Houses for Commercial and service	767.37	87.10
商厦房屋(批发和零售用房)	Malls housing	185.27	20.37
宾馆用房屋(住宿用房)	Hotel	105.27	10.91
餐饮用房屋(餐饮用房)	Dining	150.24	15.81
商务会展用房屋	Commercial exhibition	131.19	18.50
其他商业及服务用房屋(居民服务业用房)	Others (Residents service)	195.39	21.51
办公用房屋	Official Building	1197.39	122.03
科研、教育、医疗用房屋	Houses for scientific research，education and public health and medical	907.75	98.23
科学研究用房屋	Houses for scientific research	50.36	7.57
教育用房屋	Houses for education	666.40	70.51
医疗用房屋(卫生医疗用房)	Houses for public health and medical	191.00	20.15
文化、体育、娱乐用房屋	Houses for culture and sports and amusement	198.07	23.51
厂房及建筑物	Workshop and Buildings	1496.92	140.49
#厂房	Workshop	851.79	79.15
仓库	Houses for other uses	130.53	12.04
其他未列明的房屋建筑物	Others	370.82	41.26

15-4 建筑业企业生产情况(2011年)

指标	Item	合计 Total	内资 Domestic Funded	港澳台商投资 Funded from Hong Kong, Macao and Taiwan	外商投资 Foreign Funded
企业个数(个)	Number of Enterprises(unit)	4511	4496	5	10
签订的合同额(亿元)	Contract Value Signed(100 million yuan)	8396.98	8390.60	4.39	2.00
上年结转合同额	Contract Value on Hand Last Year	2960.59	2960.58		0.01
本年新签合同额	Contract Value Newly Signed this Year	5436.39	5430.02	4.39	1.99
承包工程完成情况(亿元)	Conditions Finished of Contracted Projects(100 million yuan)				
直接从建设单位承揽	Contracted Directly from Fabricative Units				
工程完成的产值	Output Value Finished of Projects	5218.52	5212.34	4.39	1.80
自行完成施工产值	Output Value Self-Finished of Buildings Under Construction	5194.08	5187.90	4.39	1.80
分包出去工程的产值	Output Value of Projects Subcontracted	24.44	24.44		
从建设单位以外承揽	Contracted Directly Exceptant Fabricative Units				
工程完成的产值	Output Value Finished of Projects	85.28	85.28		
建筑业总产值(亿元)	Gross Output Value of Construction (100 million yuan)	5279.36	5273.17	4.39	1.80
建筑工程	Construction	4639.24	4634.21	4.37	0.67
安装工程	Installation	474.79	473.69	0.02	1.08
其他	Others	165.33	165.28		0.05
#装修装饰	Building Decoration	214.80	214.37	0.01	0.43
建筑业竣工产值(亿元)	Buildings Completed Output Value of Construction(100 million yuan)	2889.13	2883.18	4.36	1.58
从业人员(万人)	Number of Persons Engaged(10 000 persons)	228.92	228.77	0.01	0.14
#工程技术人员	Engineering	33.66	33.63		0.03
#一级建造师	Constructor	1.66	1.66		
计算劳动生产率的平均人数(万人)	Staff and Workers Annual Average (10 000 persons)	235.55	235.36	0.04	0.14
全员劳动生产率	Overall Labor Productivity				
按总产值计算(元/人)	In Terms of Gross Output Value(yuan/person)	224132	224044	994404	128824
房屋建筑施工面积(万平方米)	Floor Space of Buildings Under Construction (10 000 sq.m)	33282.01	33282.01		
#本年新开工	Beginning Projects This Year	20045.35	20045.35		
#投标承包面积	Floor Space of Enter a bid Contract	29053.01	29053.01		
#本年新开工	Beginning Projects This Year	17941.07	17941.07		
房屋建筑竣工面积(万平方米)	Floor Space of Buildings Completed (10 000 sq.m)	15146.83	15146.83		
房屋竣工率(%)	Rate of Floor Space of Buildings Completed(%)	45.5	45.5		
自有施工机械设备年末总台数(台)	Number of Machinery and Equipment Owned(set)	726191	726092	29	70
自有施工机械设备年末净值(亿元)	Net Value of Machinery and Equipment Owned(100 million yuan)	263.94	263.72		0.22
自有施工机械设备年末总功率(万千瓦)	Total Power of Machinery and Equipment(10 000kw)	1405.07	1404.65	0.10	0.32
技术装备率(元/人)	Valve of Machinery Per Laborer(yuan/person)	11530	11527	573	15957
动力装备率(千瓦/人)	Power of Machinery per Laborer(kw/person)	6.14	6.14	10.50	2.29

Main Indicators on Construction Enterprises(2011)

#国有控股 State-holding	#集体控股 Collective-holding	#私人控股 Private-holding	房屋建筑业 Floor Space	土木工程建筑业 Civil Engineering	建筑安装业 Building Installation	建筑装饰和其他建筑业 Building Decoration and Others	公有制 Public-owned	非公有制 Non-public owned
323	374	3511	1476	875	538	1622	697	3814
2286.53	511.14	3727.45	4412.71	3193.91	456.65	333.72	2797.67	5599.32
1090.18	103.42	956.26	1180.67	1600.72	123.54	55.66	1193.60	1766.99
1196.35	407.72	2771.19	3232.04	1593.19	333.11	278.05	1604.06	3832.33
1372.52	424.16	2512.58	2664.47	1950.18	321.72	282.16	1796.68	3421.84
1364.85	422.73	2502.14	2652.77	1946.28	316.74	278.29	1787.58	3406.50
7.67	1.43	10.44	11.70	3.90	4.98	3.87	9.10	15.34
31.32	3.79	35.33	20.30	50.09	7.01	7.87	35.11	50.17
1396.17	426.52	2537.47	2673.07	1996.37	323.75	286.16	1822.69	3456.67
1217.64	376.19	2211.48	2499.21	1807.64	172.60	159.79	1593.83	3045.41
154.39	35.79	226.52	127.58	146.03	136.30	64.88	190.17	284.61
24.14	14.54	99.47	46.28	42.70	14.85	61.49	38.68	126.64
19.59	6.75	180.54	103.86	4.36	12.25	94.33	26.35	188.46
566.25	319.19	1682.38	1669.61	839.97	193.28	186.27	885.44	2003.69
36.74	22.67	146.43	143.76	55.10	13.44	16.62	59.41	169.51
5.52	3.28	20.91	18.22	9.06	3.08	3.30	8.80	24.86
0.36	0.12	0.95	0.67	0.53	0.17	0.29	0.48	1.18
38.41	23.00	146.82	145.82	58.77	15.08	15.87	61.41	174.14
363518	185457	172834	183314	339665	214673	180303	296829	198498
3052.05	3728.08	23699.90	31160.25	895.36	869.67	356.72	6780.13	26501.88
1934.28	2369.25	14251.12	18654.83	610.98	557.77	221.76	4303.53	15741.82
2916.98	3382.14	20169.83	27463.66	739.50	655.00	194.86	6299.12	22753.89
1840.13	2135.45	12587.49	16804.09	529.91	442.08	164.99	3975.58	13965.49
857.20	2160.55	11202.72	14146.76	327.33	480.14	192.60	3017.75	12129.07
28.1	58.0	47.3	45.4	36.6	55.2	54.0	44.5	45.8
100825	74438	490754	453056	149189	50571	73375	175263	550928
80.14	17.36	123.56	96.24	140.96	13.35	13.39	97.50	166.43
344.35	96.34	733.75	611.11	607.63	80.03	106.30	440.68	964.39
21813	7660	8438	6694	25581	9936	8057	16413	9818
9.37	4.25	5.01	4.25	11.03	5.95	6.40	7.42	5.69

15-5 建筑业企业主要财务指标(2011年)

单位：万元

指 标	Item	合 计 Total	内资 Domestic Funded	港澳台商投资 Funded from Hong Kong, Macao and Taiwan	外商投资 Foreign Funded
资产总计	Total Assets	35627884	35556191	4070	67624
流动资产合计	Total Circulating Funds	26598031	26564539	1974	31518
#应收工程款	Year-end Projects Arrearage	4390528	4384141	10	6377
#竣工工程	Completed Arrearage	1505943	1504562		1381
存货	Stock	6423665	6419552	564	3549
固定资产合计	Total Fixed Assets	6173611	6137778	1052	34781
固定资产原价	Original Value of Fixed Assets	7820348	7780084	915	39349
累计折旧	Total Depreciation Drawn Accumulated	2732254	2720799	188	11268
#本年折旧	Draw Depreciation This Year	551391	547316	43	4033
在建工程	Under Construction Project	738859	735894	250	2714
流动负债合计	Liquid Liabilities	21055116	21020178	2896	32043
#应付账款	Accounts payable	6775323	6768791	100	6432
非流动负债合计	Non-current liabilities	1009038	996860		12178
负债合计	Total Liabilities	22705355	22658228	2906	44221
所有者权益合计	Total Creditors Equity	12922529	12897963	1164	23403
#实收资本	Capitals Hold	8790873	8780315	1650	8908
国家资本	State capital	897463	897463		
集体资本	Collective	632261	632261		
法人资本	Legal person	2951923	2950488		1435
个人资本	Individual	4297040	4294630	550	1860
港澳台资本	Hong Kong, Macao and Taiwan	8509	4908	1100	2500
外商资本	Foreign	3678	565		3113
营业收入	Business income	51818485	51790523	487	27475
#主营业务收入	Main business income	51480378	51452426	487	27465
营业成本	Operating costs	45610848	45589359	211	21277
#主营业务成本	Advocate business wu cost	45313118	45291630	211	21277
营业税金及附加	Business tax and extra	1737707	1736878	18	812
#主营业务税金及附加	Main business taxes and add	1696454	1695624	18	812
其他业务利润	Other Profit from Business	148251	148241		10
销售费用	Sales expenses	300940	300122	9	809
管理费用	Management Fee	1823161	1818862	222	4078
#税金	Taxes	116722	116514	30	178
财务费用	Financial Expenses	269048	268792	5	251
#利息收入	Expenses of Interest	60989	60959	0	30
营业利润	Profits of Business	1987714	1987442	22	250
利润总额	Total Profits	2000905	2000619	22	265
利税总额	Profits and Tax of Business	3855334	3854010	69	1255
应付职工薪酬	Deal with worker firewood	5670903	5667385	157	3361
土地和固定资产支出	Land and fixed asset expenditures	702966	702868		98
亏损企业个数(个)	Number of Loss-Making Enterprises(unit)	390	386	1	3

Main Economic Indicators on Construction Enterprises by Registration Status(2011)

(10 000 yuan)

#国有控股 State-holding	#集体控股 Collective-holding	#私人控股 Private-holding	房屋建筑业 Floor Space	土木工程建筑业 Civil Engineering	建筑安装业 Building Installation	建筑装饰和其他建筑业 Building Decoration and Others	公有制 Public-owned	非公有制 Non-public owned
11405582	2299138	14316998	13362665	16856546	3050601	2358072	13704720	21923164
8909314	1479404	10097866	9670267	12903268	2312481	1712015	10388717	16209314
1365592	221825	1738746	1809168	1758420	448987	373953	1587418	2803110
417717	96382	794835	532849	579002	209398	184695	514099	991844
2138263	408333	2441370	2699637	2872020	456029	395980	2546597	3877068
1562265	557951	3205928	2490384	2713354	487194	482678	2120216	4053395
2301082	630391	3698278	2814403	3814164	630125	561657	2931473	4888875
1000327	190153	1066168	817772	1523084	229813	161585	1190480	1541774
196113	31084	199410	156221	326614	36840	31716	227197	324195
169658	80513	391469	360216	264862	61990	51791	250171	488688
8407721	1231772	5896859	7038622	11501323	1784801	730371	9639493	11415624
3012372	415821	1287963	2270309	3724187	566105	214722	3428193	3347130
472683	44286	196058	308752	616369	61566	22351	516968	492070
9002265	1344888	6466149	7603312	12370673	1892932	838438	10347153	12358202
2403317	954250	7850848	5759353	4485874	1157670	1519633	3357567	9564962
1607697	653193	5383278	3904048	2999143	765009	1122674	2260890	6529984
838629	23505	10708	203264	608279	62419	23501	862134	35330
16282	463867	115091	358108	149174	96160	28819	480149	152112
640841	81418	1336284	1094617	1328121	218024	311161	722258	2229665
111795	84061	3917426	2246540	908914	387166	754421	195856	4101185
100		3598	1360	3500	1240	2409	100	8409
50	344	171	160	1155		2363	394	3284
14576977	4034252	23222403	18611229	33207256	24565147	21349725	3158725	2744888
14486535	3992764	23116059	18479299	33001079	24473304	21188260	3102414	2716400
13076632	3463774	20104120	16540406	29070442	21827770	19008309	2616420	2158350
13006874	3436331	19985943	16443205	28869913	21744715	18873943	2568434	2126026
440507	152081	854929	592587	1145120	898013	630322	110480	98893
425970	150205	841676	576175	1120279	875614	613191	109840	97809
46612	11809	68267	58422	89829	40872	64862	21175	21342
33639	29191	222396	62830	238111	156961	77177	27527	39275
533600	170407	758517	704007	1119154	611855	854135	205911	151261
17875	17560	65389	35436	81287	64507	28957	9908	13349
81429	18909	127068	100338	168710	112716	122579	18575	15178
22001	1047	5055	23049	37940	8438	50445	1680	426
407782	196116	1152340	603898	1383816	959243	677817	158700	191954
424429	188773	1148833	613202	1387702	954422	697357	158576	190550
882811	358414	2069151	1241225	2614109	1916941	1356636	278964	302793
1309849	435297	2854293	1745145	3925757	2932020	2102548	346507	289827
260499	16697	259062	277196	425769	269115	359430	56391	18030
25	35	297	60	330	82	81	57	170

15-6 劳务分包建筑企业生产经营情况(2011年)

单位：万元

指　标	Item	合　计 Total	#内资 Domestic Funded	国有控股 State-holding	集体控股 Collective-holding
企业数(个)	Number of Construction Enterprises (unit)	1134	1134	12	40
年末从业人员(人)	Number of Employed Persons at the Year-end (penson)	174488	174488	1077	3918
#现场施工人员	Builder in Employed Persons at the Year-end	130370	130370	859	1852
从业人员平均人数(人)	Average Number of Employed Persons (penson)	160555	160555	1065	3589
年末资产负债	Year-end Assets and Liabilities				
固定资产原价	Original Value of Fixed Assets	113771	113771	1305	3944
本年折旧	Draw Depreciation This Year	8287	8287	100	556
资产总计	Total Assets	366845	366845	3887	43700
负债总计	Total Liabilities	123204	123204	921	9848
实收资本	Capitals Hold	127963	127963	1733	5210
损益及分配	Total Creditors Equity (10 000 yuan)				
营业收入	Total Income	702399	702399	8092	103106
#主营业务收入	Income form Principal Operations	690070	690070	7981	103048
营业成本	Operating costs	593279	593279	6494	92151
#主营业务成本	Advocate business wu cost	584982	584982	6490	92108
营业税金及附加	Business tax and extra	26274	26274	417	2206
#主营业务税金及附加	Main business taxes and add	24974	24974	411	2205
销售费用	Profits of Business	7412	7412	29	208
管理费用	Management Fee	37757	37757	256	3018
#税金	Taxes				
财务费用	Financial Expenses	3784	3784	15	303
营业利润	Profits of Business	42259	42259	893	5275
利润总额	Total Profits	39398	39398	871	5063
土地和固定资产支出	Land and fixed asset expenditures	3397	3397	13	18
建筑业总产值	Gross Output Value of Construction	703674	703674	7855	98940
#装饰装修产值	Output Value of Fitment	40349	40349	1928	2
从业人员工资总额	Labour Reward of Employed Persons	394768	394768	1305	6781

Main Indicators on Construction Enterprises of Work Subcontractors (2011)

(10 000 yuan)

私人控股 Private-holding	其他 Others	房屋建筑业 Floor Space	土木工程建筑业 Civil Engineering	建筑安装业 Building Installation	建筑装饰和其他建筑业 Building Decoration and Others	公有制 Public-owned	非公有制 Non-public owned
990	92	531	92	143	368	52	1082
150376	19117	97606	13518	11165	52199	4995	169493
113013	14646	74100	9227	7240	39803	2711	127659
138007	17894	89237	13064	9632	48622	4654	155901
101453	7069	70259	10985	10924	21603	5249	108522
7150	481	3338	1155	1388	2406	656	7631
301872	17386	175875	37814	36607	116549	47587	319258
107015	5421	62804	16717	11862	31821	10769	112436
113252	7769	56519	14135	15083	42226	6943	121020
528068	63134	364655	46506	48222	243016	111197	591202
515977	63064	364149	46501	45301	234119	111029	579041
439122	55513	304211	39256	38933	210879	98645	494634
431437	54947	302314	39241	36238	207188	98598	486384
21043	2608	14935	1809	1695	7836	2623	23651
19790	2569	14567	1774	1660	6973	2616	22358
6946	230	4274	409	654	2075	237	7175
31503	2979	20861	3211	4052	9632	3274	34483
3360	107	2452	175	104	1054	318	3467
34365	1726	21322	1830	3535	15573	6168	36091
27659	5806	20802	6263	3062	9271	5934	33464
2933	433	2019	307	687	384	31	3366
529675	67204	374569	43341	41457	244307	106795	596879
38150	269	23855	1408	3571	11514	1930	38419
345751	40931	234826	29784	16532	113625	8086	386682

15-7 各市建筑业企业总产值

Total Output Value of Construction by City

单位：亿元 (100 million yuan)

市(县)	City(County)	2000	2005	2006	2007	2008	2009	2010	2011
全省	**Total**	**357.34**	**1066.15**	**1530.95**	**2151.72**	**2824.06**	**3596.49**	**4400.61**	**5279.36**
省辖市	**City**								
郑州市	Zhengzhou	105.93	299.39	401.27	583.66	797.32	1126.12	1352.33	1549.16
开封市	Kaifeng	10.77	35.16	48.50	62.76	79.16	93.38	105.80	132.88
洛阳市	Luoyang	50.18	168.54	253.59	356.12	512.33	681.81	877.67	1110.90
平顶山市	Pingdingshan	15.48	31.18	45.98	64.46	83.89	74.45	88.66	102.88
安阳市	Anyang	28.68	71.78	128.44	175.84	212.78	269.54	319.14	359.22
鹤壁市	Hebi	3.65	6.34	14.68	16.48	21.53	26.70	34.25	43.37
新乡市	Xinxiang	26.84	79.44	121.24	156.86	205.30	204.70	238.71	294.56
焦作市	Jiaozuo	9.31	36.26	38.72	62.23	60.75	69.18	87.51	99.18
濮阳市	Puyang	23.45	46.84	68.95	91.98	102.55	118.50	138.98	168.44
许昌市	Xuchang	9.69	21.28	29.06	38.36	48.00	62.70	85.04	95.32
漯河市	Luohe	3.73	10.10	12.38	13.71	18.47	25.80	35.29	41.72
三门峡市	Sanmenxia	7.55	26.25	36.85	45.60	60.93	73.03	82.44	104.68
南阳市	Nanyang	21.29	75.70	98.22	139.35	145.46	165.40	197.79	242.66
商丘市	Shangqiu	9.42	43.76	60.40	80.62	109.78	137.86	170.41	214.74
信阳市	Xinyang	14.78	43.34	71.92	108.28	141.53	169.54	207.15	247.60
周口市	Zhoukou	9.73	40.60	55.00	87.25	117.32	148.07	184.06	216.63
驻马店市	Zhumadian	6.09	23.14	37.25	57.50	93.90	134.29	175.48	233.82
济源市	Jiyuan	0.78	7.08	8.50	10.66	13.05	15.40	19.88	21.61
省直管县	**Province Administrating County**								
巩义市	Gongyi	0.52	3.50	2.67	6.00	7.00	7.03	9.24	11.68
兰考县	Lankao	0.08	0.31	2.12	2.31	2.94	4.99	4.80	5.93
汝州市	Ruzhou	0.16	0.52	1.67	1.79	1.46	1.11	1.01	1.43
滑县	Huaxian	0.22	6.07	7.93	10.83	11.77	16.05	18.72	22.07
长垣县	Changyuan	4.24	7.78	11.98	21.58	34.97	49.18	61.53	78.67
邓州市	Dengzhou	0.58	3.81	5.47	10.83	13.49	15.38	18.69	25.56
永城市	Yongcheng	1.44	5.86	7.23	12.42	15.21	20.43	22.04	26.92
固始县	Gushi	2.72	5.10	10.33	13.68	16.22	18.49	21.69	25.01
鹿邑县	Luyi	0.82	4.87	4.78	6.93	8.02	9.33	10.66	13.63
新蔡县	Xincai	0.18	0.26	0.57	2.00	5.14	7.51	10.58	14.74

15-8 各市建筑业企业利税总额
Total Pre-Tax Profits of Construction Enterprises by City

单位：万元 (10 000 yuan)

市(县) City(County)	2000	2005	2006	2007	2008	2009	2010	2011
全省 Total	**148547**	**625512**	**878828**	**1317278**	**1916338**	**2477553**	**3239587**	**3855334**
省辖市 City								
郑州市 Zhengzhou	35374	136720	197232	334113	524896	738885	981163	1086687
开封市 Kaifeng	3581	18134	23936	30658	56219	54125	69580	102444
洛阳市 Luoyang	6407	96068	113924	180636	249713	348039	435593	568588
平顶山市 Pingdingshan	5962	19443	18319	29181	42113	47977	60208	67976
安阳市 Anyang	15184	29358	67976	80971	106828	136581	168267	237826
鹤壁市 Hebi	1296	1649	6678	10073	12149	15639	20348	26354
新乡市 Xinxiang	15297	56331	85163	122016	190766	215527	282720	321634
焦作市 Jiaozuo	2673	17570	16786	37657	37086	39635	59892	62343
濮阳市 Puyang	11834	24647	46455	61218	69700	76165	94763	113504
许昌市 Xuchang	6812	8436	12303	19024	31754	45758	54114	81835
漯河市 Luohe	2363	5093	7529	11635	14553	20182	30699	38042
三门峡市 Sanmenxia	2626	12422	15867	24739	41449	61322	71644	111018
南阳市 Nanyang	10156	45817	57350	100115	110602	158883	216463	246672
商丘市 Shangqiu	8610	33083	53087	44481	88891	110450	136697	131181
信阳市 Xinyang	7246	44549	68659	100986	120856	144178	197830	199190
周口市 Zhoukou	9263	38970	52574	82538	126703	141525	196239	249295
驻马店市 Zhumadian	3624	30310	30180	36596	78213	106093	149536	193600
济源市 Jiyuan	241	6915	4812	10642	13847	16591	13832	17146
省直管县 Province Administrating County								
巩义市 Gongyi	420	3594	3050	6603	7938	7992	8948	15425
兰考县 Lankao	106	428	1406	1930	1509	2698	2955	7607
汝州市 Ruzhou	26	344	486	1048	898	884	999	973
滑县 Huaxian	64	4085	5911	7227	9514	10552	12871	17413
长垣县 Changyuan	5342	13344	19778	33131	41557	59610	98909	108407
邓州市 Dengzhou	207	1188	1723	5343	10288	17020	20956	30406
永城市 Yongcheng	444	4915	1881	9427	12062	22325	18550	21044
固始县 Gushi	1835	3208	8613	10709	7744	10294	11541	19827
鹿邑县 Luyi	1301	8136	7779	5006	15652	11291	11652	13058
新蔡县 Xincai	134	291	448	1280	8443	5247	16246	21024

15-9 各市建筑业企业利润总额
Total Profits of Construction Enterprises by City

单位：万元 (10 000 yuan)

市(县) City(County)	2000	2005	2006	2007	2008	2009	2010	2011
全省 Total	**30936**	**255460**	**371010**	**574318**	**929179**	**1186690**	**1616515**	**2000905**
省辖市 City								
郑州市 Zhengzhou	3508	40921	72203	150382	272640	340671	490101	601868
开封市 Kaifeng	418	6952	8640	11326	25650	24579	33919	56990
洛阳市 Luoyang	-8040	39499	33803	67391	92273	132296	159910	198078
平顶山市 Pingdingshan	528	7813	2352	7144	13918	20125	29104	33541
安阳市 Anyang	1411	6107	25317	22011	40461	55193	73664	101678
鹤壁市 Hebi	-57	-388	1311	4518	4568	6316	8743	12104
新乡市 Xinxiang	4511	23368	42176	66068	101438	130576	179761	199307
焦作市 Jiaozuo	88	6175	6112	17725	14804	16137	28387	24161
濮阳市 Puyang	5261	11735	22153	27416	26118	34868	46593	62702
许昌市 Xuchang	4307	2563	2862	5965	14608	24447	27695	51954
漯河市 Luohe	1454	2394	3318	4533	6301	8155	12734	19277
三门峡市 Sanmenxia	710	2950	4018	7805	17290	33054	40519	68636
南阳市 Nanyang	3271	20315	25869	42888	56968	73768	95397	130764
商丘市 Shangqiu	5148	17363	29298	21198	51056	65329	82915	64956
信阳市 Xinyang	2725	24434	35692	51230	67243	75997	101907	110457
周口市 Zhoukou	4782	23148	34881	44471	73303	76646	119227	142577
驻马店市 Zhumadian	895	15027	18842	15430	43670	58365	78544	112237
济源市 Jiyuan	17	5086	2164	6818	6871	10168	7395	9618
省直管县 Province Administrating County								
巩义市 Gongyi	222	1843	1725	4336	4164	4485	4933	10150
兰考县 Lankao	88	348	613	720	689	1528	1219	5518
汝州市 Ruzhou	15	109	152	353	424	314	516	481
滑县 Huaxian	0	1792	2877	3327	5078	4565	5772	9417
长垣县 Changyuan	1591	9713	14048	23043	22581	40005	68503	77664
邓州市 Dengzhou	45	209	544	3247	4004	10602	13386	18899
永城市 Yongcheng	201	3389	46	5467	6593	15072	10576	11569
固始县 Gushi	801	1348	4941	6095	3501	4292	4836	11843
鹿邑县 Luyi	833	6648	7134	3652	11346	7515	7331	8401
新蔡县 Xincai	70	23	60	249	5909	2610	13456	17315

15-10 各市建筑业企业主要指标(2011年)

市(县) City(County)	企业个数(个) Number of Enterprises (unit)	从业人员(万人) Number of Persons Engaged (10 000 person)	计算劳动生产率的平均人数(万人) Staff and Workers Annual Average (10 000 person)	签定的合同额(亿元) Contract Value Signed (100 million yuan)	总产值(亿元) Gross Output Value (100 million yuan)
全　省 Total	**4511**	**228.92**	**235.55**	**8396.98**	**5279.36**
省辖市 City					
郑州市 Zhengzhou	1325	46.35	54.43	3159.73	1549.16
开封市 Kaifeng	208	8.86	9.09	240.71	132.88
洛阳市 Luoyang	398	30.49	31.03	1757.98	1110.90
平顶山市 Pingdingshan	189	6.53	5.66	141.74	102.88
安阳市 Anyang	186	24.26	24.84	484.14	359.22
鹤壁市 Hebi	55	3.01	2.99	53.20	43.37
新乡市 Xinxiang	334	20.34	19.74	353.69	294.56
焦作市 Jiaozuo	172	5.25	4.88	158.02	99.18
濮阳市 Puyang	189	8.08	7.51	217.52	168.44
许昌市 Xuchang	116	5.75	5.83	149.47	95.32
漯河市 Luohe	82	3.46	3.42	56.35	41.72
三门峡市 Sanmenxia	127	5.01	4.55	184.75	104.68
南阳市 Nanyang	323	14.70	14.42	285.90	242.66
商丘市 Shangqiu	157	9.72	9.50	325.14	214.74
信阳市 Xinyang	193	14.00	14.20	270.27	247.60
周口市 Zhoukou	177	9.11	9.18	271.23	216.63
驻马店市 Zhumadian	205	12.24	13.15	254.07	233.82
济源市 Jiyuan	75	1.77	1.15	33.07	21.61
省直管县 Province Administrating County					
巩义市 Gongyi	15	0.44	0.47	18.77	11.68
兰考县 Lankao	11	0.45	0.36	6.16	5.93
汝州市 Ruzhou	7	0.20	0.19	2.07	1.43
滑县 Huaxian	24	1.89	2.02	26.02	22.07
长垣县 Changyuan	77	5.51	5.17	86.37	78.67
邓州市 Dengzhou	15	1.15	1.07	25.58	25.56
永城市 Yongcheng	24	1.36	1.30	34.30	26.92
固始县 Gushi	9	1.44	1.27	27.54	25.01
鹿邑县 Luyi	7	0.57	0.64	14.47	13.63
新蔡县 Xincai	7	0.57	0.54	7.56	14.74

Main Indicators of Construction Enterprises by City (2011)

竣工产值（亿元）Buildings Completed Output Value (100 million yuan)	房屋建筑施工面积（万平方米）Floor Space of Buildings Under Construction (10 000 sq.m)	房屋建筑竣工面积（万平方米）Floor Space of Buildings Completed (10 000 sq.m)	自有施工机械设备年末总功率(万千瓦) Total Power of Machinery and Equipment Owned (10 000 kw)	自有施工机械设备年末净值(亿元) Net Value of Machinery and Equipment Owned (100 million yuan)
2889.13	**33282.01**	**15146.83**	**1405.07**	**263.94**
791.06	10517.39	3413.45	357.01	53.63
80.43	1103.89	453.76	25.32	5.55
349.55	4690.01	1234.89	241.62	64.50
69.17	955.03	359.75	29.56	7.35
254.60	3194.95	1934.46	127.31	21.10
18.53	363.54	147.03	13.76	2.16
209.61	2120.76	1344.29	144.36	22.31
51.36	755.24	320.34	20.94	3.79
122.80	749.38	484.41	66.73	11.74
57.32	789.30	410.90	23.32	5.00
31.54	479.00	272.41	12.06	1.83
58.22	427.60	170.29	62.42	13.40
159.05	1435.11	802.77	60.25	10.69
130.19	1326.11	919.00	44.86	9.70
164.97	1630.50	1103.22	64.39	12.73
165.38	1373.81	887.70	62.83	11.05
155.63	1124.43	758.33	37.11	5.89
19.71	245.97	129.81	11.21	1.50
8.72	158.55	75.46	5.12	0.72
5.77	49.77	24.80	0.24	0.05
0.84	20.79	7.58	1.29	0.09
18.82	193.54	139.26	5.40	1.99
49.22	381.56	217.27	39.39	7.12
16.77	91.95	71.72	2.26	0.25
12.80	214.92	132.72	12.70	2.02
23.77	182.69	149.49	6.04	1.40
13.63	99.77	99.77	2.87	0.44
10.32	52.78	52.78		

15-11 各市建筑业企业个数(2011年)

单位：个

市(县) City(County)	企业个数 Number of Enterprises	内资 Domestic Funded	港澳台商投资 Funded from Hong Kong, Macao and Taiwan	外商投资 Foreign Funded	公有制 Public-owned	非公有制 Non-public owned
全　　省 Total	**4511**	**4496**	**5**	**10**	**697**	**3814**
省　辖　市 City						
郑　州　市 Zhengzhou	1325	1315	5	5	110	1215
开　封　市 Kaifeng	208	207		1	33	175
洛　阳　市 Luoyang	398	397		1	71	327
平 顶 山 市 Pingdingshan	189	189			33	156
安　阳　市 Anyang	186	186			34	152
鹤　壁　市 Hebi	55	55			5	50
新　乡　市 Xinxiang	334	332		2	47	287
焦　作　市 Jiaozuo	172	171		1	18	154
濮　阳　市 Puyang	189	189			22	167
许　昌　市 Xuchang	116	116			14	102
漯　河　市 Luohe	82	82			18	64
三 门 峡 市 Sanmenxia	127	127			17	110
南　阳　市 Nanyang	323	323			70	253
商　丘　市 Shangqiu	157	157			45	112
信　阳　市 Xinyang	193	193			65	128
周　口　市 Zhoukou	177	177			26	151
驻 马 店 市 Zhumadian	205	205			63	142
济　源　市 Jiyuan	75	75			6	69
省 直 管 县 Province Administrating County						
巩　义　市 Gongyi	15	15			1	14
兰　考　县 Lankao	11	11			1	10
汝　州　市 Ruzhou	7	7			4	3
滑　　县 Huaxian	24	24			3	21
长　垣　县 Changyuan	77	77			5	72
邓　州　市 Dengzhou	15	15			7	8
永　城　市 Yongcheng	24	24			14	10
固　始　县 Gushi	9	9				9
鹿　邑　县 Luyi	7	7				7
新　蔡　县 Xincai	7	7			4	3

Number of Construction Enterprises by City (2011)

(unit)

#国有控股 State-holding	#集体控股 Collective-holding	#私人控股 Private-holding	房屋建筑业 Floor Space	土木工程建筑业 Civil Engineering	建筑安装业 Building Installation	建筑装饰和其他建筑业 Building Decoration and Others
323	**374**	**3511**	**1476**	**875**	**538**	**1622**
66	44	1115	251	201	264	609
13	20	166	84	44	38	42
29	42	306	145	52	37	164
10	23	150	78	25	10	76
12	22	135	99	28	27	32
2	3	48	30	13	4	8
16	31	266	147	50	36	101
10	8	133	42	20	17	93
16	6	156	41	65	9	74
2	12	89	43	19	14	40
4	14	54	44	10	4	24
15	2	110	33	67	6	21
37	33	237	76	77	24	146
19	26	98	82	40	4	31
30	35	120	98	43	12	40
6	20	141	66	57	9	45
32	31	125	100	44	11	50
4	2	62	17	20	12	26
	1	13	9	4	2	
1		10	7	3		1
1	3	3	4	1		2
1	2	20	13	5	4	2
4	1	65	24	10	4	39
6	1	8	3	6	2	4
3	11	8	17	4	1	2
		8	5	4		
		7	3	3		1
3	1	3	4	3		

15-12 各市建筑业企业总产值(2011年)

单位：亿元

市(县) City(County)	总产值 Gross Output Value	内资 Domestic Funded	港澳台商投资 Funded from Hong Kong, Macao and Taiwan	外商投资 Foreign Funded	公有制 Public-owned	非公有制 Non-public owned
全　　省 Total	**5279.36**	**5273.17**	**4.39**	**1.80**	**1822.69**	**3456.67**
省　辖　市 City						
郑　州　市 Zhengzhou	1549.16	1544.27	4.39	0.51	454.08	1095.08
开　封　市 Kaifeng	132.88	132.83		0.05	21.61	111.28
洛　阳　市 Luoyang	1110.90	1110.83		0.07	536.38	574.52
平 顶 山 市 Pingdingshan	102.88	102.88			8.24	94.64
安　阳　市 Anyang	359.22	359.22			46.20	313.02
鹤　壁　市 Hebi	43.37	43.37			12.33	31.04
新　乡　市 Xinxiang	294.56	293.98		0.57	42.15	252.40
焦　作　市 Jiaozuo	99.18	98.58		0.60	51.71	47.47
濮　阳　市 Puyang	168.44	168.44			56.66	111.79
许　昌　市 Xuchang	95.32	95.32			20.78	74.54
漯　河　市 Luohe	41.72	41.72			10.62	31.10
三 门 峡 市 Sanmenxia	104.68	104.68			53.88	50.80
南　阳　市 Nanyang	242.66	242.66			113.25	129.41
商　丘　市 Shangqiu	214.74	214.74			122.55	92.19
信　阳　市 Xinyang	247.60	247.60			106.04	141.55
周　口　市 Zhoukou	216.63	216.63			44.24	172.38
驻 马 店 市 Zhumadian	233.82	233.82			120.52	113.30
济　源　市 Jiyuan	21.61	21.61			1.45	20.16
省 直 管 县 Province Administrating County						
巩　义　市 Gongyi	11.68	11.68			1.34	10.34
兰　考　县 Lankao	5.93	5.93			1.01	4.93
汝　州　市 Ruzhou	1.43	1.43			1.17	0.26
滑　　县 Huaxian	22.07	22.07			2.85	19.22
长　垣　县 Changyuan	78.67	78.67			4.07	74.60
邓　州　市 Dengzhou	25.56	25.56			17.18	8.38
永　城　市 Yongcheng	26.92	26.92			21.86	5.06
固　始　县 Gushi	25.01	25.01				25.01
鹿　邑　县 Luyi	13.63	13.63				13.63
新　蔡　县 Xincai	14.74	14.74			8.52	6.22

Total Output Value of Construction Enterprises by City (2011)

(100 million yuan)

#国有控股 State-holding	#集体控股 Collective-holding	#私人控股 Private-holding	房屋建筑业 Floor Space	土木工程建筑业 Civil Engineering	建筑安装业 Building Installation	建筑装饰和其他建筑业 Building Decoration and Others
1396.17	**426.52**	**2537.47**	**2673.07**	**1996.37**	**323.75**	**286.16**
391.68	62.40	777.74	806.29	475.87	153.93	113.07
9.61	11.99	79.92	72.38	16.46	41.13	2.91
506.23	30.15	213.87	289.20	777.45	29.24	15.01
1.98	6.26	47.15	81.75	15.39	1.76	3.98
22.07	24.12	287.95	314.65	27.70	14.97	1.89
11.49	0.83	29.99	37.03	5.17	0.63	0.54
20.70	21.46	231.26	180.11	52.92	17.94	43.58
40.74	10.97	43.87	50.50	38.32	4.55	5.81
53.30	3.35	99.77	60.22	82.34	3.26	22.62
10.66	10.12	51.82	50.61	34.39	3.68	6.65
2.06	8.56	25.18	34.40	5.05	0.56	1.71
52.99	0.89	50.80	31.78	70.88	1.32	0.69
67.61	45.63	114.07	117.09	90.53	23.10	11.94
93.31	29.24	81.66	121.06	87.89	0.37	5.43
45.84	60.21	124.86	160.31	71.12	5.65	10.52
13.90	30.34	161.95	113.90	80.45	11.94	10.34
50.67	69.85	96.60	140.52	59.18	5.84	28.28
1.32	0.14	19.00	11.28	5.25	3.90	1.18
	1.34	9.77	9.17	1.80	0.71	
1.01		4.93	3.88	2.00		0.05
0.11	1.06	0.26	1.30	0.11		0.01
1.86	1.00	19.17	16.72	4.35	0.98	0.02
3.00	1.08	60.48	28.76	9.26	3.25	37.40
14.88	2.30	8.38	5.96	14.88	4.64	0.08
11.23	10.62	4.74	14.88	11.61	0.00	0.43
		19.87	17.32	7.69		
		13.63	6.00	7.49		0.14
6.71	1.81	6.22	9.74	5.00		

15-13 各市建筑业企业实收资本(2011年)

单位：亿元

市(县) City(County)	实收资本 Capitals Hold Value	内资 Domestic Funded	港澳台商投资 Funded from Hong Kong, Macao and Taiwan	外商投资 Foreign Funded	公有制 Public-owned	非公有制 Non-public owned
全省 Total	**879.09**	**878.03**	**0.17**	**0.89**	**226.09**	**653.00**
省辖市 City						
郑州市 Zhengzhou	274.47	273.90	0.17	0.41	47.84	226.63
开封市 Kaifeng	30.63	30.61		0.02	5.39	25.23
洛阳市 Luoyang	114.29	114.19		0.10	48.78	65.51
平顶山市 Pingdingshan	27.65	27.65			3.71	23.94
安阳市 Anyang	52.14	52.14			8.61	43.53
鹤壁市 Hebi	11.60	11.60			1.53	10.07
新乡市 Xinxiang	65.40	65.28		0.12	9.52	55.88
焦作市 Jiaozuo	23.45	23.20		0.25	9.74	13.71
濮阳市 Puyang	39.72	39.72			8.41	31.31
许昌市 Xuchang	20.88	20.88			2.79	18.08
漯河市 Luohe	12.21	12.21			3.52	8.69
三门峡市 Sanmenxia	19.39	19.39			6.63	12.76
南阳市 Nanyang	42.56	42.56			19.59	22.98
商丘市 Shangqiu	34.20	34.20			15.83	18.37
信阳市 Xinyang	41.81	41.81			14.79	27.02
周口市 Zhoukou	26.49	26.49			4.45	22.04
驻马店市 Zhumadian	31.68	31.68			14.25	17.43
济源市 Jiyuan	10.53	10.53			0.72	9.81
省直管县 Province Administrating County						
巩义市 Gongyi	3.38	3.38			0.24	3.14
兰考县 Lankao	2.07	2.07			0.27	1.80
汝州市 Ruzhou	0.49	0.49			0.40	0.09
滑县 Huaxian	4.51	4.51			0.62	3.90
长垣县 Changyuan	25.34	25.34			1.45	23.89
邓州市 Dengzhou	4.43	4.43			3.26	1.17
永城市 Yongcheng	4.39	4.39			2.90	1.49
固始县 Gushi	3.45	3.45				3.45
鹿邑县 Luyi	0.90	0.90				0.90
新蔡县 Xincai	1.19	1.19			0.92	0.27

Paid-up Capitals of Construction Enterprises by City (2011)

(100 million yuan)

#国有控股 State-holding	#集体控股 Collective-holding	#私人控股 Private-holding	房屋建筑业 Floor Space	土木工程建筑业 Civil Engineering	建筑安装业 Building Installation	建筑装饰和其他建筑业 Building Decoration and Others
160.77	**65.32**	**538.33**	**390.40**	**299.91**	**76.50**	**112.27**
39.10	8.74	178.32	109.17	75.93	38.17	51.21
2.71	2.68	23.06	18.44	6.27	4.37	1.55
40.54	8.24	39.01	34.17	66.37	7.10	6.65
1.55	2.16	17.25	16.71	6.00	1.19	3.76
3.81	4.80	39.11	41.72	5.54	3.73	1.15
1.23	0.30	9.59	8.28	2.60	0.50	0.22
5.64	3.88	50.83	26.96	16.53	4.67	17.23
8.40	1.34	12.24	9.15	8.86	1.82	3.62
7.54	0.87	29.39	12.42	20.20	1.11	5.98
1.16	1.64	14.43	9.92	7.27	1.67	2.01
0.86	2.66	6.83	9.12	1.72	0.38	0.98
6.44	0.20	12.76	5.82	12.66	0.46	0.45
12.36	7.23	20.94	15.70	16.73	5.38	4.76
11.42	4.41	16.14	18.12	13.33	0.11	2.64
6.34	8.45	23.56	22.31	15.84	1.77	1.90
1.67	2.77	20.59	9.23	13.79	1.02	2.45
9.33	4.92	15.02	19.07	6.82	0.84	4.95
0.67	0.05	9.25	4.09	3.46	2.22	0.76
	0.24	3.04	2.70	0.33	0.35	
0.27		1.80	1.62	0.41		0.04
0.11	0.29	0.09	0.37	0.11		0.02
0.30	0.32	3.86	3.36	0.84	0.29	0.02
0.93	0.52	20.22	5.83	3.60	0.68	15.23
3.20	0.06	1.17	1.07	3.20	0.12	0.03
0.99	1.91	1.41	3.03	1.26	0.02	0.08
		1.72	1.39	2.06		
		0.90	0.27	0.62		0.00
0.48	0.44	0.27	0.51	0.68		

15-14 各市建筑业企业资产总计(2011年)

单位：亿元

市(县) City(County)	资产合计 Total Assets	内资 Domestic Funded	港澳台商投资 Funded from Hong Kong, Macao and Taiwan	外商投资 Foreign Funded	公有制 Public-owned	非公有制 Non-public owned
全　　省 Total	**3562.79**	**3555.62**	**0.41**	**6.76**	**1370.47**	**2192.32**
省辖市 City						
郑州市 Zhengzhou	1224.98	1221.77	0.41	2.80	393.39	831.58
开封市 Kaifeng	96.88	96.78		0.09	17.11	79.77
洛阳市 Luoyang	825.64	825.53		0.10	429.77	395.87
平顶山市 Pingdingshan	110.33	110.33			12.58	97.76
安阳市 Anyang	152.50	152.50			33.22	119.28
鹤壁市 Hebi	35.28	35.28			9.41	25.88
新乡市 Xinxiang	184.07	180.70		3.37	37.80	146.27
焦作市 Jiaozuo	67.32	66.92		0.40	33.19	34.13
濮阳市 Puyang	102.90	102.90			39.70	63.19
许昌市 Xuchang	60.23	60.23			10.29	49.94
漯河市 Luohe	32.13	32.13			8.36	23.77
三门峡市 Sanmenxia	131.42	131.42			90.34	41.08
南阳市 Nanyang	143.66	143.66			78.06	65.60
商丘市 Shangqiu	121.97	121.97			77.70	44.27
信阳市 Xinyang	95.82	95.82			35.69	60.13
周口市 Zhoukou	68.90	68.90			17.30	51.60
驻马店市 Zhumadian	79.05	79.05			41.73	37.32
济源市 Jiyuan	29.71	29.71			4.82	24.89
省直管县 Province Administrating County						
巩义市 Gongyi	7.97	7.97			0.71	7.26
兰考县 Lankao	3.32	3.32			0.64	2.68
汝州市 Ruzhou	0.77	0.77			0.68	0.09
滑县 Huaxian	10.93	10.93			1.56	9.37
长垣县 Changyuan	55.57	55.57			2.70	52.87
邓州市 Dengzhou	14.76	14.76			10.58	4.18
永城市 Yongcheng	15.01	15.01			12.39	2.63
固始县 Gushi	9.90	9.90				9.90
鹿邑县 Luyi	1.67	1.67				1.67
新蔡县 Xincai	3.35	3.35			2.60	0.74

Total Assets of Construction Enterprises by City (2011)

(100 million yuan)

#国有控股 State-holding	#集体控股 Collective-holding	#私人控股 Private-holding	房屋建筑业 Floor Space	土木工程建筑业 Civil Engineering	建筑安装业 Building Installation	建筑装饰和其他建筑业 Building Decoration and Others
1140.56	**229.91**	**1431.70**	**1336.27**	**1685.65**	**305.06**	**235.81**
348.91	44.49	493.00	443.32	507.14	161.77	112.74
11.82	5.29	60.22	48.63	17.38	27.92	2.95
403.30	26.47	130.80	170.48	611.60	28.14	15.43
4.06	8.52	44.23	78.92	21.17	3.14	7.10
8.87	24.36	108.25	117.67	24.09	8.13	2.61
8.47	0.93	25.05	27.79	6.28	0.78	0.43
22.12	15.68	130.77	92.06	44.93	16.12	30.97
24.05	9.14	30.84	27.84	25.31	6.63	7.55
37.04	2.66	59.52	26.91	59.08	2.98	13.93
5.96	4.34	40.00	27.28	25.40	4.55	2.99
2.59	5.77	19.86	23.59	5.06	1.18	2.30
89.75	0.59	41.08	20.36	109.07	1.06	0.93
50.86	27.20	61.09	45.95	61.55	25.33	10.83
66.34	11.37	36.14	48.23	68.73	0.44	4.58
17.84	17.85	49.21	56.35	31.86	3.07	4.55
8.40	8.89	47.85	24.04	35.92	3.13	5.81
25.54	16.19	30.27	46.91	20.74	3.81	7.59
4.64	0.19	23.50	9.95	10.36	6.88	2.52
	0.71	6.89	6.27	1.26	0.43	
0.64		2.68	2.54	0.73		0.05
0.25	0.44	0.09	0.51	0.25		0.02
0.94	0.62	9.33	8.47	1.87	0.55	0.05
1.87	0.83	43.57	19.39	7.39	1.27	27.52
8.55	2.02	4.18	1.27	8.55	4.85	0.09
7.26	5.12	2.23	6.87	7.73	0.02	0.39
		3.38	2.80	7.10		
		1.67	0.41	1.25		0.01
1.87	0.74	0.74	2.16	1.19		

15-15 各市建筑业企业负债合计(2011年)

单位：亿元

市(县) City(County)	负债合计 Total Liabilities	内资 Domestic Funded	港澳台商投资 Funded from Hong Kong, Macao and Taiwan	外商投资 Foreign Funded	公有制 Public-owned	非公有制 Non-public owned
全 省 Total	**2270.54**	**2265.82**	**0.29**	**4.42**	**1034.72**	**1235.82**
省 辖 市 City						
郑 州 市 Zhengzhou	812.20	810.83	0.29	1.08	321.18	491.02
开 封 市 Kaifeng	57.05	56.98		0.08	9.02	48.03
洛 阳 市 Luoyang	657.95	657.92		0.03	361.24	296.71
平 顶 山 市 Pingdingshan	74.29	74.29			8.50	65.79
安 阳 市 Anyang	74.23	74.23			20.29	53.93
鹤 壁 市 Hebi	19.94	19.94			6.46	13.48
新 乡 市 Xinxiang	79.83	76.75		3.08	23.23	56.60
焦 作 市 Jiaozuo	37.19	37.03		0.16	21.52	15.67
濮 阳 市 Puyang	52.15	52.15			29.15	23.00
许 昌 市 Xuchang	28.61	28.61			3.52	25.09
漯 河 市 Luohe	14.40	14.40			3.84	10.56
三 门 峡 市 Sanmenxia	96.47	96.47			72.06	24.41
南 阳 市 Nanyang	79.12	79.12			49.67	29.45
商 丘 市 Shangqiu	74.11	74.11			55.54	18.57
信 阳 市 Xinyang	41.06	41.06			17.95	23.11
周 口 市 Zhoukou	24.12	24.12			8.88	15.24
驻 马 店 市 Zhumadian	31.27	31.27			19.19	12.08
济 源 市 Jiyuan	16.55	16.55			3.47	13.08
省 直 管 县 Province Administrating County						
巩 义 市 Gongyi	2.80	2.80			0.41	2.38
兰 考 县 Lankao	0.71	0.71			0.28	0.42
汝 州 市 Ruzhou	0.21	0.21			0.21	
滑 县 Huaxian	4.31	4.31			0.43	3.88
长 垣 县 Changyuan	14.36	14.36			0.92	13.44
邓 州 市 Dengzhou	5.01	5.01			4.14	0.88
永 城 市 Yongcheng	8.25	8.25			7.37	0.87
固 始 县 Gushi	5.52	5.52				5.52
鹿 邑 县 Luyi						
新 蔡 县 Xincai	1.51	1.51			1.17	0.35

Total Liabilities of Construction Enterprises by City (2011)

(100 million yuan)

#国有控股 State-holding	#集体控股 Collective-holding	#私人控股 Private-holding	房屋建筑业 Floor Space	土木工程建筑业 Civil Engineering	建筑安装业 Building Installation	建筑装饰和其他建筑业 Building Decoration and Others
900.23	**134.49**	**646.61**	**760.33**	**1237.07**	**189.29**	**83.84**
291.14	30.04	225.84	277.93	388.13	103.38	42.76
7.18	1.85	31.82	26.16	7.99	21.83	1.07
344.75	16.49	72.55	120.62	512.20	19.25	5.88
2.50	5.99	22.14	56.80	12.86	1.40	3.23
3.92	16.37	48.63	52.30	16.93	3.52	1.48
5.83	0.62	13.16	15.80	3.69	0.26	0.20
14.72	8.51	50.63	44.29	23.82	7.09	4.63
14.34	7.18	13.96	15.42	14.05	4.43	3.29
27.56	1.59	21.53	10.22	33.39	1.79	6.75
1.67	1.85	18.80	13.61	12.06	2.38	0.57
1.58	2.26	9.15	10.56	2.45	0.51	0.88
71.91	0.15	24.41	11.98	83.53	0.55	0.40
33.28	16.39	27.41	22.52	37.05	14.51	5.04
50.49	5.04	15.26	23.19	49.14	0.33	1.45
9.81	8.14	16.73	25.64	12.70	1.17	1.55
4.15	4.73	13.39	8.75	11.97	1.70	1.70
12.02	7.17	8.91	19.16	9.19	1.53	1.39
3.36	0.12	12.29	5.37	5.94	3.67	1.57
	0.41	2.06	2.16	0.60	0.03	
0.28		0.42	0.61	0.09		0.01
0.14	0.07		0.07	0.14		
0.22	0.21	3.88	3.72	0.46	0.13	0.01
0.69	0.23	11.67	7.41	2.84	0.45	3.66
3.93	0.21	0.88	0.07	3.93	0.97	0.04
4.84	2.53	0.58	2.95	5.01		0.29
		1.26	1.12	4.40		
0.88	0.29	0.35	1.08	0.43		

15-16 各市建筑业企业工程结算收入(2011年)

单位：亿元

市(县)	City(County)	工程结算收入 Revenue of Project Settlement Accounts	内资 Domestic Funded	港澳台商投资 Funded from Hong Kong, Macao and Taiwan	外商投资 Foreign Funded	公有制 Public-owned	非公有制 Non-public owned
全省	**Total**	**5148.04**	**5145.24**	**0.05**	**2.75**	**1847.93**	**3300.11**
省辖市	**City**						
郑州市	Zhengzhou	1553.34	1552.15	0.05	1.14	449.05	1104.29
开封市	Kaifeng	128.72	128.61		0.11	20.05	108.66
洛阳市	Luoyang	1180.69	1180.51		0.18	588.56	592.13
平顶山市	Pingdingshan	96.12	96.12			9.08	87.04
安阳市	Anyang	309.48	309.48			43.65	265.83
鹤壁市	Hebi	41.38	41.38			11.47	29.91
新乡市	Xinxiang	291.76	291.05		0.72	65.41	226.35
焦作市	Jiaozuo	94.53	93.93		0.60	48.90	45.62
濮阳市	Puyang	172.89	172.89			65.01	107.89
许昌市	Xuchang	82.30	82.30			16.50	65.80
漯河市	Luohe	41.14	41.14			10.64	30.50
三门峡市	Sanmenxia	137.19	137.19			91.18	46.01
南阳市	Nanyang	225.96	225.96			105.93	120.03
商丘市	Shangqiu	188.08	188.08			107.20	80.88
信阳市	Xinyang	199.40	199.40			79.20	120.20
周口市	Zhoukou	193.12	193.12			40.09	153.03
驻马店市	Zhumadian	190.62	190.62			94.56	96.06
济源市	Jiyuan	21.32	21.32			1.44	19.88
省直管县	**Province Administrating County**						
巩义市	Gongyi	12.76	12.76			2.69	10.07
兰考县	Lankao	4.08	4.08			0.39	3.69
汝州市	Ruzhou	1.35	1.35			1.09	0.26
滑县	Huaxian	22.06	22.06			2.85	19.21
长垣县	Changyuan	62.19	62.19			3.61	58.59
邓州市	Dengzhou	21.42	21.42			13.88	7.53
永城市	Yongcheng	27.01	27.01			21.91	5.10
固始县	Gushi	22.90	22.90				22.90
鹿邑县	Luyi	13.75	13.75				13.75
新蔡县	Xincai	9.30	9.30			5.67	3.63

Revenue of Project Settlement Accounts of Construction Enterprises by City (2011)

(100 million yuan)

#国有控股 State-holding	#集体控股 Collective-holding	#私人控股 Private-holding	房屋建筑业 Floor Space	土木工程建筑业 Civil Engineering	建筑安装业 Building Installation	建筑装饰和其他建筑业 Building Decoration and Others
1448.65	**399.28**	**2311.61**	**2447.33**	**2118.83**	**310.24**	**271.64**
387.46	61.58	723.22	756.30	533.92	149.63	113.49
9.16	10.90	76.14	66.09	16.08	43.64	2.91
562.53	26.03	199.28	272.28	866.11	28.05	14.25
2.01	7.06	45.74	74.48	15.55	1.70	4.38
19.17	24.48	243.98	273.29	23.19	11.28	1.72
10.80	0.68	28.58	35.00	5.07	0.91	0.39
18.51	46.91	209.63	191.98	49.75	14.12	35.91
39.85	9.06	42.08	47.28	36.55	4.72	5.98
61.65	3.35	95.90	58.12	90.23	3.35	21.20
7.81	8.69	47.29	43.51	28.54	3.65	6.59
1.89	8.75	24.34	34.02	4.52	0.86	1.75
90.29	0.89	46.01	29.17	105.92	1.32	0.77
63.67	42.25	106.16	106.72	86.75	21.46	11.03
82.22	24.98	73.59	108.40	73.46	0.32	5.91
35.72	43.48	105.12	130.46	56.20	5.21	7.53
12.58	27.51	143.57	97.27	75.96	9.91	9.98
42.03	52.53	82.83	111.36	46.55	5.92	26.79
1.30	0.14	18.14	11.59	4.47	4.19	1.07
	2.69	9.78	10.53	1.52	0.71	
0.39		3.69	2.29	1.75		0.04
0.11	0.98	0.26	1.23	0.11		0.01
1.86	0.99	19.16	16.71	4.35	0.98	0.02
2.41	1.20	48.87	21.59	9.41	1.26	29.94
11.59	2.30	7.53	5.27	11.59	4.49	0.08
11.23	10.67	4.73	14.93	11.60	0.00	0.47
		17.77	15.60	7.31		
		13.75	6.12	7.49		0.14
4.55	1.13	3.63	5.50	3.80		

15-17 各市建筑业企业利润总额(2011年)

单位：万元

市(县) City(County)	利润总额 Total Profits	内资 Domestic Funded	港澳台商投资 Funded from Hong Kong, Macao and Taiwan	外商投资 Foreign Funded	公有制 Public-owned	非公有制 Non-public owned
全省 Total	**2000905**	**2000619**	**22**	**265**	**613202**	**1387702**
省辖市 City						
郑州市 Zhengzhou	601868	601831	22	16	120992	480877
开封市 Kaifeng	56990	56990			10742	46248
洛阳市 Luoyang	198078	198268			105343	92735
平顶山市 Pingdingshan	33541	33541			1123	32418
安阳市 Anyang	101678	101678			11939	89739
鹤壁市 Hebi	12104	12104			3841	8263
新乡市 Xinxiang	199307	198951		356	28776	170531
焦作市 Jiaozuo	24161	24078		83	4792	19369
濮阳市 Puyang	62702	62702			14628	48074
许昌市 Xuchang	51954	51954			9832	42122
漯河市 Luohe	19277	19277			6078	13199
三门峡市 Sanmenxia	68636	68636			52408	16228
南阳市 Nanyang	130764	130764			69945	60819
商丘市 Shangqiu	64956	64956			35626	29330
信阳市 Xinyang	110457	110457			48689	61769
周口市 Zhoukou	142577	142577			29359	113219
驻马店市 Zhumadian	112237	112237			59072	53165
济源市 Jiyuan	9618	9618			19	9600
省直管县 Province Administrating County						
巩义市 Gongyi	10150	10150			404	9747
兰考县 Lankao	5518	5518			303	5215
汝州市 Ruzhou	481	481			350	131
滑县 Huaxian	9417	9417			705	8712
长垣县 Changyuan	77664	77664			982	76682
邓州市 Dengzhou	18899	18899			13183	5716
永城市 Yongcheng	11569	11569			9256	2313
固始县 Gushi	11843	11843				11843
鹿邑县 Luyi	8401	8401				8401
新蔡县 Xincai	17315	17315			10791	6524

Total Profits of Construction Enterprises by City (2011)

(10 000 yuan)

#国有控股 State-holding	#集体控股 Collective-holding	#私人控股 Private-holding	房屋建筑业 Floor Space	土木工程建筑业 Civil Engineering	建筑安装业 Building Installation	建筑装饰和其他建筑业 Building Decoration and Others
424429	**188773**	**1148833**	**954422**	**697357**	**158576**	**190550**
95399	25593	362289	268446	175610	75294	82519
2584	8158	34666	28044	12816	14023	2107
96055	9288	63424	73279	110550	5217	9032
1026	98	21470	22101	9360	891	1189
8790	3149	82236	80304	10845	10217	313
3781	60	8037	11337		159	619
10631	18145	152271	97646	45893	12916	42853
4883		19256	11242	8370	1523	3026
14425	203	47341	22949	32391	1993	5369
7448	2384	35886	25258	22916	860	2920
1811	4267	9137	11993	3236	1212	2836
52006	401	16228	8733	59049	471	382
39978	29967	51545	54086	58193	12299	6186
25782	9845	25274	37849	23605	88	3415
26865	21823	53721	62952	36789	3026	7690
7339	22020	109947	68894	55720	9702	8262
25438	33635	47127	66670	29979	4249	11339
189		8979	2638	2049	4436	495
	404	9676	8646	462	1043	
303		5215	3722	1678		118
	353	131	418			65
370	335	8705	6602	1421	1375	21
495	487	62042	25287	12770	3379	36229
12263	920	5716	3297	12263	3205	134
5425	3831	2053	5411	5868	2	289
		6589	6341	5502		
		8401	2209	5968		224
8604	2187	6524	11509	5807		

15-18 各市建筑业企业利税总额(2011年)

单位：万元

市(县) City(County)	利税总额 Total Pre-tax Profits	内资 Domestic Funded	港澳台商投资 Funded from Hong Kong, Macao and Taiwan	外商投资 Foreign Funded	公有制 Public-owned	非公有制 Non-public owned
全　　省 Total	**3855334**	**3854010**	**69**	**1255**	**1241225**	**2614109**
省　辖　市 City						
郑　州　市 Zhengzhou	1086687	1086022	69	596	261053	825634
开　封　市 Kaifeng	102444	102407		37	18505	83939
洛　阳　市 Luoyang	568588	568714		-126	271558	297030
平顶山市 Pingdingshan	67976	67976			4717	63259
安　阳　市 Anyang	237826	237826			34407	203419
鹤　壁　市 Hebi	26354	26354			7346	19008
新　乡　市 Xinxiang	321634	321090		545	52970	268664
焦　作　市 Jiaozuo	62343	62140		204	25491	36853
濮　阳　市 Puyang	113504	113504			29211	84293
许　昌　市 Xuchang	81835	81835			15832	66003
漯　河　市 Luohe	38042	38042			11099	26943
三门峡市 Sanmenxia	111018	111018			73225	37793
南　阳　市 Nanyang	246672	246672			125467	121205
商　丘　市 Shangqiu	131181	131181			73104	58077
信　阳　市 Xinyang	199190	199190			87097	112092
周　口　市 Zhoukou	249295	249295			52408	196887
驻马店市 Zhumadian	193600	193600			97151	96449
济　源　市 Jiyuan	17146	17146			584	16562
省直管县 Province Administrating County						
巩　义　市 Gongyi	15425	15425			1319	14106
兰　考　县 Lankao	7607	7607			439	7167
汝　州　市 Ruzhou	973	973			815	159
滑　　县 Huaxian	17413	17413			1797	15616
长　垣　县 Changyuan	108407	108407			2414	105994
邓　州　市 Dengzhou	30406	30406			21440	8966
永　城　市 Yongcheng	21044	21044			16928	4116
固　始　县 Gushi	19827	19827				19827
鹿　邑　县 Luyi	13058	13058				13058
新　蔡　县 Xincai	21024	21024			13571	7453

Total Pre-tax Profits of Construction Enterprises by City (2011)

(10 000 yuan)

#国有控股 State-holding	#集体控股 Collective-holding	#私人控股 Private-holding	房屋建筑业 Floor Space	土木工程建筑业 Civil Engineering	建筑安装业 Building Installation	建筑装饰和其他建筑业 Building Decoration and Others
882811	**358414**	**2069151**	**1916941**	**1356636**	**278964**	**302793**
213754	47299	623542	535533	298479	126512	126163
6465	12040	63078	53136	19295	26812	3201
250778	20780	141105	171410	367727	15141	14311
1944	2773	38065	48571	14800	1593	3013
21004	13403	172467	195128	27062	14741	895
7041	305	18509	23181	1808	462	903
17262	35708	241810	175279	69230	17977	59149
22267	3223	35460	28842	24721	3171	5610
27505	1707	82585	45378	55579	3091	9457
10043	5789	51986	41287	32517	1997	6034
3302	7797	19997	27175	5109	2225	3533
72293	932	37793	20643	88728	899	748
75329	50138	104932	100018	100003	29467	17184
51599	21505	51161	76682	48661	205	5634
45218	41879	99040	120225	61301	5464	12200
12981	39427	187692	129753	86655	15722	17165
43347	53805	84525	117594	51076	8319	16612
680	-96	15406	7107	3888	5168	984
	1319	13960	13355	870	1200	
439		7167	4910	2560		136
38	776	159	867	38		68
984	812	15607	12599	3103	1681	30
1508	905	85833	35813	18978	3828	49789
18518	2922	8966	5136	18518	6567	184
9299	7630	3732	10546	10041	3	454
		14092	13053	6775		
		13058	4078	8696		283
10852	2720	7453	14003	7021		

主要统计指标解释

建筑业统计单位　指从事房屋、构筑物建造和设备安装活动的法人企业。建筑业法人企业应同时具备的条件是：① 依法成立，有自己的名称、组织机构和场所，能够承担民事责任；②独立拥有和使用资产，承担负债，有权与其他单位签订合同；③独立核算盈亏，能够编制资产负债表。

建筑业总产值　是以货币形式表现的建筑业企业在一定时期内生产的建筑业产品和提供的服务的总和。建筑业总产值包括：

⑴建筑工程产值：指列入建筑工程预算内的各种工程价值。

⑵安装工程产值：指设备安装工程价值，不包括被安装设备本身的价值。

⑶其他产值：建筑业总产值中除建筑工程、安装工程以外的产值。包括房屋构筑物修理产值、非标准设备制造产值、总包企业向分包企业收取的管理费以及不能明确划分的施工活动所完成的产值。

a.房屋构筑物修理产值：指房屋和构筑物修理所完成的产值，但不包括被修理房屋、构筑物本身价值和生产设备的修理产值。

b.非标准设备制造产值：指加工制造没有定型的非标准生产设备的加工费和原材料价值(如化工厂、炼油厂用的各种罐、槽，矿井生产统一使用的各种漏斗、三角槽、阀门等)以及附属加工厂为本企业承建工程制作的非标准设备的价值。

房屋建筑施工面积　指在报告期内施工的全部房屋建筑面积，包括本期新开工的房屋面积、上期施工跨入本期继续施工的房屋面积、上期停缓建在本期恢复施工的房屋面积、本期竣工的房屋面积及本期施工后又停缓建的房屋面积。

房屋建筑竣工面积　指在报告期内房屋建筑按照设计要求全部完工，达到了住人和使用条件，经验收鉴定合格，正式移交使用单位的房屋建筑面积。

自有机械设备年末总台数　指归本企业所有，属于本企业固定资产的生产性机械设备年末总台数。包括施工机械、生产设备、运输设备以及其他设备。

自有机械设备年末总功率　指本企业自有施工机械、生产设备、运输设备以及其他设备等列为在册固定资产的生产性机械设备年末总功率，按设定能力或查定能力计算。包括机械本身的动力和为该机械服务的单独动力设备，如电动机等。计算单位用千瓦，动力换算可按 1 马力＝0.735 千瓦折合成千瓦数。电焊机、变压器、锅炉不计算动力。

工程结算收入　指企业承包工程实现的工程价款结算收入，以及向发包单位收取的除工程价款以外的按规定列作营业收入的各种款项，如临时设施费、劳动保险费、施工机械调迁费等以及向发包单位收取的各种索赔款。

工程结算利润　指已结算工程实现的利润，如亏损以“－”号表示。计算公式为：

工程结算利润＝工程结算收入－工程结算成本－工程结算税金及附加-经营费用

Explanatory Notes on Main Statistical Indicators

Statistical Unit in Construction refers to corporate enterprise engaged in the construction of buildings and structures and in the installation of equipment. A corporate construction enterprise should meet the following 3 requirements:①being set up in line with relevant legal basis, having its full name, organization and location, and capable of taking civil liabilities;②independently possessing and using its assets and assuming its liabilities, and entitled to sign contracts with other institutions; and ③ making independent accounts of its profits and losses, and capable of compiling its own balance sheet

Gross Output Value of Construction refers to total of construction products and services, expressed in money terms, produced or rendered by construction and installation enterprises during a given period of time. It includes:

(1) Output value of construction projects: the value of projects covered by the project budgets;

(2) Output value of installation projects: the value of the installation of equipment, (excluding the value of the equipment to be installed);

(3) Other output values: the output value of construction industry apart from that of construction projects and installation projects. It includes: output value of repair of buildings and structures; output value of non-standard equipment manufacturing; overhead expenses received by contracted enterprises from the sub-contracted enterprises and the completed output value of construction activities for which there is no clear definition.

a. Output value of repair of buildings and structures: the value created through the repairs of buildings or structures. It does not include the value of buildings or structures being repaired and the value of the repair of production equipment;

b. Output value of manufactured non-standard equipment: the value of non-standard production equipment, including raw materials and manufacturing cost, made for the construction project (i.e., chemical plant; kettles or tanks used by refineries; various fillers, triangle tanks, valves used by mines). It also includes the output value of equipment manufactured by subsidiary workshops.

Floor Space of Buildings Under Construction refers to floor space of buildings under construction during the reference period, including newly started buildings, buildings started earlier and continued during the reference period, and buildings suspended earlier but restarted during the reference period, buildings completed during the reference period, and buildings under construction and then suspended during the reference period.

Floor Space of Buildings Completed refers to the floor space of buildings that are completed in the reference period in accordance with the requirements of the design, up to the standard for putting them into use, and have been checked and accepted by concerned departments as qualified ones.

Total Number of Machinery and Equipment Owned by the End of Year refers to the number of machines and equipment owned by the enterprises, and listed as the fixed assets of the enterprises by the end of the year, including machinery and equipment for construction, production and transportation.

Total Power of Machinery and Equipment Owned by the End of Year refers to the total power of machinery and equipment owned by the enterprises, and listed as the fixed assets of the enterprises by the end of the year, including machinery and equipment for construction, production and transportation. The power of the machinery is calculated on basis of the designed or verified capacity, covering the power of the machinery/equipment and the separate power equipment serving the machinery/equipment (such as electric motors), but excluding welders, transformers and boilers. The unit used for the calculation of power is kilowatt, with horsepower converted to kilowatt by 1 horsepower=0.735 kilowatt.

Income from Settlement of Projects refers to the income received by the construction enterprise from the contracted project through settlement procedures, and other charges of Operating income in addition to the value of the project, such as temporary facility fee, labour insurance premium, moving cost of construction equipment, as well as various types of claims to the contract.

Profit from Settlement of Projects refers to profit realized through settled projects. It is calculated with the following formula:

Profit from Settlement of Projects＝Income from Settlement of Projects－Settled Cost－Settled Taxes and Other Cost- Operating expenses

交通运输、仓储和邮政业
Transport, Storage and Post

● 资料整理：刘秋香　赵翠清

简要说明

一、主要内容

本篇反映河南省交通运输、仓储和邮政业及社会物流业发展的基本状况。主要有交通运输、仓储和邮政业单位数、从业人数、法人单位主要财务指标。交通运输业资料主要包括：主要运输方式的线路里程、运输设备拥有量、货物运输量和旅客运输量。邮政业资料主要包括：全省邮政局(所)及邮路情况，邮政设备拥有量，邮政业务完成情况，邮政通信发展水平等资料。社会物流业资料主要包括：社会物流总额、总费用、物流业增加值、物流业设施和设备及物流企业业经营情况等资料。

二、统计范围

交通运输、仓储和邮政业单位数、从业人数、法人单位主要财务指标统计范围为全部法人单位，包括郑州铁路局全局数据。铁路包括国家铁路、合资铁路、地方铁路。公路里程包括全省范围内所有国道、省道、县道、乡道(含村道)、专用公路。民用车辆拥有量包括辖区内全部登记注册民用车辆。公路、水路运输量统计范围是在全省交通运输主管部门办理营运证的从事公路、水路客、货运输的营业性的车辆和船舶所完成的运输量。邮电通信包括省邮政局、省邮政公司、省通信管理局及所有从事邮电通信运营的企业。

三、资料来源

交通运输、仓储和邮政业单位数、从业人数及法人单位主要财务指标，根据全省服务业统计调查资料取得。铁路资料由省地方铁路局、郑州铁路局、武汉铁路局提供；公路资料由省交通运输厅提供；民用车辆资料由省公安厅、省农机局和各省辖市统计局提供。民航资料由郑州新郑国际机场、南方航空公司河南分公司提供；邮政业资料由河南省邮政局、省邮政公司和省通信管理局提供。由河南省地方经济社会调查队服务业调查处编辑整理。

Brief Introduction

I. Main Contents

Data in this chapter present the development of transportation, post and logistics in Henan province. Data on transport cover mainly unit, employment and value-added of Traffic, transport, storage and post, Data on Traffic and transport include the length of the routes of five means of transportation, the possession of transport equipment, the condition of technological quality, freight traffic and passenger traffic accomplished. Data on post cover mainly the situation of post offices and postal routes; telephone lines, telegraph lines and the possession of post facilities; business volume of postal services achieved; and the level of development of postal services. Logistics include: output, total cost, value-added, facilities and equipment and logistics enterprise management, etc.

II. Scope of Statistics

Data on unit, employment and value-added of Traffic, transport, storage and post include the data of Zhengzhou Railway Administration. Data on railway transportation including the operation and management of the national, joint-venture and local railways. The length of highways refer to the operation and management of the national, provincial, county, town and dedicated lanes. Data on the possession of civil motor vehicles including all registered vehicles. Data on passenger traffic and freight traffic by highways, the statistical scope encompasses all the enterprises, institutional units and individuals (including joint-households) engaged in highway freight or passenger transport business. The data on post cover the Henan provincial bureau of post, Henan provincial Postal company, Henan provincial bureau of communications authority and all enterprises for post.

III. Sources of Data

Data on railway transportation are calculated from Henan provincial operation bureau of local railways, Zhengzhou Railway Administration, Wuhan Railway Administration. Data on highway transportation are calculated from Henan provincial bureau of transportation. Data on civilian vehicles are calculated from Henan provincial bureau of public safety, Henan provincial bureau of agricultural machinery and municipal Henan provincial bureau of statistics. Data on civil aviation are calculated from Xinzheng international airport and Henan Branch of China Southern airlines. Data on postal services come from the Henan provincial bureau of post, Henan provincial post company, and Henan provincial communications authority. Data in this chapter are provided by Henan provincial survey organizations of social and economy.

16-1 交通运输、仓储和邮政业法人单位数和从业人员数

Number of Institutional Unit and Employed Persons of Transport,Storage and Post

指标 Item	合计 Total	企业 Enterprise	行政事业 Administrative institution	社会团体及其他 Social organizations and others
单位数(个) Number of Institutional Unit(unit)				
2008	4772	4633	129	10
2009	5054	4905	134	15
2010	5396	5240	133	23
2011	5481	5322	139	20
从业人数(万人) Employed Persons(10 000 persons)				
2008	49.87	48.90	0.96	0.02
2009	47.98	47.02	0.93	0.03
2010	49.92	48.92	0.97	0.03
2011	49.36	48.21	1.12	0.03

16−2 交通运输、仓储和邮政业分行业法人单位财务指标(2011年)

Main Financial Indicators of Institutional Unit of Transport, Storage and Post by Sector(2011)

单位：万元 (10 000 yuan)

行业名称	Sector	单位数(个) Number of units (unit)	从业人数(万人) Employed Persons (10 000 Persons)	固定资产原价 Fixed Asset Price	收入合计 Total Income
合　计	**Total**	**5481**	**49.36**	**28272230**	**16316196**
铁路运输业	Railway transportation	49	12.34	16083782	6138746
道路运输业	Road transportation	2992	20.35	9319718	4442356
城市公共交通业	Urban public transportation	419	5.15	611236	348323
水上运输业	Water transportation	72	0.66	105095	138423
航空运输业	Aviation transportation	17	0.68	322455	476290
装卸搬运和其他运输服务业	Handling and other transport services	624	2.38	206529	290442
仓储业	Storage	1199	4.87	1272685	3766453
邮政业	Post	109	2.93	350731	715164

行业名称	Sector	成本费用合　计 Total Cost	工资和福利费 Salary and Welfare	税费合计 Tax	营业利润 Operating Profit
合　计	**Total**	**13698320**	**1536868**	**476869**	**740832**
铁路运输业	Railway transportation	5382016	709539	148112	-158599
道路运输业	Road transportation	3251367	424586	198857	587981
城市公共交通业	Urban public transportation	333998	126594	17856	-39301
水上运输业	Water transportation	86740	13080	3967	48206
航空运输业	Aviation transportation	381191	25193	17938	14491
装卸搬运和其他运输服务业	Handling and other transport services	220323	43783	13537	39783
仓储业	Storage	3362754	113088	60802	252316
邮政业	Post	679929	81005	15801	-4044

注：铁路运输业包含郑州铁路局全局数据。
a) Data on railway transportation include Zhengzhou railways Administration.

16-3 各市交通运输、仓储和邮政业法人单位财务指标(2011年)

Main Financial Indicators of Institutional Unit of Transport, Storage and Post by City(2011)

单位：万元　　(10 000 yuan)

市(县) City(county)	单位数(个) Number of units (unit)	从业人数(万人) Employed Persons (10 000 Persons)	固定资产原价 Fixed Asset Price	收入合计 Total Income	成本费用合计 Total Expenses	工资和福利费 Salary and Welfare	税费合计 Tax and Expenses	营业利润 Operating Profit
全　省 Total	**5481**	**49.36**	**28272230**	**16316196**	**13698320**	**1536868**	**476869**	**740832**
省辖市 City								
郑州市 Zhengzhou	895	17.28	22588327	8448303	7277266	854637	209887	-29538
开封市 Kaifeng	536	4.02	710207	704260	493807	81605	40876	167961
洛阳市 Luoyang	370	4.19	761734	1134842	1017689	105781	37042	27052
平顶山市 Pingdingshan	213	1.82	584292	437650	359286	34951	24856	30481
安阳市 Anyang	263	1.52	248011	437641	382525	47455	22211	24539
鹤壁市 Hebi	79	0.27	35676	75577	67040	5528	1319	-3793
新乡市 Xinxiang	284	1.92	245260	273560	223343	44648	10620	36977
焦作市 Jiaozuo	232	1.73	298883	488327	415704	35253	19523	42551
濮阳市 Puyang	140	0.95	211258	215442	194223	21272	3789	8425
许昌市 Xuchang	340	1.64	245660	539182	445969	31502	16566	44173
漯河市 Luohe	163	0.88	169292	453185	420199	14194	6605	8448
三门峡市 Sanmenxia	216	0.85	125783	181265	119619	17709	3993	6558
南阳市 Nanyang	318	2.97	554908	651996	504936	65782	21438	93760
商丘市 Shangqiu	313	2.74	235188	764180	644240	53171	16950	64870
信阳市 Xinyang	277	2.01	373142	498589	345544	39052	8481	94122
周口市 Zhoukou	358	2.17	563138	412780	300430	46146	15086	59059
驻马店市 Zhumadian	454	2.07	288171	554530	455863	31831	15028	58580
济源市 Jiyuan	30	0.35	33297	44887	30638	6356	2599	6607
省直管县 Province Administrating County								
巩义市 Gongyi	41	0.28	23665	46468	39389	5805	2220	6072
兰考县 Lankao	53	0.34	23826	52392	33067	6243	2090	19336
汝州市 Ruzhou	25	0.05	11810	6595	3404	855	509	3782
滑县 Huaxian	17	0.12	14588	18810	14784	2113	346	-411
长垣县 Changyuan	17	0.08	4659	9602	7400	1529	543	2166
邓州市 Dengzhou	12	0.14	13974	12381	6789	3203	510	3462
永城市 Yongcheng	51	0.45	42224	143376	121995	10016	5207	13483
固始县 Gushi	63	0.29	105923	34671	22195	4788	1610	9002
鹿邑县 Luyi	13	0.03	2102	1542	1139	440	9	217
新蔡县 Xincai	55	0.26	29906	62134	39405	3675	2778	18479

注：郑州市包括郑州铁路局全局数据。
a) Data of Zhengzhou include Zhengzhou Railways Administration data.

16–4 历年交通运输基本情况

Basic Conditions of Transport Over the years

年份 Year	铁路营业里程(公里) Length of Railways in Operation (km)	公路里程(公里) Length of Highways (km)	#高速公路 Expressway	内河航道(公里) Length of Navigable Inland Waterways (km)	民用汽车拥有量(万辆) Number of Civil Vehicles Owned (10 000 units)	#私人汽车 Private-Owned
1949	1224	3909		2312	0.04	
1952	1225	5766		2916	0.11	
1957	1318	14945		3837	0.33	
1962	1690	17876		2537	1.05	
1965	1823	19907		3389	1.10	
1970	2792	22320		2072	1.71	
1975	3113	26934		2268	3.80	
1978	3212	31549		2202	6.30	
1979	3216	36155		1352	7.35	
1980	3192	36423		1361	8.51	
1981	3460	36478		1419	10.13	
1982	3401	36912		1110	11.28	
1983	3305	37196		1110	12.21	
1984	3342	37704		1110	14.10	
1985	3248	38840		1110	17.82	
1986	3344	39286		1110	18.42	3.29
1987	3409	39713		1110	21.60	3.72
1988	3358	40622		1110	24.92	5.87
1989	3546	41170		1110	28.61	6.97
1990	3536	43150		1110	30.79	7.65
1991	3384	44199		1110	33.38	8.12
1992	3486	45049		1105	34.32	8.46
1993	3456	46487		1105	38.40	7.04
1994	3350	47704	81	1104	45.23	12.45
1995	3382	49707	230	1104	46.93	12.18
1996	3426	50907	294	1104	51.41	14.98
1997	3428	55016	416	1104	60.35	19.41
1998	3461	57172	465	1104	68.09	22.01
1999	3354	60330	465	1104	76.59	29.93
2000	3354	64453	505	1104	84.73	34.93
2001	3319	69041	1077	1587	92.46	39.24
2002	3347	71741	1231	1587	105.82	50.41
2003	3410	73831	1418	1208	119.75	57.20
2004	3752	75718	1759	1381	130.97	64.10
2005	4000	79506	2678	1439	206.01	132.16
2006	3988	236351	3439	1439	252.94	169.91
2007	3989	238676	4556	1439	292.69	209.22
2008	3989	240645	4841	1439	338.44	248.77
2009	3898	242314	4861	1439	404.53	305.49
2010	4224	245089	5016	1439	484.89	377.32
2011	4203	247587	5196	1439	582.14	463.08

注：2006年起，公路里程包括村道(16-9同)。
a)Length of ways include county ways since 2006(the same as 16-9).

16-5 历年旅客和货物运输量

Passenger and Freight Traffic Over the years

年份 Year	客运量(万人) Passenger Traffic (10000 persons)	#铁路 Railway	#公路 Highway	#水运 Waterway	货运量(万吨) Freight Traffic (10000 tons)	#铁路 Railway	#公路 Highway	#水运 Waterway
1978	11145	4319	6781	45	18176	6722	11321	133
1979	12784	4513	8218	53	17533	6693	10728	112
1980	15092	4860	10151	81	17047	6758	10183	106
1981	17559	4752	12724	83	16403	6614	9705	84
1982	20129	4680	15373	76	19847	6934	12794	119
1983	23050	5060	17907	82	21579	7142	14308	129
1984	25985	5474	20412	97	23908	7456	16296	155
1985	36576	5723	30729	121	35642	8101	27340	201
1986	43590	5659	37822	105	36436	8420	27799	217
1987	46140	5524	40510	100	39539	8632	30670	237
1988	54667	6073	48421	168	38357	8772	29282	303
1989	52328	5476	46634	211	38245	9089	28811	345
1990	53567	4429	48977	150	38111	9038	28818	255
1991	53846	4223	49494	119	39923	9193	30486	244
1992	58096	4271	53703	106	44018	9343	34404	271
1993	61285	4602	56511	146	47347	9811	37182	354
1994	62686	4563	57996	81	50988	9974	40428	395
1995	61964	4288	57522	82	53582	10373	42692	324
1996	66490	3818	62464	129	55920	10594	44800	382
1997	69863	3843	65786	152	56113	9996	45542	433
1998	74182	4133	69917	55	58150	9416	48250	342
1999	78009	4366	73493	76	59218	9657	49208	352
2000	83912	4727	79017	91	60678	10172	50133	372
2001	85412	4980	80259	95	65191	11196	53596	398
2002	90334	5085	85078	86	68397	12148	55743	505
2003	81323	4864	76301	63	69689	12925	56100	663
2004	91013	5695	85016	84	73796	14732	58147	915
2005	98099	5842	91920	97	78827	14806	62684	1334
2006	108060	6313	101345	105	86608	15190	69898	1516
2007	122557	6585	115460	160	101410	16010	83537	1858
2008	(139290)	7476	(131291)	(167)	(116889)	16226	(98433)	(2226)
	130436		122414	190	138392		118198	3964
2009	144666	7724	136278	206	169643	13856	151343	4439
2010	167804	8399	158630	255	202470	14224	183291	4950
2011	193882	8952	184213	268	240965	14312	220122	6527

注：2008年客货运输量为公路水路运输量专项调查数据，括号内为原口径数据。

a)Data on passenger and freight Volume in 2008 are calculated on basis of Highway and waterway traffic special investigation,and data in the brakfets are original data.

16-6 历年旅客和货物周转量
Passenger-Kilometers and Freight Ton-Kilometers over the Years

年份 Year	旅客周转量(亿人公里) Passenger-Kilometers (100 million passenger-km)	#铁路 Railways	#公路 Highways	#水运 Waterways	货物周转量(亿吨公里) Freight Ton-Kilometers (100 million ton-km)	#铁路 Railways	#公路 Highways	#水运 Waterways
1949	6.46	6.45	0.01		16.53	16.00	0.21	0.32
1952	15.62	15.26	0.36		39.12	36.56	0.88	1.68
1957	33.23	30.85	2.33	0.05	112.68	106.68	3.13	2.87
1962	90.02	82.01	7.98	0.03	131.21	125.02	4.08	2.11
1965	46.46	37.79	8.65	0.02	227.88	219.56	6.07	2.25
1970	80.54	64.74	15.66	0.14	332.55	322.03	8.74	1.78
1975	105.23	82.18	22.90	0.15	390.77	372.64	16.29	1.84
1978	123.22	92.62	30.47	0.13	508.41	484.79	21.57	2.05
1979	140.25	105.73	34.37	0.15	529.00	507.56	19.77	1.67
1980	163.98	122.40	41.35	0.23	547.65	525.31	21.01	1.33
1981	176.99	126.76	49.98	0.25	563.45	537.75	24.45	1.25
1982	195.70	135.60	59.87	0.23	617.77	578.55	37.41	1.81
1983	226.31	155.09	70.96	0.26	674.22	624.37	47.86	1.99
1984	253.11	171.10	81.71	0.30	702.70	643.53	55.88	3.29
1985	323.50	209.77	113.36	0.37	838.22	728.25	105.72	4.25
1986	358.20	228.54	129.34	0.32	881.90	777.12	99.73	5.05
1987	400.06	249.01	150.75	0.30	1020.81	880.94	133.83	6.04
1988	484.77	290.16	194.24	0.37	1079.26	932.37	139.64	7.25
1989	488.56	280.00	208.16	0.40	1157.63	1007.00	142.70	7.93
1990	423.46	229.90	193.10	0.46	1169.44	1001.79	160.66	6.99
1991	459.53	249.52	209.64	0.37	1199.31	1022.17	170.03	7.11
1992	511.40	275.46	235.56	0.38	1302.34	1085.18	209.03	8.13
1993	538.45	295.85	242.15	0.45	1337.03	1099.61	227.37	10.05
1994	566.29	305.35	260.74	0.20	1432.97	1164.43	258.41	9.60
1995	573.85	304.66	262.11	0.24	1538.82	1233.74	295.18	9.32
1996	584.25	285.72	289.65	0.35	1603.52	1263.13	326.16	10.26
1997	620.28	296.80	314.26	0.38	1547.18	1179.62	352.74	10.92
1998	640.16	310.79	320.93	0.21	1452.74	1083.35	355.48	9.93
1999	689.89	339.15	342.56	0.30	1432.08	1058.12	363.56	10.29
2000	740.98	378.80	353.78	0.30	1476.51	1101.74	363.94	10.69
2001	779.93	401.77	369.41	0.32	1573.28	1185.36	375.78	12.01
2002	820.83	421.00	390.00	0.27	1649.22	1234.77	398.87	15.43
2003	822.92	462.10	350.02	0.19	1891.73	1463.20	405.20	23.22
2004	963.09	542.00	395.40	0.45	2107.26	1650.00	422.02	34.93
2005	1000.70	535.43	437.84	0.53	2282.60	1759.77	467.00	55.49
2006	1113.77	586.88	492.72	0.55	2415.89	1810.80	538.76	65.85
2007	1264.10	620.68	601.81	0.78	2729.30	1962.93	681.85	83.95
2008	(1444.29)	667.32	(734.96)	(0.81)	(2969.81)	1985.84	(848.22)	(114.67)
	1517.33		808.32	0.49	5215.84		2995.15	213.77
2009	1645.18	675.48	914.80	0.52	6146.09	1955.36	3927.08	263.05
2010	1840.64	747.20	1031.18	0.60	7141.82	1980.23	4860.63	300.28
2011	2033.68	766.45	1211.28	0.65	8471.07	2120.10	5949.04	401.32

注：2008年客货运输周转量为公路水路运输量专项调查数据，括号内为原口径数据。

a)Data on passenger and freight Volume in 2008 are calculated on basis of Highway and waterway traffic special investigation,and data in the brakfets are original data.

16-7 铁路、公路、内河通车通航里程(年底数)
Length of Railways, Highways and Navigable Inland Waterways(Year-end)

单位：公里 (km)

指标	Item	2000	2005	2010	2011
铁 路	**Length of Railways**	**3354**	**4000**	**4224**	**4203**
#电气化	Electrified Railways		1309	2109	2109
中央铁路	National Railways	2043	2788	3395	3395
地方铁路	Local Railways	1311	1212	829	808
公 路	**Length of Highways**	**64453**	**79506**	**245089**	**247587**
#晴雨通车	All-weather Highways	55770	74194	184590	194697
#高级、次高级路面	Senior and Second-senior	46917	63474	165944	177170
#高速公路	Expressways	505	2678	5016	5196
内 河	**Length of Navigable Inland Waterways**	**1104**	**1439**	**1439**	**1439**

注：铁路通车里程为正线里程；铁路电气化里程为郑州铁路局全局数据。2006年以前年份晴雨通车里程为晴通雨阻里程。

a)Length of railways refers to trunk lines.Length of electrified railways refers to data of Zhengzhou Railway Administration.All-weather Highways is Opening in sunny and Obstruction in rainy before 2006.

16-8 交通运输工具拥有量(年底数)
Possession of Means of Transportation(Year-end)

指标	Item	2000	2005	2010	2011
铁路	**Railways**				
国家铁路	National Railways				
内燃机车(台)	Diesel Locomotives(unit)	951	446	297	275
电力机车(台)	Electric Locomotives(unit)	981	570	837	1164
客车(辆)	Passenger Coaches(unit)	4981	1860	2400	2537
地方铁路	Number of Locomotives				
内燃机车(台)	Diesel Locomotives(unit)	85	106	64	62
客车(辆)	Passenger Coaches(unit)	80	60	14	14
货车(辆)	Freight Cars(unit)	1476	1219	622	618
公路	**Highways**				
载货汽车(辆)	Ordinary Trucks(unit)	363723	491669	907504	1063482
#重型	Heabvy	212965	136946	307187	366933
中型	Middle			144914	152553
轻型	Light	150758	199410	443372	534239
载客汽车(辆)	Buses and Cars(unit)	456068	988796	3049045	3901964
#大型	Large	32771	46187	61940	68992
中型	Middle			80896	83864
小型	Small	423297	672144	2660344	3489935
内河	**Inland Rivers**				
机动船(艘)	Motor Vessels (unit)	3314	4687	4916	4855
驳船(艘)	Barges (unit)	418	431	127	133

注：国家铁路为郑州铁路局数据。由于郑州铁路局调整，2005年以后的数据与以前年不可比。

a)Data on national railways are calculated by ZhengZhou Railways Administration. Because of The Change of ZhengZhou Railways Administration, data since 2005 could not be Compared with former Years.

16-9 各市公路线路里程(2011年底)

单位：公里

市 City	总计 Total	等级公路 Expressway and Class Ⅰ to Ⅳ Highway	高速 Expressway	一级 First Class	二级 Second Class	三级 Third Class	四级 Four Class
全 省 Total	**247587**	**191234**	**5196**	**564**	**24981**	**18985**	**141508**
省 辖 市 City							
郑 州 市 Zhengzhou	10381	9317	407	79	1614	1216	6001
开 封 市 Kaifeng	7171	5546	253		969	226	4098
洛 阳 市 Luoyang	17949	12968	247	8	1652	1998	9063
平 顶 山 市 Pingdingshan	10844	10203	328	99	1323	855	7598
安 阳 市 Anyang	8205	6950	170	14	995	1048	4723
鹤 壁 市 Hebi	4443	4229	75	18	498	310	3328
新 乡 市 Xinxiang	10999	8944	285	40	1752	667	6201
焦 作 市 Jiaozuo	7348	6218	187	56	1615	875	3485
濮 阳 市 Puyang	6408	5899	140		918	510	4330
许 昌 市 Xuchang	9243	6949	260	109	1131	647	4802
漯 河 市 Luohe	5242	4127	126		565	405	3031
三 门 峡 市 Sanmenxia	9404	7199	166	24	716	957	5336
南 阳 市 Nanyang	33628	25180	525		2377	2605	19674
商 丘 市 Shangqiu	19683	13507	317	72	1357	1035	10726
信 阳 市 Xinyang	21561	15162	410		1472	1349	11930
周 口 市 Zhoukou	18574	14034	387		1399	1018	11230
驻 马 店 市 Zhumadian	17131	11948	366	14	1545	1093	8930
济 源 市 Jiyuan	2255	1910	96	27	470	456	861
省 直 管 县 Province Administrating County							
巩 义 市 Gongyi	2096	1842	24	6	173	384	1255
兰 考 县 Lankao	1662	1357	49		143	84	1082
汝 州 市 Ruzhou	2571	2413	65		398	169	1781
滑 县 Huaxian	3515	2832	56		426	74	2276
长 垣 县 Changyuan	1979	1376	26		259	127	964
邓 州 市 Dengzhou	4112	2993	28		308	156	2501
永 城 市 Yongcheng	3186	2202	59		277	248	1619
固 始 县 Gushi	2884	2790	24		244	255	2267
鹿 邑 县 Luyi	3023	1865	48		199	197	1422
新 蔡 县 Xincai	2090	1274	71		186	20	996

Length of Highways by City (End of 2011)

(km)

等外公路 Highway Below Class Ⅳ	有铺装路面 里程 paved Highway	沥青混凝土 Bitumen	水泥混凝土 concrete	简易铺装 路面里程 Simply Paved Highway	未铺装 路面里程 Unpaved Highway	#晴　雨 通车里程 All-weather Highway
56353	**127939**	**37716**	**90224**	**49231**	**70417**	**194697**
1065	6855	2937	3918	2439	1087	9395
1625	4696	3679	1017	850	1625	5546
4981	11484	2109	9374	398	6068	13457
641	8051	1259	6792	51	2742	10245
1255	5531	1205	4325	599	2075	7017
213	2375	575	1800	1268	799	4301
2055	5835	1929	3906	3107	2058	9035
1130	4636	896	3740	1543	1169	6343
509	3801	1501	2300	2070	537	5980
2293	3447	1105	2342	3425	2370	7148
1116	2189	466	1724	1949	1104	4144
2205	6409	1539	4870	269	2726	8654
8448	19169	3727	15442	2519	11940	25291
6176	3617	2252	1364	9911	6155	13528
6399	10914	1685	9229	1616	9031	15199
4540	5150	2750	2400	8554	4870	14210
5183	8569	2973	5596	2664	5898	12224
346	1440	658	782	439	376	1935
254	1664	272	1393	178	254	1842
305	1352	1200	152	5	305	1357
158	1803	223	1580		768	2380
683	2420	508	1912	412	683	2847
603	805	249	556	571	603	1377
1118	2051	381	1669	679	1382	2996
984	1088	284	804	1101	996	2268
95	976	334	642	1099	810	2795
1157	848	554	294	1008	1166	1907
817	765	467	298	507	819	1277

16−10　各种民用车辆拥有量(2011年底)

Possession of Civil Vehicles (End of 2011)

单位：辆　　(unit)

指　标	Item	总计 Total	营运 Commerial	非营运 Non-commerial	#进口 Imports	#私人 Private-owned	#新注册 Newly-registered	报废 Abandoned
合　计	**Total**	**15350008**	**1558434**	**9923241**	**89907**	**9816100**	**1147655**	**66765**
汽车	Vehicles	5821388	1308975	4512413	89542	4630823	819453	18214
载客汽车	Passenger Service Vehicles	3901964	161213	3740751	87602	3227056	668760	11135
大型	Big-size	68992	51702	17290	373	7677	7838	1764
中型	Medium-size	83864	30118	53746	1560	33541	3239	2326
小型	Small-size	3489935	76648	3413287	84102	2960097	647300	6180
微型	mini	259173	2745	256428	1567	225741	10383	865
#轿车	Saloon Cars	2192454	72360	2120094	37467	1857405	418626	4828
载货汽车	Freight vehicle	1063482	759234	304248	1471	592242	128027	2236
重型	Heavy Duty	366933	351909	15024	682	94164	51074	651
中型	Medium-Duty	152553	141547	11006	127	81183	5997	261
轻型	Light-Duty	534239	262328	271911	658	408845	70774	1095
微型	Mini	9757	3450	6307	4	8050	182	229
#普通载货	Cargo Vehicle	475356	256708	218648	754	336778	56541	1157
其他汽车	Others	855942	388528	467414	469	811525	22666	4843
#三轮	Tricycle	627492	253367	374125	14	623650	13648	4348
低速货车	Low-speed truck	192001	126878	65123	4	170916	4278	204
电车	Buses	126	91	35		1	15	41
摩托车	Motorcycle	5491776	85553	5406223	303	5166150	307515	48453
普通	Standard	5419111	85463	5333648	302	5101670	306765	44720
轻便	Light	72665	90	72575	1	64480	750	3733
拖拉机	Tractors	3868333						
#大中型	Large and Medium	310702						
小型	Small	2364656						
挂车	Combination Vehicle	168306	163801	4505	62	19098	20667	57
其他类型车	Others	79	14	65		28	5	

注：1.拖拉机数据来源于农机管理局，其他数据来源于公安厅。
2.全省"营运"、"非营运"、"进口"、"私人"、"新注册"和"报废"车辆分类中不包括"拖拉机"分类数据。

a) Data of Tractor was calculated from the Administration of agricultural machinery,data of cars and other vehicles was calculated from Provincial public security department.

b) In addition to the total, other index data in Penn column does not include the tractor.

16-11 各市民用汽车拥有量(2011年底)

Possession of Civil Vehicles by City (End of 2011)

单位：辆 (unit)

市 City	民用汽车 Civil Vehicles	载客汽车 Buses and Cars	#大型 Large	#轿车 Sedan	载货汽车 Ordinary Trucks	#重型 Heavy	#普通载货 Ordinary Trucks
全　　省 Total	**5821388**	**3901964**	**68992**	**2192454**	**1063482**	**366933**	**475356**
省　辖　市 City							
郑　州　市 Zhengzhou	1240337	976114	15709	601758	156489	39090	56442
开　封　市 Kaifeng	218472	139248	2592	70803	35202	9965	19935
洛　阳　市 Luoyang	444452	314988	5637	174160	87249	27320	44904
平顶山市 Pingdingshan	272921	191270	4711	101277	47987	16918	23803
安　阳　市 Anyang	343083	231993	2729	130874	49022	19994	22702
鹤　壁　市 Hebi	94790	67317	1537	34910	17575	5448	9723
新　乡　市 Xinxiang	352696	261808	4474	144368	61030	17700	34665
焦　作　市 Jiaozuo	240763	159771	3051	90487	57022	31863	19594
濮　阳　市 Puyang	282519	182334	3151	99825	57511	18289	28477
许　昌　市 Xuchang	254832	179472	2278	96138	49566	14667	20177
漯　河　市 Luohe	116398	74318	890	41891	23401	8756	9306
三门峡市 Sanmenxia	161891	117305	1297	113721	27772	6483	14906
南　阳　市 Nanyang	352196	219822	4554	127657	80205	23425	37450
商　丘　市 Shangqiu	356593	191850	4532	101170	71578	26970	27844
信　阳　市 Xinyang	238892	120733	3457	113890	51865	10222	33354
周　口　市 Zhoukou	430186	160522	4543	74997	126422	68142	43113
驻马店市 Zhumadian	200547	124731	2196	63203	39944	7916	21465
济　源　市 Jiyuan	69282	50077	498	32308	11395	4917	5414

市 City	其他汽车 Other	#新注册 Newly-registered	摩托车 Motors	载货挂车 Trailer	拖拉机 Tractors	机动车驾驶员(万人) Number of Motor Drivers (10 000 Person)	#汽车 Automobile Drivers
全　　省 Total	**855942**	**819453**	**5491776**	**168306**	**3868333**	**1406**	**1108**
省　辖　市 City							
郑　州　市 Zhengzhou	107734	222944	455795	10647	127197	197	189
开　封　市 Kaifeng	44022	35626	124934	4286	243071	56	50
洛　阳　市 Luoyang	42215	71987	398763	7045	193350	102	87
平顶山市 Pingdingshan	33664	41630	243268	6361	120804	63	49
安　阳　市 Anyang	62068	54204	211672	12968	141925	91	58
鹤　壁　市 Hebi	9898	15202	98576	2217	83959	22	20
新　乡　市 Xinxiang	29858	62015	168170	6865	189666	79	69
焦　作　市 Jiaozuo	23970	40417	210517	20138	65731	58	48
濮　阳　市 Puyang	42674	35751	190002	7990	98780	64	58
许　昌　市 Xuchang	25794	45141	308473	4702	63310	59	44
漯　河　市 Luohe	18679	17734	131233	3853	96435	30	26
三门峡市 Sanmenxia	16814	22603	195187	2368	43994	40	29
南　阳　市 Nanyang	52169	56835	905265	8792	902510	140	83
商　丘　市 Shangqiu	93165	65922	206349	15617	259931	90	73
信　阳　市 Xinyang	66294	31482	541990	3153	60146	86	49
周　口　市 Zhoukou	143242	3722	508714	44108	408529	110	80
驻马店市 Zhumadian	35872	33475	358781	3469	610392	84	54
济　源　市 Jiyuan	7810	10907	58045	2307	20877	15	14

16-12 各市私人车辆拥有量(2011年底)
Possession of Private Vehicles by City (End of 2011)

单位：辆 (unit)

市 City	民用汽车 Civil Vehicles	载客汽车 Buses and Cars	载货汽车 Ordinary Trucks	其他汽车 Other Special Vehicles	摩托车 Motors	#普通 Bicycle Motor
全　　省 Total	**4630823**	**3227056**	**592242**	**811525**	**5166150**	**5101670**
省　辖　市 City						
郑　州　市 Zhengzhou	1032919	838725	88530	105664	452460	434820
开　封　市 Kaifeng	182086	118870	21027	42189	124345	118254
洛　阳　市 Luoyang	342370	253469	49720	39181	392403	387924
平　顶　山　市 Pingdingshan	211067	153682	27008	30377	218940	214996
安　阳　市 Anyang	280410	193779	26267	60364	210115	202779
鹤　壁　市 Hebi	77347	54699	13150	9498	84602	82221
新　乡　市 Xinxiang	288073	224859	38306	24908	165614	164102
焦　作　市 Jiaozuo	174465	133461	19559	21445	85012	84151
濮　阳　市 Puyang	236750	160567	35602	40581	189307	187014
许　昌　市 Xuchang	186906	136232	27085	23589	247006	246235
漯　河　市 Luohe	88754	61437	10689	16628	109245	108478
三　门　峡　市 Sanmenxia	131788	98013	18103	15672	182924	178887
南　阳　市 Nanyang	264376	179728	39412	45236	899934	891974
商　丘　市 Shangqiu	281594	149289	40706	91599	205614	202451
信　阳　市 Xinyang	198545	93202	40522	64821	537256	533959
周　口　市 Zhoukou	326739	130548	58760	137431	504654	500014
驻　马　店　市 Zhumadian	156575	101388	23993	31194	355262	353478
济　源　市 Jiyuan	56776	43476	5997	7303	57785	56823

16-13 客货运量及周转量

Passenger and Freight Traffic, Turnover Volume

指 标	Item	2005	2010	2011
运输量	**Traffic Volume**			
客运量(万人)	Passenger Traffic(10 000 persons)	98099	167804	193882
铁路	Railways	5842	8399	8952
国家铁路	National Railways	5758	8392	8948
地方铁路	Local Railways	84	7	4
公路	Highways	91920	158630	184213
水运	Waterways	97	255	268
货运量(万吨)	Freight Traffic(10 000 tons)	78827	202470	240965
#铁路	Railways	14806	14224	14312
国家铁路	National Railways	12697	13292	13292
地方铁路	Local Railways	2109	931	1020
公路	Highways	62684	183291	220122
水运	Waterways	1334	4950	6527
周转量	**Turnover Volume**			
旅客周转量(百万人公里)	Passenger-Kilometers			
	(million person-km)	100070	184064	203368
铁路	Railways	53543	74720	76645
国家铁路	National Railways	53468	74715	76643
地方铁路	Local Railways	75	5	3
公路	Highways	43784	103118	121128
水运	Waterways	53	60	65
货物周转量(百万吨公里)	Freight Ton-Kilometers			
	(million ton-km)	228260	714182	847107
铁路	Railways	175977	198023	212010
国家铁路	National Railways	173606	197118	210941
地方铁路	Local Railways	2371	905	1069
公路	Highways	46700	486063	594904
水运	Waterways	5549	30028	40132

注：2009年3月起国家铁路运输量包含漯阜公司，地方铁路数据不包括漯阜公司。

a) Data of LuoFu company was adjusted from local railways to national railways since March 2009.

16-14 各市公路客货运输量(2011年)

Passenger and Freight Traffic of Highway by City(2011)

市 City	客运量(万人) Passenger Traffic (10 000 persons)	旅客周转量(亿人公里) Passenger-Kilometers (100 million person-km)	货运量(万吨) Freight Traffic (10 000 tons)	货物周转量(亿吨公里) Freight Ton-Kilometers (100 million ton-km)
全省 Total	**184213**	**1211.28**	**220122**	**5949.04**
省辖市 City				
郑州市 Zhengzhou	30233	161.10	20888	353.27
开封市 Kaifeng	7494	64.61	7482	144.39
洛阳市 Luoyang	16020	124.28	16276	358.09
平顶山市 Pingdingshan	9621	43.71	14674	199.00
安阳市 Anyang	8350	47.81	20177	799.16
鹤壁市 Hebi	6885	16.07	5881	144.18
新乡市 Xinxiang	6340	26.37	9500	229.26
焦作市 Jiaozuo	4397	24.49	16218	793.59
濮阳市 Puyang	5039	35.25	3867	109.46
许昌市 Xuchang	6320	40.65	18788	405.68
漯河市 Luohe	4050	39.65	4281	63.98
三门峡市 Sanmenxia	4475	22.02	3933	79.95
南阳市 Nanyang	20029	150.80	17615	435.56
商丘市 Shangqiu	13749	89.90	20931	729.53
信阳市 Xinyang	11741	75.23	7085	145.18
周口市 Zhoukou	10908	140.23	10825	487.68
驻马店市 Zhumadian	15882	102.21	17986	432.06
济源市 Jiyuan	2680	6.88	3715	39.04
省直管县 Province Administrating County				
巩义市 Gongyi	1541	7.42	2621	48.34
兰考县 Lankao	376	3.17	815	15.68
汝州市 Ruzhou	1787	7.55	1143	12.63
滑县 Huaxian	1901	9.98	1040	10.39
长垣县 Changyuan	866	4.35	362	9.55
邓州市 Dengzhou	2058	16.90	1272	21.79
永城市 Yongcheng	5991	18.06	6503	202.01
固始县 Gushi	1940	12.10	1110	22.47
鹿邑县 Luyi	1089	13.90	919	41.17
新蔡县 Xincai	825	5.48	899	21.44

16-15 铁路主要站客货发送量(2011年) Number of Passengers and Volume of Freight Dispatched from Principal Railway Stations (2011)

车站名称	Name	旅客发送量(万人) Number of Passengers Dispatched (10 000 persons)	车站名称	Name	货物发送量(万吨) Volume of Freight Dispatched (10 000 tons)
郑　州	Zhengzhou	3239.90	郑州东	Eastern zhengzhou	184.89
巩　义	Gongyi	114.61	郑州北	Northern zhengzhou	120.09
开　封	Kaifeng	286.54	新　密	Xinmi	346.03
兰　考	Lankao	107.57	上　街	Shangjie	162.57
洛　阳	Luoyang	614.84	新　郑	Xinzheng	307.55
洛阳龙门	Luoyang Longmen	124.64	开　封	Kaifeng	71.34
偃　师	Yanshi	53.23	洛阳东	Eastern luoyang	85.09
安　阳	Anyang	338.21	巩　义	Gongyi	128.20
新　乡	Xinxiang	427.71	平顶山西	Western pingdingshan	265.85
焦　作	Jiaozuo	67.22	安　阳	Anyang	61.11
许　昌	Xuchang	179.21	鹤壁北	Northern hebi	335.73
三门峡	Sanmenxia	109.21	新　乡	Xinxiang	89.69
三门峡南	Southern sanmenxia	57.66	焦作北	Northern jiaozuo	137.24
灵　宝	Lingbao	84.81	许　昌	Xuchang	111.12
南　阳	Nanyang	256.48	三门峡	Sanmenxia	211.76
商　丘	Shangqiu	579.01	三门峡西	Western sanmenxia	121.63
商丘南	Southern shangqiu	54.28	南　阳	Nanyang	61.95
民　权	Minquan	124.59	商　丘	Shangqiu	105.83
			商丘北	Northern shangqiu	33.32
			济　源	Jiyuan	206.73

注：本表为郑州铁路局辖区内主要站数据。
a)Stations in this table are main Principal in popedom of zhengzhou Railways Administration.

16-16 铁路、公路分货类运输量(2011年)
Freight Traffic of Railway and Highway by Category (2011)

货 类	Type of Freight	铁路 Railways 运输量(万吨) Traffic Volume (10 000 tons)	铁路 Railways 货物周转量(万吨公里) Freight Ton-Kilometers (10 000 ton-km)
煤	Coal	26053	7890145
石油	Petroleum	1776	498149
焦炭	Coke	3565	1074328
金属矿石	Metal Ores	8372	2359728
钢铁及有色金属	Steel and Iron,	5513	1893933
非金属矿石	Nonmetal Ores	1615	452784
磷矿石	Phosphorus Ores	402	160654
矿建材料	Mineral Building Materials	820	198078
水泥	Cement	72	25682
木材	Timber	312	111128
粮食	Grain	3682	927116
棉花	Cotton	187	84202
化肥和农药	Chemical Fertilizers and Pesticides	3135	1149024
盐	Salt	160	44856
化工品	Chemical Products	1592	571366
工业机械	Industry Machinery	156	55974
电子电气	Electronic and Electric	12	2836
金属制品	Metal Products	93	35186
农业机具	Agriculture Implements	1	77
鲜活易腐货物	Fresh, Live and Perishable Goods	138	46079
农副土特产品	Agriculture Products	101	36268
饮食烟草	Diet and Tobaccos	560	196000
纺织品	Textile Products	11	4312
文教用品	Cultural and Educational Products	197	77821
医药品	Medicine Products	38	11211
零担	Fragmentary Freight	2	606
集装箱	Container	2910	1180948

货 类	Type of Freight	公路 Highways 运输量(万吨) Traffic Volume (10 000 tons)	公路 Highways 货物周转量(万吨公里) Freight Ton-Kilometers (10 000 ton-km)
煤炭	Coal and coke	42927	10755102
石油	Petroleum	5438	1430120
金属矿石	Metal Ores	10282	2797094
钢铁	Steel and Iron	14813	4242829
矿建材料	Mineral Building Materials	36742	5376155
水泥	Cement	16563	2997522
木材	Timber	5878	1549924
非金属矿石	Nonmetal Ores	9842	2710838
化肥及农药	Chemical Fertilizers and Pesticides	5267	1192541
盐	Salt	2856	696373
粮食	Grain	22868	6065507
机械、设备、电器	Machinery, Equipment and Electrical Appliances	9185	5084815
化工原料及制品	Chemical Raw Materials and Chemical Finished Products	5662	2125918
有色金属	Nonferrous Metals	3187	1134530
轻工、医药产品	Light Industry and Medicine Products	9636	4712579
农林牧渔业产品	Agriculture, Forestry, Animal Husbandry and Fishery Products	10276	4236679

注：铁路为郑州铁路局全局数，公路为交通系统数。
a)Freight Traffic of railway refers to data of Zhengzhou Railways Administration, highway refers to data of transportation department.

16-17 铁路运输主要技术经济指标

Major Economic and Technical Indicators of Railway Transport

指 标	Item	2008	2009	2010	2011
货运机车日产量 （万吨公里）	Average Daily Ton-kilometers of Freight Locomotives (10 000 ton-kms)	128	130	133	129
内燃机车	Diesel Locomotives	143	141	125	34
电力机车	Electric Locomotives	121	124	135	134
货运机车平均牵引总重量 （吨）	Average Total Tonnage of Freight Locomotives (ton)	3460	3633	3667	3663
内燃机车	Diesel Locomotives	3336	3539	3634	2662
电力机车	Electric Locomotives	3537	3688	3674	3681
客运机车日车公里 （公里）	Daily Distance per Passenger Locomotive (km)	775	819	823	858
货运机车日车公里 （公里）	Daily Distance per Freight Locomotive (km)	467	453	443	467
内燃机车万吨公里耗油 （公斤）	Oil Consumption of Diesel Locomotive Per 10 000 tons.km (kg)	20.3	20.1	23.0	60.6
电力机车万吨公里耗电 （千瓦小时）	Electricity Consumption of Electric Locomotive Per 10 000 tons.km (kwh)	115.3	112.4	107.4	98.5
旅客列车技术速度 （公里/小时）	Technical Speed of Passenger Trains (km/hr)	87.4	85.9	85.6	87.9
旅客列车旅行速度 （公里/小时）	Traveling Speed of Passenger Trains (km/hr)	76.2	74.1	73.9	76.2
货物列车技术速度 （公里/小时）	Technical Speed of Freight Trains (km/hr)	45.9	46.4	46.5	47.3
货物列车旅行速度 （公里/小时）	Running Speed of Freight Trains (km/hr)	34.6	33.8	33.6	34.2
货物列车运行正点率 （%）	Punctuality Rate of Freight Trains in Running (%)	99.5	96.5	85.9	92.2
货物列车出发正点率 （%）	Punctuality Rate of Freight Trains at Departure (%)	98.9	95.0	88.0	92.4
旅客列车运行正点率 （%）	Punctuality Rate of Passenger Trains in Running (%)	99.9	100.0	100.0	100.0
旅客列车出发正点率 （%）	Punctuality Rate of Passenger Trains at Departure (%)	100.0	100.0	100.0	100.0
货车周转时间 （天）	Trunning Around Time of Freight Cars (day)	1.6	1.6	1.6	1.6
货车一次作业时间 （小时）	Handling Time of Freight Cars (hour)	25.3	25.5	24.5	25.7
货车中转停留时间 （小时）	Transfer Waiting Time Per Freight Car (hour)	4.3	4.4	4.2	4.4

注：本表数据来源于郑州铁路局。

a)Data in this chapter are calculated by ZhengZhou Railways Administration.

16－18　民航基本情况
Main Indicators of Civil Aviation

指　标	Item	2010	2011
航线条数(条)	Number of Civil Aviation Routes(unit)	71	59
#国际	International Routes	2	1
国内	Domestic Routes	66	58
地区	Regional Routes	3	2
航线里程(公里)	Length of Civil Aviation Routs(km)	241151	188258
#国际	International Routes	9706	12326
国内	Domestic Routes	220063	168640
地区	Regional Routes	11382	7292
飞机班次(班次)	Number of Flight	38902	37076
#国际	International Routes	993	763
国内	Domestic Routes	37909	36313
民用机场数(个)	Number of Civil Airports (unit)	3	3
#可降737以上机型	Airports Serving Boeing 737 and above	3	3
民用飞机架数(架)	Number of Civil Aircraft (unit)	23	23
通航国家和地区(个)	Navigable Country or Region (unit)	5	3
#通航城市	Navigable City	2	4
客货吞吐量	Passenger and Cargo throughput		
旅客吞吐量(万人)	Passenger throughput (10 000persons)	918.40	1074.10
货邮吞吐量(万吨)	Cargo throughput(10 000tons)	8.80	10.41

16－19　邮政行业基本情况及邮政水平(年底数)
Basic Conditions and Level of Post Services(Year-end)

指　标	Item	2010	2011
局所网络	Offices and Network		
邮政局所(处)	Number of Post Offices(unit)	2546	2527
邮路总长度(公里)	Length of Postal Routes(km)	63780	64608
#汽车邮路总长度	Length of Postal Routes and Rural	54874	54267
铁路邮路总长度	Delivery Routes	7545	9275
农村投递线路总长度(公里)	Rural Delivery Routes(km)	193690	193183
邮政业务总量(万元)	Business Volume of Post (10 000 yuan)	399342(695010)	482799
函件(万件)	Number of Letters (10 000 pcs)	24704	32396
包裹(万件)	Number of Parcels (10 000 pcs)	253	264
特快专递(万件)	Pieces of Express Mail Services (10 000 pcs)	5765(1793)	8378
报刊期发数(万份)	Newspapers and Magazines Circulation (10 000 copies)	803	1062
集邮业务(万枚)	Philately (10 000 units)	8158	7090
邮政水平	Level of Post Services		
平均每一邮电局所服务面积(平方公里)	Average Area Served Every Post Office (sq.km)	59	66
平均每一邮电局所服务人口(万人)	Average People Served by Every Post Office (10 000 persons)	3.5	3.7
平均每人发函件数(件)	Average Number of Letters Mailed per Capita (piece)	2.7	3.4
平均每百人订有报刊数(份)	Average Number of Newspaper and Magazine Subscribed per 100 Persons (piece)	8.1	11.2

注：1.括号内为上个时期不变价数据。

2.2010年起，特快专递为全社会快递业务量(16-20同)。

a)Data of Business Volume of Post and Telecommunications in brackets is last year constant price.

b)Dato of Pieces of Express Mail Services refer to the whole society portfolio.(the same as 16-20)

16—20 历年邮政业务量

Business Volume of Post Over the Years

年份 Year	邮电业务总量 (万元) Business Volume of Post and Telecommu-nications (10 000 yuan)	#邮政业务总量 Business Volume of Post	函件 (万件) Number of Letters (10 000 pcs)	包裹 (万件) Number of Parcels (10 000 pcs)	特快专递 (万件) Pieces of Express Mail Services (10 000 pcs)	订销报刊期发数 (万份) Magazine Subscriptions (10 000 pcs)	集邮业务 (万枚) Stamps for Collection (10 000 units)
1949	161		1276				
1952	502		2170				
1957	1193		6165				
1962	2084		8285				
1965	2300		8295				
1970	3502		9420				
1975	4902		11505				
1978	(5450)7120		11629	273		267	
1979	7540		12783				
1980	8062		14230	299		368	
1981	8390		14823				
1982	8666		14726				
1983	9024		15144				
1984	9647		16974				
1985	11057		20304			726	
1986	11977		21055	327			
1987	14675		24020				
1988	19182		25368				
1989	22805		23345				
1990	(27872)48983		22032	442		632	
1991	59321		17335				
1992	80685		17795				
1993	122245		20260				
1994	188902		21963				
1995	302583		21958	648		509	
1996	461609		22470	648	225	547	
1997	643107		19164	489	173	1130	2295
1998	1035556		18799	489	197	929	1045
1999	1384139		19452	509	296		13581
2000	(1869359)1300586	117999	21408	499	423		13614
2001	1740235	210508	29260	492	539		12352
2002	2201977	236549	29532	482	761		10441
2003	3035707	264200	35938	486	945	880	9159
2004	4359263	282726	26470	433	1105	768	10500
2005	5565060	318093	24471	415	1163	686	8769
2006	7214687	365236	23030	405	1136	707	7038
2007	9331635	412016	21515	367	1248	759	6883
2008	11241309	470421	22147	315	1497	846	7100
2009	12968686	548800	19786	271	1788	809	6064
2010	4861142(15068650)	399342(695010)	24704	253	5765(1793)	803	8158
2011	5813626	482799	32396	264	8378	1062	7090

注：邮电业务总量括号内为上个时期不变价数据。
a)Data of Business Volume of Post and Telecommunications in brackets is last year constant price.

16-21 各市邮政网和业务量(2011年)

Network and Business Volume of Post by City (2011)

市 City	邮政局所(处) Number of Post Offices (unit)	邮路总长度(公里) Length of Postal Routes (km)	农村投递线路总长度(公里) Rural Delivery Routes (km)	邮政业务总量(亿元) business Volume of Post	函件(万件) Number of Letters (10 000 pcs)	包裹(万件) Number of Parcels (10 000 pcs)	特快专递(万件) Pieces of Express Mail Services (10 000 pcs)	订销报刊期发数(万份) Magazine Subscriptions (10 000 pcs)	集邮业务(万枚) Stamps for Collection (10 000 units)
全　省 Total	**2527**	**64608**	**193183**	**48.28**	**32395.64**	**264.18**	**546.59**	**1062.27**	**7090.06**
省辖市 City									
郑州市 Zhengzhou	267	6332	16892	6.03	7487.06	68.33	117.80	125.49	1388.27
开封市 Kaifeng	112	1801	8908	1.96	572.65	10.72	21.60	43.61	354.13
洛阳市 Luoyang	185	4413	13223	3.20	925.16	27.59	36.86	66.08	251.31
平顶山市 Pingdingshan	124	2119	6722	2.35	949.66	7.89	22.63	44.83	382.37
安阳市 Anyang	117	1636	10178	3.01	2489.00	13.06	24.94	53.78	440.42
鹤壁市 Hebi	24	391	1972	0.53	818.57	2.41	5.46	19.12	217.33
新乡市 Xinxiang	150	3119	10901	3.54	2409.41	24.62	31.40	81.94	469.23
焦作市 Jiaozuo	114	1345	7680	2.03	1490.67	9.34	18.13	55.73	777.98
濮阳市 Puyang	97	1255	6026	1.59	1885.69	8.62	15.39	41.98	159.66
许昌市 Xuchang	114	1316	8296	1.99	3523.80	9.71	19.11	34.07	229.28
漯河市 Luohe	59	889	3580	1.20	1362.28	5.17	13.42	20.30	68.20
三门峡市 Sanmenxia	79	1327	7960	1.27	1514.83	6.78	12.17	30.65	247.99
南阳市 Nanyang	267	5356	27538	4.43	1561.23	19.03	50.94	111.48	684.47
商丘市 Shangqiu	202	3238	15408	4.14	698.80	12.60	35.24	161.09	599.86
信阳市 Xinyang	215	4782	17031	2.92	1899.15	10.60	44.22	45.20	292.87
周口市 Zhoukou	185	3046	16381	3.61	762.49	15.96	39.96	54.02	196.79
驻马店市 Zhumadian	191	3056	13253	3.82	1735.84	9.97	32.93	58.47	250.83
济源市 Jiyuan	25	420	1234	0.51	309.35	1.78	4.39	14.43	79.09
省直管县 Province Administrating County									
巩义市 Gongyi	22	260	3083	0.49	147.61	1.82	6.26	7.97	65.05
兰考县 Lankao	18	220	1200	0.30	94.52	0.79	3.01	4.33	14.79
汝州市 Ruzhou	15	235	1471	0.32	27.34	0.85	2.97	4.32	86.77
滑县 Huaxian	26	367	2203	0.58	26.01	3.35	4.13	8.39	32.98
长垣县 Changyuan	21	243	475	0.49	429.72	10.14	5.71	10.53	2.63
邓州市 Dengzhou	28	540	2923	0.53	128.16	1.54	6.69	11.42	20.98
永城市 Yongcheng	31	606	2315	0.79	86.11	1.80	7.18	8.94	42.79
固始县 Gushi	31	497	3138	0.40	55.26	1.30	6.96	7.80	7.24
鹿邑县 Luyi	21	309	1820	0.38	113.17	0.88	3.64	3.71	3.31
新蔡县 Xincai	21	200	1938	0.44	5.62	0.82	3.05	5.85	9.67

注：本表全省合计包括郑州邮区中心局数据。
a)Data of Total include Data of Center situation in zhengzhou postal district.

16-22 物流业主要统计指标

Major statistical index on logistics

单位：亿元 (100 million yuan)

指 标	Item	2005	2010	2011
社会物流总额	**Total social logistics**	**20489.65**	**52251.74**	**63050.45**
农产品物流	Agricultural logistics	3024.20	4701.88	5099.29
工业品物流	Total industrial logistics	14976.74	42494.03	51664.91
进省货物物流	In total logistics provinces goods	2249.01	4489.08	5351.79
再生资源物流	Renewable resources total logistics	16.17	56.19	57.74
单位与居民物品物流	Units and residents items of logistics	10.11	19.49	26.36
进口货物物流	Import goods total logistics	213.42	491.07	850.35
社会物流总费用	**Social logistics cost**	**1691.90**	**3980.57**	**4511.80**
生产流通企业自营物流费用	Production and circulation enterprises self-conducting logistics cost	757.06	1987.29	2391.78
农业自营物流	Agricultural self-conducting logistics cost	62.19	107.75	116.85
工业自营物流	Industrial self-conducting logistics cost	566.13	1359.81	1653.28
建筑业自营物流	Construction self-conducting logistics cost	111.93	263.99	316.76
批零业自营物流	Self-conducting cost of Wholesale and retail trade	16.81	255.74	304.89
社会物流费用	Social logistics cost	906.81	1993.28	2120.02
物流业增加值	**Logistics value-added**	**489.43**	**733.73**	**774.32**
运输业	Transportation	454.90	593.03	600.98
铁路运输业	Railway	98.82	119.14	140.83
道路运输业	Road	346.00	458.82	443.65
水上运输业	Water	9.37	14.79	16.13
航空运输业	Aviation	0.35	0.28	0.37
管道运输业	Piping	0.36		
仓储业	Ware-housing	9.96	50.91	47.87
装卸搬运和其他运输服务	Handling and other transport services	20.83	85.67	112.91
邮政业(物流部分)	Postal service (logistics)	3.74	4.12	12.55
物流相关行业固定资产投资	**Urban fixed assets investment of Logistics industry**	**506.46**	**637.23**	**784.37**

16–23 物流企业主要经济指标

Main economic indicators on Logistics enterprises

指　标	Item	2008	2009	2010	2011
单位数(个)	**Unit**	**3206**	**3180**	**3016**	**2901**
从业人员(人)	**Practitioners (person)**	**216207**	**221813**	**224358**	**245486**
财务状况(亿元)	**Financial status (100 million yuan)**				
资产总计	Total Assets	1090.55	1256.08	1837.33	2088.03
#流动资产	Circulating Funds	374.88	468.79	625.33	540.99
固定资产原值	Original Value of Fixed Assets	619.73	636.74	1069.00	1154.05
本期折旧	Depreciation in this Year	36.17	38.55	46.88	56.43
负债合计	Total Liabilities	355.17	410.02	426.85	398.98
主营业务收入	Income from principal operations	692.88	826.32	1018.65	1008.66
#运输收入	Transportation				
仓储收入	Storage				
信息及相关服务收入	Information and related services				
主营业务成本	Main business costs	597.93	686.72	871.60	856.14
营业费用	Expenses of Sales	11.42	13.03	14.96	24.91
管理费用	Overhead Cost	18.13	18.64	25.37	24.14
财务费用	Financial Expenses	15.25	14.45	15.60	14.85
应缴税金	Tax Payable	17.96	15.98	11.61	13.96
主营业务利润	Principal operations Profits	78.34	113.42	110.58	64.37
营业利润	Operating profit	53.36	66.96	43.01	36.57
利润总额	Total Profits	54.07	86.44	52.45	44.50
从业人员劳动报酬	Personnel Labour remuneration	49.04	56.00	63.54	84.95
固定资产投资完成额	Fixed assets investment	21.47	54.68	18.15	14.79
设施和装备(辆)	**Facilities and Equipment(set)**				
货运车辆总数	Freight vehicle	66781	71941	74347	87144
普通货运车辆	Ordinary	62626	67494	68677	80624
专运货运车辆	Special	4155	4447	5670	6520
装卸设备总数	Loading and unloading equipment	17383	17661	27361	28647
仓储总面积(万平方米)	Area of Warehousing(10 000sq.m)	89.06	108.87	145.20	156.77
计算机管理系统(套)	The computer management system (set)	953	1005	1206	1243
业务量	**Volume of Business**				
道路货运量(万吨)	Freight Traffic of Road (10 000tons)	18599	21781	25767	29297
道路货物周转量(万吨公里)	Freight Ton-Kilometers of Road (10 000ton-km)	4712987	5641279	6854022	7697067

主要统计指标解释

交通运输、仓储和邮政业 包括铁路运输业、道路运输业、城市公共交通业、水上运输业、航空运输业、管道运输业、装卸搬运和其他运输服务业、仓储业、邮政业。

交通运输业 指国民经济中专门从事运送货物和旅客的社会生产部门，包括铁路、道路、水运、航空等运输部门。

仓储业 指专门从事货物仓储、货物运输中转仓储为主的物流配送活动。主要包括谷物棉花等农产品仓储和其他仓储。

邮政业 包括邮政基本服务和快递服务。邮政基本服务指邮政企业提供的信件、印刷品、包裹、汇兑等邮政服务，以及国家规定的其他邮政服务；快递服务指在承诺的时限内快速完成的寄递服务。

铁路营业里程 又称营业长度（包括正式营业和临时营业里程），指办理客货运输业务的铁路正线总长度。凡是全线或部分建成双线及以上的线路，以第一线的实际长度计算；复线、站线、段管线、岔线和特殊用途线以及不计算运费的联络线都不计算营业里程。铁路营业里程是反映铁路运输业基础设施发展水平的重要指标，也是计算客货周转量、运输密度和机车车辆运用效率等指标的基础资料。

铁路电气化里程 指具备了电力机车牵引条件，并已交付运营的线路里程。

公路里程 指在一定时期内实际达到《公路工程技术标准JTG B01-2003》规定的技术等级的公路，并经公路主管部门正式验收交付使用的公路里程数。包括大、中城市的郊区公路，以及公路通过小城镇（指县城、集镇）街道的公路里程和公路桥梁长度、隧道长度、渡口的宽度以及分期修建的公路已验收交付使用的里程，不包括大中城市的街道、厂矿、林区生产用道和农业生产用道的里程。两条或多条公路共同经由同一路段，只计算一次，不得重复计算里程长度。按公路技术等级分为等级公路和等外公路，其中等级公路分为高速公路、一级公路、二级公路、三级公路和四级公路。该指标可以反映公路建设的发展规模，也是计算运输网密度等指标的基础资料。

内河航道里程 指在一定时期内，能通航运输船舶及排筏的天然河流、湖泊水库、运河及通航渠道的长度。包括全年季节性通航累计三个月以上的航道，不包括仅供零散流放竹、木排的河道。两省以河为界的航道里程，双方均按一半计算，以免重复。该指标可以反映内河水运网的规模、水平和发展情况。

民用航空航线里程 指统计期间内全部民用航空航线的航线总长度。航线长度指民用航空航线的计费距离。计算航线里程可按重复和不重复两种方法，前者是指各航线长度相加的总和；后者则要扣除各航线之间相同航段重复计算的部分。

货（客）运量 指在一定时期内，各种运输工具实际运送的货物（旅客）数量。它是反映运输业为国民经济和人民生活服务的数量指标，也是制定和检查运输生产计划、研究运输发展规模和速度的重要指标。货运按吨计算，客运按人计算。货物不论运输距离长短、货物类别，均按实际重量统计。旅客不论行程远近或票价多少，均按一人一次客运量统计；半价票、小孩票也按一人统计。

货物（旅客）周转量 指在一定时期内，由各种运输工具运送的货物（旅客）数量与其相应运输距离的乘积之总和。它是反映运输业生产总成果的重要指标，也是编制和检查运输生产计划，计算运输效率、劳动生产率以及核算运输单位成本的主要基础资料。计算货物周转量通常按发出站与到达站之间的最短距离，也就是计费距离计算。计算公式为：

货物（旅客）周转量＝Σ货物（旅客）运输量×运输距离

民用汽车拥有量 指报告期末，在公安交通管理部门按照《机动车注册登记工作规范》，已注册登记领有民用车辆牌照的全部汽车数量。汽车拥有量统计的主要分类：根据汽车结构分为载客汽车、载货汽车以及其他汽车；根据汽车所有者的不同分为个人（私人）汽车、单位汽车；根据汽车的使用性质分为营运汽车、非营运汽车和特种汽车；根据汽车大小规格不同载客汽车分为大型、中型、小型和微型，载客汽车分为重型、中型、轻型和微型。

Explanatory Notes on Main Statistical Indicators

Transportation, storage and the postal service including transportation, railway transportation, urban public transportation roads, water transportation, air transportation, pipeline transportation, loading and unloading handling and other transport services, ware-housing, postal service.

Transportation industry refers to the social production department in national economy for Carrying goods and passengers, including the rail, road, water transportation, aviation and transportation department.

Storage service refers to the logistics distribution activities for Storage, transport transshipment of goods, Mainly includes grain storage and other agricultural products such as cotton storage.

Postal service including postal basic service and express service. Postal basic services refers to the letters, prints, package, remittances, postal services from postal enterprises, and the provisions of other national postal services; Express service refers to the done quickly delivery service in promise time.

Length of Railways in Operation refers to the total length of the trunk line under passenger and freight transportation (including both full operation and temporary operation). The calculation is based on the actual length of the first line even if this line has a full or partial double track or more tracks, excluding double tracks, station sidings, tracks under the charge of stations, branch lines, special-purpose lines and the non-payable connecting lines. The length of railways in operation is an important indicator to show the development of the infrastructure for the railway transport, and also the essential data to calculate volume of passenger freight transport, traffic density and utilization efficiency of the locomotives and carriages.

Length of Electrified Railways refers to the length of the section of railways in operation in which the power supply lines and other equipment are installed for the running of electrified locomotives. The proportion of the length of electrified railways to the total length of railways in operation is an important indicator to show the modernization of railways.

Length of Highways refers to the length of highways which are built in conformity with the grades specified by the highway engineering standard formulated by the Ministry of Communications, and have been formally checked and accepted by the departments of highways and put into use. The length of highways includes that of the suburb highways at large and medium-sized cities, highways passing through streets at small cities and towns, and also the length of bridges and ferries. It does not include the length of streets in big and medium-sized cities and highways built for the production purpose at factories, mines, forest areas and agricultural areas. If two or more highways go the same section of the way, the length of the section is only calculated for once and no duplication is allowed. The length of highways is an important indicator to show the development of the highway construction and to provide essential information to calculate the transport network density.

Length of Navigable Inland Waterways an indicator reflecting the size and development of inland water network, it refers to the length of the natural rivers, lakes, reservoirs, canals, and ditches open to navigation during a given period, which enables the transport by ships and rafts. It includes the channels open to navigation for over an accumulative 3 months in a year, yet this does not include the river courses which are only used to float odd logs and bamboo rafts.

Length of Civil Aviation Routes refers to the length of all routes for civil aviation flights, which is used to account the freight, during the period of statistics.. There are usually two ways to calculate the route length: duplicated calculation and non-duplicated calculateion, the former is the sum of length of all civil aviation routes, and the latter should deduct the duplication length of same route among all routes.

Freight (Passenger) Traffic refers to the volume of freight (passenger) transported with various means. Freight transport is calculated in tons and passenger traffic is calculated in the number of persons. Despite the type of freight and travelling distance, the freight transport is calculated in the actual weight of the goods: and despite the travelling distance and ticket price, the passenger traffic is calculated by the principle that one person can be counted only once in one travel. The passenger who travel with a half price ticket or a child ticket is also calculated as one person. The freight (passenger) traffic provides a quantitative measure to show how the transport industry serves the national economy and people, and is also an important indicator for planning the transport industry and for studying the development scale and speed of the transport industry.

Freight Ton-kilometers (Passenger-kilometers) refer to the sum of the products of the volume of transported cargo (passengers) multiplying by the transport distance, usually using ton-kilometer and passenger-kilometer as units for measurement. Normally, the shortest distance between the departure station and the destination station (i.e., the payable distance) is the basis to calculate the freight ton-kilometers. This is an important indicator to show the total results of the transport industry, to prepare and examine the transport plan and to measure the efficiency, the labour productivity and the unit cost of transport.

The formula is as follows:

Freight Ton-kilometers (Passenger-kilometers) =∑{Freight (Passenger) Traffic x Distance of Transportation}

Measuring unit: ton-kilometer (person-kilometer)

Possession of civil Motor Vehicles refer to the total numbers of vehicles that are registered and received vehicles' license tags according to the Work Standard for Motor Vehicles Registration formulated by transport management office under department of public security at the end of reference period. They are divided into following categories according to the structure of motor vehicles: passenger vehicles, trucks and others; and private vehicles and vehicles for units use according to ownerships; working vehicles, non-working vehicles and special motor vehicles according to kind of usage; large passenger vehicles; medium passenger vehicles and small passenger vehicles, heavy trucks, light-heavy trucks and light trucks according to sizes of vehicles.

信息传输、计算机服务和软件业

Information Transmission, Computer Services and Software

● 资料整理：刘秋香　赵翠清

简要说明

一、主要内容

本篇包括信息传输、计算机服务和软件业企业、行政事业单位、社会团体及其他法人单位的单位数、从业人数、主要财务指标以及通信业情况。

二、资料来源

信息传输、计算机服务和软件业单位数、从业人数、财务指标根据全省服务业统计调查资料取得，由省统计局组织各部门和各地区统计调查；通信业数据由省通信管理局提供，由省地方经济社会调查队服务业调查处编辑整理。

Brief Introduction

I. Main Contents

Data in the chapter mainly include: unit, employment, and main financial indicators of Information transfer, computer services and software enterprises, Administrative institution, social organizations and others, and basic condition of telecommunication services.

II. Sources of Data

Data on Number of Institutional Unit, Employed Persons and Main Financial Indicators of Information transfer, computer services and software enterprises are calculated from Statistical investigation by Henan provincial bureau of statistics. Data on Telecommunication industry are calculated from Henan Provincial Communication administration.Data in this chapter are provided by Henan provincial survey organizations of social and economy.

17-1 信息传输、计算机服务和软件业法人单位数和从业人员数

of Information transfer,computer services and software Institutional Unit and Employed

年份(Year)	合计 Total	企业 Enterprise	行政事业 Administrative institution	社会团体及其他 Social organizations and others
单位数(个)Number of Institutional Unit(unit)				
2008	4602	4512	82	8
2009	4789	4698	82	9
2010	4999	4907	81	11
2011	5242	5146	84	12
从业人数(万人)Employed Persons(10 000 persons)				
2008	8.83	8.55	0.26	0.01
2009	10.73	10.43	0.29	0.01
2010	11.23	10.91	0.31	0.01
2011	12.81	12.44	0.36	0.01

17-2 分行业信息传输、计算机服务和软件业法人单位财务指标(2011年)

Main Financial Indicators of Information transfer,computer services and software Institutional Unit by Sector(2011)

单位：万元 (10 000 yuan)

指标	Item	信息传输、计算机服务和软件业 Information transfer, computer services and software	电信和其他信息传输服务业 Telecom and other Information transfer services	计算机服务业 Computer services	软件业 Software
单位数(个)	Number of units (unit)	5242	500	4035	707
从业人数(万人)	Employed Persons (10 000 Persons)	12.81	8.50	3.17	1.14
固定资产原价	Fixed Asset Price	11979194	11362556	535643	80996
收入合计	Total Income	5356352	4629699	490395	236258
成本费用合计	Total Cost	2656736	2260714	264806	131216
工资和福利费	Salary and Welfare	386978	298913	51108	36957
税费合计	Tax	210167	161701	33159	15307
营业利润	Operating Profit	1342300	1140160	179970	22170

17-3 各市信息传输、计算机服务和软件业法人单位财务指标(2011年)

Main Financial Indicators of Information transfer,computer services and software Institutional Unit by City(2011)

单位：万元 (10 000 yuan)

市（县） City(County)	单位数(个) Number of units (unit)	从业人数(万人) Employed Persons (10 000 Persons)	固定资产原价 Fixed Asset Price	收入合计 Total Income	成本费用合计 Total Expenses	工资和福利费 Salary and Welfare	税费合计 Tax and Expenses	营业利润 Operating Profit
全 省 Total	**5242**	**12.81**	**11979194**	**5356352**	**2656736**	**386978**	**210167**	**1342300**
省 辖 市 City								
郑 州 市 Zhengzhou	1557	3.56	2800313	1398691	717393	124363	59397	363310
开 封 市 Kaifeng	392	0.85	849076	326136	190255	27399	15889	70606
洛 阳 市 Luoyang	551	1.33	999284	415341	206948	35988	15051	100386
平 顶 山 市 Pingdingshan	284	0.63	797897	276186	142094	18603	11195	50442
安 阳 市 Anyang	251	0.63	551588	263063	122635	21129	9452	73838
鹤 壁 市 Hebi	71	0.14	193308	69738	38210	4737	2502	10946
新 乡 市 Xinxiang	118	0.41	750571	278554	126657	17864	9661	80331
焦 作 市 Jiaozuo	154	0.33	420007	180080	86515	13736	6597	40265
濮 阳 市 Puyang	226	0.34	346553	159554	76520	7731	5424	33703
许 昌 市 Xuchang	303	0.57	441577	256011	117256	20474	13645	69409
漯 河 市 Luohe	20	0.16	270077	106694	52477	6558	3613	21575
三 门 峡 市 Sanmenxia	206	0.32	348860	127013	69476	8902	4834	20813
南 阳 市 Nanyang	323	1.00	874204	408843	199108	16675	13510	105770
商 丘 市 Shangqiu	41	0.41	553778	253829	115833	14676	8880	71767
信 阳 市 Xinyang	116	0.67	621241	247753	120757	15497	8483	55497
周 口 市 Zhoukou	237	0.66	592798	284689	128613	14639	10340	86015
驻 马 店 市 Zhumadian	318	0.70	490626	260587	127864	15845	9915	74103
济 源 市 Jiyuan	74	0.08	77436	43590	18125	2162	1779	13524
省 直 管 县 Province Administrating County								
巩 义 市 Gongyi	18	0.01	2083	1277	719	192	44	555
兰 考 县 Lankao	36	0.14	14478	25149	13710	2674	1179	9581
汝 州 市 Ruzhou	67	0.04	2812	5046	2050	577	1059	2083
滑 县 Huaxian	21	0.09	16434	3621	1177	1198	194	624
长 垣 县 Changyuan	21	0.01	1294	1912	829	136	97	1115
邓 州 市 Dengzhou	2	0.02	1096	698	304	226	83	407
永 城 市 Yongcheng	1	0.00	800	60	40	20	1	16
固 始 县 Gushi	5	0.00	210	284	81	89	37	279
鹿 邑 县 Luyi	1	0.01	110	568	208	102	14	18
新 蔡 县 Xincai	42	0.03	4495	5931	3749	404	578	2355

17–4 邮电通信行业基本情况

Basic Conditions of Post and Telecommunications

年份 Year	邮电业务总量 (万元) Business Volume of Post and Telecommunications (10 000 yuan)	#电信业务总量 Business Volume of Telecommunications	固定电话用户 (万户) Subscribers of Local Telephone (10 000 subscribers)	移动电话用户 (万户) Subscribers of Mobile Telephone (10 000 subscribers)	本地电话局用交换机容量 (万门) Capacity of Local Telephone Exchanges (10 000 line)	长途光缆线路长度 (公里) Length of Optical Cable Lines (km)	电话普及率 (含移动) (部/百人) Popularization Rate of Telephone (sets/100 persons)	国际互联网用户 (万户) Number of Subscribers of Internet Services (10 000 subscribers)
1978	(5450)7120		12.05		21.15		0.17	
1979	7540		12.40		22.01		0.17	
1980	8062		12.96		22.58		0.18	
1981	8390		13.12		22.92		0.18	
1982	8666		13.37		23.77		0.18	
1983	9024		13.25		24.45		0.17	
1984	9647		14.33		25.23		0.19	
1985	11057		15.67		26.91		0.20	
1986	11977		16.75		27.39		0.21	
1987	14675		14.00		29.47		0.17	
1988	19182		16.10		32.50		0.20	
1989	22805		18.92		35.31		0.23	
1990	(27872)48983		22.76		40.79		0.27	
1991	59324		27.31		54.45		0.31	
1992	80685		36.65		66.04		0.42	
1993	122245		55.70		103.31		0.63	
1994	188902		89.31		171.76		0.99	
1995	302583		135.74		238.36		1.50	
1996	461609		205.71	23.87	349.34		2.51	
1997	643107		292.55	48.02	479.17		3.70	
1998	1035556	968796	442.76	118.64	723.20		6.05	
1999	1384139	1294702	773.51	173.04	837.21		8.68	
2000	(1869359) 1300586	(1751360) 1120819	912.10	310.30	969.87		12.95	67.52
2001	1740235	1529727	1096.09	503.03	1049.71	18029	16.79	185.66
2002	2201977	1965428	1180.31	531.00	1095.47	20658	17.86	208.42
2003	3035707	2771507	1370.86	1072.57	1159.70	26650	25.72	245.81
2004	4359263	4076537	1625.03	1392.31	1296.62	32644	31.14	269.17
2005	5565060	5246967	1863.48	1814.81	1349.56	33093	37.90	274.28
2006	7214687	6849451	2027.50	2351.20	1376.00	33536	44.90	326.87
2007	9331635	8919619	1940.47	2914.54	2548.50	34927	49.50	403.26
2008	11241309	10770888	1562.44	3498.89	2382.21	35718	51.20	494.38
2009	12968686	12419886	1463.89	4016.84	2304.06	36127	55.10	625.49
2010	(15068650) 4861142	(14373640) 4461800	1432.00	4449.72	1996.00	36446	59.00	3043.42
2011	5813626	5330826	1340.39	5061.69	1855.45	30519	68.07	3857.20

注：1.邮电业务总量2010年以来为2010年不变价，2000-2009年按2000年不变价格计算，1990-1999年按1990年不变价格计算，1978-1989年按1980年不变价格计算。括号内为上个时期不变价数据。

2.2007年起，局用交换机容量包含接入网设备容量。

3.2010年起，国际互联网用户含手机上网用户。

a)The business volume of post and telecommunications services since 2000 are calculated at 2000 constant prices.1990~1999 are calculated at 1990 constant prices.1978~1989 are calculated at 1980 constant prices.Data in bracket are calculated at last period constant prices .

b) Data on capacity of local telephone exchanges include network equipment since 2007.

c)Data on Subscribers of Internet Services include Mobile Internet since 2010

17-5 通信行业基本情况及通信水平(年底数)

Basic Conditions and Level of Post Services(Year-end)

指　标	Item	2010	2011
通信网络	**Network of Telecommunication**		
电信业务总量(万元)	Business Volume of Telecommunication Services (10 000 yuan)	14373640	5330826
长途电话业务电路(2M)	Long-distance Call Lines(line)	347108	415566
数据通信网长途电路(2M)	Long-distance Lines of Data Traffic Network (line)	1224841	1456268
固定长途电话通话时长(万分钟)	Time of Long-distance Calls (10 000 minutes)	294412	245630
移动电话用户期末数(万户)	Number of Mobile Telephones Subscribers at Year-end (10 000 subscribers)	4450	5062
固定电话用户(万户)	Number of Local Telephone Subscribers of at Year-end (10 000 subscribers)	1432	1340
#城市	Number of Urban Telephone Subscribers	937	850
住宅电话用户(万户)	Number of Residential Telephone Subscribers (10 000 subscribers)	1120.60	1026.26
#城市	Number of Urban Telephone Subscribers	936.81	611.68
公用电话(万户)	Number of Public Telephone (10 000 Subscribers)	141.54	139.91
国际互联网用户(万户)	Number of Subscribers of Internet Service (10 000 Subscribers)	3043.42	3857.22
电信主要通信能力	**Major Capacity of Telecommunication Services**		
长途电话交换机容量(路端)	Capacity of Long-distance Call Exchanges(unit)	1507479	1510861
局用电话交换机容量(万门)	Capacity of Office switching Telephone Machine(10 000 units)	1996	1855
移动电话交换机容量(万户)	Capacity of Mobile Telephone Exchanges(10 000 subscribers)	7948	8428
长途电信线路	**Long Distance Telephone Lines**		
长途光缆线路长度(公里)	Length of Optical Cable Lines(km)	36446	30519
通信水平	**Level of Telecommunication**		
固定电话普及率(部/百人)	Popularization Rate of Telephone (sets/100 persons)	14.4	14.3
移动电话普及率(部/百人)	Popularization Rate of Mobile Telephone (sets/100 persons)	44.6	53.8
城市固定电话普及率(部/百人)	Popularization Rate of Telephone in Urban Areas (sets/100 persons)	9.4	9.0
平均每千人拥有公用电话数(部)	Per 1 000 Persons Public Telephone(set)	14.2	14.9
已通固定电话的乡(镇)比重(%)	Percentage of Townships with Telephone(%)	100	100
移动电话(GSM)网络覆盖县(市)	Number of County(city) Covered by GSM (unit)	109	109
移动电话(CDMA)网络覆盖县(市)	Number of County(city) Covered by CDMA (unit)	109	109
移动电话漫游国家和地区(个)	Number of country (Territory) Roamed through Mobile Telephone(unit)	237	237
数据通信网覆盖地(市)	Number of Region(city) Covered by Data Traffic (unit)	18	18

17-6 各市电信网和业务量(2011年)

市 City	固定长途电话交换机容量(路端) Capacity of Long-distance Telephone Exchanges (unit)	局用电话交换机容量(万门) Capacity of Office Telephone Exchanges (10 000 lines)	移动电话交换机容量(万户) Capacity of Mobile Telephone Exchanges (10 000 subscribers)	电信业务总量 (亿元) Business Volume of Telecommunications	固定长途电话通话时长 (万分钟) Time of Long-distance Calls (10 000 minutes)
全 省 Total	**1510861**	**1855**	**8428**	**533.08**	**245630**
省 辖 市 City					
郑 州 市 Zhengzhou	794714	339	1523	110.95	59118
开 封 市 Kaifeng	55747	70	363	21.57	12343
洛 阳 市 Luoyang	68265	195	772	44.00	18112
平 顶 山 市 Pingdingshan	54390	79	384	26.39	11675
安 阳 市 Anyang	39432	110	457	31.64	22718
鹤 壁 市 Hebi	17916	38	122	8.70	5343
新 乡 市 Xinxiang	41204	166	460	35.79	21553
焦 作 市 Jiaozuo	27927	93	324	23.37	5625
濮 阳 市 Puyang	29164	54	307	18.77	9942
许 昌 市 Xuchang	39051	73	347	23.07	10805
漯 河 市 Luohe	30120	47	202	13.75	5212
三 门 峡 市 Sanmenxia	26552	48	218	13.68	5681
南 阳 市 Nanyang	66003	137	678	38.65	9080
商 丘 市 Shangqiu	44010	108	599	33.35	12813
信 阳 市 Xinyang	58390	93	487	26.77	14705
周 口 市 Zhoukou	59367	86	648	31.92	10550
驻 马 店 市 Zhumadian	58609	98	493	26.15	8820
济 源 市 Jiyuan		23	46	4.39	1536

Network of Telecommunications and Business Volume by City (2011)

移动电话通话时长(万分钟) Time of Mobiles (10 000 minutes)	移动电话用户(万户) Number of Mobile Telephones Subscribers (10 000 subscribers)	移动短信业务量(亿条) Mobile SMS business (100 million piece)	固定电话用户(万户) Number of Local Telephone Subscribers at Year-end (10 000 subscribers)	#城市电话用户 Number of Urban Telephone Subscribers	住宅电话用户(万户) Number of Household Telephone Subscribers (10 000 subscribers)	公用电话(万户) Number of Public Telephone (10 000 subscribers)	国际互联网用户(万户) Number of Subscribers of Internet Services (10 000 subscribers)
25266160	**5061.69**	**327.91**	**1340.39**	**849.74**	**1026.26**	**139.91**	**3857.22**
4818397	850.89	82.35	252.00	210.78	178.91	26.83	747.78
1059648	219.14	12.67	59.66	40.40	48.44	8.55	168.89
2007887	394.16	26.37	128.04	90.66	96.29	9.94	324.78
1314417	255.15	14.74	54.83	39.06	41.43	6.55	193.74
1438382	298.14	17.28	87.05	46.93	72.04	6.75	239.78
391745	90.14	4.37	29.30	19.55	23.62	5.23	67.58
1630683	322.42	21.28	118.88	60.37	93.44	12.30	265.42
1070884	223.16	13.05	57.86	30.76	43.44	7.58	176.16
970562	190.88	10.85	37.65	22.85	29.39	2.36	138.73
1095443	242.16	14.19	59.04	37.35	44.43	5.02	174.62
602146	135.03	7.30	30.20	20.61	23.46	4.71	97.15
681471	148.52	8.80	33.60	24.04	24.45	3.71	111.64
1987620	409.92	22.26	97.98	44.21	74.91	15.61	274.17
1751581	343.08	18.52	81.97	50.89	61.67	6.91	231.28
1239534	269.10	18.22	77.80	40.15	64.51	5.32	195.15
1637581	332.71	17.90	66.39	32.84	54.97	6.32	223.23
1335014	288.89	15.35	53.91	30.45	40.73	5.49	193.49
233166	48.21	2.45	14.19	7.74	10.07	0.73	33.61

主要统计指标解释

信息传输、计算机服务和软件业 包括电信和其他信息传输服务业、计算机服务业、软件业。

电信 指利用有线、无线的电磁系统或者光电系统，传送、发射或者接受语音、文字、数据图像以及其他任何形式信息的活动。主要包括固定电信服务、移动电信服务和其他电信服务。

互联网信息服务 指网络公司通过互联网为客户提供在线信息、电子邮箱、数据检索、网络游戏等信息服务。

软件业 指专门从事计算机软件的设计、程序编制、分析、测试、修改、咨询；为互联网和数据库提供软件设计与技术规范；为软件所支持的系统及环境提供咨询、协调和指导；为硬件嵌入式软件及系统提供咨询、设计、鉴定等活动。

移动电话用户 指通过移动电话交换机进入移动电话网、占用移动电话号码的电话用户。用户数量以报告期末在移动电话营业部门实际办理登记手续进入移动电话网的户数进行计算，一部移动电话统计为一户。

互联网上网人数 指平均每周使用互联网至少 1 小时的 6 周岁以上中国公民人数。

固定电话用户 指在电信运营企业营业网点办理开户登记手续并已接入固定电话网上的全部电话用户。包括普通电话用户、公用电话用户、窄带综合业务数字网（N—ISDN）用户、智能网专用接入终端用户等。按行政区划分为城市电话用户和农村电话用户。

城市电话用户 指直辖市、省辖市、地级市、县级市的市区、市郊区及县城(包括县人民政府所在地的县城关区或行政建制相当于县人民政府所在地的镇)范围内接入局用交换机的电话用户数，包括分布在农村地区的独立工矿区、林区、驻军等接入局用交换机的电话用户数。

农村电话用户 指县城关区以下的集镇和农村接入局用交换机的电话用户数。

住宅电话用户 指安装在居民住宅或农民家里并按照住宅电话用户登记注册和收费的各类电话用户。包括私人付费、单位付费和按规定免费安装的住宅电话用户。

长途电话交换机容量 指用于接入长途电话网的电话交换机的设备额定容量，包括国际电话交换机容量。

局用交换机容量 指安装在本地电信运营商内用于接续本地固定电话的电话交换机容量，有倍增设备按倍增后的数量计数。包括现用和备用的人工或自动交换机的全部容量。

移动电话交换机容量 指移动电话交换机根据一定话务模型和交换机处理能力计算出来的最大同时服务用户的数量。

Explanatory Notes on Main Statistical Indicators

Information transfer, computer services and software including telecommunications and other information transfer services, computer services, software business.

Telecom refers to fixed telecom service, mobile telecom service and other telecommunications services.

Internet information service refers online information, electronic mail, data retrieval, network game from network company.

Software refers specially engaged in the computer software to design, programming, analysis, testing, modify, consulting; providing software design and technology to provide standard For the Internet and database; providing consultation, coordination and guidance for software support system and environment, coordination and guidance; providing the consulting, design, identification and other activities for the hardware embedded software and the system.

Mobile Telephone Subscribers refer to the persons who own mobile telephone numbers and are connected with the mobile telephone communication network through the mobile telephone switchboards. The number of subscribers is calculated by the subscribers who have completed registration at mobile communication business centers and entered into the mobile telephone network. One mobile telephone is taken as a subscriber.

Internet Users refer to the number of Chinese citizens aged 6 and over who use the Internet at least for one hour each week.

Local Telephone Subscribers refer to all subscribers who have gone through registration procedures in the operation points of enterprises engaged in telecommunications and are hence connected to the local telecommunications service provider through fixed line network. Included are general subscribers, public telephones subscribers, N-ISDN subscribers and intelligent network terminal subscribers. They are also classified in terms of administrative districts as urban telephone subscribers and rural telephone subscribers according to location.

Urban Telephone Subscribers refer to the number of telephone subscribers, located at the different administrative districts of municipalities directly under the Central Government, cities under the jurisdiction of province, cities at prefecture level, downtown and suburb of city at county level town and county towns, that are connected to the public line telephone network, including rural mineral area, forest area, military area.

Rural Telephone Subscribers refer to telephone subscribers, located at the towns below the level of county town and villages, that are connected to the public line telephone network.

Household Telephone Subscribers refer to telephone sets installed in the dwelling units of urban or rural residents, and registered as residence subscribers for payment, including three types of payment for the service: private payment, public payment and free service in accordance with relevant regulations.

Capacity of Long Distance Telephone Exchanges refers to the rated capacity of telephone exchanges to connect long distance telephone network, including capacity of international telephone exchanges.

Capacity of Office Telephone Exchanges refers to the capacity (measured in gate) of telephone exchanges installed in the offices of telecommunication service providers for communication between fixed telephones. It includes the capacity of both manual and automatic exchanges in use and for stand-by purpose. The capacity of subscriber exchanges is not included.

Capacity of Mobile Telephone Exchanges refers to the capacity of the maximum services provided to subscribers at any one time as computed based on a certain model of calls distribution and transacting capacity of the mobile telephone exchanges.

批发和零售业、住宿和餐饮业

Wholesale and Retail Sale trades, Hotels and Catering Services

● 资料整理：赵清贤

简要说明

一、主要内容

本篇包括河南省商品市场状况和批发零售业、住宿餐饮业经营情况以及主要财务状况。

二、统计范围

辖区内批发零售业和住宿餐饮业企业（单位）、个体经营户、连锁经营企业和亿元商品交易市场。

社会消费品零售总额不包括农业生产资料、居民购买住房；不包括各种经济类型的制造业法人企业、产业活动单位和个体工业直接售给城乡居民（包括本企业职工）和社会集团的商品；不包括农民在田间地头出售的农产品。

限额以上批发和零售业、住宿和餐饮业企业统计限额标准：批发业，年主营业务收入2000万元及以上；零售业，年主营业务收入500万元及以上；住宿业，年主营业务收入200万元及以上；餐饮业，年主营业务收入200万元及以上。

三、资料来源

达到限额以上标准的批发和零售业、住宿和餐饮业企业、个体经营户和其他行业附营的产业活动单位经营性指标和财务指标以及连锁经营企业、亿元商品交易市场采用全面调查的方法取得资料；限额以下批发零售企业采用抽样调查方法取得资料，限额以下住宿和餐饮业企业采用全面调查方法取得资料；批发零售和住宿餐饮业个体经营户资料采用抽样调查方法取得。由省统计局贸易外经处编辑整理。

Brief Introduction

I. Main Contents

Data in this chapter main contents include the operation and financial terms conditions of the wholesale and retail trades, hotels and catering services in Henan province.

II. Scope of Statistics

Wholesale and retail, accommodation catering enterprises (units), individual, chain business enterprises and one hundred million yuan commodity trading market.

Total retail sales of consumer goods do not include means of agricultural production; purchase of housing by residents; and do not include commodities that various types of corporate enterprise, industrial activity units and individual industrial directly sale to residents and social groups; and do not include agricultural products that sold by farmers in the fields.

Criteria for wholesale and retail sale trades, hotels and catering services above designated size are as follows: wholesale trade, having main business income over 20 million yuan; retail trade, having main business income over 5 million yuan; hotels, certified hotels with star-ranking and having main business income over 2 million yuan; catering services, having main business income over 2 million yuan.

III. Sources of Data

Data on business index and financial indicators of wholesale and retail trades, hotels and catering services enterprises, individual, Industrial activity unit above designated size, Chain group, trading market above one hundred million yuan are collected through comprehensive reporting form system. Data on enterprises and individual enterprises below the designated size are collected by sample surveys. Data in this chapter are provided by the Department of Trade and External Economic Relations of the Henan provincial bureau of Statistics.

18-1 历年社会消费品零售总额

Total Retail Sale of Consumer Goods Over the Years

单位：亿元 (100 million yuan)

年 份 Year	社会消费品零售总额 Total Retail Sales of Consumer Goods	#批发和零售业 Wholesale and Retail Trades	住宿和餐饮业 Hotels and Catering Serbices	城镇 Urban	乡村 Rural
1978	71.79				
1979	80.44				
1980	96.04				
1981	106.86				
1982	113.82				
1983	123.05				
1984	146.85				
1985	180.59				
1986	198.32				
1987	225.28				
1988	283.25				
1989	310.85				
1990	314.31	283.78	16.42	217.06	97.25
1991	368.92	332.88	19.81	259.31	109.61
1992	470.30	427.64	27.85	334.90	135.40
1993	577.96	524.17	34.77	417.39	160.57
1994	790.17	696.31	60.37	566.34	223.83
1995	957.76	823.67	87.06	677.01	280.75
1996	1194.76	1045.79	115.26	831.69	363.07
1997	1427.53	1211.04	172.19	1009.55	417.98
1998	1565.88	1339.39	177.10	1102.45	463.43
1999	1691.20	1445.48	191.09	1189.81	501.39
2000	1869.80	1586.69	219.35	1313.92	555.88
2001	2071.93	1743.90	258.65	1458.11	613.82
2002	2292.75	1906.72	312.70	1623.97	668.78
2003	2539.33	2103.25	359.08	1809.43	729.90
2004	2938.26	2468.73	402.21	2131.42	806.84
2005	3380.88	2840.62	470.90	2479.08	901.80
2006	3932.55	3264.86	596.57	2911.99	1020.56
2007	4690.32	3830.07	779.77	3505.48	1184.84
2008	5815.44	4725.41	992.28	4375.69	1439.75
2009	6746.38	5525.51	1115.22	5085.74	1660.64
2010	8004.15	6790.78	1102.67	6618.76	1385.39
2011	9453.65	8018.88	1304.03	7821.77	1631.88

18-2 社会消费品零售总额

Total Retail Sale of Consumer Goods

单位：亿元 (100 million yuan)

指 标	Item	2005	2006	2007	2008	2009	2010	2011
社会消费品零售总额	**Total Retail Sale of Consumer Goods**	**3380.88**	**3932.56**	**4690.32**	**5815.44**	**6746.38**	**8004.15**	**9453.65**
批发和零售业	Wholesale and Retail Trade	2840.62	3264.87	3830.07	4725.41	5525.51	6790.78	8018.88
限额以上	Above Designed Size	656.07	831.90	1060.98	1340.58	1637.75	2185.37	3017.92
限额以下	Below Designed Size	302.39	366.29	420.87	526.64	616.04	943.75	1073.32
个体户	Outside Market	1882.17	2066.67	2348.23	2858.19	3271.72	3661.66	3927.63
住宿和餐饮业	Accommodation and Catering Trade	470.91	596.57	779.77	992.29	1115.22	1102.67	1304.03
限额以上	Above Designed Size	48.12	64.11	84.52	109.13	132.07	195.04	271.23
限额以下	Below Designed Size	39.37	49.70	62.62	75.51	78.77	85.09	97.14
个体户	Outside Market	383.42	482.76	632.63	807.65	904.38	822.55	935.66
其它	Others	69.35	71.12	80.47	97.74	105.65	110.70	130.75

18-3 各市社会消费品零售总额(2011年)

Total Retail Sale of Consumer Goods by City(2011)

单位：亿元 (100 million yuan)

市(县) City(County)	社会消费品零售总额 Total Retail Sales of Consumer Goods	城镇 Urban Area	乡村 Urual Area	批发和零售业 Wholesale and Retail Sale Trade	住宿和餐饮业 Accommodation and Catering	其他 Others
省辖市 City						
郑州市 Zhengzhou	2015.61	1849.54	166.07	1668.91	318.20	28.50
开封市 Kaifeng	440.50	353.89	86.61	371.87	62.74	5.90
洛阳市 Luoyang	963.54	844.00	119.55	810.11	144.72	8.71
平顶山市 Pingdingshan	414.03	366.75	47.28	339.41	71.32	3.30
安阳市 Anyang	409.24	337.83	71.41	352.93	53.74	2.57
鹤壁市 Hebi	110.04	104.16	5.87	90.06	18.34	1.63
新乡市 Xinxiang	468.20	418.85	49.35	407.65	53.96	6.59
焦作市 Jiaozuo	380.93	305.15	75.79	319.69	59.33	1.91
濮阳市 Puyang	277.04	204.43	72.61	219.78	54.79	2.47
许昌市 Xuchang	420.51	315.68	104.83	341.23	73.71	5.56
漯河市 Luohe	258.27	209.36	48.91	212.65	41.49	4.13
三门峡市 Sanmenxia	239.28	201.05	38.23	205.83	30.11	3.34
南阳市 Nanyang	943.89	737.61	206.28	791.28	138.70	13.91
商丘市 Shangqiu	478.75	354.27	124.48	396.71	74.65	7.39
信阳市 Xinyang	523.33	424.02	99.31	369.12	142.84	11.38
周口市 Zhoukou	579.80	467.49	112.31	461.96	110.08	7.76
驻马店市 Zhumadian	447.23	329.46	117.77	383.00	60.88	3.35
济源市 Jiyuan	82.77	80.40	2.37	66.33	15.23	1.21
省直管县 Province Administrating County						
巩义市 Gongyi	147.87	136.84	11.03	117.44	28.08	2.35
兰考县 Lankao	48.10	34.65	13.45	39.57	7.47	1.06
汝州市 Ruzhou	70.12	47.46	22.66	60.60	8.86	0.66
滑县 Huaxian	49.32	37.08	12.25	43.22	5.81	0.29
长垣县 Changyuan	39.07	28.46	10.61	33.33	5.16	0.58
邓州市 Dengzhou	84.07	63.99	20.08	65.60	17.29	1.18
永城市 Yongcheng	87.05	67.94	19.11	63.74	21.97	1.34
固始县 Gushi	90.78	71.99	18.79	67.00	21.85	1.92
鹿邑县 Luyi	64.87	55.66	9.21	51.14	13.61	0.13
新蔡县 Xincai	33.27	23.13	10.14	27.46	5.57	0.25

18-4 各市批发和零售业、住宿和餐饮业商品销售额(营业额)增幅(2011年)

Growth rate of Total Sales of Wholesale and Retail Sale, Hotels and Catering Services by City(2011)

单位：% (%)

市(县) City(County)	批发和零售业销售额 Wholesale and Retail Sale Trade	#限额以上 Above Designated Size	住宿和餐饮业营业额 Accommodation and Catering	#限额以上 Above Designated Size
省辖市 City				
郑州市 Zhengzhou	24.2	27.0	20.0	24.5
开封市 Kaifeng	24.9	28.7	24.8	31.0
洛阳市 Luoyang	27.5	32.0	24.9	26.7
平顶山市 Pingdingshan	24.5	27.3	25.6	38.0
安阳市 Anyang	26.7	33.9	19.8	18.2
鹤壁市 Hebi	25.8	40.4	20.9	28.9
新乡市 Xinxiang	24.8	30.4	22.3	30.5
焦作市 Jiaozuo	27.7	27.1	24.1	28.5
濮阳市 Puyang	29.0	27.3	26.3	33.0
许昌市 Xuchang	25.8	30.1	26.4	36.6
漯河市 Luohe	25.7	30.3	27.2	52.0
三门峡市 Sanmenxia	26.3	31.3	27.7	25.5
南阳市 Nanyang	24.9	33.5	22.9	25.5
商丘市 Shangqiu	28.7	29.9	28.1	20.7
信阳市 Xinyang	26.3	27.3	28.2	30.0
周口市 Zhoukou	28.7	27.2	26.4	27.8
驻马店市 Zhumadian	26.1	31.6	25.4	33.2
济源市 Jiyuan	25.8	35.1	18.3	22.9
省直管县 Province Administrating County				
巩义市 Gongyi	18.1	28.0	24.6	25.5
兰考县 Lankao	18.4	28.1	21.6	46.9
汝州市 Ruzhou	21.6	31.7	20.3	48.1
滑县 Huaxian	23.2	33.9	17.5	31.7
长垣县 Changyuan	26.2	31.7	27.7	30.3
邓州市 Dengzhou	23.6	42.5	22.9	28.7
永城市 Yongcheng	30.7	33.7	22.4	20.1
固始县 Gushi	26.6	34.0	26.2	31.7
鹿邑县 Luyi	22.5	49.3	17.6	32.9
新蔡县 Xincai	21.6	29.6	25.2	25.6

18-5 按登记注册类型分批发和零售业、住宿和餐饮业基本情况
Basic Conditions of Enterprises in Wholesale and Retail Trades, Hotels and Catering Services by Types of Registration

指标	Item	2010		2011	
		单位数（个）(unit)	从业人员（人）Persons Employed (person)	单位数（个）(unit)	从业人员（人）Persons Employed (person)
批发和零售业	**Wholesale and Retail Sale trades**	**52392**	**987576**	**53525**	**1005190**
限额以上单位	Above Designated Size	7330	465830	8463	483444
按注册登记类型	By Registration				
内资企业	Domestic-Funded Enterprises	6303	438242	6216	432102
港澳台投资企业	Enterprises With Investment from Hong Kong, Macao and Taiwan	24	6065	23	8327
外商投资企业	Enterprises With Foreign Investment	35	3964	38	4009
限额以上个体	Individual	968	17559	2186	39006
按国民经济行业	By Sector				
批发业	Wholesale Trade	1991	151874	2201	148241
零售业	Retail trade	5339	313956	6262	335203
限额以下企业	Below Designated Size	45062	521746	45062	521746
按注册登记类型	By Registration				
内资企业	Domestic-Funded Enterprises	45000	520395	45000	520395
港澳台投资企业	Enterprises With Investment from Hong Kong, Macao and Taiwan	22	547	22	547
外商投资企业	Enterprises With Foreign Investment	40	804	40	804
按国民经济行业	By Sector				
批发业	Wholesale Trade	23320	298233	23320	298233
零售业	Retail trade	21742	223513	21742	223513
住宿和餐饮企业	**Hotels and Catering Services**	**9271**	**303224**	**9891**	**319851**
限额以上企业	Above Designated Size	4092	217327	5017	240497
按注册登记类型	By Registration				
内资企业	Domestic-Funded Enterprises	2374	159851	2415	162021
港澳台投资企业	Enterprises With Investment from Hong Kong, Macao and Taiwan	20	5699	18	4526
外商投资企业	Enterprises With Foreign Investment	18	6682	18	7749
限额以上个体	Individual	1680	45095	2566	66201
按国民经济行业	By Sector				
住宿业	Hotels Services	1193	102674	1339	104309
餐饮业	Catering Services	2899	114653	3678	136188
限额以下企业	Below Designated Size	5179	85897	4874	79354
按注册登记类型	By Registration				
内资企业	Domestic-Funded Enterprises	5173	85223	4868	78680
港澳台投资企业	Enterprises With Investment from Hong Kong, Macao and Taiwan	5	654	5	654
外商投资企业	Enterprises With Foreign Investment	1	20	1	20
按国民经济行业	By Sector				
住宿业	Hotels Services	1520	29065	1426	26946
餐饮业	Catering Services	3659	56832	3448	52408

18-6 限额以上批发和零售业法人基本情况(2011年)
Basic Conditions of Corporation in Wholesale and Retail Trades above Designated Size(2011)

指标名称	Item	法人企业 (个) Corporate Enterprises (unit)	从业人员期末人数 (人) Persons Employed (person)	法人属产业活动单位数 (个) Establish_ments Units (unit)	#批发和零售业 Wholesale and Retail Trades
总　计	**Total**	**6226**	**440712**	**19812**	**19570**
批发业	**Wholesale Trades**	**1978**	**143399**	**5325**	**5300**
按批发行业小类分	By small kind points				
农畜产品	Animal products	235	21172	427	423
食品、饮料及烟草制品	Food, Beverages, Tobacco and Liquor	210	40779	713	707
纺织、服装及日用品	Textile Clothing, and Articles for Daily Use	68	3788	99	98
文化、体育用品及器材	Culture, sports supplies and equipment	29	2154	70	70
医药及医疗器材	Medicine and the medical equipment	125	12460	422	422
矿产品、建材及化工产品	Mineral products, building materials and chemical products	945	45681	3151	3140
机械设备、五金交电及电子产品	Mechanical equipment, hardware and electronic products	271	14272	313	311
贸易经纪与代理	Trade brokers and agents	2	38	2	2
其他	Others	93	3055	128	127
按登记注册类型分	By Registration				
内资企业	Domestic-Funded Enterprises	1970	142677	5311	5286
港、澳、台商投资企业	Enterprises With Investment from Hong Kong, Macao and Taiwan	4	589	10	10
外商投资企业	Enterprises With Foreign Investment	4	133	4	4
按控股情况分	By Proprietarily System				
国有控股	State-holding	341	67066	3006	2991
集体控股	Collective-holding	175	17234	543	539
私人控股	Private-holding	1233	47933	1532	1527
港澳台商控股	Hong Kong, Macao and Taiwan-holding	5	589	11	11
外商控股	Foreign-holding	5	304	5	5
其他	Others	219	10273	228	227
按经营形式分	By Managing Form				
独立门店	Independent store	1553	95801	2998	2985
连锁总店(总部)	Chain head office	16	5600	1122	1119
连锁门店	Chain store	13	3808	241	241
其他	Others	396	38190	964	955

18-6 续表 continued

指标名称	Item	法人企业（个）Corporate Enterprises (unit)	从业人员期末人数（人）Persons Employed (person)	法人属产业活动单位数（个）Establish_ments Units (unit)	#批发和零售业 Wholesale and Retail Trades
零售业	**Retail Sale trades**	**4248**	**297313**	**14487**	**14270**
按零售行业小类分	By small kind points				
综合	Comprehensive	1388	145410	5103	4950
食品、饮料及烟草制品	Food, Beverages, Tobacco and Liquor	185	11035	965	948
纺织、服装及日用品	Textile Clothing, and Articles for Daily Use	289	16067	669	655
文化、体育用品及器材	Culture, sports supplies and equipment	179	13355	619	613
医药及医疗器材	Medicine and the medical equipment	206	21332	3894	3887
汽车、摩托车、燃料及零配件	Automobile, motorcycle, fuel and spare parts	1102	53054	2016	2009
家用电器及电子产品	Household appliances and electronic	539	24832	804	797
五金、家具及室内装修材料	Hardware, furniture and indoor decoration materials	226	7759	269	263
无店铺及其他	Non-store and Others	134	4469	148	148
按登记注册类型分	By Registration				
内资企业	Domestic-Funded Enterprises	4213	286390	14424	14207
港、澳、台商投资企业	Enterprises With Investment from Hong Kong, Macao and Taiwan	11	7544	33	33
外商投资企业	Enterprises With Foreign Investment	24	3379	30	30
按控股情况分	By Proprietarily System				
国有控股	State-holding	456	46419	4127	4060
集体控股	Collective-holding	786	38706	3880	3775
私人控股	Private-holding	2642	174282	5491	5458
港澳台商控股	Hong Kong, Macao and Taiwan-holding	10	7292	32	32
外商控股	Foreign-holding	21	3048	27	27
其他	Others	333	27566	930	918
按经营形式分	By Managing Form				
独立门店	Independent store	3681	203918	9667	9502
连锁总店(总部)	Chain head office	131	62785	2871	2857
连锁门店	Chain store	77	6074	243	243
其他	Others	359	24536	1706	1668
按零售业态分	By Retail Formats				
有店铺零售	Store Retailing	4242	297144	14481	14264
无店铺零售	Non-store Retailing	6	169	6	6

18-7 限额以上住宿和餐饮业法人基本情况(2011年)

Basic Conditions of Corporation in Hotels and Catering Services above Designated Size(2011)

指标名称	Item	法人企业(个) Corporate Enterprises (unit)	从业人员期末人数(人) Persons Employed (person)	法人属产业活动单位数(个) Establish_ments Units (unit)	#批发和零售业 Wholesale and Retail Trades
总　计	**Total**	**2363**	**169482**	**2671**	**2619**
住宿业	**Hotels**	**953**	**93113**	**1093**	**1045**
按住宿行业小类分	By small kind points				
旅游饭店	Tourist hotel	537	67665	603	584
一般旅馆	General hotel	388	23755	462	433
其他住宿服务	Others	28	1693	28	28
按登记注册类型分	By Registration				
内资企业	Domestic-Funded Enterprises	932	88121	1072	1024
国有企业	State-owned	176	24302	236	211
集体企业	Collective-owned	57	4751	62	61
股份合作企业	Cooperative	6	450	6	6
联营企业	Joint Ownership	5	189	5	5
有限责任公司	Limited Liability Corporations	171	21542	212	198
股份有限公司	Share-holding Corporation Ltd	53	5431	62	61
私营企业	Private	414	27760	439	432
其他企业	Other	50	3696	50	50
港、澳、台商投资企业	Enterprises With Investment from Hong Kong, Macao and Taiwan	14	4040	14	14
外商投资企业	Enterprises With Foreign Investment	7	952	7	7
按控股情况分	By Proprietarily System				
国有控股	State-holding	199	29825	264	239
集体控股	Collective-holding	80	7267	92	90
私人控股	Private-holding	554	40812	590	579
港澳台商控股	Hong Kong, Macao and Taiwan-holding	12	3613	12	12
外商控股	Foreign-holding	8	812	8	8
其他	Others	100	10784	127	117
按经营形式分	By Managing Form				
独立门店	Independent store	817	79756	893	867
连锁总店(总部)	Chain head office	4	550	15	15
连锁门店	Chain store	41	5359	49	48
其他	Others	91	7448	136	115
按星级分	By Star Points				
五星	Five-star	23	7920	23	23
四星	Four-star	90	19064	102	97
三星	Three-star	204	25282	239	229
二星	Two-star	124	9022	140	136
一星	One-star	6	271	6	6
其他	Others	506	31554	583	554

18-7 续表 continued

指标名称	Item	法人企业(个) Corporate Enterprises (unit)	从业人员期末人数(人) Persons Employed (person)	法人属产业活动单位数(个) Establish _ments Units (unit)	#批发和零售业 Wholesale and Retail Trades
餐饮业	**Catering Services**	**1410**	**76369**	**1578**	**1574**
按餐饮行业小类分	By small kind points				
正餐服务	Dinner	1288	66939	1413	1410
快餐服务	Snack	85	8037	124	123
饮料及冷饮服务	Drinks and cold drinks	5	111	5	5
其他餐饮服务	Others	32	1282	36	36
按登记注册类型分	By Registration				
内资企业	Domestic-Funded Enterprises	1395	69086	1496	1492
国有企业	State-owned	29	1038	39	36
集体企业	Collective-owned	22	854	28	28
股份合作企业	Cooperative	6	488	6	6
联营企业	Joint Ownership				
有限责任公司	Limited Liability Corporations	206	16173	232	232
股份有限公司	Share-holding Corporation Ltd	41	2162	42	42
私营企业	Private	1009	44795	1067	1066
其他企业	Other	82	3576	82	82
港、澳、台商投资企业	Enterprises With Investment from Hong Kong, Macao and Taiwan	4	486	5	5
外商投资企业	Enterprises With Foreign Investment	11	6797	77	77
按控股情况分	By Proprietarily System				
国有控股	State-holding	35	7054	81	78
集体控股	Collective-holding	35	1788	43	43
私人控股	Private-holding	1215	59383	1289	1288
港澳台商控股	Hong Kong, Macao and Taiwan-holding	4	486	5	5
外商控股	Foreign-holding	9	1421	39	39
其他	Others	112	6237	121	121
按经营形式分	By Managing Form				
独立门店	Independent store	1286	63515	1331	1327
连锁总店(总部)	Chain head office	22	8516	140	140
连锁门店	Chain store	48	2259	50	50
其他	Others	54	2079	57	57

18-8 各市批发和零售、住宿和餐饮业法人企业单位数(2011年)
Number of Corporation in Wholesale and Retail Sale, Hotels and Catering Services by City (2011)

单位：个 (unit)

市(县)	City(County)	批发业 Wholesale Trade	#限额以上 Above Designated Size	零售业 Retail Sale	#限额以上 Above Designated Size	住宿业 Accomm-odation	#限额以上 Above Designated Size	餐饮业 Catering Trade	#限额以上 Above Designated Size
省辖市	**City**								
郑州市	Zhengzhou	8040	545	5512	609	338	172	440	201
开封市	Kaifeng	1251	79	1644	292	166	48	536	145
洛阳市	Luoyang	2307	218	1806	367	216	102	190	80
平顶山市	Pingdingshan	1396	98	1286	265	203	92	442	125
安阳市	Anyang	1651	129	1366	173	103	27	214	58
鹤壁市	Hebi	208	27	302	85	33	16	60	28
新乡市	Xinxiang	1509	143	1598	197	97	41	238	65
焦作市	Jiaozuo	948	56	916	165	73	38	78	22
濮阳市	Puyang	437	47	740	137	44	14	166	24
许昌市	Xuchang	1424	109	1296	207	125	46	377	75
漯河市	Luohe	358	43	657	132	45	20	104	48
三门峡市	Sanmenxia	721	47	1368	168	105	35	119	38
南阳市	Nanyang	1493	161	2130	431	322	86	760	150
商丘市	Shangqiu	641	47	891	174	55	20	124	47
信阳市	Xinyang	640	36	1190	237	135	54	368	99
周口市	Zhoukou	789	82	761	223	138	74	186	106
驻马店市	Zhumadian	1143	92	2422	348	164	57	450	94
济源市	Jiyuan	342	19	105	38	17	11	6	5
省直管县	**Province Administrating County**								
巩义市	Gongyi	186	9	152	34	22	7	24	12
兰考县	Lankao	215	6	325	59	23	5	95	17
汝州市	Ruzhou	170	12	187	42	26	3	22	1
滑县	Huaxian	112	16	123	21	9	3	10	2
长垣县	Changyuan	41	3	110	12	6		19	12
邓州市	Dengzhou	72	8	158	46	14	3	17	5
永城市	Yongcheng	49	3	84	31	4	3	9	6
固始县	Gushi	115	5	191	36	12	6	44	25
鹿邑县	Luyi	58	6	17	7	7	6	10	6
新蔡县	Xincai	220	13	508	44	16	2	85	11

18–9 各市批发和零售、住宿和餐饮业法人企业从业人员(2011年)

Number of Persons Employed in Wholesale and Retail Sale, Hotels and Catering Services by City (2011)

单位：个 (unit)

市(县) City(County)	批发业 Wholesale Trade	#限额以上 Above Designated Size	零售业 Retail Sale	#限额以上 Above Designated Size	住宿业 Accommodation	#限额以上 Above Designated Size	餐饮业 Catering Trade	#限额以上 Above Designated Size
省辖市 City								
郑州市 Zhengzhou	101892	33626	92614	54089	29624	25704	27342	22109
开封市 Kaifeng	23155	4446	31100	13817	6154	4535	10836	5075
洛阳市 Luoyang	32307	9592	42177	29398	11711	9101	9699	7195
平顶山市 Pingdingshan	23978	7430	26593	15649	9763	8049	8884	5015
安阳市 Anyang	26577	7214	23948	11510	4121	2741	6329	3829
鹤壁市 Hebi	4652	1981	7055	4743	1321	1064	1649	1003
新乡市 Xinxiang	26117	7591	31494	15880	4406	3412	7070	4091
焦作市 Jiaozuo	16030	3445	21116	11740	5606	4734	2977	1354
濮阳市 Puyang	10011	4630	15948	8078	1292	865	3086	1249
许昌市 Xuchang	23437	6591	23535	11476	6354	5053	6513	2644
漯河市 Luohe	8075	3496	12282	6663	1695	1268	2996	2083
三门峡市 Sanmenxia	9295	2497	14311	7559	4802	3639	3235	1650
南阳市 Nanyang	40288	20072	43060	25512	11487	7319	12130	5384
商丘市 Shangqiu	17546	6636	24749	13948	3402	1844	4331	2566
信阳市 Xinyang	15308	4158	33776	23708	5867	4597	7130	3660
周口市 Zhoukou	34495	9384	29546	21005	4908	3822	5451	3533
驻马店市 Zhumadian	24065	9372	43553	19365	6246	4177	8777	3608
济源市 Jiyuan	4404	1238	3969	3173	1300	1189	342	321
省直管县 Province Administrating County								
巩义市 Gongyi	1436	278	3102	1981	802	603	668	495
兰考县 Lankao	3782	207	5383	1933	423	152	1565	367
汝州市 Ruzhou	2594	308	4333	2635	653	325	459	167
滑县 Huaxian	3627	1384	1976	1064	292	186	190	60
长垣县 Changyuan	974	76	2759	1540	64		1379	1270
邓州市 Dengzhou	3003	1591	4664	3314	330	190	261	94
永城市 Yongcheng	690	132	2777	2142	495	400	536	405
固始县 Gushi	1620	227	4275	3029	521	466	1050	578
鹿邑县 Luyi	2585	1600	620	470	388	383	164	102
新蔡县 Xincai	3259	651	6118	1918	346	144	1275	376

18－10 各市批发和零售、住宿和餐饮业限额以上企业单位数(2011年)
Number of Corporation in Wholesale and Retail Sale, Hotels and Catering Services Above Designated Size by City (2011)

单位：个　　　　(unit)

市(县) City(County)	批发业 Wholesale Trade	限额以上法人 Institutional Above Designated Size	大个体 Large Individual	外行业附营产业 The additive Industry of other Sector	零售业 Retail Sale	限额以上法人 Institutional Above Designated Size	大个体 Large Individual	外行业附营产业 The additive Industry of other Sector
省　辖　市 City								
郑　州　市 Zhengzhou	571	545	23	3	1010	609	398	3
开　封　市 Kaifeng	83	79	2	2	354	292	60	2
洛　阳　市 Luoyang	228	218	5	5	501	367	132	2
平 顶 山 市 Pingdingshan	103	98	5		450	265	181	4
安　阳　市 Anyang	133	129	1	3	216	173	41	2
鹤　壁　市 Hebi	34	27	2	5	106	85	21	
新　乡　市 Xinxiang	145	143	1	1	300	197	102	1
焦　作　市 Jiaozuo	59	56	2	1	246	165	81	
濮　阳　市 Puyang	77	47	30		343	137	200	6
许　昌　市 Xuchang	160	109	51		289	207	82	
漯　河　市 Luohe	47	43	4		170	132	38	
三 门 峡 市 Sanmenxia	48	47		1	186	168	17	1
南　阳　市 Nanyang	193	161	31	1	631	431	199	1
商　丘　市 Shangqiu	54	47	7		212	174	37	1
信　阳　市 Xinyang	52	36	14	2	337	237	99	1
周　口　市 Zhoukou	86	82	4		318	223	95	
驻 马 店 市 Zhumadian	107	92	14	1	549	348	199	2
济　源　市 Jiyuan	21	19	2		44	38	6	
省 直 管 县 Province Administrating County								
巩　义　市 Gongyi	10	9	1		52	34	18	
兰　考　县 Lankao	8	6	2		77	59	18	
汝　州　市 Ruzhou	14	12	2		71	42	29	
滑　　　县 Huaxian	17	16	1		34	21	13	
长　垣　县 Changyuan	3	3			29	12	17	
邓　州　市 Dengzhou	8	8			54	46	8	
永　城　市 Yongcheng	3	3			31	31		
固　始　县 Gushi	5	5			41	36	5	
鹿　邑　县 Luyi	6	6			10	7	3	
新　蔡　县 Xincai	16	13	3		61	44	17	

18-10 续表 continued

单位：个 (unit)

市(县) City(County)	住宿业 Accommodation	限额以上法人 Institutional Above Designated Size	大个体 Large Individual	外行业附营产业 The additive Industry of other Sector	餐饮业 Catering Trade	限额以上法人 Institutional Above Designated Size	大个体 Large Individual	外行业附营产业 The additive Industry of other Sector
省辖市 City								
郑州市 Zhengzhou	239	172	59	8	749	201	547	1
开封市 Kaifeng	57	48	5	4	214	145	68	1
洛阳市 Luoyang	132	102	20	10	283	80	195	8
平顶山市 Pingdingshan	126	92	31	3	342	125	214	3
安阳市 Anyang	35	27	7	1	129	58	68	3
鹤壁市 Hebi	21	16	3	2	58	28	29	1
新乡市 Xinxiang	55	41	10	4	165	65	100	
焦作市 Jiaozuo	60	38	22		123	22	101	
濮阳市 Puyang	38	14	21	3	137	24	108	5
许昌市 Xuchang	64	46	18		204	75	127	2
漯河市 Luohe	26	20	6		120	48	72	
三门峡市 Sanmenxia	43	35	6	2	69	38	31	
南阳市 Nanyang	143	86	52	5	356	150	201	5
商丘市 Shangqiu	28	20	8		97	47	50	
信阳市 Xinyang	73	54	18	1	254	99	143	12
周口市 Zhoukou	108	74	34		215	106	109	
驻马店市 Zhumadian	80	57	21	2	151	94	55	2
济源市 Jiyuan	11	11			12	5	7	
省直管县 Province Administrating County								
巩义市 Gongyi	11	7	4		52	12	40	
兰考县 Lankao	6	5	1		23	17	6	
汝州市 Ruzhou	10	3	7		34	1	33	
滑县 Huaxian	6	3	3		18	2	16	
长垣县 Changyuan	1		1		22	12	10	
邓州市 Dengzhou	10	3	7		38	5	33	
永城市 Yongcheng	3	3			11	6	5	
固始县 Gushi	10	6	4		35	25	10	
鹿邑县 Luyi	6	6			10	6	4	
新蔡县 Xincai	3	2	1		15	11	4	

18-11　各市批发和零售、住宿和餐饮业限上企业从业人员(2011年)

Number of Persons Employed in Wholesale and Retail Sale, Hotels and Catering Services Above Designated Size by City (2011)

单位：人　　(Person)

市(县) City(County)	批发业 Wholesale Trade	限额以上法人 Institutional Above Designated Size	大个体 Large Individual	外行业附营产业 The additive Industry of other Sector	零售业 Retail Sale	限额以上法人 Institutional Above Designated Size	大个体 Large Individual	外行业附营产业 The additive Industry of other Sector
省辖市 City								
郑州市 Zhengzhou	34139	33626	316	197	60654	54089	6377	188
开封市 Kaifeng	4560	4446	31	83	14540	13817	678	45
洛阳市 Luoyang	9944	9592	103	249	32192	29398	2777	17
平顶山市 Pingdingshan	7513	7430	83		18763	15649	2227	887
安阳市 Anyang	7342	7214	30	98	12500	11510	930	60
鹤壁市 Hebi	2842	1981	51	810	5088	4743	345	
新乡市 Xinxiang	7666	7591	12	63	18745	15880	2855	10
焦作市 Jiaozuo	3539	3445	44	50	14160	11740	2420	
濮阳市 Puyang	5111	4630	481		10564	8078	2337	149
许昌市 Xuchang	7260	6591	669		12979	11476	1503	
漯河市 Luohe	3532	3496	36		7188	6663	525	
三门峡市 Sanmenxia	2525	2497		28	8252	7559	609	84
南阳市 Nanyang	20390	20072	273	45	28516	25512	2974	30
商丘市 Shangqiu	6696	6636	60		14906	13948	918	40
信阳市 Xinyang	4732	4158	142	432	25451	23708	1711	32
周口市 Zhoukou	9416	9384	32		23354	21005	2349	
驻马店市 Zhumadian	9787	9372	374	41	24068	19365	4615	88
济源市 Jiyuan	1247	1238	9		3283	3173	110	
省直管县 Province Administrating County								
巩义市 Gongyi	286	278	8		2357	1981	376	
兰考县 Lankao	238	207	31		2182	1933	249	
汝州市 Ruzhou	337	308	29		2841	2635	206	
滑县 Huaxian	1414	1384	30		1499	1064	435	
长垣县 Changyuan	76	76			2493	1540	953	
邓州市 Dengzhou	1591	1591			3456	3314	142	
永城市 Yongcheng	132	132			2142	2142		
固始县 Gushi	227	227			3117	3029	88	
鹿邑县 Luyi	1600	1600			487	470	17	
新蔡县 Xincai	818	651	167		2119	1918	201	

18-11 续表 continued

单位：人 (Person)

市(县) City(County)	住宿业 Accommodation	限额以上法人 Institutional Above Designated Size	大个体 Large Individual	外行业附营产业 The additive Industry of other Sector	餐饮业 Catering Trade	限额以上法人 Institutional Above Designated Size	大个体 Large Individual	外行业附营产业 The additive Industry of other Sector
省辖市 City								
郑州市 Zhengzhou	27497	25704	1269	524	42022	22109	19757	156
开封市 Kaifeng	4732	4535	134	63	6389	5075	1255	59
洛阳市 Luoyang	10299	9101	479	719	12475	7195	4728	552
平顶山市 Pingdingshan	9128	8049	936	143	9568	5015	4450	103
安阳市 Anyang	2993	2741	212	40	5920	3829	1601	490
鹤壁市 Hebi	1661	1064	98	499	1625	1003	607	15
新乡市 Xinxiang	3882	3412	228	242	6723	4091	2632	
焦作市 Jiaozuo	5296	4734	562		3858	1354	2504	
濮阳市 Puyang	1363	865	374	124	3394	1249	2055	90
许昌市 Xuchang	5580	5053	527		5706	2644	3029	33
漯河市 Luohe	1420	1268	152		3738	2083	1655	
三门峡市 Sanmenxia	4045	3639	240	166	2766	1650	1116	
南阳市 Nanyang	8651	7319	1093	239	9382	5384	3960	38
商丘市 Shangqiu	2016	1844	172		3690	2566	1124	
信阳市 Xinyang	5162	4597	555	10	7142	3660	3272	210
周口市 Zhoukou	4682	3822	860		6095	3533	2562	
驻马店市 Zhumadian	4713	4177	413	123	5026	3608	1242	176
济源市 Jiyuan	1189	1189			669	321	348	
省直管县 Province Administrating County								
巩义市 Gongyi	664	603	61		1912	495	1417	
兰考县 Lankao	197	152	45		509	367	142	
汝州市 Ruzhou	523	325	198		886	167	719	
滑县 Huaxian	275	186	89		447	60	387	
长垣县 Changyuan	40		40		1649	1270	379	
邓州市 Dengzhou	346	190	156		619	94	525	
永城市 Yongcheng	400	400			726	405	321	
固始县 Gushi	619	466	153		851	578	273	
鹿邑县 Luyi	383	383			154	102	52	
新蔡县 Xincai	162	144	18		429	376	53	

18-12 限额以上批发和零售企业商品分类销售总额(2011年)

Total Sales of Enterprises above Designated Size of Wholesale and Retail Trade by Category of Main Commodities(2011)

单位：亿元 (100 million yuan)

指 标	Item	合计 Total	批发 Wholesale Trade	零售 Retail Trade
食品、饮料、烟酒类	Food, Beverages, Tobacco and Liquor	1380.10	1006.90	373.20
食品类	Food	530.48	311.06	219.42
#粮油类	Grain and oils	268.24	205.01	63.23
肉禽蛋类	Meat, Poultry and Eggs	86.73	41.80	44.93
水产品类	Aquatic products	5.53	1.85	3.68
蔬菜类	Vegetables	29.05	20.04	9.01
干鲜果品类	Nuts	21.21	8.23	12.98
饮料类	Beverages	74.76	15.29	59.47
烟酒类	Tobacco and Liquor	774.86	680.55	94.31
服装、鞋帽、针纺织品类	Clothing, Shoes, Hats and Textiles	343.91	60.64	283.27
服装类	Clothing	223.68	30.64	193.04
鞋帽类	Shoes and Hats	64.01	6.25	57.76
针、纺织品类	Knitwear and Textiles	56.22	23.75	32.47
化妆品类	Cosmetics	48.86	6.56	42.30
金银珠宝类	Gold, Silver and Jewelry	38.08	0.43	37.65
日用品类	Articles for Daily Use	152.84	33.17	119.67
#洗涤用品类	Washing Articles	30.87	6.16	24.71
儿童玩具类	Children Toys	6.30	0.21	6.09
五金、电料类	Hardware and Electrical Materials	52.80	18.01	34.79
体育、娱乐用品类	Sports and Recreation Articles	10.55	1.44	9.11
书报杂志类	Newspapers and Magazines	60.53	25.56	34.97
电子出版物及音像制品类	E-journal and Video Products	2.65	0.23	2.42
家用电器和音像器材类	Household Appliances and Video Appliances	450.19	208.77	241.42
中西药品类	Traditional Chinese and Western Medicines	452.71	357.72	94.99
#西药类	Western Medicines	265.75	213.32	52.43
中草药及中成药类	Traditional Chinese Medicines	52.99	35.17	17.82
文化办公用品类	Cultural and Official Goods	83.94	44.17	39.77
家具类	Furniture	59.73	1.47	58.26
通讯器材类	Communication Appliances	51.74	12.06	39.68
煤炭及制品类	Coal and Related Products	678.29	660.11	18.18
木材及制品类	Wood and Wooden Products	7.47	7.37	0.10
石油及制品类	Petroleum and Related Products	1193.32	872.89	320.43
化工材料及制品类	Raw Chemical Materials	302.91	266.81	36.10
#化肥类	Fertilizer	139.29	109.71	29.58
金属材料类	Metal Materials	826.47	825.66	0.81
建筑及装潢材料类	Building and Decoration Materials	88.38	67.48	20.90
机电产品及设备类	Mechanical and Electrical Products	264.75	236.59	28.16
#农机类	Agricultural Machinery	78.76	77.49	1.27
汽车类	Automobile	1042.82	182.00	860.82
种子饲料类	Seed and Feedstuff	66.05	64.37	1.68
棉麻类	Cotton, Hemp	65.88	65.41	0.47
其他类	Others	315.61	289.00	26.61

18-13 限额以上批发和零售企业商品销售、库存(2011年)

Total Sales and Inventory of Enterprises above Designated Size in Wholesale and Retail Trades (2011)

指　　标	Item	购进量 purchases	销售量 Total Sales	库存量 Inventory (year-end)
大米(稻米)(吨)	Rice(ton)	335715	389432	224752
面粉(小麦面)(吨)	Flour(ton)	247858	238503	60713
杂粮(吨)	Food grains (ton)	507051	377173	164231
食用植物油(吨)	Edible Vegetable Oil (ton)	114962	112597	57866
猪肉(吨)	pork(ton)	183337	180215	7119
牛肉(吨)	Beef (ton)	3871	3846	112
羊肉(吨)	Sheep (ton)	1735	1703	69
禽肉(吨)	Poultry meat(ton)	7818	7722	271
鲜蛋(吨)	Eggs(ton)	29829	29529	2290
彩色电视机(台)	Colour Television Set (unit)	2686785	2648553	230545
家用电冰箱(台)	Refrigerator (unit)	3221535	2690030	665842
房间空调器(台)	Air conditioner	7740844	7286087	946875
电脑(微型计算机)(台)	Personal Computer (unit)	1189692	1154185	100604
汽车(辆)	Motor Vehicles (unit)	800223	763990	75641
#轿车	Car	539206	509243	59276
煤炭(吨)	Coal (ton)	80051220	79542886	1306196
汽油(吨)	Gasoline (ton)	5893304	3884506	417924
柴油(吨)	Diesel Oil (ton)	13424775	9507857	616351
钢材(吨)	Steel Products (ton)	10747299	10689597	400971
铜(吨)	Copper (ton)	180256	177350	3203
铝(吨)	Aluminum (ton)	1030053	1027294	6654
水泥(吨)	Cement (ton)	2712377	2594522	127816
化学肥料(吨)	Chemical Fertilizers (ton)	6130959	6050391	287578
化学农药(吨)	Chemical Pesticide (ton)	208756	198100	21539

18-14 各市限额以上批发和零售企业商品购、销、存总额(2011年)

Total Purchases, Sales and Inventory above Designated Size of Wholesale and Retail Trades by City(2011)

单位：亿元 (100 million yuan)

市(县) City(County)	销售总额 Total Sales	批发 Wholesale trade	零售 Retail Trade	年末库存额 Inventory (year-end)
全　省 Total	**8250.10**	**5255.15**	**2994.95**	**861.47**
省辖市 City				
郑州市 Zhengzhou	2943.86	1997.37	946.49	223.89
开封市 Kaifeng	206.87	91.53	115.34	25.75
洛阳市 Luoyang	747.00	479.41	267.59	39.97
平顶山市 Pingdingshan	560.16	424.93	135.24	41.66
安阳市 Anyang	442.50	328.61	113.90	20.94
鹤壁市 Hebi	72.77	51.43	21.34	11.50
新乡市 Xinxiang	374.96	222.18	152.78	25.71
焦作市 Jiaozuo	220.49	95.27	125.22	17.63
濮阳市 Puyang	181.81	79.02	102.79	13.74
许昌市 Xuchang	281.71	173.85	107.85	24.93
漯河市 Luohe	183.49	102.07	81.42	6.59
三门峡市 Sanmenxia	174.47	105.90	68.57	13.15
南阳市 Nanyang	527.06	321.53	205.53	268.99
商丘市 Shangqiu	514.29	367.94	146.36	18.10
信阳市 Xinyang	211.12	88.07	123.05	23.50
周口市 Zhoukou	269.44	141.26	128.17	62.20
驻马店市 Zhumadian	269.17	137.08	132.09	19.60
济源市 Jiyuan	68.93	47.69	21.24	3.61
省直管县 Province Administrating County				
巩义市 Gongyi	17.02	5.56	11.46	1.53
兰考县 Lankao	11.86	3.56	8.29	1.77
汝州市 Ruzhou	17.60	6.96	10.64	2.11
滑县 Huaxian	11.78	7.56	4.21	1.23
长垣县 Changyuan	11.03	2.66	8.37	1.12
邓州市 Dengzhou	45.73	35.35	10.39	11.80
永城市 Yongcheng	250.15	226.16	23.99	0.93
固始县 Gushi	14.62	2.43	12.19	1.30
鹿邑县 Luyi	11.91	6.46	5.45	0.55
新蔡县 Xincai	11.52	4.38	7.14	1.49

18-15 各市限额以上批发和零售企业商品分类批发总额(2011年)

Total Wholesale Value of Enterprises above Designated Size of Wholesales and Retail Trades by City and Sort(2011)

单位：万元 (10 000 yuan)

市(县) City(County)	食品饮料烟酒类 Food,Beverages Tobaccos and wine	日用品类 Articles for Daily Use	服装、鞋帽针纺织类 Clothing,shoes and Hats,Knitwear and Textiles	文化体育用品类 Cultural and Sports	家用电器和音像器材类 Household and Video Appliances	中西药品类 Medical Treatment Use	书报杂志类 Newspapers and Magazines
省辖市 City							
郑州市 Zhengzhou	1430167	184865	422714	441319	1367838	1913289	218742
开封市 Kaifeng	421131	6074	1912	144	22367	56064	1112
洛阳市 Luoyang	515239	476	5314	413	87961	221328	
平顶山市 Pingdingshan	539907	105	142		199	113674	151
安阳市 Anyang	435857	13523	9238	486	14941	134015	7470
鹤壁市 Hebi	209659	2035	23	1998	15	3907	
新乡市 Xinxiang	539591	10950	2576		124075	314495	
焦作市 Jiaozuo	274971	415	2	5	3965	11693	1229
濮阳市 Puyang	293821	21614	23255	5984	11653	15583	4921
许昌市 Xuchang	436401	2595	22957	417		76190	1436
漯河市 Luohe	503235	886	55	443	129007	25890	898
三门峡市 Sanmenxia	227662	1970	107		8856	24371	2142
南阳市 Nanyang	1420368	14423	42615	808	184682	199627	9847
商丘市 Shangqiu	489282	56	542	13	40	283544	1023
信阳市 Xinyang	588853	5283	11539	23	54330	34930	5084
周口市 Zhoukou	852457	1585	5843		3371	44492	4245
驻马店市 Zhumadian	487246	3097	18045	317	19575	40169	8886
济源市 Jiyuan	43172				500	20485	
省直管县 Province Administrating County							
巩义市 Gongyi	4388	67	73	15	1760	4005	
兰考县 Lankao	13334	106	4	59			924
汝州市 Ruzhou	745	98	78		25		25
滑县 Huaxian	2781	118	1539		822		4365
长垣县 Changyuan	5		10			4420	
邓州市 Dengzhou	128349	292	1		30		
永城市 Yongcheng			270				
固始县 Gushi	11416					827	
鹿邑县 Luyi	7275	1356	2033		2254		
新蔡县 Xincai	7380	700	550			3290	88

18-16 各市限额以上批发和零售企业商品分类零售总额(2011年)

Retail Trades Value of Enterprises above Designated Size in Wholesales and Retail Trades by City and Sort(2011)

单位：万元 (10 000 yuan)

市(县)	City(County)	食品饮料烟酒类 Food,Beverages Tobaccos and wine	日用品类 Articles for Daily Use	服装、鞋帽针纺织类 Clothing,shoes and Hats,Knitwear and Textiles	文化体育用品类 Cultural and Sports	家用电器和音像器材类 Household and Video Appliances	中西药品类 Medical Treatment Use	书报杂志类 Newspapers and Magazines
省辖市	**City**							
郑州市	Zhengzhou	717071	369319	1001338	212669	757330	232932	45777
开封市	Kaifeng	279263	47691	118757	20381	131966	44064	13141
洛阳市	Luoyang	291683	72472	217880	41352	174316	68151	24838
平顶山市	Pingdingshan	144253	47035	85670	22937	113285	119671	12205
安阳市	Anyang	197495	81472	79578	15076	102276	78216	13574
鹤壁市	Hebi	23906	6104	16632	207	19012	8533	5775
新乡市	Xinxiang	217444	47343	139639	2547	96545	53604	20412
焦作市	Jiaozuo	160999	50646	116295	16067	132944	55917	19270
濮阳市	Puyang	148498	62584	116264	14189	84594	11776	9906
许昌市	Xuchang	144170	30062	116775	5426	134752	22527	14839
漯河市	Luohe	233085	34986	58184	16821	77164	25151	7089
三门峡市	Sanmenxia	175978	56318	100060	10089	55119	36671	6255
南阳市	Nanyang	321871	85857	180677	32936	209560	46321	22973
商丘市	Shangqiu	130029	27151	44185	5884	44841	39893	25369
信阳市	Xinyang	280912	61821	127009	15263	94055	31416	32127
周口市	Zhoukou	259420	61873	157225	18056	104243	55055	29896
驻马店市	Zhumadian	327301	105215	177874	16433	116739	60588	32490
济源市	Jiyuan	38591	10426	18118	2995	19776	2812	2127
省直管县	**Province Administrating County**							
巩义市	Gongyi	24007	17732	16338	2011	12991	2893	2516
兰考县	Lankao	7068	2895	6417	3969	9707	871	775
汝州市	Ruzhou	17269	6692	9659	357	18299	8079	2554
滑县	Huaxian	12342	2398	10652	428	5252	882	129
长垣县	Changyuan	19193	3786	10433	2267	7629	4552	3870
邓州市	Dengzhou	21333	4838	15728	1533	10907	2445	3677
永城市	Yongcheng	37864	5534	6274	1109	16073	5495	2635
固始县	Gushi	35152	3130	16587	2302	7296	5167	4965
鹿邑县	Luyi	14901	24610	9140	6946	9719	5293	2437
新蔡县	Xincai	20863	8310	13952	24	6581	4270	2944

18-17 成品油批发企业能源商品购进、销售与库存(2011年)

Purchases, Sales and Inventory energy Commodity of Wholesale Finished Product oil Enterprises(2011)

单位：吨 (ton)

能源品种	energy name	年初库存量 Inventory (year-early)	本年购进量 Total Purchases	#购自省外 From Other Province	本年销售量 Total Sales	#售予批发和零售企业 To Wholesale and Retail	年末库存量 Inventory (year-end)
汽油	Gasoline	361633	3534188	978505	3225628	884190	447062
#93″	93″	258032	2711685	815983	2714871	786680	304582
柴油	Diesel oil	1097109	8909624	3555126	8434758	3187965	779360
#0″	0″	1018804	7865726	3138080	7545642	2812935	593364
煤油	Kerosene	16943	248685	248685	245830	9	19833
燃料油	Elding oil	2617	46699	12819	48006	10	1215
润滑油	Lubricating oil	9864	59292	37236	59721	19263	10989

18-18 成品油零售企业能源商品销售与库存(2011年)

Sales and Inventory energy Commodity of Retail Finished Product oil Trades (2011)

单位：吨 (ton)

能源品种	energy name	年初库存量 Inventory (year-early)	本年销售量 Total Sales	年末库存量 Inventory (year-end)
汽油	Gasoline	237620	4016950	265494
#93″	93″	164454	3334221	147261
柴油	Diesel oil	888549	7610343	540712
#0″	0″	845133	6734867	425639
煤油	Kerosene	105	730	120
燃料油	Elding oil	704	6179	725
润滑油	Lubricating oil	3389	19321	2509

18-19 住宿和餐饮企业经营情况(2011年)
Management of Hotels and Catering Services (2011)

单位：万元 (10 000 yuan)

指标	Item	营业总收入 Total Business Revenue	客房收入 guest room Revenue	餐费收入 meal Revenue	商品销售收入 Total Retail Sales of Consumer Goods	其他收入 other Revenue
总计	**Total**	**5048496**	**1166883**	**3548626**	**188647**	**144338**
限额以上企业	Above Designated Size	3745869	855010	2614144	151763	124951
星级住宿业	Star-rated Hotels	1403670	724305	527012	61338	91015
餐饮业	Catering Trade	2342199	130705	2087132	90426	33937
限额以下企业	Below Designated Size	1302627	311873	934482	36884	19387
星级外住宿业	Star-rated Hotels	365737	279649	67456	8338	10293
餐饮业	Catering Trade	936890	32224	867026	28546	9094

18-20 各市限额以上星级住宿和餐饮业企业经营情况(2011年)
Management of Enterprises above Designated Size of Star-rated Hotels and Catering Services by City (2011)

单位：万元 (10 000 yuan)

市(县)	City(County)	营业总收入 Total Business Revenue	客房收入 Guest room Revenue	餐费收入 Meal Revenue	商品销售收入 Total Retail Sales of Consumer Goods	其他收入 Other Revenue
省辖市	**City**					
郑州市	Zhengzhou	1042412	222449	698568	58839	62556
开封市	Kaifeng	226174	50465	166960	4462	4287
洛阳市	Luoyang	274505	65025	190196	8380	10904
平顶山市	Pingdingshan	286197	58035	200661	17222	10279
安阳市	Anyang	141413	24928	105056	6042	5387
鹤壁市	Hebi	40630	8092	29283	2338	917
新乡市	Xinxiang	135949	22896	106272	4536	2246
焦作市	Jiaozuo	130397	39215	81520	6395	3266
濮阳市	Puyang	115404	21400	90696	1542	1767
许昌市	Xuchang	178519	35940	134041	2665	5874
漯河市	Luohe	98024	13456	80829	3390	350
三门峡市	Sanmenxia	69635	20504	42005	4771	2355
南阳市	Nanyang	312780	96734	203692	6439	5915
商丘市	Shangqiu	78237	17367	54242	3750	2878
信阳市	Xinyang	241017	51849	178799	8368	2001
周口市	Zhoukou	197559	46052	142751	6071	2684
驻马店市	Zhumadian	157249	55676	93934	6356	1283
济源市	Jiyuan	19769	4928	14640	198	2
省直管县	**Province Administrating County**					
巩义市	Gongyi	26660	4445	19154	1273	1789
兰考县	Lankao	11644	2709	8538	372	25
汝州市	Ruzhou	16873	3476	10811	2241	345
滑县	Huaxian	12589	2881	9587	65	56
长垣县	Changyuan	10965	2633	7909	134	289
邓州市	Dengzhou	18602	3332	15033		238
永城市	Yongcheng	9514	2071	7273		170
固始县	Gushi	37765	9440	26414	1592	320
鹿邑县	Luyi	10766	3090	6857	305	515
新蔡县	Xincai	11415	4291	7124		

18-21　各市限额以上星级住宿企业经营情况(2011年)
Business of Star-rated Hotels above Designated Sized by City (2011)

单位：万元　(10 000 yuan)

市(县) City(County)	营业额 Total Business Revenue	客房收入 guest room Revenue	餐费收入 meal Revenue	商品销售收入 Total Retail Sales of Consumer Goods	其他收入 other Revenue
省辖市 City					
郑州市 Zhengzhou	405921	200745	133526	27607	44043
开封市 Kaifeng	69143	42837	21176	1350	3780
洛阳市 Luoyang	116405	54372	48363	3678	9992
平顶山市 Pingdingshan	108999	54051	38586	7466	8896
安阳市 Anyang	38976	18723	15971	1449	2834
鹤壁市 Hebi	17477	6679	8956	1420	423
新乡市 Xinxiang	46506	18017	25694	1318	1478
焦作市 Jiaozuo	71146	32883	33898	1613	2753
濮阳市 Puyang	31686	19569	11509	538	71
许昌市 Xuchang	59242	30247	24674	705	3616
漯河市 Luohe	17121	10360	6377	226	158
三门峡市 Sanmenxia	39891	17563	17573	2557	2198
南阳市 Nanyang	130052	77873	43577	3492	5110
商丘市 Shangqiu	21151	10435	7323	1018	2376
信阳市 Xinyang	74172	39570	30772	3040	791
周口市 Zhoukou	71968	43088	26259	1082	1540
驻马店市 Zhumadian	70961	42364	25056	2583	958
济源市 Jiyuan	12854	4928	7725	198	2
省直管县 Province Administrating County					
巩义市 Gongyi	7189	3562	3126	142	360
兰考县 Lankao	1991	1315	530	131	15
汝州市 Ruzhou	4766	1965	2232	361	209
滑县 Huaxian	3128	2078	942	53	56
长垣县 Changyuan	1097	1097			
邓州市 Dengzhou	5134	2649	2247		238
永城市 Yongcheng	3162	1313	1687		162
固始县 Gushi	13232	7876	5059	245	52
鹿邑县 Luyi	5590	3090	1681	305	515
新蔡县 Xincai	2752	1821	931		

18-22 各市限额以上餐饮企业经营情况(2011年)

Business of Catering Services above Designated Size by City (2011)

单位：万元 (10 000 yuan)

市(县)	City(County)	营业额 Total Business Revenue	客房收入 guest room Revenue	餐费收入 meal Revenue	商品销售收入 Total Retail Sales of Consumer Goods	其他收入 other Revenue
省辖市	**City**					
郑州市	Zhengzhou	636491	21704	565042	31232	18513
开封市	Kaifeng	157031	7628	145784	3112	507
洛阳市	Luoyang	158100	10653	141833	4702	912
平顶山市	Pingdingshan	177198	3984	162075	9756	1384
安阳市	Anyang	102437	6205	89086	4593	2553
鹤壁市	Hebi	23153	1413	20327	919	494
新乡市	Xinxiang	89443	4879	80579	3218	768
焦作市	Jiaozuo	59250	6333	47622	4782	514
濮阳市	Puyang	83718	1830	79188	1004	1696
许昌市	Xuchang	119277	5693	109366	1960	2258
漯河市	Luohe	80903	3096	74452	3163	192
三门峡市	Sanmenxia	29744	2940	24432	2214	158
南阳市	Nanyang	182728	18860	160115	2947	805
商丘市	Shangqiu	57087	6932	46919	2732	502
信阳市	Xinyang	166845	12279	148027	5328	1211
周口市	Zhoukou	125591	2964	116492	4990	1145
驻马店市	Zhumadian	86289	13312	68877	3774	326
济源市	Jiyuan	6915		6915		
省直管县	**Province Administrating County**					
巩义市	Gongyi	19471	883	16028	1131	1429
兰考县	Lankao	9652	1394	8008	241	10
汝州市	Ruzhou	12107	1511	8580	1880	137
滑县	Huaxian	9461	803	8645	13	
长垣县	Changyuan	9868	1536	7909	134	289
邓州市	Dengzhou	13469	684	12785		
永城市	Yongcheng	6352	757	5586		9
固始县	Gushi	24534	1565	21354	1347	268
鹿邑县	Luyi	5176		5176		
新蔡县	Xincai	8663	2470	6193		

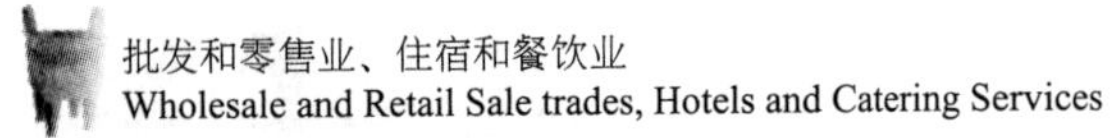

18−23 个体批发和零售业、住宿和餐饮业经营情况(2011年)

Management of Individual Enterprises in Wholesale and Retail Trades, Hotels and Catering Trades (2011)

指　标	Item	户数 (户) Number of Households (household)	从业人员 (万人) Persons Employed (10 000 persons)	营业收入 (亿元) Business Revenue (100 million yuan)	销售总额 (亿元) Total Sales (100 million yuan)	批发额 Wholesale Trade	零售额 Retail Trade
批发和零售业	**Wholesale and Retail Trades**	**1533496**	**321.14**		**6124.36**	**2196.73**	**3927.63**
#城镇	Urban Area	686299	145.36		4898.19	1705.84	3192.35
乡村	Rural Area	847197	175.78		1226.17	490.88	735.29
#批发业	Wholesale Trade	254761	58.86		1463.45	1050.11	413.34
零售业	Retail Trades	1278735	262.27		4660.91	1146.61	3514.30
住宿和餐饮业	**Hotels and Catering Trades**	**250505**	**80.44**	**1341.95**			
城镇	Urban Area	140582	48.37	1130			
乡村	Rural Area	109923	32.07	212			

18-24 限额以上批发和零售、住宿和餐饮业主要财务指标(2011年)

Main Financial Indicators of Enterprises in Wholesale and Retail Trades, Hotels and Catering Trades above Designated Size(2011)

单位：万元 (10 000 yuan)

指标	Item	批发业 Wholesale	零售业 Retail Sale	餐饮业 Catering Trade	住宿业 Accommodation Trade
年末资产负债	**Assets and Liability(year-end)**				
流动资产合计	Circulating Funds	12884920	6162377	849447	329724
应收帐款	Accounts receivable	1956952	714763	111589	53245
存货	Inventory	3993497	1756264	77396	41151
固定资产合计	Total Fixed assets	1756988	1524776	1087242	354027
固定资产原价	Original Value of Fixed Assets	2186217	1902842	1604070	406260
累计折旧	Accumulated Depreciation	709236	526516	572904	99071
本年折旧	Depreciation of Deducted This Year	102440	93738	66031	19152
在建工程	Project under construction	171612	232033	98760	23953
资产合计	Total Assets	17496835	9466442	2396080	910497
流动负债合计	Total Flow liabilities	11722593	6407429	1259293	409115
应付账款	Accounts payable	2390965	1169066	157018	61012
非流动负债合计	Total current liabilities	525844	457518	409973	67373
负债合计	Total liabilities	12248437	6864947	1669266	476488
所有者权益合计	Total Creditors'Equity	5248398	2601495	726814	434008
实收资本	Actual Capital	2847099	2407202	838150	354124
损益及分配	**Profit and Loss Apportionment**				
营业收入	Business income	47532746	23188430	1202760	1291285
主营业务收入	Main Sales Revenue	47405317	22957726	1195913	1287277
营业成本	Operating costs	43717857	20816948	603651	903422
主营业务成本	Cost of Sales	43523890	20669723	598911	808773
营业税金及附加	Sales Tax and Extra Changes	504823	199409	56384	57964
主营业务税金及附加	Main Sales Tax and Extra Changes	500795	194162	54552	56600
其他业务利润	Other Profits	75726	238164	6504	11117
销售费用	Operating Expenses	1102196	855788	259055	173583
管理费用	Management Expenses	916450	589818	225540	86716
税金	Taxes	40406	31234	10691	5581
差旅费	Travel expense	23649	14354	2003	1849
工会经费	Trade union outlays	9551	3809	917	561
财务费用	Financial Expenses	222483	110924	37205	15403
利息收入	Interest income	36902	17027	1486	532
利息支出	Profit Paying	151534	53049	20362	4969
资产减值损失	Loss of asset impairment	1908	8376	452	498
公允价值变动收益	The changes in the fair value	-124	-92	-1	29
投资收益	Investment income	8304	6644	-5404	89
营业利润	Operating profit	1223477	774805	20755	157025
补贴收入	Subsidies income	156430	3091	2943	180
营业外收入	Non-operating income	126955	23059	8942	1913
利润总额	Profit total	1267060	661027	18059	127007
应交所得税	Payable income tax	261665	103360	12819	22240
人工成本及增值税	**Artificial cost and value added tax**				
应付职工薪酬	Deal with worker firewood	577482	586316	178397	128471
应交增值税	VAT payable	742126	406160	3092	4617
土地和固定资产	**Land and fixed assets**				
土地和固定资产支出	Land and fixed asset expenditures	207016	176399	41387	14992
土地购置	Land and fixed asset expenditures	46744	19726	2094	1371
房屋和建筑物	Buildings and homes	55284	54402	20924	5257
机器设备	Machine equipment	62130	21212	7635	3650
运输工具	transport machine	13449	22890	2034	857
其他费用	Other expenses	29408	58170	8700	3858

18-25 各市限额以上批发和零售企业主要财务指标(2011年)

单位：万元

市(县) City(County)	流动资产合计 Circulating Funds	#存货 Inventory	固定资产原价 Fixed Asset	资产总计 Original Values of Fixed Asset	所有者权益 Total Assets
省辖市 City					
郑州市 Zhengzhou	7930226	2112330	964031	11118572	2810328
开封市 Kaifeng	288350	104053	172803	618021	291854
洛阳市 Luoyang	1420209	370050	292297	1954831	487458
平顶山市 Pingdingshan	1071905	340274	229916	1468959	404077
安阳市 Anyang	755983	137887	127857	1081984	405853
鹤壁市 Hebi	186003	87025	71360	286622	111838
新乡市 Xinxiang	746470	239114	181358	992374	247088
焦作市 Jiaozuo	412597	119650	146804	626101	185103
濮阳市 Puyang	338190	116111	126431	477065	170389
许昌市 Xuchang	719217	141648	198237	1035007	311260
漯河市 Luohe	270647	68819	105439	413181	165031
三门峡市 Sanmenxia	352417	114711	145509	532734	181906
南阳市 Nanyang	1975560	788995	320873	2489677	741800
商丘市 Shangqiu	634187	110974	295318	1042270	393547
信阳市 Xinyang	307061	113456	200747	561754	276179
周口市 Zhoukou	1090467	607525	237183	1397408	322394
驻马店市 Zhumadian	444942	155232	238992	727788	314205
济源市 Jiyuan	102866	21908	33902	138931	29581
省直管县 Province Administrating County					
巩义市 Gongyi	21367	2815	3963	28488	5095
兰考县 Lankao	28541	10423	23977	59001	36276
汝州市 Ruzhou	51783	13328	15217	67109	28371
滑县 Huaxian	27127	7527	11834	41980	19461
长垣县 Changyuan	19914	4729	4597	29226	11084
邓州市 Dengzhou	240966	110010	18681	299935	85955
永城市 Yongcheng	229744	9092	8749	241318	54312
固始县 Gushi	17193	8278	15994	44263	26024
鹿邑县 Luyi	8252	2865	5055	13867	7070
新蔡县 Xincai	7786	3017	7363	16379	8830

Main Economic Indicators of Enterprises in Wholesale and Retail Trades above Designated Size by City (2011)

(10 000 yuan)

主营业务收入 Main Sales Revenue	主营业务成本 Cost of Main Sales	主营业务税金及附加 Main Sales Tax and Extra Changes	销售费用 Marketing Expenses	管理费用 Management Expenses	财务费用 Finance Charge	营业利润 Profits of Main Sales	利润总额 Total Profits	本年应缴增值税 Increment Value Tax Payable
24269402	22540576	89843	771139	482570	115069	444203	395072	239496
2042094	1680369	65881	49702	48275	9324	222106	183381	44874
5975943	5617818	36750	215675	115038	23819	-10025	58647	91132
4859430	4591706	27076	85690	80654	23347	61782	76734	47011
4308932	4034628	48474	56923	51246	13824	117634	75637	136337
594996	520422	11807	18561	16823	7024	21133	25348	9710
3209235	2977306	26435	73291	62218	12377	69575	65872	40813
1740521	1560251	15019	57704	51088	9408	53528	47558	43593
1372340	1223802	22430	33944	33398	4883	56585	48705	75341
2431765	2087406	37418	75732	73336	15974	149089	146767	37809
1724389	1551395	19711	45840	30825	1224	79100	77508	24432
1560225	1380933	19207	64555	39737	6107	54284	47218	26143
4561236	4033506	64510	141384	134493	38551	160080	164130	86879
4607543	4349616	50506	58312	60404	7790	87206	80723	132551
1660198	1426622	31200	63669	55823	6677	81238	77158	35387
2529394	2088507	75402	71296	94933	28927	171728	183338	33236
2296055	1952849	49438	59831	62628	7316	167226	162519	37084
619346	575902	3851	14735	12780	1766	11810	11771	6459
67499	53308	499	1103	1791	500	10488	3464	981
102182	65804	1847	8699	6982	4087	14833	10865	3043
149938	135472	1630	4158	3504	975	4667	4619	1602
104433	92636	555	3502	3493	446	3903	2949	1935
58316	50645	793	2955	1522	375	2319	773	234
390714	359423	4700	9619	11996	5865	-173	5555	5892
2063438	2045589	1226	5802	5846	1052	6433	6396	3616
136651	117568	1720	2798	2716	995	11360	6848	593
115268	108510	2174	722	849	407	2668	2667	430
91450	69037	3180	845	828	14	17548	17548	994

18-26 各市限额以上住宿和餐饮企业主要财务指标(2011年)

单位：万元

市(县) City(County)	流动资产合计 Circulating Funds	#存货 Inventory	固定资产原价 Original Values of Fixed Asset	资产总计 Total Assets	所有者权益 Total Creditors' Equity	#实收资本 Actual Capital
省辖市 City						
郑州市 Zhengzhou	499229	35899	760464	1158083	334928	349920
开封市 Kaifeng	55855	6285	85583	184276	70359	68600
洛阳市 Luoyang	107309	8411	222447	311874	101331	185494
平顶山市 Pingdingshan	97772	6498	116582	288819	106518	117614
安阳市 Anyang	25643	1869	65206	103855	55076	15879
鹤壁市 Hebi	6006	1148	15761	22313	8744	10930
新乡市 Xinxiang	61178	18690	51711	122250	36742	39190
焦作市 Jiaozuo	50467	2679	70615	121471	12505	35495
濮阳市 Puyang	9823	583	34285	75182	41251	35376
许昌市 Xuchang	44998	2448	94333	130258	33614	44524
漯河市 Luohe	12685	1136	17206	34102	17658	14776
三门峡市 Sanmenxia	24363	2925	42188	55681	12201	14183
南阳市 Nanyang	53804	5493	156175	224038	87459	85952
商丘市 Shangqiu	21102	2508	29873	60125	24125	21395
信阳市 Xinyang	37617	7118	107111	180218	87026	53632
周口市 Zhoukou	29529	5212	51037	87190	57227	48730
驻马店市 Zhumadian	31155	8223	69568	119508	64430	47400
济源市 Jiyuan	10636	1420	20185	27336	9627	3186
省直管县 Province Administrating County						
巩义市 Gongyi	3526	1018	20311	22627	7621	7756
兰考县 Lankao	4249	1924	4430	9999	5843	5353
汝州市 Ruzhou	7648	1835	4722	11476	6687	6223
滑县 Huaxian	602	47	255	1510	550	442
长垣县 Changyuan	1723	504	8533	6776	-1903	3028
邓州市 Dengzhou	1317	140	2191	9758	6417	6417
永城市 Yongcheng	1696	162	2275	3709	1487	1329
固始县 Gushi	4276	448	5573	15690	11388	9048
鹿邑县 Luyi	384	2	477	1493	1164	640
新蔡县 Xincai	1023	155	828	1655	1038	905

Main Economic Indicators of Enterprises in Hotels and Catering Services above Designated Size by City(2011)

(10 000 yuan)

主营业务收入 Main Sales Revenue	主营业务成本 Cost of main Sales	主营业务税金及附加 main sales tax and Extra Charges	营业费用 Operating Expenses	管理费用 Manage-ment	财务费用 Finance Charge	营业利润 Operating Profits	利润总额 Total Profits
697417	283595	36754	210177	137280	13199	24950	19411
184527	105599	10906	21049	13239	3124	31902	26370
190150	98963	9421	42130	35579	4730	541	-269
183298	124003	6863	21076	18618	5374	8232	6057
99759	57875	3344	8640	7536	538	21999	13491
25587	18573	1286	2754	1983	445	564	560
81591	48011	3618	14943	10172	2373	3061	1751
76211	49612	2446	11530	11843	5532	-4639	-3516
25971	18155	763	3989	2690	592	2020	2198
107276	61492	4532	13800	13163	3644	5338	5424
66225	46852	1750	4837	2768	448	9572	9079
55157	30591	2759	11658	7834	946	1501	1385
202585	140147	4965	24631	15190	2674	15499	14066
57080	35775	2883	7606	6903	1104	3049	2043
142296	89867	5216	13724	12017	3845	17699	15231
139636	96118	7670	7751	7131	1745	19536	15939
132173	92489	5441	9446	6719	2198	15766	14655
16253	9969	536	2896	1592	97	1192	1190
11258	5634	474	2368	1713	57	1108	1095
8791	3907	149	244	292	157	4169	2690
4234	1685	179	660	883	285	543	540
2009	1141	81	105	227	0	455	184
6909	3562	361	2002	1226	541	-513	-884
4737	2439	209	793	492	339	496	496
6718	3887	304	1737	739	67	37	-4
26632	19224	658	851	2257	630	3017	2728
8738	7943	201	92	87	73	341	341
9206	6359	327	184	187		2149	1357

18-27 限额以上连锁店(公司)单位数(2011年)

Number of Chain Stores (Company) above Designated Size (2011)

单位：个 (unit)

指标名称	Indicators	连锁总店 Head Offices of Chain Store	连锁门店数 Number of Chain Stores	直营店 Under Direct Management	加盟店 Through License Arrangement
总计	**Total**	**164**	**5910**	**4483**	**1427**
批发业	**Wholesale**	**17**	**1276**	**1276**	
#国有控股	State-owned and State-holding	14	1205	1205	
零售业	**Retal Trade**	**124**	**4443**	**3026**	**1417**
#国有控股	State-owned and State-holding	16	1004	831	173
#外商及港澳台商投资	Funds from Foreign, Hong Kong, Macao and Taiwan	3	128	128	
百货商店	Department Store	3	28	28	
超级市场	Supermarket	13	263	263	
专业店	Professional Shop	60	1389	1180	209
专卖店	Regie Shop	21	1285	1030	255
便利店	Neighbourhood Market	2	443	71	372
超市	Supermarker	24	927	381	546
仓储会员店	Storage member store	1	108	73	35
厂家直销中心	Factory direct sale center				
其他	Others				
餐饮业	**Catering Services**	**21**	**180**	**172**	**8**
正餐	Restaurant	18	106	101	5
快餐	Snack Counter	2	68	65	3
其他餐饮服务	Others	1	6	6	
住宿业	**Hotels**	**2**	**11**	**9**	**2**
旅游饭店	State-ranking	1	2	2	

18-28 限额以上连锁店(公司)基本情况(2011年)
Conditions of Enterprises above Designated Size of Chain Stores(Companies)(2011)

指标名称	Item	营业面积(平方米) Operational Area(sq.m)	从业人数(人) Employed Persons(person)
总计	**Total**	**5799391**	**79505**
批发业	**Wholesale**	**2152017**	**7253**
#国有控股	State-owned and State-holding	2138673	6904
零售业	**Retal Trade**	**3546126**	**62809**
#国有控股	State-owned and State-holding	1257794	4812
#外商及港澳台商投资	Funds from Foreign, Hong Kong, Macao and Taiwan	581493	10549
百货商店	Department Store	167930	3861
超级市场	Supermarket	507674	10708
专业店	Professional Shop	567054	13427
专卖店	Regie Shop	1299412	6705
便利店	Neighbourhood Market	35200	826
超市	Supermarker	960216	26962
仓储会员店	Storage member store	8640	320
厂家直销中心	Factory direct sale center		
其他	Others		
餐饮业	**Catering Services**	**99785**	**8401**
正餐	Restaurant	71806	2983
快餐	Snack Counter	24179	5348
其他餐饮服务	Others	3800	70
住宿业	**Hotels**	**1463**	**1042**
旅游饭店	State-ranking	380	42

18–29 限额以上连锁店(公司)商品购进和配送情况(2011年)

Conditions of Purchase and Delivery of Enterprises above Designated Size of Chain Stores(Companies)(2011)

单位：万元 (10 000 yuan)

指标名称	Item	商品购进总额 Total Purchases	统一配送商品购进额 Centralized Pruchase and Delivery	自有配送中心配送商品购进额 Self Centralized Purchase and Delivery	非自有配送中心配送商品购进额 Non-self Centralized Purchase and Delivery
总计	**Total**	**6955992**	**3767399**	**1918023**	**57703**
批发业	**Wholesale**	**2934901**	**1575780**	**844751**	
#国有控股	State-owned and State-holding	2901548	1542427	833184	
零售业	**Retal Trade**	**3964463**	**2154877**	**1042147**	**57703**
#国有控股	State-owned and State-holding	1258638	609264	16994	
#外商及港澳台商投资	Funds from Foreign, Hong Kong, Macao and Taiwan	994034	123441	59753	
百货商店	Department Store	157472	125640	94626	31014
超级市场	Supermarket	347476	209554	63212	4824
专业店	Professional Shop	836412	782266	590462	6043
专卖店	Regie Shop	1462111	834274	121756	
便利店	Neighbourhood Market	11316	2500	1000	1500
超市	Supermarker	1147176	198143	168592	14322
仓储会员店	Storage member store	2500	2500	2500	
厂家直销中心	Factory direct sale center				
其他	Others				
餐饮业	**Catering Services**	**54390**	**36394**	**31124**	
正餐	Restaurant	24004	7477	2207	
快餐	Snack Counter	29305	28918	28918	
其他餐饮服务	Others	1082			
住宿业	**Hotels**	**2239**	**349**		
旅游饭店	State-ranking	349	349		

18−30 限额以上连锁店(公司)商品销售情况
Conditions of Sale of Enterprises above Designated Size of Chain Stores(Companies)

单位：万元 (10 000yuan)

指标名称	Item	2010		2011	
		商品销售额 Total Sale Value	零售额 Retail Sale	商品销售额 Total Sale Value	零售额 Retail Sale
总计	**Total**	**5891286**	**4351933**	**7205538**	**5371221**
批发业	**Wholesale**	**2452968**	**1258647**	**3002193**	**1503233**
#国有及国有控股	State-owned and State-holding	2428100	1249893	2969125	1496173
零售业	**Retal Trade**	**3438318**	**3093286**	**4203345**	**3867988**
#国有及国有控股	State-owned and State-holding	1124433	875949	1357935	1179393
#外商及港澳台商投资	Funds from Foreign, Hong Kong, Macao and Taiwan	835283	835283	1072676	1072676
百货商店	Department Store	810683	804515	160128	159442
超级市场	Supermarket	335839	258602	341473	299910
专业店	Professional Shop	902080	892311	870918	856474
专卖店	Regie Shop	1150175	936786	1558196	1318550
便利店	Neighbourhood Market	6877	6877	12671	12671
超市	Supermarker	153464	150476	1257353	1218335
仓储会员店	Storage member store	1991	1991	2606	2606
厂家直销中心	Factory direct sale center	6145	6145		
其他	Others	71063	35582		

18-31 亿元以上商品交易市场情况

Statistics on Commodity Exchange Market of Turnover above 100 million yuan

类别	Type	2010		2011	
		摊位数量（个）Number of Booths (Unit)	总成交额（亿元）Total Turnover (100 million yuan)	摊位数量（个）Number of Booths (Unit)	总成交额（亿元）Total Turnover (100 million yuan)
总计	**Total**	**116893**	**1543.66**	**127918**	**2032.01**
食品、饮料、烟酒类	Food,Beverages and Tobacco	31468	464.61	37216	594.56
食品类	Food	26362	389.77	31980	548.21
#粮油类	Grain,Edible Oil,Fruits,Vegetables	4791	105.64	4313	106.04
肉禽蛋类	Meat,Poultry and Eggs	1555	10.90	2468	22.02
水产品类	Aquatic Products	2863	38.98	2227	48.96
蔬菜类	Vegetables	10076	178.13	13179	186.31
干鲜果品类	Dried and Fresh Melons and Fruits	4757	40.10	7939	163.15
饮料类	Beverages	2648	35.97	2709	26.93
烟酒类	Tobacco and Liquor	2458	38.87	2527	19.42
服装、鞋帽、针纺织品类	Garments,Footwears,Hats,Kintwear and Textiles	40774	262.58	42055	184.92
服装类	Clothing	23465	142.79	24521	124.19
鞋帽类	Shoes and Hats	10055	61.68	10730	29.12
针、纺织品类	Knitwear and Textiles	7254	58.12	6804	31.61
化妆品类	Cosmetics	1770	9.18	1942	10.54
金银珠宝类	Gold,Silver and Fewelry	381	9.33	519	10.74
日用品类	Articles for Daily Use	5454	22.94	5994	44.27
#洗涤用品类	Washing Articles	2288	7.87	2270	9.71
儿童玩具类	Childern toys	1474	6.11	1382	9.60
五金、电料类	Hardware and Electrical Materials	4926	35.94	4930	74.55
体育、娱乐用品类	Sports & Recreation Articles	953	4.45	938	5.62
书报杂志类	Newspapers and Magazines	399	5.75	426	8.82
电子出版物及音像制品类	E-journals and Video Products	647	2.45	701	2.28
家用电器和音像器材类	Household Appliances and Video Appliances	2477	54.08	2525	62.75
中西药品类	Traditional Chinese and Western Medicines	2938	19.43	2970	23.64
#西药类	Western Medicines	156	0.52	169	0.64
中草药及中成药类	Traditional Chinese l Medicines	2760	18.79	2767	22.95
文化办公用品类	Cultural and Official Appliances	3205	42.76	4248	93.75
家具类	Furniture	2031	22.22	2200	42.23
通讯器材类	Communication Appliances	518	1.96	599	36.96
煤炭及制品类	Coal and Related Products	68	0.10	93	0.15
木材及制品类	Wood and Wooden Products	401	3.50	379	20.32
石油及制品类	Petroleum and Related Products	33	0.07	61	0.17
化工材料及制品类	Chemical Materials and Related Products	1443	10.63	1748	22.05
#化肥类	Fertilizers	323	1.70	411	2.01
金属材料类	Metals Materials	1683	195.28	2262	296.68
建筑及装潢材料类	Building and Decoration Materials	5535	72.83	6989	140.75
机电产品及设备类	Mechanical & Electrical Products	1211	15.66	1288	18.71
#农机类	Agricultural Machineries	321	8.22	308	7.31
汽车类	Automobiles	3118	145.04	2437	154.66
种子饲料类	Seeds and Feedstuff	196	1.17	248	1.19
棉麻类	Cotton and Hemp	151	5.47	156	5.93
其他类	Others	5113	136.23	4994	175.77

18－32 各市亿元以上商品交易市场情况

Statistics on Commodity Exchange Market of Turnover above 100 million yuan by City

市(县) City(County)	2010 摊位数量(个) Number of Booths (Unit)	2010 总成交额(亿元) Total Turnover (100 million yuan)	2011 摊位数量(个) Number of Booths (Unit)	2011 总成交额(亿元) Total Turnover (100 million yuan)
省辖市 City				
郑州市 Zhengzhou	44362	555.63	48243	803.71
开封市 Kaifeng	5234	47.63	5296	29.76
洛阳市 Luoyang	12775	254.00	13098	266.26
平顶山市 Pingdingshan	3184	15.95	2945	17.05
安阳市 Anyang	5073	17.42	3937	20.85
鹤壁市 Hebi	500	5.88	815	23.28
新乡市 Xinxiang	2613	28.45	2674	52.09
焦作市 Jiaozuo	1760	21.74	1868	7.22
濮阳市 Puyang				
许昌市 Xuchang	5284	156.34	5763	243.45
漯河市 Luohe	4166	16.32	4364	19.53
三门峡市 Sanmenxia	833	10.70	752	9.08
南阳市 Nanyang	8821	121.21	10914	190.36
商丘市 Shangqiu	5517	195.80	7820	219.21
信阳市 Xinyang	5488	12.19	6424	16.19
周口市 Zhoukou	2963	38.08	3773	46.58
驻马店市 Zhumadian	5646	34.65	6654	56.42
济源市 Jiyuan	2674	11.68	2578	10.99
省直管县 Province Administrating County				
巩义市 Gongyi				
兰考县 Lankao				
汝州市 Ruzhou			38	1.21
滑县 Huaxian				
长垣县 Changyuan	290	3.00	290	3.27
邓州市 Dengzhou	2488	19.00	2609	21.58
永城市 Yongcheng	936	5.00	936	5.03
固始县 Gushi	3338	3.00	4194	5.48
鹿邑县 Luyi				
新蔡县 Xincai	860	2.00	1100	2.07

主要统计指标解释

社会消费品零售总额 指批发和零售业、住宿和餐饮业、新闻出版业、邮政业和其他服务业等，售予城乡居民用于生活消费的商品和社会集团用于公共消费的商品之总量。社会消费品零售总额包括：

一、批发和零售业企业（单位）：

1.售予城乡居民的各种生活消费品；

2.售予入境旅游的外国人、华侨、港澳台同胞的各类商品；

3.售予行政事业单位、社会团体、军队和武警等机构的商品，以及以零售方式售予各类企业的商品。具体包括：用于非生产和社会交往的办公用品，如通讯设备、计算器具和设备、电讯网络设备、文印设备、音像视听器材和设备、纸张、本册、文具及装订文印材料、家具、日用电器、针纺织品、清洁卫生用品、文体用品、奖品、纪念品、礼品等；供内部人员乘坐的交通工具和燃料；用于办公设施修缮的各类配件、材料、工具等；用于取暖和防暑降温的设备、燃料、材料及食品等；专用于教学的用品和设备；非营利医疗机构的中、西药品、中药材和医疗设备器材；非专用的劳动保护用品；不对外营业的内部食堂用的餐具、炊具、设备、清洁卫生工具和食品、燃料等；军队、武警用于其人员生活的衣着品和个人用品；其他各类非生产性设备和用品。

二、住宿和餐饮业出售的主食、菜肴、烟酒饮料和其他商品。

三、新闻出版业、邮政业售予城乡居民、企事业单位、军队和武警等机构的书报杂志、音像制品、邮品等。

四、其他服务业出售的食品、烟酒饮料、服装鞋帽、日常生活用品、医药保健用品、艺术品、工艺美术品、玩具、殡葬用品以及其他消费品。

批发业 指批发商向批发、零售单位及其他企事业、机关单位批量销售生活用品和生产资料的活动，以及从事进出口贸易和贸易经纪与代理的活动。批发商可以对所批发的货物拥有所有权，并以本单位、公司的名义进行交易活动；也可以不拥有货物的所有权，而以中介身份做代理销售商。还包括各类商品批发市场中固定摊位的批发活动。

零售业 指百货商店、超级市场、专门零售商店、品牌专卖店、售货摊等主要面向最终消费者（如居民等）的销售活动。包括以互联网、邮政、电话、售货机等方式的销售活动，还包括在同地点，后面加工生产，前面销售的店铺（如前店后厂的面包房）。不包括：谷物、种子、饲料、牲畜、矿产品、生产用原料、化工原料、农用化工产品、机械设备（用车、计算机及通信设备等除外）等生产资料的销售（批发业）；非零售单位附带的零售活动（如汽车修理单位销售汽车零件）；商业零售单位所在商厦的物业管理（物业管理）；商业零售单位所在的商品市场、商业大厦的市场管理活动（市场管理）。

批发和零售业商品购、销、存总额 指各种登记注册类型的批发、零售业企业(单位)以本企业(单位)为总体的，从国内、国外市场购进的商品总量，销售和出口的商品总量、库存商品总量等情况。该指标可以反映商品流转过程中商品的购进、销售、库存之间的比例关系和存在的问题。

商品购进总额 指从本企业(单位)以外的单位和个人购进(包括从境外直接进口)作为转卖或加工后转卖的商品总额。它反映批发和零售业从国内、国外市场上购进商品的总量。商品购进总额包括：(1)从工农业生产者购进的商品；(2)从出版社、报社的出版发行部门购进的图书、杂志和报纸；(3)从各种登记注册类型的批发和零售企业(单位)购进的商品；(4)从其他单位购进的商品，如从机关、团体、企业等单位购进的剩余物资，从餐饮业、服务业购进的商品，从海关、市场管理部门购进的缉私和没收的商品，从居民手中收购的废旧商品等；(5)从国(境)外直接进口的商品。不包括企业(单位)为自身经营用和未通过买卖行为而收入的商品以及销售退回、商品升溢等。

商品销售总额 指对本企业(单位)以外的单位和个人出售(包括对境外直接出口)的商品总额。它反映批发和零售业在国内市场上销售商品以及出口商品的总量。商品销售总额包括：(1)售给城乡居民和社会集团消费用的商品；(2)售给工业、农业、建筑业、运输邮电业、批发和零售业、住宿和餐饮业、服务业等作为生产、经营使用的商品；(3)售给批发和零售业作为转卖或加工后转卖的商品；(4)对国(境)外直接出口的商品。不包括出售本企业(单位)自用的废旧包装用品；未通过买卖行为付出的商品；经本单位介绍，由买卖双方直接结算，本单位只收取手续费的业务；购货退出的商品以及商品损耗和损失等。

年末库存总额 指报告期末各种登记注册类型的批发和零售企业(单位)已取得所有权的商品。它反映批发和零售企业(单位)的商品库存情况和对市场商品供应的保证程度。期末库存包括：(1)存放在批发和零售业经营单位(如门市部、批发站、经营处)仓库、货场、货柜和货架中的商品；(2)挑选、整理、包装中的商品；(3)已记入购进而尚未运到本单位的商品，即发货单或银行承兑凭证已到而货未到的部分；(4)寄放他处的商品，如因购货方拒绝承付而暂时存放在购货方的商品和已办完加工成品收回手续而未提回的商品；(5)委托其他单位代销(未作销售或调出)尚未售出的商品；(6)代其他单位购进尚未交付的商品。不包括所有权不属于本单位的商品、拨付除批发和零售业以外的其他行业所属独立核算加工厂等加工生产尚未收回成品的商品、代国家物资储备部门保管的商品等。

库存总额采用的计算价格是：农副产品采购单位按购进价计算；批发单位按进货价计算；零售单位按核算价格计算，即按什么价格核算就按什么价格计算。

住宿业 指有偿为顾客提供临时住宿的服务活动。不包括：提供长期住宿场所的活动（如出租房屋、公寓等）。

餐饮业 指在一定场所，对食物进行现场烹饪、调制，并出售给顾客主要供现场消费的服务活动。

住宿和餐饮业经营情况

1.营业额：指住宿和餐饮业法人企业、产业活动单位在经营活动中，因提供服务或销售商品等取得的收入。包括：客房收入、餐费收入、商品销售收入和其他收入。

2.客房收入：指住宿和餐饮法人企业、产业活动单位在经营活动中因提供住宿服务取得的客房收入。

3.餐费收入：指住宿和餐饮法人企业、产业活动单位因为顾客提供就餐服务取得的餐费收入。包括：经烹饪、调制加工后出售的各种食品，如主食、炒菜、凉拌菜等的收入。

4.商品销售收入：指住宿和餐饮法人企业、产业活动单位伴随服务而出售商品所取得的收入。

5.其他收入：指营业收入中除客房收入、餐费收入、商品销售收入以外的其他收入。包括娱乐、健身和商务服务等。

亿元商品交易市场成交额 指年成交额在亿元以上的商品交易市场。商品交易市场是指经乡镇及以上政府有关部门和组织批准设立，有固定场所、设施，有经营管理部门和监管人员，若干市场经营者入内，常年或实际开业三个月以上，集中、公开、独立地进行生活消费品、生产资料等现货商品交易以及提供相关服务的交易场所，包括各类消费品市场、生产资料市场等。

连锁企业（或称连锁店、连锁公司） 指在核心企业或总店的领导下，由分散的、经营同类商品或服务的企业或活动单位，采取共同方针，实行集中采购和分散销售的有机结合，通过规范化经营，实现规模效益的经济联合组织形式。一般连锁店应由若干个分店组成。其经营特征：(1)经营同类商品；(2)使用统一商号；(3)统一采购配送，采购与销售相分离（部分商品可根据物流合理和保质保鲜原则，由供应商直接送货到门店，其余均由总部统一配送）。

连锁门店的形式分为直营连锁和加盟连锁。

直营连锁也叫正规连锁。指连锁门店均由总部独资或控股开设，在总部的直接领导下统一经营。总部采取纵深似的管理方式，直接下令掌管所有的零售门店，零售门店也必须完全接受总部指挥。这是大型垄断商业资本通过吞并、兼并或独资、控股等途径，发展壮大自身实力和规模的一种形式。

加盟连锁包括特许连锁和自由连锁两种形式。

特许连锁指各连锁门店（被特许人）通过合同形式，取得使用总部（特许人）商标、商号、经营技术和销售总部开发的商品的特许权，各加盟连锁门店为独立法人，在总部指导下统一经营。

自由连锁也称自愿连锁。指连锁公司的门店均为独立法人，各自的资产所有权关系不变，在公司总部的指导下共同经营。各成员店使用共同的店名，与总部订阅有关购、销、宣传等方面的合同，并按合同开展经营活动。在合同规定的范围之外，各成员店可以自由活动。根据自愿原则，各成员店可自由加入连锁体系，也可自由退出。

Explanatory Notes on Main Statistical Indicators

Total Retail Sales of Consumer Goods refer to the sum of retail sales of commodities sold by wholesale, retail, catering, publishing, post and telecommunications and other service industries to urban and rural households for private consumption and to social institutions for public consumption. Retail sales of consumer goods include:

1) Sales by wholesale and retail units:

a) of consumer goods sold to urban and rural households

b) of commodities sold to foreigners, overseas Chinese and Chinese compatriots from Hong Kong, Macao and Taiwan visiting in China

c) of commodities sold to government agencies, institutions, social organizations, military and armed police units, and commodities sold to enterprises in the form of retail sales. More specifically, they include: office facilities and articles for non-production purposes such as communications equipment, computing equipment and instruments, TV and network equipment, printing and copying equipment, audio-visual equipment and instruments, paper, notebooks, stationeries, furniture, electric appliances, knitwear, sanitation and cleaning articles, cultural and sport articles, articles for prizes, souvenirs, etc.; transport vehicles and fuels for employees; materials, spare parts and tools for the maintenance of office facilities; equipment, fuels, materials and food for winter heating or summer cooling purposes; articles and equipment for teaching purpose; Chinese and western medicines and medical equipment and facilities purchased by non profit-making medical institutes; non-specialized work safety articles; cooking utensils, tableware, equipment, cleaning articles, food and fuels purchased by internal cafeterias; clothes and personal articles purchased by military or armed police units for their officials and soldiers; and other equipment and articles for non-production purposes.

2) Sales of stable food, cooked dishes, beverages, tobaccos and other articles by catering units.

3) Sales of books, newspapers, magazines, audio-visual products and post products by publishing, post and telecommunications departments to urban and rural households and to enterprises, institutions, military and armed police units.

4) Sales of food, beverages, tobaccos, clothing, hats, footwear, articles for daily use, medicines, medical and health articles, work of art, handicrafts, toys, funeral articles and other articles by other service industries.

Wholesale Trade refers to the activities of wholesaler selling at wholesale commodities for daily use and capital goods to enterprises of wholesale and retail trades and other enterprises, institutions and government offices, including the activities of wholesaler engaged in import and export and acting as a trade agent. The wholesaler may have the right of ownership over the commodities of wholesale and trade in the name of its own or a company, the wholesaler may not have the right of ownership, only acts an agent. The wholesale trade also include the activities of wholesaler at the fixed stalls of the wholesale market of different commodities.

Retail Trade refers to the activities of department store, supermarket, franchised store, brand store, retail stall and on-the-spot-making-selling store selling commodities to the final consumers (citizens) by any means including internet, post, telephone, sales machine. Retail trade excludes the activities of sales of capital goods such a grain, seed, feed, livestock, mineral products, raw material for production, industrial chemicals, chemical products for farm, machine and equipment (vehicle, computer and communication equipment), and the activities of supplementary sales of non-retailer such as the sales of spare parts of car repair business (listed as branch in correspondence with principle business), property management of buildings of retail units (listed as property management); market management of commercial markets and buildings of retail units (listed as market management) .

Purchase, Sales and Stock of Commodities by Wholesale and Retail Trades refer to the total volume of commodities purchased, total volume of sales and exports, and the stock of commodities by wholesale and retail enterprises (establishments) of different status of registration from domestic and overseas markets. This indictor reflects the relationship among purchase, sales and stock of commodities in the circulation of goods and reveals the existing problems.

Total Purchases of Commodities refer to the total value of purchases of commodities by the enterprises (establishments) from other establishments or individuals (including direct import from abroad) for the purpose of re-selling, either with or without further processing of the commodities purchased. This indicator is used to show the total value of purchases of commodities by wholesale and retail establishments from domestic and overseas markets. The total purchases include: (1) agricultural and industrial products purchased from producers; (2) books, magazines and newspapers purchased from distribution departments of the publishers; (3) commodities purchased from wholesale and retail establishments of different status of registration; (4) commodities purchased from other units, such as surplus materials purchased from government agencies, enterprises or institutions, commodities purchased from catering and service establishments, confiscated goods purchased from customs authorities or market management agencies, second-hand goods and wastes purchased from residents; and (5) commodities directly imported from abroad. Excluded are commodities purchased by enterprises (establishments) for use in their own business operation, commodities obtained without buying or selling procedures, rejected commodities, etc.

Total Sales of Commodities refer to value of commodities sold by the establishments to other establishments and individuals (including direct export). This indicator is used to show the total value of sales of commodities at domestic markets and export. The total sales include: (1) commodities sold to urban and rural residents and social groups for their consumption; (2) commodities sold to establishments in industry, agriculture, construction, transportation, post and telecommunications, wholesale and retail trades, catering trade and public utility for their production and operation; (3) commodities sold to wholesale and retail establishments for re selling, with or without further processing; and (4)commodities for direct export to other countries. Excluded are selling of waste packaging materials used by the establishments (units) themselves, commodities transferred without buying or selling procedures, commission income from brokerage in transactions whose settlement is directly handled by buyers and sellers, rejected commodities in the purchase, loss in commodities, etc.

Commodity Stock of Wholesale and Retail Enterprises refers to total commodities possessed by wholesale and retail enterprises (units) of various types of registration status at the end of the reference period, which reflects the commodity stock level of various wholesale and retail enterprises and the potential for market supply. It includes: (1) commodities located in storage, garages, counters, and shelves of operating units (such as sale stores, wholesale centers, and operating offices) of wholesale and retail enterprises; (2) commodities in the process of selecting, sorting, and packing; (3) commodities not arrived but recorded as purchase in the account, i.e. commodities not arrived but payment receipts for the commodities from the sellers or the banks arrived; (4) commodities deposited in other places rather than places mentioned above, for instance: commodities in the hold of purchasers temporarily due to the refusal of payment and commodities not taken back after going through the formalities; (5) commodities entrusted to other units to sell but not sold yet; (6) commodities purchased for other units but not delivered yet. Commodities not included as stock are those not owned by the enterprises (units), those allocated to financially independent factories rather than wholesale and retail enterprises for processing but not taken back yet, and finally those put in stock by wholesale and retail enterprises on behalf of the state material reserves units.

For the calculation of the value of commodities stock, the value is calculated at purchasing prices in agricultural goods purchasing units and wholesale units, and at the accounting prices in retail units.

Operation of Hotels and Catering Trade

1.Business income: refer to the total turnover of hotels and restaurants that obtain by service offering or commodity sales. It includes room income, catering service income, commodity sales and other income.

2.Room income: refer to the turnover of hotels and restaurants that obtain by offering accommodation service.

3.Catering service income: refer to the turnover of hotels and restaurants that obtain by offering catering service for customers, including sales of various foods which are sold after cooking and processing, such as staple food, cooked dishes, cold and dressed dishes and so on.

4.Commodity sales: refer to the turnover of hotels and restaurants that obtain by selling commodities.

5.Other income: refer to the part of business income except for room income, catering service income and commodity sales, such as entertainment, exercise and commercial service and so on.

Volume of Transaction at Large Commodity Markets with Transaction Value over 100 Million Yuan refers to the markets with an annual transaction of over 100 million yuan markets approved by the industrial and commercial administration departments, which specialize in wholesale and retail trades of commodities with an annual transaction of over 100 million yuan. The sum of sales of all sellers in the market makes up the transaction value of the market.

Chain Enterprises (also called chain stores or chain corporations) refer to a form of joint economic entities under which scattered enterprises or establishments engaged in providing homogeneous commodities or services, with the central leadership of core enterprise or headquarters and guided by common policies, conduct centralized purchase and distributed selling of commodities, in order to gain better efficiency through standardized operation. Consisting of a number of branch stores, the chain stores have in general the following features: 1) homogeneous commodities, 2) unique name of stores, 3) centralized purchase and delivery which is separated from distributed selling operation (most commodities are delivered from the headquarters except some items which, for logistics, quality or freshness considerations, might be delivered by suppliers directly).

Hotel Services refer to the charged accommodation services provided to customers, excluding the long term accommodation service activities such as rental housing and apartments(it is under real estate development and management).

Catering Services refer to the activities of enterprises providing on-the-spot services of selling food cooked and prepared to the customer in certain sites

The modes of chain operation include Regular Chain and Franchise Operation.

Regular Chain: refers to chain that are invested or controlled by the headquarters. They operate under direct and unified management from the headquarters. Adopting a direct management approach, the headquarters gives orders and controls all retail stores, which follow completely the directives from the headquarters. Large monopolized commercial companies develop and expand their business through purchasing, merging, direct investment and controlling of shares.

Franchise Operation includes Franchise Chain and Voluntary Chain.

Franchise Chain: Through contracts, chain stores (or their owners) obtain licenses from the headquarters (franchisee) to use designated trade marks, names, operation know-how, and to sell commodities developed by the headquarters. Under this arrangement, each store in the chain is an independent legal entity and operates under the guidance from the headquarters.

Voluntary Chain: Under this arrangement, all stores operate together under the guidance of the headquarters, while maintaining their status of independent legal entities with full ownership of their assets. They use the same store name and sign contracts with the headquarters concerning purchase, sale, and promotion. They will operate under the contracts. They are free to engage in other activities which are not bounded in the contract. They are free to join in or leave the chain.

金融业

Financial Intermediation

● 资料整理：苏凤霞

简要说明

一、主要内容

本篇包括金融机构、证券业、保险业和国债发行情况资料。

二、资料来源

金融机构和国债发行情况资料来源于中国人民银行郑州中心支行。证券业资料来源于河南证监局。保险业资料来源于河南保监局。本篇资料由河南省统计局国民经济核算处编辑整理。

Brief Introduction

I. Main Contents

Data in this chapter including four aspects: the financial activities of the financial institutions; the situations of the securities industry; the situation regarding the insurance business and the situation regarding the issuance of treasury bonds.

II. Data Sources

Data on financial institutions and issuance of treasury bonds are calculated from The People's Bank of China, Zhengzhou Central Sub-branch. Data on securities industry are calculated from Henan provincial Securities Regulatory Commission. Data on insurance business are calculated from Henan provincial Insurance Regulatory. Data on this chapter are provided of Department of National Accounts of the Henan provincial Bureau of Statistics.

19-1　历年金融机构和保险业主要指标

Main Indicators of Banking and Insurance over the Years

单位：亿元　　(100million yuan)

年 份 Year	各项存款年底余额 Total Saving Deposit Balance	各项贷款年底余额 Total Loan Balance	#短期 Short-term	#中长期 Medium-term & Long-term	城乡居民储蓄存款年底余额 Urban and Rural Savings Deposits	保险公司保费收入 Premium Income of Insarance Companies	保险公司赔款及给付 Claim & Payment of Insarance Companies
1978	45.71	99.99			9.81		
1979	52.00	108.14			12.97		
1980	57.77	125.01			19.44		
1981	68.45	146.42			26.90		
1982	74.08	153.73			32.83		
1983	88.10	174.83			45.59		
1984	136.84	229.88			64.35		
1985	146.42	284.91			84.23		
1986	184.66	350.21			115.03		
1987	231.71	392.32			167.88		
1988	270.67	447.99			209.33		
1989	329.01	511.90			276.34		
1990	593.96	773.04			376.12	6.57	3.18
1991	754.03	945.90			484.84	8.47	4.49
1992	936.04	1127.26			595.39	13.65	5.46
1993	1143.66	1366.98			766.57	18.48	7.55
1994	1602.95	1704.82			1085.80	21.03	11.89
1995	2131.69	2170.17			1456.35	25.57	11.47
1996	2707.65	2665.41			1855.28	26.87	15.23
1997	3271.76	3320.89			2243.00	34.84	16.02
1998	3772.51	3878.53			2657.23	44.92	17.78
1999	4198.10	4179.51			2940.08	47.89	15.83
2000	4753.41	4356.94	3114.58	1057.50	3182.08	55.77	17.30
2001	5530.16	4885.73	3336.16	1447.99	3634.50	69.57	21.85
2002	6451.59	5553.58	3673.39	1702.63	4202.57	126.22	22.68
2003	7618.03	6422.66	4025.08	2138.16	4919.09	162.98	27.53
2004	8631.79	7092.31	4200.53	2487.19	5607.30	202.05	33.84
2005	10003.96	7434.53	4088.16	2736.63	6488.55	213.55	38.16
2006	11492.55	8567.33	4731.54	3259.90	7367.37	252.31	50.98
2007	12576.42	9545.48	5213.08	3800.96	7812.24	323.56	100.88
2008	15255.42	10368.05	5180.84	4302.41	9515.82	518.92	128.77
2009	19175.06	13437.43	6016.17	6066.05	11207.40	565.39	148.23
2010	23148.83	15871.32	6995.81	7806.31	12883.70	793.28	153.91
2011	26646.15	17506.24	8273.66	8690.17	14648.43	839.82	171.14

注：1. 各项存款、贷款年底余额1989年及以前为国家银行口径，1990年以后为金融机构口径。

2. 城乡居民储蓄存款年底余额1986年以前为国家银行口径，1986-1989年含城市、农村信用社，1990年开始为金融机构口径。

a)The balance of various Deposits and loans before 1998 is measured by statistics of state-owned banks,otherwise,after 1990,it is evaluated by datum from financial institutions.

b)The balance of Urban and rural saving deposits is measured by statistics of state-owned banks before 1986, between 1986 to 1989,it includes both rural and urban credit cooperatives,but after 1989, it is evaluated by datum from financial institations.

19−2　金融机构人民币信贷收支情况(年底数)

Deposits and Loans of Financial Institutions (Year-end)

单位：亿元　　(100 million yuan)

项　目	Item	2000	2005	2010	2011
资金来源总计	**Funds Sources**	**4531.20**	**10143.15**	**22632.53**	**26642.61**
各项存款	Total Deposits	4753.41	10003.96	23148.83	26646.15
单位存款	Unit deposit				10901.49
个人存款	Individual deposit				14726.41
财政性存款	Financial deposit				660.38
临时性存款	Temporary deposit				72.04
委托存款	Consignment Deposits	-6.89	10.39	188.34	75.09
其他存款	Other Deposits				210.73
金融债券	Financial bonds				6.90
应付及暂收款	Account Payable and Deposit Received		147.26	377.78	473.25
同业往来	Interbanks Account		49.46	233.64	244.70
外汇买卖	Foreign exchange trading				450.54
各项准备	Reserves		109.03	278.79	402.27
所有者权益	Creditors' Equity	-143.29	57.62	656.95	920.64
其他	Others				-2501.85
资金运用总计	**All Uses**	**4531.20**	**10143.15**	**22632.53**	**26642.61**
各项贷款	Loans	4356.94	7434.53	15871.32	17506.24
短期贷款	Short-term Loan	3114.58	4088.16	6995.81	8273.66
中长期贷款	Medium-term & Long-term Loans	1057.50	2736.63	7806.31	8690.17
其他贷款	Others	184.13	609.74	1069.19	542.41
有价证券及投资	Securities & Investment	71.42	269.50	827.77	431.94
应收及预付款	Account Receivable and Payment Collected in Advance		87.37	79.65	124.63
外汇占款	Combines foreign exchange	0.52	0.93	1.64	451.55
其他	Others	102.32	2350.82	5852.15	8128.25

19-3 各市金融机构存款年底余额

Deposits of Financial Institutions by City

单位：亿元

市(县)	City(County)	2010	#企业存款 Deposits of Enterprises	#财政存款 Treasury Deposits	#农业存款 Agricultural Deposits	2011	#单位存款 Unit deposit	#个人存款 Individual deposit
省辖市	**City**							
郑州市	Zhengzhou	7990.85	3105.78	232.07	105.42	8964.87	5091.52	3316.02
开封市	Kaifeng	681.89	103.45	15.52	12.77	787.58	221.18	545.15
洛阳市	Luoyang	2096.09	518.10	53.91	57.34	2428.60	1106.31	1238.52
平顶山市	Pingdingshan	1137.85	170.13	25.55	48.52	1226.19	404.03	790.16
安阳市	Anyang	991.08	197.70	10.55	22.84	1162.43	406.32	728.01
鹤壁市	Hebi	285.40	58.37	4.47	9.08	305.45	108.60	188.24
新乡市	Xinxiang	1144.16	221.53	17.64	37.68	1306.27	476.34	793.68
焦作市	Jiaozuo	748.57	115.41	15.05	17.26	890.12	304.87	564.18
濮阳市	Puyang	588.92	78.09	18.50	8.03	680.95	169.22	496.99
许昌市	Xuchang	830.38	145.64	15.74	17.44	971.94	331.82	616.08
漯河市	Luohe	421.85	95.41	9.77	9.74	471.78	154.56	298.06
三门峡市	Sanmenxia	625.52	126.95	12.73	13.90	687.70	250.35	426.37
南阳市	Nanyang	1471.22	212.55	37.01	63.05	1774.81	590.00	1138.01
商丘市	Shangqiu	901.16	87.16	20.15	16.85	1098.24	264.90	790.63
信阳市	Xinyang	1054.76	140.70	16.55	36.56	1266.66	323.92	920.93
周口市	Zhoukou	930.79	73.04	7.28	28.13	1126.04	205.32	906.81
驻马店市	Zhumadian	969.32	100.49	30.76	22.95	1172.31	286.03	851.37
济源市	Jiyuan	168.49	30.74	0.62	10.85	185.01	69.14	114.64
省直管县	**Province Administrating County**							
巩义市	Gongyi	204.62	37.49	5.47	7.31	228.90	76.91	147.10
兰考县	Lankao	59.21	4.70	0.14	1.68	74.76	16.76	56.92
汝州市	Ruzhou	102.26	8.04	0.74	2.34	119.90	37.61	81.90
滑县	Huaxian	99.60	8.47	0.77	1.03	122.70	25.61	95.83
长垣县	Changyuan	145.99	15.51	0.05	10.40	165.77	41.88	122.70
邓州市	Dengzhou	124.43	14.33	6.60	6.65	154.14	35.96	110.34
永城市	Yongcheng	160.22	19.01	1.24	3.10	192.58	50.00	139.50
固始县	Gushi	144.93	10.64	0.80	5.57	171.71	28.51	142.88
鹿邑县	Luyi	78.68	4.87	0.02	0.62	99.26	15.80	82.79
新蔡县	Xincai	78.49	4.57	3.33	2.51	98.10	17.10	76.78

19-4 各市金融机构贷款年底余额

Loans of Financial Institution by City

单位：亿元 (100million yuan)

市(县)	City(County)	2010	#短期 Short-term	#中长期 Medium-term & Long-term	2011	#短期 Short-term	#中长期 Medium-term & Long-term
省辖市	**City**						
郑州市	Zhengzhou	5717.55	1773.35	3366.46	6112.78	2230.30	3667.46
开封市	Kaifeng	402.49	161.27	217.16	443.77	170.13	246.40
洛阳市	Luoyang	1113.88	566.40	452.72	1366.59	741.69	530.31
平顶山市	Pingdingshan	694.39	267.28	375.35	794.69	346.58	429.74
安阳市	Anyang	597.39	372.97	165.64	634.20	417.68	185.72
鹤壁市	Hebi	268.43	137.11	127.99	283.25	148.31	129.55
新乡市	Xinxiang	712.34	414.82	256.16	781.78	446.07	315.23
焦作市	Jiaozuo	470.98	267.65	188.19	571.49	343.51	212.93
濮阳市	Puyang	231.60	129.91	94.19	257.56	149.76	103.85
许昌市	Xuchang	562.35	350.70	189.92	697.19	465.28	211.94
漯河市	Luohe	301.20	205.07	87.42	303.05	208.36	92.36
三门峡市	Sanmenxia	340.20	169.01	131.08	381.18	229.18	136.95
南阳市	Nanyang	827.50	548.99	240.45	973.25	645.79	284.26
商丘市	Shangqiu	607.67	342.75	228.11	587.99	338.93	240.18
信阳市	Xinyang	570.09	371.38	181.54	631.58	396.98	222.67
周口市	Zhoukou	563.18	411.99	150.11	579.31	410.60	167.59
驻马店市	Zhumadian	499.44	331.25	148.32	540.33	359.16	176.91
济源市	Jiyuan	143.74	80.03	53.90	157.20	97.30	57.78
省直管县	**Province Administrating County**						
巩义市	Gongyi	121.56	70.43	36.23	135.12	87.16	42.12
兰考县	Lankao	19.65	13.34	4.31	21.19	14.29	6.90
汝州市	Ruzhou	54.15	29.52	14.34	71.11	47.73	22.23
滑县	Huaxian	41.47	36.77	4.70	50.76	40.78	9.98
长垣县	Changyuan	91.18	57.16	27.62	103.07	67.59	31.87
邓州市	Dengzhou	57.98	49.19	7.02	68.32	56.97	11.35
永城市	Yongcheng	138.46	44.05	89.68	134.10	49.98	83.06
固始县	Gushi	55.49	47.90	7.59	63.77	55.76	8.01
鹿邑县	Luyi	47.17	42.79	4.38	48.14	43.13	5.02
新蔡县	Xincai	34.74	28.11	4.67	35.53	28.91	6.61

19-5 中小型银行信贷收支情况(2011年)

Deposits and Loans of Stock-holding System Commercial Banks(2011)

单位：亿元 (100million yuan)

项目	Item	年末余额 绝对数 Absolute Value	年末余额 比重(%) Proportion (%)	比年初增减数 绝对数 Absolute Value
资金来源总计	**All Sources**	**4481.23**	**100.0**	**10.81**
各项存款	Deposits	3631.28	81.0	497.10
单位存款	Unit deposit	2848.03	63.6	336.57
个人存款	Individual deposit	648.69	14.5	121.01
临时性存款	Temporary deposit	13.43	0.3	3.58
其他存款	Other Deposits	121.12	2.7	35.95
代理财政性存款	Agency financial savings	26.79	0.6	-4.15
应付及暂收款	Account Payable and Deposit Received	49.11	1.1	20.43
同业往来	Interbanks Account	460.83	10.3	150.26
外汇买卖	Foreign exchange trading	17.32	0.4	-67.73
委托存款及委托投资基金(净)	Entrust deposit and entrust investment fund	28.33	0.6	-29.30
各项准备	Reserves	41.40	0.9	2.46
所有者权益	Creditors' Equity	101.98	2.3	27.50
其他	Others	124.19	2.8	-585.76
资金运用总计	**All Uses**	**4481.23**	**100.0**	**10.81**
各项贷款	Loans	3962.00	88.4	102.57
短期贷款	Short-term Loans	2355.69	52.6	69.22
中长期贷款	Medium-term & Long-term Loans	1526.32	34.1	89.64
其他贷款	Others	79.99	1.8	-56.29
有价证券及投资	Securities & Investment	2.34	0.1	-1.18
存放中央银行准备金存款	Reserve Deposits Leaving in Central Bank	75.16	1.7	-14.02
库存现金	Storage Cash	13.64	0.3	2.68
外汇买卖	Purchase of Foreign Exchanges	17.39	0.4	-67.78
其他	Others	410.71	9.2	-11.45

注：中小型银行包括招商银行、农业发展银行、浦东发展银行、中信银行、兴业银行、民生银行、光大银行和广东发展银行。
a)Small and Medium Banks include CMB, ADBC, SPDB, China Citic Bank,CIB,CMBC,CEB and Guangdong Development Bank.

19-6 大型银行信贷收支情况(2011年)
Deposits and Loans of State-Owned Commercial Banks (2011)

单位：亿元 (100million yuan)

项 目	Item	年末余额		比年初增减数
		绝对数 Absolute Value	比重(%) Proportion (%)	绝对数 Absolute Value
资金来源总计	**All Sources**	**9551.67**	**100.0**	**1264.84**
各项存款	Deposits	15108.07	158.2	1817.35
单位存款	Unit deposit	5613.97	58.8	796.60
个人存款	Individual deposit	9318.63	97.6	989.24
临时性存款	Temporary deposit	41.48	0.4	-2.39
其他存款	Other Deposits	133.99	1.4	33.90
代理财政性存款	Agency financial savings	5.53	0.1	0.42
应付及暂收款	Account Payable and Deposit Received	247.52	2.6	54.56
同业往来	Interbanks Account	488.39	5.1	121.62
外汇买卖	Foreign exchange trading	433.22	4.5	221.69
各项准备	Reserves	44.97	0.5	19.37
委托存款及委托投资基金(净)	Entrust deposit and entrust investment fund	170.11	1.8	60.85
所有者权益	Creditors' Equity	156.74	1.6	15.87
其他	Others	-7102.89	-74.4	-1046.88
资金运用总计	**All Uses**	**9551.67**	**100.0**	**1264.84**
各项贷款	Loans	8550.57	89.5	989.43
短期贷款	Short-term Loans	2134.82	22.4	528.16
中长期贷款	Medium-term & Long-term Loans	6255.43	65.5	625.31
其他贷款	Others	160.32	1.7	-164.03
有价证券及投资	Securities & Investment	35.24	0.4	-1.16
存放中央银行准备金存款	Reserve Deposits Leaving in Central Bank	78.10	0.8	13.68
库存现金	Storage Cash	116.91	1.2	22.29
外汇买卖	Purchase of Foreign Exchanges	434.16	4.5	220.91
其他	Others	336.69	3.5	19.69

注：大型银行包括工商银行、建设银行、农业银行、中国银行、国家开发银行、交通银行和邮政储蓄银行。
a)Large Banks include ICBC, CCB, ABC, BOC, CDB, BOC and PSBC.

19-7 区域性中小型银行信贷收支情况(2011年)
Deposits and Loans of Urban Commercial Banks (2011)

单位：亿元 (100million yuan)

项 目	Item	年末余额 绝对数 Absolute Value	年末余额 比重(%) Proportion (%)	比年初增减数 绝对数 Absolute Value
资金来源总计	**All Sources**	**3517.88**	**100.0**	**811.73**
各项存款	Deposits	2876.81	81.8	519.11
单位存款	Unit deposit	1530.29	43.5	328.39
个人存款	Individual deposit	1330.16	37.8	187.91
临时性存款	Temporary deposit	7.65	0.2	2.10
其他存款	Other Deposits	8.71	0.2	0.71
代理财政性存款	Agency financial savings	5.08	0.1	1.81
应付及暂收款	Account Payable and Deposit Received	56.34	1.6	-4.91
同业往来	Interbanks Account	146.46	4.2	88.26
外汇买卖	Foreign exchange trading			
委托存款及委托投资基金(净)	Entrust deposit and entrust investment fund	0.14	0.0	0.12
各项准备	Reserves	74.03	2.1	20.45
所有者权益	Creditors' Equity	321.09	9.1	130.00
其他	Others	37.94	1.1	56.87
资金运用总计	**All Uses**	**3517.88**	**100.0**	**811.73**
各项贷款	Loans	1896.47	53.9	409.55
短期贷款	Short-term Loans	1292.97	36.8	343.97
中长期贷款	Medium-term & Long-term Loans	347.97	9.9	34.38
其他贷款	Others	255.53	7.3	31.19
有价证券及投资	Securities & Investment	476.73	13.6	98.48
存放中央银行准备金存款	Reserve Deposits Leaving in Central Bank			
库存现金	Storage Cash	28.95	0.8	6.93
外汇买卖	Purchase of Foreign Exchanges			
其他	Others	1115.73	31.7	296.76

注：区域性中小银行包括城市商业银行、农村商业银行、农村合作银行和村镇银行。

a)Regional Small and Medium Banks include Urban commercial Banks, Rural Commercial Banks, Rural Cooperative Banks and Town Bank.

19-8 农村信用社信贷收支情况(2011年)
Deposits and Loans of Rural Credit Cooperatives (2011)

单位：亿元 (100million yuan)

项目	Item	年末余额 绝对数 Absolute Value	年末余额 比重(%) Proportion (%)	比年初增减数 绝对数 Absolute Value
资金来源总计	**All Sources**	**4501.29**	**100.0**	**633.16**
各项存款	Deposits	4125.96	91.7	608.80
单位存款	Unit deposit	690.42	15.3	65.14
个人存款	Individual deposit	3426.07	76.1	541.00
临时性存款	Temporary deposit	9.48	0.2	2.66
其他存款	Other Deposits			
代理财政性存款	Agency financial savings	16.34	0.4	3.73
应付及暂收款	Account Payable and Deposit Received	112.33	2.5	11.88
同业往来	Interbanks account	227.18	5.0	13.04
外汇买卖	Foreign exchange trading			
委托存款及委托投资基金(净)	Entrust deposit and entrust investment fund	1.65	0.0	0.41
各项准备	Reserves	114.28	2.5	37.86
所有者权益	Creditors' Equity	260.92	5.8	85.14
其他	Others	-357.37	-7.9	-127.70
资金运用总计	**All Uses**	**4501.29**	**100.0**	**633.16**
各项贷款	Loans	2833.54	62.9	198.57
短期贷款	Short-term Loans	2397.98	53.3	384.86
中长期贷款	Medium-term & Long-term Loans	434.19	9.6	88.57
其他贷款	Others	1.36	0.0	-274.86
有价证券及投资	Securities & Investment	324.90	7.2	47.88
存放中央银行准备金存款	Reserve Deposits Leaving in Central Bank	706.37	15.7	225.89
同业往来	Intercourse between Banks	375.32	8.3	69.43
库存现金	Storage Cash	55.56	1.2	11.25
其他	Others	205.60	4.6	80.15

19-9 信托投资公司信贷收支情况(2011年)
Deposits and Loans of Financial Trust Investment Agencies (2011)

单位：亿元

项目	Item	年末余额 绝对数 Absolute Value	年末余额 比重(%) Proportion (%)	比年初增减数 绝对数 Absolute Value
资金来源总计	**All Sources**	**34.74**	**100.0**	**13.13**
应付及暂收款	Account Payable and Deposit Received	3.86	11.1	2.01
各项准备	Reserves	0.79	2.3	0.07
所有者权益	Creditors' Equity	35.96	103.5	10.22
其他	Others	-5.88	-16.9	0.83
资金运用总计	**All Uses**	**34.74**	**100.0**	**13.13**
各项贷款	Loans	10.10	29.1	6.34
股权及其他投资	Equity and other investment	15.85	45.6	9.42
其他	Others	8.79	25.3	-2.63

19-10 个人贷款总额
Total Amount of Personal Loans

单位：亿元 (100 million yuan)

指 标	Indicators	2005	2008	2009	2010	2011
个人贷款总额	**Total Amount of Personal Loans**	**377.79**	**816.26**	**1229.86**	**1898.14**	**26646.15**
个人消费贷款	Personal Consumption Loan	347.30	666.45	1044.37	1623.94	1982.62
# 个人住房贷款	Housing Mortgage Loan	269.71	532.59	829.03	1257.00	1567.79
汽车消费贷款	Car Consumption Loan	41.02	44.77	47.24	68.09	73.28
公积金贷款	Accumulation Fund Loan	30.48	149.81	185.48	274.20	345.88
个人住房贷款占个人消费贷款额比重(%)	**Percentage of Housing Mortgage Loan in Personal Consumption Loan (%)**	**77.7**	**79.9**	**79.4**	**77.4**	**79.1**

19-11 各市城乡居民储蓄存款年底余额
Residents' Saving Deposits of Financial Institutions in Urban and Rural Areas by City(Year-end)

单位：亿元 (100million yuan)

市(县)	City(County)	2010	定期 Fixed Deposits	活期 Current Deposits	2011
全省	**Total**	**12883.70**	**7780.10**	**5103.60**	**14648.43**
省辖市	**City**				
郑州市	Zhengzhou	2911.00	1657.18	1253.82	3252.14
开封市	Kaifeng	472.54	285.08	187.47	545.00
洛阳市	Luoyang	1111.68	684.40	427.28	1233.05
平顶山市	Pingdingshan	730.13	407.62	322.52	789.21
安阳市	Anyang	638.60	388.85	249.75	727.26
鹤壁市	Hebi	177.94	100.87	77.07	188.23
新乡市	Xinxiang	718.61	445.37	273.24	793.17
焦作市	Jiaozuo	503.76	338.32	165.44	562.90
濮阳市	Puyang	435.58	275.95	159.63	496.96
许昌市	Xuchang	543.51	327.49	216.02	615.72
漯河市	Luohe	260.29	159.48	100.81	298.02
三门峡市	Sanmenxia	392.82	227.71	165.11	424.07
南阳市	Nanyang	955.82	589.21	366.60	1136.37
商丘市	Shangqiu	667.28	362.75	304.53	790.37
信阳市	Xinyang	784.10	517.74	266.36	920.69
周口市	Zhoukou	760.28	471.43	288.84	906.71
驻马店市	Zhumadian	713.63	486.30	227.32	851.36
济源市	Jiyuan	104.22	53.68	50.55	114.64
省直管县	**Province Administrating County**				
巩义市	Gongyi	133.04	80.43	52.61	146.97
兰考县	Lankao	46.25	25.69	20.55	56.92
汝州市	Ruzhou	69.30	37.57	31.73	81.70
滑县	Huaxian	80.26	52.09	28.17	95.83
长垣县	Changyuan	112.55	64.86	47.69	122.70
邓州市	Dengzhou	89.53	55.83	33.71	110.34
永城市	Yongcheng	119.70	62.12	57.58	139.31
固始县	Gushi	121.74	84.46	37.28	142.88
鹿邑县	Luyi	69.23	40.20	29.03	82.78
新蔡县	Xincai	62.48	43.30	19.18	76.78

19-12 人民币一年期存贷款利率
Official Interest Rates of RMB Deposits and Loans of Financial Institutions

单位：年利率 % (annual interest rate %)

执行日期 Ajust Time	金融机构存款基准利率 Official Interest Rates of Deposits of Financial Institutions	金融机构贷款基准利率 Official Interest Rates of Loans of Financial Institutions	中央银行对金融机构贷款基准利率 Official Interest Rates of Loans of Central Bank
1978	3.24	5.04	
1980	3.96-5.76	5.04	
1985	5.40-7.20	3.60-7.92	
1990.01.01	11.34	11.34	
1990.04.15	10.08	10.08	
1990.08.21	8.64	9.36	
1991.04.21	7.56	8.64	
1993.05.15	9.18	9.36	
1993.07.11	10.98	10.98	
1995.07.01	10.98	12.06	
1996.05.01	9.18	10.98	10.98
1996.08.23	7.47	10.08	10.62
1997.10.23	5.67	8.64	9.36
1998.03.25	5.22	7.92	7.92
1998.07.01	4.77	6.93	5.67
1998.12.07	3.78	6.39	5.13
1999.06.10	2.25	5.85	3.78
2002.02.21	1.98	5.31	3.24
2004.03.25	1.98	5.31	3.87
2004.10.29	2.25	5.58	3.87
2006.04.28	2.25	5.85	3.87
2006.08.19	2.52	6.12	3.87
2007.03.18	2.79	6.39	3.87
2007.05.19	3.06	6.57	3.87
2007.07.21	3.33	6.84	3.87
2007.08.22	3.60	7.02	3.87
2007.09.15	3.87	7.29	3.87
2007.12.21	4.14	7.47	3.87
2008.01.01	4.14	7.47	4.68
2008.09.16	4.14	7.20	4.68
2008.10.09	3.87	6.93	4.68
2008.10.30	3.60	6.66	4.68
2008.11.27	2.52	5.58	3.60
2008.12.23	2.25	5.31	3.33
2010.10.20	2.50	5.56	3.33
2010.12.26	2.75	5.81	3.85
2011.02.09	3.00	6.06	3.85
2011.04.06	3.25	6.31	3.85
2011.07.07	3.50	6.56	3.85

19-13 各市证券交易额(2011年)

Securities transactions by City(2011)

单位：亿元 (100 million yuan)

市 City	2009	2010	2011
全省 Total	**26443.67**	**25065.78**	**19873.60**
郑州市 Zhengzhou	14739.50	13928.78	11176.51
开封市 Kaifeng	558.49	577.66	445.92
洛阳市 Luoyang	2431.37	2387.21	1886.47
平顶山市 Pingdingshan	907.18	939.37	741.02
安阳市 Anyang	709.46	645.36	574.31
鹤壁市 Hebi	155.91	250.49	203.57
新乡市 Xinxiang	864.90	930.63	788.36
焦作市 Jiaozuo	750.33	640.65	462.84
濮阳市 Puyang	494.01	453.68	336.87
许昌市 Xuchang	949.15	860.20	629.23
漯河市 Luohe	366.88	312.01	239.84
三门峡市 Sanmenxia	546.46	438.41	282.79
南阳市 Nanyang	858.51	827.87	617.53
商丘市 Shangqiu	469.56	290.30	370.97
信阳市 Xinyang	605.73	525.41	379.96
周口市 Zhoukou	474.30	415.59	295.90
驻马店市 Zhumadian	561.93	488.09	361.94
济源市 Jiyuan		154.09	79.56

19-14 各市国债发行情况
Issuance of National Debt by City

单位：万元 (10 000 yuan)

市 City	2000	2005	2007	2008	2009	2010	2011
全 省 Total	**485000**	**460969**	**432787**	**378128**	**629698**	**618676**	**648960**
省 辖 市 City							
郑 州 市 Zhengzhou	160330	190559	162122	165302	260249	140710	185175
开 封 市 Kaifeng	23266	18625	16700	11917	25413	31839	29823
洛 阳 市 Luoyang	79250	68155	58420	53215	69539	55497	64665
平 顶 山 市 Pingdingshan	21000	13410	14140	13363	17609	24190	25692
安 阳 市 Anyang	30500	16682	16130	11677	19723	13050	14902
鹤 壁 市 Hebi	2880	3360	8150	2619	4587	10755	18427
新 乡 市 Xinxiang	30737	24089	18060	11750	23661	45620	24177
焦 作 市 Jiaozuo	25021	11699	17180	11700	22824	31401	47384
濮 阳 市 Puyang	35300	35975	23460	28492	62422	45013	35024
许 昌 市 Xuchang	14600	10770	11040	4927	11236	10737	12095
漯 河 市 Luohe	3296	6080	8760	7766	11846	8191	13582
三 门 峡 市 Sanmenxia	11710	9690	9255	6314	11447	18821	17897
南 阳 市 Nanyang	8000	17220	19320	11486	20616	25086	30194
商 丘 市 Shangqiu	6515	4505	10600	7166	12629	22454	26705
信 阳 市 Xinyang	8275	9900	12400	7757	16395	37562	20307
周 口 市 Zhoukou	8800	5575	11200	8477	14225	28285	44135
驻 马 店 市 Zhumadian	11600	9125	10270	10197	21248	59963	33382
济 源 市 Jiyuan	3920	5550	5580	4003	4029	9502	5394

19-15 证券市场情况
Basic Statistics on Securities Market

指　　标	Item	2010	2011
年末河南上市公司数量(家)	Number of Henan Listed Companies in Share Market at the Year-end(unit)	81	99
年末发行股票(只)	Issued shares at the end year (unit)	83	100
发行A股	A Shares	52	63
#新发行	Issued in this Year	11	12
发行境外股票	Overseas stock	31	37
#新发行	Issued in this Year	4	6
截止年末募集资金总额(亿元)	Capital Avaliable at the end year (100 million yuan)	751.10	1034.03
本年首次发行、再融资募集资金(亿元)	Capital Avaliable from First Issued and Refinancing (100 million yuan)	173.64	282.93
#A股	A Shares	142.27	260.75
年末A股上市公司流通股市价总值(亿元)	Total Negotiable Market Capotalization of Companies Listed in A Share Market at the Year-edn(100 million yuan)	4531.10	2520.82
股票成交量(亿元)	Total Stock Turnover (100 million yuan)	24290.27	18749.83
债券成交量金额(亿元)	Bonds Turnover Amount(100 million yuan)	35.26	40.00
投资者开户数(万户)	Total Investors (10 000 households)	359.7	394.0
#机构	Institutions	0.4	0.4
个人	Individuals	359.3	393.6
证券营业部个数(个)	Number of Business Departments of Security Companies (unit)	138	146
#外省证券公司设本省营业部	Number of Local Business Departments of Security Companies from Strange Provinces	101	105

19-16 河南A股股票发行情况(1993-2011年)
Issuance of A Shares(1993-2011)

股票名称 Name of Stocks	证券代码 Code of Stocks	发行(上市)日期 issue or the listing date	发行数量(万股) Total Issued Capital (10 000 shares)	发行价格(元/股) Issued Prices (yuan/share)	发行总市值(万元) Issued Aggregate Market Value (10 000yuan)	募集资金净额(万元) Net Capitalization Collected (10 000yuan)
中原环保	000544	1993-10-25	4500	3.50	15750	15075
神马实业	600810	1993-11-03	4950	4.68	23166	23166
洛阳玻璃	600876	1995-09-28	5000	5.03	25150	23900
焦作万方	000612	1996-09-09	3201	6.80	21767	21127
ST冰熊	600753	1996-09-16	2000	5.18	10360	9760
思达高科	000676	1996-12-03	1250	5.20	6500	6000
许继电气	000400	1997-04-02	5000	9.24	46200	44700
银鸽投资	600069	1997-04-16	4000	4.62	18480	17810
宇通客车	600066	1997-04-23	3500	9.75	34125	33075
郑州煤电	600121	1997-10-28	8000	5.50	44000	42520
豫能控股	001896	1997-11-10	8000	3.36	26880	25920
莲花味精	600186	1998-06-15	10000	7.01	70100	68000
S双汇	000895	1998-09-16	5000	6.24	31200	30046
黄河旋风	600172	1998-10-19	4000	6.40	25600	24721
SST春都	000885	1998-12-02	6000	7.08	42480	40980
安彩高科	600207	1999-06-21	18000	7.20	129600	127623
神火股份	000933	1999-07-23	7000	7.50	52500	51170
太龙药业	600222	1999-08-13	3500	6.52	22820	21823
新乡化纤	000949	1999-08-18	7500	7.80	58500	56752
中原油气	000956	1999-09-10	17000	4.89	83130	80580
羚锐股份	600285	2000-09-14	4000	8.30	33200	32030
天方药业	600253	2000-12-06	6000	7.75	46500	44820
平高电气	600312	2001-01-15	6000	12.45	74700	72787
安阳钢铁	600569	2001-08-01	27500	6.80	187000	182925
中孚实业	600595	2002-06-12	5000	8.30	41500	39939
豫光金铅	600531	2002-07-15	4500	7.34	33030	31502
瑞贝卡	600439	2003-06-25	2400	10.40	24960	23956
中原高速	600020	2003-07-24	28000	6.36	178080	172754
风神股份	600469	2003-09-29	7500	4.30	32250	30533
华兰生物	002007	2004-06-10	2200	15.74	34628	32985
轴研科技	002046	2005-05-11	2500	6.39	15975	14784
平煤天安	601666	2006-11-08	37000	8.16	301920	294892
新野纺织	002087	2006-11-17	8000	5.19	41520	38821
恒星科技	002132	2007-04-13	4100	8.00	32800	30200
中航光电	002179	2007-10-18	3000	16.19	48570	46231
利达光电	002189	2007-11-15	5000	5.10	25500	23512
三全食品	002216	2008-02-20	2350	21.59	50737	48864
濮耐股份	002225	2008-04-25	6000	4.79	28740	27012
辉煌科技	002296	2009-09-29	1550	25.00	38750	37004
汉威电子	300007	2009-10-30	1500	27.00	40500	37364
华英农业	002321	2009-12-16	3700	16.98	62826	58884
森源电气	002358	2010-2-10	2200	26.00	57200	54715
豫金刚石	300064	2010-3-26	3800	21.32	81016	74502
远东传动	002406	2010-5-18	4700	26.60	125020	121490
多氟多	002407	2010-5-18	2700	39.39	106353	99085
中原特钢	002423	2010-6-3	7900	9.00	71100	67383
新大新材	300080	2010-6-25	3500	43.40	151900	148008
中原内配	002448	2010-7-16	2350	21.80	51230	47275
郑煤机	601717	2010-8-3	14000	20.00	280000	270040
新开源	300109	2010-8-25	900	30.00	27000	24805
雏鹰农牧	002477	2010-9-15	3350	35.00	117250	108623
林州重机	002535	2011-1-11	5120	25.00	128000	120520
西泵股份	002536	2011-1-11	2400	36.00	86400	81749
四方达	300179	2011-2-15	2000	24.75	49500	46312
通达股份	002560	2011-3-3	2000	28.80	57600	53389
好想你	002582	2011-5-20	1860	46.00	85560	81478
佰利联	002601	2011-7-15	2400	55.00	132000	125818
新开普	300248	2011-7-29	1120	30.00	33600	29903
北玻股份	002613	2011-8-30	6700	13.50	90450	82445
新天科技	300259	2011-8-31	1900	21.90	41610	38732
隆华传热	300263	2011-9-16	2000	33.00	66000	61074
明泰铝业	601677	2011-9-19	6000	20.00	120000	112949

注：2007年及以前为发行日期，2008年起为上市日期。
a)Data before 2007 is issue date,and later 2008 is listing date.

19−17 保险业务情况

Major Indicators of Insurance Business

单位：万元 (10 000 yuan)

项　目	Item	2006	2007	2008	2009	2010	2011
保费收入	**Premium Income**	**2523106**	**3235621**	**5189239**	**5653914**	**7932838**	**8398213**
财产保险	Property Insurance	476181	647687	778537	977354	1347210	1633326
#机动车辆险	Motor Vehicle Insurance	399160	538271	631479	817024	1193388	1399549
企业财产险	Enterprise Property Insurance	41440	52030	57058	54314	66260	89390
家庭财产险	Family Property Insurance	3810	1916	2452	2242	2034	2398
人身保险	Life Insurance	2046925	2587934	4410702	4676560	6585628	6764888
寿险	Life Insurance	1854461	2386260	4110140	4344466	6183363	6371589
健康险	Health Insurance	133789	132658	223564	249136	310332	283075
意外伤害险	Accident Insurance	58675	69015	76997	82958	91933	110223
赔款及给付	**Claim and Payment**	**509782**	**1008777**	**1287669**	**1482335**	**1539086**	**1711388**
财产保险	Property Insurance	231549	338994	451263	521312	707189	805384
#机动车辆险	Motor Vehicle Insurance	189390	289728	382449	431539	586623	685909
企业财产险	Enterprise Property Insurance	23945	28708	23876	29468	52660	35667
家庭财产险	Family Property Insurance	396	536	627	687	813	554
人身保险	Life Insurance	278233	669783	836406	961023	831897	906004
寿险	Life Insurance	197318	600394	745623	862212	686418	761419
健康险	Health Insurance	60553	44116	65145	73159	115751	116123
意外伤害险	Accident Insurance	20362	25273	25639	25651	29728	28462

19－18 各市国内保险业务主要指标(2011年)

单位：万元

市 City	保费收入 Premium Income	财产保险 Property Insurance	#机动车辆险 Motor Vehicle Insurance	#企业财产险 Enterprise Property Insurance	#家庭财产险 Family Property Insurance	人身保险 Life Insurance	寿险 Life Insurance	健康险 Health Insurance	意外伤害险 Accident Insurance
全省 Total	**8398213**	**1633326**	**1399549**	**89390**	**2398**	**6764888**	**6371589**	**283075**	**110223**
省辖市 City									
郑州市 Zhengzhou	1589777	519503	429338	47026	419	1070274	965487	72057	32729
开封市 Kaifeng	295653	39141	35242	1080	36	256513	242501	10256	3756
洛阳市 Luoyang	661532	132768	111125	6467	170	528764	495697	24127	8940
平顶山市 Pingdingshan	428984	71840	63327	4597	147	357145	337790	14889	4466
安阳市 Anyang	410393	79949	71607	3306	186	330444	310101	14473	5871
鹤壁市 Hebi	107759	22293	19945	1126	41	85466	80590	3454	1422
新乡市 Xinxiang	456994	68296	62195	2730	75	388697	365156	17843	5699
焦作市 Jiaozuo	400852	81736	73859	3112	89	319116	297446	16799	4872
濮阳市 Puyang	367106	55799	50168	2342	102	311307	294973	12410	3924
许昌市 Xuchang	401334	79283	72324	2856	172	322051	306552	10400	5099
漯河市 Luohe	227883	30278	26253	1154	401	197605	187493	7662	2450
三门峡市 Sanmenxia	202694	35734	31076	1382	77	166959	157186	5654	4120
南阳市 Nanyang	695892	106060	89394	5460	122	589833	554721	26471	8640
商丘市 Shangqiu	521878	74838	68438	1435	232	447040	432169	9872	4999
信阳市 Xinyang	391587	62349	49544	1390	46	329238	315603	10043	3591
周口市 Zhoukou	671783	88306	80611	1410	52	583477	569509	10297	3671
驻马店市 Zhumadian	499394	66384	49202	1306	57	433010	414719	13110	5181
济源市 Jiyuan	65808	17931	15148	1103	4	47877	43897	3250	730

Major Indicators of Domestic Insurance Business by City(2011)

(10 000 yuan)

赔款及给付 Claim and Payment	财产保险 Property Insurance	#机动车辆险 Motor Vehicle Insurance	#企业财产险 Enterprise Property Insurance	#家庭财产险 Family Property Insurance	人身保险 Life Insurance	寿险 Life Insurance	健康险 Health Insurance	意外伤害险 Accident Insurance
1711388	**805384**	**685909**	**35667**	**554**	**906004**	**761419**	**116123**	**28462**
395987	231228	175595	16022	67	164759	107064	51100	6595
64369	21294	19601	441	16	43075	34049	8299	727
139600	57924	50267	3070	71	81676	73849	5473	2355
82446	35431	32526	916	46	47015	42447	3476	1092
95518	37991	34352	929	15	57526	50119	5453	1955
26398	11926	11058	258	18	14472	12660	1361	451
82164	32025	28293	1577	26	50139	43812	4969	1359
79735	39074	36729	1037	22	40661	33140	6209	1313
71529	30635	25905	2899	36	40894	36615	3039	1239
84453	40002	36968	1575	35	44450	40591	2458	1401
44038	17840	16070	473	34	26199	23047	2292	860
44980	18827	16346	694	20	26153	22892	1567	1695
124860	59094	50497	2581	40	65766	56924	6241	2600
80381	40211	37639	568	42	40169	34986	4210	974
92514	35516	29679	641	29	56997	53753	2256	989
101632	51692	48768	691	13	49940	47227	1679	1033
86880	36695	28497	792	17	50184	43125	5451	1609
12947	7039	6355	420	3	5908	5119	573	215

主要统计指标解释

信贷资金 指金融机构以信用方式积聚和分配的货币资金。金融机构信贷资金的来源有各项存款、对国际金融机构负债、流通中货币、银行自有资金及当年结益等；信贷资金的运用有各项贷款、黄金占款、外汇占款、财政借款及在国际金融机构中的资产等。

存款 指企业、机关、团体或居民根据资金必须收回的原则，把货币资金存入银行或其他信用机构保管并取得一定利息的一种信用活动形式。根据存款对象的不同可划分为企业存款、财政存款、机关团体存款、基本建设存款、城镇储蓄存款、农村存款等科目。它是银行信贷资金的主要来源。

贷款 指银行或其他信用机构根据资金必须归还的原则，按一定利率，为企业、个人等提供资金的一种信用活动形式。我国银行贷款分为短期贷款、委托及信托类贷款、其他贷款等。

保险公司 在中国境内的、经过保险监督部门批准设立，并依法登记注册的各类商业保险公司。

保险金额 指保险人承担赔偿或者给付保险金责任的最高限额。

证券 由债券购买者承购的或因销售产品而拥有的，可在金融市场上交易并代表一定债权的书面证明。包括政府债券、金融债券、企业债券、商业票据、股票、支付固定收入但不提供法人企业残余价值分享权的优先股等。

股票 指股票购买者及直接投资者对其投资企业净资产所拥有的权益。股票是股份公司签发的证明股东投资并按其所持股份享有权益和承担义务的权益性证券。

保费 指投保人为取得保险人在约定范围内所承担赔偿责任而支付给保险人的费用。

赔款 指保险人根据保险合同的规定，向被保险人支付的赔偿保险责任损失的金额。

给付 包括死伤医疗给付和满期给付。死伤医疗给付是指保险人根据人寿保险及长期健康保险合同的规定，因被保险人在保险期内发生保险责任范围内的保险事故支付给被保险人（或受益人）的金额。满期给付是指被保险人生存期满，保险人按人寿保险合同规定支付给被保险人的满期保险金额。

Explanatory Notes on Main Statistical Indicators

Credit Funds refer to the funds issued as loans by banking institutions. The sources of credit funds of the banking institutions included deposits, liabilities to international financial institutions, currency in circulation, self-owned funds and current retained profits, etc. The credit funds can be used in forms of loans, gold, foreign exchange, government debt and assets in the international financial institutions.

Deposit is a form of credit by which enterprises, institutions, organizations or households can put money into banks and other credit institutions for safekeeping and interest earning under the principle of free withdrawal. According to different depositors, deposits are divided into enterprise deposits, treasury deposits, deposits of government agencies and organizations, capital construction deposits, urban savings deposits, rural deposits and other deposits. Deposits are major sources of the credit funds of banks.

Loan is a form of credit by which banks and other credit institutions provide funds at certain interest rate to enterprises and individuals in the light of the principle of unconditional repayment. Loans from Chinese banks include short-term loans, medium-term and long-term loans, entrusted loans, and other loans.

Insurance Companies refer to commercial insurance companies of various forms registered by law and established in china with the approval of insurance regulatory agencies.

Insurance amount refers to the insurer undertakes to indemnify or pay under its insurance obligation ceiling.

Securities refer to written certificates representing creditors' rights, purchased by bond holders or owned by selling products, which can be transacted at the financial markets. They include government bonds, financial bonds, corporation bonds, commercial drafts, stocks, preferential stocks that provide fixed income without the right to share the residual value of corporations, etc.

Stocks refer to the rights by stockholders and direct investors on the net assets of corporations they invested in. Stocks refer to negotiable securities on creditor's rights, issued by stock companies certifying the investment by stockholders and their rights and duties depending on their stocks.

Premium is the fee paid by the insurant to the insurer to obtain the obligation of compensation from the insurance within the agreed terms.

Settled Claim is the compensation paid by the insurer to the insurant in accordance with the insurance contract.

Payment includes payment for death, injury or medical treatment and mature payment. Payment for death, injury or medical treatment refers to the money paid to the insurant (or the beneficiary) in accordance with the life or health insurance contract when the insurant encounters accidents within the insured period covered in the contract. Mature payment refers to the mature payment to the insurant in accordance with the life insurance contract at the end of the insured period.

房地产业

Real Estate

● 资料整理：秦红娟

简要说明

一、主要内容

本篇包括房地产开发企业单位数、从业人数、主要财务指标以及房地产开发与经营活动的规模、结构及资金来源等资料。

二、统计范围

房地产开发统计范围包括：各种登记注册类型的房地产开发公司、商品房建设公司及其他房地产开发单位统一开发（包括统代建，拆迁还建）的各种房屋建筑物和配套的服务设施、土地开发工程，如道路、给水、排水、供电、供热、通讯、平整场地等基础设施工程，还包括实际从事房地产开发或经营活动的附营房地产开发单位。凡从事房地产开发与经营活动的单位，均按单位进行统计。

房地产开发企业数据，暂不包括物业管理、房地产中介服务、其它房地产活动法人单位数据。

三、资料来源

本篇资料由河南省统计局固定资产投资统计处编辑整理。

Brief Introduction

I. Main Contents

Statistics in this chapter including the unit, employment, and main financial indicators of real estate, the Size, structure and funding sources of real estate development and operation.

II. Scope of Statistics

Data on Scope of real estate development enterprises refer to various types of registration companies, commercial building companies, various of housing services to buildings and ancillary facilities built by real estate development companies, such as roads, water supply, drainage, electricity, heating, communications, site formation works and other infrastructure, and data also including subsidiary real estate development business unit which actually engaged in real estate development or business activities.

Data in this chapter except property management, real estate intermediary services and other real estate activities.

III. Sources of Data

Data in this chapter are provided by the Department of investment in fixed assets of the Henan provincial Bureau of Statistics.

20−1 历年房地产开发企业主要指标

Main Indicators of Enterprises for Real Estate Development over the Years

年份 Year	企业个数（个） Number of Enterprises (unit)	本年完成投资额（亿元） Investment Completed This Year (100 million yuan)	#住宅 Residential Buildings	房屋建筑面积竣工率（%） Rate of Floor Space of Buildings Completed (%)	商品房销售面积（万平方米） Floor Space of Selling House (10 000 sq.m)	#住宅 Residential Buildings	商品房销售额（亿元） Sales of Selling House (100 million yuan)	#住宅 Residential Buildings
1990		3.43	2.80					
1991		4.07	3.25	42.2	83.16		2.99	
1992		8.78	6.27	35.1	103.36		4.83	
1993		25.27		31.2	100.20		6.41	
1994	896	49.61	35.22	39.3	225.04	198.19	16.43	9.58
1995	880	62.56	39.38	64.0	660.29	484.53	26.14	20.86
1996	731	54.84	30.49	37.1	255.82	215.27	22.75	18.55
1997	509	51.75	27.15	35.5	220.49	201.65	20.26	17.69
1998	655	58.10	32.09	33.3	279.61	262.94	27.32	24.70
1999	677	70.41	42.94	33.2	297.10	275.28	30.37	26.41
2000	1020	77.87	50.37	36.0	509.21	438.41	64.18	50.51
2001	938	102.84	75.87	32.6	529.21	483.77	65.59	56.55
2002	1108	138.36	101.31	35.9	639.94	584.74	88.29	75.50
2003	1430	185.56	135.10	31.3	862.71	795.78	120.75	103.60
2004	1774	258.82	174.81	28.8	1055.37	948.61	165.91	136.76
2005	1906	388.52	271.62	28.0	1724.82	1539.60	322.01	255.37
2006	2100	581.95	432.64	24.0	2409.33	2190.99	484.72	403.72
2007	2586	837.11	639.08	26.4	3928.04	3569.18	885.16	742.83
2008	4146	1206.71	970.86	21.8	3191.98	2943.36	746.46	629.40
2009	3798	1553.76	1235.21	21.2	4336.90	4019.26	1156.22	1005.21
2010	4176	2114.08	1685.21	21.7	5452.23	5092.49	1658.79	1454.57
2011	4963	2626.54	2021.19	21.8	6275.16	5725.12	2196.81	1788.04

注：商品房销售面积、销售额2005年开始采用新口径，与以前不可比，新口径包括期房销售和现房销售。(下同)

a)Figures on Floor Space and Sales of selling House are Accounted in New Caliber in 2005, So they are different from former years. New Caliber Include marketable housing and futures marketable housing (the same as following tables).

20-2 房地产开发企业(单位)个数和从业人员数

Number of Employed Persons and Enterprises for Real Estate Development

指　标	Item	2009	2010	2011
企业个数（个）	**Number of Enterprises(unit)**	**3798**	**4176**	**4963**
#国有控股	State-holding	220	209	237
集体控股	Collective-holding	154	167	172
私人控股	Private-holding	3203	3511	4104
港澳台控股	Hong Kong, Macao and Taiwan-holding	61	63	68
外资控股	Foreign-holding	61	61	58
从业人数（人）	**number of Employed Persons(person)**	**88286**	**100350**	**138716**
#国有控股	State-holding	6709	6352	6227
集体控股	Collective-holding	3886	4257	9225
私人控股	Private-holding	71226	81719	108264
港澳台控股	Hong Kong, Macao and Taiwan-holding	1754	1694	1900
外资控股	Foreign-holding	2555	2491	2461

20-3 各市房地产开发企业(单位)个数(2011年)
Number of Enterprises for Real Estate Development by City(2011)

单位：个 (unit)

市(县) City(County)	企业(单位)个数 Enterprises Number	一级 First Class	二级 Second Class	三级 Third Class	四级 Fourth Class	暂定 Provisional	其他 Others
全省 Total	**4963**	**48**	**409**	**931**	**470**	**2875**	**230**
省辖市 City							
郑州市 Zhengzhou	1116	17	122	221	47	652	57
开封市 Kaifeng	218		8	31	47	121	11
洛阳市 Luoyang	538	4	45	138	40	280	31
平顶山市 Pingdingshan	276	3	16	38	45	140	34
安阳市 Anyang	275	3	22	56	7	178	9
鹤壁市 Hebi	100		8	12	15	65	
新乡市 Xinxiang	312		28	70	21	162	31
焦作市 Jiaozuo	181		16	42	8	111	4
濮阳市 Puyang	110	2	16	29	12	42	9
许昌市 Xuchang	278		20	55	16	176	11
漯河市 Luohe	80	1	10	18	12	29	10
三门峡市 Sanmenxia	118		6	9	17	82	4
南阳市 Nanyang	386	4	25	51	67	237	2
商丘市 Shangqiu	229	4	17	41	5	157	5
信阳市 Xinyang	229	4	11	42	61	107	4
周口市 Zhoukou	234		20	43	30	136	5
驻马店市 Zhumadian	209	6	9	22	18	151	3
济源市 Jiyuan	74		10	13	2	49	
省直管县 Province Administrating County							
巩义市 Gongyi	29		2	4	1	22	
兰考县 Lankao	12					6	6
汝州市 Ruzhou	18		3	3	2	9	1
滑县 Huaxian	20	1	2	2	3	12	
长垣县 Changyuan	16		4	4		8	
邓州市 Dengzhou	15			1	3	11	
永城市 Yongcheng	32		4	1	1	26	
固始县 Gushi	16		2	4	4	6	
鹿邑县 Luyi	8			2	2	4	
新蔡县 Xincai	11					11	

20-4 各市房地产开发企业从业人员(2011年)

Number of Employed Persons in Enterprises for Real Estate Development(2011)

单位：人 (person)

市(县) City(County)	从业人员 Number of Employed Persons	一级 First Class	二级 Second Class	三级 Third Class	四级 Fourth Class	暂定 Provisional	其他 Others
全　　省 Total	**138716**	**3086**	**17911**	**22707**	**10533**	**80222**	**4257**
省　辖　市 City							
郑　州　市 Zhengzhou	30722	1609	5654	5195	788	16730	746
开　封　市 Kaifeng	9808		258	482	987	7814	267
洛　阳　市 Luoyang	11850	261	1837	3349	501	5543	359
平 顶 山 市 Pingdingshan	8189	182	754	1199	722	4704	628
安　阳　市 Anyang	7306	124	993	1347	108	4627	107
鹤　壁　市 Hebi	2809		588	237	404	1580	
新　乡　市 Xinxiang	7771		1082	1555	490	3998	646
焦　作　市 Jiaozuo	3168		456	855	122	1677	58
濮　阳　市 Puyang	3072	23	701	493	227	1009	619
许　昌　市 Xuchang	4851		771	1039	251	2659	131
漯　河　市 Luohe	2715		368	622	196	1386	143
三 门 峡 市 Sanmenxia	2629		260	213	243	1886	27
南　阳　市 Nanyang	9376	373	1442	1383	1700	4424	54
商　丘　市 Shangqiu	6133	163	553	1541	80	3731	65
信　阳　市 Xinyang	10084	41	914	890	1615	6495	129
周　口　市 Zhoukou	8712		717	1341	1682	4798	174
驻 马 店 市 Zhumadian	8122	310	306	669	360	6373	104
济　源　市 Jiyuan	1399		257	297	57	788	
省 直 管 县 Province Administrating County							
巩　义　市 Gongyi	996		63	103	18	812	
兰　考　县 Lankao	244					150	94
汝　州　市 Ruzhou	606		63	38	7	423	75
滑　　　县 Huaxian	413	14	26	34	49	290	
长　垣　县 Changyuan	735		223	141		371	
邓　州　市 Dengzhou	845			16	224	605	
永　城　市 Yongcheng	698		121	13	2	562	
固　始　县 Gushi	1006		654	89	86	177	
鹿　邑　县 Luyi	190			46	54	90	
新　蔡　县 Xincai	444					444	

20−5 房地产开发投资额

Completed Investment in Real Estate Development

单位：亿元 (100 million yuan)

项　　目	Item	2005	2010	2011
投资总额	**Total Investment**	**388.52**	**2114.08**	**2626.54**
国有控股	State-holding		100.87	185.31
集体控股	Collective-holding		153.07	134.36
私人控股	Private-holding		1618.75	1898.16
港澳台控股	Hong Kong, Macao and Taiwan-holding		46.97	49.29
外资控股	Foreign-holding		59.62	61.79
按构成分	**Grouped by Use of Composition**			
建筑、安装工程	Construction and Installation	283.87	1657.06	2118.25
设备、工器具购置	Purchase of Equipment and Instruments	2.84	25.34	24.32
其他费用	Others	101.81	431.68	483.97
#土地购置费	Total Value of Land Purchased	74.81	293.23	292.68
按工程用途分	**By Use of Projects**			
住宅	Residential Buildings	271.62	1685.21	2021.19
#144平方米以上	Over 144 sq.m		253.23	283.62
90平方米以下	Under 90 sq.m		422.33	473.53
办公楼	Office Buildings	14.05	56.74	115.44
商业营业用房	Houses for Bussiness Use	67.79	192.77	239.35
其他	Other	35.06	179.36	250.57
新增固定资产	**Newly Increased Fixed Assets**	**189.47**	**861.63**	**1226.42**
资金来源	**Source of Funds**			
国内贷款	Domestic Loans	60.75	209.37	278.77
利用外资	Foreign Investment	2.10	1.51	6.69
#外商直接投资	Foreign Direct Investment	1.45	1.46	6.69
自筹资金	Self-raising Funds	180.91	1144.53	1659.13
其他资金	Others	144.76	758.67	946.32

注：2011年以前资金来源是按完成投资分，2011年是企业到位资金。
a)、Data of source fo funds before 2011 refers to completed investment,and data in 2011 refers to funds available.

20-6 房地产开发企业(单位)建设房屋建筑面积和造价

Floor Space and Cost of Buildings Developed by Enterprises for Real Estate Development

市(县)	City(County)	施工房屋面积(万平方米) Floor Space Under Construction (10 000 sq.m)	竣工房屋面积(万平方米) Floor Space Completed (10 000 sq.m)	房屋建筑面积竣工率(%) Rate of Floor Space of Buildings Completed(%)	竣工房屋价值(亿元) Value of Buildings Completed(100 million yuan)	竣工房屋造价(元/平方米) Cost of Buildings Completed (yuan/sq.m)
	1997	1042.19	370.26	35.5	32.10	867
	1998	1175.96	392.03	33.3	28.41	725
	1999	1339.60	444.87	33.2	34.05	765
	2000	1657.53	597.21	36.0	40.49	678
	2001	1976.84	644.40	32.6	45.74	710
	2002	2484.01	892.32	35.9	67.83	760
	2003	3210.26	1005.52	31.3	86.33	859
	2004	3940.64	1135.32	28.8	100.94	889
	2005	4902.98	1370.94	28.0	144.72	1056
	2006	7017.17	1681.42	24.0	184.87	1099
	2007	10550.90	2785.48	26.4	326.78	1173
	2008	13906.18	3026.04	21.8	403.95	1335
	2009	16074.35	3400.98	21.2	434.30	1277
	2010	20393.98	4426.94	21.7	630.25	1424
	2011	25343.32	5527.42	21.8	923.85	1671
省辖市	**City**					
郑州市	Zhengzhou	7472.19	1579.48	21.1	347.74	2202
开封市	Kaifeng	800.46	131.22	16.4	16.63	1267
洛阳市	Luoyang	2839.22	450.69	15.9	62.86	1395
平顶山市	Pingdingshan	1094.95	151.10	13.8	21.78	1442
安阳市	Anyang	1464.59	183.88	12.6	26.61	1447
鹤壁市	Hebi	427.54	64.20	15.0	11.47	1787
新乡市	Xinxiang	1559.21	308.47	19.8	44.16	1432
焦作市	Jiaozuo	737.72	106.16	14.4	17.32	1632
濮阳市	Puyang	518.47	163.94	31.6	30.15	1839
许昌市	Xuchang	847.02	160.62	19.0	28.19	1755
漯河市	Luohe	420.49	68.48	16.3	11.86	1732
三门峡市	Sanmenxia	577.00	56.78	9.8	10.87	1915
南阳市	Nanyang	1208.96	237.06	19.6	30.35	1280
商丘市	Shangqiu	1327.93	300.72	22.6	49.32	1640
信阳市	Xinyang	1437.74	707.36	49.2	116.03	1640
周口市	Zhoukou	770.54	273.82	35.5	25.86	944
驻马店市	Zhumadian	1521.42	521.52	34.3	63.24	1213
济源市	Jiyuan	317.88	61.91	19.5	9.39	1517
省直管县	**Province Administrating County**					
巩义市	Gongyi	179.88	126.98	70.6	21.88	1723
兰考县	Lankao	25.16	10.01	39.8	0.72	723
汝州市	Ruzhou	75.94	32.18	42.4	3.08	956
滑县	Huaxian	141.20	11.40	8.1	1.10	969
长垣县	Changyuan	126.68	42.85	33.8	4.90	1144
邓州市	Dengzhou	64.50	25.49	39.5	2.55	1000
永城市	Yongcheng	205.28	1.45	0.7	0.37	2544
固始县	Gushi	168.71	98.88	58.6	17.01	1720
鹿邑县	Luyi	20.34	18.44	90.6	1.66	898
新蔡县	Xincai	148.10	71.17	48.1	8.79	1235

20-7 房地产开发企业开发情况

Operating Statistics of Enterprises for Real Estate Development

项　　目	Item	2005	2010	2011
本年购置土地面积（万平方米）	Land Space Purchased This year (10 000sq.m)	2015.82	2864.32	1565.92
本年待开发的土地面积（万平方米）	Land Space Needed to Development This year(10 000sq.m)	763.50	1209.47	964.30
房屋建筑面积(万平方米)	Floor Space of Building Construction (10 000 sq.m)			
施工面积	Floor Space Under Construction	4902.98	20393.98	25343.32
#住宅	Residential Buildings	3895.44	16901.99	20620.70
竣工面积	Floor Space Completed	1370.94	4426.94	5527.42
#住宅	Residential Buildings	1151.39	3852.60	4806.79
房屋竣工价值(亿元)	Value of Buildings Completed (100 million yuan)	144.72	630.25	923.85
房屋竣工造价（元/平方米）	Cost of Buildings Completed (yuan/sq.m)	1056	1424	1671
商品房屋销售建筑面积（万平方米）	Floor Space of Selling House (10 000 sq.m)	1724.82	5452.23	6275.16
#现房销售面积	Sale Space of marketable housing	791.21	1910.83	2188.09
期房销售面积	Sale Space of futures marketable housing	933.61	3541.40	4087.07
商品房屋销售额(亿元)	Total Sales of Commerical Houses (100 million yuan)	322.01	1658.79	2196.81
#现房销售额	Sale of marketable housing	128.95	438.82	584.59
期房销售额	Sale of futures marketable housing	193.06	1219.97	1612.22
商品住宅销售套数(万套)	Total Flats Saled of Residential Buildeins (10 000 sets)		45.93	49.77
#现房销售套数	Sale of marketable housing		14.92	16.55
期房销售套数	Sale of futures marketable housing		31.01	33.22
商品房待售面积(万平方米)	Area of Land Lying Idle (10 000 sq.m)	307.30	1161.14	1580.67

20-8 房地产开发企业施工、销售和待售情况(2011年)

项　　目	Item	合计 Total	住宅 Commercially Residential Buildings	#90平方米以下 Under 90 sq.m
房屋施工面积(万平方米)	Floor Space of Buildings under Construction (10 000 sq.m)	25343.32	20620.70	5404.04
#新开工	Started This Year	9890.83	8201.42	1912.55
房屋竣工面积(万平方米)	Floor Space of Buildings Completed (10 000 sq.m)	5527.42	4806.79	1086.27
#不可销售面积	Floor Space Cannot be Solded	115.21	63.60	27.95
住宅竣工套数(万套)	Total Flats of Residential Buildings Completed (10 000 sets)		43.90	14.03
竣工房屋价值(亿元)	Value of Buildings Completed (100 million yuan)	923.85	778.02	201.48
批准预售面积(万平方米)	Approval to open to Booking Area(10 000 sq.m)	5558.44	5012.50	875.00
批准预售住宅套数(套)	Approval to open to Booking Residence (set)		42.71	10.59
出租房屋面积(万平方米)	Space of Buildings Leased (10 000 sq.m)	47.54	5.80	2.59
商品房销售面积(万平方米)	Floor Space Sold (10 000 sq.m)	6275.20	5725.16	993.47
#现房销售	Sale of marketable housing	2188.09	1969.54	307.77
期房销售	Sale of futures marketable housing	4087.07	3755.58	685.70
商品房销售额(亿元)	Total Sale of Commercial Buildings (100 million yuan)	2196.81	1788.05	351.52
#现房销售	Sale of marketable housing	584.59	474.82	79.96
期房销售	Sale of futures marketable housing	1612.22	1313.23	271.56
商品住宅销售套数(万套)	Total Flats Saled of Residential Buildings (10 000 sets)	49.77	49.77	12.45
#现房销售	Sale of marketable housing	16.55	16.55	3.69
期房销售	Sale of futures marketable housing	33.22	33.22	8.76
商品房待售面积(万平方米)	Floor Space of Buildings Emptied(10 000 sq.m)	1580.67	1282.71	245.59
#待售1-3年	1-3Years Emptied	233.71	151.36	25.86
待售3年以上	Over 3 Years Emptied	8.57	0.72	

Situation of Construction，Sale and Buildings Emptied of Real Estate Enterprises(2011)

#144平方米以上 Over 144sq.m	#别墅、高档公寓 Villas, Highgrade Apartments	办公楼 Office Buildings	商业营用房 House for Business Use	其他 Others
3660.84	209.84	770.11	2344.21	1608.30
1282.67	43.95	265.59	851.67	572.15
907.39	18.97	85.76	450.32	184.55
0.28		3.44	17.01	31.16
5.68	0.13			
148.18	4.42	21.81	90.30	33.71
808.64	30.22	65.11	383.41	97.42
4.91	0.21			
3.22		1.11	35.56	5.06
1019.72	47.16	149.18	326.49	74.37
406.66	15.56	27.16	163.30	28.09
613.07	31.60	122.02	163.19	46.28
327.78	29.21	138.79	245.65	24.32
97.78	6.58	21.10	80.86	7.81
230.01	22.63	117.68	164.79	16.51
6.43	0.32			
2.55	0.07			
3.87	0.25			
292.64	17.61	23.68	221.33	52.95
34.03	5.11	13.69	49.35	19.32
0.62		1.33	3.66	2.86

20-9 各市房地产开发投资情况(2011年)

Development and Investment Completed for Real Estate by City (2011)

市(县)	City(County)	投资总额(亿元) Total Investment (100 million yuan)	住宅 Residential Buildings	#90平方米以下 Under 90 sq.m	#144平方米以上 Over 144sq.m	#别墅、高档公寓 Villas, Highgrade Apartments	办公楼 Office Buildings	商业营业用房 Houses for Business Use	其他 Other
全省	**Total**	**2626.54**	**2021.19**	**473.53**	**283.62**	**22.24**	**115.44**	**239.35**	**250.57**
省辖市	**City**								
郑州市	Zhengzhou	926.31	624.31	209.91	68.58	13.42	93.74	86.34	121.92
开封市	Kaifeng	88.96	64.63	18.43	13.98	1.39	0.26	7.56	16.52
洛阳市	Luoyang	239.19	181.15	33.78	31.18	0.70	13.80	24.65	19.58
平顶山市	Pingdingshan	75.50	59.14	22.02	10.47	0.19	1.19	8.37	6.79
安阳市	Anyang	121.52	103.65	12.82	18.97	0.09	0.23	9.85	7.79
鹤壁市	Hebi	36.65	28.56	4.14	1.42	0.34	1.23	4.89	1.96
新乡市	Xinxiang	156.10	121.96	22.96	17.63	1.43	1.36	15.81	16.96
焦作市	Jiaozuo	74.13	64.79	7.74	15.39	0.03	0.24	5.35	3.76
濮阳市	Puyang	50.23	44.80	12.24	4.56		0.03	2.34	3.06
许昌市	Xuchang	94.07	79.03	20.19	7.63	2.24	0.41	6.60	8.02
漯河市	Luohe	33.23	31.39	9.54	11.53	0.58	0.02	1.67	0.14
三门峡市	Sanmenxia	53.86	38.95	11.53	5.20	0.12	1.57	8.63	4.71
南阳市	Nanyang	93.72	82.46	11.34	6.93	0.01	0.21	7.72	3.34
商丘市	Shangqiu	103.19	85.13	16.70	13.52		0.27	8.25	9.54
信阳市	Xinyang	164.50	133.56	4.21	20.50	0.16	0.46	13.58	16.91
周口市	Zhoukou	149.97	134.54	12.69	24.23	1.34	0.31	7.46	7.67
驻马店市	Zhumadian	144.74	126.83	40.69	9.72	0.10	0.11	16.55	1.25
济源市	Jiyuan	20.69	16.31	2.58	2.17	0.10	0.01	3.74	0.63
省直管县	**Province Administrating County**								
巩义市	Gongyi	39.75	23.98	10.56	8.02		0.30	10.04	5.44
兰考县	Lankao	2.76	2.27	0.26	1.16		0.01	0.06	0.42
汝州市	Ruzhou	5.74	4.25	1.07	0.74	0.19		1.43	0.06
滑县	Huaxian	6.76	5.67	0.37	2.21	0.01		0.51	0.58
长垣县	Changyuan	8.33	5.48	0.75	1.59	0.02	0.71	2.14	
邓州市	Dengzhou	10.16	8.78	1.15	0.25			1.17	0.21
永城市	Yongcheng	14.82	11.46	5.68	5.65		0.04	0.70	2.61
固始县	Gushi	19.66	12.13	1.17	0.58	0.16	0.01	1.52	6.00
鹿邑县	Luyi	5.43	4.43	0.07	0.39	0.39		0.02	0.98
新蔡县	Xincai	9.74	9.32	3.77	0.12				0.42

20-10 各市房地产开发施工房屋面积(2011年)

Floor Space of Buildings under Construction by City (2011)

单位：万平方米 (10 000 sq.m)

市(县) City(County)	施工房屋面积 Floor Space of Buildings under Construction	住宅 Residential Buildings	#90平方米以下 Under 90 sq.m	#144平方米以上 Over 144 sq.m	#别墅、高档公寓 Villas, luxury apartments	办公楼 Office Buildings	商业营业用房 Houses for Business Use	其他 Others
全 省 Total	**25343.32**	**20620.70**	**5404.04**	**3660.84**	**209.84**	**770.11**	**2344.21**	**1608.30**
省 辖 市 City								
郑 州 市 Zhengzhou	7472.19	5368.28	2125.09	840.12	88.39	530.42	728.15	845.34
开 封 市 Kaifeng	800.46	705.80	209.62	142.50	26.19	4.76	65.64	24.25
洛 阳 市 Luoyang	2839.22	2195.54	453.50	403.62	9.40	112.97	281.43	249.28
平 顶 山 市 Pingdingshan	1094.95	904.59	276.21	177.15	1.52	17.55	108.09	64.72
安 阳 市 Anyang	1464.59	1276.83	239.66	272.63	1.03	4.87	124.54	58.35
鹤 壁 市 Hebi	427.54	340.92	63.40	32.27	10.56	15.92	51.52	19.18
新 乡 市 Xinxiang	1559.21	1352.42	274.49	304.43	24.23	46.53	136.57	23.70
焦 作 市 Jiaozuo	737.72	644.08	101.26	113.67	0.34	2.80	64.47	26.38
濮 阳 市 Puyang	518.47	498.11	195.60	36.69		1.21	14.29	4.85
许 昌 市 Xuchang	847.02	723.72	149.70	149.75	8.54	2.98	77.18	43.14
漯 河 市 Luohe	420.49	390.75	103.40	181.91	2.62	0.15	21.74	7.85
三 门 峡 市 Sanmenxia	577.00	417.73	138.49	109.09	1.00	15.34	103.57	40.37
南 阳 市 Nanyang	1208.96	1047.90	177.10	159.14		4.38	110.34	46.34
商 丘 市 Shangqiu	1327.93	1193.55	211.86	134.70		2.49	120.51	11.38
信 阳 市 Xinyang	1437.74	1231.29	59.94	224.86	3.08	5.15	119.78	81.53
周 口 市 Zhoukou	770.54	738.85	72.07	193.47	24.04	1.21	29.12	1.36
驻 马 店 市 Zhumadian	1521.42	1342.19	515.97	147.83	5.12	0.86	140.14	38.23
济 源 市 Jiyuan	317.88	248.15	36.68	37.00	3.78	0.52	47.15	22.06
省 直 管 县 Province Administrating County								
巩 义 市 Gongyi	179.88	138.82	38.49	67.32		1.00	31.44	8.63
兰 考 县 Lankao	25.16	24.50	2.95	18.55		0.05	0.61	
汝 州 市 Ruzhou	75.94	64.86	16.66	16.11	1.35		9.30	1.78
滑 县 Huaxian	141.20	125.20	4.71	29.05	0.33		11.62	4.37
长 垣 县 Changyuan	126.68	101.98	6.09	19.30	1.66	6.25	18.45	
邓 州 市 Dengzhou	64.50	59.74	7.05	1.82			4.45	0.32
永 城 市 Yongcheng	205.28	184.77	121.24	62.20		1.01	15.90	3.59
固 始 县 Gushi	168.71	123.58	21.95	6.34	3.08	0.02	13.32	31.79
鹿 邑 县 Luyi	20.34	20.07	0.42	0.64	0.64		0.28	
新 蔡 县 Xincai	148.10	141.34	70.13	8.32				6.76

20-11 各市房地产开发竣工房屋面积(2011年)
Floor Space of Buildings Completed by City (2011)

单位：万平方米 (10 000 sq.m)

市(县) City(County)	竣工房屋面积 Floor Space of Buildings Completed	住宅 Residential Buildings	#90平方米以下 Under 90 sq.m	#144平方米以上 Over 144sq.m	#别墅高档公寓 Villas, luxury apartments	办公楼 Office Buildings	商业营业用房 Houses for Business Use	其他 Others
全省 Total	**5527.42**	**4806.79**	**1086.27**	**907.39**	**18.97**	**85.76**	**450.32**	**184.55**
省辖市 City								
郑州市 Zhengzhou	1579.48	1304.76	492.91	249.09	0.71	61.18	131.09	82.44
开封市 Kaifeng	131.22	120.71	21.76	46.31	2.25	0.25	10.25	0.01
洛阳市 Luoyang	450.69	396.11	67.01	72.85	1.33	4.34	28.84	21.40
平顶山市 Pingdingshan	151.10	122.19	33.70	22.30	1.35	3.20	18.57	7.14
安阳市 Anyang	183.88	177.80	33.11	47.25			4.87	1.21
鹤壁市 Hebi	64.20	60.08	7.78	7.11			3.13	0.99
新乡市 Xinxiang	308.47	262.46	17.24	34.93		8.88	34.64	2.47
焦作市 Jiaozuo	106.16	102.99	22.83	30.04			3.17	
濮阳市 Puyang	163.94	156.74	53.11	15.16		0.71	4.58	1.90
许昌市 Xuchang	160.62	141.94	16.62	18.88	2.41		16.49	2.19
漯河市 Luohe	68.48	63.07	27.62	20.00	2.62		5.41	
三门峡市 Sanmenxia	56.78	48.23	8.38	13.10		1.39	3.48	3.68
南阳市 Nanyang	237.06	210.96	37.22	51.56			19.77	6.34
商丘市 Shangqiu	300.72	254.85	34.62	45.32		0.36	44.35	1.15
信阳市 Xinyang	707.36	588.97	31.42	100.98	3.08	5.00	73.48	39.92
周口市 Zhoukou	273.82	266.74	18.27	62.77	2.92	0.21	6.79	0.08
驻马店市 Zhumadian	521.52	475.69	156.96	57.09	0.95	0.23	35.42	10.19
济源市 Jiyuan	61.91	52.50	5.74	12.64	1.35		6.00	3.41
省直管县 Province Administrating County								
巩义市 Gongyi	126.98	100.67	30.74	56.45			20.12	6.18
兰考县 Lankao	10.01	9.51	0.11	6.44		0.05	0.45	
汝州市 Ruzhou	32.18	28.27	2.83	9.96	1.35		3.39	0.52
滑县 Huaxian	11.40	10.32		7.07			1.08	
长垣县 Changyuan	42.85	31.74					11.11	
邓州市 Dengzhou	25.49	24.12	3.73	0.87			1.25	0.12
永城市 Yongcheng	1.45	1.29	0.89	0.40			0.16	
固始县 Gushi	98.88	73.25	17.83	6.34	3.08	0.02	11.26	14.35
鹿邑县 Luyi	18.44	18.16	0.31	0.52	0.52		0.28	
新蔡县 Xincai	71.17	64.41	35.63	2.20				6.76

20−12 各市房地产开发竣工房屋价值(2011年)

Value of Buildings Completed by City (2011)

单位：亿元 (100 million yuan)

市(县) City(County)	竣工房屋价值 Value of Buildings Completed	住宅 Residential Buildings	#90平方米以下 Under 90 sq.m	#144平方米以上 Over 144sq.m	#别墅、高档公寓 Villas, luxury apartments	办公楼 Office Buildings	商业营业用房 Houses for Business Use	其他 Others
全　　省 Total	**923.85**	**778.02**	**201.48**	**148.18**	**4.42**	**21.81**	**90.30**	**33.71**
省辖市 City								
郑州市 Zhengzhou	347.74	276.68	112.81	51.59	0.28	17.06	34.51	19.50
开封市 Kaifeng	16.63	14.88	3.06	5.08	0.28	0.03	1.72	
洛阳市 Luoyang	62.86	53.71	8.29	9.87	0.63	1.02	5.01	3.13
平顶山市 Pingdingshan	21.78	15.26	4.96	2.62	0.11	1.25	4.11	1.16
安阳市 Anyang	26.61	25.62	5.05	6.59			0.77	0.22
鹤壁市 Hebi	11.47	10.38	1.29	2.01			0.98	0.11
新乡市 Xinxiang	44.16	39.34	3.89	5.68		0.96	3.34	0.52
焦作市 Jiaozuo	17.32	16.92	3.97	4.95			0.40	
濮阳市 Puyang	30.15	28.61	9.88	2.43		0.17	1.09	0.28
许昌市 Xuchang	28.19	23.20	3.28	3.45	0.92		4.68	0.32
漯河市 Luohe	11.86	9.87	4.44	2.61	1.00		1.99	
三门峡市 Sanmenxia	10.87	9.24	1.80	2.87		0.42	0.91	0.31
南阳市 Nanyang	30.35	26.65	3.83	7.19			2.80	0.91
商丘市 Shangqiu	49.32	43.06	7.99	9.65		0.15	5.97	0.15
信阳市 Xinyang	116.03	95.69	4.74	14.97	0.62	0.72	14.23	5.38
周口市 Zhoukou	25.86	24.95	1.69	6.82	0.25	0.02	0.88	0.01
驻马店市 Zhumadian	63.24	56.63	19.73	8.27	0.09	0.02	5.38	1.20
济源市 Jiyuan	9.39	7.32	0.79	1.54	0.24		1.55	0.52
省直管县 Province Administrating County								
巩义市 Gongyi	21.88	16.36	5.44	8.38			4.27	1.25
兰考县 Lankao	0.72	0.69	0.01	0.46			0.03	
汝州市 Ruzhou	3.08	2.60	0.27	0.88	0.11		0.43	0.05
滑县 Huaxian	1.10	0.97		0.64			0.13	
长垣县 Changyuan	4.90	3.61					1.29	
邓州市 Dengzhou	2.55	2.41	0.37	0.09			0.13	0.01
永城市 Yongcheng	0.37	0.32	0.22	0.10			0.05	
固始县 Gushi	17.01	12.77	2.90	1.20	0.62		2.41	1.82
鹿邑县 Luyi	1.66	1.63	0.03	0.05	0.05		0.02	
新蔡县 Xincai	8.79	8.07	4.51	0.22				0.72

20-13 房地产开发企业房屋销售情况

Selling of Enterprises for Real Estate Development

指　标	Item	2005	2010	2011
商品房屋销售额(亿元)	**Total Sales of Commerical Houses**			
	(100 million yuan)	**322.01**	**1658.79**	**2196.81**
商品住宅	Commercially Residential Buildings	255.37	1454.57	1788.04
#90平方米以下	Under 90 sq.m		400.76	351.52
144平方米以上	Over 144 sq.m		301.59	327.78
别墅、高档公寓	Villas and Good Apartments	24.19	20.55	29.21
办公楼	Office Buildings	7.60	50.31	138.79
商业营业用房	Houses for Bussiness Use	58.32	137.09	245.65
其他房屋	Others	0.72	16.82	24.33
商品房屋销售面积(万平方米)	**Floor Space of Selling House**			
	(10 000 sq.m)	**1724.82**	**5452.23**	**6275.16**
商品住宅	Commercially Residential Buildings	1539.60	5092.49	5725.12
#90平方米以下	Under 90 sq.m		1106.32	993.47
144平方米以上	Over 144 sq.m		941.14	1019.72
别墅、高档公寓	Villas and Good Apartments	94.85	41.14	47.16
办公楼	Office Buildings	24.86	60.79	149.18
商业营业用房	Houses for Bussiness Use	154.91	246.44	326.49
其他房屋	Others	5.45	52.51	74.37

注：2010年之前是140平方米以上。

a) Data of Commercially Residential Buildings Over 144 sq.m refer to Over 140 sq.m before 2010.

20-14 各市房地产开发商品房屋销售面积(2011年)

Floor Space of Commercial Houses Sold by City (2011)

单位：万平方米 (10 000sq.m)

市(县)	City(County)	商品房屋销售面积 Floor Space Sold of Commercial House	现房 marketable housing	期房 futures marketable housing	住宅 Residential Buildings	#90平方米以下 Under 90 sq.m	#别墅、高档公寓 Villas, luxury apartments	办公楼 Office Buildings	商业营业用房 Houses for Business Use	其他 Others
全 省	**Total**	**6275.16**	**2188.09**	**4087.07**	**5725.12**	**993.47**	**47.16**	**149.18**	**326.49**	**74.37**
省辖市	**City**									
郑州市	Zhengzhou	1563.22	219.09	1344.13	1306.38	265.50	17.18	131.80	96.93	28.12
开封市	Kaifeng	191.39	84.62	106.76	182.12	39.14	6.30		7.21	2.05
洛阳市	Luoyang	552.59	156.25	396.34	512.09	101.66	2.04	5.54	27.58	7.37
平顶山市	Pingdingshan	135.96	30.18	105.78	128.79	22.22	1.38	1.68	3.73	1.76
安阳市	Anyang	418.13	121.99	296.14	401.04	60.05	0.57		12.76	4.33
鹤壁市	Hebi	103.73	16.19	87.54	99.83	6.16	4.06		3.80	0.10
新乡市	Xinxiang	447.17	157.52	289.65	425.10	66.24	1.58	2.00	17.25	2.82
焦作市	Jiaozuo	171.37	63.22	108.15	167.52	16.40			3.82	0.03
濮阳市	Puyang	191.50	74.47	117.03	185.47	50.74		0.12	4.17	1.73
许昌市	Xuchang	209.26	90.21	119.05	192.07	34.07	2.73		12.95	4.24
漯河市	Luohe	157.80	17.80	139.99	152.83	35.52	2.62		4.63	0.34
三门峡市	Sanmenxia	94.31	35.53	58.78	86.44	11.33	0.04	1.08	5.01	1.79
南阳市	Nanyang	356.13	59.48	296.65	342.60	49.57		1.37	11.25	0.91
商丘市	Shangqiu	318.03	162.92	155.11	276.39	45.71		0.36	40.40	0.88
信阳市	Xinyang	480.01	362.75	117.26	431.12	34.03	4.92	2.97	34.32	11.60
周口市	Zhoukou	273.31	222.62	50.69	268.08	20.77	3.30		5.23	
驻马店市	Zhumadian	535.46	277.10	258.36	497.10	131.17	0.24	2.26	31.06	5.05
济源市	Jiyuan	75.81	36.13	39.68	70.16	3.21	0.21		4.40	1.26
省直管县	**Province Administrating County**									
巩义市	Gongyi	66.90	62.26	4.64	45.90	16.07			18.00	2.99
兰考县	Lankao	8.65	7.42	1.24	8.33				0.32	
汝州市	Ruzhou	11.09	6.86	4.24	10.39	0.79	1.35		0.36	0.35
滑县	Huaxian	24.64	12.15	12.49	22.81	0.95			1.83	
长垣县	Changyuan	39.89	30.13	9.76	33.99	4.19		0.06	5.84	
邓州市	Dengzhou	27.89	2.38	25.51	25.41	4.51			2.34	0.14
永城市	Yongcheng	27.30	0.57	26.73	26.82	15.97			0.47	
固始县	Gushi	62.23	62.23		54.47	17.22	4.32	0.02	7.69	0.05
鹿邑县	Luyi	11.23	11.23		11.23	0.18	0.31			
新蔡县	Xincai	40.14	38.37	1.77	40.14	17.74				

20-15 各市房地产开发商品房屋销售额(2011年)
Total Sales of Commercial Houses by City (2011)

单位：万元 (10 000 yuan)

市(县)	City(County)	商品房屋销售额 Total Sales of Commerical Houses	现房 marketable housing	期房 futures marketable housing	住宅 Residential Buildings	#90平方米以下 Under 90 sq.m	#别墅、高档公寓 Villas, luxury apartments	办公楼 Office Buildings	商业营业用房 Houses for Business Use	其他 Others
全省	**Total**	**21968077**	**5845928**	**16122149**	**17880436**	**3515213**	**292087**	**1387868**	**2456528**	**243245**
省辖市	**City**									
郑州市	Zhengzhou	8904352	952937	7951415	6129900	1512621	146567	1324079	1341572	108801
开封市	Kaifeng	590484	201051	389433	543892	128221	33522		40307	6285
洛阳市	Luoyang	1986319	404613	1581706	1755803	348553	29570	29938	177170	23408
平顶山市	Pingdingshan	391688	82667	309021	358867	72029	2708	6874	21504	4443
安阳市	Anyang	1156064	265756	890308	1067295	161863	4395		71856	16913
鹤壁市	Hebi	289805	39441	250364	269677	15107	19755		19858	270
新乡市	Xinxiang	1190731	391681	799050	1087906	183393	6801	6763	89718	6344
焦作市	Jiaozuo	482316	146333	335983	464893	42883			17364	59
濮阳市	Puyang	520916	198110	322806	497698	136034		109	19211	3898
许昌市	Xuchang	622416	268231	354185	539555	113263	14267		70275	12586
漯河市	Luohe	359393	48464	310929	341526	84496	10080		17006	861
三门峡市	Sanmenxia	237671	83570	154101	211059	30918	160	4992	18494	3126
南阳市	Nanyang	936470	160884	775586	882280	121002		2959	49308	1923
商丘市	Shangqiu	921252	444130	477122	755140	126110		1068	163706	1338
信阳市	Xinyang	1295222	953205	342017	1107454	87638	13860	5664	147618	34486
周口市	Zhoukou	642213	512545	129668	619270	49561	8981		22943	
驻马店市	Zhumadian	1234796	607272	627524	1062846	292113	480	5422	153428	13100
济源市	Jiyuan	205969	85038	120931	185375	9608	941		15190	5404
省直管县	**Province Administrating County**									
巩义市	Gongyi	305815	291398	14417	140707	48583			154050	11058
兰考县	Lankao	17786	15264	2522	17142				644	
汝州市	Ruzhou	24888	15490	9398	23090	1851	2400		1428	370
滑县	Huaxian	41442	19098	22344	34179	1307			7263	
长垣县	Changyuan	116007	84969	31038	94607	7538		240	21160	
邓州市	Dengzhou	61907	5585	56322	55214	9530			6343	350
永城市	Yongcheng	77715	1144	76571	76703	43855			1012	
固始县	Gushi	184041	184041		152686	47370	12090	43	31231	81
鹿邑县	Luyi	28265	28265		28265	432	960			
新蔡县	Xincai	73133	69949	3184	73133	33548				

20－16 历年房地产开发企业(单位)财务状况

Financial Conditions of Enterprises for Real Estate Development over the Years

单位：万元 (10 000 yuan)

市（县） City(County)	实收资本 合计 Total Capital Hold	资产总计 Total Assets	累计折旧 Total Depreciation	#本年折旧 Depriciation This Year	负债总计 Total Liabilities	所有者权益 Owners′ Equity	资产负债率(%) Assets Liabilities Ration
1995		1764785	14267	5342	1279978	484807	72.5
1996	551806	1807658	26520	7591	1387989	419669	76.8
1997	406745	1740105	19949	7588	1447544	292561	83.2
1998	505463	2280437	30805	8592	1910905	369532	83.8
1999	510523	2173758	36403	10014	1753236	420520	80.7
2000	817805	3018825	56674	12183	2338003	680822	77.4
2001	945883	3442486	63638	15519	2604287	838199	75.7
2002	1150354	4595641	85859	17913	3481164	1114477	75.7
2003	1455042	5510446	102740	19951	4038378	1472068	73.3
2004	2202011	8276947	129627	29240	5938250	2338698	71.7
2005	2318891	9784926	143625	29277	6816474	2968452	69.7
2006	3014227	12757587	186086	48428	8971739	3785848	70.3
2007	4432599	19659483	230093	45495	13732874	5926609	69.9
2008	6637409	26964335	304507	73239	17873731	9090604	66.3
2009	7364502	33620940	378972	80626	22812498	10808442	67.9
2010	8508683	45243820	493246	114146	32685619	12558201	72.2
2011	11222136	65168658	585018	136696	48594182	16574476	74.6

20－17　各市房地产开发企业(单位)财务状况(2011年)

Financial Conditions of Enterprises for Real Estate Development by City（2011）

单位：万元　　(10 000 yuan)

市（县）	City(County)	实收资本 合计 Total Capital Hold	资产总计 Total Assets	累计折旧 Total Depreciation	#本年折旧 Depriciation This Year	负债总计 Total Liabilities	所有者权益 Owners' Equity	资产负债率(%) Assets Liabilities Ration
全　省	**Total**	**11222136**	**65168658**	**585018**	**136696**	**48594182**	**16574476**	**74.6**
省辖市	**City**							
郑州市	Zhengzhou	4919847	32144105	272114	60156	24507514	7636591	76.2
开封市	Kaifeng	345792	1895645	11424	2429	1380037	515609	72.8
洛阳市	Luoyang	1148015	6897071	53738	15060	5424932	1472139	78.7
平顶山市	Pingdingshan	572605	2441759	24350	5902	1813710	628049	74.3
安阳市	Anyang	502234	2988115	19492	5468	2408316	579799	80.6
鹤壁市	Hebi	125914	769552	4182	1088	556959	212593	72.4
新乡市	Xinxiang	577045	3370398	34099	8574	2393223	977175	71.0
焦作市	Jiaozuo	206231	1469014	8458	1450	1138404	330610	77.5
濮阳市	Puyang	116648	919431	6478	1946	807483	111948	87.8
许昌市	Xuchang	399610	2009139	8452	2467	1401611	607528	69.8
漯河市	Luohe	104091	918583	6284	987	726057	192526	79.0
三门峡市	Sanmenxia	164785	914226	7011	1355	662412	251815	72.5
南阳市	Nanyang	609847	2503863	41661	4095	1748139	755724	69.8
商丘市	Shangqiu	436838	1496994	7665	2894	871605	625390	58.2
信阳市	Xinyang	319188	1629999	11437	2460	1046562	583437	64.2
周口市	Zhoukou	290768	986959	39526	8057	545095	441864	55.2
驻马店市	Zhumadian	210245	1234245	21171	9646	793059	441186	64.3
济源市	Jiyuan	172433	579560	7476	2660	369064	210496	63.7
省直管县	**Province Administrating County**							
巩义市	Gongyi	80098	259812	24274	11663	162765	97047	62.6
兰考县	Lankao	39811	51170	604	204	7541	43629	14.7
汝州市	Ruzhou	35609	177878	406	150	119630	58248	67.3
滑县	Huaxian	32808	205888	2198	313	126740	79148	61.6
长垣县	Changyuan	28221	240097	6594	1570	110801	129296	46.1
邓州市	Dengzhou	9994	13185	248	55	2810	10376	21.3
永城市	Yongcheng	45603	229247	588	380	160317	68930	69.9
固始县	Gushi	23161	212757	1560	195	165396	47361	77.7
鹿邑县	Luyi	4219	50618	222	83	39425	11193	77.9
新蔡县	Xincai	30846	48792	1405	1147	16849	31943	34.5

20-18 历年房地产开发企业(单位)经营状况

Operating Statistics of Enterprises for Real Estate Development over the Years

单位：万元 (10 000 yuan)

市（县） City(County)	主营业务总收入 Revenue from Principal Business	土地转让收入 Land Transferred	商品房屋销售收入 Commercial Houses Sold	房屋出租收入 Houses Leased	其他收入 Others	主营业务税金及附加 Operating Tax and Extra Charges	利润总额 Operating Profit
1995	296217	12144	261429	6646	15998		
1996	255167	5452	233920	3017	12778	11632	-25046
1997	253688	5168	219637	15007	13876	10766	-25754
1998	351299	13176	281049	12390	44684	14994	-24228
1999	372131	5429	305042	8766	52894	13786	-32030
2000	589976	5061	540151	2006	42758	25236	-31592
2001	795263	9742	667394	28533	89594	38027	-37939
2002	1076871	5910	922688	23136	125137	54990	-24806
2003	1456160	21772	1368253	18096	48039	76469	-33501
2004	2020881	15111	1918110	38611	49049	115015	26208
2005	2811080	61734	2675030	11543	62773	160582	176260
2006	3979391	24054	3887229	23325	44783	258454	273585
2007	6090315	45874	5939029	14200	91212	438474	632245
2008	7046582	53621	6772130	29211	191620	481789	694067
2009	8933162	63141	8721890	13006	135125	645284	1015016
2010	12005594	37385	11676405	137383	154421	895513	1328860
2011	13865231	45658	13400414	203150	216009	1055193	1583907

20-19 各市房地产开发企业(单位)经营状况（2011年）

Operating Statistics of Enterprises for Real Estate Development by City（2011）

单位：万元 (10 000 yuan)

市（县） City(County)	主营业务总收入 Revenue from Principal Business	土地转让收入 Land Transferred	商品房屋销售收入 Commercial Houses Sold	房屋出租收入 Houses Leased	其他收入 Others	主营业务税金及附加 Operating Tax and Extra Charges	利润总额 Operating Profit
全 省 Total	**13865231**	**45658**	**13400414**	**203150**	**216009**	**1055193**	**1583907**
省 辖 市 City							
郑 州 市 Zhengzhou	5263920	1700	5110607	83936	67677	415264	901171
开 封 市 Kaifeng	548525	162	543058	4409	897	39474	70655
洛 阳 市 Luoyang	1304191	30	1261097	19304	23760	131712	125422
平 顶 山 市 Pingdingshan	336963	37	300210	4522	32194	26904	
安 阳 市 Anyang	518785	1060	456646	55594	5486	33038	13173
鹤 壁 市 Hebi	284216	20	277595	1126	5475	18796	26305
新 乡 市 Xinxiang	856538	63	819396	15651	21427	70261	128552
焦 作 市 Jiaozuo	303951		301232	1844	875	24457	15739
濮 阳 市 Puyang	314443	2000	301114	903	10426	26829	
许 昌 市 Xuchang	335210		334463	258	488	25500	14253
漯 河 市 Luohe	299209	562	294193	532	3922	24737	37292
三 门 峡 市 Sanmenxia	141062	200	136030	2597	2235	11301	
南 阳 市 Nanyang	615817	508	601214	6278	7818	37304	48171
商 丘 市 Shangqiu	465958	363	463194	1712	690	30379	
信 阳 市 Xinyang	871916	28716	823759	521	18920	63481	68799
周 口 市 Zhoukou	628755	5736	621323	12	1684	27870	120734
驻 马 店 市 Zhumadian	645351	4497	625192	3670	11992	36754	65590
济 源 市 Jiyuan	130421	5	130091	280	45	11133	13897
省 直 管 县 Province Administrating County							
巩 义 市 Gongyi	207836		207721		114	26548	35854
兰 考 县 Lankao	26453		26190		263	2039	8104
汝 州 市 Ruzhou	16327		16309	18		1192	
滑 县 Huaxian	124326		124226		100	3002	
长 垣 县 Changyuan	90490		84638	40	5812	6168	16318
邓 州 市 Dengzhou	65209		65209			2902	1049
永 城 市 Yongcheng	46000		45994	6		4674	
固 始 县 Gushi	105070	28686	76047	327	10	6805	12014
鹿 邑 县 Luyi	24703		24453		250	880	3265
新 蔡 县 Xincai	74442		74442			2233	15868

主要统计指标解释

房地产开发投资　指房地产开发公司、商品房建设公司及其他房地产开发法人单位和附属于其他法人单位实际从事房地产开发或经营的活动单位统一开发的包括统代建、拆迁还建的住宅、厂房、仓库、饭店、宾馆、度假村、写字楼、办公楼等房屋建筑物和配套的服务设施，土地开发工程（如道路、给水、排水、供电、供热、通讯、平整场地等基础设施工程）的投资；不包括单纯的土地交易活动。

房屋建筑面积　指从房屋外墙线算起的各层平面面积的总和,包括可供使用的有效面积和房屋结构(如柱、墙)占用的面积。多层建筑按各层（包括地下室）面积总和计算。

住宅建筑面积　指施工和竣工房屋建筑面积中供居住用的施工和竣工房屋建筑面积。

施工面积　指报告期内施工的全部房屋建筑面积。包括本期新开工的面积、上期跨入本期继续施工的房屋面积、上期停缓建在本期恢复施工的房屋面积、本期竣工的房屋面积及本期施工后又停缓建的房屋面积。

竣工面积　指在报告期内房屋建筑按照设计要求已全部完工，达到住人和使用条件，经验收鉴定合格，正式移交使用单位的建筑面积。

新增固定资产　指报告期内已经完成建造和购置过程，并已交付生产或使用单位的固定资产价值。该指标是表示固定资产投资成果的价值指标，也是反映建设进度，计算固定资产投资效果的重要指标。

别墅、高档公寓　指建筑造价和销售价格明显高于一般商品住宅的商品住宅。别墅一般指地处郊区，独立成栋的商品住宅；高档公寓一般指地处市内高尚社区，高层或多层的商品住宅。别墅、高档公寓的确定标准：一是经有房地产投资计划审批权的主管部门审批建设的别墅、高档公寓开发项目；二是销售价格高于当地同等地段商品住宅平均销售价格一倍以上的别墅、公寓开发项目。该指标可以分析房地产投资结构，反映高收入家庭商品住宅的供求平衡情况。

商品房销售面积　指报告期内出售商品房屋的合同总面积(即双方签署的正式买卖合同中所确定的建筑面积)。由现房销售建筑面积和期房销售建筑面积两部分组成。

商品房销售额　指报告期内出售商品房屋的合同总价款(即双方签署的正式买卖合同中所确定的合同总价)。该指标与商品房销售面积同口径，由现房销售额和期房销售额两部分组成。

商品房建设投资额　是指房地产开发企业（单位）开发建设的供出售、出租用的住宅、厂房、仓库、饭店、度假村、写字楼、办公楼等房屋工程及其配套的服务设施所完成的投资额。

完成开发土地面积　指报告期内对土地进行开发并已完成七通一平等前期开发工程，具备进行房屋建筑物施工或达到出让条件的土地面积。

本年购置土地面积　指在本年内通过各种方式获得土地使用权的土地面积。

Explanatory Notes on Main Statistical Indicators

Investment in Real Estate Development It includes the investment by the real estate development companies, commercial buildings construction companies and other real estate development units of various types of ownership in the construction of house buildings, such as residential buildings, factory buildings, warehouses, hotels, guesthouses, holiday villages, office buildings, and the complementary service facilities and land development projects, such as roads,

water supply, water drainage, power supply, heating, telecommunications, land leveling and other projects of infrastructure. It excludes the activities in simple land transactions.

Floor Space of Buildings Under Construction and Completed refers to total floor space in each story of buildings calculated from the outside line of building walls, including both usable space and the space occupied by constructions like pillars or walls. The floor space of multi-story buildings includes the total floor space of each story (including basement).

Floor Space of Residential Buildings refers to the floor space of the residential buildings under construction and completed among the total space of buildings under construction and completed.

Floor Space Under Construction refers to total floor space of all buildings under construction during the reference period, including floor space of newly started buildings during the reference period, floor space of construction extended from the previous period to the current period, floor space of construction suspended during the previous period and resumed in the current period, floor space of construction completed in the current period, and floor space of construction started and then suspended in the current period.

Floor Space of Buildings Completed refers to the floor space of buildings completed in the reference period, which have come up to the designed standards and have been put into use.

Newly Increased Fixed Assets refer to the newly increased value of fixed assets, constructed or purchased, that have been transferred to the investors. This is an indicator that demonstrates the results of investment in fixed assets in monetary terms, and an important indicator to reflect the speed of construction and to calculate the efficiency of investment.

Villas, High-Grade Apartments refers to commercial houses whose construction costs and marketing prices are significantly higher than ordinary housing. Villas are independent structures generally located in the suburbs; high-grade apartments are multi-story buildings located in elegant urban neighborhoods. Criteria for villas and high-grade apartments include: 1) projects for the construction of villas or high-grade apartments have to be approved by competent departments in charge of real estate development and investment plans, and 2) prices for projects on villas or high-grade apartments are higher by over 100% compared with the average prices of ordinary commercial housing projects in similar location. This indicator helps to analyze the investment structure of the real estate industry and the demand and supply of housing for high-income households.

Area of Commercialized Housing Sold refers to total contracted area of commercialized housing (i.e. area of floor space as designated in the formal contracts signed by both sides) during the reference time. It constitutes floor space of completed housing and floor space of future housing.

Value of Commercialized Housing Sold refers to the total contracted value (i.e. value of sales/purchase for selling/purchase of commercialized housing as designated in the contract signed by both sides) during the reference time. This indicator has the same coverage as the area of commercialized housing sold, which constitutes floor space of completed housing and floor space of housing yet to be completed

Investment in Commercial Buildings refers to the investment in residential buildings, workshops, warehouses, hotels, official buildings and related service establishment for sale or rent by real estate development enterprises.

Developed Land Area Completed refers to the land area of land development and prophase development projects completed, which can carry out construction or remise.

Purchased Land Area in Current Year refers to the land area accessible by various means in current year.

租赁和商务服务业

Leasing and Business Services

● 资料整理：赵翠清

简要说明

一、主要内容

本篇包括租赁和商务服务业企业、行政事业单位、社会团体及其他法人单位的单位数、从业人数、主要财务指标等社会活动情况。

二、资料来源

租赁和商务服务业企业、行政事业单位、社会团体及其他法人单位的单位数、从业人数、主要财务指标由省统计局组织各部门和各地区统计调查。由省地方经济社会调查队服务业调查处整理提供。

Brief Introduction

I. Main Contents

Data in the chapter mainly include: unit, employment, and main financial indicators of Tenancy and business services enterprises, Administrative institution, social organizations and others, and basic condition of telecommunication services, etc.

II. Sources of Data

Data on Number of Institutional Unit, Employed Persons and Main Financial Indicators of Management of Leasing and Business Services are calculated from Statistical investigation by Henan provincial bureau of statistics, which are provided by Henan provincial survey organizations of social and economy.

21-1 租赁和商务服务业法人单位数和从业人员数

Number of Institutional Unit and Employed Persons of Leasing and Business Services

年份(Year)	合计 Total	企业 Enterprise	行政事业 Administrative institution	社会团体及其他 Social organizations and others
单位数(个) Number of Institutional Unit(unit)				
2008	9611	8381	956	274
2009	10534	9281	960	293
2010	11658	10370	956	332
2011	12944	11646	963	335
从业人数(万人) Employed Persons(10 000 persons)				
2008	17.50	15.01	2.19	0.30
2009	20.10	17.29	2.40	0.40
2010	21.29	18.59	2.40	0.31
2011	25.09	22.49	2.25	0.35

21-2 分行业租赁和商务服务业法人单位财务指标(2011年)

Main Financial Indicators of Institutional Unit of Leasing and Business Services by Sector(2011)

单位：万元 (10 000 yuan)

指标	Item	租赁和商务服务业 Tenancy and business services	租赁业 Tenancy	商务服务业 Business service
单位数(个)	Number of units (unit)	12944	705	12239
从业人数(万人)	Employed Persons (10 000 Persons)	25.09	1.36	23.73
固定资产原价	Fixed Asset Price	5087512	244088	4843424
收入合计	Total Income	3108248	153128	2955120
成本费用合计	Total Cost	2426526	83476	2343051
工资和福利费	Salary and Welfare	511319	25248	486071
税费合计	Tax	146496	11525	134971
营业利润	Operating Profit	525023	20435	504588

21-3 各市租赁和商务服务业法人单位财务指标(2011年)

Main Financial Indicators of Institutional Unit of Leasing and Business Services by City(2011)

单位：万元 (10 000 yuan)

市(县) City(County)	单位数(个) Number of units (unit)	从业人数(万人) Employed Persons (10 000 Persons)	固定资产原价 Fixed Asset Price	收入合计 Total Income	成本费用合计 Total Expenses	工资和福利费 Salary and Welfare	税费合计 Tax and Expenses	营业利润 Operating Profit
全 省 Total	**12944**	**25.09**	**5087512**	**3108248**	**2426526**	**511319**	**146496**	**525023**
省 辖 市 City								
郑 州 市 Zhengzhou	5768	8.70	2292483	1731261	1567086	197643	81984	183428
开 封 市 Kaifeng	535	1.07	89624	105177	65285	22611	6556	32738
洛 阳 市 Luoyang	987	1.92	312236	250398	124230	38643	10246	77875
平 顶 山 市 Pingdingshan	494	1.89	217646	126299	82746	33689	6220	15991
安 阳 市 Anyang	561	1.24	174749	95266	55938	19517	6047	29149
鹤 壁 市 Hebi	102	0.27	17440	16044	12866	5629	940	1170
新 乡 市 Xinxiang	514	0.99	82563	58870	42184	17239	3464	10898
焦 作 市 Jiaozuo	438	0.82	810012	60588	34244	12670	2949	14500
濮 阳 市 Puyang	214	2.18	24164	90038	84163	55633	615	2715
许 昌 市 Xuchang	511	0.71	134687	90731	49283	13149	8536	31555
漯 河 市 Luohe	162	0.51	21737	32956	18296	5841	952	13140
三 门 峡 市 Sanmenxia	710	0.89	250755	146492	91054	17445	3586	29602
南 阳 市 Nanyang	719	1.47	100755	101892	58565	29981	4994	36575
商 丘 市 Shangqiu	169	0.40	24310	25955	15467	5800	1446	6024
信 阳 市 Xinyang	333	0.72	103463	47189	35994	12649	1931	6770
周 口 市 Zhoukou	247	0.57	30816	46179	30654	11198	2725	10966
驻 马 店 市 Zhumadian	396	0.61	51105	56083	39282	10150	2495	15395
济 源 市 Jiyuan	84	0.14	348966	26829	19190	1832	811	6535
省 直 管 县 Province Administrating County								
巩 义 市 Gongyi	64	0.11	10647	5319	3621	1515	442	1746
兰 考 县 Lankao	52	0.12	9810	16935	12448	2244	637	5548
汝 州 市 Ruzhou	41	0.06	7750	6236	2856	1285	655	2587
滑 县 Huaxian	25	0.10	6913	10965	7374	1628	1029	2242
长 垣 县 Changyuan	39	0.05	1013	2893	1529	519	196	1176
邓 州 市 Dengzhou	26	0.06	1596	3075	2428	1142	88	641
永 城 市 Yongcheng	15	0.03	562	2657	2805	514	92	294
固 始 县 Gushi	85	0.17	9525	18674	13606	3077	448	3563
鹿 邑 县 Luyi	8	0.01	1229	366	298	125	25	65
新 蔡 县 Xincai	34	0.06	2271	5181	4116	844	173	800

主要统计指标解释

租赁业 是指一种以一定费用借贷使用实物的经济行为。在这种经济行为中，出租人将自己所拥有的某种物品交与承租人使用，承租人由此获得在一段时期内使用该物品的权利，但物品的所有权仍保留在出租人手中。承租人为其所获得的使用权需向出租人支付一定的费用（租金）。按照《2011 国民经济行业分类注释》，租赁业主要包括机械设备租赁和文化及体育设备出租两大类别，其中机械设备租赁包括汽车租赁、农业机械租赁、建筑工程机械与设备租赁、计算机及通讯设备租赁以及其他机械与设备租赁；文化及日用品出租包括娱乐及体育设备出租、图书出租、影像制品出租、其他文化及日用品出租等。

商务服务业 按照《2011 国民经济行业分类注释》，商务服务业主要包括九大类别：企业管理服务、法律服务、咨询与调查服务、广告业、知识产权服务、人力资源服务、旅行社及相关服务、安全保护服务以及其他商务服务业。

Explanatory Notes on Main Statistical Indicators

Rental industry refers to the economic behavior that paying the rent for borrowing. In this kind of economic behavior, the lessor lent their goods to the borrower, and the ownership of the goods still Belong to the lessor ,the borrower should pay for the Use right in a period. In according to The national economic Explanatory Notes in 2011, mainly including mechanical equipment ,culture and sports equipment rental, mechanical equipment rental including car rental, agricultural machinery rental, construction engineering machinery and equipment rental, computer and communication equipment rental and others. Culture and daily necessities rental including entertainment and sports equipment rental, book rental, image products lease, other cultural and daily necessities rent etc.

Business services in according to The national economic Explanatory Notes in 2011, mainly including nine categories: enterprise management service, law service, consulting and research services, advertising, intellectual property services, human resources service, travel agencies and related services, security protection services and other business services.

科学研究、技术服务和地质勘查业

Scientific Research, Technical Services and Geologic Prospecting

● 资料整理：张永安　徐委乔　赵翠清

简要说明

一、主要内容

本篇包括科学研究、技术服务和地质勘查业企业、行政事业单位、社会团体及其他法人单位的单位数、从业人数及主要财务指标；全社会以及大中型工业企业、政府部门属研究机构、高校的研究与试验发展（R&D）活动及规模以上工业企业的研究与试验发展（R&D）人员、经费支出情况；全省专利申请和授权情况；科研成果及科研项目，技术市场技术合同成交资料；测绘、质量监督等综合技术服务部门业务机构及业务活动情况。

二、统计范围

科技活动统计资料范围为全社会有研究与试验发展（R&D）活动的企事业单位，具体包括工业企业、政府部门属研究机构、普通高等学校以及研究与试验发展（R&D）活动相对密集行业（包括农、林、牧、渔业，建筑业，交通运输、仓储和邮政业，信息传输、计算机服务和软件业，金融业，租赁和商务服务业，科学研究、技术服务和地质勘查业，水利、环境和公共设施管理业，卫生、社会保障和社会福利业，文化、体育和娱乐业等）中从事研究与试验发展（R&D）活动的企事业单位。

三、资料来源

科学研究、技术服务和地质勘查业企业、行政事业单位、社会团体及其他法人单位的单位数、从业人数及主要财务指标由省统计局组织各部门和各地区统计调查，由省地方经济社会调查队服务业调查处整理提供。

全省综合资料、企业及有关行业企事业单位的研究与试验发展（R&D）活动情况资料由省统计局调查提供；政府部门属研究机构资料由省科技厅和国防科技工业局调查提供；科学研究、技术服务和地址勘查业企事业的研究与试验发展（R&D）活动情况资料，以及科技论文资料、技术市场资料由省科技厅调查提供；高校资料由省教育厅调查提供；测绘、产品质量监督抽查、专利等资料，分别由省测绘局、省质量监督局、省知识产权局等部门调查提供。

四、统计调查方法

研究与试验发展(R&D)活动情况采用全面调查取得；测绘、产品质量监督抽查、专利资料采用抽样等多种调查方法取得。

科技活动统计资料口径变动说明：2005年以前科技活动统计资料只包括大中型工业企业、政府部门属研究机构、普通高等学校，2005年及以后年份扩大到了全社会范围。本篇资料由河南省统计局社会与科技统计处编辑整理。

Brief Introduction

I. Main Contents

Data on this chapter including unit, employment, and main financial indicators of Resident services and other services enterprises, Administrative institution, social organizations and others, and basic condition of scientific research, technical services and geologic prospecting; The R&D personnel, the expenditure funds of R&D activities under whole society, large and medium-sized industrial enterprise, government departments, universities and colleges, data on patents application accepted and granted; data on technological markets; data on activities of the surveying and mapping, product quality supervision., etc.

II. Scope of Statistics

data on research and development (R&D) activities of enterprises and institutions all over the country, mainly including industrial enterprises, scientific and technological institutions under government departments, universities and colleges and R&D-intensive enterprises of different industries (such as agriculture, forestry, animal husbandry, fisher, construction, transport, storage and post, information transmission, computer services and software, financial intermediation, leasing and business services, scientific research, technical service and geologic prospecting, management of water conservancy, environment and public facilities , health, social security and social welfare, culture, sports and entertainment).

III. Sources of Data

Data on unit, employment, and main financial indicators of Resident services and other services enterprises, Administrative institution, social organizations and others, and basic condition of scientific research, technical services and geologic prospecting are calculated from Statistical investigation by Henan provincial bureau of statistics, which are provided by Henan provincial survey organizations of social and economy.

Data on national aggregates and R&D activities of various enterprises and institutions , are from Henan provincial bureau of statistics; data on scientific and technological institutions under government departments are from Henan provincial bureau of scientific and technological and Henan provincial bureau of Defense science, technology industry; data on scientific research, technical service and geologic prospecting, scientific and technological papers; technological markets and high and new-tech industrial enterprises in development zones are from Henan provincial bureau of scientific and technological; data on scientific and technological activities in universities and colleges are from Henan provincial bureau of Education; Data on the development of surveying and mapping, product quality supervision and patents are provided separately by Henan provincial bureau of Survey and Mapping, Henan provincial bureau of product quality supervision and Quarantine, and Henan provincial Intellectual Property Office.

IV. Statistical methodology

Data on R&D activities of industrial enterprises, scientific and technological institutions under government departments, universities and colleges are collected through complete surveys. Data on surveying and mapping, product quality supervision and patent applications are through sample surveys and other surveys.

Changes of the statistical coverage of data on scientific and technological activities: before 2005, data only included large and medium-sized industrial enterprises, scientific research institutions under government departments, and universities and colleges. Since 2005 (inclusive), data have covered all industries. Data on this chapter are provided by Department of social and scientific and technological of Henan provincial bureau of statistics.

22-1 科学研究、技术服务和地质勘查业法人单位数和从业人员数

Number of Institutional Unit and Employed Persons of Scientific Research, Technical Services and Geologic Prospecting

年份（Year）	合计 Total	企业 Enterprise	行政事业 Administrative institution	社会团体及其他 Social organizations and others
单位数（个）Number of Institutional Unit(unit)				
2008	5027	2667	2160	200
2009	5238	2871	2149	218
2010	5822	3064	2158	600
2011	6023	3257	2161	605
从业人数（万人）Employed Persons(10 000 persons)				
2008	15.10	7.98	6.78	0.34
2009	14.47	8.18	6.00	0.29
2010	16.79	9.29	6.79	0.70
2011	18.05	10.76	6.60	0.70

22-2 分行业科学研究、技术服务和地质勘查业法人单位财务指标(2011年)

Main Financial Indicators of Institutional Unit of Scientific Research, Technical Services and Geologic Prospecting by Sector(2011)

单位：万元 (10 000 yuan)

指标	Item	科学研究、技术服务和地质勘查业 Scientific research, technical service and geologic perambulation	研究与试验发展 Research and experimental development	专业技术服务业 Professional technique services	科技交流和推广服务业 Services of science and technique intercommunion and generalization	地质勘查业 Geologic Perambulation
单位数(个)	Number of units (unit)	6023	596	3097	2188	142
从业人数(万人)	Employed Persons (10 000 Persons)	18.05	3.25	9.41	3.41	1.98
固定资产原价	Fixed Asset Price	3020319	1391177	921028	232307	475808
收入合计	Total Income	4341949	1221318	2194192	249153	677286
成本费用合计	Total Cost	3271321	977058	1542882	171998	579383
工资和福利费	Salary and Welfare	678014	173202	373319	59218	72275
税费合计	Tax	178237	33054	87962	12642	44579
营业利润	Operating Profit	488540	115029	328002	28434	17075

22-3 各市科学研究、技术服务和地质勘查业法人单位财务指标(2011年)

Main Financial Indicators of Institutional Unit of Scientific Research, Technical Services and Geologic Prospecting by City(2011)

单位：万元 (10 000 yuan)

市(县) City(County)	单位数(个) Number of units (unit)	从业人数(万人) Employed Persons (10 000 Persons)	固定资产原价 Fixed Asset Price	收入合计 Total Income	成本费用合计 Total Expenses	工资和福利费 Salary and Welfare	税费合计 Tax and Expenses	营业利润 Operating Profit
全　　省 Total	**6023**	**18.05**	**3020319**	**4341949**	**3271321**	**678014**	**178237**	**488540**
省　辖　市 City								
郑　州　市 Zhengzhou	1584	6.70	1058794	1622866	1187453	280147	100187	125204
开　封　市 Kaifeng	262	0.62	42956	62777	38774	15015	3044	16820
洛　阳　市 Luoyang	684	2.97	1361041	1942329	1510905	199571	47363	268570
平顶山市 Pingdingshan	243	0.62	42788	102394	82464	18242	4528	9812
安　阳　市 Anyang	187	0.58	29681	47149	29394	13898	2072	9187
鹤　壁　市 Hebi	72	0.13	14207	9708	7590	2370	159	779
新　乡　市 Xinxiang	209	0.61	73680	104266	72404	16747	2005	9299
焦　作　市 Jiaozuo	324	0.74	99395	58506	36240	14947	4913	7956
濮　阳　市 Puyang	128	0.29	43522	58361	46910	11139	2457	1936
许　昌　市 Xuchang	174	0.50	32977	50956	37157	10772	2867	8437
漯　河　市 Luohe	64	0.13	4380	10278	7258	2455	187	1285
三门峡市 Sanmenxia	353	0.49	32584	36466	25368	12278	1128	3840
南　阳　市 Nanyang	498	1.44	65662	108018	82966	35632	4398	13302
商　丘　市 Shangqiu	79	0.19	11170	10465	8608	3929	326	557
信　阳　市 Xinyang	714	1.10	66904	55299	45661	22104	1083	4166
周　口　市 Zhoukou	101	0.19	10574	16292	12843	4210	684	3573
驻马店市 Zhumadian	286	0.61	23319	36502	32760	11480	571	3180
济　源　市 Jiyuan	61	0.12	6686	9317	6566	3078	265	640
省直管县 Province Administrating County								
巩　义　市 Gongyi	35	0.08	4063	5376	4099	2097	208	814
兰　考　县 Lankao	29	0.13	8499	16032	10255	2589	402	5245
汝　州　市 Ruzhou	30	0.07	2340	2856	2623	1704	126	231
滑　　县 Huaxian	21	0.10	2111	1660	1071	950	153	458
长　垣　县 Changyuan	17	0.03	1472	744	559	445	13	289
邓　州　市 Dengzhou	27	0.09	2899	3532	3831	2167	39	164
永　城　市 Yongcheng	12	0.03	994	2240	1458	656	51	128
固　始　县 Gushi	73	0.13	3745	6641	5566	2648	101	873
鹿　邑　县 Luyi	5	0.02	359	4063	2601	370	75	1503
新　蔡　县 Xincai	18	0.03	1132	974	959	481	27	230

22-4 历年研究与试验发展(R&D)主要指标

Basic Statistics on R&D Activities by the Years

年 份 Year	有R&D活动的单位数(个) Number of Institutions for R&D (unit)	R&D人员(个) Number of Persons for R&D (person)	R&D人员折合全时当量(人年) Number of Persons for R&D Anounted to Full-time (person-year)	R&D经费内部支出(万元) Intramural Expenditures on R&D (10 000 yuan)	R&D经费外部支出(万元) External Expenditures on R&D (10 000 yuan)	R&D项目数(项) Statistics on R&D Topics (item)	R&D机构数(个) Statistics on R&D Institutions (unit)
2000	1017		34629	248024	15050	7904	1331
2001	985		36138	283091	24064	8100	1122
2002	982		41492	293151	31148	8470	1151
2003	989		40742	341910	24664	9293	1173
2004	1090		38250	423560	24573	12105	1423
2005	1107		50888	556090	39913	16069	1498
2006	1109		58716	798414	47729	18904	1432
2007	1169		64888	1011302	59761	24395	1531
2008	1286		72830	1240890	55061	27349	1727
2009	1636		92571	1747599	96107	22347	1821
2010	1555	144408	101668	2113773	89253	24050	1798
2011	1585	167386	118266	2644922	109950	28422	1817

22−5 研究与试验发展(R&D)活动概况
Basic Statistics on R&D Activities

指 标	Item	2010	2011
科技活动人员(人)	Number of Persons for S&T (person)	262112	292902
#大学本科及以上学历	Graduated from Bachelor and Above	111750	123594
有研究与试验发展(R&D)活动的单位数(个)	Number of Institutions for R&D (unit)	1555	1585
研究与试验发展(R&D)人员(人)	Number of Persons for R&D (person)	144408	167386
#女性	Female	31924	36504
#研究人员	Researchers	69290	76422
#全时人员	Full-time Personnel	79157	90547
非全时人员	Timing Personnel	65251	76839
#博士毕业	Graduated from Doctor	4055	4762
硕士毕业	Graduated from Master	16338	17460
本科毕业	Graduated from Bachelor	52834	50946
其他学历	Other Degree	71181	94218
研究与试验发展(R&D人)员折合全时当量(人年)	Number of Persons for R&D Anounted to Full-time (person-year)	101668	118266
#研究人员	Researchers	48692	53420
#基础研究	Basic Research	2882	3003
应用研究	Applied Research	5617	6270
试验发展	Experimental Development	93168	108999
研究与试验发展(R&D)经费内部支出(万元)	Intramural Expenditures on R&D (10 000 yuan)	2113773	2644922
#基础研究	Basic Research	31000	45773
应用研究	Applied Research	94108	107101
试验发展	Experimental Development	1988665	2492048
#日常性支出	Daily spending	1741849	2198480
#人员劳务费	Labour Fee	444588	540314
#资产性支出	Assets spending	371924	446442
#仪器和设备	Instruments and Equipment	327975	397730
#政府资金	Government Apppropriation Funds	317162	339417
企业资金	Self-raised Funds by Enterpirses	1726944	2214143
境外资金	Foreign Apppropriation Funds	1321	1798
其他资金	Other Funds	68347	89565
研究与试验发展(R&D)经费外部支出(万元)	External Expenditures on R&D(10 000 yuan)	89253	109950
#对国内研究机构支出	Expenses on Domestic R&D Institutions	52105	59106
对国内高等学校支出	Expenses on Domestic Colleges and Universities	21171	26153
对国内企业支出	Expenses on Domestic Enterprises	12400	22096
对境外支出	Expenses on Overseas	3571	2587
研究与试验发展(R&D)产出情况	**Statistics on R&D Outputs**		
专利申请数(件)	Total Applications Examined(piece)	9615	13172
#发明专利申请数	Creation Inventions	3444	4749
专利授权数数(件)	Number of Patents Applications Granted (piece)	790	1279
#发明专利	Inventions	368	648
有效发明专利数(件)	Number of Effective Invention Patent (piece)	5359	7063
专利所有权转让及许可数(件)	Assignment and Permit of Patent Ownership(piece)	188	87
专利所有权转让及许可收入(万元)	Income from Assignment and Permit of Patent Ownership10 000 yuan)	9097	9435
植物新品种权授予数(项)	Number of New Varieties of Plants Applications Granted (item)	62	61
形成国家或行业标准数(项)	Become National or Trade standards(item)	544	639
发表科技论文(篇)	Scientific and Technological Treatise Published(paper)	55010	60082
出版科技著作(种)	Scientific and Technological Books Publiced(type)	1908	1946
研究与试验发展(R&D)项目(课题)情况	Statistics on R&D Topics		
项目(课题)数(项)	Projects of R&D (item)	24050	28422
项目(课题)参加人员(人)	Number of R&D Personnel(person)	88926	104061
#研究人员	Researchers	41534	49412
项目(课题)经费内部支出(万元)	Intramural Expenditures on R&D (10 000 yuan)	1835316	2296656
研究与试验发展(R&D)机构情况	Statistics on R&D Institutions		
机构数(个)	Number of R&D Institutions (unit)	1798	1817
从事研究与试验发展(R&D)人员(人)	Number of R&D Personnel(person)	64945	84899
#博士毕业	Graduated from Doctor	1884	2160
#硕士毕业	Graduated from Master	7751	9749
研究与试验发展(R&D)经费支出(万元)	Expenditures on R&D (10 000 yuan)	1107876	1276729
科研用仪器设备原价(万元)	Original price of Equipment for S&T (10 000yuan)	1229322	1263476
#进口	Import	237638	266534

22-6 研究与试验发展(R&D)活动概况(2011年)

Basic Statistics on R&D Activities(2011)

指 标	Item	总计 Total	#科学研究与技术开发机构 Institution for Scientific Research and Technological Empolder	#全日制普通高等学校 Full-time Regular Institutions of Higher Edcation	#大中型工业企业 Large and Medium-sized Industrial Enterprises
有研究与试验发展(R&D)活动的单位数(个)	Number of Institutions for R&D (unit)	1585	87	87	740
研究与试验发展(R&D)人员(人)	Number of Persons for R&D (person)	167386	13071	17184	111577
#女性	Female	36504	3598	6878	19894
#研究人员	Researchers	76422	6354	13355	43620
#全时人员	Full-time Personnel	90547	9643	4691	64163
非全时人员	Timing Personnel	76839	3428	12493	47414
博士毕业	Graduated from Doctor	4762	466	2899	982
硕士毕业	Graduated from Master	17460	3130	7787	5150
本科毕业	Graduated from Bachelor	50946	5253	5620	32809
其他学历	Other Degree	94218	4222	878	72636
研究与试验发展(R&D人)员折合全时当量(人年)	Number of Persons for R&D Anounted to Full-time (person-year)	118266	10581	6134	84782
#研究人员	Researchers	53420	6466	4982	33477
#基础研究	Basic Research	3003	140	2598	
应用研究	Applied Research	6270	2437	2891	539
试验发展	Experimental Development	108999	8004	646	84247
研究与试验发展(R&D)经费内部支出(万元)	Intramural Expenditures on R&D (10 000 yuan)	2644922	271678	112054	1957107
#基础研究	Basic Research	45773	2055	41713	
应用研究	Applied Research	107101	39089	50879	13512
试验发展	Experimental Development	2492048	230533	19462	1943595
#日常性支出	Daily spending	2198480	208385	82697	1654545
#人员劳务费	Labour Fee	540314	50330	10740	408530
#资产性支出	Assets spending	446442	63293	29357	302562
#仪器和设备	Instruments and Equipment	397730	33238	26969	287784
#政府资金	Government Appropriation Funds	339417	192697	66522	60201
企业资金	Self-raised Funds by Enterpirses	2214143	12736	28508	1890836
境外资金	Foreign Apppropriation Funds	1798		116	1525
其他资金	Other Funds	89565	66245	16909	4545
研究与试验发展(R&D)经费外部支出(万元)	External Expenditures on R&D(10 000 yuan)	109950	17528	1633	82637
#对国内研究机构支出	Expenses on Domestic R&D Institutions	59106	391	874	54409
对国内高等学校支出	Expenses on Domestic Colleges and Universities	26153	335	357	22311
对国内企业支出	Expenses on Domestic Enterprises	22096	16802	380	4266
对境外支出	Expenses on Overseas	2587		14	1650

22-6 续表 continued

指 标	Item	总计 Total	#科学研究与技术开发机构 Institution for Scientific Research and Technological Empolder	#全日制普通高等学校 Full-time Regular Institutions of Higher Edcation	#大中型工业企业 Large and Medium-sized Industrial Enterprises
研究与试验发展(R&D)产出情况	Statistics on R&D Outputs				
专利申请数(件)	Total Applications Examined(piece)	13172	522	2184	8229
#发明专利申请数	Creation Inventions	4749	380	1309	2362
专利授权数数(件)	Number of Patents Applications Granted (piece)	1279	365	914	
#发明专利	Inventions	648	218	430	
有效发明专利数(件)	Number of Effective Invention Patent (piece)	7063	532	2421	3272
专利所有权转让及许可数(件)	Assignment and Permit of Patent Ownership(piece)	87	7	26	47
专利所有权转让及许可收入(万元)	Income from Assignment and Permit of Patent Ownership10 000 yuan)	9435	642	667	8004
集成电路布图设计登记数(件)	Number of Integrated Circuit Layout Rosters(piece)				
植物新品种权授予数(项)	Number of New Varieties of Plants Applications Granted (item)	61	50	11	
形成国家或行业标准数(项)	Become National or Trade standards(item)	639	92	14	454
发表科技论文(篇)	Scientific and Technological Treatise Published(paper)	60082	4359	47313	6512
出版科技著作(种)	Scientific and Technological Books Publiced(type)	1946	160	1681	105
研究与试验发展(R&D)项目(课题)情况	Statistics on R&D Topics				
项目(课题)数(项)	Projects of R&D (item)	28422	784	18115	7169
项目(课题)参加人员	Number of R&D Personnel(person)	104061	8226	6132	75661
#研究人员	Researchers	49412	5184	4980	33477
项目(课题)经费内部支出(万元)	Intramural Expenditures on R&D (10 000 yuan)	2296656	203909	100359	1736225
研究与试验发展(R&D)机构情况	Statistics on R&D Institutions				
机构数(个)	Number of R&D Institutions (unit)	1817	140	255	880
从事研究与试验发展(R&D)人员(人)	Number of R&D Personnel(person)	84899	12193	2348	60944
#博士毕业	Graduated from Doctor	2160	427	965	496
#硕士毕业	Graduated from Master	9749	2992	757	4957
研究与试验发展(R&D)经费支出(万元)	Expenditures on R&D (10 000 yuan)	1276729	266789	13820	898642
科研用仪器设备原价(万元)	Original price of Equipment for S&T (10 000yuan)	1263476	223629	127473	803492
#进口	Import	266534	52979	79407	118567

22-7 科技活动人员情况

Basic Statistics on Personnel Engaged in S&T Activities

指 标	Item	2010		2011	
		科技活动人员(人) Number of Persons for S&T (person)	#大学本科及以上学历 Graduated from Bachelor and Above	科技活动人员(人) Number of Persons for S&T (person)	#大学本科及以上学历 Graduated from Bachelor and Above
总 计	**Total**	**262112**	**111750**	**292902**	**123594**
按数据来源分组	**Grouped by Data Source**				
科研单位	Scientific and Technological Sector	21420	12729	22000	13458
#科研机构	Scientific and Technological Institutions	16396	10303	16614	10621
非工业企业	Enterprises Except Industrial	682	501	821	626
事业单位	Public Institution	2953	1222	3182	1514
高等院校	Institutions of Higer Education	52762	47118	55003	49566
#理工农医院校	Schools of Science, Engineering, Agriculture and Medicine	31285	26992	31328	27323
人文社科院校	Schools of humanities and Social Science	21477	20126	23675	22243
工业企业	Industrial Enterprises	169203	47642	197172	56309
大中型工业企业	Large and Medium-sized Industrial Enterprises	145945	40554	176152	49363
规上小型工业企业	Small-sized Industrial Enterprises above Designated Size	23258	7088	20970	6925
非工业企业	Enterprises Except Industrial	11159	3247	11159	3247
事业单位	Public Institution	7568	1014	7568	1014
按执行部门分组	**Grouped by Executive Departments**				
企业	Enterprises	181774	51882	209882	60674
#大中型	Large and Medium-sized Enterprises	145945	40554	176152	49363
科研机构	Scientific and Technological Institutions	16396	10303	16614	10621
高等院校	Institutions of Higer Education	52762	47118	55003	49566
其他	Others	11180	2447	11403	2733
按隶属关系分组	**Grouped by Administrative Relationship**				
中央	Central	43505	17272	53276	18711
地方	Local	218607	94478	239626	104883

22-8 各市科技活动人员情况

Basic Statistics on Personnel Engaged in S&T Activities by City

市(县) City(County)	2010 科技活动人员(人) Number of Persons for S&T (person)	2010 #大学本科及以上学历 Graduated from Bachelor and Above	2011 科技活动人员(人) Number of Persons for S&T (person)	2011 #大学本科及以上学历 Graduated from Bachelor and Above
全 省 Total	**262112**	**111750**	**292902**	**123594**
省 辖 市 City				
郑 州 市 Zhengzhou	73789	38501	82351	43604
开 封 市 Kaifeng	8671	4155	9810	4739
洛 阳 市 Luoyang	29949	12850	32577	12866
平 顶 山 市 Pingdingshan	19804	5036	19201	5499
安 阳 市 Anyang	11925	3948	15759	4685
鹤 壁 市 Hebi	3164	1416	2607	1360
新 乡 市 Xinxiang	21901	12271	25639	13125
焦 作 市 Jiaozuo	17185	6299	19147	7377
濮 阳 市 Puyang	7447	2830	7502	2593
许 昌 市 Xuchang	13517	5406	16002	6506
漯 河 市 Luohe	4964	2595	5047	2762
三 门 峡 市 Sanmenxia	5805	673	6830	909
南 阳 市 Nanyang	18341	6882	20047	7311
商 丘 市 Shangqiu	5875	2261	6117	2422
信 阳 市 Xinyang	4364	2143	6372	2505
周 口 市 Zhoukou	6434	1881	8263	2719
驻 马 店 市 Zhumadian	4892	1884	4784	1981
济 源 市 Jiyuan	3999	704	4847	631
省 直 管 县 Province Administrating County				
巩 义 市 Gongyi	2585	519	3380	573
兰 考 县 Lankao	786	33	856	32
汝 州 市 Ruzhou	636	96	784	201
滑 县 Huaxian	233	172	611	322
长 垣 县 Changyuan	1431	1050	2821	1324
邓 州 市 Dengzhou	240	15	664	188
永 城 市 Yongcheng	2413	181	2286	280
固 始 县 Gushi	26	8	29	10
鹿 邑 县 Luyi	733	127	1050	217
新 蔡 县 Xincai	479	32	388	34

22-9 研究与试验发展(R&D)经费支出情况(2011年)

Statistics on Appropriation Expenditure for R&D(2011)

单位：万元 (10 000 yuan)

指 标	Item	(R&D)经费内部支出 Intramural Expenditures on R&D	政府资金 Government Apppropriation Funds	企业资金 Self-raised Funds by Enterpirses	境外资金 Foreign Apppropriation Funds	其他资金 Other Funds	(R&D)经费外部支出 External Expenditures on R&D
总 计	**Total**	**2644922**	**339417**	**2214143**	**1798**	**89565**	**109950**
按数据来源分组	**Grouped by Data Source**						
科研单位	Scientific and Technological Sector	271678	192697	12736		66245	17528
#科研机构	Scientific and Technological Institutions	265371	190106	12150		63115	17450
非工业企业	Enterprises Except Industrial	1033	508	395		130	6
事业单位	Public Institution	4786	1948			2838	29
高等院校	Institutions of Higer Education	112054	66522	28508	116	16909	1633
#理工农医院校	Schools of Science, Engineering, Agriculture and Medicine	99170	58684	25728	50	14709	1574
人文社科院校	Schools of humanities and Social Science	12884	7838	2780	66	2199.8	59
工业企业	Industrial Enterprises	2137236	68451	2060971	1664	6149.4	89404.3
大中型工业企业	Large and Medium-sized Industrial Enterprises	1957107	60201	1890836	1525	4544.8	82637
规上小型工业企业	Small-sized Industrial Enterprises above Designated Size	179950	8250	169956	139	1604.6	6768
非工业企业	Enterprises Except Industrial	102273	714	101490	18	51	1385
事业单位	Public Institution	21681	11033	10437		211	
按执行部门分组	**Grouped by Executive Departments**						
企业	Enterprises	2240869	69757	2163048	1682	6383	90838
#大中型	Large and Medium-sized Enterprises	1957107	60201	1890836	1525	4545	82637
科研机构	Scientific and Technological Institutions	265371	190106	12150		63115	17450
高等院校	Institutions of Higer Education	112054	66522	28508	116	16909	1633
其他	Others	26628	13032	10437		3157.5	29
按隶属关系分组	**Grouped by Administrative Relationship**						
中央	Central	716604	196842	453556	505	65701	30646
地方	Local	1928318	142575	1760587	1293	23866	79304

22-10 研究与试验发展(R&D)活动机构情况(2011年)

Basic Statistics on Institutions Having R&D Activities(2011)

指标	Item	机构数 (个) Number of Institutions (unit)	机构从事(R&D)活动人员(人) Number of R&D Personnel (person)	#博士毕业 Graduated from Doctor	#硕士毕业 Graduated from Master	机构(R&D)经费内部支出(万元) Expen-ditures on R&D (10 000 yuan)	机构科研用仪器设备原价(万元) Original price of Equipment for S&T (10 000yuan)	#进口 Import
总计	**Total**	**1817**	**84899**	**2160**	**9749**	**1276729**	**1263476**	**266534**
按数据来源分组	**Grouped by Data Source**							
科研单位	Scientific and Technological Sector	140	12193	427	2992	266789	223629	52979
#科研机构	Scientific and Technological Institutions	121	11996	414	2963	265371	219079	52202
非工业企业	Enterprises Except Industrial	10	134	8	18	730	1553	434
事业单位	Public Institution	3	46	5	10	610	2051	171
高等院校	Institutions of Higer Education	255	2348	965	757	13820	127473	79407
#理工农医院校	Schools of Science, Engineering, Agriculture and Medicine	120	1098	512	303	11659	126046	79101
人文社科院校	Schools of humanities and Social Science	135	1250	453	454	2161	1427	306
工业企业	Industrial Enterprises	1273	66939	693	5619	968099	874184	125880
大中型工业企业	Large and Medium-sized Industrial Enterprises	880	60944	496	4957	898642	803492	118567
规上小型工业企业	Small-sized Industrial Enterprises above Designated Size	392	5986	197	658	69278	70543.6	7313.2
非工业企业	Enterprises Except Industrial	75	2506	17	98	25277	27752	3736
事业单位	Public Institution	74	913	58	283	2744	10438	4532
按执行部门分组	**Grouped by Executive Departments**							
企业	Enterprises	1364	69596	718	5736	994184	904435	130222
#大中型	Large and Medium-sized Enterprises	880	60944	496	4957	898642	803492	118567
科研机构	Scientific and Technological Institutions	121	11996	414	2963	265371	219079	52202
高等院校	Institutions of Higer Education	255	2348	965	757	13820	127473	79407
其他	Others	77	959	63	293	3354	12489	4703
按学科分组	**Grouped by Subject**							
自然科学	Natural Science	47	352	165	118	2583	35063	25151
农业科学	Agricultural Science	90	2014	243	412	25807	45322	21457
医药科学	Medical Science	89	1303	146	373	4324	24778	15623
工程与技术科学	Engineering and Technology Science	1427	79766	1143	8347	1239955	1153373	203119
人文与社会科学	Humanities and Social Science	164	1464	463	499	4061	4940	1185

22-11 研究与试验发展(R&D)人员情况(2011年)
Basic Statistics on Personnel Engaged in R&D Activities(2011)

指 标	Item	单位数(个) Number of Institutions (unit)	#有(R&D)活动的单位数 Number of Institutions for R&D	(R&D)人员(人) Number of Persons for R&D (person)	#研究人员 Researchers	(R&D)人员折合全时当量(人年) Number of Persons for R&D Anounted to Full-time (person-year)	#研究人员 Researchers
总 计	**Total**	**19465**	**1585**	**167386**	**76422**	**118266**	**53420**
按数据来源分组	**Grouped by Data Source**						
科研单位	Scientific and Technological Sector	297	87	13071	6354	10581	6466
#科研机构	Scientific and Technological Institutions	121	56	11996	5679	9652	5872
非工业企业	Enterprises Except Industrial	18	8	195	131	178	123
事业单位	Public Institution	114	17	765	463	689	432
高等院校	Institutions of Higer Education	155	87	17184	13355	6134	4982
#理工农医院校	Schools of Science, Engineering, Agriculture and Medicine	43	43	5771	4685	3845	3121
人文社科院校	Schools of humanities and Social Science	112	44	11413	8670	2289	1861
工业企业	Industrial Enterprises	18328	1250	124525	47982	94066	36590
大中型工业企业	Large and Medium-sized Industrial Enterprises	3814	740	111577	43620	84782	33477
规上小型工业企业	Small-sized Industrial Enterprises above Designated Size	14073	509	12939	4357	9282	3112
非工业企业	Enterprises Except Industrial	482	78	6094	4955	4275	3631
事业单位	Public Institution	203	83	6512	3776	3209	1751
按执行部门分组	**Grouped by Executive Departments**						
企业	Enterprises	18844	1339	130881	53117	98550	40363
#大中型	Large and Medium-sized Enterprises	3814	740	111577	43620	84782	33477
科研机构	Scientific and Technological Institutions	121	56	11996	5679	9652	5872
高等院校	Institutions of Higer Education	155	87	17184	13355	6134	4982
其他	Others	346	103	7325	4271	3930	2203
按隶属关系分组	**Grouped by Administrative Relationship**						
中央	Central	236	99	36209	20366	30606	18159
地方	Local	19230	1486	131177	56056	87661	35261

22-12 研究与试验发展(R&D)产出情况(2011年)

指标	Item	专利申请数 (件) Total Applications Examined (piece)	#发明专利申请数 Creation Inventions	专利授权数 (件) Number of Patents Applications Granted (piece)	#发明专利授权数 Inventions
总计	**Total**	**13172**	**4749**	**1279**	**648**
按数据来源分组	**Grouped by Data Source**				
科研单位	Scientific and Technological Sector	522	380	365	218
#科研机构	Scientific and Technological Institutions	418	337	305	199
非工业企业	Enterprises Except Industrial	49	14	12	2
事业单位	Public Institution	46	24	35	13
高等院校	Institutions of Higer Education	2184	1309	914	430
#理工农医院校	Schools of Science, Engineering, Agriculture and Medicine	2132	1301	891	428
人文社科院校	Schools of humanities and Social Science	52	8	23	2
工业企业	Industrial Enterprises	10186	2961		
大中型工业企业	Large and Medium-sized Industrial Enterprises	8229	2362		
规上小型工业企业	Small-sized Industrial Enterprises above Designated Size	1957	599		
非工业企业	Enterprises Except Industrial	248	87		
事业单位	Public Institution	32	12		
按执行部门分组	**Grouped by Executive Departments**				
企业	Enterprises	10492	3067	23	4
#大中型	Large and Medium-sized Enterprises	8229	2362		
科研机构	Scientific and Technological Institutions	418	337	305	199
高等院校	Institutions of Higer Education	2184	1309	914	430
其他	Others	78	36	37	15
按隶属关系分组	**Grouped by Administrative Relationship**				
中央	Central	1948	770	300	195
地方	Local	11224	3979	979	453

Statistics on Achievements for R&D(2011)

有效发明专利数(件) Number of Effective Invention Patent (piece)	专利所有权转让及许可数(件) Assignment and Permit of Patent Ownership(piece)	专利所有权转让及许可收入(万元) Income from Assignment and Permit of Patent Ownership (10 000 yuan)	植物新品种权授予数(项) Number of New Varieties of Plants Applications Granted (item)	形成国家或行业标准数(项) Become National or Trade Standards (item)	发表科技论文(篇) Scientific Papers Published (paper)	出版科技著作(种) Science and Technology Workers Published (type)
7063	**87**	**9435**	**61**	**639**	**60082**	**1946**
532	7	642	50	92	4359	160
479	5	633	39	42	3682	122
11				40	96	5
38	1	8	7	2	378	26
2421	26	667	11	14	47313	1681
2415	24	667	11	14	30175	764
6	2				17138	917
4049	51	8119		523	6793	
3272	47	8004		454	6512	
777	4	115		69	278	
61	3	7		10	429	
					1188	105
4123	55	8127.2	3	580	7396	7
3272	47	8004.2		454	6512	
479	5	633	39	42	3682	122
2421	26	667	11	14	47313	1681
40	1	8	8	3	1691	136
1255	3	10	17	97	3396	31
5808	84	9425	44	542	56686	1915

22-13 规模以上工业企业研究与试验发展(R&D)人员活动情况(2011年)(一)

单位：人

类　别	Item	R&D人员合计(人) Number of Persons for R&D	参加项目人员 Participating in project Personnel	管理和服务人员 Management and Service Personnel
总　计	**Total**	**124525**	**111638**	**12887**
按企业规模分组	**By Size**			
大型企业	Large-sized	84282	76145	8137
中型企业	Medium-sized	27295	23936	3359
小型企业	Small-sized	12939	11548	1391
按工业行业大类分组	**By Sector**			
#煤炭开采和洗选业	Mining and Washing of Coal	12811	12253	558
石油和天然气开采业	Extraction of Petroleum and Natural Gas	3193	2699	494
黑色金属矿采选业	Mining of Ferrous Metal Ores	109	97	12
有色金属矿采选业	Mining of Non-ferrous Metal Ores	66	57	9
非金属矿采选业	Mining and Processing of Nonmetal Ores	368	362	6
农副食品加工业	Processing of Food From Agricultural Products	4536	3841	695
食品制造业	Manufacture of Foods	3863	3397	466
饮料制造业	Manufacture of Beverage	1949	1767	182
烟草制品业	Manufacture of Tobacco	305	286	19
纺织业	Manufacture of Textile	1942	1732	210
皮革、毛皮、羽毛(绒)及其制品业	Manufacture of Leather, Fur, Feather and Its Products	138	103	35
木材加工及木、竹、藤、棕、草制品业	Processing of Timbers, Manufacture of Wood, Bamboo, Rattan, Palm, and Straw Products	312	282	30
造纸及纸制品业	Manufacture of Paper and Paper Products			
印刷业和记录媒介的复制	Printing,Reproduction of Recording Media	1308	1108	200
石油加工、炼焦及核燃料加	Processing of Petroleum ,Coking,Processing of	502	461	41
工业	Nucleus Fuel	509	408	101
化学原料及化学制品制造业	Manufacture of Chemical Raw Material and Chemical Products	7495	6335	1160
医药制造业	Manufacture of Medicines	5068	4459	609
化学纤维制造业	Manufacture of Chemical Fiber	1097	1080	17
橡胶制品业	Manufacture of Rubber	1459	1332	127
塑料制品业	Manufacture of Plastic	614	560	54
非金属矿物制品业	Manufacture of Non-metallic Mineral Products	10192	9250	942
黑色金属冶炼及压延加工业	Manufacture and Processing of Ferrous Metals	7889	7089	800
有色金属冶炼及压延加工业	Manufacture and Processing of Non-ferrous Metals	6777	6250	527
金属制品业	Manufacture of Metal Products	1453	1211	242
通用设备制造业	Manufacture of General Purpose Machinery	8010	7096	914
专用设备制造业	Manufacture of Special Purpose Machinery	12204	10480	1724
交通运输设备制造业	Manufacture of Transport Equipment	11154	10191	963
电气机械及器材制造业	Manufacture of Electrical Machinery and Equipment	7897	7158	739
通信设备、计算机及其他电子设备制造业	Manufacture of Communication Equipment , Computer and Other Electronic Equipment	2702	2449	253
仪器仪表及文化、办公用机械制造业	Manufacture of Measuring Instrument and Machinery for Cultural Activity and Office Work	3398	3045	353
工艺品及其他制造业	Manufacture of Artwork, Other Manufacture n.e.c	1533	1450	83
电力、热力的生产和供应业	Production and Supply of Electric Power and Heat Power	3159	2889	270
燃气生产和供应业	Production and Distribution of Gas	100	96	4
水的生产和供应业	Production and Distribution of Water	7	6	1

Basic Statistics on R&D Activities in Enterprises above Designated Size (2011)(1)

(person)

#女性 Female	#研究人员 Researchers	#全时人员 Full-time Personnel	非全时人员 Timing Personnel	R&D人员折合全时当量合计（人年） Number of Persons for R&D Anounted to Full-time (person-year)	#研究人员 Researchers	应用研究人员 Applied Research	试验发展人员 Experimental Development
22391	**47982**	**71928**	**52597**	**94066**	**36590**	**563**	**93509**
14525	34179	49004	35278	64934	26370	370	64564
5369	9441	15159	12136	19847	7107	169	19683
2491	4357	7756	5183	9282	3112	24	9259
273	5123	3628	9183	7799	2916	33	7765
1121	2712	2421	772	2678	2277		2678
26	43	95	14	85	34		85
	40	16	50	38	18		38
105	111	152	216	342	97	66	276
1182	1605	2178	2358	3707	1312		3707
1087	1112	2449	1414	2560	657	7	2553
629	643	1280	669	1292	408	12	1280
32	89	87	218	142	48		142
760	890	1255	687	1022	565	2	1021
36	38	110	28	89	23		89
26	45	233	79	274	39		274
285	363	882	426	921	265		921
61	113	246	256	307	85		307
58	209	211	298	402	171	2	400
1602	2839	5251	2244	5648	2158		5648
1625	1671	3324	1744	3755	1240	1	3753
249	399	1073	24	1090	397		1090
185	248	627	832	1363	227		1363
101	225	383	231	439	175	60	384
1737	3049	5576	4616	7860	2334	14	7846
835	3532	3126	4763	5858	2626	176	5682
1024	1538	3157	3620	5176	1167	77	5099
245	542	773	680	1079	442		1079
1442	3834	5757	2253	5496	2636	70	5425
2234	5751	7285	4919	9782	4809	4	9778
1862	3997	8210	2944	8762	3556	30	8732
1701	2430	5184	2713	6837	2078	6	6831
434	1244	2000	702	2170	1005		2170
695	1373	2191	1207	2825	1107	3	2822
429	852	1280	253	1170	632		1170
240	1179	1148	2011	2730	984		2730
5	28	81	19	78	24		78
2	1		7	1	0		1

22-14 规模以上工业企业研究与试验发展(R&D)经费支出活动情况(2011年)(二)

单位：万元

类 别	Item	R&D经费内部支出 Intramural Expenditures on R&D	应用研究支出 Applied Research	试验发展支出 Experimental Development
总 计	**Total**	**2137236**	**14174**	**2123061**
按企业规模分组	By Size			
大型企业	Large-sized	1569270	10959	1558312
中型企业	Medium-sized	387836	2553	385283
小型企业	Small-sized	179950	663	179287
按工业行业大类分组	By Industrial Branch			
煤炭开采和洗选业	Mining and Washing of Coal	232819	1397	231422
石油和天然气开采业	Extraction of Petroleum and Natural Gas	30084		30084
黑色金属矿采选业	Mining of Ferrous Metal Ores	2519		2519
有色金属矿采选业	Mining of Non-ferrous Metal Ores	2982		2982
非金属矿采选业	Mining and Processing of Nonmetal Ores	2495	537	1958
农副食品加工业	Processing of Food From Agricultural Products	95721		95721
食品制造业	Manufacture of Foods	35250	74	35175
饮料制造业	Manufacture of Beverage	37281	50	37230
烟草制品业	Manufacture of Tobacco	4042		4042
纺织业	Manufacture of Textile	37470	233	37237
纺织服装、鞋、帽制造业	Manufacture of Textile Wearing Apparel,Footware, and Caps	3517		3517
皮革、毛皮、羽毛(绒)及其制品业	Manufacture of Leather, Fur, Feather and Its Products	1208		1208
木材加工及木、竹、藤、棕、草制品业	Processing of Timbers, Manufacture of Wood, Bamboo, Rattan, Palm, and Straw Products	5193		5193
家具制造业	Manufacture of Furniture	1445		1445
造纸及纸制品业	Manufacture of Paper and Paper Products	31409		31409
印刷业和记录媒介的复制	Printing,Reproduction of Recording Media	5806		5806
文教体育用品制造业	Manufacture of Articles for Culture,Education and Sport Activity	853		853
石油加工、炼焦及核燃料加工业	Processing of Petroleum ,Coking,Processing of Nucleus Fuel	9759	131	9628
化学原料及化学制品制造业	Manufacture of Chemical Raw Material and Chemical Products	116463		116463
医药制造业	Manufacture of Medicines	58920	24	58897
化学纤维制造业	Manufacture of Chemical Fiber	16681		16681
橡胶制品业	Manufacture of Rubber	38656		38656
塑料制品业	Manufacture of Plastic	7507	382	7125
非金属矿物制品业	Manufacture of Non-metallic Mineral Products	172462	381	172081
黑色金属冶炼及压延加工业	Manufacture and Processing of Ferrous Metals	160747	1001	159746
有色金属冶炼及压延加工业	Manufacture and Processing of Non-ferrous Metals	168471	7280	161192
金属制品业	Manufacture of Metal Products	22174		22174
通用设备制造业	Manufacture of General Purpose Machinery	121385	1068	120317
专用设备制造业	Manufacture of Special Purpose Machinery	255450	1089	254361
交通运输设备制造业	Manufacture of Transport Equipment	181689	205	181484
电气机械及器材制造业	Manufacture of Electrical Machinery and Equipment	147693	294	147399
通信设备、计算机及其他电子设备制造业	Manufacture of Communication Equipment , Computer and Other Electronic Equipment	34546		34546
仪器仪表及文化、办公用机械制造业	Manufacture of Measuring Instrument and Machinery for Cultural Activity and Office Work	28328	28	28300
工艺品及其他制造业	Manufacture of Artwork, Other Manufacture n.e.c	14193		14193
废弃资源和废旧材料回收加工业	Recycling and Disposal of Waste	3354		3354
电力、热力的生产和供应业	Production and Supply of Electric Power and Heat Power	44864		44864
燃气生产和供应业	Production and Distribution of Gas	3782		3782
水的生产和供应业	Production and Distribution of Water	19		19

Basic Statistics on R&D Activities in Enterprises above Designated Size (2011)(2)

(10 000 yuan)

政府资金 Government Apppropriation Funds	企业资金 Self-raised Funds by Enterpirses	境外资金 Foreign Apppropriation Funds	其他资金 Other Funds	R&D经费外部支出 External Expenditures on R&D	对境内研究机构支出 Expenses on Domestic R&D Institutions	对境内高等学校支出 Expenses on Domestic Universities	对境外支出 Expenses on Overseas
68451.1	**2060971.1**	**1664**	**6149**	**89404.3**	**57320**	**24736**	**2573**
46563	1519473	1282	1952	71606	47771	19103	1618
13638	371363	243	2592	11031	6638	3209	32
8250	169956	139	1605	6768	2911	2424	923
5923	226619	263	14	8158	2214	5944	
4394	25690			2332	1080	1252	
15	2504			87	25	62	
	2982						
152	2343			42	19	24	
837	93926		958	3370	1674	1133	56
1697	33553			936	448	468	20
1064	35634	558	25	1517	1089	251	1
33	4009			1067	590	477	
1551	35521	242	157	372	143	229	
25	3282		210				
31	1167		10	21	9	13	
	5193						
30	1336		79				
162	31247			303	118	184	
335	5408		63	88	15	73	
	853						
550	8860		349	1524	221	257	235
2734	113551		178	855	327	460	
3091	55274	34	521	6377	4503	923	
400	16280			975	975		
853	37803			299	126	173	
241	7120		147	461	164	5	292
4020	167811		630	2067	1296	696	66
1708	159039			5489	3031	1922	
2788	164662		1022	12257	10755	1353	29
663	21511			266	138	128	
4001	117384			3309	1773	1144	
9481	245802	105	63	6738	4649	877	1130
9979	170645	196	869	14805	13646	1019	119
4367	142587	219	520	10644	5837	4237	475
3567	30980			1066	659	241	149
1261	26763	38	266	623	420	93	
69	14115	10		22	15	7	
500	2854			30		30	
1100	43694		70	2398	1337	1061	
831	2951			907	25		
	19						

22–15 规模以上工业企业研究与试验发展(R&D)活动情况(2011年)(三)

Basic Statistics on R&D Activities in Enterprises above Designated Size (2011) (3)

类别	Item	新产品产值(万元) Gross Output Value of new Products (100 million yuan)	新产品销售收入(万元) Sales Revenue of New Products (100 million yuan)	专利申请数(项) Total Patent Applications (item)	有效发明专利数(项) Patent Owned (item)
总计	**Total**	**26064850**	**25501566**	**10186**	**4049**
按企业规模分组	**By Size**				
大型企业	Large-sized	21045459	20685771	5533	1943
中型企业	Medium-sized	3703713	3480513	2696	1329
小型企业	Small-sized	1315224	1334489	1957	777
按工业行业大类分组	**By Industrial Branch**				
#煤炭开采和洗选业	Mining and Washing of Coal	231237	225300	272	53
石油和天然气开采业	Extraction of Petroleum and Natural Gas	380	17260	99	
有色金属矿采选业	Mining of Non-ferrous Metal Ores			17	7
非金属矿采选业	Mining and Processing of Nonmetal Ores	116175	110791	4	5
农副食品加工业	Processing of Food From Agricultural Products	931592	883553	389	72
食品制造业	Manufacture of Foods	749184	699207	339	84
饮料制造业	Manufacture of Beverage	740946	686204	65	50
烟草制品业	Manufacture of Tobacco	547279	547173	121	16
纺织业	Manufacture of Textile	527064	505023	77	34
皮革、毛皮、羽毛(绒)及其制品业	Manufacture of Leather, Fur, Feather and Its Products	55163	41662	37	1
木材加工及木、竹、藤、棕、草制品业	Processing of Timbers, Manufacture of Wood, Bamboo, Rattan, Palm, and Straw Products	13355	12758	3	
造纸及纸制品业	Manufacture of Paper and Paper Products	245504	246960	46	6
印刷业和记录媒介的复制	Printing,Reproduction of Recording Media	75729	72487	33	23
石油加工、炼焦及核燃料加工业	Processing of Petroleum ,Coking,Processing of Nucleus Fuel	145768	140124	50	12
化学原料及化学制品制造业	Manufacture of Chemical Raw Material and Chemical Products	1276438	1330530	355	249
医药制造业	Manufacture of Medicines	748429	737641	442	239
化学纤维制造业	Manufacture of Chemical Fiber	351330	351300	11	20
橡胶制品业	Manufacture of Rubber	395279	377680	90	34
塑料制品业	Manufacture of Plastic	59669	62301	75	51
非金属矿物制品业	Manufacture of Non-metallic Mineral Products	1340146	1297480	646	339
黑色金属冶炼及压延加工业	Manufacture and Processing of Ferrous Metals	2754325	2764801	159	137
有色金属冶炼及压延加工业	Manufacture and Processing of Non-ferrous Metals	2871741	2660231	400	598
金属制品业	Manufacture of Metal Products	189260	176212	218	73
通用设备制造业	Manufacture of General Purpose Machinery	1583148	1501062	810	404
专用设备制造业	Manufacture of Special Purpose Machinery	3375947	3335915	1193	559
交通运输设备制造业	Manufacture of Transport Equipment	3474580	3520723	1257	274
电气机械及器材制造业	Manufacture of Electrical Machinery and Equipment	2214839	2142287	999	305
通信设备、计算机及其他电子设备制造业	Manufacture of Communication Equipment , Computer and Other Electronic Equipment	322290	291366	388	127
仪器仪表及文化、办公用机械制造业	Manufacture of Measuring Instrument and Machinery for Cultural Activity and Office Work	229970	223343	416	158
工艺品及其他制造业	Manufacture of Artwork, Other Manufacture n.e.c	152068	198647	264	22
电力、热力的生产和供应业	Production and Supply of Electric Power and Heat Power	159476	159349	747	63
燃气生产和供应业	Production and Distribution of Gas	6124	6024	27	20

22-16 规模以上工业企业研究与试验发展(R&D)活动情况(2011年)(四)
Basic Statistics on R&D Activities in Enterprises above Designated Size (2011)(4)

类别	Item	全部科技项目数(项) Projects for S&T Activities (item)	项目人员合计(人) Total Personnel of Projects (person)	项目经费支出合计(万元) Expenditure of Projects (10 000 yuan)
总计	**Total**	**6069**	**96803**	**18713225**
按项目来源分组	**Grouped by Projects Source**			
国家科技项目	National Project	167	4835	939966
地方科技项目	Local Project	220	3814	840437
企业委托科技项目	Commissioned by Enterprises Project	126	2396	246827
自选科技项目	Optional Project	5479	84894	16561461
来自国外的科技项目	Foreign Project	10	137	21227
其它科技项目	Other Project	67	727	103307
按项目合作形式分组	**Grouped by Cooperation Forms**			
与境外机构合作	Cooperation With Foreign Institutions	39	856	182214
与国内高校合作	Cooperation With Domestic Universities	775	13360	2810911
与国内独立研究机构合作	Cooperation With Independent Research Organization	271	4989	908047
与境内注册外商独资企业合作	Cooperation With Foreign-owned Enterprise	21	177	54358
与境内注册其他企业合作	Cooperation With Other Enterprise	266	4342	690129
独立完成	Independently Achievment	4559	71015	13798792
其他	Other	138	2064	268774
按项目活动类型分组	**Grouped by Activity type**			
#应用研究	Applied Research	47	743	131971
试验发展	Experimental Development	6022	96060	18581254
按工业行业大类分组	**Grouped By Industrial Branch**			
#煤炭开采和洗选业	Mining and Washing of Coal	614	10755	2036763
石油和天然气开采业	Extraction of Petroleum and Natural Gas	223	2164	209885
黑色金属矿采选业	Mining of Ferrous Metal Ores	5	95	15926
有色金属矿采选业	Mining of Non-ferrous Metal Ores	5	57	23530
非金属矿采选业	Mining and Processing of Nonmetal Ores	15	360	23816
农副食品加工业	Processing of Food From Agricultural Products	240	3537	745425
食品制造业	Manufacture of Foods	168	2424	314406
饮料制造业	Manufacture of Beverage	98	1743	349652
烟草制品业	Manufacture of Tobacco	43	286	35652
纺织业	Manufacture of Textile	87	1637	342710
皮革、毛皮、羽毛(绒)及其制品业	Manufacture of Leather, Fur, Feather and Its Products	11	81	5648
木材加工及木、竹、藤、棕、草制品业	Processing of Timbers, Manufacture of Wood, Bamboo, Rattan, Palm, and Straw Products	22	278	50269
造纸及纸制品业	Manufacture of Paper and Paper Products	52	975	298926
印刷业和记录媒介的复制	Printing,Reproduction of Recording Media	27	346	47069
石油加工、炼焦及核燃料加工业	Processing of Petroleum ,Coking,Processing of Nucleus Fuel	53	396	84971
化学原料及化学制品制造业	Manufacture of Chemical Raw Material and Chemical Products	313	5491	1038639
医药制造业	Manufacture of Medicines	255	3689	508681
化学纤维制造业	Manufacture of Chemical Fiber	6	468	133825
橡胶制品业	Manufacture of Rubber	50	1332	372192
塑料制品业	Manufacture of Plastic	33	484	64935
非金属矿物制品业	Manufacture of Non-metallic Mineral Products	504	7668	1490681
黑色金属冶炼及压延加工业	Manufacture and Processing of Ferrous Metals	234	5467	1434411
有色金属冶炼及压延加工业	Manufacture and Processing of Non-ferrous Metals	287	6039	1570536
金属制品业	Manufacture of Metal Products	117	1079	163653
通用设备制造业	Manufacture of General Purpose Machinery	480	6339	1083476
专用设备制造业	Manufacture of Special Purpose Machinery	722	9464	2336503
交通运输设备制造业	Manufacture of Transport Equipment	424	9318	1624924
电气机械及器材制造业	Manufacture of Electrical Machinery and Equipment	367	6602	1235654
通信设备、计算机及其他电子设备制造业	Manufacture of Communication Equipment , Computer and Other Electronic Equipment	110	2159	280188
仪器仪表及文化、办公用机械制造业	Manufacture of Measuring Instrument and Machinery for Cultural Activity and Office Work	228	2547	239453
工艺品及其他制造业	Manufacture of Artwork, Other Manufacture n.e.c	41	609	130982
电力、热力的生产和供应业	Production and Supply of Electric Power and Heat Power	196	2468	309553
燃气生产和供应业	Production and Distribution of Gas	16	86	32819
水的生产和供应业	Production and Distribution of Water	1	6	190

22-17 研究与试验发展(R&D)项目(课题)情况(2011年)
Statistics on R&D Projects(Topics) (2011)

指标	Item	项目(课题)数(项) Projects of R&D (item)	项目(课题)参加人员折合全时当量(人年) Number of Persons for R&D Anounted to Full-time (person-year)	#研究人员 Researchers	项目(课题)经费内部支出支出(万元) Intramural Expenditures on R&D (10 000 yuan)
总计	**Total**	**28422**	**104061**	**49412**	**2296656**
按数据来源分组	**Grouped by Data Source**				
科研单位	Scientific and Technological Sector	784	8226	5184	203909
#科研机构	Scientific and Technological Institutions	684	7477	4713	199362
非工业企业	Enterprises Except Industrial	22	144	95	485
事业单位	Public Institution	68	551	342	3642
高等院校	Institutions of Higer Education	18115	6132	4980	100359
#理工农医院校	Schools of Science, Engineering, Agriculture and Medicine	7205	3845	3121	94949
人文社科院校	Schools of humanities and Social Science	10910	2286	1859	5410
工业企业	Industrial Enterprises	8415	83933	36590	1892771
大中型工业企业	Large and Medium-sized Industrial Enterprises	7169	75661	33477	1736225
规上小型工业企业	Small-sized Industrial Enterprises above Designated Size	1234	8270	3112	156366
非工业企业	Enterprises Except Industrial	487	3383	2476	88457
事业单位	Public Institution	621	2387	182	11161
按执行部门分组	**Grouped by Executive Departments**				
企业	Enterprises	8931	87482	39175	1981972
#大中型	Large and Medium-sized Enterprises	7169	75661	33477	1736225
科研机构	Scientific and Technological Institutions	684	7477	4713	199362
高等院校	Institutions of Higer Education	18115	6132	4980	100359
其他	Others	692	2970	544	14963
按项目来源分组	**Grouped by Projects Source**				
国家科技项目	National Project	4244	12773	10265	313836
地方科技项目	Local Project	10906	8803	4892	122130
企业委托科技项目	Commissioned by Enterprises Project	1613	2639	1628	65750
自选科技项目	Optional Project	10428	78713	31879	1778534
来自国外的科技项目	Foreign Project	34	114	59	2353
其它科技项目	Other Project	1197	1019	690	14056
按活动类型分组	**Grouped by Activity type**				
基础研究	Basic Research	8818	2815	2192	38443
应用研究	Applied Research	8415	5704	3928	90649
试验发展	Experimental Development	11189	95540	43293	2167563
研究与试验发展成果应用	Results Application of R&D				
科技服务	Services for S&T				
按学科分组	**Grouped by Subject**				
自然科学	Natural Science	2001	1433	1065	40537
农业科学	Agricultural Science	1079	1960	1365	29057
医药科学	Medical Science	1905	3338	919	19378
工程与技术科学	Engineering and Technology Science	12405	94793	44035	2201122
人文与社会科学	Humanities and Social Science	11032	2538	2028	6562

22-18 各市研究与试验发展(R&D)人员情况(2011年)

Basic Statistics on Personnel Engaged in R&D Activities by City(2011)

市(县) City(County)	单位数(个) Number of Institutions (unit)	#有(R&D)活动 Number of Institutions for R&D	(R&D)活动人员(人) Number of Persons for R&D (person)	#研究人员 Researchers	(R&D)活动人员折合全时当量(人年) Number of Persons for R&D Anounted to Full-time (person-year)	#研究人员 Researchers
全　　省 Total	**19465**	**1585**	**167386**	**76422**	**118266**	**53420**
省　辖　市 City						
郑　州　市 Zhengzhou	2902	471	45028	21526	31205	14319
开　封　市 Kaifeng	1155	119	6041	3436	3683	1882
洛　阳　市 Luoyang	1724	106	20038	10924	15863	8970
平 顶 山 市 Pingdingshan	844	69	8833	3987	7440	3303
安　阳　市 Anyang	883	52	9488	4863	6434	3298
鹤　壁　市 Hebi	494	12	1186	414	911	318
新　乡　市 Xinxiang	1216	113	14545	6240	9126	4292
焦　作　市 Jiaozuo	1102	85	10877	4689	6442	2278
濮　阳　市 Puyang	720	58	5325	2920	4012	2355
许　昌　市 Xuchang	1284	72	11220	2973	8946	2142
漯　河　市 Luohe	558	22	3119	1265	2810	1148
三 门 峡 市 Sanmenxia	633	49	4803	1100	3121	698
南　阳　市 Nanyang	1383	72	11639	5696	8732	4104
商　丘　市 Shangqiu	800	58	3074	1187	1919	748
信　阳　市 Xinyang	1044	32	2790	1196	1933	651
周　口　市 Zhoukou	1042	43	4480	1996	2258	1013
驻 马 店 市 Zhumadian	1448	133	2855	1220	1645	632
济　源　市 Jiyuan	234	19	2045	549	1788	498
省 直 管 县 Province Administrating County						
巩　义　市 Gongyi	353	21	2372	363	2019	295
兰　考　县 Lankao	259	32	626	107	608	102
汝　州　市 Ruzhou	135	10	568	150	447	117
滑　　县 Huaxian	111	5	480	103	306	64
长　垣　县 Changyuan	108	12	1350	413	379	118
邓　州　市 Dengzhou	140	3	361	63	248	35
永　城　市 Yongcheng	90	4	1337	432	994	341
固　始　县 Gushi	163					
鹿　邑　县 Luyi	27	3	458	149	367	127
新　蔡　县 Xincai	165	13	178	91	67	31

22-19 各市研究与试验发展(R&D)机构情况(2011年)

Basic Statistics on Institutions Having R&D Activities by City (2011)

市(县) City(County)	机构数(个) Number of Institutions (unit)	机构从事(R&D)活动人员(人) Number of R&D Personnel (person)	#博士毕业 Graduated from Doctor	#硕士毕业 Graduated from Master	机构(R&D)经费内部支出(万元) Expenditures on R&D (10 000 yuan)	机构科研用仪器设备原价(万元) Original price of Equipment for S&T (10 000yuan)	#进口 Import
全省 Total	**1817**	**84899**	**2160**	**9749**	**1276729**	**1263476**	**266534**
省辖市 City							
郑州市 Zhengzhou	583	24968	1059	3658	408815	450952	136480
开封市 Kaifeng	83	2428	280	241	21711	33617	11223
洛阳市 Luoyang	99	9829	93	1687	248390	130918	16110
平顶山市 Pingdingshan	61	4036	22	282	58303	63600	13062
安阳市 Anyang	83	2995	60	271	21788	52609	13136
鹤壁市 Hebi	30	1095	10	132	9135	14637	583
新乡市 Xinxiang	157	6422	196	960	118877	93430	18066
焦作市 Jiaozuo	138	5047	128	266	44651	70117	13517
濮阳市 Puyang	60	3511	55	243	37845	22791	1308
许昌市 Xuchang	99	5820	70	738	78903	92690	12012
漯河市 Luohe	58	3431	20	199	41445	21025	6383
三门峡市 Sanmenxia	38	1559	23	77	14633	10068	690
南阳市 Nanyang	94	7641	34	437	104999	133694	17991
商丘市 Shangqiu	61	884	24	96	13427	12758	591
信阳市 Xinyang	35	845	19	75	3709	4885	342
周口市 Zhoukou	56	2087	55	243	21052	14344	1226
驻马店市 Zhumadian	62	1448	4	99	10690	30171	1695
济源市 Jiyuan	20	854	8	44	18354	11169	2119
省直管县 Province Administrating County							
巩义市 Gongyi	23	2190	17	67	30214	23017	3830
兰考县 Lankao	1	24	1	2	159	84	22
汝州市 Ruzhou	7	199	6	19	4697	1864	186
滑县 Huaxian	8	439	6	10	1274	3390	390
长垣县 Changyuan	10	1161	3	91	18669	11761	
邓州市 Dengzhou	7	463	3	4	2882	1189	30
永城市 Yongcheng	14	232	1	21	5619	5448	299
固始县 Gushi	1	14		3		30	
鹿邑县 Luyi	4	278	5	8	4292	1453	
新蔡县 Xincai	9	28			456	201	

22-20 各市研究与试验发展(R&D)经费支出情况(2011年)

Statistics on Appropriation Expenditure for R&D by City(2011)

单位：万元 (10 000 yuan)

市(县)	City(County)	(R&D)经费内部支出 Intramural Expenditures on R&D	政府资金 Government Appropriation Funds	企业资金 Self-raised Funds by Enterpirses	境外资金 Foreign Apppropriation Funds	其他资金 Other Funds	(R&D)经费外部支出 External Expenditures on R&D
全　　省	**Total**	**2644922**	**339417**	**2214143**	**1798**	**89565**	**109950**
省　辖　市	**City**						
郑　州　市	Zhengzhou	727988	150326	536090	162	41410	38629
开　封　市	Kaifeng	105297	21087	81611	67	2532	1740
洛　阳　市	Luoyang	391340	67982	300004	38	23317	13009
平　顶　山　市	Pingdingshan	165627	7300	157683	505	140	4645
安　阳　市	Anyang	114340	5756	107530	18	1036	11636
鹤　壁　市	Hebi	21235	721	20375		139	847
新　乡　市	Xinxiang	236284	51160	170529	196	14402	7577
焦　作　市	Jiaozuo	148336	4816	141330		2189	5719
濮　阳　市	Puyang	67244	7442	59802			1493
许　昌　市	Xuchang	203059	4356	197887		817	10617
漯　河　市	Luohe	49493	1549	47380	558	7	349
三　门　峡　市	Sanmenxia	46509	1272	45202		35	1106
南　阳　市	Nanyang	154159	4362	149235	254	309	3477
商　丘　市	Shangqiu	50601	3559	46460		584	1587
信　阳　市	Xinyang	30997	2336	27910		751	228
周　口　市	Zhoukou	40971	2048	38669		254	2859
驻　马　店　市	Zhumadian	34366	2821	29900		1646	2873
济　源　市	Jiyuan	57078	531	56547			1560
省　直　管　县	**Province Administrating County**						
巩　义　市	Gongyi	45046	775	44270			5195
兰　考　县	Lankao	11430	443	10987			44
汝　州　市	Ruzhou	11015	350	10665			188
滑　　县	Huaxian	1984	110	1874			210
长　垣　县	Changyuan	25114	168	24946			518
邓　州　市	Dengzhou	3414	10	3404			
永　城　市	Yongcheng	21667	2407	19246		14	304
固　始　县	Gushi						
鹿　邑　县	Luyi	4309	17	4292			19
新　蔡　县	Xincai	1234		630		604	

22-21 各市研究与试验发展(R&D)项目(课题)情况(2011年)

Statistics on R&D Projects(Topics) by City (2011)

市(县)	City(County)	项目(课题)数(项) Projects of R&D (item)	项目(课题)参加人员折合全时当量(人年) Number of Persons for R&D Anounted to Full-time (person-year)	#研究人员 Researchers	项目(课题)经费内部支出(万元) Intramural Expenditures on R&D (10 000 yuan)
全省	**Total**	**28422**	**104061**	**49412**	**2296656**
省辖市	**City**				
郑州市	Zhengzhou	11176	27517	12542	619867
开封市	Kaifeng	1185	2817	1322	91189
洛阳市	Luoyang	2434	13445	7531	343446
平顶山市	Pingdingshan	729	6682	2928	147015
安阳市	Anyang	1258	5771	2942	107925
鹤壁市	Hebi	89	859	296	17354
新乡市	Xinxiang	3596	7983	3669	206502
焦作市	Jiaozuo	2150	5840	1950	133508
濮阳市	Puyang	450	3192	1732	55220
许昌市	Xuchang	1007	8345	2001	169953
漯河市	Luohe	173	2384	938	43140
三门峡市	Sanmenxia	330	2957	657	38552
南阳市	Nanyang	1363	7815	3575	134411
商丘市	Shangqiu	367	1807	703	44745
信阳市	Xinyang	719	1734	589	24174
周口市	Zhoukou	737	1981	898	36567
驻马店市	Zhumadian	429	1513	583	28468
济源市	Jiyuan	230	1420	397	54622
省直管县	**Province Administrating County**				
巩义市	Gongyi	94	1831	268	42664
兰考县	Lankao	45	552	94	11223
汝州市	Ruzhou	27	388	101	9114
滑县	Huaxian	37	217	45	1968
长垣县	Changyuan	112	345	107	22978
邓州市	Dengzhou	25	194	27	3122
永城市	Yongcheng	56	926	317	18835
固始县	Gushi				
鹿邑县	Luyi	7	304	105	4292
新蔡县	Xincai	32	58	27	1104

22-22 各市研究与试验发展(R&D)产出情况(2011年)
Statistics on Achievements for R&D by City(2011)

市(县) City(County)	专利申请数(件) Total Applications Examined (piece)	#发明专利申请数 Creation Inventions	专利授权数(件) Number of Patents Applications Granted (piece)	#发明专利授权数 Inventions	有效发明专利数(件) Number of Effective Invention Patent (piece)
全省 Total	**13172**	**4749**	**1279**	**648**	**7063**
省辖市 City					
郑州市 Zhengzhou	5096	1805	728	396	2960
开封市 Kaifeng	173	90	33	32	119
洛阳市 Luoyang	2555	1014	211	111	1293
平顶山市 Pingdingshan	395	83	14	6	128
安阳市 Anyang	354	112	15	7	205
鹤壁市 Hebi	243	66			49
新乡市 Xinxiang	974	392	78	44	521
焦作市 Jiaozuo	798	301	135	36	509
濮阳市 Puyang	311	109	2	1	159
许昌市 Xuchang	791	231	25		225
漯河市 Luohe	115	55			40
三门峡市 Sanmenxia	127	35	3	3	86
南阳市 Nanyang	607	215	23	10	486
商丘市 Shangqiu	168	47	6		66
信阳市 Xinyang	50	12	2	1	3
周口市 Zhoukou	136	70			99
驻马店市 Zhumadian	128	71	4	1	56
济源市 Jiyuan	151	41			59
省直管县 Province Administrating County					
巩义市 Gongyi	190	45			64
兰考县 Lankao	6	6			3
汝州市 Ruzhou	78	16			6
滑县 Huaxian	17	9			32
长垣县 Changyuan	100	26			23
邓州市 Dengzhou	19	14			8
永城市 Yongcheng	96	16			31
固始县 Gushi					
鹿邑县 Luyi	18	14			9
新蔡县 Xincai	11	10			1

22-22 续表 continued

市(县) City(County)	专利所有权转让及许可数(件) Assignment and Permit of Patent Ownership(piece)	专利所有权转让及许可收入(万元) Income from Assignment and Permit of Patent Ownership (10 000 yuan)	植物新品种权授予数(项) Number of New Varieties of Plants Applications Granted (item)	形成国家或行业标准数(项) Become National or Trade Standards (item)	发表科技论文(篇) Scientific Papers Published (paper)	出版科技著作(种) Science and Technology Workers Published (type)
全 省 Total	**87**	**9435**	**61**	**639**	**60082**	**1946**
省 辖 市 City						
郑 州 市 Zhengzhou	24	1200	29	141	25521	1027
开 封 市 Kaifeng	5	40	3	9	2882	128
洛 阳 市 Luoyang	7	834		85	5560	156
平 顶 山 市 Pingdingshan			5	12	2609	45
安 阳 市 Anyang	16	985	9	32	2309	43
鹤 壁 市 Hebi			1	9	391	
新 乡 市 Xinxiang	7	5000	1	41	7677	160
焦 作 市 Jiaozuo	3	90	2	39	4052	68
濮 阳 市 Puyang			2	26	366	4
许 昌 市 Xuchang			2	61	1016	34
漯 河 市 Luohe				15	513	7
三 门 峡 市 Sanmenxia			3		226	8
南 阳 市 Nanyang	3	5	1	60	2215	91
商 丘 市 Shangqiu	1	1		10	1627	86
信 阳 市 Xinyang				21	1478	37
周 口 市 Zhoukou	4	100	1	33	736	38
驻 马 店 市 Zhumadian	14	380	2	3	780	14
济 源 市 Jiyuan	3	800		42	124	
省 直 管 县 Province Administrating County						
巩 义 市 Gongyi				1	35	
兰 考 县 Lankao	1	5			8	
汝 州 市 Ruzhou				1	37	
滑 县 Huaxian				1		
长 垣 县 Changyuan				18	14	
邓 州 市 Dengzhou					5	
永 城 市 Yongcheng	1	1			491	
固 始 县 Gushi						
鹿 邑 县 Luyi					12	
新 蔡 县 Xincai				1		

22-23 各市规模以上工业企业研究与试验发展(R&D)活动情况(2011年)

Basic Statistics on R&D Activities in Enterprises above Designated Size by City(2011)

市(县) City(County)	R&D人员合计(人) Number of Persons for R&D	参加项目人员 Participating in project Personnel	管理和服务人员 Management and Service Personnel	#女性 Female	#研究人员 Researchers	全时人员 Full-time Personnel	非全时人员 Timing Personnel
全省 Total	**124525**	**111638**	**12887**	**22391**	**47982**	**71928**	**52597**
省辖市 City							
郑州市 Zhengzhou	25012	22710	2302	4379	8146	12638	12374
开封市 Kaifeng	4290	3355	935	740	2102	2772	1518
洛阳市 Luoyang	13660	11968	1692	2817	6731	8741	4919
平顶山市 Pingdingshan	8134	7250	884	1003	3572	4704	3430
安阳市 Anyang	8469	7574	895	777	4214	4305	4164
鹤壁市 Hebi	1106	1043	63	75	388	660	446
新乡市 Xinxiang	9366	8569	797	1689	3320	6599	2767
焦作市 Jiaozuo	9523	8776	747	1606	3673	4803	4720
濮阳市 Puyang	4419	3573	846	1363	2383	3204	1215
许昌市 Xuchang	10588	9933	655	2007	2604	6025	4563
漯河市 Luohe	2941	2492	449	832	1165	1363	1578
三门峡市 Sanmenxia	4705	4469	236	463	1059	1948	2757
南阳市 Nanyang	9797	8828	969	2276	4363	7246	2551
商丘市 Shangqiu	2588	2446	142	239	884	1129	1459
信阳市 Xinyang	1929	1689	240	274	552	844	1085
周口市 Zhoukou	3879	3366	513	1014	1593	2591	1288
驻马店市 Zhumadian	2125	1993	132	422	697	1154	971
济源市 Jiyuan	1994	1604	390	415	536	1202	792
省直管县 Province Administrating County							
巩义市 Gongyi	2372	2161	211	343	363	745	1627
兰考县 Lankao	546	490	56	37	84	491	55
汝州市 Ruzhou	568	493	75	83	150	237	331
滑县 Huaxian	480	346	134	41	103	410	70
长垣县 Changyuan	1350	1256	94	144	413	917	433
邓州市 Dengzhou	361	302	59	164	63	348	13
永城市 Yongcheng	1337	1245	92	41	432	454	883
固始县 Gushi							
鹿邑县 Luyi	458	385	73	244	149	236	222
新蔡县 Xincai	178	155	23	28	91	46	132

22−23　续表 1　　continued

市(县)　　City(County)	R&D人员折合全时当量合计(人年) Number of Persons for R&D Anounted to Full-time (person-year)	#研究人员 Researchers	#基础研究人员	#应用研究人员 Applied Research	试验发展人员 Experimental Development
全　　省 Total	**94066**	**36590**		**563**	**93509**
省　辖　市 City					
郑　州　市 Zhengzhou	18787	6110		23	18764
开　封　市 Kaifeng	2801	1230			2801
洛　阳　市 Luoyang	11854	6093		94.4	11759
平顶山市 Pingdingshan	7024	3073		90.4	6933
安　阳　市 Anyang	6006	3032			6006
鹤　壁　市 Hebi	838	298			838
新　乡　市 Xinxiang	6443	2517		72	6376
焦　作　市 Jiaozuo	5893	1904			5893
濮　阳　市 Puyang	3398	1979			3398
许　昌　市 Xuchang	8720	2044		4	8716
漯　河　市 Luohe	2636	1051			2636
三门峡市 Sanmenxia	3060	674			3060
南　阳　市 Nanyang	8027	3675			8027
商　丘　市 Shangqiu	1682	611		22	1660
信　阳　市 Xinyang	1623	441		202	1421
周　口　市 Zhoukou	2092	896		16.2	2075
驻马店市 Zhumadian	1413	470		3.6	1409
济　源　市 Jiyuan	1772	494		35.5	1737
省直管县 Province Administrating County					
巩　义　市 Gongyi	2019	295			2019
兰　考　县 Lankao	529	80			529
汝　州　市 Ruzhou	447	117		8	439
滑　　县 Huaxian	306	64			306
长　垣　县 Changyuan	379	118		11.6	368
邓　州　市 Dengzhou	248	35			248
永　城　市 Yongcheng	994	341		22	972
固　始　县 Gushi					
鹿　邑　县 Luyi	367	127			367
新　蔡　县 Xincai	67	31			67

22-23 续表 2 continued

单位：万元 (10 000 yuan)

市(县) City(County)	R&D经费内部支出合计 Intramural Expenditures on R&D	#应用研究支出 Applied Research	试验发展支出 Experimental Development	政府资金 Government Apppropriation Funds	企业资金 Self-raised Funds by Enterpirses	境外资金 Foreign Apppropriation Funds	其他资金 Other Funds
全省 Total	**2137236**	**14174**	**2123061**	**68451**	**2060971**	**1664**	**6149**
省辖市 City							
郑州市 Zhengzhou	485325	268	485057	14948	469070	114	1193
开封市 Kaifeng	78873		78873	1865	77008		
洛阳市 Luoyang	260162	1860	258302	9540	249563	38	1022
平顶山市 Pingdingshan	163411	1249	162162	6811	156024	505	71
安阳市 Anyang	110886		110886	3188	107171		527
鹤壁市 Hebi	20288		20288	182	20106		
新乡市 Xinxiang	171544	460	171084	7877	163471	196	
焦作市 Jiaozuo	135112		135112	2263	132191		659
濮阳市 Puyang	62755		62755	5957	56798		
许昌市 Xuchang	201196	141	201055	3909	196645		642
漯河市 Luohe	48110		48110	549	47004	558	
三门峡市 Sanmenxia	46124		46124	1237	44886		
南阳市 Nanyang	148129		148129	2760	144849	254	266
商丘市 Shangqiu	48105	1065	47040	3108	44983		14
信阳市 Xinyang	27847	1287	26559	107	27740		
周口市 Zhoukou	40542	1140	39402	1722	38585		235
驻马店市 Zhumadian	32803	155	32648	1904	29378		1521
济源市 Jiyuan	56025	6550	49475	527	55499		
省直管县 Province Administrating County							
巩义市 Gongyi	45046		45046	775	44270		
兰考县 Lankao	9643		9643	44	9599		
汝州市 Ruzhou	11015	63	10951	350	10665		
滑县 Huaxian	1984		1984	110	1874		
长垣县 Changyuan	25114	78	25036	168	24946		
邓州市 Dengzhou	3414		3414	10	3404		
永城市 Yongcheng	21667	1065	20602	2407	19246		14
固始县 Gushi							
鹿邑县 Luyi	4309		4309	17	4292		
新蔡县 Xincai	1234		1234		630		604

22-23 续表 3 continued

单位：万元 (10 000 yuan)

市(县) City(County)	R&D经费外部支出合计 External Expenditures on R&D	对境内研究机构支出 Expenses on Domestic R&D Institutions	对境内高等学校支出 Expenses on Domestic Universities	对境外支出 Expenses on Overseas	项目数(项) Projects for S&T Activities (item)	项目人员合计(人) Total Personnel of Projects (person)	项目经费支出合计 Expenditure of Projects
全　省 Total	**89404**	**57320**	**24736**	**2573**	**8415**	**111638**	**1892771**
省辖市 City							
郑州市 Zhengzhou	27913	22374	4571	763	1982	22710	431633
开封市 Kaifeng	1195	571	486		327	3355	67223
洛阳市 Luoyang	7160	4574	800	728	985	11968	233156
平顶山市 Pingdingshan	4617	1473	2925		489	7250	145107
安阳市 Anyang	11636	7785	2326	390	540	7574	105864
鹤壁市 Hebi	834	280	435	120	82	1043	16828
新乡市 Xinxiang	4500	2468	1892		657	8569	153924
焦作市 Jiaozuo	5538	2160	3258	119	697	8776	123835
濮阳市 Puyang	1461	1150	309		355	3573	52816
许昌市 Xuchang	10592	6238	3911	395	525	9933	168459
漯河市 Luohe	341	42	298	1	142	2492	42631
三门峡市 Sanmenxia	1073	323	700		314	4469	38221
南阳市 Nanyang	3472	1785	1688		538	8828	131006
商丘市 Shangqiu	1587	1419	168		143	2446	42506
信阳市 Xinyang	228	98	71	56	106	1689	21764
周口市 Zhoukou	2858	1858	625		93	3366	36404
驻马店市 Zhumadian	2867	1441	24		213	1993	27769
济源市 Jiyuan	1532	1281	249	2	227	1604	53625
省直管县 Province Administrating County							
巩义市 Gongyi	5195	4657	427	70	94	2161	42664
兰考县 Lankao					30	490	9455
汝州市 Ruzhou	188		188		27	493	9114
滑县 Huaxian	210	103	26	7	37	346	1968
长垣县 Changyuan	518	274	104		112	1256	22978
邓州市 Dengzhou					25	302	3122
永城市 Yongcheng	304	203	100		56	1245	18835
固始县 Gushi							
鹿邑县 Luyi	19	13	6		7	385	4292
新蔡县 Xincai					32	155	1104

22-23 续表 4 continued

市(县)	City(County)	新产品产值(万元) Gross Output Value of new Products (10 000 yuan)	新产品销售收入(万元) Sales Revenue of New Products (10 000 yuan)	企业办科技机构(个) Number of Institutions of S&T in Enterprises(unit)	专利申请数(项) Total Patent Applications (item)	有效发明专利数(项) Patent Owned (item)
全省	**Total**	**26064850**	**25501566**	**1273**	**10186**	**4049**
省辖市	**City**					
郑州市	Zhengzhou	6228916	6150707	331	3729	1198
开封市	Kaifeng	421825	366246	34	92	31
洛阳市	Luoyang	2734988	2802812	64	1649	648
平顶山市	Pingdingshan	1363445	1314922	57	385	96
安阳市	Anyang	2072139	2071509	58	332	186
鹤壁市	Hebi	209459	203227	27	243	49
新乡市	Xinxiang	2579357	2449462	108	768	354
焦作市	Jiaozuo	1686799	1679823	105	545	287
濮阳市	Puyang	447579	444131	47	292	153
许昌市	Xuchang	2261442	2190629	89	758	222
漯河市	Luohe	335806	330693	47	113	40
三门峡市	Sanmenxia	170596	159332	35	116	81
南阳市	Nanyang	2731256	2680172	76	556	436
商丘市	Shangqiu	122043	116963	51	161	60
信阳市	Xinyang	100916	96051	21	45	2
周口市	Zhoukou	627963	559723	48	136	99
驻马店市	Zhumadian	786877	762182	56	117	48
济源市	Jiyuan	1183445	1122984	19	149	59
省直管县	**Province Administrating County**					
巩义市	Gongyi	573010	574583	23	190	64
兰考县	Lankao	7145	6177			
汝州市	Ruzhou	39675	38875	7	78	6
滑县	Huaxian	115222	209201	8	17	32
长垣县	Changyuan	497774	464443	10	100	23
邓州市	Dengzhou	23667	22806	7	19	8
永城市	Yongcheng	22933	21783	14	96	31
固始县	Gushi	8000	8000	1		
鹿邑县	Luyi	50320	44260	4	18	9
新蔡县	Xincai	73593	69313	9	11	1

22−24 大中型工业企业研究与试验发展(R&D)活动情况
Basic Statistics on R&D Activities in Large and Medium-Sized Industrial Enterprises

单位：亿元 (100 million yuan)

指 标		Item	2010	2011
企业R&D活动人员	(人)	Number of Persons for R&D (person)	90813	111577
企业办科技机构	(个)	Number of R&D Institutions operationed by Enterprises(unit)	856	880
企业办科技机构人员	(人)	Personner of R&D Institutions operationed by Enterprises(person)	42564	75156
企业项目数	(项)	Number of Projects(item)	6086	7169
企业参加项目人员	(个)	Participating in project Personnel (person)	60272	100081
当年R&D经费内部支出		External Expenditures on R&D	148.80	195.71
新产品销售收入		Sales Revenue of New Products	1828.74	2416.63
#出口		Export	117.95	200.97
仪器和设备原价		Original price of Equipment for S&T (10 000yuan)	73.79	80.35
#进口		Import	11.66	11.86
引进技术经费支出		Expenditures on Imported Technology	6.09	7.99
消化吸收经费支出		Expenditures on Digestion and Absorption	3.11	3.77
购买国内技术支出		Expenditures on Domestic Technology	3.67	7.76
技术改造经费支出		Expenditures on Technical Reform	136.49	161.34

22−25 三种专利申请受理量及授权量
Three Types of Patent Application Examined and Granted

单位：项 (item)

项 目	Item	2005	2007	2008	2009	2010	2011
申请量合计	**Total Applications Examined**	**8981**	**14916**	**19090**	**19589**	**25149**	**34076**
发明	Inventions	1703	2875	4954	4952	6408	8833
实用新型	Utility Models	4594	5571	8167	9912	13856	19120
外观设计	Designs	2684	6470	5969	4725	4885	6123
在三种专利申请受理量中	In the Three Types of Patent Applications Examined						
个人	Individuals	5955	9727	10760	9059	9528	11155
大专院校	Universities and Colleges	311	666	568	726	1387	2228
科研单位	Research Institutions	166	427	689	570	578	824
工矿企业	Industrial and Mineral Enterprises	2534	4034	6968	9180	13449	19402
机关团体	Government Agencies and Organizations	15	62	105	54	207	467
授权量合计	**Total Applications Granted**	**3748**	**6998**	**9133**	**11425**	**16539**	**19259**
发明	Inventions	356	563	668	1129	1498	2462
实用新型	Utility Models	2304	4517	5317	6630	11048	13032
外观设计	Designs	1088	1918	3148	3666	3993	3765
在三种专利授权量中	In the Three Types of Patent Applications Granted						
个人	Individuals	2535	4363	5715	5465	6395	6185
大专院校	Universities and Colleges	65	211	249	381	630	860
科研单位	Research Institutions	60	244	233	283	410	469
工矿企业	Industrial and Mineral Enterprises	1076	2143	2900	5272	9043	11531
机关团体	Government Agencies and Organizations	12	37	36	24	61	214

22-26 各类技术合同情况(2011年)
Statistics on Technical Contracts(2011)

合同类别	Type	合同数(个) Number of Contracts (unit)	成交额(万元) Transaction Value (10 000 yuan)	#技术额 Technical Contract Value	实现合同数(份次) Number of Contracts Realized (share)	实现金额(万元) Contract Value Realized (10 000 yuan)	#实现技术额 Technical Contract Value Realized
总　计	**Total**	**5010**	**387602**	**351235**	**7**	**833**	**828**
技术开发	Technological Development	2090	135118	122998	6	405	400
技术转让	Technological Transfer	362	68582	45733	1	428	428
技术咨询	Technological Consultation	852	32950	32005			
技术服务	Technological Services	1706	150952	150500			

22-27 技术买方情况(2011年)
Statistics on Buyer of Technology(2011)

单位：个 万元　　(item/10 000yuan)

买方类别	Type of Buyer	合计 Total		事业法人 Institution Corporate		企业法人 Enterprise Corporate	
		合同数 Number of Contracts	成交额 Transaction Value	合同数 Number of Contracts	成交额 Transaction Value	合同数 Number of Contracts	成交额 Transaction Value
总　计	**Total**	**5010**	**387602**	**2217**	**56483**	**2479**	**328823**
机关法人	Administration Corporate	226	6109	41	1528	184	4577
事业法人	Institution Corporate	446	19282	143	2762	299	16466
企业法人	Enterprise Corporate	4067	360138	1998	51232	1966	306762

22–28 各种分组的技术成交情况(2011年)

Statistics on Transaction of Technology by Group(2011)

指 标	Item	合同数(个) Number of Contracts (unit)	成交额(万元) Transaction Value (10 000 yuan)
总 计	**Total**	**5010**	**387601.53**
受让技术所服务的社会经济目标分类	**Grouped by Social and Economic Service Objection**		
农业、林业和渔业的发展	Development of Agriculture,Forestry and Fishery	89	10614
促进工业的发展	Promoting Industrial Development	502	209898
能源的生产和合理利用	Production,Rational Utilization of Energy	1552	63737
基础设施的发展	Development of Infrastructure	203	6381
环境治理与保护	Environmental Treatment and Protextion	117	4734
卫生(不包括污染)	Health Care (Pollution is Excluded)	47	9284
社会发展和社会服务	Social Development and Service	1973	59016
地球和大气层的探索与利用	Exploration and application on Earth and Atmosphere	20	90
知识的发展	Development of Knowledge	36	1314
民用空间	Civil Space	21	3068
国防	National Defence	12	2059
其他	Others	438	17405
按技术领域分类	**Grouped by Technology**		
电子信息技术	Electronic Information Technology	747	33539
航空航天技术	Aeronautic and Astronautic Technology	10	2082
先进制造技术	Advanced manufacturing technology	414	55068
生物、医药和医疗器械技术	Biological ,Medical and Medical Device Technology	97	20270
新材料及其应用	New Materials and Their Application	125	19301
新能源与高效节能	New Energy, High Efficiency and Energy Saving	1580	90458
环境保护与资源综合利用技术	Environmental Protetion and Resources comprehensive utilization Technology	243	7966
核应用技术	Nuclear Application Technology	1	8
农业技术	Agriculture Technology	203	24870
现代交通	Modern Communication	81	4748
城市建设与社会发展	City Construction and Social Development	1509	129292
知识产权分类	**Grouped by Intellectual Property**		
技术秘密	Technology Secret	2238	288287
专利	Patent	109	13349
计算机软件	Computer Software	311	12776
动、植物新品种	new varieties of Animal and Plants	8	1959
集成电路布图设计	IC Layout Design		
生物、医药新品种	new varieties of Biology and Medicine	10	1178
未涉及知识产权	Others	2334	70052

22–29 各市技术市场交易成交项数(2011年)

Number of Business on Technological Markets by City(2011)

单位：项 (item)

市(县)	City(County)	技术买方 Technology Buyers	事业法人 Institution Corporate	企业法人 Enterprise Corporate	其他 Others	技术卖方 Technology Sellers	事业法人 Institution Corporate	企业法人 Enterprise Corporate	其他 Others
全省	**Total**	**5010**	**446**	**4067**	**497**	**5010**	**2217**	**2479**	**314**
省辖市	**City**								
郑州市	Zhengzhou	2679	308	1971	400	2679	645	1727	307
开封市	Kaifeng	23	1	19	3	23	14	7	2
洛阳市	Luoyang	301	20	267	14	301	5	291	5
平顶山市	Pingdingshan	12		12		12		12	
安阳市	Anyang	44	2	42		44	4	40	
鹤壁市	Hebi	1		1		1	1		
新乡市	Xinxiang	8	5	2	1	8		8	
焦作市	Jiaozuo	1669	75	1521	73	1669	1537	132	
濮阳市	Puyang	55		55		55		55	
许昌市	Xuchang	31		31		31	2	29	
漯河市	Luohe	99	30	67	2	99		99	
三门峡市	Sanmenxia								
南阳市	Nanyang	73		71	2	73	8	65	
商丘市	Shangqiu	5		3	2	5	1	4	
信阳市	Xinyang	1		1		1		1	
周口市	Zhoukou	2	2			2		2	
驻马店市	Zhumadian	2		2		2		2	
济源市	Jiyuan	5	3	2		5		5	

22-30 各市技术市场交易成交金额(2011年)
Volume of Business on Technological Markets by City(2011)

单位：万元 (10 000 yuan)

市 City	技术买方 Technology Buyers	事业法人 Institution Corporate	企业法人 Enterprise Corporate	其他 Others	技术卖方 Technology Sellers	事业法人 Institution Corporate	企业法人 Enterprise Corporate	其他 Others
全　省 Total	**387602**	**19282**	**360138**	**8181**	**387602**	**56483**	**328823**	**2295**
省 辖 市 City								
郑 州 市 Zhengzhou	220546	16637	198620	5289	220546	13729	206598	219
开 封 市 Kaifeng	8799	150	8597	52	8799	2209	6569	21
洛 阳 市 Luoyang	59899	1116	58518	265	59899	160	57684	2055
平顶山市 Pingdingshan	10154		10154		10154		10154	
安 阳 市 Anyang	5025	11	5014		5025	182	4843	
鹤 壁 市 Hebi								
新 乡 市 Xinxiang	895	170	700	25	895		895	
焦 作 市 Jiaozuo	40083	590	38390	1104	40083	38909	1175	
濮 阳 市 Puyang	1185		1185		1185		1185	
许 昌 市 Xuchang	22457		22457		22457	40	22417	
漯 河 市 Luohe	10500	62	10433	5	10500		10500	
三门峡市 Sanmenxia								
南 阳 市 Nanyang	4908		4706	202	4908	395	4513	
商 丘 市 Shangqiu	1466		226	1240	1466	860	606	
信 阳 市 Xinyang	20		20		20		20	
周 口 市 Zhoukou	46	46			46		46	
驻马店市 Zhumadian	740		740		740		740	
济 源 市 Jiyuan	880	500	380		880		880	

22-31 测绘行业持证单位人员情况(2011年，持有测绘资格证单位)

Statistics on Persons Engaged in Units Hold Certificate of Soundness by Surveying and Mapping Trades (2011)

系统名称	Department	持证单位数(个) Number of Units Hold Certificate of Soundness	甲 First	乙 Second	丙 Third	丁 Fourth	职工总数(人) Number of Staff and Workers (person)	测绘专业证持证人员 Certification staff	测绘专业技术人员 Number of Professional Qualification Personnel 高级工程师 Senior	中级工程师 Medium	初级工程师 Jumior
总计	**Total**	**692**	**23**	**119**	**219**	**331**	**15636**	**8841**	**1192**	**3591**	**4824**
测绘	Surveying and Mapping Department	4	4				602	563	45	105	268
水电	Water and Electricity Department	28	3	16	7	2	1605	807	164	320	335
冶金	Metallurgy Department	2			1	1	25	10	2	3	8
有色金属	Coloured Metal Department	11	1	6	4		388	165	52	128	98
建设	construct	178	3	12	41	122	2904	1766	138	654	878
煤炭	Coaling Department	18	1	5	4	8	455	327	34	115	131
石油	Petrol Department	8		5	1	2	306	132	25	83	57
交通	Traffic Department	11	2	7	2		802	434	84	121	71
教育科研	Science and Education Department	3	1	2			115	86	29	33	22
铁道	Railway Department	5	1	4			521	214	34	91	216
国土	Territory	132	2	17	41	72	2367	1335	153	628	862
其他	Others	292	5	45	118	124	5546	3002	432	1310	1878

22-32 各系统主要仪器设备情况(2011年持有测绘资格证单位)

Statistics on Major Instrument and Equipment (2011,Hold Certificate of Soundness)

单位：台\套 (unit\set)

系统名称	Department	水准仪 Water Level	测距仪 range finder	全站仪 Omnidirec-tional Instrument	GPS	全数字摄影测量系统 Digital Monitor System
总计	**Total**	**2185**	**1592**	**2823**	**3070**	**402**
测绘	Surveying and Mapping Department	34	71	138	93	81
水电	Water and Electricity Department	185	74	202	304	54
冶金	Metallurgy Department	3		3	1	
有色金属	Coloured Metal Department	45	12	62	104	
建设	construction	381	407	453	326	9
煤炭	Coaling Department	74	38	94	76	18
石油	Petrol Department	25	8	79	175	
交通	Traffic Department	76	27	60	73	
教育科研	Science and Education Department	140	13	85	31	2
铁道	Railway Department	303	9	208	74	
国土	Territory	232	120	394	670	24
其他	Others	687	813	1045	1143	214

22−33 基础地理信息按部门提供情况(2011年)

Statistics on Output of Basal Geographical Information by Departments(2011)

系统名称	Department	1:1万地形图提供量(幅) Output of Relief Map (1:10000) (unit)	1:5万地形图提供量(幅) Output of Relief Map (1:50000) (unit)	大地成果提供量(点) Geodetic Results (point)	完成测绘服务总值(万元) completed total value of mapping Service (10 000yuan)
总计	**Total**	**3300**	**178**	**1097**	**156020.10**
测绘	Surveying and Mapping Department	60	63	490	12628.20
地矿	Geologic and Mining Department	328	34	201	
水电	Water and Electricity Department	1453	27	30	25034.60
冶金	Metallurgy				70.00
有色金属	Coloured Metal Department				3127.00
建设	Construction	18		2	24563.90
煤炭	Coaling Department	8		9	4573.80
石油	Petrol Department	368			4533.40
交通	Traffic Department	391			3000.20
教育科研	Science and Education Department	4	4		450.60
地震	Earthquake Department				120.00
铁道	Railway Department	379			3777.10
国土	Territory	8			27274.90
其他	Others	283	50	365	46866.40

22−34 质量技术监督基本情况

Basic Statistics on Quality and Technical Control

指标	Index	2010	2011
产品质量监督检验机构(个)	Institution of Supervising and Checking on Product Quality (unit)	240	253
国家质检中心(个)	national Centers of Checking on Product Quality (unit)	25	29
省监督抽查产品(种)	Products Supervised and checked by Province (kind)	1223	1466
产品抽查合格率(%)	Rate of Products Qualified (%)	89	87
行政执法人员(人)	Administration Tipstaff (person)	4919	4598
质量体系认证企业(个)	Enterprises of Quality System Attestation (unit)	8090	8227
中国名牌产品(个)	Chinese Famous Brand Products (unit)	45	61
河南名牌产品(个)	Henan Famous Brand Products (unit)	478	601
河南名牌农产品(个)	Henan Famous Brand farm Products (unit)	34	34
河南省名牌工艺美术品(个)	Henan Famous Arts and Crafts (unit)	12	12
计量认证数(个)	Number of Measure Attestation (unit)	1718	1841
省级地方标准(个)	Local Standard at Province Level (unit)	674	724
企业产品标准备案(个)	Standard Recorded Archives of Products (unit)	9486	10241
地理标志保护产品(个)	Product Protection of Orginal Producing Area (unit)	38	41

22-35 工业企业重点行业产品质量情况(2011年)
Production Quality of Important Industry Sector (2011)

单位：%　　(%)

行业	Sector	产品质量等级品率 Grading of Production Quality		
		等级品率 Grade rate	优等品率 Excellent	一等品率 First-class
农副食品加工业	Processing of Food From Agricultural Products	83.0	27.2	60.5
食品制造业	Manufacture of Foods	87.2	41.3	53.3
饮料制造业	Manufacture of Beverage	85.7	49.5	29.2
纺织业	Manufacture of Textile	97.4	87.7	11.8
造纸及纸制品业	Manufacture of Paper and Paper Products			
石油加工、炼焦业及核燃料加工业	Processing of Petroleum ,Coking,Processing of Nucleus Fuel	80.0		100.0
化学原料及化学制品	Manufacture of Chemical Raw Material and Chemical Products	97.5	89.0	9.6
医药制造业	Manufacture of Medicines	95.0	78.9	17.1
非金属矿物制品业	Manufacture of Non-metallic Mineral Products	80.9	43.6	17.4
黑色金属冶炼及压延加工	Manufacture and Processing of Ferrous Metals	81.9	48.1	13.1
有色金属冶炼及压延加工	Manufacture and Processing of Non-ferrous Metals	88.1	40.4	59.6
金属制品业	Manufacture of Metal Products	94.0	78.5	13.3
通用设备制造业	Manufacture of General Purpose Machinery	85.0	58.6	7.9
专用设备制造业	Manufacture of Special Purpose Machinery	72.1	16.0	27.7
交通运输设备制造业	Manufacture of Transport Equipment	68.0	15.3	9.6
电气机械及器材制造业	Manufacture of Electrical Machinery and Equipment	76.5	39.8	3.0
通讯设备、计算机制造	Manufacture of Communication Equipment	84.7	58.6	6.1

22-36 产品质量监督检查情况（2011年）
Results of Sampling Check on The Quality of Products under Supervision(2011)

项目	Item	监督检查企业数（个） Number of Enterprises supervised and Checked (unit)	检查产品批次（批） Check of Product Batch (batch)	产品合格批次（批） Check of Qualified Products (batch)	批次合格率（%） Rate of Batch-time qualified (%)
总计	**Total**	**14854**	**21780**	**19180**	**88.06**
食品	Food	9938	15125	13043	86.2
机械装备制造	Mechanical equipment manufacturing	1494	1809	1701	94.0
金属冶炼及压延加工业	Manufacture and Processing of Metals	141	190	173	91.1
非金属矿物制品业	Manufacture of Nonmetallic Mineral Products	1012	1294	1179	91.1
石油化工行业	Manufacture of Petroleum Chemical	747	1169	1093	93.5
纺织服装行业	Manufacture of Textile and Clothing	423	625	538	86.1
橡塑制品行业	Manufacture of Rubber and Plastic Products	604	843	798	94.7
造纸印刷行业	Manufacture of Paper printing	191	324	272	84.0
木材加工及家具制造业	Manufacture of Wood Processing and Furniture	304	401	383	95.5

主要统计指标解释

科学研究、技术服务和地质勘查业 包括研究与试验发展、专业技术服务业、科技交流和推广服务业、地质勘查业。

研究与试验发展(R&D) 指在科学技术领域，为增加知识总量，以及运用这些知识去创造新的应用进行的系统的创造性的活动，包括基础研究、应用研究、试验发展三类活动。国际上通常采用 R&D 活动的规模和强度指标反映一国的科技实力和核心竞争力。

基础研究 指为了获得关于现象和可观察事实的基本原理的新知识(揭示客观事物的本质、运动规律，获得新发现、新学说)而进行的实验性或理论性研究，它不以任何专门或特定的应用或使用为目的。其成果以科学论文和科学著作为主要形式。用来反映知识的原始创新能力。

应用研究 指为获得新知识而进行的创造性研究，主要针对某一特定的目的或目标。应用研究是为了确定基础研究成果可能的用途，或是为达到预定的目标探索应采取的新方法(原理性)或新途径。其成果形式以科学论文、专著、原理性模型或发明专利为主。用来反映对基础研究成果应用途径的探索。

试验发展 指利用从基础研究、应用研究和实际经验所获得的现有知识，为产生新的产品、材料和装置，建立新的工艺、系统和服务，以及对已产生和建立的上述各项作实质性的改进而进行的系统性工作。其成果形式主要是专利、专有技术、具有新产品基本特征的产品原型或具有新装置基本特征的原始样机等。在社会科学领域，试验发展是指把通过基础研究、应用研究获得的知识转变成可以实施的计划(包括为进行检验和评估实施示范项目)的过程。人文科学领域没有对应的试验发展活动。主要反映将科研成果转化为技术和产品的能力，是科技推动经济社会发展的物化成果。

专业技术服务业 指拥有专业技术的一方为另一方解决某一特定技术问题所提供的各种服务，按照《2011 国民经济行业分类注释》，专业技术服务主要包括九大类别：气象服务、地震服务、海洋服务、测绘服务、质检技术服务、环境与生态监测服务、地质勘查服务、工程技术服务和其他专业技术服务业。

科技交流和推广服务业 指将新技术、新产品、新工艺直接推向市场而进行的相关技术活动，以及技术推广和转让活动。按照《2011 国民经济行业分类注释》，技术推广服务主要包括农业技术推广服务、生物技术推广服务、新材料技术推广服务、节能技术推广服务，以及其他技术推广服务。

地质勘查业 指对矿产资源、工程地质、科学研究进行地质勘查、测试、监测、评估等活动。主要包括矿产地质勘查、基础地质勘查和地质勘查技术服务等类别。

R&D 人员 指参与研究与试验发展项目研究、管理和辅助工作的人员， 包括项目(课题)组人员，企业科技行政管理人员和直接为项目(课题)活动提供服务的辅助人员。反映投入从事拥有自主知识产权的研究开发活动的人力规模。

R&D 人员全时当量 指全时人员数加非全时人员按工作量折算为全时人员数的总和。例如：有两个全时人员和三个非全时人员(工作时间分别为 20%、30%和 70%)，则全时当量为 2+0.2+0.3+0.7=3.2 人年。为国际上比较科技人力投入而制定的可比指标。

R&D 经费内部支出合计 指调查单位用于内部开展 R&D 活动（基础研究、应用研究和试验发展）的实际支出。包括用于 R&D 项目（课题）活动的直接支出，以及间接用于 R&D 活动的管理费、服务费、与 R&D 有关的基本建设支出以及外协加工费等。不包括生产性活动支出、归还贷款支出以及与外单位合作或委托外单位进行 R&D 活动而转拨给对方的经费支出。

R&D 经费内部支出中政府资金 指 R&D 经费内部支出中来自各级政府部门的各类资金，包括财政科学技术拨款、科学基金、教育等部门事业费以及政府部门预算外资金的实际支出。

R&D 经费内部支出中企业资金 指 R&D 经费内部支出中来自本企业的自有资金和接受其他企业委托而获得的经费，以及科研院所、高校等事业单位从企业获得的资金的实际支出。

R&D 项目（课题）数 指在当年立项并开展研究工作、以前年份立项仍继续进行研究的研发项目（课题）数，包括当年完成和年内研究工作已告失败的研发项目（课题），但不包括委托外单位进行的研发项目（课题）数。

R&D 项目（课题）经费内部支出 指调查单位内部在报告年度进行研发项目（课题）研究和试制等的实际支出。包括劳务费、其他日常支出、固定资产购建费、外协加工费等，不包括委托或与外单位合作进行项目（课题）研究而拨付给对方使用的经费。

专利 是专利权的简称，是对发明人的发明创造经审查合格后，由专利局依据专利法授予发明人和设计人对该项发明创造享有的专有权。包括发明、实用新型和外观设计。反映拥有自主知识产权的科技和设计成果情况。

Explanatory Notes on Main Statistical Indicators

Scientific research, technical services and geological prospecting including research and experiment development, professional and technical services, science and technology exchange and promotion service industry, geological prospecting.

Research and Development (R&D) refers to systematic and creative activities in the field of science and technology aiming at increasing the knowledge and using the knowledge for new application. R&D includes 3 categories of activities: basic research, applied research and experimentation for development. The scale and intensity of R&D are widely used internationally to reflect the strength of S&T and the core competitiveness of a country in the world.

Basic Research refers to empirical or theoretical research aiming at obtaining new knowledge on the fundamental principles regarding phenomena or observable facts to reveal the intrinsic nature and underlying laws and to acquire new discoveries or new theories. Basic research takes no specific or designated application as the aim of the research. Results of basic research are mainly released or disseminated in the form of scientific papers or monographs. This indicator reflects the innovation capacity for original knowledge.

Applied Research refers to creative research aiming at obtaining new knowledge on a specific objective or target. Purpose of the applied research is to identify the possible uses of results from basic research, or to explore new (fundamental) methods or new approaches. Results of applied research are expressed in the form of scientific papers, monographs, fundamental models or invention patents. This indicator reflects the exploration of ways to apply the results of basic research.

Experiments and Development refer to systematic activities aiming at using the knowledge from basic and applied researches or from practical experience to develop new products, materials and equipment, to establish new production process, systems and services, or to make substantial improvement on the existing products, process or services. Results of experiment and development activities are embodied in patents, exclusive technology, and monotype of new products or equipment. In social sciences, experiment and development activities refer to the process of converting the knowledge from basic or applied researches into feasible programmes (including conduct of demonstration projects for assessment and evaluation). There are no experiment and development activities in the science of humanities. This indicator reflects the capability of transferring the results of S&T into technique and products, and measures the realization of S&T in spearheading the economic and social development.

Professional technical service refers that Technology party provide Technology service for the other party, in according to the national economic sector note in 2011 ", professional technical service mainly includes nine categories: meteorological service, earthquake service, Marine service, surveying and mapping service, quality inspection technology service, environmental and ecological monitoring service, geological prospecting service, engineering technology services and other professional technical services.

Science and technology exchange and promotion service means that technical activities for Pushing new technology, new product, new technology directly to the market, as well as the technology diffusion and transfer activity. In accordance to the national economic sector note in 2011, technical services mainly include agricultural technology extension service, biological technology extension service, new materials technology extension service, energy-saving technical services, and other technical services.

Geological exploration refers prospecting, testing, monitoring, evaluation mineral resources geology, engineering geology, scientific research on geological and other activities. Mainly including mineral geology exploration, basic geological exploration and geological exploration technology services categories.

R & D Personnel refer to persons engaged in research, management and supporting activities of R & D, including persons in the project teams, persons engaged in the management of S&T activities of enterprises and supporting staff providing direct service to the research projects. This indicator reflects the size of personnel engaged in R&D activities with independent intellectual property.

Full-time Equivalent of R&D Personnel refers to the sum of the full-time persons and the full-time equivalent of part-time persons converted by workload. For instance, if there are 2 full-time persons and 3 part-time workers (20%, 30% and 70% of working hours respectively on R&D activities), the full-time equivalent are 2+0.2+0.3+0.7=3.2 person-years. This is an internationally comparable indicator of S&T manpower input.

Total Internal Expenditure of Funds on R&D refers to the real expenditure of surveyed units on their own R&D activities (basic research, application study, test and development) including direct expenditure on R&D activities, indirect expendure of management and services on R&D activities, expenditure on capital construction and material processing by others. Excluding the expenditure on production activities, return of loan, and fees transferred to cooperated and entrusted agencies on R&D activities.

Internal Expenditure of Government Funds refer to the expenditure of funds on R&D activities from government agencies at different levels, including appropriate funds on science and technology from financial departments, scientific funds, operating expenses from education departments and the real expenditure of extrabudgetary funds from government agencies.

Internal Expenditure of Funds of Enterprises refer to the expenditure of funds on R&D activities from self-raised funds of enterprises and funds from other enterprises through entrustment, and the expenditure of funds of institutions, such a institution of scientific research and universityies, from enterprises.

Number of R&D Projects (subjects) refers to the number of R&D projects (subjects) set up and implemented at the reference year, and the number of R&D projects (subjects) set up in former years and under implementation, including the projects (subjects) finished and failed at the reference year, excluding the projects (subjects) implemented by others throught entrustment.

Internal Expenditure of Funds on R&D Projects (subjects) refers to the real expenditure of internal funds of the surveyed units on research and test of R&D projects (subjects) at the reference year, including service fee, other daily expenditure, cost for captital goods, cost of external process; excluding expenditure of funds transferred to other cooperated and entrusted units of the projects.

Patent Is an abbreviation for the patent right and refers to the exclusive right of ownership by the inventors or designers for the creation or inventions, given from the patent offices after due process of assessment and approval in accordance with the Patent Law. Patents are granted for inventions, utility models and designs. This indicator reflects the achievements of S&T and design with independent intellectual property.

水利、环境和公共设施管理业

Management of Water Conservancy, Environment and Public Facilities

● 资料整理：赵　霞　　赵翠清

简要说明

一、主要内容

本篇包括水利、环境和公共设施管理业企业、行政事业单位、社会团体及其他法人单位的单位数、从业人数、主要财务指标以及水环境，大气环境，固体废物，生态环境，自然灾害和环境污染治理投资等资料。

二、资料来源

水利、环境和公共设施管理业企业、行政事业单位、社会团体及其他法人单位的单位数、从业人数、主要财务指标由省统计局组织各部门和各地区统计调查，由省地方经济社会调查队服务业调查处整理提供。

环境污染与治理、污染物排放及处理、工业污染治理投资情况为省环境保护厅提供。水资源、城市生活垃圾清运及处理、耕地变动、森林资源、自然灾害等情况分别为省水利厅、省住房和城乡建设厅、省国土资源厅、省林业厅、省民政厅提供。由省统计局社会与科技处编辑整理。

Brief Introduction

I. Main Content

Data in this chapter mainly reflect unit, employment, and main financial indicators of Management of water conservancy, environment and public establishment enterprises, Administrative institution, social organizations and others. the Water Environment, Atmospheric environment, solid waste, ecological environment, natural disasters and investment in environmental pollution treatment. The specific contents are as follows: the total water resources, water utilization, discharge and treatment of industrial and other waste water, emission and treatment of waste gas, production, treatment and utilization of industrial solid wastes; change in cultivated land, water resources, forest resources, reforestation natural protection; Natural disasters, etc.

II. Sources of Data

Data on Number of Institutional Unit, Employed Persons and Main Financial Indicators of Management of water conservancy, environment and public establishment are calculated from Statistical investigation by Henan provincial bureau of statistics, which are provided by Henan provincial survey organizations of social and economy.

Data on environmental pollution and treatment, pollutants from consumption, acoustic environment and on investment in the treatment of industrial pollution are provided by the Henan provincial bureau of environmental protection. Other data from the Henan provincial bureau of Land and Resources, Henan provincial bureau of Water Resources, Henan provincial bureau of Housing and Urban-Rural Development, Henan provincial bureau of Forestry Administration and Henan provincial bureau of civil affaires. Data in this chapter are provided by Department of social and technology of the Henan provincial Bureau of Statistics.

23-1 水利、环境和公共设施管理业法人单位数和从业人员数

Number of Institutional Unit and Employed Persons of Management of Water Conservancy, Environment and Public Facilities

年份(Year)	合计 Total	企业 Enterprise	行政事业 Administrative institution	社会团体及其他 Social organizations and others
单位数(个)Number of Institutional Unit(unit)				
2008	2114	791	1283	40
2009	2172	855	1275	42
2010	2246	914	1290	42
2011	2279	942	1293	44
从业人数(万人)Employed Persons(10 000 persons)				
2008	11.49	2.53	8.85	0.11
2009	11.05	2.60	8.32	0.14
2010	12.63	3.04	9.48	0.11
2011	13.07	2.93	10.00	0.14

23-2 分行业水利、环境和公共设施管理业法人单位财务指标(2011年)

Main Financial Indicators of Institutional Unit of Management of Water Conservancy, Environment and Public Facilities by Sector(2011)

单位：万元　　(10 000 yuan)

指标	Item	水利、环境和公共设施管理业 Management of water Conservancy, Environment and public Establishment	水利管理业 Management of water Conservancy	环境管理业 Environmental Management	公共设施管理业 Management of public Establishment
单位数(个)	Number of units (unit)	2279	731	406	1142
从业人数(万人)	Employed Persons (10 000 Persons)	13.07	3.75	3.73	5.59
固定资产原价	Fixed Asset Price	3469886	2388086	103964	977836
收入合计	Total Income	922261	246546	122823	552892
成本费用合计	Total Cost	697389	221450	107730	368209
工资和福利费	Salary and Welfare	257605	83260	59233	115112
税费合计	Tax	24422	1894	1227	21301
营业利润	Operating Profit	122011	7135	6702	108174

23-3 各市水利、环境和公共设施管理业法人单位财务指标(2011年)

Main Financial Indicators of Institutional Unit of Management of Water Conservancy, Environment and Public Facilities by City(2011)

单位：万元 (10 000 yuan)

市(县) City(County)	单位数(个) Number of units (unit)	从业人数(万人) Employed Persons (10 000 Persons)	固定资产原价 Fixed Asset Price	收入合计 Total Income	成本费用合计 Total Expenses	工资和福利费 Salary and Welfare	税费合计 Tax and Expenses	营业利润 Operating Profit
全 省 Total	**2279**	**13.07**	**3469886**	**922261**	**697389**	**257605**	**24422**	**122011**
省 辖 市 City								
郑 州 市 Zhengzhou	309	1.78	529394	200154	148434	49172	3207	20971
开 封 市 Kaifeng	91	0.74	73705	69525	41444	17563	1470	12112
洛 阳 市 Luoyang	246	1.01	691487	78063	59136	20329	2966	6583
平 顶 山 市 Pingdingshan	136	0.88	345934	49933	44550	14458	890	1782
安 阳 市 Anyang	121	0.64	127598	40028	30624	14597	477	4162
鹤 壁 市 Hebi	32	0.24	26959	11518	10345	3365	109	219
新 乡 市 Xinxiang	170	0.76	251488	45810	38517	14672	2351	7568
焦 作 市 Jiaozuo	91	0.53	109501	70765	41544	14737	4694	14890
濮 阳 市 Puyang	54	0.43	169907	18448	20921	7301	32	546
许 昌 市 Xuchang	111	0.85	199188	32175	26767	12219	992	-1574
漯 河 市 Luohe	43	0.37	25578	17439	13964	5551	35	2406
三 门 峡 市 Sanmenxia	127	0.33	52212	24074	20089	8664	355	3587
南 阳 市 Nanyang	288	1.45	285821	66745	54832	26988	1380	8199
商 丘 市 Shangqiu	44	0.53	25918	15304	11213	5833	170	2396
信 阳 市 Xinyang	200	1.30	406143	130507	93810	23417	4191	36197
周 口 市 Zhoukou	62	0.53	56324	12162	10941	6577	166	-44
驻 马 店 市 Zhumadian	126	0.57	80688	30802	24395	9349	641	1307
济 源 市 Jiyuan	28	0.12	12041	8808	5862	2812	297	705
省 直 管 县 Province Administrating County								
巩 义 市 Gongyi	25	0.07	22645	9261	6170	1846	45	149
兰 考 县 Lankao	7	0.06	2602	3674	2739	1447	61	1375
汝 州 市 Ruzhou	14	0.05	3778	1363	1695	909	16	8
滑 县 Huaxian	5	0.01	10646	729	363	320		493
长 垣 县 Changyuan	9	0.09	3566	6847	5478	1518	168	1117
邓 州 市 Dengzhou	28	0.14	8786	5945	5816	2659	50	398
永 城 市 Yongcheng	3	0.17	276	2345	1780	855	104	44
固 始 县 Gushi	17	0.18	38646	6958	4894	2450	78	2105
鹿 邑 县 Luyi	7	0.02	3332	1314	1086	635	16	109
新 蔡 县 Xincai	12	0.03	1663	2069	1503	554	5	-1327

23-4 生态环境保护情况
Basic Conditions of Environmental Protection

指标名称	Item	2005	2010	2011
累计水土流失治理面积(千公顷)	Area of Water and Soil Conservation		4429	4412
森林面积(万公顷)	Forest Area (10 000 hectares)	270.30	336.59	378.77
森林覆盖率(%)	Forest-coverage Rate (%)	16.2	20.2	22.7
活立木蓄积量(万立方米)	Total Standing Stock Volume (10 000cu.m)	13371	18051	19004
森林蓄积量(万立方米)	Stock Volume of the Forest(10 000cu.m)	8405	12936	13619
当年造林面积(万公顷)	Area of Afforestation for This Year (10 000 hectares)	26.35	27.71	23.77
人工造林面积	Artificial afforestation	18.67	21.23	19.35
无林地和疏林地本年新封	Closure in non-stocked Land and Scattered Wood Land	7.68	5.15	4.42
湿地面积(万公顷)	Area of Weslands (10 000 hectares)	110.87	110.87	110.87
自然保护区数(个)	Number of Nature Reserves (unit)	32	35	33
#国家级自然保护区	National-level Nature Reserves	10	11	11
自然保护区面积(万公顷)	Area of Nature Reserves (10 000 hectares)	73.77	73.48	75.91
自然保护区面积占辖区总面积比重(%)	Percentage of Nature Reserves in the Region(%)	4.3	4.4	4.5
已建珍稀、濒危动物人工繁殖场数(个)	Number of Farms to Breed Rare and Endangered Animals(unit)	145	100	100
已建珍稀植物引种栽培场数(个)	Number of Cultivating Farms of Rare Plants(unit)	11	11	11

23-5 水资源情况

Water Resources

指标名称	Item	2005	2010	2011
降水量(毫米)	Precipitation(mm)	905.8	841.7	736.2
水资源总量(亿立方米)	Total Amount of Water Resources (100 million cu.m)	558.56	534.89	327.94
#地表水资源量	Surface Water Resources	435.92	415.70	222.45
地下水资源量	Ground Water Resources	219.74	214.66	191.81
地表水与地下水资源重复量	Superposition Amount of Surface Water Resources and Ground Water Resources		95.47	86.32
人均水资源量(立方米/人)	Per Capita Water Resources(cu.m/person)		568.70	349.02
用水总量(亿立方米)	Water Use (100 million cu.m)	197.81	224.61	229.04
农业用水	Agriculture	114.59	125.59	130.64
工业用水	Industry	45.71	55.57	56.81
生活用水	Consumption	37.51	36.11	31.31
生态环境补水	Biological Protection		7.34	10.28
废水排放总量(亿吨)	Total Volume of Waste Water Discharge (100 millin tons)	26.26	35.87	37.88
工业废水排放量	Volume of Industrial Waste Water Discharge	12.35	15.04	13.87
城镇生活污水排放量	Volume of Consumption Waste Water Discharge	13.91	20.83	24.00
集中式治理设施污水排放量	Centralized wastewater treatment facilities			0.01
化学需氧量(COD)排放量(万吨)	Volume of COD Discharge (10 000 tons)	72.08	61.97	143.67
工业废水中COD排放量	COD Discharge from Industrial Waste Water	34.26	29.56	19.36
农业COD排放量	COD Discharge from Agricultural			82.31
城镇生活污水中COD排放量	COD Discharge from Consumption Waste Water	37.82	32.41	41.02
集中式治理设施污水排放量	Centralized wastewater treatment facilities			0.98
氨氮排放量(万吨)	Volume of Ammonia Nitrogen Discharge (10 000 tons)	10.36	7.25	15.38
工业废水中氨氮排放量	Ammonia Nitrogen Discharge from Industrial Waste Wate	5.36	2.31	1.39
农业氨氮排放量	Ammonia Nitrogen Discharge from Agricultural			6.62
城镇生活污水中氨氮排放量	Ammonia Nitrogen Discharge from Consumption Waste Wate	5.00	4.94	7.25
集中式治理设施污水排放量	Centralized wastewater treatment facilities			0.12

23-6 大气环境情况

Basic Conditions of Atmosphere Environment

指标名称	Item	2005	2010	2011
二氧化硫(SO2)排放量(万吨)	Volume of Sulphur Dioxide Emission (10 000 tons)	162.45	133.87	137.05
工业SO2排放量	Volume of Sulphur Dioxide Emission by Industry	147.11	116.29	122.92
城镇生活SO2排放量	Volume of Sulphur Dioxide Emission by Consumption	15.34	17.58	14.13
集中式治理设施SO2排放量	Centralized so2 treatment facilities			
氮氧化物排放量(万吨)	Nitrogen oxides Volume (10 000tons)		121.24	166.53
工业氮氧化物排放量	Nitrogen oxides Volume from Industrial		100.02	114.34
城镇生活氮氧化物排放量	Nitrogen oxides Volume from Urban life		21.22	2.32
机动车氮氧化物排放量	Nitrogen oxides Volume from Motor vehicle			49.85
集中式治理设施氮氧化物排放量	Centralized Nitrogen oxides treatment facilities			0.02
烟(粉)尘排放量(万吨)	Volume of Soot Emission ((10 000 tons)	163.28	77.35	66.82
工业烟(粉)尘排放量	Volume of Industrial Soot Emission	156.16	70.07	57.56
城镇生活烟尘排放量	Volume of Urban life Soot Emission	7.12	7.28	4.12
机动车烟尘排放量	Volume of Motor vehicle Soot Emission			5.14
集中式治理设施烟尘排放量	Centralized Soot Emission treatment facilities			

23-7 固体废物的产生及利用情况

Production and Utilization of Industrial Solid Wastes

指标名称	Item	2005	2010	2011
一般工业固体废物产生量(万吨)	Volume of General Industrial Solid Wastes Produced (10 000tons)	6178.00	10714.00	14577.00
一般工业固体废物综合利用量(万吨)	Volume of General Industrial Solid Wastes Utilized (10 000tons)	4244.00	8380.00	10973.00
#综合利用往年贮存量(万吨)	Uolume of Storage of Former Years Utilized	212.50	154.48	90.88
一般工业固体废物综合利用率(%)	Proportion of General Industrial Solid Wastes Utilized (%)	66.4	77.1	74.8
一般工业固体废物处置量(万吨)	Volume of General Industrial Solid Wastes Treated (10 000tons)	1287.00	1770.00	2596.00
#处置往年贮存量(万吨)	Accumulated in Previous Years		0.09	12.31
一般工业固体废物处置率(%)	Proportion of General Industrial Solid Wastes Treated (%)	20.8	16.5	17.8
一般工业固体废物贮存量(万吨)	Storage capacity of General Industrial Solid Wastes(10 000tons)	831.20	721.66	1109.33
一般工业固体废物倾倒丢弃量(吨)	Dump forsake quantity of General Industrial Solid Wastes(ton)			21420
危险废物产生量(吨)	Volume of Hazardous waste (ton)	151000	186430	476202
危险废物综合利用量(吨)	Volume of Hazardous waste Utilized (ton)	135000	186292	394231
#综合利用往年贮存量	Uolume of Storage of Former Years Utilized			2108
危险废物综合利用率(%)	Proportion of Hazardous waste Utilized (%)			82.4
危险废物处置量(吨)	Volume of Hazardous wastes Treated (ton)	15300	35129	70452
#处置往年贮存量(吨)	Accumulated in Previous Years			33
危险废物处置率(%)	Proportion of Hazardous wastes Treated (%)			14.8
危险废物贮存量(吨)	Storage capacity of Hazardous wastes(ton)	800	2040	14876
危险废物倾倒丢弃量(吨)	Dump forsake quantity of Hazardous wastes(ton)			

23-8 农村环境基本情况
Basic Condition of Rural Enviroment

指标	Item	2005	2007	2008	2009	2010	2011
农村改水受益率(%)	Benefit rate of rural water Improvement(%)	97.3	97.5	97.7	95.4	93.3	93.5
农村自来水普及率(%)	Penetration rate of rural Tap water(%)	50.2	52.1	54.8	54.9	55.1	59.9
农村卫生厕所普及率(%)	Penetration rate of rural Sanitation toilets (%)	61.1	64.0	68.0	69.1	69.8	71.1
农村沼气池产气总量(万立方米)	Total gas production of rural digester(10 000 cu.m)	63869	88543	108999	124796	133893	140733
农村太阳能热水器面积(万立方米)	Area of Rural Solar water heater(10 000 cu.m)	122	174	213	279	341	399

23-9 自然灾害情况
Conditions of Natural Disasters

指标名称	Item	2005	2010	2011
地质灾害次数(次)	Number of Geological disasters(time)	79	583	49
地质灾害人员伤亡(人)	Casualties persons in Geological disasters(person)	18	10	1
地质灾害直接经济损失(万元)	Casualties persons in Geological disasters(10 000 yuan)	4476	11173	13959
森林火灾次数(次)	Number of Forest fires(time)	982	519	622
森林火灾受害森林面积(公顷)	Suffered Forest area in Forest fires(ha)	507	505	890
突发环境事件次数(次)	Number of Abrupt environment affairs (time)	7	18	25

23-10 环境污染治理投资情况
Investment in Treatment of Environment Pollution

项目	Item	2005	2010	2011
环境污染治理投资总额(万元)	Total Investment in Treatment of Environment Pollution (10 000 yuan)	823431	1322450	1469668
城市环境基础设施投资	Investment in Urban Environment Infrastructure	442771	710056	737290
燃气	Gas Supply	48237	85960	132738
集中供热	Centralized Hezting	103205	141445	178274
排水	Frainage Works	104074	200684	156574
园林绿化	Gardening and Greening	164533	252500	243139
市容环境卫生	Environmental Sanitation	22722	29467	26565
工业污染源治理投资	Investment in the Treatment of Industrial Pollution	206815	125120	253610
治理废水	Treatment of Waste Water	101842	44301	89629
治理废气	Treatment of Waste Gas	70824	75616	147694
治理固体废物	Treatment of Solid Wastes	24178	856	5474
治理噪声	Treatment of Noise Pollution	438	445	708
治理其他	Others	9533	3902	10105
完成环保验收项目环保投资	Investment in New Construction, Expansion and Reconstruction Projects of Environment Protection	173845	487274	478768
环境污染治理投资占GDP比重 (%)	Total Investment in the Treatment of Environment Pollution as Percent of GDP (%)	0.8	0.6	0.5
工业废气治理设施运行费用(万元)	Operation cost on Industrial waste gas treatment facilities (10 000 yuan)		490262	540173
工业废水治理设施运行费用(万元)	Operation cost on Industrial waste water treatment facilities (10 000 yuan)		208840	222815
本年林业投资完成额(万元)	Investment to complete the forehead on forestry this year (10 000yuan)	106248	951927	974898

23-11 工业重点调查单位分行业工业废水排放及处理利用情况(2011年)

Industrial waste water discharge, treatment and utilization in Key research Industrial unit by Sector (2011)

行业	Sector	汇总工业企业数(个) Number of Enterprises (unit)	工业废水排放量(万吨) Volume of Industrial Waste Water (10 000tons)	废水治理设施数(套) Number of Wastewater treatment facilities(set)
总　　计	**Total**	**6678**	**126250.97**	**3299**
煤炭开采和洗选业	Mining and Washing of Coal	241	22042.19	302
石油和天然气开采业	Extraction of Petroleum and Natural Gas	15	597.77	15
黑色金属矿采选业	Mining of Ferrous Metal Ores	133	839.95	87
有色金属矿采选业	Mining of Non-ferrous Metal Ores	405	2518.25	278
非金属矿采选业	Mining and Processing of Nonmetal Ores	34	69.02	16
开采辅助活动	Mining auxiliary activities	5	55.90	
其他采矿业	Others	1		
农副食品加工业	Processing of Food From Agricultural Products	616	8816.95	174
食品制造业	Manufacture of Foods	203	3514.27	79
酒、饮料和精制茶制造业	Manufacture of Beverage	192	5962.26	131
烟草制品业	Manufacture of Tobacco	13	171.17	8
纺织业	Manufacture of Textile	183	5945.05	102
纺织服装、服饰业	Manufacture of Textile Wearing Apparel, Footware, and Caps	13	119.01	5
皮革、毛皮、羽毛及其制品和制鞋业	Manufacture of Leather, Fur, Feather and Its Products	303	4769.83	109
木材加工和木、竹、藤、棕、草制品业	Processing of Timbers, Manufacture of Wood, Bamboo,	86	180.77	7
家具制造业	Manufacture of Furniture	4	0.11	1
造纸和纸制品业	Manufacture of Paper and Paper Products	275	32237.79	257
印刷和记录媒介复制业	Printing,Reproduction of Recording Media	13	11.70	5
文教、工美、体育和娱乐用品制造业	Manufacture of Articles for Culture,Education and Sport Activity	61	274.58	50
石油加工、炼焦和核燃料加工业	Processing of Petroleum ,Coking,Processing of Nucleus Fuel	44	1594.11	47
化学原料和化学制品制造业	Manufacture of Chemical Raw Material and Chemical Products	607	16597.13	416
医药制造业	Manufacture of Medicines	167	4111.09	117
化学纤维制造业	Manufacture of Chemical Fibers	14	3093.44	10
橡胶和塑料制品业	Manufacture of Rubber and Plastic	74	652.81	16
非金属矿物制品业	Manufacture of Non-metallic Mineral Products	1886	1403.44	342
黑色金属冶炼和压延加工业	Manufacture and Processing of Ferrous Metals	165	3246.39	138
有色金属冶炼和压延加工业	Manufacture and Processing of Non-ferrous Metals	296	1110.20	160
金属制品业	Manufacture of Metal Products	130	352.43	57
通用设备制造业	Manufacture of General Purpose Machinery	132	311.72	26
专用设备制造业	Manufacture of Special Purpose Machinery	55	361.81	29
汽车制造业	Manufacture of Automobile	51	592.77	19
铁路、船舶、航空航天和其他运输设备制造业	Manufacture of Transport Equipment	21	235.87	19
电气机械和器材制造业	Manufacture of Electrical Machinery and Equipment	42	152.01	29
计算机、通信和其他电子设备制造业	Manufacture of Communication Equipment ,	22	99.86	17
仪器仪表制造业	Manufacture of Measuring Instrument	6	98.32	7
其他制造业	Others Manufacture	34	121.95	15
废弃资源综合利用业	Recycling and Disposal of Waste	13	120.98	1
金属制品、机械和设备修理业	Metal products, machinery and equipment repairing	1	0.24	
电力、热力生产和供应业	Production and Supply of Electric Power and Heat Power	118	3618.89	206
燃气生产和供应业	Production and Distribution of Gas	4	248.93	2

23-12 工业重点调查单位分行业工业废气排放及处理情况(2011年)

Industrial Wastes gas discharge and treatment and utilization in Key research Industrial unit by Sector (2011)

行业	Sector	废气治理设施数(套) Number of Wastegas treatment facilities(set)	工业废气排放量(亿标立方米) Volume of Industrial Waste Gas (100 million cu.m)	工业二氧化硫排放量(吨) Volume of Industrial so2 (ton)
总计	**Total**	**9944**	**40790.90**	**1124180**
煤炭开采和洗选业	Mining and Washing of Coal	343	90.20	5394
石油和天然气开采业	Extraction of Petroleum and Natural Gas	16	37.99	1653
黑色金属矿采选业	Mining of Ferrous Metal Ores	12	16.46	316
有色金属矿采选业	Mining of Non-ferrous Metal Ores	25	19.02	1155
非金属矿采选业	Mining and Processing of Nonmetal Ores	16	2.39	321
开采辅助活动	Mining auxiliary activities	46	15.09	1430
其他采矿业	Others	1		
农副食品加工业	Processing of Food From Agricultural Products	298	212.86	16715
食品制造业	Manufacture of Foods	204	130.27	13201
酒、饮料和精制茶制造业	Manufacture of Beverage	186	193.60	13390
烟草制品业	Manufacture of Tobacco	17	9.20	237
纺织业	Manufacture of Textile	126	54.07	5006
纺织服装、服饰业	Manufacture of Textile Wearing Apparel, Footware, and Caps	6	1.23	151
皮革、毛皮、羽毛及其制品和制鞋业	Manufacture of Leather, Fur, Feather and Its Products	229	32.70	2730
木材加工和木、竹、藤、棕、草制品业	Processing of Timbers, Manufacture of Wood, Bamboo,	62	146.07	3549
家具制造业	Manufacture of Furniture	2	0.51	7
造纸和纸制品业	Manufacture of Paper and Paper Products	570	410.05	39523
印刷和记录媒介复制业	Printing,Reproduction of Recording Media	9	0.70	109
文教、工美、体育和娱乐用品制造业	Manufacture of Articles for Culture,Education and Sport Activity	30	1.70	134
石油加工、炼焦和核燃料加工业	Processing of Petroleum ,Coking,Processing of Nucleus Fuel	107	733.06	35022
化学原料和化学制品制造业	Manufacture of Chemical Raw Material and Chemical Products	937	1708.61	87040
医药制造业	Manufacture of Medicines	175	94.24	9252
化学纤维制造业	Manufacture of Chemical Fibers	48	175.72	10039
橡胶和塑料制品业	Manufacture of Rubber and Plastic	54	21.15	2001
非金属矿物制品业	Manufacture of Non-metallic Mineral Products	4217	8077.07	146513
黑色金属冶炼和压延加工业	Manufacture and Processing of Ferrous Metals	571	5220.20	133507
有色金属冶炼和压延加工业	Manufacture and Processing of Non-ferrous Metals	644	5431.50	105284
金属制品业	Manufacture of Metal Products	69	16.56	1278
通用设备制造业	Manufacture of General Purpose Machinery	32	26.15	975
专用设备制造业	Manufacture of Special Purpose Machinery	130	76.08	626
汽车制造业	Manufacture of Automobile	57	151.56	459
铁路、船舶、航空航天和其他运输设备制造业	Manufacture of Transport Equipment	40	7.62	366
电气机械和器材制造业	Manufacture of Electrical Machinery and Equipment	96	22.14	479
计算机、通信和其他电子设备制造业	Manufacture of Communication Equipment ,	6	62.85	10
仪器仪表制造业	Manufacture of Measuring Instrument	4	0.32	16
其他制造业	Others Manufacture	26	14.71	655
废弃资源综合利用业	Recycling and Disposal of Waste	30	10.12	520
金属制品、机械和设备修理业	Metal products, machinery and equipment repairing			
电力、热力生产和供应业	Production and Supply of Electric Power and Heat Power	464	17484.87	476198
燃气生产和供应业	Production and Distribution of Gas	39	82.23	8919

23-13 工业重点调查单位分行业工业固体废物产生及处理利用情况(2011年)

单位：万吨

行业	Sector	一般工业固体废物产生量 Volume of General Industrial Solid Wastes Produced
总　　计	**Total**	**13669.27**
煤炭开采和洗选业	Mining and Washing of Coal	1601.44
石油和天然气开采业	Extraction of Petroleum and Natural Gas	12.26
黑色金属矿采选业	Mining of Ferrous Metal Ores	354.48
有色金属矿采选业	Mining of Non-ferrous Metal Ores	1814.08
非金属矿采选业	Mining and Processing of Nonmetal Ores	39.45
开采辅助活动	Mining auxiliary activities	6.94
其他采矿业	Others	0.10
农副食品加工业	Processing of Food From Agricultural Products	47.25
食品制造业	Manufacture of Foods	46.69
酒、饮料和精制茶制造业	Manufacture of Beverage	61.15
烟草制品业	Manufacture of Tobacco	1.23
纺织业	Manufacture of Textile	10.06
纺织服装、服饰业	Manufacture of Textile Wearing Apparel, Footware, and Caps	0.38
皮革、毛皮、羽毛及其制品和制鞋业	Manufacture of Leather, Fur, Feather and Its Products	13.69
木材加工和木、竹、藤、棕、草制品业	Processing of Timbers, Manufacture of Wood, Bamboo,	9.92
家具制造业	Manufacture of Furniture	0.01
造纸和纸制品业	Manufacture of Paper and Paper Products	131.59
印刷和记录媒介复制业	Printing,Reproduction of Recording Media	0.19
文教、工美、体育和娱乐用品制造业	Manufacture of Articles for Culture,Education and Sport Activity	0.61
石油加工、炼焦和核燃料加工业	Processing of Petroleum ,Coking,Processing of Nucleus Fuel	129.86
化学原料和化学制品制造业	Manufacture of Chemical Raw Material and Chemical Products	748.91
医药制造业	Manufacture of Medicines	19.59
化学纤维制造业	Manufacture of Chemical Fibers	27.27
橡胶和塑料制品业	Manufacture of Rubber and Plastic	7.35
非金属矿物制品业	Manufacture of Non-metallic Mineral Products	337.98
黑色金属冶炼和压延加工业	Manufacture and Processing of Ferrous Metals	1521.68
有色金属冶炼和压延加工业	Manufacture and Processing of Non-ferrous Metals	1631.85
金属制品业	Manufacture of Metal Products	96.49
通用设备制造业	Manufacture of General Purpose Machinery	6.11
专用设备制造业	Manufacture of Special Purpose Machinery	27.32
汽车制造业	Manufacture of Automobile	2.14
铁路、船舶、航空航天和其他运输设备制造业	Manufacture of Transport Equipment	1.22
电气机械和器材制造业	Manufacture of Electrical Machinery and Equipment	2.08
计算机、通信和其他电子设备制造业	Manufacture of Communication Equipment ,	1.05
仪器仪表制造业	Manufacture of Measuring Instrument	0.08
其他制造业	Others Manufacture	1.37
废弃资源综合利用业	Recycling and Disposal of Waste	0.81
金属制品、机械和设备修理业	Metal products, machinery and equipment repairing	0.01
电力、热力生产和供应业	Production and Supply of Electric Power and Heat Power	4916.30
燃气生产和供应业	Production and Distribution of Gas	38.28

Industrial Solid Wastes Produced discharge and treatment and utilization in Key research Industrial unit by Sector (2011)

(10 000tons)

一般工业固体废物综合利用量 Volume of General Industrial Solid Wastes Utilized	一般工业固体废物贮存量 Storage capacity of General Industrial Solid Wastes	一般工业固体废物处置量 Volume of General Industrial Solid Wastes Treated
10213.89	**1088.67**	**2468.05**
1617.80	49.14	32.88
5.35	0.89	7.15
143.75	79.28	131.45
205.56	494.20	1114.32
31.96	1.90	5.69
2.18		4.76
0.10		
43.72		3.53
46.71		0.06
60.28		0.87
1.23		0.003
9.21		0.85
0.37		0.01
8.42		5.27
9.46	0.06	0.40
		0.01
126.24		5.35
0.13		0.07
0.55		0.07
129.81	0.05	
650.41	23.85	74.93
18.07		1.52
26.83		0.44
7.35		
329.33		8.66
1467.41	0.60	53.84
603.07	408.87	619.91
2.16		94.33
5.98		0.12
14.39	0.20	12.73
1.40		0.74
1.19		0.03
1.96		0.13
0.18		0.87
0.08		
1.32		0.05
0.81		
0.01		
4600.85	29.64	287.01
38.28		

主要统计指标解释

水利、环境和公共设施管理业 包括水利管理业、环境管理业、公共设施管理业。

水利管理业 指防汛、抗旱、改造农田和开发、利用保护水资源等所从事的工作。按照《2011国民经济行业分类注释》，水利管理业主要包括防洪除涝设施管理、水资源管理、天然水收集与分配、水文服务以及其他水利管理业。

环境管理业 包括生态保护业和环境治理业。生态保护业指对人类赖以生存的生态系统进行保护，使之免遭破坏，使生态功能得以正常发挥的各种活动，主要包括自然保护区管理、野生动物保护、野生植物保护、以及其他自然保护等类别。环境治理业主要包括对水污染治理、大气污染治理、固体废物治理、危险废物治理、放射性废物治理以及其他污染的治理。

公共设施管理业 即公共设施相关的管理行业。公共设施是指为市民提供公共服务产品的各种公共性、服务性设施，按照管理对象可分为市政设施管理、环境卫生管理、城乡市容管理、绿化管理、公园和游览景区管理等。

森林覆盖率 指一个国家或地区森林面积占土地总面积的百分比。森林覆盖率是反映森林资源的丰富程度和生态平衡状况的重要指标。在计算森林覆盖率时，森林面积包括郁闭度 0.2 以上的乔木林地面积和竹林地面积，国家特别规定的灌木林地面积、农田林网以及四旁(村旁、路旁、水旁、宅旁)林木的覆盖面积。

湿地 指天然或人工、长久或暂时性的沼泽地、泥炭地或水域地带，包括静止或流动、淡水、半咸水、咸水体，低潮时水深不超过 6 米的水域以及海岸地带地区的珊瑚滩和海草床、滩涂、红树林、河口、河流、淡水沼泽、沼泽森林、湖泊、盐沼及盐湖。

自然保护区 指对有代表性的自然生态系统、珍稀濒危野生动植物物种的天然分布区、水源涵养区、有特殊意义的自然历史遗迹等保护对象所在的陆地、陆地水体或海域，依法划出一定面积进行特殊保护和管理的区域。以县及县以上各级人民政府正式批准建立的自然保护区为准(包括“六五”以前由部门或“革委会”批准且现仍存在的自然保护区)。风景名胜区、文物保护区不计在内。

水资源总量 指评价区内降水形成的地表和地下产水总量，不包括过境水量。水资源总量等于地表水资源量与地下水资源量之和减去地表水和地下水资源重复量。

地表水资源量 指评价区内河流、湖泊、冰川等地表水体中可以逐年更新的动态水量，即当地天然河川径流量。

地下水资源量 指评价区内降水和地表水对饱水岩土层的补给量。

用水总量 指分配给各类用户的包括输水损失在内的毛用水量之和，不包括海水直接利用量。按用户特性分为农业、工业、生活和生态用水四大类。

农业用水 指农田灌溉用水、林果地灌溉用水、草地灌溉用水和鱼塘补水。

工业用水 指工矿企业在生产过程中用于制造、加工、冷却、空调、净化、洗涤等方面的用水，按新水取用量计，不包括企业内部的重复利用水量。

生活用水 包括城镇生活用水和农村生活用水。城镇生活用水由居民用水和公共用水（含第三产业及建筑业等用水）组成；农村生活用水除居民生活用水外，还包括牲畜用水在内。

生态环境补水 仅包括人为措施供给的城镇环境用水和部分河湖、湿地补水。

废水排放总量 为工业废水排放量、城镇生活污水排放量和集中式治理设施污水排放量之和。

工业废水排放量 指报告期内经过企业厂区所有排放口排到企业外部的工业废水量。包括生产废水、外排的直接冷却水、超标排放的矿井地下水和与工业废水混排的厂区生活污水，不包括外排的间接冷却水(清污不分流的间接冷却水应计算在废水排放量内)。

城镇生活污水排放量 指报告期内城镇居民排放生活污水的量。城镇生活包括“住宿业与餐饮业、居民服务和其他服务业、医院和独立燃烧设施以及城镇生活污染源”。

集中式治理设施污水排放量　指报告期内集中式治理设施的渗滤液排放量。集中式治理设施包括垃圾处理场（厂）和危险废物（医疗废物）集中处置厂。

化学需氧量(COD)排放量　为工业、农业、城镇生活和集中式治理设施排放的废水中COD排放量之和。

氨氮排放量　为工业、农业、城镇生活和集中式治理设施排放的废水中氨氮排放量之和。

二氧化硫排放量　指报告期内工业、城镇生活和集中式治理设施SO_2排放量之和。

工业SO_2排放量　指报告期内企业在燃料燃烧和生产工艺过程中排入大气的SO_2总量。

烟（粉）尘排放量　指报告期内工业、城镇生活、机动车和集中式治理设施烟（粉）尘排放量之和。

工业烟（粉）尘排放量　指报告期内企业在燃料燃烧和生产工艺过程中排入大气的烟尘及工业粉尘的总质量之和。烟尘或工业粉尘排放量可以通过除尘系统的排风量和除尘设备出口烟尘浓度相乘求得。

一般工业固体废物产生量　指未被列入《国家危险废物名录》或者根据国家规定的危险废物鉴别标准、固体废物浸出毒性浸出方法及固体废物浸出毒性测定方法鉴别方法判定不具有危险特性的工业固体废物。计算公式为：

一般工业固体废物产生量=（一般工业固体废物综合利用量-其中：综合利用往年贮存量）+一般工业固体废物贮存量+（一般工业固体废物处置量-其中：处置往年贮存量）+一般工业固体废物倾倒丢弃量

一般工业固体废物综合利用量　指报告期内企业通过回收、加工、循环、交换等方式，从固体废物中提取或者使其转化为可以利用的资源、能源和其他原材料的固体废物量（包括当年利用的往年工业固体废物累计贮存量）。如用作农业肥料、生产建筑材料、筑路等。

一般工业固体废物综合利用率　指一般工业固体废物综合利用量占一般工业固体废物产生量与综合利用往年贮存量之和的百分率。计算公式为：

一般工业固体废物综合利用率=一般工业固体废物综合利用量/一般工业固体废物产生量+综合利用往年贮存量×100%

一般工业固体废物处置量　指报告期内企业将工业固体废物焚烧和用其他改变工业固体废物的物理、化学、生物特性的方法，达到减少或者消除其危险成分的活动，或者将工业固体废物最终置于符合环境保护规定要求的填埋场的活动中，所消纳固体废物的量。

一般工业固体废物处置率　指一般工业固体废物处置量占一般工业固体废物产生量与处置往年贮存量之和的百分率。计算公式为：

一般工业固体废物处置率=一般工业固体废物处置量/一般工业固体废物产生量+处置往年贮存量×100%

环境污染治理投资　指城市环境基础设施投资、工业企业污染防治投资和完成环保验收项目环保投资之和。

Explanatory Notes on Main Statistical Indicators

Water conservancy, environment and public facilities management include water resources management, environment management, public facilities management.

Water resources management refers to the flood control and drought, the transformation of farmland and the development, utilization and protection of water resources in the work. In according to the national economic sector note in 2011", water management mainly includes the flood control and waterlogged elimination facilities management, water resources management, natural water collection and distribution, hydrological service and other water resources management.

Environmental management include ecological protection industry and environmental management industry. Ecological protection industry refers to nature reserve management, wildlife and wild plants protection, and other natural protection category. Environmental control include water pollution control, atmospheric pollution, solid waste management, hazardous waste management, radioactive waste management and other pollution management.

Public facilities management refers to public facilities related management industry. Public facilities refers to provide public services for the citizens of all kinds of public products, service facilities, according to management object can be divided into municipal facilities management, environmental health management, urban and rural appearance management, green management, park and tour scenic area management, etc.

Forest Coverage Rate Forest Coverage Rate refers to the ratio of area of afforested land to total land area. It is a very important indicator that reflects the status of abundance of forest resource and balance of the ecosystem. Forest area includes the area of trees and bamboo grow with canopy density above 0.2, the area of shrubby tree according to regulations of the government, the area of forest land inside farm land and the area of trees planted by the side of villages, farm houses and along roads and rivers.

Wetlands refer to marshland and peat bog, whether natural or man-made, permanent or temporary; water covered areas, whether stagnant or flowing, with fresh or semi-fresh or salty water that is less than 6 meters deep at low tide; as well as coral beach, weed beach, mud beach, mangrove, river outlet, rivers, fresh-water marshland, marshland forests, lakes, salty bog and salt lakes along the coastal areas.

Natural Reserves refer to certain areas of land, waters or sea that are representative in natural ecological systems, or are natural habitats for rare or endangered wild animals or plants, or water conservation zones, or the location of important natural or historic relics, which are demarked by law and put under special protection and management. Natural reserves are designated by the formal approval of governments at and above county level (including those approved by relevant departments or "revolutionary committees" before 1980). Scenic spots and cultural preservation zones are not included

Water Resource refers to sum of Surface Water and Ground Water. Water Resource is as follows:

Water Resource= Surface Water + Ground Water – repetitious volume of Surface Water and Ground Water

Surface Water Resources refers to total renewable resources which exist in rivers, lakes, glaciers and other collectors from rainfall and are measured as run-off of rivers.

Groundwater Resources refers to replenishment of aquifers with rainfall and surface water.

Water Use refers to gross water use distributed to users, including loss during transportation, broken down into use by agriculture, industry, living consumption and ecological protection.

Water Use by Agriculture includes uses of water by irrigation of farming fields and by forestry, animal husbandry and fishing. Water use by forestry, animal husbandry and fishery includes irrigation of forestry and orchards, irrigation of grassland and replenishment of fishing farms.

Water Use by Industry refers to new withdrawals of water, excluding reuse of water within enterprises.

Water Use by Living Consumption includes use of water for living consumption in both urban and rural areas. Urban water use by living consumption is composed of household use and public use (including services, commerce, restaurants, cargo transportation, posts, telecommunications and construction). Rural water use by living consumption includes both households and animals.

Water Use by Ecological and Environmental Protection includes replenishment of rivers and lakes and use for urban environment.

Waste water discharge Resources for industrial wastewater emissions, urban sewage emissions and centralized treatment facilities of wastewater.

Waste Water Discharged by Industry refers to the volume of waste water discharged by industrial enterprises through all their outlets, including waste water from production process, directly cooled water, groundwater from mining wells which does not meet discharge standards and sewage from households mixed with waste water produced by industrial activities, but excluding indirectly cooled water discharged (It should be included if the discharge is not separated from waste water).

Urban Waste Water Discharge refers to annual discharge of non-industrial waste water by urban households. Include accommodations industry and food industry, residents service and other services, hospitals and independent combustion facilities and urban life pollution sources.

Centralized treatment facilities wastewater refers to report period of centralized treatment facilities leachate emissions. Centralized management facilities including landfill (factory) and hazardous waste (medical waste) disposal factory.

Volume of Chemical Oxygen Demand (COD) refers to volume of COD in wastewater discharge form Industry, agriculture, urban life and centralized management facilities emissions.

Volume of Ammonia nitrogen refers to volume of ammonia nitrogen in wastewater discharge form Industry, agriculture, urban life and centralized management facilities emissions.

Volume of Sulfur dioxide refers to volume of SO_2 form Industry, urban life and centralized management facilities emissions.

Volume of Industrial Sulfur Dioxide Discharged refers to the volume of sulfur dioxide discharged to the air in the process of fuel burning or in the production process.

Volume of Industrial Soot Discharged refers to the volume of solid soot in the smoke discharged in the process of fuel burning in the area of the factory.

Industrial Dust Discharged refers to the total weight of solid dust discharged by industrial enterprises in the production process, such as dust of refractory materials from iron plants, dust from coke-screening system or from sintering machines of coking plants, dust from lime kilns, cement dust from building material enterprises, etc., but excluding smoke and dust discharged by power plants.

General Industrial Solid Wastes Produced refers to have not listed in the national hazardous waste list or according to the regulations of the state identification of hazardous waste standard, solid waste leaching-out toxicity leaching method and the solid waste leaching-out toxicity identification method for determining if a risk characteristics of industrial solid waste.

General Industrial Solid Wastes Utilized refers to volume of solid wastes from which useful materials can be extracted or which can be converted into usable resources, energy or other materials by means of reclamation, processing, recycling and exchange (including utilizing in the year the stocks of industrial solid wastes of the previous year). Examples of such utilizations include fertilizers, building materials and road materials.

Rate of General Utilization of Industrial Solid Wastes refers to the percentage of industrial solid wastes utilized over industrial solid wastes produced.

Rate of General Utilization of Industrial Solid Wastes= General Industrial Solid Wastes Utilized / (General Industrial Solid Wastes Produced+ Solid Wastes Utilized of ever reserves)×100%

General industrial solid waste disposal refers to enterprises during the reporting period the industrial solid waste incineration and other changes of industrial solid waste methods of physical, chemical, biological characteristics, activities to reduce or eliminate its dangerous substances, or the final placing of industrial solid waste landfill activities comply with the environmental protection requirements, the Council is satisfied that the amount of solid waste.

Rate of General industrial solid waste disposal refer to general industrial solid waste disposal accounted for general industrial solid waste generation and disposal of storage volume and percentage in previous years. Calculation formula is:

Rate of General industrial solid waste disposal= General industrial solid waste disposal / (General Industrial Solid Wastes Produced+ Disposal of ever reserves) ×100%

Investment in Environment Pollution Harnessing Projects refers to the proportion of investment in fixed assets in the total investment in harnessing industrial pollution and in the construction of urban environment infrastructure facilities.

居民服务业和其他服务业

Services to Households and Other Services

● 资料整理：赵翠清

简要说明

一、主要内容

本篇包括居民服务和其他服务业企业、行政事业单位、社会团体及其他法人单位的单位数、从业人数及主要财务指标。

二、资料来源

本篇由省统计局组织各部门和各地区统计调查，由省地方经济社会调查队服务业调查处整理提供。

Brief Introduction

I. Main Contents

Data in the chapter mainly include: unit, employment, and main financial indicators of Resident services and other services enterprises, Administrative institution, social organizations and others, and basic condition of telecommunication services.

II. Sources of Data

Data in the chapter are calculated from Statistical investigation by Henan provincial bureau of statistics. are provided by Henan provincial survey organizations of social and economy.

24-1 居民服务和其他服务业法人单位数和从业人员数

Number of Institutional Unit and Employed Persons of Services to Households and Other Services

年份(Year)	合计 Total	企业 Enterprise	行政事业 Administrative institution	社会团体及其他 Social organizations and others
单位数(个)Number of Institutional Unit(unit)				
2008	3641	3279	247	115
2009	3920	3539	249	132
2010	4188	3793	253	142
2011	4373	3975	248	150
从业人数(万人)Employed Persons(10 000 persons)				
2008	6.62	5.76	0.72	0.14
2009	6.80	5.95	0.67	0.19
2010	6.90	6.01	0.73	0.16
2011	8.87	7.94	0.71	0.22

24-2 分行业居民服务和其他服务业法人单位财务指标(2011年)

Main Financial Indicators of Resident services and other services of Services to Households and Other Services by Sector(2011)

单位：万元 (10 000 yuan)

指标	Item	居民服务业和其他服务业 Resident services and other services	居民服务业 Resident Services	其他服务业 Other Services
单位数(个)	Number of units (unit)	4373	2701	1672
从业人数(万人)	Employed Persons (10 000 Persons)	8.87	5.15	3.72
固定资产原价	Fixed Asset Price	830094	490398	339696
收入合计	Total Income	776239	524122	252117
成本费用合计	Total Cost	468482	291128	177353
工资和福利费	Salary and Welfare	150809	94356	56453
税费合计	Tax	47039	30875	16164
营业利润	Operating Profit	230741	160622	70119

24-3 各市居民服务和其他服务业法人单位财务指标(2011年)

Main Financial Indicators of Resident services and other services of Services to Households and Other Services by City(2011)

单位：万元 (10 000 yuan)

市(县) City(County)	单位数(个) Number of units (unit)	从业人数(万人) Employed Persons (10 000 Persons)	固定资产原价 Fixed Asset Price	收入合计 Total Income	成本费用合计 Total Expenses	工资和福利费 Salary and Welfare	税费合计 Tax and Expenses	营业利润 Operating Profit
全　　省 Total	**4373**	**8.87**	**830094**	**776239**	**468482**	**150809**	**47039**	**230741**
省 辖 市 City								
郑　州　市 Zhengzhou	723	1.51	157605	98179	61196	25341	6632	16711
开　封　市 Kaifeng	288	1.02	93784	96701	60092	18442	6419	36027
洛　阳　市 Luoyang	266	0.52	58248	46028	22491	7685	2091	16901
平顶山市 Pingdingshan	297	0.48	45672	41632	29098	7016	2985	10485
安　阳　市 Anyang	337	0.67	57329	54049	26432	10959	2777	22924
鹤　壁　市 Hebi	34	0.07	2031	2239	1627	780	130	303
新　乡　市 Xinxiang	257	0.45	31364	24113	16631	5811	1210	6574
焦　作　市 Jiaozuo	128	0.39	56629	26066	19305	5512	1291	4337
濮　阳　市 Puyang	128	0.24	12106	11614	8110	2896	447	2120
许　昌　市 Xuchang	394	0.62	94838	122415	71572	10930	10666	35116
漯　河　市 Luohe	104	0.17	11010	13249	7636	2666	359	5468
三门峡市 Sanmenxia	280	0.47	22003	19676	13544	12645	720	4586
南　阳　市 Nanyang	368	0.83	55801	68686	39837	16455	3327	20664
商　丘　市 Shangqiu	98	0.19	22098	20668	15128	3385	908	4338
信　阳　市 Xinyang	119	0.33	25052	17097	10356	4675	988	5288
周　口　市 Zhoukou	197	0.31	33803	44772	21600	6148	2956	17192
驻马店市 Zhumadian	333	0.52	48271	64652	41750	8574	2879	20806
济　源　市 Jiyuan	22	0.07	2448	4403	2077	891	254	900
省直管县 Province Administrating County								
巩　义　市 Gongyi	14	0.02	5087	2392	1724	1538	88	12
兰　考　县 Lankao	67	0.29	28423	27380	14440	4686	885	11125
汝　州　市 Ruzhou	18	0.03	5261	2993	1433	492	229	1322
滑　　县 Huaxian	39	0.08	6313	3600	1856	1042	293	1376
长　垣　县 Changyuan	10	0.01	2052	1316	500	164	42	979
邓　州　市 Dengzhou	18	0.03	1188	2207	1355	417	44	936
永　城　市 Yongcheng	2	0.01	739	1126	1127	357	8	31
固　始　县 Gushi	25	0.05	2379	3227	1120	1031	221	1704
鹿　邑　县 Luyi	3	0.00	134	116	138	25	8	20
新　蔡　县 Xincai	53	0.08	6587	11027	7601	1198	473	3201

主要统计指标解释

居民服务业 指为居民提供的各种服务活动。按照《2011 国民经济行业分类注释》，居民服务业主要包括家庭服务、托儿所服务、洗染服务、理发及美容服务、洗浴服务、保健服务、婚姻服务、殡葬服务以及其他居民服务等。

其他服务业 按照《2011 国民经济行业分类注释》，其他居民服务业主要包括对建筑物、办公用品、家庭用品的清洗和消毒以及其他未列明的服务活动。

Explanatory Notes on Main Statistical Indicators

Residents service refers to provide various services for the residents activities. In according to the national economic sector note in 2011, residents service mainly includes family services, nurseries, service, Washing printing and dyeing service, haircut and beauty services, wash bath service, health care, service, marriage, funeral and interment service and other residents service, etc.

Other services In according to the national economic sector note in 2011, other residents service mainly includes service activities for buildings, office supplies, household cleaning and disinfection and other not specified.

教育
Education

● 资料整理：张永安　赵翠清

简要说明

一、主要内容

本篇包括教育行业企业、行政事业单位、社会团体及其他法人单位的单位数、从业人数、主要财务指标以及研究生教育、高等教育(普通教育本专科、成人教育本专科)、中等教育(高中阶段教育和初中阶段教育)、初等教育(小学)、学前教育、特殊教育(盲聋哑和弱智儿童学校等)以及教育经费等资料。

二、资料来源

教育行业企业、行政事业单位、社会团体及其他法人单位的单位数、从业人数、主要财务指标是以经济普查数据为基础，利用财政系统和教育系统统计数据综合推算，由省地方经济社会调查队服务业调查处整理提供。

教育事业统计资料由省教育厅提供；技工学校的资料由省人力资源和社会保障厅提供。由省统计局社会与科技处编辑整理。

Brief Introduction

I. Main Content

Data on education cover the unit, employment, and main financial indicators of education enterprises, Administrative institution, social organizations and others. The situations on education of postgraduates, higher education (universities and colleges), secondary education (senior and junior high schools), elementary education (primary schools), preschool education, special education (schools for the blind, deaf-mutes and mentally retarded) and their expenditure. The main indicators include the number of schools, the number of students enrolled, the number of new students enrolled, the number of graduates, the number of staff and workers, the number of full-time teachers, sources and outlay of education funding.

II. Sources of Data

Data on Number of Institutional Unit, Employed Persons and Main Financial Indicators of education are calculated basis on The Second Census, the financial system data and education system statistical data, which are provided by Henan provincial survey organizations of social and economy.

Data on education undertakings are calculated from Henan Provincial bureau of Education. Data on technical training schools are calculated from Henan provincial bureau of Human Resources and Social Security. Data in this chapter are provided by Department of social and technology of the Henan provincial Bureau of Statistics.

25-1 教育业法人单位数和从业人员数

Number of Institutional Unit and Employed Persons of Education

年份(Year)	合计 Total	企业 Enterprise	行政事业 Administrative institution	社会团体及其他 Social organizations and others
单位数(个)Number of Institutional Unit(unit)				
2008	22206	1727	16157	4322
2009	22367	1759	16213	4395
2010	22537	1817	16253	4467
2011	22343	1846	16141	4356
从业人数(万人)Employed Persons(10 000 persons)				
2008	121.50	3.62	107.86	10.03
2009	122.08	3.76	108.06	10.25
2010	122.74	4.07	108.09	10.58
2011	122.81	4.68	107.68	10.44

25-2 分行业教育业法人单位财务指标(2011年)

Main Financial Indicators of Institutional Unit of Education by Sector(2011)

单位：万元 (10 000yuan)

指标	Item	教育 Education	学前教育 Pre-school Education	初等教育 Primary Education	中等教育 Secondary Education	高等教育 Higher Education	其他教育 Other Education
单位数(个)	Number of units (unit)	22343	3705	10265	5510	238	2625
从业人数(万人)	Employed Persons (10 000 Persons)	122.81	6.69	43.55	55.92	9.13	7.53
固定资产原价	Fixed Asset Price	11215722	379370	2353567	4713394	2962756	806634
收入合计	Total Income	12699733	701272	3125641	5269507	2457213	1146099
成本费用合计	Total Cost	12140727	641108	3068067	5162977	2193360	1075215
工资和福利费	Salary and Welfare	5261030	353556	1608654	2261377	553707	483735
税费合计	Tax	36352	7208	6009	5837	4501	12797
营业利润	Operating Profit	126374	-3150	26505	49818	5178	48023

25-3 各市教育业法人单位财务指标(2011年)

Main Financial Indicators of Institutional Unit of Education by City(2011)

单位：万元 (10 000 yuan)

市(县)	City(County)	单位数(个) Number of units (unit)	从业人数(万人) Employed Persons (10 000 Persons)	固定资产原价 Fixed Asset Price	收入合计 Total Income	成本费用合计 Total Expenses	工资和福利费 Salary and Welfare	税费合计 Tax and Expenses	营业利润 Operating Profit
全省	**Total**	**22343**	**122.81**	**11215722**	**12699733**	**12140727**	**5261030**	**36352**	**126374**
省辖市	**City**								
郑州市	Zhengzhou	2370	15.72	2465223	2855725	2770640	1012829	6189	12176
开封市	Kaifeng	776	6.81	871247	1212290	1148728	524649	7613	13007
洛阳市	Luoyang	2609	8.57	1018337	1453367	1235823	497906	3265	12759
平顶山市	Pingdingshan	996	5.62	354905	547375	536629	280137	3818	2569
安阳市	Anyang	1702	6.38	516166	473093	441589	214493	2615	9868
鹤壁市	Hebi	390	1.84	139010	206846	197737	84744	46	1448
新乡市	Xinxiang	1223	6.43	645064	634163	618426	274230	761	5362
焦作市	Jiaozuo	676	4.33	344108	347696	342075	151362	760	4054
濮阳市	Puyang	954	4.32	217468	291900	290731	133072	115	-250
许昌市	Xuchang	1418	5.61	355944	506787	491380	218480	2808	8056
漯河市	Luohe	525	2.81	197498	229994	211986	95879	385	3210
三门峡市	Sanmenxia	425	2.95	211266	369877	358705	159208	127	1574
南阳市	Nanyang	3145	13.20	893061	946500	916132	439007	1843	17741
商丘市	Shangqiu	1204	9.77	700271	561189	549061	255248	506	6624
信阳市	Xinyang	1151	8.61	802373	607079	596383	302951	442	4321
周口市	Zhoukou	1235	11.11	826766	714477	713104	304117	1565	5879
驻马店市	Zhumadian	1330	7.83	561970	655782	636059	274309	3352	14974
济源市	Jiyuan	214	0.90	95046	85590	85539	38411	141	3000
省直管县	**Province Administrating County**								
巩义市	Gongyi	165	0.97	102860	84154	91799	43110	1888	2406
兰考县	Lankao	57	0.91	59194	112238	114408	59058	700	36596
汝州市	Ruzhou	117	0.90	58269	189729	190239	110374	2559	13
滑县	Huaxian	439	1.12	50051	80774	79546	36033	29	228
长垣县	Changyuan	41	0.77	47466	47965	47730	21381		1062
邓州市	**Dengzhou**	569	1.44	74329	93419	89495	43450	130	804
永城市	Yongcheng	104	1.49	138527	99644	94808	42155	28	1720
固始县	Gushi	203	1.52	153894	77910	75681	42004	160	785
鹿邑县	Luyi	76	1.07	36669	70059	69293	29955	265	482
新蔡县	Xincai	165	0.58	48511	48193	35234	11495	1641	8465

25-4 历年各级各类学校数

Number of Schools by Level and Type over the Years

单位:所 (unit)

年份 year	小学 Primary Schools	普通中学 Regular Secondary Schools	高中 Senior Secondary Schools	初中 Junior Secondary Schools	职业中学 Vocational Secondary Schools	普通高等学校 Regular Institutions of Higher Education
1978	48772	26586	3705	22881		24
1979	34983	25826	2976	22850		24
1980	46672	12672	2431	10241	1	25
1981	45939	10304	1703	8601	6	26
1982	46542	10510	1279	9231	8	26
1983	46265	10324	1177	9147	21	32
1984	46232	9969	1102	8867	41	38
1985	41935	9459	1069	8390	390	43
1986	45250	9730	1058	8672	370	47
1987	44865	9632	1027	8605	336	47
1988	44379	9406	1003	8403	378	47
1989	43951	8961	958	8003	466	47
1990	43286	8249	920	7329	480	47
1991	42455	7369	854	6515	539	49
1992	42370	6893	789	6104	636	47
1993	42071	6644	719	5925	685	48
1994	41899	6476	661	5815	785	50
1995	41698	6367	641	5726	785	50
1996	41466	6282	635	5647	761	50
1997	41526	6142	645	5497	742	50
1998	41238	6069	643	5426	722	51
1999	41404	6120	688	5432	696	56
2000	41269	6217	761	5456	609	52
2001	39825	6384	819	5565	520	64
2002	37729	6399	854	5545	484	66
2003	36379	6363	888	5475	462	71
2004	34164	6229	909	5320	442	82
2005	33026	6207	945	5262	455	83
2006	31410	6045	955	5090	515	84
2007	30677	5864	920	4944	552	82
2008	30214	5718	908	4810	584	84
2009	29420	5571	868	4703	589	89
2010	28603	5441	825	4616	563	107
2011	27793	5388	792	4596	452	117

25-5 历年各级各类学校专任教师数

Number of Full-time Teachers by Level and Type of school over the Years

单位:万人 (10 000 persons)

年份 year	小学 Primary Schools	普通中学 Regular Secondary Schools	高中 Senior Secondary Schools	初中 Junior Secondary Schools	职业中学 Vocational Secondary Schools	普通高等学校 Regular Institutions of Higher Education
1978	42.88	29.34	4.98	24.36		0.54
1979	43.66	30.01	5.09	24.92		0.62
1980	44.72	30.13	4.48	25.65	0.00	0.68
1981	47.20	26.99	3.91	23.08	0.01	0.71
1982	41.95	22.58	3.52	19.05	0.01	0.84
1983	42.52	22.17	3.46	18.71	0.04	0.91
1984	42.81	21.86	3.41	18.45	0.02	0.97
1985	43.09	22.21	3.41	18.80	0.68	1.10
1986	43.62	22.93	3.54	19.39	0.77	1.27
1987	43.52	23.69	3.73	19.96	0.81	1.33
1988	43.79	24.01	3.79	20.22	0.88	1.38
1989	43.76	23.84	3.77	20.07	1.13	1.38
1990	44.34	24.05	3.79	20.25	1.27	1.40
1991	37.93	23.54	3.83	19.71	1.34	1.42
1992	37.55	23.49	3.76	19.73	1.51	1.45
1993	38.19	23.60	3.62	19.98	1.72	1.47
1994	38.87	23.94	3.48	20.46	2.08	1.55
1995	39.23	24.68	3.45	21.23	2.28	1.55
1996	40.02	25.48	3.51	21.97	2.44	1.64
1997	41.12	26.38	3.61	22.77	2.67	1.65
1998	42.55	27.60	3.75	23.85	2.76	1.70
1999	44.66	29.09	4.09	25.00	2.67	1.88
2000	45.93	30.86	4.57	26.29	2.49	2.02
2001	47.56	32.90	5.13	27.77	2.35	2.46
2002	49.62	35.06	6.03	29.03	2.39	2.85
2003	48.85	35.88	6.72	29.16	2.21	3.33
2004	47.85	36.55	7.60	28.95	2.23	4.18
2005	47.55	37.30	8.40	28.90	2.29	4.63
2006	47.82	37.64	9.19	28.45	2.68	5.29
2007	48.30	37.88	9.79	28.09	2.76	5.88
2008	48.53	37.89	10.27	27.62	2.91	6.49
2009	48.91	38.30	10.49	27.81	3.16	7.15
2010	49.04	38.10	10.43	27.67	3.25	7.75
2011	49.58	38.65	10.43	28.22	3.20	8.20

25-6 历年各级各类学校在校学生数

Student Enrollment by Level and Type of school over the Years

单位:万人 (10 000 persons)

年份 year	小学 Primary Schools	普通中学 Regular Secondary Schools	高中 Senior Secondary Schools	初中 Junior Secondary Schools	职业中学 Vocational Secondary Schools	普通高等学校 Regular Institutions of Higher Education
1978	1140.26	521.62	116.38	405.24		2.73
1979	1147.88	504.04	106.42	397.62		3.38
1980	1133.75	487.27	83.75	403.52	0.02	4.59
1981	1110.65	412.31	60.66	351.65	0.27	4.93
1982	1098.47	361.41	49.25	312.16	0.51	4.63
1983	1054.04	341.32	47.82	293.50	1.11	4.80
1984	1055.08	354.20	50.87	303.33	2.28	5.33
1985	1034.97	357.46	52.27	305.19	10.89	6.85
1986	1015.67	366.96	54.66	312.30	11.92	7.50
1987	997.75	373.51	54.41	319.10	11.63	7.57
1988	980.05	362.64	52.51	310.13	11.94	7.99
1989	969.82	349.05	49.54	299.51	14.50	8.01
1990	961.15	352.56	49.26	303.30	15.61	8.04
1991	944.02	357.66	48.80	308.86	17.77	8.18
1992	936.71	359.78	46.21	313.57	20.40	8.95
1993	951.50	362.96	43.52	319.44	25.86	10.44
1994	991.06	384.80	42.51	342.29	35.74	11.71
1995	1039.56	417.86	42.91	374.95	45.86	12.24
1996	1105.58	454.48	44.02	410.46	51.18	12.79
1997	1169.96	480.21	46.68	433.53	56.84	13.60
1998	1200.06	512.51	51.13	461.38	60.10	14.64
1999	1186.97	568.86	61.06	507.80	53.75	18.55
2000	1130.63	638.14	75.15	562.99	48.27	26.24
2001	1070.73	683.38	94.73	588.65	38.71	36.91
2002	1104.59	733.35	125.55	607.80	41.52	46.80
2003	1058.61	750.51	146.42	604.09	42.32	55.72
2004	1014.06	759.42	168.75	590.67	45.93	70.28
2005	986.84	758.22	188.39	569.83	49.31	85.19
2006	997.09	742.22	201.58	540.64	59.90	97.41
2007	1018.71	719.83	212.63	507.20	66.22	109.52
2008	1036.60	691.46	207.26	484.20	72.76	125.02
2009	1052.03	675.45	201.20	474.25	80.88	136.88
2010	1070.53	661.56	192.16	469.40	79.47	145.67
2011	1092.90	657.48	189.50	467.98	75.78	150.01

25-7 历年各级各类学校招生数

New Student Enrollment by Level and Type of school over the Years

单位:万人 (10 000 persons)

年份 year	小学 Primary Schools	普通中学 Regular Secondary Schools	高中 Senior Secondary Schools	初中 Junior Secondary Schools	职业中学 Vocational Secondary Schools	普通高等学校 Regular Institutions of Higher Education
1978	254.37	234.71	53.79	180.92		1.39
1979	249.91	215.50	48.55	166.95		1.07
1980	239.12	169.65	28.69	140.96	0.02	1.25
1981	226.50	146.95	24.44	122.51	0.24	1.25
1982	219.17	124.70	18.17	106.53	0.27	1.36
1983	198.48	119.04	17.04	102.00	0.88	1.65
1984	197.99	119.69	17.40	102.29	1.36	1.89
1985	174.24	118.93	17.22	101.71	5.42	2.67
1986	190.38	123.72	17.77	105.95	5.00	2.42
1987	184.06	124.03	17.84	106.19	4.56	2.64
1988	181.53	121.80	17.09	104.71	4.95	2.72
1989	179.88	118.08	16.27	101.81	6.34	2.61
1990	172.46	122.53	16.92	105.61	6.37	2.66
1991	164.72	125.47	16.49	108.98	8.28	2.76
1992	169.53	125.38	15.28	110.10	9.53	3.38
1993	190.31	130.28	14.86	115.42	12.71	4.05
1994	220.01	144.20	13.98	130.23	16.96	4.17
1995	232.52	158.34	14.58	143.76	20.75	4.32
1996	239.94	164.89	15.12	149.77	20.48	4.49
1997	239.79	171.79	16.41	155.38	23.61	4.66
1998	217.82	189.67	18.72	170.95	23.56	5.02
1999	193.65	220.12	24.42	195.70	16.95	7.88
2000	171.11	246.46	31.48	214.98	16.83	11.69
2001	163.32	246.96	37.63	209.33	14.63	14.01
2002	185.77	253.93	50.93	203.00	17.05	16.61
2003	164.35	253.19	53.77	199.42	16.85	19.02
2004	162.49	257.45	61.33	196.12	17.40	25.74
2005	169.44	259.58	69.99	189.59	20.30	27.76
2006	176.86	233.85	67.75	166.10	28.51	33.77
2007	183.22	231.49	70.57	160.92	28.83	35.52
2008	186.92	233.55	68.42	165.13	28.90	44.51
2009	184.51	225.18	64.50	160.68	33.03	45.74
2010	187.76	221.66	62.85	158.81	30.40	47.83
2011	193.44	226.25	64.63	161.62	27.18	47.14

25-8 历年各级各类学校毕业生数
Graduates by Level and Type of school over the Years

单位:万人　　(10 000 persons)

年份 year	小学 Primary Schools	普通中学 Regular Secondary Schools	高中 Senior Secondary Schools	初中 Junior Secondary Schools	职业中学 Vocational Secondary Schools	普通高等学校 Regular Institutions of Higher Education
1978	185.03	213.34	44.37	168.97		0.96
1979	179.69	204.86	50.44	154.42		0.41
1980	173.62	109.74	45.66	64.08	0.01	
1981	173.52	131.24	43.45	87.79	0.01	0.90
1982	165.80	104.44	27.36	77.08	0.02	1.65
1983	168.90	87.90	15.85	72.05	0.28	1.47
1984	166.90	86.78	14.74	72.04	0.28	1.35
1985	158.48	88.92	15.44	73.48	2.08	1.17
1986	172.97	91.60	16.70	74.90	2.52	1.75
1987	172.82	97.24	17.78	79.46	3.11	2.53
1988	167.45	99.44	18.03	81.40	3.62	2.29
1989	162.51	100.39	17.27	83.12	3.64	2.56
1990	162.60	99.36	16.70	82.66	4.17	2.61
1991	161.86	98.77	15.96	82.81	5.26	2.72
1992	162.39	99.90	15.01	84.89	4.86	2.59
1993	163.26	102.34	14.45	87.89	5.35	2.66
1994	166.48	103.90	13.98	89.92	6.16	2.93
1995	168.96	109.35	13.51	95.84	9.22	3.76
1996	165.13	115.90	13.82	102.08	12.41	3.91
1997	168.57	133.16	13.78	119.38	15.18	3.89
1998	180.67	145.88	14.93	130.95	17.23	3.96
1999	205.01	153.97	15.50	138.47	17.95	3.99
2000	225.57	162.16	17.47	144.69	18.65	4.17
2001	220.41	176.44	19.84	156.60	15.32	4.61
2002	202.55	203.04	25.78	177.26	12.57	7.12
2003	204.18	225.16	36.38	188.78	11.68	10.90
2004	203.54	240.69	42.48	198.21	11.97	13.43
2005	191.90	252.02	53.66	198.36	13.97	16.52
2006	166.71	245.24	57.36	187.88	15.40	20.21
2007	160.19	254.20	65.10	189.10	17.21	26.72
2008	168.90	258.05	74.98	183.07	17.93	30.25
2009	165.75	233.36	70.17	163.18	22.31	33.41
2010	165.35	225.35	70.43	154.92	24.93	38.25
2011	167.61	222.00	66.55	155.45	25.05	43.30

25-9 学校、教职工和专任教师情况（2011年）
Basic Statistics on Schools, Teachers and Staff and Full-time Teachers (2011)

项 目	Item	学校数(所) Number of Schools (unit)	教职工数(人) Teachers and Staff (person)	专任教师(人) Full-time Teachers (person)
高等教育	**Higher Education**	**171**	**123293**	**85888**
普通高等学校	Regular Institutions of Higher Education	117	117117	82037
本科院校	Universities with Full Undergraduate Courses	47	73749	51482
#独立学院	Independent Colleges	9	6696	5122
专科院校	Colleges with Specialized Courses	70	43368	30555
#职业技术学院	Vocational and Technical Colleges	58	31999	23918
其他机构(教学点)	Others	10		
成人高等学校	Adult Institutions of Higher Education	14	4256	2851
民办的其他高等教育机构	Other Private Institutions of Higher Education	40	1920	1000
中等教育	**Secondary Education**	**6349**	**548142**	**454609**
高中阶段教育	Senior Secondary Education	1753	231491	172407
普通高中	Regular Senior Secondary Schools	792	138525	104288
成人高中	Adult High School			
中等职业教育	Vocational Secondary Education	961	92966	68119
普通中专	Regular Specialized Secondary Schools	143	23616	16439
成人中专	Adult Specialized Secondary Schools	183	13788	8917
职业高中	Vocational Senior Secondary Schools	452	40305	32025
技工学校	Technical Schools	185	14564	10407
其他机构(教学点)	Others	37	1301	953
初中阶段教育	Junior Secondary Education	4596	316651	282202
普通初中	Regular Junior Secondary Schools	4596	316651	282202
初等教育	**Primary Education**	**33060**	**509869**	**499249**
普通小学	Regular Primary Schools	27793	504697	495824
成人小学	Adult Primary Schools	5267	5172	3425
#扫盲班	Literacy Courses	1089	2223	1604
工读学校	**Schools for Juvenile Delinquents**	**3**	**62**	**51**
特殊教育	**Special Education**	**127**	**3547**	**2961**
学前教育	**Pre-school Education**	**10304**	**151007**	**93588**

注：其他机构学校数不计入总数。
a) Number of Adult Institutions of Higher Eduation excludes Other Institutions.

25-10 各级各类学历教育学生情况（2011年）

Basic Statistics on Students by Level and Type of Education (2011)

单位：人 (person)

项　目	Item	招生数 New Enrollment	在校学生数 Total Enrollment	毕业生数 Graduates	女学生占学生总数的比重(%) Females as % of Total
高等教育	**Students Received Higher Education**	**625691**	**1870025**	**593998**	**52.8**
研究生	Postgraduates	10891	30908	8856	54.8
博　士	Doctor's Degree	10554	29663	8651	55.4
硕　士	Master's Degree	337	1245	205	42.3
普通本专科	Regular Undergraduates and College Students	471395	1500142	432994	52.0
本　科	Enrolled in Full Undergraduate Courses	226456	758761	154000	51.7
专　科	Enrolled in Specialized Courses	244939	741381	278994	52.4
成人本专科	Adult Undergraduates and College Students	119432	256471	115097	54.2
本　科	Enrolled in Full Undergraduate Courses	52332	110432	44572	55.5
专　科	Enrolled in Specialized Courses	67100	146039	70525	53.2
民办的其他高等学历教育	Other Degree of Higher Education run by the local people	84104	258852	61993	60.3
在职人员攻读博士、硕士学位	Employees Enrolled in Graduate Programs Leading to Doctor or Master Degrees	2386	7687	2315	46.6
网络本专科生	Students Enrolled in Internet-based Courses	21587	52502	20307	56.9
本　科	Enrolled in Full Undergraduate Courses	9890	23371	10440	55.5
专　科	Enrolled in Specialized Courses	11697	29131	9867	58.1
自学考试助学班	Students Taking Unified Exams after Completing Self-learning Programs		22315	14429	75.8
中等教育	**Secondary Education**	**2942698**	**8422046**	**2824015**	**47.4**
高中阶段教育	Senior Secondary Education	1326457	3742266	1269485	47.6
普通高中	Regular Senior Secondary Schools	646263	1895068	665464	48.3
中等职业教育	Vocational Secondary Education	680194	1847198	604021	46.8
普通中专	Regular Specialized Secondary Schools	255354	692532	216554	56.7
成人中专	Adult Specialized Secondary Schools	42422	117472	61990	47.3
职业高中	Vocational Senior Secondary Schools	271777	757766	250481	47.7
技工学校	Technical Schools	110529	282115	77180	25.0
初中阶段教育	Junior Secondary Education	1616241	4679780	1554530	47.3
普通初中	Regular Junior Secondary Schools	1616241	4679780	1554530	47.3
初等教育	**Primary Education**	**1934351**	**11201713**	**1968227**	**46.2**
普通小学	Regular Primary Schools	1934351	10928960	1676067	46.0
成人小学	Adult Primary Schools		272753	292160	55.3
#扫盲班	Literacy Courses		52598	58226	52.9
工读学校	**Schools for Juvenile Delinquents**	**43**	**214**	**54**	**0.9**
特殊教育	**Special Education**	**3234**	**21853**	**2283**	**34.4**
学前教育	**Pre-school Education**	**1755564**	**2822098**	**983092**	**46.4**

25-11 研究生分学科毕业、招生及在学人数

Number of Graduates,New Student Enrollment, Student Enrollment of Postgraduate by Field of Study

单位：人 (person)

学 科	Subjects	1990	1995	2000	2005	2010	2011
分学科毕业生数	**Total**	**476**	**340**	**640**	**2587**	**7750**	**8856**
#哲 学	Philosophy	4	6	12	43	149	192
经济学	Economics	20	9	59	102	211	240
法 学	Law	8	15	48	234	655	1016
教育学	Education	18	8	11	104	460	768
文 学	Literature	59	33	65	231	725	769
历史学	History	28	12	18	86	193	156
理 学	Science	93	74	101	377	907	1060
工 学	Engineering	129	101	169	737	2019	2207
农 学	Agriculture	30	14	59	139	422	382
医 学	Medicine	87	68	98	401	1143	1414
管理学	Administration				133	498	652
#学术型学位	Academic Type					7382	7879
专业学位	Professional Degree					368	977
分学科招生数	**New Student Enrollment**	**334**	**469**	**1485**	**6561**	**10704**	**10891**
#哲 学	Philosophy		9	30	146	133	120
经济学	Economics	10	23	54	194	238	333
法 学	Law	19	29	166	487	734	813
教育学	Education	8	8	44	415	400	1025
文 学	Literature	35	59	134	565	791	1052
历史学	History	13	17	52	215	143	169
理 学	Science	61	78	230	985	1263	1204
工 学	Engineering	92	151	416	1688	2376	2721
农 学	Agriculture	21	21	89	351	389	554
医 学	Medicine	75	74	270	1040	1318	1637
管理学	Administration				475	572	1263
#学术型学位	Academic Type					8357	7879
专业学位	Professional Degree					2347	3012
分学科在学人数	**Student Enrollment**	**1037**	**1307**	**3229**	**15830**	**29021**	**30908**
#哲 学	Philosophy	15	23	59	309	503	427
经济学	Economics	30	71	181	468	766	900
法 学	Law	34	77	280	1195	2308	2644
教育学	Education	25	23	146	856	1253	2439
文 学	Literature	95	148	274	1328	2398	2778
历史学	History	52	51	113	489	487	491
理 学	Science	200	218	531	2426	3769	3754
工 学	Engineering	283	386	901	4335	6952	8004
农 学	Agriculture	66	56	194	829	1144	1440
医 学	Medicine	237	254	550	2583	3782	4707
管理学	Administration				1012	1780	3324
#学术型学位	Academic Type					25142	24984
专业学位	Professional Degree					3879	5924

25-12 普通高等学校专任教师分学历的人数(2011年) Number of Full-Time Teachers by Educational Level in Regular Higher Educational Institutions(2011)

单位：人 (person)

学历	Educational Level	合计 Total	正高级 Senior	副高级 Sub-Senior	中级 Medidle	初级 Junior	无职称 Not Rank
总计	**Total**	**82037**	**6478**	**21300**	**32540**	**17620**	**4099**
博士	Doctor	8193	1720	2892	3481	20	80
硕士	Master	29658	1385	5544	13324	7762	1643
本科毕业	Undergraduate	43215	3290	12606	15405	9654	2260
专科及以下	Junior College and Below	971	83	258	330	184	116

25-13 普通中等专业学校专任教师学历情况(2011年) Number of Full-time Teachers by Educational Background in Specialized Secondary Schools(2011)

单位：人 (person)

学历	Educational Background	合计 Total	正高级 Senior	副高级 Sub-Senior	中级 Medium	初级 Junior	无职称 Not Rank
总计	**Total**	**16439**	**96**	**4150**	**6591**	**4708**	**894**
博士	Doctor	23	12	9	2		
硕士	Master	1626	34	537	588	345	122
本科毕业	Undergraduate	13511	35	3478	5506	3902	590
专科及以下	Junior College and Below	1279	15	126	495	461	182

25-14 普通中等专业学校分学科毕业生、招生及在校学生数(2011年)

Graduates,New Student Enrollment,Student Enrollment of Specialized Secondary Schools by Field of Study(2011)

单位：人 (person)

学 科	Subject	毕业生 Graduates	招生 New student Enrollment	高中毕业 Graduates of Senior Secondary Schools	初中毕业 Graduates of Junior Secondary Schools	在校学生 Student Enrollment
总 计	**Total**	**216554**	**255354**	**23516**	**207564**	**692532**
农林牧渔类	Farming, Forestry,animal Husbandry and Fishery	9053	37275	8440	24089	73449
资源与环境类	Resources and Environment	3611	4656	365	2850	8515
能源与新能源类	Energy and New Energy	1180	474	15	408	2188
土木水利工程类	Civil and Irrigation Engineering	9387	11521	1848	8196	28657
加工制造类	Manufacturing	28352	18793	356	17239	62017
石油化工类	Petroleum Chemical	1350	1004		1003	1780
轻纺食品类	Light textile and Food	2680	1995	270	1666	6428
交通运输类	Communications & Transportation	9828	12707	1163	10806	34355
信息技术类	Information Technologies	41252	37840	1596	33336	117799
医药卫生类	Medical and Health	39914	36723	2294	29947	123049
休闲保健类	Leisure health	138	505		497	1179
财经商贸类	Financial and Business	22819	26722	2024	21718	64538
旅游服务类	Tourism service	6316	4230	195	3845	17148
文化艺术类	Culture and Art	11458	11812	131	10866	33911
体育与健身	Sports and Fitness	3635	2799	36	2653	8662
教育类	Education	21053	42837	4732	35881	94997
司法服务类	Judicial Service	1705	656	16	542	2581
公共管理与服务类	Public Management and Service	1101	2064	35	1580	5889
其他	Other	1722	741		442	5390

25-15 普通中小学和幼儿园专任教师分学历的人数与构成

Number and Composition of Full-time Teachers in Regular Secondary Schools,Primary Schools and Kindergartens by Educational Level

单位：人 (person)

	Educational Level	2010 绝对数 Total	2010 构成(%) Composition (%)	2011 绝对数 Total	2011 构成(%) Composition (%)
高中教师	**Teachers of Senior Secondary School**	**104334**	**100.0**	**104288**	**100.0**
大学本科毕业及以上	Undergraduates and over	99108	95.0	99560	95.5
大学专科毕业	Junior Colloge	5171	5.0	4612	4.4
高中阶段毕业及以下	Senior Secondary and below	55	0.1	116	0.1
初中教师	**Teachers of Junior Secondary School**	**276650**	**100.0**	**282202**	**100.0**
大学本科毕业及以上	Undergraduates and over	140391	50.7	156766	55.6
大学专科毕业	Junior Colloge	132516	47.9	122407	43.4
高中阶段毕业	Senior Secondary	3716	1.3	3015	1.1
高中阶段毕业以下	Below Senior	27	0.0	14	0.0
小学教师	**Teachers of Primary School**	**490413**	**100.0**	**495824**	**100.0**
大学专科毕业及以上	Specialized secondary of Higher Education and over	372292	75.9	400428	80.8
高中阶段毕业	Senior Secondary	116369	23.7	95274	19.2
高中阶段毕业以下	Below Senior	1752	0.4	122	0.0
幼儿园教师	**Teachers of Kindergartens**	**71984**	**100.0**	**93588**	**100.0**
大学专科毕业及以上	Junior Colloge and Below	43449	60.4	57738	61.7
高中阶段毕业	Senior Secondary	26024	36.2	31915	34.1
高中阶段毕业以下	Below Senior	2511	3.5	3935	4.2

25-16 技工学校数、学生数和教职工数
Number of Technical Schools,Students,Teachers and Staff

指 标	Item	1990	1995	2000	2005	2010	2011
学校数(所)	Number of Schools (unit)	168	204	193	173	183	185
在校学生数(万人)	Student Enrollment (10 000 persons)	5.64	9.32	6.75	17.27	27.94	28.21
毕业生数(万人)	Graduates(10 000 persons)	1.63	2.30	3.13	3.59	7.50	7.72
招生数(万人)	New Student Enrollment(10 000 persons)	2.00	3.39	2.79	7.26	11.06	11.05
教职工数(万人)	Teachers and Staff(10 000 persons)	1.48	1.77	1.27	1.17	1.14	1.46

25-17 民办教育基本情况(2011年)
Basic Statistics on Non-state Education (2011)

指 标	Item	学校数(所) Number of School (unit)	学生数(人) student(person)			教职工数(人) Teachers and Staff (person)	
			毕业生数 Graduates	招生数 New Enrollment	在校生数 Total Enrollment		#专任教师 Full-time Teachers
总 计	**Total**	**10537**	**917983**	**1320150**	**3767696**	**243631**	**165156**
民办高等教育	Non-state Higher Education	73	79545	8404	286616	22002	15298
普通高校	Regular Institutions of Higher Education	33	61993	8404	258852	20082	14298
民办的其他高等教育机构	Private Institutions of Higer Education	40	17552		27764	1920	1000
民办中等教育机构	Non-state Secondary Education	1000	340273	368336	1034733	68815	52637
高中阶段教育	Senior Secondary Education	428	191151	171764	506713	35256	26640
民办普通高中	Private Regular Senior Secondary Schools	174	75674	78053	220840	21345	16755
民办中等职业教育	Private Vocational Secondary Education	254	115477	93711	285873	13911	9885
初中阶段教育	Junior Secondary Education	572	149122	196572	528020	33559	25997
民办普通初中	Private Regular Junior Secondary School	572	149122	196572	528020	33559	25997
民办普通小学	Non-state Regular Primary Schools	1242	138403	148322	932159	38497	28136
民办幼儿园	Non-state Kindergartens	8222	359762	795088	1514188	114317	69085

注：民办普通高中的教职工数和专任教师数包含民办普通初中数据。
a)Number of Teachers, Staff and Full-time Teachers include those of Private Regular Junior Secondary Schools.

25-18 成人学校基本情况(2011年)

Basic Statistics on Adult Schools (2011)

单位：人 (person)

各类学校	Various Schools	学校数(所) Number of Schools (unit)	教职工数 Teachers and Staff	#专任教师 Full-time Teachers	在校学生数 Student Enrollment	招生数 New Student Enrollment	毕业生数 Graduates
成人高等学校	**Adult Institutions of Higher Eduation**	**14**	**4256**	**2851**	**256471**	**119432**	**115097**
广播电视大学	Radio and TV Universities	1	375	200	3188	1139	4783
职工、农民学院	Schools of Higher Eduation for Staff,Workers and Peasants	9	1520	1053	16594	6526	8295
教育学院	Pedagogical Colleges	4	1870	1357	6692	2955	5067
其他机构	Others	4	491	241	678	150	879
成人中等专业学校	**Trade School for Adults**	**15562**	**45184**	**27636**	**3700545**		**3942334**
成人中学	Secondary Schools for Adults	877	4129	3345	227752		254165
职工中学	Secondary Schools for Staff and Workers	101	843	751	26200		23282
农民中学	Secondary Schools for Peasants	776	3286	2594	201552		230883
技术培训学校	Technical Training Schools	14685	41055	24291	3472793		3688169
职工技术培训学校	Techinical Training Schools for Staff and Workers	479	12499	7691	216035		226161
农民技术培训学校	Techinical Training Schools for Peasants	13670	24719	13864	3060226		3276014
其他培训机构	Other Training Organizations	536	3837	2736	196532		185994
成人初等学校	**Primary Schools for Adults**	**5267**	**5172**	**3425**	**272753**		**292160**
职工初等学校	Primary Schools for Staff and Workers	289	41	41	10513		10513
农民初等学校	Primary Schools for peasants	4978	5131	3384	262240		281647
#扫盲班	Literacy Courses	1089	2223	1604	52598		58226

注：其他机构、高校函授部、夜大学不计入成人高等学校总校数。

a)Number of Adult Institutions of Higher Eduation excludes those of Other Institutions , Correspondence Departments or Evening Universities Run by Institutions of Higher Education.

25-19 职业技术培训机构基本情况(2011年)

项　目	Item	学校数(所) Schools (unit)	教学班(点、个) Teaching Classes (site,unit)
总　计	**Total**	**14685**	**24329**
职工技术培训学校	**Technical Training Schools**	**479**	**1646**
(机构)	**(Institutions) for Employees**		
教育部门和集体办	Run by Education Dept. and Collective	319	758
其他部门办	Run by Other Dept.	96	728
民　办	Run by Private	64	160
农村成人文化技术	**Cultural & Technical Training Schools**	**13670**	**21421**
培训学校(机构)	**(Institutions) for Rural Adults**		
教育部门和集体办	Run by Education Dept. and Collective	13623	21344
县　办	Run by County	112	401
乡　办	Run by Township	1946	7655
村　办	Run by Village	11565	13288
其他部门办	Run by Other Dept	32	43
民　办	Run by Private	15	34
其他培训机构	**Other Training Institutions**	**536**	**1262**
(含社会培训机构)	**(Incld. Social Training Institutions)**		
教育部门和集体办	Run by Education Dept. and Collective	37	99
其他部门办	Run by Other Dept.	57	134
民　办	Run by Private	442	1029
按培训形式分	By Training Form		
资格证书培训	Qualification Certificate		
岗位证书培训	Post certificate		
按产业结构分	**By Industrial Structure**		
第一产业	Primary Industry		
第二产业	Secondary Industry		
第三产业	Teriary Industry		
按培训时间分	**By Training Time**		
一个月以内	Within a month		
一个月至三个月	A month to three months		
三个月至半年以内	Three months to half a year		
半年至一年以内	Six months to a year		
一年及以上	One Year and Over		

Basic Statistics on Vocational Technology Training Institutions(2011)

结业生数(人次) Students Completing Courses (person-time)		注册学生数(人) Enrolled Students (person)		教职工数(人) Teachers and Staff (person)		聘请校外教师(人) External Teachers Retained (person)
合计 Total	#女性 Female	合计 Total	#女性 Female	合计 Total	#专任教师 Full-time Teachers	
3688169	**1747795**	**3472793**	**1652646**	**41055**	**24291**	**17613**
226161	**101502**	**216035**	**103779**	**12499**	**7691**	**1343**
151330	79362	154685	80037	11188	6753	1008
43875	13880	27601	14351	755	540	188
30956	8260	33749	9391	556	398	147
3276014	**1552980**	**3060226**	**1445126**	**24719**	**13864**	**15030**
3258137	1543346	3034874	1435174	24318	13559	14926
204438	104058	194007	102172	1412	656	637
1494217	699580	1369723	642655	9981	5134	4222
1559482	739708	1471144	690347	12925	7769	10067
8026	4743	13055	4069	198	134	70
9851	4891	12297	5883	203	171	34
185994	**93313**	**196532**	**103741**	**3837**	**2736**	**1240**
22706	10778	23812	13051	454	238	366
65325	34705	61863	33948	353	275	156
97963	47830	110857	56742	3030	2223	718
247067	110456	215555	105218			
647900	330044	585012	301788			
1358060	620198	1307535	594080			
519477	261993	456959	226507			
1810632	865604	1708299	832059			
2614973	1237413	2407123	1136338			
548653	254748	555716	261725			
334731	166494	313171	153460			
153863	70929	153184	77852			
35949	18211	43599	23271			

25-20 网络教育学生情况(2011年)
Statistics on Network Education Students(2011)

单位：人

类别	Types	专科毕业生人数 Graduates	专科招生人数 New Students Enrollment	专科在校学生人数 Students Enrollment
总 计	**Total**	**10440**	**9890**	**23371**
#女	Female	6584	4526	12961
经济学	Economics	757	529	1142
法 学	Law	324	734	2034
教育学	Education	2928	960	3382
文 学	Literature	316	258	714
工 学	Engineering	1827	1773	3589
医 学	Medicine	1521	3386	7671
管理学	Administration	2767	2250	4839

类别	Types	专科毕业生人数 Graduates	专科招生人数 New Students Enrollment	专科在校学生人数 Students Enrollment
总 计	**Total**	**9867**	**11697**	**29131**
#女	Female	5264	5698	16931
材料与能源	Material and Energy	1313	413	1164
土建	Civil Construction	277	1195	2688
制造	Manufacture	166	742	1480
电子信息	Electronic information	1655	734	1991
财经	Financial	2165	4095	9816
医药卫生	Medicine and Health	935	2699	7899
旅游	Tourism	34	161	504
公共事业	Public		526	531
文化教育	Culture Education	948	423	1015
艺术设计传媒	Art Design Media	744		93
法律	law	1630	709	1950

25－21 学校教育女学生和女教师数

Number of Female Students and Teachers

项 目	Item	1990	1995	2000	2005	2010	2011
女学生数(万人)	**Number of Female Students (10 000 persons)**	**606.65**	**722.78**	**865.20**	**911.46**	**958.88**	**958.83**
普通高等学校	Regular Institutions of Higher Education	2.57	4.42	9.48	39.47	75.55	78.05
普通中等专业学校	Specialized Secondary Schools	6.48	11.20	20.24	26.42	38.23	27.46
普通中学	Regular Secondary Schools	146.71	189.68	269.98	359.26	315.35	312.89
职业中学	Vocational Secondary Schools	7.04	21.59	22.33	24.23	37.72	37.80
小 学	Primary Schools	443.85	495.89	543.17	462.08	492.03	502.63
女学生占学生总数(%)	**Percentage of Female Students to Total Students(%)**	**44.9**	**47.0**	**46.1**	**47.3**	**47.4**	**47.3**
普通高等学校	Regular Institutions of Higher Education	32.0	36.1	36.1	46.3	51.9	52.0
普通中等专业学校	Specialized Secondary Schools	47.2	52.3	60.5	54.9	56.3	55.8
普通中学	Regular Secondary Schools	41.6	45.4	42.3	47.4	47.7	47.6
职业中学	Vocational Secondary Schools	45.1	47.1	46.6	49.1	47.5	48.2
小 学	Primary Schools	46.2	47.7	48.0	46.8	46.0	46.0
女教师数(万人)	**Number of Female Teachers(10 000 persons)**	**25.24**	**26.82**	**37.35**	**46.61**	**53.30**	**54.94**
普通高等学校	Regular Institutions of Higher Education	0.40	0.49	0.72	1.89	3.53	3.77
普通中等专业学校	Specialized Secondary Schools	0.44	0.55	0.72	0.53	0.79	0.83
普通中学	Regular Secondary Schools	6.23	8.09	12.57	17.47	19.25	21.09
职业中学	Vocational Secondary Schools	0.33	0.76	0.99	1.02	1.55	1.54
小 学	Primary Schools	17.84	16.93	22.35	25.7	28.18	27.71
女教师占教师总数(%)	**Percentage of Female Teachers to Total Teachers(%)**	**33.2**	**37.7**	**45.0**	**50.2**	**53.4**	**54.2**
普通高等学校	Regular Institutions of Higher Education	28.6	31.6	35.6	40.8	45.5	46.0
普通中等专业学校	Specialized Secondary Schools	35.8	39.0	43.4	48.2	49.7	50.5
普通中学	Regular Secondary Schools	25.9	32.8	40.7	46.8	50.5	52.4
职业中学	Vocational Secondary Schools	26.0	33.3	39.8	44.5	47.7	48.1
小 学	Primary Schools	40.2	43.2	48.7	54.1	57.5	57.8

25-22 平均每万人口在校学生数、教师负担学生数及其他

Number of Students Enrollment per 10 000 persons, Student-Teacher Ration and Other

项　目	Item	1990	1995	2000	2005	2010	2011
平均每万人口在校学生数(人)	**Student Enrollment per 10 000 persons (person)**						
大学生(含研究生)	Undergraduates(include Postgraduates)	9	14	28	89	149	171
普通中专生	Specialized Secondary Schools Students	16	24	35	49	68	66
职业学生	Vocational Secondary Schools Students	18	50	51	50	80	73
普通高中生	Regular Senior Secondary Schools Students	57	47	79	194	193	182
普通初中生	Regular Junior Secondary Schools Students	351	412	593	586	471	448
小学生	Primary School Students	1111	1142	1192	1016	1074	1047
平均每个教师负担学生数(人)	**Student-Teacher Ration (person)**						
高等学校(含研究生)	Institutions of Higher Education (include Postgraduate)	5.8	8.0	13.2	17.5	17.6	21.8
普通中等专业学校	Specialized Secondary Schools	11.2	15.2	20.1	43.7	42.8	42.1
普通中学	Regular Secondary Schools	14.7	16.9	20.7	20.3	17.4	16.3
小　学	Primary Schools	21.7	26.5	24.6	20.8	21.8	22.8
入学率、巩固率、升学率	**Enrollment Rate,Consolidation Rate, Enter Higher School Rate**						
高等教育毛入学率(%)	The Gross enrollment rate of higher education(%)			8.7	17.0	23.7	24.6
高中阶段毛入学率(%)	The Gross enrollment rate of higher stage(%)			39.2	48.3	89.1	90.0
初中适龄人口入学率(%)	Percentage of School-Age Primary Enrolled (%)		83.3	98.2	98.3	99.6	99.4
初中在校生巩固率(%)	Percentage of Student Enrollment Consolidated of Junior Secondary Schools (%)		97.0	100.3	98.3	94.0	93.5
初中毕业生升学率(%)	Percentage of Graduates of Junior Secondary Schools Entering Senior Secondary Schools (%)	31.9	45.1	41.4	60.2	79.5	79.5
小学适龄人口入学率(%)	Percentage of School-Age Children Enrolled (%)	98.8	99.2	99.8	99.7	99.9	99.9
小学在校生巩固率(%)	Percentage of Student Enrollment Consolidated of Primary (%)		99.3	100.0	99.6	97.9	95.8
小学毕业生升学率(%)	Percentage of Graduates of Primary (%) Schools Entering Junior Secondary Schools (%)	65.5	85.6	95.4	98.8	96.1	96.4
中小学学校校舍危房率(%)	**Percentage of dangerous house of Regular Secondary and Primary Schools (%)**			**0.3**	**2.9**	**10.3**	**6.3**
小学生辍学人数(万人)	**Number of Primary Discontinue their Study (10 000 persons)**			**1.86**	**5.39**	**4.62**	**3.55**
初中学生辍学人数(万人)	**Number of Junior Discontinue their Study (10 000 persons)**			**9.81**	**9.52**	**7.74**	**7.73**
小学教师学历合格率(%)	**Percentage of Up to Grade of Primary Teachers (%)**			**98.0**	**99.1**	**99.6**	**100.0**

25-23 各市教育经费情况(2011年)

Basic Statistics on Educational Funds by City(2011)

单位：万元 (10 000 yuan)

市 City	合计 Total	国家财政性教育经费 Government Appropriation for Education	#预算内 Budgetary	社会团体和公民个人办学经费 Funds of Social Orgainizations and Citizens for Running Schools	社会捐资和集资办学经费 Donations and Fund-Raising for Running Schools	事业收入 Undertak Revenue	#学费和杂费 Tuition and Miscell-aneous	其他教育经费 Other Educational Funds
全 省 Total	**11856608**	**9324513**	**8810359**	**131298**	**5735**	**2106136**	**1883979**	**288927**
省 本 级 Provincial Level	2338433	1216446	1200371	16866	1579	872569	806881	230973
省 辖 市 City								
郑 州 市 Zhengzhou	1181705	979540	864549	7792	2001	178555	155739	13817
开 封 市 Kaifeng	391605	319618	309542	293	52	68296	65487	3346
洛 阳 市 Luoyang	746047	645399	589392	19430	270	78425	61208	2523
平 顶 山 市 Pingdingshan	459801	391393	356848	3379	97	63934	56245	999
安 阳 市 Anyang	512649	447018	397401	1184	14	62704	58008	1730
鹤 壁 市 Hebi	215083	170491	157431	12000	10	25728	22837	6854
新 乡 市 Xinxiang	500888	419560	397684	1657	99	72224	68628	7347
焦 作 市 Jiaozuo	336708	273082	249516	2182	141	59401	53480	1903
濮 阳 市 Puyang	367677	325311	300788	1092		39672	35797	1602
许 昌 市 Xuchang	422950	348969	330668	1878	1	69734	61860	2368
漯 河 市 Luohe	233105	185819	171501	967	165	42469	37361	3686
三 门 峡 市 Sanmenxia	290224	256097	233708	124	93	30653	25582	3258
南 阳 市 Nanyang	830000	743256	716051	4571	725	77766	67475	3683
商 丘 市 Shangqiu	803228	695571	672985	8512	80	98408	82034	658
信 阳 市 Xinyang	668355	589923	578653	16738	130	58924	50108	2641
周 口 市 Zhoukou	829832	688529	678926	20544	105	120157	105149	498
驻 马 店 市 Zhumadian	636869	550600	534329	12091	123	73064	58194	992
济 源 市 Jiyuan	91449	77894	70017		51	13454	11906	49
省 直 管 县 Province Administrating County								
巩 义 市 Gongyi	73157	69167	62121	12		3968	3866	10
兰 考 县 Lankao	52122	43408	42002			8468	8468	246
汝 州 市 Ruzhou	60898	56766	53863			4132	3588	
滑 县 Huaxian	82645	76689	70047	70		5886	4908	
长 垣 县 Changyuan	61636	48522	45433			13113	12919	
邓 州 市 Dengzhou	85768	76204	74817	23	22	7523	7168	1996
永 城 市 Yongcheng	124154	108305	104921	4165	80	11433	8352	171
固 始 县 Gushi	95189	80721	80039	5741		8727	7971	
鹿 邑 县 Luyi	85402	74654	73832	2246	36	8419	8184	48
新 蔡 县 Xincai	65676	54317	53548	1265		10095	3490	

25-24 普通高等学校办学条件

Condition of running Institutions of Higher Education

指标	Item	2007	2008	2009	2010	2011
占地面积(万平方米)	occupying Space (10 000 sq .m)	7914.11	8774.85	8952.88	9352.04	9837.98
校舍建筑面积(万平方米)	Schoolhouse Building Space (10 000 sq.m)	3527.19	3721.58	4158.67	4237.21	4688.79
一般图书(万册)	Common Books (10 000 volumes)	8093.61	9099.18	10050.64	11038.59	11921.80
固定资产总值(亿元)	Fixed Assets (100 million yuan)	344.50	370.18	404.67	460.63	547.54
#教学、科研仪器设备值	Value of Equipment for teaching and scientific research	62.05	70.68	77.47	86.58	95.33

25-25 各市普通高等学校基本情况(2011年)

Basic Statistics on Regular Institutions of Higher Education by City(2011)

单位：人 (person)

市	City	学校数(所) Number of Schools (unit)	教职工数 Teachers and Staff	#专任教师 Full-time Teachers	在校学生数 Student Enrollment	招生数 New Student Enrollment	毕业生数 Graduates
全省	**Total**	**117**	**117117**	**82037**	**1500142**	**471395**	**432994**
郑州市	Zhengzhou	51	49865	34403	665096	211918	202731
开封市	Kaifeng	5	6712	4520	79096	24090	21597
洛阳市	Luoyang	5	7353	4972	84739	25524	24480
平顶山市	Pingdingshan	4	3864	2986	61910	19420	18813
安阳市	Anyang	5	3918	3010	51705	17401	11584
鹤壁市	Hebi	2	821	598	10086	3460	3273
新乡市	Xinxiang	9	9798	6986	118428	36425	26175
焦作市	Jiaozuo	5	5975	4253	72397	23485	17821
濮阳市	Puyang	1	865	677	12140	4029	3838
许昌市	Xuchang	4	2509	1921	34091	9937	10763
漯河市	Luohe	3	3917	1768	28288	11147	7569
三门峡市	Sanmenxia	1	993	865	15164	4510	4646
南阳市	Nanyang	5	5517	3770	65508	20537	21790
商丘市	Shangqiu	6	5781	4281	77720	24441	24357
信阳市	Xinyang	5	4099	3106	54644	16319	14972
周口市	Zhoukou	3	2693	2059	38228	9644	10269
驻马店市	Zhumadian	2	1691	1252	19522	5438	4646
济源市	Jiyuan	1	746	610	11380	3670	3670

25-26 各市成人教育基本情况(2011年)

Basic Statistics on Adult Education by City(2011)

单位：人 (person)

市	City	学校数(所) Number of Schools (unit)	教职工数 Teachers and Staff	#专任教师 Full-time Teachers	在校学生数 Student Enrollment	招生数 New Student Enrollment	毕业生数 Graduates
全省	**Total**	**21026**	**68400**	**42829**	**4347241**	**161854**	**4411581**
郑州市	Zhengzhou	1368	10528	7190	551602	47032	468587
开封市	Kaifeng	712	2057	1439	97528	10911	177756
洛阳市	Luoyang	1826	3983	3177	486566	16755	489234
平顶山市	Pingdingshan	611	5406	1900	92194	10084	95020
安阳市	Anyang	86	4896	1648	262073	7724	261538
鹤壁市	Hebi	59	746	463	70647	3597	67174
新乡市	Xinxiang	646	3710	1660	244015	13912	221054
焦作市	Jiaozuo	797	1777	1385	129138	11806	112296
濮阳市	Puyang	2027	1934	598	146729	678	202508
许昌市	Xuchang	1286	2551	2443	57766	5248	77709
漯河市	Luohe	748	2119	1533	100835	1587	90314
三门峡市	Sanmenxia	812	840	359	318607	676	341215
南阳市	Nanyang	3661	8853	5245	785959	6390	759600
商丘市	Shangqiu	166	1684	1159	154987	3667	129439
信阳市	Xinyang	2678	3415	2004	309737	5793	318631
周口市	Zhoukou	2213	10181	8049	186748	7771	228367
驻马店市	Zhumadian	1324	3639	2523	343487	8125	361124
济源市	Jiyuan	6	81	54	8623	98	10015

25-27 各市成人高等教育基本情况(2011年)

Basic Statistics on Adult Education Schools by City(2011)

单位：人 (person)

市	City	学校数(所) Number of Schools (unit)	教职工数 Teachers and Staff	#专任教师 Full-time Teachers	在校学生数 Student Enrollment	招生数 New Student Enrollment	毕业生数 Graduates
全省	**Total**	**14**	**4256**	**2851**	**256471**	**119432**	**115097**
郑州市	Zhengzhou	6	2261	1433	83647	36758	32364
开封市	Kaifeng	2	663	417	19766	9694	10323
洛阳市	Luoyang	3	344	219	19212	10106	10337
平顶山市	Pingdingshan	1	583	495	12506	5619	5750
安阳市	Anyang				9908	5072	3938
鹤壁市	Hebi				751	274	271
新乡市	Xinxiang				31228	13826	11491
焦作市	Jiaozuo	1	227	151	24706	9831	9548
濮阳市	Puyang				42	21	14
许昌市	Xuchang				6223	3284	2983
漯河市	Luohe				2320	1381	605
三门峡市	Sanmenxia				742	200	49
南阳市	Nanyang				10617	5287	5567
商丘市	Shangqiu				6813	3488	5753
信阳市	Xinyang				9919	4716	2383
周口市	Zhoukou				6878	3152	4795
驻马店市	Zhumadian	1	178	136	10941	6625	8453
济源市	Jiyuan				252	98	473

25-28 各市普通中等专业学校基本情况(2011年)

Basic Statistics on Regular Specialized Secondary Schools by City(2011)

单位：人 (person)

市	City	学校数(所) Number of Schools (unit)	教职工数 Teachers and Staff	#专任教师 Full-time Teachers	在校学生数 Student Enrollment	招生数 New Student Enrollment	毕业生数 Graduates
全省	**Total**	**143**	**23616**	**16439**	**692532**	**255354**	**216554**
郑州市	Zhengzhou	35	5971	4120	217333	85327	71952
开封市	Kaifeng	9	1315	879	30628	11781	7308
洛阳市	Luoyang	25	3579	2657	63885	22217	19382
平顶山市	Pingdingshan	10	1746	1195	31899	9945	8600
安阳市	Anyang	3	410	280	17637	5852	9553
鹤壁市	Hebi	1	261	217	10604	3730	3303
新乡市	Xinxiang	5	1132	847	21096	6441	7779
焦作市	Jiaozuo	5	1122	647	30313	11335	9151
濮阳市	Puyang	2	184	132	8802	3365	1862
许昌市	Xuchang	6	1413	849	30362	13462	8915
漯河市	Luohe				19328	5927	7759
三门峡市	Sanmenxia	7	941	705	21018	7722	7463
南阳市	Nanyang	13	2057	1391	85290	29836	24128
商丘市	Shangqiu	5	773	568	37108	13991	8115
信阳市	Xinyang	4	623	480	15431	4525	4906
周口市	Zhoukou	3	657	437	18026	7683	4793
驻马店市	Zhumadian	6	911	646	28716	10744	10097
济源市	Jiyuan	4	521	389	5056	1471	1488

25–29 各市技工学校基本情况(2011年)
Basic Statistics on Technical Schools by City(2011)

单位：人 (person)

市 City	学校数(所) Number of Schools (unit)	在职教职工数 Teachers and Staff	#专任教师 Full-time Teachers	在校学生数 Student Enrollment	招生数 New Student Enrollment	毕业生数 Graduates
全　　省 Total	**185**	**14564**	**10407**	**282115**	**110529**	**77180**
郑　州　市 Zhengzhou	32	3194	2278	95500	32058	18763
开　封　市 Kaifeng	14	1050	786	19894	8577	5234
洛　阳　市 Luoyang	24	1489	992	33605	11788	11256
平 顶 山 市 Pingdingshan	12	1122	868	12280	5006	6303
安　阳　市 Anyang	6	349	271	3911	1985	891
鹤　壁　市 Hebi	4	419	268	4712	1771	2785
新　乡　市 Xinxiang	10	1052	852	25254	10173	6419
焦　作　市 Jiaozuo	7	679	393	18479	8065	5603
濮　阳　市 Puyang	4	273	179	3193	2544	852
许　昌　市 Xuchang	7	445	312	4849	1681	1364
漯　河　市 Luohe	7	574	463	7817	4164	2563
三 门 峡 市 Sanmenxia	4	729	396	12204	5791	3308
南　阳　市 Nanyang	16	1011	695	9409	3868	2881
商　丘　市 Shangqiu	11	385	309	5228	2223	2138
信　阳　市 Xinyang	10	416	329	6807	1753	2013
周　口　市 Zhoukou	8	431	276	1963	1068	923
驻 马 店 市 Zhumadian	6	692	552	10618	4651	2245
济　源　市 Jiyuan	3	254	188	6392	3363	1639

25-30 各市普通中学基本情况(2011年)
Basic Statistics on Regular Secondary Schools by City(2011)

单位：人 (person)

市 City	学校数(所) Number of Schools (unit)	教职工数 Teachers and Staff	#专任教师 Full-time Teachers	在校学生数 Student Enrollment	招生数 New Student Enrollment	毕业生数 Graduates
全 省 Total	**5388**	**455176**	**402597**	**6574848**	**2262504**	**2219994**
省辖市 City						
郑州市 Zhengzhou	365	36938	30978	440691	152263	146640
开封市 Kaifeng	266	20227	17596	290363	103761	105741
洛阳市 Luoyang	455	31170	28141	417338	141903	142031
平顶山市 Pingdingshan	258	20634	18256	246341	86786	85915
安阳市 Anyang	311	23218	20059	277958	95524	94285
鹤壁市 Hebi	102	8002	6884	106966	37530	34261
新乡市 Xinxiang	392	28328	24523	344947	121585	116998
焦作市 Jiaozuo	229	18232	15802	225327	76691	76063
濮阳市 Puyang	207	21023	17716	290859	96264	97412
许昌市 Xuchang	253	22973	20529	273605	90302	97622
漯河市 Luohe	109	11039	9704	152115	51357	51035
三门峡市 Sanmenxia	131	12004	10412	138061	42131	50031
南阳市 Nanyang	507	41815	37771	573184	200052	183078
商丘市 Shangqiu	433	38972	34575	701539	237203	228044
信阳市 Xinyang	379	39684	36013	591834	202443	205100
周口市 Zhoukou	617	42576	39642	865859	303030	289971
驻马店市 Zhumadian	336	34526	30802	597106	209981	202269
济源市 Jiyuan	38	3815	3194	40755	13698	13498
省直管县 Province Administrating County						
巩义市 Gongyi	41	3575	3276	39171	13817	14074
兰考县 Lankao	57	3375	3031	48836	18322	17499
汝州市 Ruzhou	62	3506	3245	45877	15751	13584
滑县 Huaxian	62	4627	4089	60466	21430	17535
长垣县 Changyuan	51	4305	3224	49308	18615	16828
邓州市 Dengzhou	67	5161	4723	90223	31961	32245
永城市 Yongcheng	67	5204	4721	104047	34760	28534
固始县 Gushi	65	7425	6729	109959	38842	37879
鹿邑县 Luyi	70	4739	4547	109687	39590	29631
新蔡县 Xincai	41	3635	3209	73540	25315	26401

25-31 各市普通高中基本情况(2011年)

Basic Statistics on Regular Senior Secondary Schools by City(2011)

单位：人 (person)

市	City	学校数(所) Number of Schools (unit)	专任教师 Full-time Teachers	在校学生数 Student Enrollment	招生数 New Student Enrollment	毕业生数 Graduates	毛入学率（%） Gross enrollment rate（%）
全省	**Total**	**792**	**117093**	**1895068**	**646263**	**665464**	**90.0**
省辖市	**City**						
郑州市	Zhengzhou	104	12791	166878	56325	58311	175.3
开封市	Kaifeng	39	5952	82304	28217	30951	87.9
洛阳市	Luoyang	68	8598	126139	42812	42912	91.5
平顶山市	Pingdingshan	38	4958	78371	27237	30439	95.8
安阳市	Anyang	37	5285	78336	25958	30630	75.9
鹤壁市	Hebi	13	1377	27263	9962	8952	82.9
新乡市	Xinxiang	53	7406	100921	35892	37927	94.5
焦作市	Jiaozuo	37	4376	69358	24290	23105	86.9
濮阳市	Puyang	34	5124	69102	22806	26377	94.6
许昌市	Xuchang	30	5405	85303	30215	32323	99.1
漯河市	Luohe	17	2680	46491	16740	17323	92.0
三门峡市	Sanmenxia	23	3693	45996	13863	18678	116.2
南阳市	Nanyang	71	9586	150081	52404	49679	84.3
商丘市	Shangqiu	38	8425	196007	62475	67896	76.1
信阳市	Xinyang	72	10829	177505	60898	58810	96.6
周口市	Zhoukou	69	10539	222078	76592	72767	61.2
驻马店市	Zhumadian	41	8738	157129	54212	53023	76.4
济源市	Jiyuan	8	1331	15806	5365	5361	93.3
省直管县	**Province Administrating County**						
巩义市	Gongyi	9	1066	15667	6094	4408	70.7
兰考县	Lankao	4	921	12863	4560	4152	54.6
汝州市	Ruzhou	5	635	11748	3832	4038	64.4
滑县	Huaxian	6	919	13712	4197	5528	76.7
长垣县	Changyuan	3	987	13769	5001	5277	89.7
邓州市	Dengzhou	8	1084	18487	6105	7394	62.3
永城市	Yongcheng	6	1294	23449	6582	8016	69.8
固始县	Gushi	17	2455	37324	14137	13042	114.1
鹿邑县	Luyi	7	992	21598	8742	5735	59.7
新蔡县	Xincai	3	656	16619	5693	5642	64.8

25−32 各市普通初中基本情况(2011年)

Basic Statistics on Regular Junior Secondary Schools by City(2011)

市	City	学校数 (所) Number of Schools (unit)	专任教师 (人) Full-time Teachers (person)	在校学生数 (人) Student Enrollment (person)	招生数 (人) New Student Enrollment (person)	毕业生数 (人) Graduates (person)	初中适龄人口入学率 (%) Percentage of School-Age Primary Enrolled (%)	初中在校生巩固率 (%) Percentage of Student Enrollment Consolidated (%)
全省	**Total**	**4596**	**285504**	**4679780**	**1616241**	**1554530**	**99.4**	**93.5**
省辖市	**City**							
郑州市	Zhengzhou	261	18187	273813	95938	88329	100.0	94.6
开封市	Kaifeng	227	11644	208059	75544	74790	99.6	94.0
洛阳市	Luoyang	387	19543	291199	99091	99119	100.0	89.4
平顶山市	Pingdingshan	220	13298	167970	59549	55476	99.6	87.8
安阳市	Anyang	274	14774	199622	69566	63655	100.0	93.2
鹤壁市	Hebi	89	5507	79703	27568	25309	99.9	94.8
新乡市	Xinxiang	339	17117	244026	85693	79071	100.0	98.7
焦作市	Jiaozuo	192	11426	155969	52401	52958	100.0	95.2
濮阳市	Puyang	173	12592	221757	73458	71035	99.9	98.5
许昌市	Xuchang	223	15124	188302	60087	65299	100.0	94.9
漯河市	Luohe	92	7024	105624	34617	33712	99.8	101.1
三门峡市	Sanmenxia	108	6719	92065	28268	31353	100.0	97.2
南阳市	Nanyang	436	28185	423103	147648	133399	99.7	96.9
商丘市	Shangqiu	395	26150	505532	174728	160148	97.9	90.7
信阳市	Xinyang	307	25184	414329	141545	146290	99.7	98.2
周口市	Zhoukou	548	29103	643781	226438	217204	98.1	88.2
驻马店市	Zhumadian	295	22064	439977	155769	149246	100.0	91.0
济源市	Jiyuan	30	1863	24949	8333	8137	100.0	99.2
省直管县	**Province Administrating County**							
巩义市	Gongyi	32	2210	23504	7723	9666	98.6	88.9
兰考县	Lankao	53	2110	35973	13762	13347	99.4	84.5
汝州市	Ruzhou	57	2610	34129	11919	9546	100.0	87.6
滑县	Huaxian	56	3170	46754	17233	12007	98.8	86.8
长垣县	Changyuan	48	2237	35539	13614	11551	100.0	92.0
邓州市	Dengzhou	59	3639	71736	25856	24851	100.0	99.3
永城市	Yongcheng	61	3427	80598	28178	20518	99.4	94.4
固始县	Gushi	48	4274	72635	24705	24837	100.0	98.1
鹿邑县	Luyi	63	3555	88089	30848	23896	100.0	98.9
新蔡县	Xincai	38	2553	56921	19622	20759	100.0	99.5

25−33　各市小学基本情况(2011年)

Basic Statistics on Primary Schools by City(2011)

市	City	学校数(所) Number of Primary Schools (unit)	教职工数(人) Teachers and Staff (person)	#专任教师 Full-time Teachers	在校学生数(人) Student Enrollment (person)	招生数(人) New Student Enrollment (person)	毕业生数(人) Graduates (person)	小学适龄人口入学率(%) Percentage of School-Age Children Enrolled (%)	小学在校生巩固率(%) Peercentage of Student Enrollment Consolidated (%)	小学毕业生升学率(%) Percentage of Graduates of Primary Schools Entering Junior Secondary Schools (%)
全　　省	**Total**	**27793**	**504697**	**479717**	**10928960**	**1934351**	**1676067**	**99.9**	**95.8**	**96.4**
省　辖　市	**City**									
郑　州　市	Zhengzhou	1016	35715	33200	641669	121385	94417	100.0	100.2	102.5
开　封　市	Kaifeng	1409	24032	23030	523869	98114	79597	100.0	98.0	93.7
洛　阳　市	Luoyang	2188	29509	28442	635406	105824	105416	100.0	93.7	94.0
平顶山市	Pingdingshan	1476	25135	23720	459914	100872	69911	100.0	86.2	84.9
安　阳　市	Anyang	1412	25103	23918	528965	100504	75703	100.0	94.9	94.8
鹤　壁　市	Hebi	444	8008	7316	188084	29379	27383	100.0	99.5	100.7
新　乡　市	Xinxiang	1616	25211	23650	632978	123395	87874	100.0	97.1	102.0
焦　作　市	Jiaozuo	631	15088	14119	298661	42586	53078	100.0	100.5	98.7
濮　阳　市	Puyang	1210	20505	18975	489495	86286	74777	100.0	100.0	98.2
许　昌　市	Xuchang	1044	23795	22270	440313	76901	58807	100.0	85.7	102.2
漯　河　市	Luohe	535	11782	11343	226547	38775	34253	100.0	94.0	101.1
三门峡市	Sanmenxia	470	11069	10598	176247	28410	31914	100.0	94.1	88.6
南　阳　市	Nanyang	3716	50494	48582	1197836	231686	148734	99.9	94.2	97.4
商　丘　市	Shangqiu	2527	53899	51240	1110757	179071	183446	100.0	92.9	94.6
信　阳　市	Xinyang	2342	44654	42281	896090	154588	134806	100.0	102.0	106.1
周　口　市	Zhoukou	3936	55444	54177	1423157	228806	242189	99.5	98.2	92.6
驻马店市	Zhumadian	1714	42689	40371	1007715	178855	165652	100.0	97.9	94.3
济　源　市	Jiyuan	107	2565	2485	51257	8914	8110	100.0	92.8	102.7
省直管县	**Province Administrating County**									
巩　义　市	Gongyi	81	4632	4530	50323	8831	8383	100.0	90.8	92.1
兰　考　县	Lankao	227	3625	3486	88353	15813	13662	100.0	94.5	100.7
汝　州　市	Ruzhou	375	4702	4455	103098	23670	13782	100.0	83.6	86.5
滑　　　县	Huaxian	321	5541	5375	126907	24010	20506	98.5	94.2	84.0
长　垣　县	Changyuan	245	4065	3584	92918	19050	17199	100.0	81.8	79.2
邓　州　市	Dengzhou	530	7155	6815	205692	35138	23663	100.0	108.0	109.3
永　城　市	Yongcheng	428	8340	7870	183022	34426	28558	99.6	100.0	98.7
固　始　县	Gushi	394	7837	7366	153836	26905	24705	100.0	82.6	100.0
鹿　邑　县	Luyi	504	6603	6531	173373	28804	30935	100.0	101.2	99.7
新　蔡　县	Xincai	176	5763	5421	136547	26511	21295	100.0	99.7	92.1

25-34 各市幼儿教育基本情况(2011年)

Basic Statistics on Kindergartens by City(2011)

市 City	机构数(所) Number of Kindergartens (unit)	班数(个) Number of Classes (unit)	教职工数(人) Teachers and Staff (person)	#专任教师 Full-time Teachers	在园(班)幼儿数(人) Student Enrollment (person)
全　省 Total	**10304**	**109189**	**151007**	**93588**	**2822098**
省辖市 City					
郑州市 Zhengzhou	1005	9426	26364	14723	264834
开封市 Kaifeng	627	6009	8814	5277	160252
洛阳市 Luoyang	407	4773	8014	4926	131971
平顶山市 Pingdingshan	585	4728	9018	5791	127555
安阳市 Anyang	772	7684	10122	5865	148993
鹤壁市 Hebi	328	2404	3961	2556	59368
新乡市 Xinxiang	1288	8018	12619	8126	203452
焦作市 Jiaozuo	518	3612	8158	4923	91021
濮阳市 Puyang	307	3956	6403	3858	97490
许昌市 Xuchang	847	5524	11583	6796	149435
漯河市 Luohe	290	1966	3966	2491	61269
三门峡市 Sanmenxia	237	1916	4665	2955	54171
南阳市 Nanyang	924	15570	7940	5663	361983
商丘市 Shangqiu	464	6753	9899	6615	194836
信阳市 Xinyang	376	6920	5231	3436	197555
周口市 Zhoukou	701	11558	5031	3558	262543
驻马店市 Zhumadian	526	7432	7728	5294	229985
济源市 Jiyuan	102	940	1491	735	25385
省直管县 Province Administrating County					
巩义市 Gongyi	74	992	1852	1015	24209
兰考县 Lankao	67	767	893	493	19700
汝州市 Ruzhou	41	539	659	422	13369
滑县 Huaxian	49	1764	686	450	40070
长垣县 Changyuan	121	909	1505	1012	23545
邓州市 Dengzhou	254	4495	1767	1262	69863
永城市 Yongcheng	80	1356	2375	1617	49014
固始县 Gushi	94	1174	970	640	33112
鹿邑县 Luyi	58	1350	524	397	31906
新蔡县 Xincai	11	493	115	91	15804

25-35 外国留学生情况(2011年)
Basic condition of abroad student(2011)

单位：人、人次 (person, person-time)

指 标	Item	毕(结)业人数 Number of Graduates	授予学位数 Number of degree-granting	招生数 New Student Enrollment	在校学生数 Student Enrollment	第一年 First Year	第二年 Second Year	第三年 Third Year	第四年 Forth Year	第五年及以上 Over Five Years
总 计	**Total**	**797**	**259**	**664**	**1676**	**812**	**231**	**193**	**185**	**255**
#女	Female	220	69	190	398	124	77	44	71	82
按层次分	**by Level**									
博 士	Doctor				4	1	1	2		
硕 士	Master's Degree	20	20	11	120	48	52	20		
本 科	Enrolled in Full Undergraduate Courses	241	239	39	771	85	137	136	172	241
专 科	Junior College									
培 训	Trainee	536		614	781	678	41	35	13	14
按大洲分	**by Continents**									
亚 洲	Asia	650	251	571	1465	670	199	176	171	249
非 洲	Africa	41	5	32	81	51	14	7	4	5
欧 洲	Europe	29	1	22	50	39	10	1		
北美洲	North America	71		32	61	39	4	9	8	1
南美洲	South America	3		1	7	6	1			
大洋洲	Oceania	3	2	6	12	7	3		2	
按经费来源分	**by Sources of funding**									
国际组织资助	From International Organizations									
中国政府资助	From Chinese Government	15	1	22	76	51	24	1		
本国政府资助	From National Government	3	3	8	11	8	1	1		1
学校间交换	School exchange	82		94	36	33	3			
自费	Self-supporting	697	255	540	1553	720	203	191	185	254

主要统计指标解释

教育 指国家、社会、私人依照国家有关法规开办的各类教育机构的活动，以及其他与教育相关的活动。主要包括学前教育、初等教育、中等教育、高等教育和其他教育等类别。学前教育指按照国家幼儿教育规定对学龄前幼儿进行保育和教育活动；初等教育指义务教育法规定的初等教育和成人扫盲教育活动；中等教育指小学毕业到大学专科教育以前的教育；高等教育指经教育行政部门批准、由国家、地方、社会办的获取学历的高等教育活动和经教育主管部门批准举办的成人高等教育活动；其他教育主要指职业技能培训、特殊教育以及其他未列明的教育活动。

国家财政性教育经费 包括国家财政预算内教育经费，各级政府征收用于教育的税费，企业办学校教育经费，校办产业、勤工俭学和社会服务收入用于教育的经费。

财政预算内教育经费 指中央、地方各级财政或上级主管部门在年度内安排，并计划拨到教育部门和其他部门主办的各级各类学校、教育事业单位，列入国家预算支出科目的教育经费，包括教育事业拨款、科研经费拨款、基建拨款和其他经费拨款。

在园幼儿数 指在单独设立的、小学附设的学前班、幼儿班及托儿所附设的幼儿班的幼儿数。托幼混合班仅统计三至周六岁的幼儿数。不包括季节性的农忙时临时组织的幼儿园。

学前教育毛入园率 指学前教育在学人数占国家规定的年龄组人口数的比重。计算公式为：

$$学前教育毛入园率=\frac{在园儿童数}{学前教育学龄人口总数}\times 100\%$$

小学学龄儿童净入学率 指小学学龄人口中正在接受小学教育人数所占比重。计算公式为：

$$学龄儿童净入学率=\frac{小学学龄人口中已经进入小学学习的在校学生总数}{小学学龄人口数}\times 100\%$$

小学五年巩固率 指小学五年级在校学生中，能够从一年级连续学习五年的学生数占入学时本年级学生数比重。计算公式为.

$$小学五的巩固率=\frac{在校学生数}{该年级入小学一年级时的学生数}\times 100\%$$

初中阶段毛入学率 指初中阶段在校学生总数与12-14岁学龄组人口数的比重。计算公式为：

$$初中阶段毛入学率=\frac{初中阶段在校学生数}{12至14学龄组人口数}\times 100\%$$

初中三年巩固率 指初中三年级在校学生中，能够从一年级连续学习三年的学生占入学时本年级学生数比重。计算公式为：

$$初中三年巩固率=\frac{三年级在校学生数}{该年级入初中一年级时的学生数}\times 100\%$$

高中阶段毛入学率 指高中阶段(包括普通高中、职业高中、中等专业学校、技工学校、成人中等专业学校、成人高中)在校学生总数与15—17岁学龄组人口数的比重。计算公式为：

$$高中阶段毛入学率=\frac{高中阶段在校学生数}{15-17岁学龄组人口数}\times 100\%$$

高等教育毛入学率 指高等教育(包括国家承认学历的各类高等教育：研究生、普通高校本专科、成人高等本专科、高等学历文凭考试专科、网络教育本专科、自学考试本专科、军事院校本专科等)在校学生总数与18—22岁年龄组人口数的比重。

特殊教育 指独立设置的招收盲聋哑和残疾儿童，以及其他特殊需要的儿童，青少年进行普通或职业初中，中等教育的教学。

普通高等学校 指按国家规定的设置标准和审批程序批准建立的，通过全国普通高等教育统一招生考试，招收高中毕业生为主要培养对象，实施高等学历教育的全日制大学、独立设置的学院和高等专科学校、高等职业学校和其他机构。

大学、独立设置的学院主要实施本科及本科层次以上教育。高等专科学校、高等职业学校实施专科层次教育。其他机构是承担国家普通招生计划任务不计校数的机构。包括普通高等学校分校和批准筹建的普通高等学校等(注：高等学校在校学生数均不包括在校研究生)。

成人高等学校 指国家规定的设置标准和审批程序批准举办的，通过全国成人高等教育统一招生考试，招收具有高中毕业或同等学历的人员为主要培养对象，利用函授、业余、脱产的多种形式对其实施高等学历教育的学校。包括职工高等学校、农民高等学校、管理干部学院、教育学院、独立函授学院、广播电视大学、其他机构。其他机构是承担国家成人招生计划任务不计校数的机构。

初中毕业生升学率 计算初中毕业生升学率所用分子数为高级中学招生数，包括：普通高中招生数、职业高中招生数、技工学校招生数、普通中专招收初中毕业生数、普通中专举办的成人中专招收应届初中毕业生数及成人中专招收应届初中毕业生数，分母是初中毕业生人数。

Explanatory Notes on Main Statistical Indicators

Education refers to education institutions offered activities in the state, society, private in according to the relevant regulations of the state of all kinds of, as well as other and education related activities. Mainly include preschool education, elementary mainly include education, secondary education, higher education and other education classes.

Government Appropriation for Education refers to State budgetary fund for education, taxes and fees collected by governments at all levels that are used for education purpose, education fund for enterprise-run schools, income from school-run enterprises, work-study program and social services that are used for education purpose.

Budgetary Fund for Education refers to education funding that is planned to be allocated to various schools and education institutions by central and local financial departments at various levels within the reference year, which is within the State budgetary expenditure, including: appropriated funds for education, for science and research, for capital construction and others.

The number of infant refers infant in all kinds of kindergarten. nursery and education establishment, enrolling children in 3-6 years old.

Pre-school education entrance rate refers proportion of number of Pre-school education persons in Pre-school education school-age population × 100%.

Pre-school education entrance rate= number of Pre-school education persons/ Pre-school education school-age population.

Net Enrolment Ratio of Primary Schools refers to the proportion of school age children enrolled at schools to the total number of school age children both in and outside schools (including retarded children, but excluding blind, deaf and mute children). The formula is:

$$\text{Net Enrolment Ratio of Primary Schools} = \frac{\text{Total Primary School - age Children at Schools}}{\text{Total Primary School - age Children Whether or Not Attending School}} \times 100\%$$

Elementary school five years Consolidate rate refers to the proportion of Primary school pupils to the A primary school grade.

Elementary school five years Consolidate rate= Primary school pupils/ the A primary school grade × 100%.

The junior middle school stage gross enrollment rate refers to the proportion of number of middle school students in school to 12-14 years old population.

The junior middle school stage gross enrollment rate= number of middle school students/12-14 years old population × 100%

Junior school three years Consolidate rate refers to the proportion of Junior school students to the Junior school grade.

Junior school three years Consolidate rate= Junior school students / the Junior school grade × 100%.

The senior middle school stage gross enrollment rate refers to the proportion of number of senior middle school students in school to 15-17 years old population.

The senior middle school stage gross enrollment rate= number of senior middle school students/15-17 years old population × 100%

Higher Education gross enrollment rate refers to the proportion of number of Higher Education students in school to 18-22 years old population.

Special Education Schools refer to educational establishments set up independently, enrolling blind, deaf, dumb, amentia or other special children, and educational establishment, providing regular or vocational junior and senior secondary education for hobbledehoy.

Regular Institutions of Higher Education refer to educational establishments set up according to the government evaluation and approval procedures, recruiting graduates from senior secondary schools as the main target by National Matriculation TEST. They include full-time universities, colleges, institutions of higher professional education, institutions of higher vocational education, institutions of higher vocational education and others (non-university tertiary, branch schools and undergraduate classes).

Universities and colleges primarily provide undergraduate courses; institutions of higher professional education and institutions of higher vocational education primarily provide professional trainings; and others refer to educational establishments, which are responsible for enrolling higher education students under the State Plan but not enumerated in the total number of schools, including: branch schools of universities and colleges, and universities and colleges that have been approved and under plan for construction. Non-university tertiary refers to the regular undergraduate branch college which is running in new mechanism and mode, excluding the branch schools and other similar branches of educational institutions.

Institutions of Higher Education for Adults refer to educational establishments, set up in line with relevant rules approved by the government, enrolling staff and workers with senior secondary school or equivalent education, and providing higher education courses in many forms of correspondence, spare time, or full time for adults. Professionals thus trained receive a qualification equivalent to graduates studying regular courses at regular universities, colleges and professional colleges. Institutions of higher learning for adults include schools of higher education for staff and workers, schools of higher education for peasants, colleges for management cadres, pedagogical colleges, independent correspondence colleges, Radio and TV universities and other educational establishments. Other educational establishments have undertakings to enrol adult students but not enumerated in the schools under the State Plan.

Junior high school graduates entering middle schools rate refers to ordinary high school include, professional high school include, technicians schools include average technical secondary school, junior middle school graduate recruit average technical secondary school, the number of the adult technical secondary school recruit fresh held the junior middle school graduates number and adult secondary recruit fresh junior high school graduates number, the molecules is Senior middle schools recruit students, the denominator is junior high school graduates.

卫生、社会保障和社会福利业

Health, Social Security and Social Welfare

● 资料整理：史新旺　徐委乔　赵翠清

简要说明

一、主要内容

本篇包括卫生、社会保障和社会福利业企业、行政事业单位、社会团体及其他法人单位的单位数、从业人数、主要财务指标以及社会福利企事业机构、人员、经费情况、优抚和社会救济情况、居民最低生活保障人数、城镇社区服务、农村社会保障网络情况和参加基本养老保险、基本医疗保险、失业保险、工伤保险、生育保险人数及社会保险基金等情况。

二、资料来源

卫生、社会保障和社会福利业企业、行政事业单位、社会团体及其他法人单位的单位数、从业人数、主要财务指标由省统计局组织各部门和各地区统计调查，由省地方经济社会调查队服务业调查处整理提供。

卫生部分的资料由省卫生厅提供；社会福利和居民最低生活保障人数由省民政厅提供；参加社会保险人数、社会保险基金收支资料由省人力资源和社会保障厅提供。由省统计局社会与科技处编辑整理。

Brief Introduction

I. Main Content

Data in this chapter reflect unit, employment, and main financial indicators of Sanitation, social security and social welfare enterprises, Administrative institution, social organizations and others. condition of institutions and personnel, budget, social welfare relief, persons received lowest cost-of-living, urban welfare facilities, rural network of social security, people participated in basic pension insurance, medical insurance, unemployment insurance, work injury insurance, maternity insurance and social insurance funds, etc.

II. Sources of Data

Data on Number of Institutional Unit, Employed Persons and Main Financial Indicators of Health, Social Security and Social Welfare are calculated from Statistical investigation by Henan provincial bureau of statistics, which are provided by Henan provincial survey organizations of social and economy.

Data on public health are calculated from Henan provincial bureau of health. Data on social welfare and persons received lowest cost-of-living are from the Henan provincial bureau of Civil Affairs. Data on people participated in basic insurance are provided by Department of social and scientific and technological of Henan provincial bureau of statistics basic on monitoring reports of women and children. Data on Attend social insurance persons and social insurance funds are from Henan provincial bureau of Human Resources and Social Security. Data on this chapter are provided by Department of social and technology of the Henan provincial Bureau of Statistics.

26−1 卫生、社会保障和社会福利业法人单位数和从业人员数

Number of Institutional Unit and Employed Persons of Health, Social Security and Social Welfare

年份(Year)	合计 Total	企业 Enterprise	行政事业 Administrative institution	社会团体及其他 Social organizations and others
单位数(个)Number of Institutional Unit(unit)				
2008	25835	1592	7476	16767
2009	25841	1548	7502	16791
2010	25882	1547	7500	16835
2011	25905	1556	7502	16847
从业人数(万人)Employed Persons(10 000 persons)				
2008	44.69	3.55	35.39	5.75
2009	45.57	2.93	36.46	6.18
2010	49.41	3.14	40.06	6.22
2011	52.43	3.34	42.83	6.27

26−2 分行业卫生、社会保障和社会福利业法人单位财务指标(2011年)

Main Financial Indicators of Institutional Unit of Health, Social Security and Social Welfare by Sector(2011)

单位：万元 (10 000 yuan)

指标	Item	卫生、社会保障和社会福利业 Sanitation, Social Security and social Welfare	卫生 Sanitation	社会保障 Social Security	社会福利业 Social Welfare
单位数(个)	Number of units (unit)	25905	24242	518	1145
从业人数(万人)	Employed Persons (10 000 Persons)	52.43	50.42	0.93	1.08
固定资产原价	Fixed Asset Price	6159390	5986117	59355	113918
收入合计	Total Income	7228287	7011595	116174	100519
成本费用合计	Total Cost	6616713	6443348	84151	89213
工资和福利费	Salary and Welfare	1674086	1623744	25985	24357
税费合计	Tax	12504	12284	12	208
营业利润	Operating Profit	313519	313477	-254	297

26-3 各市卫生、社会保障和社会福利业法人单位财务指标(2011年)
Main Financial Indicators of Institutional Unit of Health, Social Security and Social Welfare by City(2011)

单位：万元 (10 000 yuan)

市(县)	City(County)	单位数(个) Number of units (unit)	从业人数(万人) Employed Persons (10 000 Persons)	固定资产原价 Fixed Asset Price	收入合计 Total Income	成本费用合计 Total Expenses	工资和福利费 Salary and Welfare	税费合计 Tax and Expenses	营业利润 Operating Profit
全省	**Total**	**25905**	**52.43**	**6159390**	**7228287**	**6616713**	**1674086**	**12504**	**313519**
省辖市	**City**								
郑州市	Zhengzhou	2997	7.57	1378566	1970148	1815388	386598	1095	21660
开封市	Kaifeng	468	2.36	374535	281424	250346	72078	1955	24621
洛阳市	Luoyang	3514	4.55	514201	611591	587859	154684	444	17189
平顶山市	Pingdingshan	779	2.65	302254	352624	339595	90330	787	5316
安阳市	Anyang	1621	3.11	354796	449693	367650	103104	2719	30617
鹤壁市	Hebi	867	0.85	117121	84841	73707	22328	71	326
新乡市	Xinxiang	803	3.08	351451	388327	368362	90302	155	4560
焦作市	Jiaozuo	933	2.08	193521	219545	196267	52876	298	-3303
濮阳市	Puyang	3929	2.22	178519	255437	222918	52541	478	7596
许昌市	Xuchang	2022	2.47	217709	297044	230417	67597	532	22495
漯河市	Luohe	161	1.05	146391	139250	117729	29290	187	5243
三门峡市	Sanmenxia	414	1.19	137991	131089	124332	39064	96	3543
南阳市	Nanyang	4032	5.56	527604	625364	580859	152849	1832	29035
商丘市	Shangqiu	407	4.34	263936	347278	314780	91172	144	33255
信阳市	Xinyang	1042	2.70	391306	328177	308886	86732	606	54805
周口市	Zhoukou	420	3.14	298658	326217	342297	83784	338	20256
驻马店市	Zhumadian	934	3.03	355862	374248	333275	87460	710	33293
济源市	Jiyuan	562	0.46	54970	45991	42046	11295	56	3011
省直管县	**Province Administrating County**								
巩义市	Gongyi	360	0.44	49004	47193	46241	15575	74	-496
兰考县	Lankao	67	0.39	34395	35454	31446	11634	316	9972
汝州市	Ruzhou	60	0.42	37659	46015	44293	12488	377	562
滑县	Huaxian	49	0.34	32957	59835	37442	8479	41	5533
长垣县	Changyuan	25	0.23	20827	23069	22136	5969	0	1102
邓州市	Dengzhou	574	0.60	54626	56449	54168	15940	83	1023
永城市	Yongcheng	53	0.51	40514	63450	57274	17145	7	6278
固始县	Gushi	105	0.42	51017	51621	45257	12940	82	22036
鹿邑县	Luyi	28	0.20	8656	19209	19326	4965		166
新蔡县	Xincai	93	0.26	21107	25324	23398	6378	293	10608

26-4 历年卫生事业基本情况

Basic Statistics on Public Health over the Years

年份 Year	卫生机构数(个) Number of Health Institutions (unit)	#医院、卫生院 Hospitals & Health Centers	卫生机构床位数(万张) Number of Beds in Health Institutions (10 000 units)	#医院、卫生院 Hospitals & Health Centers	卫生技术人员数(万人) Medical and Technical Personnel (10 000 persons)	#执业(助理)医师 Practice (assistant) Physicians	每万人口拥有 per 10 000 Population 卫生机构床位数(张) Number of Beds in Health Institutions (unit)	执业(助理)医师数(人) Practice (assistant) Physicians (person)
1978	7356	2476	10.20	9.73	11.44	4.38	14.4	6.2
1979	7702	2501	11.23	10.63	12.89	4.79	15.6	6.7
1980	7831	2530	11.92	11.17	14.48	5.41	16.4	7.4
1981	8483	2563	12.49	11.65	16.31	6.81	16.9	9.2
1982	8513	2578	13.08	12.11	17.34	7.31	17.4	9.7
1983	8504	2611	13.77	12.74	18.38	7.82	18.0	10.2
1984	8583	2665	14.24	13.13	19.12	8.10	18.4	10.5
1985	9207	2688	14.91	13.77	19.49	8.36	19.0	10.7
1986	8933	2713	15.31	13.99	20.15	8.50	19.2	10.6
1987	8833	2730	16.90	15.42	20.44	8.49	20.7	10.4
1988	8865	2756	17.55	15.95	21.36	8.85	21.1	10.6
1989	8721	2810	17.96	16.25	21.85	9.61	21.2	11.3
1990	8676	2824	18.21	16.36	22.28	9.94	21.1	11.5
1991	8639	2834	18.49	16.56	23.03	9.93	21.1	11.3
1992	8375	2857	18.91	16.97	23.91	10.14	21.3	11.4
1993	7669	2892	18.91	17.22	24.39	10.16	21.1	11.4
1994	7656	2944	19.14	17.45	25.13	10.55	21.2	11.7
1995	7661	2965	19.23	17.54	25.50	10.57	21.1	11.6
1996	7253	2987	18.95	17.54	25.77	10.57	20.7	11.5
1997	7194	3001	18.92	17.58	26.20	10.67	20.5	11.5
1998	11774	2999	19.42	17.99	26.32	10.68	20.8	11.5
1999	11643	3014	19.71	18.26	26.66	10.89	21.0	11.6
2000	10764	3027	19.86	18.34	26.84	11.11	20.9	11.7
2001	10719	3024	19.99	18.50	27.18	11.12	20.9	11.6
2002	13291	3094	19.73	18.75	26.48	10.17	20.5	10.6
2003	13621	3149	20.37	19.28	27.87	10.64	21.1	11.0
2004	13821	3182	20.90	19.72	28.42	10.94	21.5	11.3
2005	14554	3260	21.40	20.23	28.92	11.11	21.9	11.4
2006	14629	3292	22.52	21.23	30.07	11.55	22.9	11.8
2007	11888	3281	23.95	22.61	29.79	11.59	24.3	11.7
2008	11683	3263	26.83	25.22	30.99	11.93	27.1	12.0
2009	12157	3282	30.24	28.30	34.64	13.96	30.3	14.0
2010	75741	3282	32.76	30.44	37.28	15.48	34.8	16.5
2011	76201	3304	34.92	32.49	39.52	15.58	37.2	16.6

注：从2010年起村卫生室的机构、人员分别计入卫生机构总数、卫生人员总数(下表同)。
a)Data of Number of Health Institutions and Personnel is include Village Hospital & Health Center.(the same as the following table)

26−5 卫生事业发展情况
Basic Statistics on Public Health Development

项 目	Item	1990	1995	2000	2005	2010	2011
卫生机构数(个)	**Number of Health Institutions (unit)**	**8676**	**7661**	**10764**	**14554**	**75741**	**76201**
#医院、卫生院	Hospitals & Health Centers	2824	2965	3027	3260	3282	3304
#医院	Hospitals	789	896	966	1172	1198	1220
疗养院、所	Sanatoriums	12	8	7	5	6	5
门诊部、所	Clinics	5142	3942	196	68	86	101
诊所、卫生所、医务室	Clics,Individual-Run Medical Units and					6694	6948
社区卫生服务中心(站)	Community Sanitation Service Station					861	1017
专科防治所、站	Specialized Prevention & Treatment Centers or Stations	45	44	45	32	20	20
妇幼保健所、站	Maternity and Child Care Centers	138	142	135	167	167	166
卫生机构床位数(万张)	**Number of Beds in Health Institutions(10 000 units)**	**18.21**	**19.23**	**19.86**	**21.40**	**32.76**	**34.92**
#医院、卫生院	Hospital & Health Center	16.36	17.54	18.34	20.23	30.44	32.49
#医院	Hospitals	10.80	12.10	13.26	14.97	22.10	23.98
疗养院、所	Sanatoriums	0.22	0.15	0.15	0.06	0.09	0.09
门诊部	Clinics	1.10	0.84	0.51	0.11	0.11	0.11
平均每千人口卫生机构床位数(张)	Number of Health Institutions Beds per 1 000 Population (unit)	2.11	2.11	2.09	2.19	3.48	3.72
#医院、卫生院	Hospitals & Health Centers	1.89	1.93	1.93	2.07	3.24	3.46
医院病床使用率(%)	Utilization Rate of Beds (%)	75.71	68.08	59.60	67.01	85.36	88.27
卫生机构人员数(万人)	**Number of Persons in Health Institutions (10 000 persons)**	**27.06**	**31.31**	**33.50**	**36.23**	**59.11**	**62.24**
#卫生技术人员	Medical Technical Personnel	22.28	25.50	26.84	28.92	37.28	39.52
#执业(助理)医师	Practice (assistant) Physicians	9.94	10.57	11.11	11.11	15.48	15.58
护士	Senior Nurses	2.16	3.19	3.84	7.71	12.14	13.72
平均每千人口医生数(人)	Number of Doctors per 1 000 Population (person)	1.15	1.16	1.17	1.14	1.65	1.66

注：1.1996年及以后年度门诊部、所不含诊所、卫生保健所和医务室,与以前年度不可比(下同)。
2.1998年及以后年度卫生机构包括个体开业(下同)。
3.2002年以来医生、护士人员数为“执业医师、执业助理医师与注册护士人员数”。
4.2007年起，诊所、卫生室、医务室与社区卫生服务中心(站)分开统计。

a)The numbers of clinics since 1996 exclude cliniques, hygiene places and infirmaries. It cannot be compared with some relative years (the same as in following tables).

b)The number of health institutions include individuals since 1998 (the same as in the following tables).

c)Number of doctors and junior nurses since 2002 is the Number of registered doctors,deputy doctors and junior nurses.

d)Number of Clics,Individual-Run Medical Units and Community Sanitation Service Station are calculated by Separate statistics system since 2007.

26-6 卫生机构、床位、人员数(2011年)

Number of Health Institutions, Beds and Persons (2011)

机构类别	Type of Institutions	机构数(个) Institutions (unit)	床位数(张) Beds (unit)	人员合计(人) Total of Persons (Person)	卫生技术人员 Medical Technical Personnel	其他技术人员 Other Technical Personnel	管理人员 Managerial Personnel	工勤人员 Logistics Workers
总　计	**Total**	**76201**	**349186**	**622445**	**395232**	**23645**	**24092**	**47119**
#医院合计	**Total Number of Hospitals**	**1220**	**239793**	**283939**	**231401**	**11320**	**14807**	**26411**
综合医院	General Hospitals	797	177661	213194	174735	7861	10895	19703
中医医院	Hospitals Specialized in Traditional Chinese Medicine	197	36167	45330	36719	2098	2233	4280
中西医结合医院	Hospitals Combining Chinese and Western Medicine	8	858	930	747	29	59	95
专科医院	Specialized Hospital	217	25087	24439	19161	1332	1617	2329
口腔医院	Hospitals for Mouth Cavity Diseases Care	10	843	1822	1452	118	121	131
眼科医院	Hospital for Eye Care	15	836	1167	813	136	109	109
耳鼻喉科医院	ENT Hospital	2	85	136	96	16	3	21
肿瘤医院	Tumor Hospitals	11	4364	4035	3401	191	199	244
心血管病医院	Heart and Blood Vessel Trouble Hospital	7	1004	1233	1004	45	94	90
胸科医院	Chest Hospital	2	808	980	834	58	36	52
血液病医院	Hematonosis Hospital	3	139	74	59	1	9	5
妇产(科)医院	Maternity Hospitals	14	676	1251	960	72	105	114
儿童医院	Hospitals for Children	4	1825	1856	1500	83	148	125
精神病医院	Mental Hospitals	29	6983	4054	3042	216	229	567
传染病医院	Hospitals of Infectious Diseases	10	1791	1641	1236	72	162	171
皮肤病医院	Dermatosis Hospital	4	60	114	83	12	10	9
结核病医院	Tuberculosis Hospitals	1	150	124	95	13	1	15
麻风病医院	Leprosy hospital	1	40	47	32	3	1	11
职业病医院	Diseases hospital	1	99	210	145	4	23	38
骨科医院	Orthopaedics Hospitals	32	2456	2436	1912	127	134	263
康复医院	Rehabilitation Hospitals	18	1190	1075	828	49	57	141
整形外科医院	Plastic Surgery Hospital	1	45	80	43	9	14	14
其他专科医院	Other Specialized Hospitals	51	1673	2076	1610	105	159	202
社区卫生服务中心(站)	**Community Sanitation Service Stations**	**1017**	**7487**	**14931**	**12379**	**680**	**810**	**1062**
卫生院	**Heath Center**	**2084**	**85067**	**98155**	**76289**	**6864**	**4056**	**10946**
#中心乡卫生院	Center Countryside Hospitals	510	26604	30185	24180	1738	1032	3235
门诊部	**Clinics**	**101**	**1076**	**2174**	**1735**	**103**	**161**	**175**
诊所、医务室	**Clics,Individual-Run Medical Units and**	**6948**		**15506**	**14804**			**702**
采供血机构	**Collectting and Supply Institutions for Blood**	**20**		**1526**	**929**	**194**	**153**	**250**
妇幼保健院(所、站)	**Maternity and Child Care Centers**	**166**	**13790**	**21755**	**17266**	**1140**	**1151**	**2198**
专科疾病防治院(所、站)	**Specialized Prevention & Treatment Centers or Stations**	**20**	**1078**	**1373**	**983**	**132**	**89**	**169**
疾病预防控制中心(防疫站)	**Center for Disease Prevention and Control**	**180**		**17880**	**11715**	**1924**	**1424**	**2817**
卫生监督所	**Sanitation Supervision Stations**	**158**		**7449**	**4850**	**595**	**853**	**1151**

注：本表人员合计中包括乡村医生120396人和卫生院8384人。
a)Data of total persons include county doctor 120396 persons and Heath Center 8384 persons.

26-7 卫生机构各类人员

Employed Persons In Health Institutions by Types of Occupation

单位：人

人员类别	Type of Personnel	1990	2000	2005	2010	2011
各类人员总计	**Total**	**270573**	**335031**	**362263**	**591059**	**622445**
卫生技术人员	Medical Technical Personnel	222771	268427	289157	372818	395232
其他技术人员	Other Technical Personnel	2256	12428	23409	24100	23645
管理人员	Managerial Personnel	19856	23554	20060	25348	24092
工勤人员	Logistics Workers	25690	30622	29637	40013	47119
乡村医生和卫生员	Village Doctors & Assistants				128780	132357
卫生技术人员	**Medical Technical Personnel**	**222771**	**268427**	**289157**	**372818**	**395232**
执业(助理)医师	Practice (assistant) Physicians	99354	111113	111134	154801	155831
注册护士	Registered Nurses	46391	63032	77132	121384	137236
药剂人员	Pharmacists	25812	28094	22432	20488	20513
检验人员	Laboratory Technicians	10244	13982	13987	14445	14605
其他	Others	40970	52206	64472	61700	67047
平均每千人口	**Number of Medical Technical**					
卫生技术人员	Personnel per 1 000 Population	2.58	2.82	2.96	3.96	4.21
#执业(助理)医师	Practice (assistant) Physicians	1.15	1.17	1.14	1.65	1.66

26-8 卫生部门医院住院病人前十位疾病构成(ICD-10)(2011年)

Percentage of 10 Main Diseases of Inpatients in City Hospitals of Health Sector(ICD-10)(2011)

顺序 No.	市	City	疾病构成(%) As % of Total
	十种疾病构成	**Total**	
1	呼吸系统疾病	Diseases of the Respiratory System	14.9
2	妊娠、分娩和产褥期病	Pregnancy,childbirth & the Puerperium	10.6
3	损伤、中毒和外因	Injury, Poisoning & External Causes	9.8
4	消化系统疾病	Diseases of the Digestive System	8.1
5	脑血管病	Cerebrovascular Disease	8.8
6	恶性肿瘤	Malignant Neoplasms	6.4
7	缺血性心脏病	Ischaemic Heart Disease	6.7
8	泌尿生殖系统疾病	Disease of the Genitourinary System	4.3
9	传染病和寄生虫病	Certain Infestious and Parasitic Diseases	3.7
10	神经系统疾病	Diseases of the Nervous System	3.7

顺序 No.	县	County	疾病构成(%) As % of Total
	十种疾病构成	**Total**	
1	妊娠、分娩和产褥期病	Pregnancy,childbirth & the Puerperium	16.1
2	呼吸系统疾病	Diseases of the Respiratory System	19.2
3	损伤、中毒和外因	Injury, Poisoning & External Causes	11.8
4	消化系统疾病	Diseases of the Digestive System	9.0
5	脑血管病	Cerebrovascular Disease	9.1
6	缺血性心脏病	In the Perinatal Period	6.0
7	传染病和寄生虫病	Disease of the Genitourinary System	3.3
8	泌尿生殖系统疾病	Certain Infestious and Parasitic Diseases	3.3
9	起源于围生期病	Ischaemic Heart Disease	2.7
10	恶性肿瘤	Malignant Neoplasms	2.8

26-9 部分市、县前十位主要疾病死亡率(2011年)

Death Rate of Ten Major Diseases in Partial Cities and Counties (2011)

单位：(1/10万) (1/100 000)

死亡原因	Cause of Death	死亡率 Death Rate
市　县	**City and County**	
脑血管病	Cerebrovascular Disease	158.73
恶性肿瘤	Malignant Neoplasms	133.54
心脏病	Heart Trouble	125.72
呼吸系统疾病	Diseases of the Respiratory System	59.52
损伤和中毒	Trauma and Toxicosis	51.65
内分泌、营养和代谢疾病及免疫疾病	Endocrine, Nutritional & Metabolic Diseases, immune disease	11.19
传染病和寄生虫病	Certain Infestious and Parasitic Diseases	7.66
消化系统疾病	Diseases of the Digestive System	5.20
泌尿和生殖系病	Disease of the Genitourinary System	4.23
新生儿疾病	Newborn Baby Disease	3.75
城　市	**City**	
脑血管病	Cerebrovascular Disease	123.21
恶性肿瘤	Malignant Neoplasms	119.95
心脏病	Heart Trouble	103.41
呼吸系统疾病	Diseases of the Respiratory System	49.23
损伤和中毒	Injury and Poisoning	47.98
内分泌、营养和代谢疾病及免疫疾病	Endocrine, Nutritional & Metabolic Diseases, immune disease	18.67
消化系统疾病	Diseases of the Digestive System	7.20
传染病和寄生虫病	Certain Infestious and Parasitic Diseases	6.83
泌尿和生殖系病	Disease of the Genitourinary System	4.51
神经系统疾病	Diseases of the Nervous System	3.26
县	**County**	
脑血管病	Cerebrovascular Disease	166.91
恶性肿瘤	Malignant Neoplasms	136.67
心脏病	Heart Trouble	130.85
呼吸系统疾病	Diseases of the Respiratory System	61.89
损伤和中毒	Trauma and Toxicosis	52.49
内分泌、营养和代谢疾病及免疫疾病	Endocrine, Nutritional & Metabolic Diseases, immune disease	9.47
传染病和寄生虫病	Certain Infestious and Parasitic Diseases	7.86
消化系统疾病	Diseases of the Digestive System	4.74
泌尿和生殖系病	Disease of the Genitourinary System	4.17
新生儿疾病	Newborn Baby Disease	3.89

26-10 法定报告传染病发病及死亡情况（2011年）

Incidence and Death from Infectious Diseases (2011)

病名	Item	发病率 (1/10万) Incidence Disease Rate (per100 000 persons)	死亡率 (1/10万) Death Rate (per 100 000 persons)	病死率 (%) Mortality Rate per 100 Infectious Disease Patients (%)
总计	**Total**	**314.62**	**1.741**	**0.55**
病毒性肝炎	Viral Hepatitis	198.24	0.046	0.02
痢疾	Dysentery	18.35		
伤寒副伤寒	Typhoid and Paratyphoid Fever	0.18		
艾滋病	AIDS	1.86	1.442	77.40
淋病	Gonorrhea	2.14		
梅毒	Syphilis	19.60	0.001	0.01
麻疹	Measles	0.18		
百日咳	Pertussis	0.13		
流脑	Epidemic Encephalitis	0.01		
猩红热	Scarlet Fever	1.75		
出血热	Hemorrhage Fever	0.16	0.002	1.35
狂犬病	Hydrophobia	0.11	0.103	97.98
布氏杆菌病	Brucellosis	1.30		
乙脑	Encephalitis B	0.14	0.009	5.93
疟疾	Malaria	0.33	0.002	0.64
新生儿破伤风	Newborn Tetanus	0.01	0.001	6.67
肺结核	Pulmonary Tuberculosis	69.91	0.135	0.19

26-11 防病工作情况

Basic Condition of Disease Prevention and Cure

指标	Item	2009	2010	2011
传染病发病总例数（甲、乙）(万例)	**Number of Incidence from infectious disease(A、B) (10 000 persons)**	**31.2**	**27.5**	**29.6**
发病率(1/10万)	Incidence Disease Rate (1/100 000)	330.7	289.5	314.6
传染病死亡总人数(人)	Number of Death from infectious disease (person)	2333	1786	1637
死亡率(1/10万)	Death Rate (1/100 000)	2.5	1.9	1.7
结核病登记病人数(千例)	Number of register of Tuberculosis (1000 persons)	78.6	73.0	67.6
登记患病率(‰)	Register sicken Rate(‰)	0.8	0.73	0.70
结核病新发病人数(千例)	Number of New Incidence from Tuberculosis (1000 persons)	36.5	33.0	27.8
登记新发病率(1/万)	Register New Incidence Disease Rate (1/10 000)	0.40	0.33	0.30
结核病死亡人数(人)	Number of Death from Tuberculosis (person)	268	234	127
死亡率(1/10万)	Death Rate (1/100 000)	0.30	0.23	0.14
“五苗”接种率(%)	Five Type of bacterins inoculability Rate (%)	99.1	99.1	99.6
乙肝疫苗全程接种率(%)	Hepatitis B Bacterins Quite inoculability Rate (%)	99.2	99.6	99.6

26-12 各市卫生事业基本情况(2011年)

Basic Statistics on Public Health by City (2011)

市 City	卫生机构数(个) Number of Health Institutions (unit)	#医院、卫生院 Hospital & Health Centers	#疗养院、所 Sanatoriums	#门诊部 Clinics	#疾病控制中心 Sanitation and Antiepidemic Agencies	#妇幼保健院(所、站) Maternity and Child Care Centers	#医学科学研究机构 Research Institutes of Medical Sciences
全　　省 Total	**76201**	**3304**	**5**	**101**	**180**	**166**	**7**
省　辖　市 City							
郑　州　市 Zhengzhou	4044	265		31	16	14	5
开　封　市 Kaifeng	2830	154		3	11	8	1
洛　阳　市 Luoyang	3849	264	2	18	16	16	
平　顶　山　市 Pingdingshan	4110	181	2	12	12	11	
安　阳　市 Anyang	6736	159		3	10	10	
鹤　壁　市 Hebi	2150	57		5	6	5	
新　乡　市 Xinxiang	6169	243		9	13	13	
焦　作　市 Jiaozuo	3082	143		1	11	11	
濮　阳　市 Puyang	5327	133		4	8	7	
许　昌　市 Xuchang	4480	162		2	7	6	
漯　河　市 Luohe	1749	98		6	6	6	
三　门　峡　市 Sanmenxia	1961	125	1	4	7	5	
南　阳　市 Nanyang	6511	300		1	14	13	1
商　丘　市 Shangqiu	7490	231			10	9	
信　阳　市 Xinyang	4051	267		1	11	10	
周　口　市 Zhoukou	7681	270		1	11	11	
驻　马　店　市 Zhumadian	3396	231			10	10	
济　源　市 Jiyuan	585	21			1	1	
省　直　管　县 Province Administrating County							
巩　义　市 Gongyi	438	25			1	1	
兰　考　县 Lankao	497	24			1	1	
汝　州　市 Ruzhou	528	28	1		1	1	
滑　　县 Huaxian	1864	27			1	1	
长　垣　县 Changyuan	728	23			1	1	
邓　州　市 Dengzhou	902	28		1	1	1	
永　城　市 Yongcheng	1274	34			1	1	
固　始　县 Gushi	645	38			1	1	
鹿　邑　县 Luyi	904	31			1	1	
新　蔡　县 Xincai	394	27			1	1	

26-12 续表 continued

市 City	卫生机构床位数(张) Number of Beds in Health Institutions (unit)	#医院、卫生院 Hospital & Health Center	#疗养院、所 Sanatoriums	卫生机构人员数(人) Number of Persons in Health Institutions (person)	卫生技术人员数(人) Medical Technical Personnel (person)	#执业(助理)医师 Practice (assistant) Physicians	#注册护士 Registered Nurses
全　　省 Total	**349186**	**324860**	**845**	**622445**	**395232**	**155831**	**137236**
省　辖　市 City							
郑　州　市 Zhengzhou	52750	49237		74813	56891	21566	24205
开　封　市 Kaifeng	16827	15794	400	31713	19947	7658	7660
洛　阳　市 Luoyang	28873	26452	445	46849	31716	13266	11896
平顶山市 Pingdingshan	21033	19008		35196	23409	9102	8004
安　阳　市 Anyang	19227	17995		34346	20207	9264	6227
鹤　壁　市 Hebi	6024	5693		11562	7281	2888	2691
新　乡　市 Xinxiang	24609	23227		43051	26637	9903	9609
焦　作　市 Jiaozuo	15403	13249		25373	17262	7555	5924
濮　阳　市 Puyang	13210	12492		25172	14946	5783	5098
许　昌　市 Xuchang	13691	12594		30370	19107	8447	5761
漯　河　市 Luohe	9531	8625		17571	11152	3801	3940
三门峡市 Sanmenxia	9459	8943		15621	10764	4286	3718
南　阳　市 Nanyang	30314	28259		56300	34440	12660	11647
商　丘　市 Shangqiu	22474	20739		46799	27058	9334	8055
信　阳　市 Xinyang	15881	14991		32774	17789	6873	5323
周　口　市 Zhoukou	24659	23705		50691	29080	11541	8495
驻马店市 Zhumadian	22527	21313		39596	24738	10763	8051
济　源　市 Jiyuan	2694	2544		4648	2808	1141	932
省直管县 Province Administrating County							
巩　义　市 Gongyi	2402	2195		4573	3346	1160	1394
兰　考　县 Lankao	2638	2468		4967	3216	1155	1097
汝　州　市 Ruzhou	3999	3350		5239	2784	881	902
滑　　县 Huaxian	2863	2775		6080	2841	1458	863
长　垣　县 Changyuan	2451	2411		5568	3348	1244	921
邓　州　市 Dengzhou	3245	2640		5579	2576	845	689
永　城　市 Yongcheng	3123	2968		6878	4174	1433	1320
固　始　县 Gushi	2188	2028		5360	2535	894	699
鹿　邑　县 Luyi	2406	2381		5003	2433	1112	496
新　蔡　县 Xincai	1665	1485		3416	2188	1331	393

26−13 农村村级卫生情况

Health in Rural by Village Level

指 标	Item	2010	2011
村设置的医疗点数（个）	Medical Unit Setup in Village (unit)	64140	64131
村或群众集体办	Run by Village or Mass	36850	38123
乡卫生院设点	Units are Attach to Township and Village Hospital	591	567
乡村医生或卫生员联合办	Associational run by Rural Doctors and Health Person	4153	3940
个体办	Run by Private	21767	20709
其 他	Others	779	792
乡村医生和卫生员数（人）	Number of Rural Doctors and Health Personnels (person)	128780	132357
乡村医生	Rural Doctors	120396	123431
#行医方式中西医结合	Chinese Combine with Western Mdeicine	25684	27062
卫生员数	Health Personnel	8384	8926
#行医方式中西医结合	Chinese Combine with Western Mdeicine	1954	1863
诊疗人次数(万人次)	Person-time of See a Doctor (10 000 person-time)	20648	22961

26-14 农村乡镇卫生院医疗服务情况

Situations of Medical Services in Township Health Centers

年份 地区	Year Region	诊疗人次(亿次) Visits (100 million times)	病床使用率(%) Utilization Rate (%)	出院者平均住院日(日) Average Stay Days in Hospital(day)
	1990	4679	41	6
	1995	5660	44	5
	1996	5390	39	5
	1997	5073	41	5
	1998	4713	39	5
	1999	4098	37	5
	2000	4130	37	5
	2001	4398	36	5
	2002	4150	37	4
	2003	4054	38	5
	2004	4165	37	5
	2005	4205	38	5
	2006	4616	42	5
	2007	5357	55	7
	2008	6077	65	5
	2009	6230	63	5
	2010	6473	64	5
	2011	6914	63	6
郑州市	Zhengzhou	536	58	6
开封市	Kaifeng	334	54	7
洛阳市	Luoyang	502	57	7
平顶山市	Pingdingshan	273	65	8
安阳市	Anyang	218	69	7
鹤壁市	Hebi	67	63	7
新乡市	Xinxiang	282	59	7
焦作市	Jiaozuo	234	48	6
濮阳市	Puyang	184	67	6
许昌市	Xuchang	282	53	5
漯河市	Luohe	133	70	6
三门峡市	Sanmenxia	168	50	8
南阳市	Nanyang	965	65	5
商丘市	Shangqiu	772	77	5
信阳市	Xinyang	530	62	6
周口市	Zhoukou	693	66	6
驻马店市	Zhumadian	695	61	6
济源市	Jiyuan	48	42	8

26-15 妇女儿童卫生保健状况

Basic Statistics on Health Care of Women and Children

指标	Item	2005	2010	2011
婚前医学检查率(%)	Rate of Medical Examination before Marriage(%)	1.1	4.9	10.3
城市	Urban Areas	1.9	6.4	10.7
农村	Rural Areas	0.5	4.1	10.1
出生缺陷发生率(1/万)	Birth-defect Rate(1/10000)	82.0	81.6	80.2
婴儿死亡率（‰）	Infant Mortality (‰)	10.8	7.1	6.6
城市	Urban Areas	10.0	5.5	5.0
农村	Rural Areas	11.1	8.0	7.2
5岁以下儿童死亡率(‰)	Mortality of Child under 5 Years Old (‰)	13.8	8.7	8.1
城市	Urban Areas	10.7	6.4	5.9
农村	Rural Areas	15.3	10.0	9.1
孕产妇死亡率(1/10万)	Mortality Rate of Pregnant and Lying-in Women (1/100 000)	44.8	15.2	10.2
城市	Urban Areas	33.3	20.2	9.6
农村	Rural Areas	49.3	13.2	10.5
全省住院分娩率(%)	Hospitalization Rate of Parturition in Province(%)	87.8	98.9	99.3
农村孕产妇住院分娩率(%)	Hospital Parturition Rate of Rural Pregnant and Lying-in Women(%)	85.0	98.7	99.3
农村高危孕产妇住院分娩率（%）	Hospital Parturition Rate of Rural High Risk Pregnant and Lying-in Women (%)	97.7	99.4	99.9
产前检查率（%）	Medical Prenatal Examination Rate (%)	85.0	91.2	90.5
孕产妇系统管理率（%）	Systematic Management Rate of Pregnant and Lying-in Women (%)	67.2	76.4	74.9
城市	Urban Areas	67.6	80.0	78.9
农村	Rural Areas	67.0	75.0	73.2
5岁以下儿童中、重度营养不良患病率(%)	moderate and Serious malnutrition Rate of Children under 5 Years old (%)	3.4	2.0	2.0
城市	Urban Areas	2.4	1.5	1.6
农村	Rural Areas	4.0	2.2	2.2
7岁以下儿童保健管理率（%）	Health Care Rate of Children under 7 Years Old (%)	70.2	76.7	78.4
城市	Urban Areas		83.6	81.7
农村	Rural Areas		74.0	77.1
卡介苗疫苗接种率(%)	BCG (%)	99.4	99.8	99.8
脊髓灰质炎疫苗接种率(%)	Poliomyelitis (%)	99.2	99.3	99.7
百白破疫苗接种率(%)	DPT(%)	99.2	99.5	99.6
麻疹疫苗接种率(%)	Measles (%)	98.7	99.3	99.7
乙肝疫苗接种率（%）	Inoculation Rate of Hepatitis B Vaccine(%)	99.1	99.8	99.6

26–16 新型农村合作医疗情况

Conditions of New Cooperative Medical System

指 标	Indicator	2005	2006	2007	2008	2009	2010	2011
参加新农合人数(万人)	Number of Enrollees (10 000 persons)	1118	3238	6102	7280	7477	7651	7804
参合率 (%)	Enrollment Rate (%)	73.20	80.96	86.95	91.82	94.08	96.51	96.97
当年筹资总额 (亿元)	Total Fund Raised at Current Year (100 million yuan)	3.07	14.78	31.62	64.96	75.38	115.12	179.86
人均筹资 (元)	Per Capita Premiums (yuan)	30	50	50	90	100	150	230
当年基金支出 (亿元)	Payout at Current Year (100 million yuan)	2.89	9.61	24.56	56.18	69.68	97.61	133.57
补偿受益人次(万人次)	Number of Beneficiaries from Reimbursement (10 000 person-times)	700	1845	3136	3738	4800	11507	9897

26–17 各市新型农村合作医疗情况(2011年)

Conditions of New Cooperative Medical System by City (2011)

地 区	Region	参加新农合人数(万人) Number of Enrollees (10 000 persons)	人均筹资(元) Per Capita Premiums (yuan)	补偿受益人次(万人次) Number of Beneficiaries from Reimbursement (10 000 person-times)
全省	**Total**	**7804.46**	**230**	**9896.61**
省辖市	**City**			
郑州市	Zhengzhou	417.40	230	1074.03
开封市	Kaifeng	385.48	230	502.88
洛阳市	Luoyang	485.21	230	595.54
平顶山市	Pingdingshan	362.82	230	542.98
安阳市	Anyang	418.19	230	353.23
鹤壁市	Hebi	101.92	230	127.58
新乡市	Xinxiang	438.59	230	702.56
焦作市	Jiaozuo	247.40	230	720.25
濮阳市	Puyang	51.07	230	67.17
许昌市	Xuchang	300.25	230	585.74
漯河市	Luohe	351.08	230	337.98
三门峡市	Sanmenxia	204.77	230	189.03
南阳市	Nanyang	156.83	230	127.98
商丘市	Shangqiu	926.98	230	802.50
信阳市	Xinyang	680.44	230	657.15
周口市	Zhoukou	637.52	230	826.75
驻马店市	Zhumadian	951.51	230	746.12
济源市	Jiyuan	686.99	230	936.75
省直管县	**Province Administrating County**			
巩义市	Gongyi	63.08	230	225.97
兰考县	Lankao	66.16	230	107.43
汝州市	Ruzhou	82.85	230	159.20
滑县	Huaxian	114.22	230	85.69
长垣县	Changyuan	75.01	230	40.61
邓州市	Dengzhou	146.07	230	165.49
永城市	Yongcheng	118.25	230	198.95
固始县	Gushi	130.07	230	199.21
鹿邑县	Luyi	103.25	230	45.86
新蔡县	Xincai	92.39	230	133.57

26－18 社会服务机构基本情况(2010年)

Statistics on Social Service Institutions (2010)

指 标	Item	单位数(个) Institution (unit)	职工人数(人) Personnel Engaged (person)
总计	**Total**	**77414**	**534591**
社会工作	**Social Work**	**5653**	**101294**
提供住宿的社会服务机构	Social Welfare Residential Institutions	4046	27534
老年人与残疾人服务机构	Institutions for Aged and Disabled	2790	18655
城市养老服务机构	Urban Institutions for Aged Persons	220	2290
农村养老服务机构	Rural Institutions for Aged Persons	2404	14080
社会福利院	Social Welfare Homes	64	1069
光荣院	Homes for Disabled Veterans	97	664
荣誉军人康复医院	Convalescent Hospitals for Honorable Serviceman	3	160
复员军人疗养院	Sanatoriums for Ex-serviceman	2	392
智障与精神疾病服务机构	Mental Retardation and Mental Diseases	8	888
复退军人精神病院	Mental Hospitals for Ex-serviceman	1	320
社会福利医院	Social Welfare Hospitals	7	568
儿童收养救助服务机构	Social Welfare Institutions for Children	12	372
儿童福利院	Welfare Homes for Children	11	355
流浪儿童救助保护中心	Centers for Rescuing Street Children	1	17
社区服务机构	Community Services Institutions	1044	5091
社区服务中心	Community Centers for Aged Persons	467	2624
社区服务站	Community Stations for Aged Persons	577	2467
其他提供住宿的服务机构	Other Social Welfare Residential Institutions	192	2528
生活无着人员救助管理站	Salvation Stations	49	827
军休管理单位	Serviceman Recreation Habitation	116	1012
军供站	Serviceman Supply Stations	24	645
其他收养机构	Other Residential Institutions	3	44
不提供住宿的社会服务机构	Social Welfare Institutions Without Residential Accommodations	1607	73760
救灾储备仓库	Relief Reserve Units	11	69
社会福利企业	Social Welfare Enterprises	1102	68400
福利彩票发行单位	Welfare Lottery Issuing Institutions	74	500
烈士陵园及烈士纪念馆	Martyr Memorial Building Management Units	93	1301
捐赠、救助等其他事业单位	Institutions For Donations and Relief Management	236	3173
老龄机构	Senior Citizens' Work Institutions	91	317
成员组织	**Membership Organizations**	**71304**	**419232**
社会组织	Social Organization	20091	207139
社会团体	Social Organization	10806	110019
基金会	Fund Organization	64	233
民办非企业单位	Non-enterprise Units Run by NGO	9221	96887
自治组织	Autonomy Organizations	51213	212093
社区居委会	Neighborhood Committee	47347	193332
村民委员会	Village Committee	3866	18761
行政机关	**Administration**	**181**	**7995**
民政行政机关	Civil Affairs Administrative Institutions	181	7995
其他社会服务机构	**Other Social Service Institutions**	**276**	**6070**
婚 姻	Marriage	26	184
婚姻登记服务类单位	Marriage Registration Institutions	26	184
殡 葬	Funeral and Interment Institutions	250	5886
殡仪馆	Funeral Home	115	3594
公 墓	Cemetery	52	1152
殡葬服务管理单位	Funeral and Interment Management Institutions	83	1140

26-19 各地区社区服务设施基本情况(2011年)

Basic Conditions of Community Services Facilities by Region (2011)

单位：个 (unit)

地 区	Region	社区服务设施数 Number of Community Services Facilities	社区服务中心数 Community Services Centers	社区服务站数 Community Services Stations	其他社区服务设施数 Others Community Services Facilities	便民、利民服务网点 Number of Convenience Networks
全省	**Total**	**3104**	**467**	**577**	**2060**	**2192**
省辖市	**City**					
郑州市	Zhengzhou	451	8	54	389	
开封市	Kaifeng	133			133	702
洛阳市	Luoyang	589	22	35	532	
平顶山市	Pingdingshan	219	15	61	143	40
安阳市	Anyang	233	102		131	52
鹤壁市	Hebi	106	13	93		162
新乡市	Xinxiang	229	51		178	541
焦作市	Jiaozuo	217	55	162		
濮阳市	Puyang	36	10		26	
许昌市	Xuchang	125	7	118		294
漯河市	Luohe	34	18		16	
三门峡市	Sanmenxia	53	4	38	11	
南阳市	Nanyang	220	40		180	354
商丘市	Shangqiu	11	10	1		
信阳市	Xinyang	318	78		240	
周口市	Zhoukou	45	5	6	34	47
驻马店市	Zhumadian	64	29	9	26	
济源市	Jiyuan	21			21	
省直管县	**Province Administrating County**					
巩义市	Gongyi	12	2	10		
兰考县	Lankao					
汝州市	Ruzhou	90	9	23	58	
滑县	Huaxian					
长垣县	Changyuan	10	10			
邓州市	Dengzhou	9	1		8	
永城市	Yongcheng	1	1			
固始县	Gushi	177	28		149	
鹿邑县	Luyi	3	1		2	10
新蔡县	Xincai	1	1			

26–20 由国家支出的社会福利救济主要费用情况

Basic Statistics on Social Welfare Relief Funds from Government

单位：万元 (10 000 yuan)

项　目	Item	2005	2010	2011
社会福利救济费	**Social Welfare Relief Operating Funds**	**269044**	**1012224**	**1299225**
抚恤事业费	Comfort and Compensate Funds	86312	225361	264593
社会救济福利事业费	Social Welfare Relief Funds	150882	713979	926338
#农村社会救济费	Rural	56296	362875	522394
城镇社会救济费	Urban	94586	278220	361763
自然灾害救济费	Natural disaster Relief Funds	31850	72885	42181
彩票发行额	**Circulation of lottery**	**155000**	**321660**	**452936**

26–21 享受补助、救济人员情况

Statistics on Persons Receiving Subsidies and Relief Funds

项　目	Item	2010	2011
农村贫困户得到救济人次数（人次）	Number of Persons Receiving Traditional Relief in Rural Areas (person-times)	56037	81374
农村集中供养五保人数（人）	Number of Centralized Persons Receiving Livelihood Guaranteed in Five Aspects in Rural Areas(person)	207922	205592
#女性	Female	44325	43501
农村散居五保户人数（人）	Number of Decentralized Persons Receiving Livelihood Guaranteed in Five Aspects in Rural Areas(person)	269239	272273
#女性	Female	55818	57446
社会救济总人数（万人）	Number of persons recciving relief(10 000persons)	567.50	559.60
#城镇	Urban area	148.30	143.50
农村	Rural area	419.20	415.80
城镇临时救济人次数（万人次）	Number of Persons Receiving Temporary Relief in Urban Areas (10 000 person-times)	1.10	1.60
城镇居民最低生活保障人数（万人）	Number of Persons Receiving Minimum Living Allowance in Urban Areas(10 000 person)	148.20	141.90
#女性	Female	55.90	52.80
农村居民最低生活保障人数（万人）	Number of Persons Receiving Minimum Living Allowance in Rural Areas(10 000 person)	369.20	365.60
#女性	Female	110.70	106.30

26-22 各市城镇社区服务设施个数

Number of Service Institutions in Urban Areas by City

单位：个 (unit)

市 City	2005	2006	2007	2008	2009	2010	2011
全　　省 Total	**3799**	**3855**	**3851**	**3792**	**3983**	**3745**	**3104**
省 辖 市 City							
郑 州 市 Zhengzhou	408	410	421	435	470	542	451
开 封 市 Kaifeng	119	119	116	116	116	116	133
洛 阳 市 Luoyang	693	693	689	686	708	708	589
平 顶 山 市 Pingdingshan	600	611	611	544	366	373	219
安 阳 市 Anyang	102	102	103	108	155	233	233
鹤 壁 市 Hebi	107	114	103	103	121	113	106
新 乡 市 Xinxiang	219	219	219	223	223	230	229
焦 作 市 Jiaozuo	434	434	434	432	504	217	217
濮 阳 市 Puyang	47	46	46	68	78	51	36
许 昌 市 Xuchang	116	116	119	119	124	128	125
漯 河 市 Luohe	35	44	40		34	34	34
三 门 峡 市 Sanmenxia	338	338	330	337	343	342	53
南 阳 市 Nanyang	166	166	166	166	202	208	220
商 丘 市 Shangqiu	101	101	101	101	99	12	11
信 阳 市 Xinyang	231	231	242	242	318	318	318
周 口 市 Zhoukou	37	40	40	40	45	45	45
驻 马 店 市 Zhumadian	38	63	63	61	66	64	64
济 源 市 Jiyuan	8	8	8	11	11	11	21
省 直 管 县 Province Administrating County							
巩 义 市 Gongyi						12	12
兰 考 县 Lankao							
汝 州 市 Ruzhou						90	90
滑 县 Huaxian							
长 垣 县 Changyuan						10	10
邓 州 市 Dengzhou						9	9
永 城 市 Yongcheng							1
固 始 县 Gushi						189	177
鹿 邑 县 Luyi						3	3
新 蔡 县 Xincai						1	1

26−23　参加各类保险人数

Active Contributors

单位：万人 (10 000 persons)

年份 Year	养老保险 Basic Pension Insurance	#女性 Female	失业保险 Unemployment Insurance	医疗保险 Basic Medical Insurance	#女性 Female	工伤保险 Work Injury Insurance	#女性 Female	生育保险 Maternity Insurance	#女性 Female
2000	662.68		671.00	287.00		198.00		172.00	
2001	639.05		676.00	456.40		245.00		207.00	
2002	645.53		670.00	537.28		218.79		204.54	
2003	659.25		679.97	567.93		210.61		199.29	
2004	688.70		681.60	590.19		324.72		200.66	
2005	716.17		681.90	640.70		404.00		228.30	
2006	762.60		682.80	704.00		432.90		238.40	
2007	804.68		684.65	726.03		452.32		254.02	
2008	948.57		689.00	840.87		501.20		313.35	
2009	1019.09		694.82	1970.13		521.02		379.76	
2010	1079.33	476.50	696.46	2043.75	910.21	551.74	192.84	412.87	176.54
2011	1168.38	525.34	701.19	2122.26	942.44	655.54	202.45	460.69	203.64

注：2009年起由原来城镇职工基本医疗保险人数加入城镇居民医疗保险人数。
a) Data on basic Medical insurance include urban residents since 2009,before 2009 only refer to urban staff and workers.

26−24　社会保险基金

Social Insurance Funds

单位：亿元 (100 million yuan)

年份 Year	基金收入 Revenue	基金支出 Expenses	累计结余 Balance at the Year-end
2003	187.50	151.10	145.20
2004	216.10	166.90	195.80
2005	257.10	203.20	244.20
2006	298.50	239.20	303.30
2007	365.20	289.60	363.80
2008	540.61	445.51	496.21
2009	558.14	462.74	595.57
2010	609.40	484.90	664.70
2011	723.60	581.25	806.68

26-25 各市参加基本养老保险人数

Number of People Participated in Basic Pension Insurance by City

单位：万人 (10 000 persons)

市 City	2005	2006	2007	2008	2009	2010	2011
省辖市 City							
郑州市 Zhengzhou	98.62	108.37	119.00	127.74	141.12	158.14	198.28
开封市 Kaifeng	27.10	30.50	52.67	55.43	60.22	62.48	59.25
洛阳市 Luoyang	45.08	45.07	76.86	80.26	85.98	90.60	95.65
平顶山市 Pingdingshan	22.45	23.30	35.60	36.80	40.01	42.28	44.72
安阳市 Anyang	42.99	50.00	52.48	55.10	58.78	61.58	65.22
鹤壁市 Hebi	9.37	9.91	13.24	13.88	14.57	15.37	16.40
新乡市 Xinxiang	48.90	52.00	53.69	57.75	61.26	65.74	71.49
焦作市 Jiaozuo	24.50	26.00	41.82	42.08	45.99	48.20	50.70
濮阳市 Puyang	5.50	18.50	21.01	21.38	24.35	25.86	27.41
许昌市 Xuchang	21.01	22.99	33.08	34.21	37.07	38.76	40.70
漯河市 Luohe	17.93	17.90	20.58	20.94	23.10	24.33	25.72
三门峡市 Sanmenxia	14.79	16.30	21.99	23.58	25.08	26.39	27.51
南阳市 Nanyang	47.00	31.20	68.27	65.21	72.62	75.38	80.02
商丘市 Shangqiu	18.37	20.55	34.66	37.45	41.13	43.57	47.52
信阳市 Xinyang	40.31	31.40	41.97	42.96	48.12	50.60	54.10
周口市 Zhoukou	20.71	21.35	37.29	40.61	44.15	47.03	51.95
驻马店市 Zhumadian	14.68	15.11	25.59	26.40	28.68	30.74	34.94
济源市 Jiyuan	7.28	7.73	9.71	10.25	10.98	11.64	12.49
省直管县 Province Administrating County							
巩义市 Gongyi							8.95
兰考县 Lankao							3.65
汝州市 Ruzhou							4.46
滑县 Huaxian							5.31
长垣县 Changyuan							3.30
邓州市 Dengzhou							7.53
永城市 Yongcheng							7.07
固始县 Gushi							8.93
鹿邑县 Luyi							4.29
新蔡县 Xincai							1.70

26-26 各市参加基本医疗保险人数
Number of People Participated in Basic Medical Insurance by City

单位：万人 (10 000 persons)

市 City	2005	2006	2007	2008	2009	2010	2011
省辖市 City							
郑州市 Zhengzhou	47.00	56.30	64.96	74.76	208.80	230.83	261.64
开封市 Kaifeng	21.30	28.35	31.68	36.13	86.21	89.95	92.83
洛阳市 Luoyang	64.50	67.73	74.64	82.99	183.30	189.44	195.91
平顶山市 Pingdingshan	52.17	52.52	55.55	60.23	120.08	122.88	126.62
安阳市 Anyang	42.21	45.00	52.51	55.87	116.13	119.94	121.48
鹤壁市 Hebi	16.03	17.17	18.66	20.39	46.92	38.70	38.8
新乡市 Xinxiang	44.45	50.40	53.23	55.59	129.51	135.09	141.57
焦作市 Jiaozuo	29.40	38.60	41.65	43.52	95.45	91.83	93.2
濮阳市 Puyang	23.30	24.40	39.48	46.68	79.74	79.78	80.3
许昌市 Xuchang	27.89	28.24	31.01	34.22	85.93	88.61	89.91
漯河市 Luohe	17.60	17.60	21.42	24.62	64.33	67.84	73.2
三门峡市 Sanmenxia	22.20	23.61	27.37	28.56	59.11	62.21	64.04
南阳市 Nanyang	63.93	66.50	63.00	65.60	143.09	154.10	158.33
商丘市 Shangqiu	35.50	36.62	37.61	39.51	124.87	128.11	135.34
信阳市 Xinyang	40.30	44.58	47.80	51.30	124.28	128.61	132.62
周口市 Zhoukou	32.50	35.20	36.65	39.83	112.92	121.12	129.34
驻马店市 Zhumadian	33.34	35.80	36.01	38.00	106.49	109.13	116.02
济源市 Jiyuan	5.82	6.39	6.80	8.04	18.58	19.11	19.80
省直管县 Province Administrating County							
巩义市 Gongyi							13.90
兰考县 Lankao							6.90
汝州市 Ruzhou							11.00
滑县 Huaxian							12.80
长垣县 Changyuan							8.70
邓州市 Dengzhou							16.40
永城市 Yongcheng							18.20
固始县 Gushi							14.30
鹿邑县 Luyi							10.30
新蔡县 Xincai							7.40

26-27 各市参加失业保险人数

Number of People Participated in Unemployment Insurance by City

单位：万人 (10 000 persons)

市 City	2005	2006	2007	2008	2009	2010	2011
省辖市 City							
郑州市 Zhengzhou	78.60	85.52	86.22	87.08	87.74	89.75	92.71
开封市 Kaifeng	36.20	36.20	36.20	36.20	35.78	34.10	33.96
洛阳市 Luoyang	60.20	59.04	59.71	59.10	59.78	59.99	60.23
平顶山市 Pingdingshan	44.20	45.53	45.55	46.60	46.60	46.98	46.98
安阳市 Anyang	38.12	39.00	39.66	39.90	40.00	40.06	40.28
鹤壁市 Hebi	17.42	15.56	15.22	15.22	15.20	15.45	15.47
新乡市 Xinxiang	45.38	36.30	45.38	45.10	44.95	44.90	44.84
焦作市 Jiaozuo	37.20	34.80	34.44	34.19	34.18	35.40	35.20
濮阳市 Puyang	19.80	19.40	29.51	29.87	31.26	30.84	31.21
许昌市 Xuchang	27.61	27.31	27.64	27.01	27.00	27.00	27.00
漯河市 Luohe	16.00	16.00	14.95	16.86	16.98	17.02	17.10
三门峡市 Sanmenxia	20.03	22.34	22.35	22.65	22.71	22.70	22.79
南阳市 Nanyang	61.90	61.70	61.49	61.26	62.61	62.66	63.19
商丘市 Shangqiu	34.20	34.20	34.86	35.00	35.48	34.91	35.03
信阳市 Xinyang	39.71	39.20	39.11	39.17	39.29	39.23	39.41
周口市 Zhoukou	38.00	38.50	38.60	38.63	38.10	38.00	38.12
驻马店市 Zhumadian	31.80	31.80	31.80	34.03	35.37	36.61	37.04
济源市 Jiyuan	6.96	7.10	7.05	6.86	6.85	6.86	6.83
省直管县 Province Administrating County							
巩义市 Gongyi							5.90
兰考县 Lankao							2.90
汝州市 Ruzhou							3.30
滑县 Huaxian							4.33
长垣县 Changyuan							2.82
邓州市 Dengzhou							5.60
永城市 Yongcheng							4.80
固始县 Gushi							5.27
鹿邑县 Luyi							3.39
新蔡县 Xincai							3.11

26-28 各市参加工伤保险人数

Number of People Participated in Work Injury Insurance by City

单位：万人 (10 000 persons)

市 City	2005	2006	2007	2008	2009	2010	2011
省 辖 市 City							
郑 州 市 Zhengzhou	41.76	44.18	47.30	52.53	55.71	57.84	84.57
开 封 市 Kaifeng	20.20	21.60	22.66	25.10	25.93	27.09	32.24
洛 阳 市 Luoyang	37.08	38.12	41.52	45.72	47.90	49.50	55.13
平 顶 山 市 Pingdingshan	16.80	18.66	19.74	21.71	23.09	23.72	29.00
安 阳 市 Anyang	24.60	26.00	28.11	31.39	32.59	34.11	40.30
鹤 壁 市 Hebi	9.52	9.51	6.42	6.67	7.03	7.44	9.16
新 乡 市 Xinxiang	31.70	36.60	36.57	43.21	44.80	48.55	50.93
焦 作 市 Jiaozuo	18.00	19.60	20.96	23.11	24.12	25.10	27.48
濮 阳 市 Puyang	4.10	4.50	11.91	16.89	17.87	19.04	21.87
许 昌 市 Xuchang	12.95	13.64	14.98	16.12	16.73	17.50	21.76
漯 河 市 Luohe	9.72	9.70	10.91	13.40	14.15	14.56	17.81
三 门 峡 市 Sanmenxia	11.25	12.05	12.55	14.01	14.46	15.13	18.13
南 阳 市 Nanyang	22.50	29.50	28.77	33.19	34.27	35.65	47.07
商 丘 市 Shangqiu	9.72	12.06	11.36	15.23	16.06	16.60	25.71
信 阳 市 Xinyang	14.60	16.20	16.20	19.34	20.01	20.95	29.82
周 口 市 Zhoukou	13.10	14.40	14.44	16.00	17.00	18.00	28.93
驻 马 店 市 Zhumadian	11.00	10.40	11.88	14.14	14.60	15.16	24.06
济 源 市 Jiyuan	4.31	4.86	5.21	5.44	5.69	5.91	7.28
省 直 管 县 Province Administrating County							
巩 义 市 Gongyi							4.68
兰 考 县 Lankao							1.67
汝 州 市 Ruzhou							2.40
滑 县 Huaxian							3.03
长 垣 县 Changyuan							3.03
邓 州 市 Dengzhou							4.12
永 城 市 Yongcheng							12.12
固 始 县 Gushi							3.72
鹿 邑 县 Luyi							1.90
新 蔡 县 Xincai							1.44

26-29 各市参加生育保险人数

Number of People Participated in Maternity Insurance by City

单位：万人 (10 000 persons)

市 City	2005	2006	2007	2008	2009	2010	2011
省辖市 City							
郑州市 Zhengzhou	13.50	17.25	20.79	28.70	37.98	39.95	58.57
开封市 Kaifeng	21.00	19.34	20.02	21.00	22.01	22.50	23.00
洛阳市 Luoyang	34.05	35.02	35.52	40.00	43.68	44.70	48.94
平顶山市 Pingdingshan	16.74	16.75	15.46	20.50	22.31	26.92	28.42
安阳市 Anyang	20.49	20.00	22.07	23.60	24.73	25.04	25.53
鹤壁市 Hebi	7.21	7.20	7.51	8.10	9.02	9.51	10.01
新乡市 Xinxiang	18.20	19.00	22.74	23.70	24.89	26.04	26.84
焦作市 Jiaozuo	18.00	18.60	20.22	22.00	23.30	24.24	25.59
濮阳市 Puyang	4.63	4.80	10.51	14.40	17.66	21.72	22.17
许昌市 Xuchang	14.01	14.14	15.69	16.10	18.01	18.51	19.02
漯河市 Luohe	1.87	1.90	3.45	5.50	8.35	9.51	11.06
三门峡市 Sanmenxia	7.55	7.58	8.36	9.60	10.04	11.53	12.62
南阳市 Nanyang	18.20	17.20	19.22	23.00	25.30	28.80	31.42
商丘市 Shangqiu	2.51	3.80	4.43	4.80	6.59	6.60	13.52
信阳市 Xinyang	13.40	14.58	12.01	17.30	20.13	21.87	23.73
周口市 Zhoukou	0.83	0.87	1.90	11.00	16.93	20.98	24.91
驻马店市 Zhumadian	14.00	15.00	11.43	17.00	19.11	20.02	21.52
济源市 Jiyuan	2.80	3.01	2.70	3.00	4.07	4.53	4.84
省直管县 Province Administrating County							
巩义市 Gongyi							4.50
兰考县 Lankao							0.60
汝州市 Ruzhou							2.80
滑县 Huaxian							2.60
长垣县 Changyuan							1.00
邓州市 Dengzhou							2.40
永城市 Yongcheng							2.70
固始县 Gushi							3.70
鹿邑县 Luyi							1.50
新蔡县 Xincai							1.10

26-30 各市城乡居民养老保险情况（2011年）

Basic condition of Endowment insurance in urban and rural area by city (2011)

单位：万人 (10 000person)

市	City	年末参加城乡居民养老保险人数 Number of Endowment insurance in uaban and rural area	本年领取养老金人数 Number of getting pension Person
全省	**Total**	**3305.91**	**691.12**
省辖市	**City**		
郑州市	Zhengzhou	214.73	47.75
开封市	Kaifeng	158.55	37.34
洛阳市	Luoyang	147.74	30.75
平顶山市	Pingdingshan	203.02	44.78
安阳市	Anyang	102.05	18.19
鹤壁市	Hebi	37.55	9.71
新乡市	Xinxiang	205.59	39.10
焦作市	Jiaozuo	35.82	7.27
濮阳市	Puyang	123.86	30.37
许昌市	Xuchang	190.01	41.08
漯河市	Luohe	110.55	28.31
三门峡市	Sanmenxia	85.55	19.72
南阳市	Nanyang	379.69	92.74
商丘市	Shangqiu	258.71	65.91
信阳市	Xinyang	371.98	62.14
周口市	Zhoukou	466.53	66.49
驻马店市	Zhumadian	183.69	42.57
济源市	Jiyuan	30.29	6.90
省直管县	**Province Administrating County**		
巩义市	Gongyi	34.78	9.53
兰考县	Lankao	39.45	9.30
汝州市	Ruzhou	49.76	10.47
滑县	Huaxian		
长垣县	Changyuan		
邓州市	Dengzhou	83.70	18.94
永城市	Yongcheng		
固始县	Gushi	92.06	16.46
鹿邑县	Luyi	44.60	13.39
新蔡县	Xincai	43.09	6.96

26-31 福利彩票发行情况

Issue of Welfare Lottery Ticket

单位：万元 (10 000 yuan)

项目	Item	2006	2007	2008	2009	2010	2011
福利彩票销售点(个)	Sale Place of Welfare Lottery Ticket (unit)	3708	4532	5001	6334	7930	9527
福利彩票销售收入	Sale Revenue of Welfare Lottery Ticket	177671	208325	191362	227658	321660	452936
用于兑奖金额	Value of Exchanging Awards	69891	76373	91848	144592	184334	198052
提取公益金	Extraction Welfare					99533	135248
公益金支出	Welfare Spending					38022	58735

主要统计指标解释

社会保障业 指依据国家有关规定开展的各种社会保障活动（包括各种社会保障的登记、以及社会保障金的收取和发放等活动）。

社会福利业 包括提供临时、长期住宿的福利或救济活动以及为老人、军烈属、五保户、残疾人等提供不住宿的看护、帮助活动，以及其他社会福利活动。

医院 指设有固定床位，能收容病人住院并能为病人提供医疗、护理服务的医疗机构。包括综合医院、中医医院、中西医结合医院、民族医院、各类专科医院和护理院，不包括专科疾病防治院、妇幼保健院和疗养院。

卫生技术人员 包括执业医师、执业助理医师、注册护士、药师（士）、检验技师（士）、影像技师（士）、卫生监督员和见习医（药、护、技）师（士）等卫生专业人员。不包括从事管理工作的卫生技术人员（如院长、副院长、党委书记等）。

执业医师 指《医师执业证》“级别”为“执业医师”且实际从事医疗、预防保健工作的人员，不包括实际从事管理工作的执业医师。执业医师类别分为临床、中医、口腔和公共卫生四类。

执业助理医师 指《医师执业证》“级别”为“执业助理医师”且实际从事医疗、预防保健工作的人员，不包括实际从事管理工作的执业医师。执业助理医师类别分为临床、中医、口腔和公共卫生四类。

注册护士 指具有注册护士证书且实际从事护理工作的人员，不包括从事管理工作的护士。

收养性单位（提供食宿的社会福利单位） 指提供食宿的、不以盈利为目的的革命伤残人休养院、复退军人慢性病疗养院、复退军人精神病院、光荣院、社会福利院、儿童福利院、精神病人福利院、老年收养性机构（敬老院、养老院、老年公寓）等收养性的社会福利企业单位的总称。

收养性单位年末在院人数（收养人数） 指收养单位报告期末实际收养的优抚对象、社会“三无”对象和自费人员的总人数。

社会福利企业单位 指以集中安置城镇有一定劳动能力的残疾人就业为目的（残疾职工占生产人员10%以上）、带有社会福利性质的企业总称。社会福利企业分类为：社会福利工厂、假肢厂、其他福利企业。

居民最低生活保障人数 指报告期末在建立居民最低生活保障制度的地区，得到当地政府给予最低生活保障的人口数。城镇**居民最低生活保障**人数指在城镇建立居民最低生活保障制度的地区，得到当地政府给予最低生活保障的非农业人口数，包括“三无”对象，失业人员和在职、下岗、退休人员等；农村居民最低生活保障人数指在建立农村居民最低生活保障制度的地区，得到当地政府或集体给予最低生活保障的农业人口家庭数。

城镇职工基本养老保险

1.**（参保）职工人数** 指报告期末按照国家法律、法规和有关政策规定参加基本养老保险并在社保经办机构已建立缴费记录档案的职工人数，包括中断缴费但未终止养老保险关系的职工人数，不包括只登记未建立缴费记录档案的人数。

2.**（参保）离退休人员人数** 指报告期末参加基本养老保险的离休、退休和退职人员的人数。

3.**基本养老保险基金收入** 指根据国家有关规定，由纳入基本养老保险范围的缴费单位和个人按国家规定的缴费基数和缴费比例缴纳的养老保险基金，以及通过其他方式取得的形成基金来源的收入。包括单位和职工个人缴纳的基本养老保险费、基本养老保险基金利息收入、上级补助收入、下级上解收入、转移收入、财政补贴和其他收入。

4.**基本养老保险基金支出** 指按照国家政策规定的开支范围和开支标准从养老保险基金中支付给参加基本养老保险的个人的养老金、丧葬抚恤补助，以及由于保险关系转移、上下级之间调剂资金等原因而发生的支出。包括离休金、退休金、退职金、各种补贴、医疗费、死亡丧葬补助费、抚恤救济费、社会保险经办机构管理费、补助下级支出、上解上级支出、转移支出、其他支出等。

5.**基本养老保险基金累计结余** 指截止报告期末基本养老保险基金收支相抵后的累计余额。

基本医疗保险

1.**参保人数** 指报告期末按国家有关规定参加基本医疗保险的人数。包括参加保险的职工人数和退休人员人数。

2.**基金收入** 指根据国家有关规定，由纳入基本医疗保险范围的缴费单位和个人，按国家规定的缴费基数和缴费比例缴纳的基金，以及通过其他方式取得的形成基金来源的款项，包括：单位缴纳的社会统筹基金收入、个人缴纳的个人账户基金收入、财政补贴收入、利息收入、其他收入。

3.**基金支出** 指按照国家政策规定的开支范围和开支标准从社会统筹基金中支付给参加基本医疗保险的职工和退休人员的医疗保险待遇支出，和从个人帐户基金中支付给参加基本医疗保险的职工和退休人员的医疗费用支出，以及其他支出。包括：住院医疗费用支出、门急诊医疗费用支出、个人账户基金支出、其他支出。

4.**基金累计结余** 指截止报告期末基本医疗保险的社会统筹和个人帐户基金累计结余金额。包括银行存款、财政专户、债券投资和其他。

失业保险

1.**参保人数** 指报告期末按照国家法律、法规和有关政策规定参加了失业保险的城镇企业事业单位的职工及地方政府规定参加失业保险的其他人员的人数。

2.**失业保险基金收入** 指按照规定从企业、事业及其他单位筹集的失业保险费及其他并入失业保险基金收入的总额。包括单位和个人缴纳的失业保险费、失业保险基金利息收入、上级补助收入、下级上解收入、转移收入、财政补贴和其他收入。

3.**失业保险基金支出** 指报告期内为保障失业人员和下岗职工基本生活、促进其再就业等支出的基金总额。包括失业救济金、医疗费、死亡丧葬补助费、抚恤救济费、转业训练费支出、失业保险经办机构管理费、补助下级支出、上解上级支出、转移支出和其他支出。

4.**基金累计结余** 指截止报告期末失业保险基金收支相抵后的累计余额。

工伤保险

1.**参加保险人数** 指报告期末依据国家有关规定参加工伤保险的职工人数。

2.**享受保险待遇人数** 指劳动者因工负伤致残、死亡或因患职业病致残，根据有关规定享受工伤保险待遇职工或供养直系亲属人数。包括伤残人数、职业病人数、因工死亡人数、供养直系亲属人数。

3.**基金收入** 指根据国家有关规定，由参加工伤保险的单位按国家规定的缴费基数和缴费比例缴纳的工伤保险基金，以及通过其他形式取得的形成基金来源的款项。包括：单位缴纳的社会统筹基金收入、财政补贴收入、利息收入、其他收入。

4.**基金支出** 指按照国家政策规定的开支范围和开支标准从工伤保险基金中支付给参加工伤保险的人员及供养直系亲属工伤保险待遇支出及其他支出。包括工伤医疗费、伤残补助金、工亡补助金、护理费、丧葬补助费、工伤预防费用、职业康复费用和其他支出。

5.**基金累计结余** 指截止报告期末工伤保险基金累计结余金额。包括银行存款、财政专户、债券投资和其他。

生育保险

1.**参保人数** 指报告期末依据有关规定参加生育保险的职工人数。

2.**基金收入** 指根据国家有关规定，由参加生育保险的单位按照国家规定的缴费基数和缴费比例缴纳的生育保险基金，以及通过其他方式取得的形成基金来源的款项，包括：单位缴纳的基金收入、利息收入和其他收入。

3.**基金支出** 指按照国家政策规定的开支范围和开支标准，从生育保险基金中支付给参加生育保险的职工，因妊娠、分娩和计划生育手术而享受的待遇及其他支出。包括：生育津贴、医疗费用支出及其他支出。

4.**基金累计结余** 指截止报告期末生育保险基金累计结余金额。包括银行存款、财政专户、债券投资和其他。

Explanatory Notes on Main Statistical Indicators

Social security refers to various kinds of social security activities in according to relevant regulations of the state.(include All kinds of social security, and the registration of the collection of the social security contributions and distribution activities)

Social Welfare including temporary accommodation, long-term benefits or relief activities as well as the old man, 5 protect door, the disabled, some who provide accommodation for care, not help activities, as well as other social welfare activities.

Hospitals refer to medical institutions with permanent hospital beds, which are able to take in patients and provide them with medical and nursing services. Include general hospital, hospital of traditional Chinese medicine, hospital of combining traditional Chinese and western medicine, national hospital, all kinds of specialized subject hospital and nursing homes, not including specialized subject hospital, maternity and child care centers, and convalescent hospital.

Medical Technical Personnel include Licensed Doctors, Licensed Assistant Doctors, Pharmacists, inspection technician, image technicians, hygiene supervisors and apprentice physicians and other health professionals. Not including engaged in the management of the health technical personnel.

Licensed Doctors refer to the medical workers who have obtained the licenses of qualified doctors and are employed in medical treatment, disease prevention or healthcare institutions, excluding the licensed doctors engaged in management job. The licensed doctors are divided into 4 categories: clinician, Chinese medicine physicians, dentist and public health physicians.

Licensed Assistant Doctors refer to the medical workers who have obtained the licenses of qualified assistant doctors and are employed in medical treatment, disease prevention or healthcare institutions, excluding the licensed assistant doctors engaged in management job. The classification of licensed assistant doctors is clinician, Chinese medicine, dentist and public health.

Registered nurse refers to has registered nurse certificate and actually engaged in nursing work of the staff, not including engaged in the management of the nurse.

Social Welfare Enterprises refers to those welfare-oriented enterprises employing a significant number of handicapped people with certain labour ability (handicapped employees shall exceed 10% of the production staff), including welfare factories, artificial limb plants as well as other welfare enterprises.

Number of Residents Entitled to Minimum Living Allowances include Urban and rural residents Entitled to Minimum Living Allowances. Number of Urban Residents Entitled to Minimum Living Allowances refers to the number of those whose average family income is below a minimum local standard by the end of the reporting period, including both the employed and unemployed, laid off and retired, and those jobless people without stable residence or valid IDs. Number of Rural Residents Entitled to Minimum Living Allowances refers to the number of those receiving the minimum living allowances from the local government or community in the rural areas where this allowances system is in place as of the end of the reporting period.

Basic Pension Insurance

1. Number of staff and workers covered refer to staff and workers participating in the basic pension insurance programme according to national laws, regulations and related policies at the end of the reference period, who have already had payment records in social security management agencies, including those who have interrupt payment without terminating the insurance programme. Those who have registered in the programme but with no payment records are not included.

2. Number of retirees participating in the basic pension insurance programme refer to the number of retirees participating in basic pension insurance programmes by the end of the reference period.

3. Revenue of the basic pension insurance programme refers to payments made by employers and individuals participating in the pension insurance programme in accordance with the basis and proportion stipulated in State regulations, and income from other sources that become source of pension insurance fund, including the premium paid by employers and staff and workers, interest income, subsidies from higher level agencies, income as transfer from subordinate agencies, transferred income, government financial subsidies and other income.

4. Expenditure of basic pension insurance programme refer to payment made on pensions and funeral subsidies to those retired and resigned people covered in pension insurance programmes according to related national policies on scope and standard of expenditure. Also included are expenditure which arises due to shift of the insurance relationship or adjustment of funds among agencies. More specifically, included are pensions for resigned people, pensions for retired people, pension for people quitting jobs, various subsidies, medical fees, funeral subsidies, compensation payments, management fees for social security agencies, expenses on subsidies to lower subordinates, expenses as transfer to agencies at higher level, transferred expenditure and other expenditure.

5. Balance of basic pension insurance programme refers to the balance of basic pension insurance funds at the end of the reference period after deducting expenses from revenue.

Basic Medical Care Insurance

1. Number of people participating in the insurance programme refers to people participating in the basic medical care insurance programme according to related regulations as at the end of reference period.

2. Revenue of the insurance programme refers to payments made by employers and individuals participating in the medical care insurance programme in accordance with the basis and proportion stipulated in State regulations, and income from other sources that become source of medical insurance fund, including income paid by units, individual paid income, financial assistance's income (including individual income from medicaid), financial subsidies' income, interest income and other income.

3. Expenditure of the insurance programme refers to payment made to people covered in basic medical care insurance programme within the scope and standards of expenditure according to related national policies, and medical care payment and other expenses, including medical expenses of hospital inpatients, medical expenses for outpatients and emergency patients, payment from individual accounts and other expenditure.

4. Balance of the basic medical care insurance programme refers to the balance of medical care insurance funds at the end of the reference period.

Unemployment Insurance

1. Number of people covered refers to staff and workers in urban enterprises or institutions who have participated in the unemployment insurance programme according to relevant policies and regulations, and other people who have participated according to local government regulations, as at the end of reference period.

2. Revenue of the unemployment insurance programme refers to the total unemployment insurance funds raised in the reference period, including unemployment insurance premium, interest income, financial subsidies, other income, transferred income, subsidies from higher level agencies and income as transfer from subordinate agencies..

3. Expenditure of the unemployment insurance programme refers to total expenses during the reference period to guarantee the basic livelihood of unemployed people, and to encourage their re-employment. Included are unemployment relief, medical fees, funeral subsidies, compensation payments, training expenses, management fees for unemployment insurance agencies, subsidies to lower level agencies, expenses as transfer to higher level agencies, transferred expenditure and other expenditure.

4. Balance of the unemployment insurance programme refers to the balance of revenue of the programme after deducting expenses at the end of the reference period.

Work Injury Insurance

1. Number of people covered refers to staff and workers who have participated in the work injury insurance programme and number of employees in private business according to relevant national regulations at the end of the reference period.

2. Number of beneficiaries refers to number of people benefited from work injury insurance, as a result of work injury or occupational disease. It is the sum of beneficiaries from the work injury medical treatment withut rating, disabilities and deaths at work places.

3. Revenue of the work injury insurance programme refers to payments made by employers participating in the work injury insurance programme in accordance with the basis and proportion stipulated in State regulations, and income from other sources that become source of work injury insurance fund, including income of social comprehensive funds paid by employers, government financial subsidies, interest income and other income.

4. Expenditure of the work injury insurance programme refers to payments made from work injury insurance funds to those who participated in the work injury insurance programme and their direct dependents within the scope and standards of expenditure according to related national policies, and other expenditure, including medical fees for work injury, injury and disability subsidies, death subsidies, nursing fees, funeral subsidies, injury prevention fees, occupational rehabilitation fees and other expenditure.

5. Balance of the work injury insurance programme refers to the balance of the work injury funds at the end of the reference period.

Maternity Insurance

1. Number of people covered refers to people who have participated in the maternity insurance programme according to relevant regulation at the end of the reporting period.

2. Revenue of maternity insurance refers to payments made by employers participating in the maternity insurance programme in accordance with the basis and proportion stipulated in State regulations, and income from other sources that become source of maternity insurance fund, including income of funds paid by employers, interest income and other income.

3. Expenditure of the maternity insurance programme refers to payments made from maternity insurance funds to staff and workers who participate in the maternity insurance programme within the scope and standards of expenditure in accordance with related national policies, expenses paid for pregnancy, child delivery or surgeries related to family planning, and other expenditure, including allowance for child bearing, medical fees and other expenditure.

4. Balance of the maternity programme refers to the balance of the maternity insurance funds at the end of reference period.

文化、体育和娱乐业
Culture, Sports and Entertainment

● 资料整理：赵 霞 徐委乔 赵翠清

简要说明

一、主要内容

本篇包括文化、体育和娱乐业企业、行政事业单位、社会团体及其他法人单位的单位数、从业人数、主要财务指标以及文化、文物机构、档案、广播、电视、新闻出版等方面的社会活动情况。

二、资料来源

文化、体育和娱乐业企业、行政事业单位、社会团体及其他法人单位的单位数、从业人数、主要财务指标由省统计局组织各部门和各地区统计调查，由省地方经济社会调查队服务业调查处整理提供。

文化机构人员，艺术表演团体，艺术表演场馆，公共图书馆，博物馆，群众艺术馆，文化馆等资料由河南省文化厅提供；档案资料由省档案局提供；文物机构资料由省文物局提供；广播、电视资料由省广电厅提供；新闻出版资料由省新闻出版局提供；体育资料由省体育局提供。由省统计局社会与科技处编辑整理。

Brief Introduction

I. Main Contents

Data in this chapter mainly reflect unit, employment, and main financial indicators of Culture, sports and entertainment enterprises, Administrative institution, social organizations and others. the situations on institutions, archives; broadcasting; television; news and publication.

II. Sources of Data

Data on Number of Institutional Unit, Employed Persons and Main Financial Indicators of Culture, Sports and Entertainment are calculated from Statistical investigation by Henan provincial bureau of statistics, which are provided by Henan provincial survey organizations of social and economy.

Data on the number of the staff and workers in cultural situations, art performing groups and performance venues, public libraries, museums, art venues, cultural venues are calculated from Henan provincial bureau of culture; data on archives are calculated from Henan provincial bureau of archives; data on cultural relics situations are calculated from Henan provincial bureau of cultural relics; data on broadcasting and TV are calculated from Henan provincial bureau of broadcasting and TV; data on news and publication are calculated from Henan provincial bureau of news publication. Data on this chapter are provided by Department of social and scientific and technological of Henan provincial bureau of statistics.

27-1 文化、体育和娱乐业法人单位数和从业人员数
Number of Institutional Unit and Employed Persons of Culture, Sports and Entertainment

年份(Year)	合计 Total	企业 Enterprise	行政事业 Administrative institution	社会团体及其他 Social organizations and others
单位数(个)Number of Institutional Unit(unit)				
2008	3346	1094	1746	506
2009	3401	1146	1740	515
2010	3499	1222	1749	528
2011	3581	1295	1749	537
从业人数(万人)Employed Persons(10 000 persons)				
2008	9.52	3.55	5.04	0.93
2009	9.91	3.61	5.36	0.94
2010	9.37	3.78	4.89	0.70
2011	10.75	4.21	5.96	0.59

27-2 分行业文化、体育和娱乐业法人单位财务指标(2011年)
Main Financial Indicators of Institutional Unit of Culture, Sports and Entertainment by Sector(2011)

单位：万元 (10 000 yuan)

		文化体育和娱乐业 Culture, sports and Entertainment	新闻出版业 Journalism and publishing	广播、电影电视和音像业 Broadcasting movies television and Audiovisual	文化艺术业 Culture and art	体育 Sports	娱乐业 Entertainment
单位数(个)	Number of units (unit)	3581	169	552	1994	205	661
从业人数(万人)	Employed Persons (10 000 Persons)	10.75	2.00	3.41	3.79	0.39	1.16
固定资产原价	Fixed Asset Price	1647861	215215	570462	425116	179388	257680
收入合计	Total Income	1160800	351234	361132	245962	48632	153839
成本费用合计	Total Cost	891554	220026	310908	220041	39530	101049
工资和福利费	Salary and Welfare	291732	79405	91006	83886	15786	21649
税费合计	Tax	53421	18325	21888	5080	614	7514
营业利润	Operating Profit	116901	49196	25050	17715	2166	22775

27-3 各市文化、体育和娱乐业法人单位财务指标(2011年)
Main Financial Indicators of Institutional Unit of Culture, Sports and Entertainment by City(2011)

单位：万元 (10 000 yuan)

市(县) City(County)	单位数(个) Number of units (unit)	从业人数(万人) Employed Persons (10 000 Persons)	固定资产原价 Fixed Asset Price	收入合计 Total Income	成本费用合计 Total Expenses	工资和福利费 Salary and Welfare	税费合计 Tax and Expenses	营业利润 Operating Profit
全　　省 Total	**3581**	**10.75**	**1647861**	**1160800**	**891554**	**291732**	**53421**	**116901**
省辖市 City								
郑州市 Zhengzhou	538	3.35	657602	665473	524985	141027	31450	32396
开封市 Kaifeng	203	0.59	77952	57209	42241	18505	3267	6733
洛阳市 Luoyang	277	0.82	127853	69444	44435	18906	3445	9002
平顶山市 Pingdingshan	311	0.63	99554	34613	24185	10649	1744	5386
安阳市 Anyang	172	0.37	51919	32471	23854	8976	1316	6741
鹤壁市 Hebi	40	0.15	9530	8362	7323	3259	71	81
新乡市 Xinxiang	120	0.42	43482	28548	20113	8275	1065	7001
焦作市 Jiaozuo	142	0.35	57080	24003	19006	7044	751	3851
濮阳市 Puyang	109	0.29	20361	15001	13625	5086	385	770
许昌市 Xuchang	262	0.48	69242	38661	23870	9644	2245	10504
漯河市 Luohe	57	0.22	30222	13727	10969	3104	428	2613
三门峡市 Sanmenxia	157	0.26	64569	17358	14695	6198	313	2137
南阳市 Nanyang	391	0.76	65947	38251	33462	13846	1081	5221
商丘市 Shangqiu	115	0.45	26959	15831	12615	6619	325	2641
信阳市 Xinyang	207	0.43	57462	28261	21896	8818	1252	5097
周口市 Zhoukou	142	0.45	96570	33390	22418	7978	2731	10002
驻马店市 Zhumadian	310	0.66	60304	32940	27584	11886	1408	5843
济源市 Jiyuan	28	0.07	31255	7257	4279	1913	147	882
省直管县 Province Administrating County								
巩义市 Gongyi	40	0.06	15965	3577	2709	1556	60	14
兰考县 Lankao	31	0.07	6506	4384	4332	1358	82	1103
汝州市 Ruzhou	27	0.04	8400	2527	2197	772	218	324
滑县 Huaxian	7	0.01	2171	316	321	113	17	156
长垣县 Changyuan	8	0.06	2586	3103	2078	682	126	1061
邓州市 Dengzhou	50	0.09	9562	3897	3204	1890	57	866
永城市 Yongcheng	11	0.04	1331	1023	1020	497	0	147
固始县 Gushi	43	0.10	15132	5464	3734	1696	310	1643
鹿邑县 Luyi	8	0.02	1403	822	724	391	14	115
新蔡县 Xincai	51	0.15	12175	5691	5004	1949	267	1102

27-4 历年文化事业基本情况

Basic Statistics of Cultural Activities over the Years

年份 Year	艺术表演团体(个) Art Performance Troupes (unit)	文化馆(个) Cultural Centers (unit)	公共图书馆(个) Public Libraries (unit)	博物馆(个) Museums (unit)	图书出版数(万册) Number of Books Published (10 000 copies)	期刊出版数(万册) Number of Magazines Published (10 000 copies)	报纸出版数(万份) Number of Newspapers Published (10 000 copies)	广播人口覆盖率(%) Listener Rating (%)	电视人口覆盖率(%) Viewer Rating (%)
1978	250	150	36	11	18169			82.0	35.0
1979	274	200	68	11	22573	1325	27710	82.0	35.0
1980	280	212	70	11	21672	1368	28849	82.0	47.0
1981	273	210	70	13	28551	1516	28858	82.0	51.0
1982	273	212	76	13	27648	3350	28868	82.0	59.0
1983	277	212	79	16	27171	4654	39496	82.0	56.0
1984	271	212	95	32	30735	8044	61642	82.0	73.0
1985	264	210	118	38	30409	10341	87875	82.0	75.0
1986	258	210	122	39	29718	10522	52630	82.0	75.0
1987	253	208	119	39	34372	9486	82517	88.0	76.0
1988	244	205	122	42	36586	13245	79795	88.0	77.0
1989	238	203	125	52	31880	8307	70008	88.0	79.0
1990	231	203	127	53	29373	8460	79742	88.0	80.0
1991	230	202	129	59	35299	10100	90283	89.0	81.0
1992	228	200	128	59	31650	11253	101479	89.0	81.0
1993	220	200	131	61	30804	10490	91800	89.0	81.0
1994	216	201	132	63	34908	8795	84287	89.0	81.0
1995	216	201	132	66	36802	10501	89642	89.0	81.0
1996	214	198	132	66	37918	9618	97065	92.0	85.0
1997	208	198	132	67	39489	10216	94416	93.2	87.5
1998	206	195	132	68	42487	10643	110111	93.2	88.0
1999	206	193	133	70	40668	10937	121602	93.0	90.0
2000	205	191	134	70	35077	10721	129104	94.0	93.0
2001	204	188	135	73	32494	10548	133189	94.5	94.0
2002	202	187	134	75	33819	12678	156095	94.5	95.0
2003	199	187	136	75	32155	11849	150889	95.5	95.0
2004	228	189	136	76	29074	9738	168661	96.0	96.0
2005	438	186	136	78	27260	9323	197896	96.4	96.2
2006	453	183	136	79	24755	8828	201574	96.5	96.4
2007	454	183	138	82	22605	8425	209779	96.9	96.9
2008	394	183	142	95	23457	8980	215739	97.1	97.1
2009	413	184	142	103	19748	8781	215368	97.2	97.3
2010	371	183	142	111	20150	8524	214158	97.3	97.4
2011	468	184	152	159	21157	9148	218462	97.7	97.8

注：2005年以后艺术表演团体包含企业。

a) Data on Art Performance Troupes include enterprises since 2005.

27-5 文化机构和人员数(2011年)

Number of Institutions and Employed persons (2011)

机构类别	Category of Institution	机构数(个) Number of Institutions (unit)	从业人员(人) Number of Employed Persons (person)
事业机构合计	**Total of Affiliated institutions**	**3672**	**42280**
文化艺术服务	Culture and Art service	3331	34747
文艺创作与表演	Creation and Performance of Literary and Artistic	196	9666
艺术表演场馆	Arts Performance Places	132	3370
文物及文化保护	Historical Relics Preservation	126	2428
博物馆、纪念馆	Museums and Memorial	159	4574
图书馆	Library	152	2839
群众文化活动	Mass Culture	2506	10779
社会人文科学研究	Social and human science research	34	680
文化社会团体	Cultural and Social Groups		
其他文化艺术	Others	26	411
艺术教育	Article Education	11	777
文化、文物主管部门	Agencies of Culture and Hisrorical Relics Preservation	173	4048
文化文物执法机构	Law Enforcement Agencies of Culture and Hisrorical Relics Preservation	139	2414
其他	Others	18	294
企业机构合计	**Total of Enterprises**	**10469**	**67582**
文化艺术服务	Culture and Art service	284	8372
文艺创作与表演	Creation and Performance of Literary and Artistic	272	8007
艺术表演场馆	Arts Performance Places	12	365
网络文化服务	Internet Culture Serbices	9	1356
文化休闲娱乐服务	Recreation and cultural services	10052	55259
#娱乐场所	Entertainment	2043	22301
其他计算机服务(网吧)	Others Compture Services	8009	32958
其他文化服务	Others Culture Services	45	870
#文化艺术经纪代理	Deputy Culture and Art	45	870
动漫企业服务	Animation enterprise service	11	458
文化用品、设备及相关文化产品的生产与销售	Production and Sales of Stationery, equipment and related cultural products	6	133
#文物商店	Historical Relics Store	6	133
其他	Others	62	1134

27-6 公共图书馆、博物馆、文物机构基本情况

Basic Statistics on Public Libraries、Museums and Cultural Relic Agencies

指标名称	Index	2010	2011
公共图书馆(个)	**Public Libraries (unit)**	**142**	**152**
总藏量（万份）	Total Collections (10 000 volumes)	1837.20	2122.00
#图书	Books	1528.10	1628.00
报刊	Newspapers and periodicals	247.80	253.00
图书流动情况	Circulation of Books		
外借人次（万人次）	Number of Books Borrowed by the Readers(10 000person-times)	518.90	805.30
外借(万册次)	Number of Books Borrowed (10 000volume-times)	914.70	1214.20
为读者服务举办各种活动次数(次)	Service Activities Provided for Readers(times)	1843	2436
参加人数(万人次)	Number of Readers Involved (10 000 person-times)	66.20	47.30
本年收入(万元)	Income of this Year (10 000yuan)	13105.20	18590.00
本年支出(万元)	Expenditures of this Year (10 000yuan)	13452.10	16502.70
本年新购图书(万册)	Number of Books Purchased During the Year(10 000 volumes)	95.40	113.70
公共用房建筑面积(万平方米)	Floor Space of Public Buildings(10 000 sq.m)	32.50	42.10
#书库	Stack Rooms	9.10	11.40
阅览室座席(万个)	Seating Capacity of Reading Rooms(10 000 seats)	2.36	3.00
博物馆(个)	**Museums (unit)**	**111**	**159**
藏品(万件)	Number of Collections(10 000 pieces)	72.51	82.23
#一级品(件)	Grade One	1570	1892
业务活动	Operations		
展览(个)	Exhibitions(unit)	663	669
参观人数(万人次)	Number of Visitors(10 000 person-times)	1794	2696
本年收入(万元)	Income of this Year (10 000yuan)	31438	56784
#门票收入	Income from Tickets	5330	5523
本年支出(万元)	Expenditures of this Year (10 000yuan)	27878	44675
文物保护管理机构(个)	**Institutions for protection and control of cultural relics (unit)**	**125**	**126**
藏品(万件)	Number of Collections(10 000 pieces)	55.77	56.09
#一级品(件)	Grade One(Piece)	385	168
参观人数(万人次)	Number of Visitors(10 000 person-times)	617	846
本年收入(万元)	Income of this Year (10 000yuan)	21388	24068
#门票收入	Income from Tickets	15097	26675
本年支出(万元)	Expenditures of this Year (10 000yuan)	16787	24113

27—7 课本出版情况(2011年)

Basic Statistics of Mass Art Centers and Culture Centers (station)(2011)

项　　目	Item	种数(种) Number of Items (number)	新出版 New Publication	总印数(万册) Printed Copies (10 000)	总印张(千印张) Printed Sheets (1 000)	定价总金额(万元) Total Priced Value (10 000 yuan)
总　　计	Total	**432**	**186**	**12577**	**827861**	**79101**
大专及以上课本	Textbooks for Colleges and Universities	296	163	104	17182	2892
中学课本	Textbooks for Secondary Schools	40	3	6823	533343	47848
小学课本	Textbooks for Primary Schools	86	20	5647	276984	28238
教学用书	Teaching Materials	10		3	352	123

27—8 分市图书馆情况

Basic Statistics on Public Libraries by City

市	City	2010		2011	
		公共图书馆(个) Public Libraries (unit)	公共图书馆藏书量(万册) Number of Collections in public libraries (10 000 volume)	公共图书馆(个) Public Libraries (unit)	公共图书馆藏书量(万册) Number of Collections in public libraries (10 000 volume)
合　　计	**Total**	**142**	**1837**	**152**	**2122**
省　　直	Directly under the provincial government	1	311	1	317
省辖市	**City**				
郑州市	Zhengzhou	12	243	13	294
开封市	Kaifeng	6	78	6	78
洛阳市	Luoyang	11	135	16	157
平顶山市	Pingdingshan	8	83	8	87
安阳市	Anyang	7	109	7	120
鹤壁市	Hebi	3	40	4	43
新乡市	Xinxiang	11	105	11	109
焦作市	Jiaozuo	7	72	7	92
濮阳市	Puyang	6	46	7	54
许昌市	Xuchang	6	100	6	103
漯河市	Luohe	4	39	5	37
三门峡市	Sanmenxia	6	70	6	142
南阳市	Nanyang	13	141	13	149
商丘市	Shangqiu	9	62	9	70
信阳市	Xinyang	11	69	11	85
周口市	Zhoukou	10	45	11	60
驻马店市	Zhumadian	10	59	10	60
济源市	Jiyuan	1	33	1	65
省直管县	**Province Administrating County**				
巩义市	Gongyi	1	45	1	45
兰考县	Lankao	1	5	1	5
汝州市	Ruzhou	1	9	1	9
滑县	Huaxian	1	6	1	7
长垣县	Changyuan	1	2	1	2
邓州市	Dengzhou	1	7	1	7
永城市	Yongcheng	1	4	1	11
固始县	Gushi	1	6	1	6
鹿邑县	Luyi	1	4	1	5
新蔡县	Xincai	1	2	1	2

27-9 群众艺术馆、文化馆(站)基本情况(2011年)
Basic Statistics of Mass Art Centers and Culture Centers (station)(2011)

项目	Item	合计 Total	群众艺术馆 Mass Art Centers	文化馆 Culture Centers	文化站 Cultural station
单位数(个)	Number of Units (unit)	2506	19	184	2303
举办展览(个)	Number of Holding Exhibitions (unit)	7583	182	1117	6284
组织文艺活动次数(次)	Art Performances and Story-Telling Sessions(times)	33398	851	6027	26520
举办培训班(班次)	Training Courses(times)	15985	1364	2331	12290
培训人次 (万人次)	Number of Persons trained (10 000 person-times)	124.8	9.5	21.7	93.6
馆办文艺团体(户)	Troups Sponsored by Centers(household)	382	85	297	
馆办老年大学(个)	Older university by Centers(unit)	29	3	26	
群众业余文艺团体(队)(个)	Part-time Art Groups(unit)	19363	181	3521	15661
本年收入(万元)	Income of this Year (10 000yuan)	50513	6698	13684	30131
本年支出(万元)	Enpenditures of this Year (10 000yuan)	46233	6022	12798	27412

27-10 国家综合档案馆基本情况(2011年底)
Basic Statistics on the National comprehensive Archives (End of 2011)

分类	Item	机构数(个) Number of Institutions (unit)	馆藏档案(卷) Archives Stored (volume)	开放档案(卷) Opening Archives (volume)	利用档案(卷次) Number of Archives Used (volume-time)	馆藏资料(册) Number of Material Stored (volume)	库房面积(平方米) Areas of Storerooms (sq.m)
总计	**Total**	**177**	**12091115**	**2593044**	**460985**	**2732140**	**269383**
省级	Province Level	1	384713	164719	3222	71030	13822
市级	City Level	18	2236157	420726	58321	632707	84589
县级	County Level	158	9470245	2007599	399442	2028403	170972

27–11 艺术表演团体基本情况(2011年)

项 目	Item	剧团数 (个) Number of Performance Troupes (unit)	从业人员 (人) Number of Employed Persons (person)
文化事业合计	**Total of Affiliated institutions**	**196**	**9666**
按登记注册类型分	Grouped by Registration Status		
国有剧团	Troupes Sponsored by State-owned Units	181	9133
集体剧团	Troupes Sponsored by Collective Units	14	463
其他	Others	1	70
按剧种分	Grouped by Art Troupes		
话剧、儿童剧、滑稽剧团	Drama, Children's Play and Comedy Troupes	1	90
歌剧、舞剧、歌舞剧团	Opera, Ballet Troupes	1	370
歌舞团、轻音乐团	Song and Dance, Light Music Troupes	7	330
文工团、文宣队	Cultural and Performance Troupes	1	54
戏曲剧团	Local Opera Troupes	166	8033
曲、杂、木、皮团	Recitation and Ballad Troupes, Acrobatics and Circus Troupes, Puppet Show Troupes and Shadow Play Troupes	19	751
综合性艺术表演团体	Comprehensive Art Performing Troupes	1	38
文化企业合计	**Total of Enterprises**	**272**	**8007**
按登记注册类型分	Grouped by Registration Status		
国有剧团	Troupes Sponsored by State-owned Units	6	159
集体剧团	Troupes Sponsored by Collective Units	266	7848
其他	Others		
按剧种分	Grouped by Art Troupes		
话剧、儿童剧、滑稽剧团	Drama, Children's Play and Comedy Troupes	1	20
歌剧、舞剧、歌舞剧团	Opera, dance, song and dance ensemble	5	62
歌舞团、轻音乐团	Song and Dance, Light Music Troupes	52	1638
乐团、合唱团	Chorus	9	95
文工团、文宣队	Cultural and Performance Troupes	5	122
戏曲剧团	Local Opera Troupes	32	1025
曲、杂、木、皮团	Recitation and Ballad Troupes, Acrobatics and Circus Troupes, Puppet Show Troupes and Shadow Play Troupes	61	1586
综合性艺术表演团体	Comprehensive Art Performing Troupes	107	3459

Basic Statistics of Arts Performance Troupes (2011)

演出场次 (千场次) Number of Performances (1000 times)	#到农村演出 Shows in Rural Areas	观众人数 (万人次) Number of Spectators (10 000 person-times)	总收入 (万元) Total Income (10 000 yuan)	#演出收入 Income from Performance
42.7	**35.9**	**6015.84**	**43989.50**	**9623.60**
39.5	33.4	5641.76	42202.80	9223.40
2.9	2.3	274.08	348.30	276.50
0.3	0.2	100.00	1438.40	123.70
0.2	0.1	10.00	1251.80	47.90
0.3	0.1	30.80	6453.70	2324.00
0.5	0.4	55.90	2969.20	444.60
0.2	0.2	20.00	14.00	14.00
36.9	34.0	5622.54	30646.80	6212.40
4.5	1.1	266.20	2609.00	570.70
0.1	0.1	10.40	15.00	10.00
98.2	**41.6**	**1404.74**	**15627.00**	**13938.50**
1.9	1.2	40.93	245.00	245.00
96.3	40.4	1363.81	15382.00	13693.50
0.6	0.6	38.50	61.00	61.00
0.4	0.1		94.20	94.20
21.7	7.1	115.08	2569.40	2303.90
1.3	1.0	53.35	158.40	158.40
0.8	0.5	22.90	273.00	263.00
7.6	5.0	396.59	1583.10	1343.40
16.3	11.0	304.39	4949.80	4879.80
49.6	16.4	473.91	5938.10	4834.80

27-12 艺术表演场馆基本情况(2011年)

项 目	Item	机构数（个）Number of Performance Troupes (unit)	从业人员（人）Number of Employed Persons (person)	坐席数（个）Number of Seats (unit)
文化事业合计	**Total**	**132**	**3370**	**101268**
按登记注册类型分	Grouped by Registration Status			
国有	Sponsored by State-owned Units	131	3351	99468
集体	Collective-owned			
其他	Others	1	19	1800
按机构类型分	Grouped by Type			
剧场	Theaters	42	839	32497
影剧院	Showplaces	88	2340	64691
杂技、马戏场	Acrobatics, circus			
综合性	General Performing Theates	2	191	4080
其他艺术表演场馆	Others Arts Centers			
文化企业合计	**Total**	**12**	**365**	**17728**
按登记注册类型分	Grouped by Registration Status			
国有	Sponsored by State-owned Units	4	179	9500
集体	Collective-owned			
其他	Others	8	186	8228
按机构类型分	Grouped by Type			
剧场	Theaters	2	50	1480
影剧院	Showplaces	6	223	9148
综合性	General Performing Theates	2	52	6100
其他艺术表演场馆	Others	2	40	1000

Basic Statistics of Arts Centers (2011)

演(映)出场次合计 (千场次) Number of Performances (1000 times)	#艺术演出 Art Perfor-mance	观众人次合计 (万人次) Number of Audiences (10 000 person-times)	#艺术演出 Art Perfor-mance	总收入 (万元) Total Income (10 000 yuan)
11.42	**2.0**	**253.50**	**130.40**	**8426.20**
11.2	2.0	252.30	130.40	8338.20
0.2		1.20		88.00
1.2	0.4	72.30	27.90	1434.00
10.0	1.4	157.80	79.00	3366.90
0.2	0.2	23.50	23.50	3625.30
1.7	**1.1**	**68.70**	**28.50**	**2199.50**
0.2		34.20	6.20	1233.90
1.5	1.0	34.50	22.30	965.60
0.4	0.2	12.60	8.00	381.20
1.1	0.7	44.20	18.60	969.00
		10.20	0.90	703.90
0.2	0.2	1.70	1.00	146.00

27－13　主要年份文物保护维修情况

Preservation and Maintain of Historical Relics in Main Years

指　标	Indicators	2010	2011
保护维修项目数（个）	Items of Preservation and Maintaining (item)	145	164
#国家级	National	47	69
市　级	Municipal	12	10
维修面积（万平方米）	Areas of Maintaining (10 000 sq.m.)	20	144
项目总预算（万元）	Aggregate Budget of Items (10 000 yuan)	162776	173855
#专项补助	Special Assistance	25417	48863
已拨入专项补助（万元）	Special Assiatance Appropriated (10 000 yuan)	49061	41282
当年保护维修支出（万元）	Expend on Preservation and Maintaining (10 000 yuan)	18226	9909

27－14　广播电视业经营情况

Basic Statistics on Radio and Television Operation

单位：万元　　(10 000yuan)

指标名称	Index	2010	2011
从业人员(人)	Number of Employed Persons (person)	43280	45207
总收入	Total Income	440237	504462
#行政事业单位收入	Income of Agencies and Institutions	347102	373672
企业主营业务收入	Revenue form Principal Business	93136	130789
事业企业单位实际创收收入	Actual Income of Institutions and Enterprises	344406	407135
#广告收入	From Advertisement	216820	243995
#网络收入	From Internet	86740	97724
#有线广播电视收视费收入	From Cablecasting	68887	76726
#付费数字电视收入	From Charge Numberal TV	1541	2372
资产总额	Total Assets	1187732	1271355

27-15 广播电视业基本情况
Basic Statistics on Radio and Television Stations

指标名称	Index	2010	2011
广播电台情况	**Broadcasting stations**		
广播电台(座)	Number of broadcasting stations (set)	18	18
中短波转播发射台(座)	Medium and short wave Relaying launch pad(set)	30	30
公共广播节目数(套)	Number of Public Radio Programs (set)	150	151
广播综合人口覆盖率(%)	Listener Rating(%)	97.3	97.7
全年广播节目播出时间(时：分)	Annual Broadcasting Hours of Radio Program(hour:minute)	626071:55	636000:10
全年制作广播节目时间(小时)	Annual Execution Hours of Radio Programs(hour)	289526	297285
被中央台采用节目(条)	Number of Programs Adopted by CCTV Hours(item)	2063	2241
电视台情况	**TV stations**		
电视台(座)	Number of TV stations (set)	18	18
电视转播发射台(座)	Television Transmission Stations and Relaying Stations (set)	153	153
公共节目套数(套)	Number of Public Programs (set)	166	166
电视综合人口覆盖率(%)	Viewer Rating(%)	97.4	97.77
全年电视节目播出时间(时：分)	Annual Broadcasting Hours of TV Programs(hour:minute)	869059:31	867528:13
全年制作电视节目时间(小时)	Annual Execution Hours of TV Programs(hour)	140552	139064
被中央台采用节目数(条)	Number of Programs Adopted by CCTV Hours(item)	2792	3049
有线电视用户(万户)	Consumers of CATV(10 000 households)	725.14	787.23
#数字电视用户	Numberal TV	87.66	100.80
#付费数字电视用户	Charge Numberal TV	5.44	8.06
有线电视入户率(%)	Consumer of CATV Rating(%)	24.3	25.8

27-16 分市广播电视覆盖率及有线电视入户率(2011年)

Radio and TV Coverage of Population, CATV Coverage of Household(2011)

单位：% (%)

市 City	广播覆盖率 Radio Coverage of Population	电视覆盖率 TV Coverage of Population	有线电视入户率 CATV Coverage of Household
合计 Total	**97.7**	**97.8**	**25.8**
省辖市 City			
郑州市 Zhengzhou	99.4	99.8	18.2
开封市 Kaifeng	100.0	100.0	3.6
洛阳市 Luoyang	96.4	97.2	22.2
平顶山市 Pingdingshan	98.2	96.8	10.4
安阳市 Anyang	100.0	99.7	9.6
鹤壁市 Hebi	100.0	100.0	47.0
新乡市 Xinxiang	99.9	99.8	24.5
焦作市 Jiaozuo	99.5	98.9	26.2
濮阳市 Puyang	95.8	96.0	10.1
许昌市 Xuchang	100.0	100.0	19.0
漯河市 Luohe	100.0	100.0	6.5
三门峡市 Sanmenxia	96.2	97.0	28.6
南阳市 Nanyang	95.7	95.7	16.8
商丘市 Shangqiu	100.0	100.0	18.5
信阳市 Xinyang	87.4	91.0	9.5
周口市 Zhoukou	98.4	98.5	4.5
驻马店市 Zhumadian	97.5	95.5	15.7
济源市 Jiyuan	97.2	98.5	24.8
省直管县 Province Administrating County			
巩义市 Gongyi	96.1	100.0	34.5
兰考县 Lankao	100.0	100.0	51.1
汝州市 Ruzhou	99.3	99.0	28.4
滑县 Huaxian	100.0	100.0	10.1
长垣县 Changyuan	100.0	100.0	48.0
邓州市 Dengzhou	100.0	100.0	23.3
永城市 Yongcheng	100.0	100.0	26.8
固始县 Gushi	90.7	98.2	17.6
鹿邑县 Luyi	100.0	100.0	3.4
新蔡县 Xincai	93.3	90.9	15.3

27-17 新闻出版业主要指标
Main Indicators of News and Print Stations

指标名称	Item	2010	2011
机构和人员情况	**Agencies and Employed Persons**		
机构数(个)	Agencies(unit)	15319	15637
从业人员(人)	Employed Persons(penson)	146835	162443
出版情况	**Publishing**		
图书出版	Publishing of Books		
图书种数(种)	Sort of Books(sort)	4876	5557
图书总印数(万册)	Total Printed Copies of Books(10 000volumes)	20150	21157
图书总印张(万印张)	Total Printed Sheets of Books(10 000 sheets)	139395	151483
图书定价总金额(万元)	Total Priced Value of Books(10 000 yuan)	162767	196775
期刊出版	Magazine		
期刊种数(种)	Sort of Magazine(sort)	243	242
期刊总印数(万册)	Total Printed Copies of Magazine(10 000 volumes)	8524	9148
期刊总印张(万印张)	Total Printed Sheets of Magazine(10 000 sheets)	39890	43098
期刊定价总金额(万元)	Total Priced Value of Magazine(10 000 yuan)	46167	51845
报纸出版	Publishing of Newspaper		
报纸种数(种)	Sort of Newspaper(sort)	123	122
报纸总印数(万份)	Total Printed Copies of Newspaper(10 000 volumes)	214158	218462
报纸总印张(万印张)	Total Printed Sheets of Newspaper(10 000 sheets)	685400	727795
报纸定价总金额(万元)	Total Priced Value of Newspaper(10 000 yuan)	148479	158025
音像及电子出版物出版	Audio Products and Electronic Publications		
音像出版种数(种)	Sort of Sound and Image(kind)	140	303
音像出版数量(万盒)	Publishing of Sound and Image(10 000 cases)	41	277
电子出版物出版种数(种)	Number of kind of Electronic Publications(kind)	28	91
电子出版物出版数量(万盒、张)	Number of Electronic Publications(10 000 cases)	319	421
音像发行数量(万盒)	Total Issuance of Sound and Image(10 000 cases)	208	154
音像发行金额(万元)	Total Issuance Value of Newspaper(10 000 yuan)	3522	1935
印刷企业单位数(个)	Number of Enterprises of Printing(unit)	6443	6619
出版物发行情况	**Issuance of Publication**		
出版物购进数量(万册/张/份/盒)	Number of Publication Bought(10 000 volumes/paper/cases)	223113	951529
出版物购进金额(万元)	Total Bought Value (10 000yuan)	1028078	1248744
出版物销售数量(万册/张/份/盒)	Volume of Saling Printing(10 000 volumes/paper/cases)	225917	351695
出版物销售金额(万元)	Total Sales of Publication(10 000 yuan)	1018838	1241691
出版物库存数量(万册/张/份/盒)	Storage of Publication(10 000 volumes/paper/cases)	35459	818973
出版物库存金额(万元)	Inventory Publication(10 000 yuan)	328621	355177

27−18 分市图书发行网点、人数情况(2011年)

Number of Spots and Employed persons by City(2011)

市 City	网点数(个) Number of Spots (unit)	#国有新华书店 State-owned Xinhua Bookstores	从业人数(人) Number of Employed Persons (person)	#国有新华书店 State-owned Xinhua Bookstores
合计 Total	**8630**	**1050**	**34734**	**13895**
省辖市 City				
郑州市 Zhengzhou	1237	36	7429	1240
开封市 Kaifeng	324	115	1382	865
洛阳市 Luoyang	983	81	2945	854
平顶山市 Pingdingshan	333	25	960	261
安阳市 Anyang	566	40	2028	857
鹤壁市 Hebi	142	15	927	643
新乡市 Xinxiang	501	38	1412	330
焦作市 Jiaozuo	395	46	1356	575
濮阳市 Puyang	323	20	869	142
许昌市 Xuchang	418	54	1690	871
漯河市 Luohe	175	22	912	506
三门峡市 Sanmenxia	314	28	1079	441
南阳市 Nanyang	902	157	3079	1411
商丘市 Shangqiu	464	93	1908	1073
信阳市 Xinyang	355	54	1525	842
周口市 Zhoukou	590	84	2906	1710
驻马店市 Zhumadian	488	137	1991	1194
济源市 Jiyuan	119	5	336	80
省直管县 Province Administrating County				
巩义市 Gongyi	54	1	324	54
兰考县 Lankao	17	7	83	71
汝州市 Ruzhou	45	2	130	110
滑县 Huaxian	80	9	287	83
长垣县 Changyuan	53	6	149	86
邓州市 Dengzhou	32	9	109	255
永城市 Yongcheng	40	17	164	129
固始县 Gushi	39	1	168	228
鹿邑县 Luyi	26	6	128	85
新蔡县 Xincai	19	17	78	68

27-19 文化市场经营机构基本情况(2011年)

Basic condition of Cultural market operation organization (2011)

类 别	Types	机构数(个)	从业人员(人) Employees (person)	主营业务收入(万元) Major Business Rerenue (10 000 yuan)	营业利润(万元) Major Business Profits (10 000 yuan)	经营面积(万平方米) Floor space of buildings (10 000 sq.m)
总 计	**Total**	**10158**	**58488**	**337162**	**131599**	**319.0**
演出经纪机构	Performance brokerage institutions	45	870	12078	208	1.3
娱乐场所	Entertainment	2043	22301	123342	50840	135.9
歌舞娱乐场所	Dance entertainment	1547	18615	107072	42788	111.4
游艺娱乐场所	Carnival entertainment	488	3585	16167	8010	23.9
其他	Others	8	101	103	42	0.6
经营性互联网文化单位	Operating Internet culture unit	9	1356	29719	3292	2.7
网 吧	Internet cafe	8009	32958	164998	75548	169.5
文化市场连锁经营机构	Cultural market chain management institutions	52	1003	7026	1711	9.7

27-20 运动员人数

Number of Athletes

单位：人 (person)

人员分类	Category of Personnel	2010	#女 Female	2011	#女 Female
等级运动员人数	**Number of Athletes in Grades**	**2614**	**800**	**3387**	**1156**
运动健将	Sportive Master	36	21	97	38
一级运动员	First Grades	529	216	406	260
二级运动员	Second Grades	2049	563	2884	858

27-21 河南省运动员在国际国内比赛成绩

International and Internal Achievement of Henan Athletes

项 目	Item	1990	1995	2000	2005	2007	2008	2009	2010	2011
荣获金牌数(枚)	Number of Golden Medals (unit)	56	59	87	97	114	109	125	70	114
荣获银牌数(枚)	Number of Silvern Medals (unit)	45	52	55	62	76	93	82	53	175
荣获铜牌数(枚)	Number of Cupreous Medals (unit)	38	36	75	66	104	94	85	38	154
获团体和个人全国4-6名(人次)	Party and Individual Top Four-Six of Country (person-time)	234	111	507	119	350	217	222	248	487

27-22 群众体育活动情况（2011年）
Activities of Mass Sports（2011）

项　目	Item	年活动次数(次) Number of activities (times)	每次平均参与人数(人/次) Number of participants per time (person/time)	年活动总人数(万人次) Number of persons this year (person.time)
群众体育活动情况	Activities of Mass Sports	4210	46605	559
省级	Provincial	160	43750	70
市级	Municipal	1219	1978	241
县级	County	2831	877	248

27-23 全民健身活动设施情况(2011年)
Facilities of Bodybuilding Activity Joined by all the People(2011)

项　目	Item	数　量(个) Number of Facilities (unit)	占地面积(平方米) Area (sq.m)	投资金额(万元) Capital Investment (10 000 yuan)
政府援建体育场地	Sports fields built by government assistance	7854	1796537	124000
健身路径	Route	811		
篮球场	Basketball Court	5628		
乒乓球台	Table Tennis Table	817		
青少年俱乐部	Teen-agers Club	151		

27-24 体育彩票发行情况
Issue of Sports Lottery Ticket

单位：万元 (10 000 yuan)

项　目	Item	2007	2008	2009	2010	2011
体育彩票销售点(个)	Sale Place of Physical Training Lottery Ticket (unit)	4053	4425	5005	5588	6016
体育彩票销售收入	Sale Revenue of Physical Training Lottery Ticket	154160	238212	277650	286122	388900
用于兑奖金额	Value of Exchanging Awards	78488	130689	148588	157709	252785

主要统计指标解释

文化 主要包括新闻出版业、广播电视电影和影像业、文化艺术业等类别。新闻业指新华通讯社、各新闻单位及派驻的记者站。境外驻我国的新闻机构、中心、办事处联络站等的活动；出版业指国家批准的出版社的活动；广播电视电影和影像业指对广播、电视、电影、录音、录像内容的制作、编导、播出、放映等活动；文化艺术业主要包括文艺创作与表演、艺术表演场馆、图书与档案馆、文物及文化保护、博物馆、烈士陵园、纪念馆、文化艺术经纪代理等活动。

体育 主要包括体育组织、体育场馆、以及其他体育活动。

娱乐业 主要包括室内娱乐活动、游乐园、休闲健身娱乐活动、以及其他娱乐活动。

艺术表演团体 指由文化部门主办或实行行业管理(经文化行政部门审批或已申报登记并领取相关许可证),专门从事表演艺术等活动的各类专业艺术表演团体，含民间职业剧团。不包括群众业余文艺表演团队。

艺术表演场馆 指由文化部门主办或实行行业管理(经文化市场行政部门审批或已申报登记并领取相关许可证),有观众席、舞台、灯光设备，公开售票、专供文艺团体演出的文化活动场所。附属于文化部门机构内非独立核算的剧场、排演场，公开营业的也应单独统计。

文化市场经营机构 指经文化市场行政部门审批或已申报登记并领取相关许可证的、从事文化经营和文化服务活动的机构。

公共图书馆 指文化部门主办的面向社会服务的图书馆。

广播节目综合人口覆盖率 是指根据国家广电总局制定的《广播电视人口覆盖率统计技术标准和方法》，在对象区内采用无线、有线、卫星等技术手段能够收听到包括中央、省、地市、县广播节目其中任意一套的人口数与总人口的比。

电视节目综合人口覆盖率 是指根据国家广电总局制定的《广播电视人口覆盖率统计技术标准和方法》，在对象区内采用无线、有线、卫星等技术手段能够收看到包括中央、省、地市、县级电视节目中任意一套的人口数与总人口的比。

有线电视入户率 指能接收到有线广播电视台、有线广播电视站(系统内和系统外)和共享天线系统播放的有线电视节目的家庭户数与总户数的比率。计算公式：

有线电视入户率=年末有线电视总用户数/年末总户数×100%

等级运动员 是指经考核正式批准授予技术等级的运动员，分为国际级运动健将、运动健将、一级、二级运动员。

青少年体育俱乐部 是指国家体育总局或省体育行政部门运用体育彩票的资金扶持的，旨在推动青少年体育健身活动的公益性组织，被国家体育总局或省体育局命名的，以培养青少年体育兴趣、爱好和终身体育锻炼的习惯增强青少年体质，并向其传授体育运动技能，发现和培养体育人才为目标的社会体育组织。具有专业性、群众性和非营利性的特点。

政府援建体育场地 是指由各级政府体育行政部门以投资、资助等方式，组织修建的体育场地，但其产权和管理权不归属体育系统的体育场地，如农民体育健身工程、健身路径等。

Explanatory Notes on Main Statistical Indicators

Culture mainly includes Journalism, radio, television and film and video industry, culture art industry etc. Journalism refers to The Xinhua news agency, the press agencies and their reporter station. In our country overseas news agency, center, office activities; The publishing refers to the activities approved by the state; Radio, television and film and video refers to broadcasting, television, films, sound recording, video content production, broadcast playwright-director, showing activities; Culture and art owner to should include the creation of literature and art and performance, artistic performance venues, books and archives, cultural relics and culture protection, museums, martyr cemetery, memorial, arts and culture, as an agent and other activities.

Sports include sports organizations, sports venues, and other physical activities.

Entertainment include entertainment activities interior, amusement park, the leisure fitness entertainment activities, and other recreational activities.

Arts Performance Troupes refer to the various professional performing arts groups, which sponsored by the cultural sectors or guided by the cultural society (approved by the cultural market administration, or registered and permitted with the relative certificate), including non-governmental troupes, such as drama troupes, dialect troupes, comedy troupes, children troupes, Opera troupes, puppetry troupes, Shadowgraph troupes, etc., comprehensive professional arts performance troupes. The mass amateur arts performance troupes are not included.

Arts Performance Places refer to the various sites for cultural activities, which sponsored by the cultural sectors or guided by the cultural society (approved by the cultural market administration, or registered and permitted with the relative certificate), with the facility of auditorium, stage, and lighting, and selling tickets in public. The theaters and rehearse sites which are affiliated to the cultural sectors without independent financial accounts which are open to the public should be covered independently.

Cultural Market Operating Units refer to the units dealing in culture and cultural services, which registered and permitted with the relative certificate by cultural market administration.

Public library refers to the library service set up by the social cultural departments.

Radio Coverage of Population refers to the percentage of population, which can listen to one of central, provincial, city, prefecture, and county radio programs by wireless, cable, satellite and other technical means, in the surveying area, to national total population, according to Statistical Standard and Method on Television and Radio Coverage of Population established by the State Administration of Broadcasting, Film and Television.

Television Coverage of Population refers to the percentage of population, which can watch one of central, provincial, city, prefecture, and county television programs by wireless, cable, satellite and other technical means, in the surveying area, to national total population, according to Statistical Standard and Method on Television and Radio Coverage of Population established by the State Administration of Broadcasting, Film and Television.

Cable Television Coverage of Household refers to the percentage of households, which can watch television by cable of radio and television network, to national total household.

Class athletes refers to formally approved by the examination on the level of the athletes awarded technology, divided into international sports, master of sports, level 1, level 2 player.

Youth sports club refers to the nonprofit organizations support by The state administration of sports or provincial sports administrative departments using sports lottery fund, for Promoting youth sports fitness activities, which named by The state administration of sports or provincial administration of sports, in order to cultivate teenagers interest in sports, and imparting the sports

skills. Having professional, mass and non-profit characteristics.

The government rebuilding sports venues refers to the sports venues constructed by all levels of the physical cultural administrative department in the way of investment, funding, but its property management do not belong to the sports system, such as the sports fitness project, fitness path, etc.

公共管理和社会组织

Public Management and Social Organizations

资料整理：史新旺　徐委乔　赵翠清

简要说明

一、主要内容

本篇包括公共管理和社会组织企业、行政事业单位、社会团体及其他法人单位的单位数、从业人数以及主要财务指标以及公检法司、劳动争议仲裁、安全生产和妇女参政议政情况等。公检法司的资料主要包括公安机关的刑事案件立案情况和治安案件查处情况，交通、火灾事故情况，检察机关的办案情况，人民法院审理案件和收结案情况，以及律师、公证、调解工作等资料。

二、资料来源

公共管理和社会组织企业、行政事业单位、社会团体及其他法人单位的单位数、从业人数以及主要财务指标以经济普查数据为基础，利用财政系统年度统计数据综合推算，由省地方经济社会调查队服务业调查处整理提供。

公检法司统计资料分别由河南省公安厅、河南省高级人民法院、河南省人民检察院和河南省司法厅提供。劳动争议仲裁由河南省人力资源和社会保障厅提供。安全生产由河南省安全生产监督管理局提供。妇女参政议政资料由中共河南省委组织部、河南省人大常委会选举任免代表联络工作委员会、中国人民政治协商会议河南省委员会办公厅提供。婚姻服务情况由省民政厅和省高级人民法院提供。由省统计局社会与科技处编辑整理。

Brief Introduction

I. Main Contents

Data in this chapter include unit, employment, and main financial indicators of Public management and social organization enterprises, Administrative institution, social organizations and others. public security, procuratorial, legal and judicial affairs, the labor disputes arbitration, production safety, female cadres and so on. Data on public security, procuratorial, legal and judicial affairs cover information such as criminal cases registered and offense cases handled by the public security agencies, traffic or fire accidents, cases handled by procuratorate's offices, cases accepted and settled by the people's courts, and statistics on lawyers, notarization and mediation.

II. Sources of Data

Data on Number of Institutional Unit, Employed Persons and Main Financial Indicators of Public Management and Social Organizations are calculated basis on The Second economic Census, and the financial system data, which are provided by Henan provincial survey organizations of social and economy.

Data on public security, procuratorial, legal and judicial affairs are calculated from Henan provincial bureau of Public Security, the Henan provincial Supreme People's Procuratorate, the Henan provincial Supreme People's Court and the Henan provincial bureau of Justice. Data on the labor disputes arbitration are calculated from Henan provincial bureau of Human Resources and Social Security. Data on production safety are calculated from Henan provincial Supervisory Bureau of Work Safety. Data on female cadres are calculated from Henan Provincial Organization Department. Data on Marriages are provided by the Henan provincial bureau of Civil Affairs and Higher people's court. Data on this chapter are provided by Department of social and scientific and technological of Henan provincial bureau of statistics.

28-1 公共管理和社会组织法人单位数和从业人员数
Number of Institutional Unit and Employed Persons of Public Management and Social Organizations

年份(Year)	合计 Total	企业 Enterprise	行政事业 Administrative institution	社会团体及其他 Social organizations and others
单位数(个) Number of Institutional Unit(unit)				
2008	78900	13	22591	56296
2009	78995	23	22640	56332
2010	79169	28	22695	56446
2011	79098	44	22553	56501
从业人数(万人) Employed Persons(10 000 persons)				
2008	149.96	0.05	109.33	40.58
2009	153.17	0.07	109.83	43.27
2010	153.75	0.14	110.07	43.54
2011	156.45	0.08	109.60	46.77

28–2 分行业公共管理和社会组织法人单位财务指标(2011年)

Main Financial Indicators of Institutional Unit of Public Management and Social Organizations by Sector(2011)

单位：万元 (10 000 yuan)

行业名称	Sector	单位数(个) Number of units (unit)	从业人数(万人) Employed Persons (10 000 Persons)	固定资产原价 Fixed Asset Price	收入合计 Total Income
公共管理和社会组织	**Public management and social organization**	**79098**	**156.45**	**11599913**	**14545975**
中国共产党机关	Chinese Communist Party organs	1344	3.32	283253	450307
国家机构	Organ of state	19458	103.78	7907105	12774493
人民政协和民主党派	People's Political Consultative Conference and democratic parties	224	0.56	54474	79001
群众团体、社会团体和宗教组织	Mass communities, social communities and religion organizations	7556	11.67	643974	356306
基层群众和自治组织	Grass-roots Organization	50516	37.11	2711107	885867

行业名称	Sector	成本费用合计 Total Cost	工资和福利费 Salary and Welfare	税费合计 Tax	营业利润 Operating Profit
公共管理和社会组织	**Public management and social organization**	**14160036**	**4407786**	**18070**	**15061**
中国共产党机关	Chinese Communist Party organs	454780	142929	14	213
国家机构	Organ of state	12586924	3723544	10905	9139
人民政协和民主党派	People's Political Consultative Conference and democratic parties	80352	25761		
群众团体、社会团体和宗教组织	Mass communities, social communities and religion organizations	303926	108128	1522	5073
基层群众和自治组织	Grass-roots Organization	734055	407424	5629	637

28-3 各市公共管理和社会组织法人单位财务指标(2011年)

Main Financial Indicators of Institutional Unit of Public Management and Social Organizations by City(2011)

单位：万元 (10 000 yuan)

市(县)	City(County)	单位数(个) Number of units (unit)	从业人数(万人) Employed Persons (10 000 Persons)	固定资产原价 Fixed Asset Price	收入合计 Total Income	成本费用合计 Total Expenses	工资和福利费 Salary and Welfare	税费合计 Tax and Expenses	营业利润 Operating Profit
全省	**Total**	**79098**	**156.45**	**11599913**	**14545975**	**14160036**	**4407786**	**18070**	**15061**
省辖市	**City**								
郑州市	Zhengzhou	5137	16.03	1799758	2925480	2842606	863706	3033	-80
开封市	Kaifeng	3961	9.78	846882	1057003	1029275	281821	3623	3612
洛阳市	Luoyang	5885	11.08	1560364	1360041	1314831	403313	3578	2278
平顶山市	Pingdingshan	4379	10.01	396589	662806	651940	220226	180	97
安阳市	Anyang	4817	8.14	678167	833401	815359	259328	830	642
鹤壁市	Hebi	1549	2.61	181367	230480	219604	70149	539	17
新乡市	Xinxiang	5374	9.74	581248	867771	821487	231797	954	292
焦作市	Jiaozuo	3442	6.38	449619	667037	629093	179653	231	1070
濮阳市	Puyang	4110	6.64	288788	465119	458333	141887	70	22
许昌市	Xuchang	3685	7.04	373020	596416	580971	178476	181	584
漯河市	Luohe	2087	4.03	227278	285269	279473	92632	582	364
三门峡市	Sanmenxia	2330	4.05	410681	492896	479777	133743	357	40
南阳市	Nanyang	8139	13.91	905203	1158089	1146884	392202	1981	3203
商丘市	Shangqiu	6561	13.89	630687	725922	718263	251205	238	571
信阳市	Xinyang	5803	9.97	876154	643119	629006	230826	280	417
周口市	Zhoukou	6327	12.41	476870	610913	608983	196047	872	761
驻马店市	Zhumadian	4799	9.65	760874	759844	743860	236795	456	1126
济源市	Jiyuan	713	1.10	156365	204370	190293	43980	84	43
省直管县	**Province Administrating County**								
巩义市	Gongyi	523	1.16	110137	110196	112239	32628	661	-5
兰考县	Lankao	612	1.90	60808	131779	126259	29285	108	3697
汝州市	Ruzhou	616	1.37	37066	68801	68447	24178	1	3
滑县	Huaxian	1197	1.56	102073	139780	133689	42126	18	6
长垣县	Changyuan	716	1.14	52620	75198	71576	17270	2	9
邓州市	Dengzhou	891	1.80	139015	114516	111767	34564	641	2
永城市	Yongcheng	1010	1.92	149397	104762	104212	34376	43	101
固始县	Gushi	1031	1.43	79451	75058	72716	25608	60	33
鹿邑县	Luyi	631	1.14	72842	49691	49549	14697	295	
新蔡县	Xincai	734	1.35	65432	85515	84665	24149	42	442

28−4 劳动人事仲裁委员会受理及处理案件情况(2011年)

单位：件

项 目	Item	合计 Total
上期未结争议案件数	**Number of Cases Left Over from Last Period**	**1230**
当期立案受理情况	**Cases Accepted**	
立案受理案件总数	Number of Cases	17118
#集体劳动(人事)争议	Number of Collective Labour Disputes	219
#劳动者申诉	Number of Persons Involved	15896
立案受理案件涉及劳动者人数(人)	Number of Persons Involoved in Collective Disputes (person)	23853
#集体劳动(人事)争议	Number of Collective Labour Disputes	3579
按争议类型分(件)	Grouped by Dispute type	
劳动报酬	Labor compensation	4245
社会保险待遇及福利	Social Insurance and Benefits	6518
工伤保险	Work Injury Insurance	1571
确认劳动(人事)关系	Confirm labor (personnel) relations	1783
履行劳动(聘用)合同	Fulfill labor (recruit) the contract	259
解除劳动(聘用)合同	Remove labor (recruit) the contract	3319
其他	Others	994
案件处理情况	**Cases settled**	
当期审结案件数	Number of Cases Settled	17359
涉案金额(万元)	Involving Amount (10 000yuan)	34420
按处理方式分	By Manners of Settlement	
仲裁调解	By Mediation	8433
仲裁裁决	By Arbitration Lawsuit	8358
#一裁终局	Arbitration Award shall be final and binding	773
其他	Others	568
按处理结果分	By Result of Settlement	
用人单位胜诉	Won by Units	2335
动者胜诉	Lawsuit Won by Labourers	7809
双方部分胜诉	Lawsuit Partly by Both Parties	6755
期末累计未结案数	**Number of Cases Dissettled**	**989**

Cases Accepted and Heard by Board of Labor Arbitration (2011)

(case)

劳动争议 Labor Dispute					人事争议 Personnel Disputes	
国有企业 State-owned Enterprises	集体企业 Collective-owned Enterprises	港澳台及外资企业 Foreign Funded and Hong Kong, Macao and Taiwan Funded Enterprises	民营企业 Private Enterprises	其他 Others	机关 Administrative Authority	事业单位 Public Institution
293	**183**	**17**	**678**	**47**	**2**	**10**
3748	2629	144	9150	1145	102	200
64	37	4	102	10	2	
3593	2608	144	8476	886	55	134
6242	3430	150	12085	1595	117	234
1821	509	40	1023	123	63	
727	698	30	2495	260	2	33
1419	972	34	3671	342	51	29
287	254	12	897	108	2	11
442	275	20	912	123		11
				135	49	75
924	588	55	1588	152		12
236	96	5	484	133		40
3893	2698	156	9444	980	57	131
6819	5059	425	19552	2042	253	270
1680	1264	68	4786	511	55	69
2047	1369	87	4369	425	2	59
232	216		308	5		12
166	65	1	289	44		3
533	342	24	1224	200	1	11
1610	1114	49	4550	351	53	82
1676	1205	74	3372	3	3	33
148	**114**	**5**	**384**	**212**	**47**	**79**

28-5 律师、公证、调解工作基本情况
Basic Statistics on Lawyers, Notarization and Mediation

项 目	Item	1990	1995	2000	2005	2010	2011
律师工作	**Lawyers**						
律师事务所(个)	Number of Law Offices (unit)	201	439	537	553	753	792
律师(人)	Number of Lawyers (person)	2357	5047	4266	5594	9352	10227
#女性	Female					1826	2059
#专职律师	Full-time Lawyers	1647	3582	3849	5323	8414	9221
兼职律师	Part-time Lawyers	710	826	193	271	451	452
聘请担任常年法律顾问的单位(家)	Number of Units with Permanent Legal Advisors (unit)	3614	10087	29691	17313	16394	15308
民事代理(件)	Agent of Civil Cases(case)	3614	20992	54576	93191	68982	76815
刑事辩护(件)	Defender of Criminal Cases (case)	3614	12970	22312	24507	28781	19247
非诉讼法律事务(件)	Agent of Non-Litigious Legal Affairs (case)					34710	33453
解答法律询问(万件)	Agent of Legal Advisory Services (10 000 cases)	3614	30.65	59.90	34.65	32.12	36.06
代写法律事务文书(万件)	Agent of Legal Documents Written on Behalf of Clients (10 000 cases)					4.84	6.00
公证工作	**Notarization**						
公证处(个)	Number of Notary Offices (unit)	173	178	178	178	171	178
公证人员(人)	Notarial Personnel (person)	924	963	1205	1198	1110	1411
#公证员	Notaries	615	612	692	608	600	665
助理公证员	Assistant Notaries	136	138		590	510	496
国内公证(万件)	Domestic (10 000 cases)	17.75	35.71	199.40	60.00	53.41	44.00
涉外公证(件)	Foreign (case)			49149	53000	86759	88000
挽回经济损失(亿元)	Retrieve Losses of Economy (100 million yuan)			3.40	15.00	3.90	3.07
人民调解工作	**Number of People's Mediation**						
人民调解委员会(万个)	Number of People's Mediation Commit-tees (10 000 units)	5.51	5.85	5.00	5.80	5.50	5.60
调解民间纠纷(万件)	Number of Civil Disputes Mediated (10 000 cases)					42.48	55.39

28-6 法律援助工作基本情况
Basic Statistics on legal aid

项 目	Item	2009	2010	2011
机构数(个)	Number of institutions (unit)	181	198	204
实有人数(人)	Actual persons (person)	989	971	979
法律援助专职律师数(人)	Number of full time legal aid lawyers (person)	257	313	300
#女性	Female			
诉讼案件总数(件)	Total law case (case)	39469	49631	56620
民事案件	Civil	31072	40814	47680
刑事案件	Penal	7917	8383	8398
行政案件	Administrative	480	434	542
非诉讼案件(件)	Unlitigant (case)	5921	10891	13148
受援人数(人)	Recieve aid person(person)	46420	58130	61576
咨询(来访、来电)数(人次)	Consultation persons(person-time)	215698	255903	252406

28-7 调解民间纠纷分类
Number of Civil Disputes Mediated by Types

项　目	Item	调解纠纷(件) Civil Disputes (case)		各类纠纷所占比重(%) Percentage(%)	
		2010	2011	2010	2011
总　计	**Total**	**424842**	**553922**	**100.0**	**100.0**
婚姻家庭纠纷	Marriage and family Disputes	89654	131488	21.1	23.7
邻里纠纷	Neighbor Disputes	99470	137759	23.4	24.9
房屋宅基地纠纷	Housing and Housing Sites	44767	67297	10.5	12.2
合同纠纷	Contract dispute	48944	30957	11.5	5.6
生产经营纠纷	Production business disputes	29138	16131	6.9	2.9
损害赔偿纠纷	Damage compensation disputes	30699	26637	7.2	4.8
劳动争议纠纷	Labor dispute disputes	17386	15161	4.1	2.7
村务管理纠纷	Village management disputes	5964	6878	1.4	1.2
山林土地纠纷	Mountain forest land disputes	19217	16281	4.5	3.0
征地拆迁纠纷	Whose house disputes	15068	17983	3.6	3.3
计划生育纠纷	Family planning disputes	4379	4056	1.0	0.7
环境保护纠纷	Environmental protection disputes	3898	7780	0.9	1.4
道路交通事故纠纷	Road traffic accident disputes	1722	14300	0.4	2.6
物业纠纷	Property dispute	890	8368	0.2	1.5
医疗纠纷	Medical disputes	1084	7162	0.3	1.3
其他	Others	12562	45684	3.0	8.2

28-8 公安机关立案的刑事案件情况
Criminal Case of Register by Public Security Organs

案 件 类 别	Category of Cases	立 案 (起) Number of Cases Registered (case)		构 成 (%) Composition(%)	
		2010	2011	2010	2011
总　计	**Total**	**240406**	**233553**	**100.0**	**100.0**
杀人	Homicide	779	677	0.3	0.3
伤害	Injury	12897	11010	5.4	4.7
抢劫	Robbery	7984	6337	3.3	2.7
强奸	Rape	2533	2286	1.1	1.0
拐卖妇女、儿童	Kidnapping and Selling People	993	1164	0.4	0.5
盗窃	Larceny	161256	161244	67.1	69.0
诈骗	Fraud	13372	14359	5.6	6.1
走私	Smuggling		2		0.0
伪造贩运假货币	Forging and Fabricating or Trafficing Bills	55	19	0.0	0.0
其他	Others	40537	36455	16.9	15.6

28−9 公安机关受理的违反《治安管理处罚法》案件情况(2011年)

Classified Cases accepted of Public Order by Public Security Organs(2011)

单位：起 (case)

案件类别	Category of Cases	受理 Number of cases Accepted to be Treated	查处 Number of Investigated and Treated
总 计	**Total**	**829785**	**804895**
扰乱公共秩序	Disturbing Work or Public Order	29474	29230
#寻衅滋事	Gang Fighting or Picking Quarrels and Making Troubles	6849	6611
防碍国家工作人员执行职务	Obstructing the Government Workers to Perform Their Duty	937	921
非法携带枪支弹药管制刀具	Violating Regulations on Management of Firearms	832	823
违反危险物质管理规定	Violating Regulations on Management of Explosives	2347	2343
殴打他人	Beating Other Body	371185	365149
盗窃	Robbing Other People of Their Valuables	85109	72331
骗取、抢夺、敲榨勒索财物	Defrauding,Snatching or Extorting and Racketeering Valuables	7750	6562
哄抢公私财物	Making Stirs and Then Robbing Public or Private Valuables	122	110
伪造变造倒卖有价票证、凭证	Forging and Fraudulently Selling Bills or Certificates	403	405
卖淫、嫖娼	Prostitution or Going Whoring	1266	1265
赌博或为赌博提供条件	Gambling	5475	5449
其他	Others	324885	320307

28-10 公安机关受理的行政案件分类情况(2011年)
Classified Cases accepted of Public Order by Public Security Organs(2011)

单位：万起 (10 000 cases)

案件类别	Category of Cases	受理案件数 Number of cases Accepted to be Treated	查处案件数 Number of Investigated and Treated
总　计	**Total**	**8291825**	**8117217**
违反户口、居民身份证管理规定	Violating Regulations on Management of Residence or Identity Cards	1633	1647
违反治安管理处罚法	Violating Regulations on Management of public security	829785	804895
其他	Others	7460407	7310675

28-11 人民检察院检察官基本情况
Basic Statistics on inquisitors

单位：人 (person)

指标	Item	2010	2011
检察官数	**Number of inquisitor**	**10131**	**10175**
#女性	Female	2314	2388
#检察长人数	Number of law-officer	175	183
#女性	Female	12	13
#副检察长人数	Number of vice-law-officer	793	813
#女性	Female	96	102
#检察员人数	Number of fact-finder	7065	7112
#女性	Female	1680	1745
#助理检察员	Number of assistant fact-finder	969	884
#女性	Female	324	299

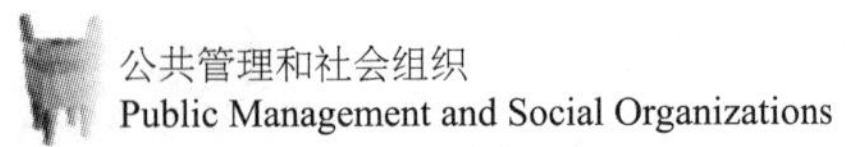

28－12 检察机关直接立案侦查案件情况(2011年)

Basic Statistics on Law Case Direct Registered by Procuratorial Organ (2011)

案件分类	Case Item	受案 (件) Cases Accepted (case)	立案合计 Total Number of Cases Registered 件 (case)	人 (person)	#大案 (件) Large Cases (case)	#要案 (人) Key Cases (Person)	结案合计 Total number of cases settled 件 (case)	人 (person)
总 计	**Total**	**3134**	**2821**	**4148**	**2136**	**162**	**2671**	**3962**
贪污贿赂案件小计	**Sub-total of Cases on Corruption and Bribery**	**2185**	**1960**	**2725**	**1439**	**156**	**1839**	**2585**
#贪污	Corruption	878	754	1224	495	30	712	1178
贿赂	Bribery	942	843	995	658	110	775	926
挪用公款	Misappropriation of Public Funds	354	350	475	286	9	341	453
集体私分	Collective Illegal Possession	10	12	30		7	11	28
巨额财产来源不明	Unstated Source of Large Properties	1	1	1				
渎职案件小计	**Sub-total of Cases on Abuse and Dereliction of Duty**	**949**	**861**	**1423**	**697**	**6**	**832**	**1377**
滥用职权	Abuse of Power	291	254	401	224	3	236	381
玩忽职守	Dereliction of Duty	593	555	915	441	1	552	900
徇私舞弊	Fraudulent Practice	63	50	79	31	2	42	68
其他	Others	2	2	28	1		2	28

28－13 检察机关审查批准、决定逮捕犯罪嫌疑人和提起公诉被告人情况(2011年)

Basic Statistics on Examined and Ratified, the Apprehension Decided of suspect and Accused Instituted Prosecution by Procuratorial Organ (2011)

案件分类	Case Item	批捕、决定逮捕合计 Total of Arrests 件 (case)	人 (person)	决定起诉合计 Total of Public Prosecutions 件 (case)	人 (person)
总 计	**Total**	**36117**	**48629**	**51197**	**74416**
公安、安全、监狱机关提请小计	**Sub-total of Requests by Departments of State and Public Security and Prisons**	**35124**	**47468**	**48640**	**70711**
#危害公共安全案	Offences Against Public Security	4399	4665	7951	8370
破坏社会主义市场经济秩序案	Offences Against Socialist Economic Order	1470	2286	1786	2986
侵犯财产案	Offences Against Properties	13364	18609	17290	25468
妨害社会管理秩序案	Offences Against Social Management of Order	5379	8922	8058	16319
检察机关直接立案侦查案件小计	**Sub-total of Cases Handled by Procuratorates**	**993**	**1161**	**2557**	**3705**
#贪污贿赂案	Offences on Corruption and Bribery	891	1022	1790	2443
渎职案	Offences on Abuse and Dereliction of Duty	101	135	746	1223

28-14 人民检察院处理申诉案件情况（2011年）
Appeals Handled by People's Procuratorate(2011)

单位：件 (case)

案件分类	Category of Cases	受案 Cases Accepted	立案复查 Cases Registered for Reinvestigation	结案 Cases Settled	#改变原决定 Original Decision Changed
合计	**Total**	**613**	**507**	**524**	**45**
不服检察机关处理决定	Appeals against Decision of Procuratorate's Offices	353	290	289	45
不服不批捕	Appeals against Rejection of Arrest	169	146	146	33
不服不起诉	Appeals against Rejection of Prosecuting	118	102	101	4
不服撤案	Appeals against Withdrawal of the Case	3	1	2	
不服原免予起诉	Appeals against Original Exemption of Lawsuit	8	6	6	1
其他	Others	55	35	34	7
不服法院刑事判决裁定	Appeals against Judgment of Criminal Case	260	217	235	
刑罚执行中被害人申诉	Appeals of the Victim at the Punishment	113	97	100	
刑罚执行中被告人申诉	Appeals of the Defendant at the Punishment	66	56	62	
刑罚执行完毕后被害人申诉	Appeals of the Victim after the Punishment	38	28	34	
刑罚执行完毕后被告人申诉	Appeals of the Defendant after the Punishment	43	36	39	

28-15 人民检察院出庭公诉情况（2011年）
Public Prosecutions Appearing in Court by People's Procuratorate (2011)

单位：件 (case)

案件类别	Category of Cases	适用简易程序 Summary Procedure Applied	出庭公诉 Public Prosecutions Appearing in Court	一审 First Instance	二审 Second Instance	上诉案 Appeal Cases	抗诉案 Procuratoral Appeal Cases	再审 Retrial
合计	**Total**	**16772**	**30994**	**30356**	**604**	**370**	**234**	**34**
贪污贿赂	Embazzlement and Bribery	218	1623	1551	65	38	27	7
渎职侵权	Dereliction of Duty and Infringement of Citizens' Right	161	595	578	16		16	1
刑事案件	Criminal Cases	16393	28776	28227	523	332	191	26

28-16 人民检察院办理刑事抗诉案件情况（2011年）

Criminal Appeals Handled by People's Procuratorate (2011)

案件类别	Category of Cases	提出抗诉 Presenting Procuratoral Appeal	撤回抗诉 Withdrawing Procuratoral Appeal	审判结果 合计 Total Result of Judgement	改判 Revising Judgment		维持原判 Affirming Original Judgment	发回重审 Remanding for Retrial
		件 case	件 case	件 case	件 case	人 person	件 case	件 case
合计	**Total**	**383**	**3**	**356**	**162**	**214**	**49**	**145**
二审小计	Sub-total of Second Instance	344	3	318	150	199	48	120
贪污贿赂案件	Embazzlement and Bribery Cases	37		40	8	9	7	25
渎职侵权案件	Dereliction of Duty and Infingement of Citizens' Right Cases	16		17	3	4	3	11
刑事案件	Criminal Cases	291	3	261	139	186	38	84
再审小计	Sub-total of Retrial	39		38	12	15	1	25
贪污贿赂案件	Embazzlement and Bribery Cases	6		6	3	6		3
渎职侵权案件	Dereliction of Duty and Infingement of Citizens' Right Cases	2		2				2
刑事案件	Criminal Cases	31		30	9	9	1	20

28-17 人民检察院办理民事、行政抗诉案件情况（2011年）

Civil and Administrative Appeals Handled by People's Procuratorate (2011)

单位：件 (case)

案件类别	Category of Cases	合计 Total	民事案件 Civil Cases	行政案件 Administrative Cases
立案	Filing Cases	5708	5200	508
提请抗诉	Submitting Procuratoral Appeal	1195	1144	51
抗诉	Procuratoral Appeal	931	901	30
撤回抗诉	Withdrawing Procuratoral Appeal			
抗诉案件再审	Retrial of Procuratoral Appeal	602	592	10
改判	Revising Judgment	293	285	8
发回重审	Remanding for Retrial	73	72	1
调解	Mediation	190	190	
维持原判	Affirming Original Judgment	36	36	
其他	Others	10	9	1

28－18 人民检察院受理举报、控告和申诉案件情况（2011年）

Cases of Reporting, Accusation and Petition Handled by People's Procuratorate (2011)

单位：件 (cases)

案件类别	Category of Cases	受理 Cases Accepted	处理 Cases Handled	#分送检察机关 Handled by General Office of People's Procuratorate	#转其他机关 Transfering to Other Organs
合计	**Total**	**14887**	**14855**	**10256**	**1992**
首次举报	First Report of an Offence	8023	7997	6376	226
首次控告	First Accusation	2871	2867	1482	782
首次申诉	First Petition	3993	3991	2398	984

28－19 人民检察院纠正违法情况

Law-breaking Cases Rectified by People's Procuratorate

项目	Item	2010	2011
书面提出纠正	**Written Rectification**		
件次合计（件次）	**Total of Written Rectification (Case-times)**	**4139**	**3551**
立案监督小计	Sub-total of Supervision of Cases Filing	2559	1454
监督立案	Supervision of Cases Filing	2052	915
监督撤案	Supervision of Cases Withdrawed	507	539
侦查监督小计	Sub-total of Supervision of Investigation	917	1167
审查批捕环节	Supervision of Investigation in the Processof Arrests Approved	361	505
审查起诉环节	Supervision of Investigation in the Process of Prosecution	556	662
刑事审判监督	Supervision of Criminal Trial	663	930
刑罚执行监督人次小计（人次）	**Sub-total of Supervision of Punishment Execution (person-times)**	**1527**	**1930**
监管活动	Administration of Prison and Custody	1014	1370
超期羁押	Excessive Custody	1	
减刑、假释、保外就医	Commutation of Sentence, Parole and Released on Parole for Medical Treatment	512	560
已纠正	**Rectified**		
件次合计（件次）	**Total of Rectified (Case-times)**	**3970**	**3406**
立案监督小计	Sub-total of Supervision of Cases Filing	2454	1377
监督立案	Supervision of Cases Filing	1941	842
监督撤案	Supervision of Cases Withdrawed	513	535
侦查监督小计	Sub-total of Supervision of Investigation	870	1122
审查批捕环节	Supervision of Investigation in the Processof Arrests Approved	354	491
审查起诉环节	Supervision of Investigation in the Processof Prosecution	516	631
刑事审判监督	Supervision of Criminal Trial	646	907
刑罚执行监督人次小计（人次）	**Sub-total of Supervision of Punishment Execution (person-times)**	**1523**	**1927**
监管活动	Administration of Prison and Custody	1013	1367
超期羁押	Excessive Custody	1	
减刑、假释、保外就医	Commutation of Sentence, Parole and Released on Parole for Medical Treatment	509	560

28-20 人民法院审理一审案件情况

First Trial Cases by Courts

单位：件 (case)

年 份 Year	收 案 Cases Accepted	刑 事 Criminal	民 事 Civil	行 政 Administrative
2002	283041	32719	239944	10378
2003	287551	34845	242513	10193
2004	275408	30574	234754	10080
2005	278899	34480	232603	11816
2006	280552	40684	226737	13131
2007	294768	42423	237312	15033
2008	311897	54898	248957	8042
2009	321017	48863	257522	14632
2010	331606	48518	266454	16634
2011	339098	50984	264737	23377

注：1.一审案件指人民法院按照诉讼级别管辖按第一审程序审理的案件。
2.民事案件包含经济纠纷和海事海商案件。

a) First trial cases refer to cases accepted by people's courts according to the first trial proceedings.
b) Data of civil cases include cases of economic disputes and maritime law and affairs.

28-21 人民法院审理刑事案件罪犯情况

Criminal Offenders Heard by Courts

单位：人 (person)

年 份 Year	刑事罪犯总数 Number of Offenders	#青少年罪犯 Young Offenders	不满18岁 Less Than 18 Years	18岁至25岁 Between 18 and 25 Years	青少年罪犯占刑事罪犯比重(%) Proportion of Young Offenders in the Total (%)
2002	39774	9959	2464	7495	25.0
2003	43608	8543	2829	5714	19.6
2004	37424	7918	2961	4957	21.2
2005	42638	10550	3841	6709	24.7
2006	52378	13443	5039	8404	25.7
2007	57501	15275	5906	9369	26.6
2008	77401	21183	7824	13359	27.4
2009	69450	16386	5262	11124	23.6
2010	66731	14692	4355	10337	22.0
2011	69363	12266	3515	8751	17.7

28-22 人民法院审理权属、侵权纠纷及其他民事一审案件收结案情况（2011年）
First Trial Cases of Disputes of Right, Infringement of Right and Other Civil Affairs Accepted and Settled by Courts (2011)

单位：件 (case)

项 目	Item	收 案 Cases Accepted	结 案 Cases Settled	调 解 Mediation	判 决 Judgment	驳 回 Reject	撤 诉 With-drawal	其 他 Other
合计	**Total**	**59813**	**62046**	**21918**	**19872**	**611**	**18293**	**1352**
物权	Real right	12161	12749	3989	3282	252	5115	111
特别程序	Special Proceedings	2335	2358	1014	71		396	877
人格权纠纷	Personality right disputes	9014	9743	3430	3104	58	3067	84
侵权责任纠纷	Tort liability dispute	6808	7141	2619	2013	129	2270	110
特殊侵权纠纷	Disputes of Special Infringement of Right	1400	1483	451	453	12	557	10
不当得利	Undeserved benefit							
票据、证券权益纠纷	Disputea of Bill,Securities and Stocks	173	184	82	64		28	10
其他	Other	27922	28388	11347	9942	89	6860	150

28-23 法官及审理有关案件情况
Statistics on Justices and Case at Trial

指标	Item	2010	2011
法官及陪审员情况（人）	**justicer and juror(person)**		
法院法官人数	Number of justicer in court	13862	13231
#女法官	Female	2890	3283
高级法院法官人数	Number of justicer in High court	317	382
#女法官	Female	88	118
人民陪审员人数	Number of juror	5189	6758
#女陪审员	Female	1370	2044
审理民事案件情况（件）	**Civil Case Trial (case)**		
离婚案件数	Divorce	29288	29787
抚育、抚养赡养案件数	Upbringing and Support	5929	5562
建立少年法庭数（个）	**Number of Juvenile Court (unit)**	**96**	**79**

28-24 全省法院判处犯罪案件情况(2011年)
Number of case Trial by court (2011)

指 标	Item	判处犯罪人数（人） Number of offender (person)	#女性 Female	女性所占比例(%) Proportion of Female(%)
总计	**Total**	**69363**	**2260**	**3.3**
侮辱罪	Insult	4	2	50.0
组织卖淫罪	Organise Prostitution	165	19	11.5
引诱、容留、介绍卖淫罪	Tempt、Remain and introduce Prostitution	4		
遗弃罪	Desertion	18	4	22.2
妨害作证罪	Breach of bearring witness	24	5	20.8
重婚罪	Bigamy	90	18	20.0
拐卖妇女、儿童罪	Abduct and Sell Female and Chind	473	92	19.5
窝藏、包庇罪	Shelter and Screen	229	21	9.2
拐骗儿童罪	Kidnap	14		
诈骗罪	Fenagle	2341	172	7.4
强迫卖淫罪	Coerce Prostitution	303	44	14.5
贪污罪	Corruption	1125	31	2.8
盗窃罪	Larceny	17217	615	3.6
其他	Others	47356	1237	2.6

28-25 人民法院刑事一审案件收结案情况（2011年）

Basic Statistics on Criminal Case at First Trial by People's Court (2011)

单位：件 (case)

项 目	Item	收 案 Cases Accepted	结 案 Cases Settled	判 决 Judg-ement	驳 回 Reject	撤 诉 Withdrawal	其 他 Other
合 计	**Total**	**50984**	**52389**	**51937**	**3**	**223**	**226**
危害国家安全罪	Offences Against State Security	1	1	1			
危害公共安全罪	Offences Against Public Security	7246	7362	7325		11	26
破坏社会主义经济秩序罪	Offences Against Socialist Economic Order	1703	1778	1744		19	15
侵犯公民人身权利、民主权利罪	Offences Against Citizens' Personal and Democratic Rights	13349	13731	13575	1	86	69
侵犯财产罪	Offences Against Properties	17611	18064	17936	1	55	72
妨害社会管理秩序罪	Offences Against Social Management of Order	8353	8558	8504		17	37
危害国防利益罪	Offences Against National Defense	15	15	15			
贪污贿赂罪	Offences on Corruption and Bribery	1947	2064	2036		22	6
渎职罪	Offences on Dereliction of Duty	757	814	799	1	13	1

注：收案中不含旧存.
a)cases not including cases left.

28-26 人民法院民商一审案件收结案情况(2011年)(一)

Basic Statistics on Civil Case at First Trial by People's Court (2011)(1)

单位：件 (case)

项 目	Item	收 案 Cases Accepted	结 案 Cases Settled	调 解 Mediation	判 决 Sentence	驳 回 Reject	撤 诉 Withdrawal	其 他 Others
合 计	**Total**	**264737**	**277514**	**89802**	**70284**	**2496**	**111981**	**2951**
婚姻家庭	Marriages and Family Affairs	67983	69458	30156	15166	254	23442	440
继承	Inheritance	1469	1534	643	331	19	535	6
物权纠纷	Property rights disputes	12161	12749	3989	3282	252	5115	111
股东权纠纷	Shareholder Rights	266	271	51	86	5	113	16
特殊侵权纠纷	Dispute of Special Rights	1400	1483	451	453	12	557	10
票据、证券权益纠纷	Disputea of Bill,Securities and Stocks	173	184	82	64		28	10
不正当竞争纠纷	Dispute of Unfair Competition	30	27	5	7		14	1
人格权纠纷	Personality right disputes	9014	9743	3430	3104	58	3067	84
特别程序	Special Proceedings	2335	2358		1014	71	396	877
其他	Other	169906	179707	50995	46777	1825	78714	1396

注：结案中含上年旧存。
a)Cases settled include cases turned over from the previous year.

28-27 人民法院民商一审案件收结案情况(2011年)(二)

Basic Statistics on Civil Case at First Trial by People's Court (2011)(2)

单位：件 (case)

项 目	Item	收 案 Cases Accepted	结 案 Cases Settled	调 解 Mediation	判 决 Judgement	驳 回 Reject	撤 诉 Withdrawal	其 他 Others
合 计	**Total**	**113717**	**117918**	**29933**	**26182**	**1125**	**57731**	**2947**
买卖合同纠纷	Dispute at Sale Contract	20929	21908	6317	4662	248	10410	271
房地产开发经营合同纠纷	Dispute at Contract of Real Estate	533	546	125	134	8	271	8
服务合同	Service contract	7044	7256	962	368	12	5503	411
借款合同纠纷	Dispute at Loan Contract	48426	49308	11848	10856	385	25094	1125
租赁合同纠纷	Dispute at Lease Contract	4924	5095	1167	1312	76	2504	36
建设工程合同纠纷	Dispute at Contract of Construction Project	3427	3634	872	1047	68	1593	54
运输合同纠纷	Dispute at Transport Contract	1146	1153	333	329	11	474	6
知识产权合同	Contract of Intellectual Rights	74	71	22	13		31	5
其他合同纠纷	Others	27214	28947	8287	7461	317	11851	1031

28-28 人民法院行政一审案件收结案情况 (2011年)

Basic Statistics on Administrative Case at First Trial by People's Court (2011)

单位：件 (case)

项 目	Item	收 案 Cases Accepted	结 案 Cases Settled	维 持 Affirmation of Original Judgement	驳 回 Reject	撤 诉 Withdrawal	其 他 Others
合 计	**Total**	**23377**	**23799**	**526**	**934**	**15750**	**6589**
公 安	Public Security	1309	1344	166	27	896	255
工 商	Industry and Commerce	526	535	16	5	462	52
土 地	Land	5463	5541	109	438	3649	1345
林 业	Forest	137	142	11	8	59	64
城 建	City Construction	2883	3070	50	207	2361	452
交 通	Communication	665	666	2		604	60
税 务	Taxes	100	101		2	83	16
其 他	Other	12294	12400	172	247	7636	4345

28-29 妇女参政议政情况

Statistics of Female Joined and discussion politics

单位：人

指标名称	Item	2005	2010	2011
省人大代表	Deputy to the people's congress of Henan	939	947	951
#女性	Female	190	177	183
市人大代表	Deputy to the people's congress of City	7715	7724	7719
#女性	Female	1620	1522	1583
县人大代表	Deputy to the people's congress of County	37007	37298	37286
#女性	Female	7771	7505	7565
省政协委员	Political Consultative Committee Member of Henan	842	874	872
#女性	Female	159	193	202
市政协委员	Political Consultative Committee Member of City	6694	6744	6760
#女性	Female	1521	1571	1579
县政协委员	Political Consultative Committee Member of County	26293	30627	33158
#女性	Female	3102	6056	6092

28-30 工会组织情况

Basic Statistics on Trade Unions

单位：万人 (10 000 persons)

年份	工会基层组织数 (万个) Number of Grassroot Trade Unions (10 000 units)	工会组织基层单位的职工与会员人数 Membership and Staff and Workers in Grassroot Trade Unions				工会专职工作人员人数 Number of Full-time Personnel of Trade Unions
		职工人数 Staff and Workers	#女职工 Female	会员人数 Membership	#女会员 Female	
2000	3.61	672.80	255.00	611.60	225.20	2.38
2001	4.86	757.84		700.10		
2002	5.68	811.02	298.59	749.51	270.99	3.28
2003	5.23	777.38	291.23	717.47	263.68	3.55
2004	5.38	785.64	297.21	734.64	266.71	3.20
2005	6.14	841.38	303.38	803.68	281.73	3.06
2006	6.94	905.50	325.51	866.43	306.15	3.36
2007	8.15	1070.20	380.30	1016.70	360.10	4.10
2008	9.13	1164.40	404.10	1125.00	392.10	4.50
2009	10.30	1291.31	443.76	1208.81	419.37	5.09
2010	11.43	1396.41	499.99	1324.06	480.69	6.45
2011	14.89	1517.46	548.67	1441.09	526.66	10.35

28−31 妇联干部情况

Cadres of the Women's Federation

单位：人 (person)

项目	Item	2007	2008	2009	2010	2011
干部总数	**Total Number of Cadres**	**3698**	**3800**	**4403**	**3850**	**3393**
#少数民族干部	Number of Ethnic Minority Cadres	91	93	150	109	93
按行政级别分	By Administration Level					
司局级	Department/Bureau Level	10	36	7	7	7
县处级	County Level	107	114	116	118	115
科以下	Section Chief and Below	3581	3650	4280	3725	3003
按干部年龄分	By Age Group					
35岁以下	35 and Below	1826	1779	1856	1575	1164
36-45岁	36-45	1463	1601	1926	1863	1638
46-55岁	46-55	380	389	577	369	400
56岁以上	56 and Over	29	31	44	43	36
按干部政治面貌分	By Political Status					
共产党员	Chinese Communist Party	3153	3187	3761	3263	2961
共青团员	Communist Youth League	223	236	178	95	85
民主党派	Democratic Parties	43	15	11	9	15
群众	Mass	279	362	453	483	332
按干部文化程度分	By Education Attainments					
博士研究生	Doctorate Degree					
研究生	Master Degree	71	73	86	89	90
大学本科、大专学历	University / College	3212	3355	3624	3432	3012
高中、中专及以下	Senior Middle School and Below	415	372	693	329	291
按行政编制分	By Organization Types					
行政编制	Administration	2750	2807	2929	2514	2254
事业编制	Institution	890	923	1071	1254	945
招聘干部	Recruitment	58	70	403	82	194
干部参加学历教育情况	**Cadres Attending the Formal Education**					
博士研究生	Doctorate Degree		1	5		1
硕士研究生	Master Degree	19	29	20	35	27
大学、大专学历	University / College	431	494	492	475	269
干部流动情况	**Movement of Cadres**					
调入	In	127	212	121	261	202
调出	Out	107	116	111	233	192
省（区、市）妇联领导进同级	**Cadres at Provincial Level of the Same Grade**					
党委	CCP Committee	56	70	61	47	59
人大	People's Congress	153	245	255	211	71
政协	CPPCC	111	163	200	61	40

注：妇联干部指在妇联系统工作的专职干部。

a) Cadres of the Women's Federation refer to the full-time cadres who are working in the system of the Women's Federation.

28-32 安全生产基本情况

Basic Statistics on security production

指 标	Indicate	2009	2010	2011
发生伤亡事故总数(起)	**Number of casualty accident(case)**	**11592**	**11798**	**10623**
#道路交通事故	Traffic accident	8587	7890	6877
工矿商贸企业	Factory、mine and trade Enterprise	220	189	128
矿山企业	Mine Enterprise	78	59	25
煤矿企业	Colliery Enterprise	52	35	8
非煤矿企业	Other mine Enterprise	26	24	17
非矿山	Factory and trade Enterprise	142	130	103
消防火灾	Fire	2566	3516	3441
造成死亡总人数(人)	**Number of deaths in accident(person)**	**2567**	**2479**	**2033**
#道路交通事故	Traffic accident	1997	1825	1670
工矿商贸企业	Factory、mine and trade Enterprise	384	484	212
矿山企业	Mine Enterprise	200	312	58
煤矿企业	Colliery Enterprise	149	266	36
非煤矿企业	Other mine Enterprise	51	46	22
非矿山	Factory and trade Enterprise	184	172	154
消防火灾	Fire	13	14	20
一次死亡3-9人重大事故(起)	**Number of grave accident in which once dead 3~9 persons(case)**	**48**	**42**	**44**
#道路交通事故	Traffic accident	31	24	32
工矿商贸企业	Factory、mine and trade Enterprise	15	17	10
矿山企业	Mine Enterprise	7	9	1
煤矿企业	Colliery Enterprise	4	4	
非煤矿企业	Other mine Enterprise	3	5	1
非矿山	Factory and trade Enterprise	8	8	9
消防火灾	Fire			2
一次死亡3-9人重大事故中死亡人数(人)	**Number of deaths in grave accident**	**217**	**192**	**197**
#道路交通事故	Traffic accident	144	100	146
工矿商贸企业	Factory、mine and trade Enterprise	66	89	40
矿山企业	Mine Enterprise	33	54	5
煤矿企业	Colliery Enterprise	21	28	
非煤矿企业	Other mine Enterprise	12	26	5
非矿山	Factory and trade Enterprise	33	35	35
消防火灾	Fire			11
一次死亡10人以上特大事故(起)	**Number of the gravest accident in which once dead over 10 persons(case)**	**2**	**8**	**6**
#道路交通事故	Traffic accident		1	3
工矿商贸企业	Factory、mine and trade Enterprise	2	7	3
矿山企业	Mine Enterprise	2	7	2
煤矿企业	Colliery Enterprise	1	7	2
非煤矿企业	Other mine Enterprise	1		
非矿山	Factory and trade Enterprise			1
一次死亡10人以上特大事故中死亡人数(人)	**Number of deaths in the gravest accident(person)**	**89**	**232**	**106**
#道路交通事故	Traffic accident		19	68
工矿商贸企业	Factory、mine and trade Enterprise	89	213	38
矿山企业	Mine Enterprise	89	213	28
煤矿企业	Colliery Enterprise	76	213	28
非煤矿企业	Other mine Enterprise	13		
非矿山	Factory and trade Enterprise			10
煤矿百万吨死亡率(人)	**Deaths per million tons of colliery(person)**	**0.76**	**1.49**	**0.19**
骨干煤矿企业	Backbone coal mining enterprises			0.21
地方煤矿	Local coal mine			0.14

28−33 火灾事故发生情况(2011年)
Basic Statistics on Fires (2011)

项　　目	Item	合计 Total	#一般 Ordinary
发生(起)	Fires (case)	3437	3434
死亡(人)	Deaths (person)	20	6
受伤(人)	Injuries (person)	6	6
损失折款(万元)	Losses Converted into Cash (10 000 yuan)	3489.00	3485.35
平均每起事故损失(元)	Average Loss per Fire (yuan)	10151	10150

28−34 各市火灾事故发生情况
Basic Statistics on Fires by City

市 City	2010				2011			
	事故发生数(起) Number of Traffic Accidents (case)	死亡人数(人) Number of Deaths (person)	受伤人数(人) Number of Injuries (person)	损失折款(万元) Losses Coverted into Cash (10 000 yuan)	事故发生数(起) Number of Traffic Accidents (case)	死亡人数(人) Number of Deaths (person)	受伤人数(人) Number of Injuries (person)	损失折款(万元) Losses Coverted into Cash (10 000 yuan)
全　　省 Total	**3533**	**14**	**13**	**3470**	**3437**	**20**	**6**	**3489**
省 辖 市 City								
郑　州　市 Zhengzhou	1696	6	4	641	1530	6	5	766
开　封　市 Kaifeng	107		8	388	123			144
洛　阳　市 Luoyang	194			214	282			400
平 顶 山 市 Pingdingshan	123	2	1	185	79			84
安　阳　市 Anyang	124			183	124			267
鹤　壁　市 Hebi	114			107	60	2		50
新　乡　市 Xinxiang	86	2		91	76	8		101
焦　作　市 Jiaozuo	28			59	39			124
濮　阳　市 Puyang	225	3		158	222			115
许　昌　市 Xuchang	56			44	81	1		77
漯　河　市 Luohe	48			20	50			71
三 门 峡 市 Sanmenxia	27			121	38			128
南　阳　市 Nanyang	185	1		271	274			130
商　丘　市 Shangqiu	120			185	109		1	375
信　阳　市 Xinyang	54			143	38	3		193
周　口　市 Zhoukou	133			381	100			189
驻 马 店 市 Zhumadian	161			252	135			207
济　源　市 Jiyuan	52			27	77			68
省 直 管 县 Province Administrating County								
巩　义　市 Gongyi					52	4		27
兰　考　县 Lankao					21			56
汝　州　市 Ruzhou					3			6
滑　　　县 Huaxian					34			25
长　垣　县 Changyuan					5			15
邓　州　市 Dengzhou					2			12
永　城　市 Yongcheng					13			13
固　始　县 Gushi					7			30
鹿　邑　县 Luyi					19			21
新　蔡　县 Xincai					6			2

28−35 婚姻登记情况
Basic Statistics on Marriages

项　　目	Item	1990	1995	2000	2005	2010	2011
准予登记结婚(万对)	**Registered Marriages (10 000 couples)**	**74.26**	**72.03**	**66.18**	**51.33**	**101.40**	**106.31**
初婚(万人)	First Marriages (10 000 person)	144.56	139.39	127.82	96.42	193.17	202.84
再婚(万人)	Remarriages (10 000 person)	3.97	4.67	4.53	6.25	9.63	9.77
离婚(万对)	**Divorces (10 000 couples)**			**8.60**	**9.10**	**13.36**	**14.86**
#民政部门	Civil Administration Department	1.94	2.24	2.65	6.08	10.43	11.88

28−36 各市婚姻登记情况
Basic Statistics on Marriages by City

单位：对　　(couples)

市	City	2010 准予登记结婚 Registered Marriages	2010 离婚 Divorces	2010 #民政部门 Civil Administration Department	2011 准予登记结婚 Registered Marriages	2011 离婚 Divorces	2011 #民政部门 Civil Administration Department
全　省	**Total**	**1013956**	**133599**	**104311**	**1063068**	**148568**	**118781**
省辖市	**City**						
郑州市	Zhengzhou	84063	18207	15642	94785	21618	19316
开封市	Kaifeng	58061	6101	5050	57835	7170	5925
洛阳市	Luoyang	71896	10330	8323	76146	11255	9471
平顶山市	Pingdingshan	48587	8243	6705	51147	8692	7201
安阳市	Anyang	61195	7574	5730	68409	7935	6146
鹤壁市	Hebi	13894	1846	1346	16172	2075	1567
新乡市	Xinxiang	60528	9104	7504	59684	9978	8303
焦作市	Jiaozuo	37269	5886	5008	40065	6520	5603
濮阳市	Puyang	47930	3945	2813	34698	4446	2916
许昌市	Xuchang	55305	7583	5772	48668	6777	4612
漯河市	Luohe	24600	4063	3065	26211	3999	3282
三门峡市	Sanmenxia	19674	3410	2505	19387	3191	2573
南阳市	Nanyang	111118	14143	9463	110448	15726	11385
商丘市	Shangqiu	91603	8386	6770	108982	10483	8676
信阳市	Xinyang	55812	6718	4805	71708	8474	6202
周口市	Zhoukou	93293	5386	3879	99361	6253	4487
驻马店市	Zhumadian	72153	11547	8954	71599	12652	9903
济源市	Jiyuan	6975	1127	977	7763	1324	1213
省直管县	**Province Administrating County**						
巩义市	Gongyi	8305	1567	1286	8789	1597	1307
兰考县	Lankao	8776	628	511	9204	671	547
汝州市	Ruzhou	10408	1055	788	9747	697	445
滑县	Huaxian	8249	1065	813	8826	934	704
长垣县	Changyuan	10123	972	819	11459	1309	1144
邓州市	Dengzhou	13450	1837	1253	12165	1988	1386
永城市	Yongcheng	16213	1599	1216	12165	1503	1139
固始县	Gushi	8570	689	400	16944	1266	1011
鹿邑县	Luyi	11221	254	174	11187	202	129
新蔡县	Xincai	10302	1007	526	10717	1003	501

主要统计指标解释

公共管理和社会组织包括中国共产党机关、国家机构、人民政协和民主党派、群众团体、社会团体和宗教组织、基层群众自治组织。

受理劳动争议案件数 指劳动争议仲裁委员会根据国家有关规定，对劳动争议当事人的申请予以审查，符合受理条件而正式立案、准备处理的劳动争议案件数。

立案 指检察机关对犯罪线索进行初步调查后，认为存在职务犯罪事实并需要追究刑事责任时，依法决定作为刑事案件进行侦查的诉讼活动，是追究犯罪的开始。

大案 贪污贿赂犯罪案件指贪污、贿赂数额在5万元以上，挪用公款案在10万元以上。渎职犯罪大案一般为直接经济损失5万元以上，死亡1人以上或者重伤3人以上的案件；或虽然没有造成经济损失和伤亡，但犯罪情节恶劣或造成严重后果的案件。

要案 指县、处级以上干部的犯罪案件。

决定逮捕 指检察机关对直接受理、自行侦查的案件，认为需要逮捕犯罪嫌疑人时，依据法律作出的逮捕决定。

批准逮捕 指检察机关对公安机关、国家安全机关、监狱管理机关提出逮捕的犯罪嫌疑人进行审查，根据事实，依法作出逮捕决定。

决定起诉 指检察机关对公安机关、国家安全机关、监狱管理机关和检察机关内设机构反贪污贿赂部门移送起诉的刑事犯罪嫌疑人进行审查，根据事实，依法向人民法院提起公诉。

律师 指依法取得律师执业证书，接受委托或者指定，为当事人提供法律服务的执业人员。包括专职律师、兼职律师、公职律师和法律援助律师。

公证人员 指在公证机构依法从事公证工作的人员，包括公证员和公证员助理。

公证书 指公证处在一定时期内办结的公证书。公证书按司法部规定或批准的格式制作，包括国内公证和涉外公证两部分。

调解人员 指在人民调解委员会担负调解民间一般民事纠纷和轻微违法行为引起纠纷的工作人员，包括调解委员会的委员和调解小组的调解员。

调解民间纠纷 指调解委员会依照法律规定，根据自愿原则，用说服教育的方法调解民间发生的有关民事权利和义务的争执，促成当事双方达到协议和谅解，解决纠纷。包括婚姻家庭纠纷，邻里纠纷等，不包括法院受理调解的民事案件数。

法律援助专职律师 指在法律援助机构中持有律师工作证的工作人员。

Explanatory Notes on Main Statistical Indicators

Public management and social organizations including the Chinese communist party organs, state agencies, people's political consultative conference and the democratic parties, mass organizations, social organizations and religious organization, basic autonomous organization of the people.

Number of Labour Dispute Cases Accepted refers to the number of cases of labour dispute submitted that, after being reviewed by the labour dispute arbitration committees in line with the relevant state regulations, are accepted and registered for treatment.

Acceptance of Case refers to the decision made by the procurators office to confirm the act of crime after initial investigation and to start legal proceedings of the case as criminal case.

Large Case In case of corruption and bribery, it refers to the case involves a bribery of over 50,000 yuan, or a misappropriation of over 100,000. In case of offence on dereliction of duty, it refers to the case that causes an economic loss of over 50,000, loss of one life, or severe injury of 3 persons; or a case that displays extremely disgusting behavior of the offender or results in grave aftermath.

Key Case refers to a case committed by government officials with a ranking of division director or county administrator.

Decision on Arrest refers to decision made by procurators office, in accordance with laws, to arrest the suspect(s) in the cases that are accepted and to be investigated by procurators office.

Approval for Arrest refers to the decision made by procurators office, in accordance with laws and relevant facts, to approve the arrest of the suspect(s) that is proposed by the public security departments, state security departments or authority of prisons .

Decision on Prosecution refers to the decision made by procurators office, in accordance with laws and relevant facts, to institute proceedings to the peoples court against the suspect(s) of criminal cases handed over by the public security departments, state security departments or authority of prisons, or by the anti-corruption departments within the procurators office .

Lawyers are legal workers who are employed full time by legal counseling firms to act as legal advisers, agents in criminal or civil lawsuits, or defenders in criminal lawsuits, or to handle non-litigious legal affairs, to advise on matters of law or to write legal papers for others. Both full-time and part time lawyers are included.

Notary Personnel refers to judicial workers of the state notary offices handling notarization work according to law. They include notaries, assistant notaries, and other people working for notary offices.

Notarized Documents refer to the documents settled by notary offices in a year. The notary documents are drawn up in accordance with the regulations of the Ministry of Justice, including domestic documents and foreign-related documents. Domestic documents are divided into two major categories, documents on economic contracts and documents on civil legal relations.

Mediators refer to workers on peoples mediation committees responsible for mediating in civil disputes and cases of slight infraction of the law. They include members of the mediation committees and mediators of mediation groups.

Mediation of Civil Disputes refers to mediation committees work in mediating in civil disputes concerning civil rights and duties through persuasion and education in accordance with the provisions of law on a voluntary basis, so as to solve disputes by helping the parties involved come to an agreement and understanding. These disputes include divorce cases and disputes over property ownership, but exclude the civil cases to be handled by the court.

Lawyer refers to a person Who has acquired a lawyer's practice certificate according to law, Accept entrust to provide legal services for the parties. Include full-time lawyers, part-time lawyer, a public law and legal aid lawyer.

Notary Personnel refers to people working for notary offices including: directors, deputy directors, notaries, assistant notaries and other people providing assistance.

Notary Documents refer to the judicial notary documents drawn up at the request of the interested party and are in accordance with facts and the law and following certain legal proceedings.

Mediation refer to persons work in the people's conciliation committee responsible for mediating civil disputes and general civil illegal behavior caused mild dispute of personnel, include the mediation committee members of the team and the mediator.

Mediate civil disputes According to the principles of voluntary participation, using education method to Mediate folk happen on civil rights and obligations of the dispute. Include marriage family feuds, and neighborhood dispute, etc, not include civil cases accepted by the court.

Legal aid lawyers in full-time refers to the legal aid institutions hold in the working staff lawyer.

各县（市、区）主要统计指标

Main Indicators by County (City,District)

29-1 各县(市)人口及从业人员（2011年）

Population and Employed Person by County and City (2011)

县 市 County and city	年末总户数(万户) Total Households (year-end) (10 000 household)	年末总人口(万人) Population (year-end) (10 000 persons)	年平均总人口(万人) Average person Per Year (10 000 persons)	常住人口(万人) Resident population (10 000 persons)	从业人员(万人) Employment (10 000 persons)	第一产业 Primary Industry	第二、三产业 Secondary Industry and Tertiary Industry	城镇单位从业人员 Employed Persons in Urban Unit	乡村从业人员 Employed Persons in Rural Area
郑州市 Zhengzhou									
中牟县 Zhongmu	17.61	83.87	78.33	83.87	50.61	26.65	23.96	10.59	40.02
巩义市 Gongyi	21.82	81.02	80.92	81.02	46.43	8.49	37.94	13.81	32.62
荥阳市 Xingyang	17.70	61.40	61.39	61.40	41.66	11.88	29.78	10.26	31.40
新密市 Xinmi	21.23	79.98	79.86	79.98	67.65	9.02	58.64	35.13	32.52
新郑市 Xinzheng	19.21	74.73	75.38	74.73	41.23	14.95	26.28	11.73	29.50
登封市 Dengfeng	17.66	67.32	67.12	67.32	44.88	14.57	30.31	11.28	33.60
开封市 Kaifeng									
杞县 Qixian	34.29	110.00	109.73	95.43	65.12	39.56	25.56	5.00	60.12
通许县 Tongxu	17.69	62.90	62.75	56.62	37.89	27.50	10.39	4.74	33.15
尉氏县 Weishi	25.44	94.10	93.83	87.77	68.05	36.21	31.84	18.69	49.36
开封县 Kaifeng	20.92	74.50	74.30	69.72	50.92	22.32	28.60	7.37	43.55
兰考县 Lankao	25.64	82.80	82.60	67.07	50.44	21.60	28.84	5.66	44.78
洛阳市 Luoyang									
孟津县 Mengjin	15.32	45.44	45.31	41.58	28.20	10.20	18.00	2.70	21.90
新安县 Xinan	14.65	52.38	52.24	47.17	33.90	15.60	18.30	3.40	28.70
栾川县 Luanchuan	10.43	33.34	33.21	34.36	23.40	9.70	13.70	2.90	18.70
嵩县 Songxian	16.79	58.90	58.73	50.81	35.80	19.30	16.50	1.90	31.90
汝阳县 Ruyang	12.57	47.03	46.87	40.92	32.20	18.50	13.70	1.70	28.90
宜阳县 Yiyang	19.24	69.45	71.23	60.19	45.60	23.70	21.90	2.50	38.60
洛宁县 Luoning	12.90	48.29	48.16	42.22	31.60	16.80	14.80	2.10	27.50
伊川县 Yichuan	24.51	79.95	79.70	75.75	47.20	23.40	23.80	3.00	42.80
偃师市 Yanshi	18.20	59.75	65.54	56.00	39.10	9.10	30.00	3.20	33.40
平顶山市 Pingdingshan									
宝丰县 Baofeng	16.27	52.07	51.91	49.15	31.71	15.32	16.39	3.89	27.82
叶县 Yexian	25.41	89.01	88.73	77.80	56.08	31.69	24.39	4.66	51.42
鲁山县 Lushan	24.87	92.74	92.46	79.00	51.92	28.20	23.72	4.00	47.92
郏县 Jiaxian	18.75	62.06	61.88	57.30	38.35	24.50	13.85	2.66	35.69
舞钢市 Wugang	10.70	33.60	33.50	31.55	21.22	9.48	11.73	4.37	16.84
汝州市 Ruzhou	30.08	105.64	105.36	93.10	61.52	26.33	35.18	9.81	51.71
安阳市 Anyang									
安阳县 Anyang	30.13	98.81	98.60	85.38	65.77	27.10	38.66	10.20	55.57
汤阴县 Tangyin	14.88	49.35	49.23	43.28	30.91	13.94	16.97	5.76	25.15
滑县 Huaxian	40.67	133.90	133.56	120.26	94.50	48.62	45.89	13.71	80.79
内黄县 Neihuang	19.77	76.34	76.16	68.30	53.52	24.36	29.16	7.03	46.49
林州市 Linzhou	31.38	105.26	105.06	79.16	68.12	20.99	47.13	14.61	53.51
鹤壁市 Hebi									
浚县 Xunxian	19.45	69.11	68.94	66.24	41.33	19.18	22.15	5.45	35.88
淇县 Qixian	8.50	28.49	28.39	27.14	19.34	7.06	12.28	4.81	14.53

29−1 续表 1 continued

县 市 County and city	年末总户数（万户） Total Households (year-end) (10 000 household)	年末总人口（万人） Population (year-end) (10 000 persons)	年平均总人口（万人） Average person Per Year (10 000 persons)	常住人口（万人） Resident population (10 000 persons)	从业人员（万人） Employment (10 000 persons)	第一产业 Primary Industry	第二、三产业 Secondary Industry and Tertiary Industry	城镇单位从业人员 Employed Persons in Urban Unit	乡村从业人员 Employed Persons in Rural Area
新乡市 Xinxiang									
新乡县 Xinxiang	8.87	33.77	33.68	33.65	22.89	3.00	19.88	4.08	18.81
获嘉县 Huojia	11.97	42.71	42.58	40.07	25.88	10.03	15.86	4.35	21.53
原阳县 Yuanyang	17.99	72.46	72.25	65.45	39.39	16.98	22.40	4.99	34.40
延津县 Yanjin	13.21	48.80	48.67	46.63	28.41	14.01	14.41	4.33	24.08
封丘县 Fengqiu	20.92	79.99	79.77	72.41	43.38	18.29	25.09	3.87	39.51
长垣县 Changyuan	25.28	84.55	84.33	79.84	46.99	21.80	25.19	6.65	40.34
卫辉市 Weihui	15.58	50.87	50.72	49.32	27.28	16.67	10.62	5.19	22.09
辉县市 Huixian	25.05	82.91	82.68	73.48	42.43	18.15	24.28	6.71	35.72
焦作市 Jiaozuo									
修武县 Xiuwu	8.22	30.60	30.53	28.70	17.47	8.07	9.40	4.61	12.86
博爱县 Boai	12.39	45.93	45.80	43.60	25.54	11.55	13.99	5.96	19.58
武陟县 Wuzhi	19.77	74.32	74.11	71.40	43.72	24.34	19.38	8.08	35.64
温县 Wenxian	14.22	44.46	44.35	41.90	31.36	13.10	18.26	7.98	23.38
沁阳市 Qinyang	10.92	48.63	48.54	44.70	34.04	11.04	23.00	9.49	24.55
孟州市 Mengzhou	11.24	38.02	37.94	36.50	26.76	6.90	19.86	7.03	19.73
濮阳市 Puyang									
清丰县 Qingfeng	18.35	69.76	69.55	63.35	42.21	23.63	18.58	3.93	38.28
南乐县 Manle	12.73	52.58	52.44	43.20	35.11	14.02	21.09	7.47	27.64
范县 Fanxian	15.88	54.20	54.04	46.90	30.67	17.20	13.48	3.36	27.32
台前县 Taiqian	9.53	37.02	36.92	32.15	23.24	10.55	12.69	3.46	19.78
濮阳县 Puyang	29.61	112.76	112.45	104.45	65.19	40.05	25.14	5.66	59.53
许昌市 Xuchang									
许昌县 Xuchang	27.15	87.74	87.48	76.50	45.32	16.84	28.48	4.44	35.52
鄢陵县 Yanling	18.58	65.12	64.97	54.90	37.71	11.99	25.72	3.07	29.51
襄城县 Xiangcheng	25.38	84.66	84.46	66.90	58.64	25.60	33.04	3.24	48.76
禹州市 Yuzhou	36.84	125.96	125.72	112.70	83.51	30.25	53.26	6.16	62.39
长葛市 Changge	21.25	75.91	75.73	68.50	51.28	14.10	37.18	4.79	35.18
漯河市 Luohe									
舞阳县 Wuyang	17.63	60.29	60.14	54.00	36.05	21.29	14.76	3.21	31.93
临颍县 Linying	20.37	75.71	75.52	71.20	61.56	36.18	25.38	4.82	40.39
三门峡市 Sanmenxia									
渑池县 Mianchi	12.48	35.14	35.08	34.75	20.23	8.92	11.31	3.45	16.78
陕县 Shanxian	11.70	34.24	34.17	34.50	19.16	11.29	7.87	2.92	16.24
卢氏县 Lushi	12.86	36.15	36.08	35.30	21.29	12.96	8.33	3.29	18.00
义马市 Yima	4.44	16.49	16.45	14.55	11.83	1.07	10.76	9.39	2.44
灵宝市 Lingbao	22.15	73.76	73.59	72.30	46.04	27.23	18.81	8.66	37.38
南阳市 Nanyang									
南召县 Nanzhao	22.06	64.08	63.92	54.70	38.66	23.44	15.22	4.83	33.83
方城县 Fangcheng	34.42	106.90	106.65	90.55	69.77	39.18	30.59	6.33	63.44
西峡县 Xixia	16.56	46.09	45.98	43.90	37.49	18.24	19.25	10.65	26.84
镇平县 Zhenping	30.19	101.52	101.28	84.80	56.40	24.94	31.46	8.87	47.53

29-1 续表 2 continued

县 市 County and city	年末总户数(万户) Total Households (year-end) (10 000 household)	年末总人口(万人) Population (year-end) (10 000 persons)	年平均总人口(万人) Average person Per Year (10 000 persons)	常住人口(万人) Resident population (10 000 persons)	从业人员(万人) Employment (10 000 persons)	第一产业 Primary Industry	第二、三产业 Secondary Industry and Tertiary Industry	城镇单位从业人员 Employed Persons in Urban Unit	乡村从业人员 Employed Persons in Rural Area
内乡县 Neixiang	22.95	70.70	70.56	56.50	35.51	15.89	19.62	5.12	30.40
淅川县 Xichuan	22.84	75.86	76.54	67.30	40.61	19.80	20.81	9.22	31.39
社旗县 Sheqi	22.76	71.52	71.36	62.30	45.67	26.06	19.61	5.39	40.27
唐河县 Tanghe	42.37	141.07	140.74	125.90	70.93	39.26	31.67	7.51	63.42
新野县 Xinye	23.05	81.62	81.44	61.70	53.88	26.24	27.64	8.92	44.96
桐柏县 Tongbai	16.54	46.84	46.72	38.80	25.37	12.49	12.88	4.25	21.12
邓州市 Dengzhou	48.86	174.07	172.79	145.40	99.05	48.87	50.18	10.54	88.51
商丘市 Shangqiu									
民权县 Minquan	27.37	89.70	89.46	73.20	45.02	24.81	20.21	3.07	41.95
睢县 Suixian	23.62	85.80	85.61	67.60	51.71	27.48	24.23	2.89	47.66
宁陵县 Ningling	17.29	64.01	63.86	53.30	39.90	20.10	19.80	3.11	33.55
柘城县 Zhecheng	28.71	100.74	100.52	70.80	57.34	25.04	32.30	2.96	44.50
虞城县 Yucheng	34.69	116.62	116.31	96.00	65.64	36.41	29.23	3.22	63.11
夏邑县 Xiayi	37.33	118.82	118.50	90.90	66.49	31.33	35.17	2.98	60.15
永城市 Yongcheng	43.26	151.49	151.12	123.30	91.59	29.24	62.35	8.95	72.56
信阳市 Xinyang									
罗山县 Luoshan	22.59	74.52	74.31	50.40	41.56	20.29	21.27	3.47	36.86
光山县 Guangshan	29.12	83.11	82.89	58.50	48.00	22.69	25.31	3.50	41.60
新县 Xinxian	14.64	35.79	35.68	27.60	23.28	7.54	15.74	2.41	18.01
商城县 Shangcheng	23.23	76.91	76.69	49.50	39.76	15.72	24.04	3.42	35.26
固始县 Gushi	53.89	171.79	171.34	102.20	96.87	42.36	54.51	6.08	84.38
潢川县 Huangchuan	25.27	84.50	84.27	63.00	49.47	28.32	21.15	4.36	43.28
淮滨县 Huaibin	22.57	74.86	74.65	57.00	45.27	18.93	26.34	4.08	37.99
息县 Xixian	31.94	101.57	101.36	79.50	55.79	32.87	22.92	3.50	50.03
周口市 Zhoukou									
扶沟县 Fugou	22.49	74.70	74.53	61.60	46.09	22.53	23.56	8.80	37.29
西华县 Xihua	27.63	94.80	94.56	77.70	57.62	26.26	31.37	7.13	50.49
商水县 Shangshui	32.93	121.40	121.12	91.80	76.74	38.85	37.89	11.44	65.30
沈丘县 Shenqiu	34.93	128.20	127.92	97.20	76.56	40.42	36.15	7.92	68.64
郸城县 Dancheng	43.92	131.70	131.38	99.10	84.04	42.32	41.72	6.87	77.17
淮阳县 Huaiyang	38.86	128.50	131.96	100.70	85.52	47.80	37.72	17.59	67.93
太康县 Taikang	40.76	147.30	146.98	108.10	87.71	51.70	36.01	12.54	75.17
鹿邑县 Luyi	36.45	119.10	118.81	89.75	72.32	39.87	32.45	5.19	67.13
项城市 Xiangcheng	39.47	122.10	121.84	99.10	73.40	29.16	44.25	14.10	59.30
驻马店市 Zhumadian									
西平县 Xiping	21.61	87.50	87.28	69.80	65.41	12.24	53.17	9.84	55.57
上蔡县 Shangcai	36.79	148.62	148.25	106.80	86.78	53.39	33.38	6.88	79.90
平舆县 Pingyu	25.61	98.61	98.37	72.75	70.23	32.39	37.85	6.45	63.78
正阳县 Zhengyang	22.60	81.12	80.91	64.40	50.68	25.46	25.22	5.07	45.61
确山县 Queshan	15.20	53.31	52.79	41.60	27.60	11.85	15.76	5.36	22.24
泌阳县 Biyang	23.49	90.14	95.85	70.90	59.02	27.50	31.51	5.95	53.06
汝南县 Runan	21.78	83.74	83.54	69.60	52.79	29.93	22.86	4.46	48.33
遂平县 Suiping	16.98	55.26	55.53	43.20	38.04	19.34	18.70	7.15	30.89
新蔡县 Xincai	27.78	110.75	110.51	84.10	71.73	34.47	37.26	6.69	65.04

29−2 各县(市)生产总值和指数(2011年)

县 市	County and city	生产总值 (万元) Gross Domestic Products (10 000 yuan)	第一产业 Primary Industry	第二产业 Secondary Industry	#工业 Industry	第三产业 Tertiary Industry
郑州市	**Zhengzhou**					
中牟县	Zhongmu	3713810	468775	2419538	2215310	825497
巩义市	Gongyi	4680336	88159	3396152	3238400	1196025
荥阳市	Xingyang	4326548	203337	3111724	2957068	1011487
新密市	Xinmi	5004789	140284	3652807	3499179	1211698
新郑市	Xinzheng	4810195	189163	3462843	3302668	1158189
登封市	Dengfeng	4327632	103060	3267663	3165491	956909
开封市	**Kaifeng**					
杞县	Qixian	1779505	665263	641026	605684	473216
通许县	Tongxu	1405461	395430	575126	537519	434905
尉氏县	Weishi	2166416	435668	1252795	1185001	477953
开封县	Kaifeng	1400114	432963	511349	477106	455802
兰考县	Lankao	1487729	295703	692466	662683	499560
洛阳市	**Luoyang**					
孟津县	Mengjin	1397254	188867	851922	743323	356465
新安县	Xinan	3048922	182000	2397493	2245198	469429
栾川县	Luanchuan	1687777	123855	1312699	1265776	251223
嵩县	Songxian	1275564	264627	655544	582376	355393
汝阳县	Ruyang	928593	117628	589021	523030	221944
宜阳县	Yiyang	1542524	265060	785179	671697	492285
洛宁县	Luoning	1169451	266864	586969	519177	315618
伊川县	Yichuan	2729136	266000	1970626	1826194	492510
偃师市	Yanshi	3822539	242707	2372817	2214892	1207015
平顶山市	**Pingdingshan**					
宝丰县	Baofeng	2021809	146604	1398204	1360094	477001
叶县	Yexian	1528982	346147	897321	861819	285514
鲁山县	Lushan	910462	165747	398150	365955	346565
郏县	Jiaxian	1155468	200375	709052	677972	246041
舞钢市	Wugang	1130657	100200	738509	702102	291948
汝州市	Ruzhou	2839757	326322	1641721	1546969	871714
安阳市	**Anyang**					
安阳县	Anyang	3295385	299272	2179942	2046257	816171
汤阴县	Tangyin	1198427	210367	727224	702963	260836
滑县	Huaxian	1525615	561222	623031	558583	341362
内黄县	Neihuang	1150638	405152	467841	417249	277645
林州市	Linzhou	3684403	197975	2509354	2187933	977074
鹤壁市	**Hebi**					
浚县	Xunxian	1174772	279340	648928	607802	246504
淇县	Qixian	1295084	170855	1011402	966985	112827

Gross Domestic Product and Its indices by County and City (2011)

人均生产总值(元)(按常住人口计算) Per Capita GDP(yuan) (calculated at residents)	生产总值指数(%)(上年=100) Indices of Gross Domestic Products(%) (preceding year=100)	第一产业 Primary Industry	第二产业 Secondary Industry	#工业 Industry	第三产业 Tertiary Industry	人均生产总值指数(%) Indices of Per Capita GDP (%)
47415	120.7	104.2	129.1	132.9	113.6	108.3
57838	113.8	103.8	115.2	115.8	109.9	114.1
70473	113.8	103.9	115.5	116.3	111.0	112.8
62670	116.4	104.3	117.0	117.6	116.1	114.3
63814	113.7	103.5	114.8	115.3	112.7	104.6
64478	115.1	104.1	116.1	116.6	112.5	113.6
18636	111.4	104.0	118.2	118.6	113.6	114.3
24792	112.6	104.1	118.3	118.7	114.0	114.2
24642	114.1	104.0	118.3	118.7	112.9	106.5
20063	111.9	104.0	118.0	118.5	112.8	110.8
22079	111.7	104.2	116.3	116.2	110.5	118.7
33641	116.2	103.6	123.6	127.0	109.6	114.9
64721	118.7	102.6	121.1	122.1	110.4	120.6
49159	123.8	103.4	126.6	127.0	111.2	121.6
25123	113.3	104.7	119.6	121.4	108.8	113.5
22719	114.7	103.6	119.4	121.5	111.0	112.8
24904	114.5	104.6	121.1	123.5	111.0	114.6
27721	114.5	104.5	120.5	123.4	111.3	112.4
36037	114.5	104.6	116.5	117.1	109.0	112.6
62302	113.8	100.7	118.2	119.2	107.6	136.3
41180	118.5	103.7	122.7	123.1	111.9	117.6
19678	114.9	103.7	123.7	124.3	101.6	120.9
11531	115.6	103.3	123.9	124.8	112.1	119.4
20190	112.7	103.8	119.2	119.6	102.7	110.3
35931	109.1	104.0	111.6	111.8	103.8	109.7
30552	110.2	103.6	109.0	109.4	115.2	110.4
38711	112.5	103.9	114.3	115.1	110.5	115.7
27759	114.1	103.7	117.9	118.3	110.3	116.2
12376	109.5	103.8	116.1	117.8	107.9	106.8
16721	112.4	103.2	120.4	123.1	111.2	112.0
46607	114.7	104.0	116.8	117.9	110.8	117.2
17703	114.1	103.7	119.6	118.5	112.9	110.3
47913	115.5	103.3	118.2	118.8	109.9	109.3

29-2 续表 1

县市 County and city	生产总值（万元）Gross Domestic Products (10 000 yuan)	第一产业 Primary Industry	第二产业 Secondary Industry	#工业 Industry	第三产业 Tertiary Industry
新乡市 Xinxiang					
新乡县 Xinxiang	1976120	115017	1655310	1557332	205793
获嘉县 Huojia	672178	135308	401559	367261	135311
原阳县 Yuanyang	915831	227545	481099	410099	207187
延津县 Yanjin	929987	206506	528574	477483	194907
封丘县 Fengqiu	833857	316641	331416	228008	185800
长垣县 Changyuan	1742284	266689	961130	810427	514465
卫辉市 Weihui	935645	192274	419859	365274	323512
辉县市 Huixian	2561278	332858	1860486	1745338	367934
焦作市 Jiaozuo					
修武县 Xiuwu	984665	128153	648927	607976	207585
博爱县 Boai	1839281	180786	1328282	1264689	330213
武陟县 Wuzhi	2223361	306264	1523854	1453877	393243
温县 Wenxian	1736220	178389	1248528	1194929	309303
沁阳市 Qinyang	2721044	153343	1962036	1893683	605665
孟州市 Mengzhou	2076348	161596	1631778	1562408	282974
濮阳市 Puyang					
清丰县 Qingfeng	1253986	337530	685414	652100	231042
南乐县 Manle	1005441	256643	557964	532233	190834
范县 Fanxian	948309	133010	599050	577211	216249
台前县 Taiqian	629995	79402	418796	397242	131797
濮阳县 Puyang	2100894	331415	1429340	1388381	340139
许昌市 Xuchang					
许昌县 Xuchang	1945061	360800	1112607	1014878	471654
鄢陵县 Yanling	1875495	479400	953086	853892	443009
襄城县 Xiangcheng	2446406	336400	1676235	1601831	433771
禹州市 Yuzhou	3848572	289919	2764429	2620988	794224
长葛市 Changge	3257660	219971	2496804	2392518	540885
漯河市 Luohe					
舞阳县 Wuyang	1047371	210095	704666	670096	132610
临颍县 Linying	1994153	310055	1463935	1410329	220163
三门峡市 Sanmenxia					
渑池县 Mianchi	1748033	154014	1257145	1206837	336874
陕县 Shanxian	1186351	151503	632886	587869	401962
卢氏县 Lushi	528029	122986	208865	165939	196178
义马市 Yima	1556284	7517	1383075	1331147	165692
灵宝市 Lingbao	3981090	345277	2902860	2833710	732953
南阳市 Nanyang					
南召县 Nanzhao	1072003	148798	664680	614166	258525
方城县 Fangcheng	1184957	319338	521032	453380	344587
西峡县 Xixia	1714872	230613	1143814	1037791	340445

continued

人均生产总值(元)(按常住人口计算) Per Capita GDP(yuan) (calculated at residents)	生产总值指数(%)(上年=100) Indices of Gross Domestic Products(%) (preceding year=100)	第一产业 Primary Industry	第二产业 Secondary Industry	#工业 Industry	第三产业 Tertiary Industry	人均生产总值指数(%) Indices of Per Capita GDP (%)
58512	118.2	104.3	120.9	122.5	106.1	114.6
16722	112.1	104.2	117.3	118.3	107.3	110.4
13940	112.0	104.3	119.2	118.9	105.2	111.4
19879	114.1	104.3	121.0	122.3	108.4	109.8
11359	109.3	104.1	117.2	122.9	104.5	109.9
21663	113.6	104.2	117.9	120.4	110.6	112.6
18914	112.1	104.2	122.0	122.3	105.5	111.3
34740	116.6	104.3	120.8	121.5	107.6	117.4
34246	110.3	103.7	111.7	111.9	110.0	107.7
42152	114.0	103.8	117.0	118.0	108.2	110.3
31128	114.8	103.7	117.9	118.6	111.2	108.1
41282	114.2	103.8	116.5	117.2	110.7	111.3
60801	116.6	103.6	118.9	119.5	112.2	117.9
56699	115.5	103.9	118.2	119.1	107.8	114.8
19764	115.7	104.0	124.3	124.9	106.8	115.6
22589	113.3	104.5	119.1	119.5	107.3	119.4
20207	117.8	104.2	123.8	124.3	109.5	119.6
19276	117.4	104.2	123.5	124.1	106.6	117.3
20101	113.2	104.5	117.7	118.1	102.1	113.1
25381	114.0	103.8	116.5	117.4	114.8	112.1
34092	113.0	104.0	117.3	119.5	114.2	116.1
36514	116.0	103.7	119.1	119.7	114.8	116.8
34078	115.5	103.9	118.0	118.4	110.8	114.7
47465	116.8	103.6	119.3	119.9	111.5	116.0
19408	113.7	103.7	117.6	117.7	108.9	113.8
28007	112.4	103.4	114.8	114.8	107.4	109.6
50359	113.2	104.4	114.4	114.5	112.8	111.5
34453	112.7	103.7	114.5	115.0	112.9	113.4
14974	114.2	105.8	122.4	126.5	111.6	114.3
107175	115.3	104.5	115.4	115.6	115.1	113.4
55146	112.5	104.2	114.2	114.4	109.9	112.8
19423	116.5	103.5	122.9	124.5	108.8	121.9
12961	111.2	103.6	116.3	118.1	110.7	112.9
38808	112.6	103.7	116.0	117.4	107.9	110.6

29−2 续表 2

县 市	County and city	生产总值（万元）Gross Domestic Products (10 000 yuan)	第一产业 Primary Industry	第二产业 Secondary Industry	#工业 Industry	第三产业 Tertiary Industry
镇平县	Zhenping	1654605	253376	931168	847988	470061
内乡县	Neixiang	1105762	287595	529779	450806	288388
淅川县	Xichuan	1454124	291000	849274	763647	313850
社旗县	Sheqi	956592	290471	415863	371464	250258
唐河县	Tanghe	1997314	587209	934896	814666	475209
新野县	Xinye	1959103	368082	1168756	1119099	422265
桐柏县	Tongbai	1197037	170687	790581	739761	235769
邓州市	Dengzhou	2606615	795988	1170065	1076712	640562
商丘市	**Shangqiu**					
民权县	Minquan	1216392	362016	451513	395859	402863
睢县	Suixian	1055952	380106	402964	342344	272882
宁陵县	Ningling	690888	196083	295060	268161	199745
柘城县	Zhecheng	1153808	390106	377697	327634	386005
虞城县	Yucheng	1506475	421001	608458	543160	477016
夏邑县	Xiayi	1326005	420682	501962	445479	403361
永城市	Yongcheng	3516787	518226	2266912	2109722	731649
信阳市	**Xinyang**					
罗山县	Luoshan	1080442	295768	420539	332413	364135
光山县	Guangshan	1089079	318757	443310	368660	327012
新县	Xinxian	691107	157571	301732	236708	231804
商城县	Shangcheng	985222	281050	392748	283197	311424
固始县	Gushi	1986800	715700	680385	554300	590715
潢川县	Huangchuan	1412878	430866	505448	417085	476564
淮滨县	Huaibin	899893	260232	360088	310026	279573
息县	Xixian	1223393	351830	516815	451431	354748
周口市	**Zhoukou**					
扶沟县	Fugou	1048761	320093	500043	450434	228625
西华县	Xihua	1116324	431546	469993	405752	214785
商水县	Shangshui	1174152	455262	388711	338294	330179
沈丘县	Shenqiu	1422664	355577	648528	571367	418559
郸城县	Dancheng	1531330	430002	822749	770428	278579
淮阳县	Huaiyang	1472323	545802	626841	557639	299680
太康县	Taikang	1372852	474546	558971	497711	339335
鹿邑县	Luyi	1760629	465805	832291	759054	462533
项城市	Xiangcheng	1777809	344509	1010797	944971	422503
驻马店市	**Zhumadian**					
西平县	Xiping	1240686	403246	490826	448925	346614
上蔡县	Shangcai	1367423	338023	544969	493746	484431
平舆县	Pingyu	1182822	319321	518604	433813	344897
正阳县	Zhengyang	1066800	427171	345808	304623	293821
确山县	Queshan	959959	260522	437939	400437	261498
泌阳县	Biyang	1234386	406518	513042	463850	314826
汝南县	Runan	1053832	369099	377702	336905	307031
遂平县	Suiping	1088337	256752	518269	457543	313316
新蔡县	Xincai	1170509	420584	435195	380378	314730

continued

人均生产总值(元)(按常住人口计算) Per Capita GDP(yuan) (calculated at residents)	生产总值指数(%)(上年=100) Indices of Gross Domestic Products(%) (preceding year=100)	第一产业 Primary Industry	第二产业 Secondary Industry	#工业 Industry	第三产业 Tertiary Industry	人均生产总值指数(%) Indices of Per Capita GDP (%)
19368	110.2	103.4	112.8	114.8	109.1	115.0
19401	109.9	103.9	113.9	115.5	109.0	114.5
21396	115.3	103.8	122.2	124.4	109.7	114.6
15214	109.8	103.6	115.2	116.6	108.9	109.1
15706	108.7	103.7	112.0	113.8	108.9	103.4
31446	111.2	103.9	116.1	116.7	106.2	117.2
30630	110.9	103.8	113.3	114.3	109.2	114.7
17836	109.8	103.7	115.0	115.5	107.4	106.8
16970	111.7	104.0	118.2	120.8	111.8	116.6
15236	110.2	104.1	117.7	119.6	107.5	116.8
13090	110.1	101.3	118.0	119.5	107.2	113.2
15547	110.3	104.1	121.4	123.5	106.9	120.5
15747	111.5	104.0	118.3	120.3	110.7	114.2
14555	111.6	104.2	119.0	120.4	111.0	118.7
28447	111.6	103.9	113.9	114.8	110.1	113.1
21451	112.2	104.0	116.2	118.9	114.1	122.1
18629	110.6	104.1	114.0	116.4	112.3	121.0
25070	112.1	103.7	117.1	119.8	111.5	115.9
19918	111.1	103.9	112.9	118.5	115.4	122.5
19448	109.3	103.8	113.9	115.6	110.7	125.0
22437	111.1	104.0	117.6	119.6	110.6	114.4
15791	112.6	104.0	118.9	120.0	111.5	112.7
15398	112.2	103.5	118.1	119.6	112.5	111.2
16903	112.2	104.2	117.2	118.6	115.1	115.4
14274	110.5	104.0	117.7	118.6	108.2	114.0
12652	109.2	104.3	114.0	115.2	112.1	117.4
14563	110.7	104.1	114.7	116.9	111.3	120.0
15373	111.2	104.0	115.9	116.9	108.8	121.8
14062	111.0	104.2	114.5	116.5	117.7	120.9
12588	110.8	104.2	115.6	116.6	114.0	120.4
19509	111.2	104.0	116.5	117.8	108.4	122.6
17836	110.9	103.9	115.1	115.9	104.8	116.5
17748	110.3	103.8	113.9	114.1	112.7	118.3
12708	110.3	103.5	113.4	113.3	111.7	120.9
16029	112.0	103.9	117.6	119.3	111.1	119.5
16552	109.6	103.8	114.5	114.6	112.2	114.4
23666	111.8	103.7	118.5	119.0	109.1	116.9
17255	112.1	103.9	119.5	120.1	111.1	123.7
14407	112.1	103.8	118.8	119.4	114.0	113.0
23560	110.7	103.6	115.2	115.7	109.4	111.0
13833	109.8	103.8	112.9	113.7	111.9	115.7

29-3 各县(市)固定资产投资、建筑业及规模以上工业主要指标（2011年）

县 市	County and city	2010 全社会固定资产投资(亿元) Total Investment in Fixed Assets (100 million yuan)	2010 #固定资产投资 Investment in Fixed Assets	2010 #房地产开发 Real Estate	2011 全社会固定资产投资(亿元) Total Investment in Fixed Assets (100 million yuan)	2011 #固定资产投资 Investment in Fixed Assets	2011 #房地产开发 Real Estate
郑州市	**Zhengzhou**						
中牟县	Zhongmu	218.30	198.41	14.46	269.79	247.83	22.40
巩义市	Gongyi	210.17	200.31	25.03	257.43	246.68	39.75
荥阳市	Xingyang	207.13	197.74	13.49	256.01	246.24	23.25
新密市	Xinmi	213.23	200.58	11.32	263.46	249.64	11.49
新郑市	Xinzheng	189.48	175.65	35.61	233.76	218.68	41.66
登封市	Dengfeng	181.04	167.57	6.02	223.56	208.51	6.88
开封市	**Kaifeng**						
杞县	Qixian	68.87	62.26	1.55	89.42	82.37	2.09
通许县	Tongxu	50.29	43.63	1.10	64.87	57.76	1.34
尉氏县	Weishi	82.49	76.34	5.98	106.27	99.70	9.71
开封县	Kaifeng	69.30	64.43	5.09	91.43	86.21	6.90
兰考县	Lankao	55.50	48.62	3.56	70.90	63.53	2.76
洛阳市	**Luoyang**						
孟津县	Mengjin	107.29	104.17	0.36	135.69	132.27	0.82
新安县	Xinan	172.34	168.44	2.21	218.15	213.90	4.68
栾川县	Luanchuan	86.23	83.35	3.51	107.69	104.44	4.67
嵩县	Songxian	138.40	133.39	14.37	171.82	166.34	1.37
汝阳县	Ruyang	60.10	58.32	0.68	75.31	73.36	4.63
宜阳县	Yiyang	136.34	131.44	11.37	172.67	167.32	24.66
洛宁县	Luoning	112.98	108.40	6.32	140.29	135.12	4.58
伊川县	Yichuan	169.71	164.71	2.89	217.23	211.87	4.68
偃师市	Yanshi	108.67	101.56	3.11	136.88	129.33	3.14
平顶山市	**Pingdingshan**						
宝丰县	Baofeng	108.66	105.58	2.62	144.27	141.06	8.86
叶县	Yexian	108.71	104.09	1.08	138.08	133.20	1.19
鲁山县	Lushan	94.53	89.92	0.31	82.04	77.17	0.05
郏县	Jiaxian	67.11	61.60	0.26	99.63	93.90	1.38
舞钢市	Wugang	69.01	66.41	4.66	92.76	90.00	8.71
汝州市	Ruzhou	108.03	104.22	3.41	132.95	128.93	5.74
安阳市	**Anyang**						
安阳县	Anyang	188.30	179.84	7.30	235.12	226.01	11.34
汤阴县	Tangyin	36.38	34.15	0.94	45.41	43.01	3.01
滑县	Huaxian	60.86	55.77	6.76	73.66	68.11	6.76
内黄县	Neihuang	44.07	39.80	3.27	54.39	49.81	6.13
林州市	Linzhou	200.36	189.12	13.35	248.69	236.58	13.82
鹤壁市	**Hebi**						
浚县	Xunxian	48.86	42.84	1.53	61.43	55.18	4.38
淇县	Qixian	56.47	53.96	4.12	71.84	69.19	6.22

Main Indicators on Investment in Fixed Assets、Construction and Enterprises above Designated Size Industry by County and City (2011)

建筑业总产值（亿元）Gross Output Value of Construction (100 million yuan)	工业增加值（亿元）Value Added of Industry (100 million yuan)	工业增加值增速（%）Growth Rate of Value Added of Industry (%)	主营业务收入（亿元）Sales Revenue (100 million yuan)	利税总额（亿元）Pre-tax Profits (100 million yuan)
34.05	194.17	49.9	553.70	92.70
11.68	280.07	17.9	1257.25	160.96
34.45	256.63	18.6	1049.76	170.70
23.43	306.62	20.1	918.45	226.42
23.78	282.42	21.8	942.28	224.61
9.32	289.75	18.1	882.02	197.55
2.81	45.41	24.4	186.08	28.30
8.92	37.02	24.2	160.01	17.09
8.41	96.11	24.3	393.02	83.78
3.90	35.70	24.2	146.82	21.91
5.93	43.28	25.0	171.96	35.13
7.30	62.94	31.0	268.74	20.77
9.42	178.45	28.3	725.76	45.63
12.72	120.18	28.3	218.17	38.99
3.47	50.41	24.3	99.00	21.47
5.51	37.03	29.2	70.34	12.53
14.73	51.81	28.9	191.00	23.79
3.11	37.47	28.1	120.76	20.76
5.97	134.46	24.0	402.99	24.83
4.16	188.99	24.5	524.89	56.45
2.67	108.37	30.3	241.96	57.82
4.29	66.83	30.4	272.18	46.95
3.82	27.06	33.9	120.24	7.72
4.29	47.91	25.8	168.18	29.61
3.18	61.60	12.0	246.92	13.05
1.43	92.95	12.5	222.47	24.01
75.16	188.22	16.0	726.48	96.32
9.65	61.33	22.8	298.60	30.79
22.07	42.80	22.7	173.13	22.39
9.83	31.09	29.9	136.45	20.04
134.38	189.41	23.0	915.90	137.80
2.21	52.44	22.0	215.37	17.55
0.85	90.83	19.9	331.07	50.67

29−3 续表 1

县 市	County and city	2010 全社会固定资产投资(亿元) Total Investment in Fixed Assets (100 million yuan)	2010 #固定资产投资 Investment in Fixed Assets	2010 #房地产开发 Real Estate	2011 全社会固定资产投资(亿元) Total Investment in Fixed Assets (100 million yuan)	2011 #固定资产投资 Investment in Fixed Assets	2011 #房地产开发 Real Estate
新乡市	**Xinxiang**						
新乡县	Xinxiang	76.77	74.20	6.89	95.10	92.26	5.18
获嘉县	Huojia	37.63	32.98	0.55	46.01	41.18	1.00
原阳县	Yuanyang	88.67	83.16	2.69	110.57	104.79	2.20
延津县	Yanjin	50.57	45.10	6.89	62.16	56.42	3.54
封丘县	Fengqiu	77.95	72.35	2.20	95.32	89.43	3.32
长垣县	Changyuan	108.74	102.98	5.42	136.50	130.40	8.33
卫辉市	Weihui	64.14	60.15	3.35	78.58	74.33	3.40
辉县市	Huixian	169.16	163.24	14.30	207.00	200.57	27.13
焦作市	**Jiaozuo**						
修武县	Xiuwu	59.68	55.96	0.95	78.41	74.28	2.46
博爱县	Boai	84.61	79.54	5.44	106.32	100.70	4.23
武陟县	Wuzhi	116.14	110.69	2.54	149.78	144.16	2.70
温县	Wenxian	77.35	72.60	6.40	97.84	92.72	5.07
沁阳市	Qinyang	140.30	135.94	8.76	186.13	181.01	7.59
孟州市	Mengzhou	116.11	111.41	5.09	146.24	141.06	4.16
濮阳市	**Puyang**						
清丰县	Qingfeng	78.92	75.04	0.46	107.07	102.86	2.93
南乐县	Manle	57.31	52.96	1.45	77.64	72.92	5.99
范县	Fanxian	54.95	51.52	1.00	74.66	70.95	1.60
台前县	Taiqian	22.39	21.10	2.25	34.00	32.63	1.75
濮阳县	Puyang	111.76	106.87	5.91	143.15	137.84	5.26
许昌市	**Xuchang**						
许昌县	Xuchang	100.95	92.69	7.72	127.51	118.91	6.04
鄢陵县	Yanling	92.19	84.73	7.75	116.54	108.78	10.41
襄城县	Xiangcheng	95.63	86.99	3.71	120.53	111.54	4.70
禹州市	Yuzhou	193.60	186.06	10.40	247.22	239.22	4.71
长葛市	Changge	134.75	126.75	9.84	171.15	162.83	20.06
漯河市	**Luohe**						
舞阳县	Wuyang	70.59	62.95	5.99	90.22	82.19	6.35
临颍县	Linying	79.28	74.57	4.83	102.09	97.00	5.39
三门峡市	**Sanmenxia**						
渑池县	Mianchi	121.45	119.66	1.03	148.47	146.57	0.62
陕县	Shanxian	115.57	114.40	1.87	140.15	138.91	12.37
卢氏县	Lushi	42.63	41.32	2.11	52.87	51.47	1.73
义马市	Yima	83.28	83.12	1.79	102.93	102.76	1.71
灵宝市	Lingbao	173.26	168.10	12.92	208.19	202.72	9.90
南阳市	**Nanyang**						
南召县	Nanzhao	56.98	54.66	0.42	71.49	69.10	0.65
方城县	Fangcheng	77.74	68.09	5.99	94.28	84.24	7.97
西峡县	Xixia	115.82	113.03	1.31	144.14	141.21	1.85
镇平县	Zhenping	106.96	95.12	0.43	132.30	120.45	0.65

continued

建筑业总产值(亿元) Gross Output Value of Construction (100 million yuan)	工业增加值(亿元) Value Added of Industry (100 million yuan)	工业增加值增速(%) Growth Rate of Value Added of Industry (%)	主营业务收入(亿元) Sales Revenue (100 million yuan)	利税总额(亿元) Pre-tax Profits (100 million yuan)
19.65	145.91	24.5	609.47	44.93
9.39	30.59	25.5	116.69	12.28
10.83	34.68	22.1	151.77	20.04
6.55	42.14	25.6	175.53	25.81
34.56	15.92	26.1	67.02	14.95
78.67	72.61	24.9	298.04	39.89
10.07	33.22	24.5	137.56	8.92
9.18	152.35	25.6	554.14	48.98
2.14	53.41	12.8	115.32	12.95
2.72	112.71	19.6	405.05	60.14
4.89	129.27	21.8	477.18	61.89
1.53	98.23	21.4	391.08	47.47
5.80	165.30	22.5	617.60	96.78
4.06	141.17	21.6	558.55	75.73
1.13	56.11	28.8	230.22	32.48
0.93	44.76	23.2	177.94	32.00
2.33	49.22	28.2	218.42	27.61
2.80	33.53	28.2	131.27	5.85
20.41	125.57	21.5	531.16	99.72
9.12	76.56	22.1	292.12	46.68
25.33	68.30	24.4	311.12	48.58
1.76	141.78	22.6	454.35	88.03
3.61	217.50	22.6	724.52	137.82
6.84	197.94	24.6	906.31	123.10
1.72	53.44	25.8	216.24	41.36
4.53	128.14	15.7	520.62	97.26
6.32	105.08	16.8	411.07	56.25
4.56	49.03	17.1	215.61	16.11
5.63	12.14	34.3	34.82	3.54
19.84	131.88	15.8	500.35	52.94
7.99	258.90	15.7	1166.81	175.29
5.51	53.35	28.3	81.65	7.09
6.77	30.10	26.4	106.83	14.61
13.42	87.85	20.1	279.54	24.96
3.46	48.09	24.1	189.56	32.02

29−3 续表 2

县 市	County and city	2010 全社会固定资产投资(亿元) Total Investment in Fixed Assets (100 million yuan)	2010 #固定资产投资 Investment in Fixed Assets	2010 #房地产开发 Real Estate	2011 全社会固定资产投资(亿元) Total Investment in Fixed Assets (100 million yuan)	2011 #固定资产投资 Investment in Fixed Assets	2011 #房地产开发 Real Estate
内乡县	Neixiang	87.41	80.41	0.30	105.42	98.03	0.94
淅川县	Xichuan	107.36	101.75	5.31	134.88	128.81	6.09
社旗县	Sheqi	53.66	48.53	0.56	66.41	60.89	0.61
唐河县	Tanghe	98.58	85.22	2.97	117.48	103.72	3.35
新野县	Xinye	100.65	94.22	2.27	120.89	114.05	4.05
桐柏县	Tongbai	61.41	58.99	0.53	86.62	84.00	0.20
邓州市	Dengzhou	116.38	105.11	4.01	145.56	133.58	10.16
商丘市	**Shangqiu**						
民权县	Minquan	76.88	69.82	6.24	95.02	87.74	7.72
睢县	Suixian	73.54	65.03	3.73	90.55	81.85	5.26
宁陵县	Ningling	44.98	39.90	5.52	55.58	50.85	6.36
柘城县	Zhecheng	64.75	56.45	9.78	86.41	77.27	9.59
虞城县	Yucheng	81.17	73.23	7.73	97.58	89.41	8.22
夏邑县	Xiayi	76.18	68.87	7.76	98.77	90.70	10.75
永城市	Yongcheng	111.21	107.98	10.95	138.64	135.24	14.82
信阳市	**Xinyang**						
罗山县	Luoshan	88.52	80.93	20.02	109.66	101.57	25.44
光山县	Guangshan	87.05	79.41	17.53	107.02	98.88	19.50
新县	Xinxian	57.20	53.68	5.24	70.60	66.86	6.69
商城县	Shangcheng	68.51	61.86	4.81	84.79	77.66	6.02
固始县	Gushi	108.25	97.38	16.75	132.31	120.73	19.66
潢川县	Huangchuan	86.92	79.12	11.98	107.26	98.90	13.80
淮滨县	Huaibin	55.55	51.18	9.19	70.22	65.53	11.93
息县	Xixian	85.92	78.99	11.25	106.11	98.76	14.01
周口市	**Zhoukou**						
扶沟县	Fugou	62.34	56.70	5.38	77.32	71.39	12.03
西华县	Xihua	61.17	52.86	12.16	75.10	66.39	14.51
商水县	Shangshui	64.42	54.73	7.11	79.13	68.96	9.90
沈丘县	Shenqiu	76.69	66.03	7.80	93.59	82.41	6.99
郸城县	Dancheng	67.56	55.39	6.88	79.50	66.73	14.26
淮阳县	Huaiyang	67.24	57.63	9.61	80.03	69.94	9.61
太康县	Taikang	60.01	46.43	7.22	72.88	58.64	9.77
鹿邑县	Luyi	71.13	57.36	7.11	83.62	69.00	5.43
项城市	Xiangcheng	62.79	50.95	3.26	76.91	64.49	6.09
驻马店市	**Zhumadian**						
西平县	Xiping	57.92	44.48	6.92	70.30	55.92	9.02
上蔡县	Shangcai	52.44	43.17	4.77	63.84	54.08	6.41
平舆县	Pingyu	56.32	49.76	13.38	69.62	62.42	16.20
正阳县	Zhengyang	48.71	42.21	7.65	60.05	53.01	9.93
确山县	Queshan	47.95	44.80	10.63	59.40	56.01	14.34
泌阳县	Biyang	53.46	46.49	8.42	66.82	59.18	11.99
汝南县	Runan	51.17	44.27	5.67	63.88	56.44	8.51
遂平县	Suiping	56.37	51.71	8.21	70.14	65.17	10.83
新蔡县	Xincai	51.17	42.85	7.17	63.73	54.91	9.74

continued

建筑业总产值(亿元) Gross Output Value of Construction (100 million yuan)	工业增加值(亿元) Value Added of Industry (100 million yuan)	工业增加值增速(%) Growth Rate of Value Added of Industry (%)	主营业务收入(亿元) Sales Revenue (100 million yuan)	利税总额(亿元) Pre-tax Profits (100 million yuan)
10.73	26.76	24.8	88.34	6.69
12.80	53.61	36.2	204.21	27.70
6.44	24.52	24.5	92.05	7.35
32.14	56.09	19.2	152.89	19.62
8.58	88.87	21.1	295.30	42.23
7.88	59.37	17.2	118.72	16.65
25.56	69.67	20.5	280.38	26.24
10.99	28.39	26.3	140.59	8.37
5.85	23.46	26.6	90.37	8.72
4.81	20.31	26.1	78.52	11.48
10.52	23.47	27.1	80.92	11.76
12.86	41.10	26.0	175.39	12.77
15.71	31.05	26.4	126.58	14.43
26.92	199.05	15.5	807.02	98.04
39.38	24.63	20.9	95.31	10.00
15.58	27.51	20.8	109.21	14.24
18.89	18.45	26.4	66.81	9.10
17.58	20.78	24.2	79.80	8.83
25.01	35.60	21.8	130.20	14.04
21.15	30.26	25.7	128.78	6.62
12.96	24.16	24.4	81.37	12.55
24.99	36.85	24.2	122.72	16.22
10.14	34.02	22.9	143.37	38.07
21.37	33.64	22.0	138.88	22.68
9.60	23.93	20.2	132.24	24.29
11.93	43.27	23.4	225.41	42.31
20.32	63.77	20.1	261.85	23.35
14.65	39.76	23.7	166.92	39.97
21.51	36.42	23.3	150.43	28.52
13.63	58.40	21.1	229.90	58.88
21.85	67.58	20.3	266.91	53.63
13.34	28.38	26.7	119.99	15.74
11.78	32.42	23.0	119.00	15.58
19.50	33.37	25.5	139.66	20.33
9.04	22.98	24.1	93.88	12.85
32.96	28.45	27.5	113.70	19.55
16.37	34.86	27.7	154.18	22.38
10.86	24.53	27.2	103.10	15.94
9.09	35.08	25.5	125.44	6.54
14.74	25.37	19.2	107.70	16.47

29−4 各县(市)城镇从业人员和工资（2011年）

Number and Wages of Employed Person in Urban by County and City (2011)

县 市	County and city	城镇单位年末从业人员（人）Number of Employed Person in Urban (person)	城镇单位年平均从业人员（人）Everage Number of Employed Person in Urban (person)	城镇单位从业人员平均工资（元）Total Wage of Employed Persons (yuan)	#在岗职工平均工资 Average Wage of Staff and Workers
郑州市	**Zhengzhou**				
中牟县	Zhongmu	67105	66552	30897	31280
巩义市	Gongyi	60710	61033	29338	29660
荥阳市	Xingyang	62893	62728	27680	27688
新密市	Xinmi	69566	67241	28997	29154
新郑市	Xinzheng	69549	68294	30955	31094
登封市	Dengfeng	62367	62517	25995	26126
开封市	**Kaifeng**				
杞县	Qixian	40382	40382	25800	25882
通许县	Tongxu	33869	33528	26927	26938
尉氏县	Weishi	67237	66746	29444	29576
开封县	Kaifeng	39650	39650	27801	27801
兰考县	Lankao	37735	37278	25768	25786
洛阳市	**Luoyang**				
孟津县	Mengjin	26776	24926	24013	24128
新安县	Xinan	33591	33538	28527	28530
栾川县	Luanchuan	29132	29090	33844	34572
嵩县	Songxian	19411	19595	24623	25237
汝阳县	Ruyang	16639	16727	26402	26640
宜阳县	Yiyang	25291	25227	27847	28594
洛宁县	Luoning	21028	21182	26526	27388
伊川县	Yichuan	30396	29671	24757	25819
偃师市	Yanshi	31964	31953	29126	29685
平顶山市	**Pingdingshan**				
宝丰县	Baofeng	27280	27288	31809	32813
叶县	Yexian	31317	30729	26820	27297
鲁山县	Lushan	32415	31837	25901	25939
郏县	Jiaxian	20199	20220	29076	29684
舞钢市	Wugang	37250	37132	34246	34507
汝州市	Ruzhou	56536	56264	35646	36290
安阳市	**Anyang**				
安阳县	Anyang	60938	59841	24660	25900
汤阴县	Tangyin	35840	35465	22151	22235
滑县	Huaxian	50690	50531	19316	19552
内黄县	Neihuang	32111	31552	20447	20470
林州市	Linzhou	108087	104577	26566	27321
鹤壁市	**Hebi**				
浚县	Xunxian	22554	22705	22159	22508
淇县	Qixian	25338	24975	23769	23849

29-4 续表 1 continued

县 市 County and city	城镇单位年末从业人员（人）Number of Employed Person in Urban (person)	城镇单位年平均从业人员（人）Everage Number of Employed Person in Urban (person)	城镇单位从业人员平均工资（元）Total Wage of Employed Persons (yuan)	#在岗职工平均工资 Average Wage of Staff and Workers
新乡市 Xinxiang				
新乡县 Xinxiang	32679	32103	28221	28245
获嘉县 Huojia	31314	29054	21402	21124
原阳县 Yuanyang	29672	26627	24092	24089
延津县 Yanjin	25590	25590	22185	22185
封丘县 Fengqiu	26514	25965	22695	22733
长垣县 Changyuan	31544	31531	22811	22843
卫辉市 Weihui	41845	42052	20412	21134
辉县市 Huixian	54921	52281	25752	25876
焦作市 Jiaozuo				
修武县 Xiuwu	23819	23175	25507	25778
博爱县 Boai	22643	22586	22727	23067
武陟县 Wuzhi	40366	38475	25761	25778
温县 Wenxian	25075	24713	22829	23027
沁阳市 Qinyang	27476	27494	25279	25381
孟州市 Mengzhou	38959	38938	25623	25868
濮阳市 Puyang				
清丰县 Qingfeng	25525	25342	20957	21154
南乐县 Manle	18691	18448	20551	20985
范县 Fanxian	18551	18525	21389	22401
台前县 Taiqian	16948	16949	18833	18833
濮阳县 Puyang	38627	38671	21344	21735
许昌市 Xuchang				
许昌县 Xuchang	44380	43744	30386	30474
鄢陵县 Yanling	30710	30691	25829	25996
襄城县 Xiangcheng	32398	32376	28565	28564
禹州市 Yuzhou	61627	61524	29874	29866
长葛市 Changge	47866	47490	29725	29731
漯河市 Luohe				
舞阳县 Wuyang	32126	32073	24188	24164
临颍县 Linying	48249	48234	22470	22470
三门峡市 Sanmenxia				
渑池县 Mianchi	23914	25077	29521	29564
陕县 Shanxian	21013	20782	28511	28512
卢氏县 Lushi	17521	17518	30362	30346
义马市 Yima	75736	74762	38489	38454
灵宝市 Lingbao	48797	47600	29622	30527
南阳市 Nanyang				
南召县 Nanzhao	27327	29084	20140	20267
方城县 Fangcheng	42366	42169	24036	24305
西峡县 Xixia	57262	56715	27760	27707

29-4 续表 2 continued

县 市	County and city	城镇单位年末从业人员（人）Number of Employed Person in Urban (person)	城镇单位年平均从业人员（人）Everage Number of Employed Person in Urban (person)	城镇单位从业人员平均工资（元）Total Wage of Employed Persons (yuan)	#在岗职工平均工资 Average Wage of Staff and Workers
镇 平 县	Zhenping	57199	58030	23716	23955
内 乡 县	Neixiang	36936	36981	25460	26148
淅 川 县	Xichuan	44058	43835	25140	25943
社 旗 县	Sheqi	35034	34001	22018	22287
唐 河 县	Tanghe	49916	49913	23408	23582
新 野 县	Xinye	46965	47358	21049	21114
桐 柏 县	Tongbai	27249	27004	23098	23138
邓 州 市	Dengzhou	65686	65339	24745	25204
商 丘 市	**Shangqiu**				
民 权 县	Minquan	30689	30688	27290	27442
睢 县	Suixian	28942	28957	22267	22267
宁 陵 县	Ningling	31076	31076	21691	21681
柘 城 县	Zhecheng	29563	29429	21661	21659
虞 城 县	Yucheng	32219	32125	24811	25133
夏 邑 县	Xiayi	29752	29911	25589	25619
永 城 市	Yongcheng	89471	88004	38264	39097
信 阳 市	**Xinyang**				
罗 山 县	Luoshan	34840	34830	27109	27116
光 山 县	Guangshan	32737	32731	26868	26873
新 县	Xinxian	21073	20883	28391	28650
商 城 县	Shangcheng	34133	34073	26765	26812
固 始 县	Gushi	60089	59737	23832	26990
潢 川 县	Huangchuan	44933	44765	26023	26121
淮 滨 县	Huaibin	40803	40800	24050	24052
息 县	Xixian	34976	34976	30628	30628
周 口 市	**Zhoukou**				
扶 沟 县	Fugou	29636	30222	26150	26305
西 华 县	Xihua	41028	40749	29136	29561
商 水 县	Shangshui	36607	35957	25750	25799
沈 丘 县	Shenqiu	37628	37628	24318	24318
郸 城 县	Dancheng	51335	51334	22936	23011
淮 阳 县	Huaiyang	35901	35803	30889	30889
太 康 县	Taikang	38271	38271	26792	26792
鹿 邑 县	Luyi	33026	33026	30684	30684
项 城 市	Xiangcheng	45264	45341	22639	22639
驻 马 店 市	**Zhumadian**				
西 平 县	Xiping	37300	37040	24602	24744
上 蔡 县	Shangcai	41095	41035	22003	22158
平 舆 县	Pingyu	35504	35488	23257	23310
正 阳 县	Zhengyang	30425	30425	22864	22797
确 山 县	Queshan	23788	26368	22041	23005
泌 阳 县	Biyang	34734	34082	25357	25357
汝 南 县	Runan	31670	31490	24117	24167
遂 平 县	Suiping	32781	32718	23459	23458
新 蔡 县	Xincai	25135	24519	22981	23261

29-5 各县(市)农业增加值、城乡居民收入和社会消费品零售总额(2011年)

Value Added of Agriculture, Per Capita Net Income of Rural and Urban Residents, Total Retail Sales of Consumer Goods (2011)

县 市	County and city	农林牧渔业增加值(万元) Value Added of Farming Forestry,Animal Husbandry and Fishery (10 000 yuan)	#农 业 Farming	#牧 业 Animal Husbandry	农民人均纯收入(元) Per Capita Net Income of Rural Residents (yuan)	城镇居民人均可支配收入(元) Per Capita Net Income of Urban Residents (yuan)	社会消费品零售总额(亿元) Total Retail Sales of Consumer Goods (100 million yuan)
郑州市	**Zhengzhou**						
中牟县	Zhongmu	463690	255916	166866	10216	16588	87.51
巩义市	Gongyi	88159	36479	45249	11392	18186	147.87
荥阳市	Xingyang	203337	90065	102829	10846	18188	118.54
新密市	Xinmi	140287	72122	52464	10835	18194	133.20
新郑市	Xinzheng	175890	89856	78845	11344	18204	124.63
登封市	Dengfeng	103060	45721	46573	9788	17565	103.14
开封市	**Kaifeng**						
杞县	Qixian	665263	426512	202907	6642	12352	50.40
通许县	Tongxu	395430	262240	120673	6993	13064	39.25
尉氏县	Weishi	435668	240112	166333	6798	13945	57.94
开封县	Kaifeng	432963	260265	157334	6408	13207	40.74
兰考县	Lankao	295703	171552	101420	5236	13030	48.10
洛阳市	**Luoyang**						
孟津县	Mengjin	188867	92489	76049	6458	15615	35.80
新安县	Xinan	182000	115872	44082	7575	18101	55.59
栾川县	Luanchuan	123855	73128	11499	5738	16759	35.51
嵩县	Songxian	264627	143125	56082	5680	15760	43.50
汝阳县	Ruyang	117628	56926	16425	5158	14740	35.35
宜阳县	Yiyang	265060	175685	62900	5348	15531	47.79
洛宁县	Luoning	266864	159433	62698	5196	15402	34.20
伊川县	Yichuan	266000	144218	105159	6839	16143	95.16
偃师市	Yanshi	173135	64624	95171	9826	17970	120.19
平顶山市	**Pingdingshan**						
宝丰县	Baofeng	146604	79324	61621	7880	13988	27.93
叶县	Yexian	346147	174505	162050	5934	13584	40.26
鲁山县	Lushan	165747	109549	41593	4350	12423	29.60
郏县	Jiaxian	200375	114468	81131	6021	12770	28.35
舞钢市	Wugang	100200	43447	50708	7204	15925	26.48
汝州市	Ruzhou	326322	132532	149805	7783	15427	70.12
安阳市	**Anyang**						
安阳县	Anyang	299272	169886	85590	8774	16515	46.28
汤阴县	Tangyin	210367	154562	47436	7403	14872	20.51
滑县	Huaxian	561222	418477	107937	5300	14064	49.32
内黄县	Neihuang	405152	338473	43822	5954	13372	35.71
林州市	Linzhou	197975	72240	116652	9998	17008	66.44
鹤壁市	**Hebi**						
浚县	Xunxian	279340	149203	118366	8318	13588	26.89
淇县	Qixian	170855	42149	121166	8592	15217	23.98

29-5 续表 1 continued

县 市	County and city	农林牧渔业增加值（万元） Value Added of Farming Forestry,Animal Husbandry and Fishery (10 000 yuan)	#农业 Farming	#牧业 Animal Husbandry	农民人均纯收入（元） Per Capita Net Income of Rural Residents (yuan)	城镇居民人均可支配收入（元） Per Capita Net Income of Urban Residents (yuan)	社会消费品零售总额（亿元） Total Retail Sales of Consumer Goods (100 million yuan)
新乡市	**Xinxiang**						
新乡县	Xinxiang	115017	65826	45056	9438	16924	21.59
获嘉县	Huojia	135309	77824	51489	7683	12498	22.33
原阳县	Yuanyang	227545	132475	82360	6150	12361	21.50
延津县	Yanjin	206506	139736	51640	7980	13711	22.69
封丘县	Fengqiu	316642	184446	117344	5132	12501	19.76
长垣县	Changyuan	266689	172402	78013	8789	14550	39.07
卫辉市	Weihui	192273	84370	98121	7530	13591	35.02
辉县市	Huixian	332858	159752	165032	8192	16787	63.66
焦作市	**Jiaozuo**						
修武县	Xiuwu	128153	56340	63749	8413	17172	25.30
博爱县	Boai	180786	106077	69500	8433	17286	34.50
武陟县	Wuzhi	306264	170343	121627	8947	17265	54.00
温县	Wenxian	178389	129416	45810	8920	16978	41.70
沁阳市	Qinyang	153343	90075	57510	9519	17895	53.00
孟州市	Mengzhou	161596	114071	43678	9269	17615	44.10
濮阳市	**Puyang**						
清丰县	Qingfeng	337530	232119	91811	7030	13693	40.00
南乐县	Manle	256643	139522	98406	6467	13625	30.62
范县	Fanxian	133010	58477	65709	4675	11905	34.17
台前县	Taiqian	79402	35354	41631	4399	11575	19.98
濮阳县	Puyang	331415	197309	119146	6341	15171	82.16
许昌市	**Xuchang**						
许昌县	Xuchang	360800	200453	146296	8653	16345	47.12
鄢陵县	Yanling	479400	281732	139833	8724	16257	39.72
襄城县	Xiangcheng	336400	183227	137718	8025	15361	40.27
禹州市	Yuzhou	289919	159533	117452	9033	17622	109.21
长葛市	Changge	219971	101733	93823	8802	16421	80.17
漯河市	**Luohe**						
舞阳县	Wuyang	210095	103612	100110	4720	12878	43.97
临颍县	Linying	310055	175492	125250	8074	14484	51.96
三门峡市	**Sanmenxia**						
渑池县	Mianchi	154014	89814	60016	7669	17904	28.87
陕县	Shanxian	151503	121593	24949	6160	15923	24.78
卢氏县	Lushi	122986	98490	14573	4456	15136	21.95
义马市	Yima	7517	3952	2888	8731	16661	21.21
灵宝市	Lingbao	345277	303257	33620	8063	17104	86.56
南阳市	**Nanyang**						
南召县	Nanzhao	148798	92701	28284	5087	15099	49.81
方城县	Fangcheng	319338	261433	34758	6119	15423	62.56
西峡县	Xixia	230613	166901	37228	7789	16857	43.70

29-5 续表 2 continued

县市	County and city	农林牧渔业增加值(万元) Value Added of Farming Forestry,Animal Husbandry and Fishery (10 000 yuan)	#农业 Farming	#牧业 Animal Husbandry	农民人均纯收入(元) Per Capita Net Income of Rural Residents (yuan)	城镇居民人均可支配收入(元) Per Capita Net Income of Urban Residents (yuan)	社会消费品零售总额(亿元) Total Retail Sales of Consumer Goods (100 million yuan)
镇平县	Zhenping	253376	192835	47664	6992	15429	84.03
内乡县	Neixiang	287595	170680	106609	6419	15751	50.00
淅川县	Xichuan	291001	188533	83096	5322	16213	55.33
社旗县	Sheqi	290471	205023	75784	5069	14102	37.01
唐河县	Tanghe	587209	402164	171486	7095	15780	81.17
新野县	Xinye	368084	242064	114095	8086	16307	66.11
桐柏县	Tongbai	170686	108329	34448	4750	15152	46.40
邓州市	Dengzhou	795988	527236	233627	7139	16076	84.07
商丘市	**Shangqiu**						
民权县	Minquan	362016	240774	88498	5213	14136	44.45
睢县	Suixian	380106	291897	77250	5205	14389	34.75
宁陵县	Ningling	196082	146834	41536	4902	12868	27.63
柘城县	Zhecheng	390109	277827	87823	5358	13520	37.80
虞城县	Yucheng	421001	303863	96370	5494	14892	39.04
夏邑县	Xiayi	420682	284938	118882	5445	15099	45.24
永城市	Yongcheng	518226	344466	145915	6557	17175	87.05
信阳市	**Xinyang**						
罗山县	Luoshan	295769	199500	61266	6069	14927	36.66
光山县	Guangshan	318754	218511	70207	6130	14816	44.22
新县	Xinxian	157572	87100	23124	6102	14798	23.54
商城县	Shangcheng	281054	158367	72386	5922	14815	34.88
固始县	Gushi	715700	466285	184245	6304	14762	90.78
潢川县	Huangchuan	430862	271528	121866	6678	14940	49.72
淮滨县	Huaibin	260233	161559	71078	5143	14045	34.11
息县	Xixian	351830	253823	58580	5380	14701	47.97
周口市	**Zhoukou**						
扶沟县	Fugou	320093	234404	70673	5563	13444	35.34
西华县	Xihua	431546	283361	111514	5100	13893	54.76
商水县	Shangshui	455262	312103	122655	5100	13898	41.92
沈丘县	Shenqiu	355577	246513	98944	5071	13940	51.62
郸城县	Dancheng	430002	333944	82020	5455	14121	47.68
淮阳县	Huaiyang	545802	356631	133033	5001	14061	59.39
太康县	Taikang	474546	316094	128733	5363	13571	64.34
鹿邑县	Luyi	465805	309894	118295	6036	14356	64.87
项城市	Xiangcheng	344509	258568	77494	6151	14519	71.19
驻马店市	**Zhumadian**						
西平县	Xiping	403246	237030	153285	6386	14457	53.82
上蔡县	Shangcai	338023	189695	128306	5533	14480	45.83
平舆县	Pingyu	319321	175981	119088	5780	14676	38.46
正阳县	Zhengyang	427171	243885	158759	5756	13477	35.50
确山县	Queshan	260522	133456	111585	5700	14593	29.86
泌阳县	Biyang	406518	252120	139232	5688	14691	40.03
汝南县	Runan	369099	189310	145297	5896	13543	39.40
遂平县	Suiping	256752	121908	122051	6211	14736	36.11
新蔡县	Xincai	420500	222802	177234	5491	13615	33.27

29−6 各县(市)农业生产条件（2011年）

Agricultural Conditions by County and City (2011)

县 市	County and city	乡村从业人员数（万人） Rural Employed Persons (10 000 persons)	#农林牧渔业 Farming, Forestry, Animal Husbandry & Fishery	农用机械总动力（万千瓦） Total Agricultural Machinery Power (10 000kw)	化肥施用折纯量（吨） Consumption of Chemical Fertilizers (ton)	农村用电量（万千瓦时） Electricity Consumed in Rural Areas (10 000 kwh)	农药使用量（吨） Consumption of Agricultural Chemical (ton)	农用塑料薄膜使用量（吨） Consumption of Plastic Film (ton)
郑州市	**Zhengzhou**							
中牟县	Zhongmu	40.03	26.33	101.75	57542	26709	1568	4201
巩义市	Gongyi	32.62	8.43	56.76	34281	129714	411	114
荥阳市	Xingyang	31.40	11.74	76.00	29954	32028	570	925
新密市	Xinmi	32.52	8.54	91.31	26875	37318	258	580
新郑市	Xinzheng	29.49	14.77	91.24	37464	43609	684	657
登封市	Dengfeng	33.59	14.39	58.31	18310	43636	287	256
开封市	**Kaifeng**							
杞县	Qixian	60.12	39.28	169.87	65763	15323	1990	2300
通许县	Tongxu	33.15	27.49	95.45	36047	4574	1773	1862
尉氏县	Weishi	49.36	27.27	124.64	42509	19603	940	2682
开封县	Kaifeng	43.55	22.21	153.88	64845	13669	551	1753
兰考县	Lankao	44.78	21.34	91.71	71467	22403	804	1006
洛阳市	**Luoyang**							
孟津县	Mengjin	21.90	9.98	34.43	20926	19344	464	411
新安县	Xinan	28.66	15.55	44.51	22088	5006	399	581
栾川县	Luanchuan	18.68	9.66	27.99	8955	24230	72	134
嵩县	Songxian	31.97	19.24	54.80	24964	11032	440	301
汝阳县	Ruyang	25.68	14.07	38.73	21250	16260	306	384
宜阳县	Yiyang	37.11	20.37	56.01	40844	26178	980	982
洛宁县	Luoning	27.50	16.69	39.12	21115	8091	408	552
伊川县	Yichuan	42.75	23.25	72.12	25114	35932	350	404
偃师市	Yanshi	30.56	8.26	77.70	28837	29444	554	214
平顶山市	**Pingdingshan**							
宝丰县	Baofeng	27.82	15.31	43.45	51602	11841	427	302
叶县	Yexian	51.42	31.65	59.32	92098	14014	575	1089
鲁山县	Lushan	47.92	28.11	33.23	37325	22381	463	316
郏县	Jiaxian	35.69	24.49	48.34	42370	8600	745	1068
舞钢市	Wugang	16.84	9.44	26.57	18255	4221	903	476
汝州市	Ruzhou	51.71	26.26	132.03	103281	27681	665	871
安阳市	**Anyang**							
安阳县	Anyang	55.57	26.99	78.19	52456	98376	1209	157
汤阴县	Tangyin	25.15	13.86	56.90	37554	54912	587	520
滑县	Huaxian	80.79	48.49	244.46	208682	36863	1566	2435
内黄县	Neihuang	46.49	24.21	105.02	73550	26989	1460	15555
林州市	Linzhou	53.51	20.89	54.18	40044	46009	385	44
鹤壁市	**Hebi**							
浚县	Xunxian	35.88	18.79	152.27	48275	5135	898	713
淇县	Qixian	14.53	6.90	29.90	6719	4152	302	7

29-6 续表 1 continued

县 市	County and city	乡村从业人员数(万人) Rural Employed Persons (10 000 persons)	#农林牧渔业 Farming, Forestry, Animal Husbandry & Fishery	农用机械总动力(万千瓦) Total Agricultural Machinery Power (10 000kw)	化肥施用折纯量(吨) Consumption of Chemical Fertilizers (ton)	农村用电量(万千瓦小时) Electricity Consumed in Rural Areas (10 000 kwh)	农药使用量(吨) Consumption of Agricultural Chemical (ton)	农用塑料薄膜使用量(吨) Consumption of Plastic Film (ton)
新乡市	**Xinxiang**							
新乡县	Xinxiang	18.81	2.97	46.90	28665	147113	434	90
获嘉县	Huojia	21.53	10.02	68.19	31078	12258	497	176
原阳县	Yuanyang	34.40	16.84	124.60	47640	52580	763	643
延津县	Yanjin	24.08	13.94	84.27	89194	11373	1207	634
封丘县	Fengqiu	39.51	18.24	103.36	76569	12015	2236	315
长垣县	Changyuan	40.34	21.43	108.53	60208	43246	903	459
卫辉市	Weihui	22.09	16.64	56.52	49120	15375	850	575
辉县市	Huixian	35.72	18.14	76.62	84619	225333	898	401
焦作市	**Jiaozuo**							
修武县	Xiuwu	12.86	8.01	45.75	15473	7563	413	39
博爱县	Boai	20.42	11.42	37.37	36410	15413	473	422
武陟县	Wuzhi	35.17	23.79	115.30	50582	16653	1349	257
温县	Wenxian	23.38	12.89	50.74	22894	26684	571	225
沁阳市	Qinyang	24.55	10.93	57.31	30933	34450	685	225
孟州市	Mengzhou	19.73	6.85	45.51	35105	21051	1145	595
濮阳市	**Puyang**							
清丰县	Qingfeng	38.28	23.57	78.75	63520	11638	864	514
南乐县	Manle	27.64	13.71	73.09	50579	22014	676	1529
范县	Fanxian	27.32	17.18	66.96	34338	9451	521	174
台前县	Taiqian	21.78	10.65	36.92	6377	10052	159	172
濮阳县	Puyang	59.53	39.88	130.64	90781	6512	1896	226
许昌市	**Xuchang**							
许昌县	Xuchang	35.52	16.84	78.00	51192	17103	1651	680
鄢陵县	Yanling	29.51	11.99	74.96	43597	7513	1746	904
襄城县	Xiangcheng	48.76	25.60	74.52	47760	12369	650	650
禹州市	Yuzhou	62.39	30.25	78.31	129663	20415	683	813
长葛市	Changge	35.18	14.10	52.30	42856	23421	706	554
漯河市	**Luohe**							
舞阳县	Wuyang	31.93	21.25	61.06	33610	7314	701	368
临颍县	Linying	40.39	21.36	97.21	52474	19025	910	1947
三门峡市	**Sanmenxia**							
渑池县	Mianchi	16.78	7.67	35.99	19300	5500	285	746
陕县	Shanxian	14.55	10.14	34.79	18939	5852	699	559
卢氏县	Lushi	18.00	14.13	21.89	13109	2701	189	805
义马市	Yima	2.44	0.64	3.10	1039	1627	36	86
灵宝市	Lingbao	36.22	26.11	68.92	36869	13989	1276	974
南阳市	**Nanyang**							
南召县	Nanzhao	33.83	23.26	28.55	16735	3372	414	815
方城县	Fangcheng	63.44	39.05	106.70	91738	10399	1353	3526
西峡县	Xixia	26.84	18.13	13.55	31042	21644	717	2245

29-6 续表 2 continued

县 市	County and city	乡村从业人员数（万人）Rural Employed Persons (10 000 persons)	#农林牧渔业 Farming, Forestry, Animal Husbandry & Fishery	农用机械总动力（万千瓦）Total Agricultural Machinery Power (10 000kw)	化肥施用折纯量（吨）Consumption of Chemical Fertilizers (ton)	农村用电量（万千瓦小时）Electricity Consumed in Rural Areas (10 000 kwh)	农药使用量（吨）Consumption of Agricultural Chemical (ton)	农用塑料薄膜使用量（吨）Consumption of Plastic Film (ton)
镇平县	Zhenping	47.53	24.73	79.35	45566	13373	938	953
内乡县	Neixiang	30.40	15.76	63.13	32578	14062	656	956
淅川县	Xichuan	31.39	19.58	50.50	45962	25804	717	1139
社旗县	Sheqi	40.27	25.94	67.38	62426	6293	1384	1190
唐河县	Tanghe	63.42	39.04	179.64	111260	16303	3737	2178
新野县	Xinye	44.96	25.96	138.70	111528	20962	3222	7741
桐柏县	Tongbai	21.12	12.35	81.18	41895	6771	434	752
邓州市	Dengzhou	88.51	48.56	173.82	154467	18683	3808	3579
商丘市	**Shangqiu**							
民权县	Minquan	44.55	24.64	116.20	55837	16124	2417	1824
睢县	Suixian	47.66	27.44	112.26	50149	7457	878	745
宁陵县	Ningling	33.55	20.04	94.20	47291	9575	1109	998
柘城县	Zhecheng	44.50	27.30	113.08	53198	11623	907	1102
虞城县	Yucheng	63.11	36.41	172.10	108026	33096	4308	1925
夏邑县	Xiayi	59.15	21.24	168.45	125350	41140	1800	890
永城市	Yongcheng	79.63	31.57	173.09	107941	25816	2200	2203
信阳市	**Xinyang**							
罗山县	Luoshan	36.86	20.29	60.58	37938	9510	673	507
光山县	Guangshan	41.61	22.63	37.68	37595	12281	860	163
新县	Xinxian	18.01	7.51	18.54	8344	4527	349	134
商城县	Shangcheng	35.26	15.72	33.59	22160	10016	570	650
固始县	Gushi	86.48	40.54	90.09	96520	26394	2300	2600
潢川县	Huangchuan	44.90	22.83	37.73	78067	11933	525	3232
淮滨县	Huaibin	37.99	18.89	62.35	93213	10833	953	1587
息县	Xixian	49.68	27.35	113.13	60879	157680	1735	1038
周口市	**Zhoukou**							
扶沟县	Fugou	37.29	24.36	103.56	54775	13529	2403	3949
西华县	Xihua	50.49	36.02	119.60	76102	12167	3375	1532
商水县	Shangshui	65.30	27.37	116.57	66870	13278	1109	1181
沈丘县	Shenqiu	68.64	39.26	88.56	94560	17985	1345	1349
郸城县	Dancheng	77.17	42.87	153.79	78974	11436	2162	2023
淮阳县	Huaiyang	67.93	43.31	120.68	112916	19771	2909	3353
太康县	Taikang	75.17	50.46	172.14	102500	11560	2798	3618
鹿邑县	Luyi	67.13	34.01	114.41	90801	13983	1197	702
项城市	Xiangcheng	59.30	21.24	79.80	46846	22484	1589	1204
驻马店市	**Zhumadian**							
西平县	Xiping	55.57	12.18	123.35	68254	25008	321	1192
上蔡县	Shangcai	79.90	53.31	151.76	83340	20600	709	962
平舆县	Pingyu	58.86	32.35	160.03	58357	8722	531	962
正阳县	Zhengyang	45.61	25.15	205.01	118300	6591	480	1120
确山县	Queshan	22.24	11.69	105.05	67052	11284	1037	1220
泌阳县	Biyang	50.63	38.49	154.76	61240	6614	331	2050
汝南县	Runan	46.44	27.29	132.65	77669	7439	706	823
遂平县	Suiping	30.89	19.26	95.46	56620	6869	488	501
新蔡县	Xincai	65.04	34.47	148.47	76600	8668	1280	1800

29-7 各县(市)主要农作物播种面积和产量(2011年)

Sown Area and Output of Major Farm Products by County and City (2011)

县 市 County and city	总播种面积(千公顷) Total Sown Area (1 000 hectares)	#粮食 Grain	#棉花 Cotton	#油料 Oil-bearing Crops	粮食产量(吨) Output of Grain (ton)	#小麦 Wheat	棉花产量(吨) Output of Cotton (ton)	油料产量(吨) Output of Oil-bearing Crops (ton)	园林水果产量(吨) Output of Fruits (ton)
郑州市 Zhengzhou									
中牟县 Zhongmu	129.40	59.48	2.44	19.38	350163	149477	2086	96979	73324
巩义市 Gongyi	50.81	44.99	0.50	3.63	152852	79493	428	4865	25392
荥阳市 Xingyang	77.73	61.71	0.45	5.18	327783	165884	548	12933	40673
新密市 Xinmi	64.89	55.26	0.05	3.80	198908	100457	42	10492	18716
新郑市 Xinzheng	75.83	56.06	0.04	11.01	283032	139997	46	41655	92906
登封市 Dengfeng	56.66	49.15	0.49	3.58	170699	68669	435	4437	24371
开封市 Kaifeng									
杞县 Qixian	199.72	105.75	14.64	13.39	597046	386041	17552	70176	28615
通许县 Tongxu	124.37	59.13	5.33	8.01	350770	238438	5580	36110	71940
尉氏县 Weishi	151.36	91.60	15.39	22.29	521759	363664	13871	104808	104265
开封县 Kaifeng	160.46	97.80	6.51	35.03	539257	373922	7503	123767	121315
兰考县 Lankao	123.13	90.00	6.44	17.22	486258	316085	6602	67231	145814
洛阳市 Luoyang									
孟津县 Mengjin	61.66	52.53	0.22	1.10	216066	115859	143	3936	49487
新安县 Xinan	65.24	50.09	0.22	2.78	212908	90539	221	6117	66017
栾川县 Luanchuan	27.27	15.66	0.02	0.29	68242	23614	8	455	7349
嵩县 Songxian	74.38	51.86	0.36	4.32	209754	97951	309	9138	80161
汝阳县 Ruyang	54.60	42.20	0.19	3.56	168343	75902	156	8289	7907
宜阳县 Yiyang	125.28	82.82	0.57	18.28	346383	155132	667	79675	116221
洛宁县 Luoning	80.23	60.38	0.09	6.84	252828	132227	72	7910	286739
伊川县 Yichuan	97.51	80.31	1.13	5.00	348170	160330	1260	11493	13566
偃师市 Yanshi	56.68	46.50	0.14	2.55	259188	125109	89	3704	60877
平顶山市 Pingdingshan									
宝丰县 Baofeng	65.65	46.31	0.25	8.54	217220	121950	328	22022	9721
叶县 Yexian	145.61	111.82	0.32	14.20	589317	287526	456	43096	8968
鲁山县 Lushan	72.80	57.90	0.01	8.50	201141	99429	5	17558	23911
郏县 Jiaxian	84.42	58.01	0.69	5.57	316015	158559	525	17372	8778
舞钢市 Wugang	38.34	30.26	0.45	3.11	143947	76908	413	7078	5842
汝州市 Ruzhou	118.15	94.82	1.10	12.51	443243	220488	612	37925	30838
安阳市 Anyang									
安阳县 Anyang	132.54	112.35	3.00	2.92	676757	304127	3380	6165	35676
汤阴县 Tangyin	82.59	64.86	2.67	2.97	402718	216720	3485	9250	32464
滑县 Huaxian	258.77	177.04	6.42	31.48	1328692	829533	5879	139951	152216
内黄县 Neihuang	138.46	75.93	1.00	15.28	445128	318516	1370	82885	299850
林州市 Linzhou	87.92	78.50	1.48	3.34	337037	122537	965	4162	79047
鹤壁市 Hebi									
浚县 Xunxian	112.77	96.20	0.30	10.21	683369	379070	280	49386	34721
淇县 Qixian	44.67	42.30	0.07	0.85	292692	142746	65	2137	3014

29-7 续表 1 continued

县 市 County and city	总播种面积（千公顷）Total Sown Area (1 000 hectares)	#粮食 Grain	#棉花 Cotton	#油料 Oil-bearing Crops	粮食产量（吨）Output of Grain (ton)	#小麦 Wheat	棉花产量（吨）Output of Cotton (ton)	油料产量（吨）Output of Oil-bearing Crops (ton)	园林水果产量（吨）Output of Fruits (ton)
新 乡 市 Xinxiang									
新 乡 县 Xinxiang	43.03	35.02	1.58	2.46	254857	136623	1976	13110	8164
获 嘉 县 Huojia	55.34	47.35	0.87	0.27	309909	145124	942	1353	11982
原 阳 县 Yuanyang	133.03	114.01	1.35	10.33	689799	382077	850	49960	30258
延 津 县 Yanjin	105.06	65.65	5.24	26.17	411889	295287	4714	115503	25866
封 丘 县 Fengqiu	129.40	91.10	2.81	13.13	591519	379406	3670	50656	17240
长 垣 县 Changyuan	122.03	92.49	1.08	18.16	584144	364095	1344	61952	31327
卫 辉 市 Weihui	67.57	54.26	1.85	4.77	346601	185062	1011	19887	12194
辉 县 市 Huixian	109.42	87.18	0.11	8.12	540210	270228	98	20540	23782
焦 作 市 Jiaozuo									
修 武 县 Xiuwu	38.69	35.00	0.21	1.13	236355	120055	178	3490	9494
博 爱 县 Boai	42.39	29.79	0.10	0.67	232781	117720	120	1811	39461
武 陟 县 Wuzhi	90.64	69.06	0.25	8.90	540231	295886	283	46026	28718
温 县 Wenxian	54.22	37.38	0.90	3.51	297129	170960	743	15100	21612
沁 阳 市 Qinyang	56.30	44.16	0.20	1.18	331461	168110	212	3589	35740
孟 州 市 Mengzhou	54.32	40.48	1.20	3.58	301130	161250	1326	14032	175600
濮 阳 市 Puyang									
清 丰 县 Qingfeng	112.83	75.53	0.47	14.68	538106	347763	425	65331	35770
南 乐 县 Manle	81.60	60.56	1.42	6.60	439739	252683	961	32010	166072
范 县 Fanxian	60.03	55.76	0.14	1.74	343466	168137	172	8961	1522
台 前 县 Taiqian	36.08	32.69	0.04	0.66	179895	105897	32	2490	6869
濮 阳 县 Puyang	166.09	135.58	4.50	8.42	883552	517800	3822	34338	30287
许 昌 市 Xuchang									
许 昌 县 Xuchang	142.67	100.60	3.01	15.25	658610	374074	3013	51767	7149
鄢 陵 县 Yanling	119.09	74.10	0.89	0.56	527688	304711	892	1919	26928
襄 城 县 Xiangcheng	119.23	84.92	0.56	3.51	537913	302152	559	9420	27583
禹 州 市 Yuzhou	132.47	94.66	2.66	5.95	526163	262456	2705	12241	15345
长 葛 市 Changge	87.01	76.16	0.43	3.12	531105	274577	441	9528	3496
漯 河 市 Luohe									
舞 阳 县 Wuyang	96.10	81.39	1.25	4.33	503129	263934	1286	9622	13856
临 颍 县 Linying	121.30	74.11	7.19	1.56	509181	308739	6206	3662	477
三 门 峡 市 Sanmenxia									
渑 池 县 Mianchi	71.08	44.77	0.22	9.12	175981	87718	140	19291	192939
陕 县 Shanxian	42.25	28.45	0.28	2.30	107205	50648	190	2926	462020
卢 氏 县 Lushi	43.86	31.40	0.04	0.30	105690	54500	27	478	56805
义 马 市 Yima	2.69	1.72	0.02	0.28	5930	3250	10	550	781
灵 宝 市 Lingbao	79.71	53.20	1.94	4.10	213084	105194	1406	7181	1083950
南 阳 市 Nanyang									
南 召 县 Nanzhao	60.40	36.87		11.34	186442	65487		50549	13515
方 城 县 Fangcheng	204.10	118.19	2.99	47.54	571135	324738	2878	196499	32768
西 峡 县 Xixia	37.77	24.03		2.25	99796	36710		5952	329481

29-7 续表 2 continued

县 市	County and city	总播种面积(千公顷) Total Sown Area (1 000 hectares)	#粮食 Grain	#棉花 Cotton	#油料 Oil-bearing Crops	粮食产量(吨) Output of Grain (ton)	#小麦 Wheat	棉花产量(吨) Output of Cotton (ton)	油料产量(吨) Output of Oil-bearing Crops (ton)	园林水果产量(吨) Output of Fruits (ton)
镇 平 县	Zhenping	137.80	97.97	4.63	21.47	503927	264657	4467	61679	6518
内 乡 县	Neixiang	101.27	59.68	1.35	18.52	296542	139020	1071	67147	51232
淅 川 县	Xichuan	131.87	61.70	0.75	40.75	247577	125326	608	112525	53888
社 旗 县	Sheqi	138.82	89.14	9.33	18.20	505950	304340	8000	70128	5170
唐 河 县	Tanghe	297.27	214.58	10.48	26.72	1141715	778463	10181	111281	83933
新 野 县	Xinye	136.65	75.10	9.45	24.37	505929	372251	9550	99590	23000
桐 柏 县	Tongbai	73.38	44.89	0.22	20.19	222434	84447	143	67725	16712
邓 州 市	Dengzhou	333.81	197.13	21.12	63.71	1060103	753839	19637	236597	25743
商 丘 市	**Shangqiu**									
民 权 县	Minquan	156.20	97.19	12.80	21.12	646492	472000	14150	93062	314556
睢 县	Suixian	162.74	93.87	14.10	14.26	601482	397493	15118	63494	66036
宁 陵 县	Ningling	100.81	66.13	2.91	17.61	436409	293500	3231	78843	218201
柘 城 县	Zhecheng	138.15	94.07	5.78	3.61	637817	430815	6200	11775	61121
虞 城 县	Yucheng	209.67	135.29	14.80	11.07	882765	535691	15865	45560	496581
夏 邑 县	Xiayi	176.40	142.68	3.93	5.31	944131	533705	4130	16569	263217
永 城 市	Yongcheng	232.58	182.92	4.40	8.37	1136959	701849	4240	30819	230049
信 阳 市	**Xinyang**									
罗 山 县	Luoshan	139.73	94.23	0.22	31.11	712533	108266	201	55907	6956
光 山 县	Guangshan	127.87	73.79	0.28	35.38	590235	78938	267	66762	5688
新 县	Xinxian	27.52	15.09	0.05	9.57	121113	3936	55	24362	2600
商 城 县	Shangcheng	78.30	48.37	0.12	20.97	360559	48855	121	45150	10640
固 始 县	Gushi	246.30	154.59	0.20	62.31	1204223	167832	200	139728	48840
潢 川 县	Huangchuan	130.65	93.09	0.05	24.93	663218	146727	53	48113	6427
淮 滨 县	Huaibin	128.93	97.16	0.52	19.10	554442	251901	567	48370	15940
息 县	Xixian	188.07	159.27	1.09	13.66	933500	445072	1217	30542	19575
周 口 市	**Zhoukou**									
扶 沟 县	Fugou	141.52	82.87	24.67	5.96	524940	421640	18076	26978	27891
西 华 县	Xihua	165.44	99.41	14.50	9.40	624830	470830	13224	38866	165992
商 水 县	Shangshui	206.91	150.48	6.67	14.10	1029000	539000	6373	45346	39235
沈 丘 县	Shenqiu	158.45	117.15	3.00	9.84	777246	457246	3928	25742	51942
郸 城 县	Dancheng	198.64	128.62	18.93	8.29	823000	555000	19985	23695	15410
淮 阳 县	Huaiyang	228.18	130.84	22.97	25.81	869700	569300	20112	128985	28419
太 康 县	Taikang	236.87	166.04	9.70	6.34	1093860	733860	11626	23248	70047
鹿 邑 县	Luyi	172.26	128.85	8.71	6.38	887110	513055	9271	17088	9863
项 城 市	Xiangcheng	163.53	118.24	4.00	13.96	762793	498993	7304	28742	46945
驻 马 店 市	**Zhumadian**									
西 平 县	Xiping	168.13	133.15	0.07	16.53	866475	455651	59	63662	11000
上 蔡 县	Shangcai	199.35	160.81	1.27	17.97	964218	587958	1034	37207	11512
平 舆 县	Pingyu	165.48	118.49	0.39	28.11	716239	462257	366	51160	8523
正 阳 县	Zhengyang	237.22	140.48	0.79	82.38	785537	579254	711	325287	12300
确 山 县	Queshan	127.44	96.56	0.08	16.54	546516	297425	79	54529	4270
泌 阳 县	Biyang	160.58	104.89	3.29	39.14	558238	319594	2606	102946	30769
汝 南 县	Runan	169.22	113.12	0.84	35.53	683006	458150	1032	144111	10182
遂 平 县	Suiping	124.41	97.37	0.09	15.20	575479	320846	115	43049	20484
新 蔡 县	Xincai	193.32	133.30	6.90	26.82	769046	504100	7800	86425	28322

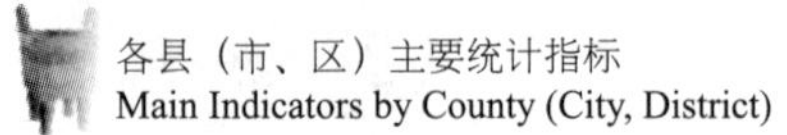

29-8 各县(市)牧渔业生产情况（2011年）

Statistics on Animal Husbandry and Fishery by County and City (2011)

县 市	County and city	肉类产量（吨）Output of Meat (ton)	#猪肉 Pork	#牛肉 Beef	#羊肉 Mutton	大牲畜年底头数（头）Large Animals (year-end) (unit)	猪年底头数（万头）Hogs (year-end) (10 000 units)	禽蛋产量（吨）Poultry Eggs (ton)	水产品产量（吨）Output of Aquatic Products (ton)
郑州市	**Zhengzhou**								
中牟县	Zhongmu	62791	38464	9395	4107	125225	43.75	29462	70017
巩义市	Gongyi	23227	19059	983	302	8083	18.67	9615	1350
荥阳市	Xingyang	43245	28833	3740	701	26504	24.39	69845	15092
新密市	Xinmi	19058	11760	1104	265	19289	18.12	26176	825
新郑市	Xinzheng	47219	29603	997	660	29918	33.78	40344	730
登封市	Dengfeng	22865	15219	3695	680	34793	18.02	20301	2283
开封市	**Kaifeng**								
杞县	Qixian	95383	61158	18107	6655	137853	78.75	62547	2985
通许县	Tongxu	56903	47641	2988	1709	48765	60.70	22495	1500
尉氏县	Weishi	81478	57647	11092	5755	104298	73.85	79588	16900
开封县	Kaifeng	73632	51922	11841	4552	135060	64.55	40012	7654
兰考县	Lankao	45446	27196	9633	2987	109950	41.08	31984	3110
洛阳市	**Luoyang**								
孟津县	Mengjin	21309	15815	3105	420	53906	20.80	12649	15800
新安县	Xinan	19744	13145	2376	1108	32361	17.15	12705	6223
栾川县	Luanchuan	7692	4973	1484	283	16980	6.69	5246	55
嵩县	Songxian	30285	16571	9499	1208	118984	21.51	12055	1628
汝阳县	Ruyang	10623	7586	1263	300	20695	9.82	6257	180
宜阳县	Yiyang	44790	29340	9499	1524	124911	31.63	17158	1699
洛宁县	Luoning	26056	8997	12476	1192	122631	11.05	14683	591
伊川县	Yichuan	42601	29899	8211	441	113547	35.66	18938	454
偃师市	Yanshi	29204	23606	1635	129	35625	28.63	20594	274
平顶山市	**Pingdingshan**								
宝丰县	Baofeng	39507	28210	5339	692	92545	35.69	14753	800
叶县	Yexian	108496	65185	21390	5793	204893	72.61	29545	12539
鲁山县	Lushan	26433	18016	3578	1184	59339	22.69	14206	10211
郏县	Jiaxian	53848	27690	8138	1774	122137	32.16	14207	995
舞钢市	Wugang	41907	31147	1377	685	30150	32.30	2202	2600
汝州市	Ruzhou	87112	56171	14813	1475	264130	64.93	58747	2670
安阳市	**Anyang**								
安阳县	Anyang	30441	19931	2209	403	70792	27.78	60790	1800
汤阴县	Tangyin	28548	8053	800	397	16329	11.68	26151	1407
滑县	Huaxian	45840	23780	7247	3520	155240	26.76	75807	495
内黄县	Neihuang	33421	23333	256	2690	30663	28.92	42337	540
林州市	Linzhou	68373	63889	355	122	13374	90.27	64640	2000
鹤壁市	**Hebi**								
浚县	Xunxian	106489	54681	1525	3199	15519	41.16	41865	2400
淇县	Qixian	114089	30550	515	365	17364	26.52	47500	5200

29-8 续表 1 continued

县 市 County and city	肉类产量 (吨) Output of Meat (ton)	#猪肉 Pork	#牛肉 Beef	#羊肉 Mutton	大牲畜年底头数 (头) Large Animals (year-end) (unit)	猪年底头数 (万头) Hogs (year-end) (10 000 units)	禽蛋产量 (吨) Poultry Eggs (ton)	水产品产量 (吨) Output of Aquatic Products (ton)
新乡市 Xinxiang								
新乡县 Xinxiang	17016	8725	2470	360	22090	10.96	29461	3000
获嘉县 Huojia	27427	18162	2312	687	23982	18.88	24373	3360
原阳县 Yuanyang	32625	19100	4516	2208	91971	22.71	36423	5050
延津县 Yanjin	28051	16251	3890	1503	28070	17.96	29283	19014
封丘县 Fengqiu	75699	56300	8421	3319	60112	47.17	31299	7592
长垣县 Changyuan	37578	18790	6148	2200	53516	20.23	37700	4000
卫辉市 Weihui	53416	39356	5131	575	122900	45.60	70388	3400
辉县市 Huixian	85684	71190	4693	784	60998	74.67	73822	600
焦作市 Jiaozuo								
修武县 Xiuwu	33653	19899	2288	301	18464	21.71	54451	2900
博爱县 Boai	23665	9600	8069	483	53424	17.32	41125	220
武陟县 Wuzhi	60479	35300	6306	2230	68100	40.39	75882	9180
温县 Wenxian	24792	17951	3120	466	30238	22.45	40528	60
沁阳市 Qinyang	24591	14150	5214	478	41851	19.72	35686	600
孟州市 Mengzhou	20310	13642	2634	434	31192	19.47	26710	1230
濮阳市 Puyang								
清丰县 Qingfeng	50938	26509	3105	1187	37359	28.12	61156	2150
南乐县 Manle	61351	30059	10175	601	146716	38.00	60249	1900
范县 Fanxian	27088	13064	1786	3086	46179	15.46	30214	6100
台前县 Taiqian	15683	5629	475	1216	6621	5.70	38064	700
濮阳县 Puyang	61978	35151	1812	4860	23322	41.01	59416	2860
许昌市 Xuchang								
许昌县 Xuchang	78206	57771	9009	1648	124520	56.09	51154	1150
鄢陵县 Yanling	80285	56551	14423	1651	168602	54.84	43041	3500
襄城县 Xiangcheng	72363	51751	9099	2321	142044	52.18	41646	1450
禹州市 Yuzhou	74204	51766	4316	5504	57144	51.36	35028	1520
长葛市 Changge	61252	51680	1746	380	23920	41.71	44749	1400
漯河市 Luohe								
舞阳县 Wuyang	61284	52547	1868	1382	40173	47.65	12873	2599
临颍县 Linying	73163	55942	4716	750	42368	53.13	37906	1563
三门峡市 Sanmenxia								
渑池县 Mianchi	34603	21772	9550	918	113838	25.61	22624	2700
陕县 Shanxian	13878	7831	4140	478	123514	12.00	8005	2600
卢氏县 Lushi	7277	2978	3580	303	78953	3.91	2900	1650
义马市 Yima	2270	2018	54	20	417	3.85	905	70
灵宝市 Lingbao	20917	14130	4180	875	66904	19.83	9889	3292
南阳市 Nanyang								
南召县 Nanzhao	23299	15493	3895	1800	66668	18.26	11688	17500
方城县 Fangcheng	30577	18575	3884	2822	51263	23.30	16680	5650
西峡县 Xixia	28134	18992	4804	2313	55579	24.05	13444	4350

29-8 续表 2 continued

县 市	County and city	肉类产量 (吨) Output of Meat (ton)	#猪肉 Pork	#牛肉 Beef	#羊肉 Mutton	大牲畜年底头数 (头) Large Animals (year-end) (unit)	猪年底头数 (万头) Hogs (year-end) (10 000 units)	禽蛋产量 (吨) Poultry Eggs (ton)	水产品产量 (吨) Output of Aquatic Products (ton)
镇平县	Zhenping	32104	20547	3817	1748	64121	26.01	24306	9000
内乡县	Neixiang	86179	63171	11207	6452	89191	78.41	22886	5301
淅川县	Xichuan	57532	34753	14241	2903	164098	43.16	27321	24114
社旗县	Sheqi	72283	51342	12124	1924	122241	64.18	19170	4950
唐河县	Tanghe	113260	70354	26002	4100	365088	85.90	50978	11000
新野县	Xinye	45486	20864	12250	3335	136110	27.37	27528	5600
桐柏县	Tongbai	26179	15857	5521	1470	71767	19.93	12331	10035
邓州市	Dengzhou	136057	79794	36120	6478	304167	100.09	70000	9500
商丘市	**Shangqiu**								
民权县	Minquan	53120	29613	11427	5038	105422	32.70	37720	17866
睢县	Suixian	50571	31000	7044	4516	65794	37.00	29055	4487
宁陵县	Ningling	37487	29245	3647	2111	41121	28.57	12123	3708
柘城县	Zhecheng	54309	30501	14390	3491	100427	30.38	15410	4940
虞城县	Yucheng	72758	31662	24319	6545	193272	32.70	29100	13135
夏邑县	Xiayi	75930	60345	6837	3456	127113	74.50	34448	5783
永城市	Yongcheng	83604	35694	19704	9484	178330	38.37	49161	14950
信阳市	**Xinyang**								
罗山县	Luoshan	44297	31675	2932	402	56043	31.09	18704	26000
光山县	Guangshan	43355	17600	3230	235	71526	18.10	28788	25460
新县	Xinxian	19911	13000	3133	296	60848	14.04	9896	4800
商城县	Shangcheng	40146	17000	2560	1406	52551	17.17	24908	31411
固始县	Gushi	143023	72745	1654	3715	63340	62.91	75988	44993
潢川县	Huangchuan	133307	61049	2154	532	82072	53.80	25010	35100
淮滨县	Huaibin	48929	18270	6477	1357	63171	19.22	14446	11824
息县	Xixian	52073	34700	5409	1105	52860	41.81	18340	15490
周口市	**Zhoukou**								
扶沟县	Fugou	51772	35123	11585	850	108603	33.16	11526	4390
西华县	Xihua	79240	59683	6251	3127	79345	61.30	25220	3071
商水县	Shangshui	84250	59861	8369	4175	70000	63.24	28240	3310
沈丘县	Shenqiu	83598	52424	12435	6379	88402	50.08	32479	6374
郸城县	Dancheng	55336	34538	7263	3663	46697	45.21	23226	5110
淮阳县	Huaiyang	96160	59638	11556	6010	96595	56.07	25711	24200
太康县	Taikang	100328	61749	14996	6539	104500	68.22	43765	2981
鹿邑县	Luyi	68537	47679	8284	2548	94600	53.86	28478	5487
项城市	Xiangcheng	52767	35032	6299	1798	37161	45.90	22300	4748
驻马店市	**Zhumadian**								
西平县	Xiping	104248	79906	1080	2032	22038	89.12	55505	5835
上蔡县	Shangcai	74530	56276	6726	2055	50668	67.71	48330	7051
平舆县	Pingyu	73455	54656	7445	3177	107462	56.65	23013	7860
正阳县	Zhengyang	91149	85303	908	446	26855	105.78	17518	10961
确山县	Queshan	69762	44376	16904	2438	230955	58.83	14302	10660
泌阳县	Biyang	84880	44000	30657	3100	426743	41.20	22739	16568
汝南县	Runan	81080	58504	8625	4115	62689	69.55	21946	33151
遂平县	Suiping	73507	54552	6692	1303	74575	65.74	58629	5686
新蔡县	Xincai	101700	55331	24317	3259	322617	70.70	41133	9843

29-9 各县(市)财政、金融主要指标(2011年)

MainIndicatorsofGovernmentFinanceand FinancialIntermediationbyCountyandCity(2011)

单位：万元 (10000yuan)

县 市	County and city	公共财政预算收入 Public Financial Revenueof theLocal Government	公共财政预算支出 Public Financial Expenditures oftheLocal Government	#教育 Education	#农林水事务 Farming Forestry Water Conservancy Operating	金融机构存款余额 Depositsof National Banking System	金融机构贷款余额 Loansof National Banking System	居民储蓄存款 Balanceof Savings Depositof Ruraland Urban Residents
郑州市	**Zhengzhou**							
中牟县	Zhongmu	192177	303832	60903	46454	1446648	813348	900445
巩义市	Gongyi	223216	336199	67834	30281	2288969	1351245	1469678
荥阳市	Xingyang	140843	224610	51374	29244	1462279	901581	1012390
新密市	Xinmi	201294	292135	56948	37319	2184782	932929	1787061
新郑市	Xinzheng	215666	299665	67006	44374	1662955	981956	1037191
登封市	Dengfeng	202267	289029	65089	30837	1894456	741435	1380459
开封市	**Kaifeng**							
杞县	Qixian	43001	190269	42538	28845	827102	309965	700509
通许县	Tongxu	23628	132768	30007	19454	582028	180821	496537
尉氏县	Weishi	51166	190085	40665	27598	759780	389581	602326
开封县	Kaifeng	35608	152068	35308	17766	637701	199806	451466
兰考县	Lankao	51355	192237	36117	24010	747621	211859	569215
洛阳市	**Luoyang**							
孟津县	Mengjin	66070	145440	36416	18959	698236	422504	514880
新安县	Xinan	130577	205777	48458	22639	942753	612940	565844
栾川县	Luanchuan	150058	179989	38444	19855	1062717	364031	617658
嵩县	Songxian	46869	162699	38698	24193	618469	138163	426068
汝阳县	Ruyang	38905	126663	37636	15739	492259	183656	347014
宜阳县	Yiyang	50668	180199	49200	25201	635195	251265	437449
洛宁县	Luoning	43999	144558	34478	22894	505235	123507	312353
伊川县	Yichuan	90972	218226	45052	22243	1418559	825132	585211
偃师市	Yanshi	93100	182870	42961	20903	1467549	688038	1117710
平顶山市	**Pingdingshan**							
宝丰县	Baofeng	80284	155430	36499	20898	752164	356026	567068
叶县	Yexian	43968	166555	32848	25142	825740	337296	609760
鲁山县	Lushan	51756	181726	41284	20279	908930	431048	767151
郏县	Jiaxian	53800	161618	35086	23199	633088	316178	485354
舞钢市	Wugang	78550	119600	22244	15854	705706	556817	508213
汝州市	Ruzhou	113998	235516	51025	30302	1198999	711069	816960
安阳市	**Anyang**							
安阳县	Anyang	113366	234420	61092	33149	1472160	723970	1130281
汤阴县	Tangyin	40050	128526	32767	16518	599536	247231	396940
滑县	Huaxian	37972	263565	70626	38259	1226974	507593	958261
内黄县	Neihuang	30121	160717	44431	22370	587094	257789	443436
林州市	Linzhou	102531	227679	63617	26058	2160539	1019899	1737702
鹤壁市	**Hebi**							
浚县	Xunxian	27040	179658	43508	19442	605072	483779	418013
淇县	Qixian	34606	112191	22771	14011	505254	612871	363736

29-9 续表 1 continued

单位：万元 (10 000 yuan)

县 市 County and city	公共财政预算收入 Public Financial Revenue of the Local Government	公共财政预算支出 Public Financial Expenditures of the Local Government	#教育 Education	#农林水事务 Farming Forestry Water Conservancy Operating	金融机构存款余额 Deposits of National Banking System	金融机构贷款余额 Loans of National Banking System	居民储蓄存款 Balance of Savings Deposit of Rural and Urban Residents
新乡市 Xinxiang							
新乡县 Xinxiang	70034	135393	30068	13608	1059838	999053	704063
获嘉县 Huojia	22036	100419	26721	12133	579599	226553	413802
原阳县 Yuanyang	26578	143347	38561	24671	647212	279647	416166
延津县 Yanjin	35099	143069	30194	20247	513954	280824	329174
封丘县 Fengqiu	21219	161999	40363	21859	764609	204843	532559
长垣县 Changyuan	63169	202486	56102	25576	1657658	1030718	1227040
卫辉市 Weihui	45210	149605	31623	22189	685472	281452	456437
辉县市 Huixian	166018	258736	57516	39577	1472210	894059	995271
焦作市 Jiaozuo							
修武县 Xiuwu	56166	113618	22541	13308	531084	281055	346313
博爱县 Boai	53780	116655	18622	17305	663794	391549	528095
武陟县 Wuzhi	63669	165028	31171	25440	773873	448276	648306
温县 Wenxian	38066	115570	25673	12975	675270	307560	481875
沁阳市 Qinyang	100487	180547	23360	14192	860979	429614	676016
孟州市 Mengzhou	72188	136296	19997	15987	654811	367546	498746
濮阳市 Puyang							
清丰县 Qingfeng	21986	146072	33726	18600	575512	193535	473980
南乐县 Manle	15955	116848	28337	16392	417303	158078	332643
范县 Fanxian	20146	129317	30113	18428	564106	162129	443782
台前县 Taiqian	11006	98881	26506	12267	460213	152817	337296
濮阳县 Puyang	48283	231640	63988	32253	937197	369126	774285
许昌市 Xuchang							
许昌县 Xuchang	51560	173531	45803	21310	1044155	626166	751278
鄢陵县 Yanling	42027	163502	34411	21797	825463	517171	606028
襄城县 Xiangcheng	73288	181599	52887	28349	956695	589686	765513
禹州市 Yuzhou	207866	318203	68664	22288	1639126	881609	1259597
长葛市 Changge	101286	208559	61587	22881	1260409	1031505	907514
漯河市 Luohe							
舞阳县 Wuyang	33202	127107	24099	18805	602492	301037	471424
临颍县 Linying	40735	156532	32155	16877	730459	284329	565944
三门峡市 Sanmenxia							
渑池县 Mianchi	121212	182838	42417	26932	734187	307736	515202
陕县 Shanxian	79028	140549	33481	18451	645266	433316	435526
卢氏县 Lushi	35069	129566	28090	12611	554449	180273	395593
义马市 Yima	75832	108935	22830	5113	1019337	678979	443999
灵宝市 Lingbao	107988	230575	59764	34154	1595292	957751	1217240
南阳市 Nanyang							
南召县 Nanzhao	30001	154641	39381	20495	618618	231185	443230
方城县 Fangcheng	46000	202420	53392	26758	882750	406744	600954
西峡县 Xixia	68006	157587	38009	23705	846789	615786	555660

29-9 续表 2 continued

单位：万元 (10 000 yuan)

县 市	County and city	公共财政预算收入 Public Financial Revenue of the Local Government	公共财政预算支出 Public Financial Expenditures of the Local Government	#教育 Education	#农林水事务 Farming Forestry Water Conservancy Operating	金融机构存款余额 Deposits of National Banking System	金融机构贷款余额 Loans of National Banking System	居民储蓄存款 Balance of Savings Deposit of Rural and Urban Residents
镇平县	Zhenping	45666	171666	47070	22584	1142686	499868	927422
内乡县	Neixiang	35000	156119	37692	26774	736418	382553	542210
淅川县	Xichuan	96018	249481	60917	34007	1145084	511803	683580
社旗县	Sheqi	23600	151038	36292	21304	614038	294582	400298
唐河县	Tanghe	56916	255772	60051	35224	1203795	493856	920688
新野县	Xinye	35019	152756	41190	22429	896468	535331	668027
桐柏县	Tongbai	41690	138705	30455	24485	615830	284043	455186
邓州市	Dengzhou	62026	313395	67569	49397	1541383	683238	1103438
商丘市	**Shangqiu**							
民权县	Minquan	26766	191266	69583	23521	778896	453338	571589
睢县	Suixian	20096	170016	52926	21332	741285	250074	617792
宁陵县	Ningling	16686	150369	48472	16708	593044	353199	412850
柘城县	Zhecheng	23819	200816	60905	28511	772443	266491	655948
虞城县	Yucheng	30618	259888	73891	23668	935932	306770	730530
夏邑县	Xiayi	25388	230369	65790	27455	1185350	437000	954020
永城市	Yongcheng	200106	326534	97747	31982	1925835	1340999	1393131
信阳市	**Xinyang**							
罗山县	Luoshan	24416	186198	46780	25902	1076094	374012	833387
光山县	Guangshan	29148	182827	54164	26622	1048454	442240	848769
新县	Xinxian	16799	114353	29385	15311	573690	232953	422536
商城县	Shangcheng	22428	186500	67000	25313	897165	335844	699009
固始县	Gushi	50056	294706	80721	38852	1717079	637692	1428782
潢川县	Huangchuan	30919	182276	53201	28155	954155	1022036	748319
淮滨县	Huaibin	18650	167530	53692	21298	679275	285088	540692
息县	Xixian	21415	211533	59940	37347	1175006	370905	902297
周口市	**Zhoukou**							
扶沟县	Fugou	26839	181789	46728	20014	841188	415787	701928
西华县	Xihua	25627	166941	37350	18432	798143	316654	689232
商水县	Shangshui	28300	210509	64742	20158	940945	289308	793295
沈丘县	Shenqiu	44575	230850	69988	24160	1095892	745810	939750
郸城县	Dancheng	41893	251986	80052	27799	1037024	530686	875053
淮阳县	Huaiyang	35423	230748	48926	25837	1046710	313701	892335
太康县	Taikang	35016	255916	67106	31240	1096053	322906	936671
鹿邑县	Luyi	45669	246369	70378	26688	992618	481448	827829
项城市	Xiangcheng	44748	234791	65372	21165	1260636	330110	1072282
驻马店市	**Zhumadian**							
西平县	Xiping	31372	174962	40543	20575	978641	329089	782777
上蔡县	Shangcai	27166	240540	66658	24258	1292503	421289	1094518
平舆县	Pingyu	39489	202652	50544	16673	1016593	258212	828486
正阳县	Zhengyang	22099	175488	39365	35003	925120	315762	745404
确山县	Queshan	29266	134461	29574	17754	760250	194027	588450
泌阳县	Biyang	34576	219000	52502	31225	872732	312279	624087
汝南县	Runan	25220	171861	43729	23014	856727	259115	705051
遂平县	Suiping	30169	145586	29628	19010	729548	301634	533727
新蔡县	Xincai	24120	200699	48338	21268	981007	355252	767841

29−10　各县(市)教育主要指标(2011年)
Main Indicators of Education by County and City (2011)

县　市	County and city	在校学生数(人) Student Enrollment (person) 小学 Primary Schools	普通中学 Regular Secondary Schools	小学适龄人口入学率(%) Rate of School-age Children Enrollment (%)	小学在校生巩固率(%) Percentage of Primary Schools Enrollment Consolidated (%)	初中适龄人口入学率(%) Rate of Junior Enrollment (%)	初中在校生巩固率(%) Percentage of Junior Enrollment Consolidated (%)	高中阶段毛入学率(%) The high school stage gross enrollment rate(%)
郑州市	**Zhengzhou**							
中牟县	Zhongmu	33882	38769	100.0	75.1	100.0	94.2	73.8
巩义市	Gongyi	4924	39171	100.0	90.8	98.6	88.9	70.7
荥阳市	Xingyang	3979	30811	100.0	91.7	100.0	92.7	107.3
新密市	Xinmi	18385	46648	100.0	82.8	100.0	90.6	76.0
新郑市	Xinzheng	15821	40670	100.0	96.1	100.0	99.5	119.0
登封市	Dengfeng	22322	35744	100.0	93.2	100.0	93.2	96.6
开封市	**Kaifeng**							
杞县	Qixian	73367	58856	100.0	113.1	99.6	92.0	54.1
通许县	Tongxu	40712	36924	100.0	104.1	99.6	94.1	69.3
尉氏县	Weishi	52058	47297	100.0	84.4	99.8	94.5	61.6
开封县	Kaifeng	50713	42624	100.0	83.8	98.9	91.3	98.9
兰考县	Lankao	66653	48836	100.0	94.5	99.4	84.5	54.6
洛阳市	**Luoyang**							
孟津县	Mengjin	13128	26850	100.0	96.1	100.0	88.4	73.6
新安县	Xinan	21743	34697	100.0	99.7	100.0	95.2	104.1
栾川县	Luanchuan	8756	18783	100.0	92.8	99.1	94.0	63.6
嵩县	Songxian	43497	36207	100.0	101.6	100.0	91.9	71.5
汝阳县	Ruyang	38752	26749	100.0	92.1	100.0	81.7	55.4
宜阳县	Yiyang	42548	41525	100.0	73.0	100.0	84.6	55.4
洛宁县	Luoning	29219	25732	100.0	89.6	100.0	84.3	51.8
伊川县	Yichuan	50863	47609	100.0	92.2	100.0	86.2	60.0
偃师市	Yanshi	23402	44661	100.0	83.3	100.0	75.4	56.7
平顶山市	**Pingdingshan**							
宝丰县	Baofeng	21977	23297	100.0	85.5	100.0	84.8	76.7
叶县	Yexian	38868	39636	100.0	84.5	100.0	81.6	65.2
鲁山县	Lushan	51430	40064	100.0	93.9	98.0	91.2	95.4
郏县	Jiaxian	28324	29514	100.0	72.7	100.0	81.6	70.7
舞钢市	Wugang	11487	15968	100.0	83.5	100.0	104.8	97.1
汝州市	Ruzhou	59319	45877	100.0	83.6	100.0	87.6	64.4
安阳市	**Anyang**							
安阳县	Anyang	52499	46812	100.0	87.1	100.0	89.3	85.8
汤阴县	Tangyin	30347	22483	100.0	99.1	100.0	98.3	60.8
滑县	Huaxian	95792	60466	98.5	94.2	98.8	86.8	76.7
内黄县	Neihuang	39539	34925	100.0	85.8	100.0	92.9	71.8
林州市	Linzhou	41062	50912	100.0	98.2	100.0	95.8	94.1
鹤壁市	**Hebi**							
浚县	Xunxian	51852	45395	100.0	93.9	100.0	98.4	60.5
淇县	Qixian	17856	16534	100.0	102.9	99.8	84.6	63.2

29-10 续表 1 continued

县 市	County and city	在校学生数(人) Student Enrollment (person) 小学 Primary Schools	普通中学 Regular Secondary Schools	小学适龄人口入学率(%) Rate of School-age Children Enrollment (%)	小学在校生巩固率(%) Percentage of Primary Schools Enrollment Consolidated (%)	初中适龄人口入学率(%) Rate of Junior Enrollment (%)	初中在校生巩固率(%) Percentage of Junior Enrollment Consolidated (%)	高中阶段毛入学率(%) The high school stage gross enrollment rate(%)
新乡市	**Xinxiang**							
新乡县	Xinxiang	34154	18954	100.0	90.0	100.0	92.2	78.9
获嘉县	Huojia	44944	24143	100.0	98.2	100.0	100.9	92.0
原阳县	Yuanyang	76207	43184	100.0	99.4	100.0	97.4	67.2
延津县	Yanjin	57358	30393	100.0	90.8	100.0	102.6	114.9
封丘县	Fengqiu	88421	46044	100.0	97.3	100.0	87.5	81.1
长垣县	Changyuan	92918	49308	100.0	81.8	100.0	92.0	89.7
卫辉市	Weihui	83189	28323	100.0	96.5	100.0	101.4	110.3
辉县市	Huixian	70211	43592	100.0	106.6	100.0	114.8	94.4
焦作市	**Jiaozuo**							
修武县	Xiuwu	25222	20209	100.0	92.4	100.0	88.4	67.0
博爱县	Boai	39836	26972	100.0	101.3	100.0	94.8	58.2
武陟县	Wuzhi	68087	48146	100.0	101.0	100.0	92.2	57.7
温县	Wenxian	36798	26060	100.0	95.1	100.0	92.1	63.3
沁阳市	Qinyang	39891	32729	100.0	104.6	100.0	98.4	111.7
孟州市	Mengzhou	24568	18889	100.0	98.5	100.0	97.5	70.8
濮阳市	**Puyang**							
清丰县	Qingfeng	81659	40232	100.0	99.9	99.9	102.4	113.7
南乐县	Manle	64040	29378	100.0	100.1	100.0	92.0	94.1
范县	Fanxian	67859	39261	100.0	99.7	99.9	99.4	55.3
台前县	Taiqian	55224	33406	100.0	99.9	100.0	107.7	120.6
濮阳县	Puyang	139806	55695	100.0	95.1	100.0	95.2	72.2
许昌市	**Xuchang**							
许昌县	Xuchang	73678	44701	100.0	106.7	100.0	95.8	82.0
鄢陵县	Yanling	67892	44782	100.0	72.4	100.0	118.4	81.1
襄城县	Xiangcheng	79398	45588	100.0	94.6	100.0	83.6	114.2
禹州市	Yuzhou	114959	70285	100.0	68.8	100.0	89.5	98.9
长葛市	Changge	66791	36570	100.0	93.3	100.0	95.3	110.6
漯河市	**Luohe**							
舞阳县	Wuyang	35908	23594	100.0	89.1	100.0	99.4	98.9
临颍县	Linying	70371	45291	100.0	101.2	100.0	102.6	70.1
三门峡市	**Sanmenxia**							
渑池县	Mianchi	32486	19767	100.0	75.5	100.0	102.1	89.5
陕县	Shanxian	28569	20664	100.0	109.7	100.0	95.8	79.7
卢氏县	Lushi	21830	24265	100.0	90.2	100.0	97.1	85.8
义马市	Yima	10748	6527	100.0	93.0	100.0	88.6	82.5
灵宝市	Lingbao	54429	45895	100.0	96.8	100.0	97.5	116.3
南阳市	**Nanyang**							
南召县	Nanzhao	69515	30292	99.7	88.1	99.7	93.1	58.3
方城县	Fangcheng	115290	47965	100.2	101.4	100.6	98.4	72.1
西峡县	Xixia	54455	28486	100.0	101.7	100.0	104.8	96.5

29-10 续表 2 continued

县市 County and city	在校学生数(人) Student Enrollment (person) 小学 Primary Schools	普通中学 Regular Secondary Schools	小学适龄人口入学率(%) Rate of School-age Children Enrollment (%)	小学在校生巩固率(%) Percentage of Primary Schools Enrollment Consolidated (%)	初中适龄人口入学率(%) Rate of Junior Enrollment (%)	初中在校生巩固率(%) Percentage of Junior Enrollment Consolidated (%)	高中阶段毛入学率(%) The high school stage gross enrollment rate(%)
镇平县 Zhenping	94380	39313	99.8	91.3	99.8	104.0	50.9
内乡县 Neixiang	63114	32116	100.0	92.2	100.0	96.2	94.6
淅川县 Xichuan	79466	41453	100.0	71.1	100.0	78.6	72.4
社旗县 Sheqi	73449	33717	99.8	95.8	98.2	94.5	79.2
唐河县 Tanghe	111752	55871	99.4	96.0	99.3	97.2	49.7
新野县 Xinye	80832	44397	100.0	102.7	99.9	105.1	90.4
桐柏县 Tongbai	52607	25859	100.0	97.8	100.0	96.9	103.7
邓州市 Dengzhou	205692	90223	100.0	108.0	100.0	99.3	62.3
商丘市 Shangqiu							
民权县 Minquan	110699	70703	100.0	95.3	95.1	88.6	93.0
睢县 Suixian	98584	65972	100.0	93.7	100.0	91.9	79.0
宁陵县 Ningling	82417	54896	100.0	75.2	87.3	94.3	73.7
柘城县 Zhecheng	122950	91517	100.0	97.4	99.0	91.8	88.8
虞城县 Yucheng	162935	83619	100.0	86.9	100.0	88.0	67.6
夏邑县 Xiayi	141772	99528	100.0	97.4	100.0	95.5	80.7
永城市 Yongcheng	183022	104047	99.6	100.0	99.4	94.4	69.8
信阳市 Xinyang							
罗山县 Luoshan	71638	52537	100.0	99.6	100.0	100.8	110.7
光山县 Guangshan	103982	65503	100.0	100.0	98.0	94.3	94.3
新县 Xinxian	39100	25278	100.0	100.0	100.0	100.0	126.0
商城县 Shangcheng	99850	71676	100.0	99.3	100.0	99.9	88.6
固始县 Gushi	153836	109959	100.0	82.6	100.0	98.1	114.1
潢川县 Huangchuan	96837	57139	100.0	100.0	100.0	98.1	89.6
淮滨县 Huaibin	98441	60705	100.0	100.0	100.0	97.0	90.3
息县 Xixian	113997	65302	100.0	129.1	100.0	99.4	70.4
周口市 Zhoukou							
扶沟县 Fugou	80877	50963	99.9	96.6	99.9	95.7	64.9
西华县 Xihua	112273	71194	99.9	112.6	99.8	88.0	51.0
商水县 Shangshui	179697	101157	100.0	104.4	99.6	89.9	50.5
沈丘县 Shenqiu	138507	95630	99.4	98.2	96.7	97.8	65.7
郸城县 Dancheng	185267	107020	99.9	91.8	100.0	87.0	61.6
淮阳县 Huaiyang	175362	102639	99.8	98.9	99.8	82.1	75.7
太康县 Taikang	175741	87145	100.0	90.0	100.0	76.4	57.2
鹿邑县 Luyi	173373	109687	100.0	101.2	100.0	98.9	59.7
项城市 Xiangcheng	140297	101961	99.9	98.2	99.9	99.3	75.6
驻马店市 Zhumadian							
西平县 Xiping	81160	61284	100.0	100.0	100.0	100.0	62.4
上蔡县 Shangcai	171999	89091	100.0	90.9	100.0	76.7	55.1
平舆县 Pingyu	122223	69893	100.0	99.8	100.0	79.9	68.0
正阳县 Zhengyang	88628	56278	100.0	99.4	100.0	90.8	83.2
确山县 Queshan	65506	32863	100.0	97.8	100.0	96.1	70.2
泌阳县 Biyang	114831	69218	100.0	99.1	100.0	100.0	95.7
汝南县 Runan	96174	52898	100.0	96.6	100.0	98.6	73.6
遂平县 Suiping	47268	35234	100.0	100.0	100.0	100.0	130.8
新蔡县 Xincai	136547	73540	100.0	99.7	100.0	99.5	64.8

29-11 各县(市)卫生主要指标(2011年)
Main Indicators of Sanitation by County and City (2011)

县 市	County and city	卫生机构床位数(张) Number of Beds in Health Institutions (unit)	卫生技术人员(人) Medical Technical Personnel (person)	执业医师(人) Medical practitioner (person)	执业助理医师(人) Assistant doctor of the operation (person)	注册护士(人) Registered Nurse (person)
郑州市	**Zhengzhou**					
中牟县	Zhongmu	2000	2384	697	345	748
巩义市	Gongyi	2402	3346	856	304	1394
荥阳市	Xingyang	1664	2548	582	300	916
新密市	Xinmi	3352	3409	1054	286	1290
新郑市	Xinzheng	1742	1978	534	320	684
登封市	Dengfeng	2738	3023	795	297	1183
开封市	**Kaifeng**					
杞县	Qixian	1814	1943	424	418	553
通许县	Tongxu	1777	1629	382	280	550
尉氏县	Weishi	1747	2026	471	383	695
开封县	Kaifeng	1002	1400	292	285	344
兰考县	Lankao	2638	3216	634	521	1097
洛阳市	**Luoyang**					
孟津县	Mengjin	1315	1551	369	300	395
新安县	Xinan	1601	1527	459	222	469
栾川县	Luanchuan	1073	1090	245	176	388
嵩县	Songxian	1595	1448	361	255	420
汝阳县	Ruyang	1335	1231	319	175	447
宜阳县	Yiyang	1715	2265	516	436	722
洛宁县	Luoning	1411	1365	304	370	399
伊川县	Yichuan	1880	2546	603	685	646
偃师市	Yanshi	1724	1570	502	130	543
平顶山市	**Pingdingshan**					
宝丰县	Baofeng	1970	2290	625	679	668
叶县	Yexian	1763	2708	638	557	527
鲁山县	Lushan	2129	2121	486	305	593
郏县	Jiaxian	1697	2534	589	469	631
舞钢市	Wugang	1303	1329	420	135	485
汝州市	Ruzhou	3999	2784	586	295	902
安阳市	**Anyang**					
安阳县	Anyang	2070	1980	484	697	408
汤阴县	Tangyin	1207	1649	267	304	309
滑县	Huaxian	2863	2841	721	737	863
内黄县	Neihuang	1929	2197	441	356	575
林州市	Linzhou	3023	2541	843	557	573
鹤壁市	**Hebi**					
浚县	Xunxian	1490	1396	344	218	373
淇县	Qixian	1295	1438	383	183	546

29-11 续表 1 continued

县 市	County and city	卫生机构床位数（张）Number of Beds in Health Institutions (unit)	卫生技术人员（人）Medical Technical Personnel (person)	执业医师（人）Medical practitioner (person)	执业助理医师（人）Assistant doctor of the operation (person)	注册护士（人）Registered Nurse (person)
新乡市	**Xinxiang**					
新乡县	Xinxiang	1068	1140	324	342	280
获嘉县	Huojia	1336	1315	309	143	425
原阳县	Yuanyang	1832	2145	311	288	811
延津县	Yanjin	1475	1422	352	239	424
封丘县	Fengqiu	2110	1874	325	266	538
长垣县	Changyuan	2451	3348	726	518	921
卫辉市	Weihui	3285	3067	826	168	1238
辉县市	Huixian	2342	2742	764	405	860
焦作市	**Jiaozuo**					
修武县	Xiuwu	774	1002	318	340	164
博爱县	Boai	1369	1262	435	244	295
武陟县	Wuzhi	1644	1951	529	394	488
温县	Wenxian	1388	1729	448	179	571
沁阳市	Qinyang	1137	1853	735	318	499
孟州市	Mengzhou	940	1445	422	177	471
濮阳市	**Puyang**					
清丰县	Qingfeng	1234	1338	337	201	359
南乐县	Manle	1420	1322	268	227	404
范县	Fanxian	1358	1545	306	171	477
台前县	Taiqian	688	1224	187	258	298
濮阳县	Puyang	2367	2558	582	548	598
许昌市	**Xuchang**					
许昌县	Xuchang	1417	1775	405	335	543
鄢陵县	Yanling	1539	2137	537	366	627
襄城县	Xiangcheng	1740	2070	495	337	593
禹州市	Yuzhou	2931	4418	1189	1025	1008
长葛市	Changge	1592	3516	1011	819	814
漯河市	**Luohe**					
舞阳县	Wuyang	1601	1765	477	194	543
临颍县	Linying	1797	2047	311	209	738
三门峡市	**Sanmenxia**					
渑池县	Mianchi	964	931	198	103	220
陕县	Shanxian	957	926	343	124	230
卢氏县	Lushi	1054	1439	373	318	328
义马市	Yima	1411	1535	442	88	665
灵宝市	Lingbao	2139	2506	687	452	742
南阳市	**Nanyang**					
南召县	Nanzhao	1405	2116	394	402	595
方城县	Fangcheng	2420	2249	451	366	677
西峡县	Xixia	2015	1788	387	185	714

29-11 续表 2　continued

县 市 County and city	卫生机构床位数（张）Number of Beds in Health Institutions (unit)	卫生技术人员（人）Medical Technical Personnel (person)	执业医师（人）Medical practitioner (person)	执业助理医师（人）Assistant doctor of the operation (person)	注册护士（人）Registered Nurse (person)
镇平县 Zhenping	1375	2179	500	415	482
内乡县 Neixiang	1384	1288	344	206	394
淅川县 Xichuan	1381	1625	399	236	399
社旗县 Sheqi	1305	1604	423	271	445
唐河县 Tanghe	1969	2257	564	261	689
新野县 Xinye	1201	2117	493	315	618
桐柏县 Tongbai	1041	1535	301	206	386
邓州市 Dengzhou	3245	2576	558	287	689
商丘市 Shangqiu					
民权县 Minquan	2412	1778	425	232	632
睢县 Suixian	2004	2388	515	368	619
宁陵县 Ningling	1280	2627	418	322	555
柘城县 Zhecheng	2870	3109	731	708	784
虞城县 Yucheng	2125	2617	502	285	645
夏邑县 Xiayi	2164	2597	518	306	780
永城市 Yongcheng	3123	4174	972	461	1320
信阳市 Xinyang					
罗山县 Luoshan	1180	1451	462	171	415
光山县 Guangshan	1409	1544	546	151	478
新县 Xinxian	499	710	187	83	197
商城县 Shangcheng	1279	1268	398	206	306
固始县 Gushi	2188	2535	580	314	699
潢川县 Huangchuan	1302	1732	341	445	424
淮滨县 Huaibin	1164	1244	224	250	312
息县 Xixian	1179	1444	329	255	360
周口市 Zhoukou					
扶沟县 Fugou	1425	1744	471	284	480
西华县 Xihua	1932	2362	565	186	557
商水县 Shangshui	1941	1820	314	297	474
沈丘县 Shenqiu	2481	3203	732	638	618
郸城县 Dancheng	2346	3474	764	517	1117
淮阳县 Huaiyang	2595	3382	626	662	947
太康县 Taikang	3371	3489	976	619	1025
鹿邑县 Luyi	2406	2433	503	609	496
项城市 Xiangcheng	2293	2386	617	291	859
驻马店市 Zhumadian					
西平县 Xiping	2076	1738	517	315	465
上蔡县 Shangcai	1990	1997	542	288	502
平舆县 Pingyu	2855	3752	774	979	1511
正阳县 Zhengyang	1493	1933	568	308	487
确山县 Queshan	1726	1370	306	249	480
泌阳县 Biyang	2064	1832	408	306	437
汝南县 Runan	1634	2393	999	294	602
遂平县 Suiping	2030	2156	486	299	764
新蔡县 Xincai	1665	2188	590	741	393

29-12 各县(市)社会保险和低保参保人数（2011年）

Number of People Participated in Basic Insurance and Lowest Cost-of-Living by County and City (2011)

单位：人 (person)

县 市	County and city	参加城镇基本养老保险人数 Number of Persons in Basic Pension Insurance	参加城镇基本医疗保险人数 Number of Persons in Basic Medical Insurance	城镇居民最低生活保障人数 Number of Persons Receiving Lowest Cost-of-Living in Urban Area	农村居民最低生活保障人数 Number of Persons Receiving Lowest Cost-of-Living in Rural Area	参加农村新型合作医疗人数 Number of Persons Participated in the new rural cooperative medical	参加农村社会养老保险人数 Number of Persons Participated in the Rural Basic Pension Insurance
郑州市	**Zhengzhou**						
中牟县	Zhongmu	214662	36692	4079	16977	632071	312644
巩义市	Gongyi	71028	63198	4110	22199	630840	221421
荥阳市	Xingyang	56124	50440	2173	17999	516012	318532
新密市	Xinmi	50709	59018	3775	23540	633956	417826
新郑市	Xinzheng	45998	54100	4081	15634	484649	226363
登封市	Dengfeng	50548	46019	4370	25107	559218	262870
开封市	**Kaifeng**						
杞县	Qixian	52690	76880	8589	46029	984250	
通许县	Tongxu	38696	55546	3877	26499	545380	314959
尉氏县	Weishi	63508	63891	3150	42815	708028	481450
开封县	Kaifeng	44589	51804	2113	32254	714768	361627
兰考县	Lankao	34310	68600	6890	34532	661617	390477
洛阳市	**Luoyang**						
孟津县	Mengjin	19306	45516	2519	16413	400761	263000
新安县	Xinan	30849	92703	7201	22756	453939	204886
栾川县	Luanchuan	26266	56292	1818	14898	273917	181716
嵩县	Songxian	16254	29667	6273	22807	507622	299578
汝阳县	Ruyang	22513	53253	8103	19236	400381	212887
宜阳县	Yiyang	30460	32137	9202	24581	547282	351736
洛宁县	Luoning	20018	26318	10646	23969	412897	152761
伊川县	Yichuan	29742	95295	7508	28391	673663	254140
偃师市	Yanshi	3058	104958	3058	22425	633505	614260
平顶山市	**Pingdingshan**						
宝丰县	Baofeng	23992	28945	8835	20496	415102	10593
叶县	Yexian	25539	28414	8638	34810	702442	33007
鲁山县	Lushan	21489	33113	7995	36911	729636	33411
郏县	Jiaxian	18735	29317	7834	24750	811827	74583
舞钢市	Wugang	43573	46560	7161	9193	209552	14268
汝州市	Ruzhou	37895	48175	10729	37187	828545	7559
安阳市	**Anyang**						
安阳县	Anyang	55099	49263	6043	31665	831666	542709
汤阴县	Tangyin	32082	31310	4592	15967	389625	
滑县	Huaxian	34605	51586	120060	212948	1142179	727958
内黄县	Neihuang	24841	29900	5702	29356	702734	461891
林州市	Linzhou	51280	47378	8031	45375	801633	
鹤壁市	**Hebi**						
浚县	Xunxian	31148	64460	15719	30599	604281	282401
淇县	Qixian	25032	59248	7523	9710	224941	105210

29-12 续表 1 continued

单位：人 (person)

县市 County and city	参加城镇基本养老保险人数 Number of Persons in Basic Pension Insurance	参加城镇基本医疗保险人数 Number of Persons in Basic Medical Insurance	城镇居民最低生活保障人数 Number of Persons Receiving Lowest Cost-of-Living in Urban Area	农村居民最低生活保障人数 Number of Persons Receiving Lowest Cost-of-Living in Rural Area	参加农村新型合作医疗人数 Number of Persons Participated in the new rural cooperative medical	参加农村社会养老保险人数 Number of Persons Participated in the Rural Basic Pension Insurance
新乡市 Xinxiang						
新乡县 Xinxiang	38936	64801	1562	12428	308333	160067
获嘉县 Huojia	26558	67498	8700	14611	346340	202866
原阳县 Yuanyang	25750	62376	9000	25561	624154	251661
延津县 Yanjin	25625	71424	13138	17609	406437	218620
封丘县 Fengqiu	22382	84200	8023	31430	670701	434781
长垣县 Changyuan	33007	84624	10109	34066	750075	426224
卫辉市 Weihui	40177	104138	11613	13308	364852	183482
辉县市 Huixian	60428	125744	3965	26665	633278	442406
焦作市 Jiaozuo						
修武县 Xiuwu	17990	49365	3886	10328	227260	136101
博爱县 Boai	31543	70729	4267	13765	383807	
武陟县 Wuzhi	34370	70886	4753	22319	631166	344145
温县 Wenxian	32924	62450	3559	13317	376638	
沁阳市 Qinyang	40026	89022	7464	17167	363699	222149
孟州市 Mengzhou	29526	56028	3371	10311	305853	223166
濮阳市 Puyang						
清丰县 Qingfeng	34649	80828	4701	26156	586729	319964
南乐县 Manle	27716	48501	3627	20521	461741	261123
范县 Fanxian	27595	62100	6625	23547	447737	
台前县 Taiqian	13420	55099	4865	16443	316050	48345
濮阳县 Puyang	56685	95754	10220	43516	978174	609156
许昌市 Xuchang						
许昌县 Xuchang	28431	90710	5222	24499	745901	16812
鄢陵县 Yanling	20339	31214	14573	29476	549941	12128
襄城县 Xiangcheng	18190	30050	6542	30892	739495	15350
禹州市 Yuzhou	53930	59860	13699	46190	939118	3132
长葛市 Changge	37891	51794	5055	20168	581905	407521
漯河市 Luohe						
舞阳县 Wuyang	23559	38603	5359	24639	514825	295900
临颍县 Linying	20411	35196	6615	29716	650898	310500
三门峡市 Sanmenxia						
渑池县 Mianchi	40486	79973	4601	14294	255866	
陕县 Shanxian	36978	60234	2335	17263	268462	167125
卢氏县 Lushi	22565	34099	3574	19937	325615	203163
义马市 Yima	14759	129860	7900		45714	
灵宝市 Lingbao	46499	116825	3684	30798	610718	419355
南阳市 Nanyang						
南召县 Nanzhao	30757	71848	7594	24803	518319	301014
方城县 Fangcheng	48989	78359	10468	42953	884680	545704
西峡县 Xixia	38764	51112	6321	17317	389000	206313

29－12 续表 2 continued

单位：人 (person)

县 市	County and city	参加城镇基本养老保险人数 Number of Persons in Basic Pension Insurance	参加城镇基本医疗保险人数 Number of Persons in Basic Medical Insurance	城镇居民最低生活保障人数 Number of Persons Receiving Lowest Cost-of-Living in Urban Area	农村居民最低生活保障人数 Number of Persons Receiving Lowest Cost-of-Living in Rural Area	参加农村新型合作医疗人数 Number of Persons Participated in the new rural cooperative medical	参加农村社会养老保险人数 Number of Persons Participated in the Rural Basic Pension Insurance
镇 平 县	Zhenping	53264	97973	12773	39690	862940	22325
内 乡 县	Neixiang	38778	87786	6565	24650	600028	48355
淅 川 县	Xichuan	50031	90808	7642	34480	657100	342101
社 旗 县	Sheqi	44204	71034	8806	30598	577000	327049
唐 河 县	Tanghe	41600	107911	12173	57817	1155800	25906
新 野 县	Xinye	53708	101067	13802	29753	805542	38438
桐 柏 县	Tongbai	33721	78982	7270	16434	336187	6949
邓 州 市	Dengzhou	39039	163569	21601	65770	1460657	760654
商 丘 市	**Shangqiu**						
民 权 县	Minquan	29210	30277	8116	36750	766244	443300
睢 县	Suixian	23829	31280	4853	36750	726872	201
宁 陵 县	Ningling	22140	26224	9002	25700	532927	1428
柘 城 县	Zhecheng	23977	39698	9304	46500	850180	411200
虞 城 县	Yucheng	27100	32902	7563	48256	977384	431000
夏 邑 县	Xiayi	31654	32496	11986	47350	992356	5000
永 城 市	Yongcheng	60759	61825	9439	55858	1195686	780258
信 阳 市	**Xinyang**						
罗 山 县	Luoshan	29970	108265	13554	28335	607940	401310
光 山 县	Guangshan	35797	73290	9874	34017	628366	594000
新 县	Xinxian	16050	65000	9093	15151	255203	204131
商 城 县	Shangcheng	24833	77311	9373	28886	621446	406920
固 始 县	Gushi	89057	111797	15948	65879	1300691	920563
潢 川 县	Huangchuan	40166	101668	10395	32824	629099	401773
淮 滨 县	Huaibin	26325	64035	10419	26990	541322	414902
息 县	Xixian	25721	105602	10984	42224	828330	494057
周 口 市	**Zhoukou**						
扶 沟 县	Fugou	19303	40435	10628	31213	627914	424196
西 华 县	Xihua	16888	38096	8086	34613	787647	7000
商 水 县	Shangshui	20047	34247	13545	55826	1053435	597403
沈 丘 县	Shenqiu	20029	39854	10045	51886	1063066	637032
郸 城 县	Dancheng	27615	39564	11662	5081	1197333	
淮 阳 县	Huaiyang	26673	35151	15415	60060	1230905	766181
太 康 县	Taikang	34863	40969	14410	62248	1247815	642069
鹿 邑 县	Luyi	23457	35208	14183	53697	1032544	445988
项 城 市	Xiangcheng	37099	53868	8260	49401	1062127	695638
驻 马 店 市	**Zhumadian**						
西 平 县	Xiping	27262	107365	12831	34992	688758	486000
上 蔡 县	Shangcai	22921	105417	11620	60540	1158230	845000
平 舆 县	Pingyu	18288	120093	15624	38635	771089	518000
正 阳 县	Zhengyang	20982	33154	13386	32931	641123	390000
确 山 县	Queshan	21961	69561	6760	20512	437696	241000
泌 阳 县	Biyang	34749	120034	7340	34956	793976	458000
汝 南 县	Runan	25907	99612	17945	36868	647422	504000
遂 平 县	Suiping	21865	74251	11532	19125	434449	289000
新 蔡 县	Xincai	31122	94112	23665	43020	923861	444000

29-13 各市区主要统计指标(2011年)

Main Statistics indicators by District (2011)

单位：亿元 (100 million yuan)

区	District	常住人口(万人) Residents popolation (10 000 persons)	生产总值 Gross Domestic Product	第一产业 Primary Industry	第二产业 Secondary Industry	第三产业 Tertiary Industry	人均生产总值(元) Per Capita GDP (yuan)
郑州市	**Zhengzhou**						
中原区	Zhongyuan	92.75	363.87	1.96	179.94	181.98	39575
二七区	Erqi	72.96	325.14	0.75	71.50	252.88	45015
管城区	Guancheng	68.35	349.70	1.46	195.84	152.40	52404
金水区	Jinshui	162.56	758.82	2.52	99.41	656.88	47021
上街区	Shangjie	13.36	91.88	0.61	70.52	20.75	69035
惠济区	Huiji	27.40	76.47	4.86	38.02	33.59	28014
开封市	**Kaifeng**						
龙亭区	Longting	12.75	33.79	1.56	9.65	22.59	26394
顺河区	Shunhe	23.17	60.50	3.00	29.71	27.80	26039
鼓楼区	Gulou	14.28	48.77	1.46	15.85	31.46	34089
禹王台区	Yuwangtai	13.03	42.58	3.05	17.39	22.14	32621
金明区	Jinming	26.16	62.02	5.29	31.22	25.52	23687
洛阳市	**Luoyang**						
老城区	Laocheng	18.65	50.67	1.63	17.09	31.95	28974
西工区	Xigong	35.17	212.39	0.26	88.26	123.87	58601
瀍河区	Chanhe	18.59	59.64	0.66	28.83	30.15	32772
涧西区	Jianxi	62.08	325.86	1.39	203.57	120.90	52541
吉利区	Jili	6.89	99.10	1.31	80.98	16.82	143582
洛龙区	Luolong	66.33	148.97	6.57	63.97	78.43	25093
平顶山市	**Pongdingshan**						
新华区	Xinhua	39.20	213.95	2.30	154.85	56.79	54669
卫东区	Weidong	30.40	121.80	1.42	82.69	37.69	40130
石龙区	Shilong	5.50	48.94	0.30	44.69	3.95	89041
湛河区	Zhanhe	28.80	144.07	3.01	113.14	27.91	50064
安阳市	**Anyang**						
文峰区	Wenfeng	45.29	98.72	3.50	35.42	59.81	22046
北关区	Beiguan	25.88	66.94	1.01	13.82	52.11	26544
殷都区	Yindu	25.40	140.31	1.16	98.40	40.74	56371
龙安区	Longan	22.05	92.23	2.08	74.46	15.70	42418
鹤壁市	**Hebi**						
鹤山区	Heshan	13.35	74.59	2.76	64.39	7.44	56370
山城区	Shancheng	23.43	85.43	2.10	69.79	13.54	36752
淇滨区	Qibin	27.83	93.52	6.07	53.86	33.58	33752

29-13 续表 1　continued

单位：亿元　(100 million yuan)

区	District	常住人口（万人） Residents popolation (10 000 persons)	生产总值 Gross Domestic Product	第一产业 Primary Industry	第二产业 Secondary Industry	第三产业 Tertiary Industry	人均生产总值（元） Per Capita GDP (yuan)
新乡市	**Xinxiang**						
红旗区	Hongqi	39.27	158.22	2.04	75.13	81.05	40342
卫滨区	Weibin	19.30	74.25	0.94	27.85	45.46	38424
凤泉区	Fengquan	14.53	71.83	2.23	39.69	29.92	49466
牧野区	Muye	31.99	127.42	2.21	74.06	51.15	39847
焦作市	**Jiaozuo**						
解放区	Jiefang	29.20	72.15	0.24	17.97	53.93	24542
中站区	Zhongzhan	10.40	36.40	0.66	25.66	10.08	34642
马村区	Macun	13.90	56.41	1.20	46.10	9.11	40489
山阳区	Shanyang	32.40	120.62	1.21	69.72	49.70	37207
濮阳市	**Puyang**						
华龙区	Hualong	65.95	304.88	14.87	215.36	74.64	46258
许昌市	**Xuchang**						
魏都区	Weidu	50.10	250.65	2.40	177.93	70.32	50067
漯河市	**Luohe**						
源汇区	Yuanhui	32.50	85.85	6.59	39.51	39.75	26437
郾城区	Yancheng	49.50	155.63	17.88	100.82	36.94	31457
召陵区	Zhaoling	47.80	206.06	18.43	162.53	25.10	43104
三门峡市	**Sanmenxia**						
湖滨区	Hubin	32.70	130.02	2.93	70.56	56.53	39823
南阳市	**Nanyang**						
宛城区	Wancheng	88.65	269.23	24.09	155.35	89.79	30330
卧龙区	Wolong	92.40	243.83	18.38	99.46	125.98	26352
商丘市	**Shangqiu**						
梁园区	Liangyuan	81.00	127.88	18.83	67.51	41.54	15988
睢阳区	Suiyang	80.30	142.24	31.01	67.33	43.90	18341
信阳市	**Xinyang**						
浉河区	Shihe	59.50	161.71	20.89	65.89	74.93	27199
平桥区	Pingqiao	63.60	166.15	27.04	95.41	43.69	26139
周口市	**Zhoukou**						
川汇区	Chuanhui	70.15	136.67	7.52	68.56	60.60	22589
驻马店市	**Zhumadian**						
驿城区	Yicheng	85.35	215.91	19.63	117.58	78.69	25788

29－13　续表 2　　continued

单位：亿元　　(100 million yuan)

区	District	全社会固定资产投资 Total Investment in Fixed Assets	规模以上工业增加值 Value Added of Industry above Designated Size	规模以上工业利税 Total Pre-tax Profits of Industry above Designated Size	社会消费品零售总额 Total Retail Sales of Consumer Goods	城镇居民人均可支配收入(元) Disposable Income of Urban Household (yuan)	公共财政预算收入 Public Financial Revenue of the Local Government	公共财政预算支出 Public Financial Expenditures of the Local Government
郑州市	**Zhengzhou**							
中原区	Zhongyuan	123.38	124.41	28.51	135.29	19958	18.60	16.35
二七区	Erqi	188.10	39.15	8.83	231.78	20737	18.72	17.82
管城区	Guancheng	153.01	155.21	60.71	256.97	19844	16.90	16.52
金水区	Jinshui	319.49	24.23	5.53	585.41	25830	35.05	30.14
上街区	Shangjie	66.80	59.63	15.31	29.20	25193	7.56	8.86
惠济区	Huiji	89.08	19.04	3.89	63.63	16780	8.97	9.98
开封市	**Kaifeng**							
龙亭区	Longting	20.58	4.72	0.59	23.44	16642	1.07	2.46
顺河区	Shunhe	16.69	21.55	11.93	33.78	15775	1.08	3.33
鼓楼区	Gulou	23.76	8.91	1.65	69.42	16845	1.17	2.44
禹王台区	Yuwangtai	23.25	12.85	5.57	28.10	15828	1.11	2.86
金明区	Jinming	26.49	24.99	5.48	48.72	17734	1.51	5.00
洛阳市	**Luoyang**							
老城区	Laocheng	31.83	10.53	1.57	43.66	19685	3.22	4.46
西工区	Xigong	75.33	59.72	11.32	165.03	22165	8.34	8.28
瀍河区	Chanhe	39.15	14.50	5.51	38.99	20200	2.83	4.45
涧西区	Jianxi	91.01	180.39	67.01	125.15	20383	12.12	9.14
吉利区	Jili	17.87	74.19	25.74	14.02	23920	2.85	4.20
洛龙区	Luolong	111.57	39.04	15.28	75.77	20412	8.79	13.50
平顶山市	**Pongdingshan**							
新华区	Xinhua	47.94	138.53	56.90	76.79	19190	6.08	7.43
卫东区	Weidong	34.31	71.17	10.11	87.53	19506	5.20	6.33
石龙区	Shilong	9.99	41.78	4.78	3.75	18530	3.09	3.40
湛河区	Zhanhe	45.80	100.71	26.05	30.27	19673	4.82	6.15
安阳市	**Anyang**							
文峰区	Wenfeng	69.42	21.50	5.90	84.58	20255	4.17	5.70
北关区	Beiguan	48.90	2.91	0.46	53.72	18282	3.78	4.66
殷都区	Yindu	44.25	88.67	16.65	31.28	20840	4.03	4.47
龙安区	Longan	48.73	70.28	36.01	23.67	17875	4.00	5.58
鹤壁市	**Hebi**							
鹤山区	Heshan	28.01	57.55	6.63	10.56	16665	1.20	6.36
山城区	Shancheng	57.43	61.94	6.05	19.68	17244	2.61	10.11
淇滨区	Qibin	45.24	43.68	1.43	27.52	18509	4.80	7.12

29−13 续表 3 continued

单位：亿元 (100 million yuan)

区	District	全社会固定资产投资 Total Investment in Fixed Assets	规模以上工业增加值 Value Added of Industry above Designated Size	规模以上工业利税 Total Pre-tax Profits of Industry above Designated Size	社会消费品零售总额 Total Retail Sales of Consumer Goods	城镇居民人均可支配收入（元） Disposable Income of Urban Household (yuan)	公共财政预算收入 Public Financial Revenue of the Local Government	公共财政预算支出 Public Financial Expenditures of the Local Government
新乡市	**Xinxiang**							
红旗区	Hongqi	70.37	59.20	38.33	80.02	19519	4.09	4.35
卫滨区	Weibin	51.85	20.94	5.15	91.95	19380	2.73	3.61
凤泉区	Fengquan	26.20	34.12	-0.62	8.78	17206	1.89	3.56
牧野区	Muye	87.60	59.22	18.68	44.86	19720	4.00	5.08
焦作市	**Jiaozuo**							
解放区	Jiefang	47.87	11.38	0.30	51.51	18641	4.06	5.13
中站区	Zhongzhan	27.74	21.39	9.60	4.72	14297	2.31	3.63
马村区	Macun	25.63	40.67	3.20	9.59	14866	1.80	2.92
山阳区	Shanyang	50.20	61.47	7.40	61.28	18596	3.40	4.69
濮阳市	**Puyang**							
华龙区	Hualong	75.33	19.94	64.31	68.62	18949	6.01	7.71
许昌市	**Xuchang**							
魏都区	Weidu	67.56	134.05	85.97	92.31	18402	4.24	7.48
漯河市	**Luohe**							
源汇区	Yuanhui	57.48	27.17	20.35	60.70	18316	2.82	7.37
郾城区	Yancheng	85.43	77.91	57.13	53.50	17938	2.27	11.05
召陵区	Zhaoling	61.03	141.79	82.24	46.20	16457	1.51	8.89
三门峡市	**Sanmenxia**							
湖滨区	Hubin	53.17	10.74	3.91	55.92	17316	5.12	6.50
南阳市	**Nanyang**							
宛城区	Wancheng	124.89	118.47	59.72	108.99	18764	4.32	15.50
卧龙区	Wolong	132.04	63.25	12.51	175.91	18803	4.30	16.58
商丘市	**Shangqiu**							
梁园区	Liangyuan	81.95	30.88	-0.19	106.85	17190	4.51	19.54
睢阳区	Suiyang	92.99	46.34	11.16	65.60	16614	4.30	19.60
信阳市	**Xinyang**							
浉河区	Shihe	115.31	35.28	11.30	82.67	15927	5.11	14.49
平桥区	Pingqiao	148.73	75.85	11.25	68.48	15876	3.95	16.96
周口市	**Zhoukou**							
川汇区	Chuanhui	76.18	46.15	25.20	80.74	15623	2.41	8.35
驻马店市	**Zhumadian**							
驿城区	Yicheng	85.19	95.12	24.70	92.30	17187	6.02	14.93

全国及各省、市、区
主要统计指标

Main Indicators of the whole Nation and 31 Provinces (Municipality, Autonomous, Regions)

30–1 全国及各省市区人口、工资及投资(2011年)
Population, Wage and Investment by Provinces and Regions (2011)

地区 Region	常住人口(万人) Number of the resident population (10 000 persons)	在岗职工平均工资(元) Average Wage of Staff and Workers (yuan)	#国有经济 State-Owned Units	#城镇集体经济 Urban Collective Owned Units	固定资产投资(亿元) Investment in Fixed Assets (100 million yuan)	#房地产 Real Estate
全国 National	**134735**	**42452**	**44695**	**29261**	**301933**	**61740**
北京 Beijing	2019	75834	81215	32469	5520	3036
天津 Tianjin	1355	56477	66362	36050	7040	1080
河北 Hebei	7241	35973	36646	25088	15795	3070
山西 Shanxi	3593	39903	37164	27669	6837	790
内蒙古 Inner Mongolia	2482	41481	44143	37963	10292	1650
辽宁 Liaoning	4383	38713	40553	24591	17431	4488
吉林 Jilin	2749	34197	35216	25718	7222	1165
黑龙江 Heilongjiang	3834	33503	34462	25149	7206	1219
上海 Shanghai	2347	77031	87311	55500	4877	2170
江苏 Jiangsu	7899	45987	57002	37302	26299	5553
浙江 Zhejiang	5463	45780	69911	41501	13651	4137
安徽 Anhui	5968	40640	40732	29205	11986	2590
福建 Fujian	3720	38989	48587	34527	9693	2403
江西 Jiangxi	4488	34102	36778	24341	8756	853
山东 Shandong	9637	37992	44015	30075	25928	4108
河南 Henan	**9388**	**34203**	**35894**	**24397**	**16936**	**2627**
湖北 Hubei	5758	37134	40345	26988	12224	2063
湖南 Hunan	6596	35520	36654	27034	11361	1897
广东 Guangdong	10505	45152	54739	25679	16688	4899
广西 Guangxi	4645	34064	36363	22337	7564	1500
海南 Hainan	877	36716	38219	25418	1611	663
重庆 Chongqing	2919	40042	44585	28490	7366	2015
四川 Sichuan	8050	37924	42828	28752	13705	2837
贵州 Guizhou	3469	37331	38914	31601	3734	879
云南 Yunnan	4631	35031	39925	33853	5927	1273
西藏 Tibet	303	55845	57014	15181	516	5
陕西 Shaanxi	3743	39043	41291	27336	9124	1421
甘肃 Gansu	2564	32724	33083	28031	3866	363
青海 Qinghai	568	42493	48618	23501	1366	145
宁夏 Ningxia	639	44574	43325	38635	1583	331
新疆 Xinjiang	2209	38820	36752	40102	4445	518
河南为全国% Henan as % of the Country	**7.0**	**80.6**	**80.3**	**83.4**	**5.6**	**4.2**
河南居全国位次 Order of Precedence of Henan in the Country	**3**	**26**	**28**	**27**	**4**	**9**

30-2 全国及各省市区生产总值(2011年)

Gross Domestic Product by Provinces and Regions (2011)

地区	Region	生产总值(亿元) Gross Domestic Products (100 million yuan)	第一产业 Primary Industry	第二产业 Secondary Industry	第三产业 Tertiary Industry	生产总值增速(上年=100) Growth Rate of GDP (preceding year=100)	第一产业 Primary Industry	第二产业 Secondary Industry	第三产业 Tertiary Industry
全国	**National**	**471564**	**47712**	**220592**	**203260**	**9.2**	**4.5**	**10.6**	**8.9**
北京	Beijing	16252	136	3752	12363	8.1	0.9	6.7	8.7
天津	Tianjin	11307	160	5928	5219	16.4	3.8	18.3	14.7
河北	Hebei	24516	2906	13127	8483	11.3	4.2	13.4	10.5
山西	Shanxi	11238	641	6635	3961	13.0	6.1	16.5	8.7
内蒙古	Inner Mongolia	14360	1306	8038	5016	14.3	5.9	17.1	12.4
辽宁	Liaoning	22227	1916	12152	8159	12.2	6.5	14.1	11.0
吉林	Jilin	10569	1277	5611	3680	13.8	5.1	17.7	11.0
黑龙江	Heilongjiang	12582	1702	6331	4550	12.3	6.2	13.2	13.2
上海	Shanghai	19196	125	7928	11143	8.2	-0.7	6.3	9.6
江苏	Jiangsu	49110	3065	25203	20842	11.0	4.0	11.7	11.1
浙江	Zhejiang	32319	1583	16556	14180	9.0	3.6	9.2	9.5
安徽	Anhui	15301	2015	8309	4976	13.5	4.0	18.0	10.6
福建	Fujian	17560	1612	9069	6879	12.3	4.4	16.2	9.1
江西	Jiangxi	11703	1391	6391	3921	12.5	4.2	15.2	11.1
山东	Shandong	45362	3974	24017	17371	10.9	4.0	11.7	11.3
河南	**Henan**	**26931**	**3512**	**15427**	**7992**	**11.9**	**3.7**	**13.2**	**13.4**
湖北	Hubei	19632	2569	9816	7247	13.8	4.4	17.9	12.0
湖南	Hunan	19670	2768	9362	7540	12.8	4.2	17.0	11.0
广东	Guangdong	53210	2665	26447	24098	10.0	4.2	10.5	10.0
广西	Guangxi	11721	2047	5675	3998	12.3	4.8	16.4	10.5
海南	Hainan	2523	659	715	1149	12.0	6.2	15.3	13.3
重庆	Chongqing	10011	845	5543	3624	16.4	5.1	21.8	10.8
四川	Sichuan	21027	2984	11029	7014	15.0	4.5	20.6	11.2
贵州	Guizhou	5702	726	2194	2781	15.0	1.2	17.9	16.5
云南	Yunnan	8893	1411	3780	3702	13.7	6.0	17.9	12.0
西藏	Tibet	606	74	209	323	12.7	3.4	18.3	11.6
陕西	Shaanxi	12512	1221	6936	4356	13.9	5.9	16.4	12.5
甘肃	Gansu	5020	679	2378	1964	12.5	5.9	15.2	11.6
青海	Qinghai	1670	155	975	540	13.5	4.8	17.4	9.7
宁夏	Ningxia	2102	184	1056	862	12.1	5.1	17.6	7.2
新疆	Xinjiang	6610	1139	3226	2245	12.0	6.5	12.0	15.2
河南为全国%	**Henan as % of the Country**	**5.7**	**7.4**	**7.0**	**3.9**				
河南居全国位次	**Order of Precedence of Henan in the Country**	**5**	**2**	**5**	**9**	**24**	**26**	**23**	**4**

注：生产总值按当年价格计算。生产总值指数按可比价格计算。
a)GDP in this table are calculated at current prices. The indices in this table are calculated at comparable prices.

30-3 全国及各省市区物价指数（2011年）

Price Indices by Provinces and Regions (2011)

(上年=100) (Preceding Year=100)

地区 Region	居民消费价格总指数 General Consumer Price Index	固定资产投资价格指数 Price Indices of Investment In Fixed Assets	农业生产资料价格指数 General Price Index of Agricultural Means of Production	工业生产者出厂价格指数 Ex-Factory Price Indices of Industrial Products	工业生产者购进价格指数 Purchasing Price Indices of Raw, Fuels and Power
全国 National	**105.4**	**106.6**	**111.3**	**106.0**	**109.1**
北京 Beijing	105.6	105.7		102.3	108.4
天津 Tianjin	104.9	105.7		103.8	109.7
河北 Hebei	105.7	105.5	112.6	107.7	110.9
山西 Shanxi	105.2	105.5	109.4	107.5	108.1
内蒙古 Inner Mongolia	105.6	106.3	106.3	107.8	106.1
辽宁 Liaoning	105.2	106.6	112.8	106.5	108.3
吉林 Jilin	105.2	105.6	111.4	105.4	106.1
黑龙江 Heilongjiang	105.8	107.5	110.2	112.0	111.1
上海 Shanghai	105.2	106.5		102.9	107.5
江苏 Jiangsu	105.3	106.8	112.6	106.2	108.9
浙江 Zhejiang	105.4	107.5	110.8	105.0	108.3
安徽 Anhui	105.6	108.1	114.3	108.3	110.8
福建 Fujian	105.3	106.2	111.8	103.9	108.0
江西 Jiangxi	105.2	108.4	111.2	111.3	112.4
山东 Shandong	105.0	106.8	111.1	106.0	109.2
河南 Henan	**105.6**	**107.4**	**111.1**	**107.2**	**110.1**
湖北 Hubei	105.8	107.3	113.5	106.6	111.5
湖南 Hunan	105.5	107.2	110.9	108.5	110.8
广东 Guangdong	105.3	105.5	109.6	103.7	107.3
广西 Guangxi	105.9	106.2	112.2	108.5	110.0
海南 Hainan	106.1	106.4	115.6	108.8	115.3
重庆 Chongqing	105.3	105.9		103.8	105.7
四川 Sichuan	105.3	105.2	112.4	107.3	112.6
贵州 Guizhou	105.1	105.4	111.1	105.4	115.0
云南 Yunnan	104.9	104.6	108.3	104.7	108.0
西藏 Tibet	105.0		102.6	104.3	
陕西 Shaanxi	105.7	105.9	110.3	107.2	109.6
甘肃 Gansu	105.9	104.7	107.6	111.0	115.1
青海 Qinghai	106.1	106.5	112.4	107.4	107.0
宁夏 Ningxia	106.3	107.5	114.0	109.5	112.8
新疆 Xinjiang	105.9	107.1	106.6	114.8	117.8
河南居全国位次 Order of Precedence of Henan in the Country	**12**	**6**	**14**	**16**	**13**

30－4 全国及各省市区城乡居民收支(2011年)

Income and Expenditure of Urban and Rural Residents by Provinces and Regions (2011)

单位：元 (yuan)

地 区	Region	城镇居民人均全部收入 Per Capita Annual Total Income in Urban Households	#可支配收入 Annual Disposable Income	城镇居民人均消费支出 Per Capita Living Expenditure of Urban Households	农民人均总收入 Per Capita Annual Total Income in Rural Households	#纯收入 Annual Net Income	农民人均生活消费支出 Per Capita Living Expenditure of Rural Households
全 国	**National**	**23979**	**21810**	**15161**	**9833**	**6977**	**5221**
北 京	Beijing	37124	32903	21984	17424	14736	11078
天 津	Tianjin	29916	26921	18424	15650	12321	6725
河 北	Hebei	19592	18292	11609	10047	7120	4711
山 西	Shanxi	19666	18124	11354	7420	5601	4587
内 蒙 古	Inner Mongolia	21890	20408	15878	11973	6642	5508
辽 宁	Liaoning	22880	20467	14790	13898	8297	5406
吉 林	Jilin	19212	17797	13011	13244	7510	5306
黑 龙 江	Heilongjiang	17118	15696	12054	14622	7591	5334
上 海	Shanghai	40532	36230	25102	17306	16054	11049
江 苏	Jiangsu	28972	26341	16782	13839	10805	8095
浙 江	Zhejiang	34264	30971	20437	17261	13071	9965
安 徽	Anhui	20751	18606	13181	8469	6232	4957
福 建	Fujian	27378	24907	16661	10769	8779	6541
江 西	Jiangxi	18657	17495	11747	8994	6892	4660
山 东	Shandong	24890	22792	14561	12147	8342	5901
河 南	**Henan**	**19527**	**18195**	**12336**	**8725**	**6604**	**4320**
湖 北	Hubei	20193	18374	13164	9387	6898	5011
湖 南	Hunan	20084	18844	13403	9142	6567	5179
广 东	Guangdong	30219	26897	20252	11080	9372	6726
广 西	Guangxi	20846	18854	12848	7521	5231	4211
海 南	Hainan	20094	18369	12643	8646	6446	4166
重 庆	Chongqing	21794	20250	14974	8422	6480	4502
四 川	Sichuan	19688	17899	13696	8657	6129	4675
贵 州	Guizhou	17599	16495	11353	5660	4145	3456
云 南	Yunnan	20255	18576	12248	7397	4722	4000
西 藏	Tibet	18116	16196	10399	6137	4904	2742
陕 西	Shaanxi	20070	18245	13783	7044	5028	4492
甘 肃	Gansu	16267	14989	11189	5878	3909	3665
青 海	Qinghai	17795	15603	10955	6491	4608	4537
宁 夏	Ningxia	19655	17579	12896	8389	5410	4727
新 疆	Xinjiang	17631	15514	11839	11591	5442	4398
河南为全国% Henan as % of the Country		**81.4**	**83.4**	**81.4**	**88.7**	**94.7**	**82.7**
河南居全国位次 Order of Precedence of Henan in the Country		**23**	**20**	**21**	**18**	**16**	**25**

30−5 全国及各省市区主要农产品产量(2011年)
Output of Major Farm Products by Provinces and Regions (2011)

单位：万吨 (10 000 tons)

	粮 食 Grain	棉 花 Cotton	油 料 Oil-bearing Crops	园林水果 Fruits	肉类 Meat	奶类 Milk
全 国 National	**57120.85**	**658.90**	**3306.76**	**14083.30**	**7957.84**	**3810.69**
北 京 Beijing	121.77	0.05	1.39	83.07	44.42	63.98
天 津 Tianjin	161.83	7.23	0.66	32.95	42.92	69.39
河 北 Hebei	3172.60	65.34	141.78	1205.08	418.18	466.94
山 西 Shanxi	1193.00	6.34	18.70	555.31	71.30	75.88
内 蒙 古 Inner Mongolia	2387.51	0.23	133.88	46.84	237.42	931.44
辽 宁 Liaoning	2035.50	0.07	119.76	574.39	408.17	131.98
吉 林 Jilin	3171.01	1.21	69.56	60.63	243.91	46.03
黑 龙 江 Heilongjiang	5570.60		23.27	54.23	201.21	550.36
上 海 Shanghai	121.95	0.48	1.86	40.22	27.59	29.08
江 苏 Jiangsu	3307.76	24.68	144.05	268.58	375.92	59.17
浙 江 Zhejiang	781.60	3.24	39.85	399.42	175.95	19.91
安 徽 Anhui	3135.50	37.80	213.75	241.79	375.47	22.52
福 建 Fujian	672.80	0.01	27.46	605.93	182.96	15.79
江 西 Jiangxi	2052.79	14.29	113.59	387.65	295.60	12.25
山 东 Shandong	4426.29	78.46	341.00	1488.50	711.05	278.95
河 南 Henan	**5542.50**	**38.24**	**532.36**	**833.58**	**641.65**	**321.14**
湖 北 Hubei	2388.53	52.58	304.72	521.78	381.93	34.78
湖 南 Hunan	2939.35	22.70	215.29	529.89	489.48	8.10
广 东 Guangdong	1360.95		91.90	1205.05	434.68	14.51
广 西 Guangxi	1429.93	0.23	50.14	943.81	391.08	8.88
海 南 Hainan	188.04		9.94	308.17	71.64	0.19
重 庆 Chongqing	1126.90	0.01	46.51	220.91	196.28	8.00
四 川 Sichuan	3291.60	1.46	278.45	651.95	651.17	71.72
贵 州 Guizhou	876.90	0.10	78.85	79.52	179.97	4.85
云 南 Yunnan	1673.60	0.04	60.75	405.39	324.36	56.62
西 藏 Tibet	93.73		6.35	0.99	26.14	29.82
陕 西 Shaanxi	1194.70	6.74	59.00	1332.68	99.60	182.37
甘 肃 Gansu	1014.60	7.60	63.52	329.51	83.75	37.69
青 海 Qinghai	103.36		33.29	1.35	28.84	28.45
宁 夏 Ningxia	358.95		18.41	72.47	25.24	96.00
新 疆 Xinjiang	1224.70	289.77	66.76	601.65	119.98	133.91
河南为全国% Henan as % of the Country	**9.7**	**5.8**	**16.1**	**5.9**	**8.1**	**8.4**
河南居全国位次 Order of Precedence of Henan in the Country	**2**	**5**	**1**	**6**	**3**	**4**

30−6　全国及各省市区规模以上工业主要统计指标(2011年)

Main Indicators of Enterprises Above Designed Size by Provinces and Regions(2011)

地　区 Region	原　油 (万吨) Crude Oil (10 000 tons)	发电量 (亿千瓦小时) Electricity (100 million kwh)	成品钢材 (万吨) Steel (10 000 tons)	水　泥 (万吨) cement (10 000 tons)	农用化肥 (万吨) Chemical Fertilizers (10 000 tons)	增加值指数 (上年=100) Indices of Value-Added of Industry (Preceding=100)	利润总额 (亿元) Total Profits (100 million yuan)	利税总额 (亿元) Total Pre-tax Profits (100 million yuan)
全　国 National	**20365**	**46037**	**88131**	**206317**	**6027**	**13.9**	**61396**	**100804**
北　京 Beijing		263	287	912		7.3	1130	1791
天　津 Tianjin	3188	619	5164	766	6	21.3	1934	2975
河　北 Hebei	586	2281	19227	13972	175	16.1	2639	4067
山　西 Shanxi		2300	3369	3936	364	17.9	1283	2341
内蒙古 Inner Mongolia		2971	1417	6397	126	19.0	2211	3189
辽　宁 Liaoning	1000	1367	5740	5690	63	14.9	2511	4311
吉　林 Jilin	739	702	1069	4221	28	18.8	1176	2022
黑龙江 Heilongjiang	4006	824	597	4214	68	13.5	1447	2754
上　海 Shanghai	8	947	2483	806	3	7.4	2254	3823
江　苏 Jiangsu	189	3756	9994	14900	244	13.8	7074	11048
浙　江 Zhejiang		2716	3135	12122	26	10.9	3320	5468
安　徽 Anhui		1633	2743	9205	258	21.1	1663	2783
福　建 Fujian		1579	1560	6571	52	17.5	2115	3107
江　西 Jiangxi		688	2247	6782	30	19.1	1216	1966
山　东 Shandong	2782	3162	7034	15036	610	14.0	7098	11234
河　南 Henan	**486**	**2572**	**3551**	**13666**	**474**	**19.6**	**4132**	**6124**
湖　北 Hubei	88	2052	3570	9343	1018	20.5	1866	3095
湖　南 Hunan		1294	1943	9228	208	20.1	1833	3578
广　东 Guangdong	1153	3607	3177	12607	52	12.6	5872	9604
广　西 Guangxi	2	1014	1759	8640	96	20.8	895	1507
海　南 Hainan	20	169	23	1509	67	14.0	155	318
重　庆 Chongqing		530	948	4935	170	22.7	660	1164
四　川 Sichuan	16	1845	2233	14501	471	22.3	2198	3846
贵　州 Guizhou		1344	462	5000	360	21.0	456	901
云　南 Yunnan		1376	1351	6457	322	18.0	640	1666
西　藏 Tibet		22		233		20.1	13	20
陕　西 Shaanxi	3225	1209	1035	6431	92	17.9	1976	3150
甘　肃 Gansu	63	1013	813	2747	62	16.2	268	705
青　海 Qinghai	195	437	141	1043	263	19.0	223	350
宁　夏 Ningxia	4	937	77	1456	93	18.1	176	283
新　疆 Xinjiang	2616	810	980	2994	227	11.4	964	1612
河南为全国% Henan as % of the Country	**2.4**	**5.6**	**4.0**	**6.6**	**7.9**		**6.7**	**6.1**
河南居全国位次 Order of Precedence of Henan in the Country	**10**	**6**	**7**	**5**	**3**	**10**	**4**	**4**

30-7 全国及各省市区贸易外经和财政主要指标(2011年)

Main Indicators of Internal and Foreign Trade、Government Finance by Provinces and Regions(2011)

地区 Region	社会消费品零售总额(亿元) Total Retail Sales of Consumer Goods (100 million yuan)	进出口贸易总额(亿美元) Total Value of Imports (USD 100 million)	#出口 Total Value of Exports	公共财政预算收入(亿元) Public Financial Revenueof theLocal Government (100 million yuan)	公共财政预算支出(亿元) Public Financial Expenditures oftheLocal Government (100 million yuan)
全国 National	**183918.6**	**36420.6**	**18986.00**	**52433.86**	**92415.48**
北京 Beijing	6900.3	3894.9	590.25	3006.28	3246.53
天津 Tianjin	3395.1	1033.9	444.98	1454.87	1753.72
河北 Hebei	8035.5	536.0	285.82	1737.48	3510.67
山西 Shanxi	3903.4	147.6	54.28	1213.20	2368.89
内蒙古 Inner Mongolia	3991.7	119.4	46.87	1358.93	2989.38
辽宁 Liaoning	8095.3	959.6	510.40	2640.54	3902.11
吉林 Jilin	4119.8	220.5	49.98	850.10	2201.74
黑龙江 Heilongjiang	4750.1	385.1	176.73	997.44	2794.08
上海 Shanghai	6814.8	4373.1	2096.90	3429.83	3914.88
江苏 Jiangsu	15988.4	5397.6	3126.23	5147.89	6115.37
浙江 Zhejiang	12028.0	3094.0	2163.60	3150.80	3842.74
安徽 Anhui	4955.1	313.4	170.84	1463.36	3278.47
福建 Fujian	6276.2	1435.6	928.43	1501.16	2196.61
江西 Jiangxi	3485.1	315.6	218.81	1053.43	2529.54
山东 Shandong	17155.5	2359.9	1257.88	3455.71	5001.22
河南 Henan	**9453.6**	**326.4**	**192.40**	**1721.76**	**4248.82**
湖北 Hubei	8275.2	335.2	195.35	1470.12	3159.76
湖南 Hunan	6884.7	190.0	98.97	1466.31	3462.84
广东 Guangdong	20297.5	9134.8	5319.42	5513.70	6716.35
广西 Guangxi	3908.2	233.5	124.58	947.59	2545.30
海南 Hainan	759.5	127.6	25.42	340.09	779.34
重庆 Chongqing	3487.8	292.2	198.38	1488.25	2573.54
四川 Sichuan	8044.6	477.8	290.46	2044.38	4673.84
贵州 Guizhou	1751.6	48.8	29.85	773.18	2244.32
云南 Yunnan	3000.1	160.5	94.73	1110.83	2929.59
西藏 Tibet	219.0	13.6	11.83	54.76	758.01
陕西 Shanxi	3790.0	146.2	70.11	1499.07	2928.85
甘肃 Gansu	1648.0	87.4	21.59	450.35	1790.25
青海 Qinghai	410.5	9.2	6.62	151.79	967.42
宁夏 Ningxia	477.6	22.9	15.99	219.96	711.07
新疆 Xinjiang	1616.3	228.2	168.29	720.91	2282.68
河南为全国% Henan as % of the Country	**5.1**	**0.9**	**1.0**	**3.3**	**4.6**
河南居全国位次 Order of Precedence of Henan in the Country	**5**	**14**	**15**	**10**	**5**

注：财政收支为月度执行情况汇总数，全国数据为公共财政预算收支合计。

a)Government revenue and expenditures is collected by monthly executive instance.Data of National is the Sum of 31 Provinces.

30-8 全国及各省市区教育、卫生情况(2011年)

Main Indicator on Education and Public Health by Provinces and Regions(2011)

地 区 Region	在校学生数(万人) Student Enrollment (10 000 persons)			卫生机构数(个) Health Care Institutions (unit)	卫生机构床位数(张) Number of Beds in Health Institutions (unit)	执业(助理)医师数(人) Doctors (person)
	普通高等学校 Institutions of Higher Education	普通中学 Regular Secondary Schools	小学 Primary Schools			
全 国 National	**2309**	**7522**	**9926**	**954389**	**5159889**	**2466094**
北 京 Beijing	59	50	68	9495	94735	69747
天 津 Tianjin	45	45	52	4428	49423	29831
河 北 Hebei	115	338	541	80185	266479	136801
山 西 Shanxi	59	250	277	40339	157132	84818
内 蒙 古 Inner Mongolia	38	128	141	22908	100633	57145
辽 宁 Liaoning	90	191	217	35229	215815	97744
吉 林 Jilin	56	123	144	19785	121240	59581
黑 龙 江 Heilongjiang	71	185	187	21749	165255	76780
上 海 Shanghai	51	59	73	4740	107130	53751
江 苏 Jiangsu	166	340	410	31680	296390	134683
浙 江 Zhejiang	91	245	344	30515	194759	124497
安 徽 Anhui	99	378	444	22884	204210	84696
福 建 Fujian	67	187	246	27147	124232	62484
江 西 Jiangxi	83	279	434	39154	135570	62839
山 东 Shandong	165	502	644	68275	416148	186034
河 南 Henan	**150**	**657**	**1093**	**76201**	**349186**	**155831**
湖 北 Hubei	134	321	377	35625	223980	102094
湖 南 Hunan	107	318	490	59634	257687	112630
广 东 Guangdong	153	699	822	45930	325038	186161
广 西 Guangxi	60	278	427	34026	152039	74153
海 南 Hainan	16	56	77	4816	28465	15527
重 庆 Sichuan	57	184	195	17650	115627	49571
四 川 Chongqing	114	478	580	75815	334663	153795
贵 州 Guizhou	34	283	409	25943	117534	45415
云 南 Yunnan	49	271	424	23248	173434	64684
西 藏 Tibet	3	18	29	6602	9592	4175
陕 西 Shaanxi	96	247	254	36396	153847	65740
甘 肃 Gansu	41	194	220	26632	94907	40870
青 海 Qinghai	5	33	51	5887	23117	11396
宁 夏 Ningxia	9	45	64	4132	25805	12258
新 疆 Xinjiang	26	141	192	17412	125391	49530
河南为全国% Henan as % of the Country	**6.5**	**8.7**	**11.0**	**8.0**	**6.8**	**6.3**
河南居全国位次 Order of Precedence of Henan in the Country	**4**	**2**	**1**	**2**	**2**	**3**

中国统计出版社最新图书简目

（仅供参考，以最后出书为准）

统计资料

中国统计年鉴-2012
2012中国发展报告
中国劳动统计年鉴-2012
中国建筑业统计年鉴-2012
中国商品交易市场统计年鉴-2012
中国民政统计年鉴-2012
中国科技统计年鉴-2012
中国高技术产业统计年鉴-2012
全国农产品成本收益资料汇编-2012
大中型批发零售和住宿餐饮企业统计年鉴-2012
中国县（市）社会经济统计年鉴-2012
第二次全国R&D资源清查资料汇编—综合卷

中国统计摘要-2012
中国第三产业统计年鉴-2012
中国社会统计年鉴-2012
中国人口和就业统计年鉴-2012
中国房地产统计年鉴-2012
中国贸易外经统计年鉴-2012
中国农村统计年鉴-2012
中国教育经费统计年鉴-2010
中国科学技术协会统计年鉴-2012
中国农村住户调查年鉴-2012（中、英文）
第二次全国R&D资源清查资料汇编—工业企业卷
中国民族统计年鉴2011、2012

国际统计年鉴-2012
中国区域经济统计年鉴-2012
中国城市统计年鉴-2009
中国工业经济统计年鉴-2012
中国能源统计年鉴-2012
2012中国地区经济监测报告
中国农产品价格调查年鉴-2012
中国农村贫困监测报告-2012
工业企业科技活动资料-2012
中国城市(镇)生活与价格年鉴-2012
中国农村全面建设小康监测报告-2012
中国零售和餐饮连锁企业统计年鉴-2012
2010年中国第六次人口普查公报

2012年省级综合统计年鉴系列

北京 天津 河北 山西 内蒙古
河南 湖北 湖南 广东 广西
辽宁 吉林 黑龙江 上海 江苏
海南 重庆 四川 贵州 云南
浙江 安徽 福建 江西 山东
西藏 陕西 甘肃 青海 宁夏
新疆 新疆生产建设兵团

2012年市(县)级综合统计年鉴系列

天津滨海新区
运城 忻州 临汾 呼和浩特
上海浦东新区
杭州 宁波 绍兴 台州 温州
厦门经济特区 南昌 上饶
十堰 荆州 咸宁 长沙 广州
石家庄 唐山 邯郸 太原 大同
包头 沈阳 大连 长春 吉林市
苏州 无锡 常州 徐州 南通
金华 嘉兴 衢州
济南 青岛 潍坊 郑州
东莞 惠州 深圳 桂林 南宁
贵阳 昆明 庆阳 西安
长治 阳泉 晋城 朔州 晋中
四平 哈尔滨 黑龙江垦区
盐城 镇江 江阴 丹阳
福州 福州经济技术开发区
洛阳 三门峡 南阳 武汉 宜昌
柳州 来宾 河池 海口 成都 绵阳
兰州 银川 乌鲁木齐

2010年人口普查资料系列

中国2010年人口普查资料
浙江 安徽 福建 江西 山东
西藏 陕西 甘肃 青海 宁夏
中国分县2010年人口普查资料
北京 天津 河北 山西 内蒙古
河南 湖北 湖南 广东 广西
新疆 新疆生产建设兵团
中国分乡镇、街道2010年人口普查资料
辽宁 吉林 黑龙江 上海 江苏
海南 重庆 四川 贵州 云南
河南省各市2010年人口普查资料丛书
中国分民族2010年人口普查资料

“十一五”规划教材

非参数统计　医学统计学
多元统计分析　经济计量学教程
统计数据处理概论
企业经营管理统计
统计学:从数据到结论
概率论与数理统计　统计学
应用时间序列分析
质量管理统计方法　社会统计学
市场调查与预测
国民经济核算教程(国民经济统计学)
现代金融投资统计分析
统计指数理论及应用
多元统计分析实验
统计学原理（非统计专业使用）
概率论与数理统计(经济、管理类专业使用)

重点图书

挑大学选专业2012—高考志愿填报指南
挑大学选专业2012—考研择校指南

《河南统计年鉴2012》只读光盘（CD-ROM）介绍

《河南统计年鉴—2012》只读光盘（CD-ROM）是一张信息高度密集的资料工具软件。该光盘全面反映河南省经济和社会发展情况，收录了全省和各省辖市2011年经济和社会等各方面大量的统计数据，以及历史重要年份的全省主要统计数据。

《河南统计年鉴—2012》光盘（CD-ROM）设有中、英文双语版本，操作简便、功能实用。在浏览时可随时实现不同章节之间的切换。并设计了将表格转换为Excel文件的功能。

Introduction to the CD-ROM

Henan Statistical Yearbook 2012 (CD-ROM)is an annual statistical publication, which covers very comprehensive data series in 2011 and some selected data series in historically important years and the most recent ten years at provincial level, and local levels of prefecture and county, and therefore, reflects various aspects of Henan's social and economic development.

Henan Statistical Yearbook 2012 (CD-ROM)is compiled in Chinese and English and is easy to use. When you browse the CD-ROM, For convenient use, all tables in the CD-ROM can be converted to Excel documents as well.